调研中国银行业（上册）

——银监会系统领导干部调研报告集（2014）

中国银监会宣传部　编

中国金融出版社

责任编辑：张智慧　王雪珂
责任校对：潘　洁
责任印制：陈晓川

图书在版编目（CIP）数据

调研中国银行业：银监会系统领导干部调研报告集．2014（Diaoyan Zhong-
guo Yinhangye：Yinjianhui Xitong Lingdao Ganbu Diaoyan Baogaoji 2014）／中国
银监会宣传部编．—北京：中国金融出版社，2015.11
ISBN 978 – 7 – 5049 – 8259 – 9

Ⅰ．①调…　Ⅱ．①中…　Ⅲ．①银行监管—研究报告—中国—2014
Ⅳ．①F832.1

中国版本图书馆 CIP 数据核字（2015）第 293306 号

出版
发行　**中国金融出版社**

社址　北京市丰台区益泽路 2 号
市场开发部　（010）63266347，63805472，63439533（传真）
网 上 书 店　http：//www.chinafph.com
　　　　　　　（010）63286832，63365686（传真）
读者服务部　（010）66070833，62568380
邮编　100071
经销　新华书店
印刷　北京市松源印刷有限公司
尺寸　185 毫米×260 毫米
印张　61.5
字数　1054 千
版次　2015 年 11 月第 1 版
印次　2015 年 11 月第 1 次印刷
定价　136.00 元（上、下册）
ISBN 978 – 7 – 5049 – 8259 – 9/F. 7819
如出现印装错误本社负责调换　联系电话（010）63263947

目　录

上　册

党的建设篇

改革发展篇

风险防控篇

下　册

金融服务篇

规范管理篇

党的建设篇

完善激励约束机制
充分调动社会主义国有银行家积极性^①

深化社会主义国有银行家（以下简称国有银行家）激励约束机制改革，是国有银行完善现代企业制度的重要组成部分，也是深化收入分配制度改革的重要任务，对于更好地发挥企业家银行家作用，促进国有银行持续、健康、稳健发展具有十分重要的意义。近年来，国有银行初步形成了业绩导向的激励约束机制，对促进国有银行改革发展发挥了重要作用。但由于国有银行家激励的市场化程度参差不齐，缺少中长期激励，银行治理不尽完善，银行家内外部监督还不到位等因素的影响，导致存在国有银行家定位偏差和短期行为等问题。

一是薪酬激励市场化程度参差不齐，形式单一，缺乏中长期激励。薪酬激励是我国国有银行对经营者运用的最基本、最普遍的激励方式。目前，相对于国有银行来说，股份制银行对银行家的薪酬激励机制市场化程度高，其薪酬水平也相对较高。但是，目前，银行家的薪酬仍主要依靠绩效年薪，缺乏任期激励等中长期激励手段，容易引发短期行为。

二是控制权激励和授权约束存在矛盾，带来较高约束风险。作为对经营者能力和工作努力程度的回报，控制权激励具有积极的一面，能激发权力主体帮助群体确定共同目标，并主动提供达到目标的途径，但也会带来授权约束的困难。例如，这样会使银行家具有职位特权，享受不规范的"职务消费"，以及带来潜在的腐败风险。

三是声誉激励与经济效益脱钩，缺乏客观和科学的评价。我国国有银行的声誉激励目前虽起到了一定的作用，能够在一定程度上激励银行家更加努力工作，并促进其行为长期化，有利于实现银行价值最大化，但由于缺乏客观的声誉评价机制，声誉激励的力度和形式难以量化，相关制度还有待完善。

四是行政激励使国有银行家身份模糊，导致激励的"制度性困境"。行政升

---

① 本课题由银监会党委组织部牵头，中国银行业协会及华融公司、长城公司、东方公司、信达公司四大金融资产管理公司，招商银行，中央结算公司，中诚信托公司共同参与完成。

迁激励是我国国有银行高管人员激励机制中的特殊形式，银行家往往会把"努力实现晋升"作为一种职业发展策略。但短期行为有可能侵害银行长期可持续发展，影响银行总体发展战略。

五是监督约束机制不完善，公司治理结构有待提高。市场约束机制不健全，"三会一层"制度未形成有效的监督，银行经营层依然带有一定行政机关的色彩。国有银行业在金融领域仍处于绝对地位，因此国有银行家优化资源配置、降低运营成本的动力不足。

改革开放以来，我国国有银行已经基本实现了市场化运作，现代企业制度也逐步建立起来，在银行家激励约束机制方面进行了大量尝试与实践。然而，面对国际金融的严峻形势以及国内经济转型的现实要求，当前国有银行家激励约束机制仍很不完善，亟待改革。不同于西方银行家，国有银行家独具中国特色，国有银行家激励约束机制不能完全照搬西方模式，而应立足我国国情，走出一条国有银行深化改革发展之路。改革国有银行家激励约束机制建议从以下方面着手：

一是深化混合所有制改革，发挥各类资本应有作用。经过多年努力探索，银行业混合所有制改革取得初步成效，已基本具备混合所有制特征，资本充足率上升，经营效率显著提高。但目前，我国银行业混合所有制改革，还是"形似神不似"，并未形成相互制衡的银行治理机制。如何贯彻落实党的十八届三中全会精神，深化混合所有制改革，让各类资本发挥应有作用是下一步银行业改革的重点。其一，完善政府出资人角色，打破传统思维束缚，变政府对国有企业的管理为政府对国有资本的管理；其二，邀请外资与民营资本参与银行混合所有制改革，在引入资本的同时，更重要的是引入外资与民营先进灵活的经营理念与管理机制，谋求国有银行的长期可持续发展。

二是探索中国特色银行治理体系，发挥董事会在激励约束中的作用。目前，我国商业银行现代公司治理体系已基本建立，"三会一层"的治理机制不断完善，如何处理好"党委会"与"三会一层"的关系是银行业乃至整个国有企业面临的问题。首先，始终坚持党的领导核心地位，党委会负责把握银行发展方向，发挥统揽全局作用，对银行业经营的各项事务进行监督协调，并有权提出纠正意见；其次，发挥董事会在激励约束机制中的作用，建立董事会授权经营制度，董事会与高管层形成相互制衡机制，董事会负责发展方向与经营战略，管理层则担负起银行经营责任。在干部管理方面，坚持党管干部基本原则，党委成员与董事会成员之间可交叉任职。

三是将国有银行家划分为组织任命和市场化选聘差异化管理，建立职业经理人制度，进一步完善国有银行家薪酬制度。党的十八届三中全会提出，国有企业要深化企业内部管理，建立人员能上能下、员工能进能出、收入能增能减的制度改革。建立职业经理人制度可以为国有银行提供高素质人才。银行业与普通行业不同，其在国民经济中发挥资金优化配置的重要作用，银行业经营得好坏关乎整个国家的发展。伴随着我国金融业改革的日益深入，以及互联网金融对传统金融业的不断渗透，我国银行业的专业化程度与创新能力亟待提高，需要引进一批职业化、高水平银行家。建立职业经理人制度，不仅为国有银行提供人力资源，也为组织任命的银行家提供更多选择，有助于建立良性互动机制，形成一个银行家竞争市场，从激励与约束双重方面促进国有银行家发挥积极作用。具体到薪酬制度，组织任命的银行家薪酬水平应严格与银行家责任、业绩和风险挂钩，限制过高收入、规范不合理收入。同时也要优化薪酬结构，加大任期激励，引导银行家更加重视企业长远发展，防止经营管理中的短期行为。市场化选聘的职业经理人可实行市场化薪酬分配机制，主要与其人力资本的大小、承担责任的轻重、实际作出的贡献来挂钩，在跟市场上同类可比人员横向比较后确定。

四是建立强制性信息披露制度，充分发挥媒体监督作用。国有银行应按季度、年度对银行家经营业绩，包括银行资产负债表等内容，做较为全面、公正、及时的披露。通过强化信息披露，建立政府职能部门与银行家间的信息沟通机制，使政府职能部门对银行家在职期间的银行资本、风险暴露、经营业绩等多方面进行了解，以便在选聘银行家时及时掌握全面的情况，有效地加强监督。在避免政治敏感性话题的同时，要加强新闻媒体对银行日常经营活动的报道，可以借助报刊、广播、电视等新闻媒体对银行家各种违法违纪行为、渎职腐败行为进行揭露或抨击。

（中国银监会党委组织部）

坚定党员干部理想信念问题研究

习近平总书记指出："坚定理想信念，坚守共产党人精神追求，始终是共产党人安身立命的根本。对马克思主义的信仰，对社会主义和共产主义的信念，是共产党人的政治灵魂，是共产党人经受住任何考验的精神支柱。"当前，世情、国情、党情的深刻变化，既给党员干部的理想信念注入了新的活力，也使党员干部面临许多前所未有的新考验。

一、当前在理想信念方面需要处理好的三个关系

在新的历史条件下，党所处的社会环境，肩负的历史任务发生了很大变化，加上社会经济生活中出现了许多新情况新问题，部分党员在处理三个方面关系上出现了困惑。

（一）远大理想与实际现实的关系

共产主义理想从产生的那一天开始，就不仅仅是一种纯粹的理论信仰，从十月革命胜利以来，为实现共产主义理想而进行的社会主义实践已经有了上百年的历史。这段历史，既有辉煌的成就，也有严重的挫折。看待这段历史，既不能因为我国社会主义建设取得的巨大成就而产生盲目乐观情绪，也不能因为其他社会主义国家的挫折产生悲观心理。习近平总书记指出，从改革开放开始，特别是苏联解体、东欧剧变以后，唱衰中国的舆论在国际上不绝于耳，各式各样的"中国崩溃论"从来没有中断过。但是，中国非但没有崩溃，反而综合国力与日俱增，人民生活水平不断提高，"风景这边独好"。历史和现实都告诉我们，只有社会主义才能救中国，只有中国特色社会主义才能发展中国，这是历史的结论、人民的选择。

（二）价值与利益的关系

中国共产党从成立之日起，就把全心全意为人民服务作为本身的根本宗旨和行为准则。当前，绝大多数党员干部能够坚持以为人民服务为宗旨，能把集体利益放到优先位置，能为他人和集体牺牲个人利益，集体主义观念比较强。

但是，在法制尚不十分健全的情况下，市场经济的市场原则难免对人们的价值取向和行为取向产生负面影响，导致有些党员干部世界观、人生观、价值观发生扭曲，行为失范，部分人甚至放弃自己固有的理想信念。

（三）组织与个人的关系

一个人加入共产党，根本而言，意味着他认同了共产党的政党价值观，并愿意为维护和实现这种价值观尽自己的责任和义务。与此同时，共产党员认同自己的组织价值观，还需要党组织有效维护和保障党内成员的权利，维护和保障党员的主体地位，发挥和实现党员的主体作用，这是党员认同马克思主义价值观的前提和基础。然而，现实中一些党组织放松了对党员干部经常性的思想教育和世界观的改造，致使部分同志淡化了理想信念和宗旨意识。有的党员个人主义思想严重，只要组织照顾，不要组织纪律；有的党员淡化组织身份，把自己混同于普通群众，先锋模范作用发挥不明显……如此种种，如不及时加以纠正，必将给党的事业、个人成长进步带来巨大危害。

二、强化理想信念，要形成统一的完整的理想信念体系

强化理想信念，需要形成系统的理想信念体系，既能引导党员的思想，也能指导其实践，要努力实现"三个统一"。

（一）实现远大理想与现实目标的统一

在现阶段，共产党员的理想大体可分为最高理想、共同理想、个人理想三个层次。最高理想是实现共产主义社会制度的最终目标；共同理想是团结和带领人民群众全面建设小康社会的社会主义初级阶段目标；个人理想是实现共产党员个人职业、学习、工作、生活等方面的具体目标。最高理想是共同理想的目的和归宿，是共同理想的思想基础和最高原则；共同理想是最高理想的基础和前提条件，是实现最高理想的必经阶段；最高理想和共同理想指引着个人理想的基本方向。共产党人必须把共产主义远大理想细化为与时代特征相适应的、人民群众能够接受的具体目标和路径。

（二）实现共同理想与个人价值的统一

建设中国特色的社会主义，是中国人民的共同理想，是共产主义远大理想在我国现阶段的集中体现，是中国共产党人及中国人民现阶段的坚定目标。人本身的生存和发展是以人需要的全面满足和人对自己本质的全面占有为根本内容的。实现共同理想与个人价值的统一，致力于实现以劳动人民为主体的最广

大人民的根本利益，是马克思主义的根本政治立场。因此，需要以发展的方式，回应群众对政治权益、文化权益和社会权益等的诉求，破解关系广大人民群众切身利益的问题。

（三）实现理想信念与行动的统一

理想信念是一个思想认识问题，更是一个实践问题。因此，衡量判断党员干部是否具有坚定的理想信念，不只要看理论掌握的程度，思想认识的深度，更重要的是重视理想信念的实践体现和客观评判。党员干部对中国特色社会主义事业的认同是坚定理想信念的重要保障，同时，中国特色社会主义事业的新发展和新成就又能增强理想信念的说服力和感召力。当前，我们要坚定不移地高举中国特色社会主义伟大旗帜，全面建成小康社会，加快推进社会主义现代化建设，让改革发展的成果惠及人民群众，逐步提升"中国模式"的国际影响力，为科学社会主义运动作出贡献，为广大党员干部坚定理想信念提供坚实的物质基础和实践基础。

三、坚定理想信念必须坚持共产党领导，提高党的执政能力建设

坚定理想信念是我们党长期执政的需要。我们党之所以能够在残酷的环境中生存，在艰苦奋斗中壮大，由弱到强，成为执掌政权并长期执政的党，最根本的是我们党能够始终与时代发展同步伐，与人民群众共命运。

（一）坚持党的领导是中国特色社会主义最本质的特征，是坚定党员干部理想信念的根本要求

2014 年 9 月 5 日，在庆祝全国人民代表大会成立 60 周年大会上的讲话中，习近平总书记提出了一个崭新论断：中国共产党的领导是中国特色社会主义最本质特征。中国共产党的领导是实现解放和发展生产力这一社会主义本质最重要的核心力量，离开了党的领导，社会生产力就不会得到充分的解放与发展。因此，要坚定走中国特色社会主义道路的信念，胸怀共产主义的崇高理想，矢志不移贯彻执行党在社会主义初级阶段的基本路线和基本纲领，做好当前每一项工作。

（二）加强党的执政能力建设是党的根本性建设，是坚定党员干部理想信念的根本途径

我们党之所以能够从成立时仅有 50 多名党员的党，发展成为如今拥有 8 600 多万名党员的大党，历经磨难而巍然屹立，千锤百炼而更加坚强，一个重要原

因，就在于始终努力保持先进性，始终注重加强自身建设。早在 1945 年，毛泽东同志就指出，要夺取全国革命的胜利，"就要有一个有纪律的、思想上纯洁的、组织上纯洁的党。"党只有始终保持纯洁性，才能不断提高在群众中的威信，才能永远赢得人民信赖和拥护。当前，面临"四个考验"和"四个危险"，实现"四个全面"目标，完成中华民族伟大复兴历史任务，全党既要有坚定的道路自信、理论自信、制度自信，又要有丰富的政治智慧和较高的执政水平。

（三）坚持基层党组织建设，是巩固加强党员干部理想信念的组织基础

党的基层组织是党执政的基础，党的组织建设与共产党员理想信念培养、巩固的要求具有内在的一致性。早在瓦窑堡会议的决议中就指出："应该使党变为一个共产主义的熔炉，把许多愿意为共产党主张而奋斗的新共产党员，锻炼成为有最高阶级觉悟的布尔什维克的战士。"基层党组织是党的组织和力量的基础，党的基层组织建设工作也是每个党员坚定理想信念的重要保障。当前，做好党员教育、管理、服务和发展等工作，提高党员对党组织的认同感、增强党组织的凝聚力和战斗力，是组织建设健康发展的基础性目标，也是党员坚守理想的基本途径。共产党员坚定的理想信念并非是与生俱来的，一方面需要自身不断地学习、改造；另一方面也需要组织的教育、培养、帮助和监督。基层党组织要通过认真坚持和健全各项组织生活制度，努力提高党内生活的质量，切实担负起党管党员的责任，促使广大党员自觉加强党性锻炼和修养，不断坚定理想信念。

（作者龚建德，时任中国银监会机关党委常务副书记，现任中国信达资产管理股份有限公司监事长）

创建"两型"基层党组织
推进广东银行业监管改革与发展

近期，广东银监局结合群众路线教育实践活动，对如何建设基层党组织，并以此促进监管事业发展进行了思考。

一、基层党组织建设存在的问题

（一）党员身份意识淡漠

一方面，有的党员在讲到党性、奉献、为人民服务时，会认为已经落伍、老土甚至可笑；有的党员在承担业务工作任务较重时，与党务工作对立起来，敷衍甚至不履行党员义务；有的遇到问题矛盾时，不能站在党的立场思考。另一方面，一些业绩突出、群众认可的党员，无论是自己、是群众甚至是组织，均不能把其优秀与党员身份联系起来，先锋模范作用得不到彰显。

（二）党内组织生活虚化

一是规定动作做不到位。有的支部"三会一课"制度（党支部会议、支委会议、党小组会议，党课）不能落实，或落实不完全；有的在开部门会议时顺带读一段党的文件，就作为套开支部会议；有的组织生活停留在书面记录上查；有的连收党费都没有规范。二是党务工作者不懂党务。专职党务干部不了解党务工作的重要意义，缺乏荣誉感，难以用心钻研。兼职党务干部，尤其是部门"一把手"，不了解、不熟悉其职责，支部委员主观上不懂又不学，行动上不会也不做，兼职党务工作拨一拨、动一动，基层党组织的战斗堡垒作用发挥不出。

（三）党委领导推动不足

现实中，党委与支部之间的联系渠道和频次总体偏少，班子成员对分管部门的指导多局限于业务工作，很少关心到部门党建；需要党委统筹的党务工作测评、激励、考核、用人等机制不健全，导致党务工作做多做少、做好做差没有本质区别，弱化了党员从事党务、参与党建的积极性。

（四）党员管理有所缺失

少数问题党员，一是发现不了。党内民主评议等正式场合往往视而不见、轻描淡写、一团和气，与群众中人尽皆知、议论纷纷形成鲜明对比。二是问责不严。对轻微违纪的党员处理过于宽容；对个别不合格的党员，没有依照党章党纪断然清退。长此以往使广大党员群众与党的各级组织渐行渐远。

（五）宣传教育效果不佳

一是内容上因循守旧、难起共鸣。学习文件、学习领导讲话已成了宣传教育工作的思维定式，使党员干部尤其是80后、90后知其然、不知其所以然，难起共鸣；二是方法上千篇一律、缺乏吸引力。时常填鸭式的宣讲，动辄要求写读后感、观后感等，让大家疲于应付，以致产生抵触情绪。

（六）服务群众力度弱化

一是不愿服务群众。少数党员干部高高在上，心不往基层想，脚只往上级走，对解决群众困难和诉求能拖则拖，忘记了"我是谁、为了谁、依靠谁"。二是不会服务群众。做群众工作经验不足，不知道我们这样的专业部门，该服务哪些群众？服务群众什么？怎么服务群众？由此，造成了一些小困难、小问题、小矛盾不能及时化解，日积月累，再要化解时，不仅难度加大，而且得不到群众认同。

上述问题的出现，根子在党员干部的主观思想上：对党的理论、道路不自信，实际工作中便不能真心实意地相信党建和依靠党建，不自觉地变成以应付、敷衍的心态开展党建，久而久之形成恶性循环。而不自信是由于不了解，缺乏发自内心的认同，在面对多元价值观时没有底气，甚至出现理想信念蒙尘、宗旨意识淡薄。

二、下一步工作设想

下一步，广东银监局将按照习近平总书记关于"机关党的建设是党的建设新的伟大工程的重要组成部分"的讲话精神，以"两个规范、两个提升、四个突出"为抓手，在局系统深入开展"学习型、服务型"基层党组织创建活动。"两个规范"，即以规范化支部管理、规范化党员管理为着力点，夯实党建工作基础。"两个提升"即通过创建学习型基层党组织，以提升党员思想认识、提升党员能力水平为着力点，为进一步发挥先锋模范和战斗堡垒作用练好内功。"四个突出"即通过创建服务型基层党组织，以突出服务全部干部职工、突出服务银行业金融机构、突出服务金融消费者、突出服务下级党组织为着力点，充分发挥好党员的先锋模范和支部的战斗堡垒作用，形成长效机制。广东银监局将在 2015 年启动"基层党组织规范年"活动，用 3 年左右时间建设一支发挥党员先锋模范作用的监管骨干队伍，涌现一批符合"六有"标准的支部，即有坚强有力的领导班子、有过硬监管本领的骨干队伍、有功能实用的服务场所，有符合时代及监管特色的载体、有健全完善的制度机制，有突出监管业绩的基层党支部。

（作者王占峰，广东银监局局长）

扎实推进思想政治工作的思考

新疆银监局新一届党委坚决贯彻执行银监会党委"一手抓党建、一手抓业务"的要求，结合新形势、新常态下出现的新情况、新动向，就当前加强思想政治工作的重要意义、系统内职工思想中存在的突出问题及产生问题的内外根源进行深入剖析，提出进一步做好思想政治工作的具体措施和要求，在全局上下引起强烈共鸣，产生深远影响。

一、当前思想政治工作面临的形势

（一）监管工作进入"疲劳期"

新疆银监局成立 11 年来，辖区银行业资产规模呈几何式增长，一些监管工作出现"天花板"现象，部分监管人员产生"高原反应"和畏难情绪。监管状态表现为"三重三轻"，即一是重业务轻党务，归属感下降；二是重物质轻精神，事业心不强；三是重个人轻集体，团队意识淡漠。

（二）干部队伍进入"老龄期"

囿于人员编制限制、出口不够顺畅、新分配大学生流失等客观原因，新疆银监局干部结构梯次不尽合理。目前机关干部人均年龄 47 岁，分局干部人均年龄 43 岁，干部年龄段出现板结，优秀青年干部职务晋升空间有限，50 岁以上的处长占比 80% 以上，干部老龄化问题突出。

（三）违规信访进入"高发期"

据统计，2014 年受理群众来信比 2013 年上升 160% 。个别违规信访产生恶劣影响，严重损害新疆银监局形象。

（四）价值取向进入"多元期"

受社会拜金主义、享乐主义等不良风气影响，部分干部不比奉献比收入，产生负面懈怠情绪，职业信仰动摇，个人利益至上，工作作风不实，心态出现失衡，纪律松懈散漫，政治学习不足，战斗力有所下降。

（五）新疆区情进入"叠加期"

当前新疆处于"恐怖活动的活跃期、反分裂斗争的激烈期和干预治疗的阵痛期"，三股势力仍时有抬头，在多处制造了恐怖事件，社会不稳定因素对金融服务和员工心态产生持续性消极影响。

二、做好思想政治工作的主要方法

（一）坚持"一岗双责"，党建、业务"两手抓、两手硬"

系统各级党组织主要负责人既是行政"一把手"，又是党委（党支部）书记，更是党风廉政建设的第一责任人。要将各部门干部队伍思想政治建设情况按照一定的权重纳入政务考核体系，抓"关键少数"，做到统揽不包揽，当班长不当家长，"不跑题、不走调、不抛锚"。必须树立不抓思想政治工作就是严重失职的意识，坚决防止党建工作"失之于偏、失之于软"。

（二）手拉手、心连心，做好"三个联动"

在思想政治工作中落实上下、左右、内外"三个联动"。一是上下联动。建立分局局长季度联席会议制度，由局领导主持会议，各分局局长每季汇报工作，提高驾驭全局能力。机关各处室与分局结对子，落实任务分解量化目标，做好督查督办工作。二是左右联动。在新疆银监局多民族大家庭中，强调大融合，"美美与共"，做到思想交融、人员交往、业务交流、意见交换，加强民族团结。三是内外联动。增进与党政部门、金融监管机构协调配合，加强与被监管机构沟通联系，"关门一家亲，开门天下亲"，增强监管政策的执行力和实效性，建立起一支受人尊敬、有威严、有激情的队伍。

（三）严肃党的政治纪律，严守内部规章制度

要求全体干部严格遵守"三大纪律"：一是廉政纪律。严格遵守中央"八项规定"，不去不该去的地方，不拿不该拿的东西，不吃不该吃的饭，坚决不碰高压线。重点排查人事管理、财务收支、现场检查和市场准入等环节存在的潜在问题，敢于查处和曝光反面典型。二是安全稳定纪律。维护金融安全要警钟长鸣，利剑高悬，同时紧绷维护社会稳定之弦，注重干部人身财产安全。三是组织纪律。做好监管业务保密的同时严守内部纪律，在干部选拔使用等工作中严守组织纪律，不搞违反规定的小动作，同时坚决打击"冒名诬告、制造谣言"和"收买人心、拉动选票"的不正常现象。

三、进一步加强思想政治工作的思路

（一）营造团结和谐氛围，增强干部队伍凝聚力

引导干部职工自觉践行社会主义核心价值观，扎实推进监管文化建设。一是开展理想信念教育。坚定对中国共产党、社会主义、伟大祖国、中华民族的认同，牢固树立加强民族团结、维护祖国统一、反对民族分裂的思想，以实际行动促进新疆社会稳定和长治久安。二是弘扬中华传统美德。鼓励多做善行义举，推进学雷锋活动常态化，形成爱岗敬业、助人为乐、艰苦奋斗、厉行节约的良好风气。三是丰富监管文化活动载体。组织经验交流会、监管讲座、青年论坛等活动，充分利用网站设立活动专栏，运用微信、微博等喜闻乐见的形式，将思想教育工作融入宣传活动中。

（二）建立健全考核机制，增强制度执行力

开展创先争优活动，形成积极向上、活泼有序、奋发有为的团队氛围。一是开展"法治金融建设年"活动。通过组织誓师大会、开展法治金融宣传等一系列活动，不断提高依法监管能力。二是完善绩效考评制度。建立健全履职尽责考核评比机制，将考核结果与津贴挂钩，与年终评比挂钩，与干部选拔任用挂钩，体现奖优罚劣导向。三是树立先进典型。通过设立局长奖励基金等形式，实现鼓励先进、鞭策后进的成效，以此重塑监管职业责任感、荣誉感和自豪感。

（三）以人为本关心职工，增强监管工作战斗力

避免暴风骤雨，提倡和风细雨，要切实做好"三个关心"：一是关心职工生活。进一步推行局长接待日、局长信箱等制度，加强领导干部与职工交流谈心，对不同年龄层干部开展有针对性的思想教育工作，加强心理疏导，消解负面情绪，引导快乐工作。二是关心员工成长。帮助干部职工完善职业发展规划，结合个人特质和实际能力，明确培养目标和方式，提升自信心，增强责任感，着力提高职工业务素质。三是关心干部成才。制定并落实更加科学、合理的干部选拔办法，以工作实绩为基础综合考量，打破论资排辈观念，使有能力、群众认可的同志选拔到领导岗位。同时要加强横向、纵向干部交流和锻炼，强化干部资源和职位统筹，优化干部队伍梯次结构，不断提升新疆银行业监管工作的战斗力。

（作者王俊寿，新疆银监局局长）

以加强和改进党建工作推动
中国华融战略性转型发展

　　党的十八大以来，习近平总书记在一系列重要讲话中提出了关于党的建设的很多重要论述，进一步回答了在新的历史条件下建设一个什么样的党和怎样建设党这个基本问题，丰富和发展了党建工作思想，为国有金融企业全面提高党建科学化水平提供了新的重要理论指导。通过认真学习领会习近平总书记这一系列关于党的建设的重要论述，结合中国华融近年来改革发展实际，我想就加强和改进党建工作，推动公司战略性转型发展，谈几点认识。

一、学习贯彻习近平总书记系列重要讲话精神，是新形势下加强和改进国有企业党建工作的迫切需要

　　习近平总书记在一系列对党建工作的重要论述中，深刻阐述了如何坚守共产党人精神追求，如何把党要管党、从严治党落到实处等一系列重大问题，为我们加强和改进国有企业党建工作指明了努力方向。

　　（一）习近平总书记关于党的建设的重要论述，为加强和改进国有企业党建工作提供了重要的理论支撑

　　习近平总书记关于党的建设的重要论述，是全面推进党的建设新的伟大工程的重要指导理论。作为国民经济的重要支柱，国有企业是全面建设小康社会的中坚力量，也是党执政兴国的重要基础。因此，我们必须把习近平总书记关于党的建设的重要论述作为理论支撑，指导加强和改进国有企业党建工作。

　　（二）习近平总书记关于党的建设的重要论述，为加强和改进国有企业党建工作提供了重要的思想武器

　　习近平总书记强调，当前国有企业改革发展正处在一个新的阶段，越是这样的时候越要毫不动摇地坚持党对国有企业的领导，越要以改革创新精神加强和改进国有企业党的建设，越要充分发挥国有企业党组织的政治核心作用。因

此，我们要始终把国有企业党建工作抓在手中、扛在肩上、落在行动上，以改革创新精神推进国有企业党建工作。

（三）习近平总书记关于党的建设的重要论述，为加强和改进国有企业党建工作提供了重要的行动指南

新形势下加强和改进国有企业党建工作，就要以习近平总书记关于党的建设的重要论述为行动指南，紧密联系企业实际，主动适应全面深化改革和建设现代企业制度的新要求、党员职工队伍的新变化，围绕国有企业党建目标和中心工作，强化党委主体责任、纪委监督责任，把抓好党建作为最大的政绩，坚持党建工作和中心工作同谋划、同部署、同落实、同考核。

二、加强和改进国有企业党建工作，重在树立"一个观念"、把握"两大抓手"、正确处理"三种关系"

（一）树立"抓好党建是国有企业最大政绩"观念

习近平总书记强调："各级各部门党委（党组）必须树立正确政绩观，坚持从巩固党的执政地位的大局看问题，把抓好党建作为最大政绩。如果我们党弱了、散了、垮了，其他政绩又有什么意义呢？"这是对以往在政绩观认识上的纠偏，正本清源、固本强基。我们要牢固树立"抓好党建是国有企业最大政绩"的观念，尤其是在全面深化国有企业改革转型发展的今天，越是面对改革过程中的困难、阻力、问题、风险，越要坚定不移地坚持和加强党的领导。

（二）把握"从严管干部"和"健全党建机制"两大抓手

第一，抓住"从严管干部"这个牛鼻子。企业党建重在领导班子建设。为此，一要坚持党管干部原则，以严的标准要求干部、以严的措施管理干部、以严的纪律约束干部。二要抓好领导干部作风建设，作风建设永远在路上，好的作风才能产生凝聚力、战斗力，否则企业就会形同一盘散沙。三要严肃领导干部党内政治生活，开好高质量的民主生活会，不断增强党内政治生活的原则性、纯洁性、战斗性和示范性。

第二，抓住"健全党建机制"这个基础。国有企业党建工作能否有效管用，关键在于健全落实各项机制。为此，一要健全党建工作责任机制，切实把国有企业党委主体责任、纪委监督责任落到实处。二要创新党建工作方法机制，不断研究探索国有企业党建工作新规律、新特点，把党建工作的落脚点定位在为企业发展提供强大的推动力上。三要落实党内民主决策、科学管理机制，制定

党内民主议事实施细则，确保民主集中制在企业贯彻落实到位。四要构建密切联系基层群众的沟通机制，建立领导联系基层、党员联系群众的"双联"制度，全方位、多角度了解基层党员和群众的需求与心声。

（三）正确处理党建与"法人治理"、"转型发展"和"企业文化建设"三种关系

第一，与法人治理的关系。现代企业制度的建立和完善，对企业党组织发挥政治核心作用提出了新要求：既要严格遵守《党章》等党内规矩和纪律，又要自觉支持、维护和保障企业法人治理结构的权威；既要着力构建现代企业公司治理结构，又要通过党组织政治核心作用和党员先锋模范作用的发挥，促进国有资产的保值增值。

第二，与转型发展的关系。不论国有企业领导体制、经营机制、产权结构和治理结构如何变化，都要始终坚持党对企业的绝对领导，充分发挥党委政治核心作用、基层党组织的战斗堡垒作用和党员的先锋模范作用，使党组织和党员干部成为国有企业改革发展的中坚力量。

第三，与企业文化建设的关系。企业文化和党建工作既有所区别，又互相联系、密不可分，两者都是为了凝聚共识，为提高企业效益、促进企业转型发展服务。因此，企业文化完全可以成为党建工作的重要载体和实现形式。

三、以加强和改进党建工作，推动中国华融主动适应"十大新常态"，实现"十大战略性转型"

适应新常态、寻找新动力、实现新发展，中国华融既要在党建工作上严格贯彻落实中央关于加强和改进党建工作的一系列新精神、新要求，又要以加强和改进党建工作推动业务中心工作主动适应经济新常态。总体看，中国华融当前面临着"十大新常态"：一是适应"两个责任从重"的新常态；二是适应"作风建设从实"的新常态；三是适应"公司治理从新"的新常态；四是适应"发展速度从稳"的新常态；五是适应"提质控险从快"的新常态；六是适应"筹资发债从宽"的新常态；七是适应"业务国际化从远"的新常态；八是适应"内部管理从优"的新常态；九是适应"廉政规定从紧"的新常态；十是适应"队伍建设从严"的新常态。

主动适应"十大新常态"，中国华融将全面贯彻落实习近平总书记系列重要讲话精神，坚持从严治党、依法治企，着力加强和改进党建工作，积极推动公

司发展实现"十大战略性转型"。一是发展模式转型：由规模速度型向质量效益型战略性转型。二是治理结构转型：由非上市公司向公众上市公司战略性转型。三是业务结构转型：由不良资产处置业务为主向真正意义上的资产管理公司业务战略性转型。四是业务打法转型：由单一资产管理业务向"一体两翼"协同发展的综合金融服务战略性转型。五是产品服务转型：由传统业务向创新业务战略性转型。六是资金管理转型：由以国内银行为主筹措资金向国内国际两个市场借款、发债等多渠道筹措资金战略性转型。七是风险管控转型：由粗放式的项目风险管控向精细化的集团风险管控战略性转型。八是管理方式转型：由传统企业低层次管理向现代企业高层次管理战略性转型。九是国际化转型：由国内业务为主向拓展国际化业务战略性转型。十是队伍建设转型：由传统的人力资源管理向现代化的人力资源经营战略性转型。

一分部署，九分落实。中国华融将以习近平总书记系列重要讲话精神为引领，在银监会党委的正确领导下，坚持"听党的话，跟政府走，按市场规律办事"的经营理念，一手抓加强企业党建工作不放松，一手抓企业改革转型升级发展不放松，继续做强主业、做大利润、做响品牌，不断增强科学可持续发展能力，努力实现打造"治理科学、管控有序、主业突出、综合经营、业绩优良"的一流资产管理公司"华融梦"，为支持中国实体经济发展、实现中华民族伟大复兴的"中国梦"作出新的更大贡献！

（作者赖小民，中国华融资产管理股份有限公司党委书记、董事长）

新形势下加强和改进基层银监机构
思想政治工作研究①

——以江西银监局为例

"经济建设是党的中心工作，意识形态工作是党的一项极端重要的工作"，习近平总书记在 2013 年 8 月 19 日全国宣传思想工作会议上如是强调。作为银行业监督管理部门，推进银行业改革发展、维护银行业稳健运行是我们的中心工作，而思想政治工作则是确保我们的监管事业不断取得新成绩的根本保障。目前我们的思想政治工作开展得怎么样？存在哪些问题和困难？如何才能更好地推进思想政治工作的有效开展？

一、近年来基层银监机构思想政治工作的探索与实践

江西银监局自成立以来，在中国银监会党委的正确领导下，较好地发挥了思想政治工作的引领作用，有效促进了基层银监机构的和谐稳定发展。

（一）始终坚持红色教育，把握正确导向，让思想政治工作永葆生机和活力

近年来，江西银监局依托地方独特红色资源，搭建以重大历史事件为点、以历史进程脉络为线、以不同的革命根据地为面的"红色培训"大课堂，增强了思想政治工作的吸引力、感染力和震撼力。一是现场教学让思想政治教育看得见、摸得着。二是实践体验让党性教育学得好、用得上。三是日常融入让党性教育记得牢、管得远。四是注重立言立行，让思想政治工作发挥出强大号召力和战斗力。

（二）始终坚持解放思想，融入中心工作，让思想政治工作受关注、有作为、见成效

一是围绕如何推进银行业改革发展问题，引导大家破除"求稳"还是"求

---

① 本文发表在《全国金融系统思想政治工作和企业文化建设优秀调研成果（2014）》（中国金融出版社）。

进"的思想困扰，进一步增强科学发展的自觉性和坚定性，做到突出重点，以点带面，在深化法人机构公司治理改革、加快法人机构改革转型和理财同业业务治理改革方面有所作为。二是围绕如何支持实体经济发展问题，引导大家破除封闭保守思想，强化开放竞争意识，进一步坚定搞好普惠金融的信心和信念，引领"三农"金融服务，不断提升小微金融服务水平。三是围绕如何对待教育、待遇等问题，引导大家破除个人利益的狭隘意识，进一步增强顾大局、讲奉献的崇高信念，不断加强干部队伍建设。

（三）始终坚持开拓创新，凝聚各方力量，让思想政治工作激发兴奋点、展示闪光点、扩大影响力

在实践中，江西银监局充分发挥党、团、工、妇等部门的作用，实行三个转变。一是尊重员工主体地位，实现由"被动接受"向"主动参与"的转变。二是创新工作方式方法，实现由"单向灌输"向"双向互动"的转变。三是丰富工作内容，实现由"简单重复"向"不断深化"的转变。

二、新形势下基层银监机构思想政治工作面临的困难和挑战

（一）政工人才缺乏，工作方式方法单一，制约了新形势下思想政治工作的开展

目前，基层银监机构人员绝大多数是从原人民银行业务岗位转换过来的，形式单一，缺乏创新，很少触及能引起广大员工共鸣互动的话题，还没有完全做到思想政治工作服从和服务于银行监管改革发展的需求，致使思想政治工作处于被动局面。

（二）员工思想多元化，加大了新形势下思想政治工作的难度

当前，我国正处在一个思想大活跃、观念大碰撞、文化大交融的时代。加上基层银监机构干部职工当前最关心的是发展前景、工资福利、学习培训等涉及自身利益的实际问题，价值取向的个人利益化，充分反映出其关注点越来越凸显其现实性，这就使思想政治工作的难度加大、复杂性增强。

（三）保障激励机制不完善，影响了新形势下思想政治工作的效果

无论是物质激励保障措施，还是职级、职称激励措施，都存在不配套或落实不到位的现象。

三、新形势下破解基层银监机构思想政治工作难点的思路与方法

（一）转变观念，把握"以人为本"这一根本

思想政治工作说到底是做人的工作，必须坚持服务人这一根本，即坚持以人为本。既要坚持教育人、引导人、鼓舞人、鞭策人，又要做到尊重人、理解人、关心人、帮助人。只有坚持以人为本，准确把握干部职工的工作情况和思想脉搏，把握干部职工的所思、所想、所愿，进而有的放矢地在办实事中贯穿思想教育，在解决实际问题中解决思想问题，真正尊重人，真情理解人，真诚关心人，才能使干部职工在履行监管职责过程中，思想得到充分表达，能力得到充分发挥，活力得到充分激活，价值得到充分体现。

（二）理清思路，坚持"正面、务实、慢炖"三原则

一是坚持"正面教育"原则。就是要充分利用江西丰富的红色资源，善于抓住主旋律，唱响正气歌，摆事实，讲道理，以表扬和鼓励为主，用先进典型引路示范，以此充分调动广大干部职工的积极因素、发挥其主体作用，激发其内在动力，做到自觉学习、自我反思、自我完善、自我提高。二是坚持"求真务实"原则。就是要重心下移、深入群众、分类指导，因地、因人、因时、因事制宜地进行思想政治工作，把工作做深、做细、做活、做实，做到干部职工的心坎上，努力增强思想政治工作的针对性和有效性。三是坚持"文火慢炖"原则。思想政治工作能引导干部职工的思想，能影响监管效能，能孕育和谐的监管氛围，但它不是灵丹妙药，不可能一蹴而就、立竿见影。

（三）丰富内容，做到"思想、业务、文化"相结合

一是寓思想教育于专业教育之中。二是寓思想教育于监管业务之中。三是寓思想教育于监管文化之中。

四、新形势下加强和改进基层思想政治工作的对策与建议

（一）整体推进，促进思想政治工作系统化

一是要进一步完善基层思想政治工作领导责任制度，建立以党委为主体，横向到边、纵向到底的党政工团齐抓共管的思政工作保证体系，实现由"小政工"向"大政工"的转变；二是要认真落实"一岗两责"，健全检查考核制度，把工作成效作为衡量领导班子、领导干部政绩的重要依据，发挥领导干部的表

率作用；三是要建立思想政治工作联席会议制度、人员思想动态分析制度、工作效果反馈制度等各项制度，落实好考核、监督和激励机制；四是要加强思想政治工作队伍建设，选派政治强、业务精、能力强的年轻同志，充实到思想政治工作队伍中，加强学习培训和岗位交流，改善政工干部的知识结构，使政工干部成为讲政治、精业务、善管理的复合型人才。

（二）创新载体，丰富思想政治工作多样性

一是要以争先创优活动为载体，提升思想政治工作有效性。同时，要树立"小机构大舞台"理念。二是要注重文化熏陶，提升干部职工整体素质。三是要加强局域网建设，拓展思想政治工作领域。

（三）讲究方法，提高思想政治工作针对性

一要方法灵活。注重讲究好"艺术"，具体问题具体分析，在充分了解每个干部职工的不同心理特点、学习情况、人际关系和家庭条件的基础上，对症下药，有的放矢。二要形式灵活。要寓教于文、寓教于乐，把思想政治教育渗透到文化娱乐活动中去，让干部职工成为活动的创造者、参与者、组织者和传播者，在满足审美需求和兴趣爱好的过程中，使干部职工得到哲理的启迪、心灵的感染、情操的陶冶。三要手段灵活。要更加注重用事业造就人、用环境凝聚人、用机制激励人，使每个员工都能实现自己人生的最大价值，将个人"潜能"变为做好监管工作的"显能"。

（四）完善体制，增强思想政治工作实效性

一是要多下基层指导工作，倾听最基层员工的呼声和要求，想方设法解决关系到员工切实利益的问题，尽最大努力满足员工的合理诉求，合力引导部分员工的失落情绪，提升基层银监队伍的凝聚力和向心力，调动基层干部员工工作的积极性和主动性。二是要针对目前基层银监机构存在的困难，给予经费、设备、人员配备上的保证，以解决一些实际问题。针对目前县级监管办事处存在的归属感不强、人员偏少、事务较多、队伍老龄化、队伍战斗力下降等情况，深入调研，提出科学的解决思路，使监管办事处安心地站岗、放哨，提升最基层银监队伍的战斗力。三是要适当减轻基层银监机构的工作负担，调动他们的主观能动性，发挥他们的自身优势。此外，要充分发挥各基层党支部桥梁纽带作用，使党支部真正成为衔接、推动、引领、督促各基层银监机构思想政治工作有效开展的有力组织保障，确保思想政治工作不流于形式、不走过场、不打折扣。

（作者吴国荣，中国银监会系统工会副主任）

对抓好党风廉政建设责任制的几点思考

抓好党风廉政建设，是党中央、国务院对各级纪委提出的明确要求，为确保党风廉政建设责任落到实处，推动围绕监管中心任务开展好各项工作，就要把廉政建设的责任放在心上、抓在手上，落实在行动上。

第一，领导重视是关键。抓好一个单位的党风廉政建设关键在领导。"一把手"要发挥好表率作用，就要牢固树立抓好党风廉政建设是本职，不抓党风廉政建设是失职的意识，主动承担起党风廉政建设"第一责任人"的责任，做到重要工作亲自部署、重大问题亲自过问、重要环节亲自协调、重点工作亲自督办。切实种好自己的"责任田"。同时，领导还要抓好自律，俗话说"打铁还须自身硬"，领导的示范作用、带头作用、标杆作用至关重要。要求别人做到的自己首先做到，要求别人不做的自己首先不做。领导干部从某种意义上讲，是公众人物，因此在社交圈始终要遵循"慎友"二字，做到有底线、有格调。

第二，部门尽责要到位。推动落实力度，将党风廉政建设责任进一步具体化，各部门负责人要认真履行"一岗双责"职责，在抓好综合或监管业务的同时，主动抓好本部门的廉政建设。要层层签订党风廉政建设责任制，制定落实任务分解表，在工作安排上，要和落实重点监管任务同部署、同安排。在纪检监察部门"三转"工作中，党委支持纪委工作要坚强有力。比如内蒙古银监局2014年制定出台的《内蒙古银监局纪检监察"三转"工作实施意见》，具体明确了职责定位，充实了纪委办（监察室）力量，增加了懂法律、会计、科技的专业人才，明确了纪检监察部门职责定位。纪检监察部门退出了政府采购、招投标等12项工作，聚焦聚力抓主业。要规范纪委书记的分工，使局系统纪委书记全身心投入到主业。在实际工作中，组织部门要建立和完善干部动议、考察、任免、年度考核、交流、轮岗等制度；巡视部门要充分发挥发现问题的作用，持续组织开展巡视工作；宣传部门要加强正面宣传和反面教育，强化对党风廉政建设责任制的学习，努力营造廉政从政的良好政治生态；党委办公室要深入推进党务公开、政务公开和单位内部事项公开。通过明确各职能部门职责，进一步完善落实党风廉政建设和反腐败工作联动平台。

第三，责任落实是重点。抓好党风廉政建设，落实责任是主体。党委要敢于责任担当，着力抓好"一岗双责"和"一案双查"的落实。履行"一岗双责"，党委书记不仅要抓好全面工作，同时，也要担负起党风廉政建设和反腐败工作的全面领导责任、首要领导责任。各部门"一把手"，不仅要抓好本部门的各项工作，还要切实增强党的观念，履行好书记责任、所在单位党风廉政建设的领导责任。实行"一案双查"，就是要完善责任追究制。对发生重大腐败案件及严重损害群众利益事件的，不仅要查办当事人，还要上追一级责任，情节严重、影响恶劣的，要上追多级责任。2014 年，内蒙古银监局在具体落实党风廉政建设责任过程中，先后制定了《落实党风廉政建设主体责任和监督责任实施意见》，出台了《关于落实党风廉政建设主体责任工作重点任务的分解意见》，建起了"横向到边、纵向到底"的责任体系和落实链条。通过廉政风险排查、巡视、执纪、监督去发现问题。要建立纪委连接前台做好后台的监督把关、信访工作督办机制。在具体工作的落实上，党委每季要听取纪委党风廉政建设工作情况汇报，分管领导每季听取分管处室党风廉政建设和履行"一岗双责"情况汇报。纪委每年年底要对党风廉政建设和反腐败工作进行述职述廉，推进主体责任落实，强化担当意识。

第四，监督问责要强化。当前党风廉政建设和反腐败斗争的形势依然严峻，因此反腐败的高压态势必须始终保持，形成不能腐、不敢腐、不想腐的强大震慑。要认真落实集体领导和分工负责、重要情况通报和述职述廉和诫勉谈话等制度，畅通联系群众和反映问题的渠道。制定改进工作措施和领导干部廉洁从业有关规定，要加强监督检查，纪委要通过召开委员会议，研究制定工作措施，对各部门落实党风廉政建设情况进行抽查。要从严规范从业行为，坚持从小处着手，严肃查处发生在群众身边，群众反映意见大的问题。此外，抓监督还要积极配合好上级党委对本地区的巡视工作，认真做好巡视整改工作，积极推进纪检监察机关实现"三转"，落实纪检监察派驻机构全覆盖工作。

第五，完善制度是根本。建立不敢腐、不能腐、不想腐的长效机制，关键是靠改革、靠制度。抓改革抓制度是反腐败的治本之策，是源头治理，更具有根本性、长期性。从改革的角度看，发挥市场在资源配置中的决定性作用，更好地发挥政府作用，权钱交易的机会就会大大减少。"法无禁止就可为，法无授权不可为，法定职责必须为"，实行党务公开，政务公开，让权力在阳光下运行，减少权利寻租的机会。从制度角度看，我们现在从上到下制定的制度越来越细，越来越有针对性、可操作性，"牛栏关猫"的制度越来越少，这是制度建设的重大进步。从执行角度看，一是以上率下，从领导抓起。二是先易后难，从作风改起。三是把"认真"二字贯彻到底，真抓真管，真查真处理。要落实好党风廉政建设责任制的考核，对党风廉政建设责任制落实情况每年考核一次，并与领导班子、领导干部工作目标考核、年度综合考评、惩治和预防腐败体系建设检查等工作相结合，同步组织实施，考核结果纳入年终综合考评范围。要坚持从严治局、从严管理的方针，着力建设一支能战斗廉洁自律的监管队伍，促进提高监管的有效性，保证银监会和内蒙古银监局党委决策部署的有效贯彻落实。

第六，教育引导要先行。抓好党风廉政建设，要从抓党员干部的学习教育做起，要从抓党员干部的思想道德防线做起，要从抓早、抓小、抓预防做起。做到"不敢腐、不能腐、不想腐"。不敢腐、不能腐是外在，只有不想腐才是内在。首先要培养领导干部坚定的理想信念，正确的世界观、人生观、价值观，高尚的道德情操，练就"金刚不坏之身"。其次，要树立强烈的底线意识，就是党章意识、纪律意识、规矩意识，不能突破道德底线，不能突破纪律的底线，不能突破法律的底线。最后，是要抓早抓小，防患于未然。所谓"小洞不补、大洞吃苦"。对领导干部存在的苗头性、倾向性问题，在做到中发现、早提醒、早纠正、做到惩前毖后、治病救人。要把廉政教育融入主体责任，不断提升党员干部尊廉崇廉的价值观和守纪意识。通过召开会议、中心组学习、处长论坛、青年读书会、新任处级干部廉政谈话等多种形式，传达上级文件精神，宣传落实党风廉政建设主体责任和监督责任，形成了廉政文化氛围，做到了法纪教育早划红线，不断将党风廉政建设推向深入。

（作者刘金明，时任内蒙古银监局纪委书记，现任内蒙古银监局副局长）

落实"两个责任" 深入开展党风廉政建设工作

党风廉政建设责任制是深入推进党风廉政建设和反腐败工作的一项基础性制度。当前,如何落实党风廉政建设主体责任和监督责任,深入推进党风廉政建设和反腐败斗争,是摆在我们面前的一项重大政治任务。下面,结合辽宁银监局的工作谈几点看法。

一、落实党风廉政建设责任制的主要做法

(一)"两个突出"营造落实党风廉政建设责任制良好氛围

一是突出领导重视。将落实党风廉政建设责任制摆上重要议事日程,与履行银行业监管职责同部署、共落实,要求各级负责人按照"一把手"负总责和"谁主管,谁负责"原则,认真落实好所辖范围内的党风廉政建设工作的领导责任。同时,通过上党课、召开专题党委例会、党委中心组学习、开展党风廉政建设检查考核等方式,切实履行党风廉政建设责任制。特别是在每年党建工作会议上,省局党委书记、纪委书记分别与省局领导班子成员、机关部门和分局负责人签订"党风廉政建设责任书",不断强化领导干部的责任意识。二是突出文化熏陶。坚持抓廉政促监管,着力用先进的文化引导人,用良好的环境熏陶人,旗帜鲜明地提出"依法合规廉洁监管,不让一名同志掉队"的廉政建设理念。在其引领下,持续开展党风党纪、理想信念和会规教育,扎实开展领导讲廉、教育倡廉、典型导廉、案例警廉、节日强廉、家庭助廉等廉政文化特色宣传活动,并综合运用机关办公场所、廉政文化走廊、网上宣传阵地、媒体短信平台等载体,不断增强廉政文化的影响力、吸引力和渗透力,营造了"人人思廉,人人向廉"的浓厚氛围。

(二)"三个着力"完善落实党风廉政建设责任制有效机制

一是着力于制度约束,确保责任制分解到位。制定《辽宁银监局党风廉政

建设责任制实施细则》，将党风廉政建设责任的领导机制、责任内容、工作制度和追究情形上升为刚性要求。纪委根据具体工作任务制定"全系统党风廉政建设和纪检监察工作任务分解表"，将具体工作任务进行分解立项，做到责任到领导、量化到部门、细化到岗位、实化到个人，形成"一岗两责"的工作机制。二是着力于监督考核，确保责任制执行到位。制定《辽宁银监局廉政考核暂行办法》，建立责任、教育、制度、监督、效能五维度评价指标体系，运用定性与定量、日常考核与年度考核、内部评价与外部评价三结合的方法对全系统廉政建设工作质效进行科学评价，特别是将监管效能纳入考核内容的尝试，提升了党风廉政建设责任制的执行力和权威性。三是着力于结果运用，确保责任制追究到位。抓住关键环节，实行"三个挂钩"。与"创先争优"等各种评比挂钩，受到责任追究的分局党委、机关党支部及其主要负责人，取消当年年度考核评优和评选各类先进的资格。与领导干部考核、选拔任用挂钩，单独受到责令辞职、免职处理的领导干部，一年内不得重新担任与原任职务相当的领导职务；受到降职处理的，两年内不得提升职务。与领导责任挂钩，根据考核结果，对排名靠后的分局进行约见谈话。

二、党风廉政建设责任制实施过程中存在的问题

（一）责任主体意识不强

个别领导干部对新形势下加强党风廉政建设的重要性，紧迫性认识不足，责任主体观念淡薄，有的认为抓好业务就行了，党风廉政建设好一点、差一点无关大局。有的对廉政建设责任制的学习和重视程度不够，对其抱有无所谓和盲目乐观的侥幸心理，总体性的要求多，工作流于形式。

（二）责任内容履行不够

有的单位责任内容只停留在明确上，开个会，签过责任书就认为工作完成了，责任制落实都是纪检监察部门的事。有的责任分解不够明确，责任内容不具体，检查考核不够深入，没有与本职工作紧密结合，缺乏硬性约束措施，成效不明显。

（三）责任监督力度有限

由于纪检监察同级监督的体制，纪检监察工作人员在履行监督职责时，存在不愿监督，不敢监督的问题。同时纪检监察干部队伍年龄和知识结构的问题，某种程度上还存在不会监督的问题。

（四）责任考核和追究不明晰

个别单位缺乏科学可操作性的责任考核制度，存在内容过于笼统、与中心工作结合不紧密等问题，或每年例行考核，但考核成果无运用，责任考核与追究形同虚设。

三、落实好党风廉政建设责任制的建议和意见

（一）强化主体责任，在"三责"上下功夫

一是领导班子的集体责任。党委班子要履行集体责任，按照守土有责、守土负责、守土尽责的标准和要求，把党风廉政建设视为主责，做到"不松手"。二是党委书记的第一责任。党委书记要履行第一责任，增强亲自抓、主动抓、严格抓的自觉性，做到"不甩手"。三是班子成员的领导责任。班子成员要履行分管责任，贯彻执行"一岗双责"，将党风廉政建设融入分管工作的各环节，做到"不撒手"。

（二）深化机制建设，在"四制"上花气力

一是逐级分责制。根据"谁主管、谁负责"的原则，建立条块分明、层级清楚的责任制，细化职责范围，层层签字背书，特别是要明确党委主体责任和纪委的监督责任，梯次推进落实。二是定期报告制。建立健全党风廉政建设报告制度和查阅制度。下级党组织每年要向上级党委、纪委报告上年度落实党风廉政责任制情况，接受上级党委、纪委指导，规范开展相关工作。三是科学考核制。建立切实可行的评价标准和考核体系，对领导班子和领导干部履行责任情况进行动态评价。四是终身追究制。建立终身责任追究制度，对领导干部任期内发生的党风廉政建设问题，不论什么时候暴露出来，也不论其职务发生了什么变化，都应追究其领导责任，同时追究纪委监督责任。

（三）突出工作重点，在"落实"上动真格

一是选好用好干部。认真落实习近平总书记提出的好干部"五条标准"，严格执行《党政领导干部选拔任用工作条例》，优化干部考察、任免、年度考核等办法，认真开展干部选拔任用工作"一报告两评议"，树立良好的选人用人导向。二是加强作风建设。毫不放松抓好八项规定精神落实，持之以恒纠正"四风"。认真践行"三严三实"要求，将改进作风作为经常性工作和长期性任务融入日常工作，强化监督，立行立改，严肃执纪，抓作风促工作。三是加强权力制衡监督。建立健全决策权、执行权、监督权相互制约又相互协调的权力运行

机制，探索健全微观审慎规制方法，推行监管部门权力清单制度，深化廉政风险防控机制，形成党内监督、行政监察和审计监督有效运行的工作格局。四是抓好领导干部廉洁自律。抓源头，特别是要通过开展廉政谈话、参观警示教育基地等方式加强对新提任领导干部的教育。抓重点岗位、关键环节，严肃查处领导干部违规违纪问题。坚持从严管理干部，对苗头性、倾向性问题及时诫勉提醒，防止小问题酿成大错误。

（四）强化监督责任，在"支持"上做文章

一是支持纪委加强队伍建设。在人力、物力上给予重点支持，选拔优秀人才充实到纪检监察岗位，关心纪检干部成长，加强培训教育，提升纪检干部素质。二是支持纪委明确职责定位。支持其协助党委加强党风廉政建设和组织协调反腐败工作，专心致志执好纪、问好责、把好关，为银行业监管事业稳健发展保驾护航。三是支持纪委履行好监督责任。定期听取纪委工作汇报，研究部署党风廉政建设和反腐败工作。支持纪委做好执纪、监督和问责，深入开展执法监察和效能监察，加强权力制衡、运行监督。支持纪委做好信访和案件查处工作，重要信访件和案件亲自督办。纪检监察部门要在党委的支持下，切实转职能、转方式、转作风，聚焦中心任务，刚正无私，严格执纪，用铁的纪律打造人民满意的纪检监察队伍。

（作者付明权，辽宁银监局纪委书记）

推进廉政风险防控工作问题研究

为深入推进基层银监局廉政风险防控建设，掌握和总结实践工作中的经验做法，探索和制定有效的防控措施手段，吉林银监局纪委结合实际对银监局系统开展廉政风险防控工作情况进行了专题调研。

一、当前基层银监局系统推进廉政风险防控工作的基本情况

现阶段基层银监局开展廉政风险防控的主要方法是以岗位廉政风险排查为手段，以规范和制约权力运行为核心，坚持源头防范为主的原则，将预防关口前移，以"查找、预防、控制"为重点，通过风险排查、风险定级、分权制约、优化流程、强化教育、制度监控、落实责任等手段，构建起教育、制度、监督"三位一体"的防控体系。

以吉林银监局系统为例，2012 年至今，按照银监会安排部署，吉林银监局在全系统内通过三个步骤推进开展岗位廉政风险排查与防控体系建设工作。首先，领导重视，科学谋划，整体推进。银监局系统成立了"廉政风险防控体系建设"工作领导小组和办公室，系统内根据工作实际制定了廉政风险防控工作实施方案，并利用多种方式和渠道大力宣传廉政风险防控的目的和意义，为廉政风险防控工作的顺利开展奠定了坚实的基础。其次，明确职责，排查风险，规范职权。按照银监局统一部署，各级单位深入开展廉政风险排查工作，形成《行政职权目录》，并绘制《权力运行流程图》，确保全系统风险排查覆盖全面，不留死角。最后，完善制度，健全机制，常抓不懈。按照排查出的风险点，银监局系统及时对存在风险隐患的岗位职责、工作流程、业务规程等进行修改和完善，堵塞管理漏洞，填补制度缺位，逐步形成了全面覆盖、层层管理、重点防控、责任到人的廉政风险防控基本框架，工作初显成效。

二、基层银监局推进廉政风险防控体系建设中存在的问题及原因分析

一是思想认识存在偏差。当前在推进风险防控机制建设过程中，仍有部分单位、部门存在重业务监管，轻内部管理，廉政建设"说起来重要，做起来不要"的现象。个别基层干部职工对开展廉政风险防控工作理解上有误区，有的片面认为廉政风险防控是领导干部的事情，因此参与积极性不高；有的同志错误地将风险排查问题化，严重化，将发生腐败的可能性当做已经发生的腐败问题来对待，思想上排斥、工作上被动。这些错误认识在一定程度上弱化了防控机制作用，导致风险防控工作开展欠缺深度、持续性差。

二是防控手段较为单一。基层银监部门受人员数量、科技水平、经费保障和廉政风险防控经验等因素制约，在工作推进过程中，防控手段创新能力不足，存在不同部门防控措施大同小异，手段单一，实效性差等问题。没有一套自上而下、针对性强、行之有效的廉政风险防控监督制约机制，防控措施难以发挥有效的监控作用。

三是向下延伸有待加强。由于廉政风险防控主要是以基层单位为主体进行的，银监会系统尚未有明确的防控措施和规范性文件。基层监管部门虽然出台了部分防控措施，但是这些措施存在只注重本级单位风险防控工作的开展，未将此项工作进一步向下延伸情况，而多数县级监管办事处地处偏远、人员紧缺，不具备独立完成廉政风险防控建设工作的条件，尚未与上级单位预防腐败工作实现系统化互动，致使工作开展不利，形成监督盲区，无法全面深入推行廉政风险防控机制建设工作。

四是考核机制不够完善。目前，基层银监部门还没有建立起一套科学、合理，适合不同部门、岗位的廉政风险防控考核标准和体系，而仅将其作为年度考核中的一项内容，且更偏重于定性指标，只要不发生案件和风险事件，考核分数往往相差不大。同时，奖惩激励机制还不健全完善，对持续有效推进廉政风险防控工作具有一定不良影响。

三、完善基层银监局廉政风险防控长效机制的措施及建议

（一）增强廉政风险防控工作的实效性

1. 加强组织领导，树立模范先锋。深入推进廉政风险防控机制建设，关键

在领导，坚持把推进廉政风险防控机制建设纳入银行监管发展总体部署，列入重要议事日程；领导干部带头查找单位和个人的廉政风险，带头制定和落实防控措施，带头抓好分管范围内的廉政风险防控机制建设；同时树立一两个职能部门认真落实廉政风险防控机制建设主体责任，自觉把廉政风险防控机制建设融入部门业务和管理工作中，建立健全工作机制和制度的模范先锋。

2. 强化教育宣传，树立廉洁意识。加强廉政风险防控教育宣传是提高干部职工思想认识，搞好廉政风险防控的基础性工作。一要端正思想认识，使干部职工充分认识到职责、权力、风险三者是相互依存的。二要抓好载体创新，充分利用板报媒体、报刊网络、邀请专家授课、观看警示教育片、开展主题宣传月等多种教育形式，有针对性地开展岗位廉政教育活动。三要探索监督模式，在日常学习、工作、生活中防微杜渐，侧重于更细致周全的廉政提醒。重点抓好重要时间节点，以通知、廉政贺卡、温馨提示等方式强化节日期间廉政监督；加强对新任职干部和偏远监管办事处的廉政提醒，以走访座谈、任职前廉政谈话等方式，有效筑牢干部思想道德防线，增强干部勤政廉政意识；加强对现场检查人员的廉政教育，抓好检查组进场前廉政教育培训，强化警示作用，增强现场检查人员廉洁履职的自觉性和主动性。

（二）增强廉政风险防控工作的科学性

高度重视和发挥现代科技信息技术在廉政风险防控机制建设中的作用，将信息化管理融入制度化管理。一是整合资源，公开晒权。整合内网信息系统，开设局长信箱、部门动态、督察督办、信访举报等专栏，明确部门岗位职责，公开工作流程进度，加大政务公开力度，让更多的内部运作置于阳光下，逐步达到权力运行监督的信息化、动态化管理。二是以人为本，源头预防。合理运用职工论坛等信息网络平台，密切关注和掌握干部职工思想情绪波动及触犯"四风"、违反"八项规定"等线索，及时采取防控措施，从源头上预防廉政风险的发生。三是实时监控，动态管理。探索科技预警管理模式，开发创建廉政风险防控管理系统，将计算机动态监控和纪检监察部门的日常监控有机结合，以高科技方式完成廉政防控监测预警工作。四是明确权责，规范流程。结合银行监管工作实际，编制规范、标准的《行政职权目录》和《权力运行流程图》，科学分配权力、科学设置岗位，建立起结构合理、配置科学、程序严密、制约有效的制度体系，推动形成有效防控廉政风险的"制度链条"。

（三）增强廉政风险防控工作的系统性

1. 完善内部管理机制。根据权力运行的风险内容和不同类别，实行分类管理、逐级负责制。对廉政风险等级较高的权力，交由单位主要领导负责，对廉政风险等级一般的权力，由单位分管领导负责，对廉政风险较低的权力，由职能部门领导直接管理和负责；积极推行"四步走"措施，即教育引导、深入查摆、堵漏建制、防范卡死；定期召开廉政风险防控工作形势分析会，认真查找和剖析银行监管工作中的制度漏洞和不规范环节，进一步建立起前期风险预防、中期过程控制、后期结果处置三道防线。

2. 建立考核评价体系。采取随机检查、重点督察、交叉检查、明察暗访等多种形式，不定期地对本单位、本系统、本行业廉政风险防控机制建设进行检查，及时发现问题，加强廉政风险排查，提出改进工作的具体措施；在抓好监督的同时，注重教育、监督、评价相结合的考核体系建设，将廉政风险防控机制建设情况纳入党风廉政建设责任制、惩防体系建设、领导班子和领导干部考核评价的重要内容，作为工作实绩评定和干部奖惩的重要依据；采取征求意见、问卷调查等形式，广泛听取群众和被监管单位的意见和建议，充分发挥各类监督主体在廉政风险防控机制建设中的作用，以利于及时发现问题，纠正偏差，不断推进廉政风险防控措施贯彻落实。

（作者孙国富，吉林银监局纪委书记）

基层监管部门正风肃纪长效机制研究[①]

近年来，基层银行业监管部门开展正风肃纪工作，较好地促进了勤政务实、敢于担当、清正廉洁的干部队伍建设。但社会对金融服务的满意程度、社会乡风民俗的转变程度、干部职工的思想政治工作开展程度、纪律规定内涵与外延的明确程度等，均影响到社会对基层银行业监管部门作风建设的整体评价。下一步仍需着力构建"不愿为、不能为、不敢为"的长效机制。

一、浙江银监局系统正风肃纪开展情况及成效

浙江银监局系统成立以来，在正风肃纪方面做了大量工作，取得了积极进展。

（一）明确责任，推动任务落实

通过每年层层签订责任书、印发工作要点和责任分工、制定考评办法等措施，将正风肃纪工作的具体要求融入到党风廉政建设整体工作之中。通过推动党风廉政建设责任制有效落地，明确在正风肃纪工作中各级党委的主体责任和各级纪委的监督责任。从调研看，基层银行业监管部门普遍重视作风建设和纪律建设，浙江银监局系统正风肃纪工作责任明确，工作能够有效落实。问卷调查[②]反映：基层监管人员认为所在单位非常重视作风建设和纪律建设的占比84%、比较重视的占比16%，合计达100%。

（二）常抓不懈，促进作风提升

浙江银监局系统历年来认真贯彻银监会党委、纪委的部署，积极谋划、常抓不懈。先后组织开展了"加强干部作风建设"主题实践活动、"作风建设年"活动、"执行力建设年"活动，着力提倡"三不三手"[③]和"五不让"[④]的工作

---

① 通过赴辖内有关分局及监管办事处开展正风肃纪长效机制建设情况调研，形成本报告。

② 本次实地调研采取了召开座谈会、发放调研问卷的形式，共发放问卷 25 份、收回 25 份。

③ 三不三手："看不准不动手、看准了不松手、干不成不放手"的工作作风。

④ 五不让：不让工作在我手里延误、不让事项在我桌面积压、不让差错在我身上发生、不让来办事的同志在我这里受到冷落、不让风险和违规问题在我眼前溜过。

作风。局党委还提出"腰板硬不硬、办法多不多、效果好不好"的监管工作评判标准，大力弘扬"监管有为"的精神风貌，有力地推动了浙江银监局系统作风建设深入开展。

（三）严格监督，守牢纪律底线

始终将令行禁止作为纪律建设的底线，确保纪律的刚性约束。坚持"有案必查、有腐必反"的原则，保持案件"零容忍"。综合运用巡视、监察、审计、现场检查监督卡、廉政谈话、任前廉政知识考试等手段加强监督检查。汇编《浙江银监局纪律守则150条》，印发全局系统人手一册组织学习遵守。突出"长期抓"、"经常抓"，紧盯重要时间节点，重申明令禁止的各类具体问题，坚决防止麻痹松懈。

（四）稳扎稳打，逐见工作成效

通过大力推进正风肃纪工作，浙江银监局系统初步营造了为民务实守廉的良好氛围。近年来行风评议总体满意率连续达到99%以上。2013年，在浙江省纪委、纠风办开展的由59个省级部门参加的"优环境促发展落实年"活动评比中获得第6名。从无记名问卷调查来看：基层监管人员对本单位正风肃纪的效果评价较高，平均值达3.72分①，达到"非常认同"的水平；认为目前公务活动徇私和受托违规办事现象比较少，分别得1.32分和1.08分；此外，调查认为党的十八大以来"公务接待从简"成效比较明显的达100%，"厉行勤俭节约"和"精简会议活动"成效比较明显的也分别达84%和80%。

二、基层银监部门正风肃纪长效机制建设面临的困惑

从调查来看，目前正风肃纪行动取得了明显成效，但进一步推进作风建设长效机制建设，仍需关注以下几个方面：

（一）社会对金融服务的满意程度直接关系到社会对监管部门履职的评价程度

从调研看，地方经济和企业发展遇到困难时，特别是企业风险暴露增多时，社会上总有一小部分人忽视经济和企业自身存在的根本问题，简单地把经济转型的困难、企业经营的风险归咎为银行提供融资不足、不及时和融资利率、服务收费方面问题，进而认为是监管部门作为不够，导致监管部门公众形象受损。

---

① 打分题采用"按照认同程度"打分法，依照认同度从低到高分别打0、1分、2分、3分、4分，0代表非常不认同、2代表一般认同、4代表非常认同。按照以下规则解读打分结果：平均得分0~0.5为不认同、0.5~1.5为不太认同、1.5~2.5为一般认同、2.5~3.5为比较认同、3.5~4为非常认同。

比如，少数银行存在的一些违规揽存、不合理服务收费等问题，虽然监管部门从上至下予以大力整顿、规范，但是社会上少数人轻率地将之归咎于监管部门行政不作为或作为不够到位，甚至不负责地主观臆断监管人员与银行机构间存在某些利益输送。

（二）乡风民俗的转变程度直接影响到监管部门作风建设新常态的巩固程度

在人情社会，各个地方都有一些传统的乡风民俗，甚至有些是陈规陋俗。在当前作风建设新常态下，这些乡风民俗给基层监管人员带来了一定的困惑。特别是在婚丧嫁娶方面，少数干部职工在一定程度面临着传统"面子"文化和银监纪律约束的双重压力；如不按照本地区约定俗成的惯例来操办会有很大的心理压力，但对"不得利用各种婚丧喜庆等进行大操大办"心存顾虑。加之社会上不少地区在办理婚丧嫁娶时存在送礼金的现象，以及"大操大办"的标准界限不够明确，收哪些礼金是可以的、收多少礼金是合理的、多大的规模是符合标准的等问题，都给基层监管人员遵纪以及纪检部门执纪带来了很大的困惑。

（三）正确看待收入待遇差距的思想政治工作直接影响到作风建设新常态的思想基础

从调研看，基层监管人员反映最为普遍的是工作挺忙、压力挺大，而且是越来越忙、压力越来越大。但是不管是纵向还是横向比较，收入待遇相对较低，生活压力较大，内心比较苦闷。少数干部职工在外部诱惑下，容易造成内心失衡，对思想、言行多多少少带来影响。这些言行往往会给基层监管部门负责人带来压力，有时会产生"打一些擦边球"谋取集体福利、鼓舞员工士气的不良念头。在收入压力下，少数干部职工可能会产生从事兼职活动或者经商办企业的想法。

（四）纪律规定内涵与外延的明确程度直接影响到作风建设对违纪行为的威慑程度

基层监管人员普遍认为，目前作风、纪律方面的制度规定已经不少，基层经过层层加码就更加多了。纪律规定的繁杂性，给基层监管人员的学习、执行带来了一定的困扰。与此同时，少数干部职工的违纪行为往往具有很大的隐蔽性，难以及时发现并受到查处。问卷调查显示，影响作风纪律长期持续深入贯彻落实的因素中，认为"目前制定的制度还不能面面俱到"影响较大（2.56分），认为"对违规的惩处不够及时、有力"影响较大（2.56分）。①

---

① 打分题采用"按照认同程度"打分法，依照认同度从低到高分别打0、1、2、3、4分，0代表非常不认同、2代表一般认同、4代表非常认同。按照以下规则解读打分结果：平均得分0～0.5为不认同、0.5～1.5为不太认同、1.5～2.5为一般认同、2.5～3.5为比较认同、3.5～4为非常认同。

三、持续推进基层银行业监管部门正风肃纪长效机制建设的对策与建议

（一）进一步推进干部职工正风肃纪的思想教育，构筑"不愿为"的自律机制

各级领导干部要自觉履行本单位正风肃纪工作领导者、组织者和执行者的职责，积极发挥示范效应。要把党风廉政建设和反腐败宣传教育纳入党的宣传教育总体部署中，通过及时通报典型案例、集中开展纪律规定学习等教育促使全体干部职工时刻紧绷廉政勤政这根弦，预防麻痹大意、小节失范等问题。还要大力弘扬"勤政务实、勇于担当"的工作作风，防范"慵懒散怠、监管疲劳、监管不作为"等不良苗头。

（二）进一步健全银监部门正风肃纪的制度体系，构筑"不能为"的防范机制

要积极落实各级党委党风廉政建设主体责任，坚持业务、党风两手抓、两手硬，做到守土有责、守土尽责。建立健全纪律制度规定，定期对现有纪律制度进行清理、修订、规范。按有所为有所不为的原则，进一步推进简政放权，从源头上彻底斩断腐败滋生的土壤。建立健全了解民情机制及渠道，对人民群众反映较强烈的突出问题，积极推动解决，及时回应社会关切。推进银行系统的行风建设，提高企业、群众对银行系统的满意率。加大宣传力度，促进社会各界进一步了解银行业监管工作，消除误解。

（三）进一步突出纪检监察的监督执纪问责职责，构筑"不敢为"的惩罚机制

各级纪检监察部门要严格按照"转职能、转方式、转作风"的要求，回归"监督、执纪、问责"三项根本任务，通过紧盯责任点、重要时间节点、风险点，积极推进责任落实到位、监督执纪问责到位、风险防控到位，确保提升廉政风险防控力、惩治腐败威慑力、监督问题纠偏力，最终树立清正廉洁、团结向上的正气，率先垂范、敢于担当的勇气，勤政工作、开拓创新的锐气。

（作者曹鸣风，浙江银监局纪委书记）

基层党性教育中存在的问题与对策

党的十八大提出全面提高党的建设科学化水平，要求抓好党性教育这个核心，教育党员干部树立正确的世界观、权力观、事业观，讲党性、重品行、作表率。但从工作实际来看，基层党性教育方面还存在一些问题亟待解决。

一、存在的问题

（一）定位的精准性不够

传统观点认为党性教育是组织部门和党校应该考虑的事，只有领导干部才应该接受党性教育，因而放松了对普通党员的教育。加之，部分观点认为"党性教育只是思想政治教育的一部分"，未将其作为核心内容放在"党性教育优先"的位置，进一步造成党性教育的普遍性、层次性、针对性不足。

（二）内生性不够

少数同志认为党性教育"务虚"，结果难以体现，成效难以考核。部分基层党组织在制订年度教育培训计划时，把党性教育列入其中往往是为了完成任务，造成党员干部"真想学、学真理"的自主性不足，也未能体现党员提升自身党性修养的真实需求。

（三）经常性不够

党性是党的本质属性，每位党员需要时刻牢记、内化于心，潜移默化、外化于行，才能保持追求先进性的动力。但在日常工作中，较少有人主动谈论党性问题，甚至专门从事党性教育的党务工作者也仅局限在授课上，课下不愿讲、不敢理直气壮地讲，导致党性教育弱化。

（四）多样性不够

部分基层党组织，未把"加强党性教育、提升党性修养"作为一个涉及教育培训、社会实践等环节的系统性工程，往往认为党校、行政学院是主要渠道，党内集中教育活动才是强化党性教育的主要方式。造成党性教育形式过于单一，渠道过于狭窄，缺乏吸引力、感染力。

（五）载体运用的有效性不够

开展批评与自我批评是我们党加强党性修养的有效载体和锐利武器。但目前存在"相互批评不深入、自我批评不深刻"的现象，难以解决思想深处中的实际问题，难以触及党性修养的核心矛盾。

（六）实践性不够

党性教育与党性锻炼是"知行合一"的统一整体，在长期执政背景下，现实中相当数量的党员干部缺乏艰苦环境的锻炼，缺少与人民群众的深厚感情，甚至忘记自己本身就来源于人民群众。这也是造成部分党员干部党性的实践根源不扎实的主要原因。

（七）教材时代性不够

目前，党内缺少系统介绍、阐述和诠释党性，特别是全面完整阐释当代马克思主义最新理论成果的读本，现有教材未能很好地发挥出教育、吸引、激励和鞭策党员的功能。

（八）教师专业性不够

目前，银监系统基层党组织开展党性教育授课，除了少数邀请党校、行政学院或讲师团的专业教师外，大多由本单位党组织和党务部门的负责同志承担。但这些同志党建的理论基础和专业水平总体不高，授课的针对性、合理性与说服力不强，实际效果有待提升。

（九）制度性不够

党中央对加强党性教育非常重视，我们党很早就有了加强党性教育的文件，近年来也采取了不少推进措施。但是，一方面，这些制度在实际中未真正落实到位；另一方面，因缺乏经常化、具体化的制度规定，也造成党性教育"浮在上面，很难深入"的尴尬局面。

二、基层党性教育存在问题的主要原因

（一）放松了对党性教育的严格要求

部分党内同志党性意识淡薄，没有深刻理解"党的先进性和党的执政地位都不是一劳永逸的、一成不变的，过去先进不等于现在先进，现在先进不等于永远先进；过去拥有不等于现在拥有，现在拥有不等于永远拥有"的重要意义。

（二）对党性教育的认识不够深入全面

长期以来，党性教育存在"头痛医头、脚痛医脚"的问题，党性教育研究

和规划缺乏系统性，推进中缺乏有效的顶层设计、制度保障、组织保证和环境支撑。

（三）思想政治工作这条"生命线"在弱化

加强思想政治工作是我们党在革命战争年代保持战斗力的成功经验。在社会主义建设时期，部分同志对它的必要性和重要作用认识不足，强调不多，重视不够，从而弱化了党性教育。

三、政策建议

加强党性教育是全面提高党的建设科学化水平的基础性和战略性工程，特别是在世情、国情、党情深刻变化的新形势下，为使党永葆先进性和纯洁性，党员发挥好先锋模范作用，必须更加重视党性教育。

（一）践行主体责任，把党性教育放在基层党建工作的优先位置

党要管党，先治思想。应督促基层党组织引导党员运用党的创新理论深化对党性的认识，增强坚持党性的内在动力，这是加强党性教育的基础和前提。既要系统学习马列主义、毛泽东思想等党的基本建党思想，把握无产阶级党性的精髓；又要坚持以中国特色社会主义理论体系为指导，把握党性的时代内涵，增强党性教育的科学性和实效性。

（二）坚持分类推进，增强党性教育的针对性

对于党员领导干部和普通党员，应当在坚持基本要求和统一标准的基础上，区别不同情况有针对性地提出要求、制定规划、统筹推进、分层实施。实践中需要培养一支党性修养强、理论水平高、忠诚党的事业、勤恳务实、勇于担当的基层专业党务队伍，作为党性教育和党建事业的"金种子"，具体承担、谋划和推进党性教育工作。

（三）注重实践锻炼，让党员干部在生动的社会实践中淬火升华

历史表明，坚强的党性是在实践中锻造出来的。目前，一要健全和完善党员干部到生产一线、基层前沿、艰苦岗位、困难地区、复杂环境中锻炼的制度，在实际中锤炼升华党员党性。二要健全完善密切联系群众制度，培养党员干部保持与人民群众血肉联系的思想和理念。

（四）拓宽教育渠道，形成全方位加强党性教育的新格局

一是强化党校教育，利用党校的教学资源和独特优势，重点做好对各级党员领导干部的培训。二是充分利用各地红色教育基地，以党领导人民进行革命、

建设和改革的历史为活教材，提高党员干部感性认识，推进理性思考。三是及时组织编写体现党性精髓和时代精神，生动活泼，具有教育、启迪、激励、鞭策作用的合格教材。四是充分运用网络、微信、手机、电视等现代媒体，探索务实管用的载体和平台，不断高提党性教育的吸引力和影响力。

（五）开展学习实践活动，激发党员增强党性的内生动力

针对不同时期党的中心任务的需要，适时开展党内集中教育活动，有计划、有针对性地解决一定时期内党的建设中存在的突出问题。从严治党，首治党纪！必须始终坚持加强党风、党纪、党规教育和监督，通过严肃党纪来保证党的本质属性的遵守和体现。

（六）健全完善制度，形成党性教育的长效机制

一是坚持和完善党内开展批评和自我批评的制度，开展积极的党内斗争，发扬党内民主，始终保证党的肌体健康。二是坚持和完善领导干部双重组织生活制度，发挥民主生活会和组织生活会开展思想交流、提高党性修养、增进班子团结的重要作用。三是坚持和完善基层党委党性定期分析制度，把党性分析作为民主生活会重要内容，互相提醒，共同提高。四是坚持和完善党性教育经常化的制度，让党性修养成为党员常修之功，一种习惯，一种生活常态。

（作者桂宗稳，时任安徽银监局纪委书记，

现任安徽银监局副局长）

银监分局纪委落实"三转"工作的难点与对策

为认真贯彻"转职能、转方式、转作风"的工作要求，进一步聚焦主业，明确职责定位，服务监管大局，湖南银监局纪委对基层银监分局纪委落实"三转"工作情况进行了专题调研。

一、落实"三转"的基本情况

近年来，全省各分局纪委在"转职能、转方式、转作风"方面，积极探索，务实工作，取得了明显的成效。

一是突出主业主责转职能。全省分局纪检监察部门紧紧围绕《党章》规定的三项主要任务，围绕《行政监察法》赋予的五项职责，把主要精力和工作重心转移到纪检监察业务上，变"运动员"为"监督员"，完善"监督的再监督"、"检查的再检查"、"执法的再执法"，形成了严、细、深、实的监督责任体系。目前各分局按照监督要求，严格制度约束，规范操作程序，做到用制度管权、管事、管人。全省系统共新建制度145项，修订完善制度194项，废止制度72项。

二是坚持问题导向转方式。首先，紧紧围绕中央和上级的工作重点作为监督选题。将落实"中央八项规定"、银监会党委22条实施细则、省局9条实施措施及反对"四风"要求等作为监督重点，增强执行的自觉性、规范性、针对性和实效性。其次，围绕监督检查发现的薄弱环节、查找的廉政风险点等作为监督选题。对党风廉政建设责任制进行全面梳理，找准薄弱环节，分析问题原因，做实处漏排险，盯牢廉政风险，抓好整改落实，确保权力行使与监督跟进同向、同力、同步。最后，围绕群众高度关注、反映强烈的突出问题作为监督选题。通过设立意见箱、举报电话、开门接访、上门回访、信访举报等形式，把社会和群众关注的问题作为监督的重点，点题督办。近年来，重点纠治了以监管权谋私、公款吃喝、公车私用等问题，并对文多会多，门难进、脸难看、事难办，超标配备公车，多占办公用房等问题进行了专项整治。2014 年全省银监系统压缩文件 20% 以上、精简会议 35% 以上，评比由 13 项减少至 5 项，"三公"经费平均下降 18.5%。

三是立足自身过硬转作风。要求别人要做的，自己先做到，自身硬、自身正，有信念、有担当，负得起监督责任。首先是做实廉政风险防控，全面落实风险排查，实施动态监控，加强风险预警，落实责任追究，做到有问题早发现、早控制、早化解。其次是做实重点监督，重点突出廉政建设、班子情况、内部管理、队伍建设、依法履职等方面监督，适时开展巡视、监察与巡查回访，教育、监督、规范干部廉洁从政从业行为。最后是做实日常行为监督，全面落实"三项清理"、履职回避、节假日廉政监督等日常监督工作，做细做实，不留空当，有效提高了全省银监系统党员干部廉洁从政意识、廉政风险意识与自我约束能力。

二、落实"三转"存在的问题

通过调查，发现基层银监分局纪委在如何有效落实"三转"，履行职责方面还存在以下问题。

一是定位不准，聚焦主业不足。各分局专职纪委书记没有完全专职主业，除主管纪委办公室、纪检监察科外，另外还分管了 2～3 个部门的工作，既是执行者又是监督者，对公正监督有所制约。纪委书记既是分局班子成员，又是分局党委委员，事务更是繁杂，分管工作、兼职工作、临时性工作任务众多，很难有足够的精力抓纪检监察工作，甚至把纪检监察工作当作了副业，往往是种了别人的责任田，自己的责任田有时出现"撂荒"现象。

二是管理体制和工作机制不畅。同级纪委监督党委模式，监督具有天然的软弱性。在目前纪委不是派驻制领导体制下，基层分局纪委工作机制对党委的依附性强，人、财、物都要接受分局的领导和管理，同在一条船上，一荣俱荣，一损俱损。纪委的尽职监督和问题暴露不仅直接影响分局整个集体，甚至也直接影响纪检监察部门或个人自身的考评、考核和个人选任等。纪委书记由于分管、参加、参与了很多主责部门的工作，既是监督主体，又是执行主体，即使纪委书记自己做到清正廉洁，自身过硬，监督同级同僚，主动监督、主动作为意识也会受到影响，一定程度上弱化了纪委的监督职能。

三是人员力量素质难适应新形势纪检监察工作。一方面，人员力量配备不足。安排在监察科的人员少，一般只有 3 人。年龄偏大、临近退休的，没有上升空间，进取心不大；年龄稍小的工作热情也不够，不安心工作，存在被动应付的情况，造成了监督执纪人员自身不硬的尴尬局面。有的安排在监察科的人员，在职不在岗等，严重影响了执纪监督问责职能发挥。另一方面，专业性不足。从调查了解，各分局纪检监察干部，普遍不是专业化的纪检监察干部，轮岗到该部门，也基本没有经过专业化的教育培训，纪检监察政策理论和业务水平严重不高。但目前，对人员的安排，同级纪委书记没有把关权，只能被动接受党委的调配，导致安排的人员难以适应工作需要和业务要求，许多工作职责、任务难以高质量完成。

三、落实"三转"的工作建议

在新的形势下，要保证纪委书记和纪检监察部门实现"三转"工作要求，聚焦主业，专司执纪监督问责，提出如下建议：

一是强化党委主体责任担当。党风廉政建设和反腐败工作分局党委书记负总责，履行党风廉政建设第一责任人的责任，并坚持身体力行管好班子、带好队伍、管好自己、当好表率。班子其他成员是党委主体责任分担者，对职责范围内的党风廉政建设负领导责任，应根据分工，认真履行"一岗双责"责任，定期研究、布置、检查和报告分管范围内的党风廉政建设工作，加强教育管理，检查监督分管部门及分管部门负责人廉洁从业、改进作风、履行党风廉政建设职责情况，做到业务工作开展到哪里，党风廉政建设深入到哪里。

二是明确分局纪委工作职责范围。上级纪委要统一明确分局纪委书记和纪检监察部门的职责，有所为有所不为，厘清职责定位。要分清主体责任和监督责任，把不该管的工作交还给主责部门，切实强化纪检监察部门"监督的再监督，检查的再检查"功能。纪委主要通过再监督及时发现各部门履职履责中存在的问题，进行执纪问责，促使各部门履行法定职责。只有上级统一纪委书记分工范围，提出明确要求，才能真正让纪委书记把"屁股"坐到纪委位置上来，更好履行监督执纪这个首要职责，抓好党风廉政建设和反腐败工作这个主业。

三是理顺分局纪委领导管理体制和工作机制。探讨实行分局纪委书记和纪检监察工作人员派驻制，可考虑将分局纪检监察干部人员编制上收一级，工资、干部管理和年度考核、评先评优等均由上级统一管理，跳出同级纪委监督同级党委的"尴尬"处境，确保纪检监察部门行使监督职能的权威性和独立性。为避免在同一岗位、同一地区职位固化，可以实行分局纪委书记任期制、交流制和轮岗制，充分调动其工作积极性和创造性，增强工作责任感。同时，探索有效的基层纪检监察工作机制，充分发挥党政工团作用和各部门（单位）负责人"一岗双责"作用，整合资源和力量，增强工作合力，形成纪委抓安排、抓任务分解、抓监督检查，各部门抓任务落实的良好工作机制。

四是配齐配优纪检监察工作队伍。在新形势下，纪检监察工作任务重，责任大，要求高，建议上级纪委争取人事组织部门支持，明确分局纪委办公室、监察科的人员编制，在选配干部时要按照"四化"标准，将作风正派、刚正不阿、工作能力强、懂法律、懂监管业务的复合型干部配备到纪检监察部门；同时，对现有纪检监察干部要加强业务培训，扩大知识面，提高分析问题和解决问题的能力，推动执纪监督工作全面有效开展和职能正常发挥。

五是提供基本的工作经费预算和技术支持。建议根据工作需要，适当配置先进的电脑设备、录像录音设备和其他必需的工作设备设施，做好相应的巡视、办案、效能监察等资金预算，提供强有力的资金、技术支持。

（作者尤明祥，湖南银监局纪委书记）

对做好廉政教育工作的几点思考

廉政教育是党的思想建设的重要组成部分，是源头反腐的固本之策和重要抓手。如何提高廉政教育工作的针对性和实效性，更好地发挥廉政教育的导向、警示作用，实现"不想腐"的目标，是值得我们深思的一道课题。

一、深刻认识廉政教育的地位作用

（一）廉政教育是党的建设的基础工程

党的建设最根本的是思想建设。思想建设得好坏，教育是决定性因素。什么样的教育，决定什么样的干部队伍，也决定了什么样的战斗力。廉洁出干部，廉洁也出生产力。疏于教育是对党的最大伤害，严格教育是对党的最大呵护。任何时候都要本着对事业、对组织、对干部高度负责的态度，从严要求和教育干部，绝不能一手软、一手硬。

（二）廉政教育是惩治和预防腐败体系的枢纽工程

在"教育、制度、监督"三位一体的惩防系统中，教育是基础，制度是保证，监督是关键。没有教育，制度就没有执行根基，监督就失去原本意义。只有通过教育，才能最大限度地增强对廉洁从政的价值认同，从而形成强大的内生约束力，最大限度地降低腐败行为的发生。

（三）廉政教育是保护干部健康成长的民心工程

一切腐败行为绝不是朝夕之间偶然发生的，都有一个从量变到质变的过程。放松主观世界的改造，是发生腐败行为的根本原因。加强主观世界的改造，必须依靠思想教育，只有通过坚持不懈的思想教育才能筑牢广大干部的思想道德防线，才能使干部从源头增强拒腐防变的能力。

二、全面把握廉政教育工作的特点规律

（一）政治性

腐败依附于权力而生，随着权力消失而亡。廉政的本质是对权力的约束和

规范，其调整的对象是"官"。"官"廉则民心聚，政权稳；"官"腐则民心失，政权垮。因此，廉政教育带有很强的政治性。我们必须从党和国家生死存亡的高度来认识廉政教育工作，增强工作责任感、紧迫感和使命感。

（二）时代性

每个时代都有不同的社会环境、主要矛盾和建设任务，这些构成了每个时代鲜明的特征。廉政教育与社会环境、主要矛盾和建设任务等时代特征有着密切联系，随着教育的环境、主体、客体的变化，教育的形式、手段、标准和要求也在变，因此呈现出明显的时代特征。

（三）行业性

权力在每个行业的表现形式不同，即不同的服务对象、不同的运行方式、不同的支配形式，构成了权力的行业特征。廉政教育具体到每个行业，具有鲜明的行业特征。廉政教育必须与行业特征紧密结合，才能落地生根。

（四）系统性

从大的方面讲，廉政教育需要组织、家庭、个人共同努力，才能形成气候；从单位内部讲，廉政教育需要各个部门相互配合，才能聚成合力；从教育内容讲，廉政教育需要与传统文化、职业教育和道德教育同步协调，才能入脑入心，因此廉政教育具有系统性。

（五）潜效性

相比于其他工作，教育的投入并不能立即产出。廉政教育也是如此，只有一个阶段一个阶段、一个任期一个任期抓下去，才能在潜移默化中起作用。因此，廉政教育具有长期性和潜效性的特征，必须持之以恒，绝不能一蹴而就。

（六）复杂性

人具有社会性，人的思想总是随着环境、角色、地位、阅历的不断变化，而处于持续变化中的。这就决定了廉政教育工作的复杂性和艰巨性，要求我们必须提高教育的针对性，因地、因时、因事、因人施教，才能取得实效。

三、客观正视廉政教育存在的问题不足

（一）责任主体不明，重视度不高

许多基层单位仍将廉政教育片面视为纪委的工作，没有从落实党委主体责任的高度来落实廉政教育工作。在工作分工上，党委主要负责人思考得少、过问得少、检查得少。在工作部署上，更加注重监督、惩处等立竿见影的工作，

对居于打基础、管长远地位的廉政教育工作重视不够，投入的人力、物力和财力也相对不足。

（二）方式方法不新，针对性不强

传统的泛泛而教的说教式教育仍占主流，互动式教育开展得少，干部职工主动参与度不高；按部就班完成规定动作的教育活动开展得多，因人而异、因时而异、因地而异的自选式教育活动开展得少；重形式走过场的现象仍比较普遍，有的单位把廉政教育等同于红色旅游、内部联欢、聚会聚餐，使廉政教育娱乐化、庸俗化。

（三）协调配合不力，系统性不足

廉政教育与监管业务契合度不高，难以融入业务工作全过程，"两张皮"现象仍未得到根本解决；与其他教育活动联系不够紧密，没有形成"大宣教"格局；与道德品质的培养结合不够，难以从思想深处树立"不想腐"的防线；各种宣教资源的统筹调配不够充分，现有人力、网络、信息等资源未得到最优化配置和利用，整体效率偏低。

（四）配套制度不全，规范性不够

廉政教育缺乏长远目标和系统规划，大多以完成上级安排的活动为主要目标，没有结合单位或部门实际制定阶段性的教育计划，也没有结合员工的个体差异制定差异化的教育方案；教育管理缺乏制度性安排，对教育频率、范围、内容等没有制度性约束，教育活动安排相对随意、内容比较分散。在对廉政教育的考核上，没有建立全面、细化的考核体系，缺少量化的考核指标和必要的奖惩激励措施。

四、切实改进廉政教育的路径方法

（一）提高思想认识，增强工作主动性

各级党委要将廉政教育当作党风廉政建设的基础性工作，全面履行好廉政教育的主体责任。要站在全局和长远的高度，将廉政教育与业务工作同规划、同部署、同检查；班子成员和部门负责人要"守土有责"，做好分管条线和部门的廉政教育工作，特别注重加强对干部职工的理念引导，提高主动接受教育的自觉性，变"要我学"为"我要学"，努力营造浓厚的学习氛围。

（二）健全工作制度，增强工作规范性

按照远期宏观、中期可行、近期具体的原则，制订好廉政教育的工作计划；

比照党委中心组学习制度，健全廉政教育工作制度，使廉政教育规范化、常态化；强化部门协作，理顺职责分工，细化工作任务，推动廉政教育与综合业务培训、其他思想政治教育等日常教育活动的融合，达到相辅相成、共同促进的目的；注重廉政教育与干部职业规划和实践培养的统一，分别制定入职、转岗、晋级、升职等不同层次的廉政教育方案，做到因人、因时、因地施教。

（三）把握特点规律，增强工作针对性

把握时代特征，适应新形势需要，进一步明确廉政教育的重点对象、核心内容，逐步构建以领导干部为重点对象、以信念教育为基础支撑、以法纪教育为核心内容的工作格局；紧密结合业务工作，针对银行监管的行业特征，在强化党风教育、理想信念教育、权力观教育和党纪国法教育的基础上，进一步加强市场准入、现场检查、监管评级、行政处罚等方面的会纪会规教育，努力树立廉洁、敢管、高效的监管形象；针对在信访、审计、巡视、行风评议等工作中发现的苗头性、倾向性问题，积极开展针对性教育，未雨绸缪，把工作做在前面，防患于未然。

（四）创新方式方法，增强工作有效性

在形式上，既要注重利用报纸、广播、书刊、墙报、会议等传统形式，又要充分发挥互联网、局域网、手机等现代传媒手段的作用，增强教育的亲和力；在方法上，既要用好集中学习、讨论交流、交心谈心、实地参观等传统教育手段，又要运用测试竞赛、征文演讲、模拟演示等新型教育手段，增强教育的吸引力；在内容上，要结合历史传统、地域文化及区域性反腐特点，以身边的事、身边的人为案例，有的放矢地开展教育，增强廉政教育说服力；在行动上，要注重发挥领导干部的表率作用，引导和带领干部职工自觉遵章守纪，增强教育的感染力；在考核上，要逐步制定量化、具体、可操作的考核指标体系，建立激励、问责机制，增强工作的严肃性。

（作者付志刚，湖北银监局纪委书记）

开展工作人员思想动态分析和廉政风险隐患排查的实践与思考

标本兼治、综合治理、惩防并举、注重预防，是中央确定的建立健全惩防腐败体系的重要方针。围绕落实这一方针，近年来广西银监局纪委在工作实践中勇于探索，对工作人员不良行为隐患排查上作了初步探索，并建立了相应的制度。通过排查，在及时发现处理了干部队伍中的一些苗头性和倾向性问题，促进干部队伍清正廉洁，较好地发挥了防微杜渐、防患于未然的作用。

一、力争分析排查工作制度化和规范化

一是集思广益，开门立制，充分发挥和集中集体智慧。为增强分析排查工作科学性、稳定性，局纪委在以往工作基础上决定制定分析排查工作办法，将此项工作以制度形式规范起来、固定下来。而且，采取开门立制方式，先是部署有关分局纪委按要求分别草拟工作办法，报局纪委比较整理、修订成形后，再发各分局、各处室广泛征求意见，并在采纳吸收有关意见后才最终印发施行《广西银监局工作人员思想动态情况分析和案件隐患排查工作办法》，使制度从一开始就具有较强的生命力和较高的普及程度和接受程度，为增强制度执行力奠定了扎实的基础。

二是内容精当，逻辑清晰，着力体现求真务实理念。在体例上，采取章节条款结合方式，共四章43条，层次分明，结构清晰。在内容上，按总则、分析排查内容和方法、分析排查工作纪律及责任、附则分为四个部分，每部分都明确了具体内容，而且文字简练朴实、内在逻辑清晰、不贪大求全、不追求华丽，体现了求真务实的工作理念。如该办法核心部分"分析排查内容和方法"中，就分层次明确了对党员干部、党员领导干部、工作人员的分析排查内容，而且其中所引用的《中国共产党纪律处分条例》、《中国共产党党员领导干部廉洁从政若干准则》、《行政机关公务员处分条例》等现行党内法规和政纪条规，具有很强的指导性、权威性。

二、增强分析排查工作针对性和前瞻性

一是问卷环节精心设计。为更好地掌握干部队伍的真实思想状况，我们对问卷采取不记名方式，打消大家的顾虑，营造宽松的氛围，促使大家谈实情、吐真言。同时，在问卷内容上也进行了精心设计，涵盖工作与生活、八小时内外、纪律与作风等多方位、多角度，并于2014年在问卷中适时加入了对领导干部和一般干部作风评议的内容，体现了很强的针对性和前瞻性，掌握了基本情况，为2015年全局系统深入开展群众路线教育实践活动提供了有利条件。

二是谈话环节用心安排。在实践中我们不断总结完善谈话工作，在以往集体座谈基础上，适时增加了个别谈话安排，并因地制宜、因事制宜、因人制宜，分门别类、有的放矢，针对问卷调查掌握的线索和纪检监察部门日常监督掌握的情况，针对性安排谈话重点，着力摸清实情、找到症结、对症下药。在近年来的分析排查工作中，通过问卷和谈话我们都掌握了个别工作人员身上的苗头性、倾向性问题，对此我们高度重视，要求当事人所在部门严肃对待、严格管理，并与组织人事部门积极进行研究，由组织人事部门对有关当事人采取了相关措施、作出了相应处理，着力做到及时消除隐患，切实体现了分析排查工作成效。

三、提高分析排查工作有效性和精准性

一是精心梳理，深入提炼，认真提出工作意见建议。分析排查是基础，解决实际问题才是关键所在。为此，我们高度重视分析排查报告的梳理汇总，对每一张问卷都认真查阅，对每一个谈话都精心整理，在此基础上做好汇总，力争客观、全面、准确归纳问题并提炼观点，研究提出针对性强、务实管用的对策建议供局党委决策参考。工作开展几年来，我们的工作报告得到前后几任局党委书记的充分肯定，并专门作出批示要求有关部门采取措施认真解决，分析排查工作成效得到充分认可，工作权威性也得到增强。2014年底，我们的此项工作还得到了来广西银监局调研指导工作的银监会纪委书记杜金富的高度赞许，专门要求我们过后将当年的分析排查报告向他专报。

二是上传下达，抓好落实，认真贯彻党委指示精神。在向局党委报告分析排查工作并在局党委书记作出批示后，我们按照批示要求，积极协同有关部门

认真研究具体对策措施，着力解决分析排查中反映出来的问题。如针对 2014 年报告中提出的加强思想政治工作与解决实际问题有效结合的对策建议，2015 年上半年组织人事部门研究制定了《广西银监局关于加强思想政治工作的实施意见》，工会组织也积极行动，想方设法解决干部职工的医疗保障问题，积极帮助青年员工联系团购事宜，解决住房困难。

三是与时俱进，改进工作方法，抓好行风评议工作。实践证明，不记名问卷有利于真实、准确掌握情况，为此，我们计划在今后的工作中继续坚持这一方式并在 2015 年全局系统的分析排查工作中使用统一的问卷，保持问卷内容的选项一致并相对固定，为形成连贯的问卷情况积累并进行横向纵向比较分析打下基础。同时，不断改进谈话方式方法，灵活安排谈话时间、地点、主题，选好主谈人员、提高谈话技巧，着力使谈话对象放松心情、放下包袱，吐真言、讲实情，为我们全面、客观、准确地掌握实际情况创造有利条件。在保持问卷成熟内容的基础上，结合不同时期、不同形势的需要增减相应的内容，既有利于保持工作的连贯性，又有利于体现工作的针对性、增强工作的前瞻性，是确保此项工作保持旺盛生命力的有力保障。如我们在 2014 年问卷中加入的作风评议内容，其评议结果为我们在 2015 年开展"转变作风年"活动和群众路线教育实践活动都提供了很好的参考借鉴，为我们围绕干部队伍作风找准问题、有效整改创造了有利条件。

四是增强合力，强化廉政风险防控，不断完善工作长效机制。一方面，要将分析排查工作与党风廉政建设各项工作有机结合，可把分析排查工作有机纳入全系统廉政风险防控工作，并与党风廉政建设各项工作统一部署、统一检查、统一考核，充分发挥工作协同效应；另一方面，要把纪检监察部门工作与其他各职能部门工作有机结合，进一步强化各职能部门领导"一岗双责"意识，看好自己的门、管好自己的人、做好自己的事，树立大局意识、全局观念，齐抓共管、各尽其职，与纪检监察部门合力推进党风廉政建设工作，着力完善长效机制，不断取得党风廉政建设新成效。

（作者魏敏，时任广西银监局纪委书记，
现任深圳银监局纪委书记）

对廉政风险防控常态化管理的思考

开展廉政风险防控工作是构建新一轮惩治和预防腐败体系的重要举措，是规范权力运行、促进依法行政的客观要求，也是提升反腐倡廉建设科学化水平的有力抓手。笔者结合工作实际对深入推进该项工作进行了调研，并有如下体会和思考。

一、本单位开展廉政风险防控的主要做法

（一）抓一个机制建设，统筹推进

重庆银监局党委高度重视廉政风险防控工作，成立了工作领导小组，指导全局廉政风险防控工作的全面实施。依据银监会党委关于开展廉政风险防控工作指导意见，结合重庆银监局实际，印发了《重庆银监局系统廉政风险防控工作实施方案》，该项工作自 2013 年 6 月启动，并于 2014 年转入常态阶段。

（二）抓两个层次部署，全员推进

以统一动员部署与分部门推进两个层面逐级动员部署和开展培训讲解。局机关以电视电话会议形式，由局纪委书记作动员部署讲话，同时各处室、分局按要求逐级在内部召开处务会、科室（监管办）动员会，统一思想，吃透精神，把握标准，有序推进。

（三）抓三个结合实施，协调推进

一是全面排查与重点防控相结合，按照岗位职责、权力运行流程全面排查风险点，重点排查监管权行使以及人、财、物管理以及领导干部"三重一大"决策等存在廉政风险；二是借鉴经验与有效管用相结合，在借鉴试点局经验的同时，结合重庆实际，双向流程把关质量，经过各部门—纪委办—分管局领导审查、审核等各个环节，三上三下，反复斟酌，局机关共排查出风险点 100 余个，经定级为高风险权力事项 27 项，针对风险点制定防控措施 119 条，并在内网公示；三是个别指导与年度考核相结合。利用年度考核和调研走访，对分局廉政风险防控开展情况与基础档案进行摸底检查和指导，查漏补缺，统一步调，

及时完善。

（四）抓四个分类管控，重点推进

针对可能存在的廉政风险，对风险产生源头、风险危害程度、风险识别预警、风险化解措施提出分类管控办法。一是产生源头区分为监管部门与综合保障部门，风险查找各有侧重；二是风险危害程度区分为高、中、低三类风险，区别管理；三是风险识别预警首先从防止利益冲突如干部职工履职回避排查与廉政承诺做起；四是风险防控化解措施区分为权力职责运行风险、思想道德风险、机制制度风险，分别作出防控措施安排等。

二、三个"不到位"制约廉政风险防控的深入推进

在调研中发现，当前还有三个因素制约廉政风险防控的深入推进，主要体现在：

（一）思想认识不到位

调研发现，少数干部职工对廉政风险防控工作不够重视，没有认真地研究理解它的作用和效果，担心查找风险会带来不必要的"麻烦"，工作开展有顾虑，完成工作求"交差"，对廉政风险防控工作"说起来重要，做起来不要"，有的从思想上就对廉政风险机制建设有抵触情绪。

（二）风险查找不到位

某些单位和部门在廉政风险点查找中存在"三多三少"现象，即：查找共性、原则性、普遍性的廉政风险点较多，查找个性、针对性、特殊性的风险点较少；结合岗位职责、职权目录查找的风险点较多，联系个人品行、修养的风险点较少；八小时内履职环节的风险点较多，八小时外的风险点较少。

（三）防控措施不到位

调研发现，有的防控措施制定与查找的风险点存在"两张皮"现象，未能有机结合；有的防控手段笼统普遍，针对性不强；有的沿用老办法、老思路，未能适应时代发展，更多运用信息科技手段；有的制度修订就事论事，未能"举一反三"；还有的重建轻管，认为完成公示此项工作就"万事大吉"。

三、对深入推进廉政风险防控工作的几点想法

（一）以认识再提升为先导，持之以恒深入推动

认识是行动的先导。要把深入感知、认知廉政风险作为提升防控水平的前

提。以岗位职责和权力运行流程查找风险、制定防控措施，促进廉政风险防控的科学性、针对性、有效性，必须持之以恒深入推动。通过纪委约谈单位和部门负责人等方式，进一步解决好各级领导干部对开展廉政风险防控工作的思想认识问题，积极探索廉政风险识别、判断、预防、管控、化解全流程管理，使廉政风险防控贯穿于监管与内部管理各项工作之中。

（二）以风险再梳理为切入，查漏补缺重点防控

廉政风险是可描述的，风险查摆的过程也是自我教育和自我防范的过程。在前期已排查风险基础上，进一步对风险点、风险类别进行梳理，统筹各个层级排查的相同点、不同点，相互印证、相互补充、查漏补缺，按照统一的风险度定位，明确将领导层决策权运行、监管权力行使、内部人财务管理三大方面作为重点防控，按照不同权力流程容易滋生的风险点，对高度风险点采取高压力传导、高频率教育预防等重点防控。

（三）以措施再细化为抓手，机制制度管长抓远

制度具有根本性、长期性，对管长抓远具有长效促进作用。针对各单位、各部门在风险排查后制定的防控措施，要进一步分析产生风险的根源，从机制、制度上添办法、增措施，尤其要加强监管公信力和内部管理透明度建设，做到过程和结果并重，"排雷"与"扫雷"并重。抓早抓小，积极健全预防廉政风险以及出现风险后如何处置等事前预防、事中控制、事后处置机制；认真按照谁主管谁负责原则分解落实相关防控任务；不断完善相关廉政制度的实施办法与实施细则；侧重加强廉政风险防控各项制度执行力建设等。

（四）以基础再夯实为根本，筑牢思想道德防线

人的思想道德是廉政风险产生最根本、最基础的因素，也是廉政风险防控重中之重。以人防为基础，筑牢思想道德防线，要做到不受各种利益诱惑、经受住廉政风险考验，必须坚持不懈开展理想信念教育与社会主义核心价值观引领，从正面、反面教育和引导干部职工树立正确的理想观、价值观、人生观；同时，始终保持对惩戒腐败"零容忍"态度，使廉政纪律成为约束干部职工行为的"高压线"。

（五）以监督再创新为保障，主动有为积极履职

要认真按照"转职能、转方式、转作风"要求，围绕"监督、执纪、问责"主线，切实落实纪委党风廉政建设监督责任。坚持监督方式的再创新，切实找准纪委履职工作切入点、融合点，以人为本，注重廉政风险防控"五结合"，促进廉政风险防控常态化推进。即重点防控与纪委约谈督促工作相结合、纪律执

行与制度完善相结合、动态管理与权力运行流程相结合、风险防控与党的群众路线教育实践活动相结合、任务落实与惩防体系规划实施办法相结合，及时开展专项指导与监督检查，主动作为，重在实效，主动有为，促进常态。

（作者颜台军，重庆银监局纪委书记）

进一步落实党风廉政建设"两个责任"的有效性探究

党的十八大以来，新一届中央领导集体把党风廉政建设和反腐败斗争提到新高度，要求全党深刻认识腐败导致人亡政息的历史教训，下大力气解决消极腐败问题。党的十八届三中全会进一步提出，落实党风廉政建设责任制，党委负主体责任，纪委负监督责任。"两个责任"的提出，抓住了党风廉政建设和反腐败斗争的关键环节。因此，我们必须不断强化"两个责任"意识，把思想认识和行动统一到中央的部署和要求上来，加强担当，各司其职、各负其责，确保党风廉政建设和反腐败工作各项任务落到实处。

一、深刻领会"两个责任"的基本内容

党委的主体责任包括主体结构、责任内容和主体能力三个方面。从主体结构上看，党委的主体责任主要包括党委领导班子的集体责任、党委主要负责人的第一责任、分管领导班子成员的领导责任。从责任内容上看，党委的主体责任具体表现在五个方面：加强领导，选好用好干部，防止出现选人用人上的不正之风和腐败问题；坚决纠正损害群众利益的行为；强化对权力运行的制约和监督，从源头上防治腐败；领导和支持执纪执法机关查处违纪违法问题；党委主要负责同志要管好班子、带好队伍，管好自己，当好廉洁从政的表率等。从主体能力上看，党委的主体责任是指各级党委在党风廉政建设和反腐败工作中的统筹能力、协调能力、治理能力和保障能力等。

纪委的监督责任主要包括监督的地位、监督的客体或对象、监督的职责内容等方面。各级纪委是从事党内监督的专门机关，其监督对象主要包括党的各级领导机关和党员领导干部，特别是对各级领导班子主要负责人进行监督。其监督责任，主要包括协助同级党委组织协调党内监督工作，组织开展对党内监督工作的督促检查；对党员领导干部履行职责和行使权力情况进行监督；检查和处理党的组织和党员违反党的章程和其他党内法规的案件等。

二、当前党风廉政建设弱化的具体表现

当前一些单位和部门的党组织认为党风廉政建设是纪委的责任,"一岗双责"观念淡薄,有的甚至把党风廉政建设和经济建设割裂开来,经常出现"抓党风廉政建设横向不够平衡、纵向层层弱化"等问题。主要表现为四点:一是责任制的龙头作用体现不够,没有形成抓党风廉政建设的合力。二是责任内容重点不突出。该细化的没有细化,该具体的不具体,定性指标、软指标多,定量指标、硬指标少。三是考核形式单一。平时督导检查少,考核以听汇报、查资料为主,很难了解到真实情况。四是责任追究失之于宽、失之于软,在追责问责上不愿下狠手,追责不到位的现象普遍存在等。十八届中央纪委三次全会对落实好"两个责任"作出具体部署,这无疑是破解这一难题的重大举措,为强化责任落实、严格责任追究指明了方向。

三、党委要把握四个关键点,切实担负起主体责任

(一)党委负总责,承担好第一责任

党委书记是党风廉政建设第一责任人,要对党风廉政建设负全面的责任、直接的责任、首要的责任。这种责任的全面性、直接性和首要性要体现在各个环节的工作力度上,包括管理的力度、监督的力度、对"一把手"监督制约的力度、查案办案的力度、建章立制的力度、落实制度的力度等。

(二)党委要勇于担责,善于抓早抓小

担当是领导干部基本的从政资格。没有担当精神,对于党员干部特别是主要领导干部来讲,是最大的缺陷。我们要在抓早抓小上下功夫,及时发现问题苗头,要从早从小抓起,及时提醒,挽救干部,就是救人一命。我们宁愿受到干部的误解和怨恨,也不愿看到干部出事后的悔恨;宁愿听到干部的骂声,也不愿听到干部高墙里的哭声。

(三)建立健全主体责任体系

履行党风廉政建设责任制,关键要"谁主管、谁负责",各司其职、各负其责,构建完善的责任体系。各级党委对本单位的廉政建设负总责,主要领导是第一责任人,班子成员对分管部门的党风廉政建设负责。所有领导干部都履行"一岗双责"的义务,党风廉政建设责任体系就会形成完整的封闭链条,形成闭

环效应。

（四）建立严厉的责任追究制度

领导干部自净自廉是底线要求，加强制度建设，进一步健全和细化各项制度规定，为规范权力运行铺设制度轨道，使党员领导干部真正把党规党纪当成高压线、警戒线，自觉做到不超越政策界限搞变通，不擅自扩大范围打"擦边球"，不违规操作乱办事，有令必行，有禁必止，切实养成在法治轨道上用权、在纪律约束下工作的习惯。严格实行"一案双查"，既查直接责任，又查领导责任，真正发挥党风廉政建设责任制的威力。

四、以新观念、新思路、新措施落实纪委的监督责任

（一）协助党委履行党风廉政建设主体责任，是落实纪委监督责任的第一职责

纪委在协助党委履行党风廉政建设的主体责任上要切实发挥好四个作用：一是充分发挥参谋助手作用。二是充分发挥组织协调作用。在党委的统一领导下，组织协调各方面的力量，形成齐抓共管、协同作战的工作格局。三是充分发挥督促检查作用。强化动态监督，采取自检自查、经常性检查、突击性检查、专项检查等方式，督促相关责任部门落实惩治和预防腐败工作任务。四是充分发挥分类指导作用。针对不同层级、不同领域、不同部门、不同对象分类提出党风廉政建设和反腐败工作的目标要求，对倾向性、苗头性问题早发现、早教育、早查处，防止小问题变成大问题，切实增强反腐倡廉工作的针对性、有效性。

（二）执纪、监督、问责，是落实纪委监督责任的第一要求

一是执好纪。一方面，严格执行有关党纪国法，切实把严明党的纪律特别是政治纪律放在首位，敢于铁面执纪，敢于板起脸来批评，对那些违反政治纪律、群众观念淡薄、把权力当作谋私工具等行为的进行严肃查处，使纪律真正成为带电的高压线；另一方面，坚持以"零容忍"态度惩治腐败，既要坚决查处领导机关和领导干部违纪违法案件，又要切实解决发生在群众身边的不正之风和腐败问题，切实增强执纪办案的震慑力。二是抓监督。把监督检查的切入点转变到对职能部门履行职责的监督上来，发挥好纪委"监督的再监督、检查的再检查"作用。三是严问责。盯住权力部门、领导干部，失责必问、问责必严；围绕重大决策、决议和重要工作部署加强督察，紧盯"不落实的事"、严查

"不落实的人",对"不作为"的严厉问责、"乱作为"的严肃惩治、"慢作为"的限期整改;以问责管理干部、教育干部、监督干部,规范干部的用权行为,关口前移,治病救人,切实保护干部。

(三)转职能、转方式、转作风,是落实纪委监督责任的第一保障

聚焦党风廉政建设和反腐败斗争中心任务,回归主业、突出主业,用铁的纪律打造纪检监察队伍,这是坚定不移推进党风廉政建设和反腐败斗争的重要保障。一是转职能,聚焦主业。把不该管的工作交还主责部门。同时,严格落实党政领导班子主要负责人述廉、下级党委领导班子向上级纪委报告廉洁自律制度等规定。二是转方式,突出主责。把查办案件作为最基础、最根本的职责,始终保持惩治腐败高压态势。三是转作风,抓好队伍。纪检监察机关不是廉洁"保险箱",纪检监察干部不具有天生的腐败"免疫力"。各级纪委应在教育培训上加大力度,在内部管理上严肃执纪,打造一支忠诚可靠、服务人民、刚正不阿、秉公执纪的干部队伍。

落实"两个责任",不仅要明确责任,更要强化责任追究。无论是党委还是纪委,都要对承担的党风廉政建设责任进行签字背书,做到守土有责、守土尽责,要健全责任分解、检查监督、倒查追究的完整链条,确保党风廉政建设和反腐败工作各项任务落到实处。

(作者牛永涛,青海银监局纪委书记)

纪检监察工作落实"三转"的
方向和路径思考

转职能、转方式、转作风是十八届中央纪委三次全会提出的2014年党风廉政建设和反腐败工作的主要任务之一，是当前新形势下纪检监察部门找准职能定位、落实好监督责任的关键性指引。应当充分认识"三转"的重要意义，努力以贯彻落实好"三转"工作为契机，结合系统内实际情况有针对性地开展工作，有效提升纪检监察工作水平。

一、对"三转"的认识

（一）"三转"的精神内涵

"三转"，即纪检监察部门要根据十八大以来中央有关要求，明确职能定位，聚焦党风廉政建设和反腐败中心工作；改进工作方式方法，创造性地开拓党风廉政建设和反腐败工作新思路；强化作风建设，有效提高纪检监察部门工作效率和干部履职能力。其中，转职能是核心、转方式是关键、转作风是保障，三者相辅相成、缺一不可，是当前打开纪检监察工作新局面的有机精神主体。

（二）银监系统纪检监察工作落实"三转"的重要性

银行业是资金密集、风险集中的行业，银监系统作为监管部门，担负着保障银行业安全稳健运行、防范金融风险的重要责任，能否保证清正廉洁的工作作风是决定银行监管工作成败的根本。这就意味着银监系统各级党委不仅要落实好党风廉政建设主体责任，各级纪委更要履行好监督职责。当前，系统内纪检监察部门亟待落实中央纪委关于"三转"的工作要求，努力将全部精力集中于监督责任的落实，为监管中心工作保驾护航。

二、当前纪检监察工作的特点与"三转"工作现状

在工作职能方面，大多数部门都会有扩张的本能需要，希望职能权力越多

越好。对纪检监察部门而言，业务辐射范围越广，综合协调能力就越强。而且，由于担负着干部问责的职能，政府机构内部容易存在纪检监察部门牵头有利于推动工作的思想，银监系统也或多或少存在纪委牵头或参与政府采购、政务党务公开及公务员招录的情况。然而主业和副业往往是此消彼长的关系，副业过多导致主业弱化，最终只能是"耕了别人的地，荒了自己的田"。因此，明确职能定位，放手不应牵头或参与的工作、回归主业是落实"三转"的关键一步。

在工作方式方面，纪检监察工作往往面临同级党委监督难的问题，同时存在工作方法单一低效的情况，各银监局纪委的工作侧重点也由于部门层级高低及客观因素存在一定差异。以计划单列市青岛局为例，辖区除局机关外仅包括6个监管办事处，纪检监察工作与省局相比则有较大差别：一是工作涵盖形式较少，由于辖区内无分局，因此不涉及对分局的内部审计、巡视及考核等工作；二是涉及信访案件的工作内容较少，鉴于单列市局人员少，信访案件发生概率较低，廉政宣教传导性较高，近年来并未有案件发生，因此日常在完成银监会纪委交办的各项工作任务之外，更加侧重于廉政宣教工作。"三转"是针对所有纪检监察部门提出的方向性指引，但在具体落实过程中，内设机构设置和人数均不相同的省局、单列市局及分局如何将"三转"与各自实际情况相结合，切实履行好职责，去除与"三转"不相适应的因素是需要思考和探索的重要问题。

在工作作风方面，自群众路线教育实践活动深入开展以来，党员干部在"四风"问题上都做了极为深刻的反思和整改，这是纪检监察部门转作风的良好开端。但是"四风"具有反复性和顽固性，一旦放松警惕便容易卷土重来。更重要的是，在反对"四风"问题上，纪检监察部门既是参与者，更是监督者，监督者的一言一行理应起着关键的示范作用，因此，转作风面临着是否持之以恒落实到位的问题。

三、落实"三转"的方向与路径

（一）回归党章，工作职能收放有度

党章规定了纪委的主要任务：一是维护党的章程和其他党内法规；二是检查党的路线、方针、政策和决议的执行情况；三是协助党委加强党风廉政建设和反腐败工作。因此，转职能实际上是向党章基本要求的回归。

转职能要舍得"放"。要明确自身职责定位，把不该牵头和参与的工作交还给主责部门，纪委书记不再分管除纪检监察工作以外的其他任何工作。转职能更要懂得"收"。要聚拢全部精力于党风廉政建设和反腐败工作。作为银监系统纪检监察部门，应认准以最大限度地减少案件发生数量直至零案件为目标；以营造本单位清正廉洁、务实高效的工作氛围为目标，努力将纪检监察各项工作抓实、抓到位。

（二）结合实际，工作方式灵活高效

转方式即要克服安于现状、墨守成规的工作模式，在改进工作方式、提高工作有效性上下功夫。一是要创新宣教方式，在做好传统宣教工作的基础上，适当增加廉政宣传渠道和频率，整合利用各类教育资源，一个节点一个节点地将廉洁从政的思想牢固树立在每位干部心中，保持警钟长鸣；二是要改变监督方式，变被动为主动，加强和改进监察手段，使其成为工作行为事后监督评价的有效抓手；三是改进办案方式方法，畅通信访监督渠道，严格遵循查处腐败案件以上级纪委为主、在向同级党委汇报的同时向上级纪委汇报的工作原则。充分利用好银监会纪检监察综合业务信息系统，按照新的线索分类对线索进行有效处置，做到早发现、早报告、早处置。

在此基础上，应结合本单位实际，动态评估工作情况，及时调整不同时期的工作侧重点。案件相对较多的地区，应进一步规范案件查办流程，提高办案效率，查找案件发生的深层次诱因，将风险苗头遏制在萌芽中；案件相对较少的地区，则应将廉政宣教当作一项长期化、常态化的工作来抓，并做好监督检查、案件查办工作的相关培训学习，防患于未然，实现两手抓、两手都要硬。

（三）持之以恒，工作作风求真务实

纪检监察干部作为执纪者、监督者，理应以"正人先正己"的原则严格要求自己，在落实中央八项规定上做表率；在抵制整改"四风"问题上做表率；在执行《廉政准则》、银监会"约法三章"等各项规定制度上做表率，进一步加强作风建设。

作风正的基础上更要做到能力强。要注重加强对金融、法律、审计及案件查办等方面知识的学习，将其作为做好纪检监察工作的动力源泉，有效提高干部履职能力。

日常工作中，要认真执行《银监局纪检监察部门工作考核办法》，细致进行研究部署，将任务落实到人、落到实处，确保各项工作保质保量按时完成，并进一步改进工作机制和汇报交流渠道，推动牢固树立廉洁高效的工作作风。

（作者罗中，青岛银监局纪委书记）

当前女职工思想状况的调查及启示①

为做好新形势下女职工工作，全面掌握和了解系统女职工的思想状况和需求，银监会系统工会女工委选点中国金融工会女职工工作联系点宜春银监分局开展了女职工思想状况调查，现将有关调查情况报告如下。

一、基本情况

此次调查设计了"女职工思想状况调查问卷"，从基本信息，价值观、单位认同感，工作与个人发展，生活、幸福指数等四个方面30个细项开展深入细致地调查。调查针对宜春银监分局女职工开展，发放并收回有效问卷23份。调查对象呈现如下特征：一是40周岁以上、工龄超过20年的女同志居多，占比达到65.22%；二是学历水平以本科为主，其中，本科学历22人、占比95.65%；研究生学历1人、占比4.35%；三是担任行政职务的女职工比重较高，分局副科长以上女职工9人、占女职工比例达到39.13%。

通过问卷分析和面对面座谈了解，宜春分局女职工队伍的主流是稳定健康、积极向上的，具体表现在：

一是女职工更关心家庭幸福和单位发展。在对"您最愿意追求的人生目标"的调查中，分别有52.17%、39.13%和8.70%的女职工选择"家庭的温暖幸福"、"单位的发展进步"和"国家繁荣富强"。

二是女职工对分局的归属感强，幸福指数较高。在"对本单位的归属感"的调查中，100.00%的女职工选择有归属感。

三是女职工爱岗敬业、勤奋工作。在对本职工作满意度的调查中，分别有26.09%和73.91%的女职工选择"满意"和"基本满意"。在对"自身能力在现有岗位发挥程度"的调查中，分别有21.74%和78.26%的女职工选择"全部发挥"和"基本发挥"。在"面对当前工作任务呈现的精神状态"的调查中，

---

① 本文发表在《中国金融工运》2015年第3期。

78.26%的女职工选择"工作时精神饱满，处理事情游刃有余"。

四是女职工积极乐观、比较知足。在"您对现在所从事工作压力的评价"的调查中，有60.87%的女职工觉得压力"较小"或"一般"；在"对现在的收入状况评价"的调查中，有86.96%的女职工选择"基本满意"或"一般"。

五是女职工热爱学习。在对"平时读书和业务学习时间"的调查中，分别有8.70%、34.78%和52.17%的女职工选择平均每天2个小时以上、1~2个小时和1小时以内。在"您每年平均接受各类培训的时间累计为"，60.87%的女职工在"一个星期以上"。

二、主要做法

（一）努力营造女职工自我价值实现的环境

一是任用公平。分局科级以上女干部由建局之初的5人增加到现在14人，机关科室共8个，其中有5个是由女职工担任负责人的，5个监管办主任，2个是女同志。在2013年竞聘提拔重用的7人中，女职工就有5人，占比达到71.4%，在对"本单位是否有让女职工脱颖而出的机制"的调查中，有60.87%的女职工选择"机制健全"。二是轮岗锻炼。分局出台了《领导分工管理与干部岗位轮换工作制度》，积极为女同志岗位交流、上挂锻炼等创造条件。近三年，有9位女同志进行了轮岗交流，4位监管办女同志上挂分局锻炼。在问卷调查中，共有78.26%的女职工选择最关心本单位的"岗位轮换"和"人事变动"。三是分类培养。对一线女职工采取"操作型人才培养"，实现"一专多能"；对学历和专业技术职务较高的女职工，采取"专业型人才培养"，分局1名女职工撰写的文章成为银监会系统唯一一篇入选中纪委理论研讨会并获优秀论文奖；对个性特征较高的女职工，采取"兴趣型人才培养"，实现"才艺展示"。1名女职工获得宜春市第三届运动会游泳竞赛金、银、铜三块奖牌。在"激励女职工成长成才最有效方式"的调查中，分别有47.83%、26.09%、13.04%和13.04%的女职工选择"领导重视和扶持"、"职务晋升或享受职级待遇"、"轮岗"和"适当增加收入"。

（二）努力营造女职工不断提高自身素质的环境

一是开展劳动竞赛。组织女职工参与现场检查优秀项目评比、监管日志评比、合理化建议征集等活动，为凝聚女职工的聪明才智和创造活力提供空间。2013年，1名女职工在银监会"梦想在平凡中绽放"征文中获三等奖，1名女职工在江西银监局"中国梦·金融情·青年心"演讲比赛中获三等奖；1名女职工率队的现场检查项目被评为江西银监局2012年度优秀检查项目。二是组织创建"巾帼岗"。积极组织参与"五一巾帼岗"创建活动，提高女职工业务技能和团队协作精神。2012年只有2名女职工的人事科被授予"江西银监局五一巾帼岗"荣誉称号。三是积极开展评先创优，近三年，分局3位女职工先后荣获"银监会系统纪检监察先进工作者"、"江西银监局优秀编译信息员"、"宜春市优秀学习秘书"等荣誉称号，多名女职工荣获分局"监管标兵"、"知识型职工标兵"等荣誉。主管工会的副局长这样说：提高职工素质，不是办几个培训班，读几本推荐的书，而是在工作中、在各种活动中、在相互的交流中随时随地学习提高。

（三）努力营造温暖职工的人文关怀环境

近三年分局用于女职工外出学习考察、定期体检、生活救助等支出超过8.5万元。在对分局女职工问卷调查中，分别有69.57%、30.43%的女职工认为领导和同事"关心"或"比较关心"自己。分局有1名女职工，丈夫从1998年得尿毒症至今，18年来，她一边照顾生病的家人，一边努力做好工作，多次获分局先进工作者、监管标兵、优秀主查荣誉称号；获江西银监局优秀共产党员荣誉称号。当问起她的感想和体会时，她说：我真的就想说两个字，感恩。这么多年是组织上的关怀，让我一直感觉不是我一个人在支撑，是一个组织在我身后，在这个大家庭里很有认同感和归属感。

三、问题与困难

新形势下的女职工作为一个特殊的群体，她们既是银监事业的中坚力量，又是家庭生活中的主要角色，现实中她们既要干好工作干出业绩，又要相夫教子赡养老人。此次走访座谈，我们倾听到了女职工的困难：一是女职工面临的工作压力日益增加。在对当前从事工作压力评价的调查中，仍有4.35%和34.78%的女职工觉得压力"非常大"和"较大"。在压力来源的调查中，分别有39.13%、30.43%和21.74%的女职工选择"按要求完成工作任务的压力"、"协调复杂人际关系"和"工作能力不足的压力"。二是女职工面临的生活压力各有不同。在"来自生活的最大压力与烦恼"的调查中，65.22%的女职工选择"赡养父母，子女教育"。三是女职工需要多层次的人文关怀。在"您最希望单位采取以下哪种方式关心女职工"的调查中，有52.17%的支持"开展身心健康讲座"，43.48%的支持"精神关怀，心理辅导"。

四、对策和建议

此次宜春银监分局女职工思想状况调查，为我们今后做好系统女职工工作提供了如下启示。

（一）切实做好女职工思想政治工作，提高女职工的幸福感

为女职工创造幸福生活是各级女职工委员会的重要职责，只有让女职工有归宿感和认同感，她们才可能更好地为监管事业贡献和奉献，这是个人和组织的良性互动。作为工会女职工组织，要成为行政女职工的桥梁和纽带，站在女职工"娘家人"的角度，关心女职工生活，掌握女职工思想，理解女职工愿望，真正做到以人为本，促进女职工快乐、幸福地工作。

（二）推进女职工职业规划和培养，促进女职工全面成才

按照"人尽其才、物尽其用"的原则，从实际工作需要出发，根据女职工的业务能力、思想道德素质和个人偏好，合理配置资源，不定期对女职工进行轮岗，提高工作技能和综合素养。优化考核任用机制，进一步完善干部管理考核体系和干部任用管理办法，在干部选拔任用时摒弃男尊女卑的陋习，不分男女、不论资排辈，同台竞技，为女职工创造一个公平竞争的环境，鼓励优秀女干部脱颖而出。

（三）开展"建功立业"活动，提升女职工综合素质

号召广大女职工发扬"自尊、自信、自立、自强"的"四自"精神，引导她们树立自主创新和自我发展意识，在各自的岗位上勤奋工作、开拓创新、建功立业。持续做好"五一巾帼奖"先进集体和先进个人评选工作，大力表彰银监会系统为监管事业发展作出突出贡献的女职工先进集体和个人。积极鼓励优秀女职工参加评选"监管标兵"、"知识型职工标兵"，通过"先进女职工事迹报告会"、"身边人讲述身边事"等方式，引导系统广大女职工学先进、比学习、争创新、讲奉献，不断提升自身修养和素质。

（四）多措并举做好人文关怀，构建女职工和谐精神家园

各级女工组织每年至少组织一次和女职工代表面对面、心贴心的座谈会，听取女职工的心声和诉求，分类帮扶解决女职工的具体困难。对单身的年轻女职工，可依托工会、团委组织开展"单身青年联谊会"，帮助拓宽交往渠道；对患有疾病或家庭困难的女职工，经济上给予一定程度的帮扶，协调解决家庭遇

到的具体困难；对已退休的女职工，经常慰问关心让她们感受到组织的温暖。同时，不定期邀请心理学专家开展专题讲座，围绕"提升自我认知"，"改善婚姻关系、亲子关系"、"有效沟通与交流"等主题进行辅导，引导女职工以阳光的心态面对工作、生活中的烦恼。

（作者李爱华，中国银监会系统工会副巡视员、女工委主任）

银监会派出机构廉政风险防控
存在的问题及对策

一、存在的偏差与不足

一是认识偏差，风险不清。认为越到基层，越没有什么权力，廉政风险的产生缺乏前提条件，也就不会滋生腐败，同时，认为廉政风险主要产生于人的思想道德，而非履职环节以及机制制度方面，因而产生廉政风险排查与己"无关论"以及多此一举"无用论"。由于认识偏颇，导致对廉政风险排查不细、不全，对所存在的廉政风险认识不清。

二是排查偏差，重点不明。部分派出机构及部门在借鉴学习其他试点经验时，照抄照搬、依葫芦画瓢，没有结合实际开展排查；有的银监局或分局把凡是可能出现的所有违规或违反制度行为都纳入了廉政风险范畴，没有区分违规或违反制度是否产生廉政风险或以权力寻租情况，有的虽然把监管权力、人事、财务、后勤等纳入廉政风险重点防控，但不愿明确重点岗位与重点人员，且未进一步细分重点防控部门。

三是流程偏差，深度不够。部分派出机构在"岗位员工自查、部门集体评议、领导分级审定"等廉政风险防控的环节、流程、步骤具体组织实施中，出现重风险表现，轻原因查找；重岗位部门风险，轻制度机制风险；重局部性风险分析，轻系统性思维等倾向，对同质同类如行政许可、现场检查、非现场监管等相同权力事项，查找出的风险点不尽相同，确定的风险等级迥异，缺乏从具体经办、部门主管、领导分管、集体决策等各流程的系统思考与一把尺子衡量。

四是管控偏差，措施不实。有的防控措施虽然涵盖有"教育、监督、制度"等框架内容，但较为空洞，缺乏工作的结合性、针对性以及措施的连续性、连贯性；有的对落实防控措施缺乏责任主体、责任部门、责任人员以及跟踪检查考核及评估措施，不能主动采取措施积极防范和管控廉政风险。

二、对策思考

一是提高认识，持之以恒深入开展防控工作。开展廉政风险防控是增强党风廉政建设针对性、有效性有力抓手，这也是推进预防腐败工作科学化、制度化、规范化的重要手段。当下，应着重解决好各级领导干部对开展廉政风险防控工作的思想认识偏差问题，摒弃与己无关的"无关论"与"无用论"，积极探索廉政风险识别、判断、预防、管控、化解全流程管理，使廉政风险防控贯穿于监管与内部管理各项工作之中。

二是明确重点，重视关键岗位廉政风险防控。针对可能存在的廉政风险，对风险产生源头、风险危害程度、风险识别预警、风险化解措施提出分类管控办法，明确将领导层决策权运行、监管权力行使、内部人财务管理三大方面的关键岗位作为重点防控对象，按照不同权力流程容易滋生的风险点，采取对高度风险高压力传导、高频率教育等分类预防与管控措施，动态、常态防控。

三是细化措施，确保机制制度管长抓远。在防控机制制度上添办法、增措施，尤其要加强监管公信力和内部管理透明度建设。积极健全预防廉政风险以及出现风险后如何处置等事前预防、事中控制、事后处置机制；认真按照"谁主管""谁负责"原则，分解落实相关防控任务；不断完善相关廉政制度的实施办法与实施细则；侧重加强廉政风险防控各项制度执行力建设等。

四是夯实基础，筑牢思想道德防线。坚持不懈开展理想信念教育与社会主义核心价值观引领，引导干部职工树立正确的理想观、价值观、人生观。同时，始终保持对惩戒腐败"零容忍"态度，使廉政纪律成为约束干部职工行为的"高压线"；并大力弘扬"以廉为荣、以贪为耻"的廉政文化，使廉政纪律固化为制、内化于心、外化于行，努力促进干部职工遵章守纪、依法监管、廉洁履职成为自觉行为。

五是创新监督，切实加强廉政风险防控工作监督检查。派出机构各级纪委要敢于担当，切实担负起监督责任，积极创新，注重廉政风险重点防控与纪委约谈督促工作相结合、纪律执行与制度完善相结合、动态管控与权力运行相结合、风险防控与党的群众路线教育实践活动相结合、任务落实与惩防体系规划实施办法相结合，通过开展专项指导与监督检查，主动作为，重在实效，主动有为，促进常态。

（作者钱琳，重庆银监局副巡视员）

全面推进依法治国　严格做到依法监管

2014 年 10 月 20 日至 23 日，党的十八届四中全会在北京召开，首次以全会的形式专题研究部署全面推进依法治国这一基本治国方略。通过认真学习习近平总书记在十八届四中全会上的三个重要讲话和《中共中央关于全面推进依法治国若干重大问题的决定》，并结合银行监管工作实际，对推进银行监管工作规范化、法律化，提升依法行政、依法监管的监管意识进行了一些思考。

一、准确把握十八届四中全会精神实质，充分认识全面推进依法治国的重要意义

党的十八届四中全会是在我国全面建设成小康社会的决定性阶段和全面深化改革的关键时期召开的一次十分重要的会议，对推进依法治国，建设社会主义法治国家、全面建成小康社会、实现中华民族伟大复兴的中国梦具有重大意义。

（一）全面推进依法治国，是全面建成小康社会、实现中华民族伟大复兴中国梦的迫切要求

全面建成小康社会、实现中华民族伟大复兴的中国梦，必须构建系统完备、科学规范、运行有效的制度体系，使各方面制度更加成熟更加定型，这在根本上要依靠法治来保障，通过法治来推动。因此，必须把全面推进依法治国放在更加突出、更加重要的全局性、基础性和战略性地位。

（二）全面推进依法治国，是全面深化改革、完善和发展中国特色社会主义制度的基本方式

党的十八届三中全会提出了全面深化各项改革、完善和发展中国特色社会主义制度的重大任务，迫切需要法治作为保障。因为法治既是治国理政的基本方式，同时也是调节社会关系和规范社会行为的重要方式，还是凝聚改革共识、分担改革风险、推动改革深化的最佳途径。

（三）全面推进依法治国，是提高党的执政能力和执政水平的重要途径

不断提高党的执政能力和执政水平，依法执政同科学执政、民主执政一道，是中国共产党治国理政的基本方式。全面推进依法治国不仅是提高党的执政能力和执政水平的重要内容，更是提高党的执政能力和执政水平的动力和根本保障。

二、以党的十八届四中全会精神为指引，进一步简政放权，提升银行监管工作效率

为贯彻落实党的十八届四中全会精神，全面推进银行监管工作法制化，在今后的银行监管工作中应重点从以下几个方面着手。

（一）抓好取消行政审批项目的落实，进一步简化行政审批流程

要严格落实修订后的《中资商业银行行政许可事项实施办法》、《外资银行行政许可事项实施办法》和《农村中小金融机构行政许可事项实施办法》，取消规定的行政审批事项，改为报告制管理，不得拆分、合并或重组后以新的名义、条目变相审批。对取消的行政审批事项，应简化报告内容，规范报告行为，不设置前置性审批条件。

（二）抓紧做好下放管理层级行政审批项目的衔接工作，使审批行为进一步贴近基层

坚持监管权责对等原则，合理分配审批事权，在银监会授权审批范围内将部分管理权限进一步下放至林芝银监分局，使审批权限进一步贴近市场、贴近基层，提高监管有效性。局机关各监管处室要就下放管理层级行政审批事项加强对分局相关科室的指导，做好衔接工作，理顺审批关系，建立监管权责对等的市场准入体系。

（三）确保同质同类准入事项的一致性，进一步规范审批行为

一是要改进机构准入辅导，为金融机构申请工作提供便利，各监管处室应加强与申请人沟通交流，并做好前期辅导工作，进一步提高监管服务水平。二是要规范任职资格审查，对董事和高级管理人员任职资格核准要遵循统一的考核程序。通过规范个人职业经历、履职表现审核程序，无纸化专业考试标准，综合素质和工作潜能面试流程，进一步规范高管任职资格审查程序。

三、以党的十八届四中全会精神为导向，转变监管工作职能，严格依法行政、依法监管

（一）着力推动职能转变，强化依法监管，划清权力边界，提高监管透明度和公信力

一是要强化依法监管，构建"监管法制建设体系—依法监管工作体系—执法监督检查体系"三位一体的法治工作体系，以合规、合法、高效的监管行为促进西藏银行业的持续、健康、稳健发展。二是要划清权力边界，建立健全监管权责划分管理办法，明确行政许可、现场检查、非现场监管、风险处置等各类监管权责，将法定的工作职权、职责分解到各个岗位。三是要提高监管透明度和公信力，深入推行政务公开制度，自觉接受外部监督。做到法定职责权限公开、监督管理程序公开、法定依据公开、行政过程公开、行政结果公开，严格落实信息公开制度和廉政回访制度，自觉接受社会公众和相关审计、督察部门依法对西藏银监局的外部监督。

（二）建立银行业风险处置机制，加强风险应急响应与处置

一是要健全金融市场营运监管制度。建立地方金融监管信息数据监测平台，实现信息共享、监管互动；健全金融机构稳健性评估评级制度，对银行金融机构深入开展稳健性评估；完善地方法人机构资本质量控制机制。二是要完善金融市场风险监管体系。加强风险管理部门之间的分工合作，及时发现和处置金融发展中出现的系统性、区域性风险；加强政策解释和宣传教育，使民众自觉远离非法金融活动。三是深入实施新资本管理办法。深入学习和掌握新资本管理办法，按照新资本管理办法的要求，改进风险计量和评估工具，完善信息系统，以及时识别风险、准确评估和计量风险、有效规避和控制风险，全面提升风险管理水平。

（三）细化和统一执法标准，依法解决信访投诉，有效化解矛盾纠纷

一是要强化组织领导，健全矛盾纠纷排查化解检查机制。成立信访工作领导小组，制定矛盾纠纷排查化解工作方案，明确目标任务，设置专门部门，增强信访和矛盾纠纷排查化解应急处置能力。二是要落实目标责任制，建立常态化排查制度。积极与自治区相关职能部门沟通协调，每月集中开展矛盾纠纷排查化解工作，积极了解群众关注银行业金融机构热点问题，有效控制越级上访和群体性上访案件。三是要认真接待和办理群众来信来访，有效排查化解矛盾

纠纷。及时认真处理辖区银行业金融机构信访问题，有效化解信访问题的苗头隐患，为维护社会稳定、促进经济发展发挥积极作用。

四、以党的十八届四中全会精神为纲领，健全机制，加强法规队伍建设

一是加强金融法律法规宣传。通过座谈会、新闻媒体和咨询活动等多种形式，向自治区相关职能部门、银行业金融机构和广大消费者宣传金融法律法规，推动银行业金融机构依法经营、合规经营，提高广大群众对金融知识的认识水平和运用能力。二是加强政策法规的学习培训。全面提升银行监管工作人员和法律人员的法律素养。加强对法律人员的专业培训和轮岗锻炼，切实提升全局干部职工的法律水平和依法监管的意识。三是对银行业金融机构的法制培训，推动各项政策法规的贯彻落实。组织各银行机构负责人及相关部门负责人参加依法监管防范风险和相关政策法规的培训，有效提高商业银行经营的风险防控意识和贯彻落实政策法规的自觉性。

五、以党的十八届四中全会精神为标识，狠抓党风廉政制度建设，进一步落实党风廉政建设责任制

一是要健全决策机制，完善决策程序。建立科学的决策机制，保障决策的科学性和合理性，避免首长责任制下产生的主观随意性和盲目性，减少及避免各种行政违法行为及由此给广大金融消费者和银行业金融机构造成的损失。二是要建立履职问责制度，规范执法行为。要根据各项业务流程和操作标准做出行政许可、开展现场检查和非现场监管，执行行政处罚，切实改善和纠正行政执法过程中不符合法律要求的做法和习惯。

（作者宋丽霞，西藏银监局副巡视员）

推动巡视工作常态化问题探究

中国民生银行的巡视工作始于 2011 年。2010 年 3 月，民生银行制定出台了《中国民生银行巡视工作暂行规定》，明确了巡视机构和人员配备、巡视内容、巡视频率、巡视期限、巡视工作方式和程序以及巡视纪律。

2012 年以来，民生银行党委、纪委按照中央纪委《关于国务院国资委对中央企业、部分中央企业和中管金融企业对所属单位开展巡视工作的意见（试行）》的通知精神和银监会有关要求，对巡视工作进行了不断探索。

2014 年 6 ~ 7 月，民生银行党委一次性派出 15 个巡视组，对全行 43 家分行、事业部等一级机构开展了一轮集中巡视，获得了较多收获。

一是对班子有了比较全面的评价。通过创新巡视方式方法，例如开展巡前全员民意测评、"任职上溯"、提高各层级员工谈话覆盖率、直面问题式的谈话、调阅人、财、业务等各类决策资料，对被巡视机构领导班子特别是"一把手"作出比较全面、客观的评价，为党委考核评价干部提供了有效依据。

二是对风险有了比较客观的揭示。各巡视组结合银行业务实际，重点关注被巡视机构的经营风险、业务风险、不良资产情况，与被巡视机构班子、当地监管部门、风险管理部门和基层员工进行了有效的沟通，调研了大量的资料。

三是对领导人员形成了有效监督。本轮巡视工作坚持走群众路线，通过在被巡视机构及下设分支机构设置多个意见箱，发布巡视公告，公布监督举报电话和邮箱等，全面畅通干部群众反映问题的渠道。

四是向基层机构传达了信心。通过巡视组的深挖细查、扎实工作向分支机构和广大员工传导了总行党委加强对基层领导班子和领导干部的监督、强化全行纪律建设、作风建设和反腐倡廉建设的决心。

五是收集了较多的基层意见。通过全员民意测评，收到各类意见建议 3 900 多条；通过在被巡视机构及下设分支机构设置多个意见箱，收到意见建议 1 695 条。

回顾近年来民生银行对巡视工作的摸索过程，使我们对巡视有了更为深刻的理解。

一、"党委重视、领导挂帅、目标明确、责任到位"是巡视工作成功开展的首要因素

（一）党委重视，纪委、风险管理委员会、审计委员会三委联动

民生银行党委专门印发《关于在全行开展巡视工作的通知》（民银党〔2014〕30号），对巡视工作作出专门部署，明确各巡视组对行党委负责，由纪委组织协调并提供技术指导，风险管理委员会、审计委员会协同负责并提供支持。

（二）目标明确，重在发现问题，形成震慑

将各级机构领导班子干部选拔任用和管理情况、执行财经纪律、自身作风建设情况、廉洁自律情况等作为巡视重点，做到对被巡视机构定点深挖细查，集中力量发现问题，对领导班子及其成员加强监督，对违规违纪人员形成震慑。

（三）参照中央和银监会的方式，创新方法

民生银行认真学习中央和银监会巡视工作的方式方法和经验，结合实际，开展了一些自主创新。例如，在巡视入驻前组织开展了全员民意测评，推行"任职上溯"工作方法。

（四）强调了巡视组的责任和纪律要求

民生银行党委、纪委专门制定了巡视组工作纪律25条，并在巡视前向全体巡视工作人员进行了明确和强调。

二、"力量充足、时间充沛、准备充分、保障有力"是巡视工作有效实施的关键所在

（一）力量配备充足，巡视时间长

从审计、风险管理、授信评审、资产监控、法律合规、人力资源、财务会计、纪检监察等职能部门抽调了精兵强将组成了15个巡视组。行领导任巡视组组长，每组配备人力、财务、风险管理、审计、纪检监察等条线的人员3名。各组另设联络员1名，具体负责巡视组的综合协调工作。驻地巡视时长规定为7～10个工作日，最低不少于5个工作日。

（二）巡前充分准备

民生银行纪委拟定了详细的巡视工作方案，专门编撰印发了巡视工作手册

并组织开展专题培训。巡视手册从巡视通知、工作流程、具体操作、组成及被巡视机构分工、人员名录、纪律要求、制度参考、经验交流等九个大方面对本轮巡视工作进行了全面的解读和指导。

（三）标准化流程与适当授权

根据巡视工作方案要求，按照巡视工作手册的规定动作，民生银行党委在本次巡视工作标准化流程的基础上，赋予了各巡视组更多权力，鼓励巡视组根据巡视具体情况开展创新。

（四）安排了巡视回访评价等环节

在驻地现场巡视工作结束后，要求各巡视组应于15个工作日内向行党委和纪委提交巡视报告。巡视报告经总行党委审议通过后，由巡视组组长正式向被巡视机构进行反馈，对被巡视机构存在的问题和不足提出整改建议，并督促整改。被巡视机构应当在收到反馈意见之日起30日内将整改措施和方案报巡视组，并自整改方案报送之日起3个月内报送整改情况报告。

三、最大限度调动基层员工的积极性是巡视工作取得实效的重要抓手

（一）巡前全员民意测评

民生银行纪委于2014年3~4月通过OA在线在全行员工中开展了一次无记名问卷调查，内容涉及员工个人基本情况、所在机构领导班子的履职情况、风险状况及风险防范等其他情况、员工关心的突出问题、其他意见和建议等。全行50 216名员工参加了调查，覆盖率超过95%。

（二）巡前"任职上溯"

驻地现场巡视前，各巡视组按照巡视工作规程，对2010年1月1日以后担任现职且前任职务不在本机构的被巡视机构"一把手"到其前期任职的机构开展一次"任职上溯"民意测评。各巡视组共对符合条件的23家机构的主要负责人开展了"任职上溯"调查，调查结果经总行纪委审阅后也由各巡视组在巡视入驻时一并向被巡视机构现场反馈。

（三）巡时"下沉一级"

现场巡视过程中，总行要求各巡视组随机选择3家（含）以上机构进行"下沉一级"了解情况，且覆盖率不低于全部机构数的10%，并尽可能保证一定的代表性。通过"下沉一级"，一方面了解被巡视机构负责人和领导班子的情况；另一方面，也进一步掌握被巡视机构下级机构存在的问题。

（四）注重谈话策略

在巡视中与员工进行个别谈话，是开展巡视的基础性工作，也是巡视组了解情况、发现问题的重要途径。个别谈话质量直接关系到巡视工作的质量和效果，对于做好巡视工作的重要性不言而喻。在本轮巡视中，各巡视组共与各级干部员工谈话 1 626 人次。

四、作为商业银行，巡视工作要有效果、可持续、具有生命力、真正发挥作用，必须与银行经营管理工作紧密结合

（一）契合风险文化教育实践活动，拓展内涵

2014 年，民生银行党委结合当前内外部形势，将风险文化教育实践活动作为全行一号工程，具体包括风险文化主题教育、资产质量"铁骑行动"、风险管理达标验收、合规经营高压态势、内控机制评价与提升等多项内容。

（二）考虑银行自身特点，内紧外松

所谓"内紧"，就是通过巡视启动会议、巡视入驻时内部公告等方式使得全行员工都知晓巡视工作，了解巡视工作的目的和意见反映渠道，积极参与到巡视工作中来，也使得各级机构特别是各级领导班子认识到巡视的严肃性、感受到巡视的压力。所谓"外松"，就是除了由巡视组向当地监管部门主动了解情况外，没有采取广而告之社会公众的方式，也避免一些客户日常投诉影响到巡视工作的效果。

（三）从人和业务双视角关注问题

一方面，突出查找被巡视机构领导班子及其成员自身作风建设及在干部选拔任用、执行财经纪律等方面可能存在的问题。另一方面，通过重点了解被巡视机构的不良资产和风险资产等情况，督察被巡视机构年度监管报告和审计报告中存在问题的整改落实情况、涉及的违规违纪行为的问责情况，查找出容易滋生腐败的重要岗位和关键环节，进而加强预防。

（作者陈进忠，中国民生银行股份有限公司纪委书记）

民主管理体系建设调研报告

当前如何在非公有制企业有效开展企业民主管理仍然是一个新兴的命题。民生银行从 2009 年开始陆续建立职代会制度。近年来，民生银行以职代会为核心，在企业民主管理工作中取得了很大的进展，但是从整体来看，其潜在价值和管理效能还有待进一步开发。

一、企业民主管理的概念、内涵以及对民生银行的意义

我国理论界学者们普遍认为，企业民主管理是职工依照法律规定，以主人的身份，通过职工代表大会或其他形式，对企业经济生活、政治生活、社会生活、文化生活以及其他事务实行民主决策、民主参与、民主监督的管理制度和管理方式。

正确把握企业民主管理的概念关键是要认识到企业民主管理本质上是一种现代的管理制度和管理方式，它最终应定位于管理学范畴，而不是民主政治范畴。企业民主管理对民生银行的发展和管理有着重要的借鉴意义。

一是民主管理可以针对企业经营改革发展中的难点和焦点，通过职代会等形式广泛征求意见和建议，制定解决方案，让各种不同意见充分比较论证，从而最大限度保证决策的民主性和科学性。同时，民主管理通过充分的信息公示，让员工知晓企业的发展思路和方向，增强员工在企业的归属感，进而更加积极主动地参与企业各项经营管理活动，发挥出民主监督在保障企业的战略落实、制度执行、权力合规等方面的效用，提高企业应对困难和规避风险的能力。

二是民主管理可能减少工作链条、提高决策质量。简单来讲，民主管理可以视为一种群众参与下的多数人管理多数人的方式，是一种变个体决策为群体智能、变条块管理为扁平架构的有益探索。移动互联网的精髓就是，一个人再强大也希望得到团队的支援、一个再科学的决策也需要多方声音夯实或者质疑，民主管理的理念可以帮助我们提前构建符合信息化社会的管理机制。

三是民主管理和当前员工多样化的价值主张（EVP）诉求不谋而合。当前，

80 后、90 后正逐渐成为民生银行员工的主体，战略转型也将促使劳动组合和用工方式发生巨大变化。因此，未来的员工群体对知情、参与、表达和监督的愿望将更加强烈。对于众多企业来讲，谁先完成对员工价值主张的疏导，构建了适应新形势的文化要素，就能率先改善和巩固员工关系，赢得人心。

四是民主管理符合"以人为本"的管理思想，能够唤醒人的主体意识、弘扬人的主体精神、发挥人的主体能力，是管理者应该共同追求的一种管理艺术。回顾民生银行的发展历程，从初期的两率、三卡、金牌客户经理到转型期的"两小"金融、事业部改革和中后台调整，董事会和行党委都始终十分重视人的因素。而企业民主管理正是践行人本管理思想的一个切入点，通过保障员工的知情权、参与权、表达权、监督权，让员工有机会参与到企业管理中来，通过机制的设计引导管理权威向管理权力和技术权威分化，尽量避免不合理的一言堂、走弯路。

二、民生银行民主管理的现状

早在 2009 年，中国金融工会全国委员会就印发了《全国金融系统职工代表大会条例》和《全国金融系统职工代表大会操作规程》。此后，中国民生银行以职工代表大会为基本形式的民主管理制度初步建立。目前，所有一级分行、总行机关和部分事业部已经建立了职工代表大会制度，每三年一届，每年至少召开一次分行级职工代表大会。全行分行级职工代表总数大约 2 000 人，每年向本级职代会提交各类提案 1 000 余件，审议议案 150 余件。同时，部分分行开始探索和尝试不同形式的行务公开制度，比如建立行长信箱、"一把手"接待日、表彰公示、制度上墙等。这些工作，为加速推进民生银行的民主管理提供了重要遵循。

近年来，随着民生银行经营规模和员工队伍的不断发展壮大，面对全新的挑战，建设符合民生银行发展现状和管理需要的民主管理机制对于完善现有管理和风控体系至关重要。

2013 年 7 月，民生银行党委结合中央六部委联合发文精神下发了《关于印发〈中国民生银行企业民主管理体系建设实施方案〉的通知》，对全行民主管理建设提出了任务和目标，明确了各部门的职责和分工，将"一会一台"（职代会和公示与监督平台）作为民主管理的基本渠道，并初步制定了此项工作的时间路线图。根据党委的部署，总行于 2014 年 1 月下发了《关于做好 2014 年中国民生银行民主管理实施工作的通知》，明确了总行在民主管理工作的实施思路，从开展全员宣教活动、理清民主监督的内容、构建实效工作机制三个方面对基层提出了实施要求。

当前，民生银行的民主管理存在的主要问题和困难如下。

一是民主管理尚不成体系。民主管理工作还主要停留在分行层面，在支行层面，由于业务考核与发展的压力，相关信息在传递到基层的过程中逐步缺失、削减。各机构的民主管理与民主监督工作多在"点"上开展，还没有形成体系，特别是在发动员工、分支行联动、部门间联动、各角色间联动方面没有太多进展，多处于基层工会单打独斗的状态。

二是员工认知度、参与度还比较低。多数机构反馈，员工意愿不强是当前民主管理与民主监督遇到的瓶颈，主要体现在员工对民主管理和民主监督所发挥的作用和实现的价值缺少了解、缺乏信心。

三是民主监督还未取得实质突破。虽然各机构在保障员工知情权和表达权方面采取了一些措施，收到一定效果，但民主监督工作有待突破，一方面是员工对意见箱、行长对话、外网邮件等渠道和方法还有所顾虑；另一方面是员工受"个人主义"精神和物质文化影响，在监督过程中普遍存在"趋利避害"思想，不愿意去得罪人，导致有效监督难以实现。

三、对民生银行民主管理的相关建议

民生银行正处在改革与发展的攻坚阶段，能否顺利实现"二次腾飞"的战略任务，很大程度上取决于民生银行的持续创新能力和战略执行力，只有充分调动每一个员工参与企业生产和管理活动的热情，才能维护和持续培育企业的创新基因；只有充分发挥每一个员工在行使民主监督中的作用，才能保证企业的战略意图得到有效落实；另外，从当前民生银行的行员年龄结构来看，80后、85后、90后正逐渐成为民生银行员工的主体。家园文化的研究成果显示，年轻化、多元化的员工队伍有着多样化的诉求，员工的主要价值主张正从对组织、对事业忠诚转变为对自我价值的认同，对民主价值的认同和追求将变得更为强烈，对自我实现和诉求的表达更加外向，参与企业经营管理的主动性和积极性明显提高。

为此，有必要在以下几个方面改进工作。

一是要依靠和发挥党委作用，形成组织领导体系。从民生银行的发展历程和当前企业文化实际来看，"一把手"文化根深蒂固。为此，民主管理工作首先要获得"一把手"的认同和支持，同时形成党政工纪齐抓共管的领导体系和管理格局。

二是要围绕职代会制度，形成"六位一体"的制度体系。要选好职工代表。真正选出让职工满意的职工代表，确保提案按期落实，完善职代会审议内容，真正把职代会建设成为职工表达诉求和意愿的重要平台。

三是要协同家园文化建设，形成"双轮驱动"互动体系。民主管理和家园文化呈现"双轮驱动"的状态。家园文化目标是"利益共生、事业共融、成就共享"三大类。民主管理首先开通了渠道，保证员工权益不受侵害，即可解决"利益共生"层面的公平性、感知度等一系列问题；民主管理提供了方法，不论是行长接待日、职代会、公示板、监督平台，都会增加企业与员工之间、员工与员工之间的信息传递和沟通频率，这些接触点都将成为"事业共融"的常态要素；民主管理宣扬了理念，告诉我们从长远来看，企业价值和个人价值是高度统一的，只有全力保护全行改革与发展成果，才能最终实现"成就共享"。

（作者陈世强，中国民生银行股份有限公司工会主席）

改革发展篇

新常态下金融租赁业的发展机遇与挑战

习近平总书记提出的"新常态"理论，深刻揭示了我国当前经济发展面临的新形势、新特点。在此背景下，金融租赁业发展既面临着广阔的发展机遇，也存在一些挑战。如何推动金融租赁业深化改革转型，主动适应"新常态"，更好促进产业创新升级是行业当前的重要使命。

一、基本情况

金融租赁业起源于 20 世纪 50 年代的美国，目前在国际上已成为与银行信贷、资本市场等并列的设备投融资方式。在我国，金融租赁还是一个新兴行业。第一家金融租赁公司成立于 1986 年，纵观行业三十多年的发展历程，前期金融租赁业发展比较缓慢。2007 年以来，经国务院批准，商业银行设立金融租赁公司工作启动。银行系金融租赁公司的设立和发展，带动了我国整个金融租赁业进入了快速发展的快车道。目前我国已经成为仅次于美国的全球第二大金融租赁市场。

截至 2014 年底，全国 30 家金融租赁公司资产达到 1.28 万亿元，与 2007 年相比增长了 54 倍，实现净利润 164 亿元，行业整体实力明显增强。从服务领域看，金融租赁资产涵盖了从飞机、船舶、轨道交通到电力、矿产、能源等大型生产设备，以及工程机械、印刷、医疗设备等众多行业和领域，在服务实体经济稳增长、调结构方面发挥出了积极重要作用。在支持新能源、节能环保等战略性新兴产业、"三农"和小微等薄弱环节方面，金融租赁公司逐步形成了自身的业务模式，在相关领域开发形成具有市场影响力的品牌形象。

二、"新常态"下发展机遇

一是金融租赁与实体经济高度契合，符合"新常态"下经济发展导向。金融租赁是与实体经济结合最为紧密的融资方式之一，它的产生是经济发展到一定阶段后金融市场深化的自然产物。金融租赁可以与制造业深入融合，能够发挥金融杠杆作用，加快企业盈利模式转型创新，促进扩大企业技术升级改造。在当前转型升级的大背景下，尤其是经济下行期，金融租赁可以有效盘活企业存量资产，帮助企业转移消化过剩产能，改善企业流动性、提高风险抵御能力，增强融资和设备改造升级能力。

二是"新常态"下经济结构转型升级，为金融租赁业提供了广阔的市场空间。经济结构转型升级背景下，一方面对于存量优势和富裕产能的转移和输出有很大需求，另一方面新兴产业的先进装备和技术升级衍生出巨大投资需求。如当前我国正在大力推动的"一带一路"、京津冀协同发展、长江经济带等重大战略，其中蕴含的广阔市场机遇对金融租赁业来讲是极为重要的。实际上，金融租赁在支持我国重大装备和优势产能"走出去"，支持高铁、核电、船舶、纺织等产业输出方面已经进行了有益探索，为国际产能合作提供了新的金融支持方式。

三是金融租赁关注度逐步提升，行业发展的政策环境不断完善。近年来，金融租赁业受到国务院领导和相关政府部门的高度重视。李克强总理考察工银租赁时指出金融租赁是个新高地，国家要扶持这个行业发展壮大。国务院办公厅印发了《关于加快飞机租赁业发展的意见》。银监会修订了《金融租赁公司管理办法》、印发了《金融租赁公司专业子公司管理暂行规定》、会同人民银行修订金融租赁公司发行金融债券有关规定、启动了金融租赁资产证券化工作。最高人民法院出台了审理融资租赁合同纠纷的司法解释。上海、天津、北京等部分地方人民政府也陆续出台了扶持政策。

三、面临的挑战

一是金融租赁业面临的风险有所上升。"新常态"下经济从高速增长转向中高速增长，经济发展方式从规模速度型粗放增长转向质量效益型集约增长，"三期叠加"下经济结构的转型升级不可避免地面对调整期的阵痛。金融租赁业受部分行业产能过剩、外需下滑、小微企业经营困难等因素影响，行业面临的信用风险有所加大。虽然整个金融租赁业目前不良资产率仅为0.71%，低于银行业平均水平，但是应清醒认识新环境下，行业持续防范经营风险的长期性和重要性，必须充分把握住金融租赁业务风险管控的关键和要点，才能在"新常态"下处于不败之地。

二是金融租赁业需要进一步转型创新。"新常态"下，金融业面临着利率市场化、资本账户开放、国外金融机构竞争加剧的局面，同时还要应对互联网金融的冲击，金融业的整体盈利能力、规模增长与前些年相比已经有很大压力。金融租赁业同样存在转型创新的压力，单纯依赖做大规模、赚取利差的经营模式已经不可持续，如何主动适应"新常态"，不断提升租赁资产专业化管理能力、多元化综合服务能力、全面风险管控能力，围绕实体经济需求创造出具有特色的业务模式，拓宽盈利方式，锻造自身的核心竞争力，是决定金融租赁业未来发展的重要因素。

三是外部政策环境与行业发展内在要求尚不匹配。我国现有法律体系缺乏租赁物的登记和公示制度，当出现承租人违约时，租赁物不能起到"对抗善意第三人"的作用。金融租赁纠纷的司法实践中各地执行标准存在较大差异，司法程序过于复杂，对于一些金融租赁专业问题的认知还缺乏共识，不利于保护金融租赁公司的合法权益。税收方面，我国缺乏对金融租赁财税政策的统筹规划，现行税收政策不能适应行业发展需要。"营改增"后，金融租赁业整体税负有所增加。金融租赁交易主体平等适用税收优惠政策有待明确，租赁资产证券化等新业务的税收配套问题有待解决。

四、进一步促进行业发展的考虑

一是加强金融租赁业的法制建设，完善金融租赁法律和司法体系。金融租赁之所以在国际上取得巨大成功，重要原因之一就在于法律为出租人提供了比传统的银行贷款人更多的权利和更强的法律保护。积极完善金融租赁法律和司法体系，强化对金融租赁业的法律保障。推动建立租赁物所有权登记制度，明确租赁物取回权的冲突解决机制；进一步完善司法环境，建立金融租赁专业性司法审理和执行机制，简化诉讼程序，维护金融租赁公司的合法权益。

二是加强市场基础设施建设，进一步优化行业发展的外部环境。统筹研究金融租赁的财税政策。增值税改革方面，应掌握"公平税负"和"避免重复征税"两项总体原则。未来"营改增"范围扩展至各行业后，金融租赁公司的增值税税负应不高于银行等金融机构。所得税改革方面，应明确金融租赁税务折旧的分类标准和计提规则，明确金融租赁公司可平等适用加速折旧、投资抵免等税收优惠政策。推动建立租赁登记与交易体系，促进保护租赁物合法权益，盘活存量资产。

三是促进行业强身健体，提高服务实体经济能力。金融租赁具有融资与融物的双重属性，既要充分发挥"以资融物、以资收租"的金融属性，也要立足实物资产，发挥"以物避险、以物增值"的作用。金融租赁公司应立足实体经济发展需要，根据自身发展战略、企业规模、财务实力以及管理能力，深耕具有比较优势的特定领域，实现专业化、特色化、差异化发展。丰富盈利渠道，在利差收益逐步收窄的条件下，通过提供多样化金融服务，创新盈利模式，提升余值处置收益和服务收益。

四是增强资产管理能力。提升风险管理水平。金融租赁是以资产为基础的一种金融服务，应重视实物资产对于风险敞口的缓释能力。学习借鉴金融行业管控风险有效经验，在风险管理、指标体系、运营流程等方面保持金融机构的传统优势和成熟经验，同时强化实物资产管理能力，构建适合金融租赁公司自身的风险管理体系，提升风险管理水平。

五是建设行业自律体系，提升金融租赁社会认知度。加快设立中国金融租赁行业协会，积极承担行业沟通、协调、服务职能，维护行业整体形象。提升公众和企业对金融租赁的认知，拓宽金融租赁服务覆盖面。推动政府、监管部门提升对金融租赁行业的认知度，不断完善政策环境。

（作者李伏安，时任中国银监会非银行金融机构监管部主任，
现任渤海银行股份有限公司董事长）

2014 年国际金融监管改革综述及未来展望①

近年来，国际金融监管改革工作的主要任务是吸取危机教训，增强全球金融体系的安全稳健性，更好地满足实体经济需求。自 G20 领导人圣彼得堡峰会和 2014 年 1 月央行行长和监管机构负责人（GHOS）会议以来，金融稳定理事会（FSB）和巴塞尔委员会（BCBS）推进国际金融监管改革工作，取得了阶段性成果，并确定了未来改革要点。

一、增强金融机构的稳健性

（一）落实巴塞尔Ⅲ监管标准

以巴塞尔Ⅲ为代表、包括资本充足率、流动性等在内的一揽子监管标准是迄今为止最为重要的改革成果。资本充足率标准已于 2013 年初开始实施，将于 2018 年完全达到监管要求。修订后的流动性覆盖率标准（LCR）从 2015 年初实施，先达到 60% 的最低标准，之后逐步于 2019 年达到 100% 的监管要求（BCBS，2013a）。2014 年度，巴塞尔Ⅲ完成了框架下另一个反映期限错配程度、旨在确保银行拥有充足稳定资金来源以满足业务资金需求的净稳定融资比率（NSFR）修订方案（BCBS，2014b），标志着国际统一的流动性风险定量监管标准正式确立。

目前，巴塞尔委员会 27 个成员经济体均已发布实施新的资本监管规则。巴塞尔委员会建立了实施国别评估机制，主要评估各成员经济体的资本监管规则与巴塞尔Ⅲ的一致性，并将评估结论分为"符合、大体符合、大体不符合、不符合"四个等级（BCBS，2013b）。截至 2014 年末，巴塞尔委员会已完成并对外公布了 9 个经济体的正式评估结论，除欧盟和美国外，多数经济体得到了"符合"的评价（BCBS，2014c）。

（二）进一步完善巴塞尔监管框架

巴塞尔委员会（BCBS，2013c）研究提出了提高资本充足率一致性和可比性

---

① 本文发表在《金融监管研究》2015 年第 2 期。

的一系列方案：一是完善监管规则。将标准法计算的资本要求作为高级法的资本底线，避免银行利用内部模型人为降低资本要求；修订完善信用、市场和操作风险标准法；全面评估模型方法，限制银行自行确定模型参数的范围等。二是强化披露要求，提高银行披露风险计量和资本充足率信息的一致性。三是持续监测差异。让银行用各自模型计算同一资产组合的资本要求并比较差异原因，加强对各国资本监管规则及其实施情况的评估。按各国初步达成的共识，巴塞尔委员会将对资本监管框架进行评估修正，重点是信用、市场、操作、银行账户利率风险等的风险加权资产计量框架改革。

（三）提升风险管理水平

风险管理是银行抵御风险、增强稳健性的第一道防线。2013—2014年，金融稳定理事会推出了一系列推动银行业提升风险管理水平的原则和指引（FSB，2013a），包括有效风险偏好框架原则（FSB，2013b）等，还发布了对部分国家实施稳健薪酬原则情况的调查报告（FSB，2014b）。巴塞尔委员会发布了资本规划程序基本要素（BCBS，2014e）、识别和处置有问题银行（BCBS，2014f）以及用于指导跨境跨业监管合作的提高监管联席会议制度有效性（BCBS，2014g）的一系列指引或咨询文件。

二、解决"太大而不能倒"问题

金融稳定理事会重点从合理评估金融机构的系统重要性、增强吸收损失能力、加大监管强度、完善风险处置机制等方面开展工作并取得进展。

一是识别系统重要性金融机构。认定方法已发布并逐步完善。金融稳定理事会和巴塞尔委员会2015年11月更新了全球系统重要性银行名单，最新名单上共有30家，与上年保持一致，中国有4家大型商业银行（中国银行、工商银行、农业银行、建设银行）被纳入。这30家全球系统重要性银行将在现有巴塞尔Ⅲ资本要求基础上，按照全球系统重要性程度计提1%～2.5%不等的附加资本（BCBS，2013d）。

二是提高总损失吸收能力（TLAC）。金融稳定理事会（FSB，2014d）提出，应要求全球系统重要性银行通过将部分或全部商业银行债务转换为普通股或实施减记，使相关债权人通过"自救"承担银行倒闭带来的损失，以避免动用公共资金救助。作为保证总损失吸收能力的合格债务工具，应当具备偿还顺序靠后、距到期日大于1年、没有任何形式的抵押担保、不参与净扣协议、能够以减记或转股方式转化为普通股等特征。

三是提高监管强度。主要是在风险偏好框架、风险文化培育以及风险识别和管理方面提出更高的要求，同时提升对全球系统重要性银行的压力测试要求，密切关注其在极端压力情景下的损失情况和资本缺口。

四是推动制订有效的处置计划。各国须完善系统重要性金融机构的风险处置制度，明确相关部门的处置职责和工具，在危机情况下提高问题机构风险处置的速度、透明度及可预见性，促其恢复正常经营或平稳、有序退出市场，避免政府救助使纳税人遭受损失。金融稳定理事会（FSB，2014e）在 2011 年 11 月发布、2014 年 10 月更新的《金融机构有效处置框架的关键要素》报告中，提出了处置框架的 12 项要点。

在涉及全球系统重要性金融机构的跨境处置问题上，每家系统重要性银行都需要成立危机管理工作组（CMG）。危机管理工作组负责评估银行的可处置性、审议恢复和处置计划，并签订针对每家银行的跨境处置合作协议（COAG），识别可能影响跨境处置合作的障碍。金融稳定理事会（FSB，2014f）还提出，应通过国家立法或者合同约定来承认其他国家的处置措施效力，在各国立法进程不一的情况下，应先通过合同约定方式来解决跨境承认问题。

三、改进"影子银行"监管

为建立监测框架，提升监管当局跟踪演变、识别风险、早期介入的能力，金融稳定理事会自 2011 年起每年发布全球影子银行监测报告。在 2014 年 10 月发布的《2014 年全球影子银行监测报告》中，金融稳定理事会将检测对象界定为"在常规银行体系之外从事信用中介活动的实体和活动"（FSB，2014g）。

该报告结论显示，全球非银行金融体系呈现出规模上升、区域分化、增速加快、信托部门增速迅猛等特点。一是从规模上看，2013 年末全球广义非银行金融中介的资产规模为 75 万亿美元，约占全球金融资产的 25%，是全球 GDP 的 120%。二是从经济体分布来看，欧元区和美国的影子银行规模最大，均接近 25 万亿美元，各占全球的三分之一。随后是英国、日本和中国。三是从增速来看，整体增长快，但地区差异大，增速最低的西班牙下降了 6%，而最高的阿根廷增长了 50%，新兴市场经济体基数小但增长最快。四是从部门看，增长最为迅速的是信托计划，增幅高达 42%。

四、完善金融基础设施

2014 年的主要改革工作包括：推动国际会计准则与美国财务会计准则的趋同，提高银行外部审计质量，推动场外标准化衍生品交易的集中清算，降低对评级机构依赖，改革金融基准形成机制（如解决 LIBOR 设计缺陷）等。

五、2015—2016 年国际金融监管改革展望

按照已确定的路线图和时间表，未来两年巴塞尔委员会（BCBS，2015c）的改革工作主要围绕以下四个方面开展。

一是完善政策制定。及时发布信用和操作风险标准法、市场风险全面改革框架、资本底线、总损失吸收能力、简单可比透明的证券化框架、净稳定资金比率信息披露等政策标准文本。同时积极推动杠杆率校准、主权风险处理、银行账户利率风险等政策制定工作。

二是平衡好国际标准的简单性、可比性和风险敏感性。对信用风险内部模型法的实施提出完善建议，继续分析各国用模型方法计算信用风险、市场风险加权资产的差异及其来源，简化巴塞尔监管框架。

三是加强对各国实施国际标准的评估监测。完成对中国香港、墨西哥、印度、南非、沙特和俄罗斯的资本监管规则国别评估，做好半年一次的定量影响数据监测，更新全球系统重要性银行名单，针对逆周期资本缓冲提出解释完善框架等。

四是提高监管的有效性。推动完善公司治理、妥善处理问题银行、提高贷款分类和处置的审慎性、加强并表监管等。并计划进一步完善资本充足率第二支柱的框架，强化监管的问责机制。

同时，金融稳定理事会（FSB，2015）仍将在解决"太大而不能倒"问题、加强影子银行监管、完善金融基础设施方面继续推进改革事项。2015 年将重点会同巴塞尔委员会进行总损失吸收能力的定量测算和标准完善，对该框架进行成本收益分析，评估其对宏观经济和融资成本的影响，计划于 2015 年二十国集团领导人峰会召开前确定最终方案。

（作者范文仲，中国银监会国际部主任）

上海自贸试验区银行业发展与监管创新调研

——基于市场化、法治化、国际化创新环境建设的视角

一、进展与成效

上海自贸试验区（以下简称自贸区）成立以来，上海银监局在银监会的指导和支持下，持续开展监管制度创新，努力打造"市场化、法治化、国际化"的自贸区银行业创新环境，取得积极进展。

（一）简政放权，落实不同主体责任

一是还权于市场，激发机构内生动力和活力。简化自贸区内分行级以下机构和高管的准入程序，由"事前审批"改为"事后报告"。二是让权于社会，突出行业自治。推动上海市银行同业公会牵头成立"自贸区银行同业联席会议"，建立覆盖全辖的"自贸工作联络机制"和"自贸特色业务专家团队"。三是放权于基层，强化属地监管。上海银监局内部增设"自贸区银行业务监管处"，构建机构监管与功能监管有机结合的架构，以提升监管实效。

（二）依法改革，有序推进监管法制创新

坚持授权为基，各项自贸区监管制度均以40号文为依据，以获得银监会的许可为前提，确保立法有据。坚持施法有序，按照"成熟一项，推出一项"和急用先行的原则，稳妥有序推出各项监管细则，及时根据自贸区新情况补充完善特色报表体系，确保监管有法可依。坚持前瞻筹谋，围绕宽进严管、深化开放的改革方向，先行研究推进中外资银行监管标准一致性建设和跨境投融资业务中的系统性风险监管体系建设，探索新业务新产品的监管方法，为进一步创新监管制度做好储备。

（三）对标国际，优化监管理念与方法

一是调整监管定位，强调机构风险管理第一责任。明确要求风险自评估在前、监管评估在后，机构须充分自身具备从事自贸区业务的专业团队、管理系统和风控能力，监管部门着重考察机构内控机制的有效性。二是统一中外资监

管标准，深化落实国民待遇。对区内中外资商业银行的机构和高管准入简化事项，设定统一的事后报告标准，并要求责任到人。三是调整监管重点，着力强化事中事后监管。建立自贸业务和自贸机构"双维"的特色监测报表体系，探索自贸业务特殊风险的监管方法，为进一步宽进严管夯实基础。

积极的监管制度创新有力推动了自贸区银行业的发展，各机构市场化、法治化、国际化经营理念得到增强。在功能定位上，自贸区机构普遍定位为国际化战略基地，作为面向海外、引领创新、服务全国、联动全球的综合性功能平台。如部分机构拟在区内布局跨境资产管理中心、跨境金融市场交易中心、跨境专项融资等各类总行级业务平台。在发展模式上，自贸区机构自主差异经营的特点突出。各机构基于不同战略考虑，在区内设立的网点种类各异、数量不一、功能有别。简化区内部分准入事项新政出台后，区内也未发生盲目大批量增设机构和配置高管的现象。在日常经营上，自贸区机构主动防范跨境法律合规风险的意识增强。相关机构深入探索在跨境业务中有效落实了解客户、了解业务和尽职调查等重要监管要求的方式方法，同时主动与监管部门沟通，逐步形成监管者与被监管者的良性互动。

二、问题与不足

与成熟国际金融市场相比，上海自贸区仍有较大的差距，集中体现在"三个滞后，三个不足"。

（一）金融法制改革滞后，市场主体创新空间不足

自贸区仍基本沿用境内区外金融法制体系，与区内投资、贸易等其他领域的法制创新探索不相配套，成为区内市场主体难以平等参与国际竞争、境外投资者犹豫参与自贸区建设的重要原因之一。此外，跨部门政策协同不足。市场主体亟须一个风险底线明确但更具弹性的自贸区金融法制保障体系，为金融创新提供有所作为和敢于作为的空间。

（二）事中事后监管创新滞后，简政放权力度不足

监管部门尚未系统建立针对开放市场环境下的金融风险，尤其是对跨境业务、跨境风险的特别监管工具。事中事后监管手段、信息和监测系统有限，使得事前准入简化的尺度和速度受限。此外，监管部门缺乏相应的监管经验和监管人才。总体来看，自贸区在金融市场管制及金融业务准入方面差异化政策不多，一定程度上影响了自贸金融创新的广度和深度。

（三）对标国际通行规则滞后，全球竞争力不足

无论是金融监管规制设计，还是其他配套设施建设，自贸区金融环境尚未在对接国际通行规则上充分发挥应有的先行先试功能，区内外政策差异度较小，境内外规则差距较大。如同质同类机构和业务的监管标准不一致，跨境业务限制较严，征信体系建设不完善，金融税负高企等。自贸区机构需在遵守境内法规的前提下更多地参与国际竞争，面临较大的经营挑战和成本。

三、形势与建议

随着全球贸易投资规则的重构、国内金融改革的进一步提速、上海自贸区扩容，以及上海自贸区与国际金融中心建设的密切联动，上海自贸区金融创新试验亟待进一步深化和扩大，必须加快探索适应更加开放环境下的金融创新所需要的监管制度框架。

（一）坚持市场化导向，优化监管理念和监管方式

科学厘清监管与机构自我管理、行业自治间的职责边界，探索市场化的监管方式与行业发展机制。一是要科学界定监管者与机构在金融创新上的角色功能。全面优化准入监管，提高对不纯粹以监管套利或投机获利为目的、不违反国家和监管政策导向的业务创新监管容忍度，以此构建有利于机构自主创新的监管机制，充分激发市场活力，实现监管与创新的良性互动。例如，我们到浦发硅谷银行调研高科技企业金融服务，其间提到了美国硅谷银行持有企业认股权证业务。实际上，美国的监管法规并不允许商业银行持有企业认股权证，但美国货币监理署（OCC）在给硅谷银行的批复上写到，考虑到你行持有高科技型企业认股权证并非用于投机，可以允许你行短期持有认股权证，并在企业上市后立即出售。这体现了监管部门支持高科技企业融资的例外安排。二是要合理界定监管者与机构在风险防范上的职责边界。按照机构自主管控单体机构、单一产品风险，监管部门主要防范系统性、区域性风险的原则，强化落实机构风险防控的主体责任。监管部门的监管重点由注重机构维度向业务风险维度转移。三是以"原则+互动"为监管导向，探索新产品、新业务的监管方式方法。我们在调研中了解到，美国、新加坡、中国香港等银行业监管者，允许机构在满足风险控制、消费者保护等原则性监管要求后，可通过电子邮件等便捷、高效的方式与监管者就新产品、新业务进行互动沟通，自贸区银行业监管也可充分借鉴，通过监管者与被监管机构的有效互动提高对新产品、新业务的监管效

率。四是要优化厘清监管者与行业协会在行业管理上的职责边界。进一步发挥同业公会在从业人员专业资质管理、服务规范、消费者投诉处理等方面的行业自治功能。如充分借鉴新加坡对理财业务销售人员资质的管理，由同业公会牵头建立理财产品销售人员的资格认证制度和后续执业管理，提升理财产品销售人员的职业操守。

（二）坚持法治化理念，夯实支持自贸区金融创新的法制保障

按照有法可依、有法必依、依法试验精神，推进自贸区金融法制创新。一方面创新自贸区金融立法机制，改善自贸区法治环境。应以良法善治为目标，尝试建立上海自贸区特殊立法通道，探索去地方化和行政化的金融司法和仲裁体系。同时，应充分发挥地方金融监管部门贴近市场的优势，适度扩大当地监管机构金融创新试点的权限。另一方面要改进监管自我约束，完善权力运行机制。梳理和规范监管权力清单和责任清单，建立不同监管层级间具体明晰的分级授权机制，明晰监管职责边界。通过公开、透明的执行制度，规范监管权力使用。监管执法按照实质重于形式的原则，将正向激励与违法惩处并重，并加大执法信息公开力度。同时，完善对机构内控能力的监管评估与纠正机制和对失信机构和责任人员的惩处机制，提高监管信息系统智能化水平，探索大数据监管模式。

（三）坚持国际化标准，加大自贸区银行业改革开放力度

在坚持审慎监管的前提下，前瞻探索银行业对外资和民间资本的国民待遇，创造更加开放的竞争中立环境。一是按照先易后难原则，分步统一中外资银行监管标准流程，由"差别待遇"向"国民待遇"转变。二是在建立健全对民营银行风险监管制度安排的基础上，进一步统一各类资本准入标准，探索由"对外开放为主"向"内外均衡开放"转变。三是改进对跨境业务的监管，更多借鉴国际成熟监管方法，确保商业银行在加大力度支持企业"走出去"和"引进来"的同时，审慎管控风险。四是探索适应综合经营态势的分类监管，从机构维度的分类牌照管理模式，向机构维度与业务维度并举的分类牌照管理模式转变，允许公司治理完善、内部控制良好的银行业金融机构利用自贸区平台开展更多的跨境投融资创新业务。五是探索互联网金融的有效监管模式，鼓励区内机构充分利用互联网技术，实现从以物理网点为主的线下模式向线下、线上同步发展的模式转变，进一步适应以移动互联网技术为基础的全球金融业态变革。

（作者廖岷，上海银监局局长）

银行业支持经济转型升级中
存在的问题及对策

我国经济结构进行调整及转型升级需要银行业的支持配合，同时，经济发展的提质增效也为银行业转变传统的规模扩张型、资本消耗型发展模式提供了良好契机。但是，要实现经济金融互促发展的良性循环，尚需要重点关注几个问题。

一、安徽经济转型升级的基本情况

近年来，安徽经济结构调整步伐加快，主要转型指标保持良好态势。至2013年末，全省工业化率46.9%，较2008年提高7.3个百分点；城镇化率47.9%，较2008年提高7.4个百分点；服务业增加值6 287亿元，是2008年的1.9倍；战略性新兴产业总产值6 863亿元，是2011年初次统计时的1.67倍；民营企业数量1.41万家，民营经济增加值达1.08万亿元，是2008年的2.16倍，占GDP的57%。安徽经济结构调整和转型升级导致经济部门、市场主体、交易方式、资金融通等产生变革，需要银行业在客户、产品、流程、组织架构、风险管理等方面加以调整。

二、银行业支持转型升级中存在的主要问题

（一）经济主体金融需求多样化与银行机构体系建设协同性不够的矛盾

当前，安徽经济主体呈现的层次化特点：有传统农业、重资产的优势行业及战略性新兴产业；有海螺、马钢等领军企业，块状化、集群化中小微企业，以及创业型的个体工商户。但与之相对的安徽省银行业组织机构体系有待健全。目前，平安、渤海、恒丰、浙商等4家全国性股份制商业银行未在辖内设立分支机构；社区银行、专营机构尚不能全面满足基层需求；财务公司、金融租赁数量不多；消费金融公司试点还需加快推进；外资银行数量与安徽对外贸易的多元化发展尚有差距。

（二）产业融资需求稳步增长与信贷资金被挤出的矛盾

据政府测算，2014—2017 年，全省工业技术改造投资预计达到 1.8 万亿～2 万亿元，其中需要 20% 左右的配套信贷资金。但是，近年来，安徽投向基础设施、融资平台和房地产行业的信贷资金较多，对产业升级产生一定的"挤出效应"。2013 年，安徽省房地产、水利环境和公共设施管理两大领域累计新增贷款 1 280.16 亿元，占全省增量的 45%，较上年提高 20 个百分点。而产业类贷款增速逐步回落，2013 年末，安徽制造业贷款比年初增加 490.02 亿元，同比少增 190.41 亿元；增长 14.93%，低于全省平均水平 2 个百分点。

（三）打造转型升级平台与部分政府平台融资不规范的矛盾

当前，因企业集中、产业集聚、土地集约等特点，经济开发区（园区）成为经济结构调整的重要载体。按照国土资源部规定的配套信贷资金标准测算，短期内安徽省 175 个省级以上开发区仅基建就需银行信贷 2 630 亿元。但少数平台贷款存在抵押物价值高估、虚假抵押、抽逃抵押等问题。如审计部门披露，某市 2013 年有 16 宗共 163.7 公顷的平台抵押土地存在重复抵押和多头过度授信，涉及贷款 15.91 亿元。此外，部分县级园区经非银行途径高成本大量融资，资产负债率超过 100%，偿贷能力值得关注。

（四）省内区域经济协调发展与信贷分布不平衡的矛盾

目前，皖北经济增速连续 10 年实现两位数增长；全省县域经济增速连续 9 年快于全省。然而，安徽省信贷资源主要集中于省会合肥及沿江城市，大多县域网点无信贷审批权或权限较小，贷款获得率较低。如 2013 年合肥及皖江八市信贷存量占全省的 37.82%、71.94%，高于其 GDP 在全省占比 13.28 个、5.99 个百分点。全省县域存量贷款仅为 26.76%，较县域经济占比低 20 多个百分点；县域存贷比为 53.40%，低于全省存贷比 18 个百分点；皖北六市信贷存量仅占 21.26%，较其经济总量在全省占比低 7.1 个百分点。

（五）省外经济合作不断加强与金融合作相对滞后的矛盾

近 5 年，安徽利用省外资金年均增速超过 30%，"转移经济"不断增强。但是，银行间信息共享较弱。调查显示，少数外地企业来皖初衷非发展实业，而是建立"企业融资平台"，通过招商优惠政策获取廉价土地，再将土地抵押获取银行贷款用作他途。如部分地市省外授信企业中有 30% 出现逾期。至 2013 年末，全省钢贸、光伏、船舶三大承接产业转移行业不良合计 17.75 亿元，比年初增加 6.83 亿元，增长 62.55%。目前，江苏霞客环保色纺公司在滁州市设立的三家关联企业贷款已逾期 3.77 亿元，浙江东方造船集团在安庆的造船公司 2.3

亿元贷款全部成为不良。

（六）中小微企业和农村经济组织升级与金融供给落后的矛盾

一是中小微企业经济贡献与所获信贷支持不匹配。目前，全省中小微企业贡献了 60% 的税收和 90% 的就业岗位，但其存量贷款仅占全省的 45% 左右。二是涉农金融服务有待优化。2013 年末，全省规模以上农产品加工企业 4 942 家，家庭农场 7 305 家，而全省农村企业及各类组织贷款占全部涉农贷款的 50.6%，较全国平均水平低 10.7 个百分点；全省仅有 21.7% 的家庭农场获得银行授信，期限 1 年以上的仅占 10.64%。

（七）信贷管理水平和金融创新能力难以适应经济需求

一是贷款精细化管理水平不够。目前，信贷风险缓释措施主要依靠抵质押，对公贷款中抵质押贷款占比超过 50%。但部分机构对企业建设周期、生产和现金流等调查不细致，贷款品种、期限与实际需求不匹配。二是金融创新意识和动力不足。如 2013 年末，全省并购贷款余额只有 24.5 亿元，仅占中部六省并购贷款余额的 4.48%，较全省各项贷款占中部六省的比重低 13.2 个百分点。

三、对策建议

（一）大力实施机构体系建设与金融支持工程

支持徽商银行推进跨区域经营；力争 2014 年完成辖内农合机构全部改制为农商行的目标任务；实现村镇银行县域全覆盖；支持符合条件的各类企业设立财务公司、金融租赁公司；鼓励发展社区型、专业型银行机构。同时，鼓励银行机构通过资产证券化、贷款重组、信贷资产转让等方式盘活存量信贷，积极支持安徽省主题功能区发展规划，力争 2014 年各项贷款增速不低于全国平均水平。

（二）大力实施绿色信贷与惠民服务工程

压缩"两高一剩"行业的信贷投入，预计 2014 年在绿色农业、节能环保等 12 类领域新增贷款 140 亿元；重点支持 11 个战略性新兴产业基地建设和 100 个新兴产业领军企业发展。同时，鼓励银行机构加大对家庭农场、专业合作社、农业龙头企业等的信贷投放力度；鼓励银行机构发放助学贷款，开发高校毕业生、复员转业退役军人、残疾失业等创业贷款；加强保护金融消费者合法权益。

（三）大力实施金融合作与金融创新工程

适应"泛长三角"经济一体化的需要，建立健全区域金融合作机制，实现政策、数据和分析信息资源的共享，推动建立企业集团授信总额联合管理机制，推动区域金融生态建设。同时，鼓励银行机构扩大权利类、资产类、未来收益类等抵质押物范围；引导银行机构继续改进小微企业信贷管理机制和技术，支持符合条件的机构发行小微企业专项金融债；全国性银行的分支机构争取为客户提供"不出站、不间断的零换乘"式综合性金融服务，地方中小金融机构争取为居民提供贴身的个性化金融服务。

（作者陈琼，时任安徽银监局局长，
现任中国银监会纪委副书记、监察局局长）

改革现场检查体制　提高监管有效性

现场检查作为银行业监管最重要的手段之一，银监会成立以来尤其是近年来，通过完善制度、规范流程、创新方法，现场检查工作的权威性、有效性不断提升，取得了显著成绩。但在银行业务日新月异、业务结构日趋复杂、对现场检查要求越来越高的形势下，现有现场检查体制、机制、方式、手段、人才等方面面临前所未有的挑战，如何提升现场检查有效性成为监管者应当深入思考和研究的一个重要课题，银监会主席尚福林在现场检查工作联席会议上提出"要认真考虑对现场检查体制机制做出更加科学的设计和安排"，福建银监局就提升现场检查有效性开展了专题调研，进行了一些思考。

一、目前现场检查工作的现状

经过十多年的努力，银监会系统构建起较为完善的现场检查工作体系，为监管工作提供了支持。一是工作制度不断健全。制定出台了《现场检查规程》、《现场检查质量管理办法》等制度和配套措施，提高了现场检查规范化水平。二是管理机制不断完善。建立了现场检查联席会议制度，强化了现场检查的统筹协调、工作研究和沟通交流。建立起上下结合的现场检查立项工作机制，提高了检查立项的针对性。三是检查手段不断创新。2006 年修订的《银监法》赋予银监会相关调查权，拓展了现场检查深度。近年来针对银行业务信息化管理和数据大集中趋势，大力开发推广 EAST 系统，为现场检查提供了强有力的工具。四是查处力度不断加大。近年来，银监会坚持风险为本的原则，强化重点业务、重点机构的现场检查，查处一批重大违法违规行为，起到了传理念、防风险、促合规、强内控的作用。

二、现场检查面临的新形势、新问题

现场检查取得成效的同时，我们应该看到：一方面从银行业机构看，机构数量和业务量发展迅速增长较快；银行的业务和产品结构日趋复杂；银行机构自身公司治理、内控及自律在不断提升。另一方面，从银行监管自身看，自银监会成立后现场检查的总体组织架构、体制机制基本没有变化，难以适应银行业变化对现场检查工作的需要。现场检查的系统性、连续性、专业性、权威性、有效性有待进一步提高。

（一）法人监管理念未完全落实

银监会成立伊始就提出"管法人"的理念，但到目前现场检查工作中，未能充分体现"法人监管"这一理念。从检查项目看，银监局对分支机构的现场检查较多，对属地法人机构的检查相对较少，福建银监局十年来共开展 1 220 项现场检查，其中法人机构和分支机构占比分别为 32% 和 68%。从检查对象看，在突出重点机构、重点业务检查的同时，对法人机构序时性、全面性的风险检查安排较少，未能定期开展"全面体检"。福建银监局十年来对辖内法人机构开展检查 370 项，其中序时性全面检查仅 49 项，占 13%，未能实现"三年法人全覆盖"。检查的重心仍在分支机构上，不在法人机构上。

（二）未能实现非现场监管的导向作用

非现场监管对现场检查工作缺乏有效指导，存在"两张皮"现象。在立项阶段，各级监管部门未把非现场分析结果作为现场检查立项的重要依据，非现场监管结果与现场检查立项衔接不够充分，往往是年度分析报告和年度监管评级结果没有出来，下一年度现场检查立项计划就开始或完成了。在实施阶段，未充分进行非现场监管分析，对于检查选点、检查重点等未能提供有效的信息支撑，不利于提高检查针对性。在后续阶段，现场检查发现问题的纠偏未能及时充分地融入非现场监管工作中去，对于现场检查意见的整改落实情况缺乏持续跟踪。同时，在监管评级中对于现场检查成果运用还不足。

（三）组织架构不够科学

当前银监会和大部分银监局、银监分局采取在机构监管框架下设立现场检查部门和岗位的做法，在运行中存在以下弊端：一是独立性不够。机构监管部门承担着银行业机构的风险防控、改革发展、金融服务等多元化的监管任务，在检查实施和问题处理过程中容易受各种因素干扰，难以做到严查严处。二是专业性不够。目前银监局和银监分局的监管人员往往身兼多岗，既要承担大量的非现场监管任务，又要负责市场准入等事务性工作，难以专注现场检查工作，现场检查的连续性、专业性明显不足。三是存在"利益冲突"。机构监管部门既负责该机构的准入、非现场监管，又要负责该机构的现场检查，受"人情"和

"本位主义"等因素影响，一般不愿在现场检查中"揭短露丑""自找麻烦"。

（四）现场检查效果大打折扣

主要存在两个严重倾向：一是检查立项随意、项目过多、存在查不深查不透问题。现场检查项目安排仍然偏多，造成有的项目"蜻蜓点水"，难以取得好的工作效果。现场检查的技术支持不足，现场检查的信息化管理水平较低，对于历年现场检查工作成果未充分开发运用，影响检查效率的提高。二是问题整改不严不实不到位问题。相较于有关部门对违规行为的严厉处理，银行业监管部门在处理中总体偏"软"，影响监管震慑力。同时，"重检查、轻整改"的倾向仍然存在，造成一些问题屡查屡犯。

（五）现场检查队伍素质有待提高

当前现场检查队伍存在"三个不足"。一是人员不足。监管人员总体不足，福建银监局成立十年来，监管的金融资产增长了 6 倍，至 2013 年年末全局系统监管人员共 408 人，仅比成立之初净增加 13 人（十年来调出系统的监管干部达87 人）。其中有精力、有能力从事现场检查工作的监管人员更少，占全部监管人员的 1% ~4%。二是能力不足。由于银监会成立后没有增加编制，只有靠退休和调出腾出编制进人，现场检查人员要么年龄偏大，要么是近几年招录的年轻学生。新入职员工检查经验偏少难以独当一面，老同志主要擅长信贷和票据业务检查，占比分别达 71% 和 34%，对新资本、同业、理财和保理等新业务检查经验欠缺，占比均不足 1%。三是积极性不足。现场检查工作缺乏正向激励机制，对现场检查项目、人员缺乏有效考核评价机制，现场检查工作一定程度上存在"干好干坏一个样"现象，导致现场检查人员主观能动性不足。

三、进一步提升现场检查有效性的基本思路

现场检查作为银行监管三个主要手段中尤其重要的手段，到了非改进不可的时候。针对当前现场检查工作中面临的突出问题，应从现场检查理念、体制机制、组织架构、方式手段、人才队伍等方面全面加以改进和完善。基本思路是：设立独立的现场检查部门，按照法人机构进行立项，明确职责，提升现场检查的针对性和有效性。

（一）进一步强化"管法人"的现场检查理念

要将"管法人"理念贯穿于现场检查的全流程管理中。在检查立项上，改变目前"法人＋分支机构"的立项模式，坚持以法人为单位进行立项。按照

"谁管法人谁立项"的原则，做到各负其责。对于政策性银行、大型银行、股份制银行、邮储银行和外资银行等，由银监会监管的机构由银监会负责现场检查立项；对于由银监局监管的地方法人银行业机构，银监会提出指导意见，由属地银监局、银监分局自主立项，进一步增强检查立项的针对性。分支机构所在地监管部门不再单独立项。在检查重点上，适当增加对法人机构的序时全面检查比重，做到每三年全覆盖，增强监管的系统性和连续性。进一步强化对法人机构公司治理机制、内控机制、激励约束机制等方面的检查，做到标本兼治，重在治本。在问题查处上，对于违法违规行为要追根溯源，对于"点"上问题要督促法人机构举一反三从"面"上抓好整改，对于分支机构重大违法违规行为要同时追究法人机构的管理责任，增强法人风险管理的内生动力。

（二）设立独立的现场检查部门

在现有法人机构监管部门的基础上，相应或集中设立独立的现场检查监管部门。在银监会层面，可设立大型银行、股份制银行等现场检查监管部，分别负责政策性银行、大型银行、股份制银行等全国性机构的现场检查。人员编制可从银监会现有机构监管部门和各银监局的大型银行、股份制银行等监管部门调剂上收。在银监局和银监分局层面，单独设立地方法人机构现场检查处，负责城商行、农村中小金融机构、信托公司、财务公司等地方法人机构检查和银监会、银监局确定的重点项目检查。人员编制从省局现有法人机构监管处调剂。单独设立现场检查监管部门，有利于解决现场检查人员分散和独立性、专业性不足问题。

（三）明确现场检查职责

银监会负责大型银行、政策性银行、股份制银行、所监管非银行金融机构等机构的现场检查工作，省银监局负责省内城商行、农村中小金融机构、非银行金融机构法人的现场检查工作。

（四）加强现场检查制度建设

一是完善现场检查制度框架。目前银监会制定了《现场检查规程》、《现场检查质量管理办法》等制度，但缺乏对现场检查总体制度安排。建议组织制定《现场检查管理办法》等框架性制度以及现场检查立项、集成等配套管理制度。二是建立差别化的现场检查机制。按照分类监管原则，坚持高风险机构高频率检查，低风险机构低频率检查的原则，对风险管理良好的机构可实行免检制度，形成正向激励机制。对风险管理薄弱的机构列入重点检查名单，以外部监督检查倒逼加强内部控制。三是建立查前自查承诺制度。统一设计自查承诺范本，要求被查机构在检查前全面自查，其"一把手"在自查承诺书上签章负责，并对自查和检查发现问题的予以区别对待处理，鼓励加强自查自纠。四是建立现场检查"问题导向"评估机制。对每个现场检查项目效果进行跟踪评估，将检查发现问题多少、程度深浅作为主要依据，促进提高现场检查质量。

（五）加强现场检查队伍建设

一是全方位加强检查人员培养。通过以老带新、以查代训、现场练兵等方式，提高检查人员发现问题的能力。同时，在新员工招录中统筹考虑现场检查队伍建设的需要，在专业、工作经历等方面做出专门规定。二是加强现场检查专才培养。要建立专门现场检查人才队伍，按照个人优势，打造若干个专业化团队，培养法人机构全面检查、公司治理、内部控制、同业、理财等各个业务领域的现场检查专才。三是建立现场检查考核激励机制。可参照审计署等部门的做法，完善检查人员激励约束机制，工作考核时主要考虑检查出多少问题，引导检查人员高效履职。

（六）完善现场检查配套措施

一是推进现场检查"四库"建设。建设现场检查的方案库、问题库、整改库、人才库，促进检查方案的相互借鉴、问题的持续跟踪、人员的集成使用，提高现场检查工作效能。二是加强现场检查信息共享。推进现场检查信息系统建设，将现场检查情况全部纳入系统管理，并与非现场监管、市场准入等系统共享，加强现场检查的痕迹管理和信息共享。三是强化监管联动。加强现场检查与非现场监管、市场准入监管的联动，充分发挥非现场监管对现场检查的"精确制导"作用，同时将现场检查成果有效运用于非现场监管与市场准入监管中去，形成监管协同效应。

（作者周民源，时任福建银监局局长，

现任中国银监会政策性银行监管部主任）

金融支持江西现代农业发展思路探究

江西正处于由传统农业向现代农业转型跨越的关键时期，伴随着农业产业结构的调整升级，其金融需求呈现大额化、长期化、多元化趋势。然而调查表明，现行农村金融体系是在高成本基础上做到基本金融服务的广覆盖，远不能适应现代农业发展需要。

一、农业金融领域的供需失衡不容忽视

（一）融资难问题依然突出

当前农业经营主体外部融资主要依赖银行借款，但实际获贷率低于六成，且信贷资金主要向各级农业龙头企业倾斜，家庭农场、专业大户及农民合作社户均贷款余额均不足 10 万元。此外，农业基础设施建设资金缺口明显，商业银行鲜有涉足，政策性银行也仅发放少量项目贷款。

（二）融资贵问题不容忽视

据调查，农业贷款利率普遍较基准利率上浮了 50% ~ 70%，借款主体在申贷过程中，还需缴纳涵盖担保费、评估费、保险费等在内的多种费用。在银行贷款申请困难、展期困难或发生抽贷现象时，有超过三成的借款主体因生产季节性需要，不得不转向民间融资获取周转资金，导致综合融资成本大幅增加。

（三）服务单一问题普遍存在

一方面，信贷品种的同质化现象明显，各涉农机构普遍只提供小额信用贷款、联保贷款等产品，用于满足传统农户正常生产需要，而调查显示，大部分农业主体主要希望通过融资进行规模生产或产业链延伸。另一方面，授信期限的短期化现象突出，有七成涉农贷款为 1 年期以内的短期流动资金贷款，而农产品种养业普遍周期长、见效慢，二者期限的严重错配导致贷款自偿性差。

（四）低质低效问题有待改善

农业生产要素流动性日趋增强，但农村中小金融机构具有较强的地域属性，

须在核准县域范围内开展业务，囿于一隅的金融服务已不能满足现代农业发展需要。同时，农产品生产、采摘、收购、加工等环节对时效要求很强，但多数银行决策链条过长、审批效率低下，往往信贷资金到位时，借款人已错过了用贷最佳时机。

二、制约金融支农效果的障碍因素

（一）金融支农意愿不强

受运营成本、管理难度等因素影响，大中型金融机构支农积极性一直不高，县域网点一度萎缩。涉农机构激励机制不足，如税收优惠享受面窄、涉农信贷财政奖励落地难等问题，进一步弱化了金融支农意愿。农合机构"一枝独秀"的局面，既制约了农业金融的总体供给，也带来了竞争缺失引发的创新动力不足、融资成本高企等系列问题。

（二）供需信息存在壁垒

农业经营主体大多体量较小，运行不规范、财务不透明、管理基础薄弱等治理缺陷广泛存在，为此银行业机构在获取风险信息、开展信用评估方面普遍感觉力不从心。政府部门主导的信用信息体系建设推进缓慢，银、政、企、保信息共享平台缺失，也制约了支农合力的形成，影响了失信惩戒效果。

（三）信贷风险缓释不足

当前，银行业"当铺化"思想根深蒂固，信用贷款余额占全部涉农贷款的比重不足三成。农业经营主体的生产投资大多集中在农村地区，相关资产无法成为银行认可的有效抵押。近年来，一些地方性担保公司陆续成立，但因注册资本较小，放大倍数非常有限，并滋生了担保期短、范围窄、门槛高、收费贵等系列问题。

（四）损失共担机制缺位

江西农业经营主体大多处于种养产业链的末端，产品附加价值低，抗风险能力弱，而财政、保险两大部门在分担农业风险、补偿信贷损失方面作用发挥有限。现行支农直补资金，以"撒胡椒面"的形式分散在多个部门，运用机制不透明，资金使用效率低。在全国 13 个产粮大省中，江西农业保险的保费规模和占比均排名靠后，一些地方特色农产品险种受财力所限，尚未发展起来。

三、健全现代农业金融支持体系的对策建议

（一）发展多层次涉农金融机构体系

大中型涉农银行要加快延伸县域金融服务网络，着力发展以农产品收储、加工、仓储、流通为重点的全产业链金融业务。培育发展更多市场响应速度快、决策机制灵活的农村中小金融机构，不断加大对中小型农业经营主体的金融支持。开发性金融和政策性金融要将金融资源重点投向社会效益高、初始投资大、经营周期长、融资成本承受能力低的初始种植业、农业科技开发及农业基础设施建设领域，弥补市场经济资源配置缺陷。

（二）打造综合化农业产业融资平台

积极发展区域性金融交易市场，推动建立农业板块，探索建立政府引导型农业产业基金，持续扩大直接融资比重。同时，要加强监管政策引领，支持符合条件的商业银行通过发放"三农"金融债、申请支农再贷款等渠道扩大支农资金来源，并建立完善县域资金有序回流机制。鼓励金融租赁公司开展大型农业机械设备设施的融资租赁业务。

（三）创设多元化金融产品服务体系

一是开发特色化金融，设立与生产周期、资金回收期相匹配的贷款期限，并灵活设定还款方式，对于生产周期较长的农业产业，鼓励按照"前低后高"的模式计算利息。二是发展链条式金融，重点加大对"龙头企业＋合作社＋农户"等新型生产组织的金融支持。三是探索综合化金融，为大型农业企业提供涵盖组合融资产品、贸易结算、专业理财、并购重组、上市发债等在内的一揽子综合服务。四是试水互联网金融，通过整合产品、简化流程、丰富功能，打造一站式涉农金融网上服务平台。

（四）建立多渠道农业抵押担保体系

一是以贷款主体享受的财产权为基础进行抵质押，包括林权、土地承包经营权、农民住房财产权、集体收益分配权、二氧化碳排放权、水域滩涂养殖权、货权、知识产权等。二是以贷款主体预期收入为基础，通过对资金流水实行全流程监测，锁定还款来源，包括销售收入、股份分红、财政补贴收入、土地收益等。三是以产业链核心企业或组织担保或回购为基础，设计联动贷款产品。四是以政府及相关组织的增信为基础，开发风险共担式信贷产品。

（五）构建专业化农业金融服务机制

一是单设组织架构，实现从产品设计、贷款营销、贷款审批到贷后管理的

专业化运作。二是单配经济资源，对于主要从事"三农"业务的分支机构，在信贷配置、运行经费、内部转移价格等方面给予一定倾斜。三是单列审批权限，减少授信决策链条，将调查受理和信贷发放两个环节授权给乡镇网点办理。四是单创风控体系，推行"现金流文化"，将农业信贷管理重心向分析借款人经营状况、监督贷款资金使用、完善信贷档案上转移。五是单建考核机制，对支农金融服务建立定向绩效考核与收入分配体系，以及有效管理下的信贷免责机制。六是单抓人才培养，着力打造一支能够"说农话、懂农情、交农友"的客户经理队伍。

（六）完善农业风险多主体分担机制

一是健全财政信贷风险补偿机制，建立稳定的风险金追加制度，并依据种植业、养殖业、渔业等各行业经营特点，设置相匹配的补偿期限。二是积极推动涉农融资担保发展，建立省、市、县三级政策性担保公司，提供贷款融资担保、投保联动、商业性担保公司再担保等综合金融服务。三是拓宽农业保险广度与深度，鼓励商业性保险拓宽涉农保险，引导建立由农户、农企、农村经济单位自愿出资形成的非盈利性合作保险组织。

（七）建立精准式财税扶持政策

一是整合各类支农补贴，在不改变资金所有权、保障农户农企利益的前提下，按股份制方式成立现代农业对口扶持机构，集中解决制约农业发展的主要矛盾。二是完善金融支农奖补政策，奖励资金尽量按照县域金融机构支农贡献大小进行分配，并提高农业保费补贴和担保费用补助标准。三是针对支柱农业、特色农业贷款，建立常态化的农业信贷财政贴息政策。四是针对投资周期过长的农业项目，成立专项倒贷资金，降低农企转贷成本。

（作者李虎，江西银监局局长）

P2P 网络借贷是对传统银行业
冲击的最后突破口

P2P 网贷是目前最为活跃的互联网金融产品之一。近 3 年，P2P 平台数量和成交量分别以 400%、500% 的速度增长，同时也以约 15% 的比例灭失。据网贷之家最新数据，截至 2013 年底，中国有 500 多家 P2P 网贷平台，成交额高达 1 058 亿元，网贷成交额呈现快速增长态势，形成了人人贷、拍拍贷、红岭创投、陆金所等为首的主流阵营。

随着利率市场化和对第三方支付的监管，"宝宝"套利空间压缩、支付渠道受限，必然推动金融业务和互联网的深度融合，也是银行面临的重要转折点。各类"宝宝"们在收益的压力下，将会绕过银行转向直接信贷市场，或将对银行产生致命冲击。P2P 网贷是最后的突破口。

一、P2P 网贷存在的必然性

一是从借款者角度看，缓解中小企业融资难。由于中小企业融资难问题长期存在，对新的融资渠道有强大的需求。P2P 网贷具有贷款周期、贷款利率、还款方式和贷款手续的便捷灵活特点，迎合了中小企业的融资需求。

二是从投资者角度看，扩大了投资渠道。由于民间资金投资渠道有限，加之股市持续低迷，投资者对新的投资渠道和投资品种有强大的需求。P2P 网贷投资高于活期存款利率的 50 倍以上，流动性好，投资者投入资金多少没有资金歧视，同一项目收益率相等，在引入担保保险机制的条件下，具有高收益的强大诱惑。

三是从交易成本角度看，手续便捷，减少了交易成本。P2P 网贷连接了资金的供给方与需求方，撮合双方的直接交易，减少中间环节的交易成本。

二、P2P 网贷运作模式

一是纯平台模式和债权转让模式。在纯平台模式中，借贷双方借贷关系的达成是通过双方在平台上直接接触，一次性投标达成；而在债权转让模式中，则通过平台上的专业放贷人介入借贷关系之中，一边放贷一边转让债权来连通出借人和借款人，借贷双方不直接签订债权债务合同，专业放贷人成为借贷中介。债权转让模式的债权以组合产品的形式销售给投资者，并进行了金额和期限拆分，如果债权大于放贷就会形成资金池，成为事实上的非法吸收公众存款，也为挪用和诈骗资金提供了便利。

二是纯线上模式和线上线下相结合模式。由于国内征信体系不健全，个人信用情况难以判断，所以大部分 P2P 网贷平台的线上工作只能完成 P2P 流程的一部分，而用户获取、信用审核及筹资过程在不同程度上已由线上转向线下。绝大多数 P2P 公司采取的是线上与线下结合的模式。这与传统金融机构做法十分相似，只是其借贷额度更小，借贷对象往往是不被传统金融充分服务，相对更弱势。P2P 线下业务不仅可以挖掘出更多的优质客户，而且可以为出借人提供实地跟踪的贷后管理业务，成为事实上的民间借贷机构。

三是无担保模式及有担保模式。P2P 网贷平台采用的增信手段中，还有采用担保机制来有效降低出借人可能遭受的借款资金损失的风险。无担保模式保留了 P2P 网贷模式的原始面貌，平台仅发挥信用认定和信息撮合的功能，由出借人根据自己的借款期限和风险承受能力自主选择借款金额和借款对象，贷款逾期和坏账风险完全由出借人自己承担，网贷公司不进行本金保障承诺；有担保模式又可分为第三方担保模式（担保资质的小额贷款公司或担保公司）和平台自身担保模式。平台自身担保模式是指由 P2P 网贷平台自身为出借人的资金安全提供保障，出借人与借款人达成的借贷协议中一般都会包括这样的本金保障条款"贷款到期时，如果出借人无法收回本金和利息的，可以将债权转让给平台，平台会先行垫付本金给出借人，然后将此笔坏账划入平台自己名下，再由平台对贷款人进行追偿。"但通常会要求收取一定比例1%～5%的风险准备金或手续费。当平台承担了过多的代偿义务后就可能造成风险过于集中，风险准备金难以垫付逾期贷款的本息，从而导致平台面临偿付困难，给出借人带来更大损失。

三、对银行业的影响

一是抢占银行客户资源。P2P 网贷目前利用银行线上和线下服务弱势，主要抢占银行的中小企业及个人客户资源。利用电子商务平台上积累的客户信用数据及行为数据，为平台内客户提供信用服务，既解决了商户的资金需求也为客户开辟了新的投资渠道，形成了电商金融，银行业将失去这部分商户和客户。如阿里金融搭建了分别面向阿里巴巴 B2B 平台小微企业的阿里贷款业务群体，和面向淘宝、天猫平台上小微企业、个人创业者的淘宝贷款业务群体，并已经推出淘宝（天猫）信用贷款、淘宝（天猫）订单贷款、阿里信用贷款等微贷产品。

二是削弱银行创造存款的能力。P2P 网贷分流的存贷款将进一步影响银行派生存款创造能力，加之银行业的存贷比限制，提高了银行业运营成本，使其竞争弱于 P2P 网贷的优势。

三是提高资金成本。P2P 网贷的借贷双方资金价格由市场价经撮合确定，在资金逐利驱动下，投资方为追逐高利而忽视信用风险，势必抬高资金价格，在资金短缺情况下，提高了资金成本，也给蓄意骗取资金者提供了市场，加剧银行资金脱媒。同时，激发资金套利市场发展，不利于金融稳定。

四是削弱银行业的服务能力。在客户分流的情况下，将改变银行的资产结构，银行服务更加集中于大企业大集团或上市公司，贷款的集中度进一步提高，中小企业获得银行的贷款可能更难。一旦中小企业与 P2P 网贷公司进行深入合作，设计灵活的多样的金融产品，银行给中小企业服务的机会将更少，会削弱银行业的服务能力。

四、对策建议

一是转变思维方式增强银行创新发展能力。现代银行业的发展离不开互联网，互联网的普及也为银行业发展提供了强大的动力。银行业根据互联网的特性开发金融产品，必须围绕"以客户为中心"的服务理念，增强服务的广泛性和便利性，充分挖掘传统业务信息资源，为客户提供增值产品及服务。在大数据及互联网时代，银行业创新金融产品及金融服务应该有更大的发展空间。

二是需要在政策法律层面明确非金融机构开办金融业务的门槛和条件，不论是线上还是线下、金融机构还是非金融机构，开办金融业务都需要有统一的监管标准。目前，金融互联网（金融业依托互联网的业务）准入、监管路径非常明确，而且受到规范的监管，但是互联网金融（非金融业的互联网金融业务）处于自由发展阶段，良莠不齐，处于监管真空，易被不法分子所利用。如果市场规则不明确，势必会冲击现有金融体系，影响金融稳定，也不利于金融消费者权益的保护。

三是要加强同业合作创新商业模式。互联网的开放包容性确定了未来银行的发展需要在合作共赢的商业模式上有所创新，追求单一银行的盈利模式将会破坏行业发展规则，不利于银行业持续健康发展。在利率市场化条件下，需要银行业发挥同业公会的作用，维持市场规则，共同研究跨市场竞争策略。

四是加快出台 P2P 网贷业务模式的法律规范，加强依法监管。互联网金融的 P2P 网络借贷平台，在一定程度上解决了民间资本大量积累与资金需求缺口加大之间的矛盾，提高了资金市场的配置效率。但是从保护投资者和金融消费者的利益出发，也要防止非法吸收公众存款、归集资金搞资金池及集资诈骗等风险的发生，更要防范资金市场脱实向虚的逐利行为带来的系统性金融风险，营造健康良好的网络借贷市场环境，促进健康发展。

（作者赖秀福，湖北银监局局长）

地方中小法人银行境外上市的监管思考

重庆辖内两家法人银行——重庆农商行和重庆银行分别于 2010 年末和 2013 年末在香港联合交易所正式挂牌交易，成为在港交所上市的第一家内地农村商业银行和城市商业银行，从境外市场分别募集到 114.74 亿港元和 43.38 亿港元。上市有益于两家银行补充资本，进一步更新理念，完善公司治理，加快战略转型，强化市场约束，但也给地方法人银行传统监管模式带来新挑战，基于此我们对可能产生的影响进行了调研。

一、上市助推银行贯彻监管要求

重庆农商行和重庆银行的上市进程较好地满足了投资者市场监督和市场影响的需求，相关举措也有效促进了银监会多项监管要求的贯彻和落实。

（一）持续提升公司治理

公司治理是两家行按港交所要求作较大调整的两大重点之一。一是对"三会一层"及下属专委会的职责边界、议事规则进行数百项调整。重庆农商行以此推动解决了董办、监办单设问题。二是重庆农商行对历史遗留的老股权归属全面清理，重新认定 1.2 万户股东，确权率从 78.9% 提高到 97.4%，为股权规范管理奠定了基础。三是获得了学习国际规范公司治理架构和先进经营管理理念的机会，促进银行深刻理解了真正成为社会公众公司的路径和目标。

（二）重点完善信息披露

信息披露要求是港交所对两家银行上市要求的第二个重点。香港《银行业条例》、《估计敏感资料披露指引》规定披露的信息宽泛，流程明确，具有强制性和惩罚性。上市后，两家银行均聘请境外专业服务机构，提升了信息披露的合规性。重庆银行成立专门负责投资者关系及证券事务部门，确保信息披露质量，该行已成为摩根士丹利列入 MSCI 全球小企业指数成分股的全国唯一城商行。重庆农商行在年度和中期报告基础上，自愿发布季度报告，主动配合投资者对银行及时全面的监督需求。

（三）加快推进战略转型

上市前，重庆农商行和重庆银行虽然分别制定了为"三农"和"小微"服务的特色发展战略，但垒大户、扩规模的传统发展模式难以很快根除。两家行在上市进程中面对境外投资者对银行盈利能力和发展前景的质疑，深刻体会到支持"三农"和服务"小微"特色战略所体现的独特投资价值，是两家行在国际配售和公开发售中均受到投资者肯定的关键所在。投资者的期盼和督促有力地推动了银行加快战略转型步伐。

（四）有效管控声誉风险

香港市场以普通法系为基础的繁杂法律框架使内地银行短期不易适应，宽松的媒体环境也容易引发新闻舆情。两家行在上市进程中均成立专门的公共关系管理部门，不断积累处置经验，逐步形成较为有效的声誉风险防控机制，开始从"事件性"、"突发性"的管理模式向着"系统性"、"持续性"的管理模式改进，重庆银行还建立起董事长定期接待意向投资者机制。两行声誉风险管理意识和能力均得到有效提升。

（五）全面规范内部管理

上市进程为两家行全面规范内部管理提供了难得契机，两家行分别提出了树立农村商业银行和城市商业银行标杆的目标。一是通过了解国际投资者对银行内部管理的期望和要求，深入查找自身差距并逐项整改。重庆农商行开展近千项内部调查，再造制度流程530个，整改内控瑕疵50余项。重庆银行彻底审查并改进了关联交易的监测流程和程序。二是通过与境外投行、律师事务所等各类中介机构的持续合作，开阔了视野、理解了市场。三是推动解决历史遗留问题。重庆农商行上市前存在大量权证不齐的瑕疵物业，物业完善率仅1.5%，通过一系列措施将物业完善率提高到99.8%。

二、银行境外上市带来的监管挑战

相对于境内上市，境外上市公司面临更加严格的市场约束要求及各方不同利益诉求，给银行经营管理带来了更大压力，也给传统银行监管模式带来了诸多挑战。

（一）股价导向经营模式影响稳健发展

银行上市后，股价成为市场投资者对银行最主要评价指标，两家行甚至出现了经营管理以股价导向的趋势。一是上市准备阶段，全力动用各方资源包装、提升股价。但上市后股价难以维持，相比开盘价，重庆农商行目前下跌27%；重庆银行目前下跌13%。二是简单通过迅速扩大传统业务规模、保持利润水平以维护股价。三是在经营发展中提出了一些脱离当前发展基础的高要求、高目标。如市场上的复杂业务、高端资格都要申请，巴塞尔Ⅱ、巴塞尔Ⅲ要尽快实施高级计量法，给风险管理和成本控制带来更大压力。

（二）简单迎合市场需求偏离监管导向

香港上市规则中明确要求寻求上市的证券必须有充分的市场需求，但银行上市后吸引市场需求的部分举措偏离了监管导向。一是两家行上市后对监管部门要求的"严格控制高比例分红"、"审慎制定利润分配政策"执行出现偏离。在盈利能力没有数倍提升的情况下，重庆农商行分红水平已达上市前的317%，重庆银行为上市前的304%。二是高回报压力下，大量通过类贷款业务向政府融资平台融资，影响了融资平台整体风险管控，弱化对实体经济的支持，偏离了自身发展定位，不利于差异化发展战略的贯彻落实。

（三）监管行为本身面临关注和监督

银行上市后，监管行为也成为市场关注的焦点，稍有不慎，即可能引发监管风险。一是监管行为受到市场监督。市场对监管成效有较高期望，对监管敏锐性、前瞻性、及时性和有效性等工作质量要求向国际标准看齐。二是独立监管面临市场压力。监管措施可能被市场过度或扭曲解读。三是依法监管面临更高要求。境外市场对依法监管要求更为明确，日常监管中经常采取的联动监管方式因缺乏明确的法规条文支撑可能受到限制。

三、加强上市银行监管的几点思考

近年来，面对辖内法人银行香港上市后的新形势，重庆银监局按照"严守监管底线、保持政策稳定、尊重市场规则"的基本原则，提出加强上市银行监管应注重"三个兼顾"。

（一）兼顾短期目标和长期目标

银行监管有较为成熟的评价体系，但上市银行的股价更多受短期市场因素影响。日常监管中，我们一是要引导银行在制定长期战略规划中对股价稳步提升给予制度安排，遏制投机行为。二是应鼓励银行切实改变同质化发展的现状，真正找到契合长、短期实际的特色发展定位和实现路径，赢得市场信心。三是指导银行董事会合理下达长短期相结合的经营指标，并制定与之相匹配的激励约束制度，切实遏制损害长期目标的短期行为。

（二）兼顾市场规则和监管导向

作为《新巴塞尔协议》三大支柱之一，市场约束一直是传统银行监管较为薄弱的一环。在上市银行监管中，我们对市场规则既要充分利用，又要加强引导。一是结合投资者对银行分红背景及持续能力的关注，指导银行制定可持续的稳健分红政策，促进银行优化业务结构和盈利模式。二是结合投资者对银行透明度的关注，督促银行严格、真实、全面地进行信息披露，帮助投资者理性判断，合理预期。三是结合投资者对银行发展环境的关注，督促银行引导投资者加深对重庆市场环境的认识理解，逐步认同银行在履行社会责任中实现自身发展和服务地方经济的良性互动。

（三）兼顾监管原则性和灵活性

面对市场对监管行为的关注和监督，我们提出了兼顾原则性、灵活性，提升有效性的思路。一是通过股价变动接收并正确理解市场信息的同时，坚持既有监管政策和思路，避免短期市场压力影响监管政策稳定。二是灵活运用"三度"加强引导。首先是进步度，通过与过去和同质同类机构全面比较，帮助银行找准差距、明确目标。其次是贡献度，鼓励银行有效服务实体经济，履行社会责任。三是配合度，要求银行有效贯彻监管要求并确保层层传导落实。通过对"三度"的进步情况落实正向激励与约束，体现出"宽严相济，收放自如"的监管思路，提升监管有效性。

（作者马忠富，重庆银监局局长）

做好欠发达地区银监工作的实践探索

贵州银监局成立以来，在加强内部管理、扩大农村金融服务覆盖面、支持实体经济等方面有一些良好实践。新一届党委班子在总结和继承基础上，认真学习领会尚福林主席年度工作会议讲话精神，紧紧抓住贵州欠发达地区特点，谋划 2015 年及今后一个时期工作，初步有六个方面的思考。

一、提出"要想奔小康，必须有银行"，大力推进普惠金融

贵州省 GDP 刚过 9 000 亿元，人均 GDP 全国倒数第一，正在"后发赶超、同步小康"，基础金融服务需求十分迫切。李克强总理指出："如果缺失了贵州的全面小康，全国的全面小康就是不完整的小康"。根据尚福林主席关于"大力推进普惠金融发展"要求，我局提出"要想奔小康、必须有银行"，着力做好三项工作。一是坚持"三个平衡"，推进大中型银行机构网点下沉，促进金融资源均衡分布。在全国率先实现基础金融服务"村村通"基础上，努力实现全功能与有限牌照支行、传统与特色支行、不同层级机构之间的平衡。二是加快农商行改制和村镇银行发展。今年争取 9 家农商行获批，年底覆盖 2/5 县域；新设15 家村镇银行，年底覆盖 3/4 县域。三是推进小微支行、社区支行、便民服务点的设立，逐步实现全省城市社区、园区和商圈特色支行全覆盖。

二、针对国有企业多、政府项目多、案件执行难等欠发达地区特点，与地方政府加强联动，守住风险底线

一是及时防范一起国有企业信用违约风险，并分 3 类化解其他大型国企存量风险。贵州以国有企业为主，民营经济不发达，我局梳理的 8 家大型企业信用风险中国企有 6 家。近期，1 家国企通过董事会决议拟停止还息，我局接到银行报告后，立即研究对策并向分管副省长汇报，目前由国资委协调企业筹资还息。同时分类化解其他风险：对于流动性风险形成的信用违约，要求银行以支持为

主，共同进退，避免"一刀切式的抽贷"；对于清偿性风险形成的信用违约，如企业盈利能力强、代表先进生产力，银行视发展状况予以支持；对于清偿性风险形成的信用违约，如果企业长期盈利能力差、生产力落后，银行要采取"外科手术式治疗"，及时处置风险。二是向地方政府领导重点汇报，推动债务甄别后上报平台贷款达到最初的近 3 倍。贵州通过交通三年大会战等行动，融资平台及其债务快速增加，我局督促银行按照国发 43 号文规定，实事求是进行清理，并与财政厅等部门沟通，最终使平台贷款最大限度纳入上报范围。三是与省高院研究制定银行案件司法处理指导意见。我局坚持有所为、有所不为，既不袖手旁观，也不为银行出具具体案件的意见，1 月与省高院达成共识，先行制定抵债资产和银行卡案件两个指导意见。

三、顺势而为，多渠道争取外部资源，将解决自身困难与地方关切相结合

与全国银行业信贷占社会融资逐年下降的趋势不同，贵州省银行信贷占比"不降反升"，去年为 68.8%，比前年高 18 个百分点，因此地方政府对银行业的要求更高。我局顺势而为，有为有位，争取外部资源。一是解决专项资金。在向省委省政府主要领导及时汇报尚福林主席年度工作会议讲话要点和我局重点工作并取得支持后，我局为解决融资难融资贵问题，总结过去组织项目和小微企业对接做法，着手开发"银行业服务实体经济信息系统"，资金由经信委（中小企业局）、发改委、科技厅支持。把作为需求方的重点工程、小微企业、科技企业的项目信息、财务状况和已有融资等情况，把供给方的银行产品、功能、收费等信息纳入其中，按季更新，促进银企有效对接。二是通过提出不同意见，使地方政府目标考核更符合实际。针对省政府常务会议提出的今年信贷增速达到 20.5% 的过高目标，我局提出不同意见，并根据 GDP 增速、PPI/CPI 涨幅等因素积极沟通，最终使之下调至 16.5% 左右。三是加强与市/州互动，为银监分局争取政府奖励、费用补助和减免。根据尚福林主席关于"加强横向、纵向、内外的干部交流培养"的要求，派省局干部到遵义市挂职；今年 3 月中银协与台湾金融研训院将在贵阳举办高级研修班，我局为 9 个市州分管领导和金融办主任免费提供 18 个名额。我局致力于改善基层监管机构运行环境，推动未纳入地方政府目标考核的 5 个分局纳入考核，推动分局办公大楼获得产权和税收减免、新办公楼运行费用补贴；鼓励分局推动监管办纳入县政府考核。

四、探索银行业支持扶贫开发机制和模式

贵州89个县区中，50个是国家级和省级贫困县，贫困人口1 149万人，占全省的1/3，为此省委省政府提出"扶贫攻坚是贵州第一大民生工程"。根据尚福林主席提出的"改进特殊群体金融服务"要求，我局将探索加大金融扶贫力度。一是与相关部门建立风险补偿机制。根据省委书记在全省金融工作座谈会上的讲话，与扶贫等部门共同制定银行业支持扶贫开发实施方案，将财政资金用于贷款贴息和担保，变无偿资金为有偿使用，引导更多资金参与扶贫，放大资金效用。二是拓展扶贫新领域，加大对返乡农民、失地农民再就业的金融支持。我局已与政府再就业中心、失地农民进行座谈，引导银行以提留物业等为担保，支持村集体经济组织，提高失地农民养老保障水平；重点支持吸纳失地农民就业的企业，加强创业支持；设计符合被征地农户需求的理财产品，减少赌博、乱投资。

五、针对中型机构起步晚、质量差的特点，促进三类机构均衡发展，增强银行体系弹性和韧性

从历史看，政策性及国有等大机构、农信社等小机构在贵州设立发展与全国相当，但是股份制银行来得晚，城商行和农商行改制晚且评级低。我局将做好三方面工作：一是实施"三引一守"战略。在2008年实施"引银入黔"工程、引入9家机构的基础上，引进优质机构和填补市场空白的机构；引进资本资金，鼓励法人机构引进省外金融机构和企业入股，鼓励分支机构引进资金；引进体制机制；守住不发生系统性区域性风险的底线。二是督促法人机构构筑公司治理、机构布局、资本规划"三大支柱"。督促法人机构董事长与行长分设，完善机构发展年度计划，做好增资扩股和引进优质战略投资者的工作。三是坚持股东高质量、资本高起点、人才高水平"三高原则"，推动组建民营银行，得到省委省政府领导的认可；我局正配合地方政府做好主发起股东遴选和组建民营银行申报工作。

六、加强党建，适应新常态、保持新状态、焕发新激情

作为欠发达地区，贵州银行机构少，我局干部出口少、人员老龄化（平均

年龄46岁）。按照尚福林主席全面加强党建的要求，我局坚持党建和文化建设并重：一是思想建党，开展"局长谈心时"和文化建设活动。每周五下午安排2小时，由局领导与职工"一对一"谈心，按季汇总问题和建议，三个季度可实现员工全覆盖，已开展4次、16名职工参与。为弘扬社会主义核心价值观，联合贵阳孔学堂，开展以"'银'颂古风，'监'济天下"为主题的文化建设活动，1月10日组织43名职工及家属参加"年华印记－生日感恩礼"。二是针对监管办无法上收、人少且时常参加现场检查的实际，借鉴"支部建在连上"建党思想，开展正常支部活动。贵州山高路远水长，71个监管办中只有5个上收，我局由分局科室带监管办或相邻监管办组成党支部，现场检查期间由检查人员组成临时党支部，专门安排时间开展支部活动。三是针对少数民族聚集、地方招商引资较多的实际，明确了党风廉政建设"两个从严"。我局系统少数民族党员干部占比达到1/3，三个自治州分局占比在50%左右，且发生过违反八项规定的情况，因此提出少数民族风俗习惯与党风廉政建设规定不一致时，从严执行后者（与党纪严于国法同理）；银监会实行垂直管理，银监局是派出机构，地方规定与总会规定不一致时，从严执行后者。

（作者郭武平，贵州银监局局长）

全面推进宁夏银行业改革开放的实践与思考[①]

改革开放以来，宁夏银行业金融机构门类和数量大幅度增加，信贷规模逐年扩大，金融服务功能不断完善，较好地满足了经济社会发展之需要。金融已经成为宁夏经济建设的融资中心，银行业的贷款支撑作用和社会影响十分重要。

当前，宁夏银行业存在的主要问题是没有外资银行和非银行金融机构，股份制银行分行少，县域银行机构少；农村地区金融市场无竞争，农民和中小企业等弱势群体承担较高贷款利率；企业主要依赖银行贷款融资，银行信贷资金超负荷运行；银行业依法经营、监管部门依法监管的环境正在走向成熟；金融人才缺乏，银行业机构的行政化色彩比较浓厚，法人银行经营管理水平有待进一步提升。根据中央关于金融改革的重大决策和中国银监会、宁夏自治区党委政府关于金融工作的具体部署，全面推进宁夏银行业改革开放必须着力做好以下工作。

一、着力发展银行业金融机构

发展宁夏银行业金融机构的重点是增加股份制银行、民营银行和非银行金融机构，目标是建立门类较多、功能齐备、布局合理的现代银行体系。一要支持华夏银行、兴业银行、民生银行和光大银行等商业银行来宁夏设立分行，允许符合条件的分行设立支行和专营机构。二要动员符合条件的企业集团发起组建法人财务公司。对民营企业集团发起设立企业集团财务公司不设置特别条件。三要明确政策，畅通渠道，支持民间资本更多地进入金融业。重点支持民间资本入股金融机构、参与金融机构重组改造、参与中小金融机构增资扩股。在条件成熟的时候，允许民间资本发起设立中小型银行等金融机构。推动民间资本发起设立金融租赁公司和消费金融公司等。四要欢迎符合条件的银行在宁夏县

[①] 本文发表在《中国农村金融》2015年第3期、《宁夏日报》2014年8月6日理论版、《宁夏工作研究》2014年第8期。

域发起设立村镇银行。五要支持城市商业银行设立社区支行和小微企业贷款专营机构。

二、着力扩大银行业对外开放

目前，宁夏尚无外资银行机构，不利于银行业在竞争中学习和发展。扩大宁夏银行业对外开放需要考虑和解决的问题：一是允许大胆地创，大胆地试，在发展中规范。二是适度调整监管规则，实施部分有区别的监管标准，尽可能提供政策便利。三是注重与国家总体对外开放战略协调一致，围绕建设丝绸之路经济带的总体规划，重新评估与阿拉伯国家开展金融合作的积极意义和风险隐患，以开放、审慎、法制的态度对待中阿金融合作，深化与阿拉伯国家的金融合作，恳请中央给予政策支持和试验的机会。四是支持阿拉伯国家及其他地区的金融机构来宁夏设立分支机构或代表处，参股宁夏法人银行，设立产业基金等；支持符合条件的宁夏法人银行"走出去"，到阿拉伯国家设立机构，与阿拉伯国家银行开展业务合作，培训银行业务人员。五是扩大对内开放，支持全国性股份制银行投资宁夏法人银行，可以允许控股，以改善公司治理，建设核心业务系统，培训金融从业人员。

三、着力拓宽融资渠道

宁夏银行业机构贷款余额总体大于存款，存款增长速度低于贷款增长速度，贷款余额是 GDP 的 1.5 倍，依靠银行贷款支撑经济增长的局面已经难以为继。银行是股东的企业，行政干预贷款不符合中央关于改革的总体要求。筹措发展资金必须另辟资金来源。政府要学会运用市场手段，银行也不要大包大揽。既然民间资本找不到出路，何不修渠引水呢！应当放开对民间资本进入实体经济和银行业的不必要限制，引导民间资本直接投入；通过发行企业债、政府债等途径吸收国际资本、民营资本参与项目建设。银行业监管部门将支持银行业机构承销地方政府债券、发行专项金融债和吸收社会资本入股。

四、着力推动金融创新

根据国务院关于金融服务"三农"发展的要求，银行监管部门要持续、深化金融服务"三农"工作。从实际情况出发，一要引导银行业金融机构向县域及农村延伸分支机构和营业网点，引导运用互联网技术，推进农村支付体系建设，创新产品和服务，实现金融服务乡镇全覆盖。二要支持符合条件的农信社改制为农商行，支持银行业机构在县域发起设立村镇银行。三要在灵武、盐池和彭阳三县（市）开展农村土地承包经营权、宅基地使用权、房屋所有权、林权和大中型农机具等产权抵押贷款试点，探索创新农业融资机制。四要建立小额贷款公司管理体制、监管制度和互助自救基金，在切实防范金融风险的基础上发挥小额贷款公司的积极作用。五要探索农业政策性银行体制和机制，建设县以下地区金融服务网络。六要配合政府在个别乡镇开展金融综合服务改革试点工作。鼓励各类金融机构面向贫困地区农村提供金融服务。要高度重视消费金融工作，督促银行业机构积极满足城乡居民家庭合理消费信贷需求。要继续加强公众教育，深入开展各类宣传教育活动。

五、着力防范化解金融风险

当前，宁夏银行业机构不良贷款余额和占比逐月增加，农村商业银行和部分国有商业银行分支机构、城市商业银行信贷风险集中暴露，担保圈信贷风险引起政银企连锁反应，防范和化解金融风险的任务重、难度大。

防范和化解金融风险是银监部门的法定职责，也是党中央交给银行监管部门的重要政治任务。银行监管部门为了守住不发生系统性区域性金融风险底线艰苦奋斗近十年，有投入，也有成效。但是，经济形势越是复杂，防范和化解金融风险的任务越重，银行监管部门的处境越是窘迫。建立有效的银行监管体制，一要把银行监管部门建设成为法定机构，保持独立性，赋予相应的权力和手段，提供相应的资源保障。二要银行监管部门要履职尽责，不辱使命，担当责任。三要着眼于解决突出问题。当前，重点任务是化解存量信贷风险，控制新增信贷风险；完善监管政策，应对新型金融业态、新生金融产品可能产生的金融风险。四要厘清风险责任，实施责任追究，让制造金融风险的人承担责任。

六、着力优化金融发展环境

发展金融业必须发展经济，优化金融发展环境。借鉴发达省市促进金融业发展的经验，似有一些启发：一是地方党委、政府应学会更多地运用法治思维、法治手段和市场机制管理金融。二要明确界定中央派驻银行监管机构和地方政府金融管理部门的工作职责和风险处置责任,防止相互掣肘。三要建立地方政府金融管理制度备案制度,维护金融法制和统一监管准则,防止以地方政府文件否定国家法律和制度。四要建立公正的司法体制,依法处理金融债权纠纷。五要在法律框架内简政放权,取消行政审批。顶层设计要先行,防止乱作为。

（作者安宁,宁夏银监局局长）

厦门市农村中小金融机构
发展情况调查及建议

本文从厦门市农村中小金融机构的历史沿革入手，综合分析两类农村中小金融机构经营特色及存在的困难和问题，以期能够对改进和加强农村金融服务提出建议。

一、基本情况及历史沿革

厦门市目前有 3 家农村中小金融机构：厦门农村商业银行、厦门同安农银村镇银行和厦门翔安民生村镇银行。截至 2014 年 8 月末，其资产总额合计596.10 亿元，负债总额合计 552.57 亿元，各项贷款合计 184.72 亿元，各项存款合计 355.69 亿元，占厦门市银行业金融机构比例分别为 5.22%、5.01%、2.88% 和 5.19%。

厦门农商行前身为厦门市农村信用合作联社，有着 60 多年的历史。而两家村镇银行设立时间较短，分别只有 2 年和 1 年。

（一）深耕农村，持续推进农村基础金融服务建设

一是创新建档服务，强化落实农户建档工作。截至 2014 年 6 月末，厦门农商行已完成 143 021 户的个人信用信息建档工作。二是大力普及金融知识。厦门农商行结合入户建档做好"送金融知识下乡工作"，两家村镇银行也积极深入村屯开展金融知识进万家、爱护人民币及反洗钱等宣传活动。

（二）创新农村金融服务，助推"美丽厦门"新农村建设

一是针对农户非农化的新兴金融需求，开发"老无忧"社保贷款解决失地农民的养老之忧，"金包银"置业贷款助推失地农民实现收益转型，农村青年妇女创业贷款支持农村劳力创业致富。二是针对农业产业化需求，为厦门当地拳头农业推出批量授信业务模式，缩短种植户贷款申请时间。三是厦门农商行作为辖内首家农村房屋抵押融资试点工作的金融机构，积极部署，稳步推进"农房宝"农村房屋抵押专项产品。截至 2014 年 6 月末，厦门农商行已与 11 个村签

订合作协议，协议授信 2 亿元，已审批 23 笔"农房宝"农村房屋抵押贷款，审批金额 1 015 万元，实际发放 15 笔，金额 730 万元。

（三）"双百工程"发挥金融纽带作用，助力社会和谐

2013 年厦门农商行创新推出"双百工程"，即选派 200 名优秀金融人才赴各区镇（街）、村（社）和企业挂职或担任金融顾问、金融信息宣传员，积极协助社会管理，通过金融杠杆有效放大政府"为民办实事"的工作实效，将宣传上级政策、了解基层一线、解决实际问题与优化金融服务相结合，促进社会和谐。

（四）发挥"润滑剂"作用，推动政府富农惠民政策落地

在厦门市蔡塘村"城中村"改造过程中，厦门农商行量身定制个人专款专用、分期使用、利率优惠的专属金融服务方案，帮助失地农民完成入股资金筹集，合计提供 3 亿元的信贷支持。该项目既有效支持了"村改造、农转非"带来的金融需求，又发挥"润滑剂"作用，缓和了被拆迁农民因担心"失地又失收"而强烈抵触拆迁的矛盾，大大减少当地社会的不稳定因素，推动政府富农惠民政策的顺利落地，破解长期困扰政府的"拆迁难"问题。该项目作为城中村改造成功典型得到厦门市委书记王蒙徽的高度评价，要求进行推广。

二、存在的问题

（一）金融扶持政策仍需优化

一是支农支小政策压力较大。第一，自身规模、实力较弱，除了小微贷款之外，额外背负涉农贷款考核指标，经营压力较其他银行更大。第二，存量的涉农和小微企业贷款占比较高，"两个不低于"的硬性增量指标难以完成。第三，厦门市的城市化进程不断加快，村民村改居后不再归属农户，大量实质上支农支小贷款无法纳入涉农和小微贷款的统计范围。二是贷款规模限制支农服务开展。贷款规模控制既不能适应农业贷款周期性的需求，也限制了一些存款增长较快的金融机构支持当地"三农"经济发展的力度。三是部分扶持政策受惠面有限，优惠时间较短。如下调存款准备金的优惠政策仅针对县域农商行和农信社，未能惠及厦门市农村中小金融机构；村镇银行享受的农村金融机构定向费用补贴仅在开业 3 年以内。四是农村中小金融机构在提供支农服务的过程当中额外付出的经营成本需要通过开展涉农以外的其他业务来获得补偿，但其经营范围往往由于农村金融机构的身份受到限制。

（二）利率市场化带来新的挑战

利率市场化给农村中小金融机构带来巨大冲击。一是资金收益区间收窄，

信用风险管理难度加大。农村中小金融机构议价能力相对较弱，利率管制放松后其成本上升的部分只能自行吸收。因此农村中小金融机构更偏向将贷款投向高风险行业和客户，通过提高贷款利率来拓宽盈利空间。二是利率风险和流动性风险管理更为困难。在利率市场化后，同业市场的利率波动幅度将进一步扩大，利率的期限、结构变得更加复杂，存、贷款在各家银行的流动速度加快。三是资产合理定价难度加大。农村中小金融机构信贷产品定价往往仅根据贷款种类、金额、期限、抵押方式与客户关系等常规因素，贷款定价方法较为简单，也存在较大的主观因素，难以适应新形势下金融市场竞争的需要。

（三）农村信用环境欠佳

一是农村社会信用意识淡薄，传统宗族意识较为强烈，司法干预乏力，金融债权难以落实，信贷资金风险较大。二是信用担保体系建设滞后，厦门市林权、土地承包经营权管理现状复杂，目前尚不能合法办押。三是保险业支农功能不健全，国内尚未建立由政府主导、各保险机构参与的农业保险体系，涉农贷款缺乏相应的配套扶持政策及风险补偿机制。

三、意见建议

（一）进一步加大政策扶持力度

一是从考核口径上为农村中小金融机构减负。建议采取实质重于形式的原则，将城镇化由村改居的失地农民认定为农户，将从事农业生产经营的贷款认定为小微企业贷款，在减轻农村中小金融机构负担的同时也能够更好引导其将信贷资金投入实体经济。二是从总量控制上为农村中小金融机构松绑。适当降低农村中小金融机构存款准备金率，放宽同业拆借额度限制。在信贷总量调控过程中，进一步向涉农和小微贷款倾斜，特别是考虑对农户和小微贷款规模实行单列考核，从信贷规模上进一步支持农村中小金融机构发展。三是从财税补贴上助推农村中小金融机构。财政部门可以考虑根据农村中小金融机构的网点和业务发展情况，适当延长财政补助时间，将财政、公共性资金存款优先向支农力度大的金融机构倾斜。税务部门可以对农业贷款利息收入给予长期免征营业税，或适当允许农村中小金融机构计提更多的呆账准备金，提高抗风险能力。

（二）坚持服务"三农"主方向，提高风险管理水平

一是农村中小金融机构董事会应坚持服务"三农"、实体经济的市场定位和战略目标，下沉机构，向支农服务薄弱地区延伸基础金融服务，加快金融创新，

有效支持社会主义新农村建设。二是加强利率风险管理。农村中小金融机构要加快利率风险内控制度建设，及时调整利率敏感性资产负债结构，全面提升规避利率风险的能力。三是建立完善的产品定价机制，主动争取市场。农村中小金融机构应建立系统的定价机制，以风险调整后收益为准绳，按照效益化、差别化、规范化的原则，改革内部资金定价机制。

（三）完善农村信用体系建设，优化农村地区信贷担保机制

一是推进农村信用体系建设。一方面要不断扩大"送金融知识下乡"活动的广度和深度，增强农民对现代金融体系的了解，提升诚信意识；另一方面要继续推进农户建档工作，建立标准化的农村信用数据库，实现社会信用资源的共享，进一步降低金融机构提供农村金融服务的门槛。二是扩大农村担保体系覆盖范围。政府部门应探索建立政府扶持、多方参与和市场运作的农村信贷担保机制，扩大农村有效担保物范围，探索"三权"和农机具等动产抵押新模式。三是推动农村保险事业发展，建立多层次担保体系。引入商业保险公司，完善政策性农业保险制度，促进形成一套适合在农村地区推广实施的农业再保险和自然灾害风险分散机制。

（作者张安顺，时任厦门银监局局长，
现任山西银监局局长）

金融资产管理公司
在新时期的地位作用和发展趋势①

中国四大金融资产管理公司（以下简称 AMC）自 1999 年成立至今，已走过了 15 年探索发展的历程。在此期间，圆满完成了国家赋予的政策性处置任务，探索出了一条具有中国特色的商业化转型发展道路，成为我国金融体系中一支独具特色的重要力量。

当前我国经济社会发展步入一个新的历史时期，集中表现为三个特点：一是经济步入"新常态"。经济增速由过去三十多年的高速增长转换为中高速，经济结构发生全面、深刻变化，过去依靠低成本要素驱动的经济发展方式难以为继，倒逼经济转型升级，期间将面临很多新挑战。二是改革步入"深化期"。党的十八届三中全会通过了全面深化改革的决定，各领域的改革规划和措施相继出台。围绕充分发挥市场在资源配置中的决定性作用，经济改革仍然是本轮改革的重头戏，必将为经济发展带来"改革的红利"。三是创新步入"加速期"。随着我国"创新驱动发展"战略的实施，新一轮科技革命和产业变革正在孕育和兴起，新技术替代旧技术、智能型技术替代劳动密集型技术趋势明显，必将为经济增长发掘出新的动力。

在新的历史时期，面对新的形势，AMC 必须找准自身定位，将自身发展融入国民经济和社会发展大局之中，为服务国家战略作出新的贡献。以中国长城资产管理公司（以下简称中国长城资产）为例，将始终坚持以"化解金融风险、提升资产价值、服务经济发展"为使命，致力于发挥好"三个器"的作用：

一是发挥好"金融稳定器"作用，减缓经济转型阵痛。经济转型升级必有"阵痛"，其中一个重要表现，就是金融风险的暴露和不良资产的增加。而 AMC 的最大功能优势，就是处置不良资产、化解金融风险。中国长城资产自成立以来，已累计收购运作了国有银行等金融机构剥离的不良资产近 8 000 亿元，积累了丰富的实践经验和专业技术；今后将始终坚持"以不良资产经营和资产管理

① 本文发表在《金融时报》2014 年 10 月 15 日第 2 版。

为主业"，并积极拓展危机企业和问题金融机构救助业务，为减缓经济转型"阵痛"作出贡献。

二是发挥好"资源优化器"作用，促进产业重组整合。经济结构的优化升级，必然伴随着产业整合和产权重组。特别是在国家"消化一批、转移一批、整合一批、淘汰一批"的政策引导下，将加速不同产业及产业内部的优胜劣汰以及行业龙头企业对本行业和上下游产业链的整合。开展并购重组业务，是AMC 的重要功能。对此，中国长城资产已运作了很多的成功案例，今后会继续将其作为"提升资产价值、打造投行品牌"的重要手段，为促进经济转型、产业整合提供助力。

三是发挥好"经济助推器"作用，支持实体经济成长。在经济转型升级的过程中，节能环保、新一代信息技术、生物、高端装备制造、新能源、新材料等战略性新兴产业以及新型城镇化建设等将呈现广阔的发展前景。当前 AMC 已形成集团化综合经营构架，具有多元化金融服务手段，可以为企业提供一揽子综合金融服务。如中国长城资产在转型发展中"以支持新兴产业为重点，以服务中小企业为特色"，已累计开发出 15 类、90 余种综合金融产品，全力支持实体经济成长。

AMC 在服务国家发展战略、支持经济转型升级的同时，还必须完善自身发展战略，加快改革创新步伐，打造稳固的业务模式和盈利模式，实现可持续发展。以中国长城资产为例，今后将重点推进"五化发展"，实现"五个打造"。

一是推进资产管理的专业化，打造"专业的资产管理服务商"。资产管理特别是不良资产的经营管理，是 AMC 最具传统优势的老本行，必须做大做强，重点提升对资产"价值挖掘、价值管理、价值提升和价值实现"的能力。如中国长城资产已形成了不良资产评估定价、并购重组、资产交易等专业技术，在国内首创了不良资产估值定价系统，拥有全国性的金融资产交易平台（天津金交所），先后被授予"优秀金融服务解决方案奖"，被评为"杰出金融资产管理服务商"。今后还要拓展第三方资产管理等业务，打造资产管理专业品牌。

二是推进服务功能的多元化，打造"优秀的综合金融服务商"。AMC 经过多年的转型发展，已从最初功能单一的不良资产管理处置机构，逐步形成主业突出、功能多元的金融综合经营体系。如中国长城资产已构建了租赁、保险、信托、基金、担保、咨询、投资、置业、资产交易等多元化综合服务平台，并正在推进银行、证券等金融平台的构建，进一步营造"中小企业综合金融服务"特色。近年来，公司先后被评为"最佳综合金融服务商"、"最佳中小企业金融服务机构"和"中国中小企业首选服务商"。

三是推进经营运作的市场化，打造"出色的金融创新探索者"。十八届三中全会强调"紧紧围绕使市场在资源配置中起决定性作用深化经济体制改革"，这也是 AMC 转型发展的根本方向。如 AMC 要从市场上自行发掘不良资产，自担风险、自负盈亏；加快业务创新，也要"以市场为导向、以客户为中心"。近年来，中国长城资产针对企业在不同阶段的金融需求，将资产管理技术与金融服务手段结合，创新开发了"金长城"系列金融服务产品，先后被授予"最具创新力金融企业"和"优秀金融品牌奖"。

四是推进组织架构的集团化，打造"现代化的金融控股集团"。当前 AMC 已形成了母子公司、总分公司并存的集团化管理架构。如中国长城资产拥有全国 30 家办事处、11 家平台公司及总部"资产经营、投资投行、城镇化金融、中小企业金融、资金营运"五大事业部，并对这三大经营板块实行优势互补、协同发展，形成"1＋1 大于 2"的协同效应。其中，办事处致力于打造集团"业务拓展、产品营销、客户维护、利润创造"的综合前台；子公司重在提供集团发展所需的金融牌照和服务平台功能；事业部着眼发挥创新引领和条线带动作用。

五是推进公司发展的国际化，打造"具有国际影响的百年金融老店"。目前"股改、引战、上市、国际化发展"已成为 AMC 转型发展的必由之路。按上述目标，中国长城资产正在实施"五年两步走"中期发展战略。其中第一步"打基础、建机制"工作已经完成，构建了业务模式、盈利模式和风控体系，连续被四家权威资信评估机构授予 AAA 信用等级，连续两年被财政部综合绩效评价为"优"。第二步"上台阶、创品牌"的规划正在实施，股改和引战等工作正抓紧推动，争取 2016 年末基本达到上市要求；未来将以打造"具有国际影响的百年金融老店"为目标，积极探索国际化发展。

（作者张晓松，中国长城资产管理公司总裁）

把握新常态下资产管理公司发展新机遇

我国经济已经步入"三期"叠加的新常态，将发生一系列趋势性变化，这是我国经济发展的机遇期，更是资产管理公司发展的机遇期，只有认清主要特征，准确把握经济发展趋势，才能把握资产管理公司新的发展机遇。

一、新常态的主要特征

2014 年 11 月 9 日的亚太经合组织工商领导人峰会上，习近平总书记系统阐述了我国经济发展的新常态。经济新常态最直接的表现是经济增长速度换挡由高速向中高速转变。增长方式和增长动力的转变是新常态的第二个显著特征，也是新常态的本质；增长结构从增量扩能为主转向调整存量、做优增量并举；经济发展方式从传统粗放向高效率、低成本、可持续过渡；增长点由传统行业向新兴行业转移。新常态的第三个特点就是不论是经济结构、市场运行机制还是民生保障等方面，问题已经积累到必须改革的程度。要完成增长方式的转变、成功过渡到新的稳定状态，这些痼疾必须清除。

2014 年 12 月 9 日召开的中央经济工作会议更是从消费需求、投资需求、出口和国际收支、生产能力和产业组织、生产要素相对优势、市场竞争、资源环境约束、经济风险积累和化解、资源配置模式和宏观调控方式九个方面对"新常态"阶段性特征进行了全面清晰的阐释。"新常态"理论的确立，意味着我国宏观经济的大逻辑发生了重要转换，意味着相关的宏观政策、决策和市场热点将围绕"新常态"发生重要变化。

二、新常态下经济发展趋势

新常态下我国经济增长将缓中趋稳。对于 2015 年的经济，中央经济工作会议虽未给出明确的增长目标，但下调至 7% 左右基本成为市场共识。在投资增速继续下降、进出口和消费温和增长的情况下，2015 年增速会进一步放缓。在

"稳增长"政策的对冲作用下，增速小幅下调至7%或略低于7%是顺应规律的，也是完全可实现的。长期看，增速下跌的空间并不大。一方面，经济结构的调整升级带来的增长红利将逐步显现；另一方面，我国经济体量较大，工业化进程尚未完成，且存在很多短板和空白，有许多增长缓冲区。

第一，我国还存在巨大的地区差异，区域间互补和回旋空间很大，区域协调发展存在着巨大的增长潜力。2015年以来陆续提出的"一带一路"、京津冀经济圈都是秉承促进区域均衡发展的思路。第二，我国工业化进程尚未完成，处于工业化中后期阶段。这个阶段行业细分、个性化需求将越来越明显，工业升级的空间很大，生产性服务业的需求也将提高。这将给中国的投资、消费、进出口带来全方位的影响。第三，我国服务业依然存在很多短板，有很大的发展潜力。近年来，在传统行业投资出现饱和的状态下，服务业升级吸引了大量资金，增速远快于其他行业，但仍受到准入限制、政策及资金支持力度不够等因素的掣肘。在稳健宽松的大环境下，市场上有足够的资金，如果能打通社会投资渠道、给予相关政策支持，服务业可以成为新的增长极。

2014年以来，政府出台了一系列定向的、结构性的稳增长措施，到目前已初见成效，经济结构发生了积极的趋势性变化。表现在第三产业占比继续提升，第三产业增加值增长快于第二产业，是典型的结构调整期特征。比服务业占比上升更有说服力的是产业结构的加速调整。在传统行业增长动力疲弱的同时，移动互联、网络销售等新兴业态加快发展。这代表着增长点正在顺势而为发生转移，在政策、资本的呵护培育下，能够成长为新的经济支撑。同时，融资成本出现区域性下降。尤其金融市场利率下降明显，但是传导到实体经济还需要时间。

三、资产管理公司面临发展新机遇

（一）经济减速期不良资产业务新机会

随着我国经济增速放缓，特别是调结构去产能，使我国金融不良率逐步上升，截至2014年第三季度末，银行不良贷款余额达到7 669亿元，不良贷款率已达1.16%，部分省份已经突破2%；信托违约事件频发，风险项目个数近400只，涉险金额800多亿元。其他金融风险也值得关注，中小企业私募债等也成了新的风险源。全国2 000多家P2P网贷平台，2014年跑路的100多家。民间借贷风险接连发生，仅河北邯郸，涉险资金就超100亿元。其余如融资性担保公司、小额贷款公司等不良率也不低。非金融不良资产规模也很大。截至 2013 年末，仅规模以上工业企业应收、应付账款规模就接近 10 万亿元。从目前的市场表现看，不良资产分布日趋行业性、区域性和个体性。这些都给资产管理公司带来了巨大的不良资产业务机会。对此，我们要坚持用市场化原则去思考问题。不良资产实现价值和有效规避风险的关键在于"定价"（折扣）和"可变现"（有下手接盘或重组增值）。"可变现"比"定价"更重要，如果没人接盘或是没有符合市场需求的重组增值前景，空守时间无目标地等待意味着承担了亏损的风险和更大的成本。所以，我们不强调在盲目状态下的拼抢市场份额，以"快进快出，选择经营亮点和重点"作为基本的经营策略。目的就是要提高改善不良资产业务从收购到处置的效率，增强不良资产处置能力和运作能力，完成不良资产业务的升级换代，适应新时期业务发展需要。

（二）调结构带来的投融资和投行业务机会

目前，我国中低端产品产能过剩，高端产品供给能力不足的矛盾十分突出。2012 年底，我国钢铁、水泥、电解铝、平板玻璃、船舶制造的产能利用率均不到 75%，明显低于国际通常水平。尤其是部分地方政府的不当介入，使产能过剩已经超出了市场竞争的正常范围。加快淘汰落后产能是转变经济发展方式、调整经济结构、提高经济增长质量和效益的重大举措。解决产能过剩问题的主要措施是出口一批、并购一批、淘汰一批。产业结构的升级换代也是一个重要的解决问题路径。去产能是一个危中有机的事情，行业的改造升级和并购升级会带来很多投融资和投行服务的机会。资产管理公司作为具有宏观审慎、危机救助和逆周期管理功能的现代企业，更应在国家结构调整的关键时期，积极践行重整与再生的运作理念，把有价值的企业救活，促进有潜在价值的产业向高附加值方向发展，促进产能过剩的中低端产品向高端产品发展，继续对社会作出贡献。

（三）利率市场化带来金融机构托管与兼并机会

国际货币基金组织研究表明，很多国家在利率市场化完成后 5 年间，容易发生银行危机，从而出现商业银行并购重组的浪潮，美国、日本、我国台湾地区概莫能外。据统计，我国现有政策性银行、国有商业银行、邮储银行、城商行、农商行、农合行、农信社及外资银行共 457 家（不含三类农村金融机构）。一旦我国中小商业银行在利率市场化改革中风险集中爆发，资产管理公司可以充分发挥"金融稳定器"的作用，开展中小商业银行的托管清算工作，并通过介入兼并重组控股商业银行，拓展业务空间。

（四）国有企业混合所有制改革带来的业务机会

目前，我国资源、环境承载能力接近或者达到上限，继续追求速度规模型粗放增长已经不能适应经济发展的需要，必须大力推进质量效应型集约增长，在劳动人口难以大幅增长的背景下，劳动效率的提升对经济增长的作用日益重要。中国现有国有企业资产（包括国有金融机构）超过200多万亿元，政府管理的国有资产效率较低，如果混合所有制能够实施，应能大大提高它的效率，对经济增长作出更大贡献。这个过程中可能存在很多过桥融资、MBO杠杆收购、并购、股权多元化结构改造机会。资产公司可围绕行业龙头或上市公司开展定增、非上市股权投融资、并购等，深挖其中的债项业务或"债＋股"、"债＋结构性交易"机会。

总之，在"新常态"的宏观经济背景下，我国整体的宏观经济格局将进行深度调整，宏观政策、产业政策将会发生系列变化，资产管理公司应积极把握机会，顺势而为，充分发挥自身全价值链的现代金融服务企业的功能和特色，实现资产管理公司企业价值和社会价值的双丰收。

（作者张子艾，中国东方资产管理公司总裁）

轻型银行：招商银行顺应经济新常态的战略选择①

当前，中国经济金融正发生深刻的结构性变化。面对这些变化，招商银行顺应时代潮流，以轻型银行为方向，不断深入推进战略转型。

一、新形势下招商银行转型发展方向：轻型银行

经济发展"轻时代"加速到来，商业银行向轻型银行转型是大势所趋。首先，这是银行适应中国经济轻型化的必然要求。中国实体经济正加速向低资本投入、低资源消耗、高技术含量、高附加值的轻型发展模式升级转型，轻型化的产业、行业将快速发展，企业轻资产运营模式将成为主流，客观上要求商业银行向轻型银行转变。其次，这是银行适应金融业态轻型化的必然要求。一方面，互联网技术特别是互联网金融迅速发展，改变了人们的金融活动方式。另一方面，具备轻型特质的风险投资基金、创业投资基金等机构能更好地满足客户的融资需求。在金融生态发生大变革的当下，面对轻型金融组织咄咄逼人的进攻，银行业若不能及时变重为轻，将离客户、离市场越来越远。最后，这是银行适应经营管理轻型化的必然要求。经过28年的创新发展，招行虽取得了一系列成绩，但重型银行特征依然明显。应对新形势，招行必须"随之起舞"，加快自身经营管理的轻型化进程，早转型早主动。

二、招商银行打造"轻型银行"的本质内涵与核心要求

（一）深入认识轻型银行的本质内涵

轻型银行的本质和核心是以更少的资本消耗、更集约的经营方式、更灵巧的应变能力，实现更高效的发展和更丰厚的价值回报。首先，将客户价值置于

---

① 本文发表在《中国金融》2014年第21期。

本源，勇于革新颠覆自我，实现以客户为中心的轻盈灵动。坚守"因您而变"的经营理念，时刻准备着为更好地满足客户利益而改变。其次，视客户洞察及金融智慧为核心资产，利用轻资产实现智慧增长。轻型银行"靠智慧赚钱"，通过更巧妙的金融服务方案满足客户需求，进而实现自身资本的集约使用、资产的高效流转以及银行价值的持续提升。最后，抛弃规模扩张迷思，强调做强、做精、做久，从容在竞争中占据制高点。轻型银行不排斥规模增长，但拒绝虚胖，强调牢牢占据商业生态圈的核心位置，把握竞争的主动性与话语权。

（二）准确把握轻型银行的核心要求

轻型银行对招行的资产结构、经营模式、组织架构、业务流程、商业文化等诸多方面都提出了新要求。

一是形成"轻"资产结构。"轻"银行资产组合里风险权重较低的标准化同业资产、信用卡资产、住房按揭贷款、小微贷款，以及货币市场投资和交易类资产占有更大比重。以财富管理和资产管理为代表的表外资产将越来越多。随着大数据时代加速到来，"轻"银行也将更多地凭借专业知识、数据和平台来赚取利润。

二是打造"轻"经营模式。在获客方式上，是一对多、制导式的精准营销、批量获客；在营销方式上，是用专业的知识、优质的产品、极致的服务体验吸引客户；在产品创设上，是以客户需求为起点，以客户体验为终点；在渠道建设上，是"水泥＋鼠标＋拇指"，尽量引导客户自服务，物理网点由"大而全"转向"小而密"，将服务投递能力延伸至"最后一公里"。

三是变革"轻"管理方式。"轻"管理体现在组织的扁平化，提高信息使用效率；体现在流程的高效化，减少客户服务环节；体现在运营的集约化，提升作业效率；体现在资源的整合化，提高投入产出比；体现在队伍的专业化，专业的人做专业的事。

四是树立"轻"商业文化。文化是价值判断和价值取向的凝结，是商业银行做人做事的态度。招行所追求的"轻"文化体现在大道至简，注重实质、抓住关键，以简约实用为美；体现在创新求变，以开放的心态兼容并包，取长补短；体现在不为成功所惑，不为失败所累，轻装上阵，永远保持创业的激情与梦想。

三、招商银行打造轻型银行的实现路径

打造轻型银行是一个系统工程，招行要紧扣其本质和核心，把握好"以客

户为中心，快速响应市场变化，为客户创造价值，从而实现自身价值的增长"
这一主线，从点、线、面各维度系统发力。

（一）构建强大的轻资产业务体系

通过专业化经营，凸显自身特色和品牌，打造具有系统化竞争优势、高效
运转的轻型化业务体系。首先，零售金融要做到轻者更"轻"，大力发展具有广
阔市场前景、资本占用少的财富管理、小微金融、消费金融、养老金融等业务。
其次，公司金融要在增量和存量两方面共同向"轻"。增量上要重中取"轻"，
主动选择低风险权重、低资本消耗业务。存量上要化重为"轻"，要特别重视对
到期存量资产的经营，主动调整资产结构；同时要充分运用资产证券化等手段，
提高资产周转率和资金"流速"，实现存量轻型化。关键是要利用投商行一体
化、本外币一体化、境内外一体化，大力开展非信贷类产品创新，统筹客户多
元化金融需求，实现资产结构的轻型化。最后，同业金融要放大格局，致高致
远以致"轻"。重点围绕打通表内外、行业内外、境内外资金往来渠道，构建全
新的同业金融产品链和专业化服务体系，这既可为同业客户更好地创造价值，
又能降低对传统重资产业务的利润依赖，让整个经营体系更轻。

（二）从客户价值源头探寻"轻"的经营模式

"轻"经营模式要创新经营思路，更有效地利用有限资源。首先，要转换并
提升经营角色。零售金融领域，要成为客户金融需求的统筹管理者和供应商，
从单纯产品销售转向全面金融服务配套，并覆盖客户的整个资产负债表。公司
金融领域，要成为供应链和产业链的整合者，通过投商行一体化模式和领先的
交易银行体系，实现融资向融智转变，实现从贷款提供者向资金组织者、撮合
交易者和财富管理者转变。同业金融领域，要成为大资产管理平台的搭建者，
创建资金链式管理与闭环运营模式，实现资产持有者向资产经营者和资产交易
者转变。其次，要融入客户核心价值链，通过深耕"圈"和"链"实现批量获
客。同时，更要入"圈"入"链"，成为客户价值链中的重要一环，与客户形成
价值创造的利益共同体，实现双赢。总之，轻型银行所追求的任何经营模式的
突破都须以客户价值创造为起点才更有效、更可持续。招行转型实践证明，只
有换位思考，用心琢磨如何利用自身资源，才能为客户创造更大价值。

（三）实现组织架构与流程轻型化

一方面，轻型银行要以流程银行为基础。机构、岗位和职能设置要服从客户
服务流程；条线、部门之间，要高效协同、无缝对接。为争取更大效率，中后端
环节可以相应前移，平行作业。另一方面，以市场化和集约化思维推进组织架构

变革。要最大限度地压缩管理层级，减少中间环节，提高运营效率。授予区域机构更大权限，缩短市场反馈链和执行链，防止决策信息在层层下达中衰减。

（四）中后台管理要实现举重若"轻"

要建立完善业务创新机制，提高产品研发能力和创新效率。在风险管理上，突出对实质风险的把控，变被动防控风险为主动经营风险；在运营管理上，要充分体现后台大集中的效果，提升客户界面的服务效率；在 IT 支持上，要加快构建与业务板块相适应的系统架构和治理机制；在资源配置上，要把宝贵的资源投向符合战略导向的领域，持续提高投入产出效率；在考核机制上，要充分发挥正向激励与反向约束相结合的作用，鼓励大家做正确的事、正确地做事。

（五）借助互联网思维与力量

"轻型银行"本身就是主动适应互联网的经营结构。对于传统行业，应对互联网的最佳途径，就是专业专注，专注于自身的优势业务。因为专业和极致，本身就是互联网时代的生存逻辑。在此基础上，提升对大数据的运用能力，打造"智慧银行"服务体系，嫁接各类平台实现批量获客，推动客户界面的高度智能化和便利化，让客户能享受到如影随形的金融服务。

（作者田惠宇，招商银行股份有限公司行长）

对中国长城资产打造金控集团的几点思考

当前，我国经济发展步入了新常态，经济增速、经济结构、增长动力都在变化和调整。中国长城资产的改革发展也迈入了一个新阶段，伴随着集团化综合经营体系的逐步建立，公司股份制改革的即将开启，经营发展模式的进一步转变，必须围绕中期发展战略提出的"上台阶、创品牌"要求，以打造金融控股集团为构架，以建立现代企业制度为目标，以提升可持续发展能力为核心，进一步完善金控集团发展格局，着力培育金控新文化。

一、打造金控集团是公司转型发展的必然选择

（一）经过多年转型发展，长城资产已具备了金控集团的架构雏形

长城资产成立15年来，从政策性经营处置到商业化转型发展，已逐步形成了总分公司、母子公司并存的集团化经营管理格局。目前集团辖属30家办事处（涉及全国4个直辖市、24个省会城市和2个计划单列市）、1家分公司（上海自贸区）、13家平台公司（德阳银行、长城国瑞证券、长城国兴租赁、长生人寿保险、长城新盛信托、长城环亚国际、长城投资基金、长城融资担保、天津金融交易所、长城金桥咨询、长城国富置业、长城国融投资、长城宁夏资产）；初步形成了以不良资产收购运作、投资及资产管理、多元化平台金融服务为主体的综合经营业务体系。

（二）推进金控集团发展，符合我国金融业改革方向和监管要求

综合经营是我国金融业改革发展的重要方向，《中国金融稳定报告（2014）》明确提出，要"继续积极稳妥推进金融业综合经营试点，打造具有综合竞争力的大型金融集团"；并强调指出："母公司控股、子公司分业经营的金融控股公司模式有利于发挥综合经营优势并实现风险的有效管控，也能较好地适应分业经营和分业监管现状，可作为我国金融业综合经营试点的重要模式"。自2015年1月1日正式实施的《金融资产管理公司监管办法》，已明确将金融资产管理公司作为金融控股集团来加以监管，并建立了与之相适应的集团监管框架和监

管协调体系。

（三）加快向真正的金控集团迈进，也是长城资产持续发展的迫切需要

特别是与同业相比，长城资产的平台公司体系建成时间较晚，虽然已基本实现了"金融全牌照"，但大部分平台的经营实力还不够强。近年来集团的利润增长，主要来源于母公司特别是办事处板块的经营贡献。因此必须围绕向真正的金控集团迈进，将平台公司板块进一步做优做强，更好地推进集团协同发展。同时，2015年长城资产将迎来公司股改的重大变革，必须以此为契机，进一步建立规范的现代企业治理结构；并适应经济新常态和发展新阶段的要求，不断完善集团的业务模式和盈利模式，全面提升可持续发展的核心竞争力。

二、构建和完善"一体两翼"的金控发展格局

所谓"一体两翼"，就是在打造金控集团的过程中，要坚持以集团总部为决策、引领、协调的"主体"，以分公司和子公司为经营、发展、创利的"两翼"，全面推进金控集团的协同、持续、高效发展。

（一）集团总部要发挥战略统领作用，做到"治理更完善，管理更科学，定位更准确"

根据公司股改要求，在集团层面建立由股东大会、董事会、监事会和高管层组成的"三会一层"法人治理结构，通过三会分设、三权分开、有效制衡，提升集团的战略决策、经营统筹和内部治理水平。集团总部要结合"三会一层"的建立，进一步调整部门设置、优化部门职能。前台部门要适应金控集团的业务发展需要，进一步理顺经营职能和管理职能，充分发挥业务带动、创新引领和条线统筹的作用；中后台部门要适应金控集团的内部管控要求，做到精干高效，充分发挥统筹协调、监督管控和服务保障的作用。

（二）分公司要发挥区域网络优势，做到"机制更灵活，布局更完善，发展更具差异化"

现有办事处要伴随公司股改，加快向分公司转型，不仅是名称的改变，更重要的是机制的转变，做到自主经营、自担风险、自我约束、自我发展，进一步释放经营活力。同时要伴随公司股改，本着"行政区划和经济区域相结合"的原则，进一步完善分公司布局。要推动分公司成为"既能全面开展母公司业务，又能代理平台公司业务"的集团综合经营前台，并在此基础上加强分类指导，鼓励分公司紧密结合当地实际和自身优势，确定业务重点和配套机构设置，

探索各自的经营特色和发展模式。

（三）平台公司要发挥各自功能优势，做到"功能更健全，协同更有力，贡献更突出"

集团要在目前已基本实现"金融全牌照"的基础上，进一步做好子公司清理整合和股权优化。对重点平台公司要加快提升业务资质、壮大资本实力，进一步增强对集团业务发展的辐射带动能力；对不适应集团发展要求或与母公司业务雷同的子公司，要逐步清理退出或转型。要按照"管理规范、功能互补、特色鲜明、协同发展"的要求，致力将平台公司板块做优、做强，不断扩大其利润贡献和协同贡献，做到与分公司板块"比翼齐飞"，真正成为集团发展的重要一翼。

三、打造和提升"一体两翼"的金控企业文化

要适应金控集团的发展要求，重点加强对金控文化、创新文化和精细文化的培育，也可以称为文化建设上的"一体两翼"，即以金控文化为核心，体现集团各类业务的融合与协同；以创新文化和精细文化为两翼，体现集团持续发展的内生动力和管理要求。

（一）以金控文化促进业务经营的融合与协同

金融资产管理公司诞生于国有银行，带有根深蒂固的信贷文化；在转型发展过程中，随着业务领域的不断扩大，又逐步融入了投行文化、保险文化、地产文化等。金控文化就是将上述多种文化元素融合、产生"化学反应"后而形成新的有机体，其突出特点是"专业、协同和共享"。对外以市场化经营为导向，在集团经营的各行业领域，形成具有各自特点的专业技术、专业精神和专业追求；对内以集团利益最大化为目标，通过各经营单元和各类业务的协同配合，打好"组合拳"，形成集团协同作战优势；在此过程中，最大限度地推动集团品牌、客户、渠道、信息等各类资源的共享，为"同一个长城，同一个梦想"而共同奋斗。

（二）以创新文化激发集团持续发展的内生动力

面对激烈的市场竞争，长城金控要持续发展，必须做到：一是创新"永不停滞"。经济社会发展日新月异，同业竞争和跨界融合不断深入，旧的事物随时会被新的事物所取代或颠覆，所以必须始终具有忧患意识，与时俱进，做到"发展不停步，创新无止境"。二是创新"无处不在"。无论是业务产品、技术手

段，还是操作模式、管理细节，只要是有利于集团发展的创新，都要积极支持；既推动实现突破性的重大创新，也注重"迭代式"的"微创新"。三是创新"人人可为"。要把集团总部的创新引领作用和各经营单元的首创精神结合起来，鼓励"全员参与、万众创新"，凝聚全体长城人的集体智慧，形成创新发展的不竭动力。

（三）以精细文化保障集团经营的稳健高效运行

集团越发展壮大，管理上越需要精细化；否则粗放经营，即使成长为庞然大物，也会轰然倒塌。可从"三重境界"加以推进：首先是合规经营，严格遵守国家法律制度和监管规定开展经营活动，这是最基本的要求。其次是风险可控，尤其是在经济新常态下，要主动降低发展速度，从"规模增长"向"结构优化"、从"外延式扩张"向"内涵式提升"转变，最大限度地控制好各类经营风险，并做好风险隔离，增强集团的抗风险能力。最后是追求卓越，即在经营管理的各个环节上，都要努力做到精细化，追求"最优品质、最佳效率和最好效果"，使"细节决定成败、细节成就卓越"的理念在集团上下深入人心。

（作者沈晓明，中国长城资产管理公司党委书记）

驻冀资产管理公司商业化转型与业务风险防范

驻冀资产管理公司经过十多年的经营与发展，政策性资产处置已接近尾声，商业化转型探索逐步深入，但面对复杂的经济金融环境和日益激烈的同业竞争，如何在有效防范风险的前提下成功转型实现可持续发展已成为资产管理公司必须面对和迫切解决的问题。

一、驻冀资产管理公司商业化业务发展现状

（一）业务规模持续快速增长

驻冀资产管理公司自商业化转型以来，业务种类、规模拓展迅速，已初步形成了涵盖"资产经营管理、阶段性投融资、特色化中间服务、专业化平台业务"4大类、11个细类的综合经营业务体系。截至2014年6月末，驻冀四家资产管理公司资产总额258.24亿元，其中存续的商业化收购、投资、财务顾问、平台合作、信用增级项目200个余额300.7亿元（财务顾问、平台合作、信用增级等业务不在资产科目反映）。

（二）盈利能力显著增强

驻冀资产管理公司从"吃政策饭"时的无忧无虑，到商业化转型前的"无米下锅"，再到商业化转型后的"自力更生"，经过多年探索与发展已成功实现扭亏为盈，净利润实现快速增长。2013年驻冀四家资产管理公司共实现净利润29.25亿元，人均利润超千万元。

（三）平台公司设立加快

目前，四家金融资产管理公司已在河北省设立了8家平台公司分支机构，其中信达4家，东方3家，华融1家，业务涉及保险、证券、期货、小贷等多个领域。

（四）内部管理有待强化

驻冀资产管理公司商业化转型以来，风控制度与措施进一步健全和细化，责任分工进一步明确，基础管理工作得到进一步加强，但其内部管理水平和能力与传统金融机构相比仍存在明显不足。

二、转型期间业务发展存在的问题

（一）粗放发展含风险

一是偏离主业存风险。目前国内不良资产市场萎缩，部分资产管理公司职能定位不清晰，未围绕自身优势与市场和客户需求的结合点进行业务创新，"收购＋处置"的主业演变成"收购＋重组"，实质是为企业变相融资或延长企业风险暴露。二是考核设置促风险。商业化转型以来，各家资产管理公司总部制定的利润目标增幅过大。以某资产管理公司为例，其总部下达的利润指标由 2011 年的 2 083 万元猛增至 2014 年的 25 200 万元，增长近 12 倍。指标压力促使个别资产管理公司急功近利，不合规行为时有发生，蕴藏一定信用风险。三是被动选择酿风险。受限于业务范围，资产管理公司可选择客户群体少，在任务指标重压之下，时有公司慌不择食，项目选择不分行业、不分地域，进入受限行业较多，抵消国家宏观调控政策效果，尤其投向房地产行业较多，集中度已达 65.77%。四是同业接盘传风险。个别资产管理公司收购正常类贷款，变相延长企业风险暴露，甚至出现资产管理公司间互相接盘的情况，将风险滞留在体系内部。

（二）风控能力有缺陷

一是理念认识存在偏差。在转型初期，资产管理公司风险管理无经验可供借鉴，在业务创新中存在"重业绩，轻风险"、"先展业，后建制"的认识，经营发展缺少稳健经营理念。二是风控体系存在缺陷。随着业务的不断发展和创新，资产管理公司风险管理和管理制度滞后于业务发展，缺乏制度约束，业务开展随意性较强，风险管理技术、方法、手段落后。三是操作不力存在风险。个别业务人员为促成项目审核通过，粉饰企业经营情况，直接影响审批决策，省外甚至出现业务人员非法索贿，协助企业隐瞒风险，造成个别项目违约的事件。个别资产管理公司风险管理部门风险审查意见单一，专业性差，履行法律事务、合规管理职责不充分，个别商业化项目后续跟踪不到位，投后管理流于形式，项目分类不准确，存在较大风险隐患。

（三）先天不足阻发展

一是资源匮乏与发展的矛盾。随着中国银行业持续健康发展，不良资产日渐成为稀缺资源，不良资产市场已成为卖方市场，资产管理公司对开展主业意愿并不强烈。二是高昂成本与发展的矛盾。资产管理公司资金来源主要为银行拆借资金，平均拆借利率为7%左右，较高的融资成本倒逼其只能选择乐意承担高额利息的高风险客户，也变相提高了企业融资成本。三是社会认知度与发展的矛盾。与传统金融机构相比，资产管理公司社会认知度较低，由于长期负责政策性资产处置，专业技术较为单一，社会各行业接触面窄，与市场脱离严重，另外受分支机构数量、资金实力等方面限制，难以有效支持实体经济薄弱环节，其业务尚难以得到社会认可。

三、对资产管理公司防范业务风险的建议

（一）可持续发展为导向的经营战略

一是坚持主业。资产管理公司应坚持主业，发挥其在不良资产处置方面的专业优势，特别是面对河北产业结构调整、大气污染防治力度的加大和京津冀一体化带来的挑战与机遇，充分发挥其在维护国家金融稳定、化解金融风险、支持经济结构调整和经济增长方式转变中的重要作用。二是科学考核。要转变经营观念，摒弃急功近利迅速做大做强的不科学发展路径，从稳健经营的角度出发，综合考虑地方经济发展实际情况、市场环境和自身风险管控能力，科学测算和确定合理的年度经营计划，以期实现规模和质量兼优发展。三是提升形象。要狠抓市场，彻底转变"等、靠、要"的观念，狠抓特色宣传，全力提升品牌形象，主动出击寻找客户，着力提升市场培育水平，有效增强预测和把握市场的能力，通过贴心、灵活的综合金融服务优势留住客户。

（二）风险管理为核心的经营管理

一是建立全面风控体系。制定明确的风险管理规划和风险管理策略，完善风险管理组织职能体系，持续改进和优化内部控制系统，坚持经济资本考核，不断扩大和深化经济资本在产品定价、风险限额、预算管理和绩效考核等方面的作用。二是加强合规经营约束。根据新业务发展的需要，本着"制度优先，内控先行"的原则，建立健全各项规章制度，把建立合规文化作为资产管理公司战略性任务来抓，强化合规创造价值、合规保护自己、违规就是风险的经营意识，坚决执行和落实好各项制度，坚决处理问责，有效避免案件和道德风险。三是强化内部审计监督。自上而下建立内部审计部门，并确保其独立性，形成内审部门直接向董事会负责的报告路线。同时扩大审计覆盖面，加大对重点业务、环节、岗位的审计力度，准确客观反映资产管理公司业务开展过程中存在的风险。

（三）健康发展为目标的外部制约

一是充分发挥监管部门职能。对资产管理公司的混业经营趋势，要形成金融监管合力，进一步建立"一行三会"沟通协调机制，在围绕主业提升资产价值、有效提高服务实体经济能力的道路上支持其发展，同时建立风险防火墙，最大限度减少内部关联交易带来的风险和危害。二是有效履行出资人职能。财政部要在完善治理结构、企业财务控制、绩效考核管理、坚持主业上发挥其出资人的职能；进一步推动引进战略投资者，加快上市步伐，按照现代金融企业制度要求和市场化原则，规范公司治理结构，建立科学高效的决策、执行和监督制度。

（四）顺利转型为目的的政策扶持

一是相关部门要加大扶持力度。建议司法、国土、建设、人民银行等部门将资产管理公司作为一般金融机构来对待，在诉前保全、抵质押物登记、征信信息获取方面给予与普通商业银行同等的权利，为其业务运行提供必要服务和政策扶持，协助其在商业化转型期间有效防范业务中存在的风险。二是建设良好金融环境。通过加快行政改革，简化申报审批，减少行政障碍，为资产管理公司快速转型创造良好环境；通过激活不良资产交易，鼓励各类金融机构与其开展合作，促进资产管理公司主业健康发展；通过扩大融资渠道，将资产管理公司纳入同业拆借市场，有效降低其融资成本，引导其在有效支持实体经济过程中顺利转型。

（作者田耀金，河北银监局巡视员）

浙江"三权"抵押贷款业务
实践经验及政策建议

一、基本情况

近年来，浙江银监局积极探索以涉农银行机构为主体、部分地区试点先行、由点到面实践推广"三权"（农房及宅基地使用权、林权、土地承包经营权）抵押贷款业务，对农村地区激活农民手中"沉睡资产"、缓解担保难题、发展"普惠金融"作用明显。截至2014年末，浙江（不含宁波）"三权"抵押贷款余额135.2亿元，其中，林权抵押贷款52.3亿元，农民住房抵押贷款79.9亿元，土地承包经营权抵押贷款2.96亿元，涉及农户6.7万户，近3年累计支持农户约17万户。

二、主要做法

（一）因地制宜，分别施策

在丽水、衢州等林业资源丰富地区，得益于完善的政策条件及配套机制建设，林权抵押贷款推广范围稳步扩大，成为当地农村重要的贷款投放渠道，并推动浙江在全国率先完成林权制度改革；在温州、台州等县域经济发达地区，农房抵押贷款有效激活大量农房资源，贷款规模迅速位居"三权"首位；在嘉兴等城乡一体化先行地区，土地流转经营权抵押贷款率先启动，产生了较好的示范带动效应。

（二）培育环境，强化配套

一是法规"确权"环境。推动地方政府开展"三权"确权及颁证工作，协同各部门探索和完善"三权"抵押制度安排。如温州市政府专题会议研究明确农村住所和宅基地确权制度，出台关于农房及宅基地使用权登记、评估、处置的实施办法。二是市场"确价"环境。建立或完善农村资产交易平台，发挥市场决定性作用,对已确权的流转土地、农房、林权进行价值评估,有效还原"三权"公允价值,提供贷款及风险资产处置依据。如部分银行业金融机构充分依托区域农房交易市场,对农房进行合理估值,在风险可控的条件下大幅增加了农户单户贷款授信额。三是信用"确实"环境。以"征信建档、公议授信、公开信息"的方式持续推进"信用工程"建设,通过软信息、交叉检验为"三权"抵押贷款提供对称透明的良好信用环境。

(三)完善机制,提升风控

一是健全征信采集机制。辖内农村金融机构将"三权"等信息嵌入农户信用等级档案,通过批量采集、群评公议完成农户信用等级基础信息登记建档,为贷前调查提供第一手资料、"大数据"信用查询和分析平台。二是建立风险缓释机制。进一步明确"三权"权益主体及法律关系,形成有效风险缓释安排。如辖内银行业金融机构要求村集体作为土地发包方出具同意土地承包经营权流转证明,要求个人出具有两套以上住房、自愿抵押等承诺,减少后续抵押权处置纠纷。三是完善信用风险管理机制。将农户个人违约与整村信用评级相结合,引入村集体担保和监督功能,有效防范道德风险,并在最大限度上避免信用违约风险。四是加强风险补偿机制建设。推动地方政府建立"三权"抵押贷款风险补偿基金,逐年提升风险补偿基金的使用效果和规模。

(四)着眼需求,推动创新

一是满足新型农业生产经营性融资需求。如针对土地流转大户提供"家庭农场贷"等专项生产性贷款或农业产业链特色金融服务,针对使用农房开展生产经营活动的农户提供商铺经营权质押贷款,受到热烈欢迎。二是为无地农户提供再创业金融支持。如辖内农村金融机构发放"丰收创业卡"逾9万张,形成"创业贷"、"惠农快车"等一批知名惠农小微贷品牌。三是为"富裕"农户提供消费性综合金融服务。如推出建房改造贷款、住房装修贷款、汽车消费贷款等,让高品质金融服务走入新农村、扎根新农村。

三、存在的问题

(一)法律支撑体系亟待完善

如农房抵押贷款与《物权法》、《担保法》等相关规定存在冲突,土地承包经营权设立抵押受到《农村土地承包法》法律限制,导致农房及宅基地使用权、土地承包经营权抵押贷款一直停留"试点"阶段,无法大规模延伸扩面。

（二）"三权"流转、评估、处置等环节仍待规范

一是确权颁证率低。部分县域将确权工作分散在不同部门，或仅依据农户申请被动发证，协调成本高，进度相对缓慢。二是合理估价难。当前"三权"专业评估机构数量少、费用高、水平参差不齐，更没有统一透明的估价市场，银行机构在无法客观评估抵押物价值的情况下倾向于压低抵押率，影响信贷投放力度。三是流转不规范。抵押物的流动性是价值实现的根本。浙江省农房存在流转对象受限、接受度低等问题；而土地、林权流转以内部、小规模转包为主。

（三）银行"三权"抵押贷款管理模式有待突破

在目前政策环境下，"三权"抵押贷款管理难度大。一是"登记难"。由于"三权"的确权颁证和配套登记机制不完善，银行难以完成必要的抵押登记手续。二是"管理难"。如林业资产主要分布在偏远山区，火灾、盗伐等管理难度大。三是"处置难"。银行缺乏专业人才，加上农村资产流转和收储机制不完善，债权难以落实。据统计，全省已处置的"两权"抵押的不良贷款中，通过抵押品流转处置的不足40%。

（四）风险补偿机制仍然欠缺

农业风险补偿机制缺位，农业风险准备金、救灾补助、贷款贴息，农业保险等制度建设均不完善，影响了银行业金融机构"三权"抵押贷款的积极性，造成银行"惜贷"、"惧贷"。

四、有关建议

（一）进一步做好政策配套

建议加强各部委之间的政策协调，进一步破解"三权"抵押贷款的政策瓶颈，研究出台"三权"抵押贷款指导意见，鼓励和支持部分地区和机构加快推进"三权"试点工作。

（二）进一步完善机制配套

一是推进确权及登记工作，建立"三权"流转信息登记及公示平台。二是规范"三权"流转操作流程，统一合同样式、建立承包履约监督机制。三是完善农村财产交易平台和资产收储体系，继续拓宽抵押物处置渠道。四是建立多方参与的风险分散及补偿机制，建立"三权"抵押贷款风险补偿基金，提升银行机构参与积极性。实施贴息和担保费用补助政策，降低"三权"抵押资金成本。推动加快农业政策性保险、农业巨灾专项风险基金和农业商业保险体系的建设步伐，通过降低门槛、简化手续、减费让利提高保险普惠面。

（三）加强金融创新力度

引导银行机构积极参与地方"三权"金融机制设计，着力开展金融产品服务创新，如针对土地租金一年一交形式，可探索承包土地经营权按揭贷款；针对农房不同利用方式（如自住、经营、出租等）提供差异化金融产品。同时，提高产品设计的精细化、特色化程度，在期限、利率方面更加适应"三农"需求。

（作者袁亚敏，浙江银监局巡视员）

互联网金融：模式创新与监管挑战

互联网金融是一场新的金融革命，尤其是移动支付、云计算、大数据等技术的发展，将对金融发展模式产生重大影响，在提高资源配置效率的同时，也带来了一系列监管挑战。

一、互联网金融的主要特点

互联网金融是借助互联网和移动通信技术实现资金融通、支付和信息中介功能的新型金融模式。总的来看，具有以下几个典型特点。

一是大数据的广泛引用。互联网金融从多个维度收集市场主体的行为、爱好、习惯等数据，在云计算海量数据快速处理能力的保障下，这些独立的、不对称的、金字塔形的信息被扁平化，拼接形成时间连续、动态变化、能反映或者预测市场主体整体行为的信息序列，并最终以极低的成本，计算出任何资金需求者的风险定价或动态违约概率，极大减少信息不对称，降低交易成本。

二是参与门槛极大降低。在大数据精准分析的基础上，互联网金融产品普遍朝着简单、低门槛化方向发展，通过巨量小额业务支撑企业盈利，有效降低交易成本、提高"交易可能性集合"，一定程度上推动了金融深化。

三是具有极低的边际成本。互联网金融在初期大量基础投资后，每增加一名客户所带来的边际成本极低，这一方面使其具有天然的普惠性质，可以迅速渗透至金额较小但人数众多的小微群体；另一方面也使得互联网金融企业具有一定的自然垄断性质，很可能形成寡头垄断格局。

四是具有去中介化效应。在互联网金融模式下，资金供求信息直接在互联网上发布和匹配，供求双方能够直接联系，不经过银行、券商或者交易所等中介，在匹配成功后即可直接交易，完成资金融通功能。

二、互联网金融创新模式分析

互联网金融是互联网与金融的跨界融合，其本质依然是金融，核心的功能是实现资金融通和资源配置。因此，其基本模式依然遵循金融内禀的特点，大致可分为支付结算、投融资、渠道类业务及虚拟货币类业务。

（一）支付结算业务

互联网金融支付结算业务的主要代表是第三方支付，其与商业银行是既合作又竞争的关系。一方面，银行受自身资源与业务规划的限制，在支付领域存在一些业务空白，通过与第三方支付机构合作，拓展了支付领域，丰富了支付产品，带来了大量新增业务；另一方面，第三方支付使得银行业务由前台走向后台，使得银行用户黏度下降。同时，第三方支付通过大数据优势，通过金融创新或者联合相关金融机构为客户提供便捷的信贷等金融服务，与商业银行的业务重叠范围正在不断扩大。

（二）网络融资类业务

1. P2P 网贷

P2P 模式是指通过第三方互联网平台进行资金借、贷双方的匹配，促成贷款人和借款人直接交易的信贷模式，目前已经演化出纯信息撮合、引入担保、债权转让和 O2O 线上线下融合四种子模式。

（1）纯信息撮合模式

此类 P2P 平台仅提供金融信息服务，平台自身不吸储、不放贷，也不提供任何担保服务，优势是利于积累数据、借贷双方无地域限制，法律风险较小。

（2）引入担保模式

引入担保模式在纯信息撮合模式的基础上，为投资人提供本金或者本息担保。此类平台借款方多为小额贷款机构，在信用审查上结合了线上资质审核和线下实地考察，并由大型担保机构提供信用担保，投资人的资金安全度较高。

（3）债权转让模式

债权转让模式也被称之为"居间人"或者"专业放款人"模式，即 P2P 平台在线下寻找借款人，评估审核后推荐给专业放款人，专业放款人向借款人放款，取得债权，然后把债权组合打包后转让给其他投资人，投资人获得债权带来的利息收入，专业放款人获取买卖差价盈利。债权转让模式的优势是能快速积累交易量，缺点是政策法律风险极大，与非法集资界限模糊，且需要线下配合，交易有地域限制。

（4）O2O 线上线下融合模式

O2O 模式将线下线上相结合，一般采取线下借款人线上投资者的模式。此类平台一般在本地有小额贷款公司，借款只针对本地个人和中小企业客户，抵押担保也采用地方性的抵押和担保方式。投资者则来自线上，由于资金投向分散，风险较小。

P2P 网贷模式最大的风险有三方面：一是法律风险。部分种类的众筹项目与非法集资的界限模糊。二是信用风险。由于信用体系不健全，且 P2P 平台借款人普遍缺乏抵押担保物，使得信用风险较大。三是道德风险。P2P 网站平台携投资者资金"跑路"的事件屡有发生。

2. 众筹模式

众筹即大众筹资，是指用团购＋预购的形式，通过互联网方式发布筹款项目并向网友募集项目资金的模式。

（1）权利式众筹

权利式众筹是指投资者通过众筹平台对特定项目或者公司进行投资，从而获得某种权利凭证，可以是股权、债权以及会员凭证等。

（2）预售式众筹

预售式众筹类似团购，指筹资人将尚未上市的产品和服务放到互联网上进行预售，能有效促进个人及中小企业的微创业，主要风险是不能如期向投资人提供产品和服务。

（3）捐赠式众筹

捐赠式众筹是指投资人无偿向特定的公司和项目进行捐赠，无回报要求，一般是公益类项目。

众筹模式的风险主要体现在两方面。一是法律风险。股权和债券类众筹面临巨大法律风险，在法律体系完善之前，其金融属性很难体现。二是众筹模式本身存在责任义务不对等的问题。

（三）渠道类业务

渠道类业务是指基金、券商等改造业务流程，在线销售投资理财产品。此类产品从金融本质上来说并无太大创新，以余额宝为例，其是一款货币基金理财产品，资金也是托管在银行体系，主要投向是协议存款。

（四）虚拟货币类业务

虚拟货币是以计算机技术和通信技术为手段，以数字化形式存储在网络有关电子设备中，并通过网络系统传输实现流通和支付功能。以比特币为例，其具有无集中发行机构、完全匿名、交易不可追踪、货币总量有限等特点，使其具备一部分现实货币的特点，对现有货币体系构成一定冲击。

三、互联网金融面临的主要风险

（一）传统金融风险

互联网金融本质依然是金融，传统金融产品面临的市场风险、信用风险、流动性风险、声誉风险都不同程度地存在，甚至由于高传播性而有所放大。

（二）IT 技术风险

互联网金融所有的交易和信息暴露在互联网中，如果安全措施不到位，极易遭受网络攻击，严重影响投资者的信心。

（三）法律及监管风险

由于发展较晚，目前互联网金融监管体系尚不完善。同时交易虚拟化、交易时间短、交易频率高的特点，给现有监管手段带来了极大挑战。

四、对促进互联网金融健康发展的建议

坚持鼓励创新和规范发展并举的理念，加强引导规范，促进互联网金融发展的阳光化、制度化和规范化。

（一）鼓励创新，推动普惠金融

互联网金融边际成本递减的特性使得其具有天然的普惠性质，能够以较高的效率渗透到传统金融服务难以到达的地方。因此，应该积极支持互联网金融企业借助新一代互联网、移动通信和大数据处理等技术手段，拓展资金融通、支付结算、客户理财等功能。鼓励银行、证券、基金、保险等传统金融机构与互联网企业开展业务合作，开展业务模式优化和流程再造，提升服务效能。

（二）完善监管，促进规范发展

理顺各类互联网金融模式的业务范围，并在此基础上明确互联网金融的监管主体、监管对象和监管范围，按照实质重于形式原则，逐步将其纳入已有监管框架。同时，针对互联网金融交易快速、频繁和虚拟的特点，加强信息技术非现场监管，建立有效风险监测、预警和应急处理机制建设。

（三）加强消费者权益保护

在互联网金融模式下，消费者具有无地域性和不确定性的特点，使消费者

权益保护呈现隐私保护难、安全保障难、争议处理难、监督管理难的特点。建议加强消费者保护，尤其是隐私保护，明确消费者隐私保护的范围、边界、标准和责任主体，强化信息安全建设，最大限度地保护消费者隐私不受侵害。

（作者谢凝，甘肃银监局原局长）

对中小银行培育发展的问题思考

近年来，我国中小银行发展的步伐且行且快，然而社会各方的相关需求仍然十分强烈。党的十八届三中全会后，改革势将提速。加快培育发展中小银行，为经济多元发展、转型升级，提供多方位的金融支持，已为势成之事。但另一方面，如何对中小银行准确定位、规范发展、有序布局，也是应该深入思考的问题。

一、当下中小银行发展中可见的问题

1. 全牌照机构。具有同样的营运理念、同质的经营方式、同类的发展模式，经营少特色、服务无差异，银行千百家、难分你我他。高度的趋同，加剧了同行业竞争，衍生许多问题。

2. 多向特大城市、省会城市、区域中心城市聚集。近年开始向中小城市发散，但仍密者自密、疏者自疏。同城中，县域以下金融服务明显弱于城区，城市边郊明显弱于中心市区，居民社区明显弱于繁华商区。虽然银行网点不失繁密，仍然处处可见窗口排队。

3. 客户及客户群的同类化。多家银行垒大户，扎堆一些企业、企业集团或某些行业的现象十分普遍，加剧了中小银行的信贷风险。

4. 基础相对薄弱。内控、管理、网络、人才等诸多方面均有缺欠，使其当前和今后的发展面临较大制约。

5. 在激烈竞争形势下，在强激励弱约束的机制框架下，为扩规模、增盈利，某些业务领域出现无序甚至畸形发展，如票据业务、理财业务、同业业务及其他表内转表外业务等。这些隐性逃避规模、放大杠杆的情况，势必会形成较大隐患。

6. 注重外延扩张，忽视内生增长。网点布局、客户选择、业务重心等多偏于当期利益，缺少远期考虑。而作为中小银行，不在此方面立足长远、提早布局、深耕细作，对未来长远发展也是不利的。

二、需要廓清扭转的一些倾向

1. 银行是特殊行业，特殊就特殊在它的高风险性，以及这种高风险的高传染性。从这个意义上讲，银行并不是多多益善，也不是人尽可为。中国特色的环境理念，不会接受如某些西方社会那样，每年有百家或几百家银行倒闭。因此，我们既要积极放宽准入，加快培育发展银行特别是中小银行，同时也要注重稳妥、规范、有序的发展，切实防范风险，这是应该强化的一种舆情引导。

2. 须强化全社会的信用约束。社会上某些浮躁心态的一个重要表现，就是片面追求短期利益和发展速度，从而过度借贷、过度融资、过度负债。在直接市场，过度发债、过度上市、增发、减持融资，使得资本市场疲弱不堪；在间接市场，过度借贷、企业负债高企，银行贷款高增，仍然不敷需求。个人这样，企业这样，一些地方政府、部门也是这样，以敢借贷、敢发债、敢融资为能事，以不借白不借、不贷白不贷、不融白不融为信条的流行心态，折射出的是社会诚信建设和信用约束的缺失，也为整个社会可能的信用失速、杠杆高企、泡沫堆积、债链拉长种下新因。

3. 应彻底扭转银行受国家保护、行业垄断、旱涝保收、稳赚不赔的社会印象。而这需要加快银行市场化改革进程，还银行以市场化条件下的市场主体所应有的本来面目。突破在于利率市场化，让充分的市场定价，检验银行的经营能力，并最终决定一些银行的存留。要加快存款保险制度建设，加大银行股东的责任义务约束，为银行的健康稳定搭建必要屏障。只有银行成为真正银行的时候，也许社会各方对银行的认识才能更为真实。

4. 强化打击各类逃债、废债、赖债行为。有效约束一些地方部门过度举债，偏重短期利益的行为。注重疏解直接融资领域的过度融资、偏重融资的习惯倾向，把更多注意力放到保护投资者身上，注重资本市场水土涵养。还要注意纠正利用或巧借各类准金融机构的外壳，进行各类非法或恶意金融活动的行为，引导社会上的"金融热"、"融资饥渴"等趋于理性、归于有序、免予失范。

三、放宽准入、积极发展的几点想法

鉴于前述的一些情况问题，也结合金融改革与经济社会发展的现实需要，对银行业特别是中小银行的培育发展，应坚持既积极又稳妥的原则，在放宽准入、积极发展的同时，重在优化布局、调整结构、提升效能。

1. 新准入银行，应着重向中西部地区引导倾斜。其中，地方性小微银行则应重点向县域及以下地区引导倾斜。

2. 部分新准入银行，可尝试实行有限牌照，试办一些专业性银行，如房地产类、高科技类、全产业链类，外资外贸类等。

3. 对现有中小银行准入分支机构也应重点向中西部地区引导，向中小城市引导，向县域及城市边郊引导，向居民社区引导。

4. 对现有中小银行部分分支机构尝试进行专业化改造，按服务对象或业务种类分别改造成专司如小微企业服务、"三农"服务、社区居民服务、系列化专业市场服务、大型企业集团上下游产业链服务，以及专司票据业务、外汇业务、理财业务等的不同专业性机构。

5. 不论新设银行，还是原有银行，都应注重体制机制建设，确定良好发展理念、科学发展模式、审慎经营方式、合理激励约束机制，要特别注重内生增长，强化资本约束，立足资本的内在补充，强化流动性管理，促进表内外各项资产合理配置，各类业务均衡有序发展。

6. 强化基础管理，加强内控，完善网络建设管理，积极招揽人才。在客户培育、网点建设布局、业务结构、服务流程及品牌构建等方面，要加大特色化、差异化的打造力度。

7. 鼓励支持创新，特别关注移动互联网金融的发展与实践，注意催生由金融与科技深度融合而萌发的新金融业态与运作模式。

（作者张廷玉，辽宁银监局原巡视员）

国内系统重要性银行监管
框架情况分析及借鉴

2014年2月11日-13日，研究局李文红同志参加了巴塞尔委员会宏观审慎监管工作组会议及国内系统重要性银行监管研讨会，对美国、欧盟、加拿大、澳大利亚、印度和中国香港等国家/地区已经发布或正在制定的国内系统重要性银行监管框架进行了分析梳理，以便为我国的相关政策制定工作提供参考借鉴。

一、各国/地区国内系统重要性银行监管框架

（一）国内系统重要性银行评估方法

2012年10月，巴塞尔委员会发布《国内系统重要性银行政策框架》，提出了评估和监管基本原则，要求各国/地区以本国经济为参照系，从规模、关联度、可替代性和复杂性等维度评估银行的国内系统重要性。目前来看，各国基本都依据巴塞尔委员会提出的基本原则，采用定量和定性相结合的"两步走"方法评估本国银行的系统重要性，即先根据定量指标对银行的国内系统重要性进行评估，然后再根据定性因素对评估结果进行调整。

在定量指标的选择上，大部分国家/地区都从规模、关联度、可替代性和复杂性四个维度，参照全球系统重要性银行评估框架，再结合本国情况确定评估指标。例如，澳大利亚审慎监管局于2013年12月发布的监管框架采用了大部分全球系统重要性银行评估指标，但也根据本国情况进行了适当调整。如在评估"规模"时，采用境内总资产而非表内外资产余额（杠杆率分母）；评估"关联度"时，在全球系统重要性银行评估的相关指标基础上，增加了大额风险暴露指标；在"可替代性"方面，增加了境内贷款总额和境内个人贷款总额指标；在"复杂性"方面，将第三层次资产替换为交易账户市场风险加权资产。同时，有的国家也根据本国银行业特点，采用更简单的方法确定国内系统重要性银行。例如，美国《多德—弗兰克法案》规定资产规模在500亿美元以上的银行或银行控股公司为国内系统重要性银行。丹麦提出，满足以下条件之一的银行为国

内系统重要性银行：一是总资产与 GDP 之比大于 6.5%；二是贷款占金融业贷款总额的 5% 以上；三是存款占金融业存款总额的 5% 以上。

在计算方法上，有的国家/地区（如欧盟、印度、中国香港）参考全球系统重要性银行评估方法，对定量指标赋予一定的权重，计算各行的系统重要性分值，再根据分值排序，最后按设定的临界值确定国内系统重要性银行。有的国家/地区（如瑞士、加拿大、澳大利亚）则认为本国银行业的结构和层次比较分明，几家大型银行为"显而易见"的国内系统重要性银行，因此仅对各项定量指标进行简单分析和排序，不计算每家银行系统重要性的具体分值，主要根据经验判断确定。在计算银行系统重要性分值的国家/地区中，有的借鉴全球系统重要性银行评估方法，对规模、关联度、可替代性和复杂性四个维度采用 25% 的统一权重（如欧盟）；有的则根据本国/地区情况采用不同的权重，如中国香港和印度均认为"规模"是最重要的系统性评估因素，且规模指标的数据比较准确可靠，因此拟对规模指标采用更高的权重（中国香港为 50%，印度为 40%）。

（二）系统重要性附加资本要求

大多数国家/地区均拟对国内系统重要性银行实施系统重要性附加资本要求，主要有两种做法：一是将本国/地区银行分为国内系统重要性银行和其他银行两组，对国内系统重要性银行实施统一的附加资本要求，其他银行的附加资本要求为 0，如加拿大和澳大利亚附加资本要求为 1%。二是参照巴塞尔委员会政策框架，对国内系统重要性银行进一步分组，按组别实施不同的附加资本要求。如丹麦将国内系统重要性银行分为 5 组，分别提出 1% ~3% 的附加资本要求。中国香港拟将系统重要性银行分为 4 组，分别提出 1% ~2.5% 的附加资本要求，各组间附加资本要求按 0.5% 递增。在 4 组之上设立第 5 组作为空组，设置 3.5% 的惩罚性附加资本要求，以防止银行进一步增加系统重要性程度。印度也拟采用"4＋1"的分组方案，将国内系统重要性银行分为 4 组，适用 0.2% ~ 0.8% 的附加资本要求，各组间附加资本要求按 0.2% 递增；第 5 组为空组，设置 1% 的惩罚性附加资本要求。

除提出系统重要性附加资本要求外，美国监管当局还对境内的 8 家全球系统重要性银行，即并表总资产在 7 000 亿美元以上或托管资产在 10 万亿美元以上的银行控股公司，提出了杠杆率附加资本要求（leverage buffer），即在满足巴塞尔协议Ⅲ的 3% 最低杠杆率要求基础上，还要计提 2 个百分点的杠杆率附加资本，使杠杆率要求达到 5%。这 8 家银行控股公司之下由存款保险覆盖的存款类子公司，在杠杆率达到 6% 时，才能满足"良好的资本充足标准"。

各国/地区均规定附加资本要求应当由核心一级资本满足。有的国家还进一步提出或拟提出可用应急资本或其他资本工具满足的附加资本要求。如瑞士规定，国内系统重要性银行除满足3%的附加资本要求外，还应通过发行应急资本方式满足3%的恢复性应急资本和6%的累进附加资本要求。丹麦则拟对国内系统重要性银行提出危机管理资本要求，用其他一级资本和二级资本工具满足。

（三）对国内系统重要性银行的其他监管要求

通常涵盖流动性、大额风险暴露、公司治理、风险管理、压力测试、信息披露等。在强化监管方面，主要采取以下措施：一是加大非现场监管和现场检查的频率和强度；二是更广泛地运用监管者在信用风险、市场风险、操作风险和公司治理等领域的专业技能，提高监管专业性；三是更多地开展境内外同质同类银行比较；四是通过监管联席会议机制等方式加强监管协调与合作。在处置方面，主要是要求国内系统重要性银行制定恢复和处置计划，建立危机管理工作组等。

（四）各国国内系统重要性银行监管框架的共性特征

从已经发布和正在制定的国内系统重要性银行监管框架来看，各国总体上都是按照巴塞尔委员会发布的《国内系统重要性银行政策框架》，研究提出本国/地区的国内系统重要性银行监管框架。这些监管框架主要具有以下共性特征：

一是国内系统重要性比全球系统重要性银行评估方法更为简单，并更多地运用定性判断。二是大多数国家/地区均采用定量和定性相结合的"两步走"方法，从规模、关联度、可替代性和复杂性四个维度评估本国银行的系统重要性，并参照全球系统重要性银行评估方法确定定量评估指标，再结合本国情况进行适当调整。三是目前所有国家/地区均采用分组法，即根据对银行国内系统重要性的评估结果，将其分为两个或多个组别。没有任何一个国家/地区采用或准备采用连续法，即对每家银行按照系统重要性分值进行区分，分别实施不同的监管标准。四是除实施附加资本要求外，各国/地区监管当局均拟在资本、杠杆率、流动性、大额风险暴露、压力测试、公司治理与风险管理、信息披露等方面对国内系统重要性银行提出更高的监管标准，大多数国家/地区均利用系统重要性评估进一步完善分类监管。五是大多数国家/地区均由监管机构（或者具有监管职能的中央银行）负责制定和实施国内系统重要性银行评估方法和监管政策，目前仅有瑞士是由中央银行会同银行、证券监管机构确定系统重要性银行名单。

二、启示与借鉴

银监会正在会同相关部门起草《商业银行系统重要性评估、资本要求与处置指引》。借鉴国际经验，针对目前存在争议的两个问题，提出以下具体建议：

（一）我国可采用相对简单的银行系统重要性评估方法

与美国、加拿大和澳大利亚类似，我国也具有比较清晰的银行业结构，不论是直观感觉还是我们已进行的敏感性定量分析均表明，我国五家大型银行与其他银行在系统重要性的各个维度上均有明显的差别，即存在"显而易见"的国内系统重要性银行。因此，建议我国也采用比较简单、直观的评估方法，只要达到区分银行系统重要性的目标即可，不必因采用复杂的评估方法而耗费宝贵的监管资源。考虑到我国已要求总资产在1.6万亿元人民币以上的银行从2014年开始披露银行全球系统重要性评估指标，建议尽可能采用银行已收集并报送的全球系统重要性评估指标，必要时进行一定的调整，避免引入新指标而增加不必要的监管与合规成本。

（二）采用分组法确定系统重要性附加资本要求

目前所有国家/地区均采用分组法，考虑到我国银行业结构比较清晰，大型银行与其他银行在系统重要性的各个维度上均有明显的差别，但大型银行之间很难排出高低，采用连续法反而会因"貌似精确"而影响银行之间的公平竞争。因此，建议采用分组法确定我国商业银行的系统重要性附加资本要求。同时，可参考美国等监管当局的做法，依据系统重要性对银行进一步分类，对不同类别的银行适当区分监管标准和监管强度，从而进一步改进和完善分类监管。

（作者李文红，时任中国银监会政策研究局副局长，

现任中国银监会业务创新监管协作部副主任、主持该部工作）

商业银行互联网金融业务
发展情况的调研报告

一、互联网金融的概念

（一）互联网金融的定义

狭义互联网金融，即基于互联网平台开展的创新型金融业务。其特征为：利用大数据、云计算、社交网络和搜索引擎等进行客户数据的产生和挖掘，并在此基础上实现支付结算、信用中介和资金融通等功能。广义互联网金融，即通过互联网和移动通讯技术为媒介实现的各类金融服务的统称。

（二）互联网金融的模式

一是第三方支付。即通过计算机、手机等设备，依托互联网发起支付指令，并转移货币资金的服务。二是互联网融资。该模式细分为三类：P2P 网络借贷，即个体与个体间通过互联网实现直接借贷，国内通常称为"人人贷"；电商平台小额贷款，即电子商务平台向个人和企业客户提供小额信用贷款，以阿里金融的"淘宝小贷"和"阿里小贷"为代表；众筹融资，即通过网络平台筹集某项创业或活动的小额资金，并由发起人向投资人提供一定回报，以"天使汇"为代表。三是互联网理财。即通过网络平台销售理财、贵金属和保险等理财产品，以阿里金融"余额宝"为代表。

二、互联网金融对商业银行的影响

（一）短期内对传统商业银行冲击有限

从短期看，互联网金融尚无法形成实质挑战，但在三个方面产生一定影响：一是对支付结算功能的部分替代。第三方支付模式打破了银行对线下支付的垄断，此为威胁最大的领域。二是对传统信贷的补充。互联网融资对传统商业银行起到了差异化竞争和拾遗补阙的作用，但无法撼动后者的核心地位。三是对金融产品销售渠道的分流。互联网企业通过网络渠道销售金融产品,对银行金融产品销售形成了分流。

(二) 长期看将促使银行业面貌发生改变

从长期看,互联网金融将逐步蚕食传统银行业务和客户资源,并促使银行整体业态和经营管理模式发生转变。一是去中介化。互联网金融促使客户交易更多通过第三方平台发生,阻隔了银行与客户的直接联系,形成信息脱媒、资金脱媒、渠道脱媒。二是去垄断化。由于互联网金融的开放性特质,银行将失去对客户资源的完全垄断,促使银行更加重视客户服务。同时,传统大型银行线下交易中的垄断优势逐步减少,中小银行有可能借特色化服务获取不对称竞争优势,有助于银行间的差异化竞争。三是泛金融化。银行与其他金融机构的界限将越发模糊,银行业务将通过互联网金融逐步向证券、保险、信托、基金等领域渗透,并与电商企业、互联网运营商开展广泛合作。同时,互联网企业也将向金融领域渗透,形成多元融合的格局。四是全智能化。互联网金融将使银行在渠道介入、产品研发、客户服务、流程运作乃至经营决策等各方面实现智能化、集约化。

(三) 无序发展恐对银行业安全形成隐患

一是监管严重缺位。互联网金融从事金融行为,却不受金融监管,任其野蛮生长将威胁现有金融秩序,并导致严重的监管套利和不公平竞争。二是自身管理能力不足。互联网企业缺乏商业银行的资金存管机制、信贷管理措施和风险抵补能力,贷款出现不良后生存能力很低。此外,卷款潜逃、挪作他用等道德风险也较为突出。三是客户信息安全无法保障。互联网企业数据管理能力及防范措施与传统金融机构有较大差距,数据的完整性、保密性及安全性均存隐患。四是传染性较强。互联网金融有较强的外部性和风险传染能力,使商业银行的利益遭到输入型风险的被动"绑架"。

三、商业银行互联网金融发展现状

(一) 处于发展初期阶段

面对互联网金融竞争压力,2012 年前后各行纷纷组建电子商务和金融服务平台,推进互联网金融业务迅速发展。但总体而言,其互联网金融尚处于起步阶段,与互联网企业相比,在业务量、覆盖面、客户群、创新力等方面均存差距。

(二) 业务种类逐步齐全

目前,商业银行互联网金融业务主要分为四类:一是中介撮合模式。商业银行为个体间直接借贷提供中介撮合服务和结算平台，类似 P2P 融资，以招行"e＋稳健融资项目"为代表。二是电商供应链融资模式。商业银行设立专业化电子商务平台，以加盟方式吸引商家入驻，并同时向企业客户和个体消费者提供 B2B 和 B2C 电商服务和金融支持。银行不赚取商品和服务销售差价，而通过支付结算、企业和个人融资、担保、信用卡分期等盈利，类似"淘宝"，以建行"善融商务"、交行"交博汇"、招行"非常 e 购"等为代表。三是网络金融产品销售模式。商业银行与第三方平台合作，建设金融产品网络销售平台，提供包括理财、贵金属、基金、保险、个人/小企业贷款、借记卡等多种投融资产品服务，以交行与阿里巴巴合作推出的"交行淘宝旗舰店"为代表。四是移动互联模式。商业银行在移动互联服务平台上推出智能化服务，使用户通过手机即可办理账户查询、信用卡申请等简单业务，以各行开办的"微信银行"为代表。

（三）存在内生性缺陷

银行在垄断环境生长，存在对竞争和互联网精神认识不足、资源投入不够以及文化冲突等问题。并且，传统银行客户服务的水平与互联网企业差距明显，形成短板效应。

（四）拥有先天优势

与互联网企业相比，银行具备揽储特许经营权，在大规模融资、资源整合方面存在优势。并且，银行所具有的资产管理、投融资顾问、产品设计等金融专业能力优势，是互联网企业无法通过技术进步或低廉的成本来弥补的。

四、互联网金融下商业银行的未来发展方向

（一）通过信息化推动战略转型

从银行信息化向信息化银行转型，使银行经营决策和战略制定从"经验依赖"向"信息导向"转化。理念上，颠覆传统观念和经营模式，重视大数据开发利用。文化上，营造信息至上的氛围。战略上，实施以信息流为导向的发展路径，以虚拟化、便捷化为方向调整业务体系。

（二）通过数据化提升管理水平

完善数据治理，建立客户信息采集、核实、更新、维护、挖掘的有效机制与平台及专业团队。在此基础上，运用大数据分析结果加强风险管理，完善资源配置和考核评价，实现精细化管理。

（三）通过网络化推进业务发展

借助网络技术，定向开展精准营销和服务。自建电子商务平台，深入线上

交易过程，掌握信息流，并将资金流、信息流、物流紧密结合，大幅减少中间环节，提升信贷服务能力。整合支付中介、融资中介和信息中介功能，打造涵盖企业供销、交易、金融、物流等信息的超级平台，为客户设计差异化、综合化的服务方案。

五、监管政策建议

（一）引导银行合理制定互联网金融发展战略

引导其提高认识、理性应对，制定符合各行实际的互联网金融发展战略和阶段性发展规划。分机构看，应鼓励大型银行建立自有电子商务平台，整合信息流、资金流和物流资源。应鼓励中小银行采取博弈策略，寻求与互联网企业的合作外包，节约成本投入，实现差异化竞争。

（二）推动银行投入与其战略相匹配的资源

对将互联网金融作为未来发展核心内容的银行，应鼓励其匹配相应的财务投入。推动银行提升互联网金融业务模块在其内部的地位，并鼓励建立更具独立性的组织架构。鼓励银行加强对互联网金融业务的宣传力度和品牌建设，创建互联网金融子品牌。

（三）督促强化互联网金融的声誉风险管理

要求银行制定互联网金融声誉风险管理的专门办法，将互联网金融客户权益纳入全行消费者保护机制，建立互联网金融舆情应对机制。

（四）推动提升互联网金融客户服务水平

引导银行加强客户服务资源建设，配备互联网金融专门客服团队和管理人员；学习互联网企业在客户服务方面的良好经验，提升服务质量；加强服务品牌建设，提升对客户的吸引力和亲和力。

（五）加强对银行互联网金融业务的监督检查

围绕确保系统稳定运行和客户数据安全，推动加强客户信息安全保护，建立完善灾备应急体系。围绕确保有效的防火墙机制，要求银行梳理与非金融机构互联网金融的业务关联情况及风险传导渠道，并采取有效防范措施，从源头上阻断风险传播途径。

（作者陈颖，时任中国银监会银行监管三部副主任，
现任青岛银监局局长）

商业银行互联网业务创新情况调研报告

当前商业银行互联网业务创新还处于探索阶段，涌现出一系列新型业态和创新产品，取得了一定的社会效益和经济效益，但同时一些新的风险和问题须引起关注。

一、主要业态形式

商业银行互联网业务创新主要有以下六类业态形式：

（一）线上融资

一是电商合作型，根据电子商务企业提供的数据，商业银行分析风险状况并提供信贷服务。二是平台对接型，商业银行对接供应链核心企业或商圈管理方等平台，掌握上下游小微企业的资金流、信息流和物流情况，进而开展融资服务。如中信银行的 POS 商户网络贷款。三是撮合融资型，即商业银行为企业融资提供线上撮合服务，如招商银行的"小企业 E 家投融资平台"。

（二）电子商务

一是具备资信评估和融资服务功能的综合型平台，以建行"善融商务"为代表；二是致力于为交易双方提供信息服务的导向型平台，以农行"领商 e 航"为代表；三是将传统业务迁移至网络的改造型平台，以中信银行"B2B 商务"为代表。

（三）移动金融

商业银行顺应移动互联趋势，推出各类手机端应用产品。比如渠道型应用，已有上百家商业银行发布了手机银行，涵盖账户管理、转账缴费、基金理财等多种功能。再如增值型应用，多家银行推出集网点排号、积分兑换、财经资讯及促销信息等于一体的手机应用程序。

（四）社交网络营销

商业银行利用微信、微博、易信等社交工具，为客户提供口碑推荐、产品评价、销量排行、在线咨询等即时交互服务。比如多家银行上线"微信金融服务平台"，具备账户查询、转账汇款、分期付款、快速还款等功能。

（五）直销银行

与传统电子银行渠道不同，直销银行拥有独立的经营计划、定价策略、财务核算和产品体系，强调成本控制。国内的直销银行在2013年以后发展迅速，主要表现为将原有的线下业务移至线上，但在业务运营上更具互联网特性。目前主要面向个人客户群体，提供的产品比传统产品收益更高，费用更低。

（六）互联网银行

在银监会公布的第一批试点民营银行中，浙江网商、深圳前海微众等银行提出"以网络形式向个人客户和小微企业开展业务"的经营方案。这些银行将探索基于互联网的小微金融服务、信息咨询服务和数据服务模式，呈现出差异化、特色化的发展特点。随着互联网信息技术的进步，还会有更多的商业银行尝试这类业务模式。

商业银行互联网业务创新有以下共性：一是重视客户体验。打破银行传统业务流程和内部条块分割，借助网络、自助服务等手段，以客户体验为中心重构服务方式。二是重视数据挖掘。借助大数据处理技术，分析客户的行为模式和风险信息，从而有针对性地实施业务营销、产品定制和风险管理。三是强调互利共赢。通过建立开放共生的业务模式，整合商品流、资金流和信息流，多方资源相互开放、相互共享、相互协作。四是强调创新突破。不仅引入互联网技术，而且引入互联网模式，借助信息化、网络化、数字化的虚拟运作越来越成为主流。

二、须关注的问题和风险

与传统业务相比，互联网业务创新具备更特殊的风险特征，须引起充分重视。

（一）传统风险发生衍变

一是信用风险。在线融资模式过于倚重外部数据和信用评级模型，缺乏传统的实地考察和有效抵押。互联网环境下交易对手的身份验证更加复杂，关联交易更为隐蔽，在信息真实、融资用途监控等方面存在较大挑战。二是流动性风险。一些互联网金融产品支付快速灵活，加快了资金在金融机构和个人、企业间账户的流动速度，增加了银行资产负债期限错配风险。同时，互联网环境下流动性风险更具传染性，对危机的处理和应急能力要求更高。三是操作风险。

从目前的案例看，多为创新型信息科技应用带来的问题。尤其是移动支付类业务，由于涉及手机厂商、电信运营商、第三方支付等多个经营机构，风险较为突出。

（二）新型风险日益凸显

一是网络欺诈风险。传统的尽职调查、书面资料审核等防范风险的环节被简化或取消，容易滋生网络黑客篡改数据、不法分子信息造假等现象。二是信息泄露风险。由于新型业务在技术和商业模式上的开放性，数据保管、处理机制的不严谨，可能会造成大面积信息外泄。三是合作主体风险。部分商业银行选择与互联网企业合作展业，互联网企业的信用、声誉、系统等负面情况将带来直接外部影响。

（三）面临的合规问题

一是网络开户问题。在线身份核查、他行账户交叉验证等新型认证手段是否有效，如何平衡新型技术和风险的关系，需要结合实际的监管工作予以研究探讨。二是内控合规标准。技术创新导致互联网业务的内控合规体系发生较大变化，与现行的部分监管指引存在不一致的情况。三是业务开展条件。互联网业务在产品设计、客户群体、运营管理等方面与传统业务有较大差异，与基于线下业务的部分管理标准不相适应。

三、相关政策建议

长期来看，充分利用互联网开展经营活动是商业银行发展的必然选择，也给监管工作带来了新课题。监管部门应高度关注、适时介入，提前研究监管政策和措施，既要防止新型风险对银行业机构的侵蚀，也要避免通过业务创新进行监管套利从而影响正常的金融秩序。

（一）完善制度建设，夯实发展基础

一是规范网络开户。无论是线下还是线上方式，商业银行对客户进行的身份识别要验证两点，即客户的真实性以及是否本人意愿。网络渠道开户的身份识别方案，应满足以上基本要求。二是健全电子合同、签名和授权制度。应密切关注各类电子合同、签名和授权技术的动态发展，在科学论证的前提下完善相应规章制度，为创新业务预留政策空间。三是合理界定基础金融工具的体现形式和对接标准。要及时完善基础设施建设，统一制定产品设计和系统对接的技术标准，并补充完善相应的监管指引。

（二）改进监管方式，指导规范发展

一是明确线上业务监管标准和要求。对于线上开展的金融业务，应制定统一规范，与线下业务保持一致，防止监管套利。对于以互联网创新名义进行的违规金融活动，要及时制止。二是对业务创新实施分类管理。对于主要拓展营销渠道、提供咨询查询等便民增值服务，实施事前报告。对于具有一定风险，但实质是将传统业务移植线上的相关产品创新，实施事前备案管理。对于影响较大的商业模式类创新，考虑到涉及面较广，风险属性更高，可履行必要的行政许可。三是完善非现场监测和现场检查手段。应结合最新的技术进展，实现监管信息采集分析的即时化和智能化。同时加大计算机现场检查系统的研发投入，在风险监测、评估和预警等领域有所突破。

（三）注重行为监管，增强内生动力

行为监管更关注金融机构的具体业务行为及市场影响。对互联网业务实施行为监管，有利于增强金融消费者的信心、维护行业竞争秩序，增强这类业务健康可持续发展的内生动力。一是重视系统性风险的防范。通过对互联网业务、产品以及商业模式的深度剖析，从宏观视角把握风险变化。在职责范围内，监管部门可以进行适当的事前介入，从源头管控风险。二是重视金融消费者利益保护。商业银行开展互联网业务，应清楚列明银行与客户的权利义务，并建立一套高效、权威的纠纷解决机制。同时，商业银行对客户个人信息的使用和共享必须得到充分的法律授权。三是营造良好的互联网业务创新文化。商业银行在设计、审批和推销互联网产品时，除了计算产品的风险、收益和盈利模式以外，还要尝试从行为公正的角度建立相应的评估标准。

（作者杨爽，时任中国银监会银行监管二部副主任，
现任中国银监会全国性股份制商业银行监管部副主任）

破解国内商业银行新型资本工具发行难题的问题研究①

相对于发达市场而言，国内银行在全球危机中保持稳定运行，按可比口径计算的资本充足率水平和资本质量在国际同业中保持较高水平，发行新型资本工具的需求并不迫切。但从长期来看，国内银行的资本补充需求依然强烈。一是银行业在国内融资渠道中长期占据主导地位，与我国经济较快增长的态势相适应，未来一段时期内银行业资产仍将保持较高增速，需要适时地补充资本应增强抵御风险能力；二是国内资产证券化市场还处于起步阶段，商业银行主动收缩资产的能力非常有限，资产的被动累积将消耗大量的资本；三是2013年底国内银行不符合巴塞尔Ⅲ要求的二级资本债券存量约9 000亿元，未来8年内应逐步退出。简单测算表明，假定未来5年国内银行资产年均增速为10%，资产结构保持不变，银行优先股发行量逐步达到风险加权资产的0.5%（监管要求为1%，另外0.5%通过增加利润留存来满足）、二级资本工具发行量为风险加权资产的1%（监管要求为2%，另外1%由超额贷款损失准备来满足），同时考虑到存量不合格二级资本工具的逐步退出，未来5年内商业银行优先股发行量约为6 000亿元，二级资本工具发行量约为17 000亿元。

近两年，在监管部门的积极推动下，国内新型资本工具发行的政策环境逐步改善，2012年底银监会发布了《商业银行资本工具创新指导意见》，明确了资本工具创新的基本原则和路线图，并结合国内实际确定了相对宽松的新型资本工具合格标准，为国内银行积极创新资本工具提供了灵活性。2013年10月，证监会和银监会联合发布了《商业银行在交易所市场发行资本债券的通知》，为国内银行补充二级资本提供了新的渠道。2013年11月国务院发布了《关于开展优先股试点的指导意见》，2014年3月证监会发布了《优先股试点管理办法》，为商业银行发行优先股补充一级资本奠定了法律基础；2014年3月，财政部发布

---

① 本文节选自《商业银行资本工具创新的国际经验与中国展望》，全文发表在《清华金融评论》2014年第5期。

了《金融负债与权益工具：区分与会计处理规定》，明确了新型资本工具的会计属性。2013 年 7 月以来，银监会和人民银行先后批准多家商业银行在银行间市场发行二级资本工具，银行间市场资本工具发行开始步入常态化轨道。即便如此，国内新型资本工具的发行仍面临法规、政策和市场环境方面的制约因素。一是法规层面，我国《公司法》规定公司债券明确期限，据此商业银行无法发行永久性一级资本债券；我国现行法规对于发行人拥有减记或转股权利的债券工具发行没有明确规定，导致新型资本工具实际吸收损失能力存在着不确定性。二是政策层面，有关新型资本工具的税收政策有待明确，同时银行境外发行资本工具门槛较高。三是市场层面，银行间市场和交易所市场的物理隔离导致转股型工具无法在银行间市场发行；目前国内机构投资者规模普遍较小，难以吸收商业银行大规模的资本工具发行。破解法规和政策难题、培养国内资本工具市场、拓宽国内银行资本补充渠道需要相关政府部门和各类市场参与者的共同努力。

一、逐步调整相关监管法规和政策

《公司法》、《合同法》、《破产法》等法规的相关规定已明显落后于国内市场发展，应与时俱进地进行调整和完善。一是建议尽快修订《公司法》相关规定，允许公司发行无固定期限的债券。实际上，在国际市场上无固定期限债券的发行量和交易量都具有相当规模，并且由于发行人通常设定赎回期权，使得无固定期限的债券转变为有期限债券，以方便定价和增加对投资者的吸引力。二是建议在《合同法》中增加专门章节，对银行发行资本工具等特殊合约性质、合约当事人的权利和义务做出专门约定；若《合同法》修改条件尚不成熟，建议最高人民法院专门做出司法解释，或在正在起草的《金融机构风险处置条例》中明确新型资本工具的清偿顺序，以尽可能降低司法实践中潜在的不确定性，确保新型资本工具在触发条件下用于吸收损失。三是结合国内银行新型资本工具市场发展的实践，调整相关监管规则，逐步降低准入门槛，通过强化发行人责任、投资者教育以及监管当局的事后监督来保护投资者利益、维护市场纪律。四是尽快明确新型资本工具的会计处理和税收政策，便于发行人和投资者计量成本收益，并为新型资本工具定价奠定基础。

二、扩大国内新型资本工具市场规模

一是加快国内债券市场互联互通的进程。目前交易所市场、银行间市场、柜台市场分割降低了市场流动性，压缩了市场主体的选择范围，不利于金融工具的定价以及金融资源的有效配置。虽然在交易所发行新型资本工具有利于银行体系的分散风险，但其市场容量有限且由散户主导，又不利于新型资本工具的发行；虽然银行间市场以机构投资者为主，市场流动性充足，但只能发行减记性资本工具，同时不利于分散风险。金融市场主管部门应按照党的十八届三中全会的要求，增强改革意识，破除市场藩篱，尽快推进金融市场的互联互通，让市场在金融资源配置中发挥决定性作用。二是扩大投资者群体。由于新型资本工具风险较大，不适合小额私人投资者投资，为此监管部门应建立投资者适当性制度，对个人投资者购买新型资本工具设定门槛（金融资产规模、金融投资年限等），并要求销售机构履行告知和审查责任。但新型资本工具较高风险溢价和市场流动性为机构投资者提供了具有吸引力的替代资产，调整资产组合的收益、风险和流动性。为此，相关监管机构应放松对理财产品、资管计划、保险公司和养老机构的投资限制，允许在一定比例内配置新型资本工具。

三、放松对商业银行境外发行新型资本工具的限制

目前对商业银行境外发行新型资本工具存在一些不同认识，包括：降低现行外债管理制度有效性、巨额的外币结汇增加了货币调控的难度、高收益被国外投资者获取同时国内外汇储备收益率却较低等。我们认为，允许商业银行境外发行新型资本工具利大于弊。一是缓解对国内市场流动性冲击。商业银行资本工具发行量大，全部在境内发行会吸收巨额的流动性，不利于国内资本市场的估值，而国际市场容量大，流动性充足，能更好地满足国内银行补充资本的需求。二是分散国内银行体系风险。目前国内银行发行的二级资本工具绝大多数被同业持有，虽然提高单家银行的资本充足率，但银行体系的清偿力并未增强。境外发行资本工具使得国际投资者获取较高收益的同时承担了相应的风险。三是降低银行融资成本。与我国经济增速相适应国内市场的利率水平明显高于国际同业，境外发行成本相对较低。四是促进大型银行国际化战略的实施。近年来国内大银行国际化进程明显加快，海外业务占比快速上升，不可避免地将

出现资产负债之间币种错配和期限错配。境外发行资本工具使得商业银行能在较短时间内筹集长期资金，增强银行资产负债管理的灵活性，更好地规划境外业务的发展。为避免商业银行境外发行潜在的弊端，可以考虑在发行主体、发行规模和结售汇等方面做出阶段性安排，如仅允许在海外设有分支机构的商业银行境外发行新型资本工具；境外发行筹集的外币资金不得结汇，全部用于海外业务的发展；对单家银行境外发行资本规模实行上限管理，随着实践发展不断调整额度。

四、商业银行应统筹规划资本约束、内部资本积累和外部资本补充

适度从外部渠道补充资本是必要的，但不应成为银行管理资本充足率的主要手段。无论从国内经济增长趋势还是危机后的监管形势来看，国内银行必须抛弃"资产扩张与资本补充"双向推动的外延扩张经营战略，真正发挥资本对经营行为的约束作用，合理规划资本需求与资本供给，权衡内部资本积累和外部资本补充的收益与成本。总体而言，随着巴塞尔Ⅲ的实施，全球银行都面临资本补充的需求，不可避免地将提高新型资本工具的发行成本；另外，商业银行频繁地通过资本市场融资向投资者传递不利的信息。因此，国内银行必须建立以资本约束为前提、以内部资本积累为主导的资本供需平衡机制。就外部资本补充而言，商业银行需考虑规模、时间、成本和渠道四个要素，必须做好中长期规划和前期研究。一是熟悉各类新型资本工具的结构特征、审批流程和发行程序；二是了解不同发行市场的特点、容量和潜在投资者；三是对宏观经济运行、货币政策走势和市场资金松紧程度的前瞻性研究；四是建立与相关监管当局、发行市场、中介机构和投资者顺畅沟通的渠道。

（作者王胜邦，时任中国银监会国际部副主任，
现任中国银监会审慎规制局副局长）

商业银行资金管理业务发展转型调查研究

2014 年是党的十八届三中全会确定的改革启动元年，政治经济各项改革积极推进。在此背景下，国内银行业资金管理面临较大挑战，亟待改革转型。为了解我国商业银行资金管理现状及存在的主要问题，我们通过走访 10 余家中外资银行，对 37 家商业银行（包括 16 家 A 股上市银行）进行了问卷调查，在对比分析的基础上，借鉴国外商业银行资金管理的良好做法，提出我国商业银行资金管理转型发展的原则性方向和路径选择。

一、我国商业银行资金管理现状及主要问题

（一）资金管理现状及特点

根据我国商业银行的不同特点和发展阶段，将各行资金管理业务模式分为三种类型。

全额资金管理模式，以大型银行（中国银行除外）和部分全国性的股份制商业银行（光大银行和民生银行）为主，实行全部资金统一集中至总行管理，对不同币种的资金来源和运用进行逐笔计价和实时监控。

差额资金管理模式，大部分股份制商业银行的资金管理模式处于由差额管理向集中管理过渡时期，个别如华夏银行仍实行完全的差额管理模式。城市商业银行规模较小，业务主要集中于本地，以差额资金管理模式为主。

尚未建立统一的资金管理框架，主要是农村商业银行，因业务开展局限于注册地，规模较小，业务结构单一，以备付头寸和清算额度匡算为主的资金管理模式基本可以满足业务需要。

归纳起来，我国商业银行资金管理模式呈现三个特点，一是资金管理与流动性风险管理关系密切，资金管理最重要的内容是准确预报业务部门和分支机构的大额头寸。二是执行统一的内部转移价格，主要通过构建市场收益率和法定基准利率收益率两条基准收益率曲线实现。三是资金利润中同业盈利占比较高，特别是中小银行的同业利润占比相对更高。

（二）存在的主要问题

1. 受"总—分"组织架构影响，全额资金管理模式推进存在一定阻碍。国内商业银行长期以来实行"总—分"组织架构，分行在当地资产配置、业务开展及资金调拨中享有一定的话语权。实行全额资金管理，总行担心将会扼杀分行业务拓展积极性，造成地域不平衡，导致在由差额管理模式向全额管理模式过渡的过程中存在一定阻力。

2. 差额资金管理模式拉低资金使用效率，流动性风险管控难度加大。差额资金管理模式中，资金来源和运用首先在分行层面匹配，分行实际上承担了相对较大的流动性风险管理职能，虽然总行对各分行的流动性管理有限额、指标等要求，但由于资金管理分散在分行层面，在外部流动性紧张的情况下，部分分行可能无力完成流动性管理要求，出现全行性的流动性风险。

3. 资金内部转移定价水平尚需提升。一是定价理念存在偏差。二是内部转移定价的数据质量不高。三是尚不能实现系统的全面支持，数据自动化抓取的程度不够。四是活期存款不能实现精确定价。

4. 同业业务偏离流动性风险管理本质。部分中资银行同业利润占比较高的主要原因：一是做大同业负债和同业资产规模，赚取同业业务价差；二是扩大同业业务期限错配获得利润；三是发展"非标"等高风险、高收益、结构较为复杂的非传统同业业务。

二、国外商业银行资金管理的良好做法

（一）有效资金管理的特点

一是资金管理架构合理。国际先进银行普遍实行资金集中统一管理，所有资金包括同业资金从银行进出都纳入统一资金池，由资金管理部门统一定价，实现流动性风险统一管理。二是资金管理系统先进。有效的资金集中管理离不开三个基本要素，即系统支持、人为预测及备付金。国际先进银行的资金管理系统按日自动监测资产负债到期情况，人为预测及缓冲调节项也实现基于历史数据建立的模型支撑。三是资金管理手段多样。除满足一般流动性监管指标外，国际先进银行还内部增加了许多特色指标，如内部现金流量缺口最高上限、短期无担保批发资金依赖度等；且压力测试频率和要求更高。四是同业业务结构简单、管理条线清晰。国际先进银行同业业务一般仅指商业银行之间的业务往来，主要作为满足流动性需求的手段。

（二）将资金内部转移定价机制作为资金管理的核心

一是资金内部转移定价必须体现精细化和准确性。精细化资金定价理念的核心是"算清账"。二是前线业务部门参与定价，较好地实现各相关部门责权利的统一。三是资金转移定价模型、数据和系统能够支持对资金特别是活期存款的精细化定价。

（三）逐步回归流动性管理和资产负债管理本质

资金的盈利性管理应让步于流动性管理和资产负债管理。这是资金管理三个目标的基本顺序。违背这个基本顺序，即使是国际领先银行也会出现问题。摩根大通银行首席投资部（Chief Investment Office）过度逐利导致了损失巨大的"伦敦鲸"事件，其发生的过程与目前国内同业业务发展有一定相似之处，从"伦敦鲸"事件中吸取的教训对国内同业市场回归有极大的借鉴意义。

三、中资银行资金管理转型发展的路径选择

（一）回归资金管理的本质

一是资金管理应满足商业银行流动性管理的需要。满足流动性风险管理是目前商业银行资金管理最迫切需要解决的问题。即使商业银行资产规模较大，资金充裕，期限结构合理，但由于流动性风险管理不到位，导致银行出现"休克式"的支付性危机，对商业银行尤其是上市银行是致命的。有效流动性风险管理的前提，必须实现资金的全额集中管理。

二是资金管理要配合资产负债管理的需要。资金管理要与商业银行资产负债管理相配合，进而满足资本管理的需要。资本是商业银行最初的、稳定的资金来源，是银行承担风险和消化损失的最后防线。目前商业银行面临的存贷比压力或资产负债扩张压力，归根结底反映的都是资本压力，有效的资本管理前提是有效的资产负债管理，基础是有效的资金管理。如果银行无法"算清账"，则无法有效实现资产负债的合理匹配，并将制约其稳健发展。

三是沉淀资金的盈利性应在可控范围内。沉淀资金盈利性问题实际上是带有很大的行际差别，对于资金处于始终紧张状态的银行，还谈不上沉淀资金的收益性，对于存款非常充裕的银行，确实有需要运用的压力。对于商业银行可参与的交易范围，国际监管当局通过出台沃克尔规则，已经对银行可参与的高风险业务做出了明确规范。

（二）坚持五项原则，寻求自身发展之路

未来利率市场化是大势所趋，中资银行必须根据发展规模和特点选择符合

自身需要的资金管理模式。资金管理的核心是如何以资金内部转移价格的方式将资金成本计算清楚，并在自由利率的市场环境下"算清账、报准价"。基于此，中资银行资金管理转型应坚持以下五项原则：

一是坚持资金集中统一管理原则。所有资金（包括同业资金）从银行进出都应该纳入统一资金池管理，由资金管理部门统一定价，实现流动性风险统一管理。按照流动性管理的三个关键要素（系统支持、人为预测、备付金），商业银行应逐步加强系统支持的作用，增强人为预测的准确性，提高备付金头寸的精确性，确保流动性管理的有效性。

二是坚持准确透明的资金转移定价原则。在保证流动性风险管理有效的前提下，资金管理的关键是资金内部转移定价。资金转移定价不应仅是资金管理部门的职责，而应让前线业务部门也参与定价，在保证历史数据积累准确全面和客户行为分析精准到位的基础上，实现内部定价的准确透明。

三是坚持资金的流动性管理和资产负债管理优先的原则，即资金的盈利性让位于流动性和资产负债管理。对沉淀资金的投资渠道应有明确范围，资金的盈利性考虑应是在确保流动性风险管理和盈利性的平衡之后合理安排，保证在可控范围内，不允许暴利。

四是加强系统建设和数据积累是资金管理转型的基础，银行应尽快加强系统建设，完善客户账户资金进出的数据积累，为支持更精细化的活期存款沉淀率分析，提高资金管理水平打下良好基础。

五是给予分行在全行资金集中管理模式下一定的自主权。转型初期，应充分发挥分行贴近市场、贴近客户的优势，允许分行根据其自身特点首先对吸收的资金进行精细化管理，"算清账"，参与定价的过程并承担一定的资产负债管理责任。

（作者曾颖，北京银监局副局长）

内蒙古辖内法人银行业实施
《商业银行资本管理办法》的实践探索

内蒙古辖内有四家城市商业银行、93家农村合作金融机构，两类机构资产约占全部银行业金融机构总资产的40%。内蒙古银监局将辖内法人银行业金融机构作为推动《商业银行资本管理办法》（以下简称《资本办法》）的重点对象，积极采取有力措施，取得了阶段性成果。

一、采取的措施

（一）加强组织领导，明确各方职责

内蒙古银监局成立了专门工作小组，推动辖内法人银行业金融机构《资本办法》的贯彻实施，同时要求各分局也成立相应的组织领导机构和日常工作部门，按属地分级推进。督导辖内法人银行业金融机构把《资本办法》的实施作为重点工作，实施"一把手"负责制，成立专门领导机构和实施部门，切实加强实施工作的规划指导和具体推动。

（二）统筹实施规划，扎实有序推进

内蒙古银监局下发了《2014年度内蒙古银监局推进实施资本管理办法工作规划》，印发了《内蒙古银监局实施推进〈法人银行业金融机构实施资本管理方法（试行）〉的指导意见》，提出了建立内部资本充足评估程序、健全配套风险管理体系、加强数据质量管理等八项具体工作要求，以此作为辖区推进《资本办法》实施的指导文件。针对不同的机构还提出不同的达标要求，如对包商银行提出高级法要求，对其他三家城市商业银行提出标准法要求，对农村合作金融机构则要求以提升数据质量，加强内部管理为目标，逐步向更高的要求和标准迈进。

（三）适时督导推动，狠抓责任落实

内蒙古银监局召开了由辖内法人银行业金融机构参加的资本管理办法推进

会，对实施推进情况进行了系统部署，督导各行落实责任部门和牵头人，列出工作规划和时间进度表，督促其把各项基础性工作做实做细。

（四）强化监管引领，全面推动实施

一是加强年度评估。及时发现《资本办法》实施过程中存在的主要问题，督促分类整改。二是完善日常监管。将资本充足率数据质量作为《资本办法》推进实施的监管重点，加强日常非现场监管报表分析。三是挂钩监管评级。在法人银行业金融机构监管评级时考虑董事会和高管层对《资本办法》的推动工作及实施对公司治理、风险管理的积极影响，将其纳入常规监管和持续监管范畴，并与年度高管履职评价、监管评级、机构和业务准入挂钩。

（五）搭建互动平台，增强沟通交流

为进一步加强法人银行业金融机构在《资本办法》推进实施过程中的信息交流和沟通，内蒙古银监局搭建了各监管部门的信息互动平台，建立各法人银行业金融机构联络员制度和协调会议机制，定期或不定期组织开展研究讨论和经验交流。

二、阶段性进展

（一）审慎测算，制定了资本达标规划

目前，辖内有 2 家城市商业银行经过多次定量测算，制定了中长期资本规划，基本涵盖了资本充足率目标水平和阶段性目标、资本充足率计算方法、资产扩张计划、资产结构调整方案、盈利能力规划、压力测试结果、资本补充方案等内容。

（二）积极探索，修订了内控制度

如乌海银行先后修改和出台 10 项制度，基本涵盖了三大业务风险，进一步完善了内控制度。内蒙古银行修订了 7 项授信制度，专门制定了《内蒙古银行操作风险管理办法》，先后梳理 474 份规章制度，实现了《资本办法》与该行风险管理的"点对点"对接。鄂尔多斯银行出台了 12 项制度，细化了信贷业务操作流程。包商银行还专门出台了 2 项制度，规范了数据标准和数据仓库建设。

（三）合理谋划，积极调整了信贷结构

内蒙古银监局通过多种渠道，积极引导辖内法人银行业金融机构通过调整信贷结构，做大小微企业贷款等资本节约型业务。截至 2014 年 9 月末，全区法人银行业金融机构小微企业贷款增速 28%，分别高于全区平均贷款和小微企业贷款增速 9 个和 14 个百分点，其中全区农村合作金融机构和 2 家城市商业银行实现了两个"不低于"目标。

（四）加强引导，改进了内部考核和管理

辖内部分城市商业银行在监管指导和督促下，将经济资本引入到年度综合经营计划中，通过经济增加值（EVA）考核引导其以转型发展为主线，加快客户结构、业务结构和盈利结构的优化。如内蒙古银行用系数法将信用风险监管资本消耗传导至分支机构和业务前台，定期通报三大风险的资本消耗，传导资本管理意图。部分城市商业银行还加强了对《资本办法》实施情况的内外部审计，进一步推动了《资本方法》的实施。

（五）系统培训，充实了人才队伍

内蒙古银监局和各行加强联动，积极开展多层次培训，部分行还组织人员学习其他银行的经验，有效增强了高管人员的资本管理意识，提高了风险管理水平。

（六）夯实基础，强化了数据系统支撑

辖内法人银行业金融机构大力改造 IT 系统，提升资本充足指标测算的准确性和资本规划的科学性。如包商银行计划投入 9 000 万元，规划建设 17 个项目群，全面增强 IT 系统建设。内蒙古银行预算 5 600 万 ~ 7 350 万元，进行系统改造和开发建设。内蒙古农村信用社也将数据系统建设纳入规划之中，指导全区农村合作金融机构加强数据标准化建设。

三、面临的困难

（一）资本管理理念落后

近年来，各法人银行业金融机构业务快速发展，但并未在发展过程中突出资本的核心地位，资本约束风险资产增长、资本抵御风险的观念尚未在全行范围内深入普及，多元化的盈利模式和低资本耗用的业务架构还在探索过程中。一些资本消耗较高的业务，占比仍然较高，通过资本管理指导业务进展缓慢。

（二）资本补充压力较大

按照《资本办法》计算，辖内法人银行业金融机构的资本充足率指标均有不同程度下降，如 2014 年 9 月末，包商银行、内蒙古银行、鄂尔多斯银行和乌海银行的资本充足率为 11.37%、12.99%、14.49% 和 18.6%，较老办法分别下降 0.13 个、1.26 个、1.99 个和 2.53 个百分点，资本补充压力依然明显。

（三）数据与信息系统的支撑能力有待提高

一是数据质量有待提高。目前各机构普遍存在数据信息不全、质量不高等问题，数据准确性、真实性有待提高，数据的自动获取能力有待增强。二是历史数据积累时间不够，难以体现经济周期变化对银行风险的影响，在进行风险参数量化及压力测试时缺乏经济衰退时期的相关数据，无法满足对数据进行全面分析和对未来经济金融走势研判的需求。三是现有的 IT 系统尚不能为内部评级以及各类风险的资本计量、模型验证等提供有效支持，对内部评级法等高级计量方法的推进缺乏系统支持。

（四）专业化人才队伍建设亟待加强

《资本办法》的实施对法人银行业金融机构人才要求较高，目前各行能够适应新监管标准要求的专业化、复合型人才队伍不足，一定程度上对资本管理高级方法实施形成制约。

四、下一步工作重点

（一）加强资本管理规划，推进资本达标

一是继续通过检查估计、坚持挂钩准入等手段，持续推进《资本办法》的实施。二是督促机构制定中长期资本规划并严格落实，将监管要求转化为确保长期稳健经营的发展战略。三是优化资产结构，发挥中小银行的特点优势，引导其大力发展低资本占用的业务。四是针对资本需求和资本可获得性，每年开展资本压力测试，结合测试结果对资本规划进行动态评估和调整。

（二）完善风险管理体系，夯实管理基础

一是督促辖区法人银行业金融机构根据自身实际情况，重点落实全面风险管理，做实做细各项配套机制建设。二是改进风险计量和评估工具，推进风险管理从定性为主转变为定性与定量相结合，并将风险结果应用于日常经营管理。三是强化员工培训，为《资本办法》的顺利实施提供支持。

（作者贾奇珍，内蒙古银监局副局长）

吉林省土地收益保证贷款试点情况的调查报告

作为农业大省，近年来，随着农村产业结构的加速调整，尤其是新型经济组织的发展和部分土地规模化经营，吉林省农村金融市场需求发生了根本性变化，为探索新形势下农村金融市场"押品不足"而制约扩大融资规模的问题，吉林省在各级政府的大力推动扶持下，经过金融办、银监局等有关部门的共同努力，于2012年下半年率先在梨树县进行了土地收益保证贷款试点工作。两年的试点，初步取得了较好的效果，但要确保可持续发展，还需要进一步从法律、政策、制度等层面加以完善，并需从商业和市场化角度，调动好方方面面的积极性。

一、试点以来的基本情况

土地收益保证贷款是在不改变土地所有权性质和用途的前提下，农户为获取银行贷款自愿将三分之二（三分之一留做生活自用）的土地承包经营权转让给由政府主导设立的物权融资农业发展有限责任公司（以下简称物权融资公司），物权融资公司再将土地转包给其他农民经营，并向银行出具收益抵押承诺，银行经审核后，向农户提供贷款的一种创新型贷款模式。试点以来，全省60个县（市、区）已成立物权融资公司43个，29个县的银行机构（主要是农合机构和村镇银行）累计对农户、林户、家庭农场和农民专业合作社发放贷款1.6万余笔，累计金额7.5亿元，仅先行试点的梨树县就累计发放贷款近4亿元，贷款到期后基本全部收回。从调查反映的情况看，贷款总体质量良好，银行支持"三农"的力度得到有效提升，农户反响较好，地方政府也较为满意。具体效果体现在以下几个方面：

（一）从农村金融供求矛盾的核心入手，实现了抵押物的突破性创新

我国农村金融市场融资难和银行难贷款这一矛盾，始终难以破解的原因之一就是缺乏有效的抵押物，而我国相关法律规定，不允许以土地承包经营权设立抵押。土地收益保证贷款模式正是抓住了抵押物这个农村金融实践中的焦点、

难点问题，规避了现行法律对土地承包经营权融资抵押的限制，提供了一种有效的贷款押品。农民承包的土地作为一种有限资源，所有权虽属国家或集体，但其产生的收益相对固化，将这种预期收益通过物权融资公司经营权的转让，形成了新的抵押物。

（二）引导了民间借贷市场，降低了"三农"融资成本

土地收益保证贷款推出后，利率按照基准利率上浮30%执行，大大低于目前农户信用贷款平均利率和民间借贷利率，既降低了农户融资成本，也推动了农村民间借贷市场的成本降低；同时，银行机构还采取送贷下乡、办贷到户等措施，大大降低了农户办贷的时间成本。以蔡家镇汇丰农民专业合作社为例，相比民间借贷，采用土地收益保证贷款每年将节省利息支出达30余万元。

（三）丰富完善了涉农信贷产品结构，提升了贷款总体质量

土地收益保证贷款的推出，进一步优化了涉农贷款结构，丰富了产品和服务类型；同时，涉农银行业机构还可将部分信用贷款、联保贷款转换为土地收益保证贷款，进一步降低了农贷的整体风险，提升了贷款质量。

二、需关注的几个问题

（一）交易平台建设滞后，配套政策及机制有待完善

首先，在土地流转方面，缺少集土地流转登记托管、土地收益评估、融资交易和土地资源信息共享等功能于一身的综合交易平台；土地承包经营权确权颁证试点尚未在省内全面铺开，部分地区农业部门认为在确权颁证之前，办理土地承包经营权流转发包可能使农户面临失地风险，农民尚缺一颗"定心丸"。其次，在配套政策方面，惠农信贷周转保障基金（以下简称"保障基金"）管理尚未完善，在基金审批使用等方面缺少管理办法和实施细则；缺少贷款贴息政策，不利于进一步降低农户融资成本。同时，在风险防控方面，每个县几十万元的贷款风险补偿专项资金显然不足，若发生较大范围集中违约事件，物权融资公司难以有效承担代偿责任；物权融资公司是"单兵作战"的公益性机构，在缺少公、检、法等多部门联动协作的情况下，若贷款农户干扰土地流转使无人敢承包，或将导致部分土地无法转让问题，进而造成银行业机构债权悬空。

（二）部分银行业机构不重视第一还款来源

土地收益保证贷款的最终还款来源是土地的预期收益。但在试点实践中，由于有物权融资公司充当贷款担保人即第二还款来源，部分涉农银行业机构忽

视了第一还款来源，主要表现在贷款"三查"工作还不够深入扎实，难以及时、动态地掌握借款人生产经营情况以及土地预期收益情况，对物权融资公司的连带保证责任及"保障基金"代偿风险心存依赖。

（三）"微利"使银行缺乏深入拓展业务的动力

土地收益保证贷款作为农贷的创新品种，同样具备农贷"小额分散"的特点，贷款运营成本较高；同时，各涉农银行业机构利率按照基准利率上浮30%执行，使土地收益保证贷款与其他农贷一样处于"微利"状态，利润贡献度不高，这在一定程度上影响了部分涉农银行业机构贷款投放的主动性和积极性。

（四）尚无土地承包经营权转让的案例可供借鉴

目前，土地收益保证贷款质量较好，未出现物权融资公司代偿的现象，因此尚无土地承包经营权挂牌流转的案例。若出现借款人违约，土地承包经营权挂牌流转由谁具体组织、采用什么操作程序，以及各相关方职责分工等既缺乏规范翔实的操作细则，又无案例可供参考，土地能否顺利流转发包、转包收益能否覆盖贷款本息等存在较大不确定因素。

三、几点建议

（一）加快推进综合交易平台建设，完善相关配套政策及工作机制

一是推进物权融资体系建设，适时补充保障金，提升其担保和代偿能力；探索开展市场化、商业化运作模式，实现自主运营、自我决策以及自我补充保障金，回归"有限责任公司"的本质；集中规范开展挂牌流转、物权托管、土地收益评估等工作，全面盘活农村"沉睡"的土地资源，实现农村土地金融资源优化配置。二是加快推进土地承包经营权确权颁证试点工作，给予配套政策扶持，确保土地收益保证贷款商业可持续。三是加快制定出台"保障基金"管理办法及实施细则，明确各相关方面的职责分工，提升业务操作规范性。此外，土地承包经营权挂牌流转管理相关制度出台之前，还要做好土地承包经营权挂牌流转案例收集等工作，丰富试点工作经验。

（二）强化贷款风险管控，重视第一还款来源

深入细致开展贷款"三查"，针对土地收益保证贷款试点进展情况，适时修订完善贷款操作细则和业务流程，梳理每个环节的潜在风险点，制定完善防范措施；针对农村各类型借款人实际情况，科学设计出详尽的融资方案，合理确定土地预期收益，既要严格按照比例计算授信额度，又要充分考虑贷户的资金

满足度；在控制风险前提下简化贷款手续，提供优质金融服务和强有力的信贷资金支持；完善贷款风险补偿机制，完善"土地收益保证贷款风险补偿专项资金"制度；明确县、乡农经站在试点工作中的职能定位，充分开发利用各级农经站现有土地资源信息电子档案库，实现信息互通共享，降低涉农银行业机构面临的风险和运营成本。

（三）完善政策和制度安排，增强涉农银行机构信贷支农的内生动力

各级政府要加强部门间的分工协作和协调，特别是要组织公、检、法等多部门联动协作，在保障土地顺利流转、维护银行业债权等方面发挥积极作用；充分借鉴浙江等地涉农贷款贴息政策，给予土地收益保证贷款适当的财政贴息，综合考虑各级财政的承受能力，可实行贴息资金总量控制，既能切实减轻农民负担，又可提升涉农银行业机构的积极性；各级人民银行也应有效利用涉农信贷政策导向效果评估机制，积极开展涉农信贷政策效果综合评价，根据评价结果制定激励约束的制度安排。

（作者张新东，吉林银监局副局长）

对互联网时代城市商业银行信息化建设的思考

近年来，随着互联网的普及和网络经济的迅猛发展，互联网与金融行业逐渐融合，互联网金融新业态在信贷、支付结算、中间业务等银行业传统核心领域与银行业展开了激烈竞争。作为综合实力相对较弱的城商行，必须借助变革动力，适应时代发展要求，打通互联网时代的发展通道。

一、黑龙江省城商行信息化建设现状

（一）基础设施基本建成，灾备系统逐步完善

黑龙江省两家法人城商行目前已经实现了计算机机房达标改造、网络资源优化整合、灾备系统建设部署等目标，区域金融科技发展与业务创新信息化高速公路基本铺设完成，并分别在北京建立了应用及容灾中心，切实保障了生产系统的安全稳定运行。哈尔滨银行已于 2013 年底完成了"两地三中心"的建设，龙江银行将于 2014 年底建成"两地三中心"模式。

（二）开展金融创新，建设多渠道支付体系

黑龙江省两家法人城商行逐步开展电子银行综合服务体系建设，加快传统渠道服务向电子渠道服务过渡。目前已经搭建了包括网络银行、手机银行、呼叫中心、ATM/POS 自助终端、短信平台、电子商务平台等多元化、多层次的电子服务渠道，提升渠道营销能力。同时，随着第三方支付规模的扩大，两家银行分别与支付宝合作建立了支付宝快捷支付，与腾讯公司旗下财付通合作开发了财付通快捷支付。

（三）发力数据管理，业务运行效率得到提升

龙江银行于 2010 年底开始实施了数据仓库项目，依托数据仓库整合大数据，完成了全行报表平台、经营分析平台部署，每日以短信方式向管理层发送经营关键指标，为业务决策和分析提供了基础。同时，通过将银监会非现场信息系统、历史数据查询迁移至数据仓库，提高了报送效率，减轻了核心系统和信贷系统压力。

（四）实施跨界合作，探索新型银行服务模式

哈尔滨银行为实施对俄罗斯业务重点发展战略，于 2014 年启动中俄跨境电子商务在线支付平台建设工作，集支付、结算、理财、融资等综合金融服务于一体，通过与国际卡组织、俄罗斯本土金融机构及境外第三方支付机构等建立直连合作关系，为中俄跨境电子商务用户级商户提供全方位的资金流服务。龙江银行与京东公司建立了战略合作伙伴关系，开展线上线下合作（O2O 模式），实现了产品与服务从柜面到线上的转型。

二、互联网时代城商行信息化建设的 SWOT 分析

（一）优势劣势分析

1. 优势分析。一是技术后发优势。城商行可以站在一个相对较高的起点，吸收、消化先进银行的信息化建设经验和教训，更好地利用云计算、大数据、移动金融等信息技术。二是本地资源优势。城商行对地方金融市场比较熟悉，能够详细准确地掌握当地人群的收入层级、消费理念、生活习惯以及地方经济主体的资信状况、市场前景、投资方向、产品需求。三是经营机制优势。城商行在运行机制、机构设置等方面相比国有商业银行更具灵活性，信息传递快，决策链条短，对市场变化反应快，与互联网时代快速应变的理念较为契合。

2. 劣势分析。一是资金实力劣势。大型银行信息化建设的资金投入每年为 30 亿～50 亿元，使其在信息系统的战略规划、体系架构、技术运用等方面占尽先机。二是人力资源劣势。互联网时代银行业信息化建设需要具备融合金融、信息、IT、通讯等学科的复合型人才。城商行对高端、复合型人才的吸引力相对较弱，特别是类似于黑龙江省这样经济欠发达的省份，对人才的引进更加困难。三是理念意识劣势。与大型商业银行、股份制银行和互联网金融企业相比，城商行在注重客户体验方面的意识稍显落后，各类业务同质化竞争局面在短期内无法得到根本转变。

（二）机遇与挑战分析

1. 面临的机遇。一是新兴技术机遇。以云计算、大数据为代表的新兴技术不断进步和推广，以及物联网轮廓的日渐清晰，将推动银行业机构业务流程、数据处理和挖掘、业务创新的脚步。二是生活方式转变机遇。移动互联网的高速普及，越来越多的人习惯于在工作、聊天、旅途中在线完成商品的购买、支付打车费用、给信用卡还款、转账等操作，将催生银行业机构新的业务形态和

运营模式的发展。三是普惠金融机遇。党的十八届三中全会首次将"普惠金融"正式写入党的决议，普惠金融的内涵更为丰富，产品和功能更加多样，模式也由单一的线下拓展为线下线上并行，网络化、移动化特征明显。银行业机构必须通过挖掘信息资源、拓展服务范围，践行社会责任。

2. 面临的挑战。一是宏观环境的压力。当前，我国经济面临"三期叠加"、金融领域面临"四改并举"的压力，网络金融、影子银行等新型金融业态的快速发展使银行业机构所处的经营环境更趋复杂、更具挑战，同时银行业风险的复杂性、隐蔽性和传染性不断增强，将给银行业信息化建设带来前所未有的挑战。二是利率市场化的挑战。利率市场化的推进和金融对内外开放步伐的加大，将挤压银行业的利润空间，银行间竞争加剧，城商行以往注重规模效益的经营模式将面临"颠覆"。如何通过信息化技术转变经营方式，开拓新的利润增长点，已是信息化建设亟须解决的问题。三是"双脱媒"的挑战。互联网金融的强势崛起导致金融脱媒，第三方支付迅速发展引发的支付结算技术脱媒，加剧了银行业特别是城商行的经营压力。

三、对互联网时代城商行信息化建设的思考

（一）优化数据仓库，实现向以客户为中心转变

互联网时代银行业机构业务转型和信息化发展的主要路径之一就是实现"以客户为中心"的转变。城商行应逐步完善企业级数据仓库，实行全行业务数据集中存储和统一管理，对信息进行科学分类，及时准确收集信息和分析信息，确保管理层随时掌握银行的经营风险、运营情况和经营目标。在引入详细交易数据后，通过各种数据的关联分析，识别不同的客户群体，为实施差别化服务、产品合理定价的策略提供技术支持。

（二）挖掘优势资源，拓展业务领域

一是立足区域优势，发展本地电商平台。城商行涉足本地电商，可延展其服务链条，从而为客户提供更加便捷的服务，增强客户"黏性"。而银行揽取的商流，可以沉淀相应的资金和数据，从而更好地开展银行传统业务。二是立足数据优势，发展线上信贷业务。城商行经过多年的发展，积累了大量的本地客户数据，对当地经济发展的态势，特别是中小企业发展的势头更加熟悉，为拓展线上信贷业务提供了良好的先决条件。

（三）坚持风险为本，完善风险防控体系

以信息技术促进银行业全面风险防控体系的完善是互联网时代银行信息化

建设的主要责任之一。城商行在风险管理体系的建设中，应从架构层面进行全面规划，然后基于风险管理的应用框架体系，在充分考虑业务创新需求、业务流程、现有应用架构体系等内容的基础上，细化各个风险领域的实施内容和计划，制定分阶段路线图，设计可操作的短期行动计划以及中长远的目标，按照本行发展和业务部门需求对全面风险管理体系进行有序规划，逐步完善全面风险管理体系建设。

（四）科学规划战略，以信息化促进业务发展

城商行信息化战略规划要立足于本行的发展远景与中长期发展目标，分析银行的关键问题，明确需要 IT 系统支持的业务流程与活动，确定相应的 IT 应用体系结构与核心系统，并且制定银行信息化建设的方针、策略和原则。在此基础上，对信息化过程中所必需的系统集成、信息资源、具体实施、组织模式、运营模式等进行规划。

（作者李兰，黑龙江银监局副局长）

存贷比计算口径调整对在沪外资
法人银行的影响调研

2014 年 6 月 30 日，中国银监会下发《关于调整商业银行存贷比计算口径的通知》（以下简称《通知》），不再考核本外币合计口径的存贷比，仅考核人民币存贷比，同时增加 6 项分子扣减项以及 2 项分母增加项。上海银监局调研发现，《通知》中存贷比考核调整的影响较大，且总体正面，计算口径调整的长期激励效果显著。同时在沪外资法人银行对《通知》中部分规定的执行提出了疑虑，并建议监管部门能够予以明确。

一、存贷比口径调整影响总体正面

（一）存贷比考核币种上的调整政策影响总体正面，但个别银行因业务模式原因考核压力增加

在沪外资法人银行拥有相对较高的外币存贷比，在政策调整为只对人民币存贷比进行考核后，存贷比下降明显，释放出更大的人民币信贷空间。2014 年 6 月末，在沪外资法人银行人民币月日均存贷比较本外币合计口径下的月日均存贷比平均下降 8.38 个百分点。部分银行调整后的存贷比下降幅度超过 20 个百分点，改善明显。但也有个别银行由于倾向于吸收外币存款，再互换成人民币后发放人民币贷款，导致人民币月日均存贷比较本外币合计口径下的月日均存贷比有所上升。

（二）存贷比分子分母的调整政策的影响有限

存贷比分子分母调整的优惠涉及小微金融服务、支农贷款、发债、转贷款、发行大额存单、母行稳定资金等，由于在沪外资法人银行较少涉及上述优惠项目，因此以上调整影响有限。截至 2014 年 6 月末，在沪外资法人银行中，仅四家银行受益。例如，某银行在计算存贷比时，分子扣除"小微企业专项金融债所对应的小微企业贷款"，使存贷比下降 4.13 个百分点；某银行吸收"境外母行一年期以上存放净额"，使存贷比下降 4.74 个百分点。

（三）存贷比调整的长期激励效果明显

在沪外资法人银行认为，此次存贷款考核口径的调整：一是转变考核币种，释放人民币业务的存贷比压力，有利于人民币贷款业务的长期发展。在沪外资法人银行往往拥有相对较高的外币存贷比，在本外币合计存贷比考核的要求下，人民币贷款业务受到的约束相对较大。二是结合在沪外资法人银行相当部分资金来源于母行支持的实际情况，将母行稳定资金纳入存贷比，可起到盘活资金，拓展业务的作用。三是扣除符合条件的各类债券资金所对应的贷款，促使银行更加积极主动地参与境内债券市场及境外债券市场，例如，发行金融债和离岸人民币债券，促进债券市场发展。四是增加对企业及个人发行的大额可转让存单，激励银行积极参与大额可转让存单市场，降低银行筹资成本，改善筹资渠道并降低存款集中度风险等。因此，《通知》对在沪外资法人银行的长期正面激励效果显著。

二、部分条款的执行还需进一步明确

在沪外资法人银行在执行《通知》部分条款时，还提出了以下疑虑：

一是根据《中国人民银行关于简化跨境人民币业务流程和完善有关政策的通知》，境内银行从境外吸收人民币应基于结算的需要，这可能影响到《通知》的具体执行。

二是目前主要离岸人民币业务的清算中心位于中国香港和新加坡等地，多数外资法人银行的资金中心也并未设立在总行所在国，而是在中国香港或新加坡分行等海外分行。此外，从法律角度看，境外母行总部及其直属各分行均属于同一法律实体，若仅将境外母行总部的一年期以上存放净额计入存贷比一定程度上会影响政策的公平性。

三是《通知》中部分规定的执行要求不明确。如怎样操作"商业银行发行的剩余期限不少于1年，且债权人无权要求银行提前偿付的其他各类债券所对应的贷款可从分子中扣除"的规定；本外币合计和外币业务存贷比的监测标准如何等。

四是少数在沪外资法人银行由于无境内公民人民币零售业务资格，之前的人民币贷款较依赖外币资金，《通知》造成此类银行面临较大的存贷比合规压力。

三、政策建议

一是建议加大与人民银行的沟通力度，确保相关政策的实施效果。

二是建议兼顾不同外资银行的组织架构，将境外母行总部及其直属各营业分行统一认定为母行，有利于促进境外人民币作为稳定资金回流，支持国内实体经济的发展。同时建议考虑将"一年期以上集团拆借净额"纳入存贷比分母，因为一方面外资法人银行境外资金通常采用集团拆借的模式，另一方面存放与拆借并无实质区别，拆借相对而言更加稳定。

三是建议进一步明确相关执行口径，并对无境内公民人民币零售业务资格但已开展人民币业务的外资法人银行，设立一定期限的宽限期，协助其平稳过渡。

（作者马立新，上海银监局副局长）

农商行差异化转型发展路径探索与启示[①]

目前，转型已成为农商行发展的主旋律。但在实践中，农商行经营的差异化和转型的同质化并存，导致转型的路径不明确、目标不清晰、效果不明显。因此，农村商业银行须坚持差异化转型，实现差异化发展，培养自己的核心竞争力，打造农村商业银行转型发展的升级版。

一、农商行差异化转型的动因

以江苏省农商行为例，机构之间差异性较为突出，主要体现在所处地域经济的差异、客户的差异、竞争的差异和发展的差异。

（一）地域的差异

目前，江苏苏南、苏中、苏北三大区域之间存在着较为显著的差距，全省的经济发展水平因此呈阶梯状。首先，产业结构差异显著。第一产业比重苏南、苏中、苏北分别为 2.29%、6.87% 和 12.45%，第一产业从业人员占比 7.33%、22.61% 和 33.43%。其次，城镇化程度差异显著。苏南、苏中、苏北城镇化率分别为 73.5%、59.7% 和 56.1%。苏南地区城镇化程度普遍高于全省平均水平，其中南京市城镇化率为 80.5%，居全省首位，比城镇化率最低的宿迁市高 28 个百分点。最后，居民生活水平差异显著。2013 年，苏南、苏中、苏北的人均地区生产总值分别为 11 万元、6.9 万元和 4.5 万元，苏南城镇居民人均可支配收入、农村居民人均纯收入超过苏北的 1.5 倍。

（二）客户的差异

一是从贷款客户占比看，多数城区和发达地区县域农商行小企业、个人消费贷款客户较多，两类客户平均占比分别约为 13% 和 30%；苏中、苏北的一般地区县域农商行以个人经营类客户特别是农户为主，平均占比约为 89%。二是从贷款余额占比看，城区和发达地区县域农商行以中小企业贷款为主，平均占

---

① 本文发表在《中国农村金融》2014 年第 24 期。

比约为 65%；一般地区县域农商行以个人经营性贷款和小企业贷款为主，平均占比合计约为 84%。三是从存款结构看，一般地区农商行存款多数来源于个人，储蓄存款占比在 80% 左右，发达地区农商行储蓄存款占比则在 50% 左右。

（三）竞争的差异

苏南地区银行机构多于苏中、苏北，同一地区的城区银行机构一般多于县域，但一些苏南发达县域的银行机构数量又超过了很多地级市。这一情况决定了不同地区农商行竞争压力的不同：在银行机构竞争不够充分的一般县域地区，长期本土化经营的农商行在网点设置和客户基础方面具有显著优势，一般能够保持当地最大市场份额，甚至处于相对垄断地位。在银行机构竞争激烈的城区和部分发达县域，农商行很难保持市场份额的优势，近年来多数发达地区县域农商行的存贷款市场份额明显下降，大多数城区农商行存贷款市场份额排名在 5 名以外，处于竞争劣势。

（四）发展的差异

总体来看，苏北、苏中地区机构的发展情况和管理水平明显低于苏南地区。近年来，苏南地区农商行在原有的较大资产规模基础上保持了较快的发展速度，其平均资产规模已由 2011 年末的 396 亿元增至 2014 年 6 月末的 529 亿元，这一规模约为苏北地区农商行的 4 倍、苏中农商行的 2 倍。2014 年 6 月末，苏北地区农商行平均不良贷款率为 3.77%，较苏南、苏中地区高 2 个百分点左右，并且一些高风险机构主要集中在苏北地区。

二、农村商业银行差异化转型的路径

（一）城区农商行转型的路径——服务市民的区域性便民银行

目前城区农商行面临最大的问题即为城区、郊区业务发展不平衡，网点、客户、业务仍主要集中在郊区，城区业务已成为严重制约城区农商行发展的短板。以辖内某农商行为例，其在主城区的网点仅占 20% 左右，存款业务仅占 22%，储蓄存款仅占 10% 左右。城区业务发展的滞后也导致了城区农商行市场份额小、竞争优势不足、品牌影响力差。因此，对于城区农商行而言，应以优秀的城商行或股份制银行作为标杆，着力弥补其在城区业务的短板，做到城区和城郊业务的协调发展，两个轮子一起转，加快发展市民金融业务，通过便捷高效服务形成竞争优势，成为服务市民的区域性便民银行。

（二）发达地区县域农商行转型的路径——服务城乡居民的现代零售银行

该类农商行在发展过程中，往往首先通过传统的公司业务迅速做大做强，大额公司贷款是业务规模拉动的主要原因。多数农商行真正的小微和个人业务开展并不充分、业务、服务并未做到真正的下沉。从苏南某市农村商业银行情况看，虽然根据四部委的小微企业划分标准，这些农村商业银行小微企业贷款占比均达到了半数以上，但实际上真正的小微贷款比例并不高，500万元以下小微企业贷款占比仅占15.32%，个人消费贷款仅占5.47%。此外，当前发达地区农商行，在产品、服务机制等方面尚不能满足当地城乡居民的金融需求，部分农商行尚未开办信用卡、汽车消费贷款等业务，代理销售基金、信托，私人银行等业务基本尚未涉及。因此，对于发达地区农商行而言，应着重进一步优化业务结构和客户结构，业务重心实现真正从大中企业向小微和个人客户转变，特别是应基于当地日益丰富的居民家庭金融服务需求，充分挖掘零售业务潜力，丰富零售业务产品条线，建立现代零售业务营销机制，成为服务城乡居民的现代零售银行。

（三）一般地区县域农商行转型的路径——专注服务"三农"的精品社区银行

对于广大农村地区而言，"三农"金融服务仍然是金融服务体系中的薄弱环节。目前农户贷款仍是当前多数经济不发达地区农商行的主要贷款品种，但根据辖内某农商行的调查，农户这一客户群体对农商行服务满意度和熟悉程度仍相对较低，这也说明农商行在强化支农服务方面还大有改进和提升的空间。此外，随着城镇化进程的推进以及农村金融市场竞争日益充分，县域农商行的相对垄断地位将会受到挑战，市场份额将不可避免地呈现下降趋势，未来面临的竞争和发展压力将进一步加剧。因此，对于一般县域农商行而言，应进一步夯实农村金融市场，持续加强和改善农村金融服务水平和能力，对传统业务进行精耕细作，并依靠产品创新、流程创新和管理创新，努力保持在农村市场的竞争优势，成为专注服务"三农"的精品社区银行。

三、几点思考与启示

农商行差异化转型是一个长期渐进的过程，在转型过程中，须重点做好以下几个方面。

一是既需要先进科学的理念，也需要优秀强大的领导力。银行转型是一场"马拉松"，只有具备持久的理念、定力和耐力，强化战略的规划和执行，才能最终转型成功。

二是既需要遵循银行转型一般规律，也需结合实际特色化发展。农商行转型必须根据历史传承、实体经济特点以及自身比较优势，避免同质化竞争，采取差异化转型，才能培育自己的核心竞争力。

三是既需要持续稳健推进，也需要积极防范转型风险。转型意味着农商行要从传统熟知业务向新兴陌生领域拓展，在这过程中不仅要做到"制度先行"，还需要"风险为本"，才能稳健转型。

（作者谭震祥，江苏银监局副局长）

银行业资产负债业务十大变化关注与思考①

随着利率市场化的推进，以及新的资本监管标准实施，在以余额宝为代表的互联网金融迅猛发展等多种因素的影响下，中国银行业资产负债业务出现了十大值得关注的变化。

一、存款利率上浮政策陆续用足

在 2012 年存款利率可以最高上浮 10% 后，各银行机构根据自身网点和客户特点逐步调整了各期限存款利率，中小银行在上调利率方面更加主动，大型银行反而相对较慢，整体呈现"先行—跟随"的市场定价模式。大多数城市商业银行、农村信用社等区域性银行从一开始就将各期限存款利率均上浮到顶；后期股份制银行陆续跟进；最终大型银行也不再坚守，陆续上浮了各期限存款利率，以确保存款不至于被他行挖走。同时，一些银行将机构网点纷纷向县域、向社区延伸，以稳定和增加部分存款业务，存款市场竞争异常激烈。

二、理财产品成为重要的存款替代性产品

我国银行理财产品自 2011 年起出现暴发式增长，针对个人发行的银行理财产品数量在 2011 年首次突破 2 万款，2012 年接近 3 万款，2013 年达 4.48 万款。截至 2013 年 12 月末，我国银行理财资金余额已突破 10 万亿元，而 2011 年和 2012 年末的余额仅分别为 4.6 万亿元和 7.1 万亿元。与之对应的是，商业银行个人结构性存款大幅度增长，且主要集中在机构较多、竞争激烈的地区。2013 年，全国新增个人结构性存款 6 192.3 亿元，是上年同期的 5.58 倍，且近四分之一集中在江苏和浙江两省；安徽省 40% 左右的新增个人结构性存款集中在合肥市。

---

① 本文发表在中共中央党校《学习时报》2014 年 5 月 19 日。

三、同业市场渐成银行调剂资金的重要场所

利率市场化使得银行同业负债业务（包括同业存款、拆借、回购及 2013 年底推出的同业存单等）快速发展。据统计，近 4 年来，我国金融机构同业往来的负债余额年均增速达 25%，比同期存款余额年均增速快 10 个百分点左右；2013 年 12 月，人民银行公布《同业存单管理暂行办法》，兼具更高流动性和更多成本优势的同业存单业务大受欢迎，工行、农行、中行、建行及国开行等 10 家市场利率定价自律机制成员单位率先发行同业存单 340 亿元。2014 年，仅工行、招行、交行、中信 4 家银行就计划发行同业存单 3 600 亿元。目前，部分中小股份制银行和城市商业银行负债总量的三成来自同业负债。

四、筹资成本节节攀升

近期，债券市场融资成本明显升高。国开行招标发行的三年期、五年期、七年期和十年期债券利率均高于 5.68%，2013 年下半年整体上行幅度为 170～190 个基点。国开债甚至出现因二级市场收益率上升导致"中标即亏损"的尴尬。同时，国开行 2012 年年报给出的全部生息资产收益率为 5.64%，或预示国开行面临成本与收益逐渐呈现倒挂的挑战。城投债的发行利率延续了 2013 年下半年的上升趋势，2014 年开年首发的"14 怀化 01"以 8.99% 的票面利率创下公募城投债票面利率的历史新高。随后发行的数期城投债票面利率也维持在较高水平。其他商业银行的理财产品收益、同业拆借利率也在逐步走高。筹资成本的推高，将加大信贷资金最终使用者的财务成本，可能危及实体经济的健康发展。

五、以量补价成为通行做法

随着利率市场化的推进，自 2012 年第二季度以来，我国银行净利息收益率开始回落，部分商业银行扩大生息资产、以量补价的冲动更为强烈，特别是在人民银行合意信贷规模政策背景下，规模收紧的恐慌预期导致各基层银行存在"宁愿牺牲议价能力和风险控制，也要用足当期规模"的心态。我国银行做大基数、突击放贷、冲击时点等惯有行为始终难改。2007 年全年人民币贷款增加

3.63 万亿元，按可比口径同比多增 4 482 亿元。而自 2008 年以来，特别是从 2009 年创纪录的 9.59 万亿元开始，新增信贷规模已从此前年均 3 万多亿元的常态激增至 7 万亿元以上，2013 年贷款增量上升至近 9 万亿元的高位。

六、定价选择开始分化

一方面，在金融脱媒的大背景下，大企业、大客户的议价能力明显增强，银行降低贷款利率现象增多。据统计，2013 年安徽省大型企业贷款执行基准利率贷款占比达 50.07%；下浮利率贷款占比 29.96%，较上年提高了 7.59 个百分点。另一方面，中小企业议价能力较弱，为保证总体收益，银行上浮中小企业贷款利率现象增多。据统计，2013 年安徽小型企业贷款利率执行上浮的占比 84.71%，较上年提高 2.17 个百分点。数据显示，利率市场化的推进在一定时期内增加小微企业获得融资机会的同时，也会提高小微企业融资成本。

七、资产结构调整步伐明显加快

受信贷规模和利差两方面限制，商业银行应对利率市场化转型发展最直接的体现就是投资、同业等非信贷资产以及理财等表外资产成为银行资产布局的重要方向。近两年来，商业银行为应对利率市场化挑战，"类信贷"业务快速兴起，理财、同业资金投向非标资产快速增长。数据显示，2008—2013 年，我国银行业同业资产规模增长 242.44%，而同期各项贷款增速仅为 141.94%；同业资产占比由 9.99% 提升至 14.36%。从上市银行财务数据分析，中小银行同业资产占比均高于大型商业银行。

八、风险偏好开始增大

商业银行为保证较大利差水平，更多地向高收益领域配置资金，高收益一般伴随着高风险，银行信用风险快速增加。如前几年钢材价格不断攀升，钢贸企业愿意付出较高的利率，银行信贷资金投入较多。据交通银行测算，当时钢贸贷款的 RAROC（风险调整后的资本利润率）达到 70% ~ 80%。近年，房地产调控、钢材价格跳水，上海、江苏等地钢贸行业不良贷款不断暴露。同时，银行在对同一领域客户选择上，存在"逆向选择"风险，即淘汰稳健型客户、选择冒险型客户。美国次贷危机表明,随着商业银行风险偏好的攀升,次级客户的高收益将会越来越受青睐,银行甚至放弃稳健经营的基本精髓,相互恶性竞争、竞相降低信贷标准,将不可避免地导致风险的集聚和放大,增大危机发生的可能性。

九、监管套利行为频发

尽管商业银行同业、理财等业务在一定程度上满足了实体经济的融资需求,但监管套利问题不容忽视。部分机构通过表外来补充表内限制,信贷受限就涌进信托,信托受限就借道证券,通道受限又涌进同业,规避了信贷总量控制和信贷投向的要求,粉饰了存贷比等监管指标,加剧了特定时点存款市场的波动。快速增长的同业业务造成了靠稳定性差的短期限负债支持流动性差的长期限资产的状况,在这样资产负债错位的结构下,轻微的流动性冲击即可能造成大的流动性风险。2013年出现的两次"钱荒"就是这个问题最好的注解。

十、科学发展仍存误区

当前经济下行与利率市场化、互联网金融等多重因素叠加,倒逼商业银行转型发展,但如何转、怎么走是关键问题。我国经济增长常态性回落,金融资产规模增速和利润增速也将逐步回落。据统计,商业银行资产增速从2009年的26.3%下降至当前的12.79%,利润增速从2008年动辄30%~40%下降至当前的15.37%。商业银行转型发展应是渐进过程,非一朝一夕之功。部分商业银行过于追求"弯道超越"冒进思维,仍追求规模高增速、业绩高指标、利润高增长,风险管控能力难以跟上资产规模扩张步伐,很有可能引发"翻车"危险,造成之前积累的高利润,或将被用于支付滞后而带来的风险。数据显示,商业银行不良贷款自2011年第四季度起连续攀升。同时,部分机构绩效考核依旧延续以往年年加压,层层加码做法,基层员工疲于奔命,滋生了许多不规范做法,操作和案件风险爆发频率明显加大。

(作者施其武,时任安徽银监局副局长,
现任湖北银监局副局长)

银行理财业务转型发展"四步走"[①]

2014 年 7 月 11 日，中国银监会发布《关于完善银行理财业务组织管理体系有关事项的通知》，全面部署银行理财业务转型发展，明确指出，理财业务应回归资产管理业务本质，要求打破刚性兑付，探索建立风险缓释机制，对银行理财业务的转型发展将产生深远影响。

一、我国银行理财业务呈现四大特征

（一）规模快速增长

近十年来，理财业务在我国经历了从萌芽、成熟到快速发展的重要历程，年平均规模增幅接近 100%。2005 年，全国开办理财业务的银行仅 26 家，产品募集金额 2 000 亿元；到 2013 年末，开办银行已增至 200 多家，募集金额高达 68.2 万亿元。安徽省银行理财业务近年也呈现快速增长态势。截至 2014 年 6 月末，全省银行理财产品存续余额同比增幅 20.12%；上半年产品募集金额同比增幅 77.55%。

（二）隐含刚性兑付

目前，我国银行以合同形式承诺兑付本金或收益的理财产品，主要包括保证收益类和保本浮动收益类两种，具有明显的刚性兑付性质。除此之外，非保本浮动收益型产品虽然未作出兑付本金和最终收益的承诺，但依然在合同中给出了预期收益率参考值，并未做到市场化净值式管理，具有隐性保证兑付特征。截至 2014 年 6 月末，安徽省银行保本型理财产品余额占全部理财产品余额的 37.28%；非保本类产品余额占比 62.72%。

（三）产品期限较短

数据显示，目前我国银行理财产品平均周期仅 118 天，其中 6 个月以下占到 86%，短期理财产品已成市场主流。截至 2014 年 6 月末，安徽省期限在 6 个月

---

① 本文发表在《中国银行业》2014 年 10 月。

以内（含）的理财产品余额占比 56.66%；6 个月至 1 年期（含）的理财产品余额占比 22.08%；1 年期以上的理财产品仅占 4.36%；其余为无固定期限类产品。

（四）与存款关联性较大

一些银行将理财业务作为调节存贷比的工具，把产品募集或到期时间集中在月末、季末、年末等关键时点，并同时抬高收益率。例如，2013 年 6 月末、12 月末，随着全国流动性收紧，安徽省理财市场也出现大幅波动。第二季度全省大型银行理财产品募集金额环比增长 45.02%，第四季度全省银行理财产品收益率平均提升至 5% 以上。此外，部分银行在对分支机构进行内部考核时，将理财业务规模按照近 50% 的比例计入存款业绩考核。

二、银行理财转型发展面临四大挑战

（一）风险管理弱化与规模高速增长不匹配

大量理财资金尤其是保本型理财资金的投放，在给银行带来机遇的同时，也使银行面临多种风险隐患，突出表现为非标债权资产的信用风险、标准化资产的市场风险。实际上，绝大多数信贷类理财产品的风险实质与贷款无异，但商业银行并没有严格比照自营贷款进行投资管理，甚至利用理财渠道，将资金投向房地产、政府融资平台以及不符合贷款条件项目等高风险领域。以安徽为例，截至 2013 年末，全省信贷类理财产品中，投向房地产、融资平台和"两高一剩"行业的占比达到 15% 左右。同时，虽然大多数银行已将保本型理财产品纳入表内管理，但并未比照表内贷款或债券投资建立准备金计提制度，风险缓释机制存在缺陷。

（二）兑付刚性化与代客理财本质不匹配

商业银行理财业务作为资产管理类业务，在法律上属于信托范畴，"受人之托、代人理财"是其业务本质。然而，长期以来，我国商业银行多发行保本型理财产品，且基于银行声誉考量，非保本浮动收益型产品的预期收益率也很少被打破，逐渐形成了兑付无风险的市场环境。这种刚性兑付现象，一方面背离了"风险与收益相匹配"的市场规律，导致了投资者风险意识淡薄，抬高了市场无风险资金定价；另一方面引发资金加速流向高风险、高收益的非标准化债权产品，增加了金融体系整体风险。

（三）期限短期化与实体经济长期资金需求不匹配

理财资金平均期限明显小于理财资产平均久期，源于多重因素，主要是投资者缺乏长期投资心态，银行"借短投长"追求利益最大化，以及实体经济中存在有效资金需求的多为中长期项目。部分银行在期限错配产品到期需要偿付本息时，不是将银行理财资产收益即时变现，而是通过滚动发行补足现金，或是新发一笔短期产品购买上期产品的信托收益权，潜藏的流动性风险不容忽视。

（四）理财存款化与合规稳健经营宗旨不匹配

部分银行利用理财业务进行存款"冲时点"的行为，使得业务实质发生扭曲，严重扰乱了市场秩序。并且，在经济形势不够乐观、企业项目收益普遍不高的情况下，为揽储而竞相抬高的收益率，缺乏实体经济的有力支撑。为了覆盖高额的融资成本，只能投资房地产、融资平台等高回报行业，从而积累了新的风险。此外，为了做大理财业务而仅对业务规模进行考核，不利于销售行为的规范，也违背了以客户利益为上的财富管理宗旨。

三、银行理财业务转型四步走

（一）商业银行应切实做好理财业务风险管理和缓释工作

一是科学评估本行的整体发展战略、管理能力及人才储备等基本情况，决策是否将理财业务作为优先发展方向，不能脱离自身实际而盲目跟风。二是要坚持按照事业部制方向推进理财业务治理体系改革，严格做到单独核算、风险隔离、行为规范、归口管理。三是审慎尽责地做好理财投资管理，建立投资资产全程跟踪评估机制，建立理财业务风险事件应急机制。四是探索建立理财业务风险缓释机制，可以在做好保本型理财产品风险资产和拨备计提工作的基础上，重点研究非保本浮动收益型理财产品的风险准备金计提机制，探讨此类风险准备金的覆盖风险类别、计提资金来源、具体计提方法及依据。此外，在银行监管层面，应根据风险管理、内控合规等情况，对理财业务实施分类监管，通过差异化监管政策、有限牌照等方式，对银行业务范围作出限定，规定风险控制能力弱的银行原则上不能开展理财业务。

（二）商业银行应有序打破理财产品刚性兑付，使理财业务回归资产管理的本源

一是逐步减少保本型产品的发行规模，把开放式、净值型产品作为下一步理财业务的发展发向，商业银行充分履行受托、尽责义务，将保护投资人利益放在首位，同时也把投资收益和风险直接传递给投资者。二是积极参与"理财直接融资工具"与"银行理财管理计划"试点工作，通过动态管理、组合投资、

公允估值、信息透明，做到分散风险。三是加强投资者教育，增强投资者对于理财产品的风险意识，树立"卖者尽责、买者自负"意识。四是合理运用法律手段，在发生理财产品兑付风险纠纷时，科学界定理财发行方、渠道方和投资者之间的责任和义务，明确各自相应承担的风险。

（三）商业银行应通过需求引导、规范管理以及业务模式变革等方式，有效解决理财产品期限错配问题

一是适当加大中长期理财产品的发行量和宣传力度，引导投资者建立中长期投资理念，引导理财需求去投机化。二是完善风险隔离机制，确保理财产品的资金来源和资金运用一一对应，杜绝在本行理财产品之间相互交易和相互调节收益。三是逐步放弃"预期收益率"型产品，以彻底消除超额利差收益这一期限错配的根源，强化理财产品自身的流动性管理。

（四）应从监管和银行两方面解决理财存款化问题

近期，银监会、财政部、人民银行联合下发了《关于加强商业银行存款偏离度管理有关事项的通知》，明令禁止了商业银行刻意以理财进行存款"冲时点"的行为，这将有利于改变理财存款化现象。除此之外，银行监管机构还应进一步考虑对存贷比的内涵进行重新界定，例如，对理财业务形成的存款进行单独计量，并在资产负债表中专门列示，在计算存贷比时扣除此类理财业务结构性存款，从而杜绝银行将理财业务作为变相揽储工具。作为商业银行，应将客户满意度、产品违约率等纳入理财业务考核体系，取消与存款业绩直接关联的考核方式。

（作者俞林，时任安徽银监局副局长，
现挂任中国银监会办公厅副主任）

城市商业银行业务治理体系研究与探索

近年，利率市场化、金融脱媒化进程加快，互联网金融快速崛起，这些都对商业银行的经营管理提出了更高的要求。而当前银行业组织链条冗长、业务复杂度加剧、市场化管理机制缺位、风险管理覆盖范围不足等弊端导致总行发展战略在分支机构传导和执行过程中时有失灵。探索适合于当前经营环境的商业银行业务治理体系有其现实意义。目前，城市商业银行因其自身经营特点及发展基础，业务治理体系改革不同于大型商业银行。本文通过梳理城商行业务治理现状，结合面临的外部挑战，研究我国城商行适用的业务治理体系，为推动辖区地方法人银行改革提供参考。

一、我国城商行业务治理体系现状

与大型商业银行相对复杂的业务体系不同，国内城商行由于历史发展、市场准入资质等因素的限制，业务治理体系相对简单。目前开展的业务大致包括存贷、银行卡（少数城商行获得信用卡发卡资质，多数城商行仅限于借记卡）、理财、同业、投资、私人银行业务（仅少数城商行开办私人银行业务）。此外，包括北京银行、上海银行、南京银行、宁波银行在内的少数几家城商行拥有基金、租赁、消费金融等牌照。

目前国内城商行传统净利息收入在营业收入中的占比仍然高达80%以上，辖区福建海峡银行、泉州银行甚至超过90%，绝大多数城商行围绕传统存贷业务展开业务治理体系构建，其业务治理体系呈现较为明显的区域性、层级性，体现在以下两个方面：

一是契合行政区划、业务经营的区域性特点，实行分支机构制。总行统一经营管理决策、人力资源及财务资源配置，并通过绩效考核指挥棒引导分支机构执行相关业务决策；总行下设一级（总行—直属支行）或两级（跨区域经营的城商行，或者在同城实行两级经营的城商行，即分行—下辖支行、一级支行—二级支行两种）经营机构负责具体业务营销。

二是分支机构在总行业务条线授权范围内开展相关业务。在分支机构制总体框架下多数城商行实施条线化管理，将全行业务划分为公司、小微、零售三个条线，通过总行—条线—分支机构实施业务管理，甚至将部分分支机构改造为专营小微或零售的专营机构，或者专营某个行业的特色分支机构，集中资源推进重点战略业务或者新兴业务的开展。

二、城商行面临的外部挑战及内部业务治理体系与之矛盾

金融生态环境的变化，不仅对城商行整体经营模式带来了一系列的冲击，而且对支撑经营发展转型的业务治理体系也产生了较大的影响，城商行传统的业务治理体系很难再适应未来可持续发展需求，突出表现在以下四个方面：

一是分支机构制亟待优化和完善。一方面，传统分支机构制下"部门银行"以自我为中心的方法和管理手段导致部门之间揽权推责、衔接困难的现象较为明显。另一方面，利率市场化、金融互联网化等在冲击城商行以利差为主的传统盈利模式的同时，也在冲击信贷、存款等业务治理结构，尤其弱化了传统物理网点功能，分支机构营业网点专业化、特色化发展面临转型。

二是组织架构安排难以适应金融新生态环境下条线化管理需要。一方面，城商行目前以客户为中心的组织架构设置尚需完善，业务单元自上而下的垂直运作和管理机制尚未形成，"块块"的力量大于条线的力量。另一方面，外部金融生态环境的改变亟须城商行通过改革，在内部各经营层面上合理配置业务权限和管理权限，改变目前业务流程长、管理效率低、部门银行特色依然较为浓厚的现状。

三是城商行信息化、激励机制等基础性制度建设滞后于业务管理精细化要求。作为业务治理体系的基础性工作，在外部挑战进一步加剧的背景下，信息化平台及激励机制建设（尤其是绩效考核体系）需要与未来业务精细化发展要求相匹配，从而为构建更加科学、完善的业务治理体系奠定坚实的基础。

四是全面风险管理体系建设亟须全面提速。落实全面风险管理的理念，实现业务发展与风险控制的最佳结合，是业务治理体系的核心问题之一。面对外部生态环境的冲击，城商行在风险管理政策、架构、流程、方法、工具乃至信息化系统方面有待改进。尤其要积极推动理财等业务建立风险防范隔离墙，实现理财业务机构与存贷业务机构和运营的分离，推动同业业务回归流动性风险管理手段的本质。

三、城商行业务治理体系改革建议

从实践看，事业部制、专营部门制革新之处在于打破过去分行块状管理造成的效率低下，缺点在于削弱分行在当地长期经营所具备的优势。此外，业务治理条线改革，尤其是事业部制改革需要强大的人、财、物等资源配置，这对中小银行在短期内很难达到。因此，在目前城市商业银行传统盈利模式未发生根本性改变的情况下，分支机构仍应是传统存贷业务重要的盈利主体和权利主体。深入剖析国内商业银行业务治理体系改革的方向与逻辑、经验与教训，结合城商行自身特点，深化城商行业务治理体系改革应遵循以下原则：

一是坚持改革与中国现存的二元金融结构相适应。国内商业银行尚处在一种典型的二元金融结构中，一方面即依赖区域网点经营的传统存贷款业务市场，另一方面则面对全国甚至全球一体化经营的金融市场。因此，对商业银行业务治理体系的改革也应采用二元管理体系。一方面，在中国特有的国情环境下，传统的总、分、支体系有其优势所在，这种区域型分支机构制适应了中国典型的二元金融结构，中短期内对传统存贷业务应继续维持区域分支机构制。另一方面，对于金融市场、投资银行等面向全国性、全球性、专业性极强的业务可以实施事业部制或子公司制，实现专业经营、集中管理。

二是坚持改革与国内多层次银行业体系相适应。中国银行业已形成国有银行、股份制银行、城商行、农村金融机构等多层次体系，大型商业银行因为强大的资金规模、人才基础、信息系统而在条线事业部制改革、专营部门制改革领域处于领先地位，而多数中小银行则相对薄弱，贸然推进事业部制改革反而会因配套资源不足而失败。因此，深化业务治理体系改革要坚持分类实施、分层推进，城商行则应根据自身特点设计条线改革方案，以提高银行深挖行业的专业能力、最大限度调动一线人员积极性等为目标，循序渐进推进条线改革，同时建立条线和分支机构之间的协调机构，以使分支机构、条线共同形成合力以推动业务发展。

三是坚持面向客户、面向市场的流程银行改革。国外商业银行发展的一般规律表明，随着市场的深化和竞争的加剧，产品服务在银行竞争中的地位日益弱化，而内部的经营管理流程成为银行确立竞争优势的主要因素，并进一步强化银行在产品服务方面的创新和竞争能力。国内商业银行尽管经营管理理念有所转变，但部门银行特征仍十分明显，削弱了前台业务部门面向客户、面向市场的能力。针对这些问题，要通过一体化、标准化的组织体系设计，明确定义各部门和分支机构在管理流程中的职能，合理地进行风险授权，逐步将总行的角色转型为提供重大决策、研发体系和营销策略等方面的基本支持。

四是坚持前中后台相互独立、相互制衡的内部控制原则。商业银行作为经营风险的企业，风险管理能力是其核心竞争力和基础生产力，必须在组织架构设计上固化前、中、后台相互独立、相互制衡的内部控制原则。以客户为中心组织业务流程再造，在把内部机构按职责和功能划分为前、中、后台的同时要明晰职责，严格分离设置，通过流程安排和有效的绩效考核机制使其紧密配合、相互约束和紧密制衡。此外，应加快推进、完善以 IT 技术为基础的数据集中、信息管理平台建立，完善管理会计系统的应用，为前、中、后台相互独立、相互制衡的流程设计奠定坚实的基础。

（作者徐金玲，福建银监局副局长）

对江西信托业稳健发展和
科学转型的若干思考

2013 年末，我国信托业资产总规模已达创纪录的 10.91 万亿元，坐上了仅次于银行业的金融服务业第二把交椅，面对复杂多变的国内外经济、金融环境，面对近期信托行业频繁曝出的风险事件，面对社会各界的关注、质疑，信托公司在十万亿时代如何发展转型，值得监管者深思，为此，我对江西辖内信托公司的现状、经营特点及发展转型的路径选择做了调研。

一、辖内信托公司的发展现状

（一）公司治理趋于完善，资本实力得到充实

辖内两家信托公司在重新登记后，经过一系列的股权变更、增资扩股后，股本结构趋于稳定，中航信托形成了大型国企控股、外资银行及其他机构参股的股权结构；中江信托则在绝对控股股东江西省财政逐步降低持股比例、各路民营资本纷纷进入后，形成了较为分散的多元化的股权结构。随着两家信托公司股东增量资本的注入，其公司治理结构趋于完善、资本实力也得到了充实，2013 年末，辖内两家信托公司实收资本分别为 16.86 亿元、11.56 亿元；固有资产总额分别为 43.15 亿元、41.03 亿元；所有者权益分别为 38.39 亿元、37.5 亿元。其中固有资产总额和所有者权益在全国 68 家信托公司中排名均在前 25 位。

（二）规模、利润持续增长，运行基本平稳

近 5 年，伴随信托行业的快速崛起，江西辖内信托公司也经历了信托业务发展的黄金时期，辖内信托资产规模由 2009 年末的 411.49 亿元到 2013 年末的 3 886.47 亿元，增长了 844.89%，信托公司利润总额由 2009 年末的 1.11 亿元到 2013 年末的 12.91 亿元，增长了 1 063.63%，规模、利润的复合增长率均超过 50%。目前，两家信托公司所有到期信托项目均安全兑付，未出现兑付问题，运行基本平稳。

（三）内部组织架构趋于完善，人员素质有所提升

目前，辖内两家信托公司内部组织尽管与现代金融企业的要求尚有差距，比如事业部制的组织结构尚未成型、缺乏真正意义上的研发中心等，但内部架构已基本趋于完善。一是总部均设有信托业务、风险管理、运营管理、制度内审、财富管理等部门，基本做到了前、中、后台分工合作、相互制衡。二是外派业务团队快速增加，中江信托的业务团队覆盖了全国除西藏、黑龙江外的所有省（市）自治区，中航信托也在全国 13 个城市设有 20 个业务团队和 13 个财富中心分支机构。三是员工数量、素质有所提升，目前两家信托公司员工数都在 200 人左右，平均年龄 35.7 岁，其中不乏具备硕士以上和海外留学经历的高学历员工。

二、辖内信托公司的经营特点和发展的制约因素

（一）信托业务呈"两高两低"的特点

"两高"：单一信托业务占比高、省外业务占比高，"两低"：主动管理类业务占比低、人均利润低。一是单一信托规模达 2 799.44 亿元，占全部信托规模的 72.03%；二是省外项目规模达 3 245.31 亿元，占全部信托规模的 83.5%；三是主动管理类信托业务规模为 1 088.21 亿元，仅占全部业务规模的 28%；四是人均利润在行业中排名分别为 33、38 名，相对于其信托规模排名的 16 名、27 名，明显偏低。

（二）发展面临诸多制约因素

当前，我国经济已进入经济增速换挡期、结构调整阵痛期和前期刺激政策消化期的"三期叠加"，十万亿时代辖内信托公司面临着诸多制约因素：一是受银行机构制约较大。辖内信托业务中，2 238.25 亿元的信托资金来源于银行，占全部委托资金的 58.5%，银行机构资管业务的发展将直接影响信托公司通道业务的规模。二是受宏观经济的制约。在国内经济增速下降趋势下，敏感地区、敏感行业的风险苗头不断显现，信托行业的兑付危机也在不断暴露，信托产品销售火爆的局面不再，这对辖内信托公司省外展业和风险控制都是巨大的挑战。三是高端人才缺乏的制约。辖内信托公司展业时间短，主动管理业务开展少，具备业务创新、产品创新能力，对行业、企业有前瞻性分析判断能力，经历过行业完整发展周期的高端专业人才还很缺乏，人才是制约辖内信托公司可持续科学发展的瓶颈。

三、发展转型的路径选择

（一）风险可控，是稳妥有序转型的前提条件

信托公司是高杠杆的金融企业，辖内信托公司杠杆率高达46倍（信托规模/总资产），尽管信托制度实现了信托财产的"三权分离"，理论上信托公司无须以固有资产承担信托风险，但在当前刚性兑付未破金身的情况下，信托公司大部分时候仍须以固有资产解决信托资产的流动性问题，因此信托业务的风险管控显得尤为重要，信托公司只有在风险可控的前提下，才能稳妥有序地推进转型发展。辖内信托公司一方面要坚守合规经营，自觉遵守《信托法》、《信托公司管理办法》、《集合资金信托计划管理办法》及银监会相关监管法规；另一方面要严防新设项目和存续项目的兑付风险，对新设项目要做好结构设计和风控安排，对存续项目要重点关注有隐患的信托项目，防范"点"的问题扩散成"面"的问题，落实信托项目领导包干、部门落实、专人负责的保兑责任，力争不出兑付问题，严防声誉风险。

（二）夯实基础，是转型发展的有力保障

完善的公司治理、精细化管理、人才战略是信托公司转型发展的保证，这要求辖内信托公司一是要进一步优化治理架构、内控机制、制衡机制、激励约束机制，加强信息系统建设；二是要进一步建立和完善各部门职责分明、边界清晰的内部组织结构和前、中、后台相互协作、相互制衡的运作流程；三是要建立人才战略，加大人才引进和培养的力度，在尽职调查、风险控制、后期管理各个环节都要有高素质的专业人才把关镇守。这样才能形成一个现代金融企业应有的决策、运作、信息反馈和纠错机制，信托业务的水平、信托产品的质量才能提高，转型发展才具备可行性。

（三）双管齐下，是转型发展的必然选择

按照科学发展观的要求，信托公司转型发展要做到统筹兼顾，既要立足当前行业、企业的实际情况，照顾到信托公司的短期利益，又要谋划信托公司的长远发展，为此辖内信托公司一方面要着力优化现有业务结构、深化既有的拳头产品，贴近市场、打造品牌、服务客户，将传统的私募投行业务做精做细；另一方面要顺应信托业的发展趋势，坚持受益人利益最大化原则，加快向直接金融、股权业务、收费业务等方面转型，大胆在另类资产管理、新型私募投行、私人财富管理等领域进行尝试，探索差异化发展的道路，寻找新的盈利模式。

（四）多措并举，是转型发展的现实手段

辖内信托公司转型发展必须结合实际、结合省情，分步骤、多渠道的探索、尝试，一是结合江西农业大省的省情，针对江西省农民大量进城务工和大型农业开发企业可运用土地不足的矛盾，在土地流转信托领域寻找突破；二是江西旅游资源丰富，坐拥 2 处世界遗产、25 个 4A 级以上旅游景区、9 个国家级优秀旅游城市，但在旅游配套服务、旅游产品开发上存在较多不足，辖内信托公司要抢抓机遇，契合江西省旅游产业的发展阶段，在旅游信托领域有所作为；三是配合江西城镇化进程，围绕城镇化上下游，在进城农民安置住房、城镇居民休闲度假两头做文章，设计开发信托产品，满足各阶层的需求；四是紧密围绕江西省"龙头昂起、两翼齐飞、苏区振兴、绿色崛起"的区域发展布局，加大对鄱阳湖生态经济区（昌九一体化）建设、赣南原中央苏区振兴发展、赣东北、赣西等区域发展战略的支持力度；五是紧跟江西省产业生命周期的演进，重点在航空、先进装备制造、新一代信息技术、锂电及电动汽车、新能源、新材料、生物医药、节能环保、绿色食品等十大战略性新兴产业开展融资、并购等信托业务；六是针对一些已完成财富积累的高端人士，量身定做家族信托、公益信托产品，满足其财富传承、回馈社会的诉求。

（作者李洪，江西银监局副局长）

山东银行业金融机构
"三权"抵押贷款业务的开展与思考

一、基本情况及主要特点

截至 2014 年 9 月末，山东辖内银行业金融机构共办理"三权"抵押贷款 1 883 笔、余额 15 亿元。其中，农村居民房屋产权抵押贷款 1 046 笔、余额 2.55 亿元，占比分别为 55%、17%；土地承包经营权抵押贷款 371 笔、余额 2.65 亿元，占比分别为 20%、18%；林权抵押贷款 466 笔、余额 9.8 亿元，占比分别为 25%、65%。从借款主体看，涉农企业贷款余额 8 亿元，占比为 53.3%，农户贷款余额 4.24 亿元，占比为 28.3%，农民专业合作社贷款余额 1.78 亿元，占比为 11.9%。

业务开展的主要特点：一是开办时间晚，发展相对缓慢。辖内银行机构最早开办始于 2009 年，截至 2014 年 9 月末，辖区"三权"抵押贷款业务仅占所有抵押贷款业务余额的 0.5%，业务总量偏少。二是单笔金额小，期限短。辖区办理土地承包经营权抵押贷款单笔平均金额 71.4 万元，农村居民住房产权抵押贷款单笔平均金额 24.4 万元，林权抵押贷款单笔平均金额 210.4 万元，单笔金额较小，且贷款以 1 年期短期贷款为主。三是发展不平衡。开办机构以农村中小金融机构为主，业务品种以林权抵押为主，地域分布集中在中西部农村地区。四是开办业务基本都有相关政策予以配套支持。当地政府从农村产权确权和登记、产权交易流转、资产评估及风险补偿等方面为"三权"抵押业务开展提供了地方性政策支持。

二、主要运作模式及风险控制措施

（一）林权抵押贷款

由于国家出台的相关制度较为成熟，林权抵押贷款办理模式基本一致。办理贷款时,除要求借款主体提供农户贷款、企业流动资金贷款所必需的贷款资料外,还需提供《森林买卖合同》、《林权证》、《森林资源评估报告》、《森林资源抵押登记证》、《林权证抵押贷款协议书》等材料,并与林业部门、贷户签订以"一个确认,两个承诺"为主要内容的协议书。林权抵押率一般控制在评估价值的50%以内,贷款期限一般控制在5年以内。

(二)土地承包经营权抵押贷款

土地承包经营权抵押贷款主要有四种模式:一是土地承包经营权单独设定抵押模式。这种模式主要适用于规模化土地承包经营,随着土地逐步向种养大户、家庭农场、合作社、农业龙头企业等新型农业经营主体集中,以及农村土地承包经营权确权颁证工作开展,此种模式贷款将会逐步增多。二是"土地承包经营权抵押+地上附着物抵押"模式。将土地承包经营权与土地上种养大棚、畜禽养殖场等一并纳入贷款抵押物范围,抵押率一般在50%左右,期限最长可达3年,利率较联户联保贷款有一定的优惠。三是"土地承包经营权抵押+担保公司担保"模式。以农业龙头企业、农民合作社及农户等借款主体提供连带责任保证担保,借款主体以土地承包经营权为担保公司提供反担保。一旦出现风险,担保公司全额承担连带责任,然后将土地承包经营权通过土地流转交易平台转让给其他经营主体经营。四是"准抵押"模式。银行、客户、居(村)委会签订三方协议,将客户的农村土地承包经营权及其地上建筑物明确产权关系和违约责任的准抵押方式。

(三)农村居民房屋产权抵押贷款

农村居民房屋产权抵押贷款主要有两种模式:一是办理抵押登记类型。主要在部分明确了农村居民房屋产权抵押登记部门的市、县开展。由集体土地使用权单位(村民委员会)出具同意房屋抵押和土地流转承诺,在不改变土地性质前提下,持有权部门颁发的"农村集体土地使用证"和"产权证"进行抵押登记,房产评估公司根据房屋位置、结构、面积确定公允市场价值,一般抵押率为50%。二是办理非抵押类型。在没有确定农村居民房屋产权抵押登记部门的地区主要采取公示、借款人四邻签字"抵押"、公证处公证等方式明确"抵押"关系,并且要求由担保人提供连带保证责任。

三、存在的主要瓶颈与问题

(一)制度保障不完善

一是专项管理制度缺失。相关机构虽然开展了业务试点,但尚未建立专项管理制度，多参照一般抵押贷款管理办法进行管理。二是制度适用性有待提高。以辖内农合机构林权抵押贷款业务管理制度建设为例，机构基本沿用省联社框架性制度，制度适用性有待提升。

（二）配套机制不健全

一是确权登记进展缓慢。土地承包经营权、农村居民住房的确权工作还处在起步阶段，全省仅约完成了三分之一行政村土地确权登记工作。二是价值评估不准确，费用偏高。对抵押物评估缺乏专业评估模型、统一评估标准和独立评估机构，实际操作中价值评估偏低，因贷款平均额度小，评估费用分摊的单位成本偏高。三是抵押登记不规范，手续烦琐。绝大部分县（市、区）政府没有设立专门的土地流转管理部门，无法办理土地承包经营权流转抵押登记。部分县（市、区）政府部门为农村住房宅基地办理确权并颁发了《土地证》，但未明确抵押登记管理部门。抵押融资一旦涉及林权的土地或荒山承包经营权，便无具体登记部门。

（三）抵押物的处置变现受限

一是专业的流转处置机构和渠道缺失。二是政策和法律限制。以林权抵押贷款为例，林木的砍伐销售须经林业行政主管部门管控，发放砍伐许可证，若规划变动或政策变化，可能出现抵押权无法实现的问题。此外，企业或个人投资营造的林木一旦被国家根据需要划为生态公益林，林木将被禁伐或限伐，被抵押权人利益无法得到保障。

（四）银行信贷管理难度大

一是专业人才缺乏。"三权"抵押贷款需要在价值评估、法律合规等方面有很强的专业知识，现有的信贷管理人员难以满足业务要求。二是抵押物管理难。"三权"抵押物由权利人经营管理，银行机构难以向房管、国土部门了解、监控抵押物变化情况。三是贷款资金监控难。目前辖内银行业机构尚未建立健全农村"三权"贷款管理办法、统计制度和分析报告制度，无法定期汇总分析有关情况。四是贷款风险分散和补偿机制缺失。辖内许多地区尚未建立对"三权"抵押贷款的风险补偿机制，也缺少相应的财产保险业务。

四、政策建议

（一）完善法律政策支持和制度保障

一是立法部门完善相应的法律法规，法院审理此类案件时要合理确认"三权"抵押的有效性。二是地方政府提供"三权"抵押融资实施方案、抵押登记制度、不良资产处置等方面的政策依据。三是银行业机构结合实际完善"三权"抵押业务制度办法。

（二）完善配套服务机制

一是加快确权颁证步伐，让农民早持证。二是建议有权单位推动组建权威公正的"三权"资产评估机构，合理设置收费标准，建立评估责任追究制度。三是明确"三权"资产的确权和抵押登记部门，规范业务操作流程和办理程序。四是建立完善"三权"流转交易专业市场或平台，提高流通变现率。

（三）完善风险分散和补偿机制

一是建议深化探索"三权"保险业务，增加保险品种，合理确定"三权"资产保费和赔偿标准，扩大覆盖范围。二是建立风险补偿基金制度，积极发挥财政职能，借助专项基金、扶贫基金等方式，对"三权"抵押贷款进行风险补偿。三是放宽不良贷款核销机制，对于涉农抵质押贷款形成不良贷款后半年内启动不良贷款税前核销机制，改变当前不良贷款核销时间较长的问题。

（四）提高"三权"抵押贷款管理水平

一是密切关注政策动态，将农村产权抵押融资与支持现代农业相结合。二是积极开发新的金融产品和服务，完善产权确权、交易流转、资产评估、风险补偿等配套机制，有效降低信贷成本。三是加强贷后管理，特别关注抵押物的完整性和安全性。

（作者王忠坦，山东银监局副局长）

地方中小法人机构①理财业务事业部制改革相关问题的思考

——以山东为例

一、辖区地方法人机构理财业务发展现状与特点

（一）市场份额虽小但发展速度快

截至 2014 年 6 月末，辖区 131 家地方法人机构中，有 26 家开办了理财业务，占机构总数的 19.8%，开办机构数量同比翻番。上半年共发行理财产品 966 只、累计募集资金 647 亿元，6 月末存续理财产品余额 281.2 亿元，均占辖区银行业的 6% 左右，远低于其 30.7% 的总资产市场份额。但从增长速度看，上半年地方法人机构理财产品发售只数、募集资金分别是去年同期的 2.4 倍和 2.8 倍，增速明显高于全国性银行，表现出较大的发展潜力。

（二）发行机构高度集中于部分城商行

2014 年 6 月末，辖区城商行理财产品余额 241.5 亿元，占地方法人机构总量的 85.9%；农村合作金融机构余额 39.7 亿元，占 14.1%。其中，齐鲁银行、威海商行、临商银行等三家城商行余额合计占城商行的 66.2%，占地方法人机构的 56.8%。

（三）理财资产配置以稳健型产品为主

辖区地方法人机构 83% 的资金投向债券及货币市场工具、同业存款等低风险类产品。2014 年 6 月末，辖区城商行有 40 亿元理财资金投向非标资产，占其全部理财产品的 16.6%，农村合作金融机构这一比例仅为 0.91%，统算均远低于 35% 的监管要求。

---

① 包括城市商业银行和农村合作金融机构，下同。

（四）理财产品结构不断优化

2014 年 6 月末，辖区地方法人机构个人理财、机构理财余额分别占 86.5%
和 13.5%，机构理财增长更快；保本理财、非保本理财余额分别占 28.8% 和
71.2%，产品期限结构设计也不断优化。

总体来看，在监管部门的大力推动下，辖区地方法人机构理财业务改革取
得积极进展，风险管控能力明显提高，基本达到"单独核算、风险隔离、行为
规范"的要求。但在归口管理方面，部分机构产品设计、销售管理、投资运作、
风险控制等环节仍分散在总部不同专业部室，与真正意义上的事业部制管理模
式仍存在较大差距。

二、地方法人机构理财事业部制改革面临的主要困难

理财业务条线事业部制的内涵是将全行理财业务集中统一经营和流程化、
集约化管理。但在实践中发现，受制于理财业务总量小、管理基础薄弱、条线
管理经验不足等因素制约，地方法人机构完全按照事业部制管理还存在诸多困
难，主要表现在：

（一）事业部制改革内生动力不足

辖区多数地方法人机构开展理财业务是为减少客户流失、稳定存款来源的
被动选择。调研中发现，由于市场定位与大型银行差异较大且业务起步晚，多
数机构缺乏集中统一管理理财业务的经验，事业部改革存在一定的等待、观望
心理，单独成立理财事业部的内生动力不足。个别机构甚至表示，如严格按照
监管标准进行改革，其可能会被迫放弃理财业务。

（二）经营管理能力尚未达到改革高标准

理财业务事业部制是全新的组织管理模式，不仅需要人力、财力和信息技
术等多方面支撑，还需要对内部转移定价机制和财务核算模式进行重构，超出
了多数地方法人机构目前的管理能力、核算水平和技术保障。地方法人机构主
营传统存贷款业务，法人内部组织架构较为简单，职责分工相对粗放，总部人
员一般不足百人，事业部制如何与其现有管理模式有效对接需要逐步探索。

（三）事业部制"独立性"难以真正实现

目前辖区地方法人机构理财组织架构改革主要采取两种形式，一是成立单
独的理财业务管理部门，二是在现有部门内设立理财中心牵头管理理财业务。
但无论是哪种形式，在地方法人机构现行管理体制下，理财管理部门都很难有

独立的话语权，特别是人事权、薪酬机制等敏感领域，条线事业部存在"形似神不似"的问题，"拥有一定的人、财、物资源支配权"、"拥有一定的人员聘用权"等特征短期内很难实现。

（四）业务单独核算和风险隔离还有差距

一是受管理体制和核算能力的制约，虽然多数机构已经实现每只理财产品单独建账、单独核算，但理财业务管理部门尚不是独立的利润主体，更谈不上推行风险调整后的绩效考评体系。二是科技支撑能力偏弱，多数尚未上线专门的理财业务管理系统，理财业务主要靠核心系统及手工台账管理，信息登记的准确性、会计核算的精确性等都受到很大制约。三是出于声誉风险管理需要，地方法人机构在理财业务发展初期很难打破"刚性兑付"。

（五）理财专业人才匮乏

在理财事业部制管理模式下，最基本的部门岗位设置也需要 7~12 人，约占地方法人总部人员编制的 10%~20%。一方面，较小的理财业务量，可能会造成事业部无所事事、成本收益失衡；另一方面，理财事业部在单独管理、独立考核模式下，出于绩效考核需要可能会冲击理财规模，导致与其实际管理能力脱节，形成新的风险。

三、工作建议

地方法人机构理财事业部制改革，很难完全采用与大型银行"一刀切"的改革政策和"齐步走"的改革进度。建议在整体监管政策框架下，按照实质大于形式的原则，进一步提高政策的灵活性和差异性，并在理财业务发展的不同阶段动态调整，先易后难，稳步推进，逐渐夯实事业部改革的基础。

（一）实行差别化的理财监管政策

一是灵活选择理财事业部的组织架构。允许采用在部门下设理财中心的模式，组建独立于自营业务的理财管理团队，履行事业部的大部分职责。二是适当放宽事业部的独立性要求。部分环节在能明确风险责任的基础上，可继续由总部相关部门分工负责。三是适当给予一定监管宽限期。对尚处于理财业务起步阶段、管理规范的，应以促进发展为主基调，重在夯实发展基础。四是探索理财业务有限牌照管理。对风险控制能力明显不足的地方法人机构，可限定其理财产品品种和资金投向，以更好地管控风险。

（二）按照先易后难的思路稳步推进改革

建议把握"实质大于形式"的原则，先期可重点治理地方法人机构理财业务的规范性，并以严格管控理财业务风险、确保销售合规为监管重点。同时，进一步增强政策的灵活性，如在确保每只理财产品单独核算的基础上，可由地方法人机构自主选择是否实行独立的绩效考评体系；在全面推进风险隔离的前提下，适当放宽对投资于债券、存款等低风险理财产品间互相交易的禁止性规定等。

（三）不断强化地方法人机构理财业务风险监管

要持续监测理财市场发展情况，不断规范理财产品发行、信息披露和投资运作等各环节，严格监管理财业务违规行为，减少纯粹为规避监管而开展的理财业务创新。要提高现场检查的针对性，结合不同机构业务特色和风险状况，区分不同检查重点，因地制宜地推进规范治理工作。对理财业务存在的问题及风险隐患，主动利用市场准入、窗口指导、行政处罚等手段加强监管，做好风险防范化解。

（四）逐步丰富地方法人机构理财资金投资运作渠道

建议按照"疏堵结合"的原则，对那些理财业务规模大、管理能力强、改革相对到位的地方法人机构，可逐步扩大其理财资金可投资范围，如经营衍生品资格、投资交易所标准化债券等，不断丰富理财品种。同时，允许以法人名义在银行间市场开立专门的理财业务专户，更好地适应理财业务与自营业务分离的要求。

（五）不断优化理财业务改革发展监管环境

一是加强理财知识宣传，推动投资者树立"买者自负"的理财投资意识，为打破"刚性兑付"营造环境，逐步引导理财业务回归资产管理本质。二是建立跨业监管联动机制，银监、证监、保监等部门更好地加强理财监管合作。三是加强监管能力建设，提高监管人员的政策把握能力、创新研究能力和风险识别能力，更有效地推进理财业务规范治理工作。

（作者艾建华，山东银监局副局长）

对农村土地承包经营权抵押贷款业务的思考

为贯彻落实 2014 年中央一号文件精神，河南银监局近期就农村土地承包经营权抵押贷款的积极作用、困难和问题等进行了专项调研，并提出相应的政策建议。

一、积极作用

一是释放巨量的农业生产资金。按 18 亿亩耕地面积，每亩每年租赁价格 1 000 元计算，总价值约为 1.8 万亿元，按 50% 的抵押率就可以释放出 9 000 亿元的资金。二是缓解农民及小微企业担保抵押难的困局。由于农户和小微企业担保抵押难，在获取信贷资金时面临较大困难，该项政策将有效缓解这个问题。三是提高银行办贷效率。承包土地的作价标准明确后，银行就能根据农户承包土地亩数和相关权证，直接确定贷款数额，提高放贷效率。四是遏制农村高利贷和非法集资行为。农户和小微企业融资成本将显著降低，其参与高利贷借贷和非法集资活动的动力减弱，维护了农村金融秩序稳定。

二、问题和困难

（一）法律、法规等方面存在的障碍

一是与现行法律存在冲突。根据现行法律规定，耕地、宅基地、自留地、自留山等集体所有的土地使用权不得抵押。二是土地价值的抵押率没有明确。易导致银行与借款人之间产生争议，且影响银行风险拨备计提的准确性。三是银行机构维权受到制约。《土地承包法》规定："农村土地承包后，土地的所有权性质不变，承包地不得买卖。"一旦借款人不能履行还款责任，银行很难进行正常维权。四是土地承包经营权消灭将导致抵押权灭失。农用地转为国有建设用地后，土地承包经营权和抵押权将随之消灭，抵押权人只能就抵押物的保险金、赔偿金等优先受偿。

（二）操作方面存在的困难和问题

一是抵押物登记问题。目前没有明确的农村土地承包经营权抵押登记部门，

农民承包土地缺少使用权证，土地管理部门无法办理抵押登记手续。二是土地价值评估问题。缺少专业的土地经营权评估机构、评估人员、公开流转市场、评估标准和操作流程，导致银行难以准确认定土地承包经营权价值，贷款发放额度往往较低。三是抵押物存在不确定性。承包经营权在贷款到期前就可能出现变动，可能导致抵押贷款期限与承包土地期限、承包土地价值不匹配。四是抵押物处置难度较大。土地经营权被强制执行可能导致农民失去生活保障。同时，由于承包土地相对分散、基本农田用途受到严格管制，土地经营权流转不畅，处置成本较高。

三、政策建议

（一）完善相应的法律法规和政策制度

从法律层面解决土地承包经营权抵押贷款有效性问题。允许土地承包经营权作为抵押物进行融资；尽快做好集体土地所有权的确权登记工作。根据具体情况把土地所有权明确到户，有效解决借款人担保、抵押的手续缺失问题；建立承包经营权登记和承包经营权证书制度。在完成土地确权的基础上，进行登记公示，把该项权利真正落实到农户、落实到地块。

（二）规范贷款业务的操作管理

建议有关部门与银行加大协调力度，尽快建立一套适合土地承包经营权抵押贷款的管理办法和操作流程；根据农民承包土地的实际情况，明确专门的资格认定和抵押登记的管理部门；明确农村土地承包经营权贷款抵押率上下限，设置合理的抵押区间，以便银行合理核定贷款额度，准确计提风险拨备，有效防范信贷风险。

（三）建立完善的配套机制

尽快建立专业评估机制、机构，培养专业评估人员，出台评估管理办法、技术规范和业务准则；建立仲裁机制和土地流转服务机构，为农村土地经营权流转提供服务；建议财政部门建立贷款损失保障或补偿机制，积极发展农业保险，在贷款发生违约，银行实现抵押权较困难时，实施抵押物的收购或风险补偿，弥补银行可能出现的处置亏损；建议从各财政预算中拿出一定比例资金，为农民发放最低生活保证金，促进农民生活保障方式多元化。

（作者张宗俊，河南银监局副局长）

利率市场化背景下商业银行贷款定价问题研究

一、利率市场化对商业银行贷款定价的影响

(一) 利率风险增大

在利率管制时代，贷款利率一般为固定利率，这样借贷双方可以准确地计算成本和收益，在利率市场化之后，银行如果继续采取固定利率的模式，可能会给借款人带来损失，因此有的借款人更加倾向于用浮动利率来进行贷款，银行为了得到客户必然会调整贷款利率的定价方法，从而更多地采用浮动利率，而利率的波动会导致银行的成本和收益发生变化，使银行的资产暴露于利率的风险之下，在利率市场化后，重新定价风险、选择权风险等将成为商业银行面临的主要利率风险。

(二) 定价自主权增加

在利率管制时期，商业银行存贷款利率可浮动程度和浮动方法都比较固定。这种利率定价方法违背了"按质论价"和"高风险高收益低风险低收益"的市场原则，扭曲了价格关系，削弱了利率的资源配置功能。在利率市场化后，商业银行可以根据自己的资产负债结构、经营管理战略、风险偏好情况，充分考虑自身的成本、收益、银企关系等因素进行灵活的利率定价。

(三) 对商业银行主要依靠利差收入的盈利模式带来较大冲击

利率市场化之后，商业银行之间的竞争会越来越激烈，而利率市场化会减少存贷利差，银行如果继续只依靠存贷款业务的话，很难在市场中生存下去，因此需要提高对发展中间业务的重视，通过研究对比西方发达国家的利率市场化进程，发现商业银行的中间业务在市场化期间均得到长足发展，国际上先进银行的中间业务收入占总收入的一半以上，花旗银行的中间业务贡献甚至达到70%。而反观我国高达90%的存贷款业务贡献率，仍然有很长的路要走。

(四) 道德风险增加

利率市场化之后，银行之间的竞争性加剧，为了吸收资金，往往采取提高

存款利率的方法，因此，银行会加大贷款利率以保证收益。而利率市场化会使优质客户要求更低的贷款利率，银行高管及客户经理为实现更多的贷款收益会引发逆向选择，即减少信用风险程度较好的借款人贷款，而增加信用风险相对较大的借款人贷款，从而获得更多的贷款利息收入。

二、目前我国商业银行贷款定价中存在的主要问题

（一）定价模型尚不成熟，贷款定价仍以主观判断

大中型商业银行，一般是总行确定定价模型，分行根据各地不同的经济发展状况和客户结构等进行测算，根据测算结果确定最终贷款利率，但是由于无法准确测量模型中有些因子，如客户违约率、违约损失率等，导致测算结果偏高或者偏低。因此，不少商业银行只将计算结果作为参考，最终贷款利率通过定性分析，结合工作经验来确定。而大部分城商行和农村中小金融机构等由于缺乏研发定价模型的能力，基本上使用人民银行贷款定价指引中的计算方法，但是计算公式中的资金成本与其他费用可能无法准确测量。最终，贷款定价还是以主观判断为主。

（二）缺乏完善的商业银行贷款定价制度

商业银行的贷款定价制度至少应包括专业的贷款利率管理制度、完善的贷款利率的分级审批制度和贷款客户的分类管理制度等。目前部分银行配备了利率管理部门和人员，但是也有一部分银行仍是由客户经理等兼任利率管理人员。目前，我国银行业总行在贷款利率的管理中处于核心地位，一般由总行对贷款利率的浮动范围进行统一管理，对各级支行给予一定的自主定价权，但是超出浮动部分必须报总行批准。而在利率市场化的背景下，此种模式可能会导致分行最后无法面对同区域内的其他商业银行的竞争，自身的经营会受到影响。另外，商业银行在客户分类管理方面还远远达不到精细的程度。

（三）贷款定价中忽视利率风险

我国的商业银行，尤其是中小银行和农村中小金融机构为了维护某些优质客户，对这些企业利用基准利率下降的机会进行的利率掉期没有任何的应对措施，使银行失去了一部分利息收入。由此可见我国商业银行在利率风险管理方面的缺失。国际上比较好的利率风险管理产品如远期利率协议、利率期权目前尚未在人民币市场运用，因此，各商业银行、农村中小金融机构缺乏使用金融工具规避利率风险的经验，缺乏利率市场化下资产负债管理的经验。

（四）贷款定价双轨制仍然存在

据统计，目前我国占企业总量 0.5% 的大型国企拥有 50% 以上的贷款份额，而只有 15% 的中小企业能够成功实现间接融资。从风险与收益的角度，由于国企尤其是大型垄断国企，一般被认为是风险较低，收益能够获得保证，而商业银行对中小企业的风险难以进行有效评估，加之本身资产薄弱，缺乏有效的抵押品，所以商业银行在确定贷款数额和利率时，自然会有利于大型国企。中小企业却很难申请到贷款，即使能够获得贷款，利率上浮的幅度也远远大于大型国企。而利率市场化后，优质国企客户可能有更多筹码来获取优惠贷款，而银行也将加大中小企业融资成本以平衡收益，这可能会加剧贷款定价的两极分化，加剧中小企业融资难、融资贵的现状。

三、完善我国商业银行贷款定价的建议

（一）研发适用于我国商业银行实际情况的定价模型

一是完善管理信息系统，为建立贷款定价模型打好基础。二是完善适合自身业务特点的会计核算系统。将成本核算到每一个客户和每一笔贷款，针对不同客户合理制定风险溢价，综合分析客户的回报率。三是不同规模的商业银行抗风险能力和管理效率都不一样，应根据自身特点研发贷款定价模型。重要性银行在贷款定价模型的研发方面要走在其他银行的前列。其他银行首先要完善内部信用评级机构，然后根据其中小企业客户多的特点，研究开发适用于中小企业贷款风险识别、评估的系统，逐步积累风险计量所需数据，在此基础上，借鉴他行已经成熟的贷款定价模型，逐步总结出适合本行特点的贷款定价模型。

（二）建立科学的贷款定价管理制度

一是商业银行应有独立的利率管理部门，并对利率管理岗位实行责任分离。二是在贷款定价时处理好上级和下级的关系。总行要完善操作程序和内控制度，控制利率风险、操作风险和道德风险等，同时，要调动基层行的积极性，避免利率规定过死，允许基层行根据实际情况进行合理定价。三是贷款定价管理要遵循分类管理的原则。将商业银行现有客户依据规模、行业等维度进行精细化分类管理。

（三）构建市场化的基准利率体系

要加快培育市场化基准利率体系，为商业银行贷款业务提供合理的定价基础。一是大力发展金融市场，实现以 SHIBOR 为基准利率标杆的市场化目标。二

是完善国债期限结构，适当增加短期国债的规模，构建以央票和短期国债为基础的无风险资产组合，建立各期限融资项目的无风险基准利率。三是重视回购利率和再贴现利率。

（四）不断提高贷款定价的风险管理能力

一是要通过多种形式来提高员工的利率风险意识和利率风险管理知识。二是设立专门的利率风险管理部门，将金融产品定价和利率风险管理的职能集中管理。三是加强对利率风险管理人员的培训。四是建立定期的利率敏感性分析制度，采取缺口管理和持续期管理等办法进行利率风险管理。

（五）充分利用好贷款的自主定价权

商业银行需充分利用好目前有限的自主定价权，加大对中小企业的贷款定价研究。除了考虑不同行业、企业的风险程度，还需考虑中小企业经营业主的信用情况等，完善中小企业贷款的资金成本核算和贷款风险溢价的判断标准，为我国中小企业的发展提供资金支持，缓解中小企业融资难、融资贵等问题。

（作者李焕亭，河南银监局副局长）

对我国金融生态规则即将发生十大变化的思考

随着大数据时代的来临和党的十八届三中全会对进一步深化改革的全面部署，我国金融生态系统的三个核心要素——金融环境、金融物种和金融生态规则正在发生剧烈变化。其中，金融环境将更趋高效、市场化和富有弹性，金融物种更趋丰富，而金融生态规则作为金融物种在金融环境中生存、发展的"行动指南"，也即将发生十大变化。

一、"长尾理论"取代"二八定律"

传统金融业信奉"二八定律"，即 20% 的大客户占有 80% 的金融需求量、创造 80% 的金融业利润，这使得金融服务具有集中化、高端化、精英化倾向。但在大数据时代，互联网金融具有的公开透明性能够有效缓解信息不对称，提高金融服务的覆盖面和可获得性，使边远地区、小微企业和社会低收入群体也能享受方便快捷的金融服务，从而形成庞大的"长尾市场"。也就是说，金融产品和服务的扩张不在于传统需求曲线的"头部"，而是那条微不足道、经常为人遗忘的"长尾"。例如，目前我国网上支付和网上银行已覆盖 2.44 亿和 2.41 亿的用户。再如，"余额宝"等互联网基金理财产品 1 元起售即可迅速积聚大量客户，抢走 1% 的银行储蓄存款 4 000 亿元。又如，P2P 和众筹融资等使得原本被忽视的大量小微企业也能获得贷款。渠道的多元化将促成"长尾理论"取代"二八定律"，对于实现普惠金融具有重要意义。

二、"上善若水"取代"赢者通吃"

长期以来，我国金融机构凭借规模、物理网点等多方面优势，能够轻易赚取超额利润，呈现"赢者通吃"的格局，但这一定程度上挤压了小型金融机构的生存空间、客户的合理利益，甚至实体经济的利润水平。而大数据时代和互联网金融具有的开放、公平、透明的特征，将造就"上善若水"的金融生态环境。所谓"上善若水",就是"水善利万物而不争",追求的是合理回报、利他主义以及和谐共赢。最典型的是阿里巴巴的"余额宝"业务,将原本客户备付金所形成的沉淀资金存于商业银行获得的利息收益,通过货币市场基金的投资收益让渡和返还给客户。未来金融机构必须有勇气进行"自身革命",通过合作来做大市场,通过为客户创造价值来获取利润,通过规范经营与企业和社会共享利益。

三、"协作共赢"取代"同质竞争"

在新的竞争时代,"协作共赢"将取代"同质竞争",紧密的多方在线协同、联合竞争和合作共赢将成为一种主流商业模式。对外合作方面,银行应与互联网社区、电子商务等企业深入合作,获取更多用户信息,开展"大数据"分析。同业合作方面,须与其他金融机构形成更紧密的合作机制,以满足客户综合金融服务的需要。

四、"无界经营"取代"有界经营"

互联网使得银行与一般企业界限趋于模糊。商业银行业务边界有四个发展阶段:一是传统的银行业务,即存、放、汇和货币兑换等业务;二是全面的银行业务,包括传统的银行业务和各种形式的金融创新;三是全面的金融业务,包括全面的银行业务和各种非银行的金融业务;四是全面的经济业务,包括全面的金融业务和各种非金融的经济业务。目前,商业银行业务发展已步入第四阶段,从"有界经营"转向"无界经营",根据市场需求围绕自身优势开发增值服务,通过综合化经营,吸引客户、留住客户。

五、"信息资源为王"取代"金融资源为王"

大数据时代,金融业竞争基础不再是占有金融资源的多少,而取决于其占有数据的规模、数据的活性以及对数据的解释和运用能力,信息资源将成为银行最为重视的核心资产。对数据的掌握将决定对市场的支配权,越靠近最终客户的机构,将拥有越大的发言权。信息资源对培育金融核心竞争力的意义重大,为金融企业特别是大型金融企业克服"大企业病"提供了基础,为推动战略转型和开拓新兴市场提供了手段，为满足客户需求、改善客户服务提供了新的解决方案，为风险管理提供了新的工具和相关数据。

六、"智者为王"取代"大者为王"

我国许多银行存在浓厚的"规模冲动"和"速度情结"，部分银行甚至通过同业资产与同业负债双边扩张的方式，人为做大总资产规模，淡化了安全性、流动性等银行基本经营原则。随着市场化改革深入推进，银行失去"救生圈"的保护，粗放式发展将不可持续。在新的竞争条件下，信息流、信用流、任务流和资金流加速流动，急需打造智慧型银行。智慧银行要求与客户、其他金融机构、第三方合作机构及外部环境之间形成良好的互联互通机制，能迅速感知外界变化，及时分析和处理海量数据，从中寻找规律性，随时调整自己的策略和行动。

七、"个体风险定量"取代"总体风险定量"

目前，内部评级法作为全球银行业信用风险监管的通行标准，在银行风险管理中处于核心地位。内部评级模型实质是一种"总体风险定量"的分析方法。但是，单个个体普遍同时具有一般共性风险和个体特定风险，这样内部评级模型在对个体风险进行预测和管理中就会存在偏差。随着大数据时代的来临，电子商务、第三方支付、搜索引擎等形成了庞大的数据量，加之云计算和行为分析理论等大数据挖掘手段的应用，信息不对称状况得到缓解，"个体风险定量"成为可能。"个体风险定量"取代"总体风险定量"，标志着银行信用评价体系与风险控制手段的重大进步。

八、"小而不倒"取代"大而不倒"

2008 年爆发的金融危机中，一些大型金融帝国丑闻频出、濒临破产，但因为监管当局顾忌大型金融机构破产可能会产生的巨大外部效应和"蝴蝶效应"，使得相关机构在一定程度上形成了"大而不能倒"的状况。与此形成鲜明对比的是，以扎根社区和服务社区为宗旨的社区银行如美国富国银行，凭借在危机中的优异表现，得到重新审视。在美国，92% 的银行均为社区银行，占银行总资产的比例不到11%，向小企业发放的贷款却占全行业的近40%。美国联邦存款保险公司一项数据显示，相对于社区银行，大型银行的破产概率是其7倍之多。社区银行坚持服务实体经济，对社区居民和企业更为熟悉，拥有大银行无法比拟的"信息资产"，成为后危机时代具有独特竞争优势的"小而不易倒"机构。

九、"为客户树立影响力"取代"为自己树立影响力"

随着行业竞争的加剧，金融机构的客户对所获得服务品质日益挑剔。金融机构必须进一步满足客户对自尊、自我实现等更高层次的需求，从"坐商"转变为"行商"，从"为自己树立影响力"转变为"为客户树立影响力"。这要求金融机构真正做到"以客户为中心"，甚至"以客户的客户为中心"，创造稀缺性金融服务为客户树立影响力，做好以产品定制为基础的个性化服务、以延伸服务为内容的增值性服务和以私人银行为标准的尊享型服务。金融机构应认识到，满足客户"稀缺性需求"优于银行产品推销；金融机构应根据客户面临的难题及市场环境变化而改变；尽力满足客户多方面的"稀缺性需求"。

十、"为客户创造新需求"取代"满足客户现实需求"

金融机构客户需求分为现实需求和潜在需求，现实需求是基础性的，只有潜在需求才具有超额价值。在新的商业时代，只有创造新需求，让客户需求从"潜在"变为"显在"，才能为金融机构创造真正的价值。以"为客户创造新需求"取代"满足客户现实需求"，通过科学地分析替客户识别需求，如果客户的需求难以被有效满足，尝试对客户需求进行转换，尝试拆分需求，专注于满足客户的一部分需求，或者合并需求，从单纯地提供金融产品转变为提供综合金融解决方案，确立自身竞争优势。

（作者阙方平，湖北银监局副局长）

存款保险制度对广东农合机构的影响分析

为了解存款保险制度实施将对规模较小、抗风险能力较弱的农村合作金融机构（以下简称农合机构）可能产生影响，广东银监局对全辖97家经营性农合机构（包含27家农商行、70家农信社）存款保险制度覆盖情况进行了调查。

一、保险对农合机构客户的保护不足

广东银监局辖内农合机构存款总量大，2014年10月末余额1.47万亿元，约占全国农合机构总额的1/10，连续十年居全国第一位。按照存款保险制度设定覆盖50万元以下存款测算，10月末全辖97家农合机构50万元以下个人存款账户占全部个人存款账户的99.65%，50万元以下单位存款账户占全部单位存款账户的92.39%，接近人民银行公布的99.86%。但50万元以下个人存款余额仅占全部个人存款余额的77.68%，50万元以下单位存款余额仅占全部单位存款余额的5.69%。如果按照征求意见稿来实施，很可能造成广东省农合机构20%左右的个人存款流失，接近95%的单位存款流失。

二、六成以上机构被保险存款余额占比低于80%

全辖97家机构存款保险能全部覆盖的存款仅为8 535亿元，占57.9%；67家机构存款保险对存款余额的覆盖率不足80%，占机构总数的69%；14家机构存款保险对存款余额的覆盖率不足60%，占机构总数的14%（见表1）。个别机构缺口巨大，潜在存款转移风险远远高于其他农合机构，如佛山农商行、广州农商行和惠来农联社存款保险能够全部覆盖的存款占比分别仅为39.77%、40.11%和40.81%，有近60%的存款无法得到完全保障。

表1 各机构存款保险能够全部覆盖的存款占比分布情况表

存款保险能够覆盖的存款占比	机构数量	占全部机构的比重
80% ~ 100%	30	31%
60% ~ 80%	53	55%
30% ~ 60%	14	14%
0 ~ 30%	0	0

三、预测农合机构存款流失压力因机构性质、地域和县市区域的不同呈现出较明显的差异

（一）与农信社相比，农商行存款流失压力更大

一是从整体看，农商行受完全保护的存款余额仅占50.9%，低于农信社（77%）26.1个百分点。二是从单家机构看，农商行存款保险对存款的覆盖范围相较农信社普遍偏低。大多数农商行（26家）受完全保护的存款占比为80%以下，仅大埔县农商行一家受完全保护的存款占比（86.9%）超过80%；而41.4%的农信社该比例超过80%（29家）；存款保险覆盖存款余额占比不足60%的14家机构中，有12家是农商行。

（二）与县域机构相比，城区机构受影响更显著

城区机构49.1%的存款无法得到存款保险完全保障，高出县域机构（22.5%）26.6个百分点。有26.3%的城区机构（12家）受存款保险保障的存款占比不足60%，远高于县域3.1%的机构占比（2家）。

（三）珠三角地区农合机构可能受冲击较大，个别机构可能较为突出

珠三角地区农合机构受保护的存款仅占各项存款的51.6%，比非珠三角地区低23.6个百分点。其中广州、东莞和佛山市内所有农合机构存款保险未完全覆盖存款占比均在30%以上。

存款保险制度的推出将对农合机构产生重大影响，"存款大搬家"、"存款频繁流动"是农合机构将面临的严峻挑战，农合机构必须顺应趋势，未雨绸缪，谋划好自身的负债管理。既要提升经营质量和服务水平，做好稳定存款工作，切实防范风险；又要探索在法定存款保险制度之外建立第二层存款保障体系，扩大存款保障覆盖范围，维护长远发展。

（作者刘为霖，广东银监局副局长）

存款保险制度推出对商业银行的
影响与监管建议

2014 年 10 月 30 日人民银行副行长易纲透露，建立存款保险制度的工作已经接近成熟。存款保险的显性化将对我国商业银行的经营产生重大影响。监管部门需做好准备，守住风险底线。

一、应对储蓄和财政存款"双搬家"，防范中小银行流动性风险

存款保险制度出台，意味着存款安全从隐性兜底转为保险制度安排下的有限偿付。无论个人储蓄还是地方财政存款，都将使存款人选择存款银行的心理预期从同质化转变为差异化，从趋利性转变为安全性，承载国家信用的大银行将加剧优势地位，实力偏弱的中小银行可能面临存款"搬家"，流动性风险骤然上升问题。

假设存款保险制度覆盖 50 万元以下储蓄存款，以广东辖内 97 家农合机构 1.4 万亿元存款测算，存款保险仅能覆盖 8 356 亿元（59.7%），其中 15 家机构覆盖率不足 60%，个别农商行有近 60% 存款无法纳入保障。存款人为提高保险受偿金额，把存款分散或集中存入大银行，将给中小银行流动性管理带来巨大挑战。而且，中小银行之间同业业务关联性较强，流动性问题易引发连锁反应。部分中小银行的存款流失在短期内达到一定规模，再加上同业业务的关联传导，可能引发区域性乃至系统性风险。

建议：一是要求中小银行针对不同存款流失压力情景假设，提前制定资产结构调整、资金期限匹配和补充应急计划；设定存款流失阈值，按日监测并报告。二是鼓励中小银行与大型银行、中小银行之间建立流动性支持协议。三是各局建立风险应急预案，建立与地方政府、人民银行等的快速协调机制。

二、制度配套先行，完善银行破产清算和退市工具箱

银行破产清算、接管的法律法规，是存款保险制度有效运作所必不可少的

制度安排。金融危机期间美国存款保险制度和银行破产制度互为配套，处置流程规范有序，对稳定市场起了重要作用。如美国联合银行出现巨大流动性缺口后，FDIC 在短短二天派驻 200 多人接管该行并达成收购协议，迅速稳定了市场信心。建议制定问题银行处置接管、破产清算等法律法规，做好规制衔接；完善高风险银行退市工具箱，明确问题银行的接管细则和流程，建立接管银行的人才储备，并进行模拟演练。

三、在存款保险积累初期，提升风险抵补能力

存款保险基金需要一定时间积累，方能形成有效抗险的资金规模。与笔者交流的 FDIC 学者认为，存款保险制度一般应建立在经济上行周期，经历大约 10 年的积累期才能有效发挥作用。假设我国存款保险保费与银行监管收费相当（年均约 48 亿元），第一年约能收取 50 亿元保费，第二年约能积累 100 亿元，而这一资金规模仅能应对 1～2 家小型银行破产清算时的兑付要求。以辖内某高风险农商行为例，储蓄占其存款总规模的 92%。如该行破产清算，至少需要 60 亿元才能基本满足偿付需求。而当前我国经济正处于下行区间，"三期叠加"导致中小银行经营稳健性受到影响，短期内积累有限的保险基金，恐难以应对问题银行集中处置、清算等需求。建议在存款保险基金遭遇赔付短缺时，可通过财政直接注资、央行特别融资的方式补充基金。必要时央行履行最后贷款人责任，对缺乏流动性的中小银行提供流动性支持。

四、监管协调先行，健全风险处置的监管联动机制

建议通过立法，根据国情酌定存款保险机构的具体职能，明确各监管部门的职责边界、权限范畴和协调联动机制。尤其对高风险银行的处置，应提前明确牵头监管部门、各方责权等。此外，各国存款保险制度对跨境机构有不同规定，建议明确跨国或跨境银行机构吸收存款的承保方式。

（作者何晓军，时任广东银监局副局长，
现任中国银监会政策研究局副局长）

推动林权抵押贷款促进农村融资走出困境

——从白沙县林权抵押贷款现状引发的思考

一、政策水暖农先知

党的十八届三中全会释放出了创新推进农村产权流转的积极政策信号。全会《中共中央关于全面深化改革若干重大问题的决定》明确，要加快构建新型农业经营体系，"赋予农民更多财产权利"，"推动农村产权流转交易公开、公正、规范运行"。利好政策下可以预计，农村产权流转将进入规范化轨道。如何抓住农村产权"活化"带来的巨大机遇，应机而动，开展卓有成效的金融创新，是摆在各金融机构面前的一道待解之题。近期，结合中央关于农村"三权"抵押的要求，我带队对海南省最早开办林权抵押贷款业务的白沙县开展调研。

从调研情况来看，该县近年来推行的林权抵押贷款是实现农村发展和农村融资的有效途径，让农民切切实实感受到改革红利的释放，政策水暖农先知。在此方面取得的成绩为进一步推广这种模式提供了有力的理论支撑和实践经验。然而，当前在全省范围内推广林权抵押贷款还面临诸多困难，主要表现在：林权抵押贷款总体规模偏小、普惠率不高；质量欠佳；银行维权执行难；各金融机构积极性普遍不高等。利好形势下亟须多方"保驾护航"。

二、林权抵押"盘活"农户产权

自 2009 年始，白沙县在农村林地确权、登记的基础上，"试水"林权资本化，允许农户以林权向银行抵押贷款，真正唤醒农村长期沉睡的资产。目前，白沙县辖内 3 家金融机构（主要为白沙农合行）累计发放林权抵押贷款 1 488 笔，金额 1.54 亿元。其融资产品模式主要有：一为"政府 + 农户 + 银行"方式，政府补贴 2 万 ~3 万元，农户自筹自建房资金 30% 以上，银行以林权抵押贷款支持；二为"政府+企业+农户+银行"方式，政府补贴2万~3万元，企业补贴5万元或为农户贴息，农户自筹自建房资金30%以上，银行以林权抵押贷款支持。

牙叉镇营盘村委会坡类一队农民符春香2012年自筹资金5万元，加上政府补贴的3万元，以林权向白沙农合行抵押取得贷款4万元，建起自家二层小楼房，彻底告别居住30余年的茅草屋。该队54户农户均以林权抵押为自建房融资，实现"居者有其屋"这一基本生存保障的支点，堪称金融支持林权制度改革与新农村建设的有机结合，农户事实拥有的产权——林权得以有效"资本化"。从基层实践来看，林权抵押可以使农民的固定资产变成流动资产，充分发挥林权的价值，使林权的使用价值多样化，一定程度上满足农民不同的物质生产和文化消费的需求，加快各项生产经济活动，带动农民的生产积极性，有效缓解城市务工人员的压力和解决城乡"二元"结构问题。林权在白沙县已成为农民进行信贷融资的主要抵押物，林权抵押是农村经济发展融资的有效手段和重要平台。

三、林权抵押创新中"成长中的烦恼"

白沙县乃至海南省农村林权抵押贷款实施以来，取得一些成效，但目前仍然存在规模不大，步子不快、效应不明显、质量欠佳、银行维权难等问题。一是贷款总规模偏小，覆盖农户少。截至2014年3月末，白沙县全辖累放林权抵押贷款笔数仅为1 488户，累放金额仅为1.54亿元，存量林权抵押贷款701笔，余额0.48亿元，贷款户数不足农户总数的0.1%，而海南省全辖存量林权抵押贷款仅为2 559笔，余额仅为3.85亿元，仅占涉农贷款总额的0.4%。二是进展不平衡。全辖仅有5家金融机构开办了林权抵押贷款且主要集中在农信社及国开行，其贷款余额占全省林权抵押贷款总额的92%，其余机构尚持观望态度。三是质量欠佳。截至2014年3月末，全辖林权抵押不良贷款余额0.71亿元，不良率高达18.29%。四是银行维权困难。如白沙县农行2009年以来发放林权抵押贷款84.5万元，涉及农户21户。目前已有79.4万元形成不良并提起诉讼。但由于林权抵押变现难等原因，贷款本息至今仍游离于法院与农行之间，林权抵押贷款"进得去出不来"，"钱到林地死"，难以持续。2012年，农行海南省分行已"停牌"该县农行林权抵押贷款业务，一定程度上挫伤了银行的积极性。

存在问题的原因是多方面的：

（一）立法限制和障碍，银行投放有顾虑

作为民事基本法的《民法通则》及与农村林权有关的《担保法》及《物权法》均未明确规定林权可以抵押或是通过抵押方式进行流转，更多的是隐性的限制或禁止。特别是林权作为一种具有保障民生属性的特殊物权，在流转过程中不可避免地遇到诸多法律限制，容易诱发法律争议和纠纷，无疑抑制了林权抵押贷款进一步发展和推广。

（二）部门政策冲突，银行维权困难

调研过程中，白沙县金融机构及林业部门均表示：现在政策规定，林地一旦被划入生态公益林区、自然保护区或天保工程区，将被禁伐或限伐。经营将受到限制，银行的林权抵押权益得不到保障。如白沙农合行部分已办理抵押的林权，被划入了公益林、天保林，造成抵押给该行的林权不能办理砍伐证及变现能力差，不能变现。

（三）养老保障机制不健全也制约林权抵押的开展

经与政府部门座谈了解，农村林权未能正常流转，更深层次原因是，我国农村社会保障体制尚未建立，农民养老问题未得到有效解决。林权是多年来农民养老的重要生活来源，加之农民的养老和保障意识不强，林权流转会导致农民，特别是年老农民生活出现困难，进而导致社会稳定问题。

（四）林权价值评估难，农民利益无法得到保障

受区位交通、林木类型、生产周转、地块细碎分散，健全的评估机构较少，没有进行有效的流转和买卖的案例等因素影响，银行对林权价值的评估还缺少经验和评判标准，也未形成成熟的林权评估制度，其价值均由林农和银行根据当前市场价值或经验判断进行协商估价，真实价值难以合理确定。

（五）流转交易平台缺位，抵押物处置变现较为困难

海南迄今为止尚未建立1家功能完善、发育健全的农村林权交易市场或便捷高效的流转交易平台。一旦农民违约而无法偿还贷款时，林权将难以顺畅地通过流转变现抵债。

（六）市场风险较大，风险分担机制尚未建立

由于台风、森林火灾等自然灾害对森林的破坏性较大以及林地的特殊性的现实，加大了农村企业、农民生产和经营的风险，而海南省林权抵押贷款风险分担机制并未建立，信贷风险也不断凸显。

四、利好形势亟待多方政策"保驾护航"

一是加强顶层设计，解决林权抵押的法律障碍。建议进一步修订、完善《担保法》、《物权法》等法律法规相关条款，赋予农民对林权的占有、使用、收益、流转及林权的抵押、担保等权能，明确其合法性、有效性，扫清法律障碍。

二是完善配套机制，疏浚林权抵押的贷款通道。其一是出台林权抵押登记管理办法，解决林权评估难及抵押登记问题。其二是引入相对独立的第三方，建立科学的资产价值评估体系。其三是搭建公开化、市场化的农村林权流转交易平台。建议抓紧出台林权流转规范性文件，使流转有章可循。其四是逐步探索建立价格协调、利益联结和纠纷调解机制，加强对林权流转服务与监管，防止流转中的暗箱操作行为，有效解决银行的后顾之忧。

三是进一步完善风险分担保障机制。出台林权融资风险补偿基金管理办法，积极发挥财政支撑作用，建立风险补偿机制，明确专门机构、安排专门资金，明确专项基金补偿流程。通过财政贴息、贴保费、贴担保费，减免税收，弥补信贷损失等措施，鼓励银行支持林权抵押贷款业务创新。

四是银行对林权抵押授信机制要创新。银行要加大"支农支小"的力度，根据"三农"和小微企业的金融需求变化，加强林权抵押金融产品和服务方式创新，量身定做林权抵押贷款特色业务及服务品种，有效提高支农服务精细化水平。如对林权抵押贷款改单一授信为综合授信，一次定贷，循环使用等。

五是加快建立农业保险制度。尽快出台农村"三权"保险发展规划，丰富农业保险品种，建立健全专项巨灾保险机构和再保险机制，发挥保险在农村林权抵押贷款中的保障作用，分担银行机构的信贷风险。

六是做好各类风险防范。针对抵押物评估定价、自然灾害、林农信用等风险，银行应加强抵押林权情况实地考察、多方了解并由专门评估机构评估抵押林权的市场价值。加强林权登记和林权抵押物的监督，要求借款人必须办理森林火灾保险等。

（作者吴乾奋，海南银监局副局长）

促进村镇银行发展的思考

一、现实：市场表现差强人意

盈利水平低。2014 年 11 月末，海南辖区除海口苏南村镇银行"一枝独秀"实现盈利 3 139 万元之外，定安合丰村镇银行、保亭融兴村镇银行、文昌国民村镇银行、儋州绿色村镇银行、琼海国民村镇银行分别盈利 516 万元、173 万元、123 万元、57 万元、9 万元，辖内其他村镇银行也大多挣扎在亏损、微利的境地之中。相应地，这些村镇银行的成本收入比率分别高达 215%、207%、128%、297%、138%、105%，真正走出经营困境还需假以时日。

发展速度慢。相对于当地的农村信用社而言，村镇银行的存贷款总量微小，一般是前者的 1% 左右，即便是开业 4 年多的文昌、琼海村镇银行，这一比重也没有明显改善。这固然和村镇银行网点少、成立期限短有关，但从其自身纵向的业务发展来看，发展情况也不甚乐观。贷款的情况也与此相似，总量低，波幅大，整体发展速度比较缓慢。

市场影响力差。相对而言，村镇银行机构小、员工数量少，因而辐射面小，总体市场影响力不大。这是客观现实，不过，村镇银行本来就不应是规模庞大的商业存在，它更应该是追求相对竞争优势的小银行，解决县域地区"三农"、小微企业融资难"最后一公里"的实际问题。然而，调研发现，乡镇层面上的"三农"、小微企业不仅没有将村镇银行当作自己最佳的合作伙伴，甚至对村镇银行缺乏认知。

二、成因：村镇银行发展的几宗偏差

从直接影响因素来看，村镇银行的生存状况与其自身盈利能力，控股金融机构的帮扶能力直接相关，而作为内因的自身盈利能力没有迅速提升源于其发展中多方面的偏差。

发展定位的偏差。尽管村镇银行的设立地可以选择在乡镇，也可以选择在市县，但从海南的情况看，村镇银行的营业场所无一例外地选择在了市县城区，尽管存在着吸收存款、通讯、交通便利，辐射面广等客观因素，但这一表现从一定程度上折射出其发展定位依然是小中选大，意欲在条件具备时服务于相对大规模的企业，没有把自身的发展定位于始终服务小微企业，处在乡镇地区的亟须贷款支持的小微企业难以被直接辐射到。村镇银行选址的状况折射出来的发展定位的偏差就直接导致了村镇银行不能始终将主要精力寻找科学的发展模式，开发针对性的金融产品。

服务对象的偏差。发展定位偏差带来的必然后果之一是服务对象的偏差。海南省内成专业生产合作社应该是村镇银行的潜在客户群，但实际情况却十分令人失望。2014年11月底，海南辖内33家专业生产合作社总计贷款余额为11 804.5万元，除信用社之外，工行、农行、建行也发放了部分贷款，而村镇银行却没有涉足这个领域。即便是考虑村镇银行的资本规模低的因素，上述贷款中也有28笔贷款额度在1 000万元之下，而不超过100万元的贷款也有17家，依然没有见到村镇银行的踪影。

金融产品的偏差。与其他类型的银行一样，村镇银行要发展，也需要充分了解客户，深入了解客户的业务，进而设计出符合市场需求的金融产品。尤其是对于欠缺必要金融知识的"三农"经济主体、小微企业而言，村镇银行有必要更进一步，在其起步之初就应介入辅导，合理地使用其自有资金，促进其有效资产的形成和资金效率的充分运用，帮助小微企业少走弯路，尽快实现顺利发展。但从实际发展情况来看，村镇银行的金融产品几乎没有真正意义上的创新，基本就是丧失了服务大客户能力、布局在县域的退化版的商业银行。

人才队伍的偏差。村镇银行是针对县域"三农"、小微企业金融服务困局而推出的，肩负着解决实际疑难问题、破解困局的重任，需要富有开拓创新精神的从业人员和管理人员。事实上，许多村镇银行的高管人员为退休的商业银行员工，其根深蒂固的传统经营思路难以改变，没有开拓创新的意愿。从业人员多为刚刚踏上工作岗位的年轻人，缺乏开拓创新的能力。寄希望于这样一支队伍解决县域"三农"、小微企业金融服务难题，实在是难上加难。

三、对策：培育村镇银行的生存发展能力

注重先天条件，推进机构准入的市场化。村镇银行的自身发展，主要取决

于其业务规模能否迅速壮大，经营能否迅速进入良性循环；而其前期生存则在很大程度上取决于出资人能够在多大程度上承受初期亏损、提供业务帮扶。控股金融机构实力雄厚、同业往来的业务支持、通晓银行业务，实体经济行业合作伙伴，迅速切入特定行业取得立足之地，都是村镇银行生存的先天条件。这二者具备其中之一便能可靠地解决生存难题，如果二者兼备，则基本能够保证迅速迈过生存难关。建议上述内合于市场规律的内容能够在机构准入环节得到体现，尤其是在向民间资本开放的背景下，村镇银行的先天条件更为重要。

延伸信贷链条，开发特色金融产品。县域地区是熟人社会，在熟人圈子里，不讲信用就难以立足，舆论的力量常常比法律更加普遍、有效。村镇银行在县域开展业务，发展起点便是深入了解当地的客户资源，而必由之路则是要充分借助地方政府、村民委员会、生产合作社等组织的影响，采取书面第三方见证或者公证的形式向农户、个体工商户发放贷款，会对其履约归还贷款产生积极的促进作用。通过既存客户的介绍发展新客户，也是一种有效的信贷延伸拓展的有效途径。更具普遍意义的是，海南辖内的村镇银行可以结合新城镇建设和国际旅游岛建设，为特定城镇的依托产业提供支持，发挥金融引导作用，主动介入地方特色产业的发展、布局和规划，寻找、发掘、培育、扶持能够充分发挥当地资源优势的产业，塑造、催生产业链中的小微企业集群。

不断革新完善监管政策。村镇银行奋斗在县域信贷一线，管理人员数量少，精力也主要用于拓展业务。监管政策明确而及时地传达，对于他们是非常必要的。更加重要的是，由于村镇银行的市场份额小，对金融秩序的影响不大，可以考虑针对其完善、微调具体的监管政策。如考虑村镇银行吸收存款等原因而倾向于选址在市县的现实需求，是否可以在村镇地区设立侧重于发放贷款、营销客户的低标准网点或者业务代办点，由于不办理日常存取款业务，营业场所硬件所需的投入就会显著降低，从而降低财务成本，改进盈利水平。

总结成功经验，推动资源共享。解决县域"三农"、小微企业融资难题绝不可能一蹴而就，村镇银行所承担的内容也并非其孤军奋战能够实现，需要监管部门乃至社会各界的持续不懈努力，这个过程需要成功经验的不断积累丰富。监管部门可以积极从人力资源配备、服务实体经济模式、金融产品创新、村镇银行与服务对象的沟通新渠道等各方面认真总结，纳入村镇银行可以共享的数据库，推广成功经验和案例，推动村镇银行的持续进步。

农村金融、小微企业融资问题是一个长久未得到真正解决的问题。村镇银行作为一个创新政策工具，在实际业务开展过程中，如同其他类型的商业银行一样，最为关键的要点在于切实地识别风险，有效地管理风险——透彻地认识农村金融、小微企业融资的自身特性，抓住关键环节和重要风险点，针对性地设计金融产品，有效地支持农村经济、小微企业的发展，也才能更大规模地动员、筹集资金，实现资金供求的良性循环与互动，推动实体经济发展。

（作者刘建平，海南银监局副局长）

林权抵押贷款发展障碍、制约瓶颈及监管对策[①]

在云南银监局积极推动下，利用云南省林业资源位居全国第二的优势，率先开展林权抵押贷款先试先行，显现了较强的经济带动作用。但近期，云南银监局对普洱市、西双版纳州开展实地调查发现，仍有一些深层次的障碍和瓶颈在制约林权抵押贷款的发展。

一、贷款开展情况

（一）贷款增速放缓

云南林权抵押贷款规模自2010年以来连续居全国第一位，取得明显成效。但自2013年以来，林权抵押贷款增速出现回落，截至2014年6月末，云南林权抵押贷款余额138.71亿元，较年初增加5.5亿元，增长4.13%，低于全省各项贷款平均增速4.1个百分点。

（二）不良贷款上升

截至2014年6月末，云南林权抵押贷款不良余额7.87亿元，不良率5.67%，高于全省4.8个百分点。剔除历史遗留问题造成的37 618万元不良贷款后，云南林权抵押贷款不良率为2.83%，但仍高于全省平均不良率1.94个百分点。

二、有益的做法及取得的成效

（一）试点先行

结合云南各地林权改革和林产经济规模情况，云南银监局会同林业主管部门率先确定一批试点州、市、县开展此项业务，同时，通过发布《云南银行业林权抵押贷款管理办法》指导和规范银行业积极开展此项业务。2011年和

---

① 本文发表在《中国农村金融》2014年第4期。

2012 年，云南林权抵押贷款取得超过 50% 的增长，增速和规模在全国都处于领先地位。

（二）评估方式因地制宜

针对评估难、评估贵问题，辖内银行业金融机构因地制宜地开展林木分类评估，对交易活跃、价值稳定的经济林木以银行内部免费评估为主，降低了借款人融资成本，加速了林权抵押贷款发展。如西双版纳州银行机构对橡胶、茶叶等经济林木 1 000 万元以下的内部免费评估的林权抵押贷款余额占比达 57.77%，节约了林农、林企的融资成本。

（三）配套服务体系不断完善

云南已建立市、县、区林权管理服务中心 139 个，覆盖全省 129 个县。目前，云南正加快建设集"林权登记、流转、抵押、变更、行政审批和信息发布"等为一体的林权社会化服务体系，通过信息化方式、网络化通道将服务延伸到每个县级窗口。此外，市场中介服务机构开始发育，云南源宥林权投资管理服务有限公司和云南林投林权管理服务有限公司相继成立，西双版纳的景泰林权交易中心、云南产权交易公司等民营企业也参与建立林权交易中心。

三、存在障碍及制约瓶颈

分析云南林权抵押贷款增长先扬后抑的原因，除了高速发展后自然回调的因素，开展过程中主要存在以下制约因素：

（一）产权保障差

虽然林木确权后，颁发了林权证，但部分抵押林权存在林地界定不清、产权纠纷、规划调整等问题。如企业或个人投资的林木可能被划为生态公益林而遭禁伐或限伐等。上述因素导致林权产权不完整或抵押物价值严重缩减，银行抵押权保障差，银行债权被悬空。发展特色演变为发展劣势，严重阻碍了林权抵押贷款发展。

（二）风险缓释困难

一方面，林权抵押贷款受市场波动、押品缺陷、组合担保比重过低以及抵押物变现困难等因素综合影响，风险较高。另一方面，由于自然灾害的发生概率高，对灾害造成的损失评估困难，财产保险费用较高，导致林业贷款商业性保险覆盖率偏低。上述两项因素造成银行风险得不到有效缓释，一旦爆发极端自然灾害和市场不利波动，银行资产将面临较大的损失风险。

（三）制约瓶颈多

一是评估和信贷人员瓶颈。当前云南银行业只在经济林木上具备一定的专业评估和管理技能，对专业性很强的用材林缺乏专业技能，只能采取外部评估，存在评估失真情况。二是贷款管理瓶颈。林业部门的林权登记系统尚未对银行开放，银行不能查询登记信息，难以核实抵押林权的权属关系。三是贷款审批瓶颈。较早开展林权抵押贷款的银行形成大面积不良，信贷审批权限被上收，甚至被作为高风险贷款停办，高不良率也使其他想开展林权抵押贷款的银行得不到总行批准或授权。四是信贷规模瓶颈。由于基层银行贷款规模不足，小额贷款公司、典当行办理的以林权为抵押的放款额快速增长，扰乱了市场秩序。

（四）抵押物变现困难

一是交易市场不成熟。林木分布散、分布偏、差异性大，交易信息严重不足，市场定价难，交易频率不高，交易不活跃，难以形成有效公开交易市场。二是变现成本高，采伐受限、运输受限，采伐需要林业主管部门颁发采伐许可证，由于环保或其他原因难以取得采伐许可证；有的林地位于交通无法通达的地方。三是价值背离严重。抵押林木一旦进入变现环节，价值必然大幅缩水，甚至无法变现。

（五）融资成本高

一方面，抵押林权受到市场风险和自然灾害风险双重叠加影响，需要追加保险或组合担保等二次风险缓释措施，加大了融资成本，拉长了融资时间。此外，林木评估市场还存在评估费用高、评估周期长的劣势，如森林资源评估需要两份评估报告，即估计蓄积量的森林资源核查报告和资产评估报告，对大面积森林资源评估甚至需要花费 1 个多月才能完成评估，挫伤了企业主申贷积极性。

四、得到的启示及监管对策

调查发现，林权抵押贷款的开展在地域和风险表现上差异性较大，就普洱和西双版纳来看，普洱无论森林覆盖率、活立木蓄积量等都具有优势，但林权抵押贷款的规模和资产质量都落后于西双版纳，核心就在于抵押物品质以及市场环境的差异。一是以成熟林种为抵押物的情况较好，而以用材林为抵押物的情况较差。成熟林种是指权属清晰、交通便利、管护方便、估值简单的经济林木，比如橡胶、茶叶、咖啡、珍贵用材林等，这恰好是西双版纳的优势。二是以农户个体或集体林木为抵押物的情况较好，而以国有林为抵押物的情况较差。三是重视抵押物的属性是关键，不宜淡化抵押物属性而片面强调产业发展的必要性。四是市场起决定作用，必须要有一个完整的交易市场来实现抵押权的价值。为此，提出如下监管对策：

（一）严格信贷准入，加强信贷管理

一是严格准入。吸取经验教训，贷前实地核实抵押林木权属关系，不得接受存在纠纷、难以处置变现的林权作为抵押，坚持以产权完整、政策风险影响小的成熟林种作为发展重点，从源头防范风险。二是重点发展。由于市场中介发育和林木信贷人员培养需要一定的市场空间和业务量作为支持，因此，坚持以林业资源丰富、市场空间较大、服务配套完善的地区作为发展重点，避免盲目推开、无序发展，形成风险隐患。三是加强支付管理。在放开贷款用途的同时，加强贷款资金支付和发放管理，督促借款人按照约定用途使用贷款，防止挪用贷款资金形成风险。四是加强贷后管理。每年至少一次实地核实抵押林木情况并进行重评估，对价值下降、遭受毁损等的抵押林木应采取资产保全措施。

（二）提高保险覆盖率，弥补市场缺陷

针对不同程度的市场失灵，需地方政府推动弥补市场缺陷。一是由财政资金补贴林农和林业购买财产性保险、贷款保证保险，降低投保人的保费，提高保险覆盖面。二是建立贷款风险补偿专项基金、贷款贴息基金或担保基金，并对暂时无法变现的抵押林权进行收储，形成政府渠道与市场渠道两个风险缓释路径，解决抵押林木面临的非预期风险隐患。

（三）完善外部环境，推进配套建设

一是维护银行债权。优化金融环境，维护银行合法权利，化解风险，降低银行损失，以便争取总行授权和下放审批权限。二是完善服务体系。建立互联互通的全省林权抵押登记查询系统，成立覆盖全省的林权交易市场，优先满足抵押林权采伐指标，推进林权评估机构、林权抵押登记机构、林权管理服务中心等组织建设。三是配置信贷规模。督促银行对林权抵押贷款单独配置信贷资源，克服贷款规模制约瓶颈。

（作者李波，云南银监局副局长）

对金融资产管理公司商业化业务转型情况的调查

一、辖区资产管理公司商业化业务转型基本情况

截至 2014 年 6 月末，甘肃辖内四家资产管理公司业务总规模 122.66 亿元，同比增长 115%，商业化经营利润 3.62 亿元，同比增长 229%。从商业化业务转型的情况来看，主要呈现以下特点。

（一）继续开展传统不良资产收购处置业务

辖区资产管理公司收购了兰州银行、甘肃省农村信用联社等资产包，继续开展不良资产收购处置业务。同时，信达、华融两家公司在股份制改造过程中，通过买断方式将全部的原政策性股权转化为商业化股权，增加了股权处置收益。2014 年 6 月末，辖区资产公司不良资产收购规模总计 35.12 亿元，待处置不良资产余额为 7.09 亿元。

（二）融资类业务快速上升

一是非金融债权收购。与债务人约定固定收益和期限，类似于银行贷款。二是金融债权的等价收购。收购银行尚未到期的债权，与债务人约定固定收益和期限，或是与银行签订收购协议后，将不良资产再返还委托银行清收，与银行约定相应的收益和期限。实质上都是在为银行腾挪规模。三是借用基金公司（或合作公司）通道，向客户融出资金。2014 年 6 月末，存续的融资类商业化业务规模总额 87.54 亿元，比年初增加 7.3 亿元；业务收入 4.39 亿元，占营业性收入总额的 59%。

（三）中间业务收入不断增加

目前，辖内资产公司主要开展财务顾问、增信和平台公司代理等中间业务。财务顾问还是围绕资管项目本身开展的、融资综合服务的一部分；增信和远期收购相联系；代理或营销总公司信托、租赁平台业务；也是各家公司中间业务的重要组成部分。2014 年 6 月末，辖区资产公司共取得中间业务收入 1.28 亿元，占营业性收入总额的 17%。

二、商业化业务存在的问题及困难

一是不良资产主业占比偏小。商业化融资类业务无论从总体规模还是从营业收入比例，均是以融资类业务为主，占比均达到60%以上。二是比较优势难以显现。目前市场对资产管理公司多元化综合服务的比较优势认知度不高，更多地将其与商业银行贷款相比较，认为其资金价格较高（一般为20%左右）。三是制度建设相对滞后。在传统的不良资产处置业务中，资产公司在购买金融债权时必然与之相关联的抵押物随之过户至资产管理公司。但在商业化融资类业务开展中，需要办理抵押而不是行使原抵押权。这样就出现了抵押物登记机关以金融资产管理公司金融许可证和营业执照所载上并未出现抵押字样，从而拒绝办理抵押登记的问题。四是过度关注盈利性而风险意识不足。2014年6月末，辖区资产管理公司逾期金额5.72亿元，占资金规模总额的4%，逾期占比高于辖内商业银行的平均不良率。

三、监管建议

在业务多元化的趋势下，辖区资产公司应关注以下几个方面。

一是立足功能定位，把突出不良资产处置作为资产公司业务发展的基石，同时做一些有特色的、市场目标明确的融资类的投行业务。

二是加大对自身比较优势的营销力度，确定正确的营销策略，针对产品、服务以及客户的特点，建立多级营销网络，树立品牌，保持竞争优势。

三是进一步完善内部控制、提高开办商业化业务的风险管控能力，建立风险预警制度和风险处置预案。要重新评估逾期项目风险，做好措施、人员、责任三落实，最大限度降低逾期项目损失。

四是对总公司战略所构建的企业文化进行本土化，在总公司框架下构建有自身特色的企业文化。

（作者贾锐，甘肃银监局副局长）

《金融租赁公司管理办法》为金融租赁行业发展带来新机遇

2014年3月13日，中国银监会发布公告，实施新的《金融租赁公司管理办法》（以下简称《办法》）。修订后的《办法》为金融租赁行业带来新的发展机遇。

一、《办法》为金融租赁业带来的广阔前景

一是金融租赁公司扩容在即，将开启产融结合新局面。银监会依照商业化和市场化原则，降低金融租赁公司准入门槛，鼓励和引导符合条件的各类资本发起设立金融租赁公司，引导各类社会资本进入金融租赁行业，拓展各类资本进入租赁途径，这一规定将会涌现更多的金融租赁公司，使得金融租赁公司的股东背景更加齐全，可以丰富金融租赁公司股东类型和优化完善公司治理结构，有利于非金融租赁公司向金融机构升级，有利于拓宽民间资本的投资渠道，引导民间资本运用融资租赁机制服务实体经济。

二是金融租赁公司顺应要求，将步入专业化发展道路。《办法》将形成金融租赁公司专业化的倒逼和引导机制，发起设立金融租赁公司必须确定明确的发展战略和清晰的盈利模式，由此倒逼专业化定位；重视租赁物的价值评估和余值管理，对租赁物的专业化管理提出新要求；通过设立或者并购专业子公司、项目公司，促进专业化发展；通过转让非专业领域资产，受让专业资产，促使专业化资产集聚；通过较低门槛引入专业领域股东，助推专业化定位及其发展。金融租赁公司顺应专业化发展要求，使更多的国内制造企业投入金融租赁领域，可以实现为国内外的客户提供从普通租赁到金融租赁的综合金融服务，通过构建金融与大型制造类企业产融结合的金融平台，推动产融结合进程，实现我国由制造大国向制造强国的转变。

三是金融租赁公司拓宽渠道，将迎来规模进一步扩张。在很长一段时间内，由于资金来源渠道狭窄，金融租赁公司资金来源主要是自有资金、股东增资、

银行贷款、同业拆借等。随着近年来金融租赁资产规模的急剧扩大，资金的制约越来越明显。金融租赁公司不得不反复补充资本金，或者向金融机构或者外商融资租赁公司或内资试点融资租赁公司转让租赁资产，但是这些都不是金融租赁发展的长久之计。《办法》有利于解决长期以来制约金融租赁公司发展的资金瓶颈。资产证券化是金融租赁公司扩大资金来源的有效途径，《办法》允许符合条件的金融租赁公司开办发行金融债、资产证券化以及在境内保税地区设立项目公司等升级业务；同时，放宽股东存款业务条件，允许吸收非银股东3个月以上定存，增加固定收益类证券投资业务等，将有助于拓宽融资租赁资产转让对象范围，融资渠道的畅通将有利于金融租赁公司扩大业务规模，更好地发挥金融租赁助力实体经济的作用。

二、新疆金融租赁公司将迎来新发展机遇

截至目前，新疆银监局监管的金融租赁公司有1家。2008年，原新疆金融租赁有限公司重组后更名复业，改名为新疆长城金融租赁有限公司，后更名为长城国兴金融租赁有限公司（简称长城租赁）。自重组以来，该公司呈现出稳健发展的良好态势。截至2013年末，公司资产总额353.98亿元，各项租赁业务规模342.035亿元，其中，对新疆的租赁资产为38.85亿元。2008年至2013年5年间公司资产总额、利润总额年均增长分别为91.4%、70.8%，累计向自治区税务部门缴纳税金50 334.36万元，为新疆经济发展作出了应有的贡献。但由于长期受到股权结构单一、资金来源渠道狭窄等问题所限，长城租赁在发展过程中也存在一定局限。随着新《办法》逐步付诸实施，长城租赁将会迎来新一轮的发展机遇。一是随着准入门槛的降低，引入不同类型战略投资者，将有利于推动公司股权多元化工作进程，实现优化法人治理结构的目标，顺应现代金融企业发展要求；二是通过发行金融债券、资产证券化等渠道拓宽资金渠道，为业务发展提供资金支持；三是通过开展稳定收益的投资业务，可以使短期闲置资金产生收益，从而降低资金成本；四是通过大型机械设备生产企业投资入股，带动新疆本土机械制造企业发展壮大；五是支持新疆实体经济发展的能力将得到加强；六是在新疆大农业发展中，可以探索农机租赁方面的发展机会。

（作者李世谦，时任新疆银监局纪委书记，
现任中国银监会处置非法集资办公室副主任）

对新疆建设区域金融中心的可行性分析

为构建"国家金融改革开放综合配套创新试验区",在新疆打造中亚地区区域性国际金融中心,新疆银监局就促进自治区深化与中亚五国的开放合作,积极探索跨境金融改革创新,将乌鲁木齐市建设成为区域金融中心的可行性进行调研。

一、目标规划

以乌鲁木齐为中心,以喀什、霍尔果斯经济开发区为两翼,致力于打造中亚地区区域性国际金融中心,着力构建"国家金融改革开放综合配套创新试验区"和中国—中亚自由贸易区。在乌鲁木齐(昌吉)、霍尔果斯经济开发区(伊犁)和喀什经济开发区(喀什)分别建设区域性国际金融中心、人民币离岸中心、金融贸易创新示范区。在风险可控前提下,积极探索金融改革创新,在人民币资本项目可兑换、利率市场化、人民币跨境使用等方面先行先试,提高贸易投资便利化程度,逐步增强人民币在中亚国家的竞争力、影响力和辐射力,以此助推新疆成为"丝绸之路经济带"桥头堡和核心区。

二、有利条件

(一)经济发展后发优势日益凸显

2010 年和 2014 年,中央召开了两次新疆工作座谈会,对新疆经济社会发展给予极大支持。随着国家西部大开发战略的实施和对口援疆的不断深化,2010年至 2013 年新疆的 GDP 增速分别为 10.6%、12%、12%、11.1%。2013 年新疆完成地区生产总值 8 510 亿元,居西北五省第二位。

(二)金融服务体系优势较为明显

截至 2014 年 6 月末,新疆银行业金融机构网点数 3 630 个,较 2009 年末增加 325 个;银行业从业人员 56 814 人,较 2009 年末增加 11 086 人。随着"一行三会"落实简政放权，有助于在新疆加快形成功能较为完善的金融服务网络。

（三）区域金融优势较为突出

2013 年 12 月末，新疆银行业总资产达 20 063.26 亿元，而中亚五国银行业资产总和仅为 932.08 亿元。截至 2014 年 8 月末，新疆银行业各项贷款余额 11 517.56 亿元，较年初增加 1 112.17 亿元，增长 10.20%，信贷增势连续三年保持全国领先地位。新疆对外金融业务创新稳步推进。截至 2013 年 12 月末，新疆银行业金融机构已与 48 个国家和地区办理跨境贸易和投资人民币结算 913 亿元。

三、政策建议

（一）促进贸易投资便利化

争取国家从战略层面推动同沿线国家的自由贸易区建设，深化区域经济技术合作。充分发挥国家级经济技术开发区、高新技术产业开发区、边境经济合作区和综合保税区平台窗口作用，加强能源、矿产、农牧业、旅游、文化等领域深度合作。抓好进出口加工制造基地建设，高水平承接东部地区产业转移。做好境外加工制造园区、资源利用园区、商贸物流园区落地服务，推动服务贸易发展和先进技术设备出口。鼓励境内外金融机构提供跨国并购贷款、股权融资服务，建立对外承包工程融资担保平台，综合运用内保外贷、外保内贷及出口信用保险等金融手段，为新疆企业开展对外贸易、投资和工程承包活动提供有力支持。

（二）强化配套政策支持

加强财政政策、产业政策与金融政策的统筹协调，安排专项资金支持乌鲁木齐金融中心建设，制定并落实税收优惠、风险补偿、项目支持、行政服务支持等具体措施，鼓励银行业金融机构加大对重大项目、重点工程、特色优势产业、战略性新兴产业和与周边国家互联互通重点基础设施项目的融资支持。完善并实施高层次金融人才引进相关优惠政策，为金融中心建设创造良好发展环境。

（三）建立金融监管合作机制

完善"中国—亚欧博览会金融发展与合作论坛"功能，与中亚各国组成跨国专家咨询委员会，完善金融管理当局的合作交流机制，加强与周边国家和地区的金融监管协作和信息共享，加强市场准入、审慎监管和维护区域金融稳定等方面的协调与配合。积极争取在新疆建立面向"丝绸之路"区域的国际性开发金融机构，不断加强与上合组织成员国金融机构之间在国际结算、贸易融资和项目融资等领域的合作，推动区域金融一体化发展步伐。

（四）不断完善金融组织体系

采取差别化准入监管政策，开辟绿色通道，实施在新疆35个新设机构计划，特别加快在南疆新设政策性银行3个机构、大型银行9个机构。推动新疆银行挂牌开业，对其在南疆设立分支机构予以支持。争取对口援疆19个省市银行在援建地发起设立村镇银行。鼓励和支持股份制商业银行、外资银行等到新疆设立分支机构。督促和指导辖内农村信用合作联社完成农村商业银行改制。加快推进金新信托完成破产清算工作。积极研究在南疆设立民营银行事宜。

（作者张宇，新疆银监局副局长）

日企经营转型倒逼日资银行
加快发展战略调整的调研

为摸清日企经营下滑和关停并转对日资银行带来的影响，大连银监局对2家资产规模较大的日资银行和贷款余额前40户（占2家日资银行贷款余额的39%）的日资企业展开调查。调研显示，日企经营风险逐渐向银行传导，日企转型正倒逼日资银行加速在华发展战略调整。

一、在大连日企经营发展呈现四大迹象

据大连市外经贸局统计，截至2013年12月末，在大连日企约有4 498户。2家大型日资银行日企客户数约1 290户，授信客户112户，占2家日资银行授信总户数的76.7%，占全辖授信日企户数的56%；日企贷款余额38.6亿元，占2家日资银行贷款余额的89.4%，占全辖日企贷款余额的58.1%。受日元汇率持续走低、生产和人工成本上升、内外部需求不足等因素影响，日资企业经营呈现四大迹象。

（一）盈利水平明显下降

2家日资银行112户授信日企中有36户（占比32.1%）出现不同程度的亏损，个别企业已资不抵债。40户重点企业中有14户企业（占比35%）亏损或利润下滑，其中亏损6户（制造业5户、食品加工业1户），利润下滑8户（制造业企业）。

（二）关停并转增多

2家日资银行授信日企中有17户（占授信客户的11.6%）处于关停清算状态，其中10家制造业，7家IT、BPO和贸易公司等。大型日资家电生产企业东芝电视2013年年底关闭了大连和欧洲的生产基地，仅保留印度尼西亚工厂；丰田旗下雷蒙产业车辆（大连）有限公司由于国内市场饱和而被迫关闭在大连的生产工厂。

（三）产销量锐减

受母公司订单减少、内外需求不足等因素影响，部分日企出现减产、销售

收入大幅减少的情况。40 户日企中有 13 户（12 户制造业、1 户食品加工业）销售收入较去年同期平均下降 13.7%。在日企较为集中的大连开发区，2013 年销售收入前十大户日企中有 6 户（制造业企业）较去年同期平均下降 15.5%。日本电产、罗姆电子、三洋冷链及佳能办公设备等大型日企下降幅度均较大，其中日本电产销售收入同比降幅达 28.3%。

（四）上下游企业受到波及

40 户日企上下游企业超过 8 000 家，佳能、东芝、三洋等大型日企在大连有大量供货商或服务外包提供商。上下游企业受核心企业经营状况传染相继出现订单减少、利润下滑甚至关停的情况。以佳能大连上游企业永井塑料制品有限公司为例，2013 年以来生产规模大幅减少，员工数由年初的 200 人减少至 6 人，近期将关停清算。

二、日企经营风险向银行传导不容忽视

总体来看，大连日资银行总体经营稳健，但日资银行经营与日企及其母公司、母行高度相关，应密切关注、防范日企经营风险向日资银行传导。

（一）国别风险敞口较大

2013 年 12 月末，2 家日资银行日资授信客户中以母公司担保的贷款余额 21 亿元，占各项贷款余额的 46.8%，较上年同期上升 1.7%；表外业务余额 43.1 亿元，同比增加 10.1 亿元，增幅 30.7%。表外业务由母公司担保、免保证金，风险 100% 敞口。日资银行国别风险敞口较为集中，资产质量易受母国经济或母公司经营状况的影响。

（二）关注类贷款占比高

2013 年 12 月末，2 家日资银行有 4.6 亿元关注类贷款，占比 10.3%（全辖银行业和外资银行平均水平分别为 3.34%、5.16%）。受日企经营效益下滑及母公司经营状况不佳、母子公司债务一体化等因素影响，2013 年有 6 户、1.6 亿元日企贷款下调为关注类贷款。此次调查的 40 户日企中贷款分类为关注类的有 4 户、余额 3.3 亿元。日企尤其是贷款大户贷款质量向下迁徙风险明显。

（三）行业集中度风险上升

2013 年 12 月末，2 家日资银行制造业贷款余额为 41.8 亿元，占各项贷款余额的 93.9%，且贷款前十大户均为制造业企业，行业集中度高。受原材料上涨、人力成本上升等因素影响，制造业经营状况有所下滑，行业集中度风险较大。

（四）日企贷款需求显著下降

日资企业新增投资规模减少、缩减产能等因素导致贷款需求减少。2013 年 12 月末，2 家日资银行各项贷款余额 44.56 亿元，较年初减少 4.58 亿元，下降 9.3%；同比均出现下降，其中 1 家同比下降超 10%。日资银行持续发展遭遇瓶颈期，行业、客户结构不均衡以及高度依赖日企、母行等问题亟待调整。

三、日资银行转型明显加快

日企经营发展状况正倒逼日资银行加快转型步伐，日资银行转型已由观望期进入实质性运作期。

（一）利用海外网络优势支持中资企业"走出去"取得新进展

辖区日资银行利用其全球网络优势，有选择性地为原有客户上下游优质中资企业"走出去"提供全方位的境内外咨询、融资、结算以及合作伙伴引荐等服务，提升银行中间业务收入水平。具体做法为：利用母行境外分行的便利为客户提供对外投资市场调研、外汇政策咨询等服务；从总行层面制定支持中资企业"走出去"的政策，在华分行积极与政府和同业联系，积极筹备投资说明会，为中资企业"走出去"提供政策咨询、市场调研、融资等服务。

（二）加快与中资银行的业务合作

一家日资银行总行与股份制银行签订同业战略合作协议，加强双方在资产、负债等业务领域的合作以及信息共享等，促进中外资银行的共赢发展。截至 2014 年 2 月末，一家日资银行为中资银行转贴现 2.6 亿元。

（三）加速高管人才本地化进程

辖内日资银行注重本地人才的储备和培养，高管及重要部门负责人本地化趋势明显。2 家日资银行均聘用中国籍副行长、合规负责人及支行行长，其中一家银行 19 名高管中有 15 人为中国人。

（作者蒋雨亭，大连银监局纪委书记）

宁波银行业投行业务发展现状研究

当前，商业银行投行业务的发展是整体金融经营形势变化的必然选择，投行业务叠加同业合作的通道类产品不断创新，也是融资规模受限后不断突破寻求发展的趋势。近期，宁波银监局对辖内商业银行投行业务发展情况开展了调研，发现在新形势下投行业务存在的一些值得关注的问题，并提出了对策建议。

一、辖内投行业务发展现状

2011 年至 2014 年 6 月末，宁波辖内有 22 家银行开办了投行业务，已累计为 936 家企业募资 1 767 笔，金额 2 536.42 亿元，82.26% 的资金投向于宁波全市范围。其中债券承销类业务合计 80 笔、412.26 亿元；北金所委托债权合计 221 笔、376.26 亿元；银信合作类业务合计 279 笔、634.59 亿元；银证合作产品合计 913 笔、790.75 亿元；银租合作业务合计 63 笔、119.77 亿元；银保合作业务 1 笔、25 亿元；同业合作类业务合计 121 笔、148.82 亿元。

二、投行业务发展特点

（一）投行融资快速扩张

2011 年和 2012 年宁波银行业投行业务累计募资分别为 283.54 亿元、641.32 亿元，2013 年升至 965.93 亿元，2014 年上半年已募集资金 645.63 亿元，为 2013 年全年的 66.84%，融资总量快速扩张。同时，投行业务发生额占贷款投放量的比例也从 2011 年的 22.45% 上升到 49.88%（2012 年）、72.82%（2013 年），2014 年上半年已达 81.55%，融资贡献度越来越高。

（二）融资期限以短期为主

2011 年至 2014 年 6 月，宁波辖内投行业务融资期限在 1 年内的业务占比最多，每年均超过 50%，其次是 1~3 年的中长期业务，占比在 25% 至 32% 之间。

（三）融资产品成本趋于稳定

随着投行业务竞争加剧，近年来各产品的融资成本逐步缩小，平均成本基本维持在 6.8% ～ 7.7%。其中，租赁业务的融资成本从 5.05% 逐年走高至 7.75%，融资优势降低；银证业务、同业业务的融资成本从超过 10% 大幅下降趋于平均水平而备受青睐。

（四）银证合作异军突起

2014 年上半年，辖内银行通过与证券公司合作对接信贷资产方式募资 360.65 亿元，与 2013 年全年几乎持平，笔数为 492 笔，超过 2013 年全年 85 笔。该业务在 2011 年、2012 年起步后，2013 年在辖内得到迅猛发展。

（五）投行叠加同业业务不断创新

传统投行业务叠加同业业务是近两年发展的新模式，2014 年，规范金融机构同业业务的 127 号及 140 号文出台后，部分业务开展受限，上半年该类业务的金额和规模较 2013 年有所下降，但各行尤其是股份制银行相应的创新和变异种类却层出不穷。

三、商业银行投行业务发展中存在的问题

（一）业务发展方面

1. 融资产品存在局限性。投行业务的目标客户主要为大中型企业或政府背景企业，需要达到一定的信用评级，大多数中小微企业不符合准入门槛。同时，部分投行业务产品无实质创新，仅靠打政策"擦边球"，受监管政策调整影响大，容易被随时叫停。

2. 复合型专业开发人才缺乏。由于投行业务产品的复杂性，要求其从业人员不仅要了解银行的各类信贷产品和功能，还要掌握证券、保险、投融资等相关知识。而现有投行从业人员多为从对公、对私条线临时组成，相对缺乏高素质、复合型的专业人才。

（二）授信审批方面

1. 审批权限上收存在隐患。出于流动性管理的考虑，各家银行总行都在逐步上收非信贷融资业务的资金配置权，将资产池、理财计划设立和产品发售统一至总行，分行职能逐步定位于仅提供基础客户。容易造成总行对具体项目的情况了解不深入，而基层银行为争取配置资金，会从自身利益出发，配合企业通过总行准入。

2. 易产生多头授信问题。现有金融监管手段主要是围绕传统信贷设计开发，部分工作机制已明显滞后于银行业务发展的进度。如银行投行业务数据尚未纳入人民银行的企业征信信息库，容易遗漏企业融资信息，不利于银行全面掌握企业负债情况，产生多头融资问题。

（三）风险管理方面

1. 产品创新带来监管套利风险。银行借助"通道"腾挪信贷资产，投行叠加同业业务的实质是将传统的信贷业务通过信托、证券、基金、北交所等通道转变成"同业业务"或"理财业务"，绕开存贷比监管和相关信贷政策。由于类信贷类业务和融资类理财业务均未纳入信贷业务管理，导致拨备率、存贷比、贷款集中度等监管指标不真实，也导致资本充足状况等指标不准确。

2. 混业经营突出政策性风险。投行业务融合了银行、证券、保险、租赁等金融行业的合作创新，在现行分业监管模式下，对某一产品链局部环节的监管容易产生监管盲区。此外，投行业务大多属于新兴业务，容易产生"创新先行、合规滞后"的问题，在相应的操作规程、内控管理制度，会计核算、风险监测等环节存在漏洞。

3. 通道业务加大银行信用风险。银行投行业务项下销售的理财产品包含了银行隐性信誉担保，而债权购买方也多为银行，风险未实质性转移。同时，信托受益权、资产管理计划等项目准入门槛低于贷款业务，且大部分资金绕过监管政策进入政府融资平台、房地产行业、产能过剩等限制性领域，加剧了行业风险。此外，部分银行对于通道类业务没有按"实质重于形式"的原则计提应有的拨备，仅占用了交易对手银行的同业授信额度，银行实际抗风险能力下降。

4. 期限错配面临流动性风险。投行业务通过发售理财产品向社会直接融资，居民存款转化为不同期限的理财产品，这对银行的流动性管理提出了极大的要求。目前市场上期限灵活、收益浮动的理财产品实质上都是通过吸收短期理财资金配置长期资产方式获取利差的非标产品，期限错配问题会带来严重的流动性风险，特别是季末、年末，银行可能面临较大的流动性管理压力。

5. 产品不透明引发声誉风险。投行业务直接将对接融资项目的信用风险通过发售理财产品的形式转嫁给投资者购买人，而在销售环节，银行主要强调投资金额、期限、收益率等，对募集资金的投资方向、投资比例和运营机制等关键内容未予充分说明。缺乏对融资项目情况的持续信息披露，投资者对自己所要面临的风险并不清楚，如投资项目发生风险时，易对银行声誉造成影响。

四、商业银行投行业务发展的建议

（一）监管部门加强引导

一是加强政策指引。监管部门应逐步出台投行类业务的具体管理办法和规程，明确此类业务的业务边界，引导银行持续、合规开展投行业务。二是摸清业务整体情况。建立商业银行投行业务监测统计制度，准确掌握投行业务的发展总量，产品创新变化，分析其风险演变趋势，及时叫停各类违规创新产品。三是开展监管联动。开展银行、证券、保险等行业间的监管联动，对创新产品联合出台监管政策，进行业务全流程监管，确保业务的合规性。

（二）加强产品与准入管理

一是鼓励真实的业务创新。改变银行产品简单复制的情况，鼓励发展代理、托管、结算等轻资产业务，真正实现业务转型。二是提高中小企业的辐射面。鼓励银行研发中小企业集合票据等面向中小微企业融资产品，对于该类产品放宽融资比例限制，以盘活信贷资产。三是加强产品的准入监管。督导银行严控期限错配类产品、通道类产品的比例，强化对合作机构的准入管理，严格退出机制。

（三）突出业务风险管理

一是强化投行业务的流程管理。银行要把投行业务纳入综合授信体系，控制整体风险，完善投行业务全流程管理的相关制度要求。二是加强流动性风险的监管。对投行业务实行融资比例控制，根据银行的风险管控能力，确定投行业务与传统信贷业务的比例限制。三是培养与业务相适应的人才队伍。

（四）培育良好的金融环境

一是加强公众风险意识培养。银行机构应承担社会责任，进一步做好金融知识普及宣传，强化公众风险防范意识。二是完善投资者保护机制。银行要建立全面、透明、快捷的客户投诉处理机制，确保客户了解投诉的途径及程序，公平和公正地处理投诉。三是销售环节加强信息披露。加强对信息披露环节的监管，对信息披露不到位的银行要有制裁措施。银行也应明确提示产品的具体投向和风险等级，真正实现卖者有责、买者自负。

（作者吕碧琴，宁波银监局副局长）

厦门辖内互联网金融业务状况、特点及建议

当前以第三方支付、P2P 网络借贷等为代表的互联网金融如火如荼，对银行业造成了一定的冲击和影响。厦门银监局对此开展了专项走访调研，全面了解、掌握辖内互联网金融业务开展情况，对业务特点和问题进行梳理和分析，并提出相关建议。①

一、业务情况

（一）第三方支付基本情况

目前第三方支付主要有三类牌照：预付卡发行与受理、银行卡收单、网络支付。三种牌照均必须向人民银行申请、报批。其中网络支付牌照主要从事互联网支付、移动支付、数字电视支付等各种线上业务，与互联网金融关系紧密；其他两类牌照则侧重于线下业务，不属于互联网金融范畴。

根据中国人民银行发布的《中国金融稳定报告 2014》，截至 2013 年 8 月，全国共有 250 家第三方支付机构，其中 97 家拥有互联网支付牌照。2013 年，全国支付机构共处理互联网支付业务 153.38 亿笔，金额总计达 9.22 万亿元。而截至 2013 年底，厦门辖内尚无持有互联网支付牌照的第三方支付机构，相关交易量为零，业务发展明显滞后。

（二）P2P 网络贷款基本情况

目前 P2P 网贷公司主体一般为电子商务公司或网络科技公司，在工商系统登记注册时经营范围体现为"信息服务类"或者"信息咨询类"。公司开展 P2P 业务仅需在工信部门备案并取得电信与信息服务业务经营许可证（ICP 许可证）即可。

---

① 数据说明：在众多互联网金融业务中，第三方支付和 P2P 网络借贷属于典型的"类银行业务"，对银行业金融机构影响较大，为本报告的主要研究对象。本报告中与第三方支付业务相关数据主要来自于人民银行。由于 P2P 网络贷款目前尚无明确的监管主体，缺乏统一、权威的数据统计口径及渠道，报告中相关数据主要来源于部分 P2P 网贷企业及专业信息平台，与实际情况可能有所偏差，特此说明。

据不完全统计，截至 2013 年底，厦门辖内开展 P2P 网络贷款业务的企业共9 家，包括 4 家法人机构，5 家分支机构。上述 9 家公司中除 1 家尚未正式上线外，其他 8 家机构均已正式开展线上业务。据粗略统计，9 家机构网贷产品平均借款年化利率 13.47%，平均借款期限为 5.6 个月；9 家机构 2013 年总交易量约一亿元，其中 4 家法人总交易量约 9 000 万元，占比为 90%。从业务覆盖面看，4 家法人机构业务主要集中于厦门、泉州等地区，仅有 1 家法人机构业务延伸至陕西、新疆。从客户群体和成交量看，4 家法人机构囿于地域限制及经营策略不同，客户数、交易量悬殊，存量客户从几十户到千余户、成交量从几百万元到几千万元不等。从经营模式看，资金汇集方式仍然以资金池为主，担保方式主要为平台自担保，借款人群体主要为个人和小微企业。

二、业务特点及问题

（一）第三方网上支付业务尚属空白

厦门辖内 17 家第三方支付机构（4 家法人，13 家分支）主要集中于预付卡发行与受理、银行卡收单业务，业务种类比较单一，尚无持有网上支付业务牌照的机构，有关互联网支付、移动支付、数字电视支付等线上业务基本空白。

（二）P2P 网贷业务处于起步阶段

据不完全统计，2013 年厦门辖内 P2P 网络贷款成交量接近一亿元，与 P2P门户网站"网贷之家"发布的 2013 年 P2P 全年行业总成交量 1 058 亿元相比，尚不足 1‰；辖内 9 家贷款平台 2013 年累计借款人次约三千人次，累计出借人次仅为一千人次，客户数量较小；大部分平台业务主要集中于本地，未跨出福建辖区，地域延展性不足。总体而言，厦门辖内 P2P 业务存在量小、面窄的问题，尚需进一步推动和拓展。

（三）P2P 网贷资金运作多为资金池模式

辖内 P2P 网络贷款法人企业仅厦门金谷电子商务有限公司引入第三方支付平台（汇付天下）作为资金托管方，其余三家机构业务开展仍为"理财—资金池"模式而未能实现资金托管，即通过将借款需求设计成理财产品出售给投资人，或者先归集资金再寻找借款对象等方式，使投资人的资金进入平台的中间账户，产生资金池。此类模式下，P2P 网贷平台极易涉嫌非法集资或非法吸收公众存款。

（四）多家 P2P 网贷平台涉足小额贷款公司经营

辖内 9 家 P2P 网贷机构中，有 7 家以参股、控股等方式涉足小贷公司业务，其中法人 2 家。对小贷公司而言，P2P 网贷身份是突破地域、终端用户群、融资规模、放贷规模四大限制的最佳渠道。小贷公司以 P2P 为平台开展业务，可借助互联网优势及 P2P 身份实现线上、线下联动，同时绕过放贷杠杆限制，最终扩大成交规模。如友友贷参与设立新疆某地州村镇银行和小贷公司，其客户数量及成交量均属于领先地位。

（五）辖内互联网金融产业引导、鼓励政策尚不明晰

厦门辖内互联网金融产业目前尚处于自发生长阶段。工商系统针对互联网金融企业的登记注册中，其经营范围仍然以电子商务、信息技术服务等为主，无法体现互联网金融产业特色；政府及相关部门尚未出台有关推动、鼓励政策，互联网金融产业因缺乏统一的规划、管理，存在行业定位不清晰、产业链不完善、发展动力不足、运作不规范等问题，一定程度上影响了厦门辖内该方面业务的发展。

三、结论及建议

总体而言，厦门辖内互联网金融业务尚处起步阶段，相关机构家数少、交易量低，没有具备一定影响力的互联网金融企业。第三方支付方面，目前尚无持有网络支付牌照的机构，与互联网金融相关的第三方支付业务基本为零；P2P 网络贷款方面，数家企业已涉水该方面业务，但交易量低、客户数少、经营地域狭窄、运作不够规范，各方面亟须提升和完善。

针对目前厦门辖内互联网金融业务发展滞后、规范性不足、配套措施不力等情况，应从三个层面加以推动和完善：

（一）政策扶持，抢占先机，推动发展

政府部门应依托厦门 IT 行业发达、金融创新活跃、民众互联网意识较强等优势，牢牢抓住互联网无疆、开放的特点，大力发展互联网金融产业以突破厦门"物理地域受限，辐射能力不足"的瓶颈。一是支持互联网金融企业注册登记，允许其在工商登记时使用"互联网金融服务"等标识性字样以改变原来经营范围界定不清、业务统计口径不明确的情况；二是出台相关指导意见和鼓励措施，为初创期、成长期的相关企业提供支持指导，推动厦门本地互联网金融企业做大做强，同时加速引进互联网金融企业总部落户厦门，助力厦门总部经济发展；三是完善互联网金融行业生态链条，加强传统金融业、各类互联网企业之间的沟通协作，营造良好的互联网金融产业生态环境，通过组合产业链上

下游不同优势资源，促进互联网金融重大科技研发及模式创新项目落地。

（二）适度监管，营造氛围，规范发展

一方面要从维护市场秩序和保护消费者权益出发，明确各类业务的监管主体、准入门槛和运作规则，营造公平、有序、安全的市场环境。特别是针对目前野蛮生长的 P2P 网贷行业，应明确其"金融信息服务中介"角色定位，严禁"平台担保"、"资金池操作"、"资金假托管"等不良行为，严防非法集资、平台跑路、借款人违约等重大风险。另一方面在规范互联网金融发展的同时应给予其一定的发展空间，相关监管方式、内容应符合"鼓励、规范并重"的原则，与传统金融业有所区别，能够较好地契合互联网金融业务特点和发展方向。

（三）银企合作，优势互补，实现共赢

互联网金融的蓬勃发展对传统银行构成了一定威胁，同时也带来了互惠共赢的发展契机。传统银行业在发挥风险防控、线下网点及管理专业化优势的同时，应以包容的姿态吸取互联网金融平等、普惠、客户至上理念，在产品及服务中融入更多互联网元素。互联网金融企业应成为传统银行服务的有益补充，充分借鉴传统银行在风险控制方面的经营理念，严守经营底线，规范有序运作。同时，传统银行业和互联网企业应进一步加强跨界合作，以"优势互补、资源共享、同步发展"为原则，不断扩大合作领域，深化合作内容，实现两者双赢。

（作者梁洁红，厦门银监局副局长）

对虚拟信用卡的创新尝试与规范措施

中信银行与微信、阿里巴巴合作推出的虚拟信用卡被央行叫停，但它作为信用卡发卡方式和渠道的创新尝试，是实体信用卡去介质化的一次突破，其创新逻辑和存在的风险，值得我们深入分析。

一、何为虚拟信用卡

虚拟信用卡，英文称 VIRTUAL CREDIT CARD，在国内最早是针对没有国际信用卡或者因担心信用卡付款安全的用户需要国外网上购物、激活各类网上账号、充值等情况推出的产品。美国银行、花旗银行等提供此类安全服务。其特点是办理方便快捷，没有复杂的程序，使用安全放心，全世界通用。它与真实的用户信用卡捆绑在一起，不会让真正的信用卡信息在网间泄露。它的缺点是没有实体卡，在某些领域运用时可能受限。

中国银行的长城环球通虚拟卡、广发银行的真情网购虚拟卡等，均是为客户网购安全需要提供的一种信用卡，或依附于实体卡，或独立卡号，其前提是客户已有该行信用卡。而中信银行最近与腾讯、阿里巴巴合作推出的虚拟信用卡，去掉了实体的概念，根据已知的申请人交易行为、社交行为等，采取"主动邀约"方式，在线核实客户身份；实时风险模型评估，在线开设信用卡账户。实现"即申请、即发卡、即支付"金融服务，信用额度基于已有互联网调研数据以及客户实际消费需求，给予较低额度，范围设定为 50 元至 5 000 元，并随着用户使用进行调整，产品透支消费、免息期、还款方式等与传统信用卡相同，众安保险为该卡提供消费信用保险。

二、虚拟信用卡的创新价值

（一）普惠金融，满足客户更便捷的支付需求

与传统的银行信用卡比较，虚拟信用卡的优势在于"即申请、即发卡、即

支付"，用户无须前往银行营业网点填写提交申请纸质申请材料，也不需要漫长的资格审核和发卡过程，为客户提供了便捷的支付体验和服务，特别对那些热衷网络生活的年轻一族以及银行由于资源局限之前难以覆盖的低端客户更加便利。

（二）有机结合，提升银行竞争力

在互联网金融蓬勃发展的大背景下，虚拟信用卡充分运用大数据工具，支持海量客户的迅速获取，利用互联网公司的数据优势、客户优势，创新"社交平台＋银行信用＋保险"的金融服务模式，可以提升原有构建在平台内的闭环产品功能，有效提升银行的竞争力。

（三）共同合作，提升互联网公司的风险管理能力

平台型信贷产品的核心竞争力是风险控制能力。阿里、京东等互联网公司往往是挖银行风险管理人员来实现这种能力的转移。此次双方的合作，银行风险识别模型基本原理和评分结果可与互联网公司共享，使银行最擅长的风险管理能力加速向互联网公司迁徙，较好地提升了互联网公司的风险控制能力。

三、虚拟信用卡的风险

（一）对客户身份识别审核存在合规风险

银行拟对通过大数据筛选的客户发行虚拟信用卡，尽管在客户身份核实方面采取一系列措施控制风险，但仍无法满足《商业银行信用卡业务监督管理办法》（中国银监会令2011年第2号）第三十八条"申请材料必须由申请人本人亲自签名"、第三十九条"营销人员应当审核身份证件（原件）和必要的证明材料（原件）"的要求。同时，中国人民银行在即将出台的《互联网支付业务管理办法》中也有支付账户的开立实行实名制的要求，虚拟信用卡的开立无法做到。

（二）易发生法律风险

目前，无论微信还是阿里巴巴在客户实名制审核方面均缺乏直接证据，无法做到"三亲"审核银行开立的虚拟信用卡，事后客户投诉冒用、盗用等问题时，在当前司法环境下，银行举证较难被充分采信。另外，虚拟信用卡从申请、发卡、使用等都是数字信息的采集、传输与处理，如果发生信息泄露，银行将面临较大的法律风险。

（三）银行标识代码等风险

目前，中国银联尚未对虚拟信用卡的银行标识代码进行规范，银行如何使

用虚拟信用卡的银行标识代码、与传统信用卡如何区分、是否线上线下混合使用等均有待规范。同时，如果虚拟信用卡是由第三方支付公司发行的，作为网上支付工具，记录着持卡人的信用状况，但目前尚未纳入个人征信系统管理。

四、如何规范发展

（一）认真分析评估，及时引导规范

虚拟信用卡打开了银行业务新的空间，各商业银行均在认真研究推动，监管部门应积极应对，做好相关问题的分析研究，针对移动互联网等环境下的客户身份识别，出台相应的指导意见，建议在确保客户"真实身份、真实意愿"的前提下，创新银行对客户身份核实过程和形式的要求。同时考虑允许部分商业银行在金融创新活跃、法律环境良好、信用体系建设较完善的地区如深圳进行试点限量发行，积累实践经验。

（二）加强风控措施，有效防范风险

相比传统信用卡，虚拟信用卡的载体和使用范围均发生了变化，对银行的后台管理提出更高要求。银行必须构建新型风险管理体系，将银行风控管理技术和征信数据体系相结合，通过核查征信信息、网银数据、公共缴费数据、航空记录、电商购物数据等信息，准确识别客户身份、确保本人申请，同时防范交易欺诈、做好应对客诉纠纷。

（三）做好配套工作，保障业务发展

一是中国银联应针对虚拟信用卡设定专用的银行标识代码，规范银行卡号管理。二是个人征信系统应加快拓宽用户范围，将非银行的信用记录纳入管理范围，以真实全面地反映持有人的信用状况。三是推动适应移动互联经济发展的法律法规建设。比如电子签名法等，使网络环境下的日常活动、业务创新等更加有法可依。

（作者胡艳超，深圳银监局副局长）

国内商业银行盈利模式转型难点及监管建议

随着党的十八大关于全面深化改革战略部署的快速落实，我国银行业经营环境发生了深刻变化。为应对经济结构转型、金融脱媒加速、互联网金融发展等带来的挑战，各商业银行在盈利模式转型方面做出了积极探索。从各行实践看，一些银行虽然在信贷结构优化、中间业务发展、综合化经营和国际化战略等方面取得了诸多成效，但仍存在不少困难。为实现银行业持续健康发展，需综合施策，促进商业银行盈利模式成功转型。

一、商业银行盈利模式转型难点

（一）转型动力总体不足

盈利模式转型首先取决于银行内部的思想转变，需要全行员工深刻认识到传统经营模式的危机和转型的迫切性，上下一心，形成转型合力。但现实情况是，由于长期以来利率管制保护了银行的利润空间，一些银行管理人员形成的思维定式使传统观念的转变非常不易。银行过度依赖信贷增长、利差收入、成本投入、外源融资实现粗放型增长的惯性还很强大。

（二）同质化经营严重

一是业务结构同质化。资产配置以贷款为主，负债结构以存款为主，收入来源以息差为主，仍是绝大多数银行业务结构的总体特征。二是产品服务同质化。各行不同程度缺乏集中本行优势特色且他行难以替代的核心产品。三是"特色战略"不突出。绝大多数银行资本、人力等资源被分散配置于多个业务领域，单一业务难以形成核心竞争力。四是"转型战略"高度雷同。随着"大客户"业务增长空间的收窄，各行纷纷提出了转型战略，但高度"扎堆"于公司、零售、同业、投行等领域。

（三）管理支撑存在短板

盈利模式转型需大幅提高非利息业务及高回报贷款业务占比，但短期内银行拓展新业务所需的管理能力仍显不足。一是银行内部条块分割、效率低下的痼疾仍不同程度存在，管理流程、业务流程以及产品创新流程等方面存在很多不适应市场变化的地方。二是中间业务开拓能力不足，一些所谓的中间业务收入有不少实质仍是贷款业务范畴，并非源于真正的中间业务。三是小微企业行业细分、领域细分下的定价和风险管理能力建设难以快速跟上市场和客户需求。四是通过信息技术开发、大数据运用拓展新客户和挖掘存量客户尚处于较初级的探索阶段。

（四）综合化经营发展滞后

受制于历史形成的"分业经营、分业监管"体制，当前国内商业银行主要通过集团控股、设立子公司来实施综合化经营战略。这种方式下，子公司的设置往往需不同监管部门审批，壁垒较高，难度较大，且流程、时间、人力等成本很高。此外，综合化经营优势的发挥，需要集团内各子公司的高度协同，而目前各行在集团化管理方面仍处于探索阶段，集团与子公司之间、各子公司之间的业务协同效应发挥不够。

（五）资产证券化推进缓慢

信贷盈利模式的转型是银行盈利模式转型的重要内容。资产证券化是银行实现信贷盈利模式转变的重要依托。目前，信贷资产证券化虽已推出备案制，但仍存在几个问题。一是额度控制偏严，与银行贷款余额不成比例。二是交易市场分割，信贷资产证券化产品主要在银行间债券市场进行交易，风险仍保留在银行体系内部。三是交易市场参与者集中于银行、证券等金融机构，风险未能实现有效分散。

（六）金融基础设施有待完善

银行业转型需要良好的金融基础设施环境，包括支付清算、诚信建设、金融法律、多层次金融市场等。目前我国金融基础设施建设对银行业转型的支持保障作用有待进一步加强。一是国内支付清算体系在不同地区间发展很不均衡，统筹协调职能仍有待加强。二是目前尚未形成具有较强约束力的信用奖惩机制。社会征信体系建设有待进一步加快。三是金融法律体系尚不完善。例如，近年来迅速发展的互联网金融，尚无明确的法律对其地位、性质等进行规范。四是债券市场尚处于发展的初级阶段，可投资和交易的债券品种较少。债市规模偏小，为银行优化盈利结构提供的空间有限。

二、促进商业银行盈利模式转型的建议

（一）引导商业银行坚持科学的转型原则

一是差异化原则。各行应根据本行特点，实事求是地制定差异化的战略定

位和转型规划。二是适应性原则。转型的方针、措施应与外部经营环境和本行实际相适应。三是协调性原则。统筹兼顾发展方式、业务模式、管理方式各方面协调转型。四是渐进性原则。要循序渐进、审慎推进转型战略。

（二）引导商业银行深入实施管理变革

转型表面上是经营问题，实质是管理问题。各行应对照转型要求，大力提升管理精细化、专业化、规范化水平。一是引导全员转变观念。彻底转变传统的规模偏好、速度偏好，确立以价值导向与可持续发展为核心的经营管理理念。二是完善绩效考核体系。构建全面兼顾效益、质量、规模、结构的科学考核评价体系，从制度上引导和规范全行员工。三是加强经济资本管理。实现经济资本对风险资产扩张的有效制约。四是提高风险定价水平。对不同风险的业务实施差异化定价，实现风险与收益合理匹配。五是强化资源整合。以客户为中心，有效整合人力、渠道、信息、系统等多方面的资源，推进业务流程改造，不断促进内涵集约化发展。

（三）积极支持商业银行开展综合化经营

市场经济的不断发展，对银行的综合化经营提出了迫切需求。建议适度放宽商业银行跨业经营范围，拓展传统银行新的利润来源。一是扩大综合化经营试点范围。鼓励资本充足、内控健全的商业银行在完善"防火墙"机制的前提下积极开展综合化经营试点。二是支持商业银行和非银行金融机构合作，以资本市场为平台，积极探索和创新跨市场的金融产品。三是适时修订法律法规。允许符合条件的银行进行金融领域股权投资。进一步明确对金融控股公司治理、资本管理、风险管理的要求。

（四）加快推进资产证券化

资产证券化是金融体系盘活存量资产、优化资产结构的重要手段。建议加快步伐，进一步促进资产证券化业务发展。一是适度放松额度控制。在风险可控的前提下有效调动商业银行开展此类业务的积极性，支持证券化市场快速做大做强。二是加快实现跨市场流通。进一步理顺机制，实现信贷资产证券化产品的完全跨市场流通。三是持续扩大合格投资者范围。有效分散金融风险，并增强资产证券化产品的流动性。四是建立跨行业的风险监控体系。针对风险苗头制定跨业风险防控措施，避免出现监管真空。

（五）促进传统金融与互联网融合发展

传统金融和互联网金融各有优势，应当加强行业监管和引导，实现传统金融与互联网相互促进、共同发展的良性发展。一是鼓励商业银行运用互联网思维和技术改造传统业务，适时支持互联网银行试点。二是推动互联网企业参与社会信用体系建设，实现企业信用资源与公共信用资源的全面整合和有效利用。三是完善互联网金融法律法规。逐步将国内外互联网金融发展过程中较为成熟的业务和模式如 P2P 网络借贷、众筹融资、直销银行等纳入监管范围。

（六）加快推进金融基础设施建设

一是紧跟互联网、移动通信、无线网络技术创新，进一步构建统一、高效、安全的支付结算体系。二是大力支持征信机构发展，完善信用评级制度，强化不良信用行为惩戒。三是进一步完善金融法律体系，清除不合理政策壁垒，健全金融领域法治运行机制。四是促进律师、会计、评级等第三方机构和托管、交易等市场服务机构的健康发展，提升金融中介服务水平。

（作者陈飞鸿，深圳银监局副局长）

农村土地经营权抵押贷款业务试点情况及建议

——对河北张北、邱县模式的实证分析

发展农村经济，解决"三农"问题，农村土地是最大的可用资源。盘活土地资源，开办农村土地承包经营权抵押信贷等金融业务是一种有效的经济手段。为了解农村土地承包经营权抵押贷款情况，探索完善政策措施，我们深入农村土地承包经营权抵押贷款试点县进行了调研，提出了有关建议。

一、我国农村土地类型及流转

农村土地承包经营权流转是开办土地经营权抵押贷款业务的基础。目前，土地用途管制是我国土地管理的基本政策。从用途看，我国农村土地主要有三类：一是以农村土地承包经营权为内容的耕地；二是以宅基地及农村公共建设用地为内容的农村建设用地；三是以林权及林地使用权为代表的林地。除此之外还有管理较为特殊的"四荒"地。农村土地流转主要是上述几类土地有关权益的流转、交易。实践中已探索开展的主要是农村土地承包经营权及林权的流转。

二、农村土地经营权流转及抵押的政策及法律规定

党的十八届三中全会指出，要赋予农民更多的财产权利，包括赋予农民对承包地占有、使用、收益、流转及承包经营权抵押、担保权能，赋予农民对集体资产股份占有、收益、有偿退出及抵押、担保、继承权。允许农民以承包经营权入股发展农业产业化经营，允许通过试点推进农民住房财产权抵押、担保、转让，鼓励承包经营权在公开市场上向专业大户、家庭牧场、农民合作社、农业企业流转，保障农民集体经济组织成员权利，保障农民宅基地用益物权、保障农民公平分享土地增值收益。《国务院办公厅关于金融服务"三农"发展的若

干意见》提出制定农村土地承包经营权抵押贷款试点管理办法，在批准的地区开展试点。

目前，农村土地承包经营权抵押缺乏基本的法律制度支撑，各地实践主要是在政策指引下的一种探索，实现农村土地承包经营权抵押亟须顶层法律设计。从《物权法》《农村土地承包法》《担保法》等法律法规来看，关于农村土地的法律规定有两个重要特点：一是权能不全。农村土地承包经营权、宅基地使用权不得抵押、担保。宅基地使用权只能占有、使用，不能转让处分，若转让，则不能再得，法律并没有赋予其完整的权能。二是市场分割，城乡二元。我国对城乡土地不同的管理制度，形成了城乡二元市场，相关要素不能在统一市场上形成统一的市场价格，体现统一的市场价值。特别是宅基地使用权、农村集体建设用地为代表的农村建设用地。农村土地增值无法体现其本来价值，农民更无法从增值中获得较好的收益，阻碍了城乡二元及贫富差距扩大等问题解决，影响了农村经济的发展。

三、河北省农村土地流转信贷支持模式

近两年，河北省部分银行业机构开发了农村土地承包经营权抵押贷款业务，主要有两种模式：张北县农信联社开办的土地流转收益保证贷款，邯郸银行开办的致富流转贷。两种信贷操作模式及流程主要是：

（一）张北县土地流转收益保证贷款模式

张北县成立物权融资农业发展有限公司，制定了《张北县农村土地流转经营权证登记管理办法（试行)》等办法。在此基础上，张北县农信联社开发了土地收益保证贷款，其流程为：借款人提出贷款申请，金融机构进行预审，在此基础上，借款人与物权公司签订土地承包经营权流转合同，将土地承包经营权流转到物权公司，并在乡镇农经站进行土地承包经营权的变更登记，变更登记后，物权公司对金融机构开具承诺函，承诺借款人不按时还款，将承担保证责任。物权公司在承担还款责任后，有权将变更登记到自己名下的农村土地进行挂牌转让，以转让收益弥补承担的还款责任。

在张北县操作模式中，物权公司承担了保证担保责任，乡镇农经站承担了权利变更登记及鉴证责任，评估小组承担着价值评估的职能。从整体上看，通过合同约定，事先将经营权流转至物权公司的形式，虽然本质上仍然是土地流转收益作为还款担保方式，但规避了农村土地承包经营权不可抵押的法律规定。

截至 2014 年 10 月 15 日，张北县的农村土地流转收益保证贷款发放 17 笔 476 万元，其中 1 户是农业公司贷款 300 万元。

（二）邯郸邱县致富流转贷模式

成立了农村产权服务有限公司和农村产权交易监督管理委员会等机构，制定了《邱县农村土地承包经营权流转交易规则（试行）》等办法。据此，邯郸银行开发了名为"致富流转贷"的农村土地承包经营权抵押贷款。具体流程为：借款人向邱县农交所申请流转自身承包土地，经农交所及村委会、镇政府审批后，发布流转信息签订流转合同，农交所对合同交易进行鉴证，出具交易鉴证证书。银行对借款人贷款申请进行调查，并签订抵押贷款合同，邱县农交所进行抵押登记并向邱县"三农"服务中心申请冻结产权。邱县农交所出具农村产权抵押登记证书。若到期收回贷款，则由邱县"三农"服务中心解冻土地承包经营权。

截至 2014 年 10 月 15 日，邯郸银行致富流转贷发放 6 笔 1 550 万元。借款人为农业科技公司及农民专业合作社等。

（三）两种模式的特点及不足

主要特点：一是注重制度建设。张北县与邱县的农村土地经营权流转均建立了比较全面的制度基础。二是搭建了交易平台。两地均成立了土地流转交易平台，配套建立了登记、评估、鉴证等制度。三是建立了风险缓释机制。作为探索性措施，政府通过建立风险补偿基金、财政贴息政策等方式，为贷款提供了风险缓释措施。

不足之处：一是信贷支持力度小。张北模式下，由于承包土地级别较低、收益不高，流转土地评估价值不高，贷款前提是借款人先行支付土地流转费（承包租赁费），可贷金额受限，信贷支持额度较低，其与现有的农民信用贷款或联保贷款模式相比，优势并不很突出。邱县模式中，邯郸银行以土地经营权和地上、地下附着物（投入资金形成的资产）为抵押，较好地解决了信贷支持问题。二是借款程序较为烦琐。农民以流转土地抵押申请贷款支持时，较为烦琐的程序也制约了业务的开展。三是法律规定不支持。按照相关法律关于农村承包土地不得抵押的规定，土地经营权不能做抵押贷款，一旦抵押贷款出现纠纷，债权人的权益将面临很大的法律风险。

四、做好农村土地经营权抵押贷款业务的几点建议

（一）完善顶层制度设计

开办农村土地经营权抵押贷款业务，最迫切的是从顶层设计完善制度。制度基础至少包括三个方面：一是法律制度。应尽快修订相关法律法规，赋予农村土地承包经营权等财产权的抵押权能，进一步规范农村土地流转交易活动。二是平台建设。包括交易平台，评估中介等建设。三是政府支持。由于农地金融特性，需要在货币政策，国家信用支持、风险损失补偿等方面提供政府支持。

（二）积极支持产品创新

在政策确定的基础上，应支持农村（县域）银行业金融机构积极开展农村土地流转基础上的信贷产品创新，尊重实践，积累经验。

（三）引导其他类型金融机构进入

应积极探索其他与农村土地经营权有关的金融业务，比如部分地区试点开展的农村土地信托模式。其基本模式为：以农村承包土地为信托财产，通过信托公司经营管理，农民作为信托财产受益人获取稳定的信托收益。土地信托模式既实现了土地流转与规模化经营，也通过专业金融机构操作，确保土地收益及增值能较大程度反哺农民。

（四）建立国家土地银行

从国际和我国台湾地区的经验看，由专业机构从事农村土地经营权信贷业务也是一种比较好的经验。国家土地银行资产规模大，产品创新能力强，抵御风险能力强，专业从事土地经营权信贷业务，能够为"三农"提供较为廉价的长期资金支持，国家对"三农"支持的特殊政策也可以通过它实现。鉴于农村土地经营权信贷业务对"三农"发展的重要性，有必要考虑建立国家土地银行。

（作者张庆民，河北银监局副巡视员）

山东辖区林权抵押贷款业务现状及发展问题的调研与思考

一、辖区林权抵押贷款基本情况

整体来看，辖区银行业金融机构于 2008 年开始涉猎林权抵押贷款业务，2013 年普遍开展。受自然条件、地理环境等因素制约，开办林权抵押贷款业务的机构主要集中在鲁西南地区。截至 2014 年 9 月末，调研的 8 个地市[①]共发放林权抵押贷款 459 笔，林权抵押贷款余额 68 200 万元，占所开展此类业务机构贷款余额的 0.12%，其中涉农企业、林农、农民专业合作社贷款余额分别为 44 589 万元、11 445 万元、3 188 万元，占比分别为 65.37%、16.78%、4.67%。抵押林地面积达 74 983 亩，林权质押贷款不良余额为 651 万元，不良率为 0.04%。总体呈现以下特点：

一是农村中小金融机构、邮储银行成为林权抵押贷款主力。由于承担支农惠农的主要职责，具有农村地区网点分布广泛的优势，农村中小金融机构与邮储银行成为林权抵押贷款的主力军，两类机构林权抵押贷款余额为 65 100 万元，占林权抵押贷款余额的 95.45%。

二是贷款期限相对较短。以中、短期流动资金贷款为主，其中 1 年以下（含 1 年）贷款余额 54 728 万元，占比为 80.25%；1~3 年（含 3 年）贷款余额 13 256 万元，占比为 19.43%。

三是利率相对较高。按基准利率上浮 30%~90% 不等，有的上浮 150%，大多执行上浮 50%，与城区门面房的贷款利率基本持平。

四是以组合担保为主要担保方式。多采用组合担保方式，要求借款人在提供林权抵押的同时，追加担保公司或其他企业一并提供担保。

五是行业协会的统领作用凸显。行业协会在政策落实、统筹发展、维护权

---

① 包括潍坊、滨州、东营、济宁、泰安、淄博、临沂、德州 8 个地市。

益等方面起到了主导、桥梁的作用。如济宁苗木协会帮助种植户统一申请财政补贴，根据苗木销售周期合理安排种植计划，保障了林农的权益，促进了林权抵押贷款业务的发展。

二、推动林权抵押贷款深入开展的主要问题

从目前情况看，推动林权抵押贷款深入开展主要存在以下几个问题：

（一）勘界不清和评估不规范增加了林权抵押贷款的难度和风险

一是部分地区存在林权四至界限核查不清、林地面积丈量不准等问题，导致林权证书与实际情况不符，阻碍了抵押贷款的办理。二是林权评估处于起步阶段，评估标准不统一，指标细项简单。有的地区没有专业的林业资产评估机构，或无专业评估资质、评估人员，容易出现林权价值高估风险。

（二）林权贷款周期与林农需求不匹配

林木产业投资周期长，一般要 3～5 年，甚至 10 年进入收益期。由于贷款周期长会加大贷款监督难度，降低收益，商业银行提供长期贷款的意愿低，林农贷款期限一般为 1 年、林企贷款期限不超过 5 年。短期贷款满足不了林业长期性生产资金需求，也造成了贷款偿还的困难。

（三）林权抵押贷款风险控制难度大

一是商业银行缺乏对抵押林的有效监控，容易造成抵押物流失。林地面积大而分散，林木易受自然和人为等因素影响，监控成本高，商业银行对抵押林的实际控制能力很弱。二是现有的保险险种难以涵盖风险。目前辖内保险公司开办的林木险种仅限于火险，辖区所处的平原地区发生火灾的概率极低，而自然灾害，病虫害等主要风险没有纳入保险范围，贷款安全缺乏有效保障。

（四）抵押林木处置变现渠道不通畅

一是林木资源资产交易市场发育程度低，部分地市没有林权交易机制和流转平台，一旦出现不良，既不能对林木所有权处置变现，也无法转让和拍卖林地经营权，造成信贷资产损失。二是林改后，林木采伐受采伐指标限制，商业银行会因政策约束无法获取采伐指标，影响抵押物及时变现。

（五）抵押贷款成本相对较高

一是贷款利率偏高。云南、福建等省的林权抵押贷款利率为基准利率上浮 10% 左右，而辖区基本为基准利率上浮 50% 左右。二是相关费用过高，林农负担过重。目前第三方评估、监管未形成有效竞争市场，评估、监管费用相对较

高。有的林权抵押贷款产生的评估、监管、保险费用占贷款金额的 5.3% 左右，挫伤了林农的贷款积极性。三是贴息政策利用率低。经过财政贴息，实际贷款利率与基准利率基本持平，但因政策宣传力度不够，许多林农不了解优惠政策，且受涉及部门多，申报程序烦琐等因素影响，林农难以享受到政策补贴的实惠，影响贷款积极性。

三、对策建议

近年来受国家退耕还林、财政补贴等政策的引导和支持，林农通过贷款扩大规模的意愿强烈，林业部门对以林权抵押贷款方式帮助林农扩大经营，促进林业发展态度也较为积极。监管部门应抓住有利时机，积极引导商业银行促进林权抵押贷款业务的发展。

（一）调整贷款产品结构，支持"三农"经济发展

一是根据林业生产周期合理确定贷款期限，满足林木整个生长周期的资金需求。二是加快开发符合林业特点的金融产品，在执行《关于完善和创新小微企业贷款服务　提高小微企业金融服务水平的通知》（银监发〔2014〕36 号）时，研究探索将林权抵押的小微企业纳入执行范围可行性，解决贷款期限与实际需求不匹配问题。

（二）规范林地面积勘察界定，明晰产权

一是明确各部门在林地勘察界定环节中的职责，明确林地面积和产权。二是建立林权勘界结果公示制度，通知相关单位和个人核查公示材料，做到产权明晰。三是出现因产权不清导致的处置变现风险，林业主管部门应积极协助商业银行做好抵押林权的处置，保全银行资产。

（三）建立风险防范保障机制，提高银行放贷积极性

一是完善林权抵押贷款制度建设，建立审慎有效的贷款流程和风险管理程序。二是建立林权抵押贷款风险保险机制，完善保障制度。按照"全覆盖、低保费、高保额"的要求，将林业保险纳入政策性农业保险的范围，提高林农投保率，分散和分摊风险。三是建立林权抵押贷款风险补偿基金，由受益于林业生态保护的企业和地方政府共同承担，为贷款损失提供补偿。

（四）加强对评估和第三方监管机构的管理，规范发展评估和第三方监管市场

一是加快建立有较高资质的林木资产评估中介机构，促进评估市场的公平

竞争。二是做好对评估机构资质认定、人员培训等，规范评估操作行为，逐步建立起配置合理、适应需要的林权资产评估体系。三是统一第三方监管机构准入标准，科学测算成本，合理确定监管费用，对第三方监管机构适当予以政策倾斜，促进形成公平合理、有效竞争的第三方监管市场。

（五）健全林权流转市场体系，缓解处置变现难题

一是大力发展林权交易市场，逐步完善林权流转机制。搭建林权交易平台，及时公开林权交易信息，形成"林权登记、流转、抵押、变更、行政审批和信息发布"等一体化的林权社会化服务体系，通过信息化方式、网络化通道缓解处置难题。二是有条件的地区成立收储中心。探索成立吸收民营资本参与，坚持商业化运作的林木收储中心，允许其通过自由买卖林木，赚取差价获利，解决抵押林木处置变现出口问题。

（六）加强政策宣传、扶持力度，鼓励开办林权抵押贷款

一是做好政策宣传。通过网络媒体、印发宣传册等多种途径全方位加大对政策的宣传力度，确保政策传达到林农林企。二是倡导建立行业协会。及时了解林农林企贷款需求，协调办理贷款，做好政策传导，发挥政府与林农林企间的桥梁纽带作用。三是成立林业担保基金。林业主管部门根据实际情况向当地财政部门提出需求，各县拿出专项基金参与，撬动更多资金解决林权抵押贷款担保成本高难题，进一步推进林权抵押贷款"增户扩面"，创造互惠共赢的良好局面。

（作者葛彬，山东银监局副巡视员）

利率市场化：财务公司的影响与应对

利率市场化是金融体制改革的重要一步，也是我国金融业发展、银行业务改革的必然趋势。在这一重大改革深化进程中，作为企业集团"内部银行"的财务公司，受其影响究竟多大，如何谋求业务转型和可持续发展之路，值得探讨。为此，湖北银监局结合湖北辖内各财务公司实际情况，进行了深入调研分析。

一、利率全面市场化渐行渐近

从金融政策层面来看，从确立经济体制改革目标到明确深化金融体制改革及金融市场发展方向，从利率市场化改革总体思路、目标和基本原则的确定，到党的十八届三中全会《中共中央关于全面深化改革若干重大问题的决定》的通过，利率市场化改革的纲领和路径日渐清晰。20年来各项改革具体举措稳步落实，我国利率市场化改革按照同业拆借利率和债券利率市场化、贷款利率市场化、存款利率市场化的步骤有序推进。目前，针对存款利率管制这一最后的"堡垒"，改革攻坚也提到议事日程并紧锣密鼓进行。

从金融市场层面来看，利率市场化一直在通过非传统渠道进行，主要表现在定价更加自由的表外信贷、同业业务，更加活跃的债券市场、理财产品。"金融网络化"和"网络金融化"的双重发展催生了余额宝、P2P等新兴金融业态；信托业受托资产和理财托管资产的急剧膨胀，以及各类"影子银行"活动规模的迅猛增长，对传统信贷业务造成巨大冲击。金融脱媒日益加剧已成为利率市场化加速的催化剂和无形推手。

在市场倒逼和政策的双重驱动下，全面实现利率市场化已经只有一步之遥。

二、利率市场化对财务公司的影响和挑战

从国际经验看，利率市场化往往导致商业银行存贷利差收窄、盈利能力下降、风险管理难度加大，迫使商业银行改变原有业务结构和盈利模式。财务公司设立于企业集团内部，为企业集团成员单位提供财务管理服务的非银行金融机构，具有金融资本和产业资本双重属性。由金融属性所决定，利率市场化将无疑加剧财务公司与商业银行之间的竞争，给财务公司带来多方面的影响和挑战。

（一）财务公司资金集中管理受到冲击

利率市场化后，存款利率定价更贴近市场，金融机构拥有自主定价权，对大客户存款的争夺势必更加激烈。相较于商业银行的资金渠道、运作能力、价格优势，财务公司仅依靠集团公司的行政命令难以提高成员单位资金集中的积极性。目前在人民银行尚未完全放开存款利率限制的情况下，各种理财产品已经对财务公司集中成员单位资金造成一定冲击。存款利率完全市场化之后，成员单位的趋利性将对财务公司资金集中管理形成严峻考验。

（二）财务公司整体资金成本被迫抬升

存款利率浮动范围扩大后，集团成员单位对财务公司的存款利率水平往往提出更高要求。财务公司必须与银行展开竞争，通过提高存款利率来吸收存款，导致存款结构出现由低成本的活期、协定等存款向较高成本的定期存款转移的倾向。充分竞争的市场机制将市场价格传导到市场中的每一个参与者，导致财务公司整体资金成本上升。以湖北省为例，2012 年 6 月至 2014 年 6 月末，辖内10 家财务公司活期存款占比从 53% 下降到 40%，1～3 年期存款占比从 0.9% 上升到 9.4%。

（三）财务公司盈利能力受到明显影响

目前财务公司中间业务收入发展严重不足，存贷利差及一般企业存款与同业存款利差是其主要利润来源。利率市场化后，成员单位极可能采取"盯市"策略向财务公司提出存贷款优惠利率诉求，迫使财务公司缩减存贷利差空间。2012 年 6 月至 2014 年 6 月，湖北辖内 5 家法人财务公司的净息差持续收窄，降幅最大达 1.5%。与此同时，存款利率双轨制的取消使存放同业的息差可能被彻底吞噬，进一步影响财务公司的盈利能力。

（四）财务公司风险管理面临较大考验

利率市场化之后，财务公司将面临多层面风险管理压力。主要表现在三个

方面：一是流动性风险压力。存款短期化和贷款长期化将导致资产负债期限错配加重，流动性风险面临上升压力。二是市场风险压力。利率市场化会导致市场利率频繁、大幅度变动，期限错配风险、收益率曲线风险加大。三是信用风险压力。存款利率放开后，传统利差收窄驱使财务公司通过高风险业务维持利润增长，信用风险管理面临挑战。

三、利率市场化后财务公司的发展方向及对策

面对利率市场化新形势新变化，企业集团、财务公司及监管部门都应当保持定力，理清思路，把握方向，增强信心，积极有效应对，促进行业持续健康发展。

（一）把住"方向盘"，重新回归基本功能定位

面对利率市场化的严峻挑战，财务公司应当调整方向，重新回归本源，充当集团资金集中管理平台，从盈利角色向服务角色转变。一方面通过财务公司资金集中管理，解决存、贷"双高"问题，降低集团整体财务费用和资金成本；另一方面，及时遏制成员单位在资金使用上因逐利冲动产生的负外部性，保证集团整体资金安全。

（二）打好"政治牌"，充分发挥集团化管理优势

依托集团是财务公司最大的优势，实现集团利益最大化是财务公司的根本宗旨。财务公司应充分发挥"内部人"的角色优势、行业优势、信息优势，协助集团做好税收筹划、利益转移以及强化行政管控等工作，充分发挥金融牌照的平台功能，充当集团内部优化资源配置的调节器、产业转型升级的助推器、成本控制和风险防范的控制器，从而提高综合效能并谋求集团整体利益最大化。

（三）研发"新能源"，稳步推进发展战略转型

面对利率市场化冲击，财务公司应紧紧围绕核心功能定位，推进战略转型，为可持续发展提供"新能源"。一是倡导主动营销理念。秉承"细分客户、积极营销、贴身服务"的原则，深入分析和挖掘成员单位需求。二是大力发展中间业务。积极拓展代开保函、代开承兑、代理保险等各类代理业务，以多样化的金融工具满足成员单位的业务需求。三是试点延伸产业链金融服务。与成员单位产业链上下游企业集团财务公司加强同业合作，实现产业链金融的链上整合与跨链条网络连通。四是提高资金运作能力。在公司治理完善、内控有效、流动性合理的前提下，有条件拓展业务范围，提高资金使用效率。

（四）当好"跟跑者"，加快建立科学定价机制

财务公司应当紧跟市场、顺势而为，建立面向客户、面向市场的定价机制，保持定价的灵活性和准确性。利率定价力求做到三个"统一"：一要体现服务性、盈利性和合理性的统一；二要体现定价基础与客户实际经营及风险状况的统一；三是体现定价导向与集团产业结构调整、转型升级等发展战略的统一。

（五）控制"刹车器"，逐步完善风险管理体系

利率市场化在激发金融市场活力的同时必然伴随市场参与主体风险水平的上升，各公司应树立全面风险管理理念，推进全面风险管理体系建设。一是建立完善与公司业务性质、规模和复杂程度相适应的流动性与市场风险管理体系；二是探索流动性与市场风险管理计量工具运用，增强风险计量监测的准确性和风险管理的有效性；三是加强管理信息系统建设，为识别、计量、控制各类风险提供数据支持；四是打造核心专业人才团队，确保财务公司在利率市场化改革进程中能够跟得上、管得好、控得住。

（作者罗勇，湖北银监局副巡视员）

以监管新思维应对银行业发展新常态①

所谓经济新常态，就是我国经济进入与过去高速增长不同的、相对稳定的新阶段。主要包含四个特征，一是经济增速换挡回落，二是经济结构转型升级，三是经济将从要素驱动、投资驱动转向创新驱动，四是面临较多挑战。经济新常态对金融领域的影响比实体经济更为强烈和复杂。本文分析了新常态下银行业的发展态势和面临的挑战，并结合十八届三中、四中全会精神提出相应的政策建议。

一、经济步入新常态，银行业发展呈现新变化

（一）新常态下银行业面临的新态势

1. 资金成本提高，存款增长放缓成为常态

随着投资对经济增长贡献下降，消费成为增长的主体，消费率逐步上升，储蓄总量下降，加上互联网货币基金等投资渠道的增多，银行吸收存款压力加大、资金成本抬高将成为常态。2014 年末，全国银行业存款余额同比增速降至近三年最低值（9.63%）；2012 年以来，深圳银行业年末存款余额增速也持续下滑，并于 2014 年末降至 10 年来的最低位（10.04%）。

2. 社会融资需求改变，贷款增长放缓成为常态

经济增长放缓，企业投资扩大再生产意愿减弱，银行压缩存量、加强风险管控、提高准入门槛；直接融资比例持续提升，融资脱媒趋势加剧；新兴产业需凭借新技术、产品创新等方式进行内涵扩大再生产，然而银行依然延续旧式信贷理念，管理创新跟不上，贷款增长放缓。2011 年至 2013 年，全国银行业贷款②年度平均增速 14.48%，2014 年末降至 13.25%；2014 年末深圳银行业贷款

---

① 本文发表在《银行界》2014 年第 8 期。
② 数据来自银监会统计信息网，统计范围包括全部银行业金融机构和人民银行。

同比增长 13.14%，低于上年同期。

3. 要素成本抬升，利润增长放缓成为常态

我国银行业几十年来的发展模式基本为：信贷规模扩张、依赖相对较高的利差、资本消耗之后再融资，继而新一轮的规模扩张。过去 7 年，我国商业银行①资产年均增长 19.75%，利润年均增长 31.07%。然而，2014 年前三个季度，我国商业银行资产同比增长 13.89%，利润同比增长 12.74%，深圳辖内商业银行利润同比增长 15.27%。随着要素成本持续上升、资本市场完善、企业融资渠道增多和利率市场化不断推进，银行利润空间被压缩。

4. 经济结构调整，信用风险暴露成为常态

经济高速增长时期，信用风险被资金高速周转、贷款东拆西补或抬高资产估值等方式掩盖，经济增长放缓后，资金周转速度减慢、企业亏损增加，被掩盖的信用风险逐渐暴露。受影响的首先是产能过剩、生产力水平较低的行业，然后扩散到上下游行业。民营企业资金链先断裂，随后，大中型集团企业也由于投资领域过宽、业务利润下降而出现风险暴露。

2014 年前三个季度，我国商业银行新增不良贷款 1 748 亿元，为 2013 年全年增加额的 1.76 倍，不良贷款率也升至 1.16%，较 2013 年末上升 0.16 个百分点。此外，近年来，高速增长的银行业非标资产，实质上风险也由银行承担。信用风险暴露速度加快，在今后的一段时期，产业更新换代将持续进行，信用风险暴露也成为一种常态。

（二）新常态下银行业面临的新挑战

1. 利率市场化

我国存款利率未完全放开，在新常态中，要提高资源配置效率，就要发挥市场的作用，存款利率放开有利于提高居民利息收入，激发市场活力。互联网货币基金迅速崛起成为利率市场化的催化剂，2014 年末和 2015 年初央行非对称降息、存款利率浮动上限提高再次加速了利率市场化进程。利率市场化并不一定意味着利差收窄，但仍将成为银行资产负债管理能力的重大考验。2014 年第三季度末，深圳银行业净息差同比下降 13.54 个基点。

2. 互联网金融

互联网金融不仅提高了社会资源使用效率和资金回报，也降低了区域性差异、推进了市场化过程，更凭借技术和信息优势对传统模式产生了强有力的冲

---

① 我国商业银行包括：国有商业银行、股份制商业银行、城市商业银行、农村商业银行和外资银行。

击。据统计，截至 2014 年末，我国网贷行业总体贷款余额达 1 036 亿元，是 2013 年的 3.87 倍。传统银行的产品形态、销售渠道、服务方式和盈利模式等多个方面已被打破，亟待重构。

3. 同质化竞争

长期以来，我国银行业业务模式单一、业务结构失衡，同质化竞争严重，行业保持高速增长主要由于经济高速增长为银行业带来的整体利润较大。经济增速放缓使行业整体利润缩小，若银行间继续同质化竞争，将无法提高有限资源的使用效率，最终将导致行业及单家机构发展更加缓慢。

4. 来自其他机构和市场的竞争

长期以来，我国直接融资市场不发达，银行信贷在社会融资中占据着绝对优势地位。但随着银行成本增加、资本约束增强、大量采取通道融资方式，资金成本增加，影响社会资源配置效率，银行贷款的优势逐渐减弱。传统观念中，银行存款是居民资产首选配置手段，但投资渠道的丰富和资金高收益要求也使银行存款被分流，信托公司、基金、证券和保险等都逐渐成为银行强有力的竞争者，仍有许多新竞争者陆续加入，如互联网金融以及其他投融资机构，银行将面临来自各方的激烈竞争。

二、创新监管思维，引领银行业可持续发展

新常态下，监管者应深刻认识新常态、积极适应新常态，既坚持底线思维，保持"忧患心"，厘清当前银行业发展态势和风险，又保持"平常心"，顺势而为，化挑战为机遇，创新监管理念和方式，应对新常态下的监管挑战。

（一）推进依法监管

党的十八届四中全会通过了全面推进依法治国的决定，明确指出，"市场经济本质上是法治经济，必须以公平竞争、有效监管等为基本导向完善法律制度"。首先，应完善市场和行业规则，尽快弥补市场法规空白，加快银行业市场退出机制和互联网金融监管法规等，促进合理竞争、维护公平竞争的市场秩序。其次，应建立权责统一、权威高效的依法行政体制，规范监管权力，提高监管透明度，树立监管权威。此外，在市场化初期，监管机构应注重通过消费者金融法律知识普及，增强全民法治观念和风险意识。

（二）发挥市场力量

前一阶段投资主导的发展中，银行的竞争力未被完全调动和激发。新常态

下，银行业只有在较完善的市场机制中才能逐步完善内生动力、挖掘发展潜力。党的十八届三中全会审议通过的《中共中央关于全面深化改革若干重大问题的决定》指出，"必须大幅度减少政府对资源的直接配置，推动资源配置依据市场规则、市场价格、市场竞争实现效益最大化和效率最大化"。下一阶段，应继续精简行政审批事项，让市场决定资源分配——使银行结合经济结构调整和产业升级转变信贷理念、优化信贷模式；让市场供求决定价格——让银行在利率市场化环境中提升风险管理和定价能力，提高服务能力，真正做到以质定价；让市场决定竞争——促使银行打造核心竞争力，走差异化发展道路。

（三）加强跨业监管

新常态下，为了培育新的利润增长点、提高资源利用效率、降低交易成本、满足客户多样的金融需求和提高综合服务能力，银行和证券、保险、基金、信托间的竞争壁垒被打破，金融业集团化、综合化将继续深化发展，各类交叉性、跨行业、跨市场的经营行为不断增多。同时，综合经营加快了机构内部、相关市场间风险的交叉和传染，容易产生监管真空。应加强各监管部门的沟通合作，强化对跨市场业务的监管，防范系统性风险，探索对金融集团适度、有效的监管手段，比如风险隔离、各子公司资本和流动性的自给、不同类型交易规则的遵守和交易规模的限制等。

（四）动态评价创新

银行监管部门既要支持和鼓励银行创新，又肩负行业监管、防范系统性风险的重任，应动态评价创新，而不是静态的、局部的看待创新，追求创新和监管二者之间的动态平衡，以形成相互促进的良性循环。监管部门应以发展的眼光评价创新，对其进行持续监测和关注，把握好创新和监管的平衡点，根据其所产生的效应和风险的变化，适时适当地采取监管措施。

（作者吴木强，时任深圳银监局副巡视员，
现任深圳农村商业银行监事长）

风险防控篇

银行业债券投资的主要风险及政策建议

近年来，债券投资已逐步成为银行业金融机构强化资产负债管理、提高资产流动性和盈利模式多元化的有效途径之一。在债券投资总体规模持续增长、债券市场波动加大的背景下，债券投资业务风险应引起重视。

一、债券市场基本情况

我国 1981 年恢复国债发行，1991 年证券交易所成立形成场内市场，1997 年银行间债券市场成立形成场外市场。目前，场外市场交易量已占债券交易总量的 96%。2008 年以来债券发行量大幅上升，到 2010 年年度发行量达到 10 万亿元的最高值。

债券总量不断攀升。2003—2013 年，债券年度发行量由 1.8 万亿元上升到 9.0 万亿元，债券存量由 3.7 万亿元增加到 30.5 万亿元，占 GDP 比例由 12.9% 上升至 53.7%，与各项贷款的比例由 23.3% 上升到 42.8%，跃居全球第三大债券市场。

债券品种不断增加。2003—2013 年，我国债券由 4 个券种、271 只债券发展到 12 个券种、4 234 只债券，特别是近年来各种非金融企业债券快速发展。

债券结构日趋合理。2003 年末，政府债券和金融债券占全部存量的 97.5%，企业债券仅占 2.5%。2013 年末，政府债券和金融债券占比降至 68.1%，企业债、公司债、中期票据、短期融资券等信用债券①合计占比达 31.9%。

投资主体不断丰富。目前商业银行、证券公司、基金、保险公司以及非金融企业均积极参与债券投资，但银行业金融机构仍是我国债券市场的主要投资者。

---

① 信用债券指政府主体以外发行的，具有信用风险的债券。

二、债券投资主要风险

尽管债券市场近年来快速发展，但由于银行间和交易所债券市场分割，债券发行和管理分别由人民银行（委托中国银行间市场交易商协会）、发改委、证监会负责，分别托管在中央结算公司、中国结算公司和上海清算所，债券发行管理和信息披露要求不统一，数据和信息难以共享，风险难以整体把握。银行业金融机构债券投资风险值得重视。

信用风险。一是城投债风险高企。2014 年约有 3.6 万亿元地方政府债务到期，还款压力较大。其中城投债①风险不容忽视，存在评级下调、后续融资依赖借新还旧、付息压力大等问题。目前城投债余额约 2.5 万亿元，平均利率约 6.9%，每季度利息 434.6 亿元。二是部分创新型信用债券信用风险高且缺乏流动性。银行业金融机构缺少新产品准入制度，购买较多创新型信用债券。截至 2014 年 3 月末银行业金融机构持有 52.6% 的区域集优中小企业集合票据。三是债券违约风险逐步加大。经济下行造成过剩产能行业债券风险逐步显现。2014 年 3 月 7 日 "11 超日债" 成为我国首例违约债券，打破了信用债券长久以来的刚性兑付。同时低评级债券违约风险值得关注。截至 2014 年 3 月末，AA 级以下的低评级信用债券及未评级债券共 3.1 万亿元，占全部信用债券的 26.4%。

市场风险。一是债券价格下跌造成估值亏损。2013 年流动性紧张造成利率大幅上升，债券价格创 2002 年以来最大跌幅。2013 年末，银行业金融机构债券投资估值亏损达 4 370.2 亿元。估值亏损主要来自金融债与国债，分别占 48.5% 和 43.7%。二是重新定价风险导致筹资成本与收益率倒挂。银行业金融机构将 81.1% 的浮亏债券放入持有至到期账户，尽管浮亏不计入当期损益，到期能够收回本金利息，但在极端情况下，会出现债券收益率与筹资成本倒挂的风险。如 2013 年 6 月，同业拆借加权平均利率 6.6%，远高于当时 10 年期国债 3.6% 的到期收益率。

流动性风险。一是债券市场自身流动性不足。由于债券一、二级市场割裂，交易所市场和银行间市场分割，单只债券发行量过小、发行频率和交易频率低等导致市场深度不足。在流动性紧张时，易出现交易萎缩，交易对手缺乏的情况。如 2013 年 6 月，债券买卖成交额仅为年初的 14.8%。二是银行业金融机构

---

① 城投债目前分散于企业债、公司债、中期票据和短期融资券等多种债券品种。

期限错配较为严重。截至 2014 年 3 月末，银行业金融机构剩余期限 8 日至 30 日的到期期限缺口达 833.0 亿元，表明银行业金融机构在 3 个月内将到期的表内外负债比表内外资产高出 833.0 亿元，存在较大的流动性缺口。三是部分银行业金融机构投资杠杆较高。3 月末，银行业金融机构通过债券回购再融入 1.95 万亿元资金，放大杠杆可以增加收益，但如发生市场逆转，存在放大亏损和流动性枯竭的可能。

集中度风险。银行业金融机构为债券市场的主要投资者，持有债券 20.6 万亿元，占债券存量的 67.3%，部分券种几乎全部由银行业金融机构持有，如持有商业银行债券的 92.0%、资产管理公司金融债的 99.6%、政策性银行债的 82.5%。银行互相交叉持有银行债券或大量持有其他券种，风险仍过度集中在银行体系。

操作风险。一是账户划分及管理不规范。部分机构为规避交易账户市场风险资本计提要求，将银行账户债券用于交易。二是通过"代持"隐瞒实际交易规模和利润，规避限额管理。"代持"是通过卖出债券现券，同时跟交易对手私下签订协议，约定在未来以协议价格买回。相关交易可以滚动叙做，期限可长达数月甚至数年。三是利用丙类户进行利益输送。尽管自 2013 年以来，债券市场整顿清理了 5 000 个丙类账户，但利益输送操作模式复杂性和隐蔽性增加，仍需重点关注。

三、加强债券投资风险管控的政策建议

理顺债券管理体制。建议推动银行间债券市场与交易所市场互通互联，加强各主管部门监管协调，完善债券市场管理体制。

实行投资分类监管。建议根据监管评级结果，结合新产品准入制度，规定相应评级机构可投资债券范围，确保银行业金融机构债券投资与自身风险管理能力匹配。

完善风险管理体系。信用风险方面，将信用债券投资纳入授信集中度管理，并计提减值准备。市场风险方面，严格执行 VAR 值及压力测试、风险限额、估值管理、会计分类及账户划分等规定。流动性风险方面，合理控制杠杆水平，科学配置各类债券，对最低发行量、评级结果及私募债券投资总量和比例等设置标准，确保投资组合流动性。操作风险方面，强化内控机制，确保岗位分离，加强异常交易监测，严防债券投资违规行为。

推进人才队伍建设。督促金融机构加大专业人才引进和培养力度，科学制定绩效考核机制，培养扎实风险文化和良好职业操守，切实提高债券投资和风险管理水平。

（作者姜丽明，时任中国银监会合作金融机构监管部主任，
现任中国银监会农村中小金融机构监管部主任）

银行业安全持续稳定运行：
机遇、挑战及应对[①]

银行业信息系统安全持续稳定运行，关系银行业自身可持续发展，关系金融业网络安全，也是银监会银行业信息科技监管的首要工作。面对机遇与挑战，银行业信息科技工作要加强前瞻谋划，找准问题症结和根源，研究应对之策，有效化解系统性风险，维护金融运行秩序。

一、当前银行业信息系统运行保障情况

银监会近年来不断加强信息科技监管力度，大力实施银行业安全发展战略，从科技治理、组织与基础管理入手，统筹规划、全面开展信息科技监管法规制度建设、非现场监管和现场检查，全力防范银行业系统运行风险，推动银行从建设、运维各环节实施全链条精细化管理，强化安全责任落实、加大违规问题处置力度。在监管的持续推动下，各银行尤其是全国性银行将系统安全稳定运行作为科技的"核心要务"、"头等大事"，全力以赴降低事故发生概率。

1. 建立安全生产责任体系，构建风险管理长效机制。截至 2014 年底，全行业共设立首席信息官 109 人，不断强化"一部三中心"管理职能，建立有效运作的基础性 IT 治理结构，落实生产责任主体。四家大型银行和约半数的股份制银行都建立了安全生产目标责任制和绩效考核体系，强化责任意识和压力传导。

2. 加快业务连续性体系建设和风险监测，提升应急响应能力。所有全国性银行均已建立对重要业务系统的自动化实时监控平台。各行按照银监会有关要求，持续建设完善业务连续性管理体系，信息系统灾备体系建设日趋完善、布局更趋合理；全国性银行加快实施"两地三中心"建设，重要信息系统灾备覆盖率持续提升，并通过运用高可用、高可靠的成熟技术实现了核心系统和重要业务系统的冗余备份。

---

① 本文发表在《金融电子化》2014 年 10 月。

3. 推进标准化、规范化、自动化建设，提高精细化管理能力。各行积极加强软件开发和运维管理，通过推进管理成熟度标准体系认证和评估，提升开发和运维水平。严格投产变更管理，建立了自动化的批处理作业、版本安装操作模式，减少人为操作失误；一些银行建立了高度自动化的运维监控和应急响应体系，有效提升风险处置及时性。

二、当前银行业系统运行风险形势

近年来，银行业务快速扩张，信息化建设压力倍增，"重建设、轻管理、重开发、轻运维"的状态没有得到根本改观，信息科技发展不平衡的问题依然存在。近年来，银行业信息科技投入平均年增速超过 18%，大部分用于信息系统建设，信息系统规模呈爆发式增长，新老系统间关联、耦合关系日益复杂，管理难度与复杂度呈几何级数增长，任何一个系统出问题都可能带来灾难性后果，给系统运行保障带来极大挑战。

据统计，2011 年至今银行业重要信息系统突发事件总量呈逐年下降趋势，但特大突发事件和重大突发事件（二级）占比未下降。从事件原因看，64% 的突发事件源于银行内部软硬件故障，18% 源于外部基础设施故障，11% 源于人为操作失误，还有个别是遭受外部攻击、灾难等原因所致。通过事后分析和调查，如能采取规范化的管理措施，很多突发事件是可以避免的，但由于测试不充分、监控不到位、容量管理不足、应急不充分等管理性措施失当，未能化解系统错误产生的风险，导致突发事件最终发生。

三、银行业信息系统持续运行的难点与症结

随着银行业务、系统规模的不断膨胀，信息科技应用水平不断考验着信息产业的支撑能力和银行信息化核心能力，应用超前与产业相对滞后的矛盾、业务超速发展与科技管理滞后的矛盾，已成为潜在威胁金融信息系统安全、稳定、持续运行的"心头大患"。

1. 大量引入外部技术，风险难以有效控制。我国银行业信息化水平处于国内各行业领先地位，为支撑海量信息交互和业务处理，银行不得不大量从外部引入核心软硬件，导致对于外部高端产品的过度依赖。大量外购产品对银行而言就是"黑盒子"，风险故障突发性很强、难以事前预测，增加了风险管理难

度；由于无法掌握核心技术，银行失去了对系统的控制主导权，这对我国银行业信息系统安全和国家金融稳定形成巨大考验。

2. 数据集中、系统规模急剧膨胀，技术与管理复杂度剧增。银行业数据大集中运营模式在支持银行高速发展的同时也造成了风险高度集中，局部故障可能迅速演变为全国、全行性中断，成为区域性、系统性问题，一旦出现任何运行安全事件，往往引起广泛关注，影响面巨大。

3. 非驻场集中式外包规模持续增加，外包系统性风险不断增大。随着银行业与现代信息科技融合程度不断加深，受制于银行自身技术能力、成本、效率等因素，科技外包成为银行业信息化建设的重要模式，外包依赖度和集中度较高，外包风险不断增大，潜在的外包区域性、系统性风险总体在积聚，已成为威胁银行业安全生产的主要风险之一。而与此同时，银行外包管理机制普遍欠缺、管理粗放，外包依赖严重与自身科技能力弱化形成恶性循环，由管理不善引起的信息科技事件、敏感信息泄露事件时有发生。

四、下一步工作重点

银行是国家重要的金融基础设施，银行业安全、持续、稳定运行关系社会安全和国家战略。当前银行业信息科技风险形势依然严峻，但机遇与挑战并存，下一步，银行业要认真贯彻落实习近平总书记提出的"总体国家安全观"的新思维和新要求，抓住国家安全顶层设计的新机遇，在总体国家安全观指导下，针对当前信息化发展的新特点和新问题，全面加强银行业信息科技发展的统筹规划和顶层架构设计，牢牢守住信息安全底线、提升安全可控水平、加大创新力度，着力强化信息系统稳定运行能力建设，提升科技风险管理水平，提高风险的主动感知和快速应对能力，保障银行业安全、稳定、持续发展。

1. 高度重视生产运行安全，降低银行内生性风险。银监会将建立对法人机构系统安全运行情况考核指标和标准体系，并将考核结果与信息科技评级挂钩，推动银行提升科技风险防范能力。

银行要树立"安全第一"的科技发展理念，加强管理规范化和系统运行保障，要深究意识上的、管理上的问题，特别是中小银行要改善系统运行和业务连续性管理落后的面貌，整体提升系统安全稳定运营水平；同时建立隐患排查、问题整改的长效机制，完善制度、落实责任分工，从源头消除风险隐患。

2. 树立底线思维，全力防范系统性风险。为防范银行业信息科技外包系统性风险，银监会组织成立了外包联合监管平台和外包服务合作组织，促进外包服务行业规范自律；印发了《关于加强银行业金融机构信息科技非驻场集中式外包风险管理的通知》，提出针对性监管要求，并组织专项治理和全面自查整改。下一步，将出台非驻场集中式外包风险管理实施细则，按照主动自愿原则，开展风险评估审核并建立相关信息平台，促进非驻场集中式外包达到金融级别的风险管控水平。

银行作为外包责任主体，要明确管理责任、强化内控要求、建立管理体系、健全组织架构、完善制度规范，加强对科技外包的全生命周期管理，制定外包应急预案，保障突发事件情况下的运营秩序。同时要积极参与对重点外包服务活动的联合检查，凝聚行业力量，整体推动外包风险防范和外包管理水平提升。

3. 深入推进应急管理、加强灾难恢复能力建设。银监会将分阶段推进银行业业务连续性管理体系建设，宏观引导银行业灾备中心优化布局，增强抵御系统性、区域性风险的能力；分类推进灾备体系建设，重点强化对全国性银行的监管督导；推动银行业网络信息安全应急基础平台建设，开展动态风险监测、综合分析预警、应急联动指挥、应急通报，推进应急协作、演练机制建设，提高重大网络安全运行事件的协同应对能力。

银行要加强基础设施规划布局，探索以风险分散为目标的基础架构设计，强化应急演练、提高备份能力。大型银行要加快完善灾备体系，建设具有相互接管服务能力的多生产中心，探索向多区域、多中心系统架构的发展路径；中小银行要探索行业联合共建、多功能复用建设模式。

4. 持续提升银行自主可控能力，保障关键业务应用安全可靠。银行应贯彻落实《关于应用安全可控信息技术加强银行业网络安全和信息化建设的指导意见》精神，全面激发自主创新活力，将安全可控信息技术应用纳入战略规划，加强创新组织建设和人才培养，加快信息化核心能力建设，通过架构转型实现开放、弹性、高效、安全的新一代银行系统，有效提高信息安全防范能力，提升银行核心竞争力。

（作者谢眺达，中国银监会信息科技监管部主任）

当前山西企业信贷违约事件的分析与思考

受经济下行等多重因素影响，近年来山西省企业信贷违约事件呈多发态势。经对2014年以来发生的违约事件进行梳理分析，揭示银行业经营管理体制机制深层次问题，研究提出对策措施，严防信用风险扩散。

一、企业信贷违约情况

（一）基本情况

继2013年振富能源、联盛集团之后，企业信贷违约事件在全省呈蔓延、多发态势。2014年以来，山西银监局收到企业信贷违约事件报告8起，涉及5个地市，违约金额207亿元。具体为：海鑫集团110亿元、华通路桥53亿元、新北方集团13亿元、金泽生物10.8亿元、美锦能源9.9亿元、银光镁业8.8亿元、东风汽车阳泉服务中心0.9亿元、鑫昌盛锻造0.3亿元。

（二）违约主要原因

一是经济下行，行业性不景气导致违约，如海鑫集团。二是被担保企业资金链断裂引发违约，如海鑫集团债务风险殃及担保企业美锦能源和银光镁业。三是企业实际控制人涉嫌违法或失联导致违约，如华通路桥董事长协助调查，鑫昌盛锻造、东风汽车阳泉服务中心法定代表人失联。四是经营不善、陷入困境导致违约，如金泽生物。

（三）违约企业主要特征

一是均为民营企业，多实行家族式管理。海鑫集团尤为典型，核心管理人员均为实际控制人直系亲属。二是多属煤炭、钢铁、路桥施工、房地产等亲周期或产能过剩行业。三是多元化经营，主业不突出。华通路桥主营路桥施工及煤炭开采，同时涉及房地产、建材、餐饮等领域；银光镁业主业为镁合金，同时涉及钢铁、房地产行业；海鑫集团则偏离钢铁主业，将重点放在金融投资和贸易领域。四是关联企业众多，大量对外担保及互保。海鑫集团

15家核心及关联企业，对外担保31亿元；华通路桥实际控制10家公司，有19家分公司及13家关联企业，对外担保20亿元；银光镁业10家关联企业，对外担保11亿元。集团内部成员企业之间、与外部众多担保企业之间普遍存在互保关系。

二、企业违约事件暴露出银行业经营管理体制机制的深层次问题

（一）管理体制行政化

银行业金融机构尤其是农合机构管理机构层级多，传导链条长，权责不对等、信息不对称等问题突出。人事、财务、业务管理权层层上收，以"行政管理"代替"经营管理"和"行业管理"，干预基层法人机构具体经营决策，组织发放大额社团贷款，权力上收、责任下沉，导致风险防控责任承担主体缺位。基层机构了解客户但自主决策受限，上级机构高度集权而不了解客户，决策者不知情、知情者不决策。

（二）经营模式垒大户

战略定位不清晰或者偏离了战略定位，业务产品同质化，竞相追逐大客户，导致多头授信、贷款过度集中的问题日益严重。为联盛集团融资的银行机构多达27家、融资额高达261亿元，为海鑫集团融资的银行机构也达27家、融资额110亿元，为华通路桥、银光镁业、金泽生物融资的银行机构均在10家以上。全省77家农合机构向联盛集团发放贷款41.5亿元，占全省农合机构煤炭行业贷款的10%；阳泉3家农合机构向华通路桥发放贷款12.65亿元，另有承兑敞口13.36亿元。

（三）风险管理"搭便车"

主要表现为风险管理薄弱或者缺失，贷款"三查"形同虚设，前中后台没有有效分离，放松对借款人现金流分析，简单以抵押担保足额作为授信准入的最主要标准，有的甚至以他行授信审批代替自身管理，普遍存在"搭便车"、跟风放贷的问题，如联盛风险事件中，政策性银行、国有大型银行、股份制银行、城商行、农合机构、村镇银行、信托公司都有涉及。

（四）考核激励扭曲化

盲目追求高增长、高利润，经营管理行为短期化，特别体现在考核指标不合理，偏重经营类、效益类指标，任务层层加码，形成"速度求快、市场贪多、

客户逐大、利益追高"的不良导向和激励。在扭曲的考核激励下，风险管理、内部控制、合规要求等制度约束的作用被弱化，甚至成了摆设。

三、应对措施及建议

针对辖内企业信贷违约事件多发的严峻形势，山西银监局坚持按照"大局意识，底线思维"的原则，妥善处理企业风险问题。一方面，引导银行业争取政府等各方面支持，依法保全资产，防止山西整体信誉环境受损，影响长期发展；另一方面，要求银行不得简单抽贷、无序维权、加剧恐慌，支持银行基于市场原则，深入细致甄别，对于生存发展有望的企业，多争取企业渡过难关、银行保全资产、守住风险底线的多赢效果。

（一）持续加强监测应对

一是完善煤炭、焦炭、钢铁、电力等10大行业信贷风险统计监测制度，选择120户重点企业，持续监测全口径融资及到期偿付风险。二是建立快速应对报告机制，快速组织摸底企业融资及风险情况，第一时间报告银监会、省委省政府，取得支持。三是制定重大信贷风险应急处置预案，规范处置流程，提升应对能力。四是建立最大债权行牵头负责制，成立债权人委员会，统一应对行动，防止债权银行单方采取措施，引发不良后果。五是加强舆情监测引导，指导处置信托兑付风险，防止发生群体性事件。

（二）指导银行机构着力解决多头授信及担保链问题

在山西省经济发展困难期和结构调整攻坚期，面对企业资金紧张的局面，山西银监局要求银监部门和银行业积极作为，共渡难关。一是指导银行业机构针对企业违约的不同状况，分类施策，分别采取继续扶持、推动重组、退出保全等措施。二是着手研究解决银行多头授信及担保链问题。推广银团贷款模式，探索联合授信管理，对授信银行数量和授信额度加以控制。注重借款人经营现金流和还款能力分析，减少对抵押担保的过度依赖，逐步扭转互联互保问题。三是完善客户风险预警体系，有效监控亲周期行业、家族式管理、多元化经营、负债率高、多头授信、互联互保、涉及非法集资和民间高利贷的大中型民营企业的债务风险。

（三）建议政府推动企业债务风险处置

一是强化各级政府对属地企业债务风险的处置责任，将责任压力传导至基层，使问题在当地得到有效处置。二是协调各方把握好处理时机，维护山西整体信用生态环境。三是帮助企业引进战略投资者，适时进行财务、债务、资产等重组，争取尽早摆脱困境。四是协调推动银行业体制机制深层次改革，重点加快推动农信社管理体制改革。

（作者刘晓勇，时任山西银监局局长，

现任华润金控股份有限公司总经理兼珠海华润银行董事长）

化解资源型城市信用风险的实践与探索

——银行业支持鄂尔多斯经济转型发展和
风险防控的思考

鄂尔多斯是典型的资源型城市，是内蒙古经济发展的重要引擎。近年来，受煤炭等资源价格下滑等因素的影响，地区经济持续下行，银行业信用风险逐渐暴露。对此，内蒙古银监局引导银行业大力推动经济转型，取得阶段性成果。

一、地区经济环境及信用风险特点

近年来，鄂尔多斯地区经济增速大幅下降，主要经济指标连续 3 年回落，财政收支缺口加大，产业结构调整不到位，第二产业占比达 59.9%，固定资产投资对经济增长贡献率达 70%，投资下滑直接导致经济下行，煤炭、房地产两大支柱行业市场低迷，房地产积压严重，政府债务沉重。受此影响，该地区信用风险突出，并呈现以下特点。

一是不良贷款逐年递增。2011 年至 2013 年，不良贷款增幅从 34% 上升为 281%，2014 年前 9 个月增幅达到 66%。不良贷款在全区占比由 2011 年的 4.2% 上升为 2014 年 9 月末的 31%，居 12 个地市之首。

二是风险分布相对集中。从行别看，主要集中在国有银行和农村中小机构，合计占比达 91%。从客户看，主要集中在小微企业和个人经营性贷款，合计占比达 78.74%。

三是融资平台偿付困难。截至 9 月末，鄂尔多斯地区各类平台融资总额达 860.06 亿元，2015 年底到期本金 326.8 亿元、利息 79.5 亿元。2013 年已有 2.3 亿元平台债务逾期，2014 年前 9 个月有 6 户、7.8 亿元因还款困难而推迟还款。

四是法人机构流动性压力较大。截至 9 月末，鄂尔多斯地区农信社整体不良率达 51.37%。26 家法人机构中 16 家存款较年初下降，15 家流动性比例在 37% 左右，总体水平不高。

五是清收处置难度较大。2014 年前 9 个月，银行业起诉案件结案率仅为 15.9%，向公安机关报案结案率为 35.8%，银行接收、处置抵债资产合计税率高达 12.8%，仅现有抵债资产处置需缴纳税费约 10 亿元。

六是反弹压力持续加大。截至 9 月末，鄂尔多斯地区银行业金融机构关注类贷款余额 296 亿元，逾期贷款余额 194.6 亿元，分别占全区的 34.5%、31.6%，下迁压力较大。

二、化解思路及具体措施

鄂尔多斯经济是典型的资源型经济，解决当前问题的根本出路在于转型。从该地区现有条件来看，已经具备了转型发展的基础：一是资源优势。该地区有全国 16.7%、全区 53% 的煤炭储量，且具有低硫高热、开采条件好、产业集中度和资源利用率高的特点，天然气预测储量超过了 10 万亿立方米。二是政策优势。国家将鄂尔多斯确定为清洁能源输出主力基地、现代煤化工生产示范基地和资源型经济创新发展综合改革试点地区，将建设 4 条特高压外送通道、5 个国家煤化工示范项目，矿点的选择为煤炭就地转化利用奠定了基础。三是区位优势。该地区是国务院确定的呼包银榆经济区规划的重要组成部分，与呼和浩特、包头构成了内蒙古最具活力和潜能的"金三角"，转型发展辐射带动能力强。四是龙头企业优势。仅煤炭行业就有伊泰、伊东、汇能集团等全国前 50 强企业。

基于以上考虑，内蒙古银监局将鄂尔多斯作为银行业支持地方经济转型的突破口和重要抓手，在深入调研、多方座谈、广泛征求意见，并向自治区政府分管副主席和银监会有关领导报告的基础上，经自治区政府批转下发了《内蒙古银监局关于银行业支持鄂尔多斯经济转型发展及风险防控的指导意见》，提出"通过积极协调各级地方政府、司法机关、银行业、企业多方联动，综合运用行政、司法、市场手段优化市场、司法、信用环境，兼顾即期措施与远期政策，加强产业政策和金融政策协调配合，在托住地区经济基本面的基础上，积极培育新的经济增长极，促进当地经济转型发展，化解信用风险"的总体思路，明确了 53 项具体措施，并成立了专项领导小组，建立了组织领导、沟通协调、多方联动、监测报告 4 项工作机制，研究提出了第一批共 57 家重点帮扶企业名单、83 个重点支持项目名单和 124 家风险预警企业名单"三个名单"，协调召开了全区推进银行业支持鄂尔多斯转型发展协调会，实现了统一的组织领导、常态化监测和动态化督导。整个推进工作从思路提出到协调会议的召开，仅仅用了不到 5 个月的时间，银行业在推动鄂尔多斯转型发展和防控风险的工作中已经取得初步成效。

三、初步成效

（一）提振了地方发展信心

通过制定指导意见、召开协调会议、组织银企对接等形式，引导银行业金融机构加强信贷资金精准投放，彰显了地方政府、监管部门和银行业对地方经济未来发展的预期，向全社会释放了积极信号，有利于提振地方发展信心，激发市场主体发展的精神动力。

（二）改善了发展外部环境

通过多方协调，促进了银政关系的改善，架起了政府与银行业金融机构沟通的桥梁，促使银行主动调整经营思路，更加主动发挥资源配置作用，也使政府了解和理解了银行业经营的特殊性，积极创设良好的环境，改进公共服务质量，促成自治区政府开展了为期一年的维护银行业金融机构合法权益、严厉打击恶意逃废金融债权专项治理活动，有利于改善地方信用环境。

（三）架构了多方联动机制

在推进工作中，监管部门"搭台"，政府、银行和企业"唱戏"，这种"一点对多点"互动形式，促进了银、政、企之间的交流，搭建起三方联扶、联防、联控的工作机制，对于今后化解其他地区单体机构风险和地区性风险都是有益的尝试。

（四）树立了监管部门形象

一是得到地方政府的认可。在推动工作中，监管部门提出以推动转型发展来化解风险的新思路，特别是在化解政府三角债、盘活地方存量资产等方面提出的市场运作、产融结合的思路，帮助地方政府拓宽了资源型城市转型发展的思路，得到政府的高度认可和充分尊重。二是受到当地企业的肯定。监管部门积极推动，共同研究发展对策，帮助政府和企业化解发展难题、"雪中送炭"，使企业对监管部门有了新的、更高的认识，在当地社会引起了广泛而积极的反响。

四、几点启示

（一）行有所谋，必先凝心聚力

以往工作中，地方政府突出政策导向，搞扶限"一刀切"；监管部门突出监管导向，注重防控风险；商业银行和企业注重考核导向，侧重于经营指标改善。相关主体各自为战，缺乏有效的沟通，难以形成合力。作为银行业监管部门，要转变观念，主动适应经济金融发展的"新常态"，学会运用发展的思维解决风险的问题，通过调查研究，积极建言献策，不断修正和完善各项政策措施。要学会运用财政和监管等手段，引导商业银行树立科学的考核导向，使政府、监管部门、商业银行和企业形成共同的发展思路。只有凝心聚力，才能取得事半功倍的效果。

（二）力有所发，务必切中肯綮

鄂尔多斯的问题不仅仅是一个地区的问题，既有对毗邻地市的辐射，也有对全区经济的带动；既是一个地区煤炭行业的发展问题，也是全区经济转型发展的问题。作为政策实施者，要对政策有准确的分析，把握好政策推进的节奏和力道，不能遍撒胡椒面，要找准政策的着力点和切入点，对症下药，达到解决一个点、带动一个面的效果。要有揭开盖子的勇气，不能抱守残缺，甚至避之甚远，要有坚守底线的定力和勇挑担子的魄力。只有迎难而上，才能实现迎刃而解。

（三）事有所成，贵在脚踏实地

古人讲，道虽迩，不行不至；事虽小，不为不成。化解风险、推进发展也必须要做到求真务实、脚踏实地。只有这样，才能检验我们的政策是否有效，才能真正为推动地方经济发展作出贡献。任何花架子、走过场，影响的不仅仅是施政者的公信力和权威性，更可能影响一个地区的发展信心，甚至破坏一个地区的发展环境。因此，我们从事监管事业，每一项工作都要做实、做细，都要做到有始有终，这才是干事创业的态度，也是监管者应有的职业操守。只有脚踏实地，才能做到事有所成。

（作者文振新，内蒙古银监局局长）

对当前信用风险管控的调查与思考

一、主要特点

2014 年 5 月末，山东辖区银行业不良贷款余额较年初增长 19.81%，不良率较年初上升 0.16 个百分点，从低于全国 0.089 个百分点转为高出 0.004 个百分点，且由于经济调整对信贷资产质量影响的滞后性，短期内信用风险还可能呈扩大蔓延态势。主要有三个特点：

（一）风险表现的全面性

一是机构整体反弹。除政策性银行外各类机构不良均呈加快暴露趋势，其中大型银行和中小机构最为明显，5 月末不良率分别较年初上升了 0.21 个和 0.26 个百分点。二是地域普遍反弹。16 个地市中 14 个地市不良攀升，其中大企业集中和单一产业结构的 2 市不良较年初增加 55.52 亿元，不良率达 3.28% 和 6.04%，分别为全辖的 2.05 倍和 3.78 倍。三是客户集中反弹。不仅大中型企业，小微、农户贷款不良也普升，其中小微不良率从 1.65% 上升到 1.9%，农户贷款不良率从 4.91% 上升到 4.98%。

（二）风险发生的集群式

互联互保将单个客户风险放大并蔓延至担保圈。已风险暴露的长星集团、海洲粉末分别涉及 20 家银行 52.17 亿元和 11 家银行 4.28 亿元贷款，涉及担保企业 4 户 3.9 亿元和 13 户 7.97 亿元贷款。2014 年 5 月末辖区担保关系 50 条以上的大客户担保圈 21 个，涉及 4 326 家企业 8 755 亿元贷款；已形成不良贷款 56 亿元，涉及企业 35 家。加之过度担保问题突出，辖内 229 个大客户为 10 家以上企业担保，最多达 37 家；157 个大客户担保金额超过净资产，点上的风险暴露极易引发多米诺骨牌效应。

（三）风险暴露的复杂化

山东是传统资源和重工业大省，大型集团客户较多，大额授信占比高。作为当地支柱企业，政府、银行、企业与职工各方利益错综交织、互相博弈，关系经济金融社会秩序稳定，地方政府往往在保银行或保企业中摇摆，涉及央企情况则更加复杂。以中冶银河为例，自 2013 年 5 月划转到央企中国诚通后，16 家涉贷银行 42 亿元授信面临风险，虽经各级监管部门和涉贷银行多方积极维权，地方政府也比较支持，但至今未取得实质性进展，已形成不良 35.2 亿元，欠息 2.85 亿元。

二、原因分析

当前信用风险加速暴露，是经济结构调整、社会信用缺失、银行粗放管理及激励扭曲等多种因素综合作用的结果。

（一）"去产能化"中的金融阵痛

山东经济结构偏重传统，国家重点化解的钢铁、水泥、电解铝、平板玻璃、船舶等 5 大产能严重过剩行业，均占有较大比重。银行在化解过剩产能中对相关行业信贷政策普遍把握较严，部分行更基于避险考虑直接对相关行业"一刀切"。"去产能化"和"去信贷化"交织，整个行业包括部分优质企业的资金紧张，经营稍有波动即可导致资金链断裂。加之经济整体仍处于下行期、外贸形势未见实质性好转，企业经营困难与资金链紧张叠加，进一步加剧风险暴露。如 2014 年 3 月末，辖区钢贸行业不良率上升到 5.6%，船舶业不良率高达 14.7%。

（二）"形式合规"下的信贷文化

银行对抵质押担保的合规性安排在实践中发生异化，抵质押担保成为信贷审批的必备和前置条件，特别是基层行为迎合上级审贷标准及自身利益，过分注重形式和要件的审查，往往只关注担保手续有无，不关注实际补偿能力，甚至主动为企业寻找担保方牵线搭桥，导致担保有名无实。在经济上行期和经营正常时风险不会暴露，一旦一家企业出现问题，风险沿担保圈链快速蔓延，使单体风险演变为群体乃至区域风险。

（三）"倒金字塔"式的激励错配

目前，压力责任往下走、收入报酬往上提的"倒金字塔"错配在银行未得到根本转变。业绩考核年年加压、层层加码但客户资源有限，基层行只能加大对已有优质客户的信贷额度配给，而不关心其总承贷能力和他行授信情况；同时，由于责任追究时基层人员首当其冲，权责利的不匹配导致其监测报告风险不及时，不能动态把握企业真实经营及风险状况，有的甚至在问题暴露前主动辞职避险，致使风险信息在系统内上下传导不畅通，不仅延误对风险的及时准确判断，也进一步加大了处置难度和成本。

（四）"多元发展"下的经营偏差

分析表明，大多数企业的资金链断裂与其非理性多元发展有关，部分投资甚至涉及房地产或过剩产能行业。涉猎陌生领域往往使企业无法准确预估资金需求、行业前景和风险状况，且在项目贷款获批难的情况下，企业大多用短期贷款支撑项目投资，在"还旧借新"的制度约束下，往往不得已寻求民间"搭桥资金"周转，银行贷款稍有收紧便引发风险问题。如：海洲粉末及关联企业涉及民间集资约 2 亿元，经营管理不善难以承受高息资金成本，资金链断裂，5月末已有 3.08 亿元划入不良。

三、几点思考

（一）定位要准

做好风险的前瞻预判是监管部门的核心主业，同时要坚持好有所为有所不为，努力做到"早发现、早报告、早处置"。日常工作中，应加强对重点区域、重点行业和重点客户的监测预警，及时提示、防微杜渐。风险暴露后，要借助专业优势，积极作为，推动用政府信用填充市场信用不足形成的"信用空洞"，构建起"以银行为主体、以市场为手段、以协会为依托、以监管为协调、以政府为总负责"的风险化解体系。

（二）方法要活

一是区别对待。针对风险实际，一案一策，分类施治，既要严惩恶意逃废债企业，也要继续支持暂时出现困难但有市场、有效益的诚信企业。二是同业合作。指导银行业协会推进行业自律、合作和信息共享，完善大额授信联合管理和债权人联席会议机制，形成大额授信管理和风险处置中的行业"共同音"，实现银行业"抱团取暖"、"抱团维权"、"抱团发展"。三是党政支持。加强与地方党政的沟通汇报，积极推动建立地方金融稳定基金或财政资金发起的担保公司，发挥各级党委政府的"稳定器"和"根据地"作用，增强市场信心。同时，加强舆论导向，形成有利于风险处置的舆论环境。

（三）效果要实

一是风险处置要扎实。坚持真实性处置，在充分暴露问题和风险的基础上，确保措施的落地和风险的一次性处置到位，不留问题和隐患。二是圈链解构要务实。担保圈链是风险集中爆发的导火线，必须真实解构。要主动选择部分代表性强的担保圈链，指导银行找准关键点，开展解构工作，并总结经验教训用于指导全部担保圈链的破解。三是责任追究要严实。建立远期风险暴露责任追溯机制，加大对上、对高管的责任追究力度，以惩戒的震慑力督促银行真正吸取教训，做实做细信贷"三查"和内部控制。四是长效机制要夯实。组织对每个事件风险暴露原因、处置情况、经验教训进行梳理，逐一形成案例并在适当范围内共享，督促全部银行以此为鉴，动态、持续、长效地反思、改进信贷管理，避免重蹈覆辙、屡查屡犯。

（四）改革要深

信用风险的不断暴露，反映出的根源问题是银行治理机制改革的不到位。要善于化危为机，将信用风险集中暴露转化为推进银行治理机制改革的机遇，早日实现银行治理体系和治理能力的现代化。要从推动改革激励机制入手，形成权、责、利对等的激励约束体系，业绩与风险考核并重，解决基层员工敬业心、执行力和责任感不足的问题。要从回归经营信用本质发力，修改信贷制度，完善客户评级、日常风险监控和预警机制建设等薄弱环节，使信用管理真正"名实相符"。要以完善社会信用体系为落脚点，协调各方尽快构建涵盖教育、征信、惩处的全方位、全区域信用体系，大幅度提高失信成本，使失信者无资可转、无处可逃、无路可走，形成信用风险防范的整体社会环境。

（作者陈育林，山东银监局局长）

对河南省产能过剩行业授信情况的调研

当前，去产能化和环境污染治理的政策压力不断加大，产能过剩行业潜在信用风险进一步上升趋势明显。为更好地发挥金融对经济结构调整和转型升级作用，推动化解过剩产能，近期河南银监局选取河南省的钢铁、水泥、电解铝、煤炭、化工五大产能过剩行业进行了专项调研。

一、产能过剩行业运行现状

根据《国务院关于化解产能严重过剩矛盾的指导意见》，结合河南省产业结构特点，衡量产能利用率高低、行业受影响程度、对宏观经济影响力的不同，河南银监局选取了河南省工业占比高的钢铁、水泥、电解铝、煤炭、化工五大产能过剩行业进行调研。在新常态的大背景下，河南省五大产能过剩行业运行存在差异。

一是水泥行业发展前景较好。当前河南省城镇化率43.8%，距全国平均水平53.73%还有较大差距，河南城镇化建设仍大有可为。同时，得益于煤炭价格下跌，加之河南省水泥价格稳定，2014年上半年，水泥企业实现利润27.15亿元，同比增长7.67%。

二是化工行业仍需调整优化。2014年上半年，销售收入同比增长14.96%，高于全国4.36个百分点；利润总额同比增长16.91%，高于全国6.48个百分点。但依然存在企业规模偏小、传统化工产品比重大、结构性供需矛盾突出、创新能力弱等问题。

三是煤炭、钢铁行业微利或亏损。我国煤炭行业自2011年底结束"黄金十年发展期"，2014年上半年，河南省规模以上煤炭企业310家，亏损企业40家，煤炭行业销售收入同比下降10.14%，实现利润同比下降43.59%。钢铁行业持续"高成本、高产能、低价格、低效益"的低迷状态，加之河南钢铁企业成本没有优势，走出困境难度较大。2014年上半年亏损企业亏损总额3.26亿元。

四是电解铝行业经营持续惨淡。由于吨铝价格仍持续低于成本价，近两年河南省电解铝行业的区位优势已被电力成本上升全部冲消,全行业亏损局面依然存在。2014 年 1 ~ 8 月,全省电解铝产量 225.7 万吨,同比增长 2.78%,占全国的比重降至全国第三。

二、河南银行业对全省产能过剩行业银行授信状况

2014 年 9 月末,河南省银行业对煤炭、化工、钢铁、电解铝、水泥五个行业的贷款余额 2 198.5 亿元,较年初增加 15.37 亿元,增幅 0.7%,其中支持节能环保、生物、新材料的贷款增加 26.33 亿元;表外授信余额 829.77 亿元,较年初增加 127.91 亿元,增幅 18.23%。总体来看,银行对产能过剩行业授信呈现"一少一好四个集中"的特点。

(一)总量较少,资产质量较好

河南省五大产能过剩行业表内外授信合计 3 028.27 亿元,占全省表内外授信总量的 8.58%。贷款余额占全省各项贷款的 8.2%,分别低于小微企业、涉农企业、铁路公路运输业、房地产(含房地产业和个人住房按揭贷款)贷款 18.46 个、34.07 个、1.2 个和 10.26 个百分点。五大产能过剩行业不良贷款余额 11.07 亿元,仅占全省不良总额的 2.4%,不良率 0.5%,低于全省整体 1.22 个百分点,风险基本可控。

(二)向煤炭、化工行业集中

河南省五大产能过剩行业表内外授信中,煤炭行业占比 44.19%,居第一位;带动化工行业占比 26.92%,居第二位。从表内授信看,煤炭行业贷款 1 182.29 亿元,占比达 53.78%;化工行业贷款 584.9 亿元,占比 26.6%。水泥、钢铁、电解铝贷款分别下降,共减少 58.8 亿元,电解铝贷款降幅最大为 24.5%。

(三)向传统工业城市集中

主要是郑州、平顶山、安阳、商丘、洛阳、焦作等地。郑州 9 月末余额达 898.32 亿元,占比 40.86%;平顶山 241.1 亿元,占比 10.97%;安阳、商丘共计 311.22 亿元,占比 14.15%;洛阳、焦作共计 193.33 亿元,占比 8.79%;其他 12 个地市,单市存量在 90 亿元以下,合计 554.51 亿元,占比 25.22%。

具体来看,煤炭贷款集中在郑州、平顶山、商丘、鹤壁、三门峡,郑州份额达 52.3%。煤化工贷款集中在郑州、焦作、平顶山。水泥贷款郑州、平顶山、洛阳、新乡、安阳多;钢铁贷款集中在安阳、郑州、平顶山,安阳份额高达

46.9%；电解铝贷款洛阳、郑州合计占到 63.3%。

（四）向行业龙头企业集中

豫联能源、万基控股、豫港龙泉、焦作万方贷款余额 276.25 亿元，占全省电解铝贷款的 62%；河南能源化工、平煤神马、郑煤集团贷款占全省煤炭、化工贷款的 81%；安钢股份、济钢集团、舞阳钢铁占全省钢铁贷款的 60%；天瑞水泥集团及下属企业贷款占全省水泥贷款的 49%。

（五）向主要商业银行集中

大型商业银行、股份制商业银行存量大、占比高，分别为 1 134.7 亿元、532.55 亿元，合计占比 75.84%。同时呈现"大退小进"现象，前三个季度，大型银行、股份制银行、政策性银行共减少 21.39 亿元；城商行、农村中小金融机构共增加 17.13 亿元，增幅分别为 4.08%、14.02%。

三、银行业支持化解产能过剩中存在的问题

2014 年以来，河南银监局认真落实"尊重规律、分业施策、多管齐下、标本兼治"的总要求，紧紧围绕"四个一批"，促升级与控风险并重。前三个季度，累计收回"两高一剩"行业贷款 888.7 亿元，同时新增支持节能环保项目和服务贷款 112.43 亿元。但在化解产能过剩行业贷款风险方面存在一些困难。

（一）信用风险上升加快

部分过剩企业在银行多头授信、过度授信，个别企业甚至在某些区域所有银行机构均有贷款，对银行不良贷款造成较大压力。一是部分行业不良反弹快。9 月末，钢铁贷款不良率 1.27%，较年初上升 0.22 个百分点。电解铝贷款不良率 1.89%，较年初上升 0.40 个百分点。二是地方法人机构风险凸显。9 月末，农村中小金融机构和城商行五大产能过剩行业不良率分别为 14.72% 和 2.11%，分别高于系统整体不良率 11.97 个和 1.52 个百分点。三是个别地区风险严重。前三个季度平顶山、安阳不良贷款共增加 9.99 亿元，占全省不良增量的 37%。

（二）银行面临两难局面

河南省国有大中型企业占比高，化解产能过剩过程中，民营企业往往可以选择停产或者转产，但国有企业往往肩负稳就业和保民生的社会责任，实现转型或市场退出难度大。企业关停并转、兼并重组过程中，企业逃废银行债务，导致银行债权悬空。

（三）"四个一批"落地困难

从实际执行效果来看，产业结构调整进程相对缓慢，短期内很难及时化解

当前矛盾。针对淘汰退出类企业及员工，未建立相应保障体系和措施，容易引发社会问题，对产能过剩化解造成一定阻碍。

四、政策建议

（一）进一步突出区域差异化

产能过剩行业区域分布不均衡，为避免经济转型中实体产业"断层化"或误伤优质企业，建议产业政策区域差异化，并给予中部省份适当的政策容忍度，保持适当的节奏，以时间换空间，努力实现化解产能过剩"软着陆"，防止风险集中暴露。

（二）进一步强化政策激励约束

政府部门或行业协会进一步梳理产能过剩行业企业名录，及时、动态发布企业信息。加大财政投入力度，充分运用直接融资，增强社会资金支持；对银行业落实"四个一批"，给予税收减免、税前计提拨备、财政贴息、信用担保、职工安置、债务化解等政策支持。设立风险补偿基金，严厉打击逃废银行债务行为，有效化解银行风险。

（三）进一步健全应急处置机制

为解决好区域性风险突出、集中上升较快的问题，建议由地方金融办牵头，成立由工信厅、银监、人行等部门参加的企业资金应急处置联席会议制度，监测、研究、协调和处置企业资金问题。针对关联互保关系复杂、牵涉面广的，建议由政府、行业协会或成员单位，共同出资建立"贷款偿还资金池"或"贷款偿还基金"，解决资金链和担保链问题。

（作者王泽平，河南银监局局长）

广西融资平台风险化解的经验与启示

2013 年以来，广西银监局围绕银监会关于防控化解政府融资平台风险的一系列工作部署，积极思考，主动作为，在深入开展全口径融资平台风险调研摸排、强化平台整体风险研判的基础上，多次向自治区党委政府主要领导进行专题汇报，真实、客观反映辖区融资平台贷款所起的作用、存在的问题和风险隐患，并提出了一系列有针对性的措施和建议，如建议地方政府建立融资平台全口径债务信息透明机制。建立包括债券、信托计划和理财产品等在内的全口径融资平台负债统计系统，统筹考虑融资平台总负债规模与其偿债能力的匹配程度，加强全面风险管理的主动性。建议地方政府加强资金"需求侧"管理，避免过度负债。明确举债规模上限，一定范围内定期公布地方政府及下属各职能部门、融资平台的财务收入、负债状况以及隐性负债情况，并争取将广西纳入地方政府自行发债试点地区。建议地方政府加强融资平台资金的监督和管理，确保资金用于实体经济。坚持疏导结合，规范借道融资行为，推动平台主管部门规范平台公司资金的统筹使用和主营业务管理，防止融资平台挪用资金。

上述建议引起了自治区党政主要领导的高度重视，积极采纳广西银监局的建议并责成相关部门牵头推进整改落实。自治区党委常委、常务副主席黄道伟在广西银监局《关于广西地方政府融资平台贷款有关情况的报告》的汇报材料上批示："1. 总体上看，我区政府融资平台数量大大高于全国水平及财政承受能力；2. 还贷付息期集中。这些年平台公司融资为广西基础设施建设作出了贡献，同时也积累了风险，要综合考虑平台贷款规模、时限，区分情况逐步化解，以防财政风险、金融风险发生。"自治区陈武主席亲自主持会议，常务副主席和分管副主席一并出席会议，专题研究解决部分平台公司贷款清理和退出工作以及个别平台公司资本金归位、部分平台公司利用委托贷款挪用银行信贷等重大问题，责令相关部门和相关平台公司限期整改到位。

由于政策传导到位，所提建议针对性、操作性强，辖区平台贷款风险防范和化解工作取得突破进展：一是建立各级政府融资平台全口径债务信息透明机制工作启动。此项工作自治区人民政府责成自治区财政厅牵头,目前正在积极推进中,融资平台全面风险管理有望得到切实加强。二是重点问题得到有效推动。一批重点融资平台风险问题得到有效推动和解决,自治区财政厅承诺将所借广西铁路投资集团有限公司的38亿元资金于2014年前足额归还(2013年末已归位36亿元)。被平台公司挪用的16.11亿元贷款被责令按期归位,广西铁投的主管领导和相关部门负责人到广西银监局检讨并表示要积极配合监管部门做好资金规范管理工作。三是到期违约风险得到有效控制。推动各级政府合理安排预算资金,制订有效还款方案,平台贷款的即期风险得到有效控制。全年到期贷款能按期偿还,在还款来源中,平台自身经营性现金流成为主体,占偿还总金额的61.37%,平台贷款不良率为0,贷款质量保持稳定,风险总体可控。四是平台贷款整改增信工作效果明显。截至2013年12月末,辖内平台累计补充资本金270.91亿元,累计注入各种有效资产277.79亿元,累计追加担保抵押176.61亿元。辖内平台现金流全覆盖占比由清理初期的47.47%上升至89.64%,提高42.17个百分点,风险缓释成效明显。五是平台贷款结构不断优化。截至2013年末,交通设施和保障性住房贷款分别较年初增加141.79亿元和8.47亿元,增长14.92%和20.8%。

推动风险化解过程中的启示:地方融资平台风险的有效化解,党委政府的高度重视和支持是关键,主动作为是前提,创新机制是保障,这样才能充分凝聚多方的共识与合力,形成政府、监管、银行和平台齐心协力、互相支持配合的工作格局,共同解决平台风险化解中存在的突出问题和实际困难,实现既守好风险底线,又支持地方经济发展的多赢局面。

(作者曾向阳,广西银监局局长)

政府融资平台非信贷融资情况分析与政策建议

——以利用非公开定向融资工具举债为例

近年来，融资平台贷款已得到有力规范，但也催生融资平台使用多种创新型融资工具进行直接融资，其中非公开定向融资工具自 2011 年一经创造，就因其便捷性、灵活性、高效性、经济性等优势，发展迅速，在融资平台各种非信贷融资工具中具有较强代表性，为加强对融资平台负债的全面风险管理，近期，笔者就陕西部分融资平台使用非公开定向融资工具融资情况开展调研，并提出政策建议。

一、基本情况

2011 年 4 月 29 日，中国银行间市场交易商协会发布《银行间债券市场非金融企业债务融资工具非公开定向发行规则》，标志着非公开定向债务融资工具的诞生。非公开定向融资工具是指具有法人资格的非金融企业在银行间债券市场以非公开定向方式发行的债务融资工具，一般也称为私募债或 PPN（Private Placement Note）。募集资金一般用于符合国家法律法规及政策要求的资金需求，包括补充短期流动资金、偿还银行贷款，长期项目投资等。非公开定向融资工具具有以下特点：一是均是由总行承销，分支机构主要扮演初步资料的收集者角色；二是承销行不承担偿债连带责任；三是投资人为银行间市场成员，自主承担投资风险；四是募集资金主要用于偿还银行贷款及补充企业流动资金；五是债券不在公开市场销售，仅由非公开定向投资人投资。

截至 2014 年 6 月末，陕西 202 户融资平台非信贷融资 1 064.07 亿元，较年初增加 13.88 亿元，增幅 1.32%，其中非公开定向融资工具余额 234 亿元，较年初增加 30 亿元，增幅 12.82%，已占到债券融资的 27.15%，占到非信贷融资的21.99%，发展迅速。

二、出现此类工具的原因

（一）与银行贷款相比，融资成本较低

以陕西省高速公路建设集团和陕西省交通建设集团为例，作为陕西省内2户最大的融资平台，截至2014年3月末，2户企业非公开定向融资债券余额143亿元，共发行8只非公开定向融资工具，除去1只因2013年末市场资金过度紧张，推高交易商协会指导利率外，其余7只利率均在6.0%～6.6%之间浮动，均低于同期银行贷款利率。

（二）相对于公募债来说，准入标准宽松

一是发行规模不受《中华人民共和国证券法》中各类债券公开发行规模均不超过发行人净资产40%限制，为企业开辟了一条按需发行债券的市场化直接融资渠道。二是对发债企业无严格准入条件，理论上任何企业只要找到有意向的投资者都可以发行私募债。

（三）发行手续简便、筹资周期缩短

一是注册流程快，发行人适用于形式注册原则，不需经过注册会议，只要发行材料形式完备合规即接受注册。二是不强制要求对发行人信用评级。三是上报材料构成较为简单，如财务报表只需最近一年审计报告。四是发行时间灵活，注册有效期2年，注册有效期内可分期发行，可以使发行人根据资金需求情况、市场利率变动情况择机发行，效益最大化。五是不强制公开披露，只需按照发行人和定向债投资人约定的《定向发行协议》条款进行信息披露。

（四）资金使用更加灵活

一是使用方式灵活，可随取随用，可满足补充短期流动资金、偿还银行贷款，长期项目投资等多种用途。二是发行人和投资者可以就具体资金使用条款和还款安排加以协调，从而使得债券条款更具有设计上的灵活性。三是在二级市场上具有一定的流动性，可以在《定向发行协议》约定的定向投资人之间流通转让，流动性优于银行贷款。

（五）银行业金融机构取得中间业务收入并维护客户关系的一种方式

部分银行业金融机构可以在无法通过信贷途径满足客户融资需求的情况下，帮助客户通过直接融资获取资金，维持双方长期合作关系，并可以收取承销费（一年期以上定向债承销费率最低为发行金额的0.3%/年）。

三、存在的主要问题

（一）融资平台风险没有脱离银行体系

私募债在银行间市场流通，有些承销人自己也持有部分私募债；个别银行业金融机构受平台贷款规模限制，无法向融资平台直接发放贷款，就以承销人的身份帮助融资平台发行私募债，再以自己持有私募债的方式向融资平台提供资金支持。例如，2012 年 12 月 5 日，工商银行主承销的陕西省高速公路建设集团非公开定向债务融资工具"12 陕高速 PPN003"30 亿元，该行认购 6 亿元；2013 年 9 月 17 日，交通银行主承销的"13 陕高速 PPN002"5 亿元，该行认购 5 亿元，风险全部由交通银行承担。

（二）银行理财产品风险或将承接融资平台风险

银监会《关于规范商业银行理财业务投资运作有关问题的通知》下发后，对银行理财资金投资"非标准化债权资产"的规模进行了严格限制，而此类非公开定向融资工具属于标准化债权资产，已经成为替代非标融资产品效率最高、可行性最强的标准化产品之一。例如，2013 年 12 月 18 日，浙商银行主承销的陕西省高速公路建设集团非公开定向债务融资工具"13 陕交建 PPN003"8 亿元，部分定向投资人为理财产品；2013 年 4 月 3 日，北京银行主承销的非公开定向债务融资工具"13 陕高速 PPN001"10 亿元，其中，北京银行理财产品托管专户投资 6 亿元。

（三）承销行存在声誉风险

一是作为主承销人的银行业金融机构，会面临债券发行人到期无法兑付所引发的声誉风险。二是作为主承销人的银行业金融机构要审核发行人注册材料的真实性及完备性，向交易商协会报送的注册材料不合规会导致退件，退件率过高会导致主承销人被交易商协会通报，会使其业内声誉受损。三是作为主承销人的银行业金融机构要替发行人寻找合适的机构投资者，若债券流发，会使其业内声誉受损。四是作为主承销人的银行业金融机构对发行人重大变更信息披露不及时对投资人造成损失所引发的声誉风险。

四、政策建议

（一）融资平台负债需求还将长期存在的现实下，应充分发挥信贷融资的积极作用

建议对融资平台贷款区别对待，监管部门应引导银行业金融机构科学把握防风险和促发展的关系，对符合国家政策、经济效益较好的项目积极进行信贷支持，同时，通过对银行贷款的规范，推动融资平台制定科学可行的债务控制机制和负债能力评价体系，进行风险可控的举债。

（二）对非公开定向债务融资工具业务实行窗口指导

非公开定向债务融资工具是由中国银行间市场交易商协会创造，交易商协会不是监管机构，只是人民银行管理下的交易商合作平台，缺乏明确有效的监管措施。建议由人民银行会同相关监管部门，根据国家宏观调控和产业政策情况，对此类业务总量、发行人类型、发行条件等方面实行动态窗口指导。

（三）加强非公开定向债务融资工具制度建设

此类业务的承销人一般为银行业金融机构，虽然承销人对发行人提供的各类文件的完备性有明确要求，但并未建立明确细化的非公开定向债务融资工具承销业务管理制度，增加了此类业务开展的随意性和因此而产生的各类风险，因此作为承销人的各银行业金融机构应建立完善内部控制机制，建立细化的非公开定向债务融资工具业务和风险管理制度，并通过对发行人设定必要的准入标准和进行审慎的资料审核，做到一定程度上维护投资人利益。

（四）强化交易商协会和承销人的管理责任

一是严格评价债务人偿债能力。交易商协会要对发行人的具体财务指标、公司治理、管理层素质、履约记录、业务开展能力、行业特点以及宏观经济环境等方面明确要求，一定程度上保护投资人利益。二是承销人应加强信息披露工作，定期对债务人的履约情况及信用状况、项目的建设和运营情况、宏观经济变化和市场波动情况、担保变动情况等内容进行关注与分析，建立相应风险预警体系，在出现可能影响债权安全的不利情形时，应对债权风险进行重新评价并及时通知投资人。三是严格资金监管。交易商协会和承销人应明确债券筹集资金账户管理行的责任及相应的监管措施。

（作者凌敢，时任陕西银监局局长，
现任中国银监会城市商业银行监管部主任）

仓储业务管理混乱　货押融资亟待规范

在青岛货押融资业务风险事件发生后，青岛银监局立即组织对货押融资业务流程、模式及风险点进行了全面排查。排查发现，当前货押融资业务存在相当大的风险。

一、货押融资业务存在的主要问题

（一）银行内部的问题

一是对相关客户的尽职调查不严。一方面，授信客户选择不审慎，对客户资信情况、经营模式及既往经营记录的了解不够深入。另一方面，对货物监管方的尽职调查程序不够完善，部分银行对监管方内部授权未予足够关注，辖区部分银行近期与青岛港发生的仓单真伪纠纷即与此直接相关。

二是货押业务监管模式潜在风险隐患。一方面，动态监管模式存在瑕疵。银行仅对押品核定最低库存限额，一旦监管方内控失效，可能导致银行对押品失控。目前辖区货押业务中，以动态模式监管的占比超过70%，不良率达3.8%。另一方面，监管货物权属难以得到有效确认。从风险角度看，库内监管模式相对安全，但在仓库中储存的同类货物较多且仓储方信息系统不够完善时，银行也难以准确判断自身质押货物是否足值，从而为监管方舞弊提供可能。而输出监管的主要风险则在于，银行质权可能不能满足动产质押实现转移占有方可生效的要件，因缺乏公示性而无效。

三是货押业务流程设计不完善导致风险失控。为及时了解融资方货物周转情况，办理货押业务时，应要求借款人在规定期限（一般为6个月）内还款赎货，但部分银行出于拓展业务的考虑，往往会延长赎货期限。

四是仓储单据标准化程度低，信息无法共享，不利于风险防控。

五是对资金用途监控不严密，产生挪用风险。由于银行对贷款资金流向管控不到位，大宗商品交易异化成为部分企业的融资平台，资金最终流向矿产、房地产开发等高风险、资本密集型行业。在融资企业与仓储公司串通，出具虚假或重复仓单，骗取银行贷款的极端情况下，银行更会面临钱货两空的困境。

（二）外部环境存在的问题

一是货物监管方内部管理混乱。由于目前仓储监管尚缺乏行业标准，对监管方的约束完全依靠其内部控制的有效性，使得因管理失控、道德风险等原因引发的风险时有发生。一方面，可能因操作失误导致监管货物权属、数量、价值难以查实；另一方面，可能存在监管人员独自或伙同贷款企业出具虚假或重复仓单，帮助企业重复融资的情况。

二是货物监管方缺乏必要的独立性。货押业务监管费用多由作为出质人的融资企业代为支付，加之监管方的收益主要源自融资企业货物出入库的作业费，监管方存在出于利益考虑，与融资企业串通舞弊的可能。

三是缺乏优质的监管公司。在相关风险加大的情况下，中远、中海等大型物流公司陆续开始退出仓储监管市场或收缩业务受理范围，银行选择监管方的范围受限，在影响业务开展的同时，面临的风险也趋于上升。

四是动产抵质押登记体系不健全。抵押方面，尚未建立统一的登记系统，各地登记程序、内容与收费标准不统一，登记信息也不够标准。质押方面，目前我国尚未建立统一的质押信息登记查询平台，银行无法通过查询防范融资方和仓储方重复质押的风险。虽然部分银行通过工商部门的动产抵押登记系统登记质押信息，但其法律效力存在疑问。

二、政策建议

（一）建议银监会组织开展货押融资业务全面风险排查

重点确认三方监管协议和仓储单据的真实性和合法性，摸清货押融资业务的风险底数。

（二）建议银监会出台银行机构货押融资业务操作指引

一是明确客户及货物监管方的准入标准，完善尽职调查流程，建立动态监控机制。二是建立银行独立巡检与主动巡库核库机制并提高与监管方、融资方的三方对账频率，确保抵质押货物账实相符。三是建立质物盯市核价和跌价补偿机制。四是引导银行机构优先选择静态控货和库内监管模式。在此基础上，加强与监管方合作，通过在仓储场所张贴质押标签、依托船舶、货仓编号等排他性信息等方式，明确质押货物权属。同时，要求银行机构建立仓单及动产抵质押监管台账，加强对货物出入库情况的持续监测，有效解决抵质押货物账实不符问题。

（三）完善支持货押融资业务稳健发展的外部环境

一是加快推进并整合各相关动产主管部门的动产抵质押登记公示系统，指定专业机构负责建设、维护和管理，实现各类动产权属的统一登记公示。

二是依托中国物流金融服务平台，促进动产抵质押信息共享，防控因重复仓单、空单质押引发的银行债权悬空风险。一方面，由中银协牵头，按《仓单要素与格式规范》国标要求，指导银行机构规范银行仓储单据记载信息，并督促其及时通过平台发布本行持有仓单等动产的抵质押信息；另一方面，引导监管方加强信息系统建设，实时反映仓储的库容总量与实物的库存量、开具的仓单状况及货物的出入库记录等信息，在此基础上，创造条件，促使监管方加入该平台，并公示相关信息。

三是完善对监管公司的监督制约机制。提高行业准入门槛，强化监督约束管理，同时积极培育标杆型仓储监管公司。研究建立对仓储物流监管人员的任职资格管理制度，通过实行资格认证，确保监管人员合格称职。

（作者熊涛，时任青岛银监局局长，
现任浙江银监局局长）

当前不良贷款新特点、发展趋势及政策建议

随着国内经济增速下降，当前我国银行业不良贷款反弹压力骤增，不良贷款出现了新特点、新发展趋势，银行业整体信贷风险上升，信用风险防控形势较为严峻。

一、当前不良贷款的新特点

（一）总体不良贷款加速上升

截至 2014 年第一季度末，我国银行业金融机构不良贷款余额 1.24 万亿元，不良率 1.54%。不良贷款余额已连续 8 个季度上升；连续两个季度呈现余额和比例"双升"。自 2013 年第二季度以来，不良贷款单季增幅从 54.82 亿元快速扩张至 625.55 亿元，不良贷款呈现加速上升的趋势。

（二）东部沿海地区仍是"重灾区"

一是 2014 年第一季度末不良贷款余额前五位的省份为浙江、广东、江苏、辽宁和山东，不良贷款占全部不良贷款的 36.91%，较年初提高了 1.1 个百分点。二是 21 家主要银行业机构对公贷款中，分类为关注且逾期的高风险贷款合计超过 800 亿元，其中浙江、上海、广东、江苏、山东、福建等六省贷款占比 72.06%。三是部分地区企业主跑路、企业破产倒闭现象频频发生。如 2014 年银监会银行一部监测到 11 家房企突发事件，涉及融资金额 111 亿元，房企实际控制人跑路、失联或被执行强制措施，主要涉及东部地区。又如光伏龙头企业江西赛维、江苏无锡尚德，涉及贷款上百亿元，已造成信用风险暴露和损失。

（三）周期性行业风险尤其突出

一是与周期性行业相关的贸易企业风险突出。钢铁、煤炭、铜、铝等大宗商品价格持续低迷，贸易企业库存积压，风险承受能力弱，率先出现风险。前期上海和无锡的钢贸企业已经暴露风险，目前金属及金属矿批发（含钢贸）行业及煤炭批发业不良及逾期贷款占比 8.7% 和 6.9%，月增速达 9.3% 和 8.9%。

二是周期性行业自身未来风险较大。煤炭、航运、造纸等行业中的部分大型企业（如中国远洋、鞍钢集团等行业龙头）也出现连续巨额亏损；山西、陕西30户样本煤企一年内，不能按期归还占比64.3%，未来行业风险可能进一步暴露。三是周期性行业中很多是产能过剩行业，如钢铁、有色金属、造船等行业整体经营困难，出现不良贷款压力大。

（四）大型企业风险暴露给银行带来损失大

一是涉及银行多。大型企业一般多头授信现象较为普遍，一旦发生风险常涉及多家银行。如中冶纸业集团风险涉及债权银行29家，金额130亿元。二是贷款金额大。如山东2014年排查亿元以上授信客户，发现潜在风险客户80户，问题授信达354亿元，潜在风险贷款156亿元。三是连带产业链上下游企业出现风险。例如辽宁锌业股份，由于下游企业钢厂经营业绩下滑减产，市场需求减少造成销售总量大幅下降，加之沉重的历史包袱，造成了重大债务违约，企业破产。

（五）传统低风险业务转变成高风险业务

一是以往贸易融资作为低风险业务大力推动，但近年来企业虚构贸易背景、将贸易融资资金投向矿产、房地产开发、住宅及土地使用权等长期资产的现象层出不穷，信贷风险突出。二是担保作为贷款保证的重要方式，以往被银行鼓励，但目前互保及担保机构问题极大地加强了风险传染性。据调查，浙江2013年以来逃匿的民营企业主数百人，间接涉及的担保企业超过4 000家，担保圈贷款风险可能以不确定方式突然暴露。

二、银行未来不良贷款暴露仍有上升趋势

（一）企业违约风险仍在不断出现

2015年以来，企业效益下滑、破产倒闭、陷入困境等现象不断出现。如上市央企长航油运公司连续四年亏损，股票于2015年4月21日进入退市整理期交易，将成为首家摘牌退市央企。涉及各金融机构授信余额共计190.5亿元。又如德正资源集团实际控制人陈基鸿被中纪委要求协助调查后，公司经营及资金运转陷入困境，涉及18家银行的信贷142.3亿元。青岛港融资风险暴露。目前青岛不良及逾期贷款月增速达25.9%。此外，过去几年钢贸、铜融资领域广泛存在的重复质押，违规融资模式在煤炭、铁矿石、大豆等商品贸易融资出现复制迹象，风险还将进一步暴露。

（二）贷款分类仍有误差，下迁压力大

一是逾期与不良贷款剪刀差仍在扩大。主要银行业金融机构中分类为关注且逾期或已出现预警标识的对公贷款若在 3～5 年内变为不良，可能影响主要银行业金融机构不良率 0.14 个和 0.77 个百分点。二是尽管各银行均反映目前借新还旧和展期政策控制较严，但展期贷款仍有一定规模。三是部分地区农村金融机构不良贷款仍然存在不实现象。四是银行业金融机构关注类贷款迁徙率自 2011 年逐年上升。目前个别省份关注类贷款迁徙率已上升至 30%。

（三）不良贷款处置空间有限

尽管 2013 年银行业金融机构全年处置金额比上年增长 40.71%。但未来处置空间有限。一是银行业息差空间受到挤压，目前银行业利润增速已从 20% 下降为 14%，今后可能仍将趋缓。二是吉林、辽宁等地一些不良贷款账期十年以上，可回收和供处置的资产已非常少。三是抵押物需求不足。浙江一些工业用地在拍卖时需求严重不足，一些抵债资产在网上平台询价，价值只有 5～6 成；近期船舶类抵押物价值缩水明显。四是目前银行不良贷款的打包出售接收方有限，如浙江的地方资产管理公司尚未正式取得接收资格。五是中小金融机构打包处置不良贷款的方式仍有待探索。

三、政策建议

针对当前不良贷款形成发展的新特点，以及信用风险防控中存在主要困难，提出以下政策建议。

（一）督促银行加强信贷管理

认真贯彻落实《关于做好 2014 年不良贷款防控工作的指导意见》、《关于加强信贷管理严禁违规放贷的通知》的要求，健全信贷管理制度，切实加强贷款全流程管理和内部控制，提高贷款精细化管理水平。加强形势研判，严密监测重点区域、行业和客户风险状况，加强重点领域风险防控，确保完成不良贷款余额和比率"双控"目标。

（二）督促银行健全绩效考核体系

设定科学合理的年度经营计划，保持资产规模、信贷规模、表外业务规模和净利润增速合理适度。完善绩效考核体系，切实保证对基层行的考核质量和效果，发挥绩效考核的激励和引导作用，建立不良贷款防控长效机制。

（三）督促银行做好贷款拨备、核销工作

全面掌握企业实际经营情况，准确、真实反映贷款风险状况，完善内部管理流程，提升贷款分类准确性。增强拨备管理的动态性，利用当前不良贷款总体水平较低的时机，提足拨备。尝试拨备计提的逆周期管理，加大核销力度，在经济进入下行阶段时释放拨备用于资产质量管理。

（四）鼓励银行通过资产证券化盘活资金存量

推动银行积极利用证券交易市场等银行间市场以外的渠道，实现资产支持证券发行，加快信贷资金流转速度，盘活信贷资金存量，实现银行业信用风险真实转让。

（五）督促银行加大不良贷款清收、处置力度

推动银行积极与政府部门沟通，争取各级政府部门对银行维护债权的理解，力争政府资金支持，积极采取重组措施，加强不良贷款清收。完善不良贷款处置程序，采用自主处置和市场转让等方式，积极加大不良贷款处置力度，保障银行资金安全。

（六）督促银行严格控制多头授信

鼓励银行利用银监会新版客户风险统计系统、银行业协会等渠道，实现银行间企业多头授信情况信息共享，严格控制企业多头授信规模。对存量多头授信企业加大监测力度，加强预警分析，确保风险早发现、早预警、早处置。

（作者郝爱群，时任中国银监会银行监管一部巡视员，现任中国建设银行股份有限公司非执行董事）

上海银行业依靠市场力量和法律手段
化解钢贸授信风险

在银监会的前瞻性指导下，上海银监局较早地发现了钢贸行业授信存在的风险，并及时进行了提示。在风险处置过程中，上海银监局紧紧把握市场化的风险化解原则，提出"有保有控、区别对待、缓释风险、坚守底线"的化险方针，在地方政府的大力支持下，推动搭建三个平台，汇聚银行、监管部门、同业和政府四方的力量，提出切实可行的监管措施，做好标本兼治的善后工作，使上海银行业钢贸风险的化解有序进行，取得了明显的阶段性成果。不仅钢贸授信余额与风险敞口大幅下降，而且上海银行业整体不良率也远低于全国平均水平，上海银行业钢贸授信风险初步实现了去杠杆化和维持较低不良贷款率的双重目标，初步实现了这一风险的"软着陆"。经调研，上海的有关措施与体会简述如下。

一、上海银监局钢贸授信风险处置工作思路和措施

（一）长期监测钢贸授信超融资指标，提前发出风险警示

上海银监局较早开始关注钢贸行业的授信风险，特别是对钢贸企业的超额融资现象进行了长期跟踪研究。2011 年 6 月，经调研发现，用于银行授信质押的螺纹钢总量与螺纹钢社会库存量之比为 2.79 倍，动产重复质押现象普遍，钢贸企业存在严重超融资行为。就此，上海银监局于 2011 年 11 月下发《关于钢贸企业授信风险提示的通知》（沪银监通〔2011〕236 号），要求银行降低对钢贸企业的授信集中度，严格遵守贷款新规，审慎选择授信客户，切实提高钢贸授信风险的管理水平。

（二）明确风险化解方针，有保有控坚守底线

2012 年，长三角地区的钢贸企业授信风险明朗化，上海银监局在深入研究的基础上，制定了"有保有控、区别对待、缓释风险、坚守底线"的风险化解十六字方针，确立对于钢贸授信风险的化解以多种方式、多种途径进行，以时

间换空间，在 2～3 年之内逐步化解风险，并坚守确保在上海不因为钢贸事件引发系统性、区域性风险的底线。上海银监局通过专题座谈会、金融机构主要负责人会议等宣传方针政策，指导银行化解钢贸授信风险，局内主要负责人和分管负责人也多次与钢贸行业相关商会主要负责人以及政府相关部门沟通交流，宣传监管政策。

（三）推动搭建三个平台，风险化解抓手有力

三个平台包括上海银监局、上海市银行同业公会和市政府层面的三个钢贸授信风险化解小组。2012 年 7 月，上海银监局和上海市银行同业公会分别建立了专门的工作平台。在上海银监局层面成立了钢贸授信风险化解跨处室工作小组，在银行同业公会层面设立了秘书处专题工作小组和会员行工作组，两个层面的工作小组各有侧重，协同开展工作。在上海银监局建议和推动下，2012 年 8 月，上海市政府成立"上海市化解处置钢贸企业风险领导小组"，屠光绍副市长任组长，成员单位除上海银监局外，包括司法、公安、市政府相关部门和部分区政府，牵头单位为市金融办、市商委和上海银监局。三个平台成为上海银行业钢贸授信风险化解的有力抓手，发挥了重要作用。

（四）采取八项有效措施，积极主动压降风险

一是建立区域特色报表，每月收集分析钢贸数据。二是做好压力测试，掌握风险恶化最坏情况。三是统一分类名单制管理，一户一策，形成一致的分类标准和分类结果。四是分类而治，按企业好、中、差的评定，采取不同的应对方案。五是建立牵头行制度，由牵头行组织各涉贷银行摸情况、提建议、做谈判。六是厘清风险实质，督促银行按照贷款实际用途恢复业务本质。七是督促银行不等不靠，依靠自身的力量化解风险。八是协调风险较为突出分行的总行，对上海分支机构的钢贸风险化解给予大力支持。

（五）依靠司法力量，最大限度保全银行资产

在钢贸风险暴露之后，上海银监局、上海市高级人民法院、上海市公安局经侦总队形成"打击钢贸授信领域经济犯罪联合工作方案"，建立常态化的工作交流机制，完善工作议事平台，定期沟通情况。通过上海银监局与法院部门达成的若干意见，上海市高院协调各基层法院及时受理钢贸案件，缩短公告时间和案件审理时间，提高结案效率，提高资产处置效率，保护银行的合法权益。涉及刑事案件方面，则要求债权银行及时向公安机关报案，公安机关依法立案侦查。

（六）坚持正确舆论导向，确保维稳大局可控

上海银监局就钢贸授信风险处置与新华社、解放日报、上海证券报等 20 多

家媒体主动沟通协调，希望媒体能客观看待钢贸企业经营及融资中存在的问题，避免过多的负面跟踪报道，影响风险化解和社会稳定大局。由于舆情引导及时，沟通有力，上海银行业钢贸授信风险化解得到了大部分媒体的理解，也得到了各利益相关方的理解，到目前为止没有发生群体性事件。

（七）做好善后四项工作，让银行提高风控水平

一是查清事实，要求银行对钢贸授信风险的形成进行指定内审，全面清查银行在钢贸授信中存在的问题。二是严格问责，要求银行内部先进行问责，在此基础上，上海银监局进一步对相关责任人及责任人员从严进行处罚。三是标本兼治，改善信贷管理外部环境，2014 年 3 月 25 日，由上海银监局、上海金融办和上海市银行同业公会等联合推出"上海银行业动产质押信息平台"，旨在解决钢贸风险处置过程中发现的大宗商品现货质押登记缺乏统一平台、仓储企业管理无序等问题。四是及时总结，提出较为可行的监管建议。

二、经验与体会

一是处理复杂风险应原则明确、抓手有力、措施可行、多管齐下。此次钢贸授信风险事件涉及层面较多，在银监会的指导下，上海银监局在风险处置过程中勇于担当、及时警示；在风险暴露后"有保有控、区别对待、缓释风险、坚守底线"；在处置过程中不急躁、不回避，对暂时得失不计较。原则性与灵活性兼备确保了化解复杂风险的平稳推进。二是风险化解需要探索市场化原则，打破政府埋单定式。我们认为，银行的放贷、企业的借贷及其双方之间的履约违约都是市场行为，应该依靠市场的力量来解决市场运行过程中出现的各种问题。到目前为止，坚持这个原则的成效较为明显，在风险化解推进的同时没有群体性事件发生。三是复杂风险的化解需多方强有力的协调配合、形成合力。坚持市场化的风险化解原则，并不意味着不需要政府相关部门介入风险事件的处置，在风险化解过程中上海银监局注意请示汇报和多方协调，充分发挥了政府、银行、同业公会、商会和监管部门多方的力量，赢得了多方的支持。四是银行一致行动很重要，要充分发挥同业公会的平台作用。除债权仅涉及一家银行之外，其他的所有钢贸授信风险处置均需在银行同业公会这个平台上进行，上海银监局督导银行遵守同业约定，对不服从大局的银行采取监管强制措施，确保了上海钢贸授信风险处置的有序进行。五是正确处理好市场、协会和银行三者关系，平稳化解风险。钢贸风险发生后，上海市政府责成市商务委整顿钢

材市场秩序，规范交易行为；上海市钢材交易商联合会和上海市银行同业公会，在行业间发挥了积极的协调作用；各涉贷银行在同业公会这一平台上行动一致，稳步有序化解风险。上海钢贸风险化解能取得阶段性成果，正是这三者共同发挥作用的有效尝试。六是钢贸授信风险教训深刻，银行转型发展任重道远。上海银监局对钢贸授信风险的成因进行了反思，对教训进行了总结。撇开宏观经济波动的诱因，钢贸授信参与各方的问题充分暴露。银行要杜绝类似风险的再次上演，要转变经营方式，坚守经营的基本规律和原则；大宗商品融资的风险管理需要进一步完善，审慎推进动产质押信贷产品，对于这些产品存在的问题及其风险控制的缺失要及时改进；各类规章制度的执行需要强化，做好信贷三查，改变银行粗放的信贷管理文化；银行各级从业人员要重视职业操守教育，从源头上减少道德风险的产生；更为重要的是要改进不科学的绩效考核制度，督促引导银行实行差异化经营，真正提高自己的核心竞争力。

（作者谈伟宪，时任上海银监局巡视员，
现就职于浙江泰隆商业银行）

银行业委托贷款发展的问题与建议

为全面掌握辖内委托贷款业务情况，完善监管措施，河南银监局对辖内委托贷款业务增速较快的9家机构组织了专项调研。

一、委托贷款业务的特点

（一）委托贷款增速较快

截至2013年9月末，全省银行业金融机构全口径委托贷款余额1 475.38亿元，比年初增加342.17亿元，增长30.19%，增速高于同期各项贷款增幅17.83个百分点。调研9家机构2013年9月末委托贷款，余额552.0亿元，比年初增加203.6亿元，比年初增长58.44%。

（二）资金来源呈现多元化趋势

资金来源除了传统的政府部门、大型企业集团母公司、民营企业和自然人外，新出现了证券公司定向资产管理计划资金、基金公司专户理财资金等。2013年9月末，9家机构中委托贷款按委托方性质分，政府部门占比0.34%，企事业单位占比81.72%，自然人占比17.95%；资金来源于证券公司的委托贷款余额86.85亿元，占比15.73%。

（三）部分委托贷款利率偏高

调查的9家机构中委托贷款利率在利率10%以上84.41亿元，占比15.29%，存在部分委托贷款利率偏高的情况，个别委托贷款利率高达24%，接近受法律保护的基准利率四倍的水平上限。

（四）中长期委托贷款占比较高

调研结果显示，2013年9月末，9家机构委托贷款期限1年及以内的189.36亿元，占比34.3%；1年以上中长期委托贷款余额362.63亿元，占比65.69%，较同期银行业贷款中的中长期贷款占比高15个百分点。

二、需要关注的问题

（一）个别机构用理财资金发放委托贷款

2013年9月末，某国有商业银行河南省分行理财产品发放委托贷款余额54亿元，其中30亿元委托贷款为2013年发放。银监会明文禁止理财资金发放委托贷款行为，商业银行不得面向大众化客户发行标准化的理财产品募集资金来发放所谓的"委托贷款"进行变相的监管套利。商业银行用理财资金发放委托贷款，商业银行同时作为理财资金受托人、委托贷款委托人和受托人三个角色，不利于保护理财产品投资人的利益；商业银行把信贷业务转移到表外，规避风险资产计算和监管资本要求，存在监管套利行为。

（二）部分委托贷款资金来源合规性存在疑问

一是调研发现部分资金委托方是投资公司及有限合伙制的资产管理中心、资产管理中心和投资基金等，注册地多在北京、上海等地区，其资金来源的真实性和合法性追查较为困难。二是部分委托贷款资金可能来自信贷资金。客户风险预警系统数据显示，调研的9家机构前20大委托贷款（共180笔）中，共有21家委托方在银行有贷款，合计在银行贷款749.88亿元；同时21家委托方合计发放委托贷款81笔，金额147.69亿元，委托贷款资金有来自信贷资金的嫌疑。

（三）委托贷款投向房地产行业较多

房地产行业委托贷款占比高、风险大。调研结果显示，2013年9月末，9家机构中委托贷款投向房地产行业117.91亿元，占比21.36%。房地产行业委托贷款资金来源主要来自各类投资公司、证券公司资管计划等，委托贷款利率普遍较高，部分高达20%以上，合规及信用风险较大。

（四）部分委托贷款业务可能存在风险隐患

一是部分银行仍在发放"多对一"模式的委托贷款。其从表现形式上与社会集资或企业内部集资极为相似，应高度警惕借款者借用银行名义进行不当宣传而最终导致在贷款发生风险损失时产生较大范围的责任纠纷。2013年9月末部分机构"多对一"模式委托贷款余额达13.39亿元。二是存在委托贷款业务可以由银行代委托方核定借款人信用额度的情况。某股份制银行可以代委托人核定借款人最高委托贷款信用额度，这可能导致委托贷款出现法律纠纷。

（五）部分机构委托贷款业务制度规范还存在问题

调研发现，9家机构均制定了委托贷款管理制度，但是管理制度对委托贷款资金来源、资金投向和委托双方的责任与义务还不够明确。一是多数机构对委托贷款资金来源和委托方的资质没有明确规定。二是部分机构委托贷款管理规范对借款人资质和资金投向规定较为宽泛，造成委托贷款被用作规避贷款投向的工具。三是个别银行没有制定委托贷款业务操作流程。

（六）政府融资平台委托贷款未纳入全口径统计范围

调研结果显示，2013年9月末，9家机构前20大委托贷款中投向政府融资平台53.32亿元。这些委托贷款的资金来源主要是证券公司定向资产管理计划和银行理财产品，以及其他大型国有企业和政府融资平台。资金投向主要是用于土地储备、铁路及城市道路建设等。融资平台贷款收紧后，部分转向非信贷融资途径，委托贷款也是一个重要方式。但目前银监会建立的地方政府融资平台全口径统计尚未纳入委托贷款，造成平台融资统计不全，不能全面反映其风险。

（七）个别机构委托贷款逾期和欠息情况较多

2013年9月末，9家机构前20大委托贷款中共发生13笔合计11.8亿元贷款逾期和欠息问题，主要分布在辖内某城商行和某国有商业银行河南省分行。该城商行前20大委托贷款中有4笔发生欠息，合计11.24亿元。某国有商业银行河南省分行前20大委托贷款中有5笔发生逾期，其中一笔委托贷款发生纠纷案件，目前法院未结案。

三、政策建议

（一）加快推进委托贷款业务的制度建设

目前，关于委托贷款业务的专门法律法规空缺，建议银行业监管部门尽快出台委托贷款业务风险管理指引。对委托贷款的委托方资质条件、资金来源、贷款投向、期限、利率以及贷后管理等核心要素进行明确，对相关主体的权利义务进行界定。在资金投向方面，应该明确委托贷款是否需要符合产业政策，房地产调控政策等。对于"多对一"模式的委托贷款，建议尽快予以规范管理。

（二）督促银行加强委托贷款的风险管理

一是督促银行完善委托贷款管理制度和操作流程。银行委托贷款管理办法应对委托贷款资金来源真实有效和资金投向的要求进行明确界定。银行应制定具体操作性强的委托贷款操作流程。二是督促银行加强各项制度执行和监督，审慎开展委托贷款业务。督促商业银行加强自我风险约束，严格恪守委托贷款办理原则，不过度积极作为。对于某股份制银行公司额度循环委托贷款业务中由银行代委托方核定借款人信用额度的情况，建议开展进一步研究和交流。

（三）加强对委托贷款业务检查、监测和信息共享

一是建议尽快将该项业务的检查纳入年度计划。通过现场检查、专题调研等方式掌握银行委托贷款资金来源、行业投向、利率水平等情况，及时通报存在的问题，披露潜在的风险因素。二是利用好非现场监管系统和新版客户风险预警系统，对大客户委托贷款和信贷融资情况进行全面统计，及时向银行机构进行信息共享，防止对大客户的过度授信以及挪用信贷资金进行委托贷款行为。

（四）加强与其他金融监管部门的政策协调

建议由国家层面出台政策，要求证券公司定向资管计划、基金专户理财、信托计划和委托贷款等类信贷业务资金投向必须符合国家产业政策和宏观调控政策要求，不得向"四证"不全和项目资本金比例不达标的房地产公司融资，通过加强统一监管政策减少监管套利行为。

（五）督促规范理财资金运作管理，完善政府融资平台全口径统计制度

一是建议对某国有商业银行河南省分行违反银监会明文规定仍在利用理财产品发放委托贷款的问题，由相关部门约见银行高管进行谈话，也可向银监会对口部门反映。二是建议政府融资平台全口径统计制度包括委托贷款指标，以全面反映融资平台的负债情况，及时防范政府代偿风险。

（作者程康宁，河南银监局原巡视员）

建立担保链（圈）风险防范
长效机制研究

当前，部分地区担保链（圈）风险事件频发，已成为发生区域性和系统性风险的重要隐患之一。为防范和化解担保链（圈）风险，课题组赴常州、厦门等地进行了专题调研，研究建立防范担保链（圈）风险的长效机制。

一、担保链（圈）的主要特征

所谓担保链（圈），是指多家企业通过互保、联保连接到一起而形成的以担保为链条、相互交叉具有多对保证关系的利益共同体。其主要特征如下：

（一）涉及的企业数量多、金额大

数据显示，截至 2013 年 11 月末，19 家主要银行机构担保链（圈）涉及的贷款余额达 2.15 万亿元，占对公保证贷款余额的 20.3%。涉及企业 4.12 万户，构成约 4.6 万个担保圈，圈内保证贷款达 12.4 万笔。截至 2014 年 2 月末，常州识别出担保圈 1 094 个，涉及授信余额 2 242 亿元，保证企业 5 243 户，保证金额 2 078 亿元，占常州辖内贷款余额的 26.6%；截至 2014 年 5 月末，厦门涉及担保圈的企业 1 947 户，贷款余额 1 194 亿元，占全部对公贷款余额的 32%。

（二）形式多样，情况复杂，难以有效识别和控制

担保链（圈）内的企业关系呈现多种类型，情况错综复杂。一是担保呈现为简单互保、连环担保、多头担保、交叉担保等多种形式。二是担保链（圈）内企业之间关联关系、资金关系、交易关系、上下游关系、私人关系和亲属关系相互交织缠绕。三是融资多元化问题突出，涉及民间借贷、信托融资、小贷公司贷款、担保公司垫款、内部集资等多种融资方式。

（三）大量互保联保关系的存在导致担保被虚化

一是企业之间互为借款人和保证人，实质上相当于银行同时为两家不符合信用贷款条件的企业发放了信用贷款。二是部分互保联保由银行、行业协会或政府机构撮合而成或出于"面子"提供，代偿意愿缺乏。三是企业处于同一个

行业或者关系紧密，面临的风险因素趋同，使得担保"第二还款来源"大面积失效。

二、担保链（圈）的危害和风险隐患

（一）风险易于传递和蔓延，成为区域性和系统性风险隐患

担保链（圈）涉及企业众多，保证关系错综复杂，企业之间的风险相关系数增加。在经济下行期，如果一家企业发生资金链断裂或经营困难，很容易出现"多米诺骨牌效应"，从而"一损俱损，火烧连营"，一个节点的风险可能蔓延至整个担保链（圈），甚至引发区域性、系统性风险。

（二）风险识别难度高，风险暴露的滞后性和破坏性增大

担保链（圈）内保证关系情况复杂，很难将这些企业纳入集团客户风险集中度管理，对保证人担保规模、担保关系的复杂程度以及实际担保能力更是难以有效评估。此外，担保链（圈）的存在增加了圈内企业资金腾挪空间，风险隐蔽性提高，滞后性和破坏性增大。

（三）担保链（圈）债务风险巨大，处置困难

一是各方利益诉求难以协调一致。地方政府、监管部门、债权人和债务人的目标诉求差异较大，容易形成"拉锯战"。二是银行追偿困难。担保链（圈）债务往往关系地方经济、社会稳定，银行追偿债务时不得不"投鼠忌器"。三是政府协调能力受限。担保链（圈）债务端涉及众多企业、股东、员工；债权端除本地银行外，往往还涉及异地银行、中介机构、民间借贷等。处置难度加大，使政府牵头处置的力度和意愿不断减弱。

（四）部分担保行为带有法律瑕疵

《担保法》规定，担保活动应遵循"平等、自愿、公平、诚实信用"的原则。在调研中，不少保证企业称，提供担保并非本意，而是由银行、行业协会或政府机构等撮合而成，违反了公平自愿原则。此外，部分保证人认为，银行对借款人没有履行尽职调查和贷后管理责任。如果借款人恶意逃废债，保证企业更认为银行负有不可推卸的责任，拒绝履行义务，甚至向法院反诉。

三、保证贷款管理的国际主要做法和经验

（一）看重第一还款来源，可接受的保证人条件严格

国际上大部分银行表示，借款人本身还款能力始终是贷款审批决策的核心

要素。一般地，保证人应具有更好的财务状况和更高的信用评级。如英国多数银行要求保证人具有 A 级以上的评级。

（二）强调保证人与借款人之间应具有显著经济利益关系

国际银行业注重考察企业提供保证的动因，强调保证人和借款人之间应具有显著经济利益关系。一是如果不存在经济利益关系，则保证人的动机值得怀疑。二是存在经济利益关系可以促使保证人加强对借款人的支持和监督。如美国银行业认为，保证人需要有合理的理由或收到合理的对价。

（三）保证人和借款人纳入集中度限额管理

国际上，企业提供的保证一般具有以下特点：一是集团内部，即由母公司或集团内姊妹公司对集团内公司提供担保；二是具有某种业务或者资金关联关系，如两家企业共同开发商业项目，其中一方向另一方提供担保。一些国际银行在实践中将满足一定条件的保证人和借款人作为关联客户，纳入集中度限额管理。

（四）重视建立政策性和专业性商业担保体系

例如，美国政府对住房贷款、中小企业等，提供直接或间接的政策性担保和再保险；一般性商业担保主要采用保证保险形式，由保险公司或受州保险主管部门监管的专业性担保公司提供。日本针对中小企业建立了全国信用保证协会联合会等，对符合条件的中小企业提供保证，这些协会再向日本政策金融公库申请再保险。

四、关于建立担保链（圈）风险防范长效机制的政策建议

（一）回归银行业经营信用的本质，降低对担保的过度依赖

银行业应摒弃依赖第二还款来源发放授信的思想，将第一还款来源作为授信的首要依据。引导银行回归经营信用的本质，逐步"去担保化"，降低在授信业务中对担保的过度依赖，体现其作为信用经营机构应有的专业化管理水平。

（二）借鉴国际经验，制定监管政策对保证类授信进行规范

建议借鉴国际经验，引导银行加强保证类授信管理。除农户联保贷款等特殊情况外，原则上应要求保证人信用等级不低于银行信用贷款发放条件；限制非关联企业担保，强调保证人和借款人之间应具备显著经济利益关系；强化保证人责任，可考虑增加保证人对借款人日常经营活动进行合理监督的义务；对连环互保、多头互保、交叉互保等行为作出限制性规定和信息披露安排。

（三）加强集中度风险管理，将具有经济依存关系的保证人与借款人视为关联方，纳入集中度限额管理

2014 年 4 月，巴塞尔委员会正式公布了《大额风险计量和控制监管框架》，要求银行根据经济依存关系判断关联客户，将符合一定条件，具有担保关系、交易关系和资金关系的隐性关联客户纳入集中度风险管理。建议在借鉴国际经验并结合我国实际的基础上，引入根据经济依存关系判断关联客户的规定，控制银行客户集中度风险，防止风险蔓延和传导。

（四）加大企业信息公开力度，不断完善企业征信信息系统

建议推进企业信息的公开完整披露，推动人民银行、银监会等金融监管部门与工商、海关、税务等部门的信息平台进行对接，形成一个全国统一的跨地区、跨部门、快捷高效的企业大数据互联共享平台。银行可以利用信息平台，增强银行对企业担保行为的监测分析与风险预警提示，防范担保链（圈）的形成。

（五）加快融资性担保体系的发展，逐步改变由一般企业大量对外提供担保的局面

一方面，要积极借鉴国外经验，加快完善我国政策性融资担保体系。针对中小企业、"三农"和高校毕业生等政策性支持领域，发挥政策性担保机构的引领和风险分担作用，带动银行扩大对这些领域的信贷投放。另一方面，积极引导商业性融资担保行业做大做强，发挥其在中小企业尽职调查和风险管理等方面的优势，使其成为商业性融资担保市场的主要提供商，逐渐减少一般企业对外大量提供担保的现象。

（作者包祖明，时任中国银监会政策研究局副局长，
现任黑龙江银监局局长）

林芝地区银行业金融机构
安保工作情况的调研报告

2014年9月，案件稽查局赴基层联系点林芝银监分局，对林芝地区银行业安全保卫工作进行调研，现将有关情况报告如下。

林芝银监分局高度重视银行业安全保卫工作，认真贯彻落实银监会案件防控和安全保卫工作会议精神，严格按照西藏银监局案件防控和安全保卫工作具体要求，继续坚持稳中求进的工作总基调，始终坚守风险底线，着力转变工作作风，认真履行银行监管职责，督促引导辖内银行业机构始终把安全保卫及案件防控工作放在重要位置，构建守好合规经营第一道防线、把好风险管控第二道防线、把紧内审监督第三道防线；努力实现案件责任、风险排查、制度流程全覆盖，切实增强风险防控能力，确保辖区银行业安全稳健运行。

一、林芝地区银行业金融机构安保工作情况

2014年初，林芝分局向辖内银行业金融机构下发了关于做好藏历年期间安保维稳及金融服务工作的通知。1月30日，分局达娃次仁局长赴各银行业金融机构就维稳、安全保卫及金融服务工作开展情况进行了巡查。对各行网点、自助服务设备的安全保卫、提供金融服务状况进行了翔实了解，并对各行进一步做好各项工作提出了要求。要求分局全体干部职工在维护稳定上不动摇、不懈怠、不犹豫，抓好安全保卫，加强矛盾纠纷排查和化解、做好舆情监测和信访接待工作，确保"三不出"。在分局内部维稳工作方面，严格执行重要节庆和敏感时段24小时值班代班制度和零报告制度，未发生安全事故。

2014年7月24日至8月5日，根据《中国银监会办公厅关于开展银行业金融机构自助设备专项安全检查的通知》（银监办发〔2014〕137号）要求，对林芝辖区各银行业金融机构自助设备开展了专项安全检查工作，为保质保量完成此次自助设备专项安全检查工作，及时将自查通知转发给昌都、林芝辖内银行业金融机构，并要求按通知精神开展自助设备的自查工作，制定了《林芝银监

分局关于开展银行自助设备专项抽查方案》、《银行自助设备检查情况统计表》，并组织了抽查。

（一）安防设施建设情况

目前林芝辖区共有机构网点 75 个，工作人员共计 770 人。各行营业网点均安装电视监控系统，均能按照要求安装电视监控系统及防弹玻璃，各机构基本都能按照公安消防部门要求，进行了消防设施的配置和更新。

（二）安保队伍情况

辖区二级分行均设立了保卫科，县级支行保卫股，目前，林芝地区银行业金融机构共有保卫人员 70 人，文化水平普遍较低，针对保卫人员文化水平普遍偏低的现状，为提高人员素质，以适应安全保卫工作需要，各银行业金融机构加大了培训工作力度，通过培训，保卫人员较好地掌握了安防工作基础知识，提高了综合素质，基本能达到各行安全保卫工作要求。

（三）安保工作情况

近年来，林芝各银行业金融机构在公安和银监等部门的指导、帮助和支持下，紧紧围绕"看好自己门，管好自己人，做好自己事"的原则，狠抓了安全保卫工作，确保了各银行业金融机构稳定，基本保证了正常的工作、生活秩序和人员、财产的安全。

（四）自助设备情况

林芝辖内银行业金融机构共有自助机具 135 台，各行均制定了自助设备、自助银行的安全防范内控制度、应急预案，开展了应急演练。自助设备的值守、巡查、设备维护、装钞警戒环节及保养等情况基本符合规定要求，但在外接线缆和视频监控系统的布放等方面仍存在不同程度的问题和风险隐患。

二、存在的问题

一是保卫队伍正规化建设有待进一步加强。由于辖区地域较广，网点分散，受条件和师资力量等限制，集中对保卫人员进行有关法律知识、治安保卫业务、技能及相关业务知识的培训、考核做得不够，特别是消防和安全防范预案的演练等未按要求进行，有待改进和加强。

二是农行林芝分行各农牧区营业所 40 个，大部分为 3 人所。加上休假、出差、下乡等因素，实际上大多数营业所一年中有一半以上时间为 1 人在岗。由于营业所大部分分布在边远地区，通讯不发达，交通不便，管理的难度很大，安全保卫工作存在较大隐患。

三是林芝辖区各银行由于受地理环境的影响，紧急报警均未与地区公安处接警中心联网；部分 ATM 各种外接线缆保护措施不齐全或未将接插件放置于封闭的刚性保护体内；部分 ATM 客户面部特征不清晰或无法看清客户的正面特征，部分 ATM 未安装具有自动拨号功能的求助电话或求助电话为空壳等问题。

三、监管意见

就调研中发现的问题，案件稽查局根据林芝地区的实际情况提出了相关要求。

一是各银行业金融机构领导要高度重视安全保卫工作，加强对全体员工的教育，妥善处理员工之间内部矛盾，防止矛盾激化引发各类案件。严格落实各项安全保卫工作规章制度，不给犯罪分子可乘之机。

二是要进一步加强安防设施建设，构筑安全防范屏障。继续完善奖惩机制，让群防群治、全员参与、齐抓共管落到实处，建设一支政治合格、作风过硬、思想业务素质高的保卫队伍。

三是要做好当地的维稳工作，保障银行业务正常运行。

（作者刘智勇，时任中国银监会银行业案件稽查局（银行业安全保卫局）副局长，现任中国银监会政策性银行监管部副主任）

温州不良贷款情况的调研报告

2014 年 5 月，银监会组成调研组到温州就不良贷款防控形势组织专题调研。近三年来温州银行业经历了地区经济下行、房地产价格下降、融资成本上升以及辖内信贷增速下降等多种不利因素的冲击，深入分析"温州案例"对于前瞻性地指导全国银行业应对经济下行压力、加强信用风险管理、做好压力测试、制定合理的危机应对政策，都具有重要的借鉴意义。

一、温州银行业不良贷款快速上升的原因分析

截至 2014 年 4 月末，温州地区银行业不良贷款余额较年初增加 24.7 亿元。不良率较年初上升 0.28 个百分点，与 2010 年末温州银行业平均水平相比，短短 40 个月内不良贷款率上升了近 15 倍。

温州的金融风波无论从持续时间、损失程度、银行中介功能发挥等方面看，都近似于一场局部银行危机。从这场风波中看到了与 2008 年国际金融危机相似的根源和本质特征，如风波前的影子银行（民间融资）的活跃、薪酬激励的滥用、银行贷款快速扩张、房地产价格快速上升、个人和企业的高杠杆化；同时也有担保链信用增级模式的应用、信用环境恶化、高利贷（过桥融资）等中国特色的因素。

（一）因涉足民间借贷导致资金链断裂

近年来随着原材料及用工成本的持续上涨，温州企业利润空间受到进一步挤压，一些企业面对困境，盲目进行跨行业投资，甚至不惜融入高息民间资金用于支撑房地产、光伏、矿产等高风险项目的投资需求，最终由于杠杆过高导致资金链断裂。初步判断，与之前相比，2013 年以来因参与高息民间借贷引发资金链风险事件虽趋于稳定，但仍然处于多发阶段。

（二）因卷入担保链出现巨额代偿风险

温州企业信用特征之一就是互保、联保盛行，且往往以血缘、亲缘、宗缘、地缘、行缘、商缘等"缘"关系为半径逐步外扩并融资结网，最终形成具有鲜

明地域关系的利益共同体，并随着企业间经济往来范围的不断扩大，近期以来，伴随风险的暴露，担保链成为加速风险传导的"导火索"和"催化剂"。从调研情况看，2013年由于卷入担保链问题而新出险的企业占比达40%～50%以上。

（三）恶意逃废债破坏地方信用环境

调研发现，政府对风险暴露点的应对态度和处置效果，特别是政府打击恶意逃废债的力度和维护地方信用环境的决心，是影响局部性不良资产危机爆发的重要诱发因素。据金融机构反映，当地政府和司法部门对企业恶意逃废银行债务问题的受理期过长、处置进度较慢，甚至纵容，一定程度上助长了不良风气，不仅严重破坏当地金融生态、扰乱经济秩序，还可能对温州地区经济社会长远发展造成十分严重的后果。

（四）房地产价格快速上升和信贷激增积累了系统性风险

现代金融危机通常源于资产泡沫，以及与之相伴的信贷扩张和加速杠杆化。温州金融风波前，企业和个人大量参与房地产投资，民间借贷活跃，银行贷款激增，在预期的驱动下杠杆不断加大，区域性风险迅速上升。随着国内经济下行，房地产价格回归等因素影响，温州也出现经济增长乏力、转型困难、投资回报下降等情况，进而波及银行体系。

（五）中国式"押品（房地产）—损失"螺旋加剧了金融波动

温州地区银行业房地产贷款以及以房地产作为押品的贷款占各项贷款比重达到61%，远高于全国平均水平。因此，房地产价格波动对银行业的影响尤为显著。2008年国际金融危机期间导致金融体系流动性中断的"保证金—损失"螺旋，在温州金融风波中表现为"押品（房地产）—损失"螺旋，即房地产价格下降—房地产相关贷款需要补充押品—企业需要补充流动性或贷款到期无法续贷—流动性紧张—房价下降，或者房地产价格下降—房地产相关贷款需要补充押品—企业还款意愿和能力下降—主动或被动违约—房地产押品拍卖—银行资本和利润承压—收缩信贷—房价下降。

二、温州银行业不良贷款上升及处置中所反映的问题

（一）从不良贷款损失及处置情况看，损失的金额可能高于预期

通过与银行座谈了解到，温州地区的贷款质量可划分为三个层次：一是账面不良贷款；二是应反映而未反映的不良贷款（已发生损失）；三是潜在的不良贷款（经济转好则不会发生损失，如经济继续下行，肯定会发生损失）。温州银

监局持续监测第二层次的不良贷款。调研中，各行表示第三层次的潜在不良贷款可能明显高于账面不良贷款余额。

（二）从温州银行的损失情况看，全国银行业的资本和拨备的储备仍需提高

温州经历了三年的不良贷款爆发期，累计形成损失较大。温州银行业经受住了冲击，其中重要原因是大量不良贷款"上划"到总行集中处置，相关损失也是银行法人承担。如果将温州银行业受到冲击"放大"到全国，银行业拨备出现缺口，需要动用大量资本来冲销损失。

（三）不良贷款处置的法律和市场环境有待改善

温州银行业平均33%的不良贷款处置折扣率，接近十多年前资产管理公司处置国有银行剥离不良贷款的收回率，这没有反映中国银行业改革及风险管理水平提高的成果，其中一个主要原因是不良贷款集中处置量较大，而不良贷款处置的法律和市场环境有待进一步完善和提高。主要表现在以下两个方面：一是转让对象高度集中，处置成本较高；二是司法诉讼集中，抵押物执行难度加大。

（四）未来温州地区不良贷款走势仍不容乐观

在担保链、民间借贷等风险扩散放大效应的作用下，温州地区银行业的资产质量仍面临巨大的挑战，有以下因素会对后续的不良贷款走势产生重大影响：一是大环境未明显改善造成信贷投放不足；二是社会信用环境未根本好转；三是担保链风险尚未有效遏制；四是后续处置难度较大；五是房地产市场下行引起抵押物价值缩水。

三、有关启示及工作建议

第一，地方政府应悉心呵护当地信用环境。调研中发现，经历三年的金融风波，温州信用体系及信用形象受到了冲击：银行和企业都表达了对对方的不满，全国性银行大都收缩了对温州地区的授信，地方政府干预银行放贷、保护地方企业的行为有所抬头。因此，地方政府应与银行一道，推动企业家树立诚信意识和风险意识，大力打击逃废债行为，进一步改善信用环境，增强银行服务地方经济的信心。

第二，应进一步完善不良贷款转让市场建设。建议拓宽不良贷款转让渠道，创新不良贷款转让方式，引入更多的市场主体，平衡不良贷款转让的供求，试点探索不良贷款证券化，实现处置回收价值的最大化。由于考核压力，不良贷

款转让过程中可能会出现违规苗头（带有回购协议的不良贷款转让），监管应加大现场检查力度，确保不良贷款转让中的"真实销售"，充分反映银行实际承担的风险。

第三，保持房地产市场价格平稳。一方面要认识到保持房地产价格稳定并不意味托稳房地产价格，宏观政策应坚持市场主导原则，容忍价格在合理范围内波动；另一方面保持房地产价格稳定并不意味政府代替市场强制纠正已形成的高房价，这很可能是用一个错误纠正另外一个错误，在我们对相关风险没有足够的认知前，保持"定力"可能是最佳选择。

第四，加强监管体系自身建设。一是进一步提高监管的前瞻性，避免监管行动迟缓加剧银行的过度风险规避和抽贷行为。二是适时提高资本和拨备要求，提升银行抵御风险的财务能力。三是督促银行进一步提高风险管理水平，将国家信贷政策与本行发展目标、风险偏好和业务定位有机结合。四是从更高、更全面的视角深入理解"联保"这种信用增级方式的成本与收益，提出可行的改进措施。五是推动地方政府加强融资担保体系建设，规范发展民间融资。

（作者苗雨峰，时任中国银监会统计部副主任，
现任中国银监会国有控股大型商业银行监管部副主任；
作者刘志清，时任中国银监会统计部统计一处处长，
现任中国银监会审慎规制局副局长）

动产抵（质）押登记公示及
押品管理公司的监管建议[1]

——从钢贸信贷风险教训中寻求改革和制度建设的出路

综合各方面的情况，钢贸的不良贷款及损失是巨大的。这里有银行风险管理不到位的原因，但更重要原因是国内动产（包括存货）抵（质）押权登记公示制度和担保品（collateral）管理公司监管存在制度缺陷。世行集团国际金融公司（IFC）的专家[2]一直致力于这方面的工作，对如何完善存货登记公示制度、加强担保品管理公司监管提出了意见，相关成果值得我们借鉴。

一、关于动产抵（质）押权登记公示制度

从美国、加拿大的经验看，一个好的、有效率的、费用低廉的动产抵（质）押权登记公示制度有以下特点：

1. 登记公示内容为抵（质）押权，而不是产权（这点很重要）。

2. 登记公示内容为形式登记，而不是实质登记。这与产权登记不同，如住房产权登记为确权登记。

3. 抵（质）押权人在取得抵（质）押人同意后，向登记公司机构提交登记公示申请。因当事人双方已取得同意，故后续工作只需做形式审查（市场经济中处理民事关系的基本原则是意思自治、合约自由、责任自负）。

4. 登记公司机构对登记公示内容只作形式化（格式化、标准化）审查（因登记公示的内容不是产权，且当事双方已达成一致，故无须实质审查），因此，审查和管理费用低廉，故登记公示收费也可大幅降低，甚至取消。实际上，在北美国家，动产登记是通过互联网自助进行的，只要按照动产登记公示机构确

---

① 本文发表于《中国银行业》2014年第8期。

② 国际金融公司金融方面的专家赖金昌、黄琳等人一直致力于这方面的工作，帮助中国、东南亚国家完善动产抵（质）押权登记公示制度和押品第三方监管制度，本文许多内容汲取他们的工作成果。

定的文本格式进行登记，登记公示系统会自动通过登记并生效，无须人工干预。

5. 如抵（质）押人和抵（质）押权人对登记公示内容产生异议，可由其协商好后由抵（质）押权人通知登记公示机构更正。

6. 登记公示必须以互联网为基础，这样可使登记公示手续简便快捷，公示效应尽可能广，使其他潜在的抵（质）押权人（金融机构是最主要的用户，因为他们向小微企业提供贷款，小微企业能提供的押品一般只有动产、应收账款）可以方便查询，同时大幅度降低操作和维护成本，相应降低对客户的收费。例如，在美国收费实际上是象征性的，登记公示机构一般只收 2～5 美元，登记公示效力根据当事人意愿长达 3～5 年，甚至更长，中间无须更新缴费。

7. 登记公示必须由一家机构办理，这样可减轻查询负担，避免多次抵（质）押并获取贷款。

8. 动产如存货与应收账款抵（质）押权的登记公示集中在一家机构办理，因为动产与应收账款是经常转换的。例如，一家小企业，存货卖掉，存货的价值就转化为应收账款，再进一次货，应收账款就转为存货。

9. 不区分不同法律形式、金融形式下的抵（质）押权，北美法律将其统称为 security interest（直译为安全利益，国内目前多把它译为担保权益，这又难免与担保/保证（guarantee）相混淆，其实国内所称担保基本是指第三方保证）。这样，融资租赁、金融租赁、信托下的动产、应收账款都可在一家以互联网为基础的动产及应收账款（北美法律将其统称为 movable assets）登记公示中心进行登记公示。

目前国内动产登记公示的主要缺陷是：

1. 登记没有以互联网为基础，这样登记公示的效应就受到极大限制，难以避免重复抵（质）押的问题。如国家工商局的存货设备抵押登记在县区级工商局办理，纸质档案，或局限于本机构网页，难以做到低成本、快速查询。

2. 趋向于实质审查，这样难免登记难、收费高。

3. 不同类型的动产分开登记，如存货、设备在工商局，农业机械、渔船、农业车辆在农业部，交通车辆在公安部。据向国内银行了解，目前共有 16 类不同类型的动产、权利在不同的 16 个部门进行登记。

4. 动产与应收账款分开，目前一般企业的应收账款在人民银行，动产在其他部委；不同应收账款也是分开的，如公路收费权在交通部。

5. 融资租赁、金融租赁、信托下的动产、应收账款的登记公示的法律地位尚不明确，登记公示机构也不明确。

改革出路：1. 最理想的，修改相关法律（主要是《担保法》、《物权法》），将所有抵（质）押品上的权利统称为安全利益（security interest），在此基础上确定动产及应收账款的登记公示规则。2. 中间一点的方案，是在人民银行征信系统上的应收账款登记公示系统基础上，将其可登记公司的内容扩展到：应收账款＋存货＋设备。3. 最低方案，是国家工商总局建立以互联网为基础的、全国统一的、集中的存货及设备动产登记公示中心。根据美国、加拿大以及 IFC 在越南等东南亚国家的经验，建立这一系统并不难，6~8 个常规工作人员、几百万元软硬件投资，再加上日常的维护费用，即可建成和运营。

二、关于担保品管理公司

在美国和德国，专业化的高度发展已经出现这样一类公司，称为担保品管理公司（collateral management company），专门负责各种担保品或押品的管理，它们事实上可视为金融辅助公司。据 IFC 和我国商务部下的仓储物流协会了解，近年来，在江浙地区出现了类似的公司，媒体将其称为"金融仓储"。这些公司在市场上可承担四种职能：1. 识别何种物品为合格担保品并评估其价值；2. 对担保品的质量、数量等进行监控；3. 对担保品进行处置；4. 提供与担保品有关的市场信息服务。

在美国、德国，担保品管理公司以三种形式出现在市场上：1. 独立的担保品管理公司；2. 物流企业附属的或分离出来的担保品管理公司；3. 银行机构附属的担保品管理公司，专为银行服务。（按照《商业银行法》，中国的商业银行是不允许设立这样的公司。将来可仿照的是，某些银行如建行附属的资产评估公司可开展此类业务。）

这些公司一般根据委托人的需要，签订这三类合同：1. 担保品管理协议，对担保品的质量、数量、交付、处置等进行全面的管理；2. 担保品监管协议，只负责监管担保品如是否在仓库、何时离开仓库，不负责其他监管职能；3. 标准仓单（交易所交易的证券），但这部分在市场上占比不大。

担保品管理行业如何监管？从美国、德国的经验看，以下几点是必要的：1. 应由一个部门负责监管，在中国合适的部门或许是商务部；2. 出台一个部门规章，建立持牌要求、发放牌照、要求持牌公司定期报告经营和财务状况、要求持牌公司购买责任险（或替代的办法是由其组成的协会设立风险补偿基金）；3. 修改刑法相关规定，将担保品管理公司未履行受托责任（如疏于照看、丢失担保品）作为刑事入罪。

如上述两种制度安排能建立起来，则类似于目前钢贸贷款中的重复按揭、虚假按揭、贷款挪用就能得到有效控制，风险损失就可大大降低。一旦不良率和风险损失降下来，银行贷款时的风险定价也会降下来，贷款额也就会上去。与工业中的小微企业相比，流通领域的小微企业贷款尤其困难，主要原因是它们只有存货或应收账款，且变化较大。如能解决这两项制度安排，就将大大缓解小微企业的融资难。

担保品登记、公示、管理是发展中国家在金融基础设施或制度安排中存在的主要缺陷之一，这一缺陷的存在，给小微企业的贷款和经济的活力带来了很大的制约，应当引起足够的重视。国内这一问题长期得不到重视和解决，主要是因为：1. 这些问题比较专业、专门，从事金融工作人经常碰到，但往往就事论事，难以把它抽象为一个普遍的问题来看待，从而引起了广泛的注意，推动社会去解决。2. 经济学家往往关注宏大的问题，对这些基础的问题关注不够，同时也不一定了解金融业的实际困难，对法律的相关安排也比较隔膜。3. 法律专家往往不了解法律规定下的经济行为与后果，因此在做出法律规定时，往往因循守旧，不能适应新情况的变化。此外，部门利益、部门隔阂也是重要原因。

国际社会高度关注动产及应收账款抵（质）押及登记公示的立法。联合国相关部局（贸发局）组织相关专家，制定了动产及应收账款抵（质）押及登记公示示范法（Model Law），供各国立法、商业、金融部门参考，并不定期召开会议，研讨相关问题。据了解，商务部、最高人民法院都曾派人参加过会议，但因缺乏部门间的横向沟通和社会的关注，相关议题还未引起立法机构及政策制定者的重视。

（作者叶燕斐，时任中国银监会统计部副主任，现任中国银监会政策研究局巡视员）

贷款损失准备金制度
逆周期功能问题研究[①]

中国银监会于 2011 年颁发了《中国银行业实施新监管标准指导意见》，明确规定：建立贷款拨备率和拨备覆盖率监管标准。贷款拨备率（贷款损失准备占贷款的比例）不低于 2.5%，拨备覆盖率（贷款损失准备占不良贷款的比例）不低于 150%，原则上按两者孰高的方法确定银行业金融机构贷款损失准备监管要求。这项制度是一个重大创新，对提高中国银行业资产质量稳健性将起到重要作用。

一、拨备率有效弥补了拨备覆盖率的亲周期现象

《意见》提出的两项指标拨备率和拨备覆盖率，具有良好的互补作用。

1. 拨备覆盖率的亲周期性

拨备覆盖率计算公式为：拨备覆盖率＝拨备余额/不良贷款余额。

式中分母是不良贷款余额，当拨备覆盖率固定时，拨备数取决于不良贷款数，如果不良贷款多，提取的拨备就多，不良贷款少，提取的拨备就少。这个指标具有严重的亲周期性，即当经济形势很好时，由于一片繁荣，各项经济指标都很好，银行的贷款质量就好，不良贷款就少，提取的拨备也很少，但经济上行期，贷款总量却会大大增加，这是由经济规律决定的。这样就产生一个矛盾，一方面贷款总量很高，杠杆率也很高；另一方面拨备却很少，几乎没有拨备，一旦经济下行时，资产质量会迅速下滑，呆账会迅速增加，而由于没有足够的拨备，加上经济下行时银行的盈利能力下降，补充贷款损失准备金的能力下降，于是就要发生金融危机。本轮国际金融危机的始作俑者就是美国的五大投行，由于投行不受美国银行监管机构监管，也没有拨备这个概念，加上疯狂

[①] 本文发表于《财经》2013 年第 25 期。

的贪婪，惊人的杠杆，经济下行时都纷纷倒下了。以不良贷款为基数的拨备覆盖率也有类似的效应。

2. 拨备率的逆周期性

为了弥补上述不足，银监会推出拨备率这个指标。

拨备率计算公式为：拨备率＝拨备余额/贷款余额。

式中分母是贷款总数，当拨备率固定时，拨备数取决于贷款总数，贷款总数越多，拨备额也越高。这个指标有良好的逆周期作用，当经济上行时，贷款质量变好，呆账变少，银行风险隐藏起来了，用于应对呆账的准备金按理也可以减少，但由于经济上行，贷款总量增加，拨备数量不降，反而随着贷款总量的增加而增加，当经济上行到顶点时，拨备额也上升至顶点。由于经济上行时，银行效益很好，多提一点拨备对利润影响不大，银行不知不觉就把拨备提得非常充足了，一旦经济波动，风险来临时就能轻松应对。

二、双指标控制有效解决了单指标的缺陷

就拨备覆盖率和拨备率单项指标看，哪一个指标都有缺陷。

拨备覆盖率只反映不良贷款与拨备的关系。根据新会计准则要求，银行提取贷款损失准备金应根据资产实际发生减值迹象提取，资产无论正常还是不良，只要有减值迹象的都应提取相应的减值准备，而拨备覆盖率只与不良贷款有关，只有当不良发生了才提取相应的拨备，而对大多数银行而言，真正发生不良的资产很少，一般只占贷款总数的1%左右，如果只考虑不良，不考虑非不良，相当于捡了芝麻丢了西瓜，一方面由于提取的准备金很少，不足以抵御未来可能发生的风险；另一方面也不能准确反映正常贷款的减值情况。

拨备率只反映贷款损失准备与贷款总量的关系，不反映不良贷款的多少，当一家银行不良资产很高时，根据拨贷比提取的准备金不能覆盖所发生的风险。所以，单用哪一个指标控制都是不审慎的。

从"贷款损失准备金在不同计提标准下随贷款不良率变化表"可以看出，如果只规定拨贷比这个指标，当不良率上升到2.5%以上时，覆盖率就低于100%，将不能全覆盖不良贷款；如果只规定拨备覆盖率这个指标，当不良率很低，趋于零时，提取的拨备很少，也趋于零，这样不能应对未来可能发生的风险。如果将非不良贷款与不良贷款分别提取相应准备金，如按非不良贷款1%、不良贷款100%比例提取准备金，只有当不良率等于1.5%～2%时，提取的拨备

数比较合适，不良率小于 1 大于 2 时，所提拨备都可能偏少。且这种提法当不良贷款上升时，对非不良贷款向下迁徙的可能性没有预防功能。运用拨备率和拨备覆盖率双指标控制则有效解决了这一问题。不管银行资产质量好还是差，都有相应的指标控制，哪怕资产质量很好，好到不良贷款为零，仍然要提取贷款总量 2.5% 的拨备；如果资产质量很差，差到不良资产高垒，则以不良资产为衡量标准，提取足够的拨备。这项制度还有一个亮点在于将拨备覆盖率定在 150%，而不是 100%，这样，对不良率高的银行形成了良好的制约，不仅考虑了对不良贷款的覆盖，也考虑了对非不良贷款的覆盖。因为覆盖率是 150%，相当于拿出 100% 拨备应对不良贷款，同时拿出 50% 拨备应对非不良贷款。这种设计是非常合理的，因为当一家银行不良贷款高企时，这家银行的非不良贷款质量也开始下降，必须引起高度"关注"，要有足够的拨备应对这些可能向下迁徙的"非不良贷款"，所以，有 1/3 的拨备用于应对非不良贷款，是科学、审慎的。

三、双指标控制有效解决了不同银行的差异性监管问题

中国是一个发展中国家，地域辽阔，地区差异大，银行与银行之间差别也很大，有的先进银行已经跻身世界大行的前列，而有的地区银行却仍然非常原始，资产质量、盈利模式、风险管理能力都有很大差距，如何针对不同的银行差别监管呢？银监会出台的双指标控制法，较好地解决了针对不同银行采取不同政策的问题。对于资产质量好、不良贷款率低的银行，就以贷款总量为衡量标准提取准备金，用于抵御不可预测的风险，而且以 2.5% 封顶；对于资产质量差、不良贷款率高的银行，以不良率为衡量标准，不良率越高，提取拨备越多，而且上不封顶。

当拨备率锁定在 2.5%，拨备覆盖率锁定在 150% 时，不良率是一个确定的数，即 1.67%。当不良率低于 1.67% 时，只要拨贷比达标，拨备覆盖率肯定达标，因此，不用考虑拨备覆盖率，只需提足 2.5% 拨贷比就行；当不良率高于 1.67% 时，只要拨备覆盖率达标，拨贷比肯定达标，因此，不用考虑拨贷比，只要提足 150% 拨备覆盖率就行。这种双约束制度，不仅对不同银行有良好的区别监管功能，就是对同一家银行，在不同时期、不同时点，根据不良率高低可以灵活掌握拨备量值，是一个真正意义上的动态拨备指标。

四、双指标控制有效解决了资产质量稳健性评价问题

如何评价商业银行资产质量的稳健性问题，是监管部门和社会各界普遍关注的。过去采取不良贷款率、拨备充足率、拨备覆盖率等指标衡量银行资产质量的稳健性，由于缺乏联动，所以哪一个指标都不能作出比较准确的评价，只有采用了拨贷比和拨备覆盖率两个指标联动控制，才真正解决了评价相对准确的问题。

一是降低了对贷款分类准确性的依赖。现行的准备金制度，不体现五级分类，只考虑不良与非不良两类，以不良率为参考值，不良率小于 1.67% 时，实行 2.5% 拨贷比；不良率大于 1.67% 时，实行 150% 覆盖率，不管分类是否准确都能获得比较充足的拨备。

二是现行准备金制度不仅反映了资产质量，也反映了财务稳健性。反映资产质量的有三个指标：不良率、拨备率、拨备覆盖率，当得知一家银行的不良率为多少时，马上就能确定用什么指标衡量拨备，从拨备情况就能对财务稳健性作出判断。例如，当不良率小于 1.67% 时，拨备率越高越稳健；当不良率大于 1.67% 时，拨备覆盖率越高越稳健。

三是真正把握住了监管的重点。当一家银行不良率很低时，监管的重点是非不良贷款，所以使用拨贷比这个指标，主要考量非不良贷款的拨备率。也就是说，一家银行尽管现在不良率很低，不等于以后永远很低，因为未来的经济形势是难以预料的，2.5% 相当于丰年的强制保险；当不良率上升时，监管的重点自动转移到不良贷款上来了，考核的指标是拨备覆盖率，这真正体现了区别对待、科学监管。

（作者陈伟钢，时任中国银监会培训中心副主任，

现任中国银监会党校副校长）

土地信托业务基本模式、
风险分析及监管建议

　　土地流转和信托业务一直是网络和社会热门话题，2013 年下半年以来，两者的结合即土地信托业务，立即受到了全社会关注。为及时掌握此类业务最新动态及风险特征，北京银监局派员赴江苏等地对辖内已开展的土地信托业务进行了实地调研，对其背景成因、业务模式、潜在风险等进行了深入分析，并提出相关建议。

一、背景成因

　　为有效利用土地资源、改善农民收入，中央陆续出台多项土地改革政策，鼓励承包经营权在公开市场上向专业大户、农业企业等主体流转。北京信托以此为契机，尝试通过信托模式参与农村土地流转，截至 2013 年末，先后在无锡阳山、句容后白、安徽铜陵设立三单土地信托项目，合计归集 1.06 万亩土地。

　　以信托方式参与土地流转可以综合发挥信托制度特有的财产隔离、财产保护和财产管理功能，一方面推动土地资源的合理再配置，实现农村土地规模化、集约化运营；另一方面通过对农村土地承包经营权进行金融化改造，促使农民由土地的依赖者转化为土地财产权益的持有者。

二、基本模式

　　参与土地流转的村民以其确权到户的农用地土地承包经营权入股成立土地股份专业合作社，再由合作社作为委托人将整合后的土地承包经营权设立财产权信托，村民、合作社、村委会成为信托受益人，信托公司以出租或入股方式运用土地信托财产。当地基层政府通常主动介入土地信托的设立、管理环节。

三、风险分析

(一) 土地归集环节，村民弱势地位未明显改善

信托公司前期土地归集过度依赖地方基层政府，村民作为土地承包经营权的所有者，地位相对弱势：一是基层政府参与归集土地，带有一定行政管理特征，一旦出现强迫农民意愿行为，信托公司易成为基层政府违规违法征地的挡箭牌。二是合作社理事长通常由村干部担任，其决策行为是否能够充分维护村民利益有待评估。三是现有模式中潜藏较大的土地增值纠纷。现有土地定价普遍采取固定加浮动的模式，固定部分主要为地租收益，浮动部分通常与土地经营方的经营收益相挂钩。在经济增长较快以及土地稀缺性长期存在的背景下，土地承包经营权价格会自然增值，增值部分应归属于农民而非土地经营方。但在信托模式中基本上以土地经营者超额收益分配的方式予以处理，在经营者成本核算难以规范的情况下，此方式极易损害农民利益，引发"退出"问题。四是土地流转"退出"机制不健全，在农民诉求无法得到满足时，在农村法律意识普遍淡薄的现状下，极易引发冲突进而演变为群体性事件，此问题根源虽在土地合作社层面，但信托公司很难独善其身，信托项目运营也势必受到影响。

(二) 财产运用环节，基层政府主导易影响信托项目的市场化运作

从部分土地信托项目的信托财产运用看，土地的实际使用人均带有浓厚的政府色彩。由于基层政府的强势地位，信托公司在承租人选择、信托收益定价等方面很难有话语权，公司履职面临考验：一是基层政府插手可能产生寻租空间，让土地过度集中到个别利益集团手中形成垄断，从而损害农民利益。二是一旦基层政府行为与农民利益发生冲突，信托公司裹挟其间，可能成为基层政府侵害农民利益的"替罪羊"。

(三) 土地经营环节，农业大户的经营风险制约土地信托业务可持续发展

作为土地信托业务链条中的关键环节，农业经营企业的盈利能力是土地信托业务存续、发展的基础，潜在的经营风险不容忽视：一是传统农业经营风险难以控制，且附加值和利润率较低，土地信托的盈利模式尚不清晰。二是土地实际使用人往往具备多元化的经营范围，若擅自改变土地的农业用途，将产生严重的法律风险和合规风险。三是土地的后续经营仍需大量资金支持，政策风险之外又将面临较大的市场风险。

(四) 后期管理环节，受益权转让模式设计易引发法律和政治风险

上述信托项目的合同中普遍约定"信托存续期间，优先级受益权可以转

让"，这在一定程度上有利于激活大范围的土地流转市场，但现阶段，该设计仍存在潜在法律风险和政治风险：一是《中华人民共和国农村土地承包法》对土地承包经营权的流转有较为严格的限制，如要求受让方需有农业经营能力等，而信托受益权作为财产性权利，其转让无禁止性的法律规定，因此，通过土地信托受益权转让客观上能够达到土地承包经营权流转的目的，但其合法性有待进一步评估。二是农民转让信托受益权虽然获得了一次性的财产收入，但从"名义失地"变为"实际失地"，可能引发社会稳定问题和群体性事件。

（五）信托受益权实现环节，村委会，土地合作社等组织易侵占农民利益

已开展的部分土地信托项目中，信托财产全部来源于村民所有的土地承包经营权，而土地合作社、村委会并未实际交付财产或财产性权利，却和村民共同成为信托受益人，并按照一定比例获得信托收益。信托公司应本着行为主体"为谁服务谁付费"的原则设计土地信托受益权分配模式，避开农村政治敏感点，避免侵占农民利益。

四、监管重点及建议

（一）切实维护农民基本权利和利益

土地信托设立的目的不仅是通过集约化方式提高土地利用率，更重要的是帮助农民盘活土地财产、增加可支配收入。信托公司在业务模式设计、信托存续管理、信托利益分配等环节应充分履行受托人责任，确保农民权利不受损害。一是提高政治敏感性，更加关注土地信托的社会责任和义务，更加注重公司的声誉风险管理。二是按照"平等协商、自愿、有偿"的原则实现农民土地承包经营权的归集，不得借助任何个人或组织强迫农民流转土地，不得以强行归集的土地作为信托财产。三是在村委会、土地合作社和农民并列成为受益人时，赋予农民和土地合作社、村委会同等的信息知情权，做到对全体受益人的充分信息披露。四是根据信托项目实际运营情况，尽力配合农民解决其合理诉求，与利益各方探索建立可操作的农民土地合作社"退出"机制。

（二）坚持信托公司市场化主体地位

信托公司在业务开展时要厘清政府、村委会、土地合作社、农民、农业经营企业等各方利益主体的角色定位和权责边界，发挥主导作用。一是着重发挥当地政府的"牵线"作用，防止"越俎代庖"。二是村委会并非信托财产委托人，不应作为受益人，其报酬应由信托公司承担。而合作社只是名义委托人，

不宜成为受益人，其报酬应从合作社成员中收取。三是在符合国家宏观政策的前提下，以受益人利益最大化为原则，市场化选择承租人并履行相应程序，客观、合理收取费用并取得委托人及受益人的充分认可。四是在信托合同约定的范围内管理运用信托财产，提高政治敏感性，避免介入政府和农民的矛盾冲突，严防声誉风险。

（三）着力防范承租企业经营风险

信托存续期间，信托公司应强化租后（投后）风险管理，多措并举防范其经营风险。一是引导经营企业发展规模、现代农业，提高劳动生产率和附加值，提升盈利能力，实现受益人和承租方的双重利益需求。二是引入农业保险制度和其他增信手段，落实各项风险控制措施，保障信托利益如期实现。三是完善信托项目后期管理监督机制，监督经营企业依法、合理利用土地开展农业经营，确保不改变土地所有权的性质和土地的农业用途。

（四）审慎开展受益权转让业务

现阶段，信托公司应综合考虑农村社会的特殊性和现有农业相关法律规定，适当限制土地信托受益权转让。一是对于不符合土地承包经营权的流转对象的受让人，严格限制其土地信托受益权受让资格，防范利用信托制度进行监管套利。二是办理农民信托受益权转让申请时，在模式中应设计由明确的主体详细说明未来的土地收益将随着受益权转让而转移，充分强调转让后面临的"失地"风险，采取恰当程序证明已履行受益权转让风险的告知义务。

（作者逯剑，北京银监局副局长）

互联网理财对银行风险管理的影响及对策建议

互联网理财在不改变银行负债总额的前提下，减少了各项存款，增加了银行负债综合成本，降低了传统存贷业务在表内业务中的比重，增加了银行体系的流动性风险，进而使基于存贷业务为主的资产负债结构而设计的盈利风险、流动性风险和信用风险监管指标体系失真失灵。适应互联网理财对银行风险管理的冲击，亟待尽快完善和丰富现有监管指标体系。

一、互联网理财的主要运作模式、运行特点和比较优势

（一）运作模式

主要是借助第三方支付和货币市场基金平台将低成本的各项存款转化为高成本的同业存款。

（二）运行特点

增速快、收益高、期限短，集中投向银行存款和结算备付金。

互联网理财的第一大产品余额宝，其对应的天弘增利宝货币市场基金 2013 年第四季度报告显示，基金份额 1 853 亿元，比季度初增加 1 297 亿元，季度收益率 1.2889%。从投资品种看，债权投资 128 亿元，占比 6.7%；买入返售金融资产 16 亿元，占比 0.83%；银行存款和结算备付金 1 755 亿元，占比 92.21%。基金资产按剩余期限分布看，剩余期限 30 天以内资产占基金份额的比例为 63.69%，30（含）~60 天占 0.36%，60（含）~90 天占 29.71%，90（含）~180 天占 8.62%，180（含）~397 天占 0.08%。基金负债按剩余期限分布看，剩余期限 30 天以内负债占基金份额的 2.67%，主要是债券回购余额。

对接微信和百度的第二大产品华夏现金增利货币市场基金 2013 年第四季度报告显示，基金份额 437 亿元，比季初减少 33 亿元，季度收益率 1.2369%。从投资品种看，债权投资 87 亿元，占比 17.56%；买入返售金融资产 30 亿元，占比 6.06%；银行存款和结算备付金 367 亿元，占比 74.03%。从剩余期限分布看，30 天以内资产占 27.35%，30~60 天资产占 0.93%，60~90 天资产占

52.55%，90～180 天资产占 27.44%，180～397 天资产占 2.28%。30 天以内负债占比 13.11%，主要是债券回购融资。

（三）比较优势

余额宝一个季度规模扩张 3 倍，增速十分惊人，收益率和规模均超越了原来的行业龙头华夏现金增利，凸显其比较优势。

一是高达 92% 的资产投向了固定收益的银行存款，低风险获得了市场认可。

二是淘宝网庞大和相对封闭的客户流与现金流使余额宝资金处于持续净流入状态，需要的备付金比例较小。

三是支付宝公司沉淀的巨额买方付款，但未确认收货资金，可以为余额宝提供流动性支持，提高余额宝资产平均剩余期限，支持余额宝取得具有市场竞争力的收益率。

四是规模优势使余额宝在与银行议价中更为主动，获取银行更高的协议利率水平和更稳定的流动性支持。

五是余额宝的流动性比较优势明显，对转入和转出资金都实行 T＋0 的政策，华夏基金仅能实现转出资金 T＋0，转入资金 T＋0 近期刚刚实现。

二、互联网理财对银行业务及风险监管的影响

（一）明显改变银行资产负债结构

由于余额宝流动性已经完全与活期存款相同，收益率超过了 5 年期定期存款上浮到顶的水平，预计余额宝将继续以非常高的速度改变银行资产负债结构。

一是直接将低成本的活期存款、定期存款转化为高成本的同业协议存款，存款在银行负债中的比重下降。

二是逼迫商业银行加入资金市场化竞争，推出类余额宝的理财产品；行政定价的保本保息存款比重持续下降，市场化定价的结构性存款（保本浮动收益理财）比例上升。

三是商业银行资产结构随之改变，受存贷比约束，贷款比重下降；对接同业资金的其他投资、买入返售比重上升；资金成本上升后，信贷资产的风险偏好上升，客户结构进一步向中小企业下沉。

（二）使银行部分主要监管指标失真失灵

互联网理财将加速改变银行的资产负债结构，降低存贷款在资产负债中的比重，进而使传统的基于存贷业务为主的资产负债结构而设计的盈利风险、流

动性风险和信用风险监管指标体系失真失灵。

一是对盈利性监管指标的影响。基于资产负债总量设计的资产利润率、资本利润率指标继续有效。基于存贷款设计的净息差指标已经不能完全反映商业银行的盈利能力。

二是对信用风险监管指标的影响。基于贷款设计的不良贷款率、拨备覆盖率、贷款集中度等指标越来越难以反映商业银行的信用风险全貌。针对其他投资和买入返售等对接表内同业资金的资产目前处于没有分类、没有拨备、没有集中度限制、没有行业投向限制、没有规模管控的监管真空，潜在巨大风险。

三是对流动性监管指标的影响。在存款分流的大趋势下，基于存贷款设计的存贷比指标可能会进一步加剧资产结构的非信贷化趋势。

货币市场基金的银行存款比较特殊，根据证监会的监管要求，货币基金持有的提前支取按照活期存款利息计收的银行存款占比不能超过30%，只有根据协议可以提前支取且没有利息损失的银行存款持有比例才能突破30%的限制。从目前货币市场基金持有银行存款的比例看，剩余期限在30天以上协议存款占比很高。对于这部分存款是否计入流动性覆盖率的分母，没有明确监管要求。由于货币市场基金的特殊性，剩余期限在30天以上的银行存款也有可能在1个月以内流失，流动性比例监管指标也可能会失真。

货币供应量指标可能难以反映市场的真实情况。目前，货币市场基金的银行同业存款统计在 M_2 当中，随着互联网理财的发展，M_1 的增速可能持续放缓，但由于货币市场基金具有活期存款的支付结算功能，以往通过分析 M_1 判断市场潜在消费需求的方法可能失效。由于货币市场基金收益率超过了定期存款，夹杂了交易性和保值性两种目的的资金，以往通过 M_1 与 M_2 增速差分析宏观经济周期波动的传统方法可能会失灵。

三、互联网理财对银行业冲击的压力情景分析及对策

（一）互联网理财规模迅速扩张，较高比例的银行存款转移为同业协议存款

这种情景下，银行的各项存款会出现负增长，在存贷比指标的约束下，贷款供应出现紧张，非贷款资金供给会更加充裕。主要依靠债券市场和非标投资的大型企业的融资成本下降，资金可获得性提高。主要依靠贷款的中小企业融资成本上升，资金可获得性下降。在存款规模考核压力下，银行对存款的争夺更加激烈，加大高收益保本理财的发放规模，利率管制存款比重进一步下降，

银行利差空间进一步收窄。

最大的问题是造成金融的普惠性下降，银行资金难以支持简政放权、全民创业、支持小微、鼓励创新的改革大方向。因此，监管政策方面应该有所调整。调整方案有三种：一是取消存贷比指标限制，由于中国有众多的小银行，存贷比指标对中小银行还有一定效果，新的流动性管理办法也保留了该指标，因此这一方案可行性不大。二是调整存贷比指标的定义，允许商业银行依靠一部分来源于基金等金融同业的资金发放贷款。这一方案相对比较可行。三是将货币市场基金的存款纳入各项存款统计范围。不仅要交纳存款准备金，还要受利率上限不超过基准利率 1.1 倍的限制。这样会逼迫互联网理财进行新的创新尝试，借助券商等通道将资金投放到同业市场。因此也不太可行。综合来看，调整存贷比指标的分母，增加一部分同业资金，还是相对可行的。

（二）市场出现类似 2013 年 6 月末的钱荒，短期利率远远超过货币市场基金利率

这种情景下，机构资金会赎回货币市场基金进入同业拆借市场，零售资金也会赎回货币市场基金进入交易所债券回购市场。基金份额会在短期内出现大幅度下降。这种情况在 2013 年 6 月已经出现过，当时市场排名第二位的易方达货币市场基金针对小额零售客户的易方达货币 A 第二季度规模从 295 亿份缩减到 65 亿份，降幅 78%。针对机构和大额零售客户的易方达货币 B 规模从 386 亿元缩减到 67 亿元，降幅 83%。基金份额下降必然传导至银行，货币基金大量支取协议到期日超过 30 天的存款，造成银行的流动性更加紧张。

最大问题是银行低估了货币市场基金存款在市场流动性紧张情景下加速流出的特征，对策是调整传统流动性比例、流动性覆盖率指标，将货币市场基金的存款全部放到分母当中。

（作者吴增平，时任天津银监局副局长，

现任山西银监局副局长）

多重因素推动房贷增长　风险防范仍需未雨绸缪

近两年，河北省房地产保持了平稳发展的势头。2014 年以来，在多种因素的推动下，河北省银行业房地产信贷投放保持了持续增长，在央行、银监会《关于进一步做好住房金融服务工作的通知》这一利好政策的刺激下，预期河北省房地产信贷仍将持续增长。

一、房地产市场整体运行环境良好，个性差异显现

（一）投资稳步增长，地区间差异较大

2014 年增幅明显高于上年同期，截至第三季度末投资增速比上年同期提高了 7.6 个百分点，且略高于同期固定资产平均投资增速 1.6 个百分点。廊坊和保定地区同比分别增长了 76.9% 和 43.3%，而张家口和承德同比分别下降了 7.9% 和 7.3%；投资增量最为明显的为石家庄和唐山，同比分别多增了 53.65 亿元和 31.44 亿元，分别占全省全部增量的 23.28% 和 17.01%，而承德和衡水地区同比分别少增了 7.39 亿元和 3.43 亿元，分别占全省全部增量的 3.18% 和 3.22%。

（二）市场供求整体均衡，城市间分化较明显

全省房屋施工面积同比上升了 4.6 个百分点，而竣工面积同比下降 9.3 个百分点。商品房销售逐步回暖，销售增速由负转正，但同比下降了 14.1 个百分点。用简单计算法测算供求比①，从 2011 年至 2014 年 9 月末供求比为 80.41%，供求比在房地产市场认可的 0.8～1.2 较为平衡区间内，但城市间分化严重，全省房地产供应相对不足（供求比小于 0.8）的城市比例为 72.73%。

（三）待售面积增长态势稳中有降，商业用房降幅明显

全省待售面积同比下降 8.5 个百分点，待售面积中商品住宅待售面积同比下

---

① 供求比：按照申银万国证券计算方法，供需比等于统计年限内出让用地规划建筑面积总和除以统计年限内销售面积总和。计算方法为：用 2011 年以来竣工面积总和除以销售面积总和。

降 3.6 个百分点；办公楼和商业用房待售面积同比下降 15.24 个百分点。其中商品住宅待售 1~3 年面积同比下降 17.2 个百分点，办公楼和商业用房待售 1~3 年面积同比下降 41.55 个百分点。

（四）保障性住房建设顺利推进

截至 2014 年 9 月底，全省保障性安居工程开工 751 个项目、18.1 万套（棚户区改造项目 12.9 万套）；已竣工项目 543 个、15.3 万套（棚户区改造项目 9.7 万套），开工率、竣工率均超额完成 1~9 月末阶段性任务。

二、多重因素推动信贷资源向房地产行业集中

（一）从宏观层面分析，政策因素和区位优势，是拉动河北省房地产贷款增长的重要原因

一是受年初京津冀一体化概念和河北省沿海发展战略影响，张家口、承德、保定、廊坊、唐山、秦皇岛、沧州地区房地产投资和信贷需求旺盛。2014 年 3 月单月和第一至第三季度这 7 个地区的房地产投资同比增速为 33.08% 和 21.71%，高出全省房地产投资平均增速 10.2 个和 4.01 个百分点。二是河北省部分县级城市毗邻北京，廊坊的三河、燕郊、固安和保定的涿州，满足了北京部分中等收入者的刚性住房需求。廊坊地区为河北省房地产信贷资源最为集中地区，贷款存量排 11 个地市之首，2014 年新增贷款 195.28 亿元，占全部房地产贷款增量的五分之一。同时该地区的房地产贷款占其全部贷款的比重近年来基本保持在 40% 左右。

（二）从投向结构分析，支持棚户区改造、经营性物业、个人住房按揭贷款是推动河北省房地产贷款快速增长的主要因素

一是支持棚户区改造项目金融服务力度进一步加大，带动了房产开发贷款的快速增长。截至 2014 年第三季度末，河北省支持棚户区改造项目建设贷款 251.63 亿元，比年初增加 146.04 亿元，占全部保障性安居工程贷款的 100.88%，远高于全省房地产贷款平均增速。二是经营性物业贷款持续快速增长。经营性物业贷款比年初增加了 84.71 亿元，比年初增长 62.58%，同比多增 71.15 亿元，同比上升了 47.25 个百分点。三是个人住房按揭贷款的平稳投放基本保障了居民刚需和改善型需求。2014 年以来，河北省银行业机构共发放个人住房按揭贷款 31.25 万笔，同比多增了 2.06 万笔。

　　（三）从银行经营层面分析，产业结构调整，部分行业增信受限，自身的风险偏好和上级行适度宽松的房贷政策，为各行房地产信贷投放创造了较为有利的条件

　　一是受当前国内外经济和河北省传统产业结构调整政策的影响，加之化解过剩产能和防治大气污染的任务压力，省内经济低速运行，以及银行自身风险偏好等限制，银行可投放和盈利的行业较少。二是对政府融资平台贷款的严格管控，存款利率市场化使银行负债成本上升等因素的影响，银行面临业务发展和业绩考核的压力越来越大。三是房地产行业短期内仍作为承接上下游产业的支柱性行业，目前，其资产质量明显高于其他行业，银行在政策限制和增加盈利的选择上，选择了短期盈利目标的实现，在很大程度上助推了房地产信贷的增长。

三、房地产贷款潜在的风险隐患不容忽视

　　（一）整体保持良好，但地区和机构的房地产贷款质量下降呈扩大趋势

　　2014年尽管房地产贷款质量整体保持良好，不良率保持在较低水平，但个别地区和银行不良贷款反弹压力上升。分地区看，河北省房地产不良贷款仍主要集中在石家庄、唐山、秦皇岛和廊坊地区。唐山、沧州、邯郸等6个地区不良贷款出现小幅反弹，与年初相比增加了4个地区，其中，有3个地区不良贷款呈现"双升"，与年初相比增加了2个地区。

　　（二）企业融资能力持续下降，房地产贷款风险隐患开始显现

　　截至2014年9月末，河北省房地产开发企业国内贷款同比上升3.3%，其他资金来源同比下降了5.4%。而房地产企业自筹资金同比则增长20.5%，同比上升18.2个百分点，其中借入资金同比增长35.6%，同比上升11.3个百分点。房地产企业资金链的紧张，直接影响了房地产信贷质量，2014年第三季度末，房地产开发贷款关注类贷款比年初增加5.01亿元，展期贷款比年初增加1.96亿元。

　　（三）民间融资向银行信贷传导的风险开始集中暴露

　　如邯郸某房地产开发有限公司，由于民间融资导致资金链断裂，无法偿还债务，导致开发商"跑路"，部分债权人集体到当地市政府上访。该房地产开发有限公司在河北省4家银行业金融机构融资，共计11.05亿元，其中贷款4.25亿元，有4.15亿元已形成不良。

（四）涉及房地产类贷款占比上升，区域性、系统性风险隐患增加

目前与房地产行业直接相关的贷款主要分为四大类：第一类是房地产贷款，占全部贷款的比重同比上升1.97个百分点；第二类是其他以房地产为抵押的贷款，除房地产贷款外，其他以土地、房产为抵押的贷款占全部贷款的比重同比上升2.88个百分点；第三类是建筑行业贷款，占全部贷款的比重同比上升0.1个百分点。以上三类与房地产行业直接相关贷款占全部贷款的比例超过了30%。第四类委托贷款，2014年以来投向房地产开发企业的委托贷款高于上年同期。

四、维持房地产信贷稳健运行应采取的措施

（一）加强政策引导，有效防范房地产信贷风险

进一步加强对房地产宏观政策的引导，督促银行加强对房贷新政的研究，结合自身经营实际，适时调整和完善自身房地产信贷政策，制定具体落实措施，强化内控管理，支持房地产开发企业的合理融资需求，积极做好保障房和棚户区改造的金融服务。

（二）加强市场研究，提高房地产信贷风险监测预警的有效性、科学性

一要密切关注房地产市场形势，科学预判房地产信贷风险，开展压力测试，做好风险预警。二要继续加强对房地产贷款集中度较高、政策因素影响较明显、资本较活跃地区及相关银行业机构的监测预警，着重监测和分析其房地产贷款质量迁徙情况，早期预警房地产信贷风险。

（三）加强责任落实，不断完善房地产风险防控责任制

严格落实房地产信贷风险防控"双线"责任制，要强化银行业机构第一风险防控责任，切实完善风险内控体系建设，加强对基层行社的精细化管理，强化合规经营意识，规范业务操作。明确属地监管职责，加强房地产信贷风险的监管，对重点机构和重点企业加强业务指导和监控，防范房地产信贷风险由区域性风险向系统性风险演变，切实维护银行信贷资金安全和稳健运行。

（作者董新国，河北银监局纪委书记）

山西省钢贸行业运行及信贷风险情况调查

受经济持续下行、市场需求萎缩影响，山西省钢贸企业经营困难，到期贷款违约风险持续暴露，需高度关注、积极应对。

一、山西省钢贸行业市场运行及资金状况

（一）钢贸行业市场运行持续低迷

山西省辖内有钢铁生产和贸易企业 3 500 余家，年销售总额 1 700 亿元。2013 年全省钢铁产量仍处于历史高位。受经济下行、产能过剩和宏观调控影响，2013 年以来山西省钢贸行业盈利持续下滑。2014 年第一季度末，综合钢材价格指数为 131.5，比年初下降 5.1%。钢材市场价格跌落，进一步压缩钢铁企业利润空间。省内重点工程多为钢厂直供，钢贸市场需求不足，销售明显下滑，部分企业亏损严重。

（二）钢贸企业资金进一步趋紧

一是钢贸企业销售萎缩，库存增加，资金占用加大，银行存款下降。二是上下游企业大量压款，钢贸企业货款结算回收期延长，企业应收账款增加。三是钢贸企业盲目扩张，直接或通过关联企业跨行业投资房地产、钢铁生产、钢铁期货、煤矿、股市等领域，资金回笼困难。四是钢贸企业持续亏损、还款能力下降，银行严格钢贸行业新增授信、压缩退出存量贷款，钢贸企业转向其他高成本融资。

二、钢贸行业信贷风险分析

（一）融资客户和余额持续减少

2014 年第一季度末，辖内银行业钢贸融资客户 992 户，较 2013 年 11 月末减少 87 户，表内外融资总额 163.77 亿元，比年初减少 16.73 亿元。表内融资 100.24 亿元，较年初减少 3.23 亿元，其中贷款 87.51 亿元，较年初减少 2.19 亿

元；表外融资 63.53 亿元，较年初减少 13.5 亿元，其中承兑汇票 39.29 亿元，较年初减少 14.22 亿元。

（二）不良贷款率居高不下

在行业低迷、信贷紧缩等多重压力下，钢贸企业资金紧张，还款能力下降，不良贷款率高企。2014 年第一季度末，辖内银行业钢贸行业不良贷款 11.76 亿元，较年初减少 0.25 亿元；不良贷款率 13.44%，较年初上升 0.46 个百分点。2013 年全省银行业共处置钢贸企业不良贷款 1.45 亿元，而 2014 年第一季度钢贸企业不良贷款处置额已达 1.06 亿元，比 2013 年同期增加 0.36 亿元，主要为现金清收和核销处置。

（三）贷款形态持续下迁

2013 年，全省银行业钢贸行业正常类贷款减少 12.14 亿元，关注类贷款增加 0.62 亿元，次级类贷款增加 3.84 亿元，可疑类贷款增加 2.73 亿元，损失类贷款增加 0.38 亿元。2014 年第一季度，全省银行业钢贸行业正常类贷款减少 3.46 亿元，关注类贷款增加 1.52 亿元，次级类贷款减少 1.17 亿元，可疑类贷款增加 0.92 亿元，损失类贷款减少 0.01 亿元。

（四）违约风险进一步上升

2013 年末，全省银行业钢贸行业逾期贷款 12.79 亿元，较年初增加 7.57 亿元，逾期贷款率 13.82%。2014 年第一季度末，全省银行业钢贸行业逾期贷款增至 13.5 亿元，逾期贷款率升至 15.43%，其中：逾期 90 天及以内贷款 1.75 亿元，较年初减少 0.98 亿元；逾期 91 天以上贷款 7.65 亿元，较年初增加 2.18 亿元；垫款 2.27 亿元，较年初增加 1.87 亿元；仅欠息贷款 1.83 亿元，较年初减少 0.98 亿元。

（五）风险缓释措施仍需加强

各银行业金融机构加强抵质押物落实，逐步压缩联保、互保贷款。2014 年第一季度末，全省银行业钢贸行业抵质押贷款 19.02 亿元，较年初增加 0.27 亿元，抵质押率 21.73%。联保、互保贷款 27.88 亿元，较年初下降 1.98 亿元。但钢贸行业贷款抵质押物权属不清、重复抵质押问题仍较为严重；保证贷款占比仍高达 78.07%。关联企业间联保、互保现象严重，占保证贷款的 40.8%，由钢贸背景融资性担保公司保证的贷款占保证贷款的 7.36%，两项合计占保证贷款的 48.16%。多数钢贸企业关系密切，融资方、贸易对手和担保方关系错综复杂，关联贸易、关联资金往来频繁，联保、互保现象普遍，一旦某家企业资金链断裂，风险极易传染和扩散。

（六）企业道德风险较为突出

市场形势恶化，钢贸企业还款意愿下降，企业主跑路、失联现象时有发生，部分企业不配合贷后检查，甚至恶意逃废债务、拒绝代偿、隐瞒转移资产、鼓动胁迫联保体成员集体违约；将信贷资金挪作他用现象较为严重，主要用于炒股、囤地、炒期货，甚至放高利贷；钢材贸易商组织成立担保公司，为母公司或关联方担保获取贷款，除正常钢材贸易外，部分信贷资金用于民间拆借。

三、促进钢贸行业健康发展、防范信贷风险的政策建议

（一）加强行业运行及信贷风险监测

督促银行业金融机构密切监测钢贸行业市场运行情况，跟踪钢贸企业经营及融资情况，持续监测钢贸行业信贷风险，摸清风险底数，跟踪监控钢贸企业信贷资金流向，确保信贷资金投向实体经济。

（二）实行审慎灵活的信贷政策

引导银行业金融机构在准确把握信贷风险的前提下，科学调整信贷政策，不搞"一刀切"，对正常经营钢贸企业保持适度授信支持，满足合理信贷需求，避免盲目集中抽贷导致风险扩大。建立科学的绩效考核机制，着力完善风险管控机制，严格控制新增授信，全面梳理已授信关联企业联保、互保情况，做好风险缓释和资金保全工作，妥善化解存量风险。

（三）加强钢贸行业授信审慎管理

督促银行业金融机构严格钢贸行业授信准入，审慎发放抵质押贷款，逐步压缩退出互保、联保类业务；严防过度授信，严格贸易背景真实性和第一还款来源来自贸易回款的审核，严格审查钢贸企业的销售能力和授信真实用途，合理测算资金需求，审慎确定授信额度和授信方案，不得以抵押担保等第二还款来源取代对借款人还款能力的评估；加强货物流和资金流管理，严格设置和持续落实有效抵质押；加强贷后管理，防止贷款被挪用、虚假交易和重复质押风险；健全审计监督和激励约束机制，加大对贷款"三查"有效性的监督问责力度；建立完善同业信息交流与共享机制，及时识别、预警和管控风险。

（四）推动企业自救转型和行业自律监督

指导银行业金融机构加强与钢贸企业的沟通联动，通过差异化授信政策引领钢贸行业加快整合与转型，适应市场需求，改善经营模式，增强抗风险能力；协调钢贸行业商会充分发挥行业自律职能，健全行业自律制度机制，强化监督，

约束钢贸企业行为，加大对企业主失信惩戒力度，防范钢贸行业信贷风险。

（五）多方合作促进行业健康发展

银行业金融机构、监管部门、人民银行、政府部门、钢贸行业商会等加强协作，多方联动，加快诚信体系建设，推动钢贸行业健康发展。推动有关单位将贷款特别担保人信息录入人民银行征信系统，引导钢贸企业主和从业人员珍惜自身信用记录。依靠工商、税务和公检法等部门的力量，防范和打击企业恶意隐匿转移资产、逃废银行债务行为，防止银行债权被悬空。尝试建立或引进第三方专业机构代为登记和保管存货质押物，有效防止钢贸企业存货多头抵押或抽逃抵押物现象。

（作者祁绍斌，时任山西银监局纪委书记，
现就职于天津银行北京代表处）

农村合作金融机构资产质量问题分析与政策建议

近年来，全区农村合作金融机构改革、发展和监管工作持续推进，机构历史风险问题得到很大缓解，经营规模不断壮大，服务"三农三牧"作用日益增强。但近期受内外部因素影响，内蒙古自治区农村合作金融机构资产质量呈大幅下滑趋势，风险防控形势较为严峻。为摸清风险底数，我们采取针对性措施，先后组织开展农村合作金融机构案件风险排查和不良贷款清查认定工作。截至2014年10月末，全区农村合作金融机构不良贷款余额315.29亿元，比年初增加174.11亿元；不良贷款率14.86%，比年初增加7.08个百分点；拨备覆盖率降至41.19%，拨备缺口达341.83亿元。其中，93家县级法人不良贷款率超过10%的40家，超过30%的达15家。

一、风险问题成因

（一）发展定位偏离

主要表现在：部分机构不顾当前外部经济环境变化，一味追求规模高增速、业绩高指标、利润高增长，滋生了一些违规信贷业务；为了抢占市场，急功近利，导致信贷资金挪用现象层出不穷；注重发展大客户，无视集中度监管底线，或通过化整为零、通道授信、上下游转移、异化融资业务等形式，将信贷资金投向房地产等限控行业；贷款已经出现多次逾期或欠息，仍然不做分类调整，甚至明知贷款出现不良，仍然寄希望以时间换抵押物升值，无原则展期、转贷，有的帮助客户掩盖贷款真实状况，使信用风险和操作风险增大。

（二）借冒名贷款问题突出

内蒙古银监局先后组织开展的农村合作金融机构案件风险排查和不良贷款清查认定工作中发现，2014年农村合作金融机构仍普遍存在借冒名贷款问题，个别机构笔数多、金额大、问题特别突出。以2014年9月末排查时点为例，发现借名贷款15 863笔，涉及金额64.21亿元，假冒名贷款5 097笔，涉及金额3.98亿元。同时，排查情况显示，借名贷款逾期率为68.19%，冒名贷款逾期率达 93.36 %，给农村合作金融机构带来严重的信贷资金风险和声誉风险。

（三）贷款"三查"不落实

机构的贷款"三查"工作流程不规范且未得到应有重视。如岗位设置不合理，信贷人员配置不足。同时，贷款"三查"规范性差，贷前的尽职调查"不尽职"，支付管理不规范，贷后检查流于形式。这些贷款"三查"漏洞给后续不良贷款激增埋下了巨大的风险隐患，通过排查发现，大部分不良贷款的风控环节都存在"三查"不严的问题。

（四）大额贷款集中度风险高企

截至 2014 年 9 月末排查时点，全区农合机构 500 万元以上的大额贷款不良贷款问题十分突出。910 亿元的大额贷款中，不良贷款余额 172.3 亿元，分别占同时点各项贷款余额和不良贷款总额的 44.05% 和 56.46%，大额贷款不良比例高达 18.93%，比平均值高 4.59 个百分点，反映出农村合作金融机构当前严重的集中度风险问题。

（五）案件有回升趋势

2015 年以来，农村合作金融机构由于内部控制失效和从业人员道德风险引发的案件风险凸显，案件形势出现反弹，共发生各类案件 7 起，涉案金额 15 218.68 万元。其中，5 起发生在通辽地区且涉案金额较大，如通辽某联社冒名贷款 4 005.56 万元，绝大部分已确认无法追还；通辽某联社收储不入账、私自放贷案件，涉案金额 8 728.31 万元。仅此 2 起案件涉案金额即占到总量的 83.67%，地区性案件风险突出，且使当前的不良"双控"工作雪上加霜。

（六）区域积聚特征明显

截至 2014 年 9 月末排查时点，不良贷款存量主要集中在鄂尔多斯市、通辽市、包头市等地区，仅鄂尔多斯市就达 102.42 亿元，超过全区存量的三分之一；不良贷款率较高的地区分别为通辽市、鄂尔多斯市、包头市，不良贷款率均超过 20%。上述风险问题体现出的地区集中特点，由于个别地区的产业结构状态如鄂尔多斯，其单一的资源型产业发展模式，随着煤炭等支柱能源产品价格走低，在前阶段高速发展后经济发展后劲不足，其他资本冲高型产业如房地产行业遭遇冰期，连带拖垮社会经济中的其他领域，信用环境迅速恶化。

二、工作措施及政策建议

（一）切实严把重点内控关口

各农村合作金融机构要夯实内部控制基础，有针对性地健全完善内控机制，切实推进"三铁"和"三查"的回归，着力遏制由于道德风险和限控授信造成的不良贷款增长，确保其信贷管理的程序到位、管理到位、风险控制到位。重点加强信贷内控合规管理，加强集中度风险管理，加强"卡、证、章"的管理，加强经营行为的规范性管理，加强信息科技建设，加强激励约束，加强内部审计，加强轮岗休假和离岗审计管理，加强员工合规教育。

（二）加强重点业务风险防控

高度关注表外风险的"内迁"和"通道类"投资合作业务的信用风险。一是重点关注票据业务，农村合作金融机构要继续实施名单制管理，新型农村金融机构仍不得开办新的票据业务。二是规范信托和理财产品业务投资行为，从严限制信托投资的机构和产品范围、规范会计核算。三是属地监管部门有针对性地开展理财和信托类投资业务现场检查，跟踪资金流向，关注潜在风险，促进机构强化风险防控意识。四是自治区联社抓紧制定规范的同业业务会计核算办法。同时，加大行业稽核审计力度，指导机构强化资金业务内部控制，有效防范经营风险。

（三）加强自治区联社的行业管理

自治区联社自身要摆正行业管理定位，逐步从侧重管人、管财、管物等行政管理的怪圈中抽离出来，集中精力管好风险。积极引导基层法人机构端正经营思想，处理好业务发展和风险防控的关系，切实推进经营管理"三性"的回归，坚决防止重速度、轻质量，重业务发展、轻风险管理的现象。要充分发挥行业管理的引领作用，通过制度规范和科技手段强化信贷管理，引导辖区机构严格执行信贷审批及风险分类操作规程，实现"分级管理、有限授权"，并有效运用系统控制功能，提高信贷业务风险防控工作效率。特别是要加强派出机构的稽核审计能力，不断完善稽核体制，充实稽核力量，加强对稽核队伍的培训，提高政治业务素质。

（四）加大核销力度

各农村合作金融机构应加大呆账核销力度，对符合要求的呆账损失及时进行确认，按照《金融企业呆账核销管理办法（2013年修订版）》（财金〔2013〕146号）有关规定，加大不良贷款核销力度，改善资产负债结构。加强对自主处置的已核销贷款档案管理，坚持"账销、案存、权在"原则，健全已核销贷款的保全和追收制度。各级监管部门要将机构不良资产处置纳入监管范围，通过日常报告和现场检查，重点对内部控制与违规行为进行监管。

（五）加强财务监管

目前，全区农村合作金融机构不良贷款大面积暴露的情况下，有效生息资产减少，财务收支压力巨大。自治区联社要切实加强财务管理，要求各农村合作金融机构节流不必要、不合理的各类财务支出；提高分红的合理性与规范性，坚决遏制"寅吃卯粮"、"竭泽而渔"的分红行为；薪酬待遇绩效科学考核，特别是高管人员，避免尸位素餐、奖惩悬空的现象。

（六）严格落实追究问责

属地监管部门要加大对违规经营机构的处罚力度。对刻意隐瞒贷款风险、违规受让他行贷款和信托投资、违规发放政府融资平台贷款以及存在贷款"垒大户"、逆程序发放贷款、抵质押担保无效、拨备计提持续不足、票据业务不降反增、不良垫款激增、违规购买理财产品、违规处置资产等问题的机构，通过约见谈话、督促整改，限期纠正，并依据相关法规，按照"谁调查、谁审批、准放款、谁负责"的原则严格问责。自治区联社要承担对属其管理权限内高管交流后的责任追究，不得出现易地为官、责任悬空的现象。

（作者宋建基，时任内蒙古银监局副局长，
现任内蒙古银监局副巡视员）

对辽宁部分地区房地产市场运行情况的调查

近期，辽宁银监局在省内部分地区（鞍山、抚顺、丹东、锦州、营口、朝阳、铁岭、葫芦岛）开展的房地产市场运行情况抽样调查显示，各地房地产市场降温明显，连带拖累房地产贷款质量出现下迁趋势。

一、房地产市场出现拐点式行情

（一）土地成交持续萎缩

上半年，抽样地区土地成交 919.37 公顷，较上年同期下降 307.90 公顷，其中，除丹东地区土地成交 28.89 公顷同比增长外，其他地区土地成交量普遍萎缩，其中鞍山、铁岭地区居住用地/商业服务设施用地成交分别为 38.36 公倾、23.52 公顷，较上年同期分别骤减 96.92 公倾、140.81 公顷。

（二）投资热度快速下降

上半年，抽样地区房地产开发投资 540.59 亿元，较上年同期下降 229.67 亿元，其中，除朝阳地区同比略有增加外，其他地区均出现明显下滑，其中，鞍山地区投资同比下降 56.61%，热点地区如丹东，同比增速自 3 月的 45.7% 连续下滑至 -17.2%，6 月降幅 44.4 个百分点。

（三）市场成交量减价跌

上半年，抽样地区住宅销售面积 1291.64 万平方米，较上年同期下降 585.50 万平方米，其中，鞍山、抚顺、营口、葫芦岛等地销售面积缩量超过 30%。与此同时，多地新屋售价出现滑落，鞍山、营口等重点地区新屋每平方米售价分别较上年同期下降 79 元、31 元，丹东地区新屋售价虽有 0.85% 的小幅增长，但增幅回落 4.52 个百分点。

二、房地产贷款呈现结构性变化

（一）信贷投放增速总体趋缓

截至 2014 年 6 月末，抽样地区房地产贷款余额 1 178.82 亿元，较年初增加

101.45 亿元，增幅 9.42%，略高于各项贷款平均增幅 0.31 个百分点。其中，开发贷款增幅平稳，余额 335.99 亿元，较年初增长 30.78 亿元，增幅 10.08%，同比略增 0.7 个百分点，其中丹东、营口同比出现负增长；个人住房贷款增幅小幅回落，余额 696.69 亿元，较年初增长 71.53 亿元，增幅 11.44%，同比回落 1.83 个百分点，新增贷款仍以首套房贷为主；商用房贷款增速下滑明显，余额 65.14 亿元，较年初增长 3.14 亿元，增幅 5.06%，同比大幅回落 9.5 个百分点。

（二）贷款质量总体可控但局部略有下迁

单从静态指标看，截至 2014 年 6 月末，抽样地区房地产不良贷款余额 3.19 亿元，不良率 0.27%，分别比年初下降 0.14 亿元和 0.31 个百分点，不良率远低于各项贷款平均水平，风险总体可控，但营口、朝阳、丹东、铁岭、锦州等地不良贷款余额均较年初有所上升。同时，抽样地区关注类贷款余额达到 15.28 亿元，较年初增加 3.69 亿元，增长 31.84%，其中铁岭地区关注类贷款余额达到 5.34 亿元，丹东地区关注类贷款余额达到 1.32 亿元，同比增加 1.07 亿元。

（三）个人房贷利率总体出现上行趋势

从 6 月新增个人住房贷款利率执行情况看，受贷款规模相对紧张影响，各地银行机构根据借款人的实际需求实行差别化利率定价，利率水平总体呈上行趋势。数据显示，抽样地区银行机构个人房贷利率执行基准利率以下标准的贷款总额 15.97 亿元，占比 27.78%，较年初下降 13.14 个百分点；而执行基准利率、上浮 10% 和上浮 30% 标准的贷款则分别较年初上升了 11.84 个、2.37 个和 0.34 个百分点。其中，二套房贷款首付比例均提高至 60%～70%，利率执行上浮 10% 标准。

三、需关注的苗头性问题

（一）房屋销售趋缓，去库存压力增大

受市场预期逆转影响，各地商品房销售大幅放缓，企业销售期延长，库存量明显增加。据丹东调查，辖内 43 户开发企业存货占用资金 175.3 亿元，同比增长 68.3%；47 个楼盘平均销售期 888.2 天，同比售期延长 41.5 天；待售商品房 27 987 套，待售率 50.06%，同比增加 9.5%。营口调查的 26 户开发企业中，有 12 户开发楼盘销售停滞，鞍山市场中有 25 个楼盘至今无法开盘。另据调查，各地反映新城区房屋销售形势极不乐观，其中抚顺沈抚新城、锦州滨海新区、营口沿海产业基地、葫芦岛 CBD 部分楼盘出现销售停滞状况，丹东新城区房屋售价松动，出现 4.83% 的降幅。

（二）房企利润下滑，按期还贷不确定性增加

受征地、建筑等刚性支出增加和销售收入下降的双重挤压，房地产企业利润出现明显下滑。据营口反映，辖内 26 家房企 2013 年亏损 0.12 亿元，较同期增亏 0.62 亿元，其中 10 家企业出现近年来的首次亏损；鞍山、铁岭、朝阳等地房地产企业的开发项目平均利润率由以往年度的 30% 下降至目前的 15%。受此影响，部分地区房地产贷款出现延期偿还，营口地区上半年按计划应还开发贷款 6.85 亿元，但实际偿还 0.95 亿元，其他 5.9 亿元全部展期，丹东 43 家房企应收账款上半年达到 7.95 亿元，同比增长 238.45%。企业应偿未偿贷款和应收账款大幅增加，预示企业还贷能力急速下降，不良贷款或会出现快速反弹。

（三）贷款难度增大，多头融资趋势明显

持续数年的房地产调控本已垫高房企融资门槛，近期房地产市场出现的拐点式变化进一步放大银行业的风险预期，贷款更趋"审慎"，逼迫房企不断扩大多头融资。锦州、抚顺等地反映辖内部分房企通过发行信托理财产品、债券等方式融得资金，部分中小型民企还通过股东借款、民间融资等方式筹集资金；铁岭部分房企通过建筑承包商垫付工程款和土建款等方式变相融资；葫芦岛部分房企存在多家银行多头融资的现象。

（四）以房地产为抵押的贷款猛增或会导致资产重估风险

截至 2014 年 6 月末，抽样地区银行机构以房地产为抵押的贷款余额 1 194.45 亿元，较年初增加 164.15 亿元，同比多增 51.34 亿元，增幅 15.93%，高于各项贷款平均增速 6.82 个百分点。并且，随着市场波动的加剧，贷款风险有加速暴露的苗头，数据显示，6 月末该类贷款不良余额 17.68 亿元，较年初较加 2.19 亿元，同比多增 2.73 亿元。以房地产为抵押的贷款的最大风险在于市场下行过程中的资产价值重估风险，从目前市场走势的预期看，房地产价格下跌对此类贷款形态的负面影响不容小觑。

四、对策建议

一是强化市场跟踪，及时预判和应对房企财务风险。实时关注房地产市场行情变化情况，动态监测房企销售、资金等财务状况，谨慎评估借款人的还款能力，及时发现和处置房企财务风险。特别针对存在民间借贷行为的中小房企，更应强化日常监测，防止资金链断裂所可能诱发的诸多风险。

二是适时开展重点机构和领域的风险压力测试。密切跟踪房地产上下游相关行业授信规模和风险状况，立足产业链条，根据贷款类别，设置合理的风险确发条件，适时开展压力测试，并结合测试结果，提前采取风险应对措施。

三是合理控制信贷节奏，防止盲目抽贷引发资金链断裂。突出监管引导，督促银行机构对信用记录良好但因一时资金周转困难的企业，要保持合理的信贷供给节奏和规模，支持企业渡过难关。针对信贷领域已经显露出来的部分风险，要前瞻性制定好应急处置预案，防止风险发生时向外扩散。

（作者栾景明，辽宁银监局副局长）

辽宁辖内银行业不良贷款行业分布情况报告

2013 年以来，宏观经济增长放缓，企业经营形势恶化，银行信用风险不断积聚。为深入了解情况，有的放矢地抓好银行业风险防控工作，特选取 90 家企业为样本，对钢铁等九个行业不良贷款分布情况进行了专题调研。

一、不良贷款的行业总体分布情况及变化

从抽取的九个行业来看，截至 2014 年 5 月末，九个行业贷款余额 8 169.05 亿元，占辖内银行机构贷款余额的 39.96%，比年初增加 526.67 亿元，增幅 6.89%；比 2013 年 6 月末增加 906.99 亿元，增幅 12.49%；比 2012 年末增加 1 426.59 亿元，增幅 21.16%。不良贷款余额 492.98 亿元，占辖内银行机构贷款余额的 70.26%，比年初增加 25.85 亿元，增幅 5.53%；比 2013 年 6 月末增加 31.08 亿元，增幅 6.73%；比 2012 年末增加 33.09 亿元，增幅 7.2%。不良贷款率 6.03%，比全辖高出 2.6 个百分点，比年初下降 0.08 个百分点，比 2013 年 6 月末下降 0.33 个百分点，比 2012 年末下降 0.79 个百分点。

截至 2014 年 5 月末，九个行业中不良贷款余额排前三位的分别是农业、机械制造和钢铁，余额分别为 408.35 亿元、19.49 亿元和 17.57 亿元，分别占九个行业不良贷款余额的 82.83%、3.95% 和 3.56%。近一年内，不良贷款增幅最快的行业分别是钢铁业、钢贸业和采矿业，分别比 2013 年 6 月末增长 722.13%、257.9% 和 200.48%；不良贷款下降的行业有化工业、外贸业、农业和运输业，分别比 2013 年 6 月末下降 5.16%、2.2%、1.79% 和 1.02%。其余两个行业化工业和房地产业增幅基本保持稳定，仅比 2013 年 6 月末增长 1.25% 和 2.89%。数据显示，2014 年以来，九个行业不良贷款增幅迅速增大，其中钢铁业、钢贸业和采矿业成为重灾区，三个行业不良贷款比年初增加额占九个行业不良贷款增加额的 90.44%，行业风险较为突出。

二、新增不良贷款产生原因分析

(一) 国际与国内宏观经济诸多矛盾的深层影响

受国内、外经济大环境恶化以及国家宏观调控措施等多方面因素影响，钢铁业经营遭遇"严冬"，一方面，由于国内市场需求减少，企业难以为产品找到销路。即便是外向型企业，受国际金融危机的持续影响，其出口数量与金额也会大幅下降。另一方面，随着近几年钢铁行业日渐低迷，产品市场价格持续走低导致企业利润率受到较大影响，直接降低企业偿还贷款的能力。

(二) 产能过剩对中小企业形成了严重冲击

伴随着连续十年房地产投资开发高速增长的步伐，我国对钢铁的需求迅速增加。同时，2008 年的 4 万亿元投资计划又对钢铁形成巨大的需求拉动。正是由于上述两股需求力量的带动，钢铁行业产能迅速扩张，并出现了中小钢炉企业"遍地开花"的现象，最终导致了产能的严重过剩。近两年，在行业大面积亏损的前提下，产能过剩问题再次被推向风口浪尖。随着国家对行业结构调整深入推进，淘汰落后产能、解决产能过剩成了化解钢铁行业困境的必然途径。各钢铁企业开始新一轮的洗牌，中小钢厂已出现停产和倒闭的现象。

(三) 信用风险传染性进一步增强

一是产能过剩行业的加快调整，推动行业风险继续释放，导致关联行业信用风险爆发。近几年受国内外经济增速放缓、产能过剩和财务成本居高不下等因素影响，国内钢铁企业生产经营多数陷入低迷，区域和行业风险暴露有所扩散。二是部分钢贸企业通过赊销等方式为房地产开发商供货，受房地产市场不景气影响，开发商经营恶化，无力还款，出现资金断链问题，影响到贷款人的经营。

(四) 受国外政局波动影响形成不良

如国开行梅利尼克娃煤矿改扩建项目，该项目借款人为"里希前斯克煤炭"公共式股份公司，属于境外贷款项目，由乌克兰财政部提供主权担保。截至 2014 年 5 月末该项目贷款余额 0.85 亿美元，折合人民币 5.24 亿元。2014 年初以来，乌克兰政局持续动荡，主权债务违约风险加大，国开行于 2014 年 3 月将该项目调整为次级类管理。

三、今后一段时期不良贷款变化趋势预测

我们认为，未来一段时间辽宁地区信用风险总体可控，但不排除在个别领域或行业出现不良贷款反弹。

（一）老牌国有企业经营不善可能导致不良贷款集中暴露

辽宁是老工业基地，大型国有制造业企业较多，近几年，随着外部经济环境变化，少数国有企业难以适应市场发展要求，面临较大的经营困境。如2010年锦化氯碱破产重组造成银行信贷损失10亿多元，2013年葫芦岛锌业股份有限公司因经营不善破产重组造成银行信贷损失20.3亿元。未来一段时间，辽宁地区仍有可能出现个别大型国有企业因经营困难而造成的信用风险，这种个案可能对某个或某些银行形成冲击。

（二）产能过剩行业可能出现信用风险

目前，在辽宁地区产能过剩行业比较突出的风险相对集中在钢铁行业。近两年，钢铁行业出现整体亏损，最大的钢铁企业鞍钢已经连续数年亏损。从抽取的钢铁行业不良样本看，钢铁行业最大的不良贷款户余额仅为0.5亿元，而钢铁业不良贷款余额为17.57亿元，说明近阶段不良贷款客户暂以中小钢铁企业为主。但如果整个钢铁行业长期持续亏损下去，那么像鞍钢这样的大型钢铁企业很可能出现信用风险。截至2014年5月末，辽宁辖内银行业对钢铁业的贷款938.34亿元，即使这些贷款向下迁徙为关注类，都将对银行当年利润产生很大的影响。

（三）政策性因素可能导致出现信用风险

国家对某一领域出台的政策直接影响到该领域的经营形势，如近年来国家对房地产行业的调控使得目前房地产市场逐步出现低迷现象，房地产开发贷款和个人房产贷款陆续出现不良的情况。目前来看，辖内银行机构房地产业不良贷款近一年内出现微增情况，较其他地区来说，辽宁省房地产业贷款风险依然可控，但不排除市场持续低迷的背景下，辖内房地产贷款出现不良的风险。

四、应对不良贷款反弹的政策建议

（一）调整信贷结构，"有所为、有所不为"

一是督促各行转变经营理念，调整风险偏好，完善风险防控的长效机制，

积极应对经济转型期信贷资产潜在风险。二是准确把握资产业务方向。在敏感性行业、产能过剩行业、风险集中度较高的行业、新兴融资业务等难点、热点领域传导总行信贷政策，保证资产客户目标统一。三是着力压缩产能过剩行业贷款，积极发展绿色信贷。一方面要严格管控产能过剩行业贷款，落实限额要求，合理调整投向，积极推动过剩产业的信贷退出；另一方面要积极发展绿色信贷，加大对可再生能源、环境保护、资源综合利用等节能环保产业的支持力度。

（二）加强资产质量管理，确保资产质量稳定

一是防范新增风险资产。加强贷款到期前、本息逾期后和关注类贷款管理，认真落实风险预警后续处置措施，研究完善不良贷款处置的政策措施，实行更为科学、明确的尽职免责制度。二是持续加强对地方政府债务、房地产金融、产能过剩行业，以及金融机构资产流动性等区域性金融风险的监测。完善应急管理，动态调整和充实金融风险处置预案，完善处置机制和手段，提高风险预判的前瞻性和预案执行的有效性。三是进一步加大不良资产处置力度。按照《金融企业呆账核销管理办法》（财金〔2013〕146号）要求，综合运用多种手段，花大力气积极化解不良资产，确保信贷资产质量平稳运行。

（三）监管部门加强信用风险防控督导

充分运用非现场监管工具，动态跟踪贷款迁徙变化趋势，重点监测大额关注类及不良贷款、未被划分为不良贷款的逾期贷款、高风险领域贷款以及异地授信、多头授信等，深入分析贷款展期、重组、逾期、缓释、核销处置、不良的形成和收回以及行业和地区结构等情况，对不良贷款反弹显著或资产质量分类存在明显偏离的银行，及时进行预警和提示，实现对不良贷款的"早发现、早介入、早处置"。继续将贷款质量真实性作为今年现场检查的重点内容。将检查结果纳入对该机构评级和对有关高管人员的考核评价当中，对偏离度较大的银行采取必要的后续监管手段，跟踪机构整改情况和责任追究落实情况。

（作者崔丕杰，辽宁银监局副局长）

加快高风险农合机构风险处置的对策建议

促进农村合作金融机构达标升级是贯彻落实银监会"分类监管、差别对待、梯次推进、逐步达标"的总体方针，实现农合机构稳步发展、提升整体健康水平的重中之重就是必须加快高风险机构风险处置。黑龙江省大量存在高风险机构（以下简称问题机构），需要下大力气开展持续性综合整治，坚决守住不发生系统性区域性风险底线。

一、黑龙江省问题机构现状及趋势判断

尽管在问题机构治理和处置上做了大量工作，也取得了显著成效，但实事求是讲，与其他省份相比、与银监会总体要求相比仍存在较大差距。尤其是当前随着新形势变化，问题机构处置更加紧迫，处置不当丧失的不仅是发展，就连生存都难以为继。2009 年至 2013 年的五年间，黑龙江省问题机构分别是 29 家、23 家、66 家、51 家、55 家。结构有优化的趋势，主要是评级标准在提高，问题机构的严重程度在降低，但黑龙江省仍然是问题机构重灾区。2013 年末黑龙江省问题机构占比 68%，较全国平均水平高 29 个百分点。历史包袱沉重，目前全省历史包袱 161 亿元，其中包括历年亏损挂账、分红挂账、拨备缺口、不良贷款。这些包袱占资产总额的 4% 左右，是仅次于辽宁、湖南、山西和吉林省的 5 个重灾省份之一。全国化解历史包袱最显著的省份是"两河、两东"，这 4 个省份近几年每年化解历史包袱 100 亿元以上。黑龙江省近 10 年平均每年仅能化解包袱 11.3 亿元。近 5 年来，黑龙江省有 28 家机构历史包袱不降反升，包袱增加 44.3 亿元，有 13 家机构年增包袱超亿元。目前全国已有 24 个省市卸下历史包袱，主要是解决掉挂账、提足拨备、不良贷款率下降到 5% 以下。如果按照这个标准来做，黑龙江省要卸下包袱，尚需化解 115.7 亿元，这还不包含前清后增因素。

不仅如此，当前农合机构依然面临来自外部和内部双重压力。从外部情况

看，一是 2013 年以来黑龙江省经济持续下行，形势不容乐观，经济增速基本上在全国排名垫底。受经济下行影响，未来农合机构不良贷款将会大幅反弹；二是 2013 年 7 月 20 日以来利率市场化使利差收窄，带来经营困难；三是将要出台的存款保险制度，会分流农村中小金融机构现有存款；四是服务对象小马拉大车会使农信社丧失较大一块市场；五是监管政策倒逼，机构、业务、再贷款、再贴现、资金市场准入等马太效应，将使问题机构雪上加霜。内部压力同样很大，一是农村城镇化、农业现代化带来的非农化，会加速其传统优势瓦解；二是贷大、贷长趋势，导致农村金融市场竞争更加激烈，农合机构没有优势；三是自身业务向同业、理财、投资、票据等非信贷业务转化，带来业务经营新挑战；四是 IT 落后，客户管理、监测系统亟待建立完善。

二、处置问题机构的基本经验

（一）政府注入优良资产

2004 年，国务院决定对农信社实施救助，按上年法人机构资不抵债的 50% 给予央票置换不良资产或弥补亏损挂账，当时黑龙江省获得 54 亿元资金。随着包袱减轻和国有大型银行纷纷上收机构，大举退出县域及广大农村市场，农信社竞争压力减轻，农金市场朝着有利于农合机构积极变化，农村合作金融迎来大发展时期。2005 年以来，黑龙江省农合机构共实现税前利润 221 亿元，卸下大量历史包袱，壮大了实力。近几年随着各地农信社改制升级，地方政府向 14 家机构注入优良资产或资金 10 亿元。

（二）加大产权制度改革力度

2009 年以来，按照"先大后小、以大带小"和"成熟一家，组建一家"的工作思路，我们持续扎实推进全省农信社产权制度改革工作。黑龙江省已有加格达奇、瑷珲、虎林、东宁、绥芬河、友谊、孙吴等 9 家联社改制为农商行，卸下了包袱，仅政府注资达 4.7 亿元。大兴安岭加格达奇农联社是黑龙江省改制最早机构，该联社 2010 年改制为农商行，不到 5 年时间，实现对辖内 3 家县级联社股权链接，在省内和海南省牵头设立 5 家村镇银行，资产总规模由 19.3 亿元增加到 119.1 亿元，年利润也由 760 万元增加到 10 045 万元。

（三）加强内部经营管理

督促各高风险机构有效落实风险处置主体责任，结合自身实际制订切实可行风险处置方案，自我加压，主动作为，千方百计，迎头赶上。哈尔滨城郊、鸡西市区、双城、通河、萝北、绥滨等6家联社全部靠自身化解历史包袱。建三江、同江、抚远、五常、宾县等县联社成为行业创新发展"领头羊"。牡丹江郊区联社年均处理历史包袱近亿元。

（四）系统内以强带弱

在省市主管部门推动下，在全省开展了富帮穷、好帮差工程。2014年，省联社协调帮扶资金90亿元，使相应机构得到实惠，一批困难社改变了落后面貌。延寿、方正、青冈、林甸、嘉荫、鸡东等7家县联社近5年化解历史包袱6.5亿元，其中6家联社得到地方政府资助。

三、多策并举、整体推进、重点突破，加快高风险农合机构风险处置

监管评级级次较低，集中反映出机构自身体制、机制、制度建设方面存在的深层次矛盾和问题。其最根本的问题是人的问题，是人没把"事儿"干好。下一步问题机构的治理，主要应靠发展来解决，应坚持"向改革要动力，向创新要活力，向内部要潜力，向外部要助力"。

（一）大力推进农合机构深化改革

加快组建农商行，已经确定的工作目标与工作原则不能变，千方百计破解改制过程中存在的问题。继续按照"先大后小、以大带小"和"成熟一家、改制一家"的工作思路，大力推进黑龙江省农信社组建农商行，不追求数量、讲质量，重点是支持带动作用强、辐射能力大的市区、城郊或有特色的联社优先改制。督促省市县联社主动协调地方政府，取得对改革的支持，形成地方政府、监管部门和各级联社紧密相连的改革合力，力促改革加速推进。真正解决改制中"形似神不似"问题，实现体制转型带动发展转型，在发展战略、组织架构、流程再造、资源配置、激励约束、文化建设方面取得实实在在新突破。

（二）全力以赴抓好创新发展

进一步解放思想，深刻领会党的十八届三中全会提出的让市场起决定性作用的深刻内涵，把精力集中到想发展、谋发展上来。以只争朝夕精神破解发展难题，提升发展自信，探索正确的发展道路。在市场拓展上，除做好传统业务外，对未知领域要大胆探索，创造条件开拓新的市场。实行城乡统筹相结合，农业与非农业相结合，小额与大额相结合，信贷与非信贷相结合。在财务上，千方百计抓收入，一点一滴抓节约，绝不能固守利息收入。在方式上要开拓多种产品、多种服务。在手段上更多地应用科技成果，提升电子化、网络化、数

字化水平，尤其要解决好客户管理信息系统和监测预警系统的建设。

（三）深入挖掘内部潜力

打铁还须自身硬。人、财、物的潜力都要很好地挖掘。主要是要有一个好的定位、合理的组织架构、流程再造、资源的优化配置、激励约束和文化建设。也就是目标一经确定，接下来就是人的因素。要选好各级带头人、班子、队伍，把人的积极性激发出来、调动好，让人把事业干好，最终结局一定会好，目标就一定能实现。

（四）最大限度争取外援

向各级党政及相关部门反映农合机构的历史贡献、当前存在的困难和我们的想法。解决农合机构的困难不是其自己的事，它是现代农业综合配套改革试验区建设的重要内容，要将其纳入政府工程加以推进。解决农信社问题，关键是化解其历史包袱，大力清收盘活不良资产。因此，要综合运用行政、经济、法律等措施盘活不良资产，同时把住增量资产的质量关，严防前清后增。要请政府等部门注入资金和优良资产。实行必要减免税费，以从长远上培植资源。人民银行和监管部门要加强和改善调控监管，给予问题机构过渡期照顾，帮助渡过难关，促其及早转变成有竞争能力的市场主体。

（作者邓新权，黑龙江银监局副局长）

银行跨境贸易融资风险管理对策研究

2013 年上海自由贸易试验区的成立，在很多方面作出突破性的尝试。截至 2014 年上半年，上海地区贸易融资余额为 3 117 亿元，占同期各项贷款余额的 6.63%。贸易便利性的大幅提高为商业银行开展贸易融资等各项业务带来空前机遇，也带来了新挑战。原先国内贸易所面临的虚假合同、虚假发票、虚假交易的问题以及企业套利、套资金等现象依然存在。同时，在新的开放条件下，银行贸易融资业务将面临境内外、区内外更为复杂的经营环境，潜在风险不断增长和变化。

一、外部主要风险

（一）寻租套利存空间，虚构贸易此起彼伏

以虚假贸易、虚构贸易为主要形式的贸易融资方式成为市场套利套汇的重要工具。如 2013 年第一季度我国外贸进出口总值同比增长 13.4%，而同期深圳进出口同比大增 80%。深圳进出口贸易数据的异常使得该地区贸易融资套利的野蛮生长态势浮出水面，福田、沙头角两个保税区部分外贸企业通过同一货物在深港之间反复进出的"货物空转"方式，虚构进出口贸易，利用深港汇差和利差进行套利活动。

（二）企业经营不稳定，信用风险悄然滋生

首先，宏观调控的政策变化使得进出口企业处于动荡的经济环境中，一些适应能力差的企业将面临困境。其次，近年来由于本币的升值催生了资产泡沫，致使部分实业企业转投资本市场这一陌生领域，必然产生风险。最后，商品价格持续动荡，容易导致企业面临亏损，银行因此会面临跨境贸易交易对手两方面的信用风险。

（三）银企信息不对称，主动防范力不从心

2014 年 6 月，青岛港发生的贸易商利用同一批铜产品仓单重复质押融资事件是典型的多头融资骗贷行为。问题的根本在于银行、仓储及贸易商之间的信息不对称，一方面银行难以确认真实贸易背景；另一方面仓储机构也难以了解货物的质押状态。

（四）跨境贸易全球化，风险管理四面楚歌

跨境贸易涉及国外的政治、经济、法律、法规、国际惯例以及跨国金融市场的差异性等多方面。因此，利率、汇率、商品国际价格等的不利变动，区域保护、政策变化、他国内部利益集团参与，法律体系不同等都可能给商业银行带来意外损失。

二、内部存在的问题

（一）全面风险管理体系建设滞后

目前国内银行风险管理体系仍比较侧重信用风险的管理和防范，由于缺乏对贸易双方国家货币政策、金融政策、产业政策、关税政策、进出口管理政策等方面的认识和了解，因此跨境贸易融资业务还面临市场风险、操作风险、法律风险、国别风险和声誉风险等全方位的风险考验，全面风险管理体系建设步伐亟待加快。

（二）对行业战略性研究匮乏

目前国内银行总行普遍没有设立持续跟踪行业发展的研究部门，对行业发展趋势缺乏整体和宏观的把握，同时各分支机构也没有结合本地实际对本地优势或特色行业进行深入了解和研究，在信贷客户选择上缺乏科学性、战略性和主动性。这一问题也同样突出表现在贸易融资业务上，一旦行业出现系统性风险将给银行带来巨大损失。

（三）全流程的风险管理模式缺失

目前银行或在贸易背景真实性审核关口把关不严或对贸易融资资金流监控的手段缺失，或对重要单据、融资期限管理等相关环节缺乏监控，导致融资方有机可乘，大量套取银行融资。

（四）传统的风险管理体系与跨境贸易的发展不相适应

基于国际市场的跨境贸易融资对商业银行进行贸易背景甄别、资金流向监管、资金回笼监控、资金借用匹配性等管理提出了更新和更高的要求。传统的贸易融资审核工具、手段及信息渠道将难以对跨境贸易融资风险进行准确的识别、计量和监测。

三、风险应对措施

（一）加快建设全面风险管理体系

要有效防范跨境贸易融资业务所面临的多重风险，商业银行必须加快全面风险管理体系的建设步伐。在持续重点防范信用风险、关联交易、贸易背景真实性等传统贸易融资风险的基础上，重点应对流动性风险、市场风险、操作风险、法律与国别风险等方面。

（二）探索建立风险管理新模式

1. 客户管理模式。商业银行应始终坚持"了解你的客户"原则，将风险控制前移。积极探索与境内外企业资信调查类信用管理公司、信息咨询公司、外部评级机构、专业审计机构、行业协会等多维度外部合作，拓宽信息渠道，把好客户准入关口。

2. 业务管理模式。商业银行应始终坚持"了解你的业务"原则，有的放矢控制风险。要对跨境贸易融资业务管理模式进行梳理，按风险类别、风险层级进行分类，明确各产品优先适配的客户类别，并根据产品特性制定有针对性的贷中、贷后管理措施。

3. 行业管理模式。商业银行应加强行业分析和研究，制定不同的行业授信政策，并对主要行业制定详细的行业指引。对跨境贸易融资业务进行行业组合优化管理，明确授信业务行业投向，设定大类行业年度授信余额和占比目标，筛选出重点扶持、积极监测、严格管控行业并明确信贷资源配置。

4. 流程管理模式。商业银行应坚持"审贷分离"，"分级授权、专业审批"原则，设立独立的责任部门或岗位，负责额度启用、贷款发放和支付审核。一是稳健推进风险审查的同步化、一体化前移，将风险管理的触角延伸至业务全流程。二是扩大风险内控监控范围，建立覆盖表内外的全口径预警监控体系。三是积极探索并试点多维度、多渠道的合作管理，协同建立数据统一信息平台，提供企业多种数据信息交互。

（三）加强跨境贸易融资"三查"

商业银行应重点加强跨境贸易融资业务前、中、后全流程审核与管理，从客户和产品两个层面加强全流程管理，提高对虚假交易的识别能力。

1. 授前发起阶段。商业银行从企业运营模式、主营商品、行业常规、交易对手、应收/应付款项、历史交易等方面全方位了解整体情况，除对企业的基本情况进行常规调查分析外，还应着重从客户和产品两个层面进行分析研判，制订合理的贸易融资授信方案。

2. 授中发放阶段。商业银行在融资发放审核时，应结合授信发起方案、历史交易等相关情况，对具体交易要素进行再审核，着重关注交易要素的变化、交易中的异常情况、业务规模的匹配性等。尤其要严格按照具体产品管理办法审核相关资料与单据。重点关注以下几个风险点：

一是关注转口贸易。对于转口贸易货物暂存境内保税区、保税区货物转口或转卖的，应按照《海关特殊监管区域外汇管理办法》等相关规定审核进口货物报关单或货物进境备案清单、仓储合同/协议、货权权属证明等相关资料。

二是掌握物流动向。如通过劳合情报机构等相关平台查询装运船舶的定位信息，追踪运输货物，并将网站查询信息与客户提供的贸易背景资料进行核对；加强原产地证明、保险单据、进出口合同、运输单据、仓单等文件的一致性和关联性审核。国内运输项下，可通过实地考察企业的物流仓储情况，查阅企业缴纳运输装卸费和保险支出等相关费用性支出情况。

三是加强发票审核。审查发票信息与合同/订单、货运单据等信息是否一致，与企业生产经营、行业惯例等情况是否一致。对于应收账款融资业务项下的发票，审核无误后，应在全套税票正本背面批注发票项下应收账款已转让融资行。

3. 授后管理阶段。授信发放后，商业银行应从客户与交易两方面加强贸易融资贷后管理。一方面通过定期或不定期调查了解客户、市场、行业、政策等情况，对客户生产经营、内部管理和财务状况等动态情况进行全面分析评估；另一方面做好交易项下异常情况的监控和报告，及时发现风险隐患。针对跨境贸易融资业务特点，要对生产经营、财务状况、行业状况、资金、融资履约记录、交易项下履约记录、抽验报关单/发票等重要单据、融资期限的管理等相关环节进行重点监控。

（作者蔡莹，上海银监局副局长）

对我国虚假贸易估算及对大宗商品融资风险管理的思考

虚假贸易是跨境资金绕开资本监管流入和撤离诸多发展中国家的主要渠道，也是通过大宗商品融资套利交易的必然结果。虚假贸易是二十多年来困惑我国贸易和金融体系的一大问题，特别是国际金融危机爆发以来，我国虚假贸易呈现出与危机前不同的特征。

一、我国进出口贸易数据问题严重

表1显示，1997年和1998年，大陆与香港外的国家和地区贸易顺差分别仅为36.3亿美元和113.8亿美元，而与香港的贸易顺差却超过300亿美元；1999年到2005年，大陆与香港外的国家和地区贸易出现持续七年的贸易逆差，而与香港的贸易顺差最高占同年总贸易顺差的277.5%；2006年到2009年大陆与香港的贸易顺差占比最高为81.5%；2010年到2013年大陆与香港外的国家和地区重新回到了持续4年的逆差期，同时与香港的贸易顺差占大陆总贸易顺差最高达162.8%；2014年前两个月大陆与香港的贸易顺差为大陆总贸易顺差的4.9倍，同时与香港外的其他国家和地区的贸易逆差却高达我国大陆总贸易顺差的3.9倍，虽然2014年前两个月到前10个月大陆与香港贸易顺差与大陆总贸易顺差比例持续下降，但是2014年前10个月比例仍然高达99.7%，仍然不够合理。

表1　　大陆进出口和大陆与香港进出口数据（1995年到2014年）　　单位：亿美元

年份	总出口额	总进口额	贸易顺差	大陆对香港的出口额	大陆从香港的进口额	大陆与香港的贸易顺差	大陆与香港外的贸易顺差	大陆与香港的贸易顺差占总顺差比例	大陆与香港外的贸易顺差占总顺差比例
1995	1 487.8	1 320.8	167.0	359.8	85.9	273.9	−106.9	164.0%	−64.0%
1996	1 510.5	1 388.3	122.2	329.1	78.3	250.8	−128.6	205.2%	−105.2%

续表

年份	总出口额	总进口额	贸易顺差	大陆对香港的出口额	大陆从香港的进口额	大陆与香港的贸易顺差	大陆与香港外的贸易顺差	大陆与香港的贸易顺差占总顺差比例	大陆与香港外的贸易顺差占总顺差比例
1997	1 827. 9	1 423. 7	404. 2	437. 8	69. 9	367. 9	36. 3	91. 0%	9. 0%
1998	1 837. 1	1 402. 4	434. 7	387. 5	66. 6	320. 9	113. 8	73. 8%	26. 2%
1999	1 949. 3	1 657. 0	292. 3	368. 9	68. 9	300. 0	− 7. 7	102. 6%	− 2. 6%
2000	2 492. 0	2 250. 9	241. 1	445. 2	94. 3	350. 9	− 109. 8	145. 5%	− 45. 5%
2001	2 661. 0	2 435. 5	225. 5	465. 5	94. 2	371. 2	− 145. 7	164. 6%	− 64. 6%
2002	3 256. 0	2 951. 7	304. 3	584. 7	107. 4	477. 2	− 172. 9	156. 8%	− 56. 8%
2003	4 382. 3	4 127. 6	254. 7	762. 9	111. 2	651. 7	− 397. 0	255. 9%	− 155. 9%
2004	5 933. 3	5 612. 3	321. 0	1 008. 8	118. 0	890. 8	− 569. 8	277. 5%	− 177. 5%
2005	7 619. 5	6 599. 5	1 020. 0	1 244. 8	122. 3	1 122. 5	− 102. 5	110. 1%	− 10. 1%
2006	9 689. 4	7 914. 6	1 774. 8	1 553. 9	107. 9	1 446. 0	328. 8	81. 5%	18. 5%
2007	12 177. 8	9 559. 5	2 618. 3	1 844. 3	128. 2	1 716. 2	902. 1	65. 5%	34. 5%
2008	14 306. 9	11 325. 6	2 981. 3	1 907. 4	129. 3	1 778. 2	1 203. 1	59. 6%	40. 4%
2009	12 016. 6	10 056. 0	1 960. 6	1 662. 3	87. 1	1 575. 2	385. 4	80. 3%	19. 7%
2010	15 779. 3	13 948. 3	1 831. 0	2 183. 2	122. 6	2 060. 6	− 229. 6	112. 5%	− 12. 5%
2011	18 986. 0	17 434. 6	1 551. 4	2 680. 3	155. 0	2 525. 3	− 973. 9	162. 8%	− 62. 8%
2012	20 489. 5	18 178. 3	2 311. 2	3 235. 3	179. 6	3 055. 7	− 744. 5	132. 2%	− 32. 2%
2013	22 100. 4	19 502. 9	2 597. 5	3 847. 9	162. 2	3 685. 8	− 1 088. 3	141. 9%	− 41. 9%
2014. 1	1 867. 9	1 552. 2	315. 7	274. 2	9. 0	265. 2	50. 5	84. 0%	16. 0%
2014. 2	3 212. 1	3 123. 1	89. 0	452. 7	16. 5	436. 2	− 347. 2	490. 1%	− 390. 1%
2014. 3	4 913. 0	4 745. 7	167. 3	725. 6	27. 9	697. 7	− 530. 4	417. 0%	− 317. 0%
2014. 4	6 797. 8	6 445. 4	352. 4	996. 3	38. 6	957. 7	− 605. 3	271. 8%	− 171. 8%
2014. 5	8 752. 0	8 039. 0	713. 0	1 273. 6	46. 9	1 226. 7	− 513. 7	172. 0%	− 72. 0%
2014. 6	10 618. 6	9 590. 0	1 028. 6	1 547. 6	55. 9	1 491. 7	− 463. 1	145. 0%	− 45. 0%
2014. 7	12 751. 1	11 245. 5	1 505. 6	1 864. 0	66. 3	1 797. 7	− 292. 1	119. 4%	− 19. 4%
2014. 8	14 834. 6	12 829. 3	2 005. 3	2 158. 9	75. 8	2 083. 1	− 77. 8	103. 9%	− 3. 9%
2014. 9	16 970. 9	14 654. 9	2 316. 0	2 534. 9	90. 3	2 444. 6	− 128. 6	105. 6%	− 5. 6%
2014. 10	19 038. 4	16 267. 3	2 771. 1	2 862. 3	99. 5	2 762. 8	8. 3	99. 7%	0. 3%

数据来源：商务部和海关总署网站。

香港特区虽为亚洲金融中心之一，但多年来占世界经济的比重不到 0.4%，进出口贸易世界占比也不到 3%，然而大陆与香港的贸易顺差却在 1995 年以来大多数年份超过大陆总贸易顺差额，且 2003 年和 2004 年前者是后者的 2.56 倍和 2.78 倍，2014 年前两个月和前三个月该比例更分别高达 4.90 倍和 4.17 倍，出现多年的明显不合理，甚至异常的现象。香港与大陆贸易顺差超过大陆总贸易顺差明显不合理，这些不合理的数据表明两地贸易数据中包含了严重的虚假成分。

二、香港公布的与大陆的进出口数据显示问题的根源

大陆与香港的进出口数据除存在一定程度的误差外，应与香港自大陆的进出口数据基本一致。但是，实际上两者却有着巨大的差异。两地的贸易数据显示，1995 年香港从大陆进口额 697.5 亿美元，比国内公布的大陆向香港的出口额 359.8 亿美元高出 357.2 亿美元，两者相差近 1 倍，显示东亚金融危机前由于境外人民币贬值贸易公司通过压低从大陆的出口而将其在国内的利润撤离我国大陆；2013 年香港从大陆进口额 2 503.9 亿美元，比国内公布的大陆向香港的出口额 3 847.9 亿美元低 1 344 亿美元，后者超过前者 86.3%。同样大陆从香港的进口也与香港向大陆的出口数据存在明显的差异。两地如此巨大的贸易数据是导致表 1 给出的大陆与香港贸易顺差多年超过大陆总贸易顺差的主要原因。

三、大陆从"中国"的进口及其对我国贸易的影响

海关总署公布的数据显示，2001 年大陆开始公布从"中国"的进口，当年从"中国"的进口额还仅有 86.7 亿美元，然而 2001 年到 2008 年后的 7 年该数据迅速增长到了 924.6 亿美元，年均复合增长率高达 40.2%，比同期我国进口的复合年均增长率高出 15.6%；2008 年以来我国自"中国"的进口额仍以两位数的年均增长率增长至 2013 年的 1 575.4 亿美元，超过同年大陆自美国进口额 1 525.8 亿美元和同年自台湾省的进口额 1 566.4 亿美元，成为仅次于韩国和日本后大陆第三大进口"国"。如此大规模的自本国的进口应该反映我国贸易数据的巨大问题。

四、剔除大陆与香港贸易数据中的直观虚假成分后的我国大陆总贸易数据

上文介绍了大陆与香港间贸易数据和大陆自"中国"进口数据有明显的问题。由于香港在国际经贸市场的历史经验，而且香港多年来为国际公认的全球治理排名居前的发达经济体，香港公布的贸易数据虚假成分应该较低，因此我国以香港从大陆的进口数据取代国内公布的大陆向香港的出口数据，同时以香港公布的向大陆的出口数据取代大陆从香港的进口数据，进而剔除大陆自"中国"的进口数据，我们可以获得与表1相应的我国总贸易数据及相关比例，表2给出了相应的结果。

表2　　　　　　大陆总贸易额及与香港特区、与香港外其他国家和地区的
贸易额顺差占总贸易顺差比重（1995年到2014年）　　单位：亿美元

年份	总出口额	总进口额	贸易顺差	大陆与香港的贸易顺差占总顺差比例	大陆与香港外的贸易顺差占总顺差比例
1995	1 845.0	1 358.2	486.9	−38.8%	138.8%
1996	1 919.1	1 389.7	529.4	−39.2%	139.2%
1997	2 175.8	1 436.3	739.5	−28.7%	128.7%
1998	2 199.2	1 408.2	791.0	−21.1%	121.1%
1999	2 363.4	1 653.1	710.4	−9.5%	109.5%
2000	2 964.3	2 226.1	738.2	18.6%	81.4%
2001	3 070.0	2 318.1	751.9	23.2%	76.8%
2002	3 590.8	2 747.5	843.2	15.8%	84.2%
2003	4 628.5	3 812.7	815.8	6.8%	93.2%
2004	6 103.5	5 156.4	947.1	4.0%	96.0%
2005	7 724.3	5 983.0	1 741.3	2.7%	97.3%
2006	9 671.2	7 125.2	2 545.9	1.9%	98.1%
2007	12 038.0	8 625.7	3 412.3	0.8%	99.2%
2008	14 212.5	10 316.4	3 896.1	1.4%	98.6%
2009	11 966.2	9 139.2	2 827.0	−0.6%	100.6%
2010	15 565.4	12 797.1	2 768.3	−3.1%	103.1%
2011	18 486.9	16 092.9	2 394.0	−1.6%	101.6%
2012	19 627.8	16 603.7	3 024.2	3.8%	96.2%
2013	20 756.4	17 797.3	2 959.1	4.5%	95.5%

年份	总出口额	总进口额	贸易顺差	大陆与香港的贸易顺差占总顺差比例	大陆与香港外的贸易顺差占总顺差比例
2014 年 1 月	1 867.9	1 343.2	524.7	4.9%	95.1%
2014 年 2 月	3 212.1	2 941.4	270.7	25.6%	74.4%
2014 年 3 月	4 913.0	4 499.8	413.2	15.7%	84.3%
2014 年 4 月	6 797.8	6 195.4	602.4	11.8%	88.2%
2014 年 5 月	8 752.0	7 776.2	975.8	5.6%	94.4%
2014 年 6 月	10 618.6	9 315.7	1 302.9	4.3%	95.7%
2014 年 7 月	12 751.1	10 950.9	1 800.2	3.0%	97.0%
2014 年 8 月	14 834.6	12 531.2	2 303.4	1.8%	98.2%
2014 年 9 月	16 970.9	14 328.0	2 642.9	2.5%	97.5%
2014 年 10 月	19 038.4	15 931.4	3 107.0	2.1%	97.9%

数据来源：香港数据源自香港特区统计处网站。上海国际金融中心建设关键期还"缺什么"，《解放日报》，2014 年 2 月 21 日。

表 2 显示，1995 年以来大陆与香港的贸易顺差占大陆总贸易顺差比重大多年份回到了 0 到 30% 的合理区间，显示我们剔除两地明显贸易虚假成分的合理性。具体来说，表 2 结果显示，东亚金融危机爆发及其前后 1995 年到 1998 年 5 年大陆与香港的贸易顺差占大陆总贸易顺差比重皆负数，表明当时境外人民币兑美元贬值，外来投资者将其在国内的收益通过压低出口而撤离我国；2000 年到 2008 年，大陆与香港的贸易顺差占大陆总贸易顺差比重回到了较为合理的 0 到 25% 之内；国际金融危机后的 2009 年到 2011 年大陆与香港贸易顺差占大陆总贸易顺差比重重回略低于 0 的水平；而 2012 年以来大陆与香港的贸易顺差占比大陆总贸易顺差比重又重新回到了 0 到 26% 的较为合理的区间。

五、2014 年我国虚假贸易情况讨论

比较表 1 和表 2 给出的大陆与香港贸易顺差占总贸易顺差的比重数据显示，剔除两地明显的虚假贸易成分后，大陆与香港的贸易顺差占总贸易顺差的比重大多年份回到了较为合理的区间。表 2 显示，2014 年第一季度，特别是 2014 年前两个月大陆与香港的贸易顺差仍占总贸易顺差的 25.6%，比金融危机前 2003 年到 2007 年年均占比 3.3% 高出近 7 倍，显示 2014 年初大陆与香港贸易的虚假程度很高；虽然 2014 年第二季度大陆与香港贸易顺差占总顺差月均比例下降到

了 7.2%，但仍比金融危机前 2003 年到 2007 年年均占比 3.3% 高出 1 倍多；2014 年第三季度大陆与香港贸易顺差占总顺差月均比例进一步下降到了 2.4%，略低于金融危机前 2003 年到 2007 年年均占比 3.3%，表明 2014 年第三季度以来两地虚假贸易有明显的下降。

六、小结

2014 年初我国大陆与香港特区间虚假贸易问题严重，然而从 2014 年第一季度到第三季度，两地间虚假贸易成分明显下降，两地间贸易顺差回到了较为合理的水平。及时跟踪两地虚假贸易的变化对于我国判断两地间商品融资及相关风险程度很有意义。表 2 给出的大陆与香港贸易顺差占总贸易顺差比重比表 1 给出的相应比重明显更加合理，显示我们剔除两地不合理贸易数据的合理性。

利用表 2 相应的我国总出口、总进口和总贸易顺差计算出的我国年度、季度和月度出口、进口和贸易顺差的同比变化率应该比表 1 给出的相应同比变化率更为合理可靠，从而使我们对我国贸易的增长有更为合理的判断。以 2005 年我国汇改之年为例，表 1 给出的数据显示 2005 年我国贸易顺差比 2004 年增长了 217.8%，比当年出口增长率 28.4% 高出 6.7 倍，明显有问题，而表 2 给出的数据显示 2005 年我国贸易顺差比 2004 年仅增长了 83.9%，比表 1 给出的相应增长率 217.8% 要合理很多。同样，表 1 给出的数据显示 2013 年我国出口、进口和贸易顺差分别比 2012 年增长了 7.9%、7.3% 和 12.4%，而表 2 给出的数据显示 2013 年我国出口、进口和贸易顺差分别比 2012 年增长了 5.7%、7.2% 和 −2.2%，与表 1 给出的相应变化率有显著的差异，不仅出口和进口没有表 1 给出的直接数据相应的增长率那么高，而且贸易顺差从之前的两位数增长率 12.4% 下调到了 2.2% 的下降率。准确判断我国贸易合理增长率对于我国宏观经济的发展不可或缺。

（作者张光平，上海银监局副局长）

商业银行资产管理业务的四类异化问题与建议

金融稳定理事会的报告显示，2014 年中国狭义影子银行规模居全球第三位。根据近期对浙江辖内部分银行机构的调研，商业银行资产管理业务的异化在很大程度上造成了影子银行的快速膨胀，并积累了风险。

一是被异化为"类信贷"工具。如何建立投资组合以平衡风险和收益是资产管理的核心要义。然而目前商业银行以资产管理名义发行的理财产品，尤其是对接非标类资产的产品，其源头是为了帮助客户规避信贷政策限制，筹集建设资金。这是典型的"筹资"行为，是一个"类信贷"过程。更须警惕的是，大量资金投向房地产及政府融资平台，削弱了调控政策的效果，积聚了风险。浙江银监局 2014 年的理财同业检查显示，被查机构理财资金投向政府和房地产领域分别约占 56% 和 16%。

二是被异化为"类资产证券化"工具。资产管理的对象应是客户的资产，主要内容是如何实现客户资产的有效配置。西方银行无不将发展全球化的资产配置能力作为资产管理业务的生命线。然而，目前我国商业银行资产管理业务的驱动力则是为了将部分表内资产出表，通过"类资产证券化"的过程把本应属于银行的资产变为由理财计划持有；更有甚者绕道券商、信托等渠道以"名股实债"的方式实现资产的华丽转身。据检查估算，浙江辖内约有 1 万亿元接近银行表内信贷余额 1/7 ~ 1/6 规模的社会融资借助同业和理财渠道实现。

三是被异化为"营销派生"工具。调研显示，目前有相当比例的商业银行并未建立严格意义上的资产管理业务专业部门，其销售端依附于存款部门，非标产品的投资端依附于信贷部门，资产管理业务异化成为吸收存款、留住客户的营销派生工具。

四是被异化为"监管套利"工具。通过多方参与并设计复杂的交易结构，商业银行一次次绕开信贷资产转让、同业合作等监管规定，并进而通过不规范的会计核算，对资本充足率监管指标、对存贷比进行人为调节，严重削弱了监管指标的风险监控功能。

目前我国金融改革不断推进、形势变化迅速。商业银行代客资产管理业务法律权责关系复杂，参与主体众多，同时又涉及社会稳定问题。监管的缺失不到位、社会和金融机构的逐利行为会诱发系统性风险。而监管过度将延缓金融改革、压抑金融创新。监管部门要在依法治国的理念下，完善监管制度体系、尊重市场、防范系统性风险，以及帮助商业银行可持续发展。为此建议：

（一）引导商业银行资管业务回归本源

传统"商行"业务逐步向"商行＋资管"发展是银行业面临的不可逆转的趋势，监管部门也应审时度势，既要防范资管业务过度不规范发展造成的系统性风险，又要引导商业银行积极拓展资管业务，作为一项战略性的新兴业务，使其真正成为促进银行改革和转型的积极力量。具体而言，应对商业银行进行分层管理，对内控管理严密、监管评级高、优质客户资源丰富的商业银行，创造积极良好的监管环境，支持鼓励其开展资管业务，保证市场在风险可控的范围内高效运行；对风险控制能力弱、监管评级低的商业银行，适度限制其业务领域或引导其专注于某特定领域，防止风险扩散。

（二）加强监管合作和对资管业务的资本约束

随着资管业务的快速发展，银行、保险、证券机构业务逐步交叉融合，行业间的界限越来越模糊，有些业务边界看似清晰，但实际不然。如商业银行对债券承销业务，从买者自负的角度看，应由评级机构给出债项评级，向投资人提示预期违约率和损失概率，然后由投资人根据自身的资产负债情况，及收益与风险相匹配的原则进行自主决定。银行仅充当中介人的作用和角色，为筹资者寻找合适的融资渠道，为投资者寻找合适的投资机会，银行只收取拥金，并不承担投资者和筹资者的权利和义务。但事实上银行在债券承销过程中均承担了隐性的担保责任（交易商协会有不成文的规定，如某银行主承销的债券无法按时兑付，将取消该行的主承销资格）。银行在承销项目之前也参照一般授信业务进行风险审查和审批，并确定备用授信额，当企业不能按时兑付债券时，银行就采用过桥贷款。因此，在目前分业监管的前提下，一方面应融入功能监管，加强各监管机构相互沟通与协作，避免监管重叠和监管空白；另一方面应建立风险预警机制，注重对产品的分析，采用合理的风险测量方法，测算不同金融机构实际承受的风险大小，确定资本金要求，对杠杆倍数进行制约。银行作为一部风险机器，资本是其承受各种损失的"缓冲器"，是风险的最后一道防线，在资管业务监管中，我们应坚守这一底线。同时还应要求银行计提意外风险拨备。

（三）督促商业银行完善内控风险体系

从风险特征看，目前我国商业银行开展的大部分资管业务以信誉／品牌支撑为特征，以销售、安排、策划为特色，主要风险为操作、法律和声誉风险，但也存在隐性的信用风险，特别是发生垫款时，隐性风险就转化成显性风险。为有效防范开展资管业务所带来的风险，首先，要求商业银行内部应建立起严格的"防火墙"制度，防止传统商业银行业务风险、资本市场业务风险以及跨市场风险交叉传染。其次，要求建立健全业务风险管理体系。对操作风险，必须制定完善的操作规程，规范操作程序和服务标准，分离不相容的岗位职责，加强对重点环节的监控。对法律风险，在法律的临界地应坚持谨慎性原则，积极防范在创新中的法律风险。对声誉风险，在服务中应提高服务质量，切实为客户解决实际问题，加强与媒体的沟通，做到多正面宣传、多争取理解，并由此树立良好的声誉。对信用风险，应建立专门的资管业务风险管理体系，负责监控和管理资本市场直接融资类业务风险，坚持不垫款或少垫款。

（四）加强风险监测机制建设，提高风险识别能力

从近几年的监管实践看，监管部门对资管业务的非现场监测体系不够完善，目前1104非现场监管系统基本没有资管类业务的相关数据；现场检查涉及资管业务也较少；监管人员对资管产品的接触和培训较欠缺。容易导致资管业务游离于监管之外，某些资管产品已在市场上推广得热火朝天、如火如荼，我们尚未发现。对此，一是建议银监会探索建立资管业务的监测和分析机制，对商业银行作为主承销商的直融业务、代客理财业务等潜在信用风险较大的资管产品纳入非现场监测系统，定期上报分析。二是加强培训与沟通。可邀请具有实战经验的各商业银行、证券公司、信托公司、保险公司等专家进行讲座；可参加被监管机构组织的资管业务培训，了解具体的资管产品和市场运作；要利用调研、非现场的监管走访等机会加强与资管部从业人员和产品经理的沟通和交流，了解资管业务的最新动向。三是加强检查，发现风险苗头要及时介入，必要时应立项检查。

（作者周松方，浙江银监局副局长）

地方政府性债务管理新规对政府融资平台债务风险影响分析

国务院于 2014 年 10 月发布《关于加强地方政府性债务管理的意见》（以下简称《管理意见》），其后财政部发布配套的《地方政府存量债务纳入预算管理清理甄别办法》（以下简称《甄别办法》）。地方政府性债务管理新规的推出，将在未来一段时间对银行业政府融资平台贷款风险产生影响。

一、福建省地方政府性债务及融资平台债务情况

根据审计结果，福建省政府 2012 年末总债务率 55.47%，比全国水平低 57.94 个百分点，逾期债务率为 0.94%，风险总体可控。截至 2013 年 6 月末，福建省各级政府负有偿还责任的债务 2 453.69 亿元，负有担保责任的债务 243.73 亿元，可能承担一定救助责任的债务 1 684.46 亿元，分别占全国相应债务份额的 2.25%、0.91% 和 3.88%。债务主要呈现三高特点：一是市县两级政府占比 83.83%，二是银行贷款占比 43.2%，三是近两年需偿还的到期债务占比 46.9%。

二、地方政府性债务管理新规的主要内容及变化

（一）新增政府性债务

国务院《关于加强地方政府性债务管理的意见》，提出建立"借、用、还"相统一的地方政府性债务管理机制。

关于"借"，一是明确举债主体，规定政府债务只能通过省级政府及其部门举借，市县级政府只能通过省级政府代为举借。二是严格举债程序，地方政府须在国务院批准的分地区限额内举借债务，并报本级人大或其常委会批准。

关于"用"，一是实行限额管理，控制地方政府举债规模。二是限定债务用途，明确地方政府债务只能用于公益性资本支出和适度归还存量债务。三是分

类纳入预算管理，按债务性质将一般债务、专项债务及财政补贴分别纳入一般公共预算管理、政府性基金预算管理和相应政府预算管理。

关于"还"，一是划清政府债务和企业债务的边界，明确不救助原则。二是明确地方政府偿债困难和偿债危机处置流程，建立责任追究机制。

（二）存量政府性债务

对于存量债务，《管理意见》明确了分类管理、在建项目后续融资安排等内容。

一是分类管理。强调以 2013 年政府性债务审计结果为基础，结合审计后债务增减变化情况，经债权人与债务人共同协商确认，对地方政府性债务存量进行甄别。明确未纳入地方政府债务口径的债务无政府信用背书。

二是在建项目后续融资安排。地方政府可发行一般债务或专项债务支持符合《管理意见》条件的在建项目；同时强调推动 PPP 模式的融资方式。

三、地方政府性债务管理新规的影响分析

（一）对地方政府的影响

1. 融资透明度提升和行政追责制有助于抑制政府融资冲动。新规严格规定了举债程序和资金用途，通过建立地方政府性债务公开制度，有助于避免政府债务过度扩张。同时，新规完善了考核问责机制，建立对违法违规融资和违规使用政府债务资金的惩罚机制，有利于抑制政府违规融资冲动。

2. 地方政府发债有助于融资成本下降。根据中债资信评估有限公司相关资料，2014 年试点自发自还地方政府债券的上海、浙江等 10 个省市，发行总额为 1 092 亿元，债券发行利率区间在 3.88% ~ 4.29%，其中 5 年期利率介于 3.75% ~ 4.06%，10 年期利率介于 3.93% ~ 4.29%，远低于城投债（利率为 7% ~ 8%）和非标产品（利率为 8% ~ 12%）的融资成本。

3. 融资机制改变或致使政府短期偿债能力不足。新规要求融资平台不再承担后续融资功能，这意味着地方政府通过融资平台或其他主体多元化融资借新还旧的模式将不可持续。未来两年是地方政府性债务到期的高峰期，一些负债率较高、前期过度依赖银行贷款、财力相对不足的市县政府，可能会在"贷"改"债"初期因发债额度受限或 PPP 模式难以推动而影响短期偿债能力。截至 2012 年末，福建省有 3 个市本级、4 个县本级、159 个乡镇政府负有偿还债务率高于 100%，有 2 个市本级、1 个县本级、5 个乡镇借新还旧率超过 20%。

（二）对银行业的影响

1. 有利于银行信贷结构的调整。融资平台的融资功能被剥离，存量债务清理、替换及新增贷款控制都将促进银行调整信贷投向结构，腾出的信贷规模可能重新配置到基础设施建设和实体经济中，也有利于改变一些机构融资平台贷款占比过高的现状。

2. 部分存量平台贷款偿债风险可能增大。若银行存量平台贷款在清理甄别中未能被认定为政府债务并纳入预算管理，还款保障将会弱化。从目前情况看，一是融资平台认定存在较大差异。福建省财政厅 2014 年 8 月认定的政府融资平台为 254 个，福建银监局 2014 年 9 月末监管类平台 510 个，两者名录存在较大差异。二是部分债权行未能如期确权。部分银行反映，在地方政府存量债务清理过程中，部分融资平台公司未在规定时限与债权人进行确权认定。

3. 银行对在建项目的后续融资面临较大考验。一是对于未纳入政府债务的在建项目的后续融资，由于已无政府信用支持，投放将更加审慎。二是转为 PPP 模式在建工程项目的风险重评估，若较之前政府背书的评估出现评级下调，银行将面临履约或终止合同的两难选择。

4. 棚改等政策性业务开展方式存在不确定性。尽管《管理意见》明确"对于中央出台的重大政策措施如棚户区改造等形成的政府性债务应当单独统计、单独核算、单独检查、单独考核"，但后续操作是用"债"、"贷"或其他形式未明确。

（三）对政府融资平台的影响

政府融资平台将通过关闭、合并、转型等方式分类处置。一是对只具有政府融资功能的平台公司可能在清理存量债务后关闭；二是对于具有一定项目建设、运营能力但实力较弱的公司可能被合并；三是对主要承担非公益性项目融资建设、实业经营能力相对较强的公司，将实现商业运作。虽然三分类原则比较清晰，但政府在切割地方政府和融资平台关系中居主导地位，最主要的问题是融资平台若出现资产、收入或权益被剥离的情况，其主体资质条件将会弱化。

四、融资平台贷款风险防控的建议

下一阶段，政府性债务甄别和处置将进入实际操作阶段，应着重从以下方面做好融资平台贷款风险防控工作。

（一）科学评估相关政策影响

《管理意见》作为今后地方政府性债务管理的纲领性文件，《甄别办法》是其第一个配套办法，其后还将有一些配套文件出台。银行业机构要加强对新规的学习，结合实际，科学评估相关影响，及早研究对策措施。

（二）防控融资平台债务清理甄别风险

鉴于财政部门公布的融资平台名录与银监会主导的三方认定的融资平台名录存在差异，各债权行在清理甄别中，要认真落实存量债务纳入预算管理，加强维权；对于应当由地方政府承担偿还的债务要逐笔确认纳入预算管理，各行要统一部署全行系统开展工作，加强同业协作，平台贷款牵头行要组织相关债权银行共同做好债权确认工作；加强与地方政府及财政部门沟通协商，逐笔确认。

（三）推动地方政府发行债券置换存量债务

因发债主体为各省级地方政府，且发债额度有限，存量到期债务能否通过发债置换存在不确定性，尤其是市县级政府项目贷款在债券置换过程中优先级较低，存在较大风险。各银行业机构要推动地方政府发行债券置换存量债务，按户评估，分类排队，对于贷款利率高、风险大、还款有困难的平台贷款，应推动优先纳入存量债务置换。

（四）推进地方政府或有债务风险的化解

根据《管理意见》规定，或有债务确需地方政府或其部门、单位依法承担偿债责任的，偿债资金要纳入相应预算管理。各行要持续推进地方政府或有债务风险的化解，加强与财政部门的沟通，对地方政府承担担保责任和救助责任的或有债务，推动将符合划转条件的转为地方政府负有偿还责任的债务，无法划转的，推动政府采取增信措施，或按一定比例提取偿债基金纳入预算管理。

（五）加强融资平台非信贷债务风险管控

对近年来银行业机构通过非信贷渠道对融资平台提供的存量融资，要协调相关合作方共同应对，关注其清理甄别结果，防控相关风险向银行业传导。

（作者张新潭，时任福建银监局副局长，
现任厦门银监局局长）

区域性信用风险监管路径探析

——宏观审慎监管视角下的研究

一、引言

2014 年上半年，福建银行业不良贷款余额比年初增加 113 亿元、上升幅度在全国各省市排名第 2 位；资金链断裂事件共 378 起，比去年同期增加 202 起，涉及贷款余额 64.7 亿元。如何防控信用风险，守住风险底线？本文试从宏观审慎监管视角，结合福建省经济金融运行实际，探寻区域性信用风险有效性监测、防控及缓释的现实路径，为区域性信用风险监管监测、预判、决策提供定量分析手段。

二、实证分析

选取 2006 年至 2013 年福建地区主要经济金融指标进行计量模型分析。分析软件采用 Eviews6.0，实证分析数据来源于 2006—2013 年国家统计局、福建省统计局的公开数据，以及福建银监局非现场监管数据。

（一）指标选取与数据说明

采用不良贷款率、贷款增速衡量银行贷款的质和量；以贷款利率来反映货币政策；采用地区国内生产总值（GDP）、出口总值、固定资产投资等数据的同比增速反映宏观经济运行情况；采用工业企业利润、应收账款占主营业务收入比重的同比增速衡量企业经营状况。截取 2006 年第一季度至 2013 年第四季度的季度数据，共 32 个样本。主要指标设置如表 1 所示：

表 1　　　　　　　　　　　变量指标名称对照表

指标	NPL	IR	LD	GDP	ER	FAIR	PR	AR_BI
指标名称	不良贷款率	贷款利率	贷款增速	地区国内生产总值增速	出口总值增速	固定资产投资完成额增速	工业企业利润总额增速	工业企业应收账款占主营业务收入的比重
单位	%	%	%	%	%	%	%	%

（二）变量的相关性检验

为避免出现虚假回归，需要对 8 个序列的变量的平稳性进行单位根检验。经检验，8 个变量一阶差分后，在 5% 显著性水平下为一阶单整，符合协整分析要求，所以通过构建协整模型来分析 8 个序列变量间的关系。

（三）建立 VAR 模型

1. LM 检验：在进行 VAR 模型估计之前，要先选取并确定最佳滞后阶数的 VAR 模型。经过多次尝试，最终确定 VAR 模型的最佳滞后阶数为 2。

2. 建立变量 VAR 模型。在输出 VAR 模型后，进行稳定性检验，结果表明 VAR 模型的全部根都落在单位 1 或单位圆以内，模型具有稳定性。

3. 协整检验及协整方程

（1）协整检验意义在于检验模型所描述的因果关系是否是伪回归，即检验变量之间是否存在稳定关系。检验结果表明，在 5% 的置信水平下，变量可能存在 3 组协整关系。

（2）残差检验。残差单位根检验的 t 统计量为 -26.06555，其相应的概率值为 0.0001，小于 1% 的检验水平，因此拒绝残差序列残差存在单位根的原假设，即可认为残差序列是平稳的。根据协整关系的定义，可认为前述 8 个变量序列之间存在长期稳定的协整关系。

4. 方差分解表

方差分解将系统的均方误差（Mean Square Error）分解成各变量冲击所做的贡献，从而了解各变量冲击对模型系统变量的相对重要性，定量地把握 VAR 模型中变量间的影响关系。

表 2　　　　　　　　　　变量 NPL 的方差分解表

Varince Decomposition of NPL：								
Period	S. E.	NPL	IR	LD	GDP	FAIR	ER	PR	AR_BI
1	0.195944	100.0000	0.000000	0.000000	0.000000	0.000000	0.000000	0.000000	0.000000
2	0.279663	90.15256	0.078506	3.402824	0.111683	0.040967	2.924364	0.395000	2.894101
3	0.343698	84.35519	0.661781	7.806450	0.087196	1.654521	2.094874	0.897896	2.442096
4	0.384269	77.93624	1.970351	9.740969	0.071481	5.323373	1.785620	0.879525	2.292438
5	0.413514	71.91795	3.014555	10.22641	0.079426	9.914979	1.757001	0.859218	2.230463
6	0.437461	66.27251	4.154960	10.18403	0.143542	14.38939	1.827250	0.868141	2.106179
7	0.457406	61.30895	5.517074	9.952098	0.279782	18.08336	1.880118	0.889657	2.088956
8	0.473732	57.31283	7.029531	9.689560	0.475852	20.69429	1.856600	0.918673	2.022660
9	0.486700	54.31059	8.587477	9.474635	0.691744	22.24030	1.781650	0.949681	1.963922

Varince Decomposition of NPL：

Period	S. E.	NPL	IR	LD	GDP	FAIR	ER	PR	AR_BI
10	0.496628	52.16466	10.07128	9.335285	0.883527	22.94245	1.711687	0.976307	1.914799
11	0.503937	50.67855	11.36820	9.273149	1.021492	23.09459	1.693552	0.994522	1.875946
12	0.509132	49.66335	12.40120	9.276814	1.097721	22.96653	1.744345	1.003368	1.846676
13	0.512727	48.97245	13.14343	9.328639	1.123918	22.75146	1.850158	1.004459	1.825484
14	0.515132	48.50799	13.61658	9.409010	1.122353	22.55413	1.978526	1.000853	1.810565
15	0.516851	48.20938	13.87628	9.499525	1.115073	22.40829	2.095531	0.995702	1.800214
16	0.518031	48.03600	13.99110	9.585401	1.116109	22.30795	2.179161	0.991233	1.793049

注：追踪期（variance periond）取16；SE指因变量预测的均方误差标准差；其他各列表示各变量波动对NPL变动的贡献率。

从方差分解可以看出不良贷款率受自身波动的影响最大，第1期只受自身波动冲击的影响（100%），随着时间的推移，自身扰动影响程度不断减弱，长期看，基本保持在50%左右。各变量均对不良贷款利率（NPL）有一定影响，具体见表2。长期来看，各变量对不良率变化的贡献率情况见表3。

表3　　　　　　　　　　各变量对不良率变化的贡献率表

指标	NPL	IR	LD	GDP	ER	FAIR	PR	AR_BI
指标名称	不良贷款率	贷款利率	贷款增速	地区国内生产总值增速	出口总值增速	固定资产投资完成额增速	工业企业利润总额增速	应收账款占主营收入比重
各变量变动冲击对NPL影响	50%	13%	9.5%	1%	2%	22%	0.9%	2%

5. 输出协整方程

利用LS回归分析法，前述指标的协整方程估计结果输出如下：

$$NPL = 0.389464734442 \times IR - 0.00627056102957 \times LD - 0.105292804307 \times GDP$$
$$- 0.0363659106919 \times FAIR - 0.0187509725468 \times ER$$
$$- 0.00433870673519 \times PR + 0.00229569815813 \times AR\_BI$$
$$+ [AR(1) = 0.574936845286, AR(2) = 0.276455962694]$$
$$R^2 = 0.981473 \quad \overline{R^2} = 0.974415 \quad DW = 1.827423$$

（R^2表示调整后的平方值；DW表示DW统计量，是用来检验残差分布是否为正态分布；F 表示 F 分布下的统计值。)

从模型分析的结果来看，本模型对各变量的拟合程度较高，说明选取的 7 组变量均对商业银行不良贷款率变化有一定影响。NPL 与 IR、AR_BI 存在正相关关系，LD、GDP、FAIR、ER、PR 存在负相关关系。

（四）模型估计结论

结论 1：引发不良率变动的因素是多方面的，良好的经济金融环境，对缓释信用风险具有积极的作用。

结论 2：不良率与其他变量间存在协整关系，监管部门、银行机构可以通过观测其他 7 个变量变动情况预判信用风险变动趋势，从而预先决策。

结论 3：不良率的变动受自身波动冲击的影响最大，监管提出的"化解存量，防控增量"的信用风险防控思路是必要且可行的，需要各方的合力。

结论 4：如表 3 所示固定资产投资完成额增速变化的冲击对不良率变化的贡献率高达 22%，监管部门和银行机构都需要密切关注固定资产投资变动情况，政府部门需要做好年度投资规划。

三、区域性信用风险监管的路径

（一）主动作为，事前介入，预先监测

结论 1、结论 2、结论 4 表明，监管部门要主动作为，预先做好风险识别、监测、预警工作。

一是机制先行，畅通参与区域经济金融政策制定通道。推动政府建立区域经济金融建设重大事项会商机制，政府相关部门联合监管部门、银行机构积极参与区域经济发展规划、区域金融服务经济制度等制定，实现区域经济建设与地方金融服务有效匹配对接。

二是框架先立，建立区域信用风险宏观审慎监管框架。成立区域信用风险监管领导小组和工作小组，建立信用风险分类、识别、计量、评估、处置制度，形成定期会诊制，及时反馈或通报区域信用风险会诊结果，并提出相应的政策建议。

三是监测先导，完善区域信用风险预警触发处置机制。通过对经济金融等相关指标的验证、筛选，构建区域性信用风险监测模型（视模型运行成效，逐渐增补、替换监测指标，使之与经济运行特点相契合）。模型确立后，可根据区域实际信用风险抵抗能力，设立多层次风险预警触发值。

（二）多方合力，有序推进，有效化解

结论3表明，监管部门提出的"化解存量，防控增量"的信用风险防控思路是必要且可行的，需要各方的合力。

一是完善风险处置机制。监管部门要加强与政府的沟通汇报，找准政府、企业、银行与社会的利益平衡点，坚持做到有所为有所不为，争取政府对工作的理解和支持。同时，推动政府强化风险基金建设，将更多的经济主体纳入基金帮扶范围内，增强市场信心。

二是强化风险化解力度。督促机构综合利用核销、转让、打包等手段，加大不良贷款处置工作力度。同时，强化问责力度，建立健全远期风险责任认定和追溯制度。

三是发挥银行业协会功能，完善企业（集群）授信总额联合管理等制度，形成大额授信管理和风险处置中的共同进退机制。

（三）夯实基础，强化内控，优化环境

结论1表明，引发不良率变动的因素是多方面的，良好的经济金融环境，对缓释信用风险具有积极的作用。

一是督促培育良好的风险管理文化。银行要从理念上树立全员风险管理意识，将风险管理的责任和意识渗透到每个员工、每个岗位和每个环节，内化为员工的职业态度和自觉行为，最大限度地发挥员工在风险管理方面的主动性、积极性和创造性。

二是建立健全风险内控建设。建立全面的客户信息管理体系，研发合适的风险度量模型，对客户准确分级定位；贷中、贷后实施动态监控，实时掌控信用风险状况，实现客户定级动态调整，强化风险分析，建立风险预警机制。

三是推动区域信用体系建设。指导机构建立失信"黑名单"制度，进一步扩大信用记录覆盖面，加大对金融失信行为的惩戒力度。同时，督促机构创新金融信用产品，改善金融服务，提高守信客户服务的满足度和满意度。

（作者陈树福，福建银监局副局长）

以建立联合授信管理机制推进大额授信风险管理的思考

一、目前大额授信风险管理的基本形势

2013 年以来，山东辖区银行业大额授信风险持续暴露，使区域风险控制的压力日益增大。深入剖析大额授信风险成因，除受宏观形势的影响外，银行授信管理中的银企关系严重失衡是一个重要原因。一是各银行对大企业采取分别授信方式，单家银行往往不掌握企业全部情况，甚至看不到企业真实完整的合并报表，容易形成多头授信和过度授信。二是过度授信容易助推企业盲目扩张，冲动发展。同时，单家银行监控不到企业对外投融资及担保情况，企业的资金运用及非理性行为得不到有效监督和制约。三是各银行"背对背、多对一"为企业提供授信服务，看似服务充裕，实则无序竞争，企业好时蜂拥而上，企业出现困难时竞相撤退，既容易造成对企业的盲目助推，又容易因压贷抽贷导致资金链断裂。四是由于银企之间缺少必要约束，部分企业挪用资金、过度担保、民间高息融资，一些银行异地授信投机等，导致政府各部门、当地银行对企业风险预判能力下降，对区域金融安全造成较大威胁。

在此格局下，推动建立企业授信总额联合管理机制，对解决当前过度授信和银企关系失衡问题，无疑是一个非常重要的举措。

二、推进大额授信联合管理的基本目标

大额授信联合管理机制，是指鼓励和支持银行对一定数额以上授信，由最大债权银行牵头，其他授信银行参与，组成债权银行联席会，根据企业经营状况和资金需求，共同核定一个授信总额，进行联合授信管理。银行在充分提供金融服务的基础上，共同防范过度授信风险，为构筑新型银企关系提供一个合作平台。

推进大额授信联合管理可以重点解决以下几个问题：一是推动银行同业合作。推动银行协同支持企业发展和实施风险救助，共同处理好支持发展与防控风险的关系、同业竞争与协作配合的关系、局部利益和整体利益的关系。二是推动企业信息公开透明。银行与企业按照诚实守信原则加强信息交流，在企业提供真实完整合并报表基础上，明确金融服务内容和企业投融资及对外担保条件。三是对企业非理性扩张行为进行约束。银行在全面、准确掌握企业信息的基础上，科学评定企业信用等级，合理测算最高授信额度，使授信规模同企业经营更加匹配。

三、须解决好的几个关键问题

（一）关于同业合作

目前，单家银行难以全面掌握客户真实合并报表、关联关系和对外投融资担保情况，成为过度授信、风险管控失效的主要原因。以联合授信机制为核心的债权人联席会议制度是银行间信用合作的新形式，这种联合授信机制，既能为企业提供更好的金融服务，又能有效解决单家银行对企业制衡严重缺失的问题。

对此的化解思路是，在银行业协会加大协调推动力度的同时，监管部门亮出监管的底线。按照监管法规，授信必须坚持审慎原则，凡是不能了解企业真实情况、不能掌控企业资金运行、不能有效约束企业非理性活动盲目授信的，都可以归属为违反审慎经营规则的行为，依法予以查处。各银行也对通过监管法规挤压推动同业合作、对已暴露的大额授信风险中严重失职行为予以行政处罚表示认同。

（二）关于授信总额测算

授信总额核定是债权人联席会议联合授信管理机制的核心。按照《山东省银行业大型客户债权人联席会暂行管理办法》规定，由牵头行负责、参与行协助，每年定期测算确定大型客户融资上限和管理方式。各银行从自身利益出发提出了资金定价、信息共享、商密把握、风险处置时利益保护等问题。从目前看，这些问题难以在短期内集中解决，需要银行及协会在实践探索中形成良好做法逐步推广，监管部门应及时予以指导和监督。

在对授信总额问题的分析中，债权人联席会议核定的授信上限可能会远远小于目前各家银行单独授信的总和，特别是预警型企业和已经暴露风险的企业。

为避免银行因联合授信管理机制的实施而盲目压贷的行为，对授信总额测算要根据企业经营及风险状况，分批、分步、策略性实施，先将其作为各银行授信审慎参考指标，在一个授信周期内银行原则上不准突破。实践中不同的客户类型、不同行业的客户可采取不同的授信总额核定方式，银行业协会可以及时总结"最佳实践"予以推介。

（三）关于异地授信

目前，不规范的异地授信所导致的问题较多，部分异地银行"锦上添花多、雪中送炭少"，出现问题时不顾大局、盲目抽贷，部分银行异地授信管理粗放，采取跟随战略和到期日前置战略，加大了本地银行对企业资金活动管控的难度。

对异地授信问题，从以下几个方面推进解决：一是对异地授信业务要严格明确审慎监管底线要求。逐笔实行"三报备"制度，对盲目授信的行为，要按照本地银行相同监管标准，依照审慎规则严肃查处。二是加强异地授信银行与当地银行同业的协作沟通，将异地授信应纳入授信总额联合管理机制。三是对本地已设机构的异地业务，应限期并入本地机构管理。四是各地银行业协会建立债权人联席会信息平台，供本地和异地机构查阅企业授信、用信情况和其他融资信息。五是监管部门延伸属地监管的理念，将异地授信业务纳入属地监管范畴。

（四）关于担保问题

担保代偿风险是山东省一些大客户甚至是一些优质客户所面对的突出问题，据统计，山东辖内亿元以上大客户中，145个大客户对外担保额超过其资产净额，22个大客户对外提供的担保总额超过其资产总额。集团内部企业互保，站在整个集团统一授信的角度看，是自我担保、无担保。担保圈涉及的企业授信，单个分析符合法定效力，整体分析则是虚增信用。由于大量关联担保、担保圈及担保链存在，企业利益交结在一起，牵一发而动全身，且有相当比例的担保因难以执行而成为形式担保或无效担保。

化解过度担保的关键：一是银行对企业过量的对外担保，应按照新公司法和上市公司对外担保相关限制规定，采取严格控制、逐渐压缩、渐次到位的策略。二是对于一些大型优质客户，进一步扩大信用贷款的发放比例，积极推动担保方式的社会化。三是对客观上已形成的无效担保，债权银行联席会可尝试采取对等原则予以协商解除。

四、授信联合机制推进思路

（一）加强与地方政府的沟通协调

在推进联合管理的过程中，监管部门应及时向地方政府通报大额授信联合管理运作情况、风险情况，推动政府加强对大额授信管理工作的领导和支持，主动配合地方政府做好区域性风险的防范和化解工作，维护金融和社会稳定。

（二）制定相关指导意见

对大额授信综合额度、联合授信、日常管理、异地授信、同业合作、责任追究等提出明确的监管要求，有效推进大额授信联合管理机制建设及落地实施。

（三）加强监管部门及银行业协会的协作配合

将大额授信检查作为现场检查的重要内容，加强异地授信、联合授信的监督管理。发挥银行业协会指导作用，在推进大额授信管理中发现违约的银行，经劝阻、协调无效的，可进行通报或同业制裁，构成违法违规的，提交监管部门处罚问责。

（四）完善信用风险责任追究机制

督促银行针对已暴露的大额授信风险，梳理制度执行情况和贷款损失责任，严肃问责。同时，强化监管约束，监管部门对典型违法违规问题进行行政处罚并通报全辖。

（作者解晓非，山东银监局副局长）

非标资产业务模式、风险影响与监管对策

当前实体经济融资需求结构性矛盾突出，地方基础设施建设融资需求旺盛，传统制造业和中小企业融资需求疲弱，而银行为突破信贷政策和监管限制，以同业、投资、理财资金对接企业融资需求，并借助信托、证券、保险、基金等通道将信贷业务转换为非标准化债权资产，业务规模快速扩张。2013 年，湖南有 14 家银行发行非标资产投资理财产品，年末余额 237.5 亿元，占其所有理财产品余额的 39.4%，占年末总资产的 1.1%。资金主要投向公路、铁路、水利、城市建设等基础设施项目，占比 61.2%。买入返售、投资业务投向非标资产规模达 1 305 亿元，占比 33%。非标资产业务中存在的运作不规范、监管套利、基础管理薄弱、资本约束不足等问题，由此在微观、宏观层面上造成的风险与影响日益突出，发展规范有待正本清源，推进业务治理体系改革。

一、业务模式

主要有：一是委托贷款（委托投资）、北金所委托债权模式。实践中多是由各银行总行理财资金或自营资金作为委托人，由该行借款人所在地分支机构充当受托人，代为发放委托贷款。二是银信、银证、银保合作模式。即以理财资金发放信托贷款，投资财产（权利）收益权类或股权质押担保信托计划，认购"优先—次级结构化信托计划"的优先份额，以及为保险资金投资的债权投资计划提供担保等。三是资产收益权模式。银行以理财资金直接投资于企业所拥有的特定项目或资产收益权，到期由出让企业回购，或第三方收购。

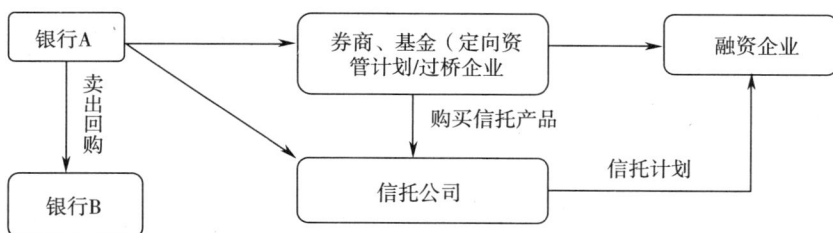

从资金来源看，以上投资运作模式除了对接理财计划外，还可以来自银行自营资金（反映在"投资"项下）或同业资金（银行 A 资金紧缺，通过卖出回购信托受益权、定向资管计划受益权等方式从银行 B 融入资金，反映在买入返售、卖出回购科目下）。

二、风险问题

1. 从银行层面看：理财、同业业务和存贷业务交叉，监管套利和风险约束不足问题突出。一是表外表内业务交叉，信用风险的隐蔽性加深。企业甚至银行帮助企业通过表内外资产腾挪、转换掩盖贷款到期风险暴露的行为普遍，信贷风险的隐蔽性提高。如据核查，某投资集团挪用信托理财资金转借民营企业，又挪用贷款偿付到期理财产品。二是风险约束不足，资产管理相对薄弱。贷款以同业、表外资产形式表现，存在少计风险资产及拨备的问题。某行委托贷款、信托受益权业务、保本理财均未按对其他金融机构的债权 100% 权重计提资本，少计、未计风险资产 70.92 亿元，资本充足率虚增 1 个百分点。由于资本及风险约束不足，非标资产管理现状不容乐观，尽职调查不充分，风险审查、投后资金监管缺失，银行提供隐性担保等问题突出。三是流动性管理压力加大。"类信贷"业务抬高了实际存贷比，理财、同业短期资金对接长期项目，导致银行经营杠杆提高和期限错配加大。四是声誉风险问题突出。理财产品信息披露不足的问题依然存在，同时银行参与理财产品收益分配的情况下，理财业务代客性质减弱，银行自营业务属性突出，理财产品风险与收益不匹配，银行权责不明确，很难真正实现客户风险自担。每逢理财产品集中到期，客户投诉和信访的压力激增，声誉风险尤为突出。

2. 从银行业乃至金融业系统层面看，"类信贷"业务的不规范发展累积系统性风险。同业合作加深，交易对手的多元化，融资结构和交易流程的复杂化，使银行信用风险的传递性和外溢性都显著增加。而"类信贷"业务中大量存在的期限错配运作方式，更加剧了信用链条的脆弱性。同时，理财产品的变相提高利率，企业融资成本中的各种"息改费"，加剧了存贷款业务的不公平、非理性竞争，扰乱了金融市场秩序。

3. 从国家宏观调控和实体经济的层面看：一是推动信用膨胀。同业业务已成为货币创造重要渠道，而资本约束不足，容易推动金融部门过度加杠杆和顺周期波动；同业资金波动性大，使货币当局对货币总量及其结构预测和管理更为复杂。个别银行头寸问题甚至带来整个银行体系的流动性紧张，倒逼增加基础货币投放，影响宏观调控效果。二是大幅增加实体经济融资成本。信用链条拉长，过桥费用层层加码，加重企业财务负担。宏观层面上更造成了社会信用总量与金融机构资产迅速扩张，实体经济杠杆率节节攀升，企业普遍反映融资难、融资贵的巨大反差。

三、监管举措与建议

1. 督促与推动法人机构理财、同业业务治理体系改革。推动法人机构探索实施理财业务事业部制和同业业务专营部门制改革，尽快建立专营部门，实施单独经营和统一管理。支持其参与理财资产管理业务和债权直接融资工具试点，探索理财资金承担直接融资功能的规范运作模式。

2. 坚持合规性监管与风险监管并重。关注业务合规性的同时，加大对风险的监测与提示，督促完善风险管理。一是重点围绕银监会"三不规定"，加强对理财业务不规范行为的现场检查与监管纠偏。二是督促比照自营贷款标准，计提拨备与资本，强化风险约束，严格非标资产投资管理，改善风控环节缺失、管理薄弱的局面。三是重视流动性风险防范，强化量入为出的资产业务理念和运营机制，合理控制资产负债期限错配程度。

3. 研究规范金融业务、市场工具的功能定位。建议银监会研究规范同业业务投资产品的种类、资金投向和运作管理，引导回归流动性管理工具本质；研究制定代理业务尽职标准，防止代理业务演化为监管套利的通道。

（作者田本全，湖南银监局副局长）

以隐性不良贷款清理促农合机构改革深化

针对农合机构不良贷款虚报瞒报现象较为普遍、贷款质量不实风险较为突出的问题，湖南银监局组织开展了隐性不良贷款清理认定和入账处置工作。截至 2013 年末，辖内农合机构清理和入账隐性不良贷款 251.62 亿元，基本澄清了风险底数，贷款质量真实性大幅提高。下一步，在清收处置不良的基础上，重点推进城区机构联合重组与"老大难"高风险机构改革重组，通过抓两头、带中间，力争两年完成农合机构股改和高风险机构处置目标，使农合机构各项监管指标得到根本性改变。

一、主要做法

（一）"五个逐户逐笔"达成彻查隐性不良共识

湖南银监局于 2013 年初对辖内农合机构隐性不良贷款清查入账处置工作进行部署，但部分分局、省联社各市（州）办事处和农合机构对不良贷款真实反映的重要性认识不足，工作措施不力，存在等待观望、消极应对现象，导致各市（州）清查工作进展不平衡。对此，湖南银监局明确了"五个逐户逐笔"规则，即逐户逐笔登记造册、逐户逐笔说明原因、逐户逐笔界定责任、逐户逐笔落实化解措施、逐户逐笔问责到位。要求农合机构按照"实事求是、不瞒不报"的原则，全面真实推进隐性不良贷款清理、入账和处置工作，并以此次清理作为规范经营和加强风险管理的新起点，切实构建有效防控和化解不良资产的长效机制。

（二）"四方联动"理顺清查责任机制

在达成共识的基础上，湖南银监局通过进一步健全机制、厘清职责、做实考核，确保清查工作稳步推进。一是加强组织领导。湖南银监局要求，隐性不良贷款清理入账工作由省联社、各市办事处、农合机构和银监分局主要负责人亲自挂帅，同时将辖内农合机构是否真实反映不良贷款、是否积极推进改革、推动辖内高风险机构处置作为对省联社履职评价、分局年度考核的一个重要参考因素。二是明确第一责任。明确各农合机构董（理）事长是不良贷款真实反映的第一责任人，对本行（社）不良贷款最终认定结果负总责。要求对相关部门和相关责任人员加强考核，对因工作失误导致不良贷款不能真实反映的有关工作人员严肃问责。三是推进行业管理。要求省联社及各市（州）办事处对各农合机构报送的不良贷款清查认定结果进行审核，承担审核责任。组织对不良贷款真实反映工作进行专项稽核，建立不良贷款暴露处置与机构经营业绩、高管人员履职挂钩的绩效考评机制。四是落实属地监管。各属地银监分局为监管第一责任人，负责督促、指导和跟踪监管。

（三）"十二步骤"确保全面澄清风险底数

明确隐性不良贷款清查、入账和处置十二个具体步骤：一是全面清理，对全部正常贷款和不良贷款形态重新进行清分和认定；二是建好台账，对所有不良贷款登记造册，并逐笔澄清底数、查明原因、分清责任；三是审核入账，审核清查出的不良贷款，确认后须在2013年底前入账；四是及时报告，清查入账的不良贷款情况及时上报各级监管部门和行业管理部门；五是动态拨备，按照真实反映后的不良贷款计提拨备，不允许拨备不足而体现账面利润；六是审计甄别，清理入账的不良贷款在2013年年报审计中由中介机构予以甄别披露，各级行业管理部门对清查入账处置情况进行专项稽核；七是查明原因，彻查不良贷款形成的真实原因，尤其注意查明违规放贷、管理失职、道德风险等因素；八是分清责任，逐户逐笔认定不良贷款调查、审查、审批、发放、贷后管理等环节责任；九是严肃问责，按照责罚相当、宽严相济和尽职免责的原则，对相关责任人进行问责；十是分类处置，对不良贷款采取清收、核销、有效资产置换、现金购买、诉讼和改革等措施进行处置；十一是考核挂钩，对不良贷款真实反映的行社予以鼓励引导，对有意夸大或隐瞒不报的机构追究机构及高管人员责任；十二是跟踪监管，密切关注隐性不良贷款后期处置和问责工作，将隐性不良贷款清查入账工作与监管评级、市场准入、高管履职评价挂钩。

二、下一步监管规划

截至2013年末，全省农合机构清理入账隐性不良贷款251.62亿元，不良贷款余额377.63亿元、不良贷款率14.14%，分别较年初增加210.64亿元和6.68个百分点。全省农合机构其他监管指标也因此大幅下滑，贷款损失准备缺口55.51亿元，比年初增加65.16亿元；拨备覆盖率44.3%，比年初下降36.55个百分点；资本充足率0.57%，比年初下降4.82个百分点。监管评级5B级及以下的高风险机构由年初的22家飙升至53家。

对此，湖南银监局要求充分认识当前的严峻形势，切实做好不良贷款处置和化解工作。一是做好后续跟踪监督。督促农合机构继续完成查明原因、分清责任、严肃问责、分类处置、考核挂钩、跟踪监管等后续六项工作。各属地监管部门将隐性不良清查工作纳入2014年现场检查重点，对工作不到位、弄虚作假的督促整改并严肃追究责任。此外，开展非信贷资产、表外资产以及损益类科目的清查，全面澄清风险底数，为下一步产权制度改革打下良好基础。二是全力压降不良贷款。督促农合机构在足额提取拨备和应付利息的基础上，积极加大不良贷款核销力度，努力做到"应核尽核"。探索盘活和处置不良贷款新机制，积极采取债务重组、债转股、拍卖、打包出售、破产清偿、法律追偿等方式开展清收活动，加大不良贷款处置力度。通过机构自身努力、政府资助和借助市场力量等方式消化包袱、化解风险，力争湖南辖内农合机构整体风险状况尽快实现根本改观。三是完善风险管理长效机制。督促农合机构按照现代商业银行内控管理要求，积极完成信贷管理流程再造，进一步建立健全信贷管理制度，特别是建立贷款风险问责制度，有效解决当前贷款责任不清、有章不循、违规不究等问题。在本次清理基础上，按"一社一策"要求制定2014—2015年改革规划，明确改革目标、措施、路径和时间表，力争两年完成农合机构股改和高风险机构处置目标。

（作者黄向阳，湖南银监局副局长）

融资平台非信贷渠道的融资风险隐患与建议

近年来，因地方政府承担着大量基础设施建设职能，资金需求量仍然巨大，由于通过非信贷以及保险、券商、基金等银行外渠道进行融资而产生的风险需要引起关注。

一、平台非信贷融资情况

（一）银行贷款是平台融资的主渠道，但总量逐年下降

由于严格控制新增平台贷款的投向和条件，平台贷款总量逐年下降。截至2015年第二季度末，广东辖内平台贷款余额占融资总量的84.1%，但贷款余额与2011年末相比减少了272亿元，并呈逐年下降趋势。

（二）平台贷款规模受限后，非信贷融资量呈上升态势

辖内共有36家平台通过银行信贷以外的方式进行融资，融资额占辖内融资总量的15.9%，同比上升1.8个百分点。

（三）平台非信贷融资中，五成以上分布在广州地区

广州地区共有7家平台通过银行信贷以外的渠道进行融资，广州地区融资总量占辖内融资总量的比例达53.0%。

（四）券商、基金、保险等银行外资金进入融资平台

随着传统的银行信贷融资方式继续受到严格监管，部分亟须资金的地方政府和融资平台将目光转向保险、券商、基金等银行外融资渠道，通过发行保险债权计划、券商资管计划、基金子公司资管计划等方式进行融资。

二、非信贷融资风险隐患

（一）地方财政收入和土地出让增速放缓，地方政府偿债压力较大

广东省地方政府性债务审计结果显示，2012年底全省政府负有偿还责任的债务余额中，以土地出让收入偿还的债务占比26.99%，政府性债务对土地出让

收入有一定程度的依赖，但由于近年来房地产市场持续低迷，土地出让增速放缓，地方政府可支配的土地出让收入呈下降趋势，地方政府的偿债压力增大。

（二）非信贷融资手段的购买主力仍为银行机构，银行风险并未实质转移

由于非信贷融资的购买主力仍是银行机构，其风险实际上仍由银行承担。广州地区6家平台通过发行债券方式融资338亿元，其中5家由银行机构进行承销，1家由证券公司承销。由银行承销的平台公司债券中，主要由银行机构购买。

（三）理财资金投向融资平台，违背了监管要求

截至2015年第二季度末，辖内共有90.9亿元理财资金分别进入了4家融资平台。某国有银行理财计划代理人委托该银行广东省分行通过"理财委托贷款"、"委托债权投资"业务发放的理财资金，违背了理财资金不得流向政府融资平台的监管要求。

（四）信托资金投向融资平台，增加了融资成本和风险隐蔽性

调查显示，信托资金投向辖内融资平台的共有367.4亿元，其中，以信托贷款方式投入140.6亿元，占38.3%；以信托计划收益权等其他方式投入226.8亿元，占61.7%。从辖内规模最大的10个信托项目看，有7个项目投入到地方政府项目或下属企业，反映出大量资金绕道信托渠道投向地方政府融资平台，规避了监管要求，增大了风险隐蔽性。

（五）发行定向资管计划成本较高，增加了融资平台的偿债压力

目前，融资平台通过券商发行定向资产管理计划筹集资金的年利率在10%左右，高于一般贷款和发行企业债券的利率。从辖内3家通过券商资管计划融资的平台看，其资管计划收益率分别为8.34%、10.6%和10%。由于该种融资方式操作简单，受政策限制较少，且没有法律风险，受到了部分亟须资金的融资平台的青睐。

（六）非信贷融资膨胀，银行风险管控难度加大

平台融资模式从单一间接融资转变为以银行贷款为主，多种直接融资方式并存的融资模式，平台的负债结构更为复杂。某平台公司的融资以非信贷方式为主，目前在辖内银行业金融机构贷款余额2.4亿元，但非信贷融资量达到120多亿元，涉及银行数量达9家。

（七）融资平台跨业融资，监管难度加大

随着融资平台融资渠道多元化，其融资行为可能涉及多个监管部门。不同监管部门监管政策相对独立，不同类型金融机构和监管部门在信息共享方面也

存在一定的难度，使得单一类型金融机构和监管部门难以掌握融资平台真实的负债情况，不利于监管政策的有效执行。

三、几点建议

（一）完善融资平台全口径负债统计制度

督促各银行业机构在加强平台贷款风险监管的基础上，对融资平台信贷融资和非信贷融资实行并表监管，全面及时掌握平台的总体负债情况，科学评估其资产状况及偿债能力，加强对融资平台全面风险管理。建议给银监局按季返还融资平台全口径债务融资情况，以便及时掌握辖内平台全口径负债情况。

（二）督促银行强化风险防控责任意识

银行机构对平台贷款风险防控负主体责任。针对非现场监管和现场检查中发现的违规问题，要求银行严格落实问责，将平台贷款风险防范的压力真正传导到银行业金融机构自身，督促其认真贯彻落实各项制度要求，提高信贷管理的合规性，切实杜绝违规问题屡查屡犯。

（三）加强监管部门之间的监管协作

对于各种非信贷融资行为，各相关监管部门并没有具体的量化控制要求，因此要全面掌握监管融资平台风险，就需要加强各监管部门之间的沟通协调和信息共享，保持各部门之间政策的协调和一致，从而达到全面监管的效果。

（四）探索引进股权投资方式进行融资

可探索引进股权投资模式，以项目产生的收益进行股权分红，无须每年还本付息，降低融资方的偿还压力。对投资方而言，只要项目本身运营得好，也可获得比银行贷款利率更高的投资回报率。

（作者张坚红，广东银监局副局长）

委托贷款存在的主要问题、风险与建议

一、委托贷款业务的主要特点

（一）增长速度快

2015 年 6 月末，广东银监局辖内委托贷款余额 4 647.46 亿元（包含个人住房公积金），比年初增加 867.21 亿元，同比增长 57.99%，高于同期各项贷款增速 46.08 个百分点。其中股份制商业银行委托贷款余额 1 414.11 亿元，比年初增加 396.22 亿元，同比增长 145.68%。

（二）资金来源趋向金融机构

部分委托贷款增长较快的银行，多数由非金融资产管理公司、证券公司等担任委托方。2015 年 6 月末辖内前 20 大委托贷款委托方主要为资产管理公司、证券公司、有限合伙企业等，而 2014 年同期前 20 大委托方均为企业。

（三）中长期贷款占比高

2015 年 6 月末，被调查银行期限在 1 年及以内的委托贷款余额 687.66 亿元，占比 31.03%；中长期委托贷款余额 1 528.58 亿元，占比 68.97%，比同期辖内各项贷款中的中长期贷款占比高 7.65 个百分点。

（四）贷款利率高企

委托贷款利率在 6% 及以下的 533.04 亿元，占比 24.05%；利率 6% 以上至 10% 的 1 335.30 亿元，占比 60.25%；利率 10% 以上的 347.89 亿元，占比 15.70%，而同期辖内贷款利率在 1.5 倍基准利率（约 10%）以上的占全部贷款比例仅为 3.24%。

（五）投向房地产为主

2015 年 6 月末，被调查银行投向房地产行业委托贷款余额 1 177.86 亿元，占比高达 53.15%；投向制造业 183.57 亿元，占比 8.28%。其中 2014 年上半年新增委托贷款中投向房地产业占比 73.97%，较去年全年提高 16.69 个百分点。

二、存在的主要问题及风险

（一）监管法规缺失

目前与委托贷款业务相关的法规几近空白。除 1996 年的《贷款通则》对委托贷款有规范定义外，目前仅对财务公司开办委托贷款业务提出过监管要求，而对商业银行委托贷款业务尚无明确的监管法规。

（二）银行疏于管理

委托贷款业务在不同程度上存在贷前审查不严、客户准入宽松、支行权限过大、贷款流向和用途监控不力等问题。一旦出现贷款损失，委托人极有可能以银行未尽职为由要求其承担连带责任，进而引发法律纠纷。

（三）"通道"推高信贷成本

机构间跨业委托贷款模式复杂，推高了实体经济信贷成本。一是银行机构利用理财资金直接发放委托贷款，委托人与受托人是总行资产池与分行关系。二是银行理财资金、同业资金、自有资金直接投资证券公司或资产管理公司的资产管理计划后，后者委托银行发放委托贷款。三是信托公司与金融资产管理公司合作，分别认购其他金融机构资产管理计划的优先级份额和次级份额，由资产管理计划委托银行发放委托贷款。四是金融资产管理公司或信托公司与实际融资方的关联或控股企业（出资额极小）共同出资成立有限合伙企业，由合伙企业委托发放贷款。

（四）偏离宏观调控方向

一是部分宏观调控受限领域获得曲线融资。从辖内前 20 大委托贷款投向看，14 户投向房地产业的委托贷款余额达 365.86 亿元，占 73.74%；其余 6 户 130.29 亿元委托贷款多数投向钢铁业、地方政府融资平台等限制或调控领域，借款人同期银行贷款余额 187.39 亿元。既影响国家宏观经济金融政策的执行效果，又容易导致借款人过度负债。二是信贷资金空转。委托贷款高利率易诱使原本从事实体经济发展的企业加入委托人行列，甚至出现一些企业利用自身资源低息取得银行贷款后再高息贷出，赚取银行贷款和委托贷款之间的利差，形成信贷资金空转，降低了信贷资金的使用效率。

三、相关建议

（一）加强法规建设

建议尽快完善委托贷款监管法规，包括明确证券公司、资产管理公司、基金公司等能否发放委托贷款，委托人是否可以在银行有未清偿的贷款，委托贷款投向要求，受托银行尽职标准，规范委托贷款收费等，为委托贷款的相关方提供行为规范和法律保障。

（二）加强风险监测

建立委托贷款专项统计制度，适时监测和预警风险。协调相关部门，尽快将企业委托贷款情况纳入征信系统，且应在委托人、借款人项下均有反映，增强贷款信息的准确性和全面性，防止挪用信贷资金办理委托贷款行为的发生。

（三）加强动态监管

开展委托贷款现场检查，摸清风险底数，及时纠正不审慎和规避监管行为，同时加强跨业监管的信息共享与协作，有效防范系统性风险。

（作者任庆华，广东银监局副局长）

以"四维"风险处置机制化解
玉柴重工风险问题探析

受经济下行及企业内部等多重因素影响，2013年7月，全球最大柴油发动机生产企业、广西辖区重点"百亿企业"玉柴集团控股的玉柴重工股份有限公司突发债务危机，呈现出涉及银行机构多、负债总额高、社会影响大等特点，一旦处置不当极易引发区域性金融风险。为此，广西银监局在银监会及地方党政的指导下，积极探索、主动作为，推动建立"政府主导、监管推动、银行主动、企业联动"的四维风险处置机制，成功推动玉柴重工实现债务重组，牢牢守住了风险底线，实现各方"共赢"，有效维护了地方经济金融的稳定。

一、主要做法及成效

（一）明确化解思路，建起共同维权机制

风险发生后，广西银监局迅速召开了两次玉柴重工财务风险处置化解联席会议，根据各债权行风险处置化解能力和经验水平确定了玉柴重工风险化解处置的牵头行及副牵头行，建立起牵头行和抱团清收处置的化解机制，并明确要求各债权行要以政府为主导，以玉柴集团为主体，统一思想、统一步调、齐心协力，发挥银行业维权最大合力，共同有序推进玉柴重工财务风险处置化解工作。

（二）推动政府主导，形成多方工作合力

主动沟通汇报，推动自治区及地市两级政府及早介入，并给予必要的政策和资金支持。广西银监局多次促成政府召开玉柴重工贷款风险化解协调会，明确提出风险化解思路，引导自治区政府、玉林市政府对玉柴重工财务风险给予高度重视，专门成立以自治区常务副主席为组长的风险化解处置工作领导小组，责成有关部门与玉柴重工组成专业催收组分赴各地催收应收账款，自治区政府、玉林市政府筹集1亿元专项资金作为偿债基金，专项用于到期贷款的偿债周转，形成了政府、银行和企业互相支持配合的工作格局，对企业能够继续运转起到了重要作用。

（三）协调债权银行，成功签订银团贷款

广西银监局会同自治区金融办统筹债权银行组建了玉柴重工债权银行联席会议，建立统一行动机制，严禁擅自采取过急的收贷及资产保全措施。在牵头行的主导下，经过各方多轮谈判，玉柴重工银团贷款协议成功签订，19家债权银行同意按银团条件参团并签署银团贷款协议，明确各方权益义务，按贷款份额共享收益、共担风险，合计参团金额35亿元。银团贷款协议的签订，标志着玉柴重工债务重组获得成功，这对减轻玉柴重工财务负担，进一步确保债权银行在联席会议制度下统一维权有着重要意义。

（四）督促企业自救，生产经营逐步恢复

风险爆发初期，玉柴集团存在较为严重的"等、靠、要"消极思想及行为，随着政府及监管部门的介入，玉柴集团进一步感受到与玉柴重工唇亡齿寒的紧密关系，态度逐步发生转变，一方面应债权银行要求出具了《关于玉柴重工银团贷款担保条件的复函》，为玉柴重工银行债务进行"兜底"；另一方面筹措1亿元的偿债基金用于玉柴重工倒贷，并垫付了玉柴重工5 195万元利息，为债权银行推进银团组建创造了有利条件。目前玉柴重工已在玉柴集团的支持下开展经营重整工作，生产经营步入正轨。

二、体会和启示

（一）风险处置中兼顾各方利益是前提

集群客户风险牵涉面广，涉及政府、企业、股东、债权人等多方利益，风险化解必须兼顾各方利益，处置工作才能有效推进。在玉柴重工风险处置过程中，政府、监管部门、债权银行和企业始终保持密切沟通，强化牵头行与各债权银行的沟通协调，完善重组方案，实现了各方诉求的合理平衡，风险处置化解得以顺利开展。

（二）政府主导风险处置化解是保障

在玉柴重工风险处置过程中，自治区政府深刻认识到，各级政府是妥善处置涉企金融风险的第一责任人，必须及早介入，牢牢把控风险处置的原则及方向。在广西银监局的积极推动下，自治区政府成立了防范化解涉企金融风险指导小组，专门下发《广西壮族自治区防范化解涉企金融风险指导小组关于防范化解当前涉企金融风险的意见》，并以其为统领，有效推动了辖区集群客户风险的处置。

（三）推动债权银行统一行动是关键

企业集群客户风险突发，如果债权银行各自为政，各顾眼前利益，必将加剧危机发展，导致局面更加恶化。在风险爆发之后，债权银行唯有积极抱团，并统一行动，才可能共渡难关。在广西银监局的统筹协调下，成立了债权银行联席会议，各债权行签订了共同行动的基础支撑性文件，建立了统一行动工作机制，最终签署了银团贷款协议，成功推动了债务的重组。

（四）推动涉险企业积极自救是根本

处置化解企业集群客户风险，需要企业自身的积极自救和主动配合，只有如此，风险处置化解的相关工作才能有效实施。在政府及监管部门积极推动下，玉柴重工及玉柴集团积极开展自救，主动配合债务重组工作，企业的生产经营逐步走出低谷，取得了相关债权银行的信任和支持，为推进组建银团创造了有利条件。

（五）加强风险排查预警是今后重点

重大风险事件主体多伴随关联企业众多、债务结构复杂、核心主业不突出、股权关系不透明等问题，这些特点使其可能成为区域性风险触发源或引爆点的概率大增。但与其被动事后化解风险，不如关口前移，推动各银行机构强化对辖区重点客户、重点行业及重点区域的风险排查，着重排查符合上述特征的客户，并提早落实风险管控措施和化解方案，防范于萌芽状态，才能从根本上减少风险爆发。

（作者赵汝林，广西银监局副局长）

糖价持续下跌对广西糖业信贷的
影响及对策分析

广西是全国最大的食糖主产区，糖业是广西的优势和支柱产业。但糖价自2011年最高7 800元/吨持续下跌至目前的4 700元/吨，跌幅超过40%。糖价持续下跌带来一系列负面影响，尤其糖业贷款长期存在的问题和潜在风险不断激化，可能导致行业性风险暴露，应引起重视。

一、行业下行周期给广西糖业带来的影响

（一）价格跌破成本，行业整体亏损

我国糖业长期存在集约化程度低、劳动生产率低的"两低"问题，生产成本居高不下。2013/2014榨季生产成本为5 100元/吨，糖价一度跌至4 400元/吨，虽然目前升至4 700元/吨，仍然呈现糖价低于成本的倒挂现象。2012/2013榨季，广西全区104家糖企有81家亏损，亏损面达到78%，亏损额15.25亿元。2015年行业亏损仍将持续。

（二）供给严重过剩，加剧糖价下跌

2014年4月末，全国食糖产量1 325万吨，广西856万吨，全国和广西的产销率分别为45.0%和44.5%，比上年同期下降14.4个和17.6个百分点。2013/2014榨季全国食糖产量预计为1 350万吨，加上进口糖和上季库存，预计全社会食糖总供应量为2 420万吨。而市场需求量估计为1 450万吨，如果没有外力影响，难以解决供给严重过剩的状况，市场将始终处于高库存压力之下，糖价将维持低位宽幅震荡格局，上行空间有限。

（三）政策扶持不足，缺乏保护机制

一是食糖未列入政策性补贴农作物。未能作为关系国计民生的战略物资享受与粮棉油等主要农产品相类似的扶持政策。二是食糖关税政策难以对国内糖业形成有效保护。较低的进口关税和较大的承诺进口配额导致我国食糖产业基本上处于"低防火墙"状态，无法应对全球食糖市场的汹涌波涛。三是现有食

糖调控政策难以维持市场稳定。我国食糖市场开放度高，但收储与进口调控不同步，导致国际市场价格波动直接传导至国内市场，造成生产和价格频繁波动。

二、广西糖业信贷风险上升

（一）信贷增加和贷款质量下降并存

糖价大幅下跌，糖企亏损，银行放贷热情不减，糖业贷款不降反升。2014年3月末，全区糖业贷款余额344.73亿元，比年初增加68.12亿元，增幅24.6%，高于全部贷款增幅近20个百分点。信贷质量堪忧，出现"三个下降"：一是企业信用下降。某行44户糖企客户中，34户信用等级不同程度下降，其中11户下降达到或超过3个等级。二是贷款质量下降。3月末，糖业关注类贷款余额9.16亿元，比年初增加0.71亿元，比上年同期增加6.74亿元。不良贷款余额576万元，全部为2014年新增。三是抵质押率下降。3月末，抵质押贷款余额合计占比21.7%，比上年同期下降2个百分点。

（二）输入风险和输出风险并存

一方面，部分糖企将资金投向房地产、酒店、民间融资等非主营业务，广西前十大糖业集团客户中有5家涉足房地产业。在经济下行背景下，非主营业务的外部风险转嫁给糖企带来输入型风险。另一方面，糖市低迷，部分糖企拖欠蔗农蔗款，导致农户贷款批量违约，造成贷款风险输出。如某农商行2015年第一季度新增800万元农户不良贷款，大部分是由于蔗款未得到及时兑付。

（三）集中授信和过度授信并存

一是贷款呈现"三个集中"特点。机构集中：主要集中在农信社、工行、农发行和农行，合计占比69%；区域集中：主要集中在南宁、崇左、柳州、来宾，合计占比85%；企业集中：前十大企业贷款余额合计占比82%，前十大单体糖厂贷款余额合计占比35%。二是同业过度竞争导致超额授信。银行间缺乏信息沟通和总体平衡，过度竞争形成竞相投放、过度授信等非理性格局。2014年3月末，辖区糖业授信额513.88亿元，贷款额344.73亿元，授信超出企业资金需求。放松信贷条件过度竞争对银行和企业是"双刃剑"：银行信贷资源浪费，议价能力削弱，定价不能体现风险溢价；糖企信用膨胀，贷款资金存在挪用风险。

（四）关联关系复杂引发资金挪用风险

广西糖业已经形成几大糖业集团主导市场的格局，104家糖企有91家分别隶属于 18 个糖业集团。近年广西大型糖业集团纷纷涉足造纸、酒店、房地产等行业，关联企业众多，目前纳入广西银监局名单制管理的 6 家糖企共有各类关联企业 84 家。一方面，关联企业利用企业间资金运作，多头授信、过度授信、关联企业互保和重复抵押，套取银行信贷资金，带来较大风险隐患；另一方面，关联关系复杂导致信息不对称，银行难以有效监控资金流向。关联企业的控制方容易通过虚假的关联交易虚构收支，抽逃资金、悬空债务、转移财产，加大监控难度。

（五）资金链趋紧引发财务风险

短债长用、资金链紧张是糖企面临的主要财务风险。食糖是季产年销产品，榨季甘蔗款集中支付而货款分期回笼，形成集中大额资金需求，而 2015 年由于糖价回升缓慢，企业销售不畅造成资金回笼慢，同时，广西糖企混业经营严重，主要涉及的造纸、酒精、化肥等行业不景气，造成资金大量被占用。2014 年 3 月末，糖业 1 年期以内贷款占比 94%。目前制糖行业平均流动比率普遍不高，介于 0.8% ~ 1.2%。由于流动性被长期占用，在当前市场行情不乐观的情况下，如果各行授信额度大幅减少，可能引发企业资金链断裂，形成贷款风险。

（六）结构调整引发政策风险

一是产业优化升级带来的风险。广西先后出台糖业发展指导意见或工作方案，重点推进种植基地建设和糖企兼并重组，蔗区和糖企面临"洗牌"，原有蔗区可能改种其他经济作物，与蔗区捆绑的糖厂面临退出或关停，给涉贷银行带来潜在风险。二是环境倒逼机制带来的风险。在加大减排背景下，广西出台了比"国标"更为严格的糖业排污地方标准，大力开展涉污企业环境风险和安全隐患排查整治，倒逼企业主动采用清洁生产技术工艺和先进的污染治理技术。随着环保约束加大，糖企面临更大的治理压力，部分涉污糖企面临关停整改，也给涉贷银行带来潜在风险。

三、对策建议

（一）强监测重预警，建立健全分析监测预警机制

一是加强对经济形势、行业政策的分析研究，关注糖业的生产经营环境的重大调整与变化、糖业供求关系及价格水平，加强对糖业市场分析，为信贷风险防范提供监测预警。二是建立集团客户名单制管理制度。将主要糖企纳入集团客户名单制管理，定期监测糖企及其关联企业信贷情况，及时根据监测情况

组织银行开展联合管理和处置行动。三是建立主要债权行监测预警制度。将糖业纳入重点监测和风险防控行业，确定最大债权行为主监测行，牵头对贷款糖企授信额度进行合理安排和控制，把企业不同时段的用款期限和资金需求等信息与其他债权行共享，合理配置信贷资源，防止过度授信。

（二）控总量调结构，合理支持广西糖业发展壮大

督促和指导银行加强贷款管理，坚持"控总量、调结构"的原则，有保有压，区别对待。一是控总量。在行业下行周期以维持上榨季的授信额度为主，审慎营销发展新客户。既不盲目扩大市场份额，也不大幅缩减额度，帮助企业平稳渡过难关，有效控制自身风险。二是调结构。通过"增优减劣"调整优化糖业贷款结构。对评级授信出现下降、风险增大的企业适度减贷，对抵押充足、经营财务状况较稳健的企业继续给予支持，不断优化贷款结构。

（三）抓担保深排查，有效增强银行风险防控能力

一是强化担保。督促银行选择合法、足值、有效的抵质押品，进一步压降保证担保的比例；食糖质押应采用经准入的第三方机构监管，防止虚假抵押、重复抵押；加大押品核查频次，切实增强第二还款来源的保障性。二是深入排查。督促银行及时、主动地开展制糖信贷风险排查工作，深入了解各企业制糖成本上升以及食糖售价变动情况，并逐户预判可能给企业带来的不利影响。要高度关注企业资金运转情况，防止因糖价下跌造成资金链断裂；对信用等级迁徙较大的糖企要给予高度关注；对照监管部门按季发布的企业环境信息采取"名单制"管理。

（作者徐卫飞，广西银监局副局长）

对海南房地产业发展的几点思考

　　海南房地产以其独特的气候、优美的环境资源始终吸引着全国各地购房群体的注意力。2015年以来，海南房地产市场如同全国形势一样出现了跌宕起伏的变化，社会各界的舆论集中涌现，各相关利益方难以准确判断和把握局势，容易造成市场紊乱。房地产是海南经济的支柱性行业，2014年4月末，房地产贷款占银行业金融机构全部贷款的21%，商业银行的房地产贷款比重则高达32%，贷款集中度偏高；房价下行，导致部分房价高位运行时发放的房产抵押贷款出现了质量劣变，引发了银行业的忧虑。其实，就我们银行监管部门而言，只要把握住几个关键环节，便可做到"任凭风浪起，稳坐钓鱼台"。

一、明确行动边界

　　针对市场分层，结合银监会的职责，我们可以明确自己必须要做的、应当做的和不应当做的这三者之间的界限，明确行动边界。一方面，防范和化解银行业行业风险，保护存款人和其他客户的合法权益，促进银行业健康发展。始终作为第一要义。党中央、国务院号召、要求、关心的，我们能够发挥正面作用的，要积极参与。另一方面，如果按购买用途将房地产区分为必需品、普通商品、投资品的话，投资品市场我们就不需要过多关注。

　　具体到房地产来说，防范银行业的房地产信贷风险，是必须要做好的。积极做好房地产行业信贷监测、开展压力测试；积极了解行业发展动态，掌握市场风险；整顿影子银行、清理非标业务，规范资金流动，清晰掌握银行信贷资金供给，防范资产泡沫膨胀，是上述本职工作的基础性内容。保障房、廉租房、棚户区改造，鼓励银行业参与，保障市场刚需，是消除恐慌性购房的釜底抽薪之策，也是稳定房地产市场的一项基础工作。以投资为目的的炒房行为，则无须给予特别关注。

　　行政限购是与行动边界相关的一个重要问题，在遏制房价非理性上涨时发挥了有效作用，但反过来，取消限购在扭转市场下行的作用应该不会那么明显，它难以改变市场预期。或许，在一定意义上讲，当前不取消限购反而是对房价的一种政策支撑。而在国内某些城市的行政限降措施，更容易从实质上引发房价市场预期的下降。

就海南房地产的实际情况而言，需要适度注意的一点是资源闲置和资源浪费问题，购置后长期闲置不用无疑是一种资源浪费，这一般表现在高端客户之中；而资源浪费则是指低品质楼房上市后不久就出现裂缝乃至垮塌的情形，这种情形一般体现在面向低端客户提供的低端楼盘。在当前形势下，海南既要防范出现由于低价楼盘容易销售而肆无忌惮地开发所能形成的合成谬误局面——大量缺乏生活配套的低端楼盘集中出现，最终造成这一部分市场的窒息；又要防范房价出现松动的背景下单体企业死守价格而造成的微观的流动性风险——销售严重滞后，不能按期归还贷款，最终造成银行和房地产开发企业双输的局面。

二、完善基础工作

国际旅游岛上升为国家战略之后，海南的房地产市场异常火暴，市场供求严重失衡情况下的超常规发展，落下了许多基础工作，商品房孤军突进，设施配套严重不足，在市场热度降低之后，其不足之处愈发被购房者认真审视。当前的市场状况也为补充完善基础工作提供了一个契机。

一是基础数据必须完善。银监会多次强调基础数据工作，银行业的准确数据也为其他行业指出了努力方向，统计部积极推进的绿色信贷数据共享在实践上取得了良好成绩。房地产信贷的数据我们已经能够全面掌握，而可以共享的关系到开工、销售、库存等情况房地产行业的微观项目数据库，房地产开发企业的微观数据库，其建成还很漫长，而这项基础工作对于行业的管理和健康发展非常必要。在信息透明的情况下，房地产价格水平能够更加贴近真实价值水平波动，从而防范了房地产价格泡沫的无限膨胀，也就从根本上消除了整个行业崩溃的风险。

二是有必要完善发展规划。结合最新发展情况，改善房地产行业发展规划，设置各具特色的功能分区。在功能区内完善交通、商业、教育、医疗等基础设施，提升宜居水平，从实质上支持房地产行业的健康发展。政策性银行在海南城市基础设施建设方面发挥了巨大支持作用，当然也能够在这一方面发挥主动引导作用。

三是有必要改善行政手续。一方面，要有法必依，应该能够全国通行的抵押政策可以得到高效、统一执行，保障购房者和贷款银行的应有权益。另一方面，要提高办理效率，尽可能做到数据的尽快更新，能够反映实时情况，挤压诈骗案件发生的空间，也能在一定程度上降低银行业金融机构的房地产信贷风险。

三、加强舆论引导

海南房地产是社会各界关注的焦点，也是各种不同观点汇集的热点。多家媒体针对海南房地产开辟专栏，尽管其数据来源并不可靠，观点也有些偏激，但却有着数量庞大的读者群，也对海南的房地产市场变化有着或多或少的影响，在市场极端时期表现得会更加突出，甚至将市场推向疯狂。从提高市场信息透明度和购房理性的角度来考量，可以由地方政府、行政主管部门或者房地产行业协会出面，邀请或联合口碑较好、水准较高的国家级研究机构撰写海南房地产专题报告以正视听，加强舆论引导，支持海南房地产市场的健康有序发展。与此同时，在政府网站及时公布房地产供给、销售的最新数据和行业动态，提高市场透明度，做实理性购房的基础，也是从根本上消除各种歪曲事实、数据片面、偏执己见的误导性言论滋生土壤的有效举措。

四、强化银行监管

2015年以来，海南房地产市场下行明显、销售趋缓：统计数据显示，前4个月，海南商品房销售面积同比下降14%，销售金额同比下降13%，而银行结算系统数据表现得更加突出。银行业对房地产的依赖程度较高：即便在市场低迷的背景下，海南房地产开发贷款仍然保持了34%的增速，高出全国平均水平18个百分点。与此相对应的是，贷款质量出现向下迁徙，不良贷款出现双升：4月末的房地产贷款不良余额为5.14亿元，比年初增加1.64亿元；不良率为0.49%，比年初上升0.13个百分点。压力测试结果不乐观：2013年底的房地产贷款在轻度压力下不良率即近翻番、重度压力下增加近5倍之多。

针对上述情况，海南银监局严格落实银监会的有关政策精神，要求银行业金融机构甄选承贷主体以促进市场健康发展。要求银行业金融机构做好风险处置预案，对存在违约风险的房地产项目，尤其是未按销售比例还款或贷款即将到期的项目，提前介入，与开发企业协调沟通，事先做好贷款清收管理预案，落实还款方式和资金来源，有效化解潜在风险。积极推动银行业金融机构加强对房地产市场和存量贷款的动态检测，组织辖内银行业金融机构成立房地产调研小组，对房地产开发贷款实行按项目检测，及时了解银行房地产贷款风险状况的最新变化，督促银行业金融机构加强对房地产项目建设进度、销售进度、按销售比例还款等情况的跟踪调查，密切关注宏观调控政策对海南房地产市场的影响。要求银行业金融机构每半年开展房地产贷款压力测试，帮助其不断提高压力测试水平，推动测试结果在银行风险管理中的应用，督促银行业金融机构相应采取针对性的有效措施，防范房地产贷款的潜在风险。积极推动在建工程抵押登记制度，解决了长久以来只能办理土地房产抵押，商品房销售期间银行债权悬空的问题，销售资金汇入监管账户、按销售比例还款等问题从制度上得到了保障；适时开展现场检查，督促银行业金融机构进一步加强房地产贷款的资金封闭式管理。上述措施紧密地结合了海南辖内的现实情况，取得了良好成效。

（作者秦会忠，海南银监局副局长）

对地方法人银行信息科技风险管理新问题的监管思考

近年来，地方法人银行不断完善信息科技治理架构，大力推进基础设施建设，持续强化信息科技风险管理，信息科技风险防控工作取得了长足进步。但当前地方法人银行在信息科技风险管理方面也出现了一些新问题和风险苗头，需要我们在工作中予以关注。

一、高管层管理手段仍显粗放

个别机构高管层对信息科技风险管理的意识仍浮于表面，手段仍较为粗放。大力支持"建机房、买设备"等基础设施工作，却较少过问相应的风险管控措施；要求大干快上各类新业务管理系统，却较少关心各方面资源是否到位；能够认识到 IT 风险的重要性，却不了解机构自身所处的风险控制水平；IT 投入逐年递增，风险事件却屡屡发生；对风险事件问责和处置不留情面，却很难杜绝类似事件再次发生。这些问题的根源在于信息科技风险管理理念仍未深入高管层骨髓，相应的风险管理举措效果仍然欠佳。

二、治理架构和条线设置仍需完善

一是首席信息官设立流于形式。个别机构设立了"首席信息官"职位，但该专业性极强的职位却由并不具备信息科技管理经验的副行长兼任，难以起到有效引领 IT 战略发展的作用。

二是 IT 部门条线设置形似神散。某机构曾模仿大型银行在科技条线设立"一部三中心"模式，将科技部、研发中心、数据中心独立平行运作。但由于缺乏相应的配套管理制度，加之人力资源保障不足，使得一些本能快速推进的常规工作出现多头审批、相互推诿等情况，不仅工作效率未得到应有提升，反而增大了管理成本。同时一些本应得到快速处置的风险事件，也因跨部门沟通协作难度增大而影响了处理时效。

三是三道防线作用发挥不均衡。一些机构名义上建立了"三道防线",但实际上风险管理的主要工作仍由处于防线最底层的科技部门来承担。一些机构在风险管理部门设立了 IT 风险管理岗位,但人数过少或多为兼职,基本上只从事报表审核等事务性工作。二道防线履职不到位,个别机构的 IT 风险管理报告由科技部拟写然后由风险管理部签发。一些机构虽然开展了 IT 风险审计,但审计方式未及时改进,审计手段仍然沿用常规的现场检查,尚未建立起与日常非现场监测相结合的全面 IT 风险审计体系。三道防线的履职仍存在一定程度的失衡,风控和内审部门的职能作用发挥仍然有限。

三、信息科技风险防控水平仍有待提升

一是灾备体系建设仍待加强。某机构建成了"两地三中心"灾备体系,但其基础设施均采用外包模式,控制有效性不充分;某机构虽然建成了自有的"两地三中心"灾备体系,但重要信息系统灾备覆盖率不高,重要信息系统的真实切换演练不足,灾备中心应用接管能力仍待提高;某机构既建成了"两地三中心"灾备体系,也开展了重要业务系统的真实切换演练,却将切换指挥中心设在生产中心同一栋楼内,若出现极端情况,难以及时有效完成系统切换工作。这些机构虽已初步完成灾备体系建设工作,但对业务连续性管理的精髓实质领会不足,在关键环节和细节处理上仍欠火候。

二是信息系统建设盲目追赶潮流。一些机构为了抢占市场,盲目开展系统建设。2013 年辖内有两家机构启动了"电视银行"项目,一家机构投资百万元建成的系统,却鲜有客户问津;另一家机构启动了立项并开展了系统设计,但随后发现市场接受度不高而不得已草草收工。这些人力和财力的无效投入对于中小银行有限的资源来说是一种极大的浪费。

三是研发项目管理规范化程度降低。某机构的将项目完工率作为 IT 部门的绩效考核指标,导致项目流程管理流于形式。需求分析走过场,需求分析会成了"签字拍板会"。部分新需求仅凭业务部门的一纸"需求说明",而未经充分论证就匆忙启动研发,在研发过程中需求又频频变更,不断造成项目延期,某机构 2013 年的项目延期率超过 50%。研发过程赶工期,开发结束后必要的测试环节被一再缩减,个别机构甚至采取"先走上线流程,后补测试报告"的方式,匆忙完成上线投产,致使项目上线后问题不断。某机构 2013 年的系统紧急变更次数高达数百次。

四是风险防控仍偏重形式。某机构虽然开展了业务连续性的演练工作，但内容以固定场景的桌面演练为主，方式为参演人员一字不差的口头读诵事先准备好的"讲稿"，相关人员连"脱稿"背诵应急处置流程这一基本要求都未达到，更别说能快速响应处置突发事件。某机构专门采购专业保险柜来保管关键密钥等重要信息，但却将所有密钥保存在同一个保险柜中，未进行分段也未进行签名加戳保管。某机构在外包风险防控上，以"开例会，看报告"等例行手段为主，未积极主动去询问了解分析重要风险和关键信息，容易导致外包管理失效。

四、问题成因分析

以上新问题主要特点在于在风险防控的意识和手段上"形似而神不似"，导致机构投入产出不成比例，同时信息科技风险隐患也难以根除。

一是机构内部对信息科技的风险认识不够到位，对风险管理的职责还未理顺。一些机构具有信息科技背景的高管层占比太小，对信息科技风险的认识很难统一到较高的层次，分析研究问题未以风险为导向，也就难以从根本上转变重建设轻管理的现象。一些机构对信息科技风险管理的条线配置权职配置不合理，人力资源不足，二三道防线的作用难以得到有效发挥。

二是存在模仿照搬等急功近利的心态。一些机构认为大型机构的经验就是最好的，盲目照抄照搬、囫囵吞枣，却不做好差异化分析和本地化落实，学了个四不像。一些机构认为IT建设是追赶大型银行，实现"弯道超车"的唯一路径，只要市场有需要求、同业有做法，就匆忙开启建设。但由于未紧密结合自身业务发展实际，往往这些新项目尚未真正发挥作用就寿终正寝。

三是"三道防线"考核激励导向机制不够健全。一些机构未能建立正确的考核导向激励机制。以项目开工率和完工率来考核一道防线的工作，导致科技部对新项目的开工积极性很高，同时又追求快速结项，埋下了风险隐患；一些机构缺乏对二三道防线理应开展的风险管控工作的考核评价机制，也无相应的问责处置机制，导致其缺乏工作的积极性和责任感。

四是一些风险防控策略以符合监管为导向，主动性不足。一些机构的风险管理意识尚未深入到机构高管层的骨髓中去，往往从如何满足监管要求来思考问题，而未能从如何有效化解自身风险来开展工作，导致制定的风险控制策略效果不佳。

五、监管思考和建议

一是加强风险观念的培育和宣导，信息科技工作的推进切忌"多快好省"。机构高管层应加强对 IT 风险理念的培育，主动召开联席碰头会议，切实了解 IT 风险。相关人员在向高管层汇报 IT 工作时，应多谈风险隐患、少说成绩潮流，要在全行层面提升信息科技风险防控意识，稳健推进信息科技工作的有效开展。

二是建立三道防线的问责和激励机制，防线工作推动要有外部约束力。要建立全面的 IT 条线的激励约束机制，对一道防线的考核导向要科学，既考核其工作完成率又考核其工作质量，同时要完善正向激励机制，提升其工作积极性。对二三道防线，也要建立科学合理的连带责任制，尤其是对于"业务连续性"等监管明确要求由风险管理部门牵头的重点风险领域，要对其履职情况进行重点考核。

三是加强监管辅导和督导，政策指导要贴近机构实际。监管部门对于银监会下发的监管指引，要定期进行辅导和讲解，确保机构领会其实质；同时要加强现场巡查走访，了解掌握在执行监管政策等方面的情况，确保机构将重要的风险防控措施落到实处。

（作者邱晓玲，重庆银监局副局长）

当前部分企业信贷违约风险的
防范处置对策分析

2013 年底以来，四川十余家企业集团信用风险集中暴露。为做好信贷违约风险处置，严守不发生区域性、系统性风险底线。四川银监局对部分企业大额信贷风险情况及成因进行了分析，提出了工作措施及建议。

一、风险表现

（一）风险金额巨大

四川省内 12 家风险企业在银行业机构授信 547 亿元。

（二）风险影响面广

一是涉及银行多、业务品种广，风险在银行间和表内外交叉传染强。二是受牵连的子公司或关联企业多、职工人数众、分布范围广。

（三）负面舆情发展快

大型企业集团爆发风险后，社会关注度高，媒体跟踪报道较多，并发布一些如实际控制人失踪、被公安机关控制等不实信息，加剧风险扩散。

（四）风险处置障碍多

一是信息不对称的障碍。单家银行、单个地区政府难以摸清企业集团的真实经营与负债状况，对企业资产、他行表外融资、民间融资等非银行债务信息掌握少。二是单家银行单独行动的障碍。信用风险显露以后，单家银行不知晓其他银行是否已采取法律行动，加之与高管失去联系，易陷入恐慌引发"羊群效应"，造成多家银行抽贷和申请查封冻结，加剧企业流动性紧张和资金链断裂。三是牵涉民间借贷的障碍。企业牵涉的民间借贷主体多，社会影响面广，利益关系复杂，对银行信用风险处置造成较大障碍。四是处置手段缺乏的障碍。银行自身处置思路比较狭隘，较为缺乏市场化处置手段。

二、风险成因

（一）法定代表人突发事件诱发风险

四川先后有部分民营企业法定代表人被公安机关控制或突然失联，企业在银行的大额授信风险即凸显。

（二）参与民间融资催生风险暴露

部分企业参与民间融资金额较大，且大多是以个人承贷、企业使用的方式进行，民间催贷方式和手段极易导致企业资金链断裂，引起股东跑路和高管失联，提前加剧风险暴露。

（三）企业持续经营困难

部分困难企业近年来资金紧张或持续亏损，在政府统一协调下，尚未发生实质性信贷违约，但风险未根本化解，面临市场需求不足和行业产能过剩的双重压力。

（四）盲目扩张和过度负债

一些企业对市场需求和经营环境识别能力弱，追逐高利，以多头负债、过度融资方式盲目扩张和粗放经营，导致财务成本过高。个别企业还涉及违法犯罪事件。

（五）银行贷后管理不善

银行对关联企业多、业务面广、跨地区经营、融资渠道多元化等特征的企业及集团，未强化贷后管理或疏于贷后管理，导致风险识别不准或滞后，严重影响信贷决策和风险防控。

三、措施及建议

（一）加强组织领导，增强指导性

政府方面：发挥政府指导、协调和督促作用，成立政府负责人任组长的工作组，层层落实协调处置的措施和责任。企业方面：成立主要高管负责的工作组，发生高管突发事件的及时调整更换人员，接管全面事务。银行方面：按户成立由主要负责人牵头的风险化解处置小组，摸清情况和研究处置措施。监管方面：成立以主要负责人任组长的重点客户信用风险应急小组，加强监测、报告和处置协调，指导银行业协会成立由最大债权行牵头的债权人委员会进行依法维权。

（二）健全工作机制，增强协同性

政府方面：完善统筹协调处置机制，指定牵头部门或以联席会议等形式，协调发改、经信、国资、监管等部门研究重大事宜，做好企业复产、资金供给、优惠政策制定、风险监测、应急协调、债权维护、舆论引导等工作。企业方面：制定议事程序与流程；建立与银行等债权人的协调沟通机制；与政府、债权人协商制定落实复产重组、债务重整等风险化解方案。银行方面：建立风险监测与报告机制以及债权行与企业磋商机制，明确风险处置底线与预案；建立科学的资金支持机制，避免简单的停贷、抽贷和压贷。监管方面：建立重点客户信用风险防控责任制和多头授信、多头担保和过度授信企业的监测与反馈跟踪机制以及银监局、银行业机构、银行业协会组成的风险防控三方协调机制，加强跨行授信企业风险监管，将各行配合情况纳入高管履职考核与监管评级范畴。

（三）加强信息沟通，增强对称性

政府方面：加强宏观形势与行业信息通报，建立企业信息、民间融资登记系统等查询平台；逐步建立完善包含民间融资信息在内的企业社会信用体系。企业方面：主动与银行维权工作组统一会谈，如实报告资产及抵押状况以及债务信息；及时向政府、债权人报告、发布企业复产、重组、风险化解方案等最新动态。银行方面：积极向当地政府汇报工作进度、困难和问题，加强与总行、其他债权行、银行业协会的沟通；搭建同业交流合作平台，避免过度授信和无序维权。监管方面：构建全方位的风险监控体系，加强风险信息预警与提示，做好对银行信息通报与上下级监管部门的纵向联动，及时向政府汇报对金融生态环境产生重大影响的金融风险。

（四）规范民间融资，增强针对性

政府方面：加强小贷及融担公司的监督管理；摸清各类银行体系外社会融资的情况，严肃查处各类违法违规融资行为；严厉打击非法集资和企业逃废债行为。企业方面：主动向各方报告民间融资情况，建立资本运作和负债水平的评估与控制机制，克服过度扩张、过度融资冲动。银行方面：加强贷款"三查"和风险预判，对客户后续融资和担保行为加强约束。监管方面：持续加强与政府部门沟通配合，搭建银行业协会、小贷协会、融担协会联系平台，及时向银行预警和提示外部传染风险，督促建立"防火墙"。

（五）加强舆情管理，增强平稳性

政府方面：加强对企业集团和银行业舆情工作的指导，完善企业、银行与宣传、公安、司法、监管等部门的协作机制，严厉打击各类网络诽谤行为，及时开展权威发布，消除不良影响。企业方面：加强信息披露，主动回应社会关切，对不实舆情及时澄清，保持与各级政府、债权人的密切联系，消除分歧。银行方面：加强舆情监测和应急处置，统筹好自身官网、微博、微信等管理维护和信息发布，防范对银行经营和声誉造成不良影响。监管方面：指导银行和银行业协会严守风险底线，加大舆情监测力度，加强与各级政府主管部门和上级监管部门的沟通汇报，依法做好声誉维护和自律工作。

（作者程铿，时任四川银监局副局长，

现任云南银监局局长）

四川民间理财类公司风险分析及对策

近年，四川以投（融）资理财信息咨询类公司为代表的民间理财类公司发展迅猛。据不完全统计，截至 2014 年 10 月末，四川省经工商部门登记的此类公司达 6 000 余家，未经登记但实际从事该类活动的公司仅成都市即达 1.7 万余家。四川银监局对该类公司可能引发的金融风险进行了分析，并提出对策建议。

一、风险分析

该类公司设立门槛较低，注册资本较少，从业人员金融知识缺乏，有效监管不足，加之个别公司经营行为涉嫌违法违规，风险隐患巨大。

（一）严重干扰金融秩序

部分公司通过高额回报利诱和虚假宣传等方式，吸收大量投资，造成部分银行业机构储蓄存款转移波动明显；部分公司利用投资者投入资金发放贷款（所谓投资项目），投向多为国家宏观调控限制行业，严重干扰宏观调控政策的有效性。此外，由于缺乏相应的贷后管理等风险管控措施及能力，在经济下行背景下，投资无法正常回收的可能性较大。

（二）冲击实体经济发展

据调查，该类公司支付投资者的回报率多为年息 14.4% ~ 24%，借款企业融资成本多为年息 18% ~ 30%。为吸引更多公众资金，该类公司竞相向投资者许以高回报率，融资企业借款成本不断提高，正常生产经营的企业难以承受，一旦资金链断裂，借款无法及时归还或不断延期归还，极有可能导致企业经营困难、老板跑路，严重影响实体经济发展。四川近期部分大型企业面临债务危机，均与涉入民间借贷有关。

（三）引发涉稳事件

部分该类公司将投资风险意识薄弱且承受能力较差的中老年人、退休职工、下岗人员等弱势群体作为主要宣传营销对象，一旦投资失败，极易引发投资者特别是弱势群体聚集上访。近期，四川已出现多起此类聚集上访事件，影响恶劣。

二、政策建议

（一）明确监管部门，制定负面清单，规范民间理财类公司业务经营活动

建议相关政府部门根据当地具体情况，明确监管部门，建立负面清单管理模式，对不得超范围经营，不得向公众虚假宣传、不当宣传，不得采用非法手段经营等内容提出明确要求。

（二）加强金融服务宣传教育工作

坚持将加强宣传教育作为预防性和根本性的工作措施，通过大面积、广覆盖的正面宣传活动，向广大社会公众宣传介绍金融知识及法律法规，引导社会公众树立理性理财观念和投资风险意识，教育公众远离非法集资活动。同时建议协调公安、法院等司法部门及金融办、宣传部门，选取典型的非法集资案例进行广泛宣传，以鲜活案例警示教育广大社会公众，提高其风险防范意识。

（三）引导正规金融发力，着力解决中小企业融资难问题

引导并督促金融机构加大开发适合社会公众理财需要的理财产品，适度提高理财产品收益率，从源头解决民间资金的出路问题，同时引导金融机构加大对"三农"及中小微企业的支持力度，开发适合中小微企业的服务产品，化解中小微企业的融资需求难题，推动形成正规金融与民间借贷有益互补、帮扶企业、共促发展的格局。

（作者赵霖，四川银监局副局长）

贵州省地方政府融资平台公司融资模式分析

政府融资平台公司，为地方经济和社会发展筹集资金，在加强基础设施建设以及改善民生方面起到了举足轻重的作用，也一直是银监会监控的重点风险。通过调查发现，银监会监控的平台公司贷款仅为银行对平台公司各项融资的三成，也就是说除银行贷款外，地方政府融资平台公司存在大量的其他融资模式。

一、融资模式发展历程

银行对政府投资项目的信用结构设计经历了六个阶段：第一阶段（1998—2000 年），参照世行模式直接由地方财政提供担保或兜底承诺；第二阶段（2000—2004 年），地方政府对银行出文承诺，财政补贴用于偿还银行贷款，并将该补贴资金列入预算报人大批准；第三阶段（2004—2005 年），借款人以其政府补贴受益权、各种收费权向银行提供质押担保；第四阶段（2005—2007 年），借款人以企业受益权、回购协议项下权益、各种收费权等向银行提供质押担保；第五阶段（2007—2010 年），采用委托代建、授权模式等合约模式，借款人以合同项下的应收账款向银行提供质押担保；第六阶段（2010 年至今），采用各种出让收入、收费权质押、保证担保、资产抵押担保等担保方式，不再采用财政性资金付款形成的应收账款质押。

二、主要融资模式类型

（一）债权融资是主要形式

如银行贷款、发行债券、信托计划融资和民间资本融资等，约占总规模的 55%。如某平台公司是地方政府指定的城建资产投资主体和对外融资平台，截至 2013 年末，该公司长期负债 16.33 亿元，融资模式主要有银行贷款 9.33 亿元，占长期负债的 57.12%，债券融资 7 亿元，占长期负债的 42.85%。部分信托融资实际上仍为银行贷款。如某平台企业长期负债合计 22.14 亿元，其中银行贷款 13.08 亿元，占总负债的 55.28%；信托贷款 9.06 亿元，占总负债的 38.29%，表面看起来有银行贷款和信托贷款两种，而实际上信托贷款中有 7.91 亿元为银行资金，实质上仍是银行贷款，占信托贷款总额的 87.23%。

（二）项目融资是重要支撑

如 BT、PPP、财政转贷等，约占总规模的 34%。如 2011 年某平台公司作为项目业主，代表地方政府主导新区的开发，与一家经营公司联合成立某城市运营公司作为项目 BT 投资建设方，向银行贷款 4.3 亿元。其中经营公司为项目贷款提供连带责任保证担保，平台公司用其拥有的土地使用权提供抵押担保，当地政府和经营公司共同出资设立风险保证金，保证 BT 投资建设项目贷款本息利息的正常回收。当土地使用权处置收益加风险补偿金还无法覆盖应偿还贷款本息时，当地政府和经营公司共同出资设立的风险保证金则是还款来源的又一补充。

（三）其他融资是补充形式

如产权交易融资、增资扩股融资和投资基金融资、垫资施工、延期付款等，约占总规模的 11%；如某平台公司 2013 年其他单位和个人借款共计 57 905 万元，占总负债的 52.72%，用于基础设施开发，资金来源主要为施工方垫款、暂借款和区政府协调款。

三、银行融资的新现象

1. 平台名单外融资。在日常监管实务中，对于符合平台定义的公司，如果需要在国开行、农发行等政策性银行贷款，企业会要求银行将其作为平台公司向银监部门报送，而对于不需要在国开行、农发行贷款的公司，尽管其符合平台定义，但基于平台公司贷款受到的约束较多，企业和银行一般不会将其作为平台公司向银监部门报送。如某开发投资有限公司是由某新区管理委员会（地方政府出资人代表）以现金、土地使用权作价出资，占注册资本的 90%，作为名单外企业截至 2013 年末在各金融机构取得融资 205.92 亿元。

2. 承兑票据融资。具有笔数多、单笔金额小、总量大、足额存单质押的特点。如 2014 年 1—9 月，某平台公司仅工行、农行、中行、建行四行共开立银行承兑汇票 1 569 笔，金额 209 495 万元，主要用于施工承包企业承建的市政道路建设，银行承兑汇票到期后，由该平台公司用开立银行承兑汇票时质押的定期存单统一兑付。据调查，该公司财务报表显示该公司完全依靠其营业收入，不足以偿还所开立的银行承兑汇票，主要靠所获得的银行贷款在运作。这样银行在做业务的时候能规避很多规章的限制，企业获取资金也更方便，但是却增加了平台风险监管的难度。

3. 同业渠道融资。银行用自有资金、理财资金或从同业等其他渠道获取资金，以债权投资或权益投资方式为本行或他行平台公司（项目）提供融资，合作方式涉及银银、银信、银证、银证信、银保、银基等。主要采用类别有抽屉协议暗保模式、标准两方协议模式、标准三方协议等。

异地银行作为最终出资方委托证券设立定向资产管理计划，用于投资"某平台公司流动资金贷款单一资金信托计划"。信托公司再把该信托计划的资金以信托贷款的形式发放给融资平台公司，银行作为最终风险的承担者与异地银行签订定向资产计划收益权转让协议，承诺远期买入该收益权。

综上所述，无论是通过信托、BT、名单外企业、承兑汇票还是同业业务融资，其资金来源最终大多还是银行，只是模式上发生改变，在监管工作中应引起重视。

四、融资模式主要风险状况

（一）国家政策性调整

国务院于 2010 年 6 月下发了 19 号文，四部委 412 号文及银监会 244 号文相继下发，随后银监会每年的文件对平台贷款的政策基本稳定在"总量控制、区别对待、分类管理、逐步化解"，2014 年国发 43 号文件下发后，政府性债务融资模式将受到进一步约束，一方面有利于平台融资恢复到理性、合理、科学的轨道；另一方面对通过平台支持"双欠地区"经济社会发展形成了一定的政策限制。

（二）政府性债务存在风险隐患

贵州省政府性债务支出中，用于市政等基础性、公益性项目的支出占比 85.09％。这些投资虽能创造就业、增加 GDP，但无法或很少能产生现金流，而 2013 年贵州省财政总收入近 2 000 亿元，财政总支出为 3 000 亿元，GDP 为 8 000 亿元，其偿债率、负债率均处高位，财务风险较大，同时部分平台企业只注重融资短期收益，不重视平台信用和机制建设，集中在一年期至三年期的中短期融资，造成近两年平台的偿债压力较大。

（三）融资模式多样化不利于管控

政府融资平台公司融资渠道有债券市场、资本市场、银行、证券、信托、民间、施工方和供应方等渠道；融资方式有银行贷款、理财、票据、信托、债券、资产证券化、民间借款、第三方垫资、BT、PPP等方式，缺乏统一、公开的融资模式定义，逐渐成为金融市场主要的资金需求者，不但不利于政府性债务的认定和统计，造成政府性债务底数不清、责任不明；而且增加了国家管控的难度，容易引发市场的波动，造成金融市场风险。

五、政策建议

（一）政府政策倾斜

贵州省地处西部，属于典型的欠开发、欠发达内陆省份。长期以来，由于历史的原因以及自然条件的限制，经济基础差、底子薄，经济社会发展、各项基础设施建设欠账多，城镇化率严重低于全国平均水平。针对目前社会资金不足、融资渠道单一的现状，需要国家进一步实行差别化的财政政策和信贷政策的倾斜。

（二）规范融资模式

要完善"借用管还"融资长效机制，明确政府融资平台的融资渠道、方式和方法，加强财政预算管理，做好日常统计分析，严格按"借前严审、借时严办、借后严管"，特别是要防止项目盲目投资、个人道德和工程烂尾风险，加强借款后评价和监督、整改和处罚，切实防范产生信用风险、道德风险。

（三）加强融资指导

一是要加强窗口指导，对宏观经济走向、微观市场分析、政策措施改革、项目具体落地等方面，有关部门要定期发布，及时进行窗口指导。二是要加强透明度，对项目的立项、进展、收尾、完工及融资程序、金额、渠道、方式和方法等要采取多种办法进行公开，增加透明度，让社会公众、债权人和政府相关部门清楚明晰，保证银行金融机构支持贵州经济社会发展中作出更多、更大的贡献。

（作者蒋敏，贵州银监局副局长）

商业银行交叉合作业务监管检查难点及建议

随着商业银行交叉合作类业务的持续快速增长，业务创新速度和业务复杂程度远远超前于监管规范，使得银监局对此类业务的监管面临诸多困难，主要表现在：跨地区、跨机构且利益链条冗长的业务操作模式给属地监管为主的监管组织架构带来挑战，机构利用金融创新业务之名行监管套利之实给监管政策水平带来挑战。近期云南银监局对辖内部分交叉合作业务开展较为活跃的机构进行了现场检查，对此类业务有了一些新的理解和思考。

一、对商业银行交叉合作类业务的新认识

（一）业务实质重于业务形式

通过梳理，发现各机构虽然采取了不同业务操作模式，但业务实质不外乎以下两种情况。

1. 类信贷业务，主要目的是"低银行成本"绕道为客户提供资金。主要通过借壳信托受益权、资产管理计划等交叉合作模式向本行客户提供资金，既规避了信贷规模、投向及准入门槛的约束，又降低了拨备成本和资本占用成本。从检查的情况看，此类业务占商业银行交叉合作业务的比例超过90%。

2. 类存款业务，目的是通过"高便捷"同业资金绕道虚增存款。主要通过保险公司协议存款方式实现，常规做法是通过3家银行（出资行、资产管理计划设立委托行即通道行、协议存款存放行）与1家保险公司（协议存款的名义存款人）、1家证券公司（提供定向投资与协议存款的资产管理计划）的交叉合作业务，将出资行的同业资金变为存放行的协议存款，放入一般性存款科目核算。从检查的情况看，此类业务占商业银行交叉合作业务的比例一般不超过10%。此外，通过类信贷业务为客户提供资金后，银行往往会将相当部分的资金转为本行定期存款，并用于自营贷款质押。如抽查某行64.11亿元的类信贷业务中，18.62亿元被转为本行定期存款并用于自营贷款质押。

（二）注重商业银行在合作中扮演的角色

检查中发现，交叉合作类业务无论是采取银证、银信、银保、银证信、银信保等何种方式，无论涉及几家银行及非银行金融机构，总有一家银行起到主导作用。确定这家银行的角色，是抓住此类业务风险的关键。通过梳理，归纳出商业银行主要扮演以下6种角色。

1. 提供资金并承担最终风险。多出现在商业银行以委托贷款、委托投资方式达成的类信贷业务中。在检查样本中，以此类角色参与交叉合作业务的占比约为56%（按金额计算，下同）。

2. 提供资金但不承担最终风险。多出现在商业银行以第三方买入返售方式达成的交叉合作业务中，参与合作的银行一般有2～3家，其中非实际用款人所在地银行扮演此角色。在检查样本中，以此类角色参与交叉合作业务的占比约为22%。

3. 不提供资金但承担最终风险。多出现在商业银行以理财资金对接的类信贷业务中，资金实际使用人所在地银行大多扮演着此角色。此外，在商业银行以第三方买入返售方式达成的交叉合作业务中，实际用款人所在地银行也扮演着此角色。在检查样本中，以此类角色参与交叉合作业务的占比约为8%。

4. 提供资产。即商业银行将信贷资产作为参与合作的非银行金融机构资产管理计划的基础资产。在检查样本中，以此类角色参与交叉合作业务的占比约为8%。

5. 提供客户。即商业银行并未出现在交叉合作业务链条的任何环节，但合作业务的实际用款人是此商业银行的客户。在检查样本中，以此类角色参与交叉合作业务的占比约为6%。

6. 提供通道。即商业银行委托非银行金融机构设立信托计划、定向资产管理计划。在检查样本中，未发现被查行以此角色参与交叉合作业务。

二、检查难点

（一）受制于业务的隐蔽性，难以查清商业银行参与的全部交叉合作业务

就前文所述商业银行扮演的6种角色而言：

1. 以提供资金并承担最终风险和提供资金但不承担最终风险两种角色参与交叉合作类业务，会在其买入返售、委托投资、应收投资等科目核算中留下明显痕迹，现场能够检查业务全貌。

2. 以提供通道、提供资产、提供客户3种角色参与交叉合作类业务，在其账务核算中会留有痕迹但较为隐蔽。其中，提供通道角色在过渡性资金科目会有发生额；提供客户角色在中间业务收入、同业业务收入会有收益入账；提供资产角色在资产科目会有资产出账记录，但也有例外，如本次检查中发现一家银行将福费廷资产通过定向资产管理计划转卖给证券公司，采用的是将证券公司的买入资金直接划给福费廷受益人的方式，没有留下资产出账记录。因此，可以通过对相关科目或相关资产的检查查到一部分业务。

3. 以不提供资金但承担最终风险角色参与交叉合作业务最为隐蔽。部分商业银行在签署相关兜底风险协议后，会在表外贷款承诺或保函科目核算反映。但商业银行也可以不在账务核算中留下任何痕迹，必须通过多地、多家银行的联动检查才能查清业务全貌。

（二）受制于尽职调查审查粗放甚至缺失，难以对银行承担风险作出准确判断

只要商业银行承担最终风险，无论出资与否，业务实质与信贷业务并无区别。但在信贷业务中，商业银行的尽职调查和审查较为严格规范，有完整的贷前、贷中、贷后档案记录。而类信贷业务往往以同业业务的形式进行，对实际用款人及用款项目的尽职调查和审查粗放，业务经办行的关键法律文书缺失，检查中很难对银行实质承担的信用风险做出准确判断。

（三）受制于联动协查渠道不畅，全链条检查成本高、效率低，取证困难

商业银行与非银行金融机构跨地区、跨机构交叉合作业务的合作平台和渠道极为便捷。如检查发现一笔涉嫌5亿元同业资金通过协议存款转为银行一般性存款业务，涉及吉林、江西、福建、昆明的四家银行和一家北京的保险资产管理公司、一家上海的证券公司，并在两天内完成4个协议签署和资金在6个金融机构账户的划转，核查业务全貌需动用对三家银监局（分局）的协查资源，且合作链条上的保险资产管理公司和证券公司目前尚无协查渠道。

（四）受制于监管规范滞后性，检查定性困难

监管规范的前瞻性不足，套利空间灵活，往往是一套监管规范出台后，机构立刻改变业务操作模式以规避监管，造成交叉合作业务模式日趋复杂，业务链条越拉越长，最终推高了实际用款人的融资成本。同时，监管部门在现场检查时缺乏相应依据，定性和处罚困难，只能从审慎监管角度提出整改意见。例如：合作业务中资金逆流向情况非常普遍，但对此没有定性和处罚依据。

三、几点建议

（一）建立商业银行交叉合作业务登记系统

由实际出资行登录系统进行登记，登记内容至少应包括参与交叉合作业务的所有机构（交易对手）在合作链条中的角色，基础资产的情况，实际用款人的情况，实际用途等。

（二）开通联动协查专线

建立联通银监会派出机构和商业银行省级分行的协查专线，提高监管部门对商业银行跨地区跨机构业务的检查效率和有效性。

（三）组织跨地区联动检查

在建立商业银行交叉合作业务登记系统的基础上，定期对系统信息进行梳理选定业务样本，组织样本业务链条上的机构所在地监管派出机构联动进行检查。

（四）根据角色制定业务管理规范

对合作业务中商业银行承担的业务角色进行调研的基础上，制定与各角色承担的风险相匹配的管理规范，把握业务实质制定监管规范。

（五）制定类信贷业务操作规范

比照信贷业务制定类信贷业务操作规范，对类信贷业务的尽职调查、审批、贷后管理、风险缓释、风险准备、资本占用等进行规范。

（六）对执行中失去效果的政策进行审视和调整

随着商业银行交叉合作业务迅速增长，一些监管政策特别是配合国家宏观调控的监管政策的执行效果事实上已经被削弱。如央行对信贷规模进行控制后，大量信贷需求实际上通过交叉合作业务得到满足，信贷规模非但没有得到控制，反而导致大量信贷资金从管理相对规范、风险控制相对严格的银行授信渠道转移到了管理粗放、风险薄弱的非标渠道，加大了整体风险，应根据现状做适度调整。

（作者马驰，云南银监局副局长）

互联网条件下银行信息化发展与网络安全

2013 年，中国开启了互联网金融序幕，阿里巴巴推出余额宝，百度推出在线理财产品，第一家互联网保险企业——众安在线财保公司正式开业。2013 年，互联网金融来势凶猛，传统商业银行模式面临前所未有的挑战，银行信息化的发展建设以及金融业务面临网络安全问题。

一、商业银行信息化建设方向

继 1999 年 9 月招商银行全面启动的网上银行——"一网通"后，中国银行业经过 10 多年的发展，目前大部分都已经开展网上银行业务。随着互联网的发展，商业银行模式和经营环境发生了很大变化。客户对物理网点和柜台的依赖减弱，通过网上银行、移动网上银行可以办理转账、消费支付甚至投资理财等各类金融服务，自助服务迅速替代传统的柜面业务。同时，以第三方支付为代表的互联网金融兴起，并不断对商业银行形成冲击。

（一）充分利用大数据，重视长尾客户

传统的商业银行虽然拥有数以亿计的客户，掌握大量资源，但并不专注对数据的挖掘和分析，对一些非结构化数据更是难以掌握。互联网、电子商务等新兴企业在产品创新能力、市场敏感度和大数据处理经验等方面都拥有明显的优势。随着信息技术的发展，银行可以大幅度降低客户成本和运营成本，传统的"二八定律"不在适用。"余额宝"等互联网产品正是抓住了被银行遗漏的客户。长尾客户成为银行需要新开拓的区域。

（二）以客户为中心，加快信息化建设

互联网金融尊重客户体验、强调交互式营销、主张平台开放，运作模式上更注重互联网技术与金融核心技术的深度整合，为客户提供灵活性产品。支付阵地的旁落在于第三方支付的所有创新无一不是更加方便地为客户而服务，银行恰恰欠缺这种接地气的姿态。银行应更加注重传统金融业务与互联网技术的融合以及优势互补，使网上银行成为超越"传统柜台替代者"角色，以虚拟化、便捷化和客户自定义为方向构建产品体系，实现稳定客户、黏合客户和服务客户，真正从银行为中心向客户为中心转型。

（三）构建开放平台，注重合作共赢

商业模式由垄断竞争向合作共赢转变：在互联网时代，银行需要摒弃自己以往依靠垄断盈利的思维，应该重视共赢思维，互联网金融的快速发展给商业银行零售业务带来挑战的同时，也带来了开放合作的契机。银行产品向多元化、综合性方向拓展，借助金融市场更广泛的专业分工，与其他金融机构将形成更加紧密的合作机制，以满足客户综合金融服务的需要。

（四）加强信息建设，保障网络安全

互联网的迅速发展在为银行带来新的信息资产的同时，也带来了新的安全隐患。一是数据管理风险隐患。随着科学技术的发展，银行信息化和网络化不断深入推进，其他行业对金融的依赖性也进一步加强，信息的重要程度越来越高，处置不当，就会带来灾难性的后果。二是互联网攻击风险隐患。随着金融网上业务的不断拓展，必然会使金融信息系统与国内外公共互联网进行互联，各类病毒入侵和黑客攻击将对金融信息系统的可用性带来巨大威胁。三是信息化设备风险隐患。美国棱镜门给我们敲响了警钟，信息化核心技术和设备过度依赖国外，危害国家金融安全，也不利于国内金融信息领域的创新和发展。四是与外部合作的风险，随着网络金融的发展，银行大量开展和第三方支付等机构的合作，外部平台的风险极易向银行业传播、累积，最终可能影响到整个银行业的健康。

二、银行业网上信息系统面临的风险

由于商业银行网络金融业务发展时间较短，在网络安全和系统稳定等方面存在较多问题。

（一）法律法规不完善，未建立有效监管制度

目前我国对于网络金融的法律并不完善，这导致银行进行网络金融创新时面临法律风险，虽然人民银行和银监会分别发布过相关规章制度，但是网络金融本身就是一个不断发展和变化的过程，监管难以跟得上创新的步伐。银监会成立以来，关于网上银行业务的监管法规只有 2006 年颁布的《电子银行业务管理办法》，且多是原则性规定，可操作性不强。因此亟待出台更为细化的监管要求。

（二）部分用户和银行安全意识差

目前很多网银用户对信息保护的认识不够，采取的信息安全保护措施还未到位；而且很多银行用户并不具备信息安全防护的能力，用户的网上活动留下的大量私密信息已成为互联网的"新金矿"，不法分子大肆通过钓鱼网站、社交网站等对用户自身及其生活圈实施攻击，极易造成用户的信息泄露，甚至造成财产损失；此外，一些持卡人在手机上安装了手机支付客户端软件，如使用后没有完全退出，一旦手机遗失或被盗，也可能造成财产损失。

（三）银行信息系统建设缺失

近几年，中小银行纷纷加大 IT 投入力度，金融信息化基础设施基本建成，实现了计算机机房改造等，数据大集中工程也在稳步推进，管理信息系统建设初见成效。但中小银行信息化建设存在较大问题。首先，信息科技管理水平和风险管控能力落后，中小银行的信息系统建设未触及传统管理模式，信息科技管理制度不健全。其次，信息系统集成度有待提高，架构管理亟待优化，中小银行的信息系统缺少清晰技术脉络，各银行在机型、系统平台、系统接口、数据标准等方面不统一，系统之间支持性较差，导致数据共享度低，系统修补工作十分繁重。最后，信息科技队伍建设亟待加强，中小银行关键岗位普遍配备不足，在信息科技规划，架构设计、项目管理、风险管理、审计等领域专业能力不足。

三、加强信息建设，强化网络管理

在互联网时代，信息和网络风险涉及方方面面，内容错综复杂，需要统筹规划，全面管理。

（一）完善政策法规建设

一是监管部门应加强法规建设。制定关乎网络金融和新信息安全法规，规范网络空间主体的权利和义务。二是建立完善的信息安全监督管理体系。进一步加强信息安全等级保护工作，推进信息安全风险评估工作。

（二）强化信息风险管理

银行应实施全面的风险管理，明确信息科技风险与企业业务发展的关系，在组织结构上，明确银行董事会、管理层、信息技术委员会、信息科技风险战略和政策制定、治理结构建立、资源配置等职责，明确各业务条线各业务支持保障部门、各级机构 IT 风险管理职责。

（三）建立严密的信息防控体系

目前，互联网攻击、盗取和泄露客户以及其他敏感信息，进而盗取客户资金的风险不断加大，单项或者单个层面的信息安全保护措施已经不足以保护信息安全，必须建立一套企业级、立体的技术手段和管理措施并举的完整保护体系。

（四）加强网上银行安全管理

对于网上银行安全管理工作，对网上银行的系统设施、信息数据和其他资源的重要性及其对网银安全的影响进行更为详细的评估分类，制订适当的安全策略，持续修订和完善系统运维、数据保护等方面的风险控制程序和安全操作规程。

（五）联合多部门保障网络安全

首先，联合公安、工信等多部门联手打击以钓鱼网站盗窃案件为代表的网银犯罪，建立与本地公安部门的合作和信息共享机制，切断犯罪链条，从源头上遏制此类案件。其次，定期聘请外部专家通过工具扫描、渗透测试等手段对系统应用及安全漏洞进行及时识别和修复，并对网络区划的合理性、防火墙策略、入侵检测系统的侦测效果、认证方式的严谨性、应用系统日志的完整性等定期进行评估和检查。

（六）加强安全教育

一是进一步加强对网银客户的系统使用培训和知识普及力度。一方面帮助客户了解银行保障客户资金安全的一系列措施，使客户正确认识网上银行；另一方面引导客户树立良好的防范意识和操作习惯，从源头上降低网银系统的使用风险。二是加强信息科技风险知识培训，整理行业信息安全事件，编制安全事件警示录，编印员工信息安全知识手册，提高安全防范意识。

（作者余文楠，西藏银监局纪委书记）

甘肃银行业金融机构影子银行业务的现状及风险分析

一、基本情况

（一）理财业务

截至 2013 年 12 月末，全省开展理财业务的银行业金融机构共 15 家。银行业金融机构存续理财产品共 4 184 款，余额 764.1 亿元。理财业务主要呈现以下特点：

1. 非法人银行机构存续理财产品余额较大。截至 2013 年 12 月末，大型银行、股份制商业银行、邮储银行甘肃分行存续理财产品余额分别占全省银行机构理财产品余额的 66.56%、19.27% 和 4%。

2. 短期非保证收益类理财产品余额占比较高。截至 2013 年 12 月末，全省银行业金融机构存续理财产品中，保本浮动收益和非保本浮动收益这两类非保证收益类理财产品余额 598.68 亿元，占存续理财产品余额的 78.35%，其中法人银行机构非保证收益类理财产品余额占其存续理财产品余额的 99.83%。

3. 理财资金投向较为集中。截至 2013 年 12 月末，非法人银行机构理财资金主要投向债券及货币市场基金、存款和信贷类投资，占比分别为 45%、8.07% 和 6.65%。

4. 理财业务管理模式不尽相同。非法人银行机构理财业务基本由总行统一管理，分支机构仅承担产品营销、人员培训等职责。法人机构主要由公司业务部门负责理财产品的设计、投资，个人业务部负责销售管理、客户评估与需求统计以及业务培训，信息技术部负责系统运营维护与管理。

（二）信托业务

截至 2013 年 12 月末，信托公司单一信托资金余额 733.08 亿元，集合信托资金余额 26.5 亿元。信托公司净资本符合大于等于 2 亿元的监管标准；净资本/各项业务风险资本之和符合大于等于 100% 的监管标准；净资本/净资产符合大于等于 40% 的监管标准。

（三）银行与融资性担保公司合作业务

截至 2013 年 12 月末，全省银行业金融机构与融资性担保公司合作业务呈现差异化稳步增长态势。共有 15 家银行机构与融资性担保机构开展业务合作，银担合作贷款期末余额 387.57 亿元，较年初增加 83.12 亿元，增长 27.3%。

（四）银行与小额贷款公司合作业务

截至 2013 年末，全省共设立小额贷款公司 513 家，注册资本金 216.99 亿元。截至 2013 年第三季度末，全省小额贷款公司累计发放各类贷款 244.82 亿元，贷款余额 96.33 亿元。全省银行业金融机构向小额贷款公司直接发放贷款的机构只有国家开发银行 1 家，累计发放贷款 3.7 亿元，贷款余额 1.5 亿元，本息回收正常，无不良贷款。

二、潜在的风险隐患

（一）影子银行概念模糊，监管制度体系亟待完善

国内对其概念的内涵和外延仍没有明确的法律规定。影子银行的边界到底在哪里？商业银行机构、业务、人员都已处在专门机构的监管之下，将其部分业务列入影子银行的必要性有多大？部分投资公司、典当行、小额贷款公司业务游离于合法和非法的"灰色地带"等问题都亟待解决。

（二）流动性风险和市场风险压力客观存在

法人机构 1 年期以下短期理财产品较为集中，但其理财资金大部分投向了期限超过 1 年的信用债券，"融短投长"的期限错配现象较为严重。商业银行将部分理财资金投向了一些市场风险敏感度较高的高收益资产，一旦所投资资产价格大幅波动，则商业银行的市场风险及流动性风险管理将面临较大考验。

（三）部分影子银行的行为有推高实体经济融资成本之嫌

一是部分小贷公司吸收股东或关联人获得的信贷资金后再"绕道"以较高利率水平流向其他借款人；部分融资担保机构在收取借款人担保费后仍然要求借款人提供反担保，实际上推高了实体经济的融资成本。二是个别商业银行 2014 年以来不断推出高于合理收益率区间的理财产品，这种行为势必要抬高资产方的投资收益率，从而提高了实体经济的资金使用成本。

（四）贷款规模控制等行政手段增加了影子银行风险管控的不确定性

中国影子银行的产生及发展主要来自资金供求不匹配下的监管套利，当监

管部门采取信贷规模控制等行政管制手段后，市场的融资需求无法得到完全满足，银行机构便通过金融创新使资金通过更复杂的产品、更隐秘的途径绕过规模控制流出表外进入高利润领域。

（五）监管的不平衡性增大了"监管套利"的空间

一方面对于金融机构开展的理财、同业、信托等影子银行业务具有明确的监管主体。另一方面，对于不属于金融机构的投资公司、小额贷款公司、典当行、P2P等影子银行机构，其监管主体各不相同。

（六）"通道类"信托业务风险应予以高度关注

信托公司的单一信托业务，虽形式要件基本齐备，但从资金的来源和流向分析，其信托计划的资金提供方和资金流入方均由银行机构选择，资金通过信托业务的"通道"主要流向了政府融资平台、房地产等限制性行业。这种业务模式有背离"受人之托，代人理财"的信托业务本质之嫌。

三、对策建议

（一）建立健全法律制度体系，逐步使影子银行"去影子化"

一是加快对各类投资公司、小额贷款公司、融资担保公司、典当行等影子银行机构和业务的立法进程。二是尽快出台《资产证券化条例》、《金融衍生品交易管理办法》等制度，为金融机构的创新发展从制度上提供更广阔的空间和保障。

（二）取消贷款规模控制，合理运用市场化手段引导影子银行规范发展

实践证明贷款规模控制等行政手段见效虽快，但其人为地扭曲了银行的市场行为和货币信贷的信号，增加了影子银行风险管控的不确定性。建议逐步取消贷款规模控制，调整存贷比考核指标，积极推进利率市场化改革，大力发展直接融资，激发市场主体的活力和动力。

（三）分类对待，加强对影子银行的监管

对于商业银行，主要是严格执行监管要求，加强对银行表内外资金流向的监控。对于信托公司、资产管理公司、金融租赁公司等银行业机构，则需要完善资本约束机制，增大其风险经营成本，削弱其从事高风险业务的内在动力。对于投资公司、融资担保公司、小额贷款公司等机构，需要相关监管部门加大日常监管力度，坚决制止和打击其违法违规行为。

（四）建立科学的监测评估体系

一是运用社会融资规模或行业资产负债表来评估影子银行体系金融资产的

规模及增长率，并且与 GDP 和融资总量等宏观经济指标进行分析对比。二是对不同影子银行机构和业务活动进行分门别类地统计和监测，以防范其产生系统性风险。三是建立影子银行体系风险监测评估与预警体系。

（五）建立部门联动监管机制，加强日常监测管理，严防外部风险向银行体系传染

一是银行业金融机构要建立外部风险传染防控体系。二是加强对融资性担保机构、小额贷款公司等非金融组织合作业务的风险监测，制定应对措施。三是在分业监管的体制下，加强监管部门之间的沟通与协调，建立起跨市场、连续和统一的功能性监管模式。

（作者刘爱平，甘肃银监局副局长）

大力推进银团贷款　防范大额信贷风险

"十二五"以来,青海省政府在公共设施建设、交通、水利、矿产资源开发应用等方面不断加大投入力度,银行大额授信呈现出不断上升的势头。为防范大额授信、多头授信等信贷风险,青海银监局积极引导各银行业金融机构大力推进银团贷款,有效支持了地方经济的发展。

一、推进银团贷款的必要性

（一）防范大额信贷风险

银行经营的首要原则是安全性,确保信贷资金的安全尤为重要,《商业银行法》明确规定,法人机构对同一借款人的贷款不能超过其资本余额的10%,对非法人分支机构而言,过多的资金集中在几个大客户上,也不符合审慎经营的原则。我们常讲"鸡蛋不能放在一个篮子里",倡导居民要分散投资,银行是经营和管理风险的,因此更应该懂得这个道理。管控好风险不但能体现银行的经营管理水平,也是银行实现盈利目标的前提和基础。

（二）增强银行的"集体理性"

"集体理性"是保持银行业金融机构长期稳健经营必须遵循的重要原则,也是防范金融风险的重要屏障。如果银行业金融机构各自为政,封闭经营,不注重合作共赢,只强调先下手为强,就会导致在一些貌似优质的企业面前陷入一次性博弈的"囚徒困境",造成工作上的被动和潜在的资产损失。通过采取银团贷款的模式,增强银行业集体理性,使风险管理水平和风险偏好相适应,以合作共赢的方式来应对风险。

（三）维护和谐的银行业竞争秩序

目前,银行业金融机构在"一对一"的双边贷款谈判中,时常出现"客大欺店"的现象,借款人往往利用与多家银行业金融机构谈判、斡旋的机会,不断压低贷款定价,甚至提出不合理要求。个别银行有时为赢得客户,在授信条件、贷款利率等方面作出过分让步。因此,要改变单个银行与个别大客户谈判中地位不对等的不利局面，防止银行业金融机构间为争夺客户变相降低要求，从而引发同业间的恶性竞争。

（四）推动银行业战略转型

长期以来，非利息收入占比偏低是国内银行业金融机构的"软肋"，也是制约银行业金融机构加快战略转型步伐的重要因素。发放银团贷款，不仅可以收取贷款利息，还可以赚取一定的安排费、承诺费、管理费等。同时，在银团贷款证券化的过程中，会衍生出许多金融产品，带来一定的投资业务收入。因此，通过规范发展银团贷款，开辟新的非利息收入渠道，也是实现银行业金融机构战略转型的重要手段。

（五）支持实体经济的发展

银团贷款可以在短时间内集中大量金融资源，及时投入重点基础设施和重大工程项目建设，起到集中力量办大事的作用，对优化和提升产业结构、增强企业核心竞争力、促进经济稳定协调发展起到积极的助推作用。

二、青海省银团贷款发展中存在的问题

青海省银团贷款起步较晚，2002 年才开始办理。贷款总量较少，目前仅有398 亿元，占各项贷款余额的 9.6%。目前，青海省银团贷款发展主要存在如下问题。

（一）对银团贷款的认识不足，没有形成"抱团发展"的理念

省内银行业金融机构普遍认同传统的贷款方式，喜欢单打独斗，不愿意"分别人一杯羹"，缺乏"抱团发展"的理念，这是导致银团贷款推进难的根源所在。在当前经济金融全球一体化进程不断加快的情况下，封闭经营只会带来更大的风险，在市场风险下，银行业金融机构很难做到"独善其身"，只有"抱团发展"，才能有效应对市场变化，将自身风险降到最低。

（二）中长期贷款占比高，银团贷款发展缓慢

受青海省资源禀赋及经济发展导向的影响，银行业金融机构中长期贷款一直占比较高。截至 2014 年第三季度末，中长期贷款余额 3 039 亿元，占比 74%，且呈不断上升的势头。同时，银行业金融机构授信集中度在不断增加，最大十户贷款占全部贷款的比重已接近 50%。银团贷款主要解决中长期大额贷款的风险问题，其发展应与上面两项指标相匹配，但实际上，银团贷款的发展速度严重滞后，大额授信集中度风险没有得到有效管控。

（三）基础工作较为薄弱，制约了银团贷款的发展

在银团贷款发展过程中，各银行业金融机构和银行业协会做了大量工作，但由于起步晚，底子薄，基础工作依然较为薄弱，主要表现在：一是工作机制不健全，银团贷款的项目库建立、项目对接、合作商榷、信息系统支撑等工作机制还不健全，导致银行业金融机构获取信息的渠道狭窄，银企、银银信息不对称，信息不能共享。二是缺乏专业人才队伍，各银行业金融机构没有设立专门的部门负责银团贷款，对银团贷款相关政策和知识培训较少，能够适应工作需要的专业化人才队伍不足。三是信息披露滞后，银团贷款统计和信息披露系统尚未建立，使银行业金融机构不能全面、及时、动态地掌握银团贷款项目进展及业务发展情况。

（四）银企合作不紧密，融资环境有待改善

目前，在银团贷款中银企合作不紧密，一些优质企业更愿意"一对一"与银行业金融机构合作，从而在融资谈判中占据主动权，为企业争取最大利益。此外，银行业金融机构竞争日趋激烈，为争取优质客户，抢占市场份额，处处无原则地退让，使企业尝到"甜头"后更助长了企业与银行谈判时不断加码的信心，长此以往，银企合作就会出现问题，最终损害银行业金融机构的利益。

三、对策建议

（一）提高认识，抱团发展

银行业金融机构高管人员要切实转变思想观念和经营理念，积极倡导并推行银团贷款，改变传统经营方式，不断调整资产结构，提高核心竞争力。要不断适应形势发展，坚持"抱团发展"的经营理念，兼具创新精神和长远眼光，着眼于全局和长远发展，不计较眼前得失，实现风险共担、收益共享、合作共赢的目标。

（二）注重合作，分散风险

当前，全省工业运行不景气，大额信贷风险不断显现，各银行业金融机构要审时度势，在全面客观分析各自信贷集中度风险的基础上，加强合作，逐步降低授信集中度。法人机构必须将授信集中度控制在规定比例内，分支机构对单户企业授信总额10亿元以上的，原则上必须采取银团贷款的方式。对已发放的大额贷款，做好跟踪监测，有条件的要采取信贷资产转让等措施分散风险，切实有效防范大额信贷风险。

（三）加强管理，夯实基础

各银行业金融机构要加大对银团贷款政策业务的培训力度，培养一批懂业务、会管理的银团贷款专业队伍。有条件的机构，要设立专门的银团贷款部门，目前暂不具备设立专门部门的，也要指定部门专门负责银团贷款。银行业协会要建立健全银团贷款工作机制，定期召开银团贷款联席会议，推介项目，交流信息，分析风险，积极搭建好银团贷款的有效平台。

（四）积极引导，合作共赢

政府部门要积极创造良好的融资环境，维护融资市场的公开、公平和公正；银行业监管部门要引导银行业金融机构树立正确的利益观，严防不正当竞争，避免银行业金融机构被某些优质客户"绑架"，使银行、企业成为平等的市场主体，为银团贷款的发展创造良好的外部环境。

（作者唐加水，青海银监局副局长）

欠发达地区不良资产处置工作的新特点及对策

由于国民经济发展"三期叠加"效应的显现，我国银行业资产质量已经并将持续面临严峻挑战和考验，不良资产的处置工作也随之受到高度重视和广泛关注。宁夏作为西部欠发达地区，地方经济发展有其特殊性和局限性，辖内银行业不良资产暴露尤为突出，不良资产的处置工作呈现出新特点，处置难度增大，亟须研究和创新。

一、处置工作的新特点

（一）行业性、区域性特征明显，兼并重组难度加大

受国民经济发展"三期叠加"效应的影响，加之宁夏的工业经济以"两高一剩"传统行业为倚重，多不符合国家产业发展和信贷支持政策，近年来自治区内企业的亏损程度加剧，并不断向其上下游领域蔓延，造成以煤炭贸易及煤化工为代表的重点行业及地区的大批银行贷款客户企业相继亏损甚至关停，给地方经济发展和财政收入带来冲击，辖内银行业信贷风险明显增多，形成大批不良资产。而且目前地方经济发展和企业经营环境难见好转，辖内银行业资产质量下行压力依然较大，地方政府财力日渐紧张，企业发展前景暗淡，因此仅依赖地方政府财政大力扶持和出手相救，依靠企业自身发展或实施兼并重组来实现自救，进而推进不良资产处置的难度加大。

（二）民间融资、担保圈交织突出，单体处置困局难破

在经济上行期间，辖内部分民营企业为追求超常发展，通过各种方式从多家银行进行过度融资，以致后来企业为解决生产资金和银行倒贷等短期融资需求，不惜高息从小贷公司等民间融资，导致财务成本过高而引发资金链断裂，风险积聚爆发的现象呈多发态势。同时近年来银行授信时，为了弥补企业有效抵押不足而较多采用保证的担保方式，且多以上、下游产业链条或关联企业集群的互联互保为主，贷款户与担保户串联，风险缓释效力明显不足，其中个别企业资金链断裂易引发"多米诺骨牌"效应，风险沿担保链蔓延放大，担保企

业的代偿能力丧失或拒保观望，担保或被担保的企业也被拖入旋涡，由原本"抱团取暖（融资）"演化为"集体传染（风险）"，甚至银行对担保圈也无能为力。目前企业间发展高度依存、银行间资金相互交织，不良资产处置严重受制于贷款担保圈，某一家银行单独处置单个企业的不良资产困局难破。

（三）银行多头授信各自为政，资产处置能力不足

近年来，辖内银行同业竞争造成企业多头授信普遍，一旦企业遇到风险，各行间行动难以协调，个别行降贷、抽贷甚至采取司法措施，存在将单体风险推向行业风险发展的隐患，个别行意欲独善其身擅自采取应急措施反而加大整体处置难度。目前辖内银行不良资产处置主要以现金回收和呆账核销为主，政策上不允许银行自主进行本金折让处置，对转让不良债权的受让主体资格也仅限于金融机构，制约了银行不良资产的转让。上级行对分支机构处置政策、授权有限，创新方式不足，处置新政运用不充分，《金融企业不良资产批量转让管理办法》出台至今，仅有两家银行各一批不良资产打包批量转让尝试进入操作阶段。不良资产核销呆账进展缓慢、力度明显不足，新的《金融企业呆账核销管理办法》出台至今，辖内银行运用新政核销甚少，银行不良资产处置渠道不宽。

（四）欠完善的信用和社会环境，阻碍处置工作进程

部分地方政府出于维护地方稳定和经济发展的目的，采取诸如政府主导清算破产、司法干预等地方保护行为，使得银行对部分不良资产的处置处于停滞状态。部分企业诚信意识不高，或受制于担保造成的代偿困局，采取转移隐匿资产甚至法人"跑路、失联"等方式逃废债务，导致银行债务案件起诉、执行困难等，银行不良资产处置工作陷入被动。在司法起诉过程中，现行实践中多以"先刑后民"，影响民事案件的审理被搁置，对房地产特别是唯一一套住房抵押资产的执行存在现实障碍等，造成司法审理、执行进展缓慢，拖延了银行诉讼清收工作进程。在贷款核销过程中国税部门对税前扣除事项不予支持，与财政部相关规定存在冲突，部门间认定标准不统一，也影响银行核销积极性。

二、对策建议

（一）争取政府支持，各方积极配合

不良资产的处置工作牵涉面广，离不开政府的鼎力支持和保驾护航。一是建议政府协调相关部门，积极扶持符合产业政策、市场前景良好而经营暂时处

于困境的企业，推动企业实施兼并重组；划拨专项救助资金，引进政府背景担保机构有选择性地置换和解除担保链，实行政、银、企联动，切断企业间担保圈，隔离风险传染和蔓延。按照财政部、银监会相关规定，积极设立或授权一家地方资产管理公司，参与区内金融企业不良资产的批量收购、处置业务，鼓励民间资本投资入股地方资产管理公司。二是力戒地方保护主义，不过多干预司法诉讼，强化企业信用意识，建立相关各方工作联系和信息共享机制，对逃废债行为实行媒体曝光制，加大逃废债打击力度，维护银行债权人利益和金融信用环境。三是建议统一财政部门和国税在呆账认定标准和呆账核销中税前扣除等核销制度的执行，在当前经济形势下进一步放宽核销条件，财税部门适当简化和减免抵债资产处置过程中涉及土地、房产等部门的手续及费用，给予税收优惠，减轻银行负担，以调动银行处置不良贷款的积极性；培育不良资产交易市场并放宽民间资本的市场准入，允许其收购银行不良资产，促进不良资产的流通，拓宽不良贷款清收转化渠道。

（二）强化银行整体协作，创新处置手段

一是指导银行业协会牵头加强银行间协作，定期收集整理案件诉讼执行情况和恶意逃废债清单，加强与政府、司法等部门的沟通协调，争取获得各方支持。尝试组建存量贷款银团，由最大债权行牵头，统一负责协调涉及多头授信的不良资产处置工作。二是推动银行在不良资产处置方式上有所创新，积极培育市场中介，尝试实施贷款结构重组、债转股、引进战略投资者等方式，积极探索市场化、商业化、多样化的不良贷款处置方式。三是建议各行按照"能核尽核"原则，继续加大不良资产批量转让及核销工作力度，适度下放处置权限，充分发挥各项处置新政效力，加大清收问责和奖惩力度，采取一户一策、推动采取担保代偿、贷款重组等灵活措施，提高银行不良资产处置工作的积极性。

（三）提高司法执行效率，阳光民间借贷

一是破解制约司法执行效率的障碍。建议辖内法院全面推广实现担保物权制度，对于抵（质）押合法有效的，银行直接申请实现担保物权拍卖抵（质）押物，以规避抵（质）押物的市场风险；对同时涉及刑事诉讼的民事诉讼，应根据具体情况推行"刑民并行"，提高民事诉讼审理的效率；采取灵活方式，妥善解决唯一一套住房等房地产抵押资产的执行困难问题，增强司法保障力量，开展打击恶意逃废债工作，提高银行债权诉讼案件执行效率。二是建议推动民间借贷阳光化、规范化。以小贷公司为主的民间借贷作为正规金融必要的补充，在一定程度上满足了不同层次的资金需求，有其存在的合理性，但也潜在较大风险。建议地方政府研究设立民间借贷登记服务中心等方式，当前应尽快将企业在小贷公司的融资数据纳入人民银行征信系统，促进民间借贷信息披露，切实加强对小贷公司等民间借贷行为的监管，以利于不良资产处置工作的推进。

（作者樊秋惠，宁夏银监局副局长）

股份制银行异地贷款风险特点及防范建议

股份制商业银行在新疆辖区的网点主要集中在乌鲁木齐市，在新疆其他地州市的网点还较少。但是，为拓展业务，各行均不同程度地加大了对异地优质客户贷款业务的开发力度。截至 2014 年 6 月末，新疆辖区的股份制银行异地贷款余额 218 亿元，占各行全部贷款余额的 29%。这些异地贷款中，不良贷款已占到各行全部不良贷款的 90.4%，异地贷款业务快速发展中的潜在风险陆续暴露。

一、异地贷款的主要特点

从新疆辖区来看，股份制银行异地贷款呈现出四个主要特点。一是业务量差别大，个别分行异地贷款占其全部贷款的比例高达 50%，有的仅占 10%。二是贷款投向分散，7 家股份制银行在 14 个地州均有贷款，除制造业、矿业、基础设施、农业外，贷款客户还广泛分布在其他多个行业。三是多头授信情况普遍，截至 2014 年 6 月末，多头授信异地贷款金额合计 105 亿元，占全部异地贷款的 48%。四是不良贷款占比高。截至 6 月末，7 家股份制银行的不良贷款中有 90% 以上为异地贷款。

二、异地贷款存在的主要问题

（一）异地企业在多家股份制银行多头授信现象突出

截至 2014 年 6 月末共有 91 家异地企业在多家股份制银行贷款，占全部异地贷款的 48%。新疆银监局在调查中发现，部分客户经理并未了解异地企业在其他银行授信情况，存在一定风险隐患。如某有色金属公司先后在中信银行、广发银行、华夏银行、兴业银行乌鲁木齐分行四家银行办理贷款业务，贷款金额合计 13.6 亿元，非标债权投资 9.9 亿元。

（二）由于距离较远，存在贷前调查疏漏、贷后检查工作不到位等问题

调研发现部分异地贷款客户已出现公司停业、项目投资失败、项目不能按

时投产等风险。部分异地贷款存在未及时进行贷后检查、贷后检查频次存在达不到要求、贷后检查内容简单、对借款人经营状况反映不全、未按要求收集发票、对贷款资金用途监测不力等贷后管理问题。

（三）部分股份制银行对异地贷款视同同城贷款管理，无专门的异地贷款管理办法和制度，部分银行总行有异地贷款管理制度但分行未严格执行

调研发现中信银行乌鲁木齐分行总行发文禁止分行开展小微企业异地贷款业务，但至检查日该行有 17 户 5.4 亿元异地小微企业贷款。

（四）部分异地贷款业务准入门槛降低

某股份制银行乌鲁木齐分行 2013 年 12 月向某制氧有限公司发放小企业流动资金贷款 300 万元，企业系微型企业，贷款由担保公司提供担保，该笔贷款系典型的问题较多的贷款：一是公司无环评资质及生产资质；二是公司注册资本 300 万元，实收 90 万元，章程约定剩余资本金 2013 年 9 月到位但至今未缴；三是公司经营和财务状况出现恶化，2012 年末总资产 573 万元，亏损 22 万元，2013 年 10 月账户余额 0.91 万元；四是贷后检查 6 个月一次低于总行 3 个月一次的要求。

三、控制和防范异地贷款风险的建议

（一）完善异地贷款业务管理制度，规范异地信贷业务的发展

建议各股份制银行结合异地贷款客户特点建立和完善专门针对异地授信的办法和制度。

（二）审慎介入异地业务

建议各股份制银行测算异地贷款综合收益，通过综合收益的考核对异地客户进行选择。严格执行准入要求，审慎介入异地业务。同时，应及时通过全国法院被执行人信息查询系统、人民银行征信系统及客户账户交易流水等多种方式，全面了解异地客户信息。

（三）加强异地授信贷后检查工作，细化贷后检查内容，定期梳理异地授信业务

建议各股份制银行采取持续收集异地客户纳税登记表、企业电费缴费发票、企业原材料采购发票等方式真实了解异地客户生产、销售状况，深入开展异地授信贷后检查工作。对于异地贷款占比过高的银行要重点检查，对于多家银行给同一家异地客户大额授信的应开展联合检查。

（四）充分利用银监会现场检查分析系统（EAST 系统）和客户风险预警系统

及时对异地贷款数据进行实时监测和分析，重点分析异地多头授信、异地贷款异动等数据，对于监测发现的风险苗头及时通报涉及银行并加大跟踪检查力度，切实防范异地贷款风险。

（作者买买提依明，新疆银监局副局长）

对加强集团客户授信风险管控的思考

当前，我国经济正处于增长速度换挡期、结构调整阵痛期和前期刺激政策消化期，部分集团客户授信风险开始显现。2014 年上半年，全国仅媒体曝光的重大企业债务风险事件就有 46 起，涉及 40 多家商业银行，风险金额近千亿元。集团客户体量大，一旦发生风险对银行资产质量的冲击也大。因此，如何有效管控集团客户授信风险是商业银行面临的重大课题之一。

一、银行集团客户授信风险累积主要源于三个方面

（一）自身无约束的经营膨胀导致集团客户授信风险累积

一是多元化扩张导致融资膨胀。经济快速发展的上升期，企业规模不断扩大，盈利大幅增加，企业盲目乐观和自信，扩张冲动明显。同时，银行源于规模情结而对大客户的追捧以及地方政府支持本地企业做大做强的政策导向在一定程度上助推了集团客户从核心主业向多领域和跨区域的扩张。企业大规模扩张的背后是急剧扩大的信贷资金投入，最终导致企业整体信用膨胀难以控制。

二是财务监督弱化导致资金链条复杂。通常情况下，集团客户在内部实行统一财务管理模式，由于账户资金内外部监督有效性不足，资金池模式为集团内部混用资金、挪用贷款等提供了便利条件。集团客户股权结构、关联关系、互保复杂，贷款资金在不同账户之间腾挪难以追踪，时常出现集团挪用控股公司贷款情况。在辖区进行贷款核查中发现某企业通过划转账户资金等挪用下属公司贷款。

三是惩戒措施缺乏助长企业失信行为。当前，社会整体诚信环境建设不足，守信意识薄弱，企业失信成本低、披露惩戒不足，存在财务数据不透明甚至失真问题。在社会追涨逐大的背景下，集团客户的经营行为往往绑架银行甚至地方政府的意志，对企业的失信行为陷入被动或者保护主义。我国现代企业制度建设相对滞后，对企业而非对法人代表有约束，这样法人代表在经营不善时，可以利用兼并、重组、贸易、置换等关联交易手段进行不当转移，有意逃废银

行债务，将经营问题转嫁成银行信贷风险。

（二）银行功利主义经营思维助推集团客户授信风险累积

一是源于规模冲动的过度授信。在"存贷差"是主要经营利润的背景下，银行专注垒大户、扩规模，对集团客户的信用风险认识不足，放松信贷管理要求，贷款三查不深不细，简单地等同于优良客户，甚至降低条件并让利，促进企业增加融资冲动。注重客户营销，而对集团客户总体风险的甄别缺乏规范有效的程序和手段，经办人员无法准确识别集团客户关联风险，对关联企业互保及民间借贷等情况也不掌握。随着集团客户的跨业、跨区经营，银行对母子公司、不同地区之间的授信总量很难把控，不同银行甚至同一银行的不同分支机构对同一集团客户及其下属企业过度授信，导致风险累积。对集团客户非信贷融资的渠道及总量掌握不够，包括表内外类信贷业务、发债、中票、短融等多渠道融资规模不能做到心中有数，放大企业负债总规模，增加偿债风险。

二是注重短期效益的过度收贷。商业银行的盈利考核通常按照年度进行，虽然近年来推出了强化风险管理的延期支付制度，但利润考核的短期性未能改变。当顺经济周期时膨胀的集团客户授信风险在逆周期开始显现时，银行往往会从自身业绩考核和降低自己职责风险角度出发，采取退出策略，抓紧收贷。这种不加甄别的集体退出或者争先恐后退出的行为无异于雪上加霜，在经济下行期更容易恶化企业的经营稳定性，甚至会把一些好的企业逼上绝路。

（三）机制建设的欠缺放大集团客户授信风险累积

一是全口径债务联合监督机制缺失。随着金融市场的发展和深化，我国货币市场、资本市场正逐渐发展完善起来，企业开始从以信贷融资为主向多元化融资转向。截至 2014 年 6 月末，全国已有 498 家银行发行理财资金账面余额达 12.65 万亿元，较 2013 年末增长 23.45%；截至 7 月末，中国企业债 2014 年发行规模达到 4 913 亿元，超出上年全年 161 亿元。企业多渠道融资涉及发改委、人民银行、银行间市场交易商协会、证监会等多个审批部门，而企业征信信息的联合监督及牵头机制还未建立起来，因此企业全口径债务数据无从统计、监测。

二是集中授信管理机制存在缺陷。法人层面的集团客户授信集中度指标无法区分各地实际集中风险程度；关联企业之间的授信集中度管理也无法有效控制。当集团客户授信额度可能对于一家分行或地区已经是无力承受时，因授信集中度指标未达到法人监管上限而未引起充分重视，错过最佳的风险防控时机。

三是授信联动监管机制缺位。针对银行集团客户授信的属地监管客观上割裂了对集团客户信息监测的一致性和连续性。市场经济日益发达背景下，集团客户异地项目或不同地区子公司越来越多，整体授信管控主体缺位，助长集团客户盲目扩张，加剧银行授信风险的累积。

二、有关建议

（一）加强风险管控，多管齐下约束集团客户借贷行为

一是银行应进一步严格集团客户授信条件，合理测算授信额度，信贷资金应主要支持集团客户的主业经营，且不能用于集团内部往来使用；要求集团客户统一的财务安排应以设立贷款专户为前提条件，保障贷款专款专用。二是应在集团和地区或子公司之间形成分层授信机制，既把控总量又突出地区管控重点。结合总量控制做实集团客户授信额度，对集团客户的授信区分母公司、子公司等进行有针对性的统一授信，限定企业对外担保额度，严禁集团内部关联担保；完善信贷合同约定条款，企业贷后的担保和借贷等行为纳入告知条款。三是对于授信达到一定规模，关联关系复杂的全国性重点授信集团客户，建议由银监会或指定属地监管局牵头收集企业全口径债务明细，制定风险监管具体措施，加强风险监测和信息共享机制建设。四是银行业协会推动会员单位采取组银团、联合授信等措施分散集团客户信用风险，通过集体理性决策控制集团客户授信规模。

（二）转变经营理念，强化逆周期思维与金融服务意识

一是各法人机构应通过完善绩效考评制度和经营计划指标设置，推动审慎经营理念在系统内扎根落地，强化金融服务实体经济的本质要求，逐步调整逆周期银行经营理念，合理确定风险容忍度，防止顺周期时做大做强——"集中放水"，逆周期时回避风险——"断水供应"的局面。应进一步回归"贷款三查"制度，完善流程做实"三查"要素，推动"三查"工作接地气。二是相关条线部门应加强对分支行集团客户授信的检查，重点检查是否严格按照合同约定条款执行，严密跟踪贷款资金流向和使用，以便改进信贷管理措施，控制或减少分支行因属地利益而"做大"集团客户授信额度以及放松贷后管理等问题，促进企业适应经济周期特点，可持续发展。

（三）完善机制建设，做实条件要求缓释集团客户风险

一是加强不同监管部门之间的信息共享和联合监管机制，解决好集团客户整体信息的采集，包括关联企业、法人代表、外部审计信息以及信贷融资和非信贷融资，对失信企业和法人代表以及股东采取相应的信息披露和惩戒措施，推动社会诚信环境建设；二是改进集团客户授信集中度管理，既突出法人总体集中度的管控，又保证对分支行、地区风险总量的把控，发挥好风险预警作用；三是强化系统内联动监管机制，加强对集团客户异地项目和不同地区子公司授信的监管检查，进一步完善统一协调配合机制，强化整体风险管控能力。

（作者张连发，大连银监局副局长）

宁波辖区法人机构利率风险管理机制研究

一、辖内法人机构利率风险管理现状及问题

（一）法人机构利率风险管理架构

1. 管理架构的组成情况

辖内4家主要法人机构基本上都建立了利率风险管理职能体系，尤其是规模较大的宁波银行，涉及利率风险管理体系的部门包括董事会（及其下设的风险管理委员会）、监事会、高级管理层（及其下设的资产负债管理委员会）、风险管理部、业务经营部门。规模较小的其他几家法人机构管理层级相应有所减少，主要体现在不再下设专门的资产负债管理委员会，其职责由高管层统一行使。

2. 存在的主要问题

利率风险的缺口分析法、经济价值分析法等方法都是从整个投资组合甚至全行的角度来评估风险敞口以及潜在的损失大小。相应地，利率风险的控制需要大范围地调整资产、负债结构，因此其防控机制需要更注重于银行机构的集中性和协调性，统一牵头部门显得尤为重要。但是，除了宁波银行以外，辖内其他法人机构虽然董事会和高管层都有对本行利率风险的审批和监督职能，但是缺少对利率风险进行集中管理的部门。各相关部门提交给董事会和高管层的利率风险信息很可能是碎片化的，无助于形成全行层面的利率风险评估结果。

（二）利率风险管理的政策和程序

1. 各法人机构已发布的相关政策

各法人机构已发布的利率风险管理政策基本上都涵盖在《市场风险管理规定》中。各行的相关条文基本上都能从机构、流程、方式、报告、内审等方面确定市场风险管理基本组成部分。

2. 存在的主要问题

一是总领性政策仍不够健全。除了较为笼统的《市场风险管理规定》以外，利率风险管理条文散见于各类相关规章中，缺乏集中性的、统一化的明确规定，

这使得利率风险管理不能形成合力。二是起支撑作用的各类细则更加欠缺。各法人机构基本上都未对银行账户和交易账户分别制定风险管理操作细则，管理制度方面显得相当粗放。三是可操作性有所欠缺。由于各行利率风险管理起步较晚，所发布的相关条文中有些内容只是模仿同业机构的相关规定，较为宽泛地提出了利率风险的主要原则，可操作性不强。

（三）利率风险识别、计量和监控

1. 利率风险计量系统的组成及其应用现状

（1）系统建设概况

利率风险计量系统是进行风险管理的必备基础，并且原则上应对银行账户和交易账户使用不同的系统。然而，辖内仅有宁波银行在以往使用 Summit 系统对交易账户进行利率风险计量，并且宁波银行和通商银行一样，都计划用即将完成的资产负债管理系统来管理银行账户利率风险。东海银行和鄞州银行迄今都未建立专门的利率风险管理系统。

（2）假设前提和参数的评估修正机制

宁波银行对银行账户应用重定价缺口方法时，根据历史统计分析认为，活期存款的重定价速度为次日，其重定价的幅度往往很低，所以将 25% 的活期存款设置于次日时段，将其余 75% 设置于 1 年以上时段。

（3）账户头寸的价值重估机制

宁波银行在 Summit 系统中引入所有产品的市场价格并进行验证，在设定的交易截止时间锁住系统并完成市值重估，价值重估频率为每日一次。

2. 存在的主要问题

一是风险管理系统建设普遍滞后。东海银行、通商银行、鄞州银行以往基本依靠人工方式估算利率风险，而宁波银行在银行账户利率风险管理系统建设方面也比交易账户落后，使银行账户的利率风险管理和价值重估较为困难。二是缺乏完整的参数评估机制。各机构对现有风险管理系统处于应用阶段，对于参数本身的意义，以及如何评估和更新参数则缺乏必要的关注机制，这使得系统应用效果受到限制。三是某些参数法计算局限性较明显。近年来多数研究和实践表明，VAR 所依赖的正态分布不能很好地描述收益率"尖峰厚尾"特性，能够避免这一问题的历史数据法和蒙特卡洛模拟法计算过程相对更加复杂，辖内法人机构对此应用相对滞后。

（四）利率定价机制和风险缓释情况

1. 辖内法人机构利率定价机制

宁波辖内银行业法人机构对贷款利率的定价基本采取跟随策略，以央行基准、大银行、同类银行的贷款利率为参考，简单地根据企业规模、他行利率、综合收益等因素给予定价，未能够有效对企业的风险与收益的各方面影响因素进行科学测量实现精细化定价。在存款利率方面，理财业务的快速发展虽起到间接推进利率市场化的作用，但毕竟保本理财的受众面和金额均不能跟存款相比，存款定价能力还有待实践检验。

2. 法人机构利率风险缓释情况

鄞州银行、通商银行和东海银行由于缺少衍生品交易资格，因此其利率风险规避手段集中于两种：一是注意资产负债业务期限搭配，保持较低的错配程度，将市场利率变化对盈利的影响控制在较小程度，即所谓"免疫策略"。二是根据资本金规模，进行债券投资，以长期配置获取利息收入为主，交易性运作很少。

3. 存在的主要问题

一是利率预测能力欠缺导致风险对冲较为被动。多数先进的利率风险管理系统中拥有一定的利率预测能力，此外较为精确的预测还需要积累丰富的知识和掌握较为复杂的理论工具，然而辖内法人机构在以上几方面都比较滞后，这直接导致利率风险对冲带有一定被动性，难以实现在精准利率预测下的盈利。二是金融市场不完善导致对冲效果受限。现阶段人民币利率互换工具存在缺陷，表现在存款利率未完全放开情况下，互换利率与利率债尚无法形成稳定的套期保值关系。在部分时间段，使用人民币利率互换工具无法有效缓释债券组合的利率风险。某些时候，风险规避成果有限反过来促使高管层对利率风险管理重要性认识更加不到位。

二、改进辖内法人机构利率风险管理机制的建议

（一）督促法人机构理顺管理机制

逐步推动辖内法人机构建成和完善"集中化管理，协同化运作"的利率风险管理机制：一是在纵向层面，建立完善的自上而下的利率风险管理体系，其中除了董事会和高管层的宏观控制以外，以资产负债管理委员会，风险管理部、金融市场部（或类似执行交易功能的部门）为中心对利率风险实行统一化的集中管理，突出利率风险"统一测度、统一对冲"等操作要求；二是在横向层面，致力于推动法人机构各业务部门与利率风险管理中心的分工关系，从新产品开

发、日常监控、清算结算、转移定价等多角度完善各部门利率风险协作机制。

（二）督促法人机构完善政策法规

根据自身业务复杂性和金融市场发展预期，补充制定带有若干前瞻性的利率风险管理法规和操作体系：一是以前、中、后台各个环节来划分，则前台部门至少应包含资金部门业务授权管理办法、交易员管理办法、业务授权管理细则、自营投资管理规程等条文；中台部门应包含风险监控实施细则、风险系统维护手册等条文；后台部门应包含各类会计核算办法等。二是加强和完善银行账户和交易账户的划分，银行账户应包含资产负债管理办法、年度投资方案等条文，交易账户应至少包含年度市场风险限额等操作细则。

（三）督促法人机构加快系统人才建设

有必要将利率风险管理系统建设放在优先位置：一是根据银行业务特点和金融市场改革步伐尽快完善分账户的风险监测系统建设，其中既包括对原有系统监测模块功能的提升和完善，也包括加大力度填补某些账户监测系统的空白。二是重视利率风险数据积累和应用。其中不仅包括宏观利率波动数据，还包括行业内、本机构和同业金融产品的利率水平变化趋势，以此为风险测度打下坚实基础。三是加快利率风险监测队伍的建设。尽快提升人员素质，要求既熟悉系统的具体操作，又能对系统中各个功能模块提供的信息进一步加工和分析，形成具有一定深度的利率风险预测和预防报告。

（作者曹嫣红，宁波银监局纪委书记）

厦门银行业授信客户担保链（圈）风险情况调查及政策建议

互保联保作为一项风险管理工具，具有"双刃剑"性质，在经济上行时期曾为众多中小企业和农户融资提供了便利，但在当前经济增速放缓、内外部需求趋弱的情况下，国内部分地区企业担保链（圈）信贷风险事件频发。为更好地防范担保链（圈）可能引发的区域性金融风险，厦门银监局对辖内担保链（圈）进行摸底调查，分析成因、存在风险和化解难点，提出相应政策建议。

一、厦门担保链（圈）现状

截至2014年6月末，厦门辖区担保链（圈）共有企业2 012户，占全部授信企业数的23%；贷款余额1 233亿元，占全部对公贷款余额的31%；表外余额747亿元，占全部表外业务余额的34%。总体来讲，表内外授信余额较大，约占全部企业授信余额的1/3。既有部分企业形成首尾相连、独立闭合的担保圈，也有担保企业相互交叉、未首尾闭合形成的担保链，担保链条之间相互交织更为普遍，涉及企业数众多，行业跨度大，甚至覆盖多个地区，形成错综复杂的担保网。主要有以下特点：

（一）企业规模以中型企业为主

担保链（圈）企业中，资产规模在3 000万元以下的企业约470家，不足1/4，一半以上企业资产在亿元以上。中型企业对自身担保能力相对自信，担保能力被银行认可度也较高，成为担保链（圈）的主体。

（二）贷款行业集中在批发零售业、制造业和房地产业

担保链（圈）企业在这三个行业的贷款余额分别为369亿元、342亿元和216亿元，占全部担保链（圈）企业贷款近八成，远超这三个行业占全辖对公贷款余额的比重，行业集中度高。

（三）担保方式主要是集团担保和关联企业担保

厦门辖内担保圈主要是以关联企业担保为主。集团担保主要是部分集团与其子公司互相担保，由于集团实力雄厚，信用担保形式居多。此外，供应链上下游企业间担保等方式也较为普遍。

（四）贷款行际分布较为分散

同一担保链（圈）的客户在不同银行多头发生业务，鲜有集中于某家银行的情况，致使单个银行掌握的企业担保关系信息有限，无法判断企业是否形成担保圈。以客户数为5的一担保圈为例，5个客户对应的贷款银行共13家，平均1家银行仅与该圈的2个客户有业务往来。

（五）四分之一企业为异地企业

担保链（圈）的异地企业近500户，用信余额132亿元。异地用信余额相对集中于漳州、泉州等地，容易受到周边地区企业风险变化的波及。

（六）资产质量平稳，不良率总体处于较低水平

担保链（圈）不良企业32户，不良贷款10亿元，占全部担保链（圈）企业贷款余额的0.81%，略低于全部贷款不良率。不良发生以批发零售业和制造业为主，合计占全部不良贷款九成以上。不良贷款存在典型的相互传染现象，即不良企业相对集中于同一担保链（圈）。

二、形成原因及存在风险

担保链（圈）的形成原因，从银行方面来看，一是政策导向下，近年来银行加大对中小企业金融支持力度，要求不满足信用贷款条件的企业在贷款时提供担保；二是部分银行一定程度上重形式合规，过分强调担保作为第二还款来源的作用；三是多头授信和信息不对称，企业和银行针对某笔贷款即使签订的是单人保证合同，也可能使企业跨行形成一对多或多对一的担保关系。

从企业方面来看，一是部分企业因抵押物缺乏或不足值，被要求增加第三方担保；二是部分企业因遵循对价原则，要求被保一方同时给己方提供相应金额的授信担保，从而形成互保圈；三是部分企业成立"空壳公司"，表面看起来没有关联关系，实际上是同一控制人，专门用来提供担保以获取贷款。

在经济下行时期，担保链（圈）隐藏的问题逐步暴露，主要体现在：

（一）担保效果低，甚至是无效担保

从担保价值来说，根据银行评估经验，担保链（圈）贷款若发生风险，可追索回的资产仅有10%。从担保效果来说，成员企业利益纠缠不清，出现风险推诿责任，银行十分被动，风险缓释无法取得预期效果。

（二）传染性强，容易跨行业、跨地区引发风险

担保、联保的主体本来就是抗风险能力相对较差的中小企业和个人客户，一旦有风险发生，则通过"多米诺骨牌效应"传导至圈内其他部分。担保链（圈）跨行业、跨地区业情况普遍，风险很容易迅速波及其他行业和地区。

（三）可能引发"逆向选择"，导致担保链（圈）陷入困境

以联保体为例，受当前经济环境影响，银行授信更为审慎、放款速度减慢，个别成员企业续贷面临银行"压贷"或"抽贷"，于是在"民间借贷"和"逾期还款"之间选择了成本较低的逾期。由于这一联保体出现违约，银行必然中止对所有联保企业的后续贷款，相对诚信的成员企业还要承担违约企业的还款责任，从而导致担保链（圈）企业集体陷入困境。

三、化解难点

目前，厦门辖内银行机构采取名单制排查管理、严格市场准入条件等多种措施预防和化解担保链（圈）化风险。但工作中仍存在不少困难，主要体现在以下几个方面：

一是信息不对称，银行风险识别与监测难度大。企业间互保、连环担保、交叉担保等形式交互使用，部分企业存在隐性关联，债权债务关系复杂隐蔽，涉及民间借贷无从核查。主要信息来源即人民银行征信系统的信息相对滞后。企业签订不对外公开的"还款承诺函"、私下协议的保证等"暗保"，这部分担保有法律效力但不对外披露，只有在风险暴露的时候才浮出水面。

二是部分民营企业解除关联互保有阻力。个别民营企业自身总体经营良好，但可抵（质）押的财产有限，在置换关联担保的过程中，往往因企业要求关联外企业为其担保时，对方也提出担保要求，企业出于风险考虑，不愿对外提供担保，从而难以解除关联互保。

三是风险暴露后，不良资产化解效率低。由于涉及多家企业、多家债权银行甚至多个地区，风险处置过程深受当地政府影响，若涉及异地不良企业，受地方保护主义影响，周期更长。

四、对策建议

（一）回归信贷本源，提升风险管理水平

银行机构应改进考核激励，不能盲目激进；加强贷款管理，不以形式合规代替实质风险管理，倒逼企业形成和扩大担保圈；注重对客户尽职调查，审慎判断企业风险，加强对贷款第一还款来源核查；完善贷后管理，加强风险排查，摸清存量风险底数，做好风险防范预案；出现风险及时分类处置，不简单抽贷；逐渐缩小担保圈范围，将保证关系及时转化为实物担保关系，大圈化小圈。

（二）完善制度建设，健全担保市场体系

一是推动设立政策性担保机构或信用保证保险公司，为抵押物价值不足但生产经营良好的中小企业进行担保、承接互保联保业务。二是建立健全质押登记系统，最大限度避免重复质押和欺诈风险。三是积极扩大抵押资产范围，逐步由有形财产抵押向知识产权、商誉等无形资产领域拓展。四是协调评估中介行业主管部门引进更多的专业评估机构，并对评估中介行为进行监督。

（三）加强信用体系建设，增加信息透明度

完善人民银行企业征信系统，提高信息更新及时性，增设担保链查询功能。完善跨区域、跨部门整合性的社会信用体系，逐步实现银行、保险、工商、海关等各部门信用信息共享，扩大企业征信系统信息覆盖面。

（四）强化部门间协作，建立综合协调解决机制

在充分尊重市场的前提下，探索建立综合协调解决机制和建立跨行合作风险处置机制。对担保链（圈）整体运行情况排查摸底，厘清担保关系。在具体的风险化解处置过程中，监管部门积极协调政府部门、借款企业和担保人、各债权银行，按照区别对待的原则，稳妥推进风险化解工作。

（作者王福明，厦门银监局副局长）

新形势下商业银行声誉风险管控
面临的新问题与对策

近年来，由于银行业面临的形势和市场环境的变化，声誉风险管理已成为商业银行经营管理的战略重点之一。随着银行业改革步伐加快，银行机构的声誉风险管控面临的新问题值得关注。本文结合近两年辖区银行业负面舆情梳理和声誉风险排查，对此进行了调研分析。

一、当前商业银行声誉风险管控面临的新问题

（一）银行业改革转型带来新的声誉风险点

2014 年是全面深化改革的第一年。面对金融脱媒加速、利率市场化进程加快、互联网金融兴起等外部环境变化，各银行机构加快了改革转型进程。改革转型的推进不可避免产生新的声誉风险。一方面，改革过程中客户结构和收入结构及风险管理机制的变化直接引致声誉风险。银行优化客户结构，大力拓展优质客户的同时，若不能有效平衡普通客户与优质客户利益，极易造成舆论对银行"嫌贫爱富搞歧视"的质疑。近日人民日报《银行，不能存钱还干啥？》即对银行 2 万元以下存取款到 ATM 办理的做法提出批评，认为是对小额客户的不公平待遇。另一方面，改革转型产生新的风险并由此对声誉风险管控带来间接影响。随着经济下行，部分企业资金链断裂，使信用风险增大，同时监管部门加大同业、理财等业务治理力度，一些合规问题和操作风险、流动性风险隐患逐步暴露，间接引致国内外各界对我国商业银行风险管理水平的担忧，进而导致声誉风险。此外，在后危机时代我国银行业快速发展、银行业"一举一动"已完全置身于媒体高度关注的情况下，舆论普遍对本轮银行业深化改革给予高度关注和期待，若改革进程滞后、成效不明显，会使整个银行业面临较大的声誉风险。

（二）新技术和新产品的运用及涌现使银行声誉风险的缘由更加多元

随着银行改革创新的加速推进，银行业运用新技术为社会公众提供金融服

务的方式发生巨大变化。消费者可能在多元消费中因为未得到及时的人工服务而感到不满。另外，通过银行柜台销售的理财产品、代理保险等新业务不断涌现，并且银行业传统业务产品的计价方式、计息方法也日渐多样化。由于一般消费者受制于有限的金融知识或因双方的多种因素，银行机构与消费者之间未能建立起完整、全面的沟通和适时提示机制，由新产品、新服务方式导致的声誉风险呈现越发多元形势。从青岛银监局近两年监测的涉及辖区银行机构的负面舆情看，涉及理财产品、代理保险、信用卡和网银等新业务的负面舆情占比为 37.5%，集中于对银行新业务销售不合规、风险提示与风险保障不到位的批评。

（三）信访投诉与负面舆情交织互动加大银行声誉风险管控难度

近年来，银行业消费者维权意识和能力不断增强，投诉事项日渐增多。部分消费者因对投诉处理结果不满意而诉诸媒体或网络，由此引发的负面舆情占比较高。从青岛银监局监测情况看，近两年辖区银行业负面舆情中，该类情况占比达到三分之二以上。信访投诉与负面舆情的交织互动，使得银行声誉风险管控面临线上（舆情引导）、线下（业务管理）两个领域，在管理机制不完善的情况下，可能手忙脚乱，工作被动局面加剧。

（四）新媒体信息传播方式给银行声誉风险管理带来新难点

伴随我国计算机、智能终端和网络通讯的发展，新媒体时代已全面到来。网络、微博、微信等新媒体和自媒体的迅猛发展，使互联网成为影响社会舆论的重要力量。与之相对应的是，信息传播的方式也发生了深刻变化，从特定时间的单向传播、两点互动，发展到 7×24 小时的即时、多向、互动传播，信息升级扩散和发酵速率更快、范围更广。银行业声誉风险传播具备信息传播的一般规律，在新媒体时代突出面临风险急速传播、快速放大的新形势、新特点，加剧了舆情监测、处置、引导的难度。

二、对策与建议

（一）完善声誉管理体系建设，强化全流程管理

督促银行机构将声誉风险纳入全面风险管理框架，制定完善声誉风险管理政策与办法，加强声誉风险管理组织体系建设，完善声誉风险层级管理制度。切实将声誉风险管理嵌入产品开发设计、销售以及售后管理等各业务环节中，特别是在业务发起的制度流程阶段，加强声誉风险因素的考量，及时审核过滤

风险隐患，并强化潜在声誉风险隐患的防范措施，从源头减少各类负面舆情的发生。建立涵盖各层级、各部门的声誉风险管理平台，畅通声誉风险处置流程，提升管控效率。

（二）完善声誉风险机制建设，建立舆情监测引导应对工具箱

督促银行机构强化声誉风险形势分析，探索建立全面反映商业银行声誉风险的指标体系，有效识别、预判评估风险状况，完善声誉风险的预警机制。加强风险排查和舆情监测，并建立清晰的内外部报告路线，完善声誉风险报告制度，强化声誉风险实时监控机制。细化负面舆情分级管理制度，制定声誉风险应对规划，优化应急处置机制。注重经验积累和案例收集，围绕声誉风险案例、舆情处置模式、与媒体应对话术等方面，制订模板化方案，完善策略组合，逐步建立舆情引导应对工具箱。

（三）适应新媒体发展特点，创新声誉风险管控方式

引导银行机构开设官方网站、微博、微信等新媒体互动平台，通过交流引导、主动营销、公众关怀等方式，构建直接面向公众的沟通平台和互动机制。制定新媒体管理制度，严格规范员工、分支机构通过新媒体平台发布信息的行为。加强网络评论员、研究员等队伍建设，提升新媒体舆情引导能力。

（四）加强"三个联动"，增强声誉风险管控合力

一是加强正面声誉传播与负面舆情引导的联动。从加强品牌建设入手，通过主动履行社会责任、不断提升服务水平等方式，并强化正面宣传和信息披露，树立良好社会形象。二是加强舆情监测引导与信访投诉处理、其他风险防控的联动。完善客户投诉处理机制，及时与客户协商沟通，最大限度消除不良影响，并加强投诉信息共享和对未妥善处理事项相关舆情的前瞻性监测。加强以风险为导向的内部控制管理，提升风险管控水平，同时充分发挥业务部门主动防范声誉风险的主体作用，保持声誉风险管理与业务经营的统一性。三是加强与同业和监管及政府部门的联动。加强与银行业协会的联动，借助全行业资源，强化对负面舆情源头媒体的激励约束。加强与监管部门的沟通，及时获知声誉风险防控形势和舆论关注热点、风险苗头等信息，提升声誉风险防控针对性、有效性。加强与地方政府宣传、网管部门的沟通，拓宽协作内容，争取在负面舆情引导和处置方面的支持，营造声誉风险管理良好外部环境。

（作者王永存，青岛银监局副局长）

中国式"钱荒"的解析和政策选择①

为深入分析我国金融体系"钱荒"产生的原因，有针对性地解决市场流动性调节、银行流动性管理和监管等方面存在的问题，降低"钱荒"发生的概率，笔者对流动性管理的理论进行了梳理，并结合我国金融体系流动性特点对"钱荒"进行了解析，提出了政策建议。

一、金融体系流动性一般规律的认识

金融体系的流动性具有不确定性。流动性的不确定性体现在流动性的易变性和突然中断性，而且当流动性偏离正常区间后，价格在调整流动性方面的作用失效，即资产价格下跌买家减少或利率上升拆出资金方减少。

私人市场只能吸收有限的流动性冲击。理论研究表明，当市场参与主体面临的冲击相互独立，而且市场上有恰当的产品分配流动性风险时，私人市场内部可以解决流动性冲击，即流动性剩余银行可以以市场化方式为流动性短缺银行提供流动性。但金融市场参与者常表现出相关性，即存在理论上的总体不确定性，这种情况下私人市场必须寻求外部流动性保险，即央行必须为市场和银行机构提供必要的流动性支持。

融资流动性与市场流动性的互补性和互斥性。融资流动性体现为银行的负债能力，市场流动性反映资产在合理价格下的变现能力，银行的流动性管理既需要融资流动性又需要市场流动性。仅靠市场流动性会造成被迫甩卖下的高边际效用向低边际效用转移；相反仅依靠融资流动性也会让银行流动性管理失去主动性，受制于流动性出让方。正常时期，融资流动性与市场流动性形成良性循环，但在非正常时期，融资流动性与市场流动性间会形成恶性循环，即通过损失循环（损失—资本净值螺旋）和保证金循环（资产折扣—资产卖出螺旋）相互作用，导致流动性急剧下降。

---

① 本文发表在《国际金融》2014 年 3 月。

做市商的数量和做市意愿决定了市场流动性。私人市场自我提供流动性激励机制是在流动性充裕时以低成本储备流动资产，以防流动性紧张时高成本融资和被迫甩卖资产，或者在其他银行需要流动性时低价买入非流动资产或高价拆出资金谋利。格罗斯曼和米勒通过三期模型分析了流动性的性质和功能，基本结论是：做市商的数量决定了有多少流动性冲击由做市商吸收，做市商的数量由其预期收益决定，而预期收益由价格变动和风险偏好决定，因此，市场价格必须有合理的波动才能创造市场流动性。

非完全市场下流动性管制是必要的。金融理论已证明，完全市场下不需要流动性管制，不存在监管进一步改进福利的空间，监管部门没有必要实施最低流动性比率监管。但市场不可能是完全的，考虑到流动性风险的巨大外部性以及由此造成的系统性风险损失巨大，所以对流动性实施管制，比如流动性覆盖率的最低约束是必要的，这也是这次国际金融危机后各国监管当局形成的共识。

二、我国金融体系流动性特点及"钱荒"的解析

与国际上成熟的金融体系相比，我国金融体系的流动性调节机制存在固有缺陷，加之短期流动性供求的突然变化，银行和管理部门没有进行前瞻性调整，共同导致了2013年6月的"钱荒"。

"锁长放短"的流动性管理新方式实际上是收紧了流动性。央行"锁长放短"操作就是通过叙做到期央票冻结长期流动性，同时通过常设借贷便利（SLF）给金融机构输入短期流动性。尽管从银行资产端看，"锁长放短"操作没有减少流动性（等同于银行的到期资产收到了央行现金），但从银行的流动性管理实践看，这种流动性管理新方式实际上是收紧了流动性。因为从银行资产负债双方看，"锁长放短"相当于新发生三笔业务，一是增加了笔短期负债（SLF）；二是增加了现金资产（央行存款）；三是增加了长期资产（叙做央票），同时这三笔业务取代了"锁长放短"前的一笔到期的央票（流动资产）。因此，从资产负债净到期看，央行实施"锁长放短"后银行必须筹集一笔等量的短期资产才能保证监管指标——流动性覆盖率保持不变，从而增加了市场的流动性需求。

银行的同业业务和理财业务快速发展增加了流动性需求。银行业理财业务快速增长，其中大部分为表外业务，不受流动性相关监管指标约束，但实际上理财业务却消耗了银行流动性资源。另外金融脱媒导致存款波动性加大、稳定

性下降，银行自然要增加更多的流动资产来应对。同业业务快速发展也带来了流动性风险，因为同业业务是批发性业务，同时存在期限错配、信用错配，特别部分银行用同业业务对接信托受益权等非标、低流动性资产，但银行的超额备付金还仅以一般存款参照进行管理，这些因素都增加了"钱荒"发生的概率。

经济下行、贷款长期化导致贷款自偿性流动性减少。从更深层次来讲，由于前期刺激政策需要大量地追加资金投入，国内经济下行外部压力下项目建设周期加长、企业资金周转放慢，造成贷款长期化、展期和借新还旧甚至不良贷款增多，进而导致银行存量贷款及新增信贷不断被沉淀，银行贷款的自偿性流动性不断减少，因此需要增加流动资产。

金融体系的流动性调节机制不完善。一是融资流动性与市场流动性不平衡。我国银行间债券市场交易主体多为银行类金融机构，期限结构不尽合理、做市商制度还不健全。作为债券主要持有者的银行，日常管理还主要依赖融资流动性，进一步降低了债券的市场流动性。二是长期以来我国大型金融机构为中小型金融机构提供日常流动性，而央行在必要时为大型银行提供流动性，这种两级流动性供给体制在市场总体流动性处在紧平衡时期，由于信息不对称大银行无法承担起中小银行的流动供给职责，甚至主动收缩流动性，乐见市场利率的上升并从中余利。央行为了平抑利率水平，在市场流动性紧张时以低于市场利率方式向部分大银行注入流动性也会产生不公平和道德风险。三是我国银行业金融机构回购融资业务几乎全部为质押式回购，由于质押式回购的质押券在质押存续期采用冻结方式，降低了市场的总体流动性。

三、提升金融体系吸收流动性冲击能力的政策选择

为了进一步提升金融体系吸收流动性冲击能力，需要在市场基础设施、银行自身流动性管理、监管部门和央行相关政策体系方面进一步完善和提高。

进一步加强金融基础设施建设。一是大力发展买断式回购业务，目前我国银行间市场的质押式回购业务量大大超过买断式回购业务量，主要是由于买断式回购交易成本较高，这种融资结构不利于提高债券的整体流动性。二是发展资产证券化时必须充分考虑资产支持证券的流动性。

银行业金融机构必须进一步提升流动性管理能力。理财业务消耗银行的流动性资源，应将其纳入银行统一的流动性管理，要充分考虑同业业务占比上升对流动性管理带来的影响，提高流动性缓冲水平。进一步完善定价机制，内部

转移价格要合理考虑流动性溢价，利用转移定价的激励作用，对银行的流动性水平做出前瞻性调整。要加强日间流动性头寸的管理，以便在正常和压力状况下及时地履行支付结算义务。银行必须建立多种流动性保障渠道，可持有由其他银行提供的流动性承诺，定期通过回购或直接出售的方式将部分储备资产变现，以检验流动资产的可用性。

银行监管机构应避免流动性监管中的顺周期性。银行流动性储备的意义在于急需时可以动用，这与监管上的流动性指标达标有时会存在冲突。因此，监管部门必须时时掌握市场的压力情况，应考虑所采取措施可能对整个金融体系产生的影响和顺周期效应，可以根据实际情况采用平均值考核办法，或要求商业银行采取措施恢复流动性水平时，达标宽限期的确定要与市场状况、机构自身情况相适应。

央行应进一步提高金融体系流动性管理的科学性。一是保持银行间市场利率的适度波动；二是必须坚持"惩罚利率"原则；三是加强流动性预期管理，通过对市场流动性的前瞻性调控，利用利率走廊等手段引导市场主体自我调整流动性；四是改进流动性供给机制，减少两级流动性供给体系的道德风险，确保流动性直接注入到最需要的地方。

（作者刘志清，时任中国银监会统计部副巡视员，
现任中国银监会审慎规制局副局长）

P2P 业务潜藏的信息科技风险与建议

P2P 网贷优势在于利用互联网平台打通资金供求双方的投融资渠道，显著提升了资金使用效率，但短板在于可能遭遇技术安全风险，损害参与方利益。

一、P2P 业务发展的基本情况

P2P 网络融资概念系舶来品。国内最早的 P2P 网贷平台成立于 2006 年，之后数年间，P2P 业务得到了迅猛发展，近 3 年来，P2P 网贷平台数量几乎以 400% 的速度增长。据不完全统计，截至 2013 年底，全国 P2P 网贷平台已超过 800 家，年度成交规模超过 1 000 亿元，比较知名网贷平台有陆金所、人人贷、有利网等。据有关方对 170 余家交易活跃的 P2P 网贷平台的抽样调查显示，2013 年业务加权综合收益率达到 14.63%，大大高于同期银行理财产品的平均收益。基于市场诸因素判断，P2P 网贷业务还得维护一个较长时间的快速发展过程。

二、快速发展表象下潜藏的信息科技风险

（一）基础设施薄弱

一是多数网贷平台筹备时间短、上线时间快、交易系统开发设计缺乏统一标准，其中不规范者，仅购买一个通用 P2P 网站模板再租一个服务器，即开办业务。二是交易数据的实时和异地备份缺乏具备相当标准的软硬件支持，交易安全性和数据准确性难以有效保证。

（二）专业人才短缺

网贷业内一般通行标准，3～5 个技术人员属于 P2P 平台标准配置，在国内一线城市，技术人员容易配置，而二三线城市此方面则相对较弱，不仅技术人员数量较少，专业能力也存在较大差距，在应对重大技术问题和外部攻击方面往往容易出现纰漏。

（三）信息保护不足

一是 P2P 网站掌握了借贷双方的个人身份、财产状况和交易信息，而其应

用的保密技术不完善，客户信息容易发生泄露。二是部分 P2P 平台委托系统开发商进行数据托管和系统维护，数据库掌控假手他人，客户资料面临泄露的潜在风险。三是存在 P2P 平台及其工作人员利用客户信息获取非法收益的风险。

（四）安全问题突出

常见的网络攻击方式，一是先实施拒绝服务式攻击，后进行钱财勒索；二是黑客入侵，造成敏感数据泄露，或篡改后台交易数据进行非法提现。由于 P2P 平台大多处于初创阶段，技术防范能力严重不足，遭遇黑客攻击并非个案，对平台信誉和投资者忠诚度造成严重影响。

三、相关建议

（一）完善市场准入机制

可参照银监会对银行业金融机构的监管要求，设立包括信息科技治理架构、基础设施运维、资金投入和科技人员占比、客户信息保护等核心内容在内的准入标准，通过严格的信息科技资质和能力认定，从源头上控制 P2P 平台的良莠不齐，泥沙俱下。

（二）强化平台外包管理

一是 P2P 平台企业应聘请拥有专业资质的技术团队进行系统研发和后期维护，以进行有效的质量管理和监控评价；二是要加强对外包人员管理，严格控制外包人员可访问资源，并加强外包人员日常操作的审查和监督；三是建立 P2P 企业外包合作组织，推行外包公司黑白名单制管理，以强化外部监管。

（三）加强信息安全维护

监管部门应出台具有强制性的信息安全管理规范，通过建立较高标准的技术要求，防范黑客入侵和暴力攻击。内部管理上应完善并落实好客户信息保密管理制度，既要在操作环节防控好客户信息外泄，又要在责任追究环节执行严厉标准，以震慑不法行为。

（四）提升业务连续性水平

一是建立本地和异地容灾备份机制，网络线路和供电系统冗余备份机制等，保证对外 7×24 小时不间断服务能力；二是制定业务连续性管理办法，制订详细的应急演练计划，加强与相关部门的沟通协调，以增强抵御风险及处理危机能力。

（作者刘文义，辽宁银监局副巡视员）

关于在沪村镇银行不良贷款
处置情况的思考

2009 年 2 月 18 日，上海辖内首家村镇银行——崇明长江村镇银行正式开业。五年来，在沪村镇银行经历了不断探索、不断完善的发展过程，九家村镇银行历经初创期、发展期，已逐步成为初具经营规模，服务小微、"三农"的新型机构群体。但是随着近两年宏观经济增速放缓，长三角地区区域性风险和行业性风险显现，部分村镇银行由于规模小、信用风险管理能力弱，信用风险集中暴露，不良贷款比例与余额呈现"双升"势头。上海银监局对村镇银行如何处置和化解不良贷款，发起行如何承担风险兜底责任情况进行了调研，并提出了建议。

一、不良贷款及清收概况

近年来，在沪村镇银行不良贷款总量呈现持续攀升态势，资产质量有所恶化。截至 2014 年末，上海市辖内村镇银行不良贷款余额合计 1.45 亿元，同比减少 257.54 万元；不良率达 1.78%，较上年末 1.77% 略有上升。虽然不良贷款数据年末没有明显上升，但实际上 2014 年辖内村镇银行信用风险暴露明显，关注类贷款、逾期贷款上升明显，2014 年末关注类贷款余额 5.66 亿元，同比上升了 45.47%，逾期贷款余额 3.47 亿元，同比增加 0.52 亿元。不良贷款和逾期贷款主要分布在受宏观经济影响较大的制造业和批发零售业。同时，不良贷款爆发较为集中，不良贷款率最高的三家村镇银行分别达到 3.32%、2.98% 和 2.40%，合计不良贷款余额 1.09 亿元，占到全辖村镇银行不良贷款的 75.07%。个别村镇银行逾期 90 天以上贷款占据贷款总量的 2.11%，而不良率仍为 0。调研样本反馈，未来辖内村镇银行不良贷款仍有继续恶化趋势，信用风险防控形势仍较为严峻。

目前，辖内村镇银不良贷款清收以诉讼追回的司法强制手段为主。村镇银行主要客户群为小企业，小企业间互保融资问题较为突出，债务重组难度大，不良贷款诉讼存在多家债权人、多重法院轮候查封的情况，诉讼清收的执行周期普遍较长。如辖内一家村镇银行第一笔不良贷款诉讼于 2012 年提出，2013 年 5 月获得胜诉判决，借款人至 2014 年末仍未能落实判决归还贷款本息。

二、不良贷款处置中存在的主要问题

（一）不良贷款处置渠道单一

一般商业银行对不良贷款的处置渠道包括债务重组、诉讼清收、不良资产打包转让、债权转股权、损失核销等方式，村镇银行则主要采取诉讼清收、损失核销两种方式。在沪村镇银行主要客户为小微企业，可供债务重组的选择余地很小；国内不良资产包的主要承接方为四大资产管理公司，村镇银行对于交易对手而言，缺少交易渠道和议价能力。目前，上海仅两家村镇银行借助发起行支持，借道信托公司实现部分不良资产打包转让，多数村镇银行发起行在上海无分支机构，未能对村镇银行不良贷款处置提供实质性支持。

（二）不良贷款管理能力薄弱

村镇银行不良贷款管理能力薄弱主要体现在缺少专业人才和制度规范两方面。一方面，村镇银行的高管人员多由主发起行原分支机构营销人员担任，不良贷款清收多为风险管理部人员兼岗，高管人员和清收人员均缺乏风险预警、资产保全、法律诉讼相关从业经验。另一方面，多数村镇银行对不良贷款清收、责任认定缺少相应的内部制度规范，在沪九家村镇银行中仅有三家制定了不良贷款清收处置和责任认定的相关制度办法，主发起行对村镇银行也缺乏相应的业务指导和培训。

（三）损失贷款核销力度不足

村镇银行在开业之初，受国家相关政策和政府相关部门的支持，如涉农业务的税收补贴、银行开业一次性奖励等，盈利状况良好，加之监管引导，股东承诺三年内不分红等，加大拨备计提力度，大多数村镇银行拨备覆盖率远高于 150%。同时，在沪村镇银行对损失贷款均已制定了核销制度，明确对无法收回的不良贷款的核销程序。但是，部分机构由于对不良率容忍度的绩效考核指标未随客观经营情况而改变，经营层片面考虑不良核销对账面指标和利润绩效的影响且缺乏损失核销经验，导致风险处置滞后。2014 年 9 月末，在沪村镇银行不良贷款余额达 2.22 亿元，但实际已核销金额仅为 435.3 万元，2014 年末在监管机构大力推进和主发起行支持下，不良贷款核销达 2 771.15 万元。

三、相关建议

（一）村镇银行层面

首先，村镇银行要坚持市场定位，遵循"小额、分散"的原则。从现有资产质量大幅恶化的村镇银行样本来看，多数为偏离市场定位，涉足钢贸等关联关系复杂的非农客户。其次，村镇银行要苦练内功，提升信用风险防范能力。村镇银行要保持资产质量的稳定性，除了有效化解存量不良贷款外，更需要合理设定符合自身市场定位和管理水平的风险偏好，提升防范外部风险冲击的能力，严格控制授信集中度风险、关联企业集群风险，提升风险监测、预警能力。最后，村镇银行要改进和完善不良贷款内部管理、考核评价机制，从处置预案、清收操作、责任认定、绩效考核、损失核销等方面强化不良贷款管控能力。

（二）村镇银行主要股东层面

由于村镇银行自身规模小、风险处置能力弱，村镇银行主要股东应该发挥自身优势，调动相关资源协助村镇银行实现不良贷款处置。对于发起行股东，应加强对村镇银行资产保全业务的指导和培训，协同自身资产保全、法律服务等资源，创造条件为村镇银行拓宽不良贷款清收渠道。对于发起行难以协助化解高风险村镇银行风险的，鼓励村镇银行通过增资扩股、引入优质民间资本作为战略投资者、降低发起行持股比例等方式，以深化产权改革化解机构风险。

（三）监管机构层面

首先，应对村镇银行不良贷款，监管机构要严格履职，做好各项风险监测、排查工作，及时掌握机构资产质量的真实状况和动态变化，为应对政策提供真实有效的决策依据。其次，鼓励主发起行协助村镇银行灵活综合运用打包转让、委托处置等多种不良贷款处置方式，进一步提高处置效率和效益。再次，指导村镇银行强化风险意识，培育科学审慎的风险管理文化，完善不良贷款问责机制，确保充足的资本和拨备缓冲，以应对预期内及非预期的信贷损失。最后，为村镇银行不良贷款处置创造良好的外部配套机制。如央行支持村镇银行直接接通征信系统，财政、税务部门为村镇银行不良贷款自主核销完善配套税收政策，公安、法院等司法部门为村镇银行化解不良贷款创造良好的司法环境。

（作者金爱华，上海银监局副巡视员）

贵州银行业金融机构社会化押运存在的问题及应对措施

社会化押运是经济发展到一定阶段社会分工日趋细化的产物，解决了银行业金融机构自身押运存在的风险、责任和压力，增加了银行业金融机构安全防范能力。贵州省银行业金融机构自实行社会化押运以来，总体运行良好，风险可控，也获得了银行业金融机构的广泛欢迎。但随着社会化押运工作的深入开展，一些问题也逐渐暴露出来，需要采取相关措施逐步规范和防范，以确保社会化押运健康发展，确保银行资金安全得到充分保障。

一、当前贵州省银行业金融机构社会化押运现状

（一）押运管理基本规范，押运风险总体可控

贵州省押运公司基本上都成立于 2010 年以前，是由原保安公司改制而成，各押运公司在注册资本、股权结构、内部架构等方面均符合国务院《保安服务管理条例》的相关规定。大多数押运公司在硬件设施方面都已安装了包括卫星定位系统（GPS）、地理信息系统、远程图像监控系统和无线通信技术于一体的软、硬件综合系统，对车辆实施准确定位、实时监控。在内部管理方面，已基本建立起押运的枪支管理、金库守护管理、突发事件处置等相关管理制度及流程。同时各押运公司与金融机构之间都已形成了良好的沟通协调机制，及时解决押运过程中存在的服务问题、安全隐患。

总体来看，贵州省押运公司自组建以来，认真履行押运职责、严格执行公安部枪支弹药管理的相关规定，未出现过风险事故，安全管理能力较强，押运公司资质、经营实力、服务质量、行业信誉均达到公安部门及金融行业安全的相关要求，各金融机构对押运公司的服务质量和风险管控能力有较高认可度。

（二）押运业务垄断经营，打破垄断仍有难度

1. 押运公司分区域经营。目前在贵州省内负责银行押运业务的共有 6 家押

运公司，各押运公司根据押运业务需要在中心城区和部分管辖县域设置押运中队具体负责押运业务。目前除黔南地区有贵州威振和黔南蓝盾两家押运公司外，包括贵阳市在内的其他地区均只有一家押运公司经营，垄断经营明显。

2. 打破垄断经营的障碍。从国务院颁布的《保安服务管理条例》看，政策上对押运公司的组建无限制性规定，公安部颁布的《公安机关实施保安服务管理条例办法》（公安部令第 112 号）也明文规定，公安机关的总体原则是"严格控制、防止垄断、适度竞争、确保安全"，也说明在确保安全的前提下，允许押运公司适度引入竞争，但在实际审批过程中，因押运所用枪弹由当地公安机关管理，押运业务受当地公安机关治安总（支）队、公安保安处等业务部门管理，出于对枪支弹药安全管理的考虑及利益因素的考量，公安机关对押运公司组建审批或跨区域经营审批都控制较严。

虽然从 2014 年起，根据国务院《保安服务管理条例》和省委省政府的要求，押运公司与当地公安机关已进行脱钩改制，押运公司资产及业务划归国资委管理，改制后公安机关与押运公司利益上的关联减少，但打破押运公司垄断经营仍然困难。

二、金融机构社会化押运存在的问题

社会化押运工作为银行业金融机构的资金及人员安全作出了一定贡献，整体看来，社会化押运公司的服务质量和服务效果是好的，作用是十分积极的。但在押运方面也存在着一些不容忽视的问题：

（一）垄断经营导致押运费用增长过快

由于垄断形成的独家经营，银行业金融机构在押运方面别无选择，因而在合同的签订和履行中始终处于弱势地位。近年来随着物价上涨，社会化押运费用也随之增长，且增长幅度远远超出了一般物价增长的幅度，押运费用增长较快已经成为各家金融机构反映最为强烈的问题。

以某国有银行省分行 2011—2013 年单车押运价格为例，省分行营业部、安顺分行、六盘水分行、毕节分行、黔西南州分行年均涨幅均超过 10%，其他地区也有不同程度的增幅。

（二）押运服务与金融服务要求不相匹配

银行业金融机构的服务时间往往是根据营业网点所在区域、服务对象等而制定的，而押运公司往往从自身押运安全角度或方便接送顺序出发，每天的接送款时间是相对固定的，导致营业时间有时得不到保障。如：某银行每天7：50运钞车从安顺市区出发，先送镇宁支行，由于路况、天气等因素影响，款箱到达关岭支行时间均在9：40左右，不能保证在规定开门营业时间前送达，给客户带来了不便，一定程度上影响了该行业务发展和对外形象。还有的银行营业网点地处农村，在夏天一般营业时间到晚上六点左右，而押运公司因为营业网点地理位置相对较远，需接送的网点较多，一般在下午四五点钟就开始接款，导致银行金融服务时间无法保证。另外，受人员、车辆、路途等限制，押运公司为各金融机构上解下拨款项安排的车辆有时比较紧张，往往出现无法满足营业网点用款和交款需要的现象。

（三）部分押运公司存在不同类型的安全隐患

一是部分押运公司存在装备设施较差，使用的运钞车年限过长，性能差，甚至是接收原外包单位移交的老旧车辆；还有的防弹衣、防盗、报警设施损坏严重而得不到修理和更换。

二是押运公司人员来源广泛、成分复杂、素质不高，缺乏完善的监督与管理，上岗周期短，有效培训不足，守押人员待遇不高，导致思想不稳定、流动性大。由于守押人员待遇不高，曾在2012年贵州省某县出现守押人员罢工的现象，最后不得不派武警临时押运，严重影响了银行的正常经营。同时由于守押人员流动较大，无有效约束机制，容易造成守押单位的物防、技防、守押日常工作失密，造成较大的安全隐患。

三是押运公司注册资本金和投保金额都远小于其为银行提供守押服务的金额，且一张保单针对多家银行，一旦发生重、特大案件事故，容易产生无法据实赔付损失的问题。

三、解决押运问题的应对措施

（一）关于如何防止押运费用过快增长的问题

垄断经营是导致押运费用增长过快的主要原因，要降低押运费用，使押运价格处于正常合理的水平，关键是要引入市场竞争机制，打破押运垄断，目前看，形成押运垄断的主要原因是准入审批环节卡得太严，鉴于此，我们认为，可以从以下几个方面着手努力：

一是充分发挥省银行业协会的行业组织作用，由协会牵头，以共同的声音，联合向省政府反映银行在押运方面存在的问题，呼吁政府取消押运垄断，真正发挥市场作用，让市场决定押运价格，并在市场行为下提高服务质量，给银行创造一个安全稳定的押运环境。

二是积极发挥银行业协会的协调、服务功能，为银押双方、银行会员单位之间搭建沟通平台。银行业协会每年召集银行会员单位与押运公司进行商谈，要求押运公司对其成本构成逐一逐项公布，由银押双方对价格构成进行充分探讨，确保价格透明，争取达成价格共识。银行会员单位之间要每年召开专题会议，确定当年单车押运价格，控制涨幅比例，以此作为各家金融机构与押运公司进行价格谈判的基础和上限，以共同的价格一致应对押运公司报价。

三是银行业协会可以进行机制创新，将押运公司吸纳成银行业协会的会员单位。通过前期调研，押运公司有加入银行业协会的意愿，一旦押运公司成为协会会员单位，押运公司与金融机构之间的沟通将更加顺畅，押运价格将更加趋于合理。

（二）关于社会化押运服务与金融服务不相匹配的问题

可由当地银行业协会与押运公司协商，在条件较好，有押运金库的县城设置押运中队，负责该县的押运业务，减少押运路途时间，最大限度地满足金融服务。

（三）关于如何降低安全隐患的问题

一是押运公司要加大物防技防投入、坚持杜绝带病车辆上路。通信、报警设备必须配备齐全。

二是加强员工的思想政治教育和安全技能培训，提高员工风险防范意识和业务技能，增加员工工资及福利待遇，金融机构在与押运公司签订合同时，可在合同中明确，员工工资增长幅度不低于押运费用增长幅度，消除员工后顾之忧，确保员工队伍稳定。

三是要求押运公司增加投保额度，确保在一旦发生重、特大案件事故后，获取的赔偿金能尽可能弥补银行损失。

（作者张国泽，贵州银监局副巡视员）

在国债收益率曲线形成过程中的
若干认识和体会

2013年年末，党的十八届三中全会通过了《中共中央关于全面深化改革若干重大问题的决定》。学习这个将对中国未来命运产生重大影响的历史性文件，我们惊喜地看到"健全反映市场供求关系的国债收益率曲线"被写入其中。作为债券行业的多年从业者，我的感受首先是意料之外，但细想下来又是在情理之中。

一、对国债收益率曲线的认识

二十世纪九十年代初期到境外考察，了解到一些国家和地区在财政有盈余的情况下仍然定期发行政府债券，再对所募集的资金作投资管理，目的就是为本币金融市场寻找基准和实施货币政策操作。

从政府对社会负债的意义上讲，国债本质上等同于本币，只是不具有通货功能。汇率是本币的对外价格，而国债收益率则是以本币计价金融产品的基础价格。国债无信用风险，同时相对于其他金融产品应有更高流动性和更丰富的期限结构。在市场发展的基础上，以曲线形式将各期限国债对应的收益率持续展现出来，就形成了国债收益率曲线。这是国债市场为经济金融做出的主要贡献之一，同时也是检验市场成熟度的显著指标。国债收益率曲线在一国市场化金融体系中不可或缺，与货币市场基准利率共同构成利率市场化环境下的基准利率体系。货币市场基准利率对货币供求更为敏感并会影响期内国债发行的票面利率，而国债收益率曲线的期限对应或时间价值更加精准，对中长期资产负债的信用及市场风险定价具有直接的参考作用。应该说，构建国债收益率曲线是金融基础设施建设的重要内容。

近二十年来，在各方精心培育下国债一、二级市场有了明显发育。作为财政部授权的国债总登记托管机构，中央国债登记结算有限责任公司（简称：中央结算公司）充分利用自身优势，1999年就开始探索编制国债收益率曲线。经过十五年的不懈努力，伴随着市场条件的逐渐改善，中央结算公司编制的中债－国债收益率曲线已经投入实际应用，成为在国内外最具影响力的人民币国债收益率曲线。

随着新一轮金融改革与发展的启动和深入，国债收益率曲线的作用会进一步显现。可以预见，在优化债券市场的信用定价条件，促进债务直接融资规模的扩大，直接服务实体经济方面；在完善基准利率体系，增强利率市场化的基础保障方面；以及提高人民币市场透明度，吸引境外投资者入市和对外形成金融影响力方面，都会感受到一条完美的国债收益率曲线所带来的便利。但目前受条件所限，我国国债收益率曲线还确有需要进一步健全的空间。

二、国债收益率曲线编制现状

多年来，围绕国债收益率曲线的形成，政府与市场各相关方面都作出了很多努力，国债市场的宏观架构已基本建立起来。包括在一级市场实现了无纸化发行、公开招标、提前公布发债计划、定期均衡发行关键期限国债，建立了国债承销团；在二级市场建立了国债做市商制度和货币经纪制度；托管结算实现了中央托管和跨市场转托管及全额实时的 DVP 结算，重新启动了国债期货交易，等等。这对于国债收益率曲线的形成和完善起到了基础性作用。近些年来，随着市场条件的改进，编制国债收益率曲线的机构在不断增加，既有中介服务机构（包括国内外信息商）也有金融机构。

与境外国债管理机构编制的曲线相比，我们的突出特点是，以国债收益率曲线为基础，采用统一方法构建成了全利率类型的各信用等级债券的收益率曲线族，进而推出了估值、指数、VaR 等系列化债券价格与风险指标，称为中债价格指标系。可直接用于机构参与者对各类债券的管理，简捷和更加充分地体现和发挥了国债收益率曲线的功能作用。

然而，相对于重要性而言，目前的国债收益率曲线在反映市场供求关系的能力上还不理想。关键问题是市场本身反映供求关系的能力不足，保证曲线质量的根本条件－市场基础比较薄弱。与发达的国债市场相比，2013 年中国国债的年度换手率为 1.3 倍，而美国 10.9 倍；做市商买卖报价价差偏大；曲线长端成交数据点稀少，全年十年期以上品种成交量占比不到 10%，笔数不到 3%，等等。近些年来，在编制技术等操作层面，中央结算公司在不断总结、学习和改进，旨在动态化地跟踪适应中国的实际情况变化。

三、对落实《决议》要求的若干思考

学习"健全反映市场供求关系的国债收益率曲线",我认为,"健全"是对现有工作成果的肯定,就是说现已形成的国债收益率曲线得到了高层认可,同时也准确表达出了当前的任务要求。"反映市场供求关系"作为质量标准,具体应落实于客观反映市场并可做出合理解释。周小川行长在决议辅导材料中提出了三方面的相关工作,即完善市场、优化技术和宣传应用。这与我们的实际感受高度吻合。

完善市场是带有根本性的系统工程,涉及多维度和多层面,可考虑以提高国债流动性为纲,取得纲举目张的效果。流动性对于健全曲线至关重要,国债收益率曲线是市场价格的镜像反映,在流动性不足情况下,市场本身就不能真实反映供求关系,曲线就成了无本之木;流动性差,收益率就会含有流动性溢价,基准作用就会大打折扣;流动性是市场质量的综合表现,提高流动性涉及市场建设的各个方面,各方面有效性的增进均可表现出对流动性的贡献;国债流动性的提高可带动债券市场整体质量的提升。

国际结算银行曾对于建设一个有深度和有流动性的政府债券市场提出过若干原则和建议。原则包括维持竞争性交易平台、降低市场碎片化程度、降低交易成本、确保基础设施和监管架构安全、稳健、高效和鼓励市场参与者类型多样化;建议包括合理安排发行期限与频率、尽量降低税制的负面效应、及时公布财政收支与发债计划及公开交易信息、基础设施要安全稳健运行、稳步发展国债回购、期货、期权等相关市场。参考这些意见并结合我们的实际,以提高国债流动性为目标,建议从几方面着手优化:

按照国际推荐标准整合市场基础设施与治理结构,以安全、高效、低成本同步优化为目标梳理完善流程;

加大对内对外开放程度,吸引更多类型与数量的投资者入市;

放松外部监管,强化机构投资者内控;

进一步完善国债发行结构,增加长期限国债关键期限品种及滚动发行和续发行次数;

调整税收和会计政策以减少国债持有到期数量;

推动衍生品发展,提高国债套期保值及担保功能;

加强做市商制度建设;

进一步增强财政政策与货币政策的协调性。

十几年来，在从事国债收益率曲线等债券价格指标的建设过程中，经常会感觉好像在培育一片名贵的树林。这片树林对于土壤、气候和栽培技术等各方面的要求越来越高。土壤就是市场条件，气候好比是政策法规环境，这些都需要有高层推动，而我们要在栽培技术上尽力而为，如编制模型、维护方法、市场把握、系统优化、工作流程以及用户界面等必须持续完善，并与各方面配合协作，加强境内外的宣传和推广应用。我们深深感到，中债价格指标饱含了各方面的心血和努力，期盼在不久的将来将中国国债收益率曲线打造成亚洲债券市场的基准，这应是我们共同的中国梦！

（作者王平，中央国债登记结算有限责任公司副总经理）

福建辖区房地产信贷风险表现及防范对策

一、研究背景

目前，辖区房地产贷款占银行信贷总量的20%以上，部分地区占比更高。2013年以来房地产市场出现新的变化，市场风险上升，房地产市场未来走向不确定性因素较多，而银行房地产信贷管理仍然较为粗放，这些都将对银行信贷安全产生影响。因此，开展对辖内房地产信贷风险新动态的调查研究，对于防范房地产信贷风险具有重要现实意义。

二、辖内房地产市场运行的动向

2013年以来，全省房地产市场总体保持平稳，但市场信心不足，交易量同比大幅下滑，房地产市场供需分化日趋明显，不同城市、县城出现较大差异。

（一）市场低迷，销售明显下滑

一手房方面：据房地产交易登记部门统计，2013年1—9月，全省一手房销售同比下降24.8%；全省一手住房销售同比下降32.9%。

二手房方面：2013年1—9月，全省二手房交易同比下降28.6%，其中：二手住房交易同比下降37.4%。从主要城市看，福州市二手住房交易同比下降37.2%；厦门市二手住房交易同比下降41%；泉州市二手住房交易同比下降38.7%。

（二）库存较高，去化需时较长

截至2013年9月末，全省累计可售商品住房面积库存总量同比增长27.31%。按去年销售平均水平，去化周期为17个月。截至9月底，福州、泉州、三明、龙岩、漳州等地商品房库存量按去年的销售水平，去化周期均在12个月（去化周期警戒线）以上，其中龙岩商品房去化周期达到了43个月。一些县级市和县城，可售商品房库存量明显过大，如石狮市、永春县可售商品住房面积库存量按 2013 年销售量计算，分别可供销售约 3 年和 5 年。持续低迷的房地产市场将加剧开发企业的资金链紧张状况，并对银行业房地产类贷款质量造成冲击。

（三）房价下行，观望态势明显

据国家统计局对 70 个重点城市监测，从 2013 年 5 月开始，福州、泉州市新建商品住房价格指数月度环比连续 7 个月下滑，2013 年第三季度尤为明显。由于房价持续下行，购房者观望氛围浓厚，虽然近期房贷新政出台后，部分消费者看房和购房意愿有所上升，但房地产市场整体还处于"看多买少观望浓"阶段。

（四）资金紧张，潜在断裂风险

受市场疲软影响，房地产开发企业资金压力加大，如辖区四家上市房企中，有三家房企资产负债率已超过 80%。虽然辖区目前尚未出现大面积滞销和大幅降价现象。但随着市场调整的持续，可能导致"烂尾楼"出现，存在一定的社会不稳定因素。

三、房地产信贷风险的表现

在新的宏观经济运行形势下，辖内房地产信贷风险也随之发生变化。一方面是房企风险不断上升；另一方面银行房贷管理风险仍不容忽视。

（一）房企风险

1. 政策风险。房地产行业发展与国家政策导向紧密相关，从长期来看，仍存在一些不确定因素：一是房地产宏观政策未来走向不明确。二是国家反腐力度加大以及将出台的不动产登记条例，都可能会对房地产市场的供需造成一定影响。三是货币政策继续保持稳健，而监管部门对同业业务、理财等非信贷渠道融资监管趋严，可能加大房企融资的难度。四是个别地方政府直接干预房地产企业的经营，加大房企风险。因此，房企的政策环境风险不容忽视。

2. 资金管理风险。一是销售不畅，引发财务风险。房地产企业的运行模式主要以自有资金为杠杆，依靠外部资金运作，销售不畅容易导致资金链断裂，形成财务风险。二是盲目扩张，加大资金断裂风险。一些房企盲目举债频繁拿地，2013 年全国主要的 40 个城市土地成交额高达 14 707 亿元，较 2012 年同期上涨 45%。在高库存的背景下，致使房企资金紧张，形成资金断裂风险。三是融资难度加大。受到经济下滑影响，一些银行对房地产行业的看法趋于审慎，房地产企业融资难度进一步加大。

3. 产品销售风险。从辖区房地产市场来看，省内各城市的存量房源呈现不断增长的趋势，存量房源销售任务依然艰巨。

（二）银行房贷管理风险

1. 资金挪用凸显。房地产行业属于资金密集型，一是一些银行对房地产开发贷款封闭管理落实不到位，以致贷款资金被房地产企业挪用于买地或其他项目。二是一些房地产开发企业自有资金不足，往往以其关联企业或以个人贷款名义获取贷款，加大房地产贷款潜在风险。

2. 内部管理粗放。从辖内银行业机构各行内部审计及外部监管看，银行对房地产贷款项目资本金的审核还不到位；贷前调查、贷中审核及贷后管理环节还有不少欠缺；个人按揭贷款的面谈面签工作还落实不够。

3. 集中度风险加大。辖内银行业机构房地产贷款存量和增量占各项贷款存量和增量的比重较高。2013 年 9 月末房地产贷款存量占比为 22.67%；2013 年 1—9 月房地产贷款增量占比为 34.13%。个别银行房地产贷款占各项贷款比重超过 40%。此外，2013 年 9 月末，辖内房地产开发企业通过委托贷款、发行债券、信托理财等非信贷方式融资余额达 605.93 亿元，一旦房地产市场发生大的变化，将严重影响辖内银行业机构的贷款质量。

四、房地产信贷风险防范措施

（一）从银行看

1. 建立和完善房地产贷款风险分析、预警和监测指标体系。各行要密切跟踪国家房地产调控政策变化，加强与行业主管部门沟通联系，同时结合房地产市场变化，制定相关分析、预警和监测指标，密切跟踪辖内重点城市的房地产市场变化情况。

2. 加强房地产信贷管理。一是继续严格执行国家房地产调控政策和差别化住房信贷政策，做好居民家庭普通自住住房金融服务工作。二是加强开发企业和合格土地储备机构"名单制"管理，强化房地产开发贷款的"封闭运行"管理，防止资金的违规使用。三是加强对商业地产和城市综合体项目的信贷风险管控。

3. 严格控制房地产贷款集中度风险。各行应结合本行实际，控制房地产融资总量及房地产信贷资产在全行资产中的比重，让资产配置与自身风险偏好、风险管控能力和经营战略相匹配。

4. 加强房地产贷款风险排查。一是适时组织开展对房地产贷款特别是省内重点城市和供过于求区域房地产贷款的风险排查，及时发现风险隐患。二是及时开展房地产信贷风险压力测试。

（二）从监管部门看

1. 加强监测分析，做好房地产贷款风险预警。一是建立房地产市场及信贷的月度分析制度，掌握新的市场动态和风险苗头。二是充分运用专业化风险分析系统定期监测分析辖区房地产信贷质量变化情况和重点房企资金链状况。三是按季度监测分析房企多渠道融资情况。

2. 加强现场检查，严密防范房地产信贷风险。加强对银行业金融机构执行差别化住房信贷政策的经常性监管和专项检查，在现场检查中应加强对房地产企业集团客户及上下游企业贷款的检查，严防资金挪用。

3. 加强工作联动，提升房地产贷款监管质效。一是持续通过监管情况通报会以及专题会议等形式，及时预警房地产信贷运行中的新情况、新问题，引导银行业机构做好风险防控。二是主动加强与地方政府主管部门的沟通交流，及时获取相关政策信息，为银行业机构防范房地产信贷风险提供窗口指导。

（三）从外部看

1. 促进房地产市场平稳健康发展。国家要稳定房地产政策，防止房地产市场的大起大落。地方政府要根据当地商品房住房库存量和市场供求变化情况，合理确定商品住宅用地供应量，加快去库存力度。

2. 加快社会信用基础和市场诚信制度建设。要进一步加强社会信用基础和市场诚信制度建设，为经济金融体系健康发展营造一个诚实守信的社会环境。

3. 发展多元化房地产金融市场。要鼓励房地产开发企业通过发行短期融资券、中期票据、企业债券、股票等融资工具获取资金，进一步降低银行间接融资比重，发展多元化的房地产金融市场。

4. 支持房地产融资模式创新。支持银行业机构探索发行住房抵押贷款支持证券 MBS、发行期限较长的专项金融债券等多种措施筹集资金，用于增加首套普通自住房和改善型普通自住房贷款投放。

（作者于战勇，福建银监局原副巡视员）

调研中国银行业（下册）

——银监会系统领导干部调研报告集
（2014）

中国银监会宣传部　编

中国金融出版社

目　录

上　册

党的建设篇

改革发展篇

下　　册

金融服务篇

规范管理篇

金融服务篇

新常态下县域经济发展的金融支持研究[①]

郡县治则天下安。县域经济是国民经济的基石。在我国以工业化和城市化为主线的现代化进程中,县域是首当其冲的空间载体。国际金融危机以后世界经济进入深刻的再平衡调整阶段,中国经济也正处于三期叠加的阶段。习近平总书记提出了经济新常态的论断,无疑是经济理论的重大创新。我们要从经济发展新常态的角度认识当前经济发展的本质特征和运行规律,正确认识经济增速的平缓下滑,以更大的改革决心协同推进新型工业化、信息化、城镇化和农业现代化。县域作为城乡的连接地带,县域经济的发展水平、产业结构和城乡一体化程度直接决定了"新四化"的进程。金融是现代经济的核心,金融支持县域经济发展是一个老课题,但面对新形势、新任务,如何主动适应、引领经济发展的新常态,通过金融业深化改革,更好地发挥金融的杠杆作用,服务实体经济的发展,则又是一个新课题。

一、在新常态下区域经济发展格局中县域经济的重要性日益凸显

金融体系的基本职能在于动员储蓄、配置资金。能否有效地配置资金是衡量金融体系发展水平的重要标志。金融体系只有将有限的资金配置给经济中最有竞争力的区域,所能创造的经济剩余才最多,系统性风险才最低。在当前的经济形势和国家发展战略背景下,金融要向县域倾斜配置资金,主要是由县域经济的如下特点决定的。

第一,县域经济在区域经济格局中占据半壁江山。截至 2011 年,我国县(不含县级行政区划的市辖区、旗、自治旗)共 1 948 个,县域行政区域土地面积约为 880.6 万平方公里,约占全国陆地面积的 91.72%;县域人口 91 311 万人,占总人口的 68.1%;县域 GDP 占国民经济整体比重为 51.04%。基础不牢,

---

① 本报告为刘福寿同志向中央党校厅局级干部进修班(第 63 期)提交的调研报告,发表在中共中央党校网上。

地动山摇。县域经济在国民经济中占比超过一半，其发展关系到我国2/3以上人口的福祉、关系到全面建设小康社会的大局。

第二，县域经济转型升级是新常态下推进"新四化"、实现中国经济升级版的重要支撑。2013年中国的城镇化率是53.73%。即使达到发达国家60%~70%的城镇化率，依然有广大人口在农村。工业化发展至今，改革初期期待出现的城市对农村的"涓滴效应"不仅没有出现，反而扩大了城乡差距。对此，党中央提出了"新四化"协同推进的目标，通过以工促农、以城带乡、工农互惠的方法推动城乡一体化。县域作为城乡一体化发展的基本单元，只有县域经济完成转型升级，才能真正打造出中国经济的升级版。

第三，县域经济转型升级是推进新常态下经济增长的新动能。新常态下，经济增长将更多依靠人力资本质量和技术进步，并发挥消费在推动经济发展的基础作用。如何激发创新、激活消费？核心在人。传统城乡二元格局下，人口来回迁徙，劳动力人口的不稳定导致人力资本积累缓慢，创新能力弱；不断扩大的城乡收入差距导致农村消费潜力无法释放。要解决作为城乡结合地带的县域对人口的吸引能力。通过让广大农民平等参与现代化进程、共同分享现代化成果，逐步扩大中等收入者阶层，为扩大内需创造社会基础。

二、新常态下金融服务县域经济发展需要破解的难题

2003年国务院颁布了《深化农村信用社改革试点方案》，以此为标志，我国城乡金融进入深化改革阶段。十余年来我国县域金融发生了许多积极变化：第一，全部县（市）和绝大多数乡镇实现了金融服务网点的全覆盖；第二，多层次的县域金融服务体系基本形成；第三，农村金融基础设施日益完善；第四，县域金融服务监管制度框架基本确立。

在当前经济下行和结构调整的双重压力下，金融业面临着增速放缓、不良反弹等问题和挑战。可以预计，增速回稳、存贷利差收窄、不良贷款反弹和潜在风险暴露增多将成为未来一定时期金融业发展的基本态势。

当前，金融业在服务县域经济发展方面还存在不少问题和难题。一是信贷结构不平衡；二是金融机构支农支县的体制机制不健全；三是各类金融业态的协同效应没有得到充分发挥；四是县域"三农"金融风险大。县域金融服务水平与县域实体经济发展要求相比仍然有不小的差距。

三、强化新常态下县域经济发展金融支持的政策建议

差距也是潜力。潜在的需求如果能够激发出来并拉动供给，就会成为新的增长点，形成推动发展的强大动力。县域金融当前存在的诸多问题折射出我国县域经济发展自身的问题，同时县域金融也只有在支持县域经济转型发展的过程中才能深化升级。为此，建议金融业集中资源促进重点领域改革，收到带动全局、事半功倍的功效。

（一）金融支持县域经济的重点

一是牢牢把握小城镇发展的战略机遇期。当前，中央决定重点实施"一带一路"、京津冀协同发展和长江经济带三大战略。中西部地区中小城市和小城镇将迎来一个发展的重要机遇期，金融业应当配合国家发展战略向上述区域倾斜配置资源。

二是协同推进新型工业化和城镇化。脱离了城镇化的工业化，是抛弃了农村、农民的畸形工业化；脱离了工业化的城镇化，是缺乏产业支撑的造城运动。必须将资本、科技、人才等战略要素吸引到城镇、吸引到农村。在这一过程中形成的基础设施建设投资需求才是有效需求。金融支持城镇化建设过程中，尤其要注意防范对土地、房地产担保的过度依赖。

三是推进农业产业组织和产业结构现代化。中央提出扶持发展农民合作社、家庭农场和农业产业化龙头企业等新型农业经营主体。金融应加大对新型农业经营主体的支持力度，积极探索低成本、可复制、易推广的农村金融产品和服务方式。

（二）深化金融改革增强服务县域经济能力

金融要服务好上述重点领域，必须深化自身改革，增强服务能力，提高服务水平。

一是深入推进农村金融机构体制机制改革。稳步推进农村信用社改革，研究确定省联社改革的基本模式，继续深化农业银行"三农金融事业部"改革，优化邮政储蓄银行县以下机构网点功能，建立商业银行新设县域分支机构的信贷投放承诺制度，研究完善农业发展银行改革方案，稳妥培育发展新型农村金融机构。

二是丰富农村金融服务主体。鼓励建立农业产业投资基金，支持组建主要服务"三农"的金融租赁公司，鼓励组建政府出资为主、重点开展涉农担保业

务的县域融资性担保机构或担保基金。探索发展新型合作金融。

三是大力创新农村金融产品和服务方式。激活农村农民财产要素，用足用好农村有限的担保资源。探索发展农业产业链金融，丰富农业保险产品，做精做细农产品期货。

四是加快发展县域范围内的普惠金融。继续扩大小微企业和"三农"专项金融债发行规模，积极探索保障金融机构农村地区存款主要用于农业农村的实现方式。完善社区金融服务网点，改进弱势群体金融服务。

五是守住风险底线。伴随着经济增速下调，各类隐性风险逐步显性化，要严控产能过剩贷款风险，紧盯流动性风险，加快化解问题机构风险，严防影子银行风险向银行系统传递。

（三）培育良好的外部环境

金融不是自成一体的封闭体系，其运行需要良好的信用环境、法律环境等一系列基础条件。

一是培育诚信文化。诚信社会的形成离不开诚信政府的建设。新常态下，县级政府应该强化预算约束，量力而行，理性融资、合规融资，使得经济增长真正转移到主要依靠创新驱动而非投资驱动上来。

二是推进法治建设。诚信社会的形成同样离不开法治国家的建设。县级政府应带头守法，确保司法机关依法独立公正行使司法权力，加大金融案件的诉讼执法力度，建立对逃废金融债务的惩戒制度。

三是加大财政支持。通过财政贴息等方式降低经营主体融资成本；通过专项扶持、引导社会资本注入等方式化解高风险农村中小金融机构。

良好的金融生态必将激发资金要素流入县域，流入农村，推动公共资源的均衡配置，支撑县域经济的转型升级和城乡一体化建设，为全面建成小康社会奠定坚实的基础。

（作者刘福寿，中国银监会法规部主任）

关于国外银行服务收费相关情况的调研报告

为了解发达国家银行服务收费情况，从而更好地指导中资银行推进经营转型，提升金融服务能力，加大对实体经济的支持力度，我们对汇丰银行、摩根大通、花旗银行等美国、英国的银行服务收费情况进行了专题研究。其间，我们召集主要外资银行进行了座谈，并对服务收费情况进行了实地走访。现将有关调研情况报告如下。

一、总体情况

由于世界各国和地区的经济发展水平不同，金融市场环境、社会文化和居民消费习惯等也不同，银行所能提供的金融服务品种和价格均存在很大差别。因此，对于银行服务收费问题，并没有统一的"国际惯例"可循，我们主要对美国、英国和中国香港等发达国家和地区的大型银行进行了研究。

总体来看，发达国家银行的服务项目、服务品种普遍多于中资银行，服务收费价格也普遍高于中资银行。特别是国际大型银行一般采取混业经营的方式，银行、证券、保险相互跨业交叉经营，如花旗银行、摩根大通都通过并购、新设等方式，形成了资产庞大的综合经营金融集团。如美国银行业中间业务种类涵盖银行业务、信托业务、投资银行业务、基金业务和保险业务等几乎所有金融领域。而中资银行中间业务种类主要以支付结算类、担保承诺类、银行卡类等传统中间业务为主，创新业务多为传统业务的延伸，涵盖领域相对较窄。

二、国外银行服务收费的几个特点

一是服务收费项目覆盖面较广。发达国家和地区的银行不仅服务能力较强、收费水平较高，而且服务收费项目种类较多。以汇丰银行为例，其收费项目可以分为两大类，即标准化定价的收费项目和协议定价的收费项目。汇丰银行标准化定价的收费项目共计487项，具体可分为账户管理、支付结算、银行卡、贸易融资、理财、保函、证券经纪和按揭八类，其中收费项目最多的是账户管理类和支付结算类，分别为172项和85项。中资银行目前没有证券经纪业务，对按揭贷款也不进行收费，如国有大型银行标准化收费项目最少117项，最多323项。同时，中资银行对协议定价的收费项目也进行了公示，如国有大型银行协议定价的收费项目在76项和165项之间。

二是服务收费收入是重要的利润来源。20世纪80年代以来，伴随着市场化程度的不断提高、科技系统水平的迅猛发展、金融业务竞争的日趋加剧，主要发达国家商业银行存贷利差的空间日益缩小，推动银行选择服务收费作为重要的盈利渠道，其中间业务收入占营业收入比重迅速上升。据统计，欧美主要银行中间业务收入普遍占营业收入的40%～50%，部分银行甚至达到70%。如梅隆银行、汇丰银行、摩根大通、美国银行、巴克莱银行、花旗银行的中间业务收入占比分别为79.28%、54.36%、53.72%、51.21%、42.44%和36.65%；而中资银行虽然近年来中间业务收入增长较快，但其占营业收入的比重相对较低，全银行业平均为19.83%。

三是服务收费价格完全由市场决定。国外银行根据市场竞争情况，考虑自身经营策略、业务规模和业务成本等因素自主确定收费项目和具体收费标准，其收费项目全部为市场定价，没有政府定价和政府指导价项目。金融监管部门一般不对银行收费进行直接干预，而是通过制定法律法规来规范银行的收费行为及收费信息的披露，保护消费者权益。同时，国外银行大部分服务项目收费标准会根据社会物价水平和成本而适时调整，整体上处于持续增长之中。以信用卡为例，10年前国外银行信用卡预借现金服务的收费标准是交易金额的2%，最低2美元，最高10美元。现在，这项费用已提高到交易金额的3%，最低5美元到15美元，且上不封顶；信用卡的滞纳金和超限费在过去十年中几乎增加到原来的3倍。

三、中外银行服务收费项目的几点差异

一是国外银行对小额存款账户收取较高的服务或管理费。美国几乎所有银行对账户包括信用卡账户都有开户或月均最低限额的限制，存款低于限额的不仅不支付存款利息，还要收取一定的管理费用。具体限额根据账户种类有所不同，有的高达1万美元，有的只有几百美元，而账户管理费用一般为每月5～25美元。中国香港地区银行一般都设定了1 000～5 000港元的最低开户金额，收费

金额为 10 ~ 200 港元。如汇丰银行对存款结余低于 5 000 港元的储蓄账户每月收取 40 港元的服务费。中资银行对代发工资账户、退休金账户、低保账户、医保账户、失业保险账户、住房公积金账户等免收账户管理费，对其他小额账户和休眠账户收取每月 1 ~ 3 元的管理费。

二是国外银行对柜台存取款业务进行收费。国外银行对客户每日柜台取款大都设定了一个上限，超过上限将收取费用，而在某些国家对柜台存款业务也设定了限额并收取临柜服务费用。如汇丰银行香港分行对于超出每日柜台存款限额的收费标准分别是人民币存款额的 0.125%，外币存款额的 0.25%；如辅币存款在 500 个以上，按存款的 2% 收费，最低 50 港元。此外，通过电汇汇入汇丰银行账户也要收取 65 港元的费用。目前中资银行对客户每日柜台存取款并未设定上限，只针对大额取款建立了提前预约制度，对客户办理柜台存取款业务均实行免费。

三是国外银行对按揭贷款业务收取服务费。在美国申请房贷，除了支付利息之外，还需要缴纳手续费、折扣费、信用报告费等，这些费用与利息进行加总后得出一个年百分率（APR），代表借款人的实际贷款成本。美国金融监管机构要求银行必须在贷款费用里列示 APR 包含的所有费用，消费者可以根据实际情况申请 APR 最低的贷款。澳洲的银行在客户申请房贷时要收取房贷申请费，在还贷期间收取还款账户维护费。汇丰、渣打、花旗银行对客户申请按揭贷款、变更按揭合同、提前还款及索要相关资料等都收取一定费用，涉及按揭贷款的收费项目超过 10 项，而中资银行对此类业务一般不收取费用。

四是国外银行对具有透支功能的产品收费标准较高。美国银行业一项重要的非利息收入来源就是支票账户透支收费，美国的银行一般对单笔透支收取 25 ~ 35 美元的费用，一个账户每天最多可以收取 4 ~ 7 笔。花旗银行 2012 年支票账户相关收入 9 亿美元，约合人民币 55 亿元。再如汇丰银行信用卡罚息为月息 2.5%，而中资银行大多为月息 1.5% 左右。

五是国外银行服务收费实行差别定价。国外银行在如何设置收费项目、收费或不收费、高收费或低收费方面，有着明晰的策略目标和系统支持，同一家银行同样的服务对不同客户的收费有可能会有所不同。较高的服务定价往往对应相对高端的、对价格不太敏感的客户，同时也与复杂的产品和高附加值基本适应。如中国香港地区的银行大多根据自身规模、特长等分层确定了各自的优质客户，具体收费标准由银行根据客户的信誉、业务往来等情况确定，实行差别收费。而中资银行对面向社会公众的账户管理和支付结算类基本金融服务依存度较高，其结算及银行卡收入占中间业务收入的比重高达 37.81%。由于基本金融服务定价缺乏层次性，收费标准提高首先会增加低收入群体的负担，容易引发争议。

四、关于支票收费问题

中资银行对于支票的收费可以分为直接对支票收费和与支票相关的间接收费。对支票的直接收费属于政府定价和政府指导价，具体包括：支票手续费每笔不超过 1 元、支票挂失费按票面金额的 0.1%（最低 5 元）、支票工本费每份 0.48 元。此外，部分中资银行在客户使用支票办理跨行柜台转账汇款时按规定标准向客户收取转账汇款手续费。此时支票仅作为资金转移的介质，收取的转账汇款手续费并不是针对支票收取的费用。转账汇款手续费的收费标准为按照汇款金额的一定比例分段收费，对个人客户一般为 2~50 元，对企业客户一般为 5~200 元。国外银行对支票收费标准高于中资银行，如汇丰银行向客户发出特别兑现通知书，收取每张支票 60 港元的费用；将支票直接送交付款银行结算，则收取最低每张 200 港元的费用。

（作者肖远企，时任中国银监会银行监管一部主任，
　现任中国银监会审慎规制局局长；
　作者王大庆，时任中国银监会银行监管一部副主任，
　现任中国银监会国有控股大型商业银行监管部巡视员）

股份制银行利率管理情况调研报告

一、利率管理基本情况

（一）贷款定价管理模式

股份制银行普遍建立了较为完备的利率管理组织架构，形成了由资产负债管理委员会、利率决策部门和利率执行部门构成的三级利率管理体系。其中，各行均把资产负债管理委员会作为利率管理的最高决策机构，而具体的利率决策部门则各有不同，大体可分为以下三类：

第一类是以总行计划财务部或者资产负债管理部作为利率管理的归口部门，如招商、浦发、民生、中信、平安、广发、恒丰、渤海和浙商9家银行。

第二类是由总行计划财务部和业务部门共同承担利率决策和管理职能，如兴业和华夏银行。

第三类是由总行业务部门负责利率决策和管理，计划财务部不承担此职能。目前仅光大银行采取这种模式。

上述三种定价管理模式各有利弊。第一种模式有利于全行定价的统筹管理，但定价决策端与市场端的距离相对较远；第三种模式更加贴近市场，但业务部门受以规模为导向的绩效考核的影响，可能会偏离既定的定价目标和流动性目标；第二种模式则在这两者之中取得相对均衡，但可能会增加决策协调成本，时效性相对不足。

（二）贷款定价水平

在对公贷款方面，12家股份制银行的定价总体处于较高水平。截至2013年底，一般性对公贷款余额为7.23万亿元①，加权平均浮动比例为10.08%。其中，执行基准及以上利率的贷款占比高达87%。从客户类型看，小型和中型企

---

① 统计口径为12家股份制银行的境内机构发放的人民币一般性对公贷款，不含票据业务；对公客户包括企业客户和机构客户。下同。

业贷款的定价水平最高,上浮 13% 以上;微型企业贷款的上浮比例为 10.65%;大型企业贷款则仅上浮 4.65%。微型企业的贷款占比及定价水平均低于小型企业,主要原因是微型客户则往往是与大型企业合作时附带营销的,多数为大型客户的关联企业或者有大企业的担保。

在个人贷款方面,12 家股份制银行的加权平均浮动比例略高于对公贷款,但是利率浮动区间的分布更为离散。截至 2013 年底,一般性个人贷款余额为 2.76 万亿元,加权平均浮动比例为 11.04%。其中,执行基准及以上利率的贷款占比为 67%;执行基准以下利率的贷款中,下浮区间在 20%~30% 的贷款占比最高,接近 20%。

(三)利率市场化对股份制银行的影响

在贷款利率市场化方面,人民银行在 2012 年两次下调贷款基准利率下限;2013 年 7 月宣布取消一般性贷款利率下限。从各股份制银行的情况来看,贷款定价水平基本保持稳定。据测算,本次放开贷款利率管制将使各家股份制银行的新发放贷款加权平均利率减少 5~15 个基点,净息差将下降 1~3 个基点;净利息收入将减少 1 亿~6 亿元,对净利润的影响将不超过 5 亿元。相对于 2012 年股份制银行平均 210 亿元的净利润来说,本次放开贷款利率管制对股份制银行不会产生实质性的影响。

在存款利率市场化方面,基本方向是通过逐步扩大负债产品的市场化定价范围等方式来稳步推进,大额可转让存单(NCD)就是其中的重要工具。对商业银行的影响将体现在:一是管制利率下的存款将被逐步分流,而市场定价的存款占比相应提升,将导致负债总成本有所提升。二是为银行的资产负债流动性管理提供新的工具。在资产端,同业存单可以提升同业资产的流动性;在负债端,大额可转让存单可以吸引存款回流,对冲资金脱媒的趋势,弱化存款波动。

二、应对利率市场化的探索

(一)探索差异化战略

利率市场化为银行的差异化经营打开了空间。为此,各家股份制银行积极探索差异化经营战略。如兴业银行近年来大力发展同业、金融市场、投行等非信贷业务,信贷资产占比在股份制银行中已经处于较低水平;民生银行则以小微业务为战略重点,并实施行业事业部制改革,深耕细分市场。

(二)强化核心竞争力

股份制银行在多年经营当中形成各自独有的优势。强化核心竞争力成为股份制银行应对利率市场化的重要选择。如招商银行着重加强零售业务优势，推进电子渠道由交易替代向客户经营转型；广发银行则以"两卡一中心"作为战略重点，即抓好信用卡、生意人卡两大优势产品，建设小企业金融中心。

（三）完善资本规划

利率市场化对银行利润留存、利率风险的资本要求都有重要影响，要求股份制银行有更具科学性和前瞻性的资本规划。如浦发银行在制订中长期资本规划中考虑了利率市场化的影响，设置了不同的情景假设以评估未来资本缺口状况；浙商银行也根据利率市场化的进展逐步调整资本规划模型与方法。

三、仍存在的问题

各行虽然均提出了应对利率市场化的举措，但是在落实差异化战略、发展中间业务、利率风险管理等方面仍存在一些不足，有待持续改进。

（一）经营战略的差异化程度不够

一是市场的差异化定位不够。以小微企业金融服务为例，大多数股份制银行均明确提出把小微业务作为战略转型的重点，但是由于尚未结合自身的特色和优势对小微企业市场做进一步细分，在一定程度上出现了同质化竞争的现象。二是产品的差异化设计不够。股份制银行普遍追求产品的多而全，却还未能充分体现自身特色。

（二）非利息收入的真实性有待提高

增加非利息收入是银行应对利率市场化的重要手段。虽然近年来非利息收入占比持续提升，但相当一部分来自与信贷业务的高度相关，其实质是贷款利息的转化。这部分非利息收入同样面临着利率风险，同样会受到利率市场化的影响。

（三）中间业务增长的可持续性不足

2014 年以来，股份制银行的中间业务收入总体保持了较快增长，但主要来源于理财特别是非标理财业务的快速扩张。在 8 号文的约束下，该类收入的增长不具有持续性。2013 年第三季度股份制商业银行的非利息收入环比减少了 34 亿元，非利息收入占比也从 30.4% 下降到 29.5%。

（四）利率风险管理技术有待提升

股份制银行在利率风险管理方面的准备不够充分，应对的举措主要集中在加强风险计量、调整风险偏好等方面，大部分银行没有在表内的资产负债组合调整、表外的衍生工具对冲等方面积累足够的经验。随着利率环境的日趋复杂，股份制银行有必要深入探索利率风险管理的各种技术。

四、监管建议

（一）进一步深化差异化战略

一方面是市场的差异化。鼓励股份制银行深化对小微业务的差异化战略，从行业、区域及客户层级等方面开拓和细分。另一方面是产品的差异化。鼓励股份制银行结合自身特点设计更多差异化的产品，把符合自身定位的产品做到最好，保持定价优势。

（二）持续完善监管制度

近年来股份制银行在理财、同业、投资等新型业务方面的创新不断加快，而相关的监管法规相对滞后，无法实现有效的监管和风险防范。为此，应持续完善对新型业务的监管规定，明确业务操作规范，支持商业银行在合规前提下实现业务和产品创新。

（三）鼓励探索利率风险主动管理

一是表内的资产负债组合管理。要把利率风险管理目标纳入到资产负债管理的目标体系当中，建立基于利率波动的资产负债调整机制。外币业务是较早实现利率市场化的，各家银行普遍根据外币利率波动，运用业务规模、指导利率以及 FTP 等手段进行调节，可以为人民币业务提供借鉴。二是表外的衍生工具对冲。目前只有少数银行开展利率风险表外对冲，且主要是基于 Shibor 的利率掉期。人民银行已经发布贷款基础利率（LPR），并且将逐步取代当前的贷款基准利率，银行可以探索开展基于 LPR 的利率掉期交易。

（四）及时把新产品纳入监管体系

随着存款利率市场化的推进，存款市场将陆续推出同业存单、面向企业和个人的 NCD 等；同时商业银行也会设计各种差异化的存款产品。这些产品在利率风险、流动性风险等方面和传统的存款产品有较大差异，因此需要及时将其纳入监管体系，如要加强对新产品的报批、备案管理，调整和开发监管报表，开展专项现场检查和督导等。

（作者杨丽平，时任中国银监会银行监管二部主任，
现任中国银监会国有控股大型商业银行监管部主任）

天津银行业在京津冀协同发展中的战略选择

京津冀协同发展已经上升为国家战略，三省市也已两两互动分别签署 18 项区域合作框架协议及备忘录。在此背景下，探索天津银行业在京津冀协同发展中的战略选择具有重大实践价值。

一、京津冀协同发展带给天津银行业的发展机遇

（一）在产业转移过程中寻找商机

京津冀协同发展必将加大基础设施建设、产业转移、污染治理和社会资源建设共享方面合作力度。一是产业转移引发的资源配置调整将为银行业发展注入新活力。2014 年前三个季度，天津新引进北京企业投资项目 461 个，到位资金 930.68 亿元，同比增长 28%，占全市国内招商引资到位资金额的 33%。二是产业转移带来的人员流动和企业投资转向，产生大规模的基础性存款需求和企业融资、并购重组和产权改革等需求。驻京大型批发市场整体外迁带来商户结算业务和个人消费结算业务的发展机遇。三是滨海新区的政策扶持，将有助于形成企业融资成本比较优势，从支持引进、客户培养到业务开拓，天津银行业将大有可为。

（二）立足自身地位优势寻找商机

一是滨海新区金融创新与改革先行先试政策有助于巩固天津融资租赁龙头地位，实现跨境金融跨越式发展。滨海新区是京津冀地区金融创新政策红利最为集中的区域，为跨境金融发展带来重大利好。现有的跨境金融政策红利主要包括：（1）天津滨海新区意愿结汇政策；（2）天津中新生态城跨境人民币业务创新试点；（3）东疆港特色融资租赁业务。天津充分利用政策红利，在融资租赁、资本项目创新、离岸金融等诸多方面，创造出了区域甚至全国领先的纪录。另外，目前天津自贸区已经获批，将为出口信贷、内保外贷、跨境租赁、跨境并购等跨境金融业务提供更广阔空间。

二是双港优势发力，天津银行业在航运物流和贸易金融领域大有可为。从

航运物流看，天津拥有"北方国际航运中心"和"国际物流中心"双重定位，航运金融服务体系建设是国际航运中心软环境建设的一项重要内容，在解决航运产业链各环节企业资金短缺问题的同时，还为航运金融发展提供了重要机遇。例如，工银租赁成功完成海湾钻探者 1 号 SuperM2 自升式钻井平台的交付，成为国内银行系金融租赁公司首次拥有国内建造的全新海工平台。从贸易金融领域看，与北京、河北相比，天津在传统贸易领域具有优势。2014 年前三个季度，天津口岸出口总额中，来自北京和河北的比重达 35.8%。围绕进出口贸易的物流、通关等三方代理产业发达，已形成完整的产业链覆盖。这为辖内银行机构在天津发展贸易金融业务提供了广阔市场。

（三）利用时机"走出去"寻找商机

一是京津冀金融业发展不平衡为银行业横向协同发展提供新思路。北京地区金融机构存款十多年来持续增长，存贷差不断扩大，可以吸引来津投资，弥补天津信贷资金缺口；河北具有较强的资源优势和广阔市场，金融业发展速度却较慢，可以引导天津法人银行"走出去"，到河北开设分支机构，逐步渗透共享金融资源。

二是三地银行业客户群体差异和特色化经营为同业合作提供广阔空间。目前，北京农商行、天津农商行和河北省农信社已率先行动，合作开发和管理因优质企业迁移而产生的跨区域信贷项目。鉴于京津冀产业发展层级不同，银行业可综合利用三地资金开展产业链金融合作，在京津冀更大范围内梯度配备资源，构建覆盖三地的全面、立体化金融服务网络，在共赢中谋求更大发展空间。

二、天津银行业面临的挑战

（一）京津冀区域经济增速下滑、产业布局调整及产能过剩行业集中将导致区域信贷风险上升

在我国经济增速放缓的背景下，京津冀地区经济增速也同样呈现放缓趋势。2014 年上半年，北京、天津、河北工业增加值分别同比回落 2.2%、2% 和 6.5%。产业的布局调整带来了许多新兴行业，这些行业在发展过程中并不成熟，政策影响存在不确定性，这也增加了金融机构的新增信贷风险。同时，京津冀地区产能过剩问题突出，尤其是钢铁行业，区域内除河北钢铁、首都钢铁、渤海钢铁三大集团外，还存在众多中小钢铁企业，盈利水平低、经营形势严峻。从而导致京津冀地区的信贷风险整体呈上升趋势。

（二）银行同业加快布局导致市场竞争压力显著提高

京津冀地区是各类优质要素的汇聚之地，主要银行业金融机构也正在京津冀地区加快布局，区域银行机构饱和度明显提升，竞争压力显著提高。目前除了国有银行，民生、招商、光大银行在京津冀地区投入网点资源较多，其他主要股份制银行和城市商业银行也在加快布局，近期渤海银行、廊坊银行、张家口银行、邯郸商业银行等都在河北省内积极筹建机构。天津银行业应避免金融同质化竞争和粗放的规模扩张，在承接资金密集型产业转移和建立巩固金融创新中心等方面多下功夫。

（三）各类投资项目收益不确定影响信贷资产质量

京津冀协同发展本身要避免成为一场房地产资本化和负债盲目扩张的造城运动，而使银行机构"配合"发挥信用扩张的功能。果真如此，这其中大部分的投资项目无疑将缺乏长期收益，可能会带来资产质量下降和房地产泡沫化的隐忧。在短期政府隐性担保和金融自由化带来的竞争压力增大的情况下，理性的银行机构需要保持定力，有选择有重点，注意风险防范，规避银行同业无序竞争。

三、天津银行业未来发展路径

（一）用足政策红利，打造金融改革试验区

首先是冲破现有金融改革创新壁垒。积极参与中新生态城人民币国际化试点；利用东疆保税港区完善的税收、外汇、通关、商务等优质配套政策，加快发展航运金融和离岸金融业务。目前，招商、平安、交通和浦发4家银行都已在滨海新区开展离岸金融业务，2014年上半年，天津离岸金融结算总量为128亿美元，客户数量超过2 500户，政策优势对于银行业务发展的推动作用已十分显著。其次是强化三地创新合作。以天津未来科技城为载体，充分发挥滨海新区成本优势、制造业产业优势等，联合北京、河北开展科技投资体制创新，打造京津冀科技合作带。

（二）推动三地银行业合作共赢，加强服务实体经济

一是发挥授信政策导向作用，控制信贷投向。首先，各总行应将京津冀地区作为一个整体配置投放信贷资源。其次，有扶有控，重点支持高端制造业、城市基础设施、新型城镇化、节能环保、金融服务等行业，渐次退出产能过剩和落后产业。最后，加强同业合作，通过银团贷款满足三地基础设施、环境、

产业等耗资巨大的对接项目融资需求。

二是加大力度推动产业园区和中心商务区建设。目前，京津已签订京津中关村科技新城、天津未来科技城、京津产业新城等多项园区建设协定。银行业金融机构可安排专项融资重点支持产业转移和园区建设中的资金需求。

（三）巧借个性化优势，谋求错位发展

一是鼓励各银行总行将功能性总部向天津转移，京津共建银行机构后台运营中心。北京和天津金融业各有侧重，银行总行和央企总部集聚北京，北京作为金融决策中心的优势明显。天津拥有地理位置、制造业基地、土地和人力资源成本因素等优势，可以作为资金运营中心，在数据处理、电话业务、单证业务、支付结算、产品研发、职工培训等方面，为北京提供高质量的金融后台服务。

二是有序推动本地法人银行布局北京、河北市场。首先，天津银行业在"走出去"进程中应结合自身优势，实现与北京、河北本地银行错位发展。如向河北布局可以首先考虑河北各地区资源禀赋与天津、北京的互补性，结合银行业服务欠发达地区情况，选择有后发势地区优先进入；其次，考虑对已进入河北省且运营较好的现有分支机构进行升级；最后，可考虑将天津本地银行的后台功能性机构如灾备中心等向河北转移，降低运营成本。

（作者余龙武，时任天津银监局局长，

现任中国银监会全国性股份制商业银行监管部主任）

金融消费者权益保护工作的问题及对策

近年来，随着我国金融消费市场的发展，消费者对金融服务的内容、层次及效率等提出了更高要求，加强金融消费者权益保护日益成为监管部门、社会各界关注的热点问题和重点领域。河北银监局在引领并督导辖内机构切实做好相关工作的同时，组织力量就金融消费者的权益保护问题进行了广泛研究，通过查摆问题、分析原因，提出了现阶段保护金融消费者权益的若干建议。

一、侵害金融消费者权益的表现形式

随着经济社会不断发展，金融消费活动已经渗透至社会经济生活的各个方面。与此同时，金融消费者与金融机构之间的纠纷也呈现逐年增多态势。概括起来，纠纷问题主要有以下五种。

（一）强制捆绑销售

银行业机构在营销金融产品的同时，要求消费者购买另一种付费的金融产品或服务，如在交通违章缴罚款、开立存折时要求办卡；办理个贷时指定投保保险公司的人身意外伤害险等。

（二）不实宣传或承诺

片面夸大基金或理财产品的收益，对风险及附加条款避而不谈，如将保险当成新型储蓄进行不实宣传等。

（三）格式合同和霸王条款

向消费者销售金融产品时以格式合同、霸王条款等形式强迫消费者接受前提条件或附加条款，以规避银行方面的责任，加重消费者义务。

（四）自助机具管理漏洞

银行业机构自助设备（ATM）软硬件管理上有缺失，存在漏洞，使犯罪分子利用克隆卡、伪冒申请信用卡导致客户资金损失。

（五）银行卡资金安全风险

随着信息科技的发展，银行卡资金安全风险逐渐显现，主要表现为金融消费者在银行卡和密码均未丢失的情况下，出现资金流失问题等。

二、银行业机构侵权行为原因分析

银行业机构大致存在以下几个方面过失：一是产品说明不实或不规范劝诱。金融产品与普通商品相比，具有信息敏感和结构复杂的特点，一些机构在销售理财产品时，往往夸大产品的投资收益，甚至对预期的利益作虚假陈述，对消费者的自主选择形成误导。

二是侵犯消费者隐私的行为。主要表现为故意披露其掌握的消费者隐私，过失泄露消费者隐私，以不合法的方式收集消费者隐私。一些机构在办理业务时，擅自查询甚至对外提供客户信用记录、身份信息等个人资料，网上银行、电子银行业务的安全防护措施设置不严密，威胁到消费者的资金安全。

三是乱收费现象依然存在。对于诸如信用卡年费、借记卡年费、零钞清点费等关系普通民众日常生活的消费价格，消费者的相关权利被剥夺。随着《商业银行服务价格管理办法》2014年8月1日起正式实施，近期养老金异地取现免除部分手续费问题及双免卡问题的投诉较多。

四是卖方垄断行为。诸如强制搭售其他产品、金融服务合同中的霸王条款等，侵害了消费者的公平交易权和自由选择权。

分析消费者权益保护仍不尽如人意的原因，主要是：

金融消费者权益保护法律法规不健全。目前我国还没有专门的法律来保障金融消费者的权益，现有的法律立法层级不高，可操作性差。

行业自律机制对金融消费者保护不够。虽然已经成立了金融消费者权益保护部门，但由于制度、机制、监管、人力等方面的原因，消保部门的功能未得到有效发挥。

金融消费者保护工作机制有缺陷。部分银行业机构投诉管理与改进服务机制不健全，对投诉发现的问题没有采取及时、有效的改进措施。

银行业机构服务理念跟不上形势发展。一是对客户缺乏深入细致的了解，没有做到将"合适的产品卖给合适的人"。二是银行从业人员素质参差不齐，容易引起客户不满。三是银行业机构接到消费者投诉后，妥善处理不及时，存在部门之间推诿扯皮现象。四是金融行业相对垄断，金融服务双方信息不对称、地位不对等。

金融消费者金融知识匮乏。根据对六个市527位金融消费者的问卷调查：认为自身对金融知识不太了解需要他人帮助或金融知识程度不足以完全应付日常金融问题的有 327 人，占比 60.9%。

三、河北银监局保护金融消费者权益的实践

河北银监局成立银行业消费者权益保护处以来，保护金融消费者权益的各项举措已引起群众广泛关注。截至 2014 年 11 月末，全省共处理消费者投诉书面信件 390 件，办结率 92%；接听电话投诉 1 300 多个。在妥善处理消费者投诉工作的基础上，河北银监局把金融消费者权益的保护工作放在更加突出的位置，注重源头整改和标本兼治。

（一）督促银行业机构提高思想认识，切实增强维护消费者权益的主动性和责任感

要求银行业机构进一步深化合规服务思想认识，把消费者权益保护充分体现并落实到各项业务之中，融入企业文化和社会责任建设之中，努力打造尊重客户、承担责任的企业社会形象。把消费者权益保护体现在战略规划上，作为公司治理方面的重要内容，上升到维护声誉风险的高度。

（二）督导银行业机构着力改进金融服务水平，加大侵权违规行为问责力度

一是落实银监会系统的各项规定和标准，加大对客户服务满意度的考核力度，树立以客户为中心的服务理念。二是要求银行业机构配齐配强大堂经理，加强客户的业务咨询、引导分流，缩减客户等候时间。三是加强员工培训，建立科学的培训体系，不断提高员工的金融服务水平和履职能力。四是定期开展金融消费者满意度调查，广泛征求客户意见，切实改进服务质量。五是优化服务工作流程，推进银行服务语言标准化和服务流程标准化工作，从源头上减少纠纷发生。

（三）引导银行业机构建立相应的工作机制，强化声誉风险管理

完善消费者信息传递和反馈机制、金融服务和产品信息披露机制、维护消费者权益应急管理和客户投诉处理机制等，公布客户投诉电话，及时妥善解决客户投诉事项。

（四）组织银行业机构开展金融知识宣传活动，提高消费者金融素质和风险防范能力

根据银监会的统一部署组织开展"金融知识进万家"银行业金融知识宣传服务月活动，送金融知识进校园、进社区、到偏远山区，开展"促监管政策进

基层行"宣讲活动。为辖内银行业机构讲授金融消费者权益保护知识 5 场次，听课 400 多人次，提升了基层员工消费者权益保护意识。

四、工作建议

（一）健全完善相关法律体系，为维护金融消费者合法权益提供法律保障

立法部门应充分考虑金融消费者权益保护的特点，做好顶层规划，构建坚实的法律屏障，适时推出保护金融消费者权益方面的法律，明确金融消费范畴、消费者与金融机构的责任，切实维护金融消费的正当权益。

（二）构建金融消费者权益保护联动机制，积极妥善处理各类消费纠纷

充分发挥银行业协会等行业自律组织的作用，积极协调处理金融消费领域的各类纠纷，促进公平合理的金融消费环境的形成。同时，银行业协会应充分发挥调查、调解职能，争取通过调解等方式解决投诉、化解纠纷，依法保护金融消费者的合法权益。

（三）银行业机构要增强服务观念，落实告知义务，不断提高服务的公平性和安全性

要切实树立以客户为中心、公平对待消费者的经营理念，全面修订不合理的、含有歧视性规定、条款，积极承担责任和义务。加强告知提示，通过发送免费短信、邮寄对账单等方式进行用卡消费提示；对营业场所变更、理财产品等涉及消费者利益的事项，通过张贴告示或电子屏滚动播放等方式予以公示，接受消费者监督。

（四）大力加强消费者的金融知识教育

一是将金融风险防范教育纳入基础教育范畴，扩大金融教育覆盖面。同时，加大金融教育经费投入。二是监管部门、行业协会、银行业机构应采取多种形式主动开展金融知识普及教育工作，做到经常化、制度化和全面化。三是加强消费者诚信道德教育，不断提升银行业知识水平和金融素质，营造公平、和谐的银行业消费环境。

（作者李莅春，河北银监局局长）

辽宁普惠金融发展状况调研报告

近年来，辽宁银行业在发展普惠金融方面取得了阶段性进展，但也存在着差距和不足，需要采取针对性措施加以推动。

一、发展现状

（一）普惠金融体系日趋健全

一是建立小微企业信贷长效机制。辖内银行业按照"六项机制"和"四单原则"，打造各具特色的小微企业信贷管理模式，大力发展特色支行、专业支行，截至 2014 年 6 月末，各类小微企业专营机构已增至 312 家。二是建立支农服务网络体系。截至 2014 年 6 月末，县域银行网点 2 763 个、简易便民服务网点和流动服务网点数量达到 2 万个，乡镇覆盖面 100%。铺设各类电子机具 65 504 台，遍及 8 687 个行政村，行政村覆盖率 81%。

（二）金融服务质效日益提升

一是产品服务不断创新。创新小微金融产品，目前产品总数达到 100 多种。探索支农服务新模式，支持龙头企业 4 734 户、专业合作社 414 个、新兴家庭农场 2 738 户、种养大户 2.8 万户，形成了"一县一业"农业产业化发展格局。开展富民惠农金融创新工程，建立经济档案农户 493 万户，新增授信农户 11.4 万户。二是服务便利度显著提升。多家银行采取个性化、差异化定价模式，对涉农及科技型小微企业，给予利率优惠。推出小微企业循环贷款业务，降低重复抵押评估、登记等成本。简化信贷审批链条，部分银行审批时间缩短为 5 天。加快农村金融服务电子化建设，584 个农合网点开通电子银行业务，新增客户 1.95 万户。

（三）配套政策体系逐步建立

在财政政策方面，试点农村和小微企业金融奖励补贴，对涉农贷款平均余额增长超过 15% 的县域金融机构，按增量部分的 2% 给予奖励。在税收政策方面，对农合机构按 3% 征收营业税，对农户小额贷款业务减免税收，对 5 万元以下的农户小额贷款利息收入免征营业税。2014年起，对所得税为负数的小微企业减半征收房产税和城镇土地使用税，应纳税所得额低于10万元的减半征收。在金融政策方面，明确提出银行机构"三农"、"小微企业"达到"两个不低于"，对达标的执行差别存款准备金率。

二、差距和不足

（一）银行机构服务能力需进一步提升

一是服务体系建设不足。部分机构尚未建立适应"三农"特点的信贷政策及流程，支农服务专业化、精细化水平有待提高。一些涉农机构没有单独设立"三农"业务部门，支农服务战略普遍缺位。部分机构小微企业六项机制和四单原则执行不力，上半年有8家行未设定单独的小微信贷计划。二是金融需求满足率低。农村居民人均占有金融资源少，数据显示，每万名农民拥有银行网点1.43个，有融资需求的农户大约占60%，银行贷款获得率仅为16%。小微企业服务覆盖率低，辖内各类小微企业171余万个，授信客户28万余户，贷款覆盖率16.6%，其中小微型企业贷款覆盖率仅9.26%。三是机构市场定位偏差。个别城商行偏重大企业大项目，追求"做大做强"，背离市场定位。一些村镇银行"冠名村镇，身处县城"，农户贷款占比低。一些小额贷款公司热衷于搭桥贷款获取高利，占用了支农服务的大量资金。

（二）配套体系需进一步完善

一是信息支持不足。缺乏针对农村和小微企业的征信系统和综合性信息平台，涉农和小微企业信息数据少、难收集，工商、税务、司法等专业网站更新不及时，关键信息难查询，影响银行对借款企业做出准确判断。二是中介费用高。据对100家样本小微企业融资成本结构抽样测算，第三方收取的各种费用占融资成本的23%~37%，加重了小微企业的财务负担。三是农民财产性权利尚未明确。以农村土地经营权为例，国家出台了农村土地流转指导政策，但地方政策配套滞后，无明确的权利登记、抵押部门，更缺少专业的评估机构和流转交易市场，限制了农村土地的顺利流转和银行贷款的有效投放。对辖内7市调查显示，2013年土地流转贷款余额仅1.34亿元，只占信贷总量的0.02%。

（三）扶持政策需进一步强化

一是财政风险补偿和奖励政策滞后。现有补偿规模与经济金融发展不匹配，省财政贷款担保风险补偿资金规模仍为十年前水平。少数地市建立了"小微"

贷款奖励机制，但金额有限，且与风险补偿政策共占资金额度。此外，各地普遍未设立农村土地经营权抵押贷款风险补偿基金，银行贷款积极性受到影响。二是涉农贷款奖励覆盖风险作用有限。据调查，涉农贷款增量奖励仅针对当年平均余额同比增长超过15%的部分，且排除了年末不良贷款率高于3%且同比上升的县域银行机构，奖励门槛高。以邮储银行为例，政策实施以来该行共获得财政奖励资金6 969万元，但同期核销的涉农不良贷款超过2亿元，且有3.5亿元涉农不良贷款未处置，财政奖励资金的抵补作用较为有限。三是"定向降准"难达政策预期。据测算，针对2014年4月、6月两次"定向降准"，符合条件的8家城商行预计释放资金20.3亿元，但受今年贷款规模限制，尚有553.9亿元信贷资金被管控在体系之内无法实现投放。

三、政策建议

（一）优化产品供给，提升服务能力

一是机制创新。努力构建主体多元、产品各异、既充分竞争又有效互补的金融服务格局。其中，农村中小金融机构宜发挥地缘、人缘和网点优势，延伸服务"最后一公里"，解决基础服务缺乏问题。二是产品创新。拓宽抵质押品范围，以农业专用机具，商标专利技术、仓单合同，土地承包经营权、林权等为标的，放大融资能力。发展多种担保形式，打造"龙头企业＋基地"、"专业合作社＋农户"等信用联合体，推进产业链融资。优化直接融资环境，扩大股票及公司债、短期融资券中小企业集合票据等融资规模。三是服务创新。鼓励完善基层网点功能，广泛开展代收代付、支付结算、外汇兑换、理财咨询等业务。扩大POS机、ATM在偏远地区的布设范围，推广手机银行、电话银行和网上银行业务。丰富返乡农民工、下岗职工、农村青年、农村妇女就业创业系列产品，创新支持城镇化建设金融产品，持续提升服务契合度。

（二）健全配套体系，完善市场基础

一是信用建设。培育信用采集和评估机构，整合信用信息。推行统一社会信用代码制度，建立公共信用信息服务平台，扩大信息覆盖面。开发信用价值，加快推进信用激励和惩戒机制，通过释放信用价值降低社会融资成本。二是担保服务。鼓励融资性担保机构与银行业金融机构建立信息交换机制，通过差异化竞争策略，创新适合中小微企业和"三农"需求的担保产品和融资模式。支持符合条件的融资性担保机构开展再担保业务，合理确定担保放大倍数，提高行业承保能力。通过分保、联保等方式分散担保风险。三是配套建设。围绕如何解决资产估值、抵押、交易、变现、处置等核心问题，加快推进农村地区各类产权评估中心，产权登记服务中心和产权综合交易中心建设。

（三）强化政策扶持，增强内生动力

一是强化财政补贴，完善信贷风险补偿保障机制。建立普惠金融贴息政策，通过财政杠杆撬动信贷资金投放。完善涉农贷款增量奖励政策，适当放宽奖励门槛。扩大定向补贴的机构范围。探索设立普惠金融发展奖励基金，引导金融机构下沉服务重心。二是实行税收优惠，鼓励对涉农和小微企业的信贷投放。继续实行5万元以下农户小额贷款利息收入免征营业税、九折所得税政策，适当扩大对专业大户、家庭农场等的适用范围。继续对县域及以下的农村中小金融机构执行3%营业税，并适时扩大范围。对涉农贷款及小微企业贷款实现损失准备金税前扣除政策。三是优化监管措施，建立激励相容的普惠金融考核体制。将小微企业、涉农贷款和城乡低收入居民贷款等普惠金融指标纳入银行机构绩效考核体系，并将考核结果与监管评级、机构准入及高管评价相结合，通过激励相容的考核机制，确保相关工作顺利推进。

（作者李林，辽宁银监局局长）

关于前郭阳光村镇银行经营发展
情况的调查报告

前郭阳光村镇银行（以下简称该行）成立于 2007 年 12 月 26 日，该行是全国第一批村镇银行试点，也是松原市第一家村镇银行。

自开业以来，该行紧紧围绕立足"三农"和小微企业，结合地方实际，不断研发创新信贷产品、优化金融服务、创立品牌形象，不但在激烈的同业竞争中占有一席之地，而且各项业务取得了跨越式的发展。截至 2014 年 11 月末，各项存款余额 46.2 亿元，各项贷款余额 31.1 亿元，营业网点由 1 家发展为 12 家；累计实现利润 3.2 亿元，累计上缴税金 1.6 亿元，其发展速度、效益始终名列全省村镇银行第一位，在全国 1 000 多家村镇银行中也居于前列。2013 年作为银监会在全国 1 000 家村镇银行中遴选出的五家村镇银行之一，接受了 5 家主流媒体采访，并先后被银监会评为"支农先进集体"、"全国村镇银行系统标杆单位"。该行取得的瞩目成绩，得益于其独具特色的经营文化、管理模式和银监部门的培育及有效监管。

一、科学的法人治理和决策机制

该行与主发起行的责、权、利关系明确，不受主发起行干预，人、财、物具有自主决策权，董事会、监事会和经营层只对股东会负责，决策链条清晰，激励约束机制有效。

二、明确的市场定位

该行将自身定位于"社区小型零售银行"，目标群体锁定小微企业和"三农"客户，坚持做小不做大，并针对小微企业和"三农"客户特点，引进了德国微贷技术，在自身领域做到了"专而精"。成立六年来，累计发放贷款 135 亿元，帮扶客户 80 726 户。

三、良好的品牌效应

第一步是扩大影响。该行注重将品牌文化融入宣传活动之中，为营销搭建平台，在当地黄金时段、席位打广告，同时经常性地举办社区活动，并伴随着员工扫街、进社区的地毯式宣传，逐渐营造声势，逐步实现了在前郭县乃至松原市家喻户晓。

第二步是做实服务。该行客户经理通过电话、走访、上门服务、设立助农服务点、为农民提供种养殖技术咨询、法律咨询援助、印发农业宣传手册等活动，推广渗透"阳光"的品牌和服务，共惠及22个乡镇233个村屯近50万户农民，不断树立品牌形象，拥有了强大而忠诚的客户基础。

第三步是提升形象。该行在业务飞速发展的同时，切实履行社会责任，累计为各种救灾捐款133万元，帮助500余名贫困学生重返校园，节日为特困家庭购买米面油……既传递了社会正能量，也提升了社会影响力和美誉度。

四、有效的激励约束机制

该行通过科学的绩效考核机制，对所有岗位制定不同的绩效考核办法，对不同类别实行差异化薪资，并建立淘汰制度；通过激励的人才培养机制，为每名员工设立职业生涯发展规划，选派优秀员工继续深造，为员工缴纳第二份养老保险、医疗保险，建立员工大病救助基金，并惠及员工的父母、配偶、子女，对中层干部实行年金计划，每月向员工父母发放200元"阳光爱心工资"，每年组织员工及父母体检的"家文化"，吸引人才、留住人才；通过将"合规"与"信贷资产质量"相结合的风险防控机制，建立健全各项规章制度，采取惩罚性与考核性并存的风控模式，实现了安全稳健运营。

五、与时俱进的创新文化

该行的信贷创新主要体现为四点：一是侧重第一还款来源，打破了无抵押物不能贷款的传统。二是贴近企业，量身定做信贷产品。三是坚持做小不做大。四是探索出广阔的信贷增长空间。几年来，该行利用微贷技术，创新推出了兴业宝、现货通等19项信贷新产品，在全市乃至全省填补了农村金融市场的空白。

六、有利的外部发展环境

在该行发展壮大过程中，各有关部门给予了大力支持，省、市银监部门的规范和培育，更是让该行更上一层楼。

吉林银监局作为全辖村镇银行的监管部门，首先着眼于制度建设，研究制定了一系列具体实施办法和操作程序，结合实际建立定期轮回现场检查和非现场监管报表制度。通过上下联动，实现了对全辖村镇银行的持续动态监管。

其次是正确处理好监管与服务的关系。除日常监管方式外，主要采取六种监管方式：一是充分了解式监管。吉林银监局领导曾先后多次到阳光村镇银行调研考察，提出了许多指导性、操作性强的意见。二是积极扶持式监管。吉林银监局和松原银监分局几度召开局长办公会，研究如何加强新型农村金融机构监管以及如何帮助解决发展中存在的问题。三是定期考核式监管。吉林银监局制定了考核制度，设计了四个报表，按月对全辖新型农村金融机构进行考核。四是关口前移式监管。该行在发展过程中，针对粗放发展问题，吉林银监局与松原银监分局共同约见发起行及大股东进行监管谈话，有效规范了其经营行为。五是开展联动式监管。吉林银监局每年年末都将在吉林省设立的村镇银行经营及风险情况向其发起行和属地银监局通报。松原银监分局邀请该行发起行所在地监管部门——石嘴山银监分局举行监管会谈并形成监管备忘录，明确了监管职责。六是严肃处罚式监管。同样针对该行在发展过程中出现的问题，松原银监分局对该行处以罚款20万元，责令处理相关责任人9人次。

按照吉林银监局部署，松原银监分局认真落实属地监管职责，制定详细的工作规划，并加强工作指导和后续监管。在省、市银监部门的持续监管、倾力扶持和指导下，阳光村镇银行在市场定位、内控建设、风险防范、产品创新等方面都有了长足进步，经营理念渐趋科学，服务"三农"方向得以巩固，法人治理结构进一步完善，风险管控能力进--步增强，其绿色信贷、阳光服务在吉林省内村镇银行中独树一帜，并将实现可持续发展，阳光村镇银行的品牌更加响亮。

（作者高飞，吉林银监局局长）

大力发展融资租赁
助推黑龙江省现代化农业发展

在中国经济发展转入新常态背景下，融资租赁作为与实体经济结合最为紧密的金融业态，发展环境持续优化。为充分发挥融资租赁在助推黑龙江省经济转型发展中的作用，结合黑龙江农业大省实际，黑龙江银监局就融资租赁在现代化农业中的发展，多次组织专题调研。在实践中，黑龙江银监局支持哈尔滨银行发起设立了哈银金融租赁公司，填补了黑龙江省金融租赁市场的空白，为融资租赁支持现代化农业发展探索了经验。

一、从全国融资租赁行业的快速发展，看融资租赁的优势和发展机遇

近年来，我国融资租赁行业展现出良好市场发展活力，行业实现跨越式发展，公司数量和业务规模保持双发展势头。截至 2014 年末，全国共有融资租赁企业近 2 000 家，融资租赁合同余额已从 2007 年的 240 亿元，攀升至接近 3 万亿元水平。融资租赁行业呈现出"三集中"特点：一是区域集中，天津、上海两地的业务量占到全国一半以上。二是行业投向集中，集中在基础设施、工程机械、船舶、飞机等领域。三是业务主体集中，受益于资金规模、成本优势，金融租赁公司虽然仅有 30 家，但业务规模已超过 40%。融资租赁行业的快速发展主要有两方面原因。

一方面，得益于融资租赁业务自身特有优势。从宏观层面看，融资租赁能够直接服务于实体经济，促进产业结构调整升级，有力支持高端装备制造业"走出去"。从微观层面看，融资租赁能够有效满足融资租赁参与方各自需求。对承租人而言，解决购置固定资产所需的一次性大额资金投入问题，减轻财务压力，规避了银行贷款所需抵质押物不足问题，还可通过售后回租盘活存量资产，提升资金使用效率；对出租人而言，能够有效控制资金使用投向，避免贷款资金挪用问题，出租人拥有租赁物的所有权，在承租人无法支付租金时能够及时收回租赁物进行处置；对供货商而言，可以扩大销售范围，提高生产效率，提升市场竞争力。

另一方面，得益于行业发展政策环境持续优化。从国际发展经验看，融资租赁离不开法律、监管、会计准则、税收这"四大支柱"的政策支持。近年来，我国融资租赁政策环境持续优化。从国家政策层面看，最高人民法院发布了融资租赁合同司法解释；国家税务总局对融资租赁"营改增"出台新政，解决了售后回租增值税征收问题；银监会修订了《金融租赁公司管理办法》，大力支持符合条件的发起人设立融资租赁公司。从区域政策层面看，天津、上海、广东、北京等地区行业支持政策密集出台，配套措施日趋完善。

二、从黑龙江省现代化农业的发展，看融资租赁在黑龙江省的潜在发展空间

（一）提升农业生产机械化水平

农业机械化是现代化农业重要标志，对农业现代化具有重要的支撑和推动作用。目前，黑龙江省农业机械化水平较高，但对于大中型、高性能、多功能的机械仍有较大需求，农业生产中个别环节以及个别农作物品种机械化水平还有提升空间。黑龙江省农机专业合作社、农业龙头企业具有良好发展基础，能够与融资租赁公司实现更有效对接。此外，对于有较大购机需求的广大农户，在目前缺少有效财产权作为抵质押物情况下，融资租赁是解决银行融资难问题良好途径。

（二）加快农业基础设施建设

农业基础设施是农业现代化基本保障条件。2011 年中央一号文件即提出了"探索发展大型水利设备设施的融资租赁业务"。近年来，融资租赁在基础设施领域发展迅速，多以政府项目售后回租方式进行。在当前地方政府举债机制转变背景下，公私合营模式（PPP）中融资租赁能够发挥更大作用。

（三）助推农业产业链延伸

农业产业链延伸是现代化农业发展必然趋势，涵盖产前、产中、产后等各个环节细化发展。在农业产业链延伸过程中，尤其是农副产品加工行业中小型企业对农机装备、仓储设备等生产资料有大量需求，通过融资租赁可以有效缓解企业融资难问题。

（四）支持黑龙江省新型农机装备制造业"走出去"

黑龙江省新型农机装备制造产业已颇具规模，国内外众多农机制造商入驻黑龙江省，重点项目建设加速推进，黑龙江省农机研发能力也处于全国领先水

平。依靠技术、地缘、价格优势，未来黑龙江省农机具在对俄罗斯以及内蒙古等周边地区的需求具有很大潜力。

三、从黑龙江省融资租赁发展的滞后现状，看当前制约融资租赁发展的因素

（一）市场认知度偏低，致使市场有效需求不足

与传统银行信贷业务相比，融资租赁业务在黑龙江省认知程度较低，尤其是在"三农"领域，绝大部分农户、农业企业、合作组织等农业生产经营主体，包括一些政府管理部门并不了解融资租赁业务，更不清楚如何发挥融资租赁业务优势。

（二）业务拓展主体缺失，致使市场供给不足

一方面，本土融资租赁公司数量很少，目前仅有1家金融租赁公司和1家内资融资租赁试点企业。另一方面，融资租赁公司与银行跨业合作不足。非本土融资租赁公司受营业场所、人员数量的限制，跨区域开展业务成本过高。

（三）政策支持力度不足，市场配套不完善

一方面，黑龙江省尚未出台扶持融资租赁发展专项政策，在产业发展政策中虽有提及融资租赁，但缺少明确支持措施。另一方面，融资租赁公司不能充分享受现有政策。比如，融资租赁公司不具备享有农机具财政补贴、关税和增值税减免资格。此外，租赁物产权确认登记公示、租赁资产转让等配套措施不完善。

（四）专业性人才缺失，成熟的业务模式尚未形成

融资租赁是一项专业性较强的业务，涉及法律、税收、贸易以及租赁物所属行业等众多领域。从全国情况看，融资租赁专业人才十分紧缺，黑龙江省更是少之又少。同时，农业领域融资租赁尚处于起步阶段，国内市场上服务农业的大型融资租赁公司并不多。相比飞机、船舶等领域快速发展，农业融资租赁发展相对缓慢和分散，未形成成熟可复制的业务模式。

（五）信用环境有待优化，风险缓释机制不足

一方面，黑龙江省农村金融市场信用环境不佳、信用体系不健全。农户普遍信用意识不强，农机合作社、农业企业实力参差不齐。对农机具的保险产品较少，且保费较高，影响承租人投保意愿。另一方面，融资租赁公司受人员、成本等条件所限，客观上造成自身风险管理能力尚有欠缺。

四、从先进地区的发展经验，看黑龙江省亟须落实的相关措施

（一）支持融资租赁公司设立，积极引进专业人才

鼓励符合条件金融机构发起设立金融租赁公司，支持融资租赁公司和内资融资租赁公司设立。鼓励民营资本参与融资租赁公司的发起设立。对于新设立融资租赁公司，给予一次性财政补助。出台融资租赁专业人才引进政策。

（二）加大财税政策支持力度，完善市场配套措施

积极向上争取政策，使融资租赁公司享有与承租人同等的农业财政补贴、税收优惠政策待遇。完善对农机具等农业融资租赁标的物确权、登记、公示规定和操作办法。探索建立区域性农机装备租赁资产交易转让市场。

（三）加强对融资租赁公司发展的引导

引导融资租赁公司聚焦本土、聚焦"三农"，向精细化、专业化方向发展，探索适用于黑龙江省现代化大农业的融资租赁模式。为融资租赁公司加强实物资产管理和信用风险管理提供必要支持。支持银行与融资租赁公司开展跨业合作，拓宽融资租赁公司资金来源渠道。

（四）鼓励和引导运用融资租赁手段

加大对融资租赁业务宣传力度，提升公众认知度。在政府主导的农业基础设施建设领域，探索以融资租赁方式解决资金问题。在坚持市场化原则前提下，鼓励符合条件的农业生产经营主体以融资租赁解决设备投资问题，给予承租人适当租金补贴。

（五）探索建立农机租赁区域中心

依托黑龙江省新型农机装备制造业良好基础，在完善地方相关配套措施基础上，积极向上争取在黑龙江省试点建立农机租赁区域中心，进一步放大现有惠农政策效果，向上争取更多的支持农业融资租赁发展的试点政策。

（作者赵江平，时任黑龙江银监局局长，
现任中国银监会银行业消费者权益保护局局长）

银行破解小微企业融资难题可以走 "借力电商实行服务端口前移" 的创新道路[①]

当前，小微企业"融资难、融资贵"问题已成为困扰我国经济发展和银行业服务的突出问题。互联网"开放、自由、协作、分享"的精神与小微金融服务有着天生的黏合性，如果银行借力电商创新商业模式，灵活处理贷款周期和计息方式，实行服务端口前移，将小微企业的会计财务系统内嵌到银行生产系统，实行并行簿记和核算处理，并与电商的交易平台信息系统关联运行，就能够为小微企业提供全时段、全方位、一站式的低成本金融服务，就能有效缓解传统银行在小微企业金融服务上信息不对称、交易成本高、服务难开展等问题，促进大数据时代背景下的信息流、资金流、物资流"三流融合"，从而较好地解决小微企业"融资难、融资贵"问题。

一、在贷款周期上实行"量身定制"

一是在贷款时间上，改"定制"为"订制"。由于央行制定的贷款基准利率以月、季度、年度为计息周期，目前在贷款时间上往往由银行"定制"三个月、半年、一年等固定期限，缺乏弹性和灵活性。采取电商的"个性化订制"商业理念，就可以更多地赋予资金以"金融商品"的时间让渡属性，更多地考虑金融消费者的平等地位，更好地满足借款人的实际用款需求。

二是在贷款需求满足上，变"规定"为"约定"。在实践中，企业的用款天数需要根据生产周期或者资金周转情况确定，满足企业再生产"在时间上继起，在空间上并存"的要求。采取电商的经营模式，完全根据客户的用款需求情形将贷款周期细化到天，具体的天数由银行与客户协商"约定"，不要简单地根据格式合同由银行单方面地"规定"，从而尽量避免贷款资金闲置或贷款时间不足。

---

① 本文发表在《江苏银行业》2014 年第 5 期。

二、在融资品种上"量身定做"

一是在融资方式上，改"贷款"为"融资"。小微企业缺乏增信手段，可供抵质押资产少，承担融资成本等财务费用的能力弱，也缺乏理财和组合融资等对冲经营风险的知识和能力。借鉴电商的"客户体验"理念，充分考虑客户的借款资金用途和使用方式，采取贷款、承兑汇票、信用证、供应链融资等多种方式，为客户提供最贴近生产经营需要、最节省融资成本的金融产品，让客户获得融资成本的比较收益。

二是在身份关系上，变"债主"为"顾问"。小微企业经营规模小，盈利能力低，通常处于金融交易和产品交易的弱势地位。利用电商交易平台大数据库中的丰富商品信息和交易对手信息，在嵌入的小微企业会计财务系统中引入管理会计学的"量本利分析决策"技术，实现集约采购、精细管理、物流联网供应（发运），为小微企业客户提供个性化的采购顾问服务和销售顾问服务，让客户获得采购成本和销售成本的比较收益。

三、在贷款收息上"量身订计"

一是在计息选择上，改"强制"为"选择"。在资金商品化、利率市场化逐步推进的形势下，银行贷款利率应当按照实际资金使用天数来计算，避免传统银行因贷款固定周期而带来的强制金融服务消费，最大限度尊重和满足客户的金融消费选择权。

二是在计息方式上，变"固定"为"灵活"。目前小微企业受困于银行规定的贷款固定周期，只能按照固定期限归还贷款和支付贷款利息，增加了融资成本。可以在以"天数"为计息基础的前提下，由银行与客户根据市场利率水平等因素，协商确定灵活的"日利率"。

四、在金融服务上"端口前移"

一是在小微企业信息上，变"被动外供"为"主动导入"。目前，小微企业很难建立规范的财务会计工作机制，所提供的财务会计资料缺乏真实性和可信度，无法作为银行的信贷评审依据。银行可以将金融服务端口前移，针对小微企业特点开发以小微企业为对象的客户模块，并嵌入到银行生产系统的"小微企业服务"业务单元中，此客户模块特别加入小微企业会计簿记功能，相当于小微企业的财务会计电算化系统内置到银行生产系统。此做法的实质在于银行的金融服务端口前移至小微企业内部，将其生产经营活动中的价值流、信息流联网导入银行的生产系统，银行可以由此获得小微企业最直接、最真实、最及时的信贷评审基础信息，并与客户同步分享。

二是在服务流程上，变"坐店卖成衣"为"联网细制衣"。上述系统建立以后，小微企业主在手机银行上登录自己的客户端，发出借款申请要素，银行根据客户模块中存储的信贷评审基础信息导入生产系统的信贷评审系统进行分析处理，加上人工的分析判断，与小微企业协商一致后，及时、快捷地为小微企业提供"量体裁衣"式服务，并对其金融服务需求"量身定做"，通过银行转账功能和支付监督功能，实现向小微企业提供金融服务，并将此次借贷活动要素自动导入客户模块进行会计处理，及时生成新的电子账页、财务报表和损益核算表，作为下一次受理信贷评审的基础信息。

三是在服务功能上，变"单一融资"为"综合服务"。银行服务"端口前移"到与电商交易平台连接，更具有操作便利和商业价值。借款人获得的资金在电商交易平台上根据客户指令采购所需生产资料，借助第三方支付完成向交易对手的结算支付，或者给企业雇员支付劳务工资，余额部分按照协议约定进入余额理财系统。从而由此完成快速评审、便利获得、风险可控、无须任何抵押担保、适合小微企业用款周期和经营特点、最大限度降低融资成本的信用贷款（或提供融资便利）。

五、未来展望

作为一种新的金融服务解决方案，尚需配套解决一些问题，如需要修改有关贷款周期和计息等问题的金融规章制度；银行、企业、电商等要转变经营观念，改进和建立新的商业模式；银行要在业务流程、产品设计、IT 建设、风险防控、客户管理等方面作出安排；小微企业需要积极配合银行，并就自身商业秘密、信息资产权益等与银行自愿达成协议，防止产生法律纠纷；数据高度集中后的信息资产的法律属性、安全管理、灾难备份、系统运行连续性等问题需要及早研究解决等。

上述金融服务解决方案经过改进优化后可以推而广之，只要辅之必要的实地贷前分析和踏勘验证，同样可以应用于商业银行对大中型企业的金融服务。在互联网金融面前，银行只有以前所未有的创新精神和科学态度主动介入互联网金融，与互联网（金融）企业融合，实行线上与线下的有机结合，才能走得更远、走得更好，才能破解用传统思维难以解决的问题。

（作者扶明高，江苏银监局局长）

湖北省普惠金融发展的思考与实践

发展普惠金融，让社会中每个公民都平等享受改革成果，使现代金融更多惠及广大人民群众，既是我国社会主义市场经济体制的内在要求，也是实现包容性增长的关键。为此，我们结合湖北实践对普惠金融发展进行了深入思考。

一、湖北省普惠金融的现状和问题

（一）县域金融结构性矛盾突出

突出表现为城乡金融发展不协调，金融资源在城市过度集中，包括县域和农村网点覆盖率低、金融供给不足、信贷投放渠道不畅，资金外流严重等问题。截至 2014 年 3 月末，全省县域贷款余额 6 656.2 亿元，仅占全省贷款余额的 29%，县域存贷比低于全省平均水平 18 个百分点。

（二）"三农"金融结构性矛盾突出

面对农村金融需求大额化、长期化、多元化、多样化、便利化的变化趋势，全省金融机构应对能力明显不足，农村地区金融供需矛盾比较突出。调查显示，全省农村新型经济体资金供需矛盾正进一步扩大，农村专业大户、家庭农场和农民合作社的融资缺口均超过 30%。

（三）小微金融结构性矛盾突出

一是支持度不够。2014 年 3 月末，全省大中型企业贷款余额占比超过七成，而小微企业贷款余额占比不足三成。二是覆盖率低。辖内小微企业贷款覆盖率仅为 14.02%，而同期辖内银行机构综合金融覆盖率则为 87.17%。三是贷款成本较高。如荆门地区抽样 12 691 户小微企业贷款客户，融资成本高于 10% 的占比达 86.6%。

（四）市民金融结构性矛盾突出

一是市民金融惠及范围小。目前，武汉市共有 1 500 多个社区，但是设立的包括社区支行、金融便利店等社区金融服务机构对社区的覆盖率不到 20%。二是城市中低收入居民和特殊人群的金融服务存在较多服务盲点。三是金融服务内容和手段跟不上社区金融需求的变化。有的银行推出的社区金融产品结构单一，与周围社区的融合度较低，无法满足社区金融个性化、多元化和综合化的特点。

（五）住房金融结构性矛盾突出

一方面，商业性住房金融支持力度不够。目前商业性金融体系承担着各种收入结构居民的住房融资需求，其发放住房抵押贷款要求贷款者有可靠的收入来源作保证，贷款利率较高，而中低收入人群很难达到这些条件，因而得不到有效的金融支持。另一方面，保障性住房金融覆盖率低。"十二五"期间，湖北将建设100万套以上的保障性住房，建设总投资将达到1 300亿元，建设资金缺口很大，且仅覆盖全省城镇家庭总户数的20%左右。

二、湖北省普惠金融的实践和探索

（一）县域金融重构的实践和探索

一方面，实施"三个全覆盖"工程。将延伸机构作为县域金融发展的总抓手，推动银行机构网点不断延伸，促进县域经济金融深度融合，重点实施"三个全覆盖"工程①。目前全省农商行县域覆盖率92.2%；村镇银行和贷款公司县域覆盖率80%；在2.5万个行政村布设6.9万部转账电话，电话银行行政村覆盖率已达100%。另一方面，推进"信贷资金回流工程"和"信贷缺口收敛攻坚行动"。从2010年开始，开展了"信贷资金回流工程"，确保县域当年新增存款必须全部用于当地，并从支农资金组织、存贷比、涉农贷款占比、农村金融产品和服务方式创新等方面，强化考核并实施差别监管，力争县域存贷比每年提高2~3个百分点。2014年，针对全省存贷比落后的25个重点县域，开展了"信贷缺口收敛攻坚行动"，引导机构适度下调经济资本占用系数和回报率等绩效考核措施，提高县域放贷积极性。2014年第一季度末，全省银行业县域存贷比较去年同期提高了1.1个百分点，并继续保持平稳回升势头。

（二）"三农"金融的实践和探索

在全国率先探索开发了"双基双赢"合作贷款商业模式，通过"三员、三

---

① 从2012年起的三年内实现农商行县域全覆盖，村镇银行县域全覆盖和电话银行行政村全覆盖，从机制、机构和延伸服务三个方面重构县域金融体系。

监督①"的核心举措，全面加强基层党组织与基层信贷机构的优势对接，打通农村金融服务"最后一公里"。截至第一季度末，全省涉农银行机构"双基双赢"合作贷款已覆盖乡镇网点 1 617 家，城区网点 567 家，全省已建立村级（社区）信贷工作室 605 个，发放"双基双赢"合作贷款 32.4 亿元。

（三）小微金融的实践和探索

打造金额可大可小、利率可高可低、期限可长可短、押品可有可无的"八可"小微信贷文化；构建营造一个氛围、打造一种文化、做足一篇文章的"三个一"工作体系；开展以"培植优质客户、提供优质服务、推行优惠利率"为内容的小微企业"三优"活动；组建"湖北省中小企业金融服务俱乐部"，创新推出小微金融"扫街"服务。第一季度末，小微企业（含个人经营性）贷款余额 6 152.9 亿元，同比增加 943.5 亿元，增长 18.1%，贷款增速高于各项贷款增速 5.0 个百分点。

（四）市民金融的实践和探索

推出了网格模式统筹规划等八项措施，设计了十条社区金融发展框架，明确了管理模式。引导辖内机构搭建了以家庭、小微企业为服务对象，以社区为服务半径，以银行小型网点、网络终端为服务载体，一切与生活、商贸以及金钱有关的社区金融服务平台。

（五）住房金融的实践和探索

积极引导机构认真履行社会责任，高度关注保障性住房建设等民生工程，支持加大创新力度，有针对性地研发适用信贷产品，推出了经济适用房、廉租房、农民工安置房、重大项目配套安置、棚户区改造等多个信贷品种，探索出保障性住房建设新路，初步形成了特色的住房金融模式。其中，"黄石模式"实现了保障性住房的商业化运作，提出"共有产权公共租赁住房制度"，是全国唯一一家以地市命名的房地产模式，较好地破解了保障性住房建设难以商业可持续的难题。

---

① 三员三监督：即实行干部双向交流挂职制度，基层银行机构选派信贷人员到试点村担任支书或村主任助理，当好信贷宣传员、推销员和服务员"三员"；村委会干部到基层信贷机构挂职则发挥"三监督"作用，监督信贷员在提供金融服务时是否有吃拿卡要现象，监督银行贷款是否按规定用途使用，监督借款人是否及时还本付息并随时通报重大信息。

三、关于发展普惠金融的建议

（一）健全制度体系

一是出台普惠金融发展的指导意见，明确普惠金融的内涵、指导原则、发展目标、支持原则及措施，风险管控、考核指标等。二是建立联席工作制，协调其他部门，出台相关配套制度。三是加大与政府职能部门开展合作。

（二）优化政策体系

一是协调加大普惠金融国家及各级地方政府补贴力度，扩大扶持范围，提高扶持金额；二是鼓励建立农业产业投资基金、农业私募股权投资基金和农业科技创业投资基金等；三是出台综合减免普惠金融税收政策，实行差异化的税收政策；四是出台更多金融配套政策，如普惠金融范畴内的贷款不纳入"合意贷款"规模，给予普惠金融更大的不良贷款容忍度，降低资本充足率中的风险权重等。

（三）规范统计体系

建立统计监测制度，将普惠金融的监管纳入银监会职责范围，明确专门部门开展普惠金融的研究、监测、评估和评价工作，明确普惠金融定义、范围、统计口径，报送要求等，通过建立统计监测和评价平台，明确牵头部门，加强普惠金融的监管，提高普惠金融的规范性。

（四）建立考核体系

出台全面统一的考核评价体系，设置统一规范的考核评价指标。考核指标要全面、具体，有可操作性，包括总量指标、细化指标、风险管控指标和激励约束指标。

（五）夯实基础设施体系

一是鼓励机构建立成本低、覆盖面广的服务渠道，建立更多适合普惠金融的中介平台，培养和扩充适合开展普惠金融的专业人员。二是通过资金支持、风险补偿和技术扶持等方式，引导更多的金融机构到县域、乡镇和其他偏远地区提供普惠金融服务。

（作者邓智毅，时任湖北银监局局长，
现任中国银监会信托监督管理部主任）

海南银行业推广农村普惠金融的实践及思考

长期以来，海南经济总量较小，农村经济发展较为滞后，金融支农是银行业面临的一项艰巨任务。海南银监局积极引导辖内银行业大力发展农村普惠金融，不断提升金融服务水平。但同时，发展农村普惠金融还存在制度、政策及执行层面的困难和不足，需要政府、监管部门及机构形成推进合力。

一、银行业改革创新发展农村普惠金融的主要做法

（一）做好服务农村定位，推进金融服务村村通

海南银监局从机构设立和网点布局两方面入手，引导辖内机构在填补金融空白乡镇网点的基础上，创新服务手段，推进金融服务进村，金融服务覆盖面进一步扩大。一方面，积极推动农村金融机构改革，推动设立服务对象主要是"三农"的新型金融机构。近年批准设立了3家农村商业银行、1家农村合作银行及9家村镇银行，新型农村机构逐步覆盖所有市县。另一方面，引导银行下沉服务网点，于2013年实现全省乡镇全覆盖；在全省行政村开展金融服务"村村通"工程，开设金融服务点，推进电子化金融服务，提供简易便民金融服务。2014年第一季度末，海南县域以下银行业金融机构营业网点854家，占全省网点数的62.24%；在全省2 569个行政村设立服务点12 602个，其中包括在三沙市永兴村委会设立的我国最南端的金融服务便民点。

（二）积极创新模式机制，努力满足农村信贷需求

海南银监局出台了《关于银行业支持实体经济发展的实施意见》，引导银行业将信贷资源向"三农"倾斜，加大"三农"信贷投入，将涉农贷款工作任务完成情况作为考核评价要点，与机构市场准入挂钩。鼓励各机构开展金融创新，结合自身优势开发灵活多样的金融产品，探索金融服务模式，真正提高金融服务水平，多渠道解决农民贷款难。如海南省农信社推出"一小通"循环贷产品和24小时自助用款还款渠道，降低了农户贷款的时间成本和融资成本，累计发

放农村小额贷款 122.91 亿元，惠及 27.74 万农户。2014 年第一季度，海南涉农贷款余额 1140.86 亿元，较年初增加 68.92 亿元。

（三）突出区域产业特色，助推农业企业做大做强

海南银监局引导各机构强化资源投入，扶持海洋捕捞、热带水果种植等海南特色农业产业，助推农村旅游、渔业加工等农业企业做大做强。如三亚农商行通过在建渔船抵押方式支持海南福港远洋公司和三亚渔民专业合作社提升远洋捕捞和远海作业能力，鼓励渔民抱团出海，在作业创收的同时积极捍卫祖国南海主权。

（四）做好金融服务宣传，保障银行业规范经营

海南银监局组织开展了"送金融知识下乡"、"金融知识进万家"、"小微企业金融服务宣传月"等系列活动，部署辖内银行业统一行动，通过新闻媒体宣传、开办金融知识讲座、发放金融书籍资料等形式，把金融知识和相关惠农政策信息主动带到乡村和基层，实现银行贴近农民服务。2013 年以来，海南银行业共组织发放了 40 余万份宣传资料，显著提升了农村金融普惠程度。同时，督促各机构进一步简化金融服务手续，优化审批流程，规范服务收费，严禁在提供金融服务时附加不合理条件和额外费用，切实维护了消费者的合法权益。

二、银行业发展农村普惠金融存在的不足和困难

（一）贷款难问题仍未彻底解决

一是"三农"信贷投放仍有不足。2014 年第一季度末，海南省金融机构县域存贷比仅为 39.86%，县域资金外流现象仍较严重。二是涉农贷款利率较高。如邮储银行自 2008 年开办贷款业务以来，一直按照总行规定的固定年利率开展业务；海南省农信社"一小通"农户贷款虽然设立了一定的"诚信奖励金"，但贷款利率仍较高。作为支农的主体银行，两家行贷款利率都在 10% 以上。

（二）土地权益类贷款试点困难

随着党的十八届三中全会的召开，以及 2014 年中央一号文件的下发，土地流转制度改革成为"三农"领域的热点。但海南省政府尚未出台土地权益类贷款的专项文件，未明确部门职责分工和土地流转机制，未建立承包地占有、使用、收益、流转及承包经营权的登记部门，土地类权益抵质押登记、评估、变现的基础性工作还有待建设，给信贷支持带来一定的困难。

（三）农民小额贷款贴息范围受限

近年来海南省对农民小额贷款以及小企业贷款逐年加大补偿力度，2013 年

全省共有5.33万户农户获得贴息及奖补资金共计1.09亿元，但获得贴息的农户数占比仅为4.44%，覆盖面仍有待提高。一是大部分外来农户享受不到省政府这一优惠政策，二是贴息受贷款金额限制，贷款金额在10万元以上的农户无法享受政府贷款贴息优惠，对银行开展农民小额贷款尚未形成正向激励的效应。

（四）农村信息化建设滞后影响金融服务下沉

例如农行海南省分行开展"金穗惠农通工程"，主要渠道之一是依托政府"万村千乡市场工程"农家店推进。目前海南省"万村千乡市场工程"农家店有1000多家，但由于农家店信息化改造进展缓慢，且只布放到乡镇，在一定程度上影响了金融服务点对行政村的覆盖。海南省农信社在全省2569个行政村布放的9000多台POS机、EPOS机，但超过1000个行政村没有电信光缆，只能安装无线POS机，安装和维护成本较高，客观上增加了贷款成本。

（五）涉农贷款风险保障机制缺失

农户贷款多为信用贷款，缺乏有效担保物，而农户易受自然灾害、农产品市场价格等因素影响，抗风险能力较弱，导致农户贷款风险较大。目前海南省农业保险业务尚未全面展开，农业保险仅限于橡胶、香蕉等主要热带作物，覆盖面有待拓宽。一旦遇到较大的自然灾害或市场因素改变，将给涉农贷款带来较高风险。

三、政策建议

（一）加强政策引导和监管考核，强化银行业服务"三农"职责

一是实施差别化的监管政策，通过执行差异化的不良率考核标准、放宽市场准入门槛、实施定向降准等措施引导机构加大对"三农"金融支持，切实发展多层次、广覆盖、可持续发展的农村普惠金融。二是引导机构优化信贷审批流程，扩大县域贷款审批权，努力满足"三农"资金需求。加大县域地区机构新增存款用于当地贷款的考核力度，鼓励、引导机构将新增存款主要用于当地贷款，不断提高存贷比和涉农贷款比例，强化县域金融机构的支农责任，改变农村资金外流的不利局面。

（二）引导机构加大信贷产品创新力度，合理定价金融产品

开发符合当地需求的信贷品种，积极创新农村信贷担保方式。规范规模经营主体的准入标准和条件，提高金融支持规模经营的可行性。鼓励机构将新型经营主体的应收账款和农副产品的订单、保单、仓单等权利，以及权属清晰、

风险可控的大型机械设备、林权、水域滩涂使用权、房屋、厂房、汽车等财产纳入抵（质）押范围。引导机构结合自身经营情况，对不同的贷款产品、不同的客户群体确定不同的利率，减少服务收费，切实降低"三农"和县域小微企业融资成本。

（三）地方政府加大政策扶持和乡村信息化建设力度

一是合理运用财政杠杆，通过税收减免、财政补贴等措施吸引机构增加对"三农"支持力度。逐步调整农业补贴的投向与结构，扩大农民贷款贴息覆盖范围；参照国家给予农村信用社改革试点扶持政策，对新型农村金融机构给予一定时期的营业税、所得税等税收优惠政策。二是完善农村土地承包政策，加强土地流转服务。明晰农民土地权益，加强土地流转服务和管理，为土地流转创造良好的环境和平台。三是加快推进农家店信息化改造以及乡镇以下农家店建设，为金融机构扩大农村基础金融服务面、推进普惠金融服务搭设好渠道。四是建立风险保障机制。支持规模经营主体参加农业保险，实行差异化的农业保险扶持政策。探索建立政府支持的农业自然灾害风险补偿基金，逐步建立农业巨灾风险分散机制，破解农村金融和农业保险供求匹配难题。

（作者王晓辉，时任海南银监局局长，
现任深圳银监局局长）

四川企业反映融资难贵慢的
原因分析及对策建议[①]

2014年上半年，四川省银行业机构新增贷款2 848亿元，同比多增380.9亿元，增幅15.63%，新增贷款排名全国第6位，小微企业和"三农"贷款实现"两个不低于"目标，全省经济发展形势总体较好。但企业融资难贵慢的问题仍不同程度地存在，四川银监局分析了原因并提出了对策。

一、原因分析

（一）"融资难"问题

一是主要难在中小企业特别是小微企业和农村种养殖加工业中的新型经营主体。上述贷款客户由于抵押、质押、担保等条件不能满足银行风险控制要求形成融资难。二是银行业机构有信贷资金，有符合条件的放款项目，但没有贷款规模。这种情况不普遍。三是在贷款规模控制下，政府平台、大企业、大项目容易优先获得贷款，对中小微企业信贷需求产生了挤出效应。四是银企信息不对称助长了融资难。各家银行贷款发放有一系列的规章制度，多数企业缺乏了解，银行也对不少企业的具体情况缺乏了解。这是一个普遍性问题。

（二）"融资贵"问题

一是客观上银行业机构组织资金的成本在上升，相应使利率上浮。二是多数银行业机构通过表外业务变相增加了企业融资负担，这是应该被坚决纠正的。三是一些担保公司担保费用较高，有些担保公司还要求反担保，相应增加被担保企业的融资成本。四是不少企业为了得到银行续贷而从民间借贷搭桥，民间借贷高息大大增加了财务成本。五是不少企业没有资本金、资本金极少，项目建设和日常生产经营全靠银行贷款，从而形成了很高的负债率和大量的银行利息。六是一些行政事业单位抵押、登记等收费长期不规范也增加了企业负担。七是一些银行从业人员吃拿卡要行为也直接增加了企业融资成本。

---

① 本文发表在《经济日报》2014年4月10日第10版。

（三）"融资慢"问题

一是银行业机构贷前调查和审批涉及的制度性流程和环节比较多，数额较大的贷款办理所需时间也较长。二是不少企业财务报表作假，银行审查澄清耗费不少时间。三是银行业机构工作人员的个人专业素质不高、相关职能部门工作衔接不及时等也会导致融资慢。

二、工作措施

一是加强窗口指导，重点开展"服务实体 关注小微"为主题的银企对接活动，缓解"融资难"问题，四川银监局 2014 年在 21 个市州已开展银企对接42 场，全年预计开展 180 余次。

二是督促银行业机构加大新增贷款投放力度，服务经济结构调整。重点支持小微企业、"三农"等薄弱环节，国家重点建设项目、新兴产业、外贸增长和企业"走出去"等合理需求。支持过剩产能企业脱困转型。

三是鼓励支持银行业机构创新产品，提高服务针对性，同时加强对新产品的推广宣传。

四是督促银行业机构扩大分支机构授信审批权限，优化审查流程，清理不必要的资金"通道"、"过桥"环节，缩短贷款审批时间。

五是进一步完善四川银监局与四川省科技厅开发"银科对接信息系统"，加强宣传和沟通，做好银企网上对接工作，提高对接效率。

六是督促银行业机构合理降低信贷融资成本，严格执行商业银行服务价格管理办法，规范经营，主动实施减费让利。

三、工作建议

一是建议政府研究制定帮助产能过剩企业转型发展的具体措施，形成政、银、企和衷共济的政务环境。二是建议大力发展政策性小微企业担保机构，降低担保费率，强化对民营性担保机构的监督管理。三是建议政府强化对民间融资的监督管理，通过规范民间融资行为有效降低社会融资成本，并有效防范潜在风险隐患。

（作者王筠权，四川银监局局长）

发展绿色信贷助推贵州经济转型

贵州省正处于发展的加速期、结构的调整期和改革的攻坚期，引领金融资源配置到以绿色、低碳、循环为核心的新经济模式上，对坚守发展和生态两条底线具有重要意义。

一、贵州省后发赶超必须大力发展绿色经济

习近平总书记强调，贵州要正确处理生态环境保护和发展的关系。贵州生态良好但基础脆弱，易受损且难修复。加上工业起步晚、产业布局未成形，加快发展要严格拒绝污染项目，发展绿色经济的要求更迫切、条件更成熟、方向更明确。

（一）发展绿色经济是经济可持续发展的内在要求

绿色经济是循环经济、低碳经济和生态经济的融合，是以市场为导向、以传统产业经济为基础、以经济与环境的和谐为目的发展起来的新经济形式。把住绿色门槛，守住生态底线，推动资源利用方式的根本转变，坚持"保护生态环境就是保护生产力，改善生态环境就是发展生产力"的要求，对实现经济社会可持续发展具有现实指导意义。

（二）发展绿色经济是建设生态文明的重要支撑

国家六部委已批准贵州以省为单位建立生态文明先行示范区方案。建设生态文明要有绿色经济的发展为支撑和依托，立足自身资源禀赋和市场需求，发展能够发挥生态环境优势的产业，发展环境友好型、生态友好型产业，推动传统产业生态化、特色产业规模化、新兴产业高端化，既促进调整经济结构，转变发展方式，加快资源节约型和环境友好型经济建设，又树立起生态品牌意识、创建生态品牌，谋求有质量、有效益、可持续的增长。

（三）发展绿色经济是打造贵州特色生态产业体系的根本途径

依托贵州环境优美、气候宜人、文化多彩和生物资源丰富的有利条件，因地制宜培育和发展新医药产业、大数据产业、茶产业、绿色食品、节能环保产

业、生态林业、新能源等十二类绿色产业，打造具有贵州特色的酒、烟、茶、药、食品"五张名片"，构建起生态效益好、资源消耗低、科技含量高、环境污染少、可持续发展的特色生态产业体系，推动产业转型升级和经济结构优化，使贵州青山常在、碧水长流。

二、引领银行业大力发展绿色信贷

（一）协调配合，促进绿色信贷与产业发展有效对接

通过信贷政策倾斜和资源有效配置助力产业转型升级和绿色发展，既要帮助能矿企业强化技术创新和技术改造，加快推动资源利用方式向绿色低碳、清洁利用和一体化方式转变，推动传统产业的生态化；又要大力支持"五张名片"等特色优势产业做大做强做优；更要抓住机遇重点支持以大数据为代表的信息技术、新材料、生物技术、装备制造、节能环保、新能源产业，促进和推动战略性新兴产业的技术集成、产业集群、要素集约，支持培育新的经济增长点；积极支持金融、现代物流、电子商务、研发设计等生产性服务业和健康养老、休闲娱乐等生活服务业的发展，培育发展新兴服务业态，变生态优势为产业优势、经济优势和发展优势。

（二）细分市场，构建分层次多样化的绿色金融服务体系

一是进一步采取"有保有压、扶优限劣"的信贷策略，逐步降低高能耗、高排放行业的信贷投放比重，腾出信贷存量支持发展绿色经济。二是在服务体系上单独设立绿色支行、生态支行等差异化、特色化的绿色信贷专营服务机构，开辟重点项目绿色通道。贵州在绿色金融服务体系建设上迈出了实质性步伐，2014年5月兴业银行贵阳生态支行开业，推出十项通用产品、七大特色产品、五类融资模式及七种解决方案的绿色金融产品服务体系，以低利率向绿色项目提供了20多亿元的资金支持。三是在市场定位上要求银行业根据自身特点找准服务领域，开展差异化、特色化竞争，多样化满足绿色产业合理融资需求。

（三）加快创新，提升绿色经济金融服务能力

一是经营战略上明确绿色信贷发展战略，制定绿色信贷工作目标，建立绿色信贷工作机制和流程，明确职责和权限。二是组织架构上强化统筹安排，层层落实责任。制定和完善差异化的信贷准入政策和标准，明确绿色信贷的支持方向和重点领域，从严限制高耗能、高污染和淘汰落后产能项目的融资。实施对符合技术升级要求、碳排放约束和绿色标准产业的信贷倾斜政策。三是在产

品设计上探索能效贷款、绿色融资租赁、碳金融产品、节能减排收益权质押融资、排污权质押融资以及合同能源管理融资等融资服务模式，以推进园区、小城镇和现有企业的环保设施建设为重点，围绕治水、治气、治渣等重点领域提供融资。四是在服务方式上开展绿色信贷流程再造，为绿色经济经营主体提供高效便利的绿色信贷融资服务。五是在风险管控上实施全流程监管。把节能环保等绿色信贷要求贯穿于整个信贷流程，加强贷后动态管理和监测分析。六是增强绿色信贷能力建设，强化绿色信贷业务培训和人才引进机制。

（四）制度保障，建立绿色信贷内部激励约束机制

加强对绿色项目环境和社会风险的认知、评估和管理能力，建立和完善科学合理的利率定价、风险管控、经济资本分配等一系列制度，确保机制健全，执行到位；将绿色信贷纳入绩效等工作考核范围，制定绿色信贷工作的考评体系和奖惩机制，建立尽职免责、失职问责的激励约束机制。

（五）监管引领，正向引导绿色信贷深入实施

一是加强窗口指导，引导银行业树立社会责任意识，对设立绿色支行、生态支行等特色化专营服务机构开辟准入绿色通道，适度放宽监管容忍度。二是通过约见谈话、非现场监管、现场检查、实地调研等措施，对绿色金融服务、支持节能减排和环境保护等业务进行考评，要求法人机构在社会责任报告中对开展绿色信贷相关情况予以披露。三是进一步加强对绿色信贷运行状况和风险的动态监测分析，及时提示风险。四是综合评估绿色信贷成效，探索纳入银行业金融机构监管评级的具体办法，为开展绿色银行评级奠定基础。

（六）内外联动，创建绿色金融良好环境

建立和畅道部门间的沟通交流机制，加强与人行、发改委、经信委以及环保等单位和部门的信息沟通和协调，构建节能减排、淘汰落后产能和环保信息的交流和共享机制；共同完善贵州银行业绿色信贷信息共享平台功能建设，开展产业政策信息发布，进行行业风险提示，增进信息服务的及时性、全面性和有效性，充分发挥信息在信贷投向中的基础作用；召开银政座谈会、经验交流会和银企对接会等多种方式，促使绿色项目落地和银企供需的有效对接。

三、下一步工作思考

近年来，贵州银行业在打造绿色经济实践上做了大量卓有成效的工作，但也面临信息不对称、评估难度大、收益见效慢、配套激励政策缺位等问题，制

约了绿色信贷投放增长速度和规模效应，需要多方推进绿色信贷深入实施。

（一）配合贵州产业布局和基础规划的落地实施

一方面，引导银行业加强对传统产业的科技创新和技术改造支持，推动资源利用方式向绿色低碳、清洁利用和一体化方式转变，改造提升传统产业，有效控制对淘汰落后产能的信贷投放。另一方面，引导行业加大对新兴产业的资金支持力度。

（二）多方参与有效解决正向激励问题

与财政、税务等政府有关部门共同探索综合运用财政贴息、税收优惠、费用补贴、增量奖励、以奖代补、奖补结合、绩效考核、坏账自主核销等激励政策，鼓励银行业金融机构增加绿色信贷投放；建立政府、银行、企业和中介机构等多方参与的风险补偿、奖励和担保机制，研究设立绿色信贷风险补偿基金，增强银行业金融机构绿色信贷投入的积极性和主动性。

（三）建立和完善银证保等合作机制

迫切需要建立横跨银行、证券、保险三大行业的产品设计和金融交易市场。在资金来源上积极整合各方资源，努力拓宽绿色信贷融资渠道。加强银行与证券、保险以及其他机构的合作，创新绿色金融产品和工具，探索与私募股权基金、风险投资基金合作，试点节能环保贷款资产证券化等新产品，促进资金来源和融资模式的多元化。

（作者李均锋，时任贵州银监局局长，
现任中国银监会银行业普惠金融工作部主任）

加快发展普惠金融　改善西藏金融服务

党的十八届三中全会提出"发展普惠金融"先进理念，西藏银监局为贯彻十八届三中全会精神和银监会工作部署，牢牢把握"普惠"理念，顺应保障和改善民生、促进经济转型升级的本质要求，实施差别化监管政策引领，着力推动和完善西藏辖区普惠金融体系，促进金融服务多元化，使现代金融服务更多地惠及广大农牧民群众和经济发展的薄弱环节，特别是使弱势产业、弱势地区和弱势群体也能平等地享受金融改革发展的成果。

一、西藏普惠金融服务基本情况

近年来，西藏银行业金融机构伴随着西藏经济的快速发展，信贷投放增量显著增加，有效信贷需求得到较好满足，有力支持和促进了西藏经济社会跨越式发展，也为发展普惠金融奠定了基础。

（一）金融机构改革与发展成效显著，多层次、宽领域、广覆盖的金融组织体系基本形成

金融机构网点是提供金融服务最直接、最重要的窗口，由于历史、经济、交通等诸多原因，过去西藏辖区金融机构组织体系不健全、市场缺乏活力、网点分布不均、服务竞争意识不强等问题较为突出。在银监会、西藏自治区人民政府的大力支持、银行业金融机构的积极配合以及西藏银监局的不懈努力下，西藏辖区银行业金融机构体系不断健全，机构数量明显增加。截至目前，西藏辖区金融机构达到 656 个，较 2011 年新增 38 个。

（二）金融产品和服务方式不断创新，金融服务覆盖面和渗透率不断扩大

1. 面向"三农"和农牧区的金融产品和服务日益丰富。西藏银监局引导银行业金融机构从"消除金融服务空白乡镇、减少金融机构空白乡镇"两方面着手，西藏辖区基层金融服务不断改善。

2. 小微企业的普惠金融服务水平有所提高。针对西藏 90% 以上非公企业为小微企业的实际，西藏银监局通过放宽市场准入政策、降低现场检查频率、提

高不良贷款率容忍度等一系列差异化监管政策和召开银企对接座谈会等措施，使西藏辖区各银行业金融机构经营理念逐步转变，小微企业信贷制度不断健全、信贷产品不断丰富。

（三）金融基础设施逐步完善，基础金融服务便利性不断增强

农村支付结算覆盖范围不断扩大，通过组织推广适应农村需求的非现金支付工具和终端，开展支付结算特色服务，有效延伸了支付覆盖面，极大地便利了农村、农牧区支付活动。一是在西藏辖区扩大自助取款机、服务终端等自助机具的布放面；二是辖区各涉农银行金融机构，以惠农卡为载体，以电子渠道为平台加大了乡镇助农取款服务点的设立和自助机具布放工作。

（四）政策扶持方式日益优化，以正向激励为核心的扶持政策体系初步建立

近年来，政府积极转变政策扶持方式，把对"三农"和小微企业的直接补贴转变为以政策资金引导金融机构服务"三农"、小微企业发展的模式，逐步形成了以正向激励为核心的扶持政策体系。

在财税政策方面，根据中央第五次西藏工作座谈会精神，各银行业金融机构积极贯彻落实中央赋予西藏的包括贷款利率、扶贫贴息、特殊费用补贴等一系列优惠金融政策；在金融政策方面，西藏自治区逐步完善激励机制，引导金融机构加大对"三农"和小微企业的支持力度。

二、发展普惠金融面临的问题与挑战

尽管多年的金融改革为西藏发展普惠金融奠定了基础，基本形成了一个金融体系不断完善、网点不断充实、产品不断丰富，公众金融关注度和安全意识不断提升的良好普惠金融环境。但由于西藏特殊的自然条件和相对薄弱的基础设施，距"构建一个多层次、广覆盖、可持续的现代金融服务体系"这一普惠金融最终目标，还存在较大差距，还需在提高金融服务的覆盖面和渗透率等方面付诸更多的努力和实践。

（一）农牧区金融仍是金融服务的薄弱环节

1. 农村、农牧区基础金融服务广度和深度不够，与农牧区居民的需求还存在一定差距。农村地区金融机构网点布局还不能全覆盖。在西藏辖区 120 万平方公里土地上，共有 7 个地市，74 个县，682 个乡（镇），现有 656 个银行业金融机构网点，但仅有 414 个乡（镇）设立了金融营业网点，尚有 268 个乡（镇）无金融服务机构。

2. 支持新型农村金融机构力度不够。为支持村镇银行发展，中央和地方相继出台了一系列政策扶持措施，但部分未兑现、难落实，相关配套政策不完善，村镇银行生存发展仍然艰辛。

（二）中小企业融资难的问题未得到有效解决

1. 面向小微企业的金融机构仍较少，资本市场、风险投资等直接融资渠道不畅。西藏辖区融资担保机构起步晚、发展慢，较内地相对落后，主要存在担保机构数量少、实力弱、担保业务量少、业务范围窄等方面的问题，导致中小企业信贷需求难以满足。

2. 从商业银行角度来看，存在对中小企业贷款积极性不足的现象。一是"六项机制"和"四单管理"建设落实不够到位。二是大部分银行业金融机构没有按照监管要求制定本行专门的小微企业从业人员尽职免责办法，没有以制度形式保障小微企业从业人员的工作积极性。三是从传统的银行绩效考核指标来看，银行给中小企业发放贷款，规模上不去，运营成本高，而收益有限。四是中小企业贷款难问题还受制于抵押物不足且风险大这一症结，能够用土地和厂房等固定资产从银行融资的企业相对有限，银行给小企业贷款的风险较高。

三、改进和完善普惠金融服务，促进西藏经济发展的思路

（一）强化政策引导，加大对弱势群体和经济薄弱环节的金融支持力度

从货币政策、信贷政策、财税政策、机构设置和监督管理等方面入手，制定普惠金融发展工作规划或指导性意见，建立普惠金融评价指标体系，完善激励约束机制，稳步推进普惠金融的发展。加强财政与金融政策的协调配合，发挥财政杠杆作用，撬动金融资源流向普惠金融体系，改善金融资源配置效率。同时，鼓励金融机构在空白乡镇设立分支机构，真正实现中央的各项补贴"补之于藏、用之于藏"。

（二）改善金融资源配置效率，进一步完善金融机构体系建设

强化监管职责，构建良好的银行监管机制，督促银行业金融机构大力发展普惠金融，建立服务可得、价格合理、竞争适度、发展持续、惠及广大城乡民众的普惠金融体系。一是充分发挥农行主力军作用，筑牢西藏辖区普惠金融体系，同时丰富和完善其他金融组织机构，分批次、分阶段地提高西藏辖区尤其是农牧区金融机构网点的覆盖率，逐步实现金融机构在空白乡镇的全覆盖；二是积极引导政策性银行发挥基础性作用，加大对农业产业化、推进城镇化、参

与西藏基础设施建设方面的信贷支持，构建为民服务的政策性金融服务体系；三是积极推进邮储银行"三农"网点建设，鼓励其他商业银行有选择性地增加县域网点；四是在地市及以下区域引进和设立村镇银行、小额贷款公司、农村资金互助社等新型农村金融机构，构建全方位的金融服务体系。

（三）强化"基层"意识，支持"三农"与小微企业发展

一是切实加大对农牧业产业化龙头企业、农牧区基础设施建设、农牧民安居工程建设和农牧民消费的信贷资金支持力度，确保"三农"贷款增幅高于平均贷款增幅。二是强化对小微企业金融服务，制定名单式服务对象，针对不同的企业需求设计合理的金融产品，满足企业发展的需要。

（四）进一步创新金融产品，提升金融服务水平

西藏银行业金融机构产品服务种类较单一，基本上以单纯的存贷款业务为主业，且各金融机构业务基本雷同，缺乏针对西藏小微企业特点和农牧业特点的金融服务。西藏银监局将继续督促和引导银行业金融机构开展更为全面和多样化的金融服务，扩大理财、信托、证券、租赁、黄金交易等新型金融业务。

（五）强化宣传引导，营造普惠金融发展良好环境

一是商业银行要加强正面引导，集中宣传近年银行业改革和金融消费权益保护取得的积极成效，增加金融消费者对银行业的了解和信心。二是强化金融知识普及，针对不同消费者群体，积极引导消费者识别金融产品设计、销售等环节的金融风险，及时掌握产品变化情况。三是充分利用网络、电视、短信等渠道，深入开展金融宣传教育活动，主动做好宣传讲解，不断提高消费者的金融服务意识，引导金融消费者有效利用各类金融资源参与普惠金融建设。四是加强金融产品销售过程中的信息披露，畅通投诉渠道，妥善解决客户投诉。

（作者李明肖，西藏银监局局长）

以有效监管引领支农支小金融服务

近年来，青海银监局认真贯彻银监会决策部署，想百姓之所想，急"三农"之所需，解小微之所难，指导银行业金融机构发展普惠金融，加大支农力度，提升小微企业金融服务有效性，取得了积极成效。

一、坚持优先发展普惠金融

受自然条件和经济条件所限，青海仍有 100 多个乡镇未设立金融机构网点，且大部分为边远少数民族乡镇。为此，青海银监局坚持把解决金融机构空白乡镇问题作为改善民生的头等大事来抓，采取有效措施加以推进。

积极争取政策支持。2011 年，在深入调研的基础上，青海银监局积极向省政府汇报工作，引起高度重视，省政府办公厅印发《关于解决金融机构空白乡镇提高农村金融服务水平的实施意见》，明确了青海省解决金融机构空白乡镇的指导思想、目标任务、实施内容、扶持政策以及责任分工，提出了具有很强针对性和可操作性的政策措施，为解决金融机构空白乡镇问题起到了积极的促进作用。

增设银行物理网点。对具备设立银行业金融机构网点基本条件的乡镇，青海银监局实施差别化准入政策，引导机构向农牧区、金融机构空白乡镇延伸机构和增设标准化网点。近三年，青海省大通、民和、天峻等县域共 43 个乡镇结束了没有银行业金融机构网点的历史。对不具备设立银行业金融机构网点基本条件的偏远农牧区，指导机构通过设立流动金融服务点，在特约商户布放转账电话、POS 机、自助服务终端等方式，切实增加农牧民群众获得正规金融服务的机会。目前涉农银行业金融机构已在全省乡镇及以下地区布放各类电子机具 3 167 台，设立惠农助农存取款服务点 1 780 个，青海省已实现了县、乡两级行政区域 100% 金融服务全覆盖，极大地方便了当地农牧民群众的金融服务需求。

增强电子化金融服务。指导机构以电子化建设为主要载体，广泛开展电话银行、手机银行、网上银行等业务，实现了广大农牧民群众足不出村就能享受便捷金融服务的目标，有效填补了金融服务"缝隙"，扩大了金融服务覆盖面和渗透率。

二、持续加大"三农"信贷投入

针对制约"三农"信贷投入的重点难点问题，青海银监局开展政策指导工作，着力探索扶持"三农"经济发展的有效手段和方式，致力于增加信贷投入，促进了农牧区经济增长、农牧业增产和农牧户增收。2014 年 6 月末，青海银行业金融机构涉农贷款余额 1 465.65 亿元，同比增长 28.22%，是 2012 年末的 1.45 倍。

破解"三农"抵押担保难题。在深入调研的基础上，制定印发了《青海银监局关于创新贷款担保方式促进青海省"三农"经济发展的指导意见》，推行支农服务承诺制度，建立支农绩效考核机制，鼓励银行业金融机构按照"风险可控、先试先行"原则，研发以"三农"领域的物权、股权、林权、涉农补贴收益权、农村土地承包经营权和宅基地使用权为抵押担保的新型信贷产品。指导银行业金融机构与当地财政密切合作，建立涉农贷款专项担保基金账户，按约定比例发放涉农贷款。目前上述各类创新型抵押贷款余额已达 129.22 亿元。

创新支农助农模式和产品。鼓励银行业金融机构推出符合市场需求的"三农"信贷产品，国家开发银行"国开农贷"、农村信用社"枸杞贷"等一批特色产品应运而生。目前已通过"国开农贷"累计发放现代农业项目贷款 1.86 亿元，支持"三农"项目 287 个；已通过"枸杞贷"累计支持枸杞种植规模 30 万亩。中国农业发展银行青海省分行近三年通过信贷产品创新累计投放贷款 27 亿元，支持国家级农业产业化龙头企业 6 家，省级农业产业化龙头企业 14 家，市级农业产业化龙头企业 27 家。

支持青海农村重点项目建设。指导机构积极与地方政府部门合作，因地制宜，量体裁衣，加大资金投入，相关信贷业务实现了"一年一大步"的跨越式发展。近三年来，全省银行业金融机构累计在相关领域投放中长期贷款 224.68 亿元，其中投放农村公路建设项目贷款 108.18 亿元，有力支持了全省农村牧区"县乡通"、"乡乡通"、"村村通"公路建设项目，目前农村基础设施建设贷款余额达 459 亿元。指导银行业金融机构变"输血式扶贫"为"造血式扶贫"，帮助青海连片特困地区贫困人口脱贫致富。目前仅农业银行青海省分行一家机构已向全省集中连片特困地区累计发放各类贷款 181 亿元，其中在特困地区发放涉农企业发展生产贷款 23 亿元，辐射带动 15 万户农牧民走上了致富之路。积极扶持新农村建设、搬迁安置等项目，相关领域贷款余额目前已突破 70 亿元，全省 72.8 万人从中受益。

三、大力支持小微企业发展

为全面落实国务院及银监会关于改进小微企业金融服务的有关要求，青海银监局出台了《关于进一步推进小微企业金融服务工作的指导意见》，通过落实政策、强化考核、完善机制等措施，引领辖区银行业金融机构不断创新服务方式，提高服务水平，有力促进了全省小微企业稳健发展。

落实扶持政策。鼓励符合条件的机构申请发行小微企业专项金融债。对连续两年实现小微企业贷款投放增速不低于全部贷款平均增速，且小型微型企业授信客户数占全行辖内所有企业授信客户数达到 60% 以上，以及最近六个月末平均小型微型企业授信余额占比达到青海银行业机构平均水平之上的银行业机构，视其风险管控水平、IT 系统建设水平、管理人才储备和资本充足等状况，允许在间隔期限不低于半年的情况下，一次同时申请筹建多家同城支行。鼓励大型银行在建立专营机构的基础上向下延伸服务网点。适度提高小微企业不良贷款容忍度，银行业金融机构小微贷款不良率高出辖内各项贷款不良率 2 个百分点以内的，该指标不作为监管评级的扣分因素。

加大考核力度。建立小微企业贷款定期监测制度，及时将小微企业贷款增量、增幅及工作开展情况分地区、分机构进行通报，督促各商业银行加大信贷投入力度。对未完成考核目标的机构实施重点监督，采取监管提示、约见谈话、审慎会谈等措施，属于分行级机构的通报其总行，敦促总行层面加强督导和考核；属于法人机构的从市场准入上予以限制，切实增强了小微企业金融服务的内生动力。

实施分类指导。鼓励地方法人机构先行先试，积极探索产品和服务创新，尤其是加大对符合国家产业和环保政策、能够吸纳就业的科技、服务和加工业等小微企业的支持力度。对政策性银行要求其积极发挥政策性金融作用，加强机制创新，在风险可控前提下加大小微企业扶持力度。对大型银行要求其积极调整信贷结构，继续向下延伸服务网点，优化信贷审批流程，提高服务效率。对股份制银行要求其在总行战略定位下，通过创新服务方式形成自身特色，提升核心竞争力。对邮政储蓄银行鼓励设置小微企业专营机构，完善小微企业信贷中心职能，为小微企业提供小额信贷服务。

降低融资成本。开展《商业银行服务价格管理办法》宣传和解答释疑，保证政策传导到位、解释到位。开展整治银行业金融机构乱收费情况的专项检查，督促银行业机构严守"七不准"、"四公开"规定，对违规向小微企业收取的承诺费、资金管理费责令银行业金融机构全部退还。指导银行业金融机构简化信贷审批程序，执行"惠企减负"、"让利于企"的政策，减轻财务负担。2014 年以来，各银行业金融机构通过设置免费服务项目、利率适当下浮等措施，降低企业融资成本，据不完全统计，优惠减息额达 4.01 亿元。

通过加强政策指导和有效监管，青海银行业金融机构对小微企业的主动服务意识明显提升，信贷支持力度逐步加大。2014 年 6 月末，全省银行业金融机构小微型企业贷款余额达 767 亿元，设立 40 家小微企业金融服务专营机构，培养专业队伍 600 多人，开发各类金融产品 100 余种，有效满足了小微产品创新需求，塑造了良好的品牌形象。

（作者冷云竹，时任青海银监局局长，
现任甘肃银监局局长）

在金融改革与金融合作中
提升金融基础设施服务[①]

一、中国金融改革与国际金融合作为中央托管机构提供了重大战略机遇

一是金融基础设施建设已提升到金融战略高度。

随着金融市场的发展，世界各国对于中央托管机构重要性的认识逐步加深，其安全高效运行已成为判断金融市场成熟与否的重要标志之一。进入21世纪，尤其是本轮全球金融危机后，中央托管机构等金融基础设施越来越多地进入公共政策的视野。在此背景下，《中共中央关于全面深化改革若干重大问题的决定》、金融"十二五"规划、国务院《关于进一步促进资本市场健康发展的若干意见》等重要文件相继提出："加强金融基础设施建设，保障金融市场安全高效运行和整体稳定"，"优化金融环境，进一步健全金融市场的登记、托管、交易、清算系统"，"加强登记、结算、托管等公共基础设施建设"。在国家最高决策文件中，把金融基础设施突出出来，还是第一次。在新一轮金融改革中，作为金融基础设施服务的提供者，中央托管机构将在支持市场发展和创新、监测和控制风险、保障市场运行安全和提高市场效率等方面发挥更加重要的作用。

二是健全多层次资本市场体系将促进中央托管机构发挥重要作用。

本轮全球金融危机后，中国政府总结经验教训，提出了"金融支持实体经济"的基本原则。落实这一原则，就要以显著提高直接融资比重为目标，继续健全包括股票市场、债券市场在内的多层次资本市场体系。要做好不同层次市场间的制度衔接，形成有机联系的市场体系，离不开安全、高效、统一、规范的金融基础设施安排。

---

① 本文发表于《债券》2014年10月。

三是利率市场化改革将推动中央托管机构开拓业务新领域。

伴随利率市场化，中国金融脱媒的趋势进一步深化，以银行理财产品、信托产品、券商资产管理计划、基金管理计划、保险产品等为代表的资产管理行业获得了蓬勃发展。通过中央托管机构的介入，提供全面的登记、托管、结算服务，将使资管产品的风险揭示更充分、产品透明度更高、流动性更好，监管和投资者保护更加有效，最终实现由产品向市场的升级。

四是人民币国际化将增强中央托管机构间的跨境合作。

随着人民币国际化进程的推进，中国资本市场对外开放程度不断提升。未来，中国资本市场的对外开放程度有望进一步加深，中央托管机构将在跨境发行、跨境结算、跨境担保品管理等领域大有作为，机构间跨境合作将更加频繁，境内外资本市场的联通将更加顺畅。

五是国际金融合作中中央托管机构将发挥核心纽带作用。

目前，金融基础设施已成为国际金融合作中的一个重要领域。从 1989 年开始，国际组织为推动证券结算系统安全、效率的改善，先后出台一系列国际结算标准。2012 年又出台了《金融市场基础设施原则》。公司一直持续跟踪和研究国际金融基础设施标准，积极参与了准则的讨论、实施和评估。同时，公司还持续参加亚洲债市论坛，参与论证提出相关技术和规则方案的可行性，支持区域债券市场建设和中央托管机构互联。中央托管机构的核心纽带作用将更加凸显。

二、中央结算公司在金融改革发展中发挥重要作用

中央结算公司成立 18 年来，以金融市场基础设施原则为目标，从国债集中托管起步，逐步发展成为各类固定收益证券的中央托管机构，成为支持市场运行、宏观调控政策操作的核心金融基础设施，服务跨境结算、支持市场开放的重要渠道，参与金融市场创新的重要基地，在维护金融稳定、促进市场发展方面发挥重要的作用。这几年，公司主要做了以下几方面工作。

首先，持续深化核心服务领域。实现债券发行、登记、托管、结算、兑付、估值功能一体化，有效实现了债券生命周期全过程处理，充分发挥中央托管机构的规模经济和范围经济，提高市场效率，降低交易成本。我们构建招标发行和簿记建档发行的综合服务平台，每年支持各类债券发行将近 6 万亿元；完善债券登记托管服务，目前公司托管的债券超过 28 万亿元，约占债券市场存量的

84%；持续推进 DVP 结算，使用"央行货币"的实时全额 DVP 机制已覆盖全市场。

其次，不断丰富优化增值服务。充分发挥中央托管机构中立性和数据优势，挖掘其市场增值点，推动市场透明度和稳健性提升。我们创新开展债券信息服务，提供的收益率曲线、估值、指数等系列产品被市场监管部门广泛应用，覆盖国内金融机构管理的 90% 的债券。越来越多基金产品将中债指数作为投资标的，其中就包括 2014 年首只 RQFII 人民币国债 ETF 基金。我们还大力拓展担保品管理服务，推出自动化的质押券管理系统，应用范围不断扩大，目前质押余额超过 2.7 万亿元。

再次，大力开拓创新业务领域。顺应盘活金融资产存量、完善金融资产登记、防范系统性金融风险的需求，借鉴国际同业拓展的做法，公司登记托管的各类金融资产超过人民币 50 万亿元，在传统的债券资产之外，理财产品、信托产品等其他金融资产超过 20 万亿元。在主管部门的推动下，公司陆续开发银行业理财信息登记系统、信托数据库和信息产品登记系统、建成全国银行业信贷资产登记流转系统，搭建信贷资产登记流转平台，有效地服务监管和服务市场。

最后，积极推动实施国际化战略。在中国资本市场对外开放的进程中，公司积极研究和支持国际多边机构来华发行熊猫债券，支持各类境外机构参与境内债券市场，目前有 150 余家境外机构在我公司开立债券账户，持有债券约 4 600 亿元。公司还尝试与境外托管机构联网，初步开辟了内地与境外债市的结算通道，为境内机构"走出去"提供服务。

三、中央结算公司全面完善金融基础设施服务

中国新一轮全面深化改革的大幕已徐徐拉开，中国金融市场正朝着市场化、国际化的方向稳步迈进，顺应这一趋势，中央结算公司将积极实践，广泛合作，全面提供多元化、综合化、国际化的金融基础设施服务。

首先，努力实现业务多元化拓展。公司将贯彻"加强登记、托管、结算基础设施建设"的要求，积极朝着"金融资产登记托管"方向，不断拓展发行、登记、托管、结算等核心服务领域：构筑功能完善的中债发行服务体系；逐步建立统一的金融资产登记托管体系；拓展高效的 DVP 结算机制，适应于多产品、多币种、跨境的多样性环境。

其次，构建统一的综合性开放式平台。推动建立跨市场、跨产品的统一托

管结算后台，进一步提升市场互联互通水平。在保证系统和服务平稳运行的基础上，根据市场价值链，与其他市场机构灵活开展多层次合作，因地制宜地选择业务合作、资本合作、技术合作等合作模式。

最后，深入推进国际化业务。研究落实国际金融基础设施标准，在理念、规则、服务、技术、风控、管理等方面与国际接轨。根据中国资本市场对外开放的政策进程，拓展跨境业务领域，提升跨境服务水平，争取国际化业务取得新突破。在跨境发行方面，力争为全球人民币债券提供服务；在跨境结算方面，激活现有结算通道，积极争取境外托管机构互联，为资本双向流通提供规范低成本的结算通道；在跨境担保品方面，积极支持境内外投资人使用人民币债券作为跨境担保品灵活应用；在跨境信息方面，鼓励境外人民币指数基金产品发展。

随着中国新一轮全面深化改革进程的推进，中国金融市场的包容性和开放性将全面提升，与全球金融市场的联系将更加紧密，这对基础设施的服务能力提出了新的要求，也为我们开展多元化、国际化合作提供了广阔前景和全新动力。"潮平两岸阔，风正一帆悬"。中央结算公司愿意和国内外机构一道，因时趁势，紧密协作，共同打造亚洲金融繁荣之基，打造共生互益的金融生态之圈。

（作者水汝庆，中央国债登记结算有限责任公司总经理）

浅析小微企业贷款难贷款贵的成因与对策

2014 年下半年，按照《银监会基层联系点制度》的规定，就基层联系点枣庄银监分局辖内的小微企业融资难融资贵问题进行了专题调研，现报告如下。

一、小微企业融资难融资贵问题有效缓解

为有效解决小微企业融资难、融资贵的问题，枣庄银监分局积极创新监管手段，不断提升小微企业金融覆盖面和可获得性。截至 2014 年 11 月末，枣庄银监分局辖内共有银行业金融机构 13 家，营业网点 458 个。各项贷款余额 1 012.31 亿元，较年初增长 3.81%，其中，小微企业贷款余额 307.65 亿元，占各类贷款余额的 30.39%，较年初增长 4.29%。

（一）创新金融产品，提升可获得性

针对小微企业融资"短、小、频、急"的特点，辖区各银行业机构开发新产品，提升资金供需契合度。如枣庄工行对部分符合条件存量贷款续办业务，目前 3 户小企业、2 300 万元续贷业务获批。枣庄建行"助保贷"借助财政铺底资金形成"助保金"杠杆放大效应，截至 8 月底，"助保贷"户数已达 122 户，贷款余额 4.43 亿元，户均贷款 363 万元，累计为企业减少费用 880 万元。枣庄邮储银行开办经营性车辆按揭贷款、再就业担保贷款，枣庄银行开发了小微企业商会担保贷款、最高额循环贷款、塔式起重机授信业务、钢结构资产抵押贷款、票据置换"商易银"等，较好地满足了企业融资需求。

（二）主动让利，帮助企业降低融资成本

优化利率定价机制，落实减费让利要求。如枣庄工行将小微企业贷款风险调整后收益率（RAROC）阈值由 26% 下调为 20%，据此适当下调利率定价标准，从 2014 年 8 月 1 日起，免收小微企业融资 4 项服务费、8 项承诺类费用。免收补发贷款单据、权属文件保管、打印还款记录、延迟提款、代办贷款卡年检、代办注销抵押等 7 项贷款服务类费用。

（三）调整授信政策，降低信贷准入门槛

单列信贷额度，在授信额度安排、还款方式上给予优惠安排。如枣庄工行缩小对外担保抵扣授信额度的客户范围，将单户小企业融资限额最高不超过3 000万元，放宽至不超过5 000万元；滕州农商银行开通小微企业金融服务绿色通道，针对企业特点设计信贷配置方案，指定责任人跟踪落实，推行"分还续贷"，缓解企业资金压力。

（四）优化业务流程，缩短办贷时间

开设审批"绿色通道"，上线批量处理系统，提升信贷审批信息化水平。枣庄工行简化小微企业贷款审批流程，对同一企业在60天内连续上报的信贷业务，由同一审查人进行审查；采用"客户自助操作＋系统自动处理"贷款网络模式，实现融资申请、合同签订、提款还款网络化。枣庄建行小企业经营中心采用"信贷工厂"模式，对单户500万元以上的小企业贷款，实施评级、授信、支用"三位一体"的操作模式，提高了放贷效率。

（五）加强银政企合作，形成工作合力

积极借助地方政府力量，改善小微企业融资环境。如工行枣庄分行运用政府过桥还贷资金，为12户小微企业办理周转还贷1.01亿元。建行枣庄分行加强与劳动保障部门合作，市下岗再就业担保中心对符合条件的劳动密集型小微企业提供担保并给予一定的利息补贴，预计到年底将有10家企业获得利息补贴，累计可为企业节省利息支出50余万元。

二、枣庄辖内小微企业融资难融资贵问题仍然较为突出

（一）小微企业融资难问题由来已久，在经济下行期表现更为突出

截至2014年8月末，枣庄市小微企业贷款户数17 487户，贷款覆盖率不足10%，比省内覆盖率高的地市相差近1倍。小微企业缺失信用、缺失信息是制约信贷投放量的关键因素。

一是龙头企业带动弱。枣庄产业机构偏重偏传统，集中在煤炭、煤化工、水泥等领域，相关配套企业普遍存在效益低下的问题，影响了小微企业贷款的投放。第三季度末，枣庄工行煤贸小企业贷款户78户，占小企业所有贷户的34.82%，贷款余额6.72亿元，占小企业贷款余额的20.89%，其中不良贷款9户，占全部小企业不良贷款户数的52.94%，不良贷款余额0.36亿元，占全部小企业不良贷款余额的41.86%。

二是部分小微企业先天不足。辖区部分小微企业以家族式经营为主，公司治理结构不健全，财务制度不健全，会计账目不清，缺乏核心技术和长远发展计划，经营产品技术含量不高。一些企业环保、安全等不达标，一遇检查就停产整顿，生产不具连续性。这不仅制约着企业自身的生存和发展，也同样给银行机构向其发放贷款带来诸多困难。

三是担保体系不健全。辖区小企业使用的土地大多数没有办理产权过户，无法办理土地和房产他项权手续，影响了小企业贷款的发放。此外，有实力的担保机构少，政府主导建立并控股的担保机构少，以服务小微企业为主的担保机构少，担保体系不健全影响了银行放贷积极性。

四是不良贷款暴露加剧"惜贷"、"慎贷"心理。在小微企业信贷有效需求不足背景下，部分企业贷款违约，在担保圈、民间借贷资金链作用下形成连锁反应，导致一些银行尤其是国有银行不良贷款集中暴露，不良率居高不下，部分银行上级行上收贷款审批权限。如建行枣庄分行不良率已超出省行设定的底线，新增信贷业务审批权上收，影响了小微企业信贷业务发展。

（二）小微企业融资成本仍然偏高

由于小微企业贷款小额、分散、管理难度大、风险相对较高，各行小微企业贷款利率一般较大中型企业要高出 30%～50%。

一是小微企业贷款利率普遍上浮。如枣庄工行统算小微企业贷款平均利率为 7%，比全部贷款加权平均利率高 0.34 个百分点，比大中型企业贷款利率高 28%；枣庄交行统算小企业贷款平均利率为 7.8%，比全部贷款加权平均利率高 1.1 个百分点，比大中型企业贷款利率高 30%；农村中小金融机构小微企业贷款利率在 9%～12.5% 不等，普遍比全部贷款加权平均利率高 10% 左右；枣庄银行小微企业贷款利率为 9.95%，较上年下降 1 个百分点，比全部贷款加权平均利率高 0.6 个百分点。

二是非银行体系收费加重了负担。由于当前信贷资金供应偏紧，有的银行要求贷款先存款、贷款资金转成银行承兑再使用。此外，贷款申请过程中还需向相关中介机构缴纳一定费用，使客户使用贷款的真实融资成本要高出名义利率的 40%～60%，最终利率一般仍在 15% 左右，高的要达到 18%，小微企业财务负担仍然较重。

三、缓解小微企业融资难融资贵问题的若干建议

（一）抓好现有政策措施的落实

从机制建设、信贷投放、金融创新等方面进一步落实差异化监管政策，引导和督促银行业金融机构用足、用好财税、产业等领域的现有政策，创新服务产品，提升服务水平。

（二）推动银行改进绩效考核

推动银行业机构改变重发展、重速度、重效益的观念，改革绩效考核办法，强化社会责任意识。严厉查处不规范经营行为。

（三）推动完善配套制度

加强职能部门间沟通协调，推动配合相关部门尽快修订完善《中小企业划型标准》，组织银行业金融机构做好标准衔接与数据调整工作，确保小微企业贷款数据的真实性和准确性。

（四）加强政策协同与调研

在财政补贴、税收优惠、信息信用体系、风险分担和补偿机制等方面继续与相关部门和各级地方政府密切沟通配合，财政部门建立小微企业发展基金，搭建以政府主导的担保体系建设。推动小微企业金融服务配套政策和外部制度环境不断改善。

（作者宋占英，时任中国银监会银行业案件稽查局巡视员，
现任中国银监会处置非法集资办公室巡视员；
作者王希泽，时任中国银监会银行业案件稽查局综合处调研员，
现任中国银监会现场检查局综合处调研员）

我国城市商业银行发展
社区银行的实践与思考

——以河北省城商行设立社区银行为例

自 2011 年起，河北银监局将河北省城商行发展"社区银行"作为其发展转型的一个突破口，进行了有益尝试。

一、河北省城商行社区银行基本状况

截至 2014 年 6 月末，河北省共有 10 家城商行设立社区银行 47 家，存款余额 65.31 亿元，贷款余额 2.38 亿元。

（一）社区银行的主要特点

1. 市场定位社区居民。社区银行选址一般在居民、商户、小微企业主等较为集中的商圈、居民区或周边地区，主要客户群体为小区居民、个体经营户、小区企业及周边城中村居民等。业务范围主要为针对社区居民、商户、小微企业等开办的存款、贷款、理财、银行卡等服务，一般不办理大中企业贷款。

2. 规模较小发展较快。相对传统支行，社区银行组织架构简单，员工人数相对较少，每家行平均 10 人左右，不足传统支行的一半。得益于地缘和区位优势，社区银行存款业务，特别是居民储蓄存款增长较快。截至第二季度末，河北省城商行社区银行行均存款 1.39 亿元，其中储蓄存款占比达 83.46%，超过全省城商行平均水平 23.01 个百分点。

3. 服务方式灵活多样。社区银行利用差异化经营的特点，积极尝试服务方式创新，提升服务内涵。在服务时间上，多采用"延时服务"和"错时服务"。在服务内容上，实施人性化服务，如上门收款、兑换零币残币、代收水电费、代缴电话费等便民业务。在服务理念上，靠增设便民伞、急救箱、充电器等便民设施，让每一位客户都能享受到贵宾般的服务。

4. 积极组织参与社区活动。大多数社区银行都能积极参与并组织社区各项

活动，把自己当作社区的一员，如与社区联合办报，组织各项趣味活动；跟周边商户联合营销，建立特定客户档案；深入社区宣传、调研，根据客户需求，开发对接产品等。

（二）社区银行的主要作用

1. 顺应了"普惠金融"之需要。城商行设立社区银行是满足居民消费者需求最直接、最有效的途径。社区银行基于地理位置和服务方式优势，与社区居民建立长期、良好的关系。在监管政策进基层、宣传打击非法集资、反假币等活动中，深入基层，与社区居民面对面，取得良好效果。

2. 顺应了城商行改革转型之需要。从实践看，城商行社区银行"溢出"效应已初步显现。一方面，社区银行经营的成功经验在所属城商行所有网点得以推广，推动城商行提升了整体服务质量；另一方面，社区居民对某家城商行社区银行的认可，也延至城商行整体社会形象的提升。两年多来，社区银行一直维持金融消费"零投诉"。

3. 顺应了金融服务小微企业之需要。城商行发展社区银行能充分利用自身位置优势，深入了解小微企业状况，突破"信息不对称"问题，专注于社区小微企业，实现支持小微企业与自身发展的"共赢"。目前社区银行发放的贷款全部为小微企业贷款及个人贷款，社区银行延时服务更是为广大社区小微企业提供了便利。

4. 顺应了服务地方经济发展之需要。城商行设立社区银行，引导其将当地吸收的存款继续投放当地，可加大金融对地方经济的支持力度。同时社区银行可通过与社区居民面对面交流，广泛细致的宣传金融知识，正面引导社区居民理财、投资行为，减少由于金融知识和金融服务不足而滋生的民间借贷与非法集资等行为。

（三）社区银行的主要不足

1. 网点数量所限，品牌化效应不明显。由于各城商行设立社区银行数量较少，仍处于"试点经营"阶段，均没有形成成熟的社区银行经营模式，没有专门的管理制度、业务审批流程及产品研发团队等，难以满足社区客户多层次、多样化的需求。经营同质化现象较为严重，存在"跟随"与"模仿"的定向思维。

2. 内控约束所限，经营自主性不足。社区银行在城商行内部管理体系中，总体上仍被归为"业务相对简单的支行"，在很大程度上被限定于在特定区域营销和推广总行业务、产品的平台。社区银行不能自主根据当地情况研发产品，不能针对业务具体情况变更审批程序，个别社区银行甚至没有信贷业务权限。

3. 激励考核所限，支持当地经济不够。一方面，城商行仍惯用原有的管理方式和制度来考核社区银行，存款规模仍是其发展好坏的标志性指标，导致社区银行将绝大部分精力放在存款营销上；另一方面，社区银行高管和业务人员均为总行或上一级管理部门统一选派，短时间内对社区银行所处市场做不到知根探底。截至 2014 年第二季度末，河北省城商行社区银行平均贷存比不足 5%，对社区经济"抽血"效应明显。

4. 业务范围所限，难以长期支撑。有近 50% 的社区银行还处于亏损状况。主要原因，一是服务免费。社区银行还处于试点阶段，为吸引客户、树立品牌，大量提供优质、免费服务，直接拉升了经营成本。二是只存不贷。社区银行吸收大量存款上存，而信贷业务极少，部分行甚至没有信贷业务，利息支出攀升。三是缺少中间业务收入。部分社区银行虽然开办了代理、代收、代付等中间业务，但业务量较少，收入有限。

二、城商行发展社区银行的思考及建议

（一）发展社区银行应注意的问题

1. 坚持差异化市场定位。设立社区银行应走特色化与差异化的道路，实施求异、补缺策略，开展"错位经营"。在服务区域上，要立足于社区、服务社区经济建设，这是社区银行发展的特征和宗旨；在服务对象上，要立足社区居民、商户及当地小微企业，小微企业融资难恰恰也为社区银行发展提供了市场空间；在服务产品上，社区银行可利用人缘地缘优势，广泛了解客户的需求，有针对性地为社区微观经济主体"量身定做"服务与产品，通过以专补缺、以小补大、以质取胜的集中专营方式，挖掘金融服务与金融产品的深度，更细致地满足目标客户的各种需求，逐步向精品化发展。

2. 强化特色化服务理念。首先，要结合自身转型需要，确定发展社区银行的总体战略规划，避免"一放就乱、一控就死"；其次，要建立完备的社区银行管理机制，在业务创新、产品创新、流程创新等方面适当放权，让社区银行根据业务需求自主经营，提供特色化服务；最后，要建立单独的社区银行考核体系，放弃规模偏好，强化服务理念，增加服务性指标考核，引导社区银行以质取胜。

3. 增强可持续性发展能力。要坚定不移地落实国家宏观调控政策，坚守

"服务社区、服务小微企业"的总体目标要求；要创新业务品种，提升服务内涵，最大限度地满足金融消费者需求，培育和积累客户忠诚度；同时，要兼顾自身经营效益，努力实现可持续性发展。

（二）发展社区银行政策建议

1. 明确社区银行市场定位。按照"栅栏原则"，银行业创新必须坚持"先规则、后游戏"。建议完善社区银行相关的法规或办法，进一步界定社区银行发展方向，明确社区银行业务经营范围，并对社区银行经营发展实施正向引导。

2. 确定设立社区银行条件要求。对于经营状况较好，规模较小，战略定位于"做优做精"的城商行，可以出台激励政策，引导机构下沉，鼓励其向社区银行转型，与大型银行错位竞争；城商行自身则要建立专门的社区银行管理制度、考核体系、业务创新机制。

3. 完善社区银行配套监管措施。在社区银行准入和退出机制上，可放松门槛、简化程序，以规划引导为主，以审批核准为辅；在社区银行经营指标设定上，要强化社区银行存贷比、单笔贷款及单一客户授信额、中间业务收入占比等指标，确保社区银行实现"服务社区、服务小微企业"的目标定位。

4. 加大社区银行扶持力度。要增加对社区银行在税收优惠、财政补贴、信息资源共享等方面的扶持力度，为社区银行健康快速发展提供一个良好的外部环境，实现社区银行与社区经济的"共赢"。

（作者郭锦洲，河北银监局原局长）

金融支持我国海洋渔业发展的现状与思考

——基于福建连江县海洋渔业金融服务情况的调研

为落实党的十八大确定的海洋强国战略，贯彻银监会提出的为民监管要求，深入实际、服务基层，进一步改进县域金融服务，引导辖区银行业更好地支持实体经济转型升级。福建银监局以我国第二大水产大县连江县为样本开展专题调研，以海洋渔业生产为切入点，"解剖麻雀"、"以点带面"，分析海洋渔业金融服务中存在的问题，研究提出针对性政策建议，以期为金融支持海洋渔业转型发展和促进海洋强国建设提供决策参考。

一、连江县金融支持海洋渔业的基本情况

连江县为我国第二大水产大县，海洋渔业是当地支柱产业。2013年全县实现海洋渔业产值150.15亿元，同比增长6%，占农业总产值的87%。随着该县海洋渔业的发展壮大，各银行业机构立足实际，创新服务理念和模式，不断提升海洋渔业金融服务水平。2014年6月末，连江县海洋渔业贷款余额28.8亿元，占各项贷款余额的15.53%，占涉农贷款的25.64%。

（一）金融组织体系日益完善

截至2014年6月末，连江县共有银行业机构15家，同比增加4家。其中：直接开办海洋渔业信贷业务的有农信社、连江恒欣村镇银行、民生银行、农行、邮储银行、福建海峡银行、浙江稠州银行等7家机构，其他机构也以向渔业生产者发放信用贷款等方式，间接为海洋渔业生产提供信贷支持。

（二）业务管理模式不断改进

民生银行在福州成立海洋产业部，并在连江设立海洋专业支行，立足客户个性化需求和产业链提供差异化金融服务方案。福建海峡银行拟在黄岐等渔业集中区、产业聚集区设立社区支行或专业支行，为渔民或养殖户提供贴近式服务。农村中小金融机构拓展自助机具、网银等渠道，将金融服务触角延伸至渔

村。大型银行依托专业合作社推行平台式、项目式的贷款运作。

（三）特色信贷产品加快推出

针对连江县海洋养殖以鲍鱼、海带、缢蛏为主的产业结构特点，相继创新"鲍鱼贷"、"海带贷"、"缢蛏贷"等专项信贷产品。在风险可控的前提下，推广自助可循环贷款，允许"一次授信、循环使用、随时还款"，满足借款人弹性资金需求。推出"微时贷"等信用贷款产品，解决涉海小微企业临时资金周转困难。

（四）抵押担保方式持续创新

结合海洋渔业生产资料特点，相继推出渔船抵押、油料补贴质押、捕捞证质押、在养水产品质押和存货、海域使用权抵押等新型方式。对"百洋渔业"等知名涉海企业，开办商标权和专利权质押贷款业务。针对无限责任制"联户担保"容易导致行业性信贷风险传染的弊端，改进推出有限责任制的"联户担保"，明确联户担保人的责任上限为16%，得到了广大养殖户的认可。

二、存在的问题和困难

近年来，受渔业资源枯竭和市场需求调整等影响，连江县海洋渔业生产步入了艰难转型阶段，但银行业机构的金融服务还难以跟上海洋渔业发展转型的需要。

（一）信贷资金的供需矛盾较为突出

从资金需求端看，根据对鲍鱼、海带、缢蛏养殖大户生产资金来源的调查显示，银行贷款占比分别为30%、50%和45%。一般养殖户的贷款占比更低一些，主要依赖自有资金进行生产。据当地鲍鱼协会反映，协会成员贷款仅约占其生产资金十分之一。从资金供给端看，2014年6月末，该县存贷比为64.84%，低于全省平均存贷比24.24个百分点，低于全辖县域平均存贷比12.44个百分点。连江县海洋渔业贷款余额仅占涉农贷款余额的四分之一，与海洋渔业占农业总产值87%的地位不相匹配。与此同时，信贷规模管控加剧了县域金融供需矛盾，影响了农村金融机构"支农支渔"力度。以农信社为例，5月末人行分配信贷规模4.2亿元，但2014年上半年该联社已经新增贷款6亿元，超规模1.8亿元；若下半年人行未大幅追加信贷规模，势必导致该信用社压缩存量支农贷款。

（二）金融服务的广度和深度不足

一是乡镇网点设置不够。连江县渔业生产分散在13个渔业乡镇、61个渔业村，日常结算以现金为主，决定了需要社区性、贴近式金融服务。但目前连江县县域以下机构网点 48 个，占全部网点数的 57%，与城乡 1:6 的人口结构明显不相适应。乡镇以下网点营业场所面积小、人员少（5 人左右），只能应付日常业务运转，难以提供周到细致的金融服务。二是信贷管理机制不顺畅。除农村小法人机构之外，连江县多数银行信贷审批权上收省市分行，拉长了贷款审批流程和贷款期限。民生银行虽然设立了海洋产业专业支行，但经营重心并未真正下沉，贷款审批权限均在福州分行（海洋产业部），养殖户办理各类贷款手续仍需多次往返福州和连江。部分银行要求按月还息，但在乡镇以下未设置网点或布放自助机具，贷款户需要专程到城关网点集中排队还息，影响其正常生产作业。

（三）信贷产品的针对性和适用性不够

一是贷款期限设置不合理。以连江县前三大养殖产业为例，鲍鱼生长周期 700 天，海带 100～120 天，缢蛏 120～150 天。调查显示，多数银行发放贷款以一年为主，没能按照不同的生产或养殖周期来合理设置贷款期限。二是贷款担保方式不够灵活。连江县多数银行偏好接受担保机构担保、联户保证、厂房抵押、法人代表个人资产抵押等担保方式。针对海域使用权、鱼苗和饵料质押、应收账款质押、船舶抵押等渔业生产资料的新型抵质押方式运用较少。

（四）"实贷实付"执行出现偏差

海洋渔业生产需要持续资金投入，资金使用分散，日常交易以现金结算为主，很少有签订合同、提供购销发票等规范做法，难以贯彻"实贷实付"的信贷管理要求。如 30 万元以上的贷款，难以按进度分次提用贷款；30 万元以下的贷款，难以收集贷后资金使用凭证。个别银行如省农行以落实"实贷实付"为由，取消了金博士系列自助可循环贷款业务，造成该行农户小额信用贷款的大幅萎缩。

三、政策建议

海洋渔业作为海洋经济的重要基础性产业，面临着转型升级的重要机遇，亟需强有力的金融支持。监管部门应积极引导银行业机构进一步打通金融服务实体经济的"血脉"，加大金融支持力度，促进我国海洋渔业加快向质量效益型转变，为建设海洋强国提供坚强保障。

（一）提升海洋渔业金融服务专业化水平

鼓励银行业机构结合海洋经济特点，加强专业化金融服务能力建设。一是构建高效便捷的信贷服务模式。引导银行业机构下沉网点，增设小微支行和社区支行，健全适合海洋渔业特点的授信管理机制，合理下放权限，提高审批效率。积极依托行业协会等实现零售贷款的规模化运营，采取增加布放自助机具等方式延伸服务链条。二是推动特色化信贷产品创新。引导银行业机构结合渔业季节性生产和资金周转、生产资料等特点，为不同用途贷款设定合理的贷款期限和利率。推广海域使用权抵押、存货质押方式，加强其他动产质押方式创新。加快推广"无间贷"、"年审制"等无缝对接产品，降低企业转贷成本。

（二）加快县域金融信息服务平台建设

建议推动地方政府牵头，建立渔民、农户、小微企业的信用信息共享平台和金融服务需求平台，降低或减少银企双方的信息不对称，定期组织融资推介会、政银企洽谈会等活动，引导信贷资金与实体经济需求的有效对接。

（三）推行差别化的"实贷实付"政策

建议银监会对"三农"、额度 50 万元以下的个人类信贷产品，降低"实贷实付"、"受托支付"的信贷管理要求，在风险可控的前提下增加贷款提用的灵活性，满足渔业生产的弹性资金需求。

（四）健全海洋渔业信贷风险补偿机制

建议推动地方政府建立海洋渔业贷款风险补偿基金，并结合不同区域海洋渔业发展重点和方向，实施差别化的风险补偿比例，对海洋渔业由于自然灾害等不可抗力形成的贷款损失，在合理范围内给予财政补贴，提高银行支持海洋渔业生产的积极性。

（作者陈晓南，福建银监局原巡视员）

家族信托及其在我国的发展研究

信托制度有解决家族财富传承的悠久历史。古罗马帝国时期，罗马人即采用信托规避《罗马法》的限制，将财产委托给其信任的第三人，实现遗产继承。19世纪末与20世纪初，第一代美国创业的富豪家族，利用家族信托解决财富传承和家族企业延续问题，如洛克菲勒家族、杜邦家族、沃顿家族、沃尔玛家族等。家族信托也可以在我国民营企业家和富裕家族的财富传承中发挥重要作用。

一、我国家族信托潜在需求规模巨大

2015年发布的福布斯全球富豪榜单上，来自中国大陆身价在10亿美元以上的富豪有213名，他们都是年龄在50～65岁的企业家。上市公司资料显示，截至2013年7月31日，中国711家上市的民营企业中，二代接班的比例不足10%。另外，招商银行与贝恩公司联合发布的《2015年中国私人财富报告》指出，2015年个人可投资资产在1000万元人民币以上的中国高净值人士数量超过100万人；调查还显示，除现金储蓄、债券等传统的稳健类投资外，高净值人群对家族信托、跨境资产配置等财富保障和风险分散的金融安排兴趣较高。可见，我国家族信托需求潜力巨大。

二、家族信托在财富传承中的功能

信托制度的核心功能是财产转移和财富管理。家族财富管理和传承的关键是顺利地实现财富向家族后代及意向对象进行转移，并且实现创业一代对其财富的管理需求。家族信托在财富传承中的功能主要体现在以下几方面。

1. 财富传承。信托在家族财富传承中的作用指根据委托人的意愿，通过信托方案实现其家族财产、股权等各类资产代际间的平稳转移和管理，防止其个人生命问题影响其家族企业正常运营。

2. 财富保值和增值。家族信托可根据客户的财产特征和多样化需求，受托人以专业化的产品开发设计能力，为委托人量身定制资产配置方案和资产组合运用策略，为其提供个性化的一站式金融解决方案，实现其跨行业、跨领域、跨国界的资产配置，实现家族财富的保值和稳健增值。

3. 财富保护。利用信托制度特有的破产隔离属性，设立信托为家族财富面临的潜在损失风险提供解决方案是家族信托的重要功能之一。实现该目的的信托方式主要有风险隔离信托、家庭成员生活保障信托、子女教育信托、税收筹划信托等。

4. 家族治理与自由意志。家族信托发挥信托设立的意思自治特征实现"私人定制"，完全体现委托人的自由意志，灵活性强，能够有效地实现家族治理，保证家族股权结构的稳定。

三、我国信托公司当前家族信托的主要运作模式

2012 年以来，平安信托、北京信托、外贸信托等信托公司开始探索和开展家族信托。各信托公司的家族信托业务在客户来源、组织架构、家族信托产品方案设计等方面各有特色，形成了各自的业务模式。

1. 平安信托"鸿承世家"系列单一万全资金家族信托模式

2013 年年初，平安信托发行了平安财富·鸿承世家系列单一万全资金信托。根据约定，委托人与平安信托共同管理这笔资产。委托人可通过指定继承人为受益人的方式来实现财产继承。其运作模式图如图 1 所示。主要特点有：

第一，定制式、可撤销信托，委托人与受托人共同管理信托财产。在产品设计时，平安信托重视委托人的需求，根据委托人的意愿和特殊情况定制产品。产品存续期间，可以根据委托人的实际情况和风险偏好来调整资产配置方式和运作策略。信托委托人与受托人共同管理信托资产。

第二，利益分配多样化，产品运作信息向委托人公开。在信托利益分配上可选择一次性分配、按比例分配、非定期定量分配、附带条件分配等不同的形式。受托人定期或不定期将信托财产运作情况以正式报告或邮件等方式与委托人/受益人沟通。重大决策前，受托人也会充分征询委托人意愿。如委托人去世，受托人则根据相关协议条款或法律执行信托。

第三，信托资金组合运用，预计年化收益为固定收益＋浮动收益。该类信托资金主要投向物业、基建、证券和信托计划。固定管理费年费率为信托资金的 1%，年信托收益率高于 4.5% 以上的部分，收取 50% 作为浮动管理费。

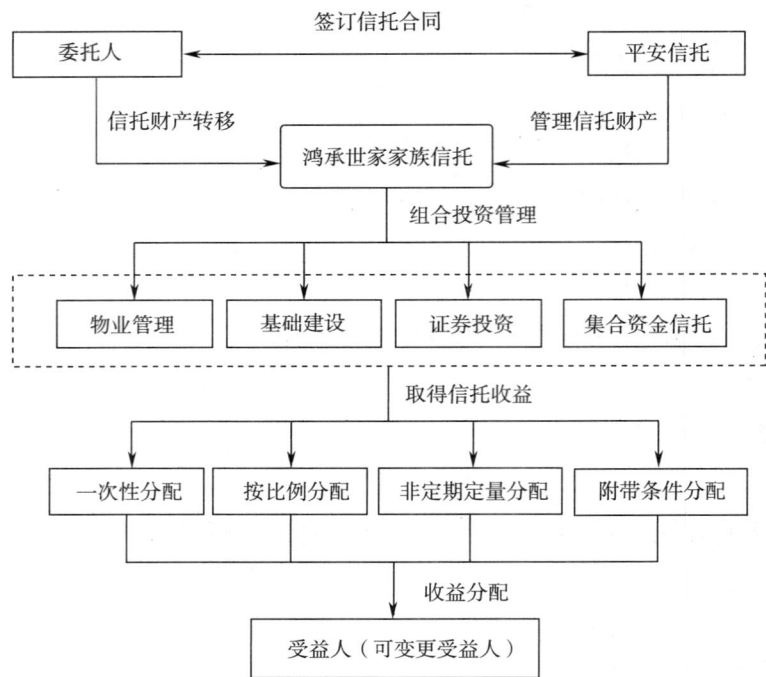

图1 平安财富·鸿承世家系列单一万全资金信托产品运作模式图

2. 外贸信托与招商银行合作的"财富传承"系列家族信托模式

招商银行私人银行部利用其客户资源优势和信息资源优势，与外贸信托合作推出了财富传承系列家族信托，现已完成签约客户近20个。其运作模式如图2所示，该家族信托的主要特点有：

第一，委托人为超高净值客户，不可撤销跨代信托。招商银行私人银行与外贸信托合作成立的家族信托基金主要针对家族总资产5亿元以上的客户设计，其资产门槛为5 000万元，期限为30 ~ 50年（跨代），为不可撤销的信托。

第二，受益人主要为子女，信托收益分配有两种形式。此家族信托基金的所得收益分为一定比例的定期与最终分配两种形式，设立信托的财产主要为现金。其子女除可定期领取薪金外，由于信托期限长至50年，子女遇到婚嫁等大额支出也可从信托基金中提取。

第三，银行主导，信托公司参与且发挥主动作用，双方共同受益。整个家族信托基金由招商银行私人银行部门主导，招商银行在其中承担财务顾问与托管角色。银行和信托公司共同收取年费和超额管理费，超出委托人预期收益的部分，银行按20%的比例提取，信托公司也可按一定比例提取。

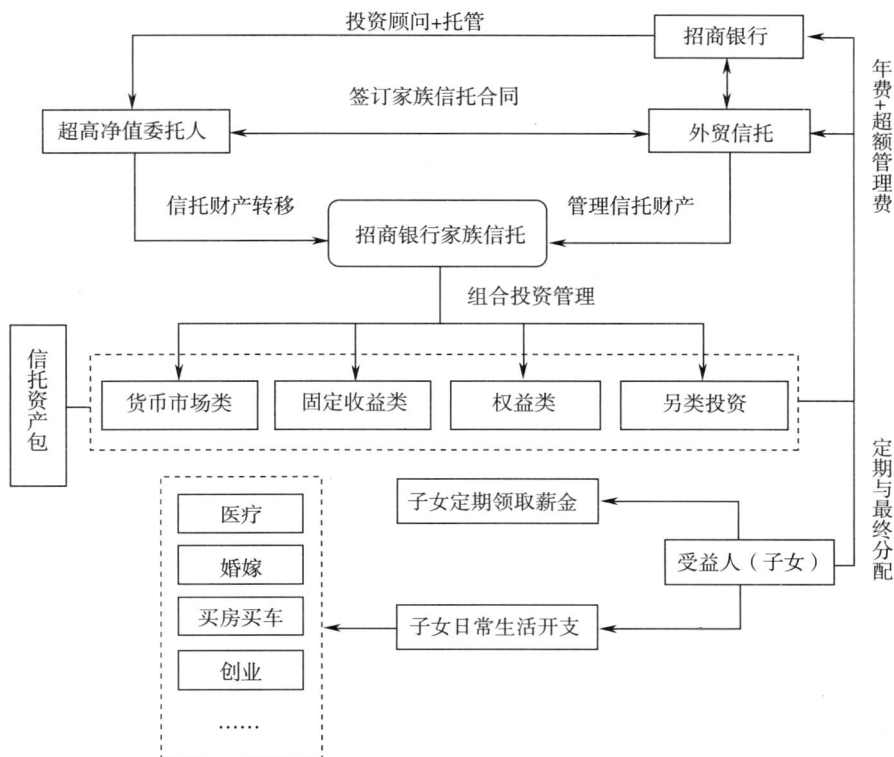

图2 招商银行与外贸信托家族信托基金产品运作模式图

3. 北京信托与北京银行"家业恒昌"系列家族信托运作模式

北京信托和北京银行合作推出的家族信托产品的运作模式如图3所示。主要有以下几个特点：

第一，单一系列家族信托，帮助客户实现多重目标。家业恒昌系列为北京信托与北京银行共同推出的家族信托系列产品，每期产品均为受托人根据委托人的需求量身打造的单一资金信托。北京银行是该家族信托的财务顾问，并为受益人安排多种增值服务，提升客户生活品质。

第二，信托资金运用结构化，实现信托小账户管理功能。委托人交付信托资金并指定受益人，受托人按照委托人的投资指令运用信托资金，信托资金可投资于以下四类项目：即货币市场类、固定收益类、权益类、另类投资，通过小账户管理功能，实现资产的保值增值。

第三，信托收益分配设计灵活，产品具备较高的经济效益。信托收益分配可根据委托人的要求灵活设计，可分为定额收益分配和不定额收益分配，帮助高净值客户客观公允地向子女进行奖金、奖品支付，引导其成才。

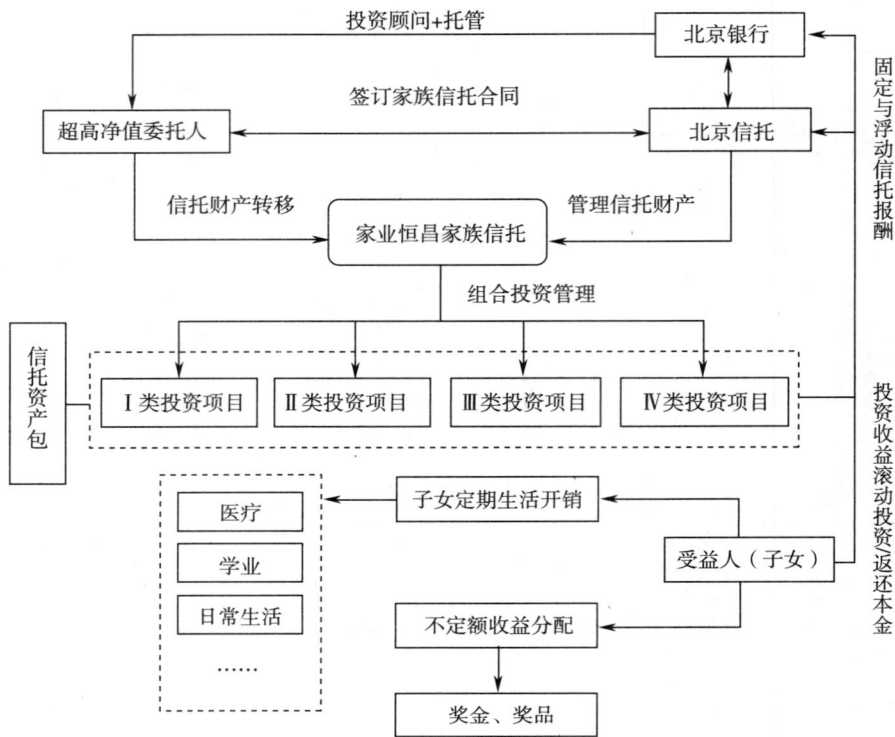

图3　北京信托与北京银行家业恒昌系列家族信托产品运作模式图

四、促进我国家族信托发展的建议

2014年4月，银监会发布的《关于信托公司风险监管的指导意见》在转型方向中提出："探索家族财富管理，为客户量身定制资产管理方案。"据调研了解，信托公司开展家族信托仍面临一定的制度约束，如信托财产的登记、转移配套制度不完善，家族信托受托资产主要是资金；税收筹划等功能无法发挥，还可能存在重复征税问题；难以实现跨境资产配置等需求。结合我国信托公司家族信托业务面临的问题，现提出如下建议：

第一，加快信托法规制度建设，引导家族信托业务稳健发展。修订《信托法》，利用家族信托管理和传承财富还需与《继承法》、《物权法》等民法有关规定相衔接；建立我国信托财产登记制度，明确信托财产转移税收制度。银监会也在积极研究家族信托业务制度规范，有序引导家族信托发展。

第二，鼓励信托公司积极储备家族信托管理人才。实现家族信托在财富管理和传承中的多样化、个性化的需求，实现家族财富在不同投资领域的保值增值，实现家族财产的跨领域、跨国界配置和管理，需要信托公司拥有专业化的复合型人才，打造家族信托管理的专业化团队。

第三，加强家族信托的宣传和投资者教育。我国社会对信托的认知度仍不高，富裕家族对家族信托的理解还不深，家族信托业务还处于起步阶段，需要进一步加强对家族信托的概念和功能的宣传。

（作者许文，时任中国银监会非银行金融机构监管部副主任，现任中国银监会信托监督管理部副主任）

金融支持新型城镇化的建议

　　城镇化是工业化发展过程中非农产业向城镇集聚、农村人口向城镇集中的历史过程。当前，中国经济正面临着全球经济增速放缓、外部需求不足的不利环境，迫切需要借力新型城镇化的引擎作用。有效发挥金融支持城镇化的功能作用，促进解决好"钱从哪里来？人往哪里去？"的两大核心问题，意义重大。

一、当前金融支持城镇化存在的问题

　　一是融资结构严重失衡，"土地＋平台"的间接融资模式难以持续。"土地财政＋政府融资平台负债"的融资模式在机制上存在一定缺陷，随着城镇化加快发展以及可用土地资源减少和单位地价下降，依靠土地出让收入作为还款保障、以银行信贷为主的间接融资方式，风险逐步暴露，未来难以持续大量融资，后续资金供给乏力。

　　二是融资价格较高，在抬升整个社会融资成本的同时也加剧了财政风险。在既有短期债务滚动的刚性约束和新增项目需求强行拉动的双向作用下，地方政府非市场化主体融资行为必然出现举债持续冲动且对融资价格不敏感的问题。虽然中央层面采取了必要的干预措施，但城镇化融资转而假借信托、资管等通道，在需求上推动了银行同业业务的非常规爆发，不但抬升了全社会融资成本，也大幅增加了金融风险向财政风险转移的可能性。

　　三是现有金融体系功能缺陷明显，难以为城镇化提供持续有效融资。支持城市基础设施建设和农业农村发展的政策性金融体系改革断层，过早地将国家开发银行实施商业化改革而非开发性金融改革，同时又未及时启动农业发展银行的政策性金融改革。政策性农业保险体系建设问题尚未形成共识。政策性金融立法以及特色化的公司治理、激励考核、资本补充、监管约束等方面建设严重滞后。债券市场互通互联问题一直悬而未决，基于部门利益的人为市场分割严重制约了债券市场的发展。

　　四是政府信息不透明，投融资过程缺乏有效约束。尚未建立公开透明和定期披露的财政体系和公共服务定价机制，地方政府财政预算缺乏透明度，城镇化投融资决策和资金流向无法得到有效监督约束。地方政府信用评级体系尚未建立，金融机构与政府合作大多建立在政府承诺和隐性担保基础上，金融风险定价机制无法发挥功效。

五是县域金融生态环境欠佳，抑制金融支持积极性。县域地区信用信息体系建设进展缓慢，信息不对称问题严重，制约了金融机构特别是商业性金融机构的积极性。多数县域经济结构不合理，产业层次较低，发展持续性差，信贷风险分担机制缺失，基础设施项目缺乏合格承贷主体，县域城镇化蕴藏的巨大金融需求难以转化为有效需求。

二、政策建议

按照党的十八届三中全会关于我国新型城镇化的战略部署，以及《国家新型城镇化规划（2014—2020 年）》的规划安排，建议以城镇化投融资体制改革为重点，大力发展直接融资，强化政策性金融功能，加强银证保协同发展，改善地方信用环境，加快建立面向实体、运作规范、层次多元、竞争有序、安全高效的金融支持体系，充分发挥金融支持服务城镇化的功能作用。

（一）重点提高直接融资比重，显著扩大地方债规模

一是强化地方政府的财政纪律约束，在培育新税源基础上，把地方政府债务收支纳入预算管理，建立城市政府资产负债表制度，严格政府投资范围，适当控制、缩减经营性投资规模，建立跨年度的、包括资本预算在内的全口径预算，实现经常性和资本性两类不同预算的分别编制以及收支分离，提高透明度。二是扩大地方政府自主发债试点，用"地方债＋地方税"取代目前的"土地财政＋政府平台"的融资模式，并按照市政债券的要求来改造城投债、置换政府融资平台贷款等资本性债务。在自行发债试点基础上，完善债券评级制度，进一步扩大自行发债范围，特别是尽快实质性启动统一债券市场改革，明确和落实责任。三是研究制定《商业银行地方政府债券投资监管指引》，明确商业银行投资地方债券的资质、债券评级等级、风险敞口规模、止损机制等要求，在风险可控前提下间接支持城镇化。

（二）充分发挥政策性金融功能作用，加大对城镇化政策性金融支持

一是研究制定开发性金融条例或政策性金融条例，法定国家开发银行功能定位、业务范围和风险处置途径，风险由财政兜底，重点支持地方必须启动但

财力暂时不支的公益性项目。二是加快推进农业发展银行改革，对其近二十年的履职情况、资产风险现状尤其是对应粮食价值、内部管理、持续发展能力开展系统性评估，合理调整扩大业务范围，以形成与开发银行之间重点业务严格分离、战略性业务适度互补的格局。三是建立政策性金融业务范围联合核定机制，有关部门定期开展评估，并根据经济社会发展战略，在有效处置原有风险基础上，动态调整业务范围。

（三）加强商业性金融体系建设，提高为城镇化服务的能力

一是继续构建差异化发展和特色化经营的银行体系。引导商业银行根据比较优势和经营发展战略，找准市场定位，采取不同的城镇化支持策略，减少同质无序竞争。二是增强资本市场支持城镇化能力。鼓励符合条件的城镇化龙头企业通过多层次资本市场进行直接融资，鼓励发行公司债券、市政建设债券等中长期债券，尽快推广中小企业集合融资债券、中期票据等新型债务融资工具。三是扩大保险保障覆盖范围。大力发展城市基础设施财产保险、公众责任险、建筑工程一切险等险种，加快推动农业保险发展，加快建立财政支持的农业巨灾保险制度。四是加强金融内部业务合作。加强银行、证券、保险、信托、基金等在支持城镇化方面的合作，丰富信托融资、保险机构基础设施债权计划等其他市场化融资渠道。针对项目经营性、准经营性和非经营性不同特点，采取特许权经营、BOT、TOT、资产证券化等融资模式。

（四）主动践行民生金融，促进实现"人的城镇化"

一是以金融创新合理支持保障性住房建设，实现转移人口"安居"。研究设立农业转移人口住房优惠贷款，通过房地产证券化、发行住房建设公债、建立保障性住房风险补偿金制度等创新手段，多渠道缓解保障性住房融资困局。二是以产业转移为依托，确保城镇人口"乐业"。加大对城镇化经济结构转型升级的金融支持力度，促进就地吸纳农民工就业。特别要关注和支持"逆城镇化"的金融服务问题，支持返乡农民工创业或再就业，着力满足知识型、技能型创业者的规模化融资需求。三是推动城镇常住人口的公共服务均等化。配合地方政府探索公用事业融资方式创新，实现城镇基本公共服务常住人口全覆盖。

（五）推进相关领域改革，优化金融支持制度环境

一是加快转变政府职能，将地方政府由介入经济活动过深的全能型、发展型政府转变成为面向公共利益的有限型、服务型政府。二是稳步推进农村产权制度改革，重点在于农村土地的确权和流转制度改革。同时要加快征地制度改革，提高农民的主体地位。以生态环保为特色的城镇可探索建立环境准入制度

与环境容量有偿使用制度。三是加快资源和公共品价格改革，放宽准入，加强监管，吸引社会资本参与城市基础设施、公共服务设施的建设和运营。四是完善财税体制，按照事权与财权总体匹配的原则，进一步理顺关系，加快培育相对稳定的地方税源，逐步推出房产税、遗产税、环境税等新税种，减少对土地出让金的依赖。五是创新基础设施投资项目管理方式，实行投资、建设、运营和监管分开，形成权责明确、制约有效、管理专业的市场化管理体制和运行机制。六是加快推进信用体系建设，制定信用评估办法，规范发展信用服务和评级机构，逐步形成金融机构内部评级及第三方外部评级相结合的地方政府信用评级体系。

（作者邢桂君，时任中国银监会合作金融机构监管部副主任，现任中国银监会国有控股大型商业银行监管部副主任）

北京辖内中小商业银行社区支行
发展情况分析及监管建议

2014 年以来，为深入贯彻中央"发展普惠金融"精神，认真落实尚福林主席"通过科学设立社区支行，为城乡居民提供专业、便捷、贴心的金融服务"的讲话意见，以及《中国银监会办公厅关于中小商业银行设立社区支行、小微支行有关事项的通知》（银监办〔2013〕277 号）工作要求，北京银监局积极推动辖内中小商业银行社区支行建设工作，通过引导各行下沉服务重心、创新服务方式，持续改善社区金融服务实效。为了解辖内中小商业银行社区支行经营管理情况，提高社区支行监管工作的针对性和有效性，北京银监局近期开展了相关调研。

一、基本情况及发展特点

（一）不断优化网点布局，有效控制运营成本

一是网点数量快速增加。2014 年 8 月初，北京银监局批复辖内首家社区支行开业；截至 2014 年 10 月末，辖内 7 家中小商业银行共设立 102 家社区支行，是辖内全部中小商业银行 2014 年新开业传统支行数量的 1.67 倍，另有 150 余家社区支行网点拟于年内申请开业。二是网点布局更加便民。辖内中小商业银行社区支行多数设立在周边居民住户超过 1 000 户、银行网点较少的中高档社区内部及周边，服务覆盖半径为 1~2 公里，改变了以往中小商业银行网点大多分布于各主要商业区以及市中心繁华地段的状况，金融服务覆盖范围得到有效延伸。三是网点建设更加轻型化、智能化。辖内中小商业银行单家社区支行营业面积多数为 50~150 平方米，配备员工 2~6 人，通过创新和投放智能化自助设备提升服务效率、降低运营成本，网均运营成本为每年 100 万~120 万元，远低于新建传统支行至少近千万元的年均运营成本。

（二）不断完善金融服务，切实提升服务质效

一是提供基础金融服务。辖内中小商业银行社区支行严格实行有限牌照经

营，除不能办理对公业务以及人工现金等少数个人业务以外，能够依托各类自助服务终端满足社区居民结算、缴费、理财等基本需求。二是提供错时延时金融服务。辖内中小商业银行社区支行营业时间一般为早上 10 点至晚上 19 点或 20 点，并可根据客户办理业务需求灵活调整。据反馈，社区支行客户进店高峰时间段集中在早上 10 点至 11 点、午后 14 点至 15 点以及下午 17 点至 18 点，社区支行错时延时服务有效满足了社区中老年客户、青年上班族的服务需求。三是提供个性化定制金融产品。部分银行针对社区支行周边社区居民发行专属银行卡，并提供手续费率优惠、优先购买专属理财产品、与特约商户开展优惠活动、集成社区门禁功能等多种增值服务。部分银行还针对社区支行客户发行专属理财产品，满足不同层次客户需求。四是提供多种便民、惠民生活服务。部分社区支行内部提供茶歇桌、医药箱、打气筒、充电器、图书刊物、儿童娱乐区等多项便民设施；部分社区支行与居委会合作走进社区，组织居民进行健身娱乐、文化讲座、普及金融知识等活动。

（三）不断优化管理架构，持续加强风险管控

一是采取传统支行下辖社区支行的分级管理模式。辖内中小商业银行目前主要采取传统支行下辖社区支行的管理模式，所辖社区支行一般不超过 5 家。社区支行业务发展、授权管理、人员调配、业绩考核、安全保卫等日常管理工作均归属管辖支行。此种管理模式有利于管辖支行与社区支行之间优化资源配置，并有利于弥补社区支行业务范围有限的不足。二是采取以老为主、新老结合的人员配置模式。辖内多家中小商业银行社区支行普遍采取经验丰富老员工为负责人、辅以若干新员工的人员配置模式，通过以老带新加强员工队伍建设。上述人员配置安排不仅降低了由于将大量新员工配置到社区支行可能引发的操作风险，而且为老员工职业发展开辟了新路径，有利于增强其工作责任心和积极性。三是采取远程授权与现场授权相结合的业务权限管理模式。对于客户信息维护、银行卡挂失及密码重置、大额转账等需要授权的运营类柜面业务，部分银行采取了"前台受理、后台远程授权"的模式，即社区支行员工按照客户需求受理业务，管辖支行或分行选派具有相关资质的人员进行远程授权。个别受条件所限无法远程授权的社区支行，则配备具有相关资质的员工进行现场授权。

二、存在的主要问题及难点

一是部分区域存在集中、交叉设点现象。由于选址标准、市场定位和目标

客户群存在重合，辖内中小商业银行在部分区域存在集中设立社区支行的现象。如在中信城、富力城、紫金长安、世纪城等小区，平均每个小区附近有 3~5 家社区支行。此外，个别银行在选址时提出采取"傍大树"的策略，直接选择在四大国有银行网点附近设立社区支行。二是部分网点远离管辖支行造成风险管控难度增大。由于辖内部分中小商业银行传统支行较少，在城乡结合部等偏远地区服务空白点较多，并且部分银行对社区支行管辖半径没有明确要求，少数社区支行与管辖支行距离过远，个别距离半径达到 40 公里以上，导致对社区支行安全保卫、现金调拨、重空保管、资料传递、员工行为等方面的日常管控难度加大。三是潜在操作风险、声誉风险不容忽视。由于社区支行网点建设相对简易，且远离管辖支行，在员工行为管理方面存在一定难度，因此操作风险防控压力较大。同时，由于社区支行更加贴近居民，主要经营零售业务，并提供大量生活服务，如果管理不力、服务不周、宣传失当，极易引发客户投诉，不利于声誉风险防控。四是商业可持续性尚有待观察。目前，受开业时间较短、客户认知接受程度不高以及有效客户数量不足等因素影响，部分社区支行网点达到个人金融资产规模 1.5 亿~2 亿元的盈亏平衡点尚需时日，商业可持续性有待进一步观察。五是办理部分相关配套手续存在操作困难。目前，辖内中小商业银行尚未实现社区支行的独立核算，而普遍将社区支行纳入管辖支行一并进行核算。但各区县税务部门要求社区支行独立持证、独立纳税，各行当前社区支行管理模式在税务申报、缴纳方面存在一定的操作困难。此外，个别社区支行存在由于所租赁房屋性质不符合相关部门管理要求导致难以进行消防安全验收、工商营业执照办理等困难。

三、相关建议

一是引导各行科学布局社区支行、合理确定管辖支行管理半径。在银监会批复的机构规划范围内，引导各行科学制定社区支行发展规划，统筹规划网点布局，优先在传统支行周边设立社区支行，并根据业务复杂程度、风险管控能力合理确定管辖支行下辖的社区支行数量以及管理半径。同时，引导各行在远郊区县等传统支行网点较少、金融服务覆盖不足的区域优先设立传统支行，既有效填补社区金融服务空白，又避免在同一区域内扎堆建设。二是引导各行对社区支行强化操作风险、声誉风险管控。对于已开业的社区支行，通过神秘人暗访、实地走访、监管会谈、下发风险提示等方式持续监测其运营情况和风险状况，督导各行按照相关监管要求完善社区支行管理制度、在行内显著位置张贴工作人员照片和风险告示、改进内控机制、加强人员培训，严防操作风险和声誉风险。三是引导各行关注商业可持续性，做到有序进出。引导各行积极探索具有本行特色的社区金融服务盈利模式，精确核算成本收益，审慎评估商业可持续性，切实发展普惠金融，履行社会责任；稳步推进社区支行建设，合理把握建设节奏。四是引导各行准确掌握并严格遵守相关部门管理要求。积极引导各行与工商、税务、公安、消防等相关部门加强事前沟通联系，审慎合规选址，降低社区支行建设过程中的操作难度。

（作者易晓，北京银监局副局长）

北京辖内村镇银行践行普惠金融理念的实践与趋势研判

党的十八届三中全会提出要"发展普惠金融",建立能够以可负担的成本,有效、全方位地为所有社会成员提供服务的金融体系。村镇银行作为扎根基层、扎根农村的新型金融机构,在诞生和发展的过程中始终践行普惠金融理念。6年多来,北京辖内村镇银行从无到有,以自身灵活的经营优势和良好的服务意识,扶小弱微,为大量农户和小微企业提供了便捷、安全和价格合理的金融服务,在多个领域填补了农村金融服务空白。

一、辖内村镇银行践行普惠金融理念的主要做法

普惠金融理念并不是一个新生事物,而是先后经历了小额信贷、微型金融和普惠金融的发展历程。辖内村镇银行在实践中,以小额信贷为核心,不断加强业务创新,形成了一整套行之有效的普惠金融服务模式。

(一)着力发展小额贷款,增强弱势群体的贷款可得性

贷款难、贷款贵是当前农户和小微企业普遍面临的主要问题,也是普惠金融所需要解决的核心问题。村镇银行紧紧围绕这个核心,加大小额贷款业务的开发。一是细分市场,将农户和小微企业作为主要目标客户。截至2014年3月末,北京辖内村镇银行各项贷款余额为53.29亿元,其中农户和小微企业贷款占比达91.83%,农户贷款客户数占北京地区银行业金融机构的一半左右。各村镇银行的农户和小微企业贷款额基本居于所在区县银行机构的前三位,远远超过其他商业银行的支持力度。多数贷款客户首次获得银行贷款。二是创新担保方式,采取个人保证、担保公司担保、抵押等灵活组合的担保方式,并对信用评级较好的客户实行信用贷款。三是严格控制非利息收费,降低客户的融资成本。村镇银行的平均加权利率在8%左右,虽较基准利率有较大上浮,但除利息外,不再收取额外费用,这一利率水平远低于小额贷款公司、P2P等民间机构融资利率,有效降低了客户的综合融资成本。四是贷款方便、快捷,还款方式灵活,

如北京顺义银座村镇银行对贷款实行"限时服务",北京怀柔融兴村镇银行对所有贷款实行"随借随还"政策。

（二）大力推广"免费"政策，为农村地区客户减费让利

为切实减轻客户负担，提升服务满意度，辖内村镇银行均大力推行"免费银行"政策。一是除贷款收取利息外，对跨行转账、跨行取款、工本费等其他所有业务均实行免费服务，每年累计向客户让利达1 000余万元。二是对所有客户实行免费服务，不再根据客户资产规模进行收费区分，切实减轻了农村地区普通客户的负担，体现出真正的普惠性。

（三）持续增加服务渠道，提升偏远地区的金融供给

一是积极下沉服务重心，在偏远乡镇和小微企业聚居区开设多家支行，这些支行均为全功能的标准化网点，有效增加了偏远农村地区的金融服务供给。截至2013年末，辖内村镇银行已在乡镇地区开设15家支行，2014年拟继续开设支行20家以上。二是不断完善支付网络和支付手段，通过在农村地区布设ATM、推广网上银行等方式，部分村镇银行还推出了手机银行业务，丰富了农村地区的支付手段。三是积极开展"三大工程"建设活动，加强与居委会和村委会的合作，及时了解居民和农户的金融消费需求，拓宽服务的覆盖面，已累计组织1 000余场的"金融服务进村入社区"活动。

（四）高度注重自身建设，打造可持续发展的普惠金融机构

从国际经验来看，金融机构只有自身具备商业可持续性，才能真正做好普惠金融服务，辖内村镇银行在促进自身可持续发展方面做了大量工作。一是确立"支农支小"的市场定位，开展差异化竞争，弥补市场空白，并取得竞争优势。二是加强风险管理，打造流程银行。在风险管理上注重对借款人劳动经营能力和家庭情况的调查，确立了"下户调查、眼见为实、自编报表、交叉检验"的贷前调查要求。以客户需求为中心，打造流程银行，提高客户满意度。三是加强业务模式创新，开展批量授信，降低业务开发和运营费用，以降低营业成本。四是利用商业银行能够吸收公众存款的牌照优势，稳定负债来源，降低资金成本。目前，辖内村镇银行已逐步实现盈利，部分村镇银行的资本利润率达到20%以上，已初步具备可持续经营能力。

（五）积极开展社会公益，普及农村居民的现代金融意识

一是实行"本地化、周边化"的人才招聘战略，重点招聘本地青年，为当地创造直接就业岗位600余个。二是贷款主要投向生产经营领域，扶持农户和小微企业发展，间接创造就业岗位5万余个。同时各行还加大了对农村居民的创

业支持，先后为 50 余户青年农民提供创业贷款 3 000 余万元。三是利用青年员工占比较高的优势，积极开展志愿者服务，协助农委、共青团等政府机构开展社区公益工作。如北京顺义银座村镇银行要求所有员工每年均需参加一定量的纯社区公益活动，并将其纳入个人绩效考核中。四是深入农村宣传理财投资、防假币、防范非法集资等金融知识，提高农村居民金融素养。

二、面临的主要问题

（一）社会认知度较低，吸储能力较弱

由于成立时间短，经营的地域范围有限，多数村镇银行的社会认知度较低，农民和企业对村镇银行采取观望态度，村镇银行吸储困难现象较为突出，尤其是在获取储蓄存款方面的能力更为薄弱。目前，辖内多数村镇银行日均存贷比超过 75%，存款短缺现象严重；储蓄存款占比大多低于 20%，存款"大进大出"，稳定性较差；多数网点的现金柜台业务量较低，业务能力被大量闲置。

（二）缺乏必要的微贷业务技术，业务发展困难

当前，微贷技术在村镇银行中的普及程度依然较低，辖内部分村镇银行缺乏有效的业务开发技术和合格的微贷业务人才，在产品设计和客户开发方面面临较大的难题，导致业务发展较为缓慢，盈利能力依然较低，商业可持续性面临挑战。

（三）面临的外部冲击巨大，政府补助亟须加强

一是社会上从事小额贷款的机构越来越多，小额贷款公司、互联网金融公司等由于不受审慎监管，在制度和流程上具有一定优势，对村镇银行业务形成较大的冲击。部分优质借款人宁愿接受高额的民间融资利率，也不愿与正规金融机构发生业务往来。二是政府补贴被持续削弱。由于普惠金融具有一定的公益特性，补贴对村镇银行的盈利和可持续发展至关重要。但根据财政部相关规定，从 2014 年起辖内多数村镇银行将不再享受中央定向费用补贴，但与此同时，地方政府的财税补贴政策仍处于缺位状态，这将对村镇银行的可持续发展形成较大压力。

（四）差异化监管措施不足，监管制度安排有待优化

一是目前对村镇银行的监管主要比照大中型商业银行，指标过多、过细，无法有效预警和识别村镇银行面临的风险特性。二是在市场准入政策方面易形成"一刀切"的做法，如严格限制村镇银行跨区县经营，已经对部分村镇银行

的发展形成较大制约，但其他类从事小额信贷业务的机构在业务范围上受到的限制较小，在一定程度上削弱了村镇银行的竞争力。

三、下一步主要工作

（一）村镇银行要加强业务创新，夯实可持续发展基础

一是积极引进和开发微贷技术，加快员工队伍建设，夯实持续发展的基础。二是要加强客户关系管理，提高营销能力，依靠良好的金融服务赢得居民和客户的信赖。三是要加强技术创新，学习其他金融机构发展普惠金融的先进做法，积极利用互联网技术，打造独特的竞争优势。四是在支付结算、金融知识普及方面多做工作，继续加强业务和客户覆盖面，提高普惠金融的广度和深度。

（二）监管部门要加强监管服务，为村镇银行的发展创造良好的外部环境

一是加强监管创新，探索建立一套能够反映村镇银行风险特性的监管指标体系，降低监管成本。二是推行差异化监管措施，适时下放准入权力，消除村镇银行发展的体制、机制性约束，为村镇银行发展提供良好的外部环境。三是反映行业呼声，沟通协调有关部门，加强对村镇银行的补助和税费减免，增强村镇银行的持续发展能力。

（作者肖鹰，北京银监局纪委书记）

政策性银行支持城镇化建设中的问题与建议

新型城镇化建设是新时期中国经济增长的重大引擎。天津市政策性银行主导天津"三改一化"农村城市化试点，即农改非、村改居、集体经济改股份制经济、大力推进农村城镇化，让农民变成市民，享受与市民一样的待遇。成功探索以宅基地换房建设示范小城镇的新模式，为 21 个项目贷款 287.6 亿元。其中，华明示范镇已成为我国创新农村城市化模式的典型代表。但是，调研发现，政策性银行在推动城镇化建设还存在一些问题。

一、问题

（一）扶持模式创新不足

一是带动模式雷同。各政策性银行基本均是以示范小城镇建设为龙头，按照地区经济发展水平、区位优势和城镇化发展进程进行重点突破。二是发展模式雷同。主要采取以农民居住社区、示范工业园区和农业产业园区"三区"联动建设为主要内容的发展模式。三是管理模式雷同。均强调"盯住土地、专户管理、卖地还贷、全程监控"的管理模式。

（二）金融服务供给不足

一是核心产业培育不足。支持的项目以基础设施建设为主，对产业发展的项目支持较少。二是特色产品研发不足。各地区城镇化进展情况不同、发展模式不同、资源优势不同，但各银行的小城镇产品没有体现出地区差异。三是失地农民帮扶不足。农民由农村人口转变为城镇人口面临着工作转型、技能欠缺、缺少创业资金等问题，需要政策性银行提供帮助和支持。

（三）担保资源存量不足

一是土地资源存量有限。政府所主导的项目融资，主要采取土地抵押或土地出让收益权质押的方式，靠土地出让后的回款归还贷款。随着土地逐步出让，可供抵押的土地越来越少。二是担保公司实力有限。部分区县担保公司规模较小，与城镇化建设动辄几十亿元、上百亿元的规模相比，差距较大。三是政府担保能力有限。随着加强地方政府债务管理的文件相继出台，地方政府的债务性承诺将更加规范、严格，担保能力进一步下降。

（四）优惠政策支持不足

一是税收政策支持力度不大。小城镇建设虽然属于公益性项目，但现行制度规定，小城镇项目的建设资本金也要归入资本公积科目，导致建设单位所缴企业所得税与商业化项目没有区别。二是会计制度支持力度不足。小城镇项目建设完成后，土地出让收入要归还政府前期投入及银行借款，固定资产要向有关产权部门移交，但按现行会计制度，项目资本金无法以合理方式转出。三是审批流程支持力度不大。小城镇建设项目需办理的许可证涉及部门多，审批时间长，影响了银行的评审进度。

二、成因

（一）银行职责定位与城镇化差异性特点不契合

一是职责不清。各行对支持城镇化建设的职责叙述比较笼统。二是定位不细。各行对城镇化建设研究不深，对细分市场渗透不足。三是创新不够。各行对小城镇建设惯用成熟的开发模式，新产品推出较慢。

（二）产品研发模式与城镇化多层次需求有差距

一是研发体系不匹配。各总行对分行产品创新授权有限，不能依本地特点对全国性产品进行调整。二是纠错机制不匹配。产品部门缺少常态化的信息反馈机制和产品评价机制，不能及时随市场变化而改进设计。三是设计理念不匹配。各行以政策性产品为主，习惯搞大项目，不乐于开发小额贷款。

（三）担保抵押模式与城镇化可用资源不对称

一是可抵押的土地资源减少。土地资源数量有限，不可再生。单纯以土地出让收益作为抵押，不能满足城镇化快速发展的需要。二是政府承诺面临信用透支。政府财政收入增长平稳与政府担保过多的矛盾突出，影响政府承诺的落实。三是第三方担保面临的金融生态落后。农村地区经济发展缓慢，金融业及配套的担保行业不够发达，担保能力有限。

（四）国家政策规定与城镇化发展要求有错位

一是制度调整不及时。一些制度规定是二十年前制定的，已不符合当前的市场状况及扶持要求。二是审批流程不便捷。部分职能部门办证流程未对小城镇建设项目实行特别审批政策，造成办件进度与建设需求不匹配。三是政策空白点较多。注重单纯创新抵押担保方式，不注重相关法规的及时跟进。

三、建议

（一）细化职责分工

一是国家开发银行应着重做好基础设施建设和产业集群建设。结合地域优势，推进新兴小城镇的特色产业链发展。二是农业发展银行应着重做好进城农民的帮扶工作。为寻求转型的农民提供教育贷款，为自主创业的农民提供创业贷款。三是进出口银行应着重做好国内外市场对接工作。为小城镇的新兴产业拓展国际市场提供咨询和融资支持。

（二）改进研发机制

一是建立需求调查与产品设计分离机制。分支机构负责市场导向把握，定期反馈市场动态。总行产品部门根据市场需求，设计产品，把控风险。二是建立区域化产品分中心。按照东北、华北、西北等地理区划，建立地区性的产品研发中心，负责当地特色产品研发。三是建立产品评价机制。对于新推出的金融产品，定期组织一线客户经理进行打分评估。

（三）完善担保方式

一是寻求新的担保资源。开展林权、集体土地使用权和承包经营权抵押的可行性研究和试点工作。二是改进老的担保模式。减少对政府承诺的依赖程度，补齐人大授权书等法律文件，保证债权足额落实。三是培育好的金融生态。加强与地方政府沟通，整合各区县的有效担保资源，做大做强专业担保机构。

（四）加大扶持力度

一是修订政策规定。实行差别管理，在资本金出资形式、账务处理和税收问题等方面给予倾斜。二是开辟绿色通道。以"小城镇建设优先"为原则及时办理各类证件，保证贷款能够及时、合规到位。三是完善登记制度。明确土地收益权质押的登记部门和管理措施。

（作者王文刚，天津银监局副局长）

加快推进农村"三权"抵押贷款的对策

——以河北省为例

河北省是经济大省，又是农业大省，加快推进农村土地承包经营权、林权和农村居民房屋产权（以下简称"三权"）的抵押贷款，对促进"三农"经济发展具有重要作用。但由于"三权"抵押的法律、评估、流转、保险、补偿以及涉农贷款风险等主客观因素的影响，河北省"三权"抵押贷款仍处于起步阶段，亟须加快相关问题的解决。

一、"三权"抵押贷款存在的难题

2013 年年末，河北省耕地面积 5 989 千公顷，林地面积 6 991 千公顷，农村居民房屋面积 134 373 万平方米，资源丰富。2013 年年末，全省有 9 家银行机构发放"三权"抵押贷款 4.40 亿元，其中农村中小金融机构发放的"林权"抵押贷款占 90%。

（一）抵押价值确定难

"三权"种类繁多、专业性强、价值评估困难，一般资产评估机构难以承担。目前，河北省市县两级还没有健全的"三权"评估机构，持证评估人员也很少。由于没有形成活跃的交易市场，对用于抵押的"三权"价值不仅银行机构心中无数，而且抵押权人也不甚清楚，通过双方协商的办法很难做到相互认可。

（二）处置变现难

一方面，由于"三权"流转交易的中介组织较少，尚未形成规范、开放的流转市场，流转信息不畅，处置变现较难；另一方面，"三权"涉及面积广，监管难度较大，抵押物变动银行机构很难发现与控制。

（三）风险补偿难

由于农村耕地、林地、居民房屋以及农业生产的特殊性，抵御自然灾害和市场风险的能力较弱，一旦遇到较大的自然灾害或市场因素改变，就会直接影响"三权"流转或地上附着物的价值，"三权"抵押贷款业务也将带来较多的不可预知风险。据统计，省农信联社发放的3.74亿元林权抵押贷款中，已有1.15亿元形成不良贷款，不良率超过30%。风险的积聚，让银行业机构对"三权"抵押贷款非常谨慎。由于农村目前"三权"抵押贷款保险范围受限，加之政府部门也尚未建立补偿机制，银行业开展"三权"抵押贷款业务的积极性不足。

（四）诉讼支持难

农民的耕地和房产是赖以生存的物质基础，若变卖借款人的耕地、房屋，其基本生活保障将成为严重的社会问题，贷款诉讼执行的难度加大。一是农村土地承包经营权方面，《担保法》《物权法》等规定"耕地、宅基地、自留地、自留山等集体所有的土地使用权不得抵押"。最高人民法院《关于适用〈担保法〉若干问题的解释》《关于审理涉及农村土地承包纠纷案件适用法律问题的解释》等规定"以土地承包经营权抵押或抵偿债务的，应当认定无效"。二是林权方面，我国相关法律明确以家庭承包方式取得的林地使用权禁止抵押，生态公益林、国防林、环境保护林禁止抵押。三是农村居民房屋产权方面，农村居民房屋产权抵押必然涉及宅基地法律问题，而《担保法》《物权法》明确规定禁止宅基地抵押。若要通过法律处置抵押物，法院难以支持，银行机构忧虑颇多。

（五）金融产品适应难

农业是一个效益产出期较长的产业，尤其是林业生产时间更久，一般需5年至8年后才能产生收益。但在实际工作中，银行从控制风险的角度考虑，贷款期限一般不超过三年，与林业生产周期明显不匹配。目前在诸多内、外因素的影响下，金融机构针对农村"三权"抵押贷款开发的金融产品较少。根据调查情况，除河北省农信联社、建行河北省分行明确将商品林中的森林、林木和林地使用权作为小企业信贷业务的抵押物外，其他银行均未开发相应业务品种或制定相应政策。

二、加快推进"三权"抵押贷款的对策

2014年年初，省政府出台了加快农村土地经营权流转的指导意见，对土地流转、政策扶持、金融支持等相关问题作了明确的部署。各银行业机构积极行动，为推进"三权"抵押贷款提供了良好的基础。

（一）加强政府引领作用

一是加强政策引导。政府及相关部门进一步制定完善"三权"相关政策和

管理办法，为农村产权的确定、评估、流转提供政策和制度保障。二是推动产业经营规模化。加快促进"三权"的流转，扶持发展专业合作组织，培育一批辐射面广、带动力强的龙头企业，鼓励有实力的个人或企业变零散为整体，促进三个领域的规模化、标准化、集约化经营。三是设立专项扶持基金。可通过省、市、县三级财政资金补助，成立农业信贷担保机构等方式，建立农村产权抵押融资风险补偿专项基金，主要用于银行业机构农村"三权"抵押贷款产生的损失补偿。四是积极促进农村"三权"保险业务。结合不同地区、不同资源类型的不同需求，不断完善保险险种和服务创新。五是大力推进改善农村地区信用环境。积极组织有关诚信经营的宣传，大力弘扬信用至上理念，营造诚实守信的环境。

（二）建立健全确权、评估、流转体制

一是尽快组建具有资质的评估机构。培育会计审计、资产评估、政策法律咨询等涉农中介服务组织，规范、有序地为农村"三权"抵押物提供资产评估，为金融机构开展"三权"抵押贷款奠定良好的基础。二是建立完善农村产权流转交易体系。政府部门可在县（市）、乡（镇）建立多级联网的农村产权流转交易管理中心，负责农村产权的交易流转、信息发布、政策咨询、业务指导等工作，并在办理相关流转手续、降低服务收费等方面给予便利和优惠，形成规范有序的流转市场体系和管理服务体系。三是要尽量简化登记手续，降低相关费用。四是完善农村产权纠纷仲裁调解机制。妥善解决好农村产权流转、处置、变现过程中出现的各类问题，指导纠纷调处和仲裁，维护各方的合法权益。

（三）加强金融产品创新

一是银行业金融机构在有效防范风险的前提下，加快开发针对农村"三权"抵押贷款的金融产品。二是创新抵押贷款模式。形成银行与龙头企业、农户、担保公司风险平摊、利益共赢的分享联系机制。三是创新抵押的还款方式。如结合林业生产及林下经济生产特点，适当延长贷款期限，探索灵活还款方式。四是放宽贷款准入门槛。简化审批手续，适当降低评估标准，可将借款人信用与"三权"抵押贷款的利率挂钩，向拥有优质信用记录的借款人提供优惠利率。

（四）切实加强风险管理

一是完善"三权"抵押贷款制度，加强对"三权"抵押贷款贷前、贷中和贷后的风险管理，尤其是加强对"三权"抵押贷款第一还款来源的控制和监测。二是加强信贷业务人员的培训工作。让更多的信贷业务人员熟悉农村耕地、林业、农村居民房屋产权等专业知识，提高对风险的认知程度，加大信贷投放力度。三是监管部门可实施适合"三权"抵押贷款发展的差异化监管政策，适当提高对"三权"抵押贷款的风险容忍度，促进全省农村"三权"抵押贷款业务的健康持续发展。

（五）进一步完善法律法规

集体土地所有权改革的方向决定着农村"三权"抵押的交易流转形式的成功。因此，建议加快修订和完善《土地管理法》《担保法》和《物权法》的相关条款，为农村耕地、林地、居民房屋（宅基地）的抵押和流转提供法律支持。同时，根据《房屋登记办法》的要求，建立城乡统一的房屋登记管理制度，对合法建设或依法取得的农村房屋，依申请进行登记，核发农村集体土地房屋所有权证。使农村集体经济组织和广大农民真正成为农村产权流转的主体，进而奠定农村金融制度创新及农村金融业务开展的产权基础。

（作者刘兰计，河北银监局副局长）

辽宁银行业助力环境治理情况调研报告

为深入了解辖内银行业支持环境治理的基本情况，辽宁银监局选取 22 家银行机构进行了专项调研。结果显示，银行机构多策并举助力环境治理，成效显著，但也存在制约因素亟待解决。

一、金融支持概况

截至 2014 年 6 月末，抽样机构为支持地方生态环境综合治理出台相关政策制度 73 项，研发各类金融产品 133 个，发放环保类贷款 435.81 亿元，其中环保产业贷款 258.96 亿元，企业环保改造贷款 176.85 亿元，重点支持了 301 家企业的 367 个项目。通过提供财务咨询，支持企业发行各类短期债券、中期票据和企业债，帮助 124 家企业、98 个环保项目融资，总额达 190 亿元。

二、主要措施

（一）主动监管，多管齐下

一是根据银监会《绿色信贷指引》精神，辽宁银监局下发《加强绿色信贷工作的指导意见》和《关于加强环境保护推进绿色信贷工作的实施意见》，要求各行提升绿色信贷支持能力和水平，持续加强重点领域的政策倾斜，支持节能减排、淘汰落后产能。二是通过积极推介先进地区绿色信贷产品、组织银行机构实地走访参观绿色环保企业、召开座谈会等形式，宣传、解读、传导绿色信贷政策要求和环保理念。三是建立健全有效的环境保护信息沟通机制。与环保厅、安监局、发改委建立协调联动机制，互通环保标准、产业政策、新改扩建项目环境影响评价、环境违法案件、安全生产和银行绿色信贷等方面信息，联合对环境违法企业采取惩处措施，形成打击环境违法行为的工作合力。

（二）差别信贷，制度先行

各银行机构结合国家环保政策和监管部门要求，在信贷政策、制度要求、标准原则等方面制定完善相关制度办法 73 项，将环保理念融合贯彻到日常管理和经营发展中。如工行逐户对贷款客户进行了"绿色信贷"分类，根据分类结果对客户进行不同的融资控制；中行制定碳金融及绿色信贷指导意见；建行强调将低碳环保、绿色节能企业作为业务发展重点，制定循环经济企业名单，实行差别化的信贷政策；交通银行对授信客户进行"三色七类"环保分类；营口银行业提出节能环保企业贷款不低于全部贷款增长水平的目标；丹东银行将落实绿色信贷作为行业营销策略，对落后产能企业实施名单制管理；中行、工行、交行、鞍山、朝阳银行等 8 家银行对"三高"项目实行"一票否决"。

（三）丰富渠道，创新产品

一是创新绿色信贷产品，各行针对需求端提高能效、供应端可再生和新能源利用、环境治理端减少排放、碳排放权交易及绿色装备供应链融资开发了 130 余个产品。如兴业银行推广合同能源管理项下未来应收账款质押、国际碳保理融资、排污权抵押贷款、清洁发展机制（CDM）预期收益抵押等信贷产品。二是拓展多元融资渠道。如浦发等 5 家银行开展短期融资券、私募债、中期票据债务融资工具，扩大节能减排和淘汰落后产能企业的融资来源。三是提供综合解决方案。如兴业银行发布"绿金融、全攻略"专案，提出碳交易、排污权交易、节能量交易、水资源利用和保护、产业链综合服务、行业整合、特定项目融资等七大综合解决方案，满足客户的多元化金融需求。

（四）落实制裁，扶优汰劣

2013 年，22 家银行机构压缩"三高一剩"贷款 136 亿元，涉及 71 个项目，163 家企业，限制准入 50 家，拒绝不符合环保标准贷款申请近 12 亿元。辽宁银监局与环保、安监等部门建立联系机制，对 38 家企业的环境违法问题进行了通报，对 26 家环境违法企业进行联合制裁，2013 年下年半，全辖涉及环保违法违规企业、安全生产、落后产能企业贷款余额分别比上半年减少 8.77 亿元、1.03 亿元和 0.74 亿元，降低 25.8%、79.2% 和 42.8%，对环保不达标企业信贷限制作用明显。

三、取得的成效

据不完全统计，截至 2013 年底，授信企业能源消耗率较同期下降 15 个百分点，供应清洁能源 130 万吨标准煤，同比增加 3 个百分点，减少污染物排放 486 万吨，同比减少 10 个百分点。

（一）助力技术升级，推进环保改造

截至 2014 年 6 月末，辖内 22 家机构共发放 177 亿元贷款，支持企业进行环保改造，研发、升级和应用新型技术设备，实现能量系统优化。如辽宁农行、鞍山银行等 5 家机构为辽宁新风集团贷款 11 亿元，帮助其高压共轨燃油喷射系统正式投产，不但使柴油机安上中国"心"，而且保证柴油机排放达到欧Ⅲ标准。丹东黄海汽车在工行、兴业等 4 行 16 亿元信贷支持下，致力新能源和清洁燃料客车技术研发，推出了纯电动、超级电容、混联式和并联式混合动力 4 大新能源产品，节油率 30% 以上。在工、建两行支持下，东方发电有限公司投资 1.5 亿元对机组进行了脱硝改造，年均氮氧化物排放浓度低于 2014 年 7 月即将执行的国家最新标准。

（二）开发替代资源，优化能源结构

辽宁银行业一直将清洁能源作为重点业务领域，加大信贷投放促进水电、核电、风电、太阳能发电、洁净煤发电等可再生、无污染资源的利用和发展，调整优化能源结构。2013 年授信企业供应清洁能源 130 万吨标准煤，同比增加 3 个百分点。如邮储银行 20 亿元支持我国单机容量最大的辽宁红沿河核电项目，年发电量 300 亿千瓦，相当于 2012 年辽宁省用电量的 16%。建行 6 亿元贷款推动辽河油田、华锦集团"气化工程"，利用 14 亿立方米天然气替代燃油 115 万吨，替代液化石油气 3.26 万吨。

（三）采用新型工艺，减少污物排放

据不完全统计，2013 年授信企业通过提升新技术、采用新工艺发展清洁生产，减少污物排放 486 万吨，同比减少 10 个百分点。建行、兴业等 8 家机构 34 亿元信贷支持 7 家企业进行热电联产和集中供热项目，以"大热源"取代"小锅炉"，联产供热面积占沈阳市供热面积的 30%，优化了供暖结构，减少煤烟排放。沈阳城市公用集团新型高效煤粉锅炉项目，运用煤粉燃烧技术，产热过程无煤灰、煤烟，只排放水蒸气。监测显示，2014 年 1 月沈阳市雾霾较去年同期减少 12 天，环境空气中可吸入颗粒物、细颗粒、二氧化硫和一氧化碳浓度显著降低，降幅在 23.05% ~58.06%。

（四）支持循环经济，推广清洁发展

辽宁银行业充分利用信贷手段作为调节经济结构、转变增长方式的重要举措，促进循环经济取得重大进展，2013 年授信企业供应清洁能源 140 万吨标准煤。如沈阳市联社 7 300 万元贷款支持辽宁昊晟沼气发电有限公司建设亚洲最大沼气工程，以当地养牛场排泄物为原料，年生产沼气 2 500 立方米，发电 4 000

万度，沼肥可改良土地 100 万亩。锦西石化渤海集团在中信银行 4 000 万元贷款支持下，新建烟气脱硫净化装置，脱硫率 92% 以上，将废气制成脱硫石膏，实现环保效益和经济效益双丰收。

四、制约因素和政策建议

目前制约银行业环保信贷投入的主要因素有三个：一是信息不对称，银行获取企业环保指标滞后，授信风险较大；二是一些环保政策中的标准性规定过于宏观、笼统，导致银行在具体执行中过多依赖于主观分析与职业判断，降低了可操作性；三是政策支持不够，环保信贷投入公益性强，银行收益周期长，若无政府资金扶持，产业链启动较难。

建议：一是设立环境信用信息共享平台。定期公布当地节能减排企业名录及具体项目情况，方便金融机构及时获取环保信息；定期发布前沿环保技术资讯及优势项目融资信息，引导银行优化资源配置。二是制定明确的企业环保达标标准和不达标企业名录。根据行业发展变化情况，及时更新地区性节能减排信贷工作指引或相关政策，制定环保信贷指导目录，制定各类企业和各类产品的环保标准，以提高信贷政策的可操作性。三是建立有效的政策激励机制。建议各级政府建立绿色信贷风险补偿基金、节能环保产业基金，健全多元化、市场化环保投融资机制，解决企业环保融资难问题。

（作者马春福，时任辽宁银监局副局长，
现任深圳银监局副巡视员）

吉林省小微企业金融服务情况调研

居于东北老工业基地的吉林省小微企业经营总量小，集聚发展程度不高，发展支撑体系较薄弱，做好小微企业金融服务对促进稳增长调结构作用更加突出。吉林银监局深入落实国家一系列政策措施，引领银行业深化金融服务，建立与地方政府的联动机制，加强改革创新，大力缓解企业融资成本高问题，取得了较好成效。2013年全省小微企业贷款增幅19.2%，高于各项贷款平均增幅2.6个百分点；截至2014年9月末，小微企业贷款余额2 771.9亿元，比年初增加410.6亿元，同比多增116.3亿元，比年初增长17.4%，高于各项贷款平均增幅3个百分点。小微企业贷款覆盖率10.8%，综合金融覆盖率42%，申贷获得率89.8%。贷款不良率1.9%，较年初下降1.6个百分点。2015年前8个月小微企业上浮贷款比2014年同期下降6.5个百分点。

一、工作开展情况

（一）建立与地方政府联动机制

与省工信厅、人民银行长春中心支行等部门密切协作配合，构建银、企、保对接合作平台，多次联合举办银企保合作签约大会。打造小微企业服务平台：与省工信厅合作，搭建"万民创业"平台，为创业者降低贷款门槛的同时，争取贴息政策；与省金融办合作，搭建"土地收益保证贷款"平台；与省人社厅合作，搭建"下岗再就业"平台；与团省委合作，打造"吉青时贷"平台，为青年提供创业培训、专家咨询、信息共享、活动交流的平台。积极推动商业银行加强与地方部门的沟通协作，争取在财政补贴、税收优惠、建立风险分担和补偿机制、不良贷款核销等方面得到支持。

（二）推动产品和服务创新

通过担保方式、还款方式、贷款期限等要素的创新与组合，推出差异化、个性化产品服务。广泛借助社会力量，积极挖掘政府各部门、协会、商会、担保公司资源及信息优势，推进集群客户的批量化营销。工商银行针对小微企业抵押物不足的特点，研究推出小微企业小额信用贷款、信保融资等；中国银行拓展科技型、文化型小微企业商标权和知识产权质押贷款；建设银行立足区域资源特色，推出了存货监管融资系列产品和服务项目；光大银行创新商业承兑汇票质押贷款。

（三）缓解小微企业融资成本高问题

一是缩短企业融资链条。降低信托贷款、委托贷款等影子银行融资占比，加强同业业务和理财业务的管理，避免不必要的资金"通道"和"过桥"环节，促进金融与实体经济的良性互动。二是清理整顿不合理金融服务收费。督促银行业机构严格执行服务收费政策，完善内部管理和投诉机制。三是督促提高贷款审批和发放效率。强化业务全流程优化：优化调查流程，在最短的时间内完成贷款企业资料收集及各项调查材料准备工作；缩短审批流程，实行快速操作、全流程管理、一站式服务；简化放款流程，减少贷款发放审批层级。如工商银行不断清理冗长的中间环节，加强贷款的无缝对接过程，通过"再融资""展期"等手段支持有续贷需求且符合续贷条件的小微企业。

二、主要问题

（一）受宏观经济影响部分特色产业风险显现

吉林省 2014 年前 9 个月 GDP 增速同比回落 2.3 个百分点；完成外贸出口同比下降 16.6%，经济增长放缓，部分小微企业面临经营困境，使银行贷款管理承压。如吉林省人参产业小微企业受人参价格下行影响，利润和偿债能力下降。

（二）市场格局变化对银行业带来挑战

随着利率市场化改革推进，银行业赖以生存的传统存贷利差盈利模式面临挑战，为降低企业融资成本带来压力。通过近几年的发展，各银行业机构纷纷进入小微企业信贷领域，直接导致同业竞争加剧。伴随电商对传统批零销售模式的不断挑战，互联网金融对传统金融产生影响和冲击。

（三）完成"两个不低于"指标的难度逐年增加

2014 年前 9 个月，吉林省参与小微企业金融服务量化指标考核的 63 家银行业机构中，有 32 家未完成"两个不低于"指标，其中，14 家机构自年初以来连续三个季度未完成"两个不低于"指标。主要原因：一是部分全国性商业银行分支机构受总行规模控制或存贷比限制，遇到业务持续增长的瓶颈。二是部分小微企业逐步发展升级为中型企业，小微企业贷款数额被动减少。三是基数差异与同尺度考核使部分增量大、增速快的机构完成增量指标难度大。

（四）银行业小微企业金融服务有待深化

有的银行业机构小企业专营机构、条线建设和资源配置未进一步细化，小微企业金融服务向基层延伸步伐缓慢；存在小企业金融产品和服务同质化高，针对性不强、特色不明显，管理不够精细，创新能力不足，授信担保手续、授信审批流程烦琐等问题。

（五）支持保障体系需完善

一是企业信用担保体系薄弱。截至 2014 年 6 月末，全省融资性担保机构 195 家，资本金总额 194 亿元，担保责任余额 872 亿元。其数量规模和抗风险能力都远远不能满足全省小微企业增信需要。二是产权交易市场欠发达，业务品种不足，企业进场率低，市场功能不完善。三是部分权利质押贷款的公示管理不够完善。目前吉林省林权抵押登记机构分散，分别在各林地辖属的县市林业管理部门，对于林权抵押情况缺乏全省统一的公示平台。

三、监管措施与政策建议

（一）指导银行业机构强化信贷支持

一是加强信贷政策与全省产业发展规划的衔接配合，围绕《吉林省人民政府关于国务院近期支持东北振兴若干重大政策举措的落实意见》，强化对相关配套小微企业的支持，努力提高信贷政策覆盖范围；二是在提升对全省现代农业、现代服务业、战略性新兴产业等重点发展领域小微企业金融服务能力的同时，加大对民生领域的个体工商户、小微企业主的支持力度，提高微型企业客户比重；三是加大对县域和乡镇小微企业信贷支持力度，特别是服务于农业生产、加工、储运和销售等领域小微企业的支持力度。

（二）深化考核

科学、客观、及时考核评价银行业机构小微企业金融服务工作开展情况，规范服务行为，严厉查处在贷款中变相提高利率、"捆绑销售"等不合理收费行为。探索差别化监管考核机制，充分考虑不同区域、不同时期银行业和小微企业发展实际，因地制宜、因时制宜，充分发挥政策科学性和引领性，促进银行业机构差异化发展。

（三）进一步落实续贷政策在全省范围内的实施

一是督促各银行业机构进一步改进审批流程，抓紧设计创新产品，制定相应业务操作细则，明确续贷条件、流程、风险管理及有关罚则等；二是按月监测续贷业务数据，了解全省续贷业务推进情况，由各级监管部门展开针对性指导；三是拟就政策执行情况组织专项检查。

（四）提升小微企业金融服务深度和广度

一是指导完善多层次的小微企业金融服务体系。深化机制建设，加强业务条线的管理，积极推进专营机构向基层延伸。二是强化服务创新，推进差别化、专业化服务。三是推进建立合作平台，发挥行业协会、民间商会、工商联等桥梁作用，促进在信息搜集、客户筛选、风险防范等方面取得成效。

（五）完善支持保障体系

一是建立小微企业贷款风险补偿机制，增强银行业抵御风险能力。二是积极尝试利用财政资金引导各类社会资本参与创建多种形式的企业信贷周转基金，帮助暂时有资金困难的企业渡过难关。三是推动建立多层次信用担保体系，加强政策扶持，促进商业性担保体系扩大规模，提高抗风险能力。四是开放部分政府部门的信息查询系统，向银行业机构开放查询端口。五是推动建立权利质押公示平台，及时准确掌握企业相关信息。

（作者陈玉德，时任吉林银监局副局长，
现就职于吉林九台农村商业银行）

吉林省国开行棚改融资业务
存在的问题与建议

近年来，国家开发银行吉林省分行（以下简称吉林省国开行）积极发挥融资项目管理方面的专业优势，不断探索棚户区改造融资经营管理模式，为吉林省的保障性安居工程尤其是棚户区改造提供了资金支持，取得了较好的经济和社会效益。同时，该行的棚户区改造融资业务也面临融资总量大、信贷管控难等问题，需进一步探索完善风险管控措施，加大政策配套支持力度，实现可持续发展。

一、基本情况和主要做法

自 2005 年起，吉林省国开行在总行的部署下，陆续对辖内城市棚户区、煤矿棚户区、林业棚户区、农村泥草房改造、廉租住房、国有工矿棚户区、公共租赁住房和国有垦区危房改造等"八路安居"工程给予了融资支持。截至 2013 年 7 月末，累计发放保障性安居工程项目贷款 413 亿元，其中棚户区改造项目贷款 374 亿元，同时为吉林市、松原市、辽源市等地（市）承销发行了棚户区改造专项企业债券 20 余亿元。2013 年 8 月以后，吉林省国开行率先在系统内实现 300 亿元大额承诺，重点支持吉林省 2013—2017 年棚户区改造一期项目。截至 2014 年 9 月末，吉林省国开行保障性安居工程贷款余额为 301 亿元，其中棚户区改造贷款余额 278 亿元，占全省棚户区改造贷款余额的 80%。吉林省国开行还将对各市县未来几年棚改计划及资金需求情况进一步摸底，适时启动棚户区改造二期项目。

在国务院强力推进下，本轮棚户区改造业务相较以往力度更强、方向更明确、政策更优惠。银监会于 2014 年批复国家开发银行成立住宅金融事业部，专门办理纳入国家计划的棚户区改造及相关城市基础设施工程建设贷款等业务；人民银行安排了成本更低的专项资金，允许棚改贷款利率更大幅度下浮，并允许配套搭桥贷款（软贷款）作为项目资本金的一部分，明确对纳入国家计划的棚户区改造项目，开发银行贷款与项目资本金可在年度内同比例到位。这为国家开发银行棚户区改造融资业务的发展提供了新的发展契机。为此，吉林省国开行采取了以下措施：一是注重调查研究，了解融资需求。2013年7月以后，吉林省国开行组织60余人开展专项调研，深入辖内40余个市县，了解棚户区改造实际情况，主动宣传介绍棚户区改造业务，受到各地积极回应。二是在调研分析的基础上，总结探索并不断完善工作方案。及时向地方政府主要领导汇报，提出工作建议；细化工作方案，形成了比较科学规范的操作流程和办法；加强与省内有关部门的沟通协作，推动建立联合工作机制。三是引导地方政府审慎确定融资需求计划。吉林省国开行参与指导了省内各级政府2013—2014年开工建设的棚户区工作方案，推动各地结合改造任务和资金筹措情况，自愿申报融资需求计划；指导住建部门审核投资项目，提出初步贷款额度意见；会同财政部门审核提出贷款总需求，报省政府审定；协调省级住建部门汇总编制可行性研究报告，协调准备审批要件，报送总行评审授信。

吉林省国开行在业务推动过程中：一是注重发挥财政部门的融资管理作用。推动财政部门参与棚改项目资金的全过程管理。承诺之前，核定各地总的贷款额度；承诺之后，由财政厅牵头以文件形式印发提款计划；还款时，由财政部门负责统筹归集。推动政府加强债务管理，防范政府债务风险，为下一步将债务纳入预算管理奠定良好基础。二是充分发挥住建部门的项目管理优势。在贷款承诺后，住建部门牵头成立了棚改项目审查小组，重点审查项目是否列入全国1 000万套工作计划，项目的"四项审批"是否落实，项目选址和建设方案是否合理，工程设计是否满足老百姓的日常生活需要，以及项目所在地的经济、社会效益分析等；住建部门定期汇总项目情况，把握项目调整标准。通过落实项目管理责任，确保项目真实、资金投向合规。三是积极探索更加科学规范的项目融资管理模式。2014年，针对棚户区改造借款的主体责任问题，吉林省国开行引入了共同借款模式，率先实现统筹承诺；针对政府项目调整、自主支付、四证审批等问题，及时研究，统一进行答复，指导各地规范操作。同时，针对拆迁难、拆迁贵、拆迁矛盾多等问题，探索了"先建后拆"模式，并在某地级市试点。从目前的情况看，已经收到一定的成效。

二、存在的问题和困难

相对其他业务而言，棚户区改造项目融资总量大、贷款周期长、贷款集中度高、抵押落实难，相关融资业务的发展受到一定程度的制约。

（一）地方政府新增债务空间有限

吉林省棚户区改造任务艰巨，资金需求较大。但地方政府作为改造实施的主体，新增相关债务受到严格限制，特别是《国务院关于加强地方政府性债务管理的意见》（国发〔2014〕43号）发布后，地方债务管理更加严格规范，风险防控要求更高，同时也使新增债务空间收窄，在一定程度上限制了棚户区改造融资业务的增长。

（二）信用管理难度相对较大

一是棚户区改造周期长，资金回笼慢，项目收益和贷款安全存在一定风险；二是第一还款来源与第二还款来源重合，均依赖政府财政性资金。2013年以来吉林省国开行发放的棚户区改造贷款，均以省投资集团享有的与省政府签订的《委托代建协议》中的委托代建资金为第一还款来源，借款人以应收账款权作为质押；三是资金监控难度大，按照财政部"不允许各级财政部门在开发银行开立资金专户"的要求，财政配套的项目资本金和偿债准备金无法实现分户封闭管理，存在对棚改专项资金监管不到位等问题，有一定的安全隐患。

（三）拆迁难影响棚改融资工作进度

由于棚户区居民普遍对房屋征收期望值较高，时常因不能协商一致，导致拆迁、办理土地审批手续等工作无法按时完成，影响工程建设进度，使资金发放支付受到影响。棚改项目变更需经总行批准，一次至少需要2个月的时间，也在一定程度上影响了融资支持力度。

三、对策和建议

做好保障性安居工程和棚户区改造金融服务，是银行业支持实体经济发展的重要要求。《中国人民银行、中国银行业监督管理委员会关于进一步做好住房金融服务工作的通知》（银发〔2014〕287号）要求，加大对保障性安居工程建设的金融支持，鼓励银行业机构按照风险可控、财务可持续的原则，积极支持符合信贷条件的棚户区改造和保障性建设项目。作为监管部门，要积极督导包括吉林省国开行在内的辖内各银行业机构落实政策要求，做好相关金融服务工作。

一是进一步发挥开发银行对棚户区改造的支持作用，提高资金使用效率。建议对地方政府统筹规划的棚户区改造安置房等项目融资给予单独管理，在测算政府债务率时予以特别处理，释放政府债务空间，为进一步做好此项民生工程创造条件。同时建议地方政府充分调动民营资本的积极性，引导其参与棚户区改造项目，在此基础上发挥商业性金融的支持作用，探索多元化的融资渠道，降低融资平台贷款集中度风险和融资压力。

二是加强棚户区改造贷款管理，加大风险防控力度。要切实落实贷款风险管理要求，在现有政策框架内，提出更为审慎的抵押担保要求，防止政府财力下降导致的第二还款来源风险。同时，督促开发银行进一步提升经营管理水平，科学制订融资计划，加强贷款资金支付管理，强化资金使用监督检查，有效解决管理半径过长的问题。

三是对于拆迁难和项目变更时间长等问题，开发银行要与地方政府积极配合，积极推广"先建后拆"模式，进一步解决拆迁难等问题，同时要尽力简化项目变更的审查程序。

（作者马秋华，吉林银监局副局长）

金融支持小微企业发展制约瓶颈亟待破解

近年来，在金融政策引领下，银行业机构加强对符合国家产业政策和审慎性信贷条件的小微企业的金融支持，通过组建专营机构、运用网络在线融资、减免各类费用，对小微企业信贷资源倾斜力度明显加强，服务能力明显提升，有效推动了小微企业发展。但由于小企业自身经营的局限性、银行服务的差异性，使得银企对接中仍存在诸多制约瓶颈。破解小企业融资难、融资贵问题任重道远。

一、小微企业融资难融资贵的瓶颈分析

（一）企业经营管理不规范，难以满足银行机构贷款条件

目前黑龙江省小微企业多为私营合伙或家庭式公司，规模小，经营不稳定，股权结构单一，家族化独裁化管理严重，经营策略和手段短期化，财务不规范、信息不透明。随着原材料、能源价格及用工成本上涨，处于微利或无利状况。第一还款来源难以确认，严重依赖第二还款来源来满足贷款条件。担保及反担保措施有限，可提供的质押物多为低值快销的存货，不符合银行对质押物所提出的"价值相对稳定、具有较强变现能力的通用性产品"要求。

（二）银行信贷管理规定与小微企业资金需求衔接不畅

一是部分银行对小企业评价审查要件及程序与大客户基本相同，符合标准的小企业客户少，加之信用评价体系尚未健全，银行无法授信。二是零风险制度和责任追究制度使信贷人员存在惧贷心理。"不论任何原因造成贷款逾期、形成风险，领导受到追究，经办人员下岗收贷"的负激励措施，与贷款按时回收没有相应激励措施的机制严重不对等，影响了贷款营销积极性。三是部分中小银行创新了对小企业贷款的审查技术，仍无法防范信息不对称带来的风险。如龙江银行采用德国 IPC 及 5C、六重、七法等信贷技术，分析借款人口述及资料，解决信息不对称问题，但仍存在借款人故意欺骗、隐瞒重要信息，致使银行判断失误的情况，小企业违约率高，影响银行贷款积极性。

（三）多环节收费，小企业融资成本居高不下

小微企业贷款成本由利息、担保费用、抵质押费用构成。担保费用为担保额度的 2%～3%，加之抵押登记等费用，抵押贷款成本在 10% 以上，担保公司担保贷款成本高达 11%～13%。一是银行利率定价要覆盖风险，小微贷款定价一般分别高于同期贷款基准利率、其他种类贷款平均利率 2 个、1 个百分点。二是小微企业贷款"额小、面广、期短"，工作量大，较大额贷款成本高且风险大。据统计银行小微企业贷款管理成本平均为大型企业的 5 倍。三是抵押登记各环节收费高。如房产抵押登记房管部门、土地管理部门各收评估值 5‰ 的费用，按照 70% 抵押率计算，贷款成本至少增加 1.428%。四是担保机构收费高。担保公司为小微企业担保费率为 2.5%～3%，同时要求被担保人提供反担保，又增加了小微企业的融资成本。

（四）征信体系、信息平台建设有待完善

当前，黑龙江省小企业的基础信息资源散落于不同的管理部门，通过稳定、统一的渠道了解小企业真实经营状况比较困难，搜集小企业非财务信息、参与民间融资等情况更难。目前还没有形成覆盖全社会的完整征信体系，仍然没有一个权威、统一、值得信赖的公众平台。人民银行企业和个人征信系统是银行业对小微贷款的主要查询系统，只从银行收集信用信息，与个人信用密切相关的纳税信息等尚未采集，与企业信用相关的税务等系统尚未联网，系统提供的信息不够丰富和全面，覆盖率不高，数据存在滞后性。同时会计审计、资产评估、律师事务所等中介机构行业自律不够，企业财务审计、抵押物评估、借款人资信调查等报告失真的问题依然存在，诚信度受到质疑。

（五）担保方式存在操作瓶颈，担保体系建设亟须完善

一是适合小微企业融资的担保体系不足。小企业提供的担保多为与其有贸易往来的核心企业、关联公司，一般银行不会接受，对小企业贷款担保多依赖于专业担保公司。目前，黑龙江省商业性的担保公司较多，政策性担保公司欠缺。担保公司规模小、注册资本低、公司治理不规范、成分复杂、担保能力弱，不符合银行要求，银行与担保机构合作的广度和深度有待拓展。二是缺乏对评估公司的有效监管，评估市场混乱。黑龙江省各评估公司资质、水平参差不齐，甚至有评估公司为赚取费用，故意夸大评估资产价值以满足客户需求，致使银行在处置抵质押物时难以覆盖全部债权，形成损失。三是新的抵押方式操作性不强。林权、专利技术质押，没有形成可信赖的评估、登记和变现机制及市场，操作性不强。

（六）财税政策效果不明显，风险补偿机制尚未完全建立

部分给予小微企业的优惠财税政策落地难、信息不透明、申报手续烦琐、到位不及时，间接制约了对小微企业的金融服务。同时，对小微企业信贷风险补偿手段不足。主要是财政贴息和小微企业贷款增量奖励，还不能综合运用税收优惠、差别准备金率等手段给予风险补偿。信贷风险分担机制、地方性风险补偿专项基金尚不健全，风险大、成本高、收益低的涉农项目一旦形成损失，风险补偿就显得微不足道，影响了金融机构支持小微企业的动力。

二、政策建议

小微企业金融服务是一项长期而艰巨的系统性工程。小微企业要练"内功"，提高自身融资能力。银行要加大制度、产品、服务方式创新力度，便利小微企业融资。更需要政府大力推动、市场机制配套，形成小微企业、银行、监管部门、政府"多方联手，合力助推"的良好格局。

（一）整合资源，建立综合完整的小微相关信息平台

建议政府发挥主导作用，加快整合人行、银监、工商、财税、土管、房管、海关、环保、电力、水力、公安、法院、社保等部门及行业协会的企业信息，推进小企业信息查询服务的社会化。同时，加快信用政策法规建设步伐，明确各部门信息征集和发布的权利和义务，解决信息分割问题，提高社会信用信息化水平。

（二）落实税收补偿政策，完善担保机制建设

一是小企业税收减免政策要落到实处，激发小微企业创业经营热情。二是出台小微企业贷款税收减免政策。对符合条件（如小微信贷占比达到一定比例以上）的商业银行，免征小微企业贷款利息收入的营业税及附加，减征小微企业贷款所得税，用减免征收额建立商业银行内部小微企业风险补偿基金池，专项用于小微企业不良贷款核销。三是政府牵头设立担保机构风险补偿基金。在银行、小微企业、融资性担保公司之间构建新型风险共担机制。四是建立专门为小微企业提供担保的国有资本融资担保机构。吸收民营企业或个人等社会资金入股，提高担保公司资本金，降低担保费率，真正为小微企业融资提供担保支持。

（三）打造良好金融生态环境，降低综合融资成本

一是推行行政服务中心"一站式"服务。政府明确监督和管理职责，理顺

审计、评估、公证、登记和保险等部门对小微企业的服务规范和收费制度，形成规范、统一、合理、健康和有效的小微企业融资服务链。二是拓宽小微企业融资渠道。充分利用资本市场发行制度和"新三板"改革的政策资源，鼓励企业在二级资本市场募集资金。同时，将小微企业股权融资作为银行增信手段，把直接融资和间接融资结合起来，共建支持黑龙江省小微企业发展的新融资体制。三是建立失信惩罚机制。公检法和银行机构协调配合，加大贷款涉诉案件调查和执行力度，建立联合打击小微企业逃废债行为的长效机制。

（作者刘峰，时任黑龙江银监局副局长，现任天津银监局纪委书记）

上海银行业敬老服务工作
开展情况的调查思考

老年人金融知识有限，风险防范意识较弱，让老年人有尊严地在银行业金融服务中享受公平对待和便利服务，是社会文明进步的表现，也是银行业贯彻落实党的群众路线教育实践活动的体现。据上海市民政局、老龄办和统计局联合统计，截至 2013 年年底，上海市户籍人口中，60 岁及以上老年人占比已达27.1%，70 岁及以上老年人占比已达 12.0%。上海已进入深度老龄化阶段。2014 年以来，上海银监局落实银监会《关于做好特殊消费者群体金融服务工作的通知》精神，组织开展以"诚信经营·敬老服务"为主题的系列活动，向全辖发布《上海银行业敬老服务工作指导意见》，取得一定工作成效。

一、上海银行业推动敬老服务举措

一是指导行业组织向全体会员单位发出敬老服务倡议书。在监管部门指导下，上海市银行同业公会于 2014 年 1 月向全体会员单位发出以"五承诺两倡议"为主要内容的敬老服务倡议书，全面启动上海银行业营造敬老爱老和谐金融服务环境，创设行业敬老服务品牌系列活动，向社会公众征集敬老服务 Logo 标识，营造银行业敬老服务工作氛围。

二是指导行业组织评选"上海银行业敬老服务示范网点"、"上海银行业敬老服务标兵和敬老服务示范员工"活动，以点带面，通过评选进一步深化全行业重视的敬老服务氛围。全辖有 117 个网点被评为首批敬老服务示范网点，137名员工被评为敬老服务标兵，3 533 名员工被评为敬老服务示范员工，荣誉单位个人在全辖公示并被授予奖章，接受社会监督，形成品牌效应。

三是上海银监局发布《上海银行业敬老服务工作指导意见》。在吸收辖内银行业敬老服务良好做法，并借鉴国外老年金融消费者保护经验基础上，经过反复斟酌，上海银监局从保护老年人、服务老年人、便利老年人（尤其是 70 岁以上老年人）角度出发，从制度建设、坚持适当性原则公正对待老年客户、强化员工敬老服务培训、加强老年客户投诉处理管理、落实专项举措强化优质服务、完善敬老服务设施及强化金融普及提高老年人群体金融素质、加强跟踪督促推动服务深化等提出八个方面的工作要求，进一步奠定开展敬老服务的制度基础。

二、上海银行业敬老服务工作初见成效

截至目前，上海全辖已有800个营业网点推出了敬老错峰优先服务时段，共组织了119次、7 000人参加的敬老服务专题培训，以及914次针对老年人的金融知识普及活动，累计7万人次老年人参与了银行开展的各类敬老服务活动。上海银监局也将敬老服务纳入到对银行业消费者宣传教育评价和文明规范服务考评之中，鼓励打造上海银行业敬老服务特色品牌。

（一）继续完善为老年人服务的制度建设

目前包括国有银行、股份制银行、城商行均已形成针对老年人服务的制度，部分银行自2014年以来进一步完善针对老年人服务的制度。外资银行中，花旗银行、东亚银行等也建立了对老年人及弱势群体服务制度。但村镇银行及多数外资银行在对老年人服务制度建设方面比较欠缺。

（二）为老年人服务进行专属安排

一是开设敬老服务专窗，设定敬老错时优先服务时段，提供敬老爱心专座等。二是注重大堂服务。主动关怀老年客户，第一时间了解其业务需求，及时协调并提供爱心专座及爱心专窗服务。老年客户进行大额转账时，柜员、大堂经理仔细询问，提示可能风险并进行确认。三是提供上门及延伸服务。在风险可控合规的前提下，为一些因特殊情况无法亲自到网点办理业务的老年客户提供上门核证等柜台延伸服务。

（三）配置敬老服务设施资源

一是普遍在营业网点配备老花眼镜、放大镜、如厕等服务，有条件的网点还配备医疗箱、轮椅、血压计、茶水等无糖饮品、老年读物等，单独设置敬老服务专座、专窗，设置爱心敬老错峰优先服务时段等，并在醒目位置张贴统一标识。二是在网点改造、服务设施更新方面，逐步体现敬老服务意识，更新改造网点无障碍通道并公示求助电话，实现老年客户网点业务办理无障碍。

（四）提供敬老服务特色产品

如中行上海市分行对老年客户设计专属产品——常青树卡，减免老年客户

年费、工本费、ATM 取款手续费等多项费用；每月向老年人发行社保专属理财产品，实现养老资产稳定增值。邮储银行上海分行发挥其点多面广优势，开展跨省养老金代发服务项目，为异地居住人员领取养老金提供便捷服务。上海银行在养老金领取高峰日，延长网点营业时间，并将 ATM 机具的屏幕显示字号由原先的 8 号增大到 18 号，为行业中字体最大；针对老年人担心自助机具吞卡的心理，在 ATM 上将误操作设置为锁定账户后将卡吐回而不是吞卡等；推出养老客户专属理财产品；开展百万老人刷卡无障碍计划，通过培训使 ATM 领取养老金比例由 14.31% 提高到 43.72%。

三、进一步深化上海银行业敬老服务工作的思考

把敬老服务打造成品牌服务项目已经成为上海银行业的共识。监管部门要继续推动上海银行业以敬老服务示范网点、敬老服务标兵和敬老服务示范员工为引领，在制度建设上下功夫，进一步推动全行业提高认识，细化要求，使上海银行业敬老服务工作持续、深入推进，固化于日常管理中，打造上海银行业独有的服务品牌。

一是进一步倡导敬老服务理念。树立上海银行业敬老服务特色品牌意识，结合消费者权益保护内容，对从业人员加强培训和教育，不断提升银行从业人员敬老服务认识，使之成为建设"让人信赖，受人尊敬"上海银行业的主要载体。

二是持续打造敬老服务示范网点以及敬老服务标兵和示范员工品牌形象，鼓励银行机构探索增配敬老专属服务大堂经理，主动为老年客户提供更贴心便利服务，在有条件情况下试行全程陪同服务。

三是倡导设计更多的老年人专属产品，加大优惠商户拓展力度，打造和完善养老服务平台。针对老年人生活便利性和晚年资产管理需求，围绕整合与构建多方位的养老服务平台、完善与创新多元化的财富管理、巩固与发展多渠道的便利服务、塑造"思老、惠老、安老"的服务文化，塑造养老金融服务特色。

四是继续推动银行机构完善敬老服务设施及敬老服务制度。上海正在建设国际金融中心，银行业理应有所作为，尤其是在服务软实力建设中，发挥排头兵作用；要在关注老年人、全方位为老年人等弱势群体提供各类服务便利方面起到率先、引领的作用。

上海银监局将继续指导上海市银行同业公会在总结上海银行业现有敬老服

务做法的基础上，借鉴国际老龄社会银行业服务的成熟经验及兄弟省市先进做法，推动上海银行业研究、探索为老年人提供金融服务的行业标准和行业规范，继续在服务制度、流程、设施、便利措施等方面不断深化，积极创新，主动服务，做到率先有研究、有探讨、有实践，以打造上海银行业敬老服务特色品牌为目标，让老年人等弱势群体在银行服务中享受无障碍服务，体现其作为银行客户应有的尊严，体现社会文明进步。

（作者张荣芳，上海银监局纪委书记）

对江苏银行业创新小微企业贷款
还款方式的调查与思考

为了切实解决小微企业融资过程中的实际困难，银监会《银行开展小企业授信工作指导意见》（银监发〔2007〕53号）和《关于创新小企业流动资金贷款还款方式的通知》（银监办发〔2009〕46号）下发以来，江苏银监局一直积极引导、支持辖内商业银行创新小微企业授信额度使用和贷款偿还方式，着力解决小微企业普遍面临的贷款到期时必须"先还后贷"所造成的还款压力大等突出问题，缓解小微企业资金周转困难，取得了明显成效。据江苏银监局的初步调查统计，目前辖内商业银行创新小微企业贷款还款方式的业务品种超过100种，2012年以来通过创新贷款还款方式累计向小微企业发放贷款4 085.71亿元，受益客户达28万户。

一、主要实践模式

（一）"循环贷"模式

主要特点是减少重复审批，循环使用额度。企业与银行一次性签订循环授信合同，在授信额度有效期内可多次提款、逐笔归还、循环使用，授信期限一般1~3年。目前辖内多数银行均推出了"循环贷"业务，品种多达30余种，如南京银行"小企业e助贷"、农业银行"小微企业智动贷"、建设银行"网银循环贷"、中信银行"POS商户网贷"、招商银行"周转易"、无锡农商行"盈商贷"等。该模式的贷款主要用于满足小微企业日常经营中合理的资金连续使用需求，适用于资金周转频繁，资金使用和回笼时间不够精确的小微企业。截至2014年第一季度，南京银行在省内共受理循环类贷款909户，发放金额285 561万元，第一季度末，循环类贷款余额97 601万元。

（二）"转期贷"模式

主要特点是延长原贷款期限。小微企业在贷款到期前申请延长贷款期限，银行审查通过后与其签订补充协议，原借款合同和担保合同依然生效，原贷款到期自动转入新的借款周期。如江苏银行"小快灵·转期贷"、华夏银行"年审贷"和"宽限期还本付息贷"、兴业银行"连连贷"、恒丰银行"续贷通"、启东农商行"流转贷"、长江商业银行的"展融通"等。该模式的贷款一般针对已与银行建立了一定期限的信贷关系，且无逾期欠息，经营正常，盈利能力未出现不良变化，有足值抵押和优质担保但生产周期较长，后期回笼资金较为集中的小微企业。

（三）"续接贷"模式

主要特点是发放新的贷款，续接原到期贷款。小微企业在贷款到期前申请续贷，银行审查通过后向其发放新贷款，用于续接原贷款，审批手续比正常授信更为简化。如平安银行"小微自动续授信"、宁波银行"转贷融"、招商银行"自动转贷"、上海银行"小企业再融资"、扬州农商行"转期贷"等。该模式的贷款一般适用于客户信用状况良好，担保合法有效，当前授信额度下生产经营正常，具有稳定现金流的小微企业。2012年以来，招行无锡分行通过"自动转贷"方式累计支持小微企业83户，贷款金额11 102万元。

（四）"过桥贷"模式

主要特点是办理周转贷款，解决临时资金需求。小微企业在他行贷款到期前，凭原贷款行出具的"贷款续贷通知函"向政府转贷基金或过桥行提出申请，政府转贷基金或过桥行审批同意后向其发放过桥资金，直接用于归还原贷款，原贷款行续贷资金用于归还过桥资金。如江苏银行"周转贷"、镇江农村商业银行"小微企业周转贷款"等。该模式的贷款主要用于满足生产经营、财务状况、企业及其所有人信用状况良好，具备本期贷款条件和后续还贷能力，符合产业政策，产品有市场的成长型小微企业。镇江农村商业银行自2013年11月末小微企业周转贷款业务开展以来，至2014年3月末，共为29户小微企业办理了31笔周转贷款，金额合计9 305万元，企业最长使用天数20天，最短4天。

（五）"限额贷"模式

主要特点是贷款到期，还清利息并归还部分本金。2014年，江苏省金融办牵头，选择8家农商行和2家城商行作为创新试点，将贷款限额循环和宽限期还款有机结合，在一次性授信合同项下，允许符合条件的小微企业结清当期所有贷款利息和部分（30%～60%）本金后实行转贷，未结清的当期贷款本金自动转入下期贷款本金。该模式主要用于支持生产经营正常、符合转型升级方向、具有较好市场前景、有转贷需求的小微企业。

二、创新小微企业贷款还款方式的意义和影响

江苏银行业小微企业贷款还款方式创新的实践，不仅深受小微企业的欢迎，而且得到了各级党委政府和有关方面的高度肯定，提升了银行业机构小微企业金融服务的美誉度。

一是缓解了企业在贷款到期时集中偿还的资金周转压力，提高了小微企业信贷额度的使用效率，降低了小微企业的财务成本。

二是有利于解决贷款期限订立不合理的问题，缓解了小微企业因融资期限与经营周期错配造成的资金周转困难，为企业持续经营、稳步扩大生产提供了便利。

三是降低了小微企业临时周转的融资成本，挤压了社会不法金融活动的生存空间，有利于打击高利贷和非法集资，维护正常的金融秩序。

四是较好地发挥了银政在支持小微企业发展中的合力作用，提高了各级政府转贷资金、各种风险补偿资金的利用效率。

五是有利于促进银行机构下沉金融服务，下沉贷款管理，树立以客户为中心的理念，提升信贷客户分层管理和差别化服务能力，加强小微企业授信产品的品牌建设，提高对小微企业金融服务的专业化水平。

三、对进一步促进小微企业贷款还款方式创新的几点建议

（一）完善差异化的管理政策

目前监管部门对于"借新还旧"的做法政策上还比较模糊，对此类贷款的风险分类一般也要求下调分类结果；相关部门对于转贷业务是否需要重新办理抵押登记尚无明确的司法解释，银行简化审批手续，在法律诉讼中可能陷入被动，影响抵押担保的风险缓释效力。为此建议修订完善鼓励银行业金融机构在风险可控的前提下进行服务方式创新的政策规定；建议明确司法解释，以对应债权是否结清作为判定抵押效力的依据，办理转贷业务时无须重新进行抵押登记。

（二）优化风险缓释机制，激发银行创新支持小微企业的动力

一是进一步完善风险分担机制。通过增加政府资金投入，扩大各种小微企业贷款互助基金、小微企业贷款奖补资金、科技贷款奖补资金等，加大对银行

的风险补偿力度；对积极创新小微企业贷款还款方式的银行给予适当的财政奖励和税费减免。二是完善小微企业信用担保体系。应构建政府居于主导地位，不以盈利为目的的小微企业信用担保体系，加大对小微企业贷款的担保力度，扩大小微企业的融资服务覆盖面。

（三）加强信用体系建设，提高银行获取企业综合信息的能力

一是健全社会征信体系。工商、税务、金融管理等部门通力合作，搭建小微企业综合信息数据平台，完善企业基本情况、经营情况、融资情况等信息登记与查询，推进小微企业信息全方位共享，以利于银行有效判断小微企业授信风险。二是持续加强社会诚信体系建设。强化小微企业违规信息披露，建立信用主体行为的激励惩戒机制，规范各经济主体的信用行为，营造积极健康的信用环境。

（四）着力加强对小微企业贷款还款创新的尽职管理，提高信贷的精细化管理水平

银行业创新小微企业贷款还款方式，在满足小微企业融资需求的同时，也带来了风险管控难度增大、贷款用途监管难度加大等实际问题。银行业金融机构开展贷款还款方式的创新，要始终树立依法合规和稳健经营的意识，坚持商业可持续。要做到风险可识、可测、可控，与自身风险管理能力相适应。要构建创新业务标准的流程，加强对贷款还款方式全流程的尽职管理，进一步提升对小微企业贷款的精细化管理水平。同时也要解决对宣传营销不够有力以及创新业务系统不配套的问题。

（作者黄世安，江苏银监局副局长）

打造浙江小微金融服务
"升级版"的思考与探索

小微金融服务一直是浙江银行业引以为傲的金字招牌，浙江的小微贷款余额、增量、户数连续多年位居全国第一，在实践中总结提炼了很多好做法、好经验，并复制推广到全国各地。然而，近两年随着经济金融格局的快速调整，浙江小微金融逐渐呈现出优势日渐式微、瓶颈日益突出、创新活力不足的态势。浙江银行业迫切需要加快升级与转型，再创浙江新优势，打造小微金融"升级版"，积极实现"二次腾飞"。

一、浙江小微金融"升级版"的四个维度

顺应经济转型升级的形势，辖内银行业金融机构特别是小法人银行机构，开始在小微金融服务模式、技术、理念、文化等方面进行二次创新，积极谋求转型发展。

（一）服务模式转型

这是实现浙江小微金融服务的"二次腾飞"的基础。要将以人海战术、地毯式营销为特点的粗放经营模式向以批发式、网络式营销为特点的集约化经营转变。实现这一转型的路径有二：一是立足社区，依托社会关系网络获取客户。中小银行机构扎根本土与社区建立互动关系，增强客户黏性，降低信息不对称；同时，借助商会、村委会等社区关系网络节点，以点带面批量管理客户，并通过标准化的信贷流程提高管理效率。二是量化模型，以综合数据分析批量放贷。大中银行建立模型分析网络、电话、转介等渠道搜集客户信息，结合客户经理上报的客户资料，按照标准化审贷政策流程集中审批发放贷款，缩短审贷时间，降低信贷管理成本。

（二）服务技术转型

这是提升小微金融服务层级的关键。主要是实现两方面的转变：一是实现利率风险定价技术的突破。关键在于要根据小微企业的不同特点，综合评估银行发放贷款的风险水平、资金成本、目标收益及企业资信、承受力、成长性等

多项参数，实行贷款利率的差异化，真正做到利率合理反映成本与风险。二是为小微企业提供多样化、差异化的服务。通过创新产品及服务，在单纯的存贷款业务之外，为小微企业提供各类配套服务，提高小微金融服务的附加值，同时充分利用互联网、大数据等为小微金融服务技术的转型提供有力的支撑。

（三）服务理念转型

这是实现小微金融服务转型升级的前提。一是深化普惠金融服务理念。降低服务门槛，让更多当前缺乏经济实力但信用与前景良好的小微企业更加方便地获得金融服务。在实践中可以考虑设计"首贷户"考核指标，通过对从未在银行机构办理贷款业务的客户增长情况的考核，不断扩大金融服务的覆盖面。二是强化与小微企业共成长的战略意识。服务小微企业要真正做到与客户共同成长，通过相互间的长期合作建立起信任关系，进而化解信息不对称问题。

（四）企业文化转型

这是小微金融服务转型发展的持续保障。一是团队文化的转型。通过建立起专门的小微金融服务团队，加强团队的凝聚力，以客户需求为导向，形成具有特色的小微金融服务文化。二是经营文化的转型。一方面转变以往以结果认定贷款风险责任，以处罚业务人员管控信贷风险的经营文化，转而以贷款过程中是否尽职认定责任。另一方面在完善小微金融服务独立核算制度的基础上逐步推进独立考核机制，在不良容忍、绩效要求等方面给予倾斜。

二、小微企业金融服务转型升级的难点

（一）经济转型的压力与普惠金融的矛盾增加了小微金融服务转型升级的复杂性

推动经济转型发展，客观上需要发挥银行业运用资金杠杆撬动资源的优化配置，淘汰落后产能和企业，而小微企业的低端发展状况使之处于转型升级的风口浪尖。这将使银行业在促进经济转型发展、淘汰落后产能与提高小微金融服务覆盖面、推进普惠金融之间处于两难境地，要求银行业加强对经济形势的研判，更加关注经济转型升级，重视对小微企业客户品质的甄别，把握好扶持与限制的力度。

（二）利率市场化的推进、金融脱媒化的加剧以及互联网金融的冲击，增大了小微金融服务转型的难度

一是利率市场化对银行业小微金融的风险定价能力形成严峻挑战。当前小

微企业贷款风险定价方式单一，定价过低则利率不能覆盖企业的违约风险，定价过高则会加重企业融资成本以及带来逆向选择问题。银行业亟须加强风险定价的能力，根据小微企业的特点实行差异化的贷款利率。二是金融脱媒化进一步加剧小微金融服务领域的竞争。当前银行业提供的小微金融服务普遍同质化，在竞争加剧的环境下同质化的服务必然导致各家银行小微领域利润快速下滑，银行业亟须通过经营模式转型以寻求差异化的市场定位及建立自身的竞争优势。

（三）考核激励机制的不完善、不科学，弱化了银行业小微金融服务转型发展的内生动力

当前，对各银行小微企业不良贷款容忍度的差异化政策因缺乏可操作的尽职免责制度而难以落实。虽然不少行建立了提高小微企业不良贷款容忍度的有关制度，但在实践中没有真正执行，事实上小微企业贷款和其他贷款一样，没有不良贷款容忍度。

（四）现行的财政体制制约了信用担保体系的完善，导致小微企业信用增信机制相对滞后

目前，浙江商业性担保公司总体上实力比较弱、经营不规范、潜在风险大；而政策性担保公司数量少，总体上缺乏服务于小微企业的增信机制，制约了小微金融服务方式特别是贷款方式的转变。但由于浙江省市、县财政"分灶吃饭"体制束缚，政策性信用担保体系的建立任重道远。

（五）信息共享依然是制约银行业拓展小微企业贷款、提升小微企业服务层级的瓶颈，而部门利益是信息共享进程的主要障碍

当前银行获取各类小微企业信息主要通过企业自主提供与搜集零散联网信息相结合的方式，面临着信息来源渠道不畅、信息采集成本较高和信息质量较差的问题，这些问题制约了银行拓展小微金融服务。小微企业信息平台的顺利建立运行长期来看意义重大，但短期内并不能带来立竿见影的效果，因而部分地方政府对于搭建企业信息平台的积极性并不高，亟须运用有力的促进措施进行推动。

三、打造小微金融"升级版"的政策推动

（一）充分发挥政府协调功能，大力推进小微企业信息共享机制建设

地方政府应整合分散在各部门的企业信息，有效搭建统一、公开、透明的小微企业信息共享平台。

（二）积极推进政策性担保体系建设

各级政府应建立财政资金为主导、不以盈利为目的的政策性担保体系，完善风险分担机制，引导和支持银行业金融机构为小微企业发放信用贷款。

（三）建立一套科学的小微企业金融服务评价体系

建立一套多维度、立体化、定量与定性相结合的评价指标体系，科学反映银行业金融机构小微企业金融服务发展的业绩、服务水平和努力程度，引导银行业金融机构加快创新，积极转型。

（四）切实督促商业银行科学设定风险容忍度，建立科学合理的尽职免责机制

进一步指导商业银行总行适当调高对小微企业贷款的容忍度，同时制定与之相匹配的尽职免责制度。另外，按照对小微企业信贷实施差异化监管政策要求，在年度监管考核和评级方面充分考虑小微信贷差异化因素。

（作者龚明华，时任浙江银监局副局长，
现任中国农村金融杂志社总编辑）

对国有大型商业银行服务小微企业的思考与探索

近年来，国务院出台了多项服务小微企业、支持实体经济发展的政策，银监会也陆续出台了金融服务小微企业的配套措施，但在实际执行过程中，仍然面临诸多难题亟待解决。近期，安徽银监局针对国有大型商业银行实现小微企业贷款"两个不低于"目标的制约因素开展了专题调研，并提出了相应的对策建议。

一、从大型银行看小微企业融资难的原因

从现实情况看，虽然辖内大型银行以小微企业贷款"两个不低于"为工作目标，切实加大了对小微企业信贷支持力度，但是效果却不尽理想。2013 年，仅有农行安徽省分行和建行安徽省分行完成小微企业贷款"两个不低于"目标。从大型银行角度，小微企业融资难主要有以下约束因素。

（一）交易费用约束

大型银行增加小微企业信贷，实质是增加了"零售信贷"而减少了"批发信贷"，批发信贷边际交易成本低，较之零售信贷具有明显的成本优势，大型银行增加小微贷款，会造成贷款单位交易成本和贷后管理费用上升。据统计，大型银行对小微企业的管理成本平均为大中型企业的五倍以上，在趋利性的影响下，大型银行更愿意把目标客户锁定在大型国有企业，实行大城市、大行业、大企业战略。加之现实中小微企业的高倒闭率和高违约率，加剧了大型银行对小微企业的"惜贷"倾向。

（二）信息可得性约束

一是小微企业大多是家庭作坊式企业，经营和交易形式灵活多变，信息不透明，加之大型银行客户经理往往同时服务几十家甚至上百家的小微客户，难以及时掌握小微企业的经营变化情况。二是现有人民银行征信系统仅能查询企业在银行系统内的融资状况，且融资信息更新慢，造成大型银行获取信息有限，因此对小微企业贷款设置较高门槛。

（三）贷款模式约束

目前，大型银行贷款采取"审贷分离"制度，是以硬信息、量化风险、大额交易型贷款业务为基础的信贷管理运行程序和模式，若在此系统中"内嵌"基于"软信息"（小微企业及关联人信息）的小微贷款管理系统，成本会翻番增长。

更为关键的是，两者之间必然在业务流程、风险控制、激励机制、人员培养等诸多环节产生冲突。

（四）抵押和担保约束

一是辖内小微企业多是劳动密集型企业，普遍缺少抵押资产，且多数厂房地处偏远，有效抵押价值偏低，资产变现能力差，难以满足银行的抵押要求。二是银行抵押率设置较低，对机器设备为 50%、动产为 30%、专用设备为 20%，部分无形资产比重大的行业可抵押的不动产较少。三是小微企业依赖的民营担保公司近年问题频发，如挪用担保资金、违规超额担保、主要负责人外逃等，加剧了大型银行债权风险。

（五）不良贷款"双控"约束

随着经济下行压力的加大，大型银行小微企业不良占比一直居高不下，清收难度大，管理成本高。据调研统计，2013 年 4 月至 2014 年 3 月期间，大型银行小微企业贷款不良率是各项贷款平均不良率的 2.5～3.6 倍，小微企业不良贷款占不良贷款总额的比重为 40%～50%，如工行安徽省分行小微企业不良贷款率 2013 年 5 月一度高达 5.46%。

截至 2014 年第一季度末，辖内大型银行小微企业贷款余额 1 335.36 亿元，较年初增加 8.65 亿元，增幅仅为 0.65%，增量为上年同期增量的 38.55%。

贷款不良率直接影响等级行的评定、信贷资源和财务费用的分配以及人员绩效薪酬，对绩效考核的影响较大，易造成大型银行"慎贷"、"惧贷"。

（六）统计口径调整导致数据统计偏差

2013 年 6 月 1 日起，大型银行执行工信部联企业〔2011〕300 号划型标准。一是部分新建大中型企业在成立初期被归为小微企业，正常经营后又划至大中型企业，对小微数据造成影响。如中行安徽省分行 6 户小微企业被划分至大中型企业后，直接导致该行 2013 年小微贷款额下降 19.35 亿元。二是部分小微企业成长快速被调整为中型企业。如 2013 年中行安徽省分行有 86 户类似企业的 22.86 亿元授信金额由小微贷款余额计入中型企业贷款统计值。

二、提高大型银行服务小微企业贷款效率的建议

（一）加大扶持，构建科学的信用评价体系

引导小微企业完善内部管理，规范并健全财务制度。建议政府牵头建立融资征信机制，将小微企业"软信息"嵌入信用评价体系，并转化为规范和标准。

（二）转变模式，建立适应小微企业融资业务的管理体制、经营机制和管理方式

一是着力简化贷款程序。对于小微企业而言，由于其单笔融资额度小但商机有限，对于贷款时限的要求往往更高。传统的贷款审批程序烦琐、链条过长，因此可适当压缩业务流程，决策层次向下授权，实现信贷业务"扁平化管理"。二是因地施策、分类管理，对不同地区小微企业采取区域化的差异信贷管理。

（三）建立补偿机制，提高不良贷款容忍度

大型银行应强化小微金融服务"全流程"风险管理理念，健全科学、可操作的尽职免责制度，建设完善小微企业不良贷款核销机制，充分保护和调动基层业务人员工作积极性。各级政府应尽快牵头建立小微企业贷款风险补偿机制，在解除银行不良贷款后顾之忧的前提下，帮助小微企业走出"融资难"困境。

（四）明确统计口径，提升数据质量

根据实际情况明确针对新建大中型企业制定详细划型依据，确保统计数据的真实性、准确性。要求大型银行开发完善与银行架构和统计口径相符的数据管理系统，实现小微企业有关数据的高效抓取及报表生成。

（五）建立小微金融服务统计评价体系

建议在"两个不低于"指标的基础上，增加"新增小微企业数"、"新增小微企业贷款额"、"成长为中型企业统计值"、"偏远地区小微企业金融服务统计值"等统计科目，推进小微企业金融服务向纵深发展。

（作者袁成刚，安徽银监局副局长）

推进金融支农服务"三大工程"的实践与思考

自 2012 年 6 月银监会在福建泉州全面启动农村中小金融机构"金融服务进村入户工程"、"阳光信贷工程"和"富民惠农金融创新工程"的"三大工程"以来，福建银监局强化组织领导，创新工作思路，拓展农村金融服务广度、深度和满意度，努力实现"加服务、减成本、乘效用、除风险"工作效应。

一、推进"三大工程"的主要举措

（一）推行三项机制，强化农村金融服务督导

推行"一把手"负责机制。采取"三六"工作机制，实施"三个六"共 18 项具体措施，推动"三大工程"迅速在八闽落地生根。实施"四挂钩"考核机制，将支农考核结果与行政许可、监管评级、高管履职评价和股东分红"四挂钩"，督促省联社将"三大工程"与机构年度考核、评优评先、员工职务晋升、绩效考核"四挂钩"。

（二）突出三个重点，做细做实"三大工程"

开展"增户扩面"活动，做细"进村入社区"扎根工程。采取"六阳光"行动，做实"阳光信贷"口碑工程。围绕流程、产品、申贷、授信、利率、监督开展"六阳光"行动，推动信贷全流程阳光操作。围绕"四要素"创新，做活"富民惠农创新"生命工程。引导机构围绕福建农村特色的山、海、地、房四项生产要素，试点开办村级担保基金担保等贷款，缓解农民贷款担保难问题。

（三）搭建"四个平台"，发挥桥梁和纽带作用

搭建银政、银村、银社（农民合作社）、银企等对接平台，借助政府和基层组织力量，发挥各类市场主体的纽带作用。

（四）活用"四个载体"，营造良好舆论氛围

指导农村中小金融机构充分利用电视台、电台、报纸、网络四大载体，向农民宣传推广农村金融知识、产品和服务，普及 ATM、存取款一体机、自助终端的使用，培育用卡习惯。

二、实施"三大工程"的明显成效

（一）加服务

一是加大支持"三农"力度。目前，全省农村中小金融机构涉农贷款余额1 817.52亿元，同比增长21.23%，高于各项贷款增速0.39个百分点，同比多增20.12亿元，连续三年实现涉农贷款"两个不低于"。二是加大民生信贷支持力度。发放扶贫小额贷款、巾帼创业贷款等各类民生贷款54.61亿元，惠及8.47万弱势农户。

（二）减成本

一是降低农村金融服务获得成本。组建村镇银行41家，覆盖全省70%的县域；布设小额便民支付服务点2.03万个、自助银行0.57万个、自助机具15.3万个、行政村覆盖面99%；推广应用网上申贷系统1.9万人次，农民无须到银行网点即可申请贷款。二是降低农村金融服务消费成本。建设阳光信贷标准化网点1 619个、阳光信贷公示牌3 282个、阳光授信评议小组1 252个、信贷监督电话681个，有效降低贷款隐性成本。公开贷款利率优惠政策，对农户、小微企业给予利率优惠。

（三）乘效用

一是营造信用环境，破解农民贷款担保难。为544.64万农户建立信用档案，目标农户建档面达99.6%。创建信用乡（镇）170个，信用村3 767个，评定信用户123.77万个，授信457.54亿元。7家机构试点发放村级担保基金担保贷款2.51亿元。二是推动多维创新，破解农民贷款抵押难。推动机构从流程、模式、产品等维度创新，多项金融产品及研究成果在全国获奖。发放林（茶、果）权、海域使用权、宅基地使用权、土地承包经营权等抵押贷款48.35亿元、105.43亿元、0.33亿元和0.39亿元；发放农房抵押贷款10.36亿元。

（四）除风险

一是明确市场定位，提升机构风控水平。引领辖区农村中小金融机构坚持小额分散扶农支小，资本充足、拨备覆盖、资产质量等主要监管指标在全国处于较好水平。二是提升服务形象，防范机构声誉风险。《农村金融时报》、《福建日报》、新华网等媒体集中报道福建省农信社改革发展成果，进一步展示辖区农村中小金融机构服务"三农"良好形象。

三、存在的问题及下步工作计划

当前农村中小金融机构"三大工程"实施过程中仍然存在着一些困难与挑战：一是推进力度不均衡。个别机构未进村入户收集全面、动态信息，相关信息可用性差，创新工作偏慢等。二是落后地区贷款贵问题未根本解决。受信用环境差、不良贷款率高等因素影响，部分贫困地区贷款高成本、高风险，高利率现象仍然存在。三是支农服务模式面临新变化。农村和农业呈现新的发展态势，新型主体破茧而出，集约化和规模化开始发力，对传统农村金融服务模式形成冲击。下一阶段，我们将认真研究外部形势变化，创新工作，持续提升服务"三农"的能力和水平。

（一）继续加强长效机制建设

一是继续完善"三项机制"。进一步加强政策引领、组织推动和总结宣传，形成推陈出新的长效机制。二是加强同相关部门的协作。将进村入社区工程与商务厅的"万村千乡市场工程"相结合，将阳光信贷工程与地方政府的信用乡（镇）建设相结合，将金融支持新型农业经营组织与农业厅的省级农民合作示范社、家庭农场示范场评定相结合，形成工作合力。三是坚持创新与防范风险并重。加强贷款投向和资金流向监控，确保信贷资金用于支持农村实体经济；加强新设网点，特别是简易网点和便民服务的风险防控工作，确保网点建设带来机构与农民双方受益。

（二）持续夯实支农服务基础

一是大力推进农户贷款增户扩面。完善农户经济信息档案，加快已建档农户信用评级，抓好农户档案信息动态维护、有效运用以及农户贷款面提升工作，促使农户贷款"增户扩面"。二是着力延伸拓展乡村服务网络。通过加快村镇银行组建，鼓励下延物理网点，布设电子机具，推广应用手机银行、网上银行等手段，实现便民"最后一公里"。三是有力推动信用环境建设。主动配合政府深入推进农村信用工程建设，开展送知识、送信息、送服务下乡等活动，探索将小额便民支付点建设成乡村业务培训点、金融宣传点、便民取款点等综合平台，紧密与广大农户的联系，实现共同发展。

（三）加快机制模式完善升级

一是建立特色化授信体系。加大信息收集和市场调研力度，把家庭农场、农民专业合作社等新型经营主体纳入评级授信范围，建立差别化的农户信用评价系统，合理划分授信权限。二是健全特色化管理模式。推进组织架构改革，鼓励建立适应新型经营主体特点的独立运营机制或专营机构。加强前台部门力量，使服务更贴近农民。探索零售业务批发模式，实现对农业特定市场主体的专业化、标准化、批量化营销服务。三是创新特色化的产品和服务方式。针对新型经营主体的实际需要，研发量体裁衣式的金融产品，满足农业规模化、专业化、现代化的金融需求，推广以核心企业为中心的产业链金融模式。四是创新多样化的抵押担保模式。拓展农村抵押担保品范围，因地制宜推广"四权"、农机具、订单、仓单、动产等抵质押贷款业务，积极探索厂商、供销商担保模式。充分发挥政府主导发起设立的农村贷款担保公司作用，推广沙县村级融资担保基金等经验，完善融资担保服务。

（四）突出支农服务重点领域

一是支持现代农业发展。做好存量和新建现代农业项目市场调研，制定相应的金融服务方案；继续加大对设施农业、闽台农业合作、优良种业等信贷支持。二是支持城镇化建设。提前介入城镇化建设规划论证，找准区域、产业和客户切入点，抓紧开发配套金融产品。大力发展民生金融、绿色金融，提高金融支持的导向性和科学性。三是支持扶贫重点县发展。进一步优化薄弱地区和薄弱环节金融资源配置，主动跟进扶贫开发重点县重点项目安排，加大信贷投入，确保省级扶贫开发重点县的信贷总量持续增长，有效发挥信贷资金的扶贫功效。

（作者黄邦锋，福建银监局副局长）

江西农合机构落实国务院服务"三农"发展 若干意见情况的调查

一、支持"三农"发展新变化

（一）服务大平台有了新作为

根据"对内优化，对外简化"的原则，修订了合同文本。积极推进土地经营承包权、宅基地使用权和集体收益分配权抵押贷款试点工作。制定了《服务收费价目表》，要求不得附加任何不合理条件和额外费用。推行机构转型发展，选择了 3 家行社开展试点。

（二）支持新型经营主体有新举措

纳入评级授信范围，建立有别于一般农户的信用评价系统。给予贷款利率浮动区间优惠，对文明信用农户适用 1.0～1.2 倍，一般农业大户适用 1.0～1.3 倍。提高授信额度，对农业大户、农业企业、农民专业合作社、家庭农场的授信额度最高分别达到 1 000 万元、17 800 万元、1 840 万元、350 万元。

（三）推出了新的服务产品

拓展了小额农贷范围，最高授信额度提高到 5 万元，"文明信用农户"提高到 10 万元。推进了农业产业化贷款，探索开办了土地流转收益权、农机具等抵押贷款。推进了各类创业贷款，积极开办了"军嫂"贷款、"老无忧"被征地农民养老保险贷款。

（四）探索了信贷新模式

积极推广应用微贷技术，设立了微贷事业部，在额度内享有独立审批权限，减少办贷环节。积极探索产业链金融模式，以龙头企业为依托，通过一揽子产品组合，向产业链上下游延伸。

（五）简化了业务流程

对流动资金贷款等 12 个制度再次进行修订。简化客户办贷程序，上门为客户服务，对符合条件的借款人不需到现场照相，房地产由成员行社自行评估。

制定了涉农贷款尽职免责规定。

（六）探索了新的合作模式

强化与省级担保公司的合作；探索与村级贷款担保基金合作，按担保保证金的 6~8 倍对其授信，为农户搭建了信用和服务平台。

二、存在的问题

（一）信贷规模仍然紧缺

由于贷款规模仍然按月控制，不与存贷比挂钩，农合机构富余资金一般是上存省联社在同业市场或是债券市场使用，被动成为农村资金的"抽水机"。发行"三农"专项金融债所筹集资金发放的贷款虽不计入存贷比，但未有相应的贷款规模配套，使得机构发债意愿不足，全省尚未有 1 家机构发行。

（二）风险分担机制仍然紧缺

一是高门槛使担保面不大。省（市）级担保公司对客户要求收取 1~3 个点的担保费用、提供资产作为反担保，缴纳 10% 的保证金，变相提高了其融资成本。县级尚未组建由财政出资成立的县域融资性担保机构或基金。二是农业保险覆盖面不够理想。财力薄弱的县保险服务点覆盖面不广。种粮大户积极参加保险，种粮散户认为增加其经济负担而不参保。人保公司独家经营，宣传营销力度不够，主动对接客户不足；农合机构因怕有"搭售"嫌疑不敢开办。

（三）小额贷款额度仍然偏小

粗放型的传统种养模式正逐步向规模化、专业化、特色化种养模式转变，导致单个农户 5 万元以下资金需求减少，农户资金需求集中在 50 万元至 100 万元。

（四）风险管控难度仍然偏大

一是农村信用环境不佳。逃债现象时有发生，不良贷款清收存在诉讼难、执行难、周期长等情况。二是信贷支持农业新型经营主体操作难度大。一个主体开办多家法人企业，多头开设账户，多头贷款，管理松散，银行机构难以进行有效的信贷风险评估。三是产业链贷款风险管理难度大。结构复杂，存在上下游客户"两头在外"的情况，容易产生信用违约风险。四是涉农不良贷款容忍度难界定。对涉农不良贷款尚未明确容忍度标准及制定实施细则，监管部门及农合机构均难以操作。

（五）配套政策出台仍然滞后

国家税务总局对农户小额贷款 2 项税收优惠政策已到期，未明确是否延续，只惠及单户贷款额度 5 万元以下的农户。财政部出台的《金融企业呆账核销管理办法》受到农合机构欢迎，但国家税务总局未出台相应的办法，致使政策无法操作。

（六）统计制度仍然不合理

一是科目不全面，农民工创业贷款、农业转移人口消费贷款、农业社会化服务产业发展所需贷款等新的贷款均未列入涉农贷款范畴。二是未设置新型农业经营主体贷款统计口径。三是"农村区域"定义的标准不统一，农户的居住地指农村，农村企业（组织）注册地指县域，两者的区域范围不统一。

三、政策建议

（一）放宽涉农金融机构信贷规模控制

实施信贷调控时，应对涉农银行机构区别对待，对县域法人银行机构新增贷款主要用存贷比考核，县域银行机构涉农贷款发放不受合意规模限制；新增支农再贷款、降低存款准备金、发行"三农"金融债券应足额配套安排合意贷款规模。

（二）创新"三农"业务风险分摊机制

建立涉农信贷风险补偿基金，对因自然灾害造成的支农贷款损失和实行优惠利率造成的让利损失实行财政贴息。鼓励由政府出资、农户和农村企业参股成立担保公司。鼓励新型经营主体设立担保基金和风险保证金。建立强制性农业政策性保险制度，组建专业的政策性农业保险机构，鼓励商业性保险公司开展商业性农业保险业务。

（三）提高农户小额信用贷款额度

对于具备一定规模、发展前景良好、具有良好信誉的农户提高授信额度，可提高到 50 万 ~ 100 万元。

（四）加强农村信用环境建设

一是推进农村信用工程建设，打击逃废银行贷款和骗保行为。二是推进新型经营主体完善内部运作机制建设，保障其操作运行的规范化、正规化。三是加强农业产业链的紧密性，银行要建立产业链上下游客户沟通机制，实行资金封闭式运行；政府要建立相关服务对接平台，给予政策扶持。四是完善涉农不良贷款容忍度配套制度。出台涉农不良贷款尽职免责和问责管理办法，适当降低涉农贷款的风险权重，实施季节性弹性存贷比管理。

（五）加大财税政策扶持力度

一是继续延长对农户小额贷款 2 项税收优惠政策，将贷款额度扩大到 10 万元或者更高标准；范围扩大到所有涉农贷款。对农合机构的金融保险业收入优惠政策扩大到所有的农合机构。二是进一步加大涉农借款增量奖励和定向费用补贴的力度，将增量奖励统计口径扩大到所有涉农贷款增量。三是国家税务总局应尽快完善呆账核销管理办法，与财政部最新规定同步实施。

（六）完善涉农贷款统计制度

一是对涉农贷款进行重新的定义，使其能真正体现涉农发展的含义。二是完善统计科目，将农民工创业贷款、农业转移人口消费贷款、农业社会化服务产业发展所需贷款等列入涉农贷款范畴。三是设置新型农业经营主体贷款统计口径，提高新型农业经营主体贷款数据的准确性。

（作者章蒔安，时任江西银监局副局长，·
现任江苏银监局副局长）

河南省农村合作金融机构改革
发展的问题与建议

近几年，各级监管部门和农合机构面对复杂多变的经济形势和宏观调控压力，克服包袱沉重、体制不顺、遗留问题多等困难，以达标升级为突破口，深化改革、防范风险，保持了良好的发展态势，成效明显。现将目前河南省农合机构改革发展及监管工作概括为"335"，具体情况如下。

一、河南省农合机构改革发展基本情况

（一）历史包袱大幅化解，整体风险状况有所改善

长期以来，河南省农合机构主要经营指标一直居全国落后位置。2010 年年末，全省农合机构账面不良贷款余额、不良率、资本充足率、贷款损失准备充足率、历年亏损挂账均居全国倒数；五级及以下高风险机构 80 家，占全国五六级农合机构总数的八分之一。近几年，监管部门和全省农合机构以达标升级为突破口，积极争取政府支持，通过资产置换、增资扩股、清收盘活、财税扶持、拨备核销等措施，共处置不良贷款 428.99 亿元，消化历年亏损挂账 42 亿元，弥补财务损失 16.63 亿元，全省农合机构经营状况得到了明显改善。

（二）产权制度改革进展明显，农商行组建工作稳步推进

河南是全国第二批农村信用社改革试点省份，历经省联社挂牌、县级行社统一法人、三长分设、资格股改造等一系列改革，全省农合机构产权制度改革进展明显，资本规模大幅增加，资本质量明显提高，股权结构逐步优化。从2010 年年底到 2014 年 9 月，全省共有 106 家农合机构增资扩股，用于募集股金129 亿元，用于消化不良资产 89 亿元。全省农合机构资本总额由 2010 年年底的215 亿元增加到 304 亿元，增长 41%，法人股比重由 2010 年年底的 12.75%提高到 47.43%，农信社长期存在的股本金少、股金虚假、损失吸收能力低等问题得到缓解。

（三）支农主力军作用突出，金融服务能力全面提升

长期以来，全省农合机构根固于农，业本于农，在支持"三农"和县域经

济发展上发挥了重要作用。截至 2014 年 9 月末，全省农合机构涉农贷款余额
4 350.02 亿元，占全省银行业金融机构涉农贷款总额的 38%，是名副其实的支
农主力军。在对县域经济发展的支持方面，农合机构的县域金融支柱作用愈加
突出，大部分县域农合机构贷款规模已经达到全县金融机构贷款总量的一半以
上，部分县市达到 70% 以上。

二、存在的三个突出问题和三个经营误区

受多种因素影响，农合机构新老矛盾交织，不平衡、不协调、不可持续的
矛盾和问题仍然很多，集中表现在三个突出问题和三个经营误区。

（一）监管错位问题

首先是监管力量错位。农合机构监管一直是全省银行业监管工作的重中之
重，但部分分局监管资源没有相应地向农合机构倾斜，部分分局监管三科监管
人员同时承担辖内农合机构及村镇银行等新型机构的监管，工作任务繁重，有
效监管力量不足。此外，省局、分局、县监管办是监管体系的三个层次，职责
权限不同、监管责任不同。但在实际工作中，仍然存在监管权责不清，属地监
管责任不能有效落实等问题。

（二）报表失真问题

报表是机构经营状况的最直接反映，也是农合机构管理层决策和监管部门
实施监督管理的重要参考依据。报表失真，无论是机构高管还是监管人员都不
能对机构的风险情况做出准确判断，管理有效性和监管有效性也就无从谈起。
以 1104 系统 9 月末数据为例，全省农合机构不良贷款余额 138 亿元，不良率
2.91%，拨备覆盖率 219.83%。但实际上，全省仍有隐性不良贷款 425 亿元，
实际不良率 11.85%，实际拨备覆盖率仅有 53.92%。再加上历年亏损挂账 6 亿
元，财务损失 38 亿元，和已经置出表外但实际上无法处置变现的资产 124.6 亿
元，全省农合机构共有可计算存量包袱 731.6 亿元。

（三）违法分红问题

近几年，全省农合机构规模扩张迅猛，盈利能力不断提高，但如果将大量
隐性不良贷款还原，足额计提拨备，全省将有大部分机构处于亏损状态。在这
种情况下，农合机构分红比例和金额却逐年攀升。2012 年度，全省农合机构
50% 的净利润用于股金分红。2014 年银监会规范股金分红管理以来，全省共有
30 家农合机构违规分红，金额 6.93 亿元，占账面净利润的 57.5%。个别机构无

视大量风险包袱，简单根据虚假的账面数据将利润的 75% 用于分红，补缴税费后形成了新的亏损挂账 878 万元，是典型的违法分红。

除了上述三个突出问题，全省农合机构在日常经营管理中还存在三个经营误区。

（一）对新增不良贷款采取 3% 的容忍度

全国农合机构近三年当年新增不良率分别是 1.3%、1.1% 和 0.9%（2014年上半年），全国银行业的平均水平是 0.29%，但目前，河南省联社对全省农合机构新增不良贷款执行 3% 的容忍度，远远超出全国农合机构和银行业平均水平。导致机构不关注经营，老问题处理了，新问题又发生。

（二）按股金分红

分红的完整概念应该是"按盈利分红，按股金分配"，即在真实盈利的情况下，对当年盈利按股金进行分配。调研中发现部分县级行社的高管人员甚至省联社的个别高管，缺乏对最基本的财会法律法规和监管政策的理解，"按股金分红"的概念根深蒂固，部分行社不顾置入资产的有效性，在拨备计提不足、虚盈实亏的情况下按股金的一定比例进行分红，个别机构高管甚至认为按股金的80% 进行分红是合理的。

（三）报表失真造成管理混乱

由于各种原因，农合机构大量隐性不良贷款长期放在账外，再加上达标升级过程中部分困难机构为了完成任务随意调账，造成报表混乱，数据失真。

三、建议采取五项措施

（一）简政放权

简政放权是政府及有关部门转变职能的突破口，也是顺应市场化改革的体现，其目的是要用政府权力的"减法"换取市场活力的"加法"。简政放权包含两层含义：一是审批权力的下放。通过将部分行政审批事项下放至属地银监分局，可以减少审批环节，提高工作效率；二是监管权力的下放。其实质是监管权力的归位。

（二）明确责任

省局、分局和监管办作为三个不同的监管层次，要厘清责任，坚持属地监管原则。省局农一处对全省农合机构监管工作负领导责任，承担组织、协调、检查、推动、督办等职责，同时也是省局直管农合机构的监管主体；各银监分局承担上级监管政策的传导责任，是辖内农合机构的监管主体；各监管办是县域法人机构监管的第一线，也要具体承担属地农合机构监管职责。职责分清后，各监管主体要尽责履职，确保放而不乱、活而有序。

（三）盯住法人

全省农合机构数量多，监管任务重，监管力量不足。过去监管部门习惯于以省联社和市办为传导管理农合机构，有效性不足。在目前省联社及市办履职不规范的背景下，监管部门应转变思路，改变管理方法，直接盯住法人。

（四）共同监控

省联社和市办是行业管理部门，要正确认识两者间的关系，从总体上来说，两者在工作的大方向上和目标上是一致的，应该在工作中相互支持，互相配合，形成合力。但受现行体制因素的影响，在一些具体问题上不能形成合力，例如高管缺位问题，因为高管的任免权在省联社，部分机构高管长期无法配齐。

（五）关注经营

重点关注高管经营行为。要加强对机构整个高管层履职行为和经营管理水平的持续性监管。对于由于个人能力等原因，工作业绩平平，分管业务徘徊不前，或者实际不良率长期居高不下，盈利水平持续较低，对机构存在的问题解决无方等的在职高管人员，及时采取相应监管措施，以监管威慑促进高管层有效履职。

（作者周勇，时任河南银监局纪委书记，

现任河南银监局巡视员）

湖南小微企业融资成本高问题的分析及对策

为进一步摸清当前湖南辖内小微企业融资成本现状，近期，湖南银监局组织进行专项调研，结果显示，近三年来全省小微企业融资成本明显高于大中型企业。2014 年辖内小微企业综合融资成本较 2013 年上升约 2%，达到 8%。

一、融资成本高的主要表现

（一）银行融资成本高

一是贷款利率普遍上浮。由于小微企业经营风险相对较高、信用等级偏低，小微企业贷款通常在基准利率基础上上浮 20% ~ 30%，上浮后贷款利率为 7.2% ~ 7.8%。二是以贷收费、借贷搭售、存贷挂钩等现象依然存在。此外，银行因近年来发行理财产品和一些跨界的通道业务等，自身融资成本上升，也是间接造成小微企业融资成本上升的原因之一。

（二）小贷公司"过桥"资金成本高

由于流动资金贷款与生产周期不匹配，为偿还到期银行贷款，小微企业需提前 2 个月准备还款资金，贷款资金真正使用期限为 10 个月左右。贷款到期后，小微企业只能通过小贷公司"过桥"融入高成本资金偿还银行贷款，银行方继续为小微企业提供授信服务。小贷公司贷款利率一般为日息 2‰ ~ 8‰，有的甚至更高。

（三）中介费用支出居高不下

一是融资担保费。一方面，需向融资性担保公司支付担保额 2% ~ 4% 的担保费，最高达 5%；另一方面，担保公司还强制要求小微企业缴纳保证金，为贷款资金的 10% ~ 30%。二是保险费。小微企业向银行申请贷款时，通常被要求购买抵押物财产保险，费率为抵押物评估额的 0.1% ~ 0.2%。三是个别开发园区在银企对接服务中收取中介服务费 0.5% ~ 1%。

（四）民间借贷和资金掮客等抬高资金成本

一是民间借贷利率高。据调查，湖南省民间融资月利率一般为 3% ~ 5%。

在部分地区和行业民间借贷利率更高，如浏阳花炮行业民间借贷利率月利率6%左右，最高达到月利率15%。二是资金掮客以介绍银行融资为名收取费用，一般为贷款金额的3%～8%。此外，还有组织地为企业主伪造假报表、假资产证明、假流水，也埋下巨大的风险隐患。

二、成因分析

（一）小微企业金融服务机制有待进一步优化

一是银行绩效考核欠合理。商业银行绩效考评指标多侧重于存贷款指标、利润指标、中间业务收入指标等经营效益类指标，导致上浮贷款利率、"存贷挂钩"、搭售理财产品、强制签发银行承兑汇票等现象屡禁不止。二是银行"借新还旧"政策落地难。商业银行顾虑"借新还旧"的做法存在合规风险，暂未制定相应的实施细则，政策执行难度较大。

（二）信贷资金供给与需求矛盾突出

受当前经济下行风险的影响，湖南省花炮、工程机械、钢贸企业以及涉及联保互保企业等行业风险迅速上升，导致银行贷款利率上浮幅度较大。在对信贷规模进行严格管控的情况下，商业银行有限的信贷资源向大中型企业倾斜，小微企业信贷资金的供给与需求矛盾突出，贷款额度与实际生产需用资金缺口较大，导致贷款利率在价格机制作用下不断上升。

（三）小微企业贷款特点抬高成本

一是商业银行根据风险定价导致贷款利息较高。小微企业信用评级较低，违约风险明显高于大中型企业，商业银行通过提高小微企业贷款利率以有效覆盖贷款风险。同时，银行开展小微企业金融服务的运营成本远高于大中型企业，也不得不通过提高贷款利息来覆盖成本。二是贷款时间和生产周期不匹配造成"过桥"资金成本高。银行流动资金贷款往往和小微企业生产周期不匹配，短期多、长期少，导致小微企业不得不通过资金"过桥"等其他方式融资过渡，从而推高融资成本。

（四）社会融资无序无展

在正规金融供给放缓与实体经济资金紧缺的背景下，民间融资日渐活跃，规模庞大。与传统的民间借贷较分散、隐蔽、简单的特点相比，现代民间融资由地下浮出水面，呈现出组织化、专业化和复杂化趋势。大量资金游离于金融体系外自我循环，监管缺位，发展无序，民间融资积聚风险上升，成为影响金融安全和社会稳定的新因素。

（五）小贷公司、担保公司等监管缺失

目前，地方政府部门对小贷公司、担保公司业务经营的合规性监管不够，小贷公司、担保公司发展呈现乱象。小贷公司的贷款规模、担保公司的担保额均未纳入人民银行征信系统，商业银行无从获知小微企业在小贷公司的融资情况和担保公司的担保情况，难以正确判断小微企业对外负债情况。

三、政策建议

（一）加快战略转型步伐，破除机制体制障碍

商业银行在确定小微金融发展战略的前提下，应加快转型步伐，对业务发展模式和信贷管理流程进行重大改造，以适应小微企业融资需求特征。商业银行要继续深化"六项机制"建设，按照"四单原则"进一步加大对小企业业务条线的管理建设及资源配置力度。

（二）统筹信贷资源配置，落实资金支持保障

努力破解大中型企业贷款、平台贷款、房地产贷款占比高带来的"挤出效应"，加大对小微企业信贷资源的倾斜力度，单列小微企业信贷计划，优化绩效考核，并由主要负责人推动层层落实，确保实现"两个不低于"目标，将有限的信贷资源更多地用于满足小微企业融资需求。

（三）深化服务产品创新，满足有效信贷需求

根据小微企业融资需求特点，积极探索创新小微企业贷款模式、产品和服务。加强对新型融资模式、服务手段、信贷产品及抵（质）押方式的研发和推广；由单纯提供融资服务转向提供集融资、结算、理财、咨询等为一体的综合性金融服务；进一步研究小微企业与大中型企业的风险差异，研究构建单独的小微企业信用评级体系；优化对小微企业贷款的管理，通过提前进行续贷审批、设立循环贷款、实行年度审核制度等措施减少企业高息"过桥"融资。鼓励商业银行开展基于风险评估的续贷业务，对达到标准的企业直接进行滚动融资，优化审贷程序，缩短审贷时间。

（四）加强"影子银行"监管，逐步优化信用环境

一是要规范引导民间融资行为。推进民间融资规章制度建设，完善相关法律法规；加强民间融资监管，按照"谁负责审批、谁负责监管、谁负责退出"的原则，完善行业主管和属地监管"双线"监管体制，并由当地政府负总责；

对现有民间融资和从业机构进行专项整治，取缔无证经营，查处违规行为；建立对民间融资的统计和监测制度，加强规范引导，防范无序发展和非理性行为。二是要加强对小额贷款公司的监管，明确经营"红线"和"高压线"，提高小额贷款公司依法合规经营意识；加大对小额贷款公司吸引社会存款和非法集资、放高利贷、暴力收贷等违法行为的核查力度，从严整治违法行为。三是要大力整顿和打击非法集资等扰乱金融市场的非法行为，建立一个规范的、良性的、合理有序竞争的金融市场，逐步优化信用环境。

（五）加强中介机构管理，降低中间融资成本

一是引导和建立规范有效的融资担保市场，从体制上形成一个健全的小微企业信用担保体系。大力发展政府支持的担保机构，引导其提高小微企业担保业务规模，降低或者免收小微企业担保费用。二是要规范企业融资过程中中介机构和有关部门的收费行为，减少收费项目、统一收费标准，适当减免或取消部分困难小微企业的评估、登记等费用。

（六）加大政府扶持力度

政府应加强和完善相关政策措施，营造良好的融资环境，加大对企业尤其是小微企业的扶持力度。一是制定和落实相关财政支持政策，落实现有的贴息政策，小微企业金融服务好的银行提供低成本的财政资金。二是扩大支持小微企业发展专项基金的规模，采取直接资金支持或对贷款银行给予贷款贴息等形式降低小微企业融资成本。三是要完善风险补偿机制。在财政预算中安排一定额度，设立小微企业信贷风险补偿专项资金，根据各银行机构小微企业贷款发放情况，直接对银行机构提供小微企业贷款风险补贴，降低小微企业融资成本。

（作者朱远荣，湖南银监局副局长）

银行业参与建设 21 世纪海上丝绸之路的思考

——以广西为视角

习近平总书记 2013 年 10 月出访东南亚国家时提出共建 21 世纪海上丝绸之路的伟大战略构想，作为中国与东盟交流合作的桥头堡，广西的银行业在参与和服务好 21 世纪海上丝绸之路建设上理应有所作为。

一、主要优势

（一）政策利好叠加，为参与建设海上丝绸之路带来了机遇

2013 年以来，国家明确要求把广西建成西南中南地区开放发展的新支点和打造"中国—东盟"自贸区升级版，滇桂建设沿边金融改革试验区总体方案获国家批复、珠江—西江经济带发展规划即将上升为国家战略，同时广西也是我国与东盟及亚太地区在海上丝绸之路合作中的主要平台，多重利好叠加，给广西银行业带来前所未有的发展机遇。

（二）区位优势突出，为参与建设海上丝绸之路创造了空间

广西沿海一带是古代海上丝绸之路的始发港，天然的地理优势为与东盟经贸往来提供了良好条件。2008 年以来，广西与东盟双边贸易总额平均增速达到 36.25%，东盟已连续 13 年为广西最大的贸易伙伴。随着北部湾经济区开放开发的推进，广西临港产业带日趋成熟，培育了包括石化、电子、新材料、先进装备制造业、生物技术在内的千亿元产业，并形成钦州保税港区、中马钦州产业园区等合作平台。双边贸易的快速增长，沿海经济的蓬勃发展，为广西银行业参与 21 世纪海上丝绸之路建设创造了巨大空间。

（三）发展速度加快，为参与建设海上丝绸之路积累了底蕴

一是银行业经营实力增强，至 2014 年 5 月末，广西银行业资产总额、存贷款余额分别达到 2.5 万亿元、1.8 万亿元和 1.5 万亿元；二是银行组织体系不断完善，已基本形成多类型银行优势互补的良性竞争格局，北部湾经济区内银行

网点近 2 000 个，从业人员近 3 万人；三是跨境服务能力提升，中国银行等 6 家机构率先组建了面向东盟的业务中心，开展以跨境金融业务为主线的合作以及产品和服务创新；四是边境货币结算实现新突破，截至 2013 年年末，广西跨境人民币结算量突破 2 000 亿元大关，经常项下跨境人民币结算量位居西部 12 个省（自治区、直辖市）、全国 8 个边境省份的首位。

二、路径思考

（一）以服务实体经济为目标

银行业参与海上丝绸之路建设的出发点和落脚点必须是服务实体经济，促进投资与贸易便利化，推动区域经济结构调整和转型升级。检验银行业参与海上丝绸之路的成效，其关键和首要就是做到实体经济的金融需求与银行提供的金融服务有效对接。广西银行业支持海上丝绸之路建设，必须紧紧围绕区域布局，紧跟广西优先发展北部湾经济区的战略规划，挖掘临港产业集群信贷需求，结合海上丝绸之路建设中促进本地区和周边国家基础设施改善、能源、电信等互联互通及投资贸易便利化要求，提供全面金融服务，提升服务质量。

（二）以推进沿边金改为契机

国务院批准建设滇桂沿边金融改革试验区，赋予了广西银行业在金融改革方面的先行先试政策。广西银行业应当抓住机遇，通过深化体制机制改革，整合优化现有资源，将参与海上丝绸之路建设与推进沿边金改紧密结合，发挥金融杠杆作用，完善市场要素和建立良好市场环境，促进广西与周边国家建立更紧密经贸金融合作关系，力争形成一些可推广、可复制的先行先试做法，为深入推进金融改革开放提供经验借鉴。

（三）以建设金融中心为依托

海上丝绸之路，是智力、资本、资源、信息等要素流通通道。在市场机制对资源配置起决定作用的今天，必须要有一个经济实力强、市场化程度高、金融资源集中的平台来承接各类要素集聚，并发挥资源整合和辐射带动作用，才能使金融支持海上丝绸之路巩固、持久和壮大。因此，银行支持海上丝绸之路建设，应当打造好南宁区域性金融中心这一平台，通过不断完善金融组织体系，加快金融基础设施建设，深化金融交流合作，打造面向东盟的金融高地。

（四）以深化开放合作为突破

目前，广西银行业在对外开放合作中仍然存在诸多不足。一是机构互设不足。东盟国家银行在广西设立机构的仅有星展银行一家。二是业务合作不足。以双边结算业务为主，金融业务合作较为单一。三是服务能力不足。跨境业务规模小，业务模式简单，系统开发滞后，从业人员数量和专业素质与跨境业务的发展需求不匹配。四是监管协调不足。无论是法律制度对接还是信息共享，监管协调仍多停留在机制探讨层面，未形成有效的合作协议。广西银行业参与海上丝绸之路建设，必须在这些金融合作薄弱领域力求突破。

（五）以金融风险可控为底线

大多数东盟国家金融基础较薄弱，风险管控能力参差不齐，历史上也有过比较严重的金融风险乃至金融危机的教训。因此，广西银行业在参与海上丝绸之路建设过程中，要重视各种类型金融风险的预警、防控、处置的研究，建立健全风险防控体系，探索开放条件下金融安全网模式，包括宏观、微观金融审慎管理框架、本外币一体化管理机制、金融风险管理框架及国别风险异常情况下的特殊管理措施，确保参与海上丝绸之路建设的各项金融改革平稳安全实施。

三、政策建议

（一）积极推动沿边金融综合改革试验区政策落地

以建设滇桂沿边金融综合改革试验区为契机，实施差别化的金融扶持政策。充分发挥广西在海上丝绸之路建设中的区位优势，把南宁打造成为国际性区域金融中心。积极推动机构互设，支持和鼓励资本实力强、风险管控好的相关国家银行，或已在东盟或南亚广泛开展服务的外资银行到广西设立机构；支持和鼓励符合条件的广西地方法人银行到市场前景好但金融服务水平较弱的国家设立机构，开展业务合作；配合国家积极参与亚洲基础设施银行的组建工作。

（二）切实提升海上丝绸之路建设的金融服务水平

一是以促进投资和贸易便利化为重点，支持银行机构开展涉外业务，鼓励业务创新。二是以支持重点园区、重点产业为重点，引导广西银行业在国际合作开发区、国家级沿边开发开放试验区、保税港区、物流园区等开发开放区域开拓金融市场，提供金融服务。三是以支持区域合作发展和互联互通为重点，探索以融资租赁、商业保理等服务形式促进区域合作，积极发展跨境基础设施投资合作所需的产业投资基金、银团贷款等金融服务。四是以支持企业和资本"走出去"为重点，加强人民币投融资合作，鼓励银行业金融机构为企业"走出去"提供各类金融服务。五是以增强人民币竞争力、影响力和辐射力为重点，积极提供与人民币国际化相配套的金融服务。

（三）建立多层次的银行业合作和监管协调机制

一是在国家层面，加强"一行三会"沟通协作，强化金融业参与建设海上丝绸之路相关政策的顶层设计。二是根据建设海上丝绸之路相关省区的功能定位，适当赋予省级金融监管部门对外沟通协调职能，发挥其建设海上丝绸之路金融合作和监管协调的"桥头堡"作用。三是探索建设海上丝绸之路信息共享合作机制，为经济带内的金融机构全面、及时掌握跨境企业信用情况提供便利。通过多层协调机制的实施推动海上丝绸之路经济带各国在金融合作中达成共识，形成合力，促进各方发展。

（四）建设与海上丝绸之路相适应的良好金融生态环境

一是积极探索建立与国际投资和贸易规则体系相适应的金融监管体系，实施负面清单管理模式，尽可能在符合规定的条件下提供政策便利。二是进一步完善税收政策、财政补贴、土地、人才激励，吸引符合条件的中外资金融机构到广西，促进海上丝绸之路金融洼地的形成。三是进一步完善社会信用体系建设，营造良好的法制和行政环境，建立配套服务体系，深化银企合作，加快金融领域区域一体化进程。四是在支持金融中介服务机构发展上有所突破，发展一批有实力的信用担保、资信评估、审计、评级等中介机构，增强配套服务能力。

（作者覃刚，广西银监局副局长）

微贷技术：普惠金融体系的可行选择

一、微贷核心理念

（一）眼见为实、交叉检验的信贷调查技术

遵循"到户调查"、"眼见为实"原则，要求信贷人员必须到客户经营场所实地核查，并将客户家庭和生意作为同一个经济单元来分析。同时，以交叉检验为基本分析判断方法，对客户提供信息以及其他来源信息，从多个方面、多个角度进行验证，评价贷款目的的合理性，贷款项目的可行性。

（二）基于"现金流"的财务分析技术

针对绝大部分微贷目标客户没有正规财务报表的现实情况，要求信贷人员根据在客户经营场所实地调查和询问获取的信息，计算销售情况、存货水平等，自编格式化财务状况简表，分析客户现金流和偿债能力，强调以客户正常经营所形成的真实现金流来判断其是否符合贷款标准以及所具备的每月还贷能力。

（三）适应客户"短、小、频、急"资金需求特点的贷款决策和分期还款技术

一是快速的贷款审批机制，根据需要随时召开由两到三人组成的审贷会，保证快速审批。二是适应客户资金运用的分期还款技术。通常采取按月还本付息等方式，根据客户每月可支配收入确定每月还款额度，分摊还款压力，同时通过加大还款频率，从第一期还款开始就监督客户还款表现，及时发现问题并采取措施，降低违约风险。

（四）贯穿贷款营销始终的风险控制技术

信贷人员对所发放贷款的整个生命周期负责，既负责发放前的信贷分析，包括客户现金流、应收账款真实性和可靠性分析以及经营能力分析等；也负责贷款发放后的监控和回收以及客户关系管理。信贷人员月收入与其所管理的客户数量和客户的还款情况紧密挂钩，促使其必须频繁地"访问"客户来及时获取各类"软信息"，严密监控客户以降低违约率。

二、农合机构应用微贷技术取得的主要经验

（一）微贷业务适合于农合机构

农合机构主要服务于县域和城郊地区，无论这些地区的经济发展水平处于什么水平，都有大量的个体工商户、私营业主等群体处于发展初期，且多在以农合机构网点半小时车程为服务半径的范围内，微贷正是以这部分客户为服务对象，以相对较高的利率覆盖贷款金额小、笔数多、所导致的高管理成本，实现商业可持续。此外，农合机构与这些潜在客户在语言沟通、乡土文化、风俗习惯、人脉关系等方面有着高度的相似性，便于建立起具有地缘特色的信用关系，也容易形成规模效应，实现业务盈利。

（二）找准潜在目标客户群至关重要

目标客户主要定位于有一定时间经营实践、需要扩大规模，并且具有稳定现金流的个体工商户或微小企业，如初期可以专业小市场、无贷户为重点，逐步挖掘有效客户群。在这一定位下，按照"小客户成片做"的模式进行社区化营销，由信贷人员当面向潜在客户详细介绍微贷产品在还款方式、利率、担保方面的特点，耐心回答客户提出的各种问题，增强双方了解。

（三）微贷队伍成长是技术成功落地的基础

在队伍建设上，实行一对一的、手把手的培训，由专家结合实际案例进行讲授核心分析技术，训练其动手制作资产负债表、现金流量表、点货清单，在此基础上从技术培训转向能力培训，规范行为方法，反复训练其分析、沟通技能，使新员工尽快掌握操作要领，有效检验和识别潜在客户。同时，要坚持数量与能力并重的原则，对微贷队伍进行统一调配和管理。

（四）实施单独考核是做好微贷不可或缺的手段

微贷业务散、额度小、单个客户抗风险能力弱，工作量大，具有明显的劳动密集型和高人力成本特征。在单笔金额较小的情况下要提升业务总量和业务面，贷款笔数必须很多，因此要对实行单独考核，绩效须取决于贷款笔数（不能突出考核贷款金额）、贷款组合质量和贷款管理水平，按月考核、按季兑现。此外，要设定一定的风险容忍度，鼓励拓展业务。

（五）试点银行的主观意愿是微贷成功的关键

受外部环镜、客户基础、信贷文化等方面差异性的影响，如果直接引用，可能会出现水土不服的情况，必须结合实际情况加以吸收、改良、进化，摸索

出符合自身实际情况的微贷运作模式。实践中，微小企业贷款项目在个别机构实施并不成功，主要原因在于机构应用微贷技术的主观意愿有偏差，未能将微贷技术应用作为自身业务拓展的重点工作推进。

三、推广应用微贷技术面临的主要困难和挑战

（一）理念转换和技术吸收有个过程

不同机构做法各异，发展成效参差不齐。有的机构在技术引进后急于取得短期效益，在短期效益不显著后又对技术应用的信心产生动摇，致使微贷技术应用实际效果欠佳。有的机构内部在理念和认知上对微贷还没有完全接受，配套措施跟不上。有的机构对需要进行哪些组织调整和资源投入来支持微贷业务发展考虑不深、不细、不实，技术吸收和分析把握不到位。

（二）微贷业务发展规划和实施计划不够明晰

有的机构虽倡导使用微贷技术，但前期调研不充分，对微贷业务的目标市场和客户定位不够明确，缺少明晰的实施方案。有的机构对微贷能力建设重视不够，没有在微贷业务上花费足够的时间和精力，没有对组织结构和业务流程进行相应的调整，给予的资源投入也明显偏少，技术应用并没有真正落地。

（三）微贷业务配套机制建设亟待加强

主要表现在人员招聘、培训、管理和薪酬激励等方面不够完善，有的机构人员调配不到位，对微贷业务未实行单独绩效考核，业务拓展慢，特别是有的机构微贷中心成立不久，新员工较多，社会阅历不够丰富，大规模扫街式营销成功率较低，业绩不理想；有的机构微贷技术应用缺少内部继续培训机制，也缺少交流平台和总结归纳机制。

（四）微贷技术落地应用存在偏差

一是部分机构只用额度的大小来简单区分和筛选微贷客户，实质上只是发放了一些小额度贷款。二是部分机构主要依托支行的现有信贷人员发放微贷，不利于积累专业能力，也不利于业务拓展和风险防范。三是普遍使用担保、抵押等风险缓释手段，信用贷款占比偏低；特别是少数机构在产品设计、操作流程、风险管控、考核等方面与其他业务差别不大。

四、推广应用微贷技术的相关建议

（一）明确微贷业务发展战略，强化能力建设

根据实际确立微贷业务发展思路，明确阶段性的发展目标和配套措施，认真做好应用前准备、人员招聘、课堂培训、实地业务指导等环节工作。重点加强能力建设，强化技术应用的执行力和引导，建立标准化培训和考评机制，培养专业化微贷队伍，同时在引进技术初期给予相对宽松的发展空间，避免"急功近利"。

（二）探索以专营机构改革推动微贷业务发展

对微贷流程建设、营销培训、产品设置进行量身打造，探索建立专营机构（如微贷中心）对微贷业务实施专业管理，采用独立的业务流程、人员、评审制度和审批流程，实行相对独立的内部考核管理（与支行有所区别），发挥专业化优势，加速产品创新，提高效率，实现规模效益。

（三）加快微贷技术应用的本土化进程

技术应用之初尽量"原汁原味"，在对微贷技术特性有了深入了解和共识之后，逐步调整和推进"本行特色"进行本土化改良，因地制宜加大创新和突破，"量体裁衣"，通过各种产品不同的特质为客户提供个性化、特色化的信贷服务。

（四）探索开展微贷业务标准化建设

探索微贷业务操作流程、调查方式、分析方法、检查要点的标准化、表格化和清单化，积极开发上线独立的微贷业务系统或在现有信贷业务系统中增加微贷业务模块。在此基础上，基于微贷潜在客户相对聚集的行业或专业市场等，增强批量获客能力。

（作者周盛武，海南银监局纪委书记）

四川银行业积极支持旅游产业
发展的调研报告^①

近年来，四川银监局积极指导银行业将旅游业作为支持重点，加大信贷投放力度。截至 2013 年年末，四川银行业旅游业贷款 294.7 亿元，较年初增加 39.2 亿元，促进了四川旅游经济的增长和旅游产业的发展。

一、主要措施

一是指导建立信贷机制。四川银行业机构积极将旅游业列为优先支持行业，制定专项办法，加强信贷支持。如农行四川省分行制定专项县域旅游开发建设贷款管理办法；四川省农村信用联社制定了"农家乐"观光旅游业贷款管理暂行办法。

二是创新金融产品。如国开行四川省分行向 26 个项目提供 66 亿元贷款，支持加快旅游基础设施建设。四川省农村信用联社推出"农家乐"观光旅游业贷款产品，向生态观光农业、乡村旅游业及其附属产业提供融资；工行四川省分行推出经营性物业贷款、特定资产收费权质押融资贷款；农行四川省分行向 4A 级（含）以上旅游景区提供收费权质押贷款，质押率可达 70%，缓解了旅游企业担保难题。

三是改进服务方式。提供优质综合金融服务，如民生银行成都分行对旅游企业开展"资金支持＋现金管理＋电子银行＋产品销售"等一揽子金融服务。浙商银行成都分行为某文旅集团承销发行中期票据和短期融资债券共 10 亿元。

四是降低融资成本。优惠利率定价。如工行四川省分行对某景区管理局贷款利率仅上浮 3%，远低于公司贷款平均利率。南充市商业银行对旅游企业按季动态调整贷款利率和费率，为客户降低了融资成本。

---

① 本文发表于《经济日报》2014 年 2 月 28 日第 10 版。

二、主要制约因素

一是行业特质。旅游项目前期投入大、周期长、回报低，中小旅游企业缺乏有效抵押物，难以满足银行授信条件。加之易受灾害影响，如汶川地震致四川568个景区受到破坏，旅游业收入锐减，损失大，银行业信贷投放趋向审慎。

二是行政制约。景区多头管理、条块分割严重，项目审批中，需旅游、建设、园林、文保等部门审批，手续多，流程复杂，制约了旅游项目融资。部分旅游业贷款质量受政府影响下迁，如广安小平故居建设项目在未偿清银行债务的情况下，政府实施免票政策，且未落实其他还款来源，使银行贷款降为不良。

三是信息不对称。银行业机构对旅游管理、发展规划、项目开发、融资需求等信息掌握较少，对项目前景、预期收益、风险程度难以准确判断。

三、对策建议

一是加强引领，推进健康发展。加快旅游设施建设，逐步建立以政府投入为导向、企业（外资、民间资本）投入为主体、银行机构投入为支撑的多元旅游产业投融资机制。定期发布区域规划、招商引资进展、扶持措施、旅游景区项目等信息，促进银行与项目对接。

二是优化环境，畅通融资渠道。加快建设信用担保、产权交易等中介体系，有效解决旅游企业担保低、无形资产评估难等问题。简化旅游项目建设行政审批，便捷银行融资。

三是改善服务，有效满足金融需求。督促落实《金融支持旅游业加快发展的若干意见》，加强产品服务创新，加快无形资产和其他权利等质押贷款的探索，并在贷款额度、期限、利率和还款方式等给予灵活安排，确保信贷产品符合旅游企业的融资需求。

（作者谢涛，四川银监局副局长）

贵州银行业支持"四在农家·美丽乡村"创建工作调研

近年来，贵州省委、省政府以"富在农家增收入、学在农家长智慧、乐在农家爽精神、美在农家展新貌"为内容在全省大力开展发端于遵义市余庆县的"四在农家·美丽乡村"创建工作。截至 2014 年 3 月末，全省"四在农家·美丽乡村"创建点共有 16 000 个、涉及项目 6 439 个、受益群众达 1 560 万人，在全国产生了较好的影响，为社会主义新农村建设打造了一张靓丽的名片。推动"四在农家·美丽乡村"建设，离不开贵州辖内各银行业金融机构的大力支持。为此，我们进行了专项调研，力求探索银行业支持"四在农家·美丽乡村"创建工作的科学路径。

一、当前银行业支持"四在农家·美丽乡村"创建工作的主要做法

（一）加大对"四在农家·美丽乡村"创建工作的信贷支持

据统计，截至 2014 年 3 月末，全省银行业金融机构支持"四在农家·美丽乡村"创建工作贷款余额 324.11 亿元，较年初增加 48.94 亿元，增长 17.79%。

从银行业机构类型来看，全省农合机构和政策性银行成为支持"四在农家·美丽乡村"创建工作的主力军。截至 2014 年 3 月末，农合机构"四在农家·美丽乡村"创建工作贷款余额 225 亿元，较年初增加 38.38 亿元，增长 20.56%；国开行贵州省分行"四在农家·美丽乡村"贷款余额 50.73 亿元，农发行贵州省分行"四在农家·美丽乡村"贷款余额 19.11 亿元。

从支持对象来看，银行业金融机构对"四在农家·美丽乡村"创建工作的信贷支持主要集中在三个方面：一是大力推动农业产业化发展。辖内银行业金融机构突出对贵州省白酒、茶、烤烟、药材、特色食品等特色产业的支持。同时，积极支持种植大户、养殖大户、专业合作社等新型农业经营主体，带动农民增收致富。如紫云联社实施的"百千万"工程，在全县重点支持了 100 个中小微企业、1 000 户农民工创业就业、10 000 户农业特色产业发展。二是强化对

乡村旅游业的支持。辖内银行业金融机构以支持乡村旅游项目开发推动"农家乐"、"农家旅馆"等服务行业发展,对接乡村旅游市场。如农行铜仁分行累计发放贷款4.6亿元支持九龙洞、梵净山等一批旅游项目以及6家旅游酒店的建设。三是加大对农村基础设施建设六项行动计划的信贷支持。截至2014年3月末,辖内银行业金融机构支持基础设施建设六项行动计划贷款余额193.23亿元,比年初增加36.82亿元,增长23.54%。其中:支持"小康路"贷款余额32.12亿元,"小康水"贷款余额25.04亿元,"小康房"贷款余额91.24亿元,"小康电"贷款余额17.06亿元,"小康讯"贷款余额1.65亿元,"小康寨"贷款余额26.12亿元,为"四在农家·美丽乡村"创建工作提供了硬件基础。

(二)不断完善农村金融服务,大力发展普惠金融

1. 加强金融服务创新,努力满足多样化的农村金融服务需求。如农发行贵州省分行将财政性资金与农业政策性信贷资金相结合,通过政策性信贷资金先行投入,实现财政资金"分年纳入预算、分年拨付资金"方式与项目"整体推进、资金集中使用"特点的有效衔接;凯里农商行开发出农业示范园大棚抵押贷款产品,有效解决了当地农民专业合作组织的资金需求等。

2. 加大网点和自助机具铺设力度,全面推进基础金融服务"村村通"工程。截至2014年6月末,辖内银行业机构在村级地区设立简易便民服务网点和定时定点服务点3 924个,全省各类电子机具覆盖行政村14 707个,覆盖行政村率达93.60%,其中,贵阳地区、黔东南地区电子机具行政村覆盖率已达到100%。

二、存在的主要障碍

(一)银行业支持"四在农家·美丽乡村"创建工作的潜力仍可挖掘

一是存在农村基础设施建设融资需求大与银行不能及时满足其需求的矛盾。目前,支持"四在农家·美丽乡村"创建工作的银行主要为农合机构和政策性银行,部分大中型银行、辖内股份制银行还没有相应信贷支持。究其原因,一方面是由于农村基础设施建设的公益性与商业金融盈利性存在冲突,影响银行主动参与的积极性;另一方面,大中型银行的县级分支机构无贷款审批权和自主权,且总行缺乏支持农村基础设施建设的相关信贷政策。二是银行业未形成针对农村金融的系统性服务模式。当前农村的金融产品供给仍较单一,银行对农村业务的流程建设、风险防控及金融创新能力还不能完全满足"四在农家·美丽乡村"创建工作需求。

（二）"四在农家·美丽乡村"创建工作的部分项目难以达到银行信贷支持条件

一是抵押担保物不足。目前贵州省乡村房屋大部分没有产权证明，且农民宅基地使用权、土地经营权的抵押登记部门尚不明确，导致农村缺乏向银行申请贷款的抵押担保物。二是贷款主体不合规。部分实施"小康路"项目的主体主要为当地公路处或交通局，由于无经营收入来源，因此无法作为贷款主体向银行申请融资。三是银行对创建工作部分项目的评估难度较大。"四在农家·美丽乡村"基础设施建设六项行动计划的项目数量多，金额较小，审批要素复杂，按单个项目进行贷款评估申报对银行来说成本大、评估不全面。

（三）金融支持"四在农家·美丽乡村"创建工作的外部配套政策不健全

一是缺乏风险补偿机制。"四在农家·美丽乡村"基础设施建设六项行动计划相关项目多数为公益性项目，经济效益体现不明显，且银行对农业产业化、乡村旅游等的信贷支持大多为信用贷款支持，受自然灾害影响大，风险难以把控，但目前对银行支持该类贷款的风险补偿机制和利益补偿机制仍不健全。二是信息共享机制不完善。目前还未建立起银行与政府相关部门关于"四在农家·美丽乡村"创建工作有关项目的信息共享体系。

三、相关政策建议

（一）银行业金融机构要继续加强对"四在农家·美丽乡村"创建工作重点领域的信贷支持

一是大力支持"四在农家·美丽乡村"基础设施建设六项行动计划，做好"100个示范小城镇"建设项目的配套金融服务工作，进一步加大对小城镇的旧城改造、新城建设和配套基础设施、公共服务和农村危房改造建设的信贷资金支持力度。二是积极支持农业产业化发展。结合"100个现代高效农业示范园区"建设，积极探索产业链金融服务模式，支持发展现代高效农业、绿色农业和特色农业，支持农民专业合作社等新型农业经营主体发展。三是支持发展乡村休闲旅游业。积极支持自然环境好的村庄深度开发和改造为乡村旅游点，大力支持红色旅游、历史遗迹、民族特色、自然风光等旅游资源开发。

（二）银行业金融机构要发挥差别优势，开展面向"四在农家·美丽乡村"建设的差异化、特色化服务

国有银行和政策性银行要充分发挥资金和信息优势，重点支持"小康路"、

"小康水"、"小康电"和"小康讯"等资金需求量大、还款期限长的项目;邮政储蓄银行和农村中小金融机构结合自身特点和机制、地域等优势,重点支持"小康房"、"小康寨"等资金需求急、还款期限短的项目。

(三)营造银行信贷支持"三农"发展的良好外部环境

一是监管部门要对涉农贷款实施差异化监管政策,提高对银行业涉农不良贷款的监管容忍度,政府部门应建立健全涉农贷款的风险补偿机制,如对部分涉农贷款进行贴息、建立涉农贷款风险补偿专项资金、扩大涉农保险等。二是政府部门应总结经验,建立"四在农家·美丽乡村"创建工作的长效管理机制,提升美丽乡村可持续发展能力。同时,要加快整合涉农项目信息资源,搭建信息共享平台,降低银行服务"三农"的信息成本。

(作者冉太模,贵州银监局副局长)

紧抓棚改机遇　服务边疆发展

——国开行云南省分行支持棚户区改造贷款情况调研

近期，云南银监局对国开行云南省分行支持棚户区改造贷款情况开展了调研，深入项目实地了解项目融资等方面的困难，在分析现状的基础上提出了解决问题的对策建议。

一、基本情况及主要做法

云南省地形复杂，辖内84%的面积为山地，10%为丘陵，仅有6%左右为"坝子"，全省城镇化率仅为41%，远低于全国平均水平。2014年4月2日国务院常务会议确定，由国家开发银行成立专门机构，实行单独核算，采取市场化方式发行住宅金融专项债券，重点用于支持棚户区改造及城市基础设施等相关工程建设。国开行云南省分行提前规划，抢抓机遇，改进工作方式，提升工作效率，深入调研，扎实做好项目评审。2014年前三个季度该行新发放棚改贷款96.55亿元，贷款余额由2013年年末的1亿元增加到97.55亿元，占全省棚改贷款总余额的61.69%，累计支持昆明、红河、保山、昭通、曲靖和玉溪等六个地州的10万户（套）棚户区改造，为云南省"稳增长、惠民生"作出了重要贡献。

（一）深入调研，摸清底数

2013年国务院出台《关于加快棚户区改造工作的意见》（国发〔2013〕25号），该行主动联系政府相关部门，对云南省棚户区的底数、面积、类型等情况进行了深入细致的调研，并对地方财政状况进行详尽分析，为后期棚改项目授信工作打下了坚实的基础。

（二）积极介入，提出模式

该行积极参与《云南省棚户区改造规划纲要（2013—2017年）》的编制工作，并向省政府提出了"政府主导、市场运作、全省统筹、统借统还"的棚改贷款基本运作模式。推动省政府初步确立以云南省城乡建设投资有限公司作为全省除昆明、红河两个地州以外的棚户区改造投融资主体和代建企业，优化整合州、市、县项目，采取统贷统还方式，按需求向国开行贷款，批量化支持全省棚户区改造项目建设。

（三）抓住机遇，争取主动

该行多次赴总行汇报云南省棚改的现状和困难，争取到了一定程度的政策倾斜。一是在总行专项贷款安排中争取了483.41亿元的授信规模，其中"软贷款"38.60亿元。二是争取到将红河州棚改项目（全国六个国家级新型城镇化综合改革试点地区之一）单独进行申报，享受棚改专项贷款的优惠政策。

（四）强化服务，提升效率

2014年4月2日国务院常务会议和2014年4月8日国开行总行棚改专题视频会议召开后，该行结合云南实际迅速行动：一是迅速向云南省委省政府专题汇报国开行总行棚改专题视频会议有关情况，促使云南省政府迅速召开全省加快棚改工作推进会。二是促成了政府相关主管部门到该行联合办公，提高了项目评审资料的收集速度和项目审批效率，确保顺利通过总行审批。三是在贷款合同签订与发放阶段采取根据项目进度按项目片区分别签订借款合同，成熟一个支持一个、成熟一片支持一批，提高了棚改工作的整体进度。

（五）联合协作，合理建议

一是2014年3月，该行派出业务骨干与昆明市相关部门组成联合工作组，按照审计署政府性债务确认口径与方法，对昆明市政府各部门提供的政府性债务数据重新进行了认真细致的梳理与核实，进一步摸清了昆明市政府负债情况。二是向政府建议通过平台公司市场化运作、完善注入资产和抵押担保的法律手续等措施加强政府债务管理。

（六）正确引导，攻坚克难

针对国有工矿棚户区改造项目难以破题的局面，在深入了解昆明工矿区棚户区改造需求的基础上，创新融资模式，率先支持了昆明钢铁集团有限责任公司黑林铺片区国有工矿棚户区改造项目。项目可研报告获批后，该行抓紧完成了项目评审工作，授信6.6亿元，发放了3亿元贷款。

（七）紧抓关键，强化管理

针对本轮棚改贷款项目主要还款来源的现金流分布与还款时间难以匹配的问题，积极采取措施：一是建立资金监管专户，确保项目资金封闭运行；二是建立监管账户共管机制，锁定土地出让时拆迁安置成本的返还、棚改配套商业设施销售收入等项目现金流；三是探索建立棚改平台公司拆迁安置成本返还动态管理、资本化管理机制。

二、面临的主要困难与问题

除全国普遍存在的"棚户区改造中仍存在规划布局不合理、配套建设跟不上、项目前期工作慢"等问题外，云南属西部落后边疆、多民族地区，还面临以下困难亟待解决。

（一）项目资本金缺口较大

云南省5年内要完成50万户棚户区改造任务，2014年17.13万套，总投资在300亿元以上。云南省地方财政收入偏低，加之部分棚改项目提前实施，但中央和省级配套资金未提前到位，项目资本金缺口较大，导致国开行后续信贷资金无法按计划发放。如2014年7-8月该行没有新发放1笔棚改贷款。

（二）项目前期工作滞后

政府相关部门配套工作进展缓慢，部分符合棚改相关政策规定的子项目在立项、规划许可、土地使用、施工许可等方面的审批手续不完备，土地征收、补偿安置等前期工作未完成，影响了棚改工作进度。

（三）还款保障机制不完善

国开行的棚改贷款期限较长（一般在10年以上），棚改项目贷款的主要还款来源为棚户区地块收储出让后返回的拆迁安置成本，相关土地的出让时间和价格与项目贷款的偿还时间和金额难以完全匹配，土地出让后的拆迁安置成本能否及时返还并用于偿还银行贷款也存在不确定性。还款保障机制的不完善，增加了银行贷款的信用风险，对信贷资金进入棚改领域形成一定的障碍。

三、相关政策建议

（一）在融资渠道方面给予西部欠发达地区一定的政策倾斜

一是积极落实中央在棚户区改造补助方面对财政困难地区予以倾斜的政策，明确补助的具体比例和到位时间。二是进一步加大开发性金融在信贷政策和融资规模方面对西部欠发达地区棚改项目的支持力度。三是除及时安排专项资金外，支持地方政府探索通过发行城投债、发起设立股权投资基金等方式引进社会资金参与棚户区改造。四是在棚改相关企业发行棚改专项债券或中期票据方面适当降低准入门槛。

（二）加强棚改贷款项目审核和管理，防止因惠民政策落实不到位给银行带来声誉风险

一是确保棚改项目符合统一的认定标准，防止信贷资金被以棚改的名义用于一般的征地拆迁、旧城改造甚至是盲目的城市化项目。二是做好征收补偿工作，切实维护棚户区居民权益，通过棚改达到改善棚户区居民居住条件的目的，防止发生补偿标准过低、违法强拆等侵占和损害群众利益的行为。三是督促企业强化棚户区改造住房建筑工程质量安全监管，防止安置住房出现安全隐患。

（三）推动地方政府尽快制定棚改项目资金管理办法，建立健全还款保障机制

通过制定棚改项目资金管理办法，提高各渠道资金使用与项目建设的匹配度。在还款机制上，确保专户运作，建立动态还款机制，并在保障债务本息按期归还的前提下建立土地部门返还成本、政府补贴资金滚动使用运作机制，确保棚改项目整体现金流实现平衡，有效降低棚改项目财务成本。

（四）建立配置地块动态管理和出让信息共享机制

鉴于目前棚改贷款主要还款来源为项目涉及棚户区地块拆迁收储土地经出让后返还资金中的拆迁安置成本，贷款银行是否及时掌握相关土地的出让情况，对于确保贷款本息的偿还至关重要，建议探索建立配置土地动态管理机制，在部分配置土地进入招、拍、挂程序后直至拆迁安置成本返还前，补充等值其他土地作为该项目贷款的还款来源保证，确保还款来源的充足性，防控偿债风险，维护贷款银行合法权益。同时建议地方国土部门与银行建立棚改贷款还款来源涉及土地出让信息共享机制，确保贷款银行及时了解配置土地招、拍、挂情况。

（作者黄朝杰，云南银监局纪委书记）

外资银行服务外向型经济调研

随着数量和业务规模的不断增长，外资银行已成为云南省金融机构一个重要组成部分。得益于众多的境外机构网络、强大的跨境产品研发能力和稳健的风险管理能力，外资银行在服务外向型经济时具有先天优势。本文从在滇外资银行服务涉外企业[①]和推动企业"走出去"、"引进来"两个方面了解外资银行服务外向型经济的优势、现状以及存在问题和困难，并提出有关建议。

一、服务外向型企业情况与特点

恒生中国昆明分行、汇丰中国昆明分行及东亚中国昆明分行均充分发挥自身业务和机构网络优势，积极与本地涉外企业开展业务合作，为其提供优质的产品服务，得到了企业的好评。

（一）业务总量及概况

截至 2014 年 9 月 30 日，在滇外资银行与 11 家本地涉外企业开展了业务合作，发生结算类表内、表外资产业务余额为 112 602.08 万元（本外币合计，下同）。其中，信用证 36 015.98 万元，融资性备用信用证 30 407.63 万元，贴现 16 708.65 万元，海外代付 9 603.23 万元，保函 7 075 万元，贷款 6 222.78 万元，押汇 6 212.11 万元，外汇择期远期交易 356.7 万元。

（二）有益经验

通过分析本地涉外企业的需求和业务特点，外资银行能够依托优势有针对性地为客户提供高效的结算类产品和服务，在为客户提供方便的同时实现了自身的良好发展。以东亚中国昆明分行为例，昆明分行在开业后短期内积累了较好的客户基础，与 7 家涉外企业开展了信用证、融资性备用信用证、海外代付、保函等业务。其有益经验如下：一是通过多种渠道，积极拓展和寻求与云南本

[①] 外向型企业是指建立在国内，以国外市场为主要销售场所的企业，以来料加工型企业为主，范围较窄，故本文将外资银行的服务对象扩大至有进出口需求和有境外投融资需求的涉外企业。

地外向型企业的业务合作，将服务对象从传统的贸易涉外企业逐步延伸至资本项下涉外企业；因地制宜，充分发挥其母行（香港东亚）地处亚洲金融中心香港，境外分行涵盖东南亚、欧洲、北美的机构网络和资源优势，为涉外企业提供优质产品和服务。二是与有关部门积极联动，推介产品。加强了与商务厅、金融办等相关政府部门的沟通对接，并举办有关业务推介活动。如昆明分行于2013年4月召开了跨境人民币业务推介会，邀请知名学者分析国际市场需求，并向参会的近百家企业推荐东亚银行的跨境产品及业务。三是加强对市场的调研，结合云南省建设沿边金融综合改革试验区的要求，抓住市场机遇，赴西双版纳、普洱、德宏等地市进行调研考察，开展座谈并推荐东亚银行的跨境业务优势。

二、外资银行推动企业"走出去"与"引进来"

（一）外资银行推动企业"走出去"、"引进来"的优势和战略规划

1. 网络与机构优势。为支持中国企业"走出去"，汇丰银行在全球17个国家和地区建立了"中国企业海外服务部"，协助中国企业拓展海外市场。东亚中国昆明分行采用内保外贷的形式，帮助海外拓展的中国企业度过信用和资金相对缺乏的初始投资阶段，针对外商投资企业，东亚中国昆明分行还可以协调东亚银行的境外机构对其直接放款，切实降低客户的融资成本。

2. 人民币结算优势。渣打中国是首批参与人民币跨境结算试点的外资银行，其业务渠道与累计结算量在外资银行中处于领先地位。目前，渣打银行在全球范围内共开设161个人民币代理行账户，可为超过70个国家和地区的银行提供人民币清算服务，在所有外资银行中拥有覆盖面最广的境外人民币清算渠道，可为企业办理跨境人民币结算提供强大的支援；汇丰银行凭借遍布全球的网络，成为了第一家在六大洲实现人民币交易的国际银行，可以在50个国家和地区进行人民币结算服务。汇丰中国昆明分行于2011年10月就为国际水泥巨头拉法基旗下的合资企业办理了2笔跨境人民币结算业务。

3. 大宗商品专业服务优势。经济全球化使中国企业面临日益复杂的国内及国际金融市场环境：人民币持续升值，汇率波动加大，而大宗商品价格一直以来都剧烈波动。针对企业在国际金融市场中对大宗商品风险管理的需求，渣打中国昆明分行可为客户提供场外大宗商品风险管理工具，结合强大的交易产品设计与市场分析研究能力，向客户提供量身定做的金融市场风险管理产品与方案，

通过汇率套期保值及场外大宗商品风险管理工具等，助其降低风险。

（二）外资银行推动企业"走出去"、"引进来"的成效

汇丰中国昆明分行 2014 年为云南建工集团有限公司开立了融资性保函，为其海外子公司的融资提供担保；在"引进来"方面，为外资企业落户云南和经营发展提供信息咨询和有益建议。如为卓莓云南 2013 年注册成立提供咨询服务，并与其建立了稳定的业务合作。（卓莓云南系美国 Driscoll's 集团在云南注册成立的子公司。Driscoll's 集团于 1953 年在美国成立，是世界上最著名的新鲜果莓供应商之一。）

又如，东亚中国昆明分行通过"内保外贷"，于 2013 年成功协助柏联集团收购境外酒庄：昆明分行为柏联集团有限公司开立了融资性备用信用证，作为担保供其母公司柏联国际有限公司向东亚银行有限公司（香港）进行融资，用于收购位于法国的葡萄酒庄。

三、存在的问题与建议

（一）存在的问题

一是云南经济与市场外向型程度不高，市场空间有限。与东部沿海地区相比，云南经济的外向型程度不高，涉外企业数量有限，涉外业务需求以单一结算为主，外资银行拓展涉外业务的空间有限。二是本地企业对涉外金融服务的认知不足。外资银行反映，不少涉外企业，特别是民营企业在国际业务开展过程中，对合理借力银行金融服务以助推企业发展的认识不足，对国际化、市场化的金融产品认知不足，金融工具运用能力、操作经验有限。三是信息不对称，外资银行对本地市场认知不足。外资银行对本地市场的熟悉程度和对经济金融信息的掌握度不足，缺乏有效途径与本地优质的目标客户进行接触。

（二）相关建议

建立健全银企信息平台，完善信息共享。一是建立优质企业信息库，将本地国有企业、优质民企等企业的经营信息和业务需求进行记录，并不定期了解企业在生产融资、贸易结算、套期保值等方面的金融需求。二是建立银企信息交流机制，通过银企座谈会、银行产品推介会和网络信息平台共享等方式实现金融市场供需双方信息的交流。如由相关部门牵头，邀请各金融机构和外向型需求旺盛的本地优质企业定期举办跨境金融相关论坛或研讨会，重点关注并向省内企业介绍香港离岸金融市场、上海自贸区和深圳前海深港合作区相关金融

合作经验，为省内企业"走出去"提供技术"软支持"。三是建立政银信息平台，在信息共享方面给予外资银行与中资银行同等的待遇。建议政府在定期组织经济金融形势通报会时邀请外资银行参加，保障外资银行信息渠道通畅。

（作者郭雁，时任云南银监局副局长，
现任云南银监局副巡视员）

边贸口岸金融服务状况及建议

——农行日喀则口岸分支机构金融服务情况的调研报告

日喀则地区边境线长，全区几大重点边境口岸均坐落于该地区，包括国家一类陆路口岸——樟木口岸、吉隆口岸，以及亚东口岸。农行日喀则分行作为支持"三农"发展的主流银行，长期肩负支持地方经济建设，尤其是县域经济发展的社会责任，是西藏日喀则地区唯一一家在辖区所有口岸设有营业网点的金融机构。2014年农行吉隆营业所升格为吉隆口岸支行，进一步扩大了业务经营范围。近年来，农行日喀则口岸各分支机构紧紧抓住机遇，以国家赋予西藏外经贸一系列优惠政策为契机，不断加强对边贸经济的金融服务力度，日喀则各大口岸外经贸发展的软硬件环境得到很大改善，呈现出欣欣向荣的局面，但是由于一定的内外原因，制约和阻碍了金融机构对边贸经济进一步加大金融服务力度和投入。如果这些问题得不到及时解决势必会影响边贸经济的持续、健康发展。

一、口岸分支机构支持边贸经济发展状况

随着樟木口岸的日益繁荣，日喀则农行辖属樟木支行除对边境居民提供存贷款服务外，于2010年顺利开通了国际业务，提供个人结售汇、跨境人民币结算、国际结算（汇款）等对公、对私外汇金融服务，不断强化了支持边贸发展的力度。

2012年至2014年7月末，该行累计办理跨境贸易（即进口大米、面粉及饰品，出口各类纺织品及茶叶、盐等货物）人民币结算业务371笔，累计金额24.41亿元（2012年、2013年和2014年分别是3.87亿元、6.07亿元和14.47亿元）；货物贸易出口结算金额为74.93亿元，货物贸易进口结算金额为0.17亿元。跨境贸易人民币结算不仅在总量上稳步增长，而且结算方式丰富多元；累计发生国际结算（汇款）业务300余笔，金额为67亿多美元；办理的结售汇业

务近 2 826 万美元，为当地旅游及小额边贸的发展起到了一定的支持作用。

农行辖属亚东县支行虽未开通外汇业务，但长期致力于投放资金支持边贸商户，截至 2014 年 7 月底，亚东县支行各营业网点边贸商户贷款达到 2 190 万元，存款达到 1 302 万元。

2014 年成功完成机构升级的农行吉隆口岸支行，是吉隆口岸唯一一家金融机构，为完善口岸功能建设，吉隆口岸支行于 2015 年年初向总行申请开办外汇业务，2015 年 6 月取得总行批复，成功拓展了业务范围，已申请开办的业务范围包括对公、对私结售汇业务、外汇存贷款、外汇汇款、国际结算等。为吉隆口岸边境贸易的发展提供了有力保障和金融支持。

二、支持边贸经济发展所面临的困难及问题

西藏边贸整体经济环境相对落后，在一定程度上制约了当地金融发展与支持，也是西藏各口岸金融机构发展和支持边贸经济中面临的困难。主要表现在：

（一）发展边境贸易不利因素较多

一是产业基础薄弱，内部的企业自营能力较差；二是资金短缺，进出口商品品种仍较单一；三是天气、交通等自然条件恶劣，边境通道不畅；四是与邻邦边民交易活动中销售假冒伪劣商品造成恶劣影响，一定程度上扰乱了市场秩序，从而也对金融环境发展造成极大的负面影响。

（二）经济环境较差，交易秩序有待进一步规范

传统边贸市场交易地不固定，无交易摊位，食宿、公共卫生等基础设施也滞后，出入境管理困难。同时，外贸人才奇缺、基础设施落后等制约外贸发展的不利因素没有根本转变，而且缺乏具有龙头带动作用的边贸企业，导致中尼进出口商品品种仍较单一，贸易互补性较差，边境贸易方式也单一。这些都制约了边境贸易的纵深发展，难以为其提供更好的金融服务。

（三）贸易口岸自然环境差

目前，西藏边境贸易的主要通道樟木口岸因地质结构等因素，经常遇到山体滑坡、塌方、交通中断等情况，尤其是聂拉木县至樟木口岸路段山体滑坡不断加剧，这些自然灾害在一定程度上制约了边境贸易的发展，也制约了金融机构的进一步发展。

（四）边境口岸贸易秩序有待进一步规范

在西藏边贸中，特别是樟木边民互市贸易用邻国货币——尼币结算的情况

较为普遍，且大部分用现金进行结算。由于银行尚未开办尼币兑换业务，一方面，海关无法对进出口货物进行正确的估价，边贸无法通过银行进行结算。另一方面，边民及边贸收入的尼币只能到外汇黑市兑换人民币，给外汇黑市提供了生存的土壤和空间。据调查，边贸企业为了能够顺利领取出口收汇核销单，要求尼泊尔商人必须支付人民币，因此，尼泊尔商人将携带的大量尼币在边境口岸外汇黑市上兑换，获取人民币支付给边贸企业，金融秩序将会受到越来越大的冲击，也会影响双方边贸企业和群众利益。

（五）金融机构实际经营中遇到的问题

一是个人消费贷款发放过程中，因当地无法办理资产评估及房屋他项权证等原因，"房屋抵押"贷款不能如期发放。二是客户群体有限，边境口岸本地人口的客户群体数量少，主要营销对象是少量的经商流动人口。三是各口岸无现代化的商业中心，居民结构多为流动人口，自身经济基础较差，居民自有资金较少，造成各口岸支行业务规模无法发展壮大。

三、进一步加强边贸金融服务的建议

（一）加强口岸建设，改善通关环境

从总体上看，西藏的边贸口岸条件比较差，这些主要体现在边贸市场的基础设施、交通运输、能源供应、食宿条件和邮政通信等方面。这种状况如不尽快改善，很难在短时期内扩大边境贸易的规模和范围，很难吸引外商投资、打破原有的贸易框架，从而使边贸停滞在低层次的边民互市的发展阶段。建议将边贸口岸上缴的税收、管理资金大部分返还地方，有步骤、有重点地改善基础设施条件，特别是有计划地加快能源、交通、食宿等方面的建设，以促进边境贸易的发展繁荣，尽可能为参与边境贸易的国内外客商和其他边境人员提供一个良好的生产、经营及生活环境。

（二）进一步重视西藏边贸结算业务

相关部门要重视西藏边贸的发展和边贸结算工作，要加强邻国双方金融合作，维护外汇市场秩序，加大外汇黑市打击力度，积极推动边贸的发展和维护边民正常的经济秩序。

（三）进一步加强边贸金融服务，提高金融服务水平

一是积极开展与当地政府的金融合作。二是加强经营管理，有效控制风险。三是加大吸纳存款，发放贷款的力度。四是增强营销意识，建立营销体系。从

存款、贷款、理财产品，到银行卡、网银、手机银行等，实现全方位营销，提高产品覆盖率。五是提升规范化服务水平，提高服务效率。六是积极开展金融创新，尤其是服务边贸实体经济的产品创新，不断满足当地实体经济需求，把信贷资金有效配置到边贸中最急需资金的行业和企业，提升当地边贸实体经济服务水平和质量。

总之，日喀则边境地区边贸形势趋势良好，对外贸易规模已由简单的边境互市贸易发展成为有一定规模和质量的对外贸易，贸易主体已经由边民自发的、原始的民间易货贸易发展为国有、股份制、民营企业以及个体等经济成分共同参与的多元化贸易主体，贸易形式已经由单一的边民互市贸易发展为农、工、贸相结合的综合性贸易体系。银行业金融机构要抓住良机，进一步督促口岸分支机构始终牢记服务"三农"、服务基层的使命，承担起自身肩负的社会责任，持续参与并进一步推动边境口岸金融及经济发展，实现银行与地方发展的双赢。

（作者杨宝林，西藏银监局副局长）

安康市银行业支农工作中面临的新情况新问题

安康市位于陕西省东南部，地处秦巴山区，素有"中药材之乡"、"中国茶乡"等美誉，2013 年，安康市第一产业增加值占到生产总值的 15%，高于全省 5.5 个百分点，农村人口占总人口的 81%，是传统的农业地区。面对这样的经济条件，支农对于安康银行业机构的重要性则较其他地市更为突出。2015 年以来，通过多次深入银行业机构、企业和农户调研，发现在安康银行业支持"三农"过程中还存在一些亟待关注的问题。

一、农户小额信贷需求不旺

安康是陕西省农户小额信用贷款余额最大的地市，截至 2014 年 6 月末，安康市小额农户贷款 105.6 亿元，较年初增长 12.6%，但增长率较去年同期下降 5.2 个百分点，贷款需求明显减弱，原因主要表现在以下几方面。一是惠农政策作用发挥，农户基本生产生活资金需求得到保障。据调查，目前仅国家和陕西省出台的惠农补贴政策就达 27 项，其中国家 21 项，陕西省 6 项。安康市取消农业税及农林特产税后共为农民减负 15 675 万元，人均减负 63 元。2013 年全市农民人均纯收入 6 624 元，比上年增长 13.9%，比 2008 年增长 193%。二是农业生产的组织形式发生变化，出现新的信贷需求主体。农村家庭农场、农民专业合作社、农业产业园区等新型农村经营主体增多，通过土地流转实现土地集中和规模化种养殖，成为新的信贷需求主体，一定程度上替代了原有农户小额信贷需求。三是外出务工收入成为家庭主要收入来源，家庭种养殖贷款需求减少。全市约有 50 万农民外出务工，约占农村劳动力资源的 33%，且外出务工人员均为家庭主要劳动力，外出务工收入占农民人均纯收入的 50% 以上。四是搬迁建房高峰期已过，农户建房信贷需求逐步减弱。近年来，随着陕南移民搬迁工程的实施，安康农村中小金融机构发放的自建房贷款占比较高，在国家和地方政府给予的较高额度补助支持下，目前安康约有 70% 的农户实现了旧房再造或改建，建房贷款需求有所减弱。

建议农村中小金融机构在这种情况下加大对规模化生产的支持力度，将从农户小额信贷中腾挪出的资金用于现代化农业产业园区、农民专业合作社等新型农村生产经营组织，支持当地农业产业转型升级。

二、农村助农取款业务发展中还存在问题

为解决偏远地区农村小额现金结算问题，安康市农村中小金融机构自2011年起开始推动助农取款业务，目前全市已设置助农取款 POS 机1 708 台，覆盖75%的行政村，全市 9 个县中有 4 个县实现了助农存取款 POS 机村村通，但在业务发展和服务中还存在一些问题。

一是交易量分化严重，部分商户积极性不高。个别业务发展缓慢地区的机构，90%的助农取款 POS 机长达一年都没有发生业务，成为闲置设备。整体来看，交易量目前仍然偏小，2013 年全市助农取款点平均每点每月发生业务 1.55笔，金额 691 元，平均每个商户每月获得代理手续费 3.45 元。二是接受度不高，农户不习惯用卡。农村地区常住人口多数是老人和儿童，金融知识较为匮乏，在"一折一卡"并行的情况下多习惯使用存折而不使用银行卡，对通过 POS 机具存取款也存在不放心的心理。三是机构认识不足，宣传培训不到位。部分机构认为这是一项惠民工程，信用社投入大，在基层机构人力物力有限的条件下，拓展工作的主动性不足。同时，营业网点和商户向农民群众进行业务宣传不够，部分农户对银行卡应用知识了解少，对商户的信任度也不高。四是存在一定风险，防范不容忽视。部分老年人使用银行卡密码设置过于简单，甚至村里大部分老年人的银行卡密码都是相同的，刷卡时由商户协助输入，导致密码变成明码，在银行卡安全使用中存在一定风险。

建议农村中小金融机构从普惠金融的高度，提高对助农取款服务的认识，切实承担起缓解偏远乡村农户小额存取款难矛盾的责任。一方面不断加大金融服务宣传力度，定期对签约商户进行现场业务培训和指导，培育农户安全用卡的意识和习惯，并做好金融 IC 卡在农村的推广工作。另一方面坚持定期到各服务点进行对账检查，并引导农户自设密码，防范操作风险。

三、移民安置社区金融服务应不断完善

2011 年，陕西省启动了为期 10 年、投资逾千亿元，涵盖陕南三市 240 万人

的陕南移民搬迁工程，至 2013 年，安康市已完成直接投资百亿元以上，建设避灾扶贫搬迁集中安置社区 767 个，其中 1 000 户以上社区 22 个，搬迁安置 7.5 万户 28.56 万人。针对移民安置社区居民的金融需求，安康市农村合作金融机构采取了新设网点、完善服务功能，以及大力开展助农取款业务等方式，努力满足社区需要，但其中还存在一些问题。

一是搬迁户贫困户较多，缺少足值抵押物。本次移民搬迁主旨是"搬穷根，搬险根"，大部分搬迁农户属于贫困户，自有资金少。一方面山上的老房子宅基地将会退耕还林或流转，而新房多为集中开发，土地面积难以量化到户，很难办理土地使用证；另一方面大部分搬迁建设用地都是集体性质，房屋无法办理房产证。当前安康农村中小金融机构主要采取信用和保证担保方式向搬迁农户发放贷款，当借款人不能取得稳定收入时，存在一定信用风险。二是社区规模影响机构设置网点的积极性。安康属于山地城市，移民搬迁社区规模较小。截至 2013 年年末，全市已开工建设的 767 个社区中 93% 的设计容纳规模小于 500 户，60% 在 100 户以下。加之农户入住率尚未达到设计规划，农村中小金融机构在社区设立网点的积极性不高。

建议农村中小金融机构随着移民搬迁工作的深入推进，不断强化社区金融服务。一是对规模达到 1 000 户以上且距离营业网点较远的社区认真调研，争取设立营业网点或离行式自助银行。二是力争每个社区至少安装一台助农取款 POS 机，解决小额存取款问题。三是对社区农户逐户建立信息档案，对符合条件的进行评级授信，通过农户小额信用贷款或保证贷款给予资金支持。四是积极推动地方政府建立健全农村土地流转服务平台和抵押配套措施，为有效开展抵押贷款业务创造良好环境。

四、土地流转评估资质与评估效果之间存在矛盾

土地流转是农村实现土地规模经营的重要途径，土地承包经营权流转很早就在安康农村自发进行，但多以零星、口头协议为主，没有形成规模。2008 年 5 月起，安康市把土地流转作为发展"一村一品"、增加农村收入的破题之举，加大引导扶持力度，在试点基础上全面铺开，取得了显著的成效，但调研中发现，部分地区在具体操作中还存在评估资质与评估效果的矛盾，影响土地流转的开展和金融支持。

平利是安康市土地流转的试点县，在平利县长安镇，土地流转评估采取由

当地村民推选出的"长老团"给出具体地块的价格。这些"长老"熟悉每块地的具体情况，且处事公允，德高望重，评估几乎不需要任何费用，评估结果也能得到村民的普遍认可，很少产生价格上的争议，但其缺陷是这些"长老"几乎都不具备土地评估的资质，在法律程序上存在瑕疵。而在石泉县，采取由当地估价所估价的方式，费用标准根据标的金额不同在2‰~4‰之间，如土地估值为100万元，则需支付4 000元的评估费用。这种评估方式在法律上不存在问题，但需要支付的费用较高，且一些估价师专业性不足，对于农村具体地块不是很熟悉，使得各参与主体很难在评估结果上达成一致，给土地流转带来诸多不便。

建议地方政府进一步加大土地要素市场的培育和建设，尽快建立专业的土地使用权价格评估机构，选聘一支接地气，熟悉农村土地具体情况，又有资质的专业人才队伍，提高土地流转评估的规范性，在此基础上尽可能降低评估费用，从而进一步推动土地流转工作，为"土地金融"的开展提供有效支撑。

（作者胡汝强，陕西银监局副局长）

对陕西3D打印产业及其金融支持的
调研与思考

3D打印是采用打印头、喷嘴等打印方法，利用计算机数字模型和沉积材料来分层、累加、快速制造物体的三维打印技术。这种突破性增材技术，是以粉末金属、高分子材料、陶瓷、生物细胞乃至干细胞等为打印"油墨"材料，相应地以激光、电子束、热融、黏结及培养等进行融覆的数码成形技术，具有成本低、效率高、精度准、重量轻、浪费少等显著特征。

作为"一项将要改变世界的技术"，3D打印的应用目前主要集中在航空航天、国防军工、工业制造、消费商品、生物医疗、文化创意和数码娱乐等领域，它能为制造业带来很大增值，具有强大的产业带动提升效能。发展3D打印产业，不仅是我国由工业大国向工业强国转变的难得契机，更是我国抢占国际产业竞争制高点，增强国家和企业核心竞争力的战略选择。目前在科技领域，该产业是我国与世界差距最小的产业，在引领技术创新上具有指标性意义。它可促使大型运输机械系统研发周期大幅缩短（50%～70%），成本大幅降低（30%～50%），极大促进创新设计，甚至在未来发挥主导作用。首飞成功的C919大运飞机研制和生产就运用了该技术。与此同时，将催生一大批新型制造服务企业，改变普通制造能力过剩、技术创新能力严重缺乏局面，有力支撑制造产业结构优化升级。3D打印还将形成一个数百亿元乃至数千亿元规模的文化创意产业。小型家用台式计算机的普及更是激发少年创新思维方式、培养创新人才的重要硬件支撑。

一、陕西3D打印产业发展将有效增益区域高端装备产业优势

仅以航空航天工业为例，陕西是中国航空航天和兵器产业大省，国防装备生产综合实力居全国前列，同时还是我国唯一集飞机设计、制造、试验、试飞和教学为一体的最大航空工业基地，航空航天研发生产特别是研发占全国的1/4至1/3。

当前，航空工业进入井喷式发展期，航天科技正走向产业化，面临快速研发和制造的国家要求。它们具有多品种、小批量和高成本特点。结构复杂难以加工零件的制造，已经成为制约航天航空产业发展瓶颈，而 3D 打印正是解决该瓶颈的关键技术。因此，陕西 3D 打印产业的发展，将有效增益区域高端装备产业优势。

据了解，陕西在 3D 打印领域科研实力雄厚，截至 2013 年年初，我国 3D 打印设备、材料及其应用相关专利共 668 件，其中陕西以 369 件位居全国第一。尽管 3D 打印产业发展在我国尚处于起步阶段，但陕西 3D 打印产业化实力也最为雄厚，集中了我国该技术核心机构和研发人员，领先优势显著，在全球也占据重要地位。陕西拥有"快速制造国家工程研究中心"、"凝固技术国家重点实验室"等领衔研发机构及国家在该领域唯一院士和一批国内外知名专家学者，并汇聚创新链、产业链及服务链上超过 34 家科研院所和企业；选择性激光烧结成型技术（SLS）居世界领先地位；开展了世界首例下颌骨快速制造的临床应用；采用大功率激光成型技术制造了世界上最大尺寸飞机结构件；拥有国内第一台烧粉机电子束成型装备；出现了第一个 3D 照相馆；已经开始大批量生产多种类型和型号 3D 打印成型制造设备。

二、金融支持陕西 3D 打印产业发展的几个问题

新型产业的发展离不开金融支持。但从调研了解到的情况看，金融支持陕西 3D 打印产业发展还存在以下问题：一是 3D 打印企业高管层多为技术型人才，普遍缺乏对金融现状的了解，缺少利用信贷资金扩大经营的意识，大多满足于科研成果和单件产品生产，满足于以自有资金滚动维持经营，在融资方面呈现封闭状态。二是从事 3D 打印的中坚力量目前主要是依托国家实验研究机构的校办企业，其投资体制与现行市场化运作脱节。该类企业多以技术合作对外开展联合，金融资金的有效介入受到固有体制束缚，3D 打印产业规模扩展的内生动力受到制约。三是依靠股东出资和民间筹资的 3D 打印小微企业多为创新型，前期投入较大，尤其是处于初创期，缺乏积累和现金流，"轻资产"问题尤为突出，以其少量固定资产抵押融资难以覆盖产业化信贷需求。若无特殊扶持政策和量身打造的金融创新产品，商业性贷款很难按照价值规律支持该类企业，缺乏信贷资金支持的 3D 打印产业化将难以为继。目前，陕西的 3D 打印贷款实现了零的突破，但如何运用信贷资产摆脱轻资产 3D 打印小微企业的创业发展困局，仍是我们面临的重要课题和不容回避的挑战。

三、关于金融支持陕西 3D 打印产业发展的几点思考

第一，将资本市场机制导入 3D 打印产业。建议相关部门鼓励引导股权投资，通过资本市场支持陕西处于 3D 打印产业主导地位的校办企业发展壮大，将科研成果嫁接到资本市场，强化科技创新与资本市场的有机契合，推动陕西 3D 打印产业在产、学、研诸方面全方位抢占全球 3D 打印制高点。

第二，银行尽早介入 3D 打印金融服务。一是出台专项信贷政策。银行尤其是在 3D 打印已经形成一定优势的陕西地方法人银行应率先研究出台专项贷款政策，突出支持仍处在产业化初期的 3D 打印产业。通过信贷政策导向，优化资源配置，考核专项指标，自主创新产品，强化激励力度，有效助推这一新兴产业的产业化进程。二是加强与"陕西省 3D 打印产业技术创新联盟"有效合作。通过银企恳谈、贷款对接、贷户招标等多种形式，重点对小微型 3D 打印企业传递银行和监管部门新政策，量身定做信贷方案，充分展示银行的创新金融产品。特别是加强筹建中的"陕西科技支行联盟"与"陕西省 3D 打印产业技术创新联盟"两个综合平台的协作，实行强强联合，实现无缝对接。三是努力做大"大学生创业贷款"规模。以信用方式和低息为特点的"大学生创业贷款"，适合创业型的轻资产 3D 打印企业现状，应进一步提高其覆盖面，创造有利的投融资条件，加大民间在 3D 打印领域创业的投资力度。主要地方法人银行应积极开展该项富民强国的贷款业务，切实践行社会责任。

第三，政府加强对 3D 打印贷款的贴息与补偿及相关政策支撑。建议地方政府制订对尚处于起步阶段的 3D 打印企业的特别贴息和全额风险补偿政策，以财政资金撬动信贷资金。同时，地方政府通过修订相关政策性融资规定，进一步扩大受贷群体、放宽贷款上限、简化审批流程、提高办事效率，有效增加相关政策性贷款需求和供给。

第四，强化对 3D 打印贷款的监管引领和考核。银行监管部门将 3D 打印贷款列入战略性新兴产业项目加以重点考核，加强对银行的导向性监管，督促和鼓励银行特别是科技支行提供专属信贷支持，加快 3D 打印由起步阶段到大规模产业化的进程，努力缩小陕西在 3D 打印产业领域与发达国家的差距。

（作者田贵庚，时任陕西银监局纪委书记，
现任中国银监会机关服务中心主任）

关于农村普惠金融的调查与思考

农村金融作为我国辐射面最广的金融体系，近年来虽获得长足性发展，但仍存在组织体系不健全、基层网点覆盖率较低、金融服务不充分等问题，普惠功能亟待增强。为了解农村普惠金融在陕西的发展情况，推动其进一步发展，我们开展了专题调研。

一、农村普惠金融在陕西的实践与发展

我国普惠金融的系统性实践并不长，目前正处于起步阶段。陕西作为西部农业大省，近年来，辖内各金融机构结合自身和需求实际，通过扩张县域网点，优化信贷结构，创新服务方式等举措，在农村普惠金融领域进行了诸多实践。

（一）惠农体系逐步完善

全省县域银行网点扭转了前些年持续减少的趋势，增至 3 670 个，占全部网点的 54.7%，形成了以农村合作金融机构、邮储银行、农行、农发行四类涉农银行机构为主，村镇银行、股份制银行等银行机构为辅的农村银行组织体系。截至 2014 年年底，全省银行机构共计布设各类涉农电子机具近 7.3 万台，乡镇覆盖率达 100%，行政村覆盖率近 90%。

（二）惠农范围不断扩大

一是持续支持传统农户。涉农银行机构在信用评级、扩大担保范围等基础上持续加大对传统农户的信贷支持力度。目前，农户贷款已逾 1 900 亿元，惠及 230 万户，占农户总数近三分之一。二是大力支持新型农村经济组织。各涉农银行机构针对新型农业经营主体的实际需要，优化授信体系和管理模式，创新金融产品，努力满足新型农业经营主体多层次、多元化的金融需求。全省信贷支持农民合作社 248 家 5.6 亿元，种养专业大户 17 942 户 36.8 亿元，家庭农场 742 家 4.4 亿元，现代农业园区近 30 亿元。

（三）惠农方式有所优化

涉农银行机构以产品创新、服务创新和风险管理创新为抓手，以强化宣传

和下延服务渠道为手段，不断更新服务理念，创新服务方式。全省农合机构相继推出了妇女创业贷款、农民技能培训贷款、劳务输出贷款、农家乐贷款、汽车消费贷款等5大类59种信贷产品，累计注册网上银行客户98.6万户，手机银行客户136.7万户，服务覆盖面大大拓展。农行陕西省分行积极组织实施"千百工程"和"村村通"工程，重点支持县域民生工程、农业产业化龙头企业等10类客户，农家店信息化改造数量在全国排第3位，已布放农商通机具5 000多台。邮储银行陕西省分行建立专业村、专业市场超过2 000个，累计投放小额贷款40多亿元，惠及农户5万余户。

（四）惠农环境得到改善

全省已建立农户经济档案583万户，覆盖了80%以上的农户，其中评定信用户356万户，支农基础不断夯实。不少地方政府尝试搭建县域小微企业服务平台，探索建立贷款风险分担机制，积极托办惠农补贴代理业务，支农环境不断改善。

二、发展农村普惠金融面临的困难和问题

（一）"三农"金融服务仍然不足

一是合力发挥不够，主要表现为"一社支三农"难堪重负。农合机构资产占全省的15%左右，但在县域银行网点、人员、贷款方面占有50%以上的份额，而不良贷款占全省的40%，在各方对其支农要求有增无减的背景下，难以持续。其他政策性银行、大型银行和新型农村金融机构或因为支农范围窄、产品单一，或因为发展缓慢、渠道有限，均不能有效支持"三农"发展。二是支持新型农业经营主体面临困难。比如，全省近3万家的农民合作社，大多存在"法律主体不明确、主营业务不清晰、技术力量不强、管理能力不达标、业务扩张不稳定、市场拓展不顺畅"等问题，满足不了银行机构信贷支持的基础条件，削弱了银行机构信贷支持的积极性。三是对涉农小微企业支持不足。陕西省大部分涉农小微企业为农副产品加工企业，普遍规模小、技术工艺落后、市场竞争力不强、抗风险能力较差，加之财务制度不健全、信息不对称，大大制约了银行对其的支持力度。

（二）配套体系建设需进一步加强

一是涉农信贷损失分担机制不健全。农村担保公司数量少、担保能力有限、成本高，使多数贷款需求方没有渠道或不愿选择担保公司；农村政策性保险机

制尚未建立，商业性保险又不愿介入，使得农业风险转嫁为信贷风险，导致银行"惧贷"。二是农村信用环境建设亟待加强。全省只有50%左右的农户受过信用等级评定，而新型农业经营主体和涉农企业的信用信息尚不完善，造成因信用问题无法得到贷款的"三农"客户至少在二成以上。三是涉农资产市场运作体系不完善。尽管部分银行探索开办了"三权"抵质押贷款业务，但陕西省农村产权制度改革配套条件还不完善，抵押物评估、变现和流转困难，制约了"三权"抵押贷款的进一步拓展。

（三）惠农金融政策缺乏长效制度安排

针对近年来"三农"金融服务不足的问题，中央财政相应给予一定的财税、货币、农业保险补贴和监管政策等方面的特殊照顾，但对于提供普惠金融服务，政府、监管层面更多强调的是银行机构要履行社会责任，要尽服务义务，而对于如何保证商业可持续缺乏实质性制度保障。特别是对农村中小金融机构，在政策协调、风险补偿、奖励补贴机制及支农税收政策等方面，缺乏长期有效的制度安排，制约了其推进农村普惠金融的积极性。

三、进一步做好农村普惠金融的建议

（一）健全农村普惠金融体系

按照分工协作、适度竞争的原则，进一步完善农村普惠金融体系。一是继续出台扶持政策，逐步削减农合机构历史包袱，巩固其支农主力地位。二是大力促进邮储银行资金回流县域，重点满足农村分散、小额资金需求。三是以专业市场为切入点，增加农发行对现代仓储、物流企业的信贷投放，加大支持县域基础设施建设和农业综合开发力度。四是以推进县域支行业务为基础，搭建农行服务"三农"的组织架构，提升农家店信息化建设水平。五是加快推进新型农村金融机构试点，着力构建多层次广覆盖可持续的农村金融体系，有效激活农村金融市场。六是规范民间借贷，引导其在普惠金融中发挥积极作用，鼓励小额贷款公司参与普惠金融服务。

（二）提升农村金融服务能力

一是稳妥扩大抵质押物范围。探索开展农村经营性集体建设用地直接抵押、农户宅基地抵押、林权抵押、复垦增加的用地指标抵押及厂房、商铺等抵押贷款业务。二是创新金融服务方式。合理下放信贷审批权限，缩短服务工作半径，推广一卡通、循环贷等模式。提升"背包银行""流动银行"等上门服务方式的科技含量。创新独立审批、信贷经理派驻等制度，提高贷款审批效率。

（三）完善农村金融损失分担机制

一是建立健全以政府为主导服务农村的担保机制。即以公共财政资金为主要来源，建立专门服务农业、农户的农村担保机构与基金。二是以农户联保为切入点，推动农村互保发展。借鉴五户联保这一成熟经验，适度扩大信用载体发展互保，提升农村信用水平。三是发挥农村经济组织的增信作用。结合近几年农村出现的"农民专业合作社＋农户"、"基地＋农户"、"龙头企业＋农户"等新型经济组织形式，切实发挥农民专业合作社、涉农企业的增信功能。四是积极构建农村风险补偿机制。建议政府出资组建针对"三农"的政策性保险机构，开办生产性农业保险和农户贷款保险业务，鼓励商业性保险公司开拓农村市场。

（四）扩大惠农政策扶持范围

一是在财政政策上，建议对县级银行机构农业贷款全部减免所得税，对在农村地区设立网点的提高补贴额度，对自助服务设备给予一定补贴，同时建立农业贷款风险补偿基金，对形成的不良贷款给予一定补偿。二是在货币政策上，进一步降低对农村合作金融机构的存款准备金率，同时，对支农服务成效显著的农合机构，在再贷款、再贴现等货币政策上给予政策优惠。三是在监管政策上，将农村普惠金融发展情况与监管评级、市场准入、监管容忍等挂钩。适度提高对农业贷款不良率的容忍度，增强其支农服务的可持续性。

（作者刘政，陕西银监局副局长）

拓展普惠金融　全面提升银行业服务水平

"普惠金融"的概念最早由联合国在 2005 年国际小额信贷年宣传时提出，其基本含义是：能够以可负担的成本，有效、全方位地为所有社会成员提供金融服务。党的十八届三中全会明确提出"发展普惠金融"。2014 年《政府工作报告》提出让金融成为一池活水，更好地浇灌小微、"三农"等实体经济之树。而推动"普惠金融"发展，必须不断拓展金融服务领域，完善金融服务体系，提高金融服务水平，更好地服务实体经济发展，服务广大人民群众，满足社会不断增长的金融服务需求。

一、加强金融基础设施建设，提升金融服务现代化水平

目前，我国部分县域、城郊地区金融基础还较为薄弱，民众还不能充分享受完善的金融服务，因而，加强基层金融基础设施建设、降低金融服务成本、拓展金融服务覆盖范围就成了"发展普惠金融"的首要工作。

一是完善网点便民服务设施。鼓励银行机构在人流集中的地区增设 ATM，广布 POS 机等，为客户提供方便快捷的现代金融服务。二是加快县域金融基础设施建设。对于城区分布过于密集、竞争过于激烈的网点，鼓励其适当调整到银行机构分布较少的农村地区或城郊结合部，以增加当地金融服务供给，满足县域融资需求。三是设置特殊服务设施。引导银行机构规范特殊群体金融服务工作，针对残障人士及老弱群体等特殊客户的金融需要，设置"特殊客户绿色通道"，第一时间为特殊群体提供便利的金融服务。四是提升金融服务现代化水平。大力发展大数据、云计算等信息技术，推广使用手机银行、网上银行等高效率、低成本、广覆盖的现代化服务方式。

二、落实各项政策，全面提高小微金融服务水平

应充分发挥"普惠金融"在小微贷款可得性、便捷性、定价合理性等方面

的优势，有效解决小微企业贷款难、贷款贵问题。

一是强化政策引领，全面贯彻落实国务院和银监会扶持小微企业发展各项政策，用好小微企业贷款在机构准入、业务准入、不良贷款容忍度等方面的优惠政策，加快推进小微企业贷款专营机构建设。二是建立向小微企业倾斜的多层次的中介服务体系。引导民间资本进入融资担保领域，建立商业性融资担保机构，加大对政策性担保机构担保基金的投入。根据小微企业贷款期限灵活设立登记期限，避免企业重复登记、多次登记。三是大力发展社区金融，增强基层金融力量。根据银监会《关于中小商业银行设立社区支行、小微支行有关事项的通知》要求，制定社区金融服务方案，引导银行设立社区金融服务网点，简化社区支行、小微支行准入流程，坚持贴近居民、贴近社区和贴近客户需求，提供普惠、亲民、便捷的金融服务。四是加快金融产品创新。鼓励机构根据小微企业特点推进信贷产品创新，大力发展产业链融资、商业圈融资、网络循环贷款等金融服务，探索开展贷款、理财、咨询等综合性小微金融服务。

三、持续推进"三大工程"，加大"三农"金融服务力度

当前，我国部分区域特别是农村金融基础弱、网点少、成本高，整体金融服务水平与公众对金融服务的需求尚有明显差距，金融服务的覆盖面和渗透率还有待提高。

一是持续深入推进"三大工程"建设，不断提高农村金融服务覆盖面。推动国有银行增加基层网点，大力支持农行"三农"事业部改制，积极发展新型农村金融机构，在暂时没有条件设立正式网点的偏远地区布放"三农"服务终端，不断深化和延伸农村金融服务。二是积极推进涉农银行业机制体制改革，着力加强服务能力建设。加强农村中小金融机构支农服务长效机制建设，建立服务承诺、准入前置、差异评价、适度容忍、绩效挂钩等机制。三是积极支持新型农村生产经营组织发展。当前，多种形式新型农民合作组织、农业龙头企业等市场主体不断涌现，银行机构应顺应形势，加强和改进新型农合组织金融服务，推动提高农业生产组织化程度，促进农业生产集约化规模化发展。四是加快涉农产品创新。大力发展"林权"抵押贷款，创新农（副）产品订单、保单、仓单等权利以及农用生产设备、机械等财产抵（质）押贷款品种，探索开展农村土地承包经营权、宅基地、农房等抵（质）押贷款业务，拓宽农村融资渠道。

四、鼓励金融服务创新，不断扩大金融服务的覆盖面

实现普惠金融重在金融创新，让每个人获得均等的金融服务应主要着眼于文化创新、制度创新和服务方式的创新。

一是创新金融服务文化，提升银行业服务意识。要把创新金融文化作为增强银行业服务的重要抓手，深化服务小微、服务"三农"理念，不断提升金融服务意识。二是创新金融服务机制，严格金融服务质量考核标准。指导机构将金融服务质量纳入考核范围，全面掌握金融服务领域存在的问题和不足，充分发挥客户咨询、监督、评议的优势，以外部监督促进经营管理。三是创新金融服务方式，提高服务水平。督促银行机构以满足客户需求为切入点，规范服务收费，尝试服务创新，加大网络银行、自助银行建设力度，积极推进新产品、新业务的研发。四是构建差别化金融服务体系。针对"三农"、小微企业、科技等新型企业，悉心钻研其融资需求特点，以"平台、网点、产品、服务"为支点，构建差别化金融服务体系。

五、突出"四注重"，加大金融知识宣传普及教育

中国银监会主席尚福林指出，当前银行业金融服务与广大人民群众的切身利益密切相关，掌握金融知识，保证对金融产品的知情权是广大消费者的客观需要。因而，开展金融知识宣传活动，是实现普惠金融的必要措施，也是增进金融消费者对银行金融产品和服务了解的重要手段。

一是注重建立宣传长效机制。制定金融知识宣传教育规划，建立监管部门与政府宣传部门之间的金融知识宣传长效联动机制，完善金融知识宣传后评价机制，推动金融知识宣传的系统化、常态化。二是注重创建多样化的宣传形式。以银行网点宣传为主，探索在具备条件的营业网点开辟客户体验区，开展体验式宣传。发挥电视、广播、报纸等主流媒体优势，合作建立专栏、专题、专版等宣传平台。发挥网络优势，开设网络金融宣传专栏。三是注重特殊群体教育。组成金融知识宣传小组，深入敬老院、福利院等场所，针对老弱群体、残障人士特殊需要，开展针对性的宣传教育，增进特殊群体对银行便利性金融服务的认知。四是注重宣传效果。深入开展"金融知识进万家"宣传服务月、"银行业公众教育服务日"、"送金融知识下乡"、"送金融知识进学校、进社区"等活

动，通过密集宣传提升公众金融服务水平。

六、加强金融消费者权益保护，提升金融服务认可度

要把保护金融消费者权益作为监管工作的重要目标，牢固树立"普惠金融"理念，在法律框架内不畏难、不推诿、不懈怠，积极推动金融消费者权益保护工作深入开展。

一是要求银行机构遵循"依法合规、诚实守信、公开透明、公平公正、文明规范"的消费者权益保护原则。在金融业务活动中自觉维护消费者依法享有的各项权利，在提供金融服务时依法履行诚信经营、服务热情、投诉机制畅通、服务收费公开透明等各项应尽的义务。二是建立完善的信访投诉机制。银行从业人员要不断提高业务素质和服务技能，对待消费者的咨询、投诉要积极解答、妥善处理，不断提升银行的服务质量和社会形象。要逐步规范投诉应对流程，确保诉求渠道畅通，对消费者重点关注的问题，要做到件件有回音，事事有答复。三是完善金融消费者保护工作监督考评机制。定期对银行机构消费者权益保护工作进行分析评价与通报，提升消费者权益保护工作在监管评级中所占比重，引导银行机构履行好消费者权益保护第一责任人的主体作用。

（作者柳楼，甘肃银监局副局长）

青海省金融支持藏区经济发展的问题及对策

青海藏区包括海北、海南、黄南、果洛、玉树、海西6个自治州，总面积69.7万平方公里，辖33个县、243个乡镇、1 722个行政村，人口180万。在国家支持青海等省藏区发展战略的大背景下，青海藏区经济社会实现快速发展，金融需求也与日俱增，对于助推藏区经济社会更好更快发展，显得尤为重要。青海银监局就此问题进行了调研。

一、当前金融支持藏区经济发展存在的突出问题

一是产业结构单一，经济总量较小。青海藏区以畜牧业为主，6个自治州2012年年末生产总值为906亿元，除海西州外，其余5个州的经济发展均依赖于财政转移支付，财政支出水平是当地财政收入的8倍以上，青海藏区的33个县中仍有8个县为国家贫困县。

二是金融需求扩大，金融资源不足。近几年，青海藏区融资需求十分旺盛，但地区金融资源有限，且资金外流现象严重。2013年年末，青海藏区的存款余额为895亿元，仅占全省的23%；贷款余额为508亿元，仅占全省的14%。银行在藏区吸收的存款多数通过上存或异地贷款等方式实现增值，致使本地区资金更加紧张。

三是金融机构数量较少，金融服务不足。目前青海藏区有银行网点346个，平均每万人1.92个网点，每万平方公里4.96个网点，仍有104个金融机构空白乡镇。现有机构网点主要以农行、农信社、邮储机构为主，部分县域无国有商业银行网点。银行业务主要以传统的存贷汇为主，电子化程度低，网络体系缺失，服务方式落后。

四是信用环境欠佳，贷款难与难贷款的问题并存。青海藏区自然条件恶劣，极易造成农牧户因灾致贫，致使贷款不良率较高，大大降低了金融机构信贷投放的积极性，金融机构"慎贷"情绪不断增长，农牧户融资难问题加剧。

二、改善藏区金融服务的政策建议

一是夯实藏区金融机构支持经济发展作用。加快藏区金融机构网点布局，实施普惠金融工程，针对在藏区金融机构空白乡镇设立金融网点成本高问题给予财政补贴。对藏区农村信用社所得税给予长期免征，给予青海藏区农信社支农再贷款低利率优惠政策。

二是发挥财政资金撬动信贷的作用。建立藏区各类涉农直补资金融资模式，将各类补贴资金作为还款来源，在无须提供任何抵押担保的情况下，按照直补资金年度总额的 3～5 倍取得贷款。加大省、州、县三级财政出资，做大支农融资担保资金，对融资担保基金担保贷款规模持续放大的地区，省级财政继续注入或各州县调剂担保资金，每年按照 20% 的增幅增加支农担保资金投入。

三是加快藏区金融生态环境建设。加快农村信用体系建设，完善县域企业和个人信用评价制度，强化失信惩戒机制。梳理青海藏区各类贷款贴息政策，将全省贴息资金等进行整合，将原有的贴息方式转化为奖励方式，按照用款人的履约情况，根据既定的直补、贴息标准进行奖励，鼓励借款人诚实守信，调动金融机构涉农信贷投放的积极性。

四是大力推进藏区金融担保体系建设。由省级财政或国资控股担保公司向青海藏区州（县）级担保公司提供再担保，提高藏区担保公司担保能力，实现借款人增信。将担保体系建设与青海省"三农"保险服务体系衔接，以"三农"保险理赔资金作为对担保公司的再保险，或直接将保险与农牧业生产贷款进行绑定，分散担保公司及金融机构风险。

（作者高家宁，青海银监局副局长）

构建适合青海经济发展的农村中小金融体系

党的十八届三中全会已胜利召开，总结过去几年青海省农村中小金融机构改革经验，探索今后改革发展方向，对于落实十八届三中全会精神，推动青海社会经济全面进步有重大意义。

一、改革发展取得的成绩

支农功能不断增强。目前青海省农村中小金融机构网点总数达 369 家，在全省金融机构中营业网点最多、金融覆盖面最广，全省 139 个金融服务空白乡镇实现基础金融服务全覆盖，有效满足了"三农"金融服务需求。2014 年 9 月末，涉农贷款余额达到 201.42 亿元，占农村中小金融机构贷款总额的 82%。

体制改革取得突破。按照银监会要求，2009 年起，青海省农村信用社全面推行机制体制改革，先后组建了西宁、柴达木、格尔木、玉树农商行，各家行股本得到充实，股权结构明显改善，公司治理得到完善，现代商业银行的雏形基本具备。农村中小金融机构资产、负债规模均为改革前的近 9 倍，股本金总额达到 16.78 亿元，资本充足率为 9.28%，较 2009 年增加 11.14 亿元，提高 4.54 个百分点，股权改造工作进展顺利，抗风险能力明显增强。

治理结构不断健全。省联社履职行为不断规范，在整章建制、强化 IT 建设方面做了大量工作，差别化管理措施得到落实。各农村中小金融机构结合自身特点，建立起了"形式灵活、结构规范、运行科学"的治理模式，董事、监事履职行为得到规范，决策、执行、监督相互制衡的机制开始发挥作用，经营效益持续改善。2008 年以来，青海省农村中小金融机构连续实现盈利，资产质量大幅提高，2011 年消化了全部历年亏损挂账 1.74 亿元，不良贷款占比由 13.44% 降到 4.22%，市场竞争能力明显提升。

二、着力打造特色农村金融体系

打造特色农商银行。引导西宁农商银行按照现代银行的标准完善机制体制，继续做大做强，成为立足西宁地区、面向"三农"和"小微"的特色银行。引导柴达木、格尔木农商银行立足海西州经济发展和资源禀赋，加大对优势产业、"三农"、城镇化建设的支持，向第二、第三产业延伸。指导玉树农商行继续充实资本，改进管理，培养人才，支持富有藏族特色的产业、项目，成为青藏高原有特色、有实力的现代商业银行。推动共和农合行改制为农商行，并立足"三农"，切实加大金融支农力度，有效推动农牧业增产、农牧民增收和农牧区金融服务均等化。

推进股权改造工作。以改革促发展，引导未改制的23家农信社按照区域特色，探索多种产权模式，优化产权结构，改善公司治理，加强风险管控，强化内部管理，提升服务水平，深化体制机制改革。

提高金融普惠水平。引导农村中小金融机构优化网点布局，持续向下、向空白乡镇延伸网点，继续引进培育新型农村金融机构，鼓励其向农村牧区及金融服务空白点设置机构。以满足农牧区多元化、多层次金融需求为目标，推进符合当地需求的金融产品和服务方式，创新财富管理产品，为农牧民增加财产性收入提供金融支持。以城镇化发展为契机，大力发展消费金融、民生金融、社区金融。

持续改进风险管理。督导农村中小金融机构不断提高内控水平，严厉查处违规经营行为，提高从业人员制度执行力。加强案件防范工作，严厉打击金融违法行为，始终保持案防高压态势。加快对高风险社的处置力度，给予高风险社一定的监管容忍度，引导机构做大业务、增加利润、充实拨备、强化实力，争取在2015年前，全部解决高风险社问题。

三、推动农村中小金融机构新一轮改革发展

进一步理顺管理体制。引导省联社按照"淡出行政管理"的要求，推进行业管理的市场化建设，对于好机构充分发挥其自身经营管理作用，对一般机构在尊重其独立法人地位的前提下制定风险管理政策和加强行业审计，对高风险机构要承担风险处置责任。同时要加强服务功能建设，强化政策协调、信息科

技支撑、人员培训等方面的服务，提高服务水平。

进一步深化产权改革。必须坚定不移地按照市场化方向推进产权改革，实现全额投资股，同时坚持因地制宜，注重产权安排与客观需要的适应度，尊重农信社社员的自主选择权。着力健全配套制度安排，加强股权流转机制建设，为健全法人治理奠定坚实基础。

进一步改进金融监管。适应不同层次机构改革发展的需要，采取有区别的监管手段。对好机构进一步放宽机构和业务准入限制，鼓励其进行科学整合，开展跨区域经营和投资设立新型农村金融机构；对差机构促其完善法人治理，加强内部管理，增强风险管控能力；对风险突出机构提出限期达标规划，并支持其他金融机构对其进行收购重组。

进一步提升服务水平。引导农村中小金融机构坚守"三农"市场定位，发挥点多面广、贴近基层优势，继续做好涉农信贷，放宽贷款额度、期限，拓展服务范围，全面满足"三农"有效资金需求。大力支持农民合作化组织发展，提高农民和农业生产的组织化程度。着力推进农村金融产品和服务方式创新，探索发展产权类抵押贷款和应收账款等权利质押贷款。

进一步改善政策环境。切实加大政策的正向激励和引导作用，协调相关部门综合运用财政、税收、货币政策等多种手段，使支农金融服务成为一种能盈利、可持续的业务，加大信用环境建设力度，坚决打击各类逃废银行债务行为，创造一个安全稳定的金融运行环境。

（作者郭小明，青海银监局副局长）

对宁夏银行业支持葡萄酒产业发展的调查[①]

为了解和掌握宁夏葡萄酒产业基本情况，更好地支持地方产业健康发展，近期，宁夏银监局对辖内银行业金融机构支持葡萄酒产业发展情况进行了深入调研。

一、宁夏葡萄酒产业发展现状

近年来，宁夏葡萄酒产业依靠其得天独厚的自然条件、人文条件逐渐发展成为优势产业，是当地农民创收增收的主导产业。宁夏知名葡萄酒产业有贺兰山东麓葡萄酒产业带、御马葡萄酒有限公司等，著名品牌有"宁夏红"等。截至 2013 年年末，宁夏葡萄酒种植面积已达 54 万亩，其中酿酒葡萄 46 万亩，酿酒葡萄产量达到 8 万吨，已建成葡萄酒生产加工企业 58 家，年累计生产葡萄酒 1.67 万千升，实现产值 40 亿元以上。

二、银行业金融机构支持葡萄酒产业发展取得的成效

近年来，宁夏银监局认真贯彻落实自治区党委、政府支持葡萄酒产业发展的一系列政策，通过深入银行企业座谈调研、研究制定出台规范性文件、加强监管引领等，积极引导辖内银行业金融机构全力支持葡萄酒产业链快速健康发展。

（一）信贷投放力度不断加大

截至 2014 年 9 月末，宁夏银行业金融机构葡萄酒产业贷款余额 12.24 亿元，较上年同期增长 66.46%。其中，国有商业银行贷款余额 6.72 亿元，占比 54.88%；地方法人银行贷款余额 3.73 亿元，占比 30.45%；政策性银行贷款余额 1.24 亿元，占比 10.13%；股份制银行贷款余额 0.53 亿元，占比 4.33%。

---

① 本文发表在《宁夏工作研究》2014 年第 12 期。

（二）信贷产品种类不断丰富

如工行宁夏分行采取小企业网络循环贷款，以房产、土地、设备等作抵押，向宁夏恒生西夏王酒业有限公司贷款 2 200 万元。石嘴山银行创新推出了"红酒贷"葡萄酒存货质押贷款，截至 2014 年 9 月末已发放红酒原汁质押贷款 3 560 万元。宁夏银行办理林权抵押担保贷款，向御马国际葡萄酒有限公司发放 3 000 万元流动资金贷款，为企业发展提供了信贷保障。

（三）批量化营销服务模式效果明显

如石嘴山银行开发并积极推广"信用联盟"小微企业批量化营销服务模式。根据葡萄酒产业链特点，批量化营销和服务葡萄酒企业上下游小微客户，组织小微企业抱团成立信用联盟，引入保证金等风险补偿机制，搭建小微企业互助融资平台。截至 2014 年 9 月末，石嘴山银行已发放"信用联盟"贷款 450 万元。

（四）金融服务水平不断提升

如石嘴山银行组织成立了"贺东葡萄酒企业家俱乐部"，通过加强银企之间的沟通交流，为提供专业性高、针对性强的金融服务奠定了基础。同时，还为葡萄酒企业开辟了多项贵宾服务，如专属服务通道、专属客户经理、贷款额度优先、贷款利率优惠、业务信息推介等，极大地提升了金融服务的质效。

（五）积极支持葡萄酒产业特色旅游业发展

如黄河农村商业银行发放贷款 1 500 万元，支持宁夏海辰生态农业旅游开发有限公司开发建设月亮湾生态农业示范园项目，该项目兼顾生态旅游观光，最终将建成以防风固沙林、经果林、葡萄酒庄为主的现代化生态园。

三、银行业金融机构支持葡萄酒产业发展面临的问题

（一）葡萄种植易受自然、市场、人为因素影响，信贷风险较大

一是受自然气候因素影响。葡萄种植受季节气候影响较大，因雨雪、霜冻、冰雹等影响可导致减产或绝收，产量变化幅度较大。二是受市场收购价格波动影响。收购价格波动较大，新鲜葡萄最高价每公斤 6 元左右，最低价每公斤 3 元左右，且种植户普遍种植面积较小，利润空间浮动较大，大多数种植户无法承担贷款的利息成本。

（二）葡萄酒生产加工企业普遍规模较小，缺少有效担保

截至 2013 年年末，辖内共有 58 家葡萄酒生产加工企业，其中万吨规模以上

的仅有 8 家，占比仅 13.79%。一方面，大中型葡萄酒生产加工企业与国产知名品牌相比，缺乏核心竞争力；另一方面，小微型葡萄酒生产加工企业规模小、管理粗放、加工工艺技术设备落后、产品档次低，存在抵押物不足值、不易变现、产权纠纷等问题，使得银行业金融机构望而却步。

（三）葡萄酒生产加工企业资金供需矛盾较为突出

一是葡萄酒生产加工周期长，与银行贷款期限不匹配。目前，辖内各银行业金融机构发放的葡萄酒产业贷款多为 1 年期的流动资金贷款，而葡萄酒从葡萄种植到加工出售至少需要 4 年时间。二是葡萄酒产业发展资金供需存在较大缺口。据不完全统计，2014 年全年葡萄酒生产加工企业贷款需求量为 25 亿元左右，截至 2014 年 9 月末，实际获得贷款仅有 12.24 亿元。

（四）缺乏专业的葡萄酒存货评估机构和监管机构

目前葡萄酒市场十分缺乏具有权威资质和实践经验的评估机构和监管机构，无法对葡萄酒原汁、成品等进行准确估值，普遍存在评值虚高、偏低等现象。加之葡萄酒存货储存条件要求较高，质押期间的监管也存在较大风险，严重阻滞了葡萄酒存货质押贷款业务的推广进度。

四、对策建议

（一）加大政策扶持力度，为葡萄酒产业健康发展提供保障

一是政府部门应制定完善相关政策，通过市场引导、财政担保基金、财政贴息等形式，继续为葡萄酒产业快速发展提供政策保障。二是加强与自治区金融办、人民银行银川中支、保监局等部门的沟通联系，建立协调机制，研究制定金融支持葡萄酒产业发展的指导意见，为共同促进宁夏葡萄酒产业快速发展提供良好的融资环境。

（二）组建葡萄种植合作社，并与保险行业加强合作

政府有关部门应出台实施细则及激励措施，鼓励种植户在自愿的基础上组建葡萄种植合作社，形成共同抵御自然灾害、市场波动等风险的"防火墙"。由合作社出资在放款的银行业金融机构开立保证金账户，与借款人共同承担信贷风险。同时，政府有关部门应鼓励葡萄种植合作社与保险行业加强合作。

（三）多方联动，切实解决中小型葡萄酒生产加工企业抵押担保难的问题

一是改进企业自身经营制度，建立规范化的管理模式，注重专业人才培养，提升企业综合实力。二是运用企业互保、联保、建立贷款担保基金等多种形式，

解决贷款担保难问题。三是由政府有关部门出资参股设立融资性担保公司或信贷风险补偿基金，帮助葡萄酒生产加工企业增信融资。四是建立专业的葡萄酒评估机构和抵质押物监管机构。五是简化抵押担保登记和公证手续，降低收费标准，合理设定抵押登记和公证期限。

（四）重视金融产品创新，提升金融服务专业化水平

一方面银行业金融机构应针对葡萄酒生产加工企业生产周期长、担保难等特点，研究开发与其相适应、期限相匹配的信贷产品。另一方面银行业金融机构应考虑葡萄酒生产加工企业的特点，进一步优化贷款审批流程，提供专业化金融服务，更好地支持宁夏葡萄酒产业持续健康发展。

（作者任彦玲，宁夏银监局副局长）

对银行业支持南疆农村扶贫开发的调查研究

——以新疆和田县翁村为例

推进扶贫开发是实现新疆长治久安的重要举措。南疆四地州（阿克苏、喀什、和田和克孜勒苏柯尔克孜自治州），总面积约46万平方公里、人口848万人，占新疆总面积的35.7%、总人口的39%，其中少数民族约占93%，维吾尔族是当地主要民族。新疆银监局驻翁村"三民"工作组深入田间地头，探索银行业如何高效支持南疆扶贫开发整村推进工作。

一、翁村社会经济发展及金融服务的基本情况

调研组选取工作组驻地和田地区和田县塔瓦库勒乡翁村为研究对象。该村有334户、1 519人，全部为维吾尔族，主要种植小麦、玉米等传统农作物，是典型的"边、少、贫、欠"地区。

（一）宗教信仰氛围浓厚，村民思想保守落后

翁村所在的乡有18个行政村，宗教场所64个，其中翁村有4个清真寺，5位阿訇。部分村民对物质生活或精神生活中遇到的困难、空虚和喜悦等境况，都会到宗教中寻求精神寄托，甚至连政府很多帮扶也归于宗教的力量，浓厚的宗教氛围，落后的思想观念，加之"三股势力"和极端宗教思想的渗透，成为影响社会稳定、制约经济发展和农民脱贫致富的重要障碍。

（二）农民文化素质较低，发展经济主动性不高

当地很多村民不愿接受现代科学技术，主动摆脱贫困的积极性不高，农村经济缺乏活力。翁村大部分村民只有小学文化，汉语水平非常低，师资力量严重不足，学生几乎没有汉语表达能力。村民"坐、等、靠"思想严重，缺乏可持续发展的理念，从而形成了年年扶贫、年年穷的怪圈。

（三）水资源季节性分布不均，农业发展受到严重制约

和田地区年均降水量不足35毫米，年均蒸发量高达2 480毫米，是典型的

"荒漠绿洲，灌溉农业"格局。翁村1 657亩耕地主要依靠玉龙喀什河灌溉，但近年开荒面积不断增加，3—5月春灌期该河水量占全年总水量的9.3%，为枯水期，而6—8月收获期河水量则占全年总水量的75%左右，为洪水期，年内洪枯悬殊，农业发展受水资源制约严重。

（四）人均耕地较少，农业种植结构落后

和田地区面积24.8万平方公里，绿洲面积只有0.97万平方公里，仅占土地面积的3.96%，大部分为沙漠和戈壁。翁村人均耕地仅为1.09亩，2013年，翁村农民年人均纯收入3 690元，不到新疆农民人均收入水平的二分之一。

（五）金融知识严重欠缺，信用环境较差

翁村村民金融知识缺乏，储蓄观念淡薄，全村户均存款不到一万元，基本是有钱就花完。2014年春耕期间，原村大队长突然离村并将部分村民在塔瓦库勒乡信用社的36.8万元贷款带走，贷款已逾期，目前工作组协助信用社准备采取法律手段清收。

（六）银行业机构传导支农政策功能弱化，农村有效信贷需求难以满足

一是资金外流现象严重。2013年年末，和田辖区各项存款370.08亿元，贷款108.19亿元，存贷比例29.23%，其中国有银行存款221.2亿元，占辖区存款的59.77%，而贷款仅为20.95亿元，占辖区贷款的19.36%，存贷比为仅为9.47%，国有银行事实上已成为农村资金的"抽水机"。二是农信社支农力量不足。2013年年末和田地区农信社存款110.38亿元，占全地区存款的29.83%，贷款余额77.83亿元，占全地区贷款余额的71.94%，农业贷款发放高峰期存贷比高达90%。三是有效信贷需求难以满足。如翁村光照、温差等优势明显，若采用拱棚技术种植甜瓜，每亩年纯利可达8 000元左右，但拱棚一次性投入较大，每亩大约要3 500元，因抵押物品较少和农民诚信问题，农业信贷需求无法得到满足。

（七）农业信贷资金缺乏风险补偿机制

农业经济具有不稳定性和风险性，银行业在支持"三农"经济发展中承担着较高的风险，而目前我国又未真正建立起对支农信贷资金的风险补偿机制和有效担保机制，导致了扶贫贷款难以快速增长。

二、相关建议

（一）加强广大农村地区文化教育，大力普及现代农村金融知识

要大力加强思想政治教育，利用各种方法督促引导农村孩子接受学校教育，

杜绝新文盲的出现，防止极端宗教的传播，维护区域稳定。同时，加强金融知识的宣传，提高农民诚信意识，营造良好的金融生态环境。

（二）将银行业支持水利建设作为现阶段南疆"三农"金融扶贫的工作重点

银行要在风险可控情况下，加强对南疆农田水利建设项目的信贷支持，在利率、期限上给予优惠。同时，建议政府根据不同水利工程的建设特点和项目性质，确定财政贴息的规模、期限和贴息率、免征各种税费，以引导信贷资金的投放。

（三）改善农业种植结构，大力支持林果业和深加工

银行要提高涉农信贷服务特别是特色林果产业信贷方面扶持力度，重点支持农民红枣、核桃、甜瓜等高效林果业的种植，围绕地区优势资源转换和产业调整规划，跟进相关金融服务工作，促进产业升级，拉长产业链，提高产品市场竞争力。

（四）构建多层次、广覆盖、可持续的农村金融服务体系，加大金融普惠力度

南疆信贷服务薄弱，亟须更多金融支持，应在准入、税收等方面积极引导支持建立多种新型农村金融机构，明确县域金融支持"三农"的义务和作用，以加强农村地域金融支持力度。

（五）构建支农信贷资金的风险管理和补偿机制

发挥中央和地方财政作用，建立支农贷款贴息补偿和保险机制，引导信贷资金向"三农"领域配置。

（六）建立农村信用担保机构，推行多种担保办法

建议以县、乡（镇）政府财政出资为主，组成农业贷款担保公司，解决农户及农村个体私营经济大额贷款难的担保问题，从而带动信贷资金加大力度投向农村地区，带动扶贫工作的全面开展。

（作者骆家奇，新疆银监局副局长）

金融支持城镇化建设路径探析①

为贯彻落实中央"积极稳妥推进城镇化，着力提高城镇化质量"政策精神，青岛市近期制定城镇化发展规划，计划用 10～15 年将全市 6 018 个行政村整合为 1 057 个新型农村社区，涉及安置人数 488.1 万人（占青岛市常住人口的 56%），拆迁和建设费用（包括住房和基础设施建设）共需 5 763 亿元，财政初期投入 125 亿元，估算资金缺口 5 638 亿元。尽管城镇化建设完成后腾空的 108 万亩土地可以产生一定收益，但也在后期才能实现，城镇化建设初期面临的最大问题就是资金来源问题。

一、金融支持城镇化建设面临的难点

城镇化建设项目建设周期一般为 5～10 年，且多数为公益项目，这对保持流动性和追求短期盈利性的商业银行无法产生吸引力。当前农村土地资源尚未转化成资本，项目建设的风险缓释措施有限，银行对信贷投入有很大顾虑。同时，城镇化建设缺乏贷款主体。青岛目前只有 1 家融资平台被政府明确赋予新型农村社区建设的开发职能，融资主体数量远未能满足城镇化的需求。

二、金融支持城镇化建设的路径

纵观世界各国的城镇化进程，无论属于何种发展模式，金融都发挥了不可替代的助推和支持作用。在我国城镇化建设过程中，各类银行金融机构应根据不同的筹资主体，发挥其独特的信贷支持作用。

1. 政策性银行发挥基础设施建设引领作用。青岛地区的城镇化建设中拆迁及基础设施建设资金约需 1 661 亿元，占全部投资的 29%。作为我国开发性金融的主力，国家开发银行近期将建立类事业部形式的专门机构，采取市场化方式

---

① 该文曾发表于《经济日报》2014 年 7 月 4 日。

发行住宅金融专项债券，为城镇化提供可持续的资金保障。农业发展银行应在中央一号文件指导下，进一步拓展支农职能和业务范围，突破过去粮棉油收购等传统业务的局限，在农村基础设施、农田水利管网建设等方面加强信贷投入。

2. 国有及股份制银行发挥支持企业转型升级的引导作用。一方面全力支持拟搬迁改造的老城区企业，为企业量身定做包括信贷、结算、理财在内的一揽子金融服务方案，以满足其搬迁建设、产品升级和经营管理的资金和其他金融需求，使其在城镇化建设后期，发挥产业集群或龙头企业的辐射带动作用，吸附大量的农村剩余劳动力，真正实现有产业支撑的城镇化。另一方面应支持城中村改造型和小城镇集聚型的新社区建设，以及在社区周边的城镇商品批发市场、农产品交易市场的建设，推动人流和资金进一步向小城镇聚集。

3. 涉农银行业金融机构发挥支持"三农"的基础性作用。一是支持农户自筹建房资金。在青岛的城镇化建设投资中，农民住宅建设资金约需 3 664 亿元，扣除拆迁补助和签约奖励等费用 602 亿元，仍需 3 062 亿元，户均需自筹 20 万元，绝大部分农村居民在短时期内难以筹齐住房建设资金，势必会向农信社、邮储银行、村镇银行等涉农机构寻求信贷支持。二是支持农业龙头企业向上下游产业链拓宽业务范围，解决农民就业问题。向上游延伸，租赁土地开展大规模种植或养殖，开展现代园区经营，实行规模化、集成化和现代化经营管理方式；向下游拓展，引入先进技术在原来产品的基础上开展深加工，大幅增加产品附加值。三是支持涉农企业开发生态特色的农业庄园和休闲式度假农庄，引领涉农旅游产品的高端发展。

4. 信托机构尝试"金融下乡"，支持土地流转。通过引入信托制度构建"土地看护人"机制，实现农村土地适度规模化、集约化经营，实现农业产业结构调整和升级。

5. 拓宽融资模式和渠道，构建多元化的资金保障机制。政府可尝试发行专门的城市建设债券，募集社会闲散资金用于城市建设；允许证券公司、基金公司面向城镇化建设发起专项私募基金，运用直接融资租赁、转租赁等融物方式募集城市建设资金。

三、相关建议

1. 完善城镇化建设的承贷主体。政府应根据城镇化建设需要，向一些实力强、资质高的平台公司赋予城镇化建设开发职责，并加大政策支持力度。一方面通过注入优质国有资产、赋予国有资产经营收益权等方式增强平台公司的资产规模，夯实引资筹资的基础；另一方面积极引入国有资本、集体资本或民营资本入股公司，创新战略投资者、私募股权参股模式，使其成为引导民间资本进入城镇化建设的载体和媒介，加快推进新型农村社区建设。

2. 搭建农村土地资源交易平台。地方政府尽快完成农民宅基地使用权、农村集体土地所有权、建设用地使用权、林权、海域使用权这五权的确权登记，并争取3年内基本完成农村土地承包经营权确权登记颁证。加快建立农村产权流转机制，使农村土地资源能够在市场上估价、流通并变现，进而为新型农村社区建设贷款融资提供足够的抵质押担保资源。

3. 完善信贷激励政策和风险补偿政策。在信贷激励方面，政府应加大引导力度，根据银行业金融机构在新农村社区建设的信贷支持力度，在市财政资金存款存放、重大项目合作等方面给予优先考虑和资源倾斜。在风险补偿方面，政府应注资成立专门担保机构，为新型农村社区建设信贷资金提供担保，另外，还应建立农村"五权"质押融资风险补偿基金，对银行投放的农村"五权"质押贷款坏账损失，由银行、市财政、区市财政按一定比例承担损失。

（作者韩冰，时任青岛银监局副局长，
现任中国银监会城市商业银行监管部副巡视员）

当前商业银行拓展小微企业贷款
存在问题和建议①

　　小微企业在我国经济发展中具有重要意义，在解决就业、增加税收等方面发挥了积极作用，但是小微企业贷款难问题却一直存在，成为制约小微企业发展壮大的巨大障碍。小微企业贷款难与其自身财务数据欠真实、可抵质押资产少、抵御风险能力弱等有一定关系，但银行方面也存在问题和瓶颈，值得关注。

一、银行端拓展小微企业贷款的问题和瓶颈

（一）对基层机构放权不够

　　小微企业贷款至关重要的就是要解决效率、成本和信息不对称三大问题，尤其小微企业对资金的需求大多都是短、频、急，故效率可以说是小微企业贷款时考虑的首要因素。而部分商业银行出于风控管理的考虑，仍将小微企业贷款的审批权与大中型企业一样全部都集中在分行，支行没有审批权或能审批的权限较小，致使小微贷款审批环节过多、耗时较长、效率较低，难以满足小微企业需求急切的融资特点。

（二）投入产出严重失衡

　　从投入而言，一是做一户小微企业贷款投入的人力成本和时间成本与做一户大中型企业贷款差不多，均要完成同样的贷前调查、贷中审查和贷后检查等规定动作，但做大中型客户相对省心省事，做小微则费心费力，出现不良贷款还需花很多精力去善后。二是管理成本较高，很多支行行长反映现在客户经理的队伍很不好带，做大户相对还易看管得住，做大量的小微客户则很难管控住客户经理办理业务时收受回扣等不良行为。三是对资金的付息成本也越来越高，尤其在银行业甚至互联网金融竞争白热化和利率市场化步伐加快的背景下，银行的负债成本也逐步提高。再从产出来看，小微企业大多是轻资产，可抵质押

---

　　①　该文曾发表于《银行界》2014 年第 4 期。

资产较少，且小微企业抵御风险能力也较弱，信贷风险较高。更为重要的是，小微企业贷款对银行的利润、存款等主要考核指标的综合贡献度不大。因此，在这种投入产出失衡、经营考核压力较大和人力资源有限的情况下，自然促使一些基层网点甚至包括一些中小企业专营支行更倾向于发展大中型客户，忽视小微客户，不少基层网点负责人和客户经理都不讳言，与其做十户或几十户小微尚不如做一个大户或几个中户。

（三）正向考核激励不足

尽管监管部门这些年来一再强调和鼓励银行全力做好小微金融服务，大力拓展小微企业贷款，甚至要求银行对小微企业贷款要实现"两个不低于"目标，但部分银行尤其大型银行在绩效考核中仍偏重于拓展大中型企业贷款，在绩效考核体系中对小微企业贷款仅设定很少的得分指标，严重影响和削弱了支行发展小微企业金融服务的动力。如某银行在设定考核指标权重时，与小微企业金融服务相关的考核指标分值在全部指标中占比仅为2.5%，远低于中型企业6%的分值比重，可见其导向性十分明显。

（四）不良容忍政策未予真正落地

虽然监管部门和商业银行总行近年来对各分行的小微企业不良考核已高于整体贷款不良率，有了相当的容忍度，但在实际操作中却是只闻雷声难见雨点，部分银行的分行使监管部门和其总行对小微企业贷款的容忍度政策打了折扣，甚至流于形式。如某银行总行将对分行的小微企业新增贷款不良率容忍度放至1.5%，但该分行在对支行考核时并未体现此宽容政策，而是规定只要出现1 000万元以下的不良贷款，在考核时均要对支行扣分，无论该支行的小微不良率是否低于1.5%。此外，不少银行对信贷人员也未切实执行尽职免责制度，大多时候均是不问缘由，只要出现不良贷款，相关信贷人员都会面临转岗清收的安排。因此，无论是支行行长还是信贷人员，均不愿把过多的时间和精力投入到小微企业贷款的拓展上，此问题可以说是制约小微企业贷款发展的重要因素。

二、相关建议

（一）下放小微贷款审批权限，优化小微贷款业务流程

商业银行应结合各支行的风控水平，适当将一定金额以下的小微企业贷款审批权限下放给支行，进一步简化小微企业信贷审批流程，缩短审批时间，提高工作效率，满足小微企业的快速融资需求。在标准化产品的基础上探索"流

水线"业务审贷模式，提高贷款审批效率，为批量发展优质的小微企业客户创造条件，并借此做大小微企业贷款的基础规模，增强支行开展小微企业贷款的经济动力。

（二）完善绩效考核体系，加强对小微贷款的正向激励

银行应充分发挥绩效考核的"指挥棒"作用，以转型发展优化贷款结构为契机，引导基层机构尤其是支行网点因地制宜发展小微企业金融服务，增加小微企业金融服务在考核中的比重，加强对小微企业金融服务的正向激励。同时，对展业的小微企业客户经理实行单列考核，与发展大中型企业客户经理区别对待，不单纯以经济效益为考核标准。

（三）有效落实不良容忍政策，切实履行尽职免责制度

对小微贷款的不良容忍不能仅停留在监管机构和商业银行总行层面，各分行须将小微贷款的不良容忍指标和相关政策落到实处，让支行负责人和客户经理真正感受到做小微贷款"享受"到的宽容政策。同时，要进一步健全不良贷款的尽职免责制度并予执行，无论是大、中、小微企业不良贷款，经相关部门认定，只要真正尽职就应当予以免责，彻底卸下支行行长和客户经理做贷款尤其是做小微贷款的心理包袱，轻装上阵拓展业务。

（四）监管部门给予更多的宽容，政府予以更多的支持

从监管部门而言，除对小微不良给予适度容忍外，建议对小微企业的贷款用途实行原则监管，给予一定的灵活性，只要小微企业贷款的资金用途真实、且不触碰房市和股市等红线即可。此外，对某些名为对综合服务平台授信、实为通过平台向众多小微企业发放贷款的业务模式，建议允许银行将此类贷款纳入小微企业贷款统计范畴；从政府角度，除继续在担保、征信、贴息等方面加大对小微贷款的支持力度外，更重要的是建立小微企业金融服务考核机制，将财政性存款更多存放在小微贷款做得好的银行，切实降低银行负债成本，提高小微贷款的投入产出比，加强对银行小微金融服务的正向激励。

（作者栾锋，深圳银监局副局长）

充分发挥现代保险服务业的作用

保险是现代经济的重要产业和风险管理的基本手段，是现代社会经济发达程度和社会治理能力的重要标志。总体上看，我国保险业仍处于发展的初级阶段，与现代保险服务业的要求还有较大差距，发展潜力巨大。

一、中国保险业行业分析

（一）中国保险业发展现状及存在的主要问题

近年来，中国保险业的发展呈现不断向好的态势，保险业服务经济社会的能力持续提升，但离全球保险业发展的平均水平、中国经济发展的需要和完善社会治理体系的要求还相差甚远。2014 年中国保险业实现保费收入 2.02 万亿元，保费规模全球排名第四，但保险深度及保险密度仅为 3.18% 和 1 479.35 元，还远低于全球 6.34%（2012 年）和 652.90 美元（2012 年）的平均水平。2014 年中国保险业总资产 10.16 万亿元，占中国金融业总资产的 5.37%，而美国为 31.92%，全球平均为 19.48%，中国保险总资产占金融总资产的比重还较低。

中国保险业发展主要存在发展水平不高、发挥作用不够、服务满意度不佳等问题。一是与全球保险业和中国金融业相比，中国保险业发展水平相对滞后。二是对照改革开放、转换政府职能、适应经济新常态的大环境，中国保险业还没有充分发挥其功能。三是与老百姓的期待相比，保险业为民服务的意识、能力和效果还有待提高。

（二）中国保险业发展潜力巨大

一是中国保险业诸多领域的发展水平仍较低。如农险和车险虽已经成为全球第二大市场，但发展方式仍比较粗放，两大保险市场的精细化管理水平较低。在养老保险方面，我国人均长期寿险保单持有量仅为 0.1 件，远低于发达国家 1.5 件以上的平均水平。在健康险方面，全国医疗费用由商业健康险承担的比例不到 2%，而许多发达国家已经超过了 30%。在我国历次巨灾中，保险赔付比例不高，如汶川地震中，中国保险赔偿占灾害损失的 0.2%，从国际平均水平看，目前保险赔偿在直接灾害损失中的占比约为30%，发达国家这一数字甚至高达60%到70%。我国家庭财产保险投保率仅为5%左右，而发达国家投保率一般都在80%以上。在责任保险方面，公共责任保险的投保率不到10%，而在发达国家，投保率一般都在80%以上。

二是发展速度较快。我国保险业正处于成长期，2009年至2014年我国保费收入年均增速达到12.87%，其中2014年更高达17.49%。展望未来，中国经济步入新常态，保险服务业在经济转型过程中既是新的增长点，又是服务经济转型的重要推手。

三是"新国十条"带来发展机遇。2014年8月13日，国务院发布了《关于加快发展现代保险服务业的若干意见》（以下简称"新国十条"），为未来一段时间中国保险业持续快速发展提供了巨大的政策红利。根据"新国十条"的规划，2020年保险深度和保险密度将达到5%和3 500元/人，保险行业保费收入规模将达到5.1万亿元左右，2015—2020年保费年复合增长率约为16.7%，这预示着未来6年保险业保费增长将步入快车道。

二、中国亟需保险业实现跨越式发展

一是转变政府职能的需要。保险职能与政府职能在很大程度上具有互补性，转变政府职能需要保险业实现跨越式发展，使社会保障不出现空位。

二是促进经济的需要。保险业是风险管理专家，能有效保障经济平稳较快发展。如保险业的质量保险、责任保险能促进相关行业发展；保险业积累的巨额资金可以为实体经济提供长期、稳定的资金支持。

三是社会治理的需要。现代社会治理体系非常广泛，从参与主体来看，社会治理包含政府治理、社会组织治理、法人治理、居民自治等。由于历史原因，在中国社会治理体系中政府大包大揽，导致一方面背上了沉重的人力物力负担，另一方面离现代社会治理的要求又相差较远。保险服务业对投保人的保障可以延伸至生老病死、衣食住行、海陆空各各环节，对社会发展和社会稳定能够起到其他行业难以比拟的作用，有潜力成为现代社会治理体系的基石。

四是社会保障的需要。截至2014年8月，中国保险业有近四百万从业人员，有遍布城乡的机构网点，形成了巨大的社会保障网。保险机构可以直接有效地了解民情，可以通过风险管理和风险转嫁等方式协调不同利益群体之间的关系，进而保障弱势群体、引导公众行为。

五是财富管理的需要。新时代下的保险公司既分担着保险事故风险，也需要为普罗大众分散资金运用风险。从国际市场来看，保险公司是重要的机构投资者，可运用投资金额巨大，一定程度上肩负着实现投保人资金保值增值的重任。随着保监会"放开前端、管住后端"监管理念的进一步落地，保险资金运用的渠道日渐丰富，投资收益率进一步提高，但这种财富管理能力较国际同行仍有较大差距，需要多方继续努力。

三、共同努力加快发展现代保险服务业

（一）政府部门

一是转变政府职能。打造中国经济升级版，必须转变政府职能。同样，充分发挥现代保险服务业的作用，同样需要政府职能的转变，简政放权、加强监管、放松管制将给保险市场注入新的活力。

二是带头购买商业保险。"新国十条"提出运用保险机制创新公共服务提供方式，鼓励政保合作，在公共服务领域充分运用市场化机制，使保险成为政府改进公共服务、加强社会管理的有效工具。

三是提升保险业的形象和地位。政府应加强对保险业的监管和正面宣传，在全社会树立懂保险、用保险、支持保险的文化氛围。

（二）保险公司

一是完善职能作用。第一，赋予保险企业支付、结算、汇兑功能，丰富保险产品的内涵，提升保险企业服务投保人的能力。第二，鼓励保险行业建设登记托管系统、征信系统，为金融保险行业的公平、公正、公开竞争提供基础设施保障。

二是树立为民意识。保险业要在经营管理的各个环节中为百姓着想，树立以人为本、为民服务的理念，提高保险业的信息透明度。要明白，只有百姓时刻怀着"有困难，想保险"的理念，保险业才能做大做强。

三是完善产品服务。要以"新国十条"为指引，大力推动政策性农险、养老险、健康险以及环境污染、食品安全、医疗责任、校园安全等领域责任险的发展。同时加强与当地政府、大型企业的联系，积极参与地方风险管理、社会保障、社会治理等工作。

（三）社会公众

一是学习保险知识、善用保险手段。自觉运用保险来满足教育、医疗、养老等各方面的需要，管理人生风险，提高生活质量。

二是维护保险利益。要依法维护自身的保险利益，不以骗保为目的参与投保，在投保出险后不以不正当手段索取超合理赔款，共同维护保险业良好的经营环境。良好的信用环境会使投保、理赔更加方便快捷，反过来也有利于投保人的根本利益。

（作者陈景耀，中国东方资产管理公司副总裁）

加强银行业对民族地区金融服务的调研报告

一、少数民族的特殊情况决定了需要开展特色民族金融服务

我国是一个多民族国家，共有 56 个民族，其中，汉族人口占 90.56%，少数民族占 9.44%。长期以来，各民族就像兄弟姐妹一样，共同生活、彼此关心。由于历史和文化等原因，少数民族多居住在经济欠发达的西部地区或者其他一些老少边穷地区，所以，我们银行对民族地区的金融服务，也必然带有浓郁的民族特色，适应性地开展特色民族金融服务。比如，通过马背银行、帐篷银行、流动服务车等方式，深入到农牧民居住地，让少数民族同胞能够足不出户地享受金融服务。也可以采用预约集中服务点的方式，按照事先预约的时间到附近的地点去集中办理金融业务。

二、做好民族金融，需要细心与耐心，而这有赖于高度的社会责任意识

当然，这种带有浓郁民族特色的民族金融服务，要持之以恒地开展并不是一件简单的事情。它需要一丝不苟的细心和坚韧不拔的耐心和高度的社会责任意识，它需要在民族团结大业面前，适当地牺牲商业利益和个人利益。这些年，银行业快速发展，实力不断增强，也是受惠于党和国家的正确领导，受惠于全国各族同胞的倾力支持，饮水当思源，因此，银行业在力所能及的范围内，为民族尽一份责任，是义不容辞的分内事。

三、政策性银行应肩负金融服务少数民族地区发展的重担，发挥职能优势，推动民族金融发展

各家银行在回馈社会、服务少数民族方面的能力也不尽相同，需要我们因

行制宜地设定合理的扶持要求，既能让企业履行责任，又不耽误其健康成长。目前，就践行社会责任、服务少数民族的能力而言，首当其冲的肯定是政策性银行。作为以"执行国家宏观经济政策、服务社会公共利益"为出发点的特殊金融机构，政策性银行具有发展民族金融的职能优势。首先，政策性银行应该加大对基础设施建设的信贷支持力度。针对民族地区基础设施薄弱，交通运输条件欠佳的情况，国家开发银行和中国农业发展银行积极投身基建领域建设，截至 2013 年年末，两家政策性银行共向民族自治区投入基础设施信贷余额 3 302.93 亿元，支持基础设施项目 2 364 个。其次，政策性银行应该加大对农牧经济发展的信贷支持力度。民族地区经济发展滞后，所以，政策性银行，尤其是中国农业发展银行，发挥"支农"优势，不断助力"三农三牧"快速发展。2013 年年末，中国农业发展银行共向少数民族自治区投入涉农贷款余额 2 622.89 亿元，比年初增加 300.62 亿元，增幅 12.95%。再次，政策性银行应该加大对少数民族经济发展的减免扶持力度。民族地区群众收入水平较低，文化教育相对落后，所以，发展民族金融，不能把追逐经济利益放在首位，而是应该注重社会效益。这些年，政策性银行在扶贫贷款、低息贷款等方面也做了大量贡献。自 2010 年以来，国家开发银行已累计向疆宁桂藏四地投入低息贷款 867.67 亿元，中国农业发展银行仅广西一地就累计发放低息贷款 1 061.65 亿元；另有新疆棚户贷款、广西抗旱救灾贷款等惠民公益贷款，这些都有效促进了民族地区经济的"轻装快行"。

四、农村金融机构应发挥支农专长，推动普惠金融发展

少数民族多居于农村牧区，其经济也以农牧经济为主，而农村金融机构常年深耕基层农村，与农牧民交往甚多，熟悉区情民情，这种天然的默契决定了农村金融机构在扶助少数民族经济发展中的主力军角色。当前少数民族地区金融服务面临的迫切问题，主要是解决民族群众最关心、最直接、最现实的金融服务供给不足问题，也就是要大力发展普惠金融，实现基础金融服务全覆盖。一是农村信用社要积极引进合格投资者，通过增资股改实现服务能力的提升。2010 年以来，新疆、宁夏、内蒙古、广西四地通过增资股改成立农村商业银行已达 41 家，农村合作银行 6 家，成功打造了一支"支农"新军。二是加快推进新型农村金融机构的发展，壮大村镇银行服务基层的能力。自 2010 年以来，少数民族自治区已组建村镇银行 112 家。三是农村金融机构要优化网点布局和功能

设置，多向少数民族地区倾斜，不断提高民族地区网点服务覆盖面。如新疆农村金融机构（不含村镇银行）在县域及县以下基层地区铺设网点已经达到1 056家，占比93％。四是农村金融机构要学会借助电子科技手段，提升自身服务能力。近些年，农村合作金融机构利用现代化信息技术成果，以转账电话、ATM、POS机、网上银行、手机银行等电子化渠道为抓手，不断提升金融服务时效性和覆盖面，努力解决金融服务"最后一公里"问题，实现金融服务从"近距离"到"零距离"的转变。

五、鼓励其他各类金融机构加入扶持队伍，壮大扶持力量

虽然政策性银行和农村金融机构在扶助少数民族地区发展方面具有独到的优势，也为少数民族经济发展作出了巨大贡献，但这并不意味着其他银行业金融机构可以借此忽略自己的责任。所以，我们也鼓励和督促其他银行业金融机构，要力所能及地参与民族地区经济社会建设，做一家负责任的银行。一是要求国有大型银行积极向县域和乡镇延伸网点服务，确保基础金融服务全覆盖。二是鼓励中小银行到民族地区开设网点，并专门在筹建指标、办理程序等方面给予政策优惠。三是支持民族地区城市商业银行的组建和发展，引导其立足本地，服务民族小微企业。四是大力吸收民营资本的力量，不断壮大服务民族经济的金融队伍。另外，我们鼓励地方法人银行积极引进民间资本，通过股改升级，壮大自身力量，增强服务本领。

六、监管部门要发挥监管引领作用，督促银行业金融机构投身民族金融服务

作为银行业监管部门，银监会一直以来都把改善民族地区金融服务作为自己当仁不让的责任，积极发挥监管引领作用。一是制定和完善服务少数民族发展的金融政策。二是加快推进民族地区的机构建设，不断优化网点功能和布局。三是实施差异化监管措施。四是要求银行业金融机构合理配置信贷资源，加大向民族地区的信贷倾斜力度。五是要求民族地区吸收的存款，除了上缴法定准备金外，原则上均用于支持民族地区经济发展。六是引导银行业金融机构加大对小微企业、"三农"业务、妇女创业等特殊群体和薄弱领域的贷款支持，提高弱势群体的就业能力，增强小微企业的发展后劲，为少数民族经济发展提供原

动力。截至 2014 年 5 月末，少数民族自治区小微企业贷款余额 11 064 亿元，同比增长 2115 亿元，增幅 23.64%，高于全国平均水平 6.02 个百分点。

七、地方政府应该发挥扶持主体作用，营造健康的金融发展环境

虽然银行业采取了很多举措来推进民族地区的金融服务，也收到了明显的效果，但必须强调，民族地区经济的发展除了需要银行业的金融支持外，更需要地方政府发挥主体作用。地方政府应该创造一个健康的金融市场环境，吸引金融机构进驻，促进金融机构发展。首先，地方政府要在财政和税收上给予银行业支持，减轻其服务少数民族发展的负担。一是通过财政奖励，吸引银行开设网点机构，尤其是到偏远地区开设机构。二是给予财政补贴，减轻银行支农扶牧的负担，进而降低农牧民的融资成本。三是实行税收减免。其次，地方政府要加快征信制度体系的建设，为金融服务的开展营造良好的信用环境。当前我国社会信用意识普遍薄弱，各种制假售假、拖逃债务、偷税漏税和坑蒙拐骗等失信行为层出不穷，信用的缺失已然成了经济发展和金融安全前面的拦路虎。地方政府应该尽快牵头组织建立地区性的征信体系制度，为金融机构开展业务提供可靠的信息支持，帮助金融机构在安全的信用环境下，毫无后顾之忧地开展金融扶持活动。一是要加大社会信用的宣传，树立诚信意识，营造守信光荣、违信可耻的风气。二是要协调相关部门，大力支持清欠工作，重拳打击恶意逃废债行为，维护银行资产的安全。三是要推动建立信用评级机构，推广信用评级成果，缓解银企信息不对称问题。

正所谓宝剑锋从磨砺出，梅花香自苦寒来。虽然当前民族地区金融服务已取得较大成绩，但银行业依然要再接再厉，勇攀高峰。要继续强化民族金融服务，不断助推民族经济发展，不断夯实民族团结之基，为中华民族大家庭的和谐幸福作出应有贡献。

（作者王兰，中国银监会系统工会副巡视员、经审委主任）

住房储蓄制度建设存在的问题及建议

住房储蓄制度是个人通过住房储蓄银行联合形成互助的集体，在约定期限内履行储蓄义务，满足约定条件后获得用于购置、装修房屋的贷款权利。这种契约型制度具有先存后贷、利率固定、专款专用、政府奖励等特征。

2004年，中国建设银行与德国施威比豪尔住房储蓄银行合资成立中德住房储蓄银行，这是目前我国唯一一家住房储蓄银行。截至2014年10月，中德住房储蓄银行拥有住房储蓄客户12.7万人，存量住房储蓄合同金额450亿元。

一、住房储蓄在当前政策环境中的优势

在新一轮住房体制改革进程中，相关领域的政策环境出现了一些新的特点：一是更加重视发挥市场机制基础作用；二是从关注房价转变为关注供给；三是强调分类指导以保持房地产市场稳定。可以预见，未来我国将逐步建立市场配置和政府保障相结合的住房体系，不断增强居民购房能力。住房储蓄作为一种商业化运作、政策性支持的住房金融制度，具有契合当前政策环境的诸多优势。

（一）减轻居民购房负担

一是贷款利率低。住房储蓄贷款利率远低于按揭贷款利率，甚至比公积金贷款利率还低1%左右，政府还会对参与者进行奖励。此外住房储蓄贷款利率永久固定，便于参与者有计划地管理和规划购房资金。

二是覆盖面广。目前公积金制度覆盖面有限，而住房储蓄是人人均可参与的普惠金融业务，并允许参与者根据自身情况选择存、贷款金额，特别是对中低收入、无固定职业的人群更加有利，有效扩大了受益人群。

（二）促进市场健康发展

住房储蓄参与者获取贷款和政府奖励的前提是长期的储蓄行为，这种安排能够鉴别购房需求的真实性，使刚性需求真正受益，而屏蔽投机购房者。因此，住房储蓄能够引导理性的住房消费预期，调节需求和供给，起到市场"稳定器"的作用。

（三）强化风险防范能力

一是参与者的储蓄和还款形成资金池专款专用，保证资金安全。二是银行能通过长期储蓄过程了解参与者的信用状况，缓解信息不对称。三是住房储蓄具有包括最低存款额和最低评价值在内的严格配贷条件，有效降低了贷款杠杆率。

二、住房储蓄发展面临的问题和政策建议

（一）监管法规有待完善

随着住房金融市场的发展，2003年制定的《住房储蓄银行管理试行规定》有待进一步完善。一是该规定处于保密状态，影响了市场对住房储蓄业务的认知度。二是该规定对客户主体、业务审批等方面限制较严，近年来的业务实践凸显了监管创新的必要性。三是监管标准或参照标准不明确，不利于住房储蓄长远发展。建议在充分调研的基础上修订该规定，解除其保密状态并适当放宽客户主体、业务管理等方面限制，将住房储蓄纳入国家完善住房金融体系的整体框架。

（二）缺乏统一的奖励政策

目前各地对住房储蓄的奖励缺乏统一安排，只能由住房储蓄银行单点争取，对机构拓展和业务管理造成了一定困难。建议统筹安排地方政府对住房储蓄参与者给予奖励，并参照住房公积金个人所得税税前抵扣机制或养老金递延纳税机制给予税收优惠。

（三）存款准备金比例较高

目前住房储蓄存款准备金缴存执行金融机构18%的平均水平，一定程度上影响了资金池的流动性。住房储蓄资金池封闭运行、专款专用，较高比例的存款准备金将减少资金池流动性，甚至造成参与者无法及时配贷。建议人民银行参照定向降低准备金率等政策实践，对住房储蓄存款实施差异化准备金缴存政策。

（作者陆晖明，天津银监局副巡视员）

推动天津"三化"村镇银行
加快发展的调查与思考

自 2012 年在全国率先开展村镇银行"本土化、民营化、专业化"改革至今，天津共设立"三化"村镇银行 13 家，总股本 42 亿元，本土股权达到 52%，民营资本占比 83%，共设立营业网点 38 个，吸纳就业人员近 1 000 人。

一、天津"三化"村镇银行发展近况

（一）业务保持快速发展

截至 2014 年年底，天津村镇银行资产总计 205 亿元，其中各项贷款 101 亿元；负债总计 160 亿元，其中各项存款 143 亿元；实现净利润 1.85 亿元，同比分别增长 41%、38%、36%、37%、20%。

（二）有效服务实体经济

天津各村镇银行通过创新开展特色农业贷款，专设小微企业服务中心，与社保局、财政局合作为大学生、下岗女工发放小额创业贷款等多种方式，有效服务实体经济。成立以来，已累计为天津市 8 954 户农户和小微企业发放贷款 12 650 笔，金额 248 亿元，占累放贷款户数的 90%、笔数的 83%、金额的 70%。

（三）风险抵御能力增强

近年来，天津村镇银行累计获得中央、地方两级财政补贴资金 2.17 亿元，主要用于计提贷款拨备，以有效增强风险抵御能力。截至 2014 年年底，天津村镇银行各项资产减值损失准备共计 2.66 亿元，总体贷款拨备率达到 2.63%。

（四）高管本土化比例提高

目前，天津 13 家村镇银行共有高管人员 47 人，其中天津籍本土高管 29 人，本土高管人员比例达到 62%。

（五）部分区县政策支持效果显著

目前，天津共有 7 家村镇银行获得了区县政府的存款资金支持，数量从一千万元到数亿元不等；共有 4 家村镇银行与区县农委或财政下属担保服务机构建立合作关系。

二、存在的困难和问题

（一）资金来源短缺，发展后劲不足

受制于网点少、社会认知度低，再加上产品单一、预算单位开户结算受限，村镇银行普遍缺乏充足稳定的存款来源。2014年年底，天津13家村镇银行各类定期存款占比仅为41%，储蓄存款占比仅为27%。

（二）信贷风险加大，风控难度提升

村镇银行90%的贷款投向了"三农"和小微企业，保证和信用贷款占到63%。受近几年宏观经济影响，村镇银行不良贷款余额由去年同期的0.24亿元增至0.69亿元，不良贷款率提高了0.3个百分点，贷款质量下滑，风控难度加大。

（三）高端人才短缺，制约长远发展

随着发展加快，村镇银行业务人才引进迫在眉睫，然而由于经营实力、薪资福利、发展预期等短板因素，村镇银行难以吸引和留住高素质业务人才，这是制约天津村镇银行发展的一个重要问题。

（四）运营成本推高，利润空间收窄

随着天津村镇银行加快了乡镇基层网点布设速度，网点运营成本推高，多家村镇银行2014年的成本收入比已逼近50%。加之定向费用补贴、税收返还等优惠政策的陆续到期，部分村镇银行不再享受各类扶持补贴资金，利润空间进一步收窄。

三、工作建议

（一）业务发展与风险防范并重

一方面村镇银行应继续深化"三化"发展战略，制定科学的发展规划，加快业务、人员本土化，不断完善绩效考核机制，开展差异化经营，切实提升经营管理水平。另一方面要加强各类风险的监测、计量、预警和防范，开展重点领域的风险排查，及时制定各类应急预案，提高风险管理水平，增强风险抵御能力。

（二）加大政府支持力度

一是建议在制定村镇银行税收政策、分配税源时，更多地向区县政府倾斜和返还，以提高区县政府支持村镇银行发展的积极性和主动性；二是建议地方政府在政策制定、人才引进、网点设立、资金支持等方面加大对村镇银行扶持力度；三是建立风险分担机制及风险补偿资金，支持村镇银行加大不良贷款核销处置工作，解决村镇银行后顾之忧；四是加大宣传力度，提高村镇银行知名度。

（三）放宽支农支小再贷款额度

建议加大支农再贷款资源向村镇银行的倾斜力度；放宽村镇银行申请支小再贷款的质押品条件限制；增加村镇银行合意贷款规模，增量部分专项用于支持"三农"和小微企业发展。

（作者李俊强，天津银监局副巡视员）

推进银团贷款工作的实践及改进措施

银团贷款作为一种先进的融资模式，具有信息共享、风险分担、合作共赢的优势，在降低银行信贷成本、规范行业行为和提高竞争中的议价能力等方面都具有积极的意义。近几年，内蒙古银行业协会充分发挥职能作用，多措并举，推动银团贷款实现了跨越式发展。

一、内蒙古地区银团贷款发展现状

内蒙古银团贷款从 2006 年开始起步以来发展缓慢，近几年在内蒙古银行业协会的强有力推动下，银团贷款得到了快速发展，截至 2014 年 10 月末，银团贷款余额已达 745 亿元，比 2012 年末增加 369 亿元，两年平均增长 41%。近两年共筹组项目 39 个，签订银团授信额约 1 000 亿元。全区各国有银行、政策性银行、股份制银行和部分城市商业银行都参与了银团贷款的筹组、签约、合作。为地区基础建设、民生工程、重点项目的建设注入了大量的建设资金。为自治区经济腾飞、为银行合作共赢作出了贡献。

二、内蒙古地区银团贷款的主要特点

银团贷款作为一种新的信贷模式，与传统的双边贷款相比，具有独特的优势，而内蒙古地区银团贷款又具有以下主要特点：一是降低了客户集中度风险。通过开展银团贷款和分销，加快了客户和市场的多元化，有效降低和分散了内蒙古地区银行的客户集中度风险。二是提高了风险评估能力。通过自治区多家银行共同参与对借款人和债项的评估，从更多的视角来审视和观察风险，有效降低银团贷款中银企之间信息不对称性的弊端。三是提升银行议价能力。通过银团贷款的方式，变银行之间的恶性竞争为抱团取暖，有效提高了银行业同借款人谈判的议价能力。四是改善金融服务水平。通过各家银行对贷款项目的共同参与，使单家银行难以承担的重大项目得到更好满足。五是促进银企关系。

多家银行联合可以切实减少权力寻租的可能，形成更为健康的银企关系。六是支持的范围和能力进一步扩展和增强。银团贷款紧密围绕自治区政府提出的"8337"发展思路，把现代能源和现代煤化工生产、有色金属生产加工和现代装备制造等作为重要的项目切入点，做大做实项目储备，保证自治区银团贷款全面、协调、可持续发展。

三、推进银团贷款发展的主要措施

近几年来，针对内蒙古经济的特点，在内蒙古银监局的大力推动和正确指导下，内蒙古银行业协会创新工作思路，走出了一条以《银团贷款合作公约》为引领、以银行业金融机构为主体、以专业委员会为组织架构、以信息交流平台沟通联系的银团贷款业务协调发展之路。

（一）规范制度，建立机制，为银团贷款提供制度保障

自 2006 年内蒙古银行业协会成立以来，先后制定、修改、完善了《内蒙古银行业银团贷款合作公约》、《银团贷款业务数据统计报送及通报制度》、《内蒙古银行业银团贷款工作规则》等 10 多个公约、规则、制度。

内蒙古银行业银团贷款的发展也得到了监管部门的有力支持，内蒙古银监局于 2010 年 12 月末出台了《内蒙古自治区银行业金融机构银团贷款指导意见（试行）》，中国银监会 2011 年 8 月 1 日下发了《银团贷款业务指引》，从工作职责、银团贷款的发起和筹组、银团贷款合同、银团贷款管理等方面提出了指导性意见，对银团贷款业务操作进行了规范。从而形成了外部监管、行业自律、市场约束"三位一体"的银团贷款制度框架体系，为银团贷款业务顺利开展奠定了坚定的基础。

（二）搭建平台，做好服务

内蒙古银行业协会在推进银团贷款业务过程中，一是充分发挥自身优势，最大限度发挥轮值主席行的主观能动性、创造性，密切各行间沟通联系，带动业内其他银行积极开展银团贷款业务。二是通过召开银团贷款业务研讨会、项目推介会、贷款项目签约会、工作年会等形式，发布经济、信贷政策信息，沟通情况，协调解决存在的问题，研究探讨进一步推进银团贷款工作的方式方法，扩大银团贷款社会影响。三是通过建立银团贷款业务数据定期报送制度，及时掌握会员单位参与银团贷款与交易情况，做好统计分析与信息共享工作。四是充分发挥银团贷款专业委员会信息交流平台的作用。通过正常业务交流、信息

沟通进一步提高了银团贷款组团成功率。五是开展内蒙古银行业银团贷款支持经济发展先进单位评选活动。2014 年年初，内蒙古银行业协会对近几年做出突出成绩的先进单位进行评选，国开行、工行、农行、中行、建行、华夏银行 6 家被评为内蒙古银行业银团贷款支持经济发展先进单位，进一步调动各银团委员单位工作积极性，推动各委员单位支持自治区银团贷款业务发展。

（三）促进合作，加强协调

协会针对银团贷款业务涉及银行多、贷款额度大、审批环节复杂、贷款管理营销策略和风险偏好存在差异等特点，积极协调、协商解决各方利益关切，求同存异，创新解异，达到多赢的工作成果。

（四）推动创新产品，提高组团成功率

内蒙古银行业协会积极组织推动银团创新。轮值主席行与各委员行积极探索，大胆实践。创新的模式包括：分组银团、小额贷款银团、流动资金贷款银团等，提高了银团贷款组团成功率。（1）分组银团的创新及实践，以准格尔至兴和运煤高速公路分组银团贷款项目为例，该项目由国家开发银行作为牵头行、代理行与华夏银行、招商银行共同筹组，合同金额达 88.2 亿元，由国家开发银行与招商银行组成 A 组银团，贷款期限为 15 年；国家开发银行与华夏银行组成 B 组银团，贷款期限为 21 年。成功解决了贷款期限不同的问题，实现了组团成功。（2）小额贷款银团的创新及实践，以骑士乳业奶牛养殖基地建设 3 000 万元银团贷款项目为例，该项目由国家开发银行、达拉特国开村镇银行共同承贷，国家开发银行担任牵头行，达拉特国开村镇银行担任代理行。该项目将国有银行的资金优势、项目评审优势与基层金融机构的项目属地管理优势、结算服务优势结合起来，解决了村镇银行单户额度不超过资本净额 5% 的政策规定与中小企业在快速发展阶段大额融资需求的矛盾，是大行与小行共同支持实体经济的有益尝试。（3）流动资金贷款银团的创新及实践，以北方联合电力有限责任公司流动资金短期循环贷款项目为例，该项目由国家开发银行、中国银行共同承贷，中国银行担任牵头行，国家开发银行担任代理行。项目采取一次授信、循环用信的方式，满足了客户大额流动资金用款需求。

四、进一步推进银团贷款需要加强的工作

内蒙古银团贷款经过近几年的发展，得到了各家银行和客户的广泛认同。但整体而言，自治区银团贷款在贷款额度中占比还较小，实际业务发展与市场

需求还有很大差距，还需要进一步加大工作力度。

一是进一步落实好银行监管要求。在银团贷款执行上，特别是在承贷份额及分销比例上还需要协会积极协调，各银行成员积极配合，进一步落实好监管部门要求。

二是协调和沟通机制有待于完善。由于协调沟通机制还不够完善，在一定程度上影响了银团贷款筹组效率，还需要进一步改进和不断加强。

三是后续管理还有待改进和规范。近年来，在贷款规模趋紧和监管条件趋严的情况下，各成员行按照贷款综合收益安排规模优先级，一些重大项目银团贷款由于收益率水平偏低，无法保证用款需求。

四是解决不规范竞争问题。优质客户是各家银行抢夺的重点，甚至有不择手段违规竞争的问题。

五是银团贷款创新力度有待加强。由于各家银团贷款审批存在各种差异，创新力度还略显不足。

六是"走出去，引进来"，将银团贷款项目推向全国。近几年中国银行业协会加大了银团贷款的工作力度，我会将以此为契机推动银团贷款项目走向全国融资，引进更多的投资银行，同时也可以支持参与更多全国性的好企业建设工作，提高内蒙古自治区银行业的知名度、信誉度，不断增强银行业自身发展实力、动能和水平。

（作者林雪清，内蒙古银监局副巡视员、
内蒙古银行业协会专职副会长）

小微企业金融服务发展现状的调查研究

一、基本情况

近年来，山东银监局高度重视小微企业金融服务工作，专门成立了推进工作领导小组，持续强化差异化监管政策，推动搭建小微企业金融服务网络平台；积极推进组织体系建设完善，指导建立健全包括"六项机制"、"四单原则"等在内的小微企业金融服务体制机制；鼓励银行大力开展小微企业金融服务模式和服务产品创新；引导规范收费行为，推动降低小微融资成本，小微企业金融服务取得了阶段性成效。截至 2014 年 9 月末，小微企业贷款余额 9 735.62 亿元（不含青岛），较年初增加 1 089.04 亿元，同比多增 47.12 亿元，增速高于各项贷款增速 2.73 个百分点，小微企业贷款综合金融覆盖率 71.85%，较年初提高 8.6 个百分点，小微企业申贷获得率 92.29%，小微企业贷款连续 5 年实现"两个不低于"目标。

二、面临的主要问题和困难

（一）小微企业自身问题仍非常突出

小微企业的高风险低盈利性决定了贷款的高风险溢价。大部分小微企业自我担保能力普遍不足，增加了其融资难度和成本。笔者对 106 家样本企业进行了问卷调查，"找不到合格的担保人"占比 43.55%，"无有效资产抵押"占比 40.32%。调研发现，由于目前我国的市场体系还不够成熟，小微企业往往处于弱势地位，难以提供存货、应收账款等优质质押标的，不符合银行低成本产品的条件。

（二）银行信贷管理与小微企业融资需求难以有效契合

大部分银行在小微企业金融服务方面的定位和经营策略仍不够清晰，信贷管理技术和产品创新能力不足，同质化竞争问题突出，另外，多数小微企业倾向于从多个银行分散获取授信，导致了微型企业得不到信贷支持和个别"优质"企业过度授信交织并存的尴尬局面，甚至滋生了个别企业的盲目扩大投资、参与民间借贷等问题，进而形成风险。问卷调查发现，106 家样本企业中有近七成企业在 2 家（含）以上银行有贷款额度。

（三）信用风险持续暴露加大了获取授信的难度

在当前经济下行和产业升级的双重压力下，部分小微企业自身经营管理和融资能力的缺陷日趋突出，经营困难加剧，银行联保贷款"火烧联营"，担保圈、担保链风险突显，特别是在民间借贷、非法集资、恶意逃废债、缺少有效的贷款风险分担和补偿机制等多方面问题的交织影响下，不良贷款率快速上升，截至 2014 年 9 月末，小微不良贷款余额 236 亿元，不良贷款率为 2.42%，较年初增加 0.63 个百分点，超出各项贷款不良率 0.76 个百分点，信用风险的加速暴露，进一步增加了小微企业融资的难度。

（四）银企信息不对称影响银行信贷支持

小微企业欠缺规范的财务管理体系和信息披露机制，银行获取企业真实信息比较困难，且小微企业的各种信用信息资源散落在不同部门和机构，没有公开查询渠道，银行无法准确研判企业第一还款来源的真实状况。此外，社会征信体系还不够完善，众多小微企业、个人、小额贷款公司授信、网络 P2P 授信等信息未纳入征信数据库，也无法全面体现小微企业真实的信用状况。

（五）担保公司的增信作用未充分发挥

一是政策性融资担保公司发展速度较慢且功能异化。调研发现，山东国有独资的融资性担保公司 30 家，占全省融资性担保公司总数的 12.1%，部分地市政府主导的融资性担保公司未向小微企业贷款提供担保。二是融资性担保公司运作不规范，如偏离主业、违规进入民间借贷领域、违规收取客户保证金、保证金专户开立不规范、要求反担保等问题较为突出，据调查，大部分担保公司为小微企业提供担保，100% 都要求提供反担保，完全背离了成立担保公司的初衷。三是融资性担保业经营风险较大，截至 2014 年 6 月末，山东担保机构同比减少 26 家，担保金额、收入、净利润同比分别减少 13.4%、27.9% 和 2.4%，担保代偿余额同比增长 280%，部分担保公司出现违约甚至倒闭，加大了风险向银行体系的传导。

（六）小微企业的投融资环境有待进一步改善

虽然政府大力推行简政放权，但基层名目不清的收费仍然存在。而且，由于我国破产制度不够完善，小微企业投资意愿不强显得尤为突出。同时，直接融资门槛较高，小微企业过度依赖银行间接融资。截至 2014 年 4 月末，山东省小微企业贷款总额 1.16 万亿元，而同期小微企业直接融资不足 100 亿元，间接融资与直接融资比例为 116:1。

（七）小微各项激励政策措施未有效落地

一是监管激励政策未完全在银行落地。银行基层经营单位没有独立小微团队和专属客户经理，各项激励政策得不到全面贯彻，同时，部分机构没有制定不良容忍度、尽职免责等细化措施，削弱了营销人员的积极性。二是部分财税支持政策不到位且效能未达到最大化。调研发现，银行多将获得的财政补贴资金作为营业外收入，纳入其资产负债表，并于年底结转利润，仅有部分银行将少量财政补贴资金入账"贷款损失准备金"科目，用于弥补不良贷款导致的贷款损失。三是尚未建立快速核销制度。对借款人或担保人均为自然人的贷款，如因重病、事故身残或"跑路"等导致不良贷款，由于自然人未真正死亡，也没有个人破产相关规定，无法快速进入呆账核销程序处置。

三、对策建议

（一）推动进一步深化小微企业经营体制改革

银行应进一步深化经营体制改革，大力发展小微企业金融服务专营机构、专营团队和特色化、专业化支行，并建立健全小微企业金融服务专有的管理体系，推动制定专门的授信政策，开发专用的配套技术和工具，促使小微金融服务向纵深发展。

（二）推动进一步加快金融服务产品创新

推动银行进一步丰富贷款期限结构品种，提高银行信贷资金期限与企业经营实际的匹配度。同时，推动银行大力探索并推行多种形式的综合授信制贷款，使企业可以根据自己的生产经营和资金周转实际主动安排借款额度和还款时间，切实缓解企业资金压力，降低融资成本。

（三）推动并积极探索建立主办银行制度

针对过度授信等问题，推动银行积极探索建立主办银行制度。主办银行作为小微企业的战略合作银行，为企业提供包括存贷款、结算、咨询等全面的综合金融服务，并对企业融资规模、担保规模等进行分析，帮助其合理运用现金，防止盲目融资、过度担保。

（四）加快信用体系建设步伐

加快建立完善社会信用体系，建立小微企业综合化信息服务平台，推动建立专门为小微企业服务的非营利性的征信服务机构。加强对小微企业的辅导，引导其树立诚信意识，主动创造条件降低信息获得成本。打击非法金融和逃废债行为，切实维护地方金融市场秩序。

（五）推动建立健全担保体系

大力发展不以盈利为目的的政策性担保机构，建立政府主导的再担保公司。引导成立科技、农业、商贸等专业性强的政策性担保基金，将担保基金与各部门政策及扶持资金紧密结合。加强对担保行业的监管，规范担保机构行为，积极引导加强行业自律。

（六）推动加大财税政策支持力度

将小微企业风险补偿基金用于参股和控股部分担保公司，或成立新的政策性担保公司，发挥财政资金的倍数撬动效应。加大对小微企业专项扶持资金落实情况的检查力度。进一步整合财税等支持小微企业的政策，确保政策衔接。建立巨灾保险基金，完善保险风险分散和补偿机制。

（七）推动改善投融资环境

简化行政审批，完善破产制度，建立多元化股权交易市场，打通投融资渠道，打造良好的投资兴办实业氛围，促进直接融资发展。

（作者宁敏，时任山东银监局副巡视员，
现任中银国际证券有限责任公司执行总裁）

欠发达地区农村普惠金融发展的现状及对策

——以新疆喀什地区为例

近年来，随着喀什经济开发区经济的快速发展，农村金融业务发展迅速，各种新业务产品层出不穷，但向普惠金融体系的过渡仍然任重道远，如何让农村各类银行业机构提高"三农"的金融服务水平，使现代金融更多地惠及农民和经济发展的薄弱环节，是一个非常值得关注的课题。

一、喀什地区农村金融体系及金融服务现状

（一）农村金融机构体系不完善

喀什地区银行业金融机构主要有国有商业银行、股份制商业银行、政策性银行、邮政储蓄银行、城市商业银行、农村商业银行和农村信用社。农业发展银行、农村信用社支农力度不断加强，股份制商业银行也初步涉及农业生产。但喀什农村金融体制改革起步较晚，还存在业务单一、管理粗放、风险突出等问题，目前尚无一家新型农村金融机构为农村提供金融服务。

（二）农村金融服务机制落后

一是农村金融体系对"三农"贷款的资金供给不足。以2014年为例，喀什地区所需春耕生产资金为93.38亿元。金融机构春耕贷款投放计划约为57.56亿元，由于农户自筹能力有限，仍存在23.41亿元的缺口。农村信用社投放约48.51亿元，其他银行业机构投放力度均显不足。二是"三农"的融资成本高。"三农"的贷款利率浮动系数普遍在50%左右，远高于同期商业银行利率浮动幅度。贷款投向也愈来愈趋向于"非农化"和"城市化"，使大部分农民和农村小微企业获得贷款比较困难。三是担保体系不健全。目前喀什地区融资性担保公司基本没有开展业务、农村地权、林权抵押也还在探索之中，担保难问题仍然存在。四是结算渠道仍不畅通。目前喀什地区乡镇一级银行业机构只有农村信用社，且农村信用社只开通了企业网上银行，个人网上银行和手机银行等便捷

的结算渠道均未开通。

（三）"金融服务进村入社区"工程仍有缺陷

喀什地区已实现21个空白机构乡镇金融服务全覆盖。但在经济发展状况较差、地处偏远的乡镇村所空白乡镇财政定向补贴政策不能覆盖经营成本，单纯以贷款年度平均余额的一定比例作为补贴基数核定定向补贴额，喀什地区高原乡镇空白网点设立的金融服务站无法实现商业可持续，也势必影响到当地金融服务。

（四）小微企业金融服务仍显不足

截至2013年年末，喀什地区小微企业贷款余额57.21亿元，小微企业综合金融服务覆盖率为86.6%，申贷获得率为76.85%。截至2013年年末，喀什共有10 845家中小微企业，但小微企业授信户数只有5 825户，小微企业贷款难的问题依然突出。

（五）银政沟通有待加强

近三年来，喀什地区农村信用社共向13.79万名妇女发放创业贷款31.43亿元，覆盖了全地区80%以上有创业意愿的妇女。但由于银政沟通存在一些问题，政府补贴难以及时足额到位，导致妇女创业贷款余额增长放缓、违约率呈上升趋势，影响了农村信用社的资产质量及支农力度。

二、完善农村普惠金融体系的政策建议

（一）加大落实农村金融的政策力度

一是坚持专款专用的原则，为农业发展提供广泛的财政资金支持；二是为偏远地区农村金融机构的建立和发展提供资金支持，特别是对为消除空白网点的金融机构增加补贴力度，减轻农村金融机构的财务负担；三是制定税收优惠、利息补贴等各类优惠政策来鼓励金融机构为农村提供贷款。

（二）构建多层次、多元化、相互补充的农村金融服务体系和担保体系

适时成立村镇银行和农村资金互助社等新型的农村金融机构，探索邮政储蓄银行在乡镇一级开设分支机构与农村信用社形成支农互补机制。建立健全由政府协调组织，财政、农户共同出资的担保基金，扩大农村互助担保组织规模，建立各种形式的涉农保险和互助保险组织等，解决担保难的问题。

（三）深化农村信用社改革，培育真正的"农民银行"

农村信用社改制成农村商业银行后，应进一步强化支农作用，围绕农村金

融需求创新贴近农村市场金融产品，加大"三大工程"建设力度，满足农村不同层次的金融服务需求，使农村信用社真正成为"农民的银行"。

（四）引导和规范农村"民间借贷"的发展

政府应重视并创造条件逐步规范和引导民间金融，加强管理，限制、打击有违公平原则、存在过高风险的非法民间借贷，打击高利贷、非法集资和金融欺诈行为，为农村营造一个良好的金融环境。

（五）加大农村基础金融服务力度

引导银行业机构开展金融服务"村村通"工程，将金融服务的触角延伸到新形成的富民安居社区，解决"最后一公里"问题。采取定时定点服务、自助服务终端、提供简易便民金融服务等措施，提高金融服务的覆盖率。加快在农村地区银行业机构推广应用微贷技术，推行"一次核定、随用随贷、余额控制、周转使用、动态调整"的农户信贷模式，方便广大农户。

（作者张坚，新疆银监局副巡视员）

规范管理篇

国际银行业监管框架的反思[①]

——兼论简单性、可比性和风险敏感性的平衡

经过近年来的发展，巴塞尔委员会主持制定的国际银行监管框架越来越复杂，这既是应对日益复杂的银行体系的需要，也是巴塞尔委员会追求监管框架的风险敏感性的结果。复杂的监管体系带来了规则实施不一致、监管要求不具有可比性、监管有效性降低等一系列问题，影响了国际银行监管规则的权威性和可信度。针对该问题，巴塞尔委员会对当前的国际银行监管框架进行了全面的反思，基本肯定了当前的规则制定思路，但提出应当追求简单性、可比性和风险敏感性的平衡，避免规则的过度复杂，解决不同商业银行风险加权资产不具有可比性的问题。

一、国际银行监管框架的日益复杂及其原因

从巴塞尔 I 到巴塞尔 II，再到巴塞尔 III，国际银行监管框架已经成为一套十分复杂的规则体系，主要体现在风险计量方法复杂性的不断提高。其原因主要包括：一是随着银行体系组织结构、金融工具、业务品种和交易策略的日益复杂，金融创新层出不穷，监管当局惯性地选择了日益复杂的风险计量方法。二是提升风险敏感性是推动风险计量方法复杂化的主要动力。巴塞尔 I 力求建立全球统一的资本监管标准，防止银行为获取竞争优势而降低资本，然而随着金融机构及其业务和工具日益复杂，仅用单一的模型和权重设定难以准确反映风险。因此在巴塞尔 II 的推进中，主流的监管理念是采用银行内部模型计量监管资本，使监管资本与银行自身的风险计量结果及经济资本保持一致，以此提升监管资本的风险敏感性，奖优罚劣，实现激励相容。此外，由于各家银行的历史数据、模型假设、参数的选取不同，内部模型一般相对复杂，加之银行在

[①] 该文曾发表于《金融监管研究》2015 年第 1 期。

运用内部模型的过程中不可避免地存在逃避资本监管的内在动力，这可能在一定程度上进一步增加了内部模型的复杂程度。

二、监管框架复杂化带来的挑战

在很长一段时间内，内部模型的引入和激励相容监管框架的构建都被认为是巴塞尔协议在监管理念上的重大突破，然而，内部模型法带来的复杂性的不断提升及其在风险管理中存在的问题也日益凸显。

一是风险计量方法存在固有的模型风险，其复杂化可能在追求精细化的同时削弱银行内部风险管理的有效性。二是银行具有资本套利的内在动力，监管框架的复杂化在降低了监管套利成本的同时，增加了监管成本，影响了监管的有效性。三是监管框架的复杂化会降低不同银行监管资本的可比性，影响国际规则实施的全球一致性。四是监管框架的复杂化在一定程度上降低了信息透明度，增加了市场参与者信息获取成本，并影响其对银行风险和资本充足状况做出准确判断，不利于其做出准确的决策，从而削弱信息披露的市场约束作用。

三、国际银行监管规则制定的内在矛盾

国际银行监管框架的日益复杂也与规则的制定过程密切相关。作为国际标准，国际银行监管规则的制定过程是一个各国监管当局求同存异的过程。该制定过程决定了国际银行监管规则实质上是政治妥协的产物。

各国银行业均有其自身的一些特点，巴塞尔委员会制定的国际银行监管规则，不可能兼顾各国银行业的所有特性。为此，巴塞尔委员会采取了以下措施缓解这一矛盾：一是规则制定过程中充分吸收成员国的意见。制定国际规则采用建立工作组的方式，各成员国监管当局都可以派代表参加工作组，并根据本国实际提出意见；规则草案形成后，向全球公开征求意见，力求全面反映各方意见和建议。二是在规则制定过程中纳入了大量的国家自由裁量权（national discretion）。各国可以根据本国银行业实际，在授权范围内制定本国规则，增加规则在本国的适应性。

上述做法有利于提高国际银行监管规则在不同国家实施的有效性，但也带来了一些问题。一是一些国家实力、参与国际规则制定人员的能力和水平、在国际金融市场中的地位等方面占有优势地位的国家可能将本国监管当局的意图

纳入到国际规则中，争取对其有利的规则，要求针对本国特殊情况做出其他特殊规定，甚至豁免相关监管要求，使国际规则纳入大量的特殊条款，增加了国际规则的复杂性，并可能更多反映优势地位国家的利益。二是自由裁量权在给予各国更多的制定本国规则的灵活性的同时，也影响了国际规则实施的一致性和监管要求的可比性。目前，巴塞尔委员会正在对自由裁量权进行审查，拟尽可能减少各国的自由裁量权。如何在制定国际统一标准的同时，充分考虑各国银行业的实际，是国际银行监管规则制定面临的挑战。

四、巴塞尔委员会的改进思路

尽管引入内部模型增加了国际银行监管框架的复杂性，并可能带来监管套利问题，巴塞尔委员会在研究之后仍然认为，内部模型的引入仍然是有效考虑不同银行风险状况差异，提高资本监管规则风险敏感性的较好方法，但将进一步研究取消使用内部模型的可能性。巴塞尔委员会当前的任务是，立足目前的资本监管框架，通过引入一些方法实现风险敏感性和可比性、简单性的平衡，提高国际银行监管框架的有效性。2014 年 11 月，巴塞尔委员会发布《减少风险加权资产差异》报告，提出了改进国际银行监管框架，提高资本充足率一致性和可比性的政策方案，主要包括以下三方面措施（BCBS，2014）。

（一）修改监管规则

修改监管规则是巴塞尔委员会改进国际银行监管框架的重点，主要包括：一是积极推进交易对手信用风险、操作风险、市场风险、信用风险标准法等的修订工作，并对巴塞尔 II 规定的资本底线规则进行修订；二是对内部模型法进行全面评估，限制由银行自行确定的模型参数的范围；三是充分发挥杠杆率在资本监管中的作用。巴塞尔委员会 2014 年 1 月发布的杠杆率修订框架进一步明确了杠杆率敞口的计量方法，解决了各国会计规则差异导致的杠杆率敞口计量不一致问题，有利于杠杆率在全球的一致实施。下一步，将对 3% 的杠杆率国际标准进行评估，并研究是否在 2018 年将杠杆率纳入第一支柱框架。

（二）强化信息披露要求

巴塞尔委员会拟于近期发布修订后的第三支柱要求（征求意见稿），大幅度提高风险加权资产的披露要求。要求银行增加披露有关风险计量的详细信息，并通过采用统一的披露模板提高披露信息的一致性和可比性，以便市场参与者能够充分比较、评估不同银行的资本充足水平。

（三）持续监测

巴塞尔委员会将在前期银行账户和交易账户风险加权资产差异性比较的基础上，继续对同一资产组合计算的资本要求的差异情况进行评估，监测重要资产类别的资本要求的差异，并将于 2015 年发布评估报告。长期来看，巴塞尔委员会还对其资本监管框架进行更全面、深入的评估，并考虑是否进行根本性的改革。

五、前瞻性思考

经过近年来的努力，巴塞尔委员会已经建立了一套较为成熟的国际银行监管框架，并以其审慎、严谨和科学性获得了各国监管当局的广泛认可，这一监管框架仍在持续演进过程中。

巴塞尔委员会提出，国际银行监管框架应当平衡简单性、可比性和风险敏感性，在维持监管框架风险敏感性的同时，确保国际规则简单、易于理解和实施，并在不同银行、不同时点上具有可比性。巴塞尔委员会已经设立了一系列评价简单性、可比性和风险敏感性的标准。值得思考的问题是，随着国际银行体系越来越复杂，巴塞尔委员会制定的国际银行监管规则能在多大程度上实现简单性的要求，如何有效保证风险加权资产的可比性，仍然是其面临的重大挑战。

与此相关联的一个问题是，随着巴塞尔委员会扩大其成员范围，越来越多的发展中国家参与到国际监管规则制定过程中。由于人才匮乏、不了解国际规则的制定过程、不能熟练地运用英语这一国际化语言等原因，发展中国家在国际银行监管规则中发挥的作用相当有限。中国有必要加强对国际监管人才的培养，更多地参与到国际监管规则的制定过程中，一方面结合我国实际，通过将国际规则转化为国内监管规则，推动我国银行不断提高风险管理能力；另一方面在国际监管规则方面争取更大的话语权，在国际金融秩序的构建中发挥更大的作用。

（作者刘春航，中国银监会政策研究局局长）

大型银行的发展与监管[①]

大型银行一直是我国银行业金融的主体，在金融体系中占据核心地位，是我国金融稳定的关键。改革开放以来，大型银行完成了从行政化管理的国家专业银行到国家控股的股份制商业银行的蜕变，成为公司治理规范、按照市场规则运作、具有国际竞争力的现代化商业银行，且已跻身国际大型银行之列，取得了举世瞩目的成就。

一、大型银行发展历程与成就

我国大型银行先后经历了国家专业银行、国有独资商业银行、国有控股股份制商业银行三个阶段。

1978—1994 年，中国农业银行、中国银行、中国人民建设银行、中国工商银行四大国家专业银行先后设立。交通银行则成为第一家全国性股份制商业银行。1995 年《中华人民共和国商业银行法》明确了工商银行、农业银行、中国银行、建设银行四家国有独资商业银行的法律地位，四大国家专业银行开始商业化改革。2003—2013 年，按照财务重组、股份制改造、资本上市"三步走"改革路线图，大型银行先后完成了向股权结构多元化上市银行的历史转变。历经 35 年的改革发展，大型银行逐步成为公司治理结构完善、运行机制健全、经营目标明确、财务状况良好、具有较强国际竞争力的现代商业银行。

现代商业银行的公司治理架构基本确立。五家大型银行构建了董事会、监事会和高级管理层之间有效制衡、协调运作的公司治理结构，建立了独立董事制度，董事会在公司治理中的核心作用得到有效发挥。建立了市场化的资本补充机制，规范和完善了信息披露，充分发挥资本市场的监督作用。

全面风险管理体系逐步形成。建立了完备的风险管理框架和制度；建立资本与风险和信贷增长挂钩的科学机制，经济资本、经济增加值和经风险调整后

---

① 该文曾发表于《中国银行业》2014 年第 3 期。

的资本回报等先进管理方法得到应用，内控管理不断加强。积极实施资本管理高级方法，将风险计量结果深入应用于日常经营管理，切实提升经营管理水平。

风险抵御能力大幅提升。一是不良贷款余额和比率持续下降，资产质量大幅提高，大型银行平均不良贷款率从 2002 年底的 21.4% 降至 2013 年底的 1%。二是贷款损失准备充足，拨备覆盖率不断提升，截至 2013 年年末大型银行拨备覆盖率达 290.42%。三是资本充足率达到国际先进银行水平。2002 年工商银行、农业银行、中国银行、建设银行四家银行被部分海外媒体判断为"技术上已经破产"；到 2013 年年底，五家大型银行平均资本充足率达 13.15%，按英国《银行家》杂志一级资本排名，工商银行、农业银行、中国银行、建设银行全部入选前 10 位。

经营效益持续向好。2002 年年底，我国大型银行税后净利润为负，处于资不抵债的状态。到 2013 年年末，我国大型银行资产总额达 65.6 万亿元、实现净利润 8 614.2 亿元，资产回报率（ROA）约 1.33%、资本回报率（ROE）约 19.98%；英国《银行家》杂志 2013 年总资产排名中，工商银行、建设银行、农业银行、中国银行分别位居第 1 位、第 9 位、第 11 位和第 14 位。

服务实体经济能力不断提升。一是适应我国产业结构调整和经济发展方式转变的要求，认真贯彻落实国家产业政策的各项要求。二是适应国家货币政策调整的要求，科学确定信贷总量，平稳把握信贷节奏。三是加强金融服务创新，满足实体经济对多样化金融服务的需求。

综合化、国际化程度不断加深。一是五家大型银行逐步形成以商业银行为核心，覆盖投行、基金、保险、租赁、信托等综合化业务平台。二是大型银行国际化程度加深，目前，五大行已在 6 大洲 46 个国家（地区）设立各级机构 1 273 家，境外机构资产约 1.04 万亿美元，较 2003 年增长 5.8 倍；中国银行自 2011 年、工商银行自 2013 年成为金融稳定理事会公布的全球系统重要性银行。

近年来，大型银行资产规模、市场份额在银行业的占比有所下降，但在我国金融业的核心作用丝毫没有动摇。大型银行始终代表我国金融支持实体经济的主体地位，代表维护金融稳定的关键角色，代表银行改革创新的领先方向，代表银行业践行社会责任的先锋作用，代表银行业发展水平的国际形象。加强大型银行监管，对服务实体经济、维护金融稳定有着极其重要的作用。

二、大型银行下一步的发展与监管

2013 年，《中共中央关于全面深化改革若干重大问题的决定》和《关于

2013年深化经济体制改革重点工作的意见》，明确了金融体系改革目标和任务。当前，大型银行面临的挑战主要来自三个方面：

一是经济形势变化。从国内看，我国经济正处于转型过程中，银行风险管控难度加大；从国际上看，美欧等地区的经济复苏在可能增加我国出口的同时，也会对我国经济产生一定的"挤出"效应。

二是政策变化。一方面我国进入全面深化改革时期，中央和各有关部门陆续出台的相关政策措施，将会对银行业改革发展产生重大影响；另一方面近年来国际银行监管的新规则、新标准大量出台且措施趋严，将极大地影响到大型银行海外分支机构的经营，同时对我国的监管标准和政策制度有一定影响。

三是金融业态变化。一方面是传统金融领域的新业务产品、新交易结构、新融资渠道等创新不断；另一方面，以互联网金融为代表的新兴业态迅速崛起，对传统金融带来较大冲击。

对此，大型银行必须按照党中央关于全面深化改革的总体要求，服务实体经济，加快创新发展，坚守不发生区域性系统性风险的底线。

第一，制定发展战略。一要大型银行坚持差异化、特色化发展战略，基于自身的风险管控能力和风险偏好程度，实现错位竞争和差异化竞争。二要科学制定集团综合化经营战略规划，充分发挥集团内非银行附属机构的协同效应。三要科学统筹制定国际化战略，按照市场的功能互补性、市场竞争性、业务可持续性、环境友好性和风险可控性的"五性"原则科学评估目标市场，稳步推进国际化发展。

第二，转变发展方式。一要加快外延式发展向内涵式发展的转变，主动适应经济金融环境的变化并调整发展方式，大力提升银行内在价值创造能力。二要加强资产负债平衡匹配管理，提高不同货币政策环境下的流动性管理水平，增强经营模式的适应性。三要加强金融创新，加快现代信息技术与金融业务的融合，继续保持对市场的引领作用，服务实体经济，促进银行业稳定健康发展。

第三，完善公司治理。一要完善大型银行的治理机制，注重治理的系统性、整体性和协同性，建立健全现代公司治理运行机制。二要合理定位董事、监事和高管层履职目标，强化勤勉尽职、合规稳健的履职文化，提升独立董事履职水平。三要完善绩效考评机制，科学制订经营计划，强化风险合规和发展转型类指标，回归安全性、流动性和盈利性"三性"原则。

第四，提高服务效能。要认真落实党的十八大精神和国家宏观调控政策，增强宗旨意识，提高服务水平。一要更好服务实体经济，加快推动产业结构优化调整，重点满足"三农"发展和小微企业服务需求。二要重视消费者权益保护，积极履行社会责任，加强销售行为管理，充分揭示产品风险。三要建立科学合理、公开透明的服务收费制度，坚持质价相符的收费原则，满足不同群体的服务需求。

第五，筑牢风险防线。一要推进全面风险管理体系建设，风险管理要覆盖"全机构"、"全风险"和"全业务"。二要加强负债的稳定性、多样性、真实性，与资产的匹配性、成本的适当性以及负债的主动性等综合分析，加强负债质量的管理。三要健全风险隔离机制，构建机构、业务及风险隔离的"三道栅栏"隔离体系；实行自营业务与代客业务相分离；防止影子银行风险传染到传统银行领域。

第六，加强文化建设。党的十八大提出要增强文化整体实力和竞争力，文化实力和竞争力是国家富强、民族振兴的重要标志。大型银行须更加重视文化建设，培育形成银行核心价值体系，倡导良好的价值观念、职业道德和行为规范，提高全体员工对银行企业文化价值观的认同度，真正办成受人尊敬的国际一流银行。

（作者肖远企，时任中国银监会银行监管一部主任，现任中国银监会审慎规制局局长）

加强现场检查的探索与思考

现场检查是银行监管的重要手段，如果把非现场监管比作"常规武器"，现场检查就可喻为"非常规武器"，充分发挥现场检查作用对提高监管有效性具有重要意义。

一、关于现场检查机构设置

湖南银监局自成立以来，现场检查组织体系设置几经调整：

2003年至2006年，按"机构监管"导向设置监管部门，各监管部门均承担市场准入、非现场监管和现场检查职责，实行"一条龙"式监管。

2006年至2008年，在"机构监管"导向的基础上，按"功能监管"导向要求，对国有银行和合作金融机构实行现场检查与非现场监管、市场准入分离，单设了国有银行现场检查处和合作金融机构现场检查处。

2008年至2013年，撤销国有银行现场检查处，恢复国一处、国二处，国有银行监管部门设置回到"一条龙"式监管。

2013年下半年至今，调整、扩充合作金融机构现场检查处职责，由其归口管理现场检查，牵头组织大型现场检查、农村中小金融机构现场检查，组织现场检查培训等。

在十多年的实践中我们感受到，围绕发挥"定期体检"、"精确干预"作用，设立专门的现场检查机构是提高监管有效性所必需的，有利于加强对现场检查的统筹规划与归口管理，有利于加强现场检查专业技术研究与运用，有利于加强现场检查质量管理，有利于检验、促进非现场监管，有利于培养现场检查专业人才。综合考虑现场检查工作特性与监管资源约束，我们认为，省局、分局应专门设立现场检查处、现场检查科，承担统筹规划、归口管理现场检查，组织实施法人机构检查、大型检查、重点检查和运行EAST系统等职责。

二、关于现场检查立项

现场检查立项散、立项多，超出监管资源承受能力，是影响现场检查质效的重要因素。湖南银监局 2012 年、2013 年现场检查项目 20 个、16 个，其中省局自主立项 13 个、9 个，由于检查项目多、任务重，力不能及，顾此失彼，疲于应付，甚至出现为检查而检查、为完成任务而检查的现象。

在认真总结的基础上，2014 年湖南银监局自主立项一方面突出重点、做加法，另一方面压缩立项、做减法，全年现场检查自主立项两个大项：非信贷融资与表外业务检查；农村中小银行机构全面检查。前者抓住近年来发展快、违规与风险隐患多、信息不透明的非信贷融资与表外业务，后者延续对农村中小银行机构"三年一体检"的传统做法，为集中力量加强对重点机构、重点风险部位的现场检查打下了基础。

提高现场检查质效，要特别强调慎重立项、合理立项。现场检查立项应当综合考虑：

一是按法人监管需要立项，按对法人"定期体检"要求立项，条线立项，法人机构所在地监管机构立项，对分支机构的现场检查立项要服从与服务于法人机构监管的需要。

二是按照风险为本监管需要立项，要突出检查重点风险机构、重点风险区域、重点风险部位。既要检查银行机构风险状况，又要检查银行机构风险管理能力。对带有全局性、普遍性问题的检查要统一立项、统一组织实施，以节约监管资源与提高检查质效。

三是按监管资源承受能力立项，现场检查既要尽力而为，又要量力而行，既要考虑需要，又要考虑可能，有所为有所不为，切忌贪多、切忌不顾资源约束四面出击。要加强统筹协调，突出重点，有保有压，确保现场检查立项与监管资源相匹配，为每个检查项目配备相对充足的监管资源。

三、关于现场检查资源调配

2013 年年底，湖南银行业机构网点 9 164 个，资产总额 3.4 万亿元、比 2003 年增长 6 倍，而且由于金融创新不断演进，银行业务复杂性、违规与风险隐蔽性、各种不同风险关联度不断提高。与此同时，监管人员却没有增加，又不具有聘请外部力量的财力支撑，监管资源约束不断显现。为集成监管资源，湖南银监局 2007 年上收监管办，除一个偏远县保留监管办外，74 个监管办分别上收省局、分局。目前湖南银监局共有 906 人，其中省局 170 人，13 个分局 736 人，平均年龄 44.4 岁，其中省局 44.3 岁、分局 44.5 岁；分局、省局处室主要负责人平均年龄 49.7 岁、48.1 岁，分局科长平均年龄 48 岁。人员偏少、年龄老化，特别是部分人员不适应工作要求，人力资源不足问题较为突出。

为缓解监管资源约束，集中资源保重点。2013 年下半年以来，我们采取了两项措施：一是规定省局不再从分局借调或抽调人员，缓和分局人员紧张与节约费用开支。实质上分局人力资源紧张问题更为突出，回旋余地更小。有人讲，上面抽了下面的人，下面荒了责任田。二是以"横贯式"方式推行现场检查人员集成，由省局、分局在本级机关集成、统一调配检查人员。如今年我们组织开展非信贷融资及表外业务检查，按属地原则分配检查任务与集成检查人员，省局从 7 个监管部门、7 个综合部门调集 60 多人参加检查。

现场检查需要的人力资源多而且要求高，在人员紧张、精兵强将有限且分散在各个部门的情况下，利用工作上的"间歇性"、"季节性"与"可调控性"，错峰安排现场检查与日常监管、综合管理工作，集中人员在一定时间内打现场检查"硬仗"与"歼灭战"，是解决现场检查人力资源约束问题的现实选择。我们认为现场检查是提高干部业务能力、培养与锻炼干部尤其是年轻干部的有效途径，安排更多的人参与现场检查，有利于营造努力学习、努力工作的良好氛围。

四、关于现场检查技术手段

银行业机构日益广泛运用电脑与互联网技术，而我们的现场检查还停留在手工半手工状态，继续依赖人工翻阅传票、核对账务等传统手段进行检查，电脑仅仅在记录、处理、储存检查信息中发挥辅助作用，严重制约着现场检查质量与效率的提高。

按照银监会要求，我们采取有力措施大力推广应用 EAST 系统。2014 年初专门设立 EAST 系统科，配备 3 名懂电脑、熟银行的专职工作人员，力争在 2014 年内集中解决 EAST 系统推广应用的基础性、普遍性问题，明年内对城商行、农村商业银行和农村信用社全面运行 EAST 系统。在农村中小金融机构数据尚未达到 EAST 系统要求的情况下，在现场检查中利用 SQL 语句和 ACCESS 系统进行数据筛选、分类、统计、处理，运用电脑技术提高现场检查水平。

工欲善其事，必先利其器。银行监管技术装备与技术手段不能落后于银行业机构，必须加大监管信息系统、现场检查系统建设，运用互联网、大数据、云计算等先进技术手段武装银行监管。要改造升级监管信息系统，使其成为银行业统计信息平台与非现场监管工作平台。EAST 系统是适应银行经营管理电脑化、互联网化，对现场检查技术装备与技术手段的革命性改变，是缓解人力资源约束、提高现场检查质效的有效手段，现场检查要走以 EAST 系统为基础，以监管工作人员现场校验、核查为补充的路子。

五、关于现场检查质量管理

为促进提高现场检查质量，近些年我们组织开展了现场检查后评价、优秀检查报告评选等活动，但作用都比较有限。在非信贷融资与表外业务检查中，我们综合采取以下措施加强质量管理：一是加强领导，成立由局长任组长、其他班子成员任副组长的领导小组，合作现场处承担检查办公室职责，副组长分别督导各检查小组。二是落实责任，由 6 个处长分别担任检查小组组长，由组长指定主查，实行组长负责制。三是实行交叉检查，检查人员不参加对所在部门监管对象的检查。四是矩阵式分配检查任务，在按检查对象分配检查任务的同时，将检查内容分成 6 个专题，每个检查小组负责 1 个专题的检查培训、检查跟踪、检查指导、检查汇总。五是跟踪督导，领导小组定时听取各检查小组汇报，督察进度与质量，推动重点、难点部位检查，各检查小组建立碰头与会商机制，及时了解检查情况、处理问题。六是适度公开，规定必须由检查小组组长、主查进行培训授课、检查汇报，培训授课讲义在内网公开，在局务会上作检查汇报并进行讲评。七是强调现场检查是考核干部、评价干部的重要指标。

现场检查就是要有效发现问题与有效解决问题，发现问题是前提，解决问题是目的。现场检查质量不高，既是能力问题、技术问题，更是认识问题、管理问题。提高现场检查质效，必须要树立忠于职守、忠实履职、实事求是、依法依规的职业操守；必须要加强领导，落实责任，严明纪律，加强质量管理与过程控制，为检查人员抵御干扰创造良好环境；必须要引入奖励机制，以是否有效发现问题与有效解决问题为中心，评价业绩、考评干部。

（作者李赛辉，湖南银监局局长）

改革提升现场检查有效性的实践与探索

按照尚福林主席在年初监管工作会议上提出的"大力推动监管改革,改进监管方式,提高现场检查的有效性"的指导思想,近期,云南银监局在对近年来现场检查情况进行认真总结分析的基础上,根据银监会要求改革调整现场检查组织体系及流程,在提升现场检查有效性方面率先进行了实践和探索。

一、现场检查工作中存在的问题

在对云南银监局 2009 年至 2013 年的现场检查项目进行逐一分析和比对之后,我们发现主要存在六大方面的问题:一是检查立项缺乏规划性。检查立项与银监会、省局年度重点风险管控工作脱节、自主立项缺乏规划、检查内容偏重于传统业务。二是检查手段缺乏穿透性。查前对问题的定位能力欠缺,检查手段难以适应被查机构海量数据和资金交易高频化、跨区化的现状。三是检查视角缺乏宏观性。盯合规问题多,盯风险隐患少;盯具体问题多,盯整体缺陷少;盯操作环节多,盯制度设计少。四是存在重查轻处现象。责令整改、罚款等手段采用多,限制人员、业务准入等手段采用少,监管措施与违规的规模和程度严重不相称。五是检查尺度不统一。在检查频率、问题定性、问责处罚上存在尺度不一现象。六是检查运用缺乏持续性。在整改追踪、检查成果运用、总结归纳方面存在欠缺。

二、云南银监局提升现场检查有效性的实践

一是设置独立现场检查部门。分设省市两级专司现场检查的职能处室,现场检查部门主要负责现场检查工作的规划、组织、实施和协调,开展现场检查质量管理、经验总结、效果评价、成果推广工作,并及时向机构监管处反馈现场检查情况、发现问题、整改意见等信息。现场检查部门按专业性进行适度分工,即现场检查一处侧重存款、贷款、汇兑等传统业务检查,现场检查二处侧

重影子银行、表外业务、创新业务等检查。年度现场检查立项将根据机构特征统筹平衡，做到"对合适的机构采取合适的监管"，最大限度节约监管资源。

二是打造专业、有层次的现场检查队伍。为提升现场检查整体协作能力，按照专业化、梯队化的思路建立现场检查人才库。具体分四个梯队：第一梯队为现场检查专业人员，将业务能力强、检查经验丰富的人员充实到现场检查部门，改革后全局系统专业检查人员超过200人，比改革前翻了两番；第二梯队为机构监管部门中有能力参与现场检查的人员；第三梯队为其他综合部门中有一定现场检查能力的人员；第四梯队为监管办事处人员。在此基础上，又建立了现场检查协作制度，规定机构监管部门、综合部门相关人员每年参加的现场检查项目数量及天数，为打造一支集成性与协作性并重的现场检查队伍奠定了基础。

三是建立现场检查全流程质量控制体系和办法。印发实施《云南银监局现场检查质量管理实施办法》，从检查立项、项目实施管理、问题处理、后续跟踪、质量评价、资源管理等方面对现场检查进行全流程管理。特别在质量评价方面，实施现场检查履职尽责后评价制度，配套制定《现场检查人员履职评价表》、《现场检查项目质量评价要素表》等量化考核指标。现场检查质量评价情况将在处室及个人年度目标考核中有所体现。

四是规范现场检查操作流程。由现场检查处统一负责全辖立项、方案制定、查前培训、组织实施、检查处理等工作，做到人员集成、流程规范、痕迹清晰、标准统一，检查工作的规范性得到提升。同时，在查前、查中、查后不同的节点，均适当引入机构监管部门参与，有效增进检查的协同一致。

五是建立现场检查与非现场监管的联动机制。建立现场检查与非现场监管的联动制度和联席会议制度，明确联动协作机制。机构监管部门每年向现场检查部门提出年度重点检查的机构、业务等建议，现场检查部门在此基础上制订现场检查计划；现场检查部门提出初步意见商机构监管部门下发检查意见书；机构监管部门主要负责人参加现场检查进点、总结会谈，负责检查发现问题的后续整改工作，并将问题及整改情况反映到监管评级中。

从改革后开展的检查情况看，取得了初步成效：一是项目针对性明显提升，更加符合近期重点风险管控工作要求。二是检查独立性明显提升，从制度上切断了监管人员与被查机构之间的责任关联，杜绝了"人情监管"。三是检查专业性明显提升，通过每日问题清单及每周重大问题会商报告制度，有效拓展了检查宽度和深度，增强了检查威慑力。四是检查公平性明显提升，确保了对不同机构的同质同类问题监管尺度的一致，避免了因检查人员素质不一而造成的执法不公现象。五是工作效率明显提升。通过改革增进了内部协同性，增强了工作责任心，缓解了岗位疲劳。

三、相关建议

（一）增强现场检查独立性是树立监管权威的重要保障

坚持独立性，是提高专业性的基础和保障。长期以来分散在各机构监管部门的现场检查组织方式造成监管尺度宽严不一，现场检查功能减退，监管独立性、权威性、专业性不够。设立专门的现场检查部门，统一规划、组织、实施检查工作，从机制流程上做到主体独立、标准统一，为提高检查专业化水平奠定基础。建议参照商业银行区域审计中心的模式，实行现场检查大队区域派驻制度，建立一支自上而下、自成体系、垂直管理的现场检查队伍，原则上以交叉检查或下查一级的方式开展现场检查，最大限度地减少各种因素干扰，确保问题及时查出并得到处理。

（二）提高现场检查执法水平是贯彻监管理念的重要途径

现场检查的针对性和深入性，直接关系到中央调控政策和银监会审慎监管要求的落实，只有大力提高执法水平，充分发挥现场检查查错纠弊、校验核实、评价指导、警示威慑的功能，才能确保监管理念的有效传导。建议进一步加强现场检查精细化管理，借鉴商业银行信贷管理系统的成熟经验，在 EAST 系统基础上建立现场检查管理控制系统，实现工作文稿归集、后台监督和分析与对项目进度的动态化管理。

（三）改进检查方式方法是提高监管质效的重要手段

良好的组织方式和手段运用，对于提高检查效能具有重要的促进作用。通过建立现场检查与非现场监管的协作联动机制，采取人员集成式检查等方式，初步提高了监管专业化水平。下一步将重点推进以下工作：一是进一步推广 EAST 系统运用，与被查机构同时甚至早于被查机构发现问题，并加强痕迹管理，使被查机构无法事先应对检查和掩盖事实；二是探索建立现场检查问题库、档案库、案例库，使其可以实现分机构、分业务、分问题的不同检索方式，节省现场检查资源；三是加大处罚力度，切实改变以往以整改代替处罚、以经济处罚代替个人问责的做法，提高监管权威。建议银监会制定现场检查的良好标准，覆盖检查组织体系、管理、职责、立项、现场、处罚和处理、项目评估、后续检查等全过程。同时，建议组织编写现场检查操作流程手册，根据机构、业务分别制定检查标准化流程，系统化提高检查人员业务技能。

（四）打造高素质检查队伍是巩固监管根基的重要抓手

实践证明，直接参与现场检查是提高检查人员素质最有效的手段。针对现场检查队伍素质不高的现状，我们将试行现场检查和非现场、综合部门的岗位轮换制，建立省局检查专家赴分局担任主查人等制度，进一步加大人员交流力度。同时，加强现场检查经验的归纳、总结和推广，不断提高现场检查人员政策研究能力和业务水平。建议银监会调整激励约束导向，一方面，加强顶层设计，强化银行机构风险管理、案件治理、社会责任等方面的主体责任；另一方面，建立现场检查人员尽职免责制度，切断监管者与被监管者之间高关联性的同时，尽早落实主查人培训、奖惩、升迁及补贴等制度，从根本上提高现场检查人员的工作积极性和主动性。

（作者王朝弟，时任云南银监局局长，

现任中国银监会现场检查局副局长）

存贷比计算口径调整对银行业
影响分析及政策建议

自 2014 年 7 月 1 日起，银监会对存贷比计算口径进行调整，这是监管层对于未来经济适时适度预调微调的政策延续，与前期两次定向降准一脉相承，对"调结构""稳增长"具有积极作用。为及时了解和掌握此次调整对辖区银行业金融机构存贷比指标和未来经营的影响，大连银监局对辖内大连银行、大连农商银行和村镇银行等 10 家主要法人机构开展快速调查，并进行综合判断。

一、对辖内法人机构的直接影响

根据政策，本次可直接调整的项目仅有币种和支农再贷款，而村镇银行存贷比普遍超过或接近 75%、农村中小机构无外币业务，加之大连银行仍然受制于人民银行信贷规模管控等因素影响，本轮调整对辖内法人机构直接影响较小，仅能释放有效信贷资金不足 5 000 万元（估算）。

（一）支农再贷款项目调整释放少量资金

截至 2014 年 6 月末，10 家机构中，大连农商银行、瓦房店长兴村镇银行、金州联丰村镇银行、保税区珠江村镇银行 4 家机构涉及支农再贷款。但是，仅有金州联丰村镇银行在口径调整后存贷比下降 4.3%，可释放资金约 0.46 亿元。而保税区珠江村镇银行虽然存贷比下降 11.79%，但其存贷比仍高达 123.92%，远远超出 75%，已无资金可释放；大连农商银行、瓦房店长兴村镇银行已根据相关规定实施支农再贷款扣除计算，故不受影响。

（二）币种调整未真正影响信贷释放量

理论上，币种调整应成为信贷资金释放主要因素，但实际有效释放量极少。从大连银行来看，截至 2014 年 6 月末，以人民币口径计算存贷比为 54.59%，较本外币合并口径下降 1.85%，理论上应释放资金约 24 亿元，但受人民银行规模管控限制，短期内信贷释放无法实现。另 9 家机构尚未开展外币业务，无法从币种口径调整政策中获益。

二、对法人机构未来经营的影响

虽然本次调整对辖内中小法人机构信贷额度释放影响有限，但从长远来看，对银行贷款投向、经营计划等多方面产生积极指引作用。

（一）信贷资金进一步向"三农"和小微企业领域倾斜

随着政府对"三农"、小微企业领域信贷支持政策的持续累加，本次调查中，10家法人机构均已计划将未来信贷重心大力向"三农"、小微企业倾斜，并将积极通过申请支农、小微企业专项再贷款加大信贷支持力度。辖内法人机构涉农贷款和小微企业贷款增速或将再次提速。

（二）发行专项金融债意愿加强

2001年至2009年，央行外汇资产年均增速高达34%，外汇占款派生存款支撑了银行的高速发展。而2009年以后年均增速降至10%，近期甚至出现大幅度回落，以2014年四五月为例，增幅环比分别骤降38%和67%，对应的本币创造开始减速。同时伴随着互联网金融的迅猛发展，金融脱媒日趋严重，银行体系新增存款越发困难。截至6月末，辖内法人机构存款增量同比减少52亿元，增速同比下降3.82%。而发行专项金融债券可拓展银行资金来源，且对应贷款不受存贷比约束，为银行负债端创造新的增长空间，已受机构青睐。大连农商银行在未来业务发展中明确规划相关债券发行计划，已于近期着手发行20亿元"三农"专项金融债券。

（三）开展大额存单业务动力增强

辖内法人机构对企业、个人的大额可转让存单虽未正式推出，但此次调整加强银行未来开展该业务的积极性，各机构开始进行研究。大额可转让存单可在一定程度上缓解存款向理财和货币基金搬家的趋势，甚至有可能吸引部分理财和货币市场资金重新回归存款市场，降低银行融资成本。

（四）为村镇银行存贷比达标铺平了道路

按照银监会相关规定，"允许村镇银行在成立五年以内逐步达到存贷比考核要求"。自2008年辖内首家村镇银行成立至今，各行的存贷比考核压力将陆续来临。本次政策中"村镇银行使用主发起行存放资金发放的农户和小微企业贷款"可在分子中扣除这一规定，能够给达标压力大的村镇银行提供一个可行化解决方案。辖内部分村镇银行表示，由于在吸收存款方面较为薄弱，存款规模短时间内难以大幅提高，将积极考虑向发起行吸收同业存款并运用到农户及小微企业放款中去，缓解即将到来的存贷比考核压力。

三、对辖内银行业整体影响

据测算，本次调整将降低银行业整体存贷比约 3.1 个百分点。其中，由本外币合并口径调整为以人民币口径进行考核，会降低银行业整体存贷比约 2.4 个百分点；分子扣减项调整会降低银行业整体存贷比约 0.7 个百分点。分子扣减项涉及六项具体金额为：支农支小再贷款存量约 9 000 亿元；"三农"专项金融债、小微金融债券存量规模分别约 6 000 亿元和 4 000 亿元；符合扣减要求的各类金融债券对应贷款规模约 3 000 亿~4 000 亿元，合计扣减规模合计为 2 万亿~2.5 万亿元，但考虑到支农再贷款、小微企业贷款专项金融债券、"三农"专项金融债券对应贷款，以及村镇银行使用主发起行存放资金发放的农户和小微企业贷款已于近年计算中执行扣减，实际扣减规模为 7 000 亿~8 000 亿元。借此推算，截至 6 月末，辖内商业银行（不含政策性银行）存款余额 12 224 亿元，理论上可释放资金约 379 亿元（不考虑人民银行信贷规模管控因素影响）。不仅如此，此次口径的调整还将对辖内各银行机构产生多方面影响。

（一）有助于降低辖内季末存款波动

2014 年第一季度，上市银行平均存贷比为 68.68%，低于 75% 的监管红线，但其中招行、交通、民生、中信、浦发、光大、中行和广发等存贷比接近上限，分别为 74.44%、73.4%、73.39%、73.2%、73.05%、72.6%、72.5% 和 71.8%。本次存贷比考核指标有望在短期内缓解这些机构的分行在辖内的吸储压力，可在一定程度上减少月末、季末存款大搬家等扭曲的金融现象。

（二）有助于表外资产向表内转移

截至 2014 年 5 月末，辖内非标债权资产余额 238.87 亿元。本次调整后，部分非标债权较多的机构存贷比将有所下降，为其将非标债权向表内腾挪提供了空间。此外，政策调整还将鼓励更多融资走"信贷"正路，弱化影子银行影响，降低社会融资成本，有助于产业结构调整。

（三）对资金价格造成一定影响

一是信贷规模定向放松相关政策，引导越来越多的机构将资金投向"三农"、"小微"领域，可能引发这些领域利率水平的下降。二是部分同业业务较多的金融机构资金得到一定释放，同业融资需求短期内将会减弱，对同业拆借利率价格会产生一定影响。但鉴于本次口径调整实际释放的资金额度有限，不会对银行体系资金面以及同业资金价格造成较大影响。

四、相关建议

此次调整6个分子扣除项中有4项指向"三农"和小微信贷，凸显监管层对定向领域的扶持态度和经济产业转型的决心。为提高政策实施效果，应完善以下几项工作。

（一）推动政策层面的协调统一

从辖内法人机构实际情况看，本次存贷比调整信贷规模释放实际效果受货币政策的规模管控削减明显，政策错位使银行机构信贷环境得不到根本改观，应协调研究尽快统一货币政策与监管政策，为政策实施做加法。

（二）加大监管政策引导

一是应在防范信贷风险的同时，推动辖内机构加大金融创新力度，鼓励机构发行专向金融债券、大额可转让存单等创新负债工具，提升金融服务实体经济的能力。二是进一步加强机构在优化信贷结构方面的督导，通过政策和市场化手段，引导机构积极支持"三农"与小微领域，优先满足支柱产业、重点企业和重点项目的信贷需求，促进实体经济转型升级。三是指导各机构特别是辖内法人机构加强宏观政策的跟踪和研究，关注政策取向，加快改革发展，提高综合竞争能力。

（三）做好政策实施的后续监管

关注银行业机构经营行为和金融市场的影响，对于存贷比或相关指标出现异动的机构，及时摸清原因，将视情形采取相应措施，防止监管套利，使信贷资金真正投放到"三农"与小微等实体领域。

（作者原飞，大连银监局局长）

P2P 网贷平台现状分析及监管对策

——基于宁波地区的研究

我国 P2P 网贷行业正处于一个迅猛发展的时期，业务风险加速积聚，行业准入标准缺失、信用体系建设滞后和法律环境不够完善等问题日益凸显，平台自身存在的关于信用风险防范、信息安全维护和内控机制建设等方面的问题也亟待解决。本文通过重点分析宁波辖内 P2P 网贷行业发现，辖内 P2P 网贷行业虽萌芽较早，但发展相对缓慢，业务规模、创新能力、管理水平等方面相对落后于国内网贷行业平均发展水平，属于整个行业和市场的"追随者"。

一、P2P 网贷行业发展情况及运营模式

按照平台搭建主体的属性，P2P 网贷平台包括非银行系平台和银行系平台两大类。与非银行系平台不同的是，银行系平台通常由银行、银行的子公司或银行所在集团投资入股设立。据网贷之家数据显示，至 2014 年 12 月末，我国共有 P2P 网贷平台 1 575 家，其中非银行系平台 1 563 家，贷款余额 1 036 亿元，年成交量 2 528.17 亿元，累计出现问题平台数 367 家，贷款人数 17.85 万人，投资人数 88.20 万人。与 2012 年年末相比，P2P 网贷平台数量增长 688%，成交量增长 1 093%，贷款余额增长 1 750%，问题平台数增长 2 194%。

非银行系平台可分为营利性平台和非营利性平台，后者为特殊群体（妇女、农民等）提供小额贷款。营利型平台根据职能和角色定位不同，分为信息中介型平台和信用中介型平台。其中，信息中介型平台是借贷双方的信息中介，不承担信用兜底责任；信用中介型平台承担信息中介、风险中介、资金中介等多重角色。银行系平台分为三类：银行自建的 P2P 平台，如招商银行小企业 e 家、民生银行民生易贷、包商银行小马 BANK、兰州银行 e 融 e 贷等；由银行子公司投资设立的 P2P 平台，如开鑫贷、金开贷等；银行所在集团设立的 P2P 平台，如陆金所。

二、宁波 P2P 网贷行业发展情况及特点

据不完全统计，至 2014 年 12 月末，宁波共有 P2P 网贷平台 40 家，主要分布在市老三区和鄞州区，其中总部设在本地的平台 30 家，总部设在外地的平台 10 家。2014 年，辖内网贷平台累计成交量超过 10 亿元，综合利率在 25% 以上，贷款期限以 3~6 个月为主，活跃的投资人数近万人。

（一）发展相对缓慢，追随行业发展趋势

辖内 P2P 网贷平台存续年限短，成立时间普遍在 2013 年 5 月之后，注册资本少，资本金普遍低于 500 万元。信用类标的占比高，贷款利率高出行业平均水平近 2 个百分点，如"人人贷"近 3 个月信用认证标占比 14.51%，而辖内网贷平台信用标平均占比接近 30%。银行系平台起步较晚，如宁波银行利用"直销银行"平台推出类 P2P 网贷业务，至 2014 年 12 月末，该平台累计发布项目 1 556 个，申请借款金额 38 608 万元，实际募集资金 37 824.2 万元。

（二）交易模式多样，新型模式异常活跃

三种典型模式：一是信息中介型。该类平台数量较少，如"金蜗牛财富"平台。二是信用中介线下主导型。该类平台为信用风险兜底，线下交易规模大，如"草根新贷"平台线下交易余额约 5 000 万元。三是信用中介债权打包转让型。该类平台通常设立资金池，将贷款债权打包拆分后进行资金募集。如"华融财富"平台销售 P2P 理财产品年利率 14.8%。

（三）风控手段薄弱，信用风险偏好较低

一是平台偏重贷前管理，缺少贷后管理环节，将抵押物作为风险缓释的主要手段。二是贷款主体以农村创业人员、个体工商户为主，需以高额利息覆盖业务风险。三是风险业务配比较低。为使风险处于可控范围，平台非风险抵押类业务量与风险信用类业务量配比较为接近 2:1。

（四）创新渐趋活跃，延伸模式风险突出

一是新兴业务较受青睐。"净值标"产品已成为投资者重复参与网贷投资的工具，在提供流动性的同时放大了业务风险。二是混业经营趋向明显。受经营成本、盈利能力等因素影响，部分 P2P 网贷平台借壳"投资公司"开展转贷、注册配资和股票期权类配资业务。三是业务模式持续外延。存在平台利用 P2B 模式为个别企业提供转贷服务的现象，潜在信用风险较大。

三、P2P 网贷行业发展面临的主要问题及原因

（一）当前国内 P2P 网贷平台存在的共性问题

1. 行业准入标准缺失。一是工商部门对 P2P 网贷公司的注册资金、经营范围等内容无准入限制。二是经营主体资格的合法性存在缺陷，P2P 网贷平台经营的资金借贷业务属于商业银行经营范畴。三是 P2P 网贷平台属于经营性网站，但大部分平台未获得增值电信业务经营许可证。

2. 信用体系建设滞后。一是信息共享机制尚未建立，难以避免部分贷款人利用虚假材料多头融资的行为。二是信用评级体系尚未建立，人民银行征信系统仍未对 P2P 行业开放。三是失信惩戒机制尚未形成，因失信承担的风险与代价较小，难以对不法分子形成威慑力。

3. 法制环境尚不完善。一是借款利率未受有效约束，部分网贷平台向贷款人收取利率和费用的综合借款成本已高于银行利率 4 倍。二是债权登记机制难以推广，民间借贷债权登记机制仅在部分地区先行试点，尚未全面铺开。

4. 内部管理不够健全。一是风险控制能力弱，平台欠缺专业的风险管理人员和工具，业务发生风险后平台和贷款人都难脱"欺诈"的嫌疑，网贷平台不得不为风险埋单。二是信息安全隐患大，尚未建立数据实时备份、异地备份、定期维护的工作机制。三是资金托管不到位，多数平台以个人或平台名义开户，以"资金存管"代替"资金托管"，难以有效隔离资金风险。

（二）宁波辖内 P2P 网贷平台存在的问题

1. 服务定位信用中介，无法实现向"信息中介"的转型。宁波辖内部分网贷平台实际承担为投资人风险兜底的责任，如已出现风险的"阿拉贷"平台，出借大额资金为某企业转贷，后因转贷资金被银行收回后未发放，无力偿还投资人资金，引发风险事件。

2. 经营成本难以消化，无法引入担保机构实现资金托管。以辖内一家 P2P 网贷平台为例，每年花费 30 万～50 万元雇佣律师团队；如果对接银行托管业务，每年增加成本 91 万元，占平台全年收入的近 20%；如果成功对接担保机构，运营成本将上升 6 个百分点。

3. 规模瓶颈难以突破，无法打破区域化经营发展的倾向。大部分辖内 P2P 网贷平台因异地债权登记困难，选择以区域内业务为标的，部分平台采用总分部架构、分部自负盈亏的经营模式，要求分部按业务金额一定比例支付成本，

以此隔离业务风险。

四、政策建议

（一）明确监管主体，制定准入标准

建立统一的行业准入标准，制定监管规则，明确企业注册资本金、经营范围、网络运营资格、信息科技基础、经营者素质、运营制度和风控措施等相关要求。

（二）培育市场环境，健全信用体系

加大信息披露力度，建立行业信息共享机制；推动信用体系建设，与人民银行征信系统、第三方支付机构开展客户资信评估合作；建立失信行为惩戒机制，定期对"黑名单"、"不良记录"进行披露，并配套相应的处罚措施。

（三）完善配套机制，加强宣传教育

明确利率标准，将借款利率与手续费率、担保费用等纳入综合成本，防范平台转嫁利率的行为；探索跨区域债权登记试点，为行业成长搭建平台；加强宣传教育，加大社会公众互联网金融消费警示宣传力度。

（四）明确角色定位，加大政策扶持

明确P2P网贷平台信息中介的角色定位，督促平台加强风险管理，要求平台根据业务规模配备管理人员，建立风险备用金制度；加大扶持力度，为平台脱离自身担保、对接担保公司、对接银行托管等要求配套扶持政策。

（五）提高安全认识，加强安全维护

制定统一的技术标准，明确信息科技基础装备、人员配置、信息保密管理等运营标准；强化平台外包管理，建立P2P企业外包合作组织；健全信息安全管理机制，明确数据实时备份、异地备份等工作要求。

（六）健全内控机制，回归网贷本源

完善组织架构，要求有条件的P2P网贷平台设立法律合规部或聘请外部律师团队；建立风险评估体系，实现风险的量化和动态评估；加强限额交易管理，规范平台单笔标的金额、单个投资人单笔投资限额的管理，细化秒标、天标等特殊业务要求。

（作者吉明，宁波银监局局长）

担保品管理服务大有可为

担保品是金融市场安全、高效运行的基石，也是有效覆盖金融交易风险敞口的重要保障。担保品管理服务是金融基础设施深化服务的创新着力点。中央国债公司积极探索担保品管理服务对于金融深化和金融基础设施完善都具有重要意义。

一、担保品管理服务的国际经验

所谓担保品管理服务，是指证券托管结算机构作为第三方为交易双方提供证券担保品的选择、替换、盯市、追加、退换等一系列操作的服务。随着全球金融市场快速扩张，担保品的有效管理变得重要而又复杂，国际监管规则（如巴塞尔委员会发布的《巴塞尔协议Ⅲ》）和行业自律规范（如国际证券业协会发布的《回购交易实践指引》）日益对担保品提出更高的管理要求，担保品运作方式由此发生显著变化：即从交易双方自己办理向外包给第三方机构办理转变，从而使担保品管理集中化、专业化、智能化。

基于安全高效的托管体系，托管结算机构为市场提供高品质的担保品专业服务，能够使担保品安全高效运转起来，成为"隐性现金"，进而大大提高了金融交易效率、降低相关成本。因此，担保品管理成为国际市场发展迅速、具有广阔前景的新兴业务。国际托管结算机构都利用自身优势，构建了担保品管理系统，提供相关服务。

明讯银行和欧清银行（以下简称明讯和欧清）是欧洲两大国际托管机构。其中，明讯在 2009 年推出"全球流动性中枢"（Global Liquidity Hub），专门服务于担保品管理和证券融通。该业务通过担保品管理系统实现了全球范围内债券、现金、股票、基金等担保品的替换和再使用，并支持高频率、多币种的担保品实时分配，不受资产类别、地域和时区限制。此后，明讯推出了一系列延伸服务，如担保品外包（Liquidity Hub Go）为别国机构提供低成本、见效快的贴牌担保品管理系统；担保品联通（Liquidity Hub Connect）帮助全球托管行为客户提供担保品服务；担保品选择（Liquidity Hub Select）提供风险和流动性管理方案。欧清针锋相对地推出担保品管理品牌——担保品高速公路（Collateral Highway）。该系统通过与各国央行和中央托管机构合作，建立包括债券、股票、基金在内的担保品资产池，根据客户的交易需求，跨地域、跨时区地选择最适合的担保品，以实现资产的最佳配置，降低交易成本。

在美国，美国证券托管结算公司（DTCC）不甘落后，2014年与欧清成立全球担保品合资公司，推出保证金转移和担保品管理服务。其担保品服务主要是以在DTCC托管的各类产品为基础建立担保品资产池，并依托欧清的担保品高速公路系统实现担保品的分配和调动，以优化客户资产组合，降低市场风险。此外，美国摩根大通和纽约梅隆这两大托管银行也通过与各参与方互联，在全球范围内提供集中化的担保品管理服务，包括担保品需求的数据整理，保证金管理和分析，担保品优化，相应的担保品管理技术及报告等。

新兴市场的中央托管机构也在积极发展担保品创新服务。例如，韩国证券托管中心（KSD）尝试提供跨境担保品管理，巴西存管机构（CETIP）与明讯合作推出担保品管理系统，服务巴西场内衍生品市场。

二、中央国债公司的担保品服务实践

多年来，中央国债公司积极把握国际发展趋势，借鉴国际同业经验，结合国内市场实际，推出了担保品管理服务。

公司的担保品管理系统在控制风险的前提下，大大提高效率：通过参数化管理，满足投资人不同业务的担保品范围、质押率等个性化需求；通过自动化管理，实现担保品质押、解押的自动处理，减少业务环节；通过担保品盯市、调整、替换等期间服务，实现风险的全程监测；通过数据管理为市场交易者提供担保品全面翔实的数据信息。

目前公司的担保品服务应用广泛。在货币政策方面，一级交易商与央行进行公开市场操作的回购交易中，需要金融机构提供债券担保品。同时，央行创设的新型货币政策工具，如常备借贷便利（SLF），短期流动性操作（SLO）、质押支持贷款（PSL）、再贷款也需要金融机构提供债券质押。财政政策方面，中央和地方国库现金管理大多采用商业银行定期存款操作方式，接收存款银行需用托管在中央国债公司的国债和地方债作为担保品。为解决银行业日间、隔夜清算临时资金清算，大额支付系统的质押融资和小额支付系统的质押额度管理业务也由合格债券作为担保品。上述业务均通过我公司的担保品服务功能解决并在电子化系统中集中统一管理。此外，国家外汇管理局开展的外汇委托贷款业务和地方社保基金协议存款，也都由我公司提供担保品管理服务。

在金融市场交易方面，我公司为质押式回购、买断式回购、债券远期、债券借贷等质押类业务提供担保品服务，覆盖银行间市场较为活跃的主要投资者。随着中国金融期货交易所引入国债充抵期货保证金后，公司的担保品管理进一步延伸至衍生品市场。

三、公司担保品管理的发展前景广阔

近年来，中国债券市场规模逐步扩大，债券托管量近 40 万亿元，居世界第三位。但用作担保品的还不足 1/6，国债用作担保品的也不到 1/3，大大低于国际上 80% 以上的利用率。这反映了中国金融市场的初级阶段特征，不利于风险防范及市场的可持续发展。下一步，公司将在把握市场发展趋势及市场成员需求的基础上，进一步推动担保品管理服务向深度发展。

一是升级担保品管理系统。强有力的技术系统是业务发展的支撑与保障，担保品管理服务的深化推广离不开担保品管理系统的安全高效运行。随着担保品管理服务在更多领域的推广与拓展，一些新的需求应运而生，如转质押、转移占有、担保品快速拍卖处置等。在这样的背景下，公司应对担保品管理服务系统进行升级改造，丰富系统功能努力为市场提供更加优质、完善的服务。

二是丰富交易品种。为提高市场结算效率、促进市场稳定及加强市场流动性，公司将适时推出自动质押回购及自动融券等业务，二者共同点是参与交易的双方只需约定期限、金额、利率/费用等交易的基本条款，其交易所需的质押券均由中央托管机构统一管理，从而达到提高效率、节约成本的目的。从市场发展经验看，这两项业务的发展会在为市场提供安全和流动性便利的同时，带动担保品管理服务实现迅速增长。

三是扩大担保品管理的应用。与中金所合作为衍生品市场提供担保品是一个良好的开端。今后，公司将推动扩大债券担保品在金融衍生市场上的应用，并探索与各商品期货交易所开展合作，积极推进债券担保品向其他衍生品市场，将国债充抵交易保证金拓展应用至股指期货、商品期货、期权、互换等更多的领域。此外，应进一步探索为地方社保资金及其他专户资金运作提供担保品管理服务。

四是推进跨境担保品合作。在人民币国际化的背景下，越来越多的国际投资者持有人民币债券，跨境、跨市场运用担保品的需求日益强烈，客观上要求各国托管机构建立跨境担保品合作机制。目前公司初步形成与日、韩、欧洲的跨境业务研究长效机制，与香港金管局、港交所开展跨境担保品合作洽谈，提出跨境担保品业务方案。未来将推动担保品相关法律基础完善，细化相关业务流程，并以与境内外中央托管机构互联为切入点，加快推进跨境担保品合作，促进人民币的全球使用。

（作者吕世蕴，中央国债登记结算有限责任公司董事长）

银行机构理财业务存在的问题及监管对策建议

近年来，深圳银行理财市场蓬勃发展，作为银行理财的重要业务品种，机构理财业务也得到较快发展。但近期对相关银行①的专项调查发现，部分银行在机构理财业务运作过程中存在较多风险和问题，需要引起监管关注。

一、银行机构理财业务现状和特点

所谓机构理财产品，是指银行发行的由公司客户或金融同业客户购买的理财产品。近年来，随着深圳银行理财市场的快速发展，各银行的机构理财业务也得到较快发展。截至 2013 年 12 月末，深圳相关银行发行的机构理财产品余额 3 123 亿元，占全部理财产品余额的比例为 34%，比年初增长 85%。总的看来，银行机构理财业务存在"三高一普遍"的特点。

（一）保本型产品比例较高

截至 2013 年 12 月末，相关银行发行的保本型机构理财产品余额 875 亿元，占全部机构理财产品余额的比例为 28%，部分银行的保本型产品比例高达 60% 以上，这些银行保本型产品比例较高的主要原因是不少机构客户特别是上市公司客户的风险偏好较低，对理财资金的安全性要求较高，这些客户更倾向于选择收益相对较低但本金有保障的保本型理财产品。

（二）投向同业存款比例较高

截至 2013 年 12 月末，相关银行的机构理财资金投向同业存款金额 1 198 亿元，占全部机构理财产品余额的比例为 38%，比辖内银行业全部理财资金投向同业存款占比高出 14 个百分点。个别银行的机构理财资金投向同业存款比例高达 90% 以上，主要原因是该行发行的大部分机构理财产品募集资金全部投向同业存款。

---

① 参加本次调查的银行是深圳辖内具有机构理财产品发行权限的银行，包括：招商银行、平安银行、深圳农商行、深圳工行、深圳农行、深圳中行、深圳建行、交通银行深圳分行和兴业银行深圳分行。其中，对平安银行、深圳农商行、深圳农行、深圳建行和兴业银行深圳分行进行了实地查访。

（三）质押（债务抵消）比例较高

截至 2013 年 12 月末，机构理财产品充当质押或债务抵消①工具的余额为 1 105 亿元，占全部机构理财产品余额的比例为 35%，多数银行都开展了以机构理财产品作为质押或债务抵消工具的相关业务。各银行用作质押或债务抵消的机构理财产品均为本行发行的理财产品，其中既有保本型产品也有非保本型产品，所开展的业务主要是贸易融资类业务。

（四）同业购买理财产品现象较普遍

截至 2013 年 12 月末，同业客户向相关银行购买的机构理财产品金额为 220 亿元，占全部机构理财产品余额的比例为 7%。参加调查的 9 家银行中，有 8 家银行面向同业客户发行了机构理财产品。购买机构理财产品的同业客户主要是没有理财业务资格的中小型城商行、农村信用社、村镇银行和外资银行，以及少数证券、信托机构。

二、银行机构理财业务运作存在的问题

（一）借助同业渠道，规避非标债权资产余额限制

有的银行将机构理财资金投向同业存款，存入行利用这些资金对接非标债权资产，其中部分非标债权资产的融资人是存出行推介的客户。此外，也有银行允许机构理财资金可购入本行同业科目所持有的非标债权资产或向本行同业科目卖出非标债权资产，客观上使同业科目成为该行调节理财非标债权资产余额的工具。

（二）搭借同业存款，存入表外资金，实现高息揽存

多家银行将机构理财资金投向本行同业存款，利率远高于同期上海银行间同业拆借利率。有的银行发行的每款机构理财产品中，均有一定比例的资金投向本行同业存款，收益率明显高于同期上海银行间同业拆借利率。有的银行将机构理财产品募集的资金先投向资产管理计划，该资产管理计划获得的资金再以单位定期存款的形式存回本行，利率远高于活期存款利率。

（三）开展同业合作，变相腾挪表内信贷资产规模

部分银行向其他银行发行理财产品，并将理财资金投向指定证券公司设立

---

① 所谓债务抵消，是指客户与银行双方约定同意，在客户向银行承担的债务到期时，双方无须再签署任何文件，即以客户与银行签署的机构理财协议中约定的银行向客户承担的付款债务与上述客户到期银行债务相互抵消。

的定向资管计划，同时通过信贷资产受益权的形式将本行表内信贷资产转让给该证券公司，定向资管计划最终配置的是证券公司受让的信贷资产受益权。通过上述运作，发行理财产品的银行成功将本行表内信贷资产腾挪至表外，购买理财产品的银行则通过同业投资科目新增了非标债权资产，但不占用其表内信贷规模。

（四）绕开监管规定，资金流向限制性行业和领域

一些银行不顾银监会关于理财资金不得进入国家法律、政策规定的限制性行业和领域的禁令，以种种形式绕开监管要求，将机构理财资金投向房地产和政府融资平台等限制性行业和领域。此外，有的银行先将机构理财资金投向信托公司发行的集合信托计划，但该信托计划的最终融资客户利用融入的资金投入沪深证券交易所二级市场买卖 A 股股票、LOFT 基金、交易所债券、货币市场基金等。

（五）降低信贷审查要求，致使企业套取信贷资金用于牟利

有的银行向可享受政府贴息的农业龙头企业和中小型高科技企业发放贷款，贷款资金被挪用于购买本行发行的保本型理财产品，由于享受政府贴息，使得企业贷款利率远低于机构理财产品的收益率，从而使借款企业达到赚取差价目的，银行方面也可借此完成存款、贷款和中间业务收入指标任务，但该做法严重背离了信贷资金支持实体经济的根本要求。

（六）放松贸易背景审查，协助企业通过理财产品质押或债务抵消实施套利

不少银行向企业发行一年期理财产品，随后为企业办理理财产品质押或债务抵消手续，并以融资性保函、海外代付、保付加签等形式协助企业获取境外低息外币融资，扣除各项成本后，企业可获得一定的利差及汇差。企业获取融资后一般向该企业在海外的窗口公司进行采购并进口销售。不少企业通过在融资期内加快资金周转，反复办理机构理财产品的购买、质押（债务抵消）及相关授信，进一步放大套利空间。

三、加强银行机构理财业务监管的对策建议

（一）规范投资同业存款行为

为遏制银行理财借道同业存款规避非标债权资产余额限制的做法，银监会可考虑对理财资金投资同业存款的行为做出一定限制，比如，可考虑将同业存款定义为非标债权资产，或要求理财资金投资同业存款不得超过一定比例（如

30%），以此抑制银行规避监管动机。同时应当明令禁止银行理财资金以非公允价值计入本行同业存款，或采取复杂结构和包装转为本行的普通存款。

（二）理顺与同业业务关系

建议银监会尽快出台针对新型同业业务的管理办法，对银行理财对接同业渠道、银行同业科目买卖非标债权资产等行为进行严格规范。比如，应当禁止同一银行的理财产品与同业科目进行包括非标债权资产在内的内部交易，理财资金不得直接或间接购买本行信贷资产；另外，银行同业科目如实质上购买的是非标债权资产，应当要求银行转入表内信贷资产管理。

（三）加大准入审核力度

对发行规模较大、结构较复杂的机构理财产品，在产品报告期，监管部门可召开理财产品说明会，要求相关银行做出说明，对说不清楚产品构造原理或风险收益状况，或涉嫌高息揽存、资金流向国家限制性行业和领域的机构理财产品，应当通过窗口指导要求相关银行撤回报告材料或修改完善后再发行。

（四）完善日常监测分析

建议银监会持续完善银行理财登记系统的交易信息登记、统计分析等模块功能，使监管人员能够实时监测和深度分析研判机构理财业务发展状况。各地监管部门可通过建立机构理财资金投向同业存款、同业客户和授信客户购买机构理财产品以及机构理财产品用作质押等方面的区域特色报表，持续监控辖内银行机构理财业务运作情况，并及时对相关风险苗头进行提示。

（五）加强专项现场检查

通过对机构理财业务的专项现场检查，严肃查处各银行机构理财业务运作过程中的不当行为。对不规范的存量资产池业务，要督促相关银行实施整改、加快处置；对借机构理财产品高息揽存或非标债权资产余额不降反升等行为，要及时叫停相关业务，并实施处罚；对银行通过机构理财业务协助企业套取信贷资金、实施本外币套利等行为，要限期整改，整改不到位要严肃问责。

（作者穆生明，时任深圳银监局巡视员，
现任中国东方资产管理公司纪委书记）

EAST 系统的建设与发展①

为提高银监会对银行业金融机构现场检查的力度和效果，银监会信科部开发了具有自主知识产权的检查分析系统（Examination & Analysis System Technology，EAST）。该系统包含银行标准化数据提取、现场检查项目管理、数据模型生成工具、数据模型发布与管理等功能模块。在 2012 年试点基础上，银监会于 2013 年完成了该系统在 36 个银监局的全面部署推广，实现了对银监局现场检查工作的全面覆盖。

一、EAST 系统开发背景

我国银行业信息科技发展从 20 世纪 80 年代初使用电子记账机开始，主要经历了三个阶段。第一阶段从 20 世纪 80 年代中期开始，主要实现使用计算机实现会计账务电算化；第二阶段从 20 世纪 90 年代末开始，以数据大集中为标志实现数据集成。第三阶段从 21 世纪初开始，以数据仓库和互联网金融为代表的管理信息系统建设和新业态金融服务的数据应用，开始向实现产品定价、风险管理等方向迈进，进入应用数据信息有效支持管理决策的新时代。

随着经济发展和银行业务的电子化处理，银行业务量也进入快速增长阶段。根据中国人民银行的报告，2013 年年末全国人民币结算账户达到 56.43 亿户；2013 年全国非现金支付业务 501.58 亿笔，经人民银行支付系统处理业务 107.58 亿笔，年均以超过 20% 的速度增长。银行数据量的快速增长给银监会的监管工作带来了巨大挑战，在现场检查中使用信息化手段替代手工"翻账本"已成为必然趋势。

从各国银行业监管机构的监管实践来看，美国联邦金融机构监管委员会、美联储、OCC、FDIC 共同建立了监管采集数据标准规范，按季度从银行收集数据报告和统一运行报告，形成中央数据仓库（Central Data Repository，CDR）共

---

① 该文曾发表于《中国金融电脑》2014 年 10 月。

享使用；其中 FDIC 在中央数据仓库基础上建立"VISION 系统"（Virtual Information Supervisory On the Net），利用收集到的数据进行监管分析。加拿大金融机构监管署（OSFI）和加拿大央行、加拿大存款保险公司建立了"监管报告系统"（Regulatory Reporting System，RRS），按季度、年度收集常规监管数据和专门数据，开展监管检查分析。

国内审计署与国内的主流财务系统都建立了数据接口，利用计算机审计系统，大大提高了审计工作的有效性。大型商业银行以及部分中小型商业银行内部审计部门也建立了基于数据仓库的数据分析审计系统。

二、EAST 系统的建设与推广

在自主开发的 EAST 系统投产之前，银监会曾使用一些商用软件作为现场检查的辅助工具，但这些软件价格高昂、难以实现个性化定制，无法全面满足银监会现场检查需求，为此银监会下决心独立自主开发 EAST 系统。

EAST 系统的核心主要包括两方面：一是建设一个相对开放的数据分析平台，实现对银行业务数据的灵活组织、筛选、抽取、建模、挖掘和分析；二是建立一套通用的、相对封闭的数据采集标准，纳入监管人员关心的风险数据点。

开放性的数据分析平台，可以让熟悉建模的监管人员解放思想，将外部的相关数据引入模型设计中，扩大疑点信息寻找的范围和方法。与相对封闭的数据采集标准相比，开放性数据平台的优势体现在几个方面：一是标明银监会关注的风险数据，督促商业银行完善自身的业务系统；二是便于监管思路和方法的交流，基于基础数据设计的监管思路快速推广至全国；三是使得普通监管人员在未熟悉建模方式时，也可以使用现有模型进行数据分析，找出疑点数据；四是便于系统的推广。

EAST 系统于 2012 年初立项，2012 年底在浙江、山东、河北银监局完成试点，2013 年完成了全国 36 家银监局的投产应用，预计到 2014 年底各银监局将完成全辖中资法人机构和农村合作机构的数据采集和监管应用。目前系统向银行采集的标准数据主要包括公共信息、会计记账信息、客户信息、授信交易对手信息、卡片信息、信贷管理信息、交易流水信息、统计全科目、客户风险统计、资金业务、理财业务等共计 11 大类数据。

数据标准最初由浙江银监局和辖内 5 家法人商业银行联合制定。数据标准的确立为商业银行改进业务系统，提升完整性和一致性提供了契机；一些银行在数据提取过程中发现了数据不全（部分数据没有实现信息化处理）和数据缺失（商业银行业务系统的部分字段数据没有录入）等问题，经过一年多的逐步完善改造，此类问题已基本解决。

三、EAST 系统应用实践

银监会领导高度重视 EAST 系统开发应用，2013 年 8 月银监会召开"银监局版 EAST 系统应用推广交流会"，尚福林主席、郭利根副主席参会，并就 EAST 应用推广作出重要部署。同时，银监会探索建立 EAST 应用推广激励机制，以激发监管人员使用 EAST 系统建模分析的热情。2013 年底银监会印发了《中国银监会 EAST 系统应用手册（第一册）》，收集了 200 多个建模思路、分析流程和应用效果等优秀模型文档，目前应用手册的第二册也已基本定稿；2014 年银监会信科部还与系统工会联合开展了"应用 EAST 系统提高监管效能"劳动竞赛活动，进一步激发了监管人员使用 EAST 系统的积极性。

EAST 系统在实际应用过程中成效显著，查出了商业银行大量疑点数据，挖掘出一些隐藏的问题。在风险管理方面，如某商业银行在部分企业贷款风险加权资产计量过程中，未考虑表外授信敞口，导致信用风险加权资产少计。在信贷管理方面，如某公司将流动资金贷款 2 000 万元分拆 2 笔挪至保证金专户开立银行承兑汇票；某房地产公司通过空壳公司从银行获得 1 900 万元贷款，经多次周转用于房地产开发。在信用卡业务方面，如某特约商户每月固定从自家 POS 刷卡套现等。

EAST 系统在检查商业银行执行国家政策方面也取得了一定成效，如在支持小微企业方面，监管人员可以利用系统，分析小微企业贷款管理现状，识别期限设定、还款方式中的不合理问题，推动商业银行进一步改进小微企业贷款管理，灵活确定贷款期限，完善还款方式，为小微企业提供更好的金融服务。

此外，通过 EAST 系统的应用，银监会还查出了一些银行内部管理方面需要改进的问题，如某商业银行分支机构通过编写小程序，在短时间内通过网上银行办理转账业务 10 万笔，每笔转账金额为 1 分，共计转账 1 000 元，以应付总行的考核任务。

四、EAST 系统展望

EAST 系统的投产应用，得到了商业银行及监管同行的好评，香港金管局专家认为，EAST 系统的建成，是中国银监会在长期吸收国际银行业先进管理理念的基础上，针对中国银行业的实际情况在监管领域取得的又一次创造性的资讯科技成果。由于银监会对该系统拥有自主知识产权和核心技术，因此系统的安全性、可扩展性进一步提升。此外，统一数据标准的建立实现了分析模型标准化，提升了系统的易用性，并促进了国内中小银行机构的信息化发展水平的提升。

中国工程院院士倪光南评价中国银监会监管数据标准规范时指出："该数据标准规范为大数据在中国金融领域的应用创造了必要条件，因而在中国金融业的发展历程中可以留下浓浓的一笔。具体来说，监管数据标准规范发布实施，不仅大幅降低监管应用门槛，为监管部门利用'大数据'拓展监管视野，防范系统性风险和区域性风险提供依据，而且还能够指导银行业金融机构进一步开展数据治理，梳理信息系统间的关系，完善自身风险防控体系，提升经营管理水平。"

2013 年，银行业信息科技风险管理高层指导委员会将监管数据标准化规范研究评为"监管技术创新类成果"；中国人民银行将银监会银行业监管检查分析平台（EAST）评为 2013 年度银行科技发展二等奖。EAST 系统建设与应用推广在 2012 年和 2013 年连续两年被评为金融信息化十件大事。

EAST 系统要发展，就要不断与时俱进、调整优化。根据当前银行业风险暴露的重点，2014 年"中国银监会监管数据标准化规范"的第二版已开始征求相关部门的意见。同时部分银监局已经利用财税库银关联信息，定位高风险贷款；通过客户风险信息进行关联企业认定和贷款人互保情况分析等，拓展了 EAST 系统的数据来源。下一步 EAST 系统还有望通过信息共享，进一步扩大应用范围，如使用银码信息系统，对股东关联信息、担保关联信息等进行分析；使用银税信息系统，通过共享财务报表，让造假者无法在税收和贷款两方面同时获益；使用舆情信息系统，防范金融机构声誉和其他金融风险；与最高人民法院进行信息共享，让赖账者无法享受高端金融服务。

（作者单继进，中国银监会银行业信息科技监管部副主任）

消费金融公司的发展与监管研究

消费金融是为满足消费者对最终商品和服务消费需求的现代金融服务方式。与商业银行相比，消费金融公司专注于提供小额、无抵押、无担保的消费贷款，具有"小、快、灵"的业务特点，已被美国、欧洲、日本等成熟市场和东南亚、拉美等新兴市场使用。2009 年，经国务院同意，北京、天津、上海、成都开展消费金融公司试点。2013 年 9 月，试点范围进一步扩大。经过 5 年多的发展，试点消费金融公司功能定位更加明确，试点工作取得显著成效，呈现出"业务规模、盈利能力、客户群体逐步增长，服务中低收入人群、服务实体经济水平大幅提升，股权结构不断优化"的良好局面。

一、新形势下消费金融公司全面放开的发展机遇

一是经济转型机遇。当前我国经济正在向形态更高级、分工更复杂、结构更合理的阶段演化，经济发展进入新常态，并呈现出速度变化、结构优化、动力转换的三大特点。着力释放内需潜力，发挥好消费对经济拉动的基础作用十分重要。从中长期看，我国消费进入新的增长周期，消费结构与质量将逐步得到优化，对经济增长的拉动力会进一步增强。伴随消费模式由"模仿型排浪式消费"向个性化、多样化消费转变，大力发展消费金融的经济基础和市场需求已经具备。

二是国家政策机遇。发展消费金融，重点服务中低收入人群，有利于释放消费潜力、促进消费升级。2014 年以来国务院积极出台多项措施加快培育消费增长点，鼓励大众消费，促进养老家政健康消费、壮大信息消费、提升旅游休闲消费、推动绿色消费、稳定住房消费、扩大教育文化体育消费。消费金融应运而生，顺势发展，提供服务的消费领域空间将不断拓展。

三是互联网＋发展机遇。各家消费金融公司积极探索线上线下相结合的业务模式，将互联网思维与消费金融深度融合，实现金融产品、服务模式、业务渠道、组织管理的全方位创新，取得了初步成效。作为新生事物，互联网消费

金融既需要市场驱动，创新鼓励，也需要趋利避害，健康发展。

四是普惠金融发展机遇。党的十八届三中全会提出"发展普惠金融"，普惠金融的核心内涵之一就是以弱势群体为主要服务对象，重点为传统金融体系难以覆盖的群体提供获取金融服务的渠道；重点围绕弱势群体创新金融产品，改善金融服务，缩小不同社会群体间的金融服务差距，带动提升整体普惠金融服务水平。相关资料显示，我国城镇低收入人群中，39.3%的受访者没有银行账户，89%没有信用卡，92%未申请过贷款，消费金融公司能够较好地满足该类人群的消费需求，在提升其生活水平的同时逐步培育其金融理念。全面发展消费金融公司，提高市场覆盖率，能够使银行业改革发展成果惠及更广大城乡居民，形成普惠金融支持合力。

二、消费金融公司发展面临的挑战

2009年消费金融公司试点工作开展以来，行业运行整体平稳，业务规模稳步扩大，盈利能力逐步提高，股权结构日趋多元，业务模式日渐丰富，产品特色日益明显。行业发展从无到有，再到被社会大众逐步认知，成绩来之不易。在加倍珍惜的同时，我们仍然要清醒地认识到机遇与挑战时刻并存，要看到行业自身存在的诸多不足，找准定位、稳健发展。

挑战首先来自市场的激烈竞争。随着消费能力提升，消费观念转变，信用消费、超前消费的消费模式逐渐被广大消费者所接受，各类机构纷纷看好消费金融市场巨大生长空间，加快转型进入消费金融领域。商业银行传统零售业务资金成本低，营业网点资源丰富，且具有成熟的零售业务体系和完善的个人账户服务体系，凭借电子银行、信用卡等先发优势，积极延伸消费全产业链，拓宽消费领域，形成授信、分期、支付结算等全流程金融服务系统，迅速抢滩中低收入人群市场；电子商务平台具有大量基于消费场景的客户资源，依托自身网络零售、用户大数据等明显优势逐鹿分期购物及小额消费贷款服务；各类分期平台、小贷公司对市场和客户需求反应迅速，在新技术新模式的应用上大胆创新，通过承受更高的坏账，大幅加快审批放贷流程，做大业务规模。如何在竞争激烈的市场中立足，需要消费金融公司客观分析自身所具有的比较竞争优势，坚持专业化、特色化、差异化发展方向，逐步形成行业品牌价值。

挑战也来自于如何实现行业可持续发展。消费金融公司在我国属于新生事物，在借鉴国际成熟市场经验的基础上，需要结合国内市场发展状况和自身特点探索独具特色、可持续的经营模式。试点消费金融公司经过五年的探索，初步形成多元化的发展路径。银行系消费金融公司借助股东银行优势，依托银行优质客户资源，逐步扩展产品范围、下沉业务渠道，形成"自上而下"的业务模式；外资消费金融公司秉承母公司小额消费信贷国际经验，依托零售商户网点资源，建立广泛、稳定的客户基础，业务拓展"自下而上"。随着移动互联时代的来临，海量商品和服务不断涌现，用户需求和行为呈现碎片化和多样化，要求提供随时随地消费的服务。部分具有电子商务、互联网基因的消费金融公司开始积极探寻线上、线下互动的 O2O 模式，为用户提供任意切换的全渠道服务场景。发展路径是否科学，需要市场的检验，也需要时间的检验。按照"分类监管、区别对待、扶优限劣"的监管原则，遵循"风险可控、成本可算、信息充分披露"的创新标准，消费金融公司要在符合市场发展规律的前提下完成业务逐步升级，实现质量与数量并进，形成规模化、集约化、精细化发展。

三、消费金融公司核心竞争力的培养

一是密切结合消费服务场景。金融为商业和消费服务，当触达场景的条件发生改变时，金融方式随之改变。消费金融是具有较强消费场景特征的金融服务，基于特定场景的授信，使得客户来源、信息采集、贷款用途、贷后管理均与场景密切相关。消费场景目前不能以后也很难全部线上化，发展趋势将是线上、线下多种形式并存。坚持线下业务良好市场基础，逐步探索线上线下相结合，围绕消费场景深耕细作，自会开花结果。

二是突出风险管理"大数据化"。金融机构的核心竞争力是风险甄别、定价和风险控制能力。消费金融公司扎根"草根金融"，大数据分析一可用于风险控制，基于用户历史行为、特征对风险表现进行相关性评判；二可用于精准销售，直接触达有需求人群，降低运营及风险成本，提升盈利能力。把传统银行征信数据、基于互联网特征的资信数据和自有数据资源进行有机结合，多维度进行客户识别和风险评估，形成有效授信管理体系，是消费金融公司有别于传统零售金融业务发展的重要特征，是形成"小、快、灵"业务特色不可或缺的基础。

三是突出融资管理效能。牌照优势使得消费金融公司在接受监管规范的同时，可以充分享受一系列融资便利条件。目前，消费金融公司同业拆借、资产证券化、发行金融债等多种融资渠道均已打通，为行业下一步扩容发展奠定了有利基础。综合考量业务发展、技术更新及市场变化等因素，科学确定融资成

本，保证融资稳定程度，既是对专业化金融机构流动性管理的基本要求，也是实现普惠金融的发展基础。

我国消费金融市场拥有广阔的发展前景，未来的发展机会与挑战并存。监管部门将继续坚持以市场需求为导向，牢牢把握扩大内需这一战略基点，在遵循市场规律、营造维护健康市场环境的前提下，全面推动消费金融公司持续、稳健发展。坚持"一条主线"，在现有法律法规框架下，以市场需求为导向，简政放权，成熟一家、批准一家，促进消费金融公司发展。坚持"两手抓"，一手抓风险，构建以信用风险为核心的全面风险管理体系，坚持规范经营、防范风险；一手抓发展，明确定位，特色经营，坚持消费金融公司与商业银行错位竞争、互补发展。

（作者毛宛苑，中国银监会非银行金融机构监管部副主任）

全国金融系统职工体面劳动的调研报告[①]

习近平总书记同全国劳动模范代表座谈时指出，全社会都要贯彻尊重劳动、尊重知识、尊重人才、尊重创造的重大方针，维护和发展劳动者的利益，保障劳动者的权利。要坚持社会公平正义，努力让劳动者实现体面劳动、全面发展。

"体面劳动"的概念最早是在1999年6月的第87届国际劳工组织大会上，由国际劳工组织局长胡安索马维亚首次提出。"体面劳动"的基本含义包括劳动者的权利依法得到有效保护、有足够的收入、有充分的社会保障和足够的工作岗位。就我国金融系统来说，一边是社会羡慕的"体面劳动"的"金融白领"，一边是金融职工自嘲的"金融民工"。

一、金融系统实现职工体面劳动的基本情况

（一）政府高度关注企业劳动者权益保护

一是立法保障。党中央、国务院及各级政府都积极从法制层面推进工资集体协商、签订集体合同、设立职工董事、职工监事和召开职工代表大会等制度措施，保障职工权益。二是权益维护。各级政府都不同程度上实施了职工职业能力建设工程，通过开通职工维权热线等，监督、维护职工权益。三是金融系统各级党政高度重视维护金融职工权益，努力把依法实现企业可持续发展与维护职工合法权益紧密结合起来，促进两者的"双赢"。

（二）劳动用工制度逐步得到规范

金融系统各级工会组织积极贯彻落实《劳动合同法》等有关要求，按照"重在建制、先易后难、突出重点、循序渐进、注重实效"的原则，稳步推进集体合同及工资协商制度建设，逐步规范各类用工形式，基本做到了劳务关系明确，按合同管理，严格规范。

（三）金融职工收入逐步提升，社会保障落实到位

首先，金融职工对目前收入情况总体满意。金融职工收入主要包括基本工

---

① 该文曾发表于《中国金融工运》2015年第2期。

资、绩效工资、福利等。基本工资由职工岗位层级确定不同标准，以保证职工的正常生活需要；绩效工资由公司业务发展、经营效益、岗位工作贡献度、绩效考核结果确定，以体现按劳分配、多劳多得原则；福利包括社会保险、降温费、取暖费等项目。其次，金融系统在劳动就业、收入分配、社会保障、劳动福利、帮扶救助、劳动安全等方面的权益维护机制比较健全。最后，金融系统大部分企业都按照有关规定制定了女职工劳动保护特别规定、职工带薪年休假条例、职工考勤及假期管理暂行办法等制度，依法保障职工有关权益。

（四）职工关爱"工程"扎实推进

金融系统各级工会做到把职工放在心上，把特困员工救助帮扶作为履行维权职能的重要手段和工作平台，不断拓宽帮扶渠道，创新帮扶手段，实现帮扶救助工作日常化、及时化、规范化，做到不遗漏、全覆盖、有跟踪、重服务。既为困难职工送温暖、解燃眉之急，也注重从职工发展出发；既"送温暖"，也"送关怀""送公平""送尊严"，让职工切身体会到工会对他们人格上的尊重和事业、生活上的关爱。

（五）职工之家建设争创品牌

金融机构党政都高度重视职工之家建设，工会注意集聚力量，多方筹措资金，加快推进职工之家（小家）场所设施"硬件"建设，认真落实中国金融工会关于职工之家（小家）建设"三有"目标要求。各级工会组织积极作为，把提升职工的幸福感、精神归属感作为主要工作目标，大胆探索、积极实践，开展形式多样、内容丰富的建家活动。

（六）民主管理依法得到加强

金融系统坚持和完善职代会制度建设，每年定期召开职代会，金融工会31家会员单位中，有13家总行（会、司）已建立了全系统的职代会制度，占应建数的41.9%。而且越到基层机构，职代会制度越是完备，发挥作用越是扎实和有效。金融系统职代会已经成为了广泛听取职工群众意见，组织职工实行民主选举、民主决策、民主管理和民主监督的平台。除职代会等形式外，有的单位还创新了行（司）务公开的方式，开展"一把手"接待日等。以陕西省一些金融机构为例，金融职工（调研的153人中）表达个人意愿的方式逐步多元化，从高到低依次为：与领导面谈有86人，占56.2%；通过工会有55人，占35.9%；通过职工代表大会有47人，占30.7%；与领导书面建议有29人，占19%；通过集体谈判有18人，占11.8%。基本实现了基层职工群众反映诉求的"全覆盖"。

二、实现体面劳动存在的问题

（一）社会认知度层面

金融职工实际情况与社会主流认识落差。社会主流观点认为，金融企业工资高、福利好，具有行业特有的优越地位。由此在日常服务中一旦出现金融职工与社会人员的"矛盾"，社会舆论往往会一边倒地认为"错"，无形中增加了金融职工压力。

（二）金融企业层面

一是随着金融企业市场竞争环境日趋激烈，企业迫于指标压力，为职工制定了"超常规"负荷的指标，而相应的缓解指标压力的员工"关爱""减压"措施又没有及时跟进，使得一些岗位的职工长期处于"高压力"状态。二是有的金融企业也知道维护职工权益的重要性和必要性，但不知道该怎样实现职工体面劳动。三是女职工特殊权益维护问题没有得到有效落实。

（三）职工个人层面

有的金融职工感到现有工作与期望值差距较大，导致工作常常不在状态，被动开展工作多，主动创新工作少，面对竞争日趋激烈的现实，对自己能否继续适应未来业务的发展表现出信心不足，缺乏改变自己现状的勇气和信心，感到职业生涯前景暗淡，前途茫然等。

三、实现金融职工体面劳动的初步设想

（一）运用法律思维

坚持做到依法维护好职工权益，在依法维护职工权益中，让"人治"慢慢失去市场，让习近平总书记指出的，运用法治思维和法治方式想问题、作判断、出措施的要求，在各级工会组织中落地生根。

（二）营造良好环境

在党组织领导和行政的支持下，积极参与企业落实产业发展趋势、产业政策、行业劳动安全卫生和行业劳动标准研究制定。通过完善制度体系保障，增强职业荣誉感，让职业不仅仅是谋生的手段，还承载人生价值和理想等，从制度上保证让实干者得实惠，让苦干者吃香，让老实人不吃亏，还劳动者以尊严。

（三）建好"职工之家"

通过拓宽建家思路，丰富建家内涵，努力把"职工之家"建成让职工满意、

受职工群众喜爱的民主建设之家、学习提高之家、文体活动之家和人文关怀之家，最大限度地把广大职工吸引到工会组织中，吸引到"职工之家"中，通过"工会搭台，业务唱戏"平台，鼓励职工学技术、练技术、钻业务，发现和培养一批"岗位能手""业务尖子"，让广大金融职工感受到工会组织就是为职工办事、能解决职工实际问题的实至名归的"职工之家"。

（四）维护好职工合法权益

一是积极构建和谐劳动关系。针对金融产业从业人员年纪轻、学历高，经营管理风险大、社会声誉影响大，党的组织垂直领导和统一"法人"等特点，建立健全适合金融产业特点的管用、有效的维权工作机制，让职工在薪酬福利、社会保障、加班休假等问题调整过程中享有知情权，重大事件享有参与权，对自身利益享有话语权等，切实履行好职工合法权益的"代言人"职责。二是积极搭建职工利益诉求平台。通过实行行（司）务公开、召开职代会等增进管理者与职工的相互沟通和理解。三是真心关爱职工。切实改善工作环境，提高生活质量，加强心理调适。四是完善收入分配机制，提倡在不断提升经营效益的前提下，合理、适度、持续提高职工的收入，使职工得以分享改革发展成果，实现职工和单位共同成长。五是引导职工树立终身学习的观念，成为具备新观念、适应新发展、具有创造力的新型劳动者。六是加大培训力度。基层工会要积极配合相关部门为职工"量身定做"培训计划，采取主题讲座、集中轮训、网络课堂、"一对一"记录等多形式、多层次、多维度的培训，提高职工的综合素质，使职工快乐劳动，健康的生活。

（作者张东风，中国金融工会常务副主席、中国银监会系统工会常务副主任；
作者范业亮，中国金融工会办公室主任科员）

北京辖内银行业金融机构异地
对公授信业务的调研报告

2014 年初，北京银监局对辖内各银行业金融机构①（以下简称"各机构"）异地对公授信业务进行了调研。调研结果显示：辖内各机构异地授信内控管理较为严格，业务发展平稳，资产质量较好，信用风险总体可控；但是，也存在贷后管理有效性不足、资金监控难度较大、地方保护主义不利于银行维护自身权益等问题。

一、总体情况

截至 2013 年 11 月末，辖内各机构异地对公授信业务余额 10 901.34 亿元，较上年末增长 12.07%，异地授信占全部授信的 15.93%。异地授信中，异地贷款余额 8 662.21 亿元，较上年末增长 9.52%，占全部贷款余额的 22.08%；异地贷款不良余额 21.41 亿元，不良率 0.25%，异地不良贷款占全部不良贷款余额的 12.86%。总体来看，异地授信在全部授信业务中占比不高，不良贷款余额和比例较低，资产质量较好。

二、发展特点

（一）业务发展平稳，资产质量良好，风险总体可控

一是大型银行、股份制银行、农商行异地贷款增长较快，增幅均为贷款平均增幅 2 倍以上，政策性银行、城商行、外资银行异地授信增幅普遍放缓，尤其是城商行异地贷款为负增长。二是表外授信大幅增长，较上年末增长 23.16%，比异地贷款增幅高 13.64 个百分点。三是异地贷款呈现短期化趋势，一年期以下

---

① 包括：政策性银行北京市分行及总行营业部、中国邮政储蓄银行北京分行、国有商业银行北京市分行、股份制商业银行在京营业机构、北京银行、城市商业银行北京分行、北京农村商业银行、外资法人银行北京分行、外国银行北京分行。

贷款较上年末增长 14.22%，比一年期以上贷款增幅高 6.29 个百分点。四是政策性银行异地授信占比较高，国开行企业局、国开行北京分行、进出口银行北京分行三家机构异地授信占辖内全部异地授信的 43.78%。五是资产质量较好，异地不良贷款主要集中在奥地利中央合作银行北京分行（9.58 亿元）、进出口银行北京分行（7.31 亿元）两家机构，中资银行中仅 6 家银行有不良贷款，资产质量较好。

（二）内控管理严格，风险偏好、不良容忍度较低

一是客户准入门槛较高，各机构选择的异地客户大部分是央企、集团客户、上市公司，以及与本机构合作时间较长的老客户。二是行业选择以国家宏观调整政策支持的能源、交通、环保等产业为主，各行均明确规定，不得向异地房地产公司、融资平台、小微企业、"两高一剩"等国家限制发展的行业提供授信支持。三是采取"强担保"措施防范信用风险，要求客户提供抵质押担保或由资质较好的国企、国资背景担保公司提供保证担保。四是授信模式上，优先选择内部联合贷款、银团贷款等方式，最大限度分散风险。五是强化审批权限管理，对金额较大、首次发生业务、担保方式较弱的贷款，大部分机构都集中在总行审批。六是贷后管理要求严格，贷后检查频率、风险预警措施等严于普通贷款。

（三）不同机构职能定位各异，业务发展各具特色

一是五家大型银行大多以服务央企、支持国家重点行业发展为主。长期以来，大部分央企总部都由五家大型银行提供信贷支持和金融服务，由于央企在异地固定资产投资项目较多，需要信贷资金量大，配套的金融服务需求庞杂，大型银行在这方面具有明显的优势。在五家行异地贷款中，中长期贷款占比达70.77%，贷款长期化趋势极为明显，贷款主要支持水利设施、高速公路、电站、环保设施等项目，为国家重点行业、经济薄弱领域的发展提供了重要的信贷支持。

二是政策性金融机构多以支持国内企业"走出去"为主。与其他机构业务模式不同，国开行北京分行、国开行企业局的主要职能是为央企"走出去"实施海外资产并购、能源油气进口、矿产开发等提供信贷支持，因此，异地授信客户主要是境外企业，其中，国开行企业局的境外贷款占其全部异地贷款的84.93%。授信主要支持石油、矿产、水电、金属等关系国计民生的行业，客户所在地包括俄罗斯、中东、中亚、非洲、南美洲等能源矿产丰富的国家，此类信贷业务对保证国家能源安全具有重大战略意义。

三是外资银行大多以服务母国企业、区域性客户为主。部分外资银行在设立之初，职能定位就以服务母国企业在中国的子公司及供应链企业为主，因此，其目标客户所在的区域越分散，异地授信的规模就较大。同时，外资银行服务的客户以生产型、进出口型企业为主，授信品种以短期贷款、信用证、保函为主，呈现短期化、表外化的特点。同时，大部分外资银行分支机构较少，北京分行的定位是服务北京及周边的天津、河北等区域内客户，因此，开展异地授信符合外资银行的功能定位。

三、主要风险

（一）客户类型、行业选择趋同，存在集中度风险

目前，各机构开展异地授信业务都较为审慎，央企、集团客户、上市公司等优质企业，能源、公路、电力等国家重点支持行业成为各银行共同追逐的目标，因此，银行贷款的行业集中度将逐渐增高。

（二）借贷双方信息不对称，易引发信用风险

银行与异地授信客户在地域上存在较大距离，信息传导存在时滞和不对称性。虽然银行对贷后管理频率、方法手段等提出很多要求，但实际操作中，银行在异地没有自身分支机构，没有充足的信息来源渠道，若借款人出现故意隐瞒或屏蔽负面信息、试图逃废银行债等问题，银行在现有管理模式下必然无法及时发现负面信息，极易引发信用风险。

（三）信贷资金跨区域使用，存在挪用风险

信贷资金转入客户异地银行的账户后，贷款行无法对资金使用的合规性进行有效监控。即使在受托支行等监管要求的约束下，借款人也可以利用资金在不同企业、银行和账户间的划转规避监控，轻易即能达到挪用资金的目的。

（四）贷后管理要求虽严，实际难以有效落实

受地域、成本、时间等因素限制，银行许多贷后管理要求实际难以有效落实。如贷后管理频率，各机构一般要求3个月左右一次，但实际出差时间都很短，部分时间被路途及礼节性接洽等占据，贷后管理的深入性和有效性存在严重不足。同时，信贷人员仓促前往异地企业，能够看到的信息、资料等都由客户提前安排，真实性和全面性无法保障。

（五）地方保护主义盛行，银行合法权益无法有效保障

异地贷款若发生风险，银行作为债权人在开展不良资产保全、法律诉讼、抵押物执行等工作时，会因为地方保护主义的影响而遭受诸多阻力。实际操作中，公安部门对银行的立案申请故意推脱、法院审理结果不公正、抵押物强制拍卖时故意压低价格、产权登记变更拖沓办理等情况时有发生，给银行实现自身的合法权益增加了大量成本。

（六）境外贷款面临国别、政治、法律等风险

境外贷款的借款人、项目所在地均在国外，与境内异地贷款相比，面临的风险更为巨大。国别风险方面，若发生战争、动乱、经济危机等不利因素，将影响项目的正常建设和发展；政治风险方面，若出现政权更迭，已签署协议的资产收购、能源开采、商品进口等事项能否正常履行，将存在较大不确定性；法律风险方面，不同国家在外资并购和反垄断审查、税收政策、能源等重要行业监管政策等方面的要求各有不同，银行在前期的法律合规性审查上应保持审慎。

四、政策建议

一是商业银行应制定并完善与异地授信相关的内控制度、发展战略和管理要求，设置异地贷款信用风险监控指标、不良贷款容忍度和业务叫停触发机制，确保异地贷款风险整体可控，业务平稳发展。

二是建议监管部门针对商业银行异地贷款的发展情况、潜在风险和存在的问题进行深入调查研究，适时出台政策法规和监管要求，设置必要的监管指标，规范商业银行异地贷款的经营管理行为。

三是建议银行业协会收集整理异地授信业务的各类风险信息，定期向成员单位通报，建立信息交流和共享机制，减少银行因信息不对称引发的信用和操作风险。

（作者向世文，时任北京银监局副局长，
现任天津银监局局长）

新规威力初显　同业监管仍须持续推进

商业银行部分同业业务已具备了信贷业务的特征，近期同业业务监管制度的出台昭示了监管层治理类信贷同业业务的决心，对于规范商业银行同业市场意义重大。监管层应以制度为抓手，加大同业类信贷业务的规范力度，确保各项监管措施落实到位。

一、商业银行同业业务发展现状及特征

本文以异地股份制银行天津分行同业数据为例，分析天津辖内商业银行同业业务发展特征。

（一）同业业务增速远高于传统存贷业务

近两年商业银行同业业务余额呈高速增长趋势。截至 2014 年 4 月末，10 家异地股份制银行天津分行同业资产（存放同业款项、拆放同业、买入返售资产、投资）余额合计 2 463.15 亿元，同业负债（同业存放款项、同业拆入、卖出回购款项）余额合计 1 162.96 亿元。同业资产、同业负债较 2012 年同期分别增长58.36%、124.03%。较之同业业务的井喷态势，异地股份制银行天津分行存贷业务近两年增速明显放缓。截至 2014 年 4 月末，异地股份制银行天津分行各项贷款、各项存款余额较 2012 年同期分别增长 22.42%、37.52%，增幅不及同业资产、负债的一半。受国家宏观调控力度增大影响，政府平台、房地产等领域信贷投放条件日趋严苛，商业银行普遍利用同业业务降低审批标准实现变相信贷投放。

（二）不同业务类型发展趋势存在差异

一是买入返售资产业务呈持续增长态势。截至 2014 年 4 月末，异地股份制银行天津分行买入返售资产科目余额 1 373.33 亿元，较 2012 年同期增长90.70%，增速可观，近年来商业银行广泛开展以受（收）益权为交易标的的买入返售业务，此类业务余额的快速飙升，充分反映出商业银行对于同业通道的积极态度。二是投资业务呈井喷态势。2013 年初至 2014 年 4 月末，在不到一年

半的时间内，异地股份制银行天津分行投资业务余额由 154.83 亿元激增至 584.17 亿元，增幅高达 277.30% 。2013 年 3 月，《中国银监会关于规范商业银行理财业务投资运作有关问题的通知》（银监发〔2013〕8 号，以下简称 8 号文）下发，正式对非标的资产投资类理财产品划出总量上限，在这样的背景下商业银行自营资金对接非标的资产成为普遍做法，显著拉高投资科目余额。三是拆放同业业务短暂增长后快速回落。2011 年至 2012 年上半年，在同业代付业务的带动下，商业银行拆放同业业务在此期间实现了短暂的快速增长，随着 2012 年 8 月《中国银监会办公厅关于规范同业代付业务管理的通知》的颁布，商业银行利用同业代付业务逃匿信贷规模的通道被封死，业务开展热情与动力明显下降，拆放同业业务余额自 2012 年 9 月起呈连续下降趋势。

二、同业新规出台的意义

《关于规范金融机构同业业务的通知》（银发〔2014〕127 号，以下简称 127 号文）、《中国银监会办公厅关于规范商业银行同业业务治理的通知》（银监办发〔2014〕140 号，以下简称 140 号文）的颁布体现了监管层规范同业业务及同业市场的决心，对于遏制监管套利行为有着深远的意义。

（一）严格界定买入返售业务，遏制类信贷资产出表

127 号文第五条、第七条在明确买入返售业务定义的基础上，针对业务模式、标的资产、核算方法提出一系列约束条件。具体而言，有以下三方面意义。

一是明确了买入返售业务参与机构有且仅有两家。杜绝了商业银行引入三方或多方机构远期回购的行为，有效降低了商业银行间提供隐性担保规避资本约束的可能性。二是通过限制卖出回购方核算方法遏制类信贷业务出表的冲动。由于回购义务的存在，卖出回购方实质上并未转让标的资产的权利及风险，因此卖出回购方不可将标的资产出表核算。类信贷资产出表渠道被封堵将大大降低卖出回购方开展此类业务的积极性。三是对于业务标的基础资产资质进行了限定。此条款可视为监管层规范买入返售业务的杀手锏，以信托受益权及资管收益权为代表的流动性较低且不能在银行间市场、证券交易所市场交易的非标的资产从此不再具备作为买入返售的投资标的的资质，从而将有效遏制类信贷业务疯狂增长的态势。

（二）约束同业融资规模，缓解流动性压力

127 号文第十四条对商业银行同业资金存出规模进行了约束，避免商业银行

过度依赖短期同业融资支撑长期基础资产，有利于将商业银行期限错配程度控制在合理范围内，且在一定程度上遏制了流动性风险在同业链条中扩散引致系统性风险的可能性。

（三）解包还原体现业务实质

127号文第十二条规定"金融机构同业投资应严格风险审查和资金投向合规性审查，按照'实质重于形式'原则，根据所投资基础资产的性质，准确计量风险并计提相应资本与拨备"。对于商业银行存在监管套利行为，资本约束始终是监管层的最有力武器，针对包装成同业资产的信贷业务，则须去伪存真，根据业务实质计提风险加权，一方面用资本约束信贷出表的冲动，另一方面也可提升商业银行风险抵御能力的监测效率。

（四）推动商业银行同业业务专营部门的设立

140号文明确商业银行应于2014年9月底前实现全部同业业务专营部门制。专营部门的设立对于同业业务的规范存在两方面积极作用。

一是明晰审批权限。成本收益瞬息万变的特征导致商业银行在开展同业业务时往往存在业务在先批复在后的"先斩后奏"行为，甚至部分商业银行为抢占先机将动辄数十上百亿元的同业业务部分审批权限下放给分行。140号文明确同业业务授权审批权限全部上收总行及同业业务专营部门，促使商业银行审慎、理性开展各项同业业务，避免未经授权或超授权开展业务使商业银行蒙受经济损失。二是业务剥离，厘清成本收益。同业专营部门系统、人员、制度独立的特点决定了其在开展业务时具有更强的成本敏感性且不必迎合分支机构的信贷需求，一方面有效避免大量通道方涌入推高成本，另一方面，有效避免利益输送等违规内部交易。

三、需进一步关注的问题

（一）非信贷资产风险分类标准有待明确

商业银行部分同业业务带有明显的监管套利特征，根据"实质重于形式"原则，此类业务虽记入非信贷科目，但应参照信贷业务进行管理。然而，目前我国仅制定了《贷款风险分类指导原则》，针对非信贷资产尚未制定明确的资产风险分类标准，在这样的背景下，同业投资等非信贷资产质量判断标准缺失，存在隐藏不良资产的可能性，商业银行不良资产未充分暴露势必导致拨备计提不足，降低了商业银行抵御风险的能力。建议监管层尽快出台针对非信贷资产的风险分类标准，从而进一步提高商业银行资产质量透明度。

（二）同业业务专营部门改革工作须持续推进

监管部门应密切关注辖内法人机构同业专营部门的设立方案及进度，特别应关注两方面问题：一是专营部门人员配置情况。监管部门应督促商业银行同业专营机构设置独立的风险监控岗位并根据业务人员数量配备相应比例的风险监控人员；同时，鉴于同业业务链条长、传导性强的特征，监管部门应对商业银行同业专营部门风险监控人员专业素质及从业年限提出明确且严格的标准。二是明晰同业业务的管理职责。在同业专营部门设立之前，监管部门应督促商业银行根据所开展同业业务实质确定业务的相应管理部门，对于不承担实质风险的通道业务，可由金融市场部管理；对于承担资金融出方职能的类信贷业务，应由信贷经验更丰富的公司业务部门管理；专营机构设立之后，同业业务统一由专营部门负责经营管理。

（三）基础资产审查力度有待加强

与8号文明确提出非标投资比照自营贷款进行风险管理不同，同业新规并未针对类信贷同业业务提出相应的要求，因此同业新规虽在一定程度上加强了类信贷同业业务的资本约束力度，但并未根治此类业务基础资产审查不审慎的痼疾。监管部门应督促商业银行加大同业业务基础资产审核力度，严格履行风险监控职能，详细测算融资人整体融资需求量及还款现金流，持续关注同业业务基础资产项下受益人信用风险及偿债能力，妥善化解信用风险。

（作者邓琦，天津银监局副局长）

商业银行负债质量管理之思考

银监会 2014 年提出将研究制定商业银行负债管理和评价办法，评估商业银行负债质量。遵循银监会的监管思路，我们选取样本进行了调查，旨在分析银行业负债经营特点，比较负债管理模式，提出提高负债质量，加强负债质量监管的意见和建议。

一、现阶段我国商业银行负债业务特点

为了解当前商业银行的负债状况，本文选取了已上市的 5 家国有大型银行和 7 家全国性股份制银行①作为样本进行相关分析，具体数据见表 1。

表 1   2013 年末 12 家上市银行总行负债情况表   单位：亿元，%

项目	国有银行		股份制银行		合计	
	余额	占比	余额	占比	余额	占比
向中央银行借款	2 496.89	0.40	0	0.00	2 496.89	0.30
同业及其他金融机构存放款项	49 664.28	7.98	40 936.6	19.85	90 600.88	10.94
拆入资金	7 062.05	1.14	3 458.69	1.68	10 520.74	1.27
向其他金融机构借款	0	0.00	12.16	0.01	12.16	0.00
衍生金融负债	837.84	0.13	294.65	0.14	1 132.49	0.14
卖出回购金融资产款	6 031.14	0.97	4 961.76	2.41	10 992.9	1.33
吸收存款	515 864.66	82.93	147 795.12	71.68	663 659.78	80.13
应付职工薪酬	1 111.41	0.18	508.93	0.25	1 620.34	0.20

---

① 分别为工行、农行、中行、建行、交行、中信、光大、华夏、民生、浦发、兴业和招商银行。

项目	国有银行		股份制银行		合计	
	余额	占比	余额	占比	余额	占比
应交税费	2 129.33	0.34	464.96	0.23	2 594.29	0.31
应付利息	5 054.03	0.81	1 765.66	0.86	6 819.69	0.82
预计负债	124.83	0.02	33.69	0.02	158.52	0.02
应付债券	11 123.68	1.79	3 992.59	1.94	15 116.27	1.83
其他负债	20 563.71	3.31	1 964.43	0.95	22 528.14	2.72
负债总额	622 063.85	—	206 189.24	—	828 253.09	—

数据来源：由上市银行 2013 年年报整理。

对样本分析可以看出，2013 年末 12 家上市银行的负债业务呈现以下特点：一是被动负债居于绝对主导地位。总负债中一般存款占比高达 80.13%，吸收同业存款占比为 10.94%，两者合计占比达到 91.07%，这与西方很多银行被动的存款性负债仅占 50% 左右的状况大为不同。二是主动负债多为临时资金调节。主要用于资金临时调节的同业拆借资金和卖出回购金融资产占比分别为 1.27% 和 1.33%，而发行债券占比仅为 1.83%，这与西方一些银行依靠占比超过 30% 的债券发行来支持长期资产业务的状况有较大差异。

由日常监管发现，辖内商业银行以存款为代表的负债业务还表现以下趋势性特点：一是负债成本扩大化。受金融脱媒、互联网金融发展等因素影响，部分银行的存款增速已不同程度显现下降势头，而资金价格却不断走高。二是存款形式模糊化。由于稳存增存难度不断加大，各行纷纷利用理财产品归集资金，通过银承保证金获取负债，致使部分储蓄及单位存款转换了存在形式。三是负债期限定期化。虽然缓解了流动性的压力，但增加了付息成本。四是产品服务同质化。产品单一、服务雷同的状况既不能满足客户的多样化需求，也不利于实现负债资金来源的多元化。

二、我国银行业资产负债管理现状

我国商业银行虽然经过不断探索，在资产和负债的预测、匹配以及监控能力上有了显著的提高，但仍存在很多局限性：一是规避资本监管。为实现不消耗资本的资产扩张而激进地进行"资产出表"式业务创新，强化了过度使用短期负债支持长期资产的盈利模式。二是忽视负债结构的管理，偏重于通过资产结构的变动，被动适应以存款为主体的负债结构。三是缺少主动的资产负债管理策略安排，致使业务经营过分专注于短期指标且盲目性、随机性较大，缺乏在客户、期限、稳定性等方面的长期谋划。四是管理技术属于静态指标管理，即按照事先制定的指标体系进行相关业务的规划和调整，缺少对流动性的实时监测和动态分析，无法高效灵活地管理资产负债结构。五是管理范围存在表外盲区，对如何提高表内外业务的协同配合能力，并将其纳入资本配置和资本回报考核来加强业务管理的考量不足。

上述问题形成主要有以下几个方面原因。一是内部资源配置和绩效考评过多向存款倾斜，高息揽储等违规行为时有发生。二是满足于通过存贷利差获得盈利，缺乏创新动力。负债结构、负债价格、负债期限的精细化管理长期被忽视。三是尚未建立起高效、科学的资金定价体系，制约被动负债产品的创新和相关主动负债经营的有效开展。四是配套措施不足。存款保险制度和市场退出机制等举措尚未实施、资本市场和货币市场建设相对滞后、债券市场处于起步阶段、信贷资产证券化仍在进行试点等。

三、未来资产负债管理面临的风险挑战

1. 市场环境变化。一是在经济步入新常态的大背景下，银行将面临资产业务增长的节奏调整和负债业务的多样化需求，资产负债的管理策略和目标需要及时做出适应性改变。二是随着利率市场化、人民币国际化进程的推进，利率和汇率可能频繁波动，且期限结构更加复杂，利差可能逐渐压缩，利率风险的识别和控制难度也会加大。三是在金融市场开放、金融脱媒化大趋势下，银行、证券、保险业务之间的互相渗透将极大改变社会资金流动特点和银行资金来源及运用状况，银行流动性风险和负债经营难度必然加大。

2. 业务格局调整。传统表内存贷款业务比重正逐步下降，银行承兑汇票、信用证、互换、期货、期权等具有较高盈利能力或者风险对冲功能的表外业务比重逐步上升，银行的资产负债品种日益丰富、结构日趋复杂，对资产负债管理和风险管控提出全新要求。

3. 监管要求趋严。一是巴塞尔Ⅲ监管指标体系使资本充足率监管进一步完善，新的流动性风险管理体系得以构建。银行的资产负债管理必须更加重视资本约束的要求，必须快速适应流动性覆盖率和净稳定资金比例两项指标的新要

求。二是加强同业业务和理财业务治理是当前银监会的重点工作，会计核算原则、规模比例限制等要求已经引发银行新一轮的资产负债管理策略调整，同业业务专营部门制、理财业务事业部制改革的推进也将为其资产负债经营带来新的挑战。三是新近出台的对存款偏离度的考核要求，是对银行合理安排资产负债总量和结构，提高银行流动性和资产负债管理水平的新考验。

四、加强负债质量监管的思考

笔者认为，在上述业务状况审视、管理模式反思和客观环境研判的基础上，向着提升银行业负债质量的目标，监管部门须做好以下工作。

1. 强化稳健经营理念。引导商业银行树立坚持流动性和安全性的前提下获取盈利的稳健经营理念，强化资本消耗和流动性成本在资产负债业务拓展中的约束作用；要坚持以存款作为支柱、适度发展非存款负债的原则进行负债结构调整，严防过于依赖同业负债等批发性融资而增大流动性风险；要突出储蓄存款的基础地位，大力通过产品创新和服务提升、优化网点布局等非价格竞争手段来吸收储蓄存款。

2. 培育理性创新文化。应鼓励商业银行构建以客户需求为导向、以价值创造为原则的创新文化，借助创新技术和创新工具提升资产负债管理水平和金融服务能力。督促引导商业银行一方面应用信息科技来发现和满足客户的综合化需求，改进服务模式、降低服务成本、提升服务效率；另一方面防控利率、流动性等风险和改进考核机制，增强内部约束力、提升管理执行力。

3. 运用先进监管手段。巴塞尔Ⅲ的两个流动性监管指标覆盖了全部表内外业务，考虑了客户类别、性质与期限结构，有给定的未来短期和中长期的压力情景，旨在解决最为重要的偿付能力风险与期限错配风险。监管部门应将存贷比指标逐渐弱化为一项用于分析、评估流动性风险的监测工具，借鉴巴塞尔Ⅲ流动性指标体系推出更能合理反映我国银行业流动性状况的监管手段，从而提高流动性风险管理和监管的有效性、前瞻性。

4. 探索科学评估方法。评估商业银行的负债质量，可以把"六性目标"作为项目框架，以客观、全面，可连续、易操作为原则进行具体的方案设计，除评价负债本身规模和结构等情况外，还应关注以下事项：一是从资产负债管理水平的高度对银行资产负债管理的组织体制、工作流程、风险控制、人员配置等方面进行系统考量。二是将流动性、资本充足率、资产质量等指标纳入辅助评估项，赋予一定附加分值，并把各种不审慎、不规范经营行为作为重要的参考要素。三是引入更多的定量评估内容，并区分机构类型添加或调整评估内容，在提高可操作性的同时保障多维度的可比性。

（作者陈炳华，河北银监局副局长）

商业银行信用卡业务发展和管理情况调查

近年来，山西省辖内商业银行信用卡发卡量持续增加，交易规模不断扩大，业务收入稳步增长，信用卡授信规模和应收账款余额不断上升，用卡环境逐渐改善，信用卡业务总体稳步发展，但潜在风险也逐渐显现，须高度重视。

一、信用卡业务发展和管理基本情况

（一）业务发展情况

山西省辖内13家商业银行分行开办信用卡业务，包括5家大型商业银行、邮储银行和7家股份制商业银行。截至2014年3月末，累计发放信用卡765.7万张，授信总额880.1亿元，实现业务收入6.73亿元；信用卡不良贷款3.46亿元，不良贷款率1.15%。

（二）业务管理体制

分行信用卡业务管理体制主要有两类4种模式。

1. 垂直管理模式

一是独立持牌的分中心。由总行卡中心负责筹建和管理，分中心员工由总行卡中心聘任，向总行卡中心和当地分行双线报告。

二是不持牌的营销中心。由总行卡中心垂直管理，员工聘任、业务开展等均由总行卡中心统一管理，与分行无隶属关系。

2. 属地管理模式

一是分行内设部门。分行下设信用卡中心或信用卡业务部门，在分行的指导下开展业务营销和日常管理，总行信用卡中心负责业务指导、发卡审批和贷后管理。

二是总分行共建。业务归属分行某一部门（未单独设立信用卡部门），总行卡中心负责业务指导，分行负责信用卡营销以及指标考核和日常管理。

二、存在的问题和风险

（一）管理体制不够顺畅，多数信用卡部门游离于分行管理之外

多数垂直管理的信用卡部门，包括个别属地管理的信用卡部门，实际是在总行卡中心的直接领导下开展业务，员工聘任、财务核算以及业务开展游离于当地分行管控之外，有的还在分行之外单设办公场所，当地分行对信用卡部门了解不多，监管要求难以及时有效传达至信用卡部门，一定程度上弱化了监管。

（二）部分银行信用卡呆账率较高值得关注

2家银行山西省分行信用卡呆账率分别为1.33%、1.32%，是辖内平均水平的1.7倍，1家银行山西省分行呆账率1.07%，是平均水平的1.38倍。反映出部分银行信用卡业务管理比较粗放，信用风险管理不够到位。

（三）发卡业务拓展有待规范

在片面强调发卡量的不科学的考核机制驱使下，个别银行在超市或街头铺摊设点，向顾客和路人推荐信用卡，不仅降低了发卡门槛，难以区分有效目标客户，也为不法分子利用信用卡犯罪提供了可乘之机。部分特约商户违法套现；一些不法分子办理多张信用卡，利用免息还款期腾挪套现，并在大街小巷发布小广告，进行"无息贷款"、"无抵押贷款"等虚假宣传，扰乱金融秩序。

（四）信用卡激活率低

截至2014年3月末，全辖未激活信用卡278.2万张，占发卡总量的36.3%。大量的未激活卡和睡眠卡不仅占用了大量银行系统资源，更耗费了大量的营销人力、物力。

（五）部分信用卡授信额度过大

个别银行对高端客户授信额度过大，远远超出辖内卡均授信额度（1.14万元）。如工行最高授信额可达200万元，光大、华夏银行最高达100万元。各行对信用卡资金流向缺乏有效监测手段，难以确保信用卡透支资金真正用于消费。

（六）持卡人安全合规用卡意识淡薄

随着电子商务的快速发展，信用卡持卡人选择网上支付的越来越多，但持卡人对自身信息保管不善甚至是主动泄露信息，导致信用卡被盗刷案件时有发生，极易引发银行和客户间纠纷。

（七）个人信用状况难以全面掌握

各行对申请人信用调查，主要依赖人民银行个人征信系统、公安机关公民

身份信息系统、本行黑名单库等。由于个人征信系统存在数据更新不及时、信息滞后等问题，本行黑名单库难以掌握申请人在他行的信用情况，因而无法准确掌握申请人的真实信用状况。

（八）欠款催收存在困难

一是部分委托催收机构为了自身利益，存在骚扰客户甚至暴力行为。二是银行就客户涉嫌诈骗向公安机关报案，公安机关有时基于人力物力有限、破案率等因素考虑而不愿立案，往往建议银行与客户协商解决，致使欠款催收不力。

三、促进信用卡业务健康发展的对策建议

（一）银行应理顺信用卡业务管理体制

对总行垂直管理的非持牌信用卡营销中心，建议有关银行分行积极向总行反映，申请将其纳入属地分行管理，或申请设立独立持牌的信用卡分中心，理顺信用卡管理体制，规范业务发展。

（二）银行要规范发展信用卡业务

一是完善业务考核机制，兼顾发卡量和活卡率，合法合规开展信用卡营销活动。二是坚持"三亲见"原则，严把信用卡发卡审核关口，有效区分目标客户，提高信用卡使用率。三是对未激活卡和睡眠卡进行全面清理，摸清原因，未在有效期内激活和长时间未使用的应及时销卡，减轻管理维护成本。

（三）银行要严格信用卡授信管理

一是根据持卡人信用状况、收入情况、资产负债情况及消费需要，综合判断持卡人还款能力，科学合理确定信用额度，防止过度授信。二是优化信用卡授信业务系统，提高系统额度调节参数设置的合理性，对大额授信严格审核，避免信用卡透支资金用于非消费领域甚至违法套现。

（四）银行要研发适合的配套产品

督促银行创新服务产品，构建多层次融资体系，有效满足不同客户融资需求，遏制信用卡套现行为，防止信用卡成为高净值客户经营性融资通道。

（五）银行要加强持卡人合法权益保护

一是加大信用卡知识宣传普及力度，引导消费者理性选择信用卡产品，培养良好用卡习惯。二是畅通消费者投诉渠道，完善投诉处理机制，及时妥善处理消费者信用卡有关投诉。三是对信用卡格式文本进行梳理，清理纠正片面强调持卡人义务和责任的不合理条款。

（六）银行要加强特约商户管理

一是加强对特约商户资质的审核，选择信誉和经营状况良好的商户合作。二是加强商户日常管理，对问题商户采取警告、屏蔽及撤机等措施，避免风险扩大。对涉嫌套现犯罪的商户，积极配合公安机关查处犯罪行为。三是充分利用交易监测系统，提高对套现商户识别水平，提升信用卡业务风险预警能力。

（七）多方加强联动形成合力

一是银行业金融机构应与司法部门形成有效的沟通联动机制，加大对各类信用卡欺诈行为的惩治力度。二是银联机构应加强收单机构管理，对涉嫌信用卡套现的商户及时通报，采取有效措施。三是银行业协会应建立行业黑名单信息共享制度，定期收集整理、及时更新并通报有关信息。四是监管部门应联合人民银行、银联、电信等部门，进一步完善征信系统，及时准确录入有关信息，为银行提供个人资信参考。五是对在多行存在多笔小额恶意透支、累计达到立案标准的个人，建议银行联合向公安机关报案，加大司法处理力度。

（作者岳予晋，山西银监局副局长）

银监局版 EAST 系统在农合机构
推广应用情况调查

银监局版 EAST 系统（以下简称"系统"）推广应用以来，取得了一定监管成效。但在推广及应用过程中，依然面临诸多挑战，需不断改进。

一、推广应用情况

（一）成功搭建系统平台

2013 年 9 月，山西银监局面向全省农合机构启动系统推广工作，省联社负责数据标准化及接口开发，当年末完成接口开发并试报送数据。截至 2014 年 7 月，累计报送标准化数据 7 次，数据量达 500G 以上。系统平台以 57 张基础表、1 331 个数据项采集数据，涵盖全省 110 家农合法人机构主要业务运营数据，并保持数据的原始性和"零加工"。通过汇总和分析标准化数据，从地域、机构、行业、客户等角度统计主要业务指标变化及异动情况，提供指标监测和风险预警参考；可查询分析指定机构在指定时间针对指定客户的指定业务操作行为，筛选违规操作。

（二）现场检查运用初见成效

2014 年，首次运用系统对农合机构实施现场检查，发现问题线索及疑点 13 466 笔 21.7 亿元，核实确认问题 3 972 笔 14.1 亿元，问题笔数确认率 29.5%，金额确认率 65.3%。通过系统推广应用，在发现问题和揭示风险的同时，实现了现场检查方式的转变，提升了检查效果。一是改变了传统的现场检查方式和操作流程，通过进点前的"模型分析"和"疑点生成"，能够做到事先"刺探军情"，"带着问题"进点，有效提高检查针对性。二是克服了传统现场检查"共性问题靠抽样，个性问题凭运气"的弊端，运用该系统设计专门模型，能够添加筛选范围和条件，将符合问题特征的筛选结果全部以表格形式导出，实现"共性问题批量查，个性问题无处藏"。三是能够有效节约监管资源，提高现场检查效率。尤其是针对"易于模型化"的问题，传统现场检查往往是"集中多人、驻守多日、仅暴露局部问题",通过系统"批量导出、批量核实、一次性和盘托出"的方式迎刃而解。

（三）尝试与非现场监管有机结合

在前期应用系统开展现场检查的基础上,尝试设计了"单一客户贷款超限额模型"、"对公互保贷款模型"、"信贷资金回流担保人模型"、"先贷后承兑模型"等多项个性化非现场监测模型。通过模型运用,并对部分疑点信息抽样核实,锁定了一批问题线索,为后续实施现场检查或采取监管措施提供了有效参考。从目前应用情况看,系统能够为非现场监管数据提供有效补充和验证,有助于防止因信息不对称导致的监管真空。

二、面临的挑战

（一）数据质量较低,标准不统一

一是数据不全,仍有部分关键性选填字段未填报;二是个别字段的标准未高度统一,导致跨表分析出现偏差。出现问题的主要原因:一是省联社未建立统一的数据仓库,业务系统多而散,内部衔接不畅。二是个别数据的"映射关系"不符合要求。三是原始数据在业务操作时记录不完整。

（二）人员储备少,交流学习不足

目前山西银监局农合机构监管队伍中,运用银监局版 EAST 系统的人员整体不超过 20 人,受人员老龄化和计算机操作等因素限制,能够熟练运用的人员则更少。同时,还存在交流学习不足、"闭门造车"的问题:一方面内部交流少,沟通平台使用率低;另一方面外部学习交流少,对兄弟局的先进经验做法了解不够。

（三）模型数量少,类型较为单一

自行设计开发的分析模型约 40 个,受多种因素影响,模型的质量及实用性也存在一定差距。现有模型类型较为单一,业务覆盖面不全,主要集中于信贷类和资金流向类,而负债类、内控合规类以及表外业务类模型较少。

（四）系统运行不稳定,功能不够完善

一是运行状态不稳定,大模型和复杂模型的运行速度较慢。二是个别数据的内涵或类型要求需进一步明确,采集"颗粒度"需进一步细化。三是不支持表格导入功能,缺乏对内外部数据的综合分析功能。四是农合机构数据源具有单一性、不可拆分的特点,影响数据安全性及系统运行效率。

三、对策建议

（一）持续提高数据质量

督促农合机构建立数据质量整改长效机制，加强数据源头治理，完善数据仓库建设，科学统筹各业务管理系统，确保数据标准统一规范，逐步提高数据质量。

（二）探索建立联动工作机制

一是纵向联动，发挥系统数据的省市县全覆盖优势，探索建立各级监管部门统筹协调、分工联动的监管工作机制，以法人监管职责分工为基础，统筹实现属地监管应用。二是横向联动，发挥系统及模型的跨机构、跨区域共享优势，探索建立跨机构、跨区域的横向联动工作模式，强化各归口监管部门间的协调配合、信息反馈、成果交流与资源共享。

（三）加强监管人员交流培训

采取竞赛、激励等形式，鼓励设计实用模型。建立完善沟通平台，交流工作进展、检查报告、模型设计、应用体会、使用技巧等。加强系统应用培训力度，合理整合人力资源，新老搭配，发挥各自优势，提升监管队伍整体操作应用能力。

（四）加强数据安全和使用管理

明确数据采集、使用、导出、发布的授权管理规定，规范模型审核、应用与管理。研究采取以区域、法人为单位的农合机构数据源分类与管理方法，提高系统运行效率及安全性。

（作者杨庆和，山西银监局副局长）

村镇银行同业往来业务的发展态势及治理建议

针对村镇银行同业往来业务快速增长的态势，我们对辽宁银监局辖内50家村镇银行同业往来业务进行了全面分析，并对本溪禾丰村镇银行、西丰鹿城村镇银行和调兵山惠民村镇银行开展了典型调查。调查发现，村镇银行同业往来业务的增长变化具有自身特点，也受到多种因素影响，有些问题值得注意，应加强对同业往来业务的规范和治理，引导村镇银行将经营的着力点放在支农支小方面，防止村镇银行成为"融资银行"。

一、同业往来业务发展态势

从辖内50家村镇银行总体情况看，同业往来业务呈现以下几个特点。

单向化。同业往来业务以存放同业为主，同业存放规模较小。2013年年末，同业往来业务规模76.29亿元（不含存放央行资金），其中：存放同业余额为70.74亿元，占比为92.73%；同业存放余额为5.25亿元，占比为6.88%。到2014年3月末，存放同业业务规模占比仍高达90.56%。

主体化。存放同业业务已发展成为与对公业务、个人业务并列的主体业务之一。2013年年末，对公贷款余额为80.41亿元，占资产总额的24.72%；个人贷款余额为108.49亿元，占资产总额的33.35%；存放同业余额为70.74亿元，占资产总额的21.75%。

快速化。近两年来存放同业业务规模呈现快速增长的态势。2012年年末，存放同业余额为52.14亿元，比上年末增长31.87%；2013年年末，存放同业余额为70.74亿元，比上年末增长35.67%。存放同业业务增幅已接近贷款业务增幅。

二、影响存放同业规模快速增长的因素

贷款投放规模控制。近年来，人民银行对商业银行实行贷款规模控制，村

镇银行当年新增贷款规模为其股本金的 2 倍，而村镇银行股金规模较小，辖内 50 家村镇银行平均股本规模仅为 6 145 万元，一些存款增加较多的村镇银行贷款投放受到规模限制，2013 年末，有 23 家村镇银行存贷比不足 70%。由于村镇银行除贷款外的投资渠道较少，因此大量闲置资金只能存放同业。

信贷创新能力不足。2013 年年末，辖内有 14 家村镇银行存贷比没有达到 70% 而贷款投放也没有达到限额，主要原因是村镇银行缺乏具有从业经验的信贷人员，抵押和担保创新能力不强，在一定程度上存在难贷款情况，而存放同业又是一项相对较为安全的资产业务，与信贷业务相比管控风险的能力要求不高，因此成为一些村镇银行的主营业务之一。

票据业务受到限制。2012 年以来，监管机构加大了对农村中小金融机构票据业务的治理力度，导致部分村镇银行票据贴现规模大幅下降。如本溪同盛村镇银行从 2013 年 9 月末到 2013 年末，票据贴现余额由 2.35 亿元下降至 0.49 亿元，多余出来的 1.86 亿元存放同业。按照目前的监管规定，村镇银行合规办理票据业务的空间很小。由于资金运用渠道较少，造成存放同业规模较大。

市场存在套利空间。由于我国未完全实现利率市场化，非同业客户存款利率管制、金融同业利率市场定价、理财产品收益率自主定价等并行，不同定价模式下为商业银行创造了一定的套利空间。以本溪禾丰村镇银行为例，该行 2013 年 12 月 24 日存入兴业银行 1 000 万元，存期 31 天，利率 8.3%，如按 1 年定期存款利率 3.3% 计算，利差空间达到 5 个百分点，如按活期利率 0.35% 计算，利差达到 7.95 个百分点。

监管要求存在差异。存放同业业务与信贷业务相比，具有资本占用相对较低的优势，有助于缓解资本压力。如西丰鹿城村镇银行 2013 年年末资本充足率已降至 11.11%，再增加贷款投放，就会出现资本充足率不达标情况，促使该行调整资产业务结构，加大存放同业规模。另外，存放同业业务不受存贷比限制。多数村镇银行开业已接近 5 年，出于存贷比达标的考虑，主动放慢了贷款投放节奏。2013 年年末存贷比在 80% 以上的 16 家村镇银行中有 15 家没有达到信贷投放限额，从而增加了存放同业规模。

三、存放同业业务存在的问题

造成资金大量外流。以西丰鹿城村镇银行为例，2013 年年末，该行存放同业资金 33 327 万元。从用途来看，用于结算备付 6 769 万元，占比为 20.31%；

用于营销 26 558 万元，占比为 79.69%。从地域来看，存在当地 1 558 万元，占比为 4.67%；存放异地 31 769 万元，占比为 95.33%。资金大量存放异地弱化了对当地经济发展的支持作用，在一定程度上成为资金外流的"抽水机"。

偏离同业业务初衷。同业往来业务的初衷是解决临时的资金头寸不足，而近几年来，随着金融创新的不断深入，银信合作、银证合作等类信贷业务的广泛发展，使同业往来业务逐步成为银行的主营业务之一。村镇银行虽不是推动者，却是其中的受益者，来自于较高的同业存款利率的吸引，导致部分村镇银行将资金存放在同业，降低了贷款的投放，偏离了同业往来业务的初衷。

风险管理存在缺陷。目前，村镇银行风险防控能力普遍较为薄弱，尤其是对存放同业资金的安全性考虑不足。从对 3 家村镇银行点调情况看，普遍没有对交易对手信用等级和风险状况进行评估。同时有的村镇银行还将资金存放在风险较高的机构，如西丰鹿城村镇银行将 1.2 亿元资金存放在某县农村信用联社，而该联社自身风险较高，资本充足率为 –9.99%，不良贷款率为 35.43%，虽然不至于造成资金的损失，但至少存在到期不能及时偿还的可能性，从而威胁村镇银行的流动性安全。

四、同业业务治理建议

从推动村镇银行存放同业快速增长的五个因素分析中不难看出，存放同业业务的扩张既有监管达标压力和人民银行规模控制等客观因素，也有自身追求利润和创新能力不足的主观原因，如采取对同业往来业务比例限制等手段，又会影响其收入水平和盈利能力，不利于村镇银行的可持续发展。笔者认为，可从以下四个方面进行规范和引导，从而达到治理的目的。

放宽贷款规模控制。村镇银行的市场定位是专注服务"三农"和小微企业的社区性银行，以传统的存贷汇业务为主，如执行严格的贷款规模控制，就必然造成大量资金闲置。而村镇银行在成立的初期阶段，由于资本回报和规模增长的需要，贷款投放的积极性较高。适当放宽贷款规模控制，有利于引导村镇银行将资金投放当地农户和小微企业，降低存放同业的规模，减少资金外流。

调整相关监管政策。从激励村镇银行加大对支农支小贷款投放的积极性出发，应调整相关的监管政策，可采取在流动性指标达标的情况下，对支农支小贷款放宽存贷比限制；鼓励在发放支农支小贷款中大胆创新，提高对支农支小贷款不良率的容忍度；协调财税部门，放宽不良贷款核销条件，在道德风险可控的前提下，加大对不良贷款的核销力度等措施。

持续给予支农补贴。支农补贴对激励村镇银行投放支农支小贷款起到了积极作用，仅 2013 年辖内村镇银行享受到涉农定向补贴就达到 1.62 亿元，占税前利润的 16%。但是一些扶持政策相继到期，村镇银行投放支农支小贷款的积极性受到影响。为引导村镇银行坚守支农市场定位，应保持补贴等扶持政策的连续性，促进村镇银行在支农中实现可持续发展。

规范同业市场行为。采取加快非同业客户存款利率市场化步伐，将类信贷业务统一纳入信贷规模考核，规范银行卖出回购和买入返售业务操作，控制同业业务规模和加大对同业往来业务的检查力度等"一揽子"措施，压缩套利空间，促使同业往来业务回归流动性管理手段的本性。

（作者齐士义，辽宁银监局副局长）

关于清理银行不规范收费的调查研究

一、银行不规范收费清理成效

通过 2012 年以来一系列监管措施的促动，吉林省内政策性银行、邮储银行、大型银行、股份制银行、外资银行、城市商业银行、农村中小金融机构累计清退不规范收费 109 562 笔、金额 1.69 亿元，梳理涉及收费制度 246 个，处理违规收费责任人 130 人次，吉林银监局对 2 家违规机构实施了行政处罚，各罚款 20 万元。与 2012 年清理规范前相比，目前收费项目数量降幅近 18%。

2015 年年初以来，从群众信访、银行自查及监管检查看，辖内银行不规范收费问题已很不明显。但银行收费问题仍是舆论关注的焦点，特别是部分金融消费者反映强烈，不规范收费问题还需进一步解决。

二、当前仍存在的问题

（一）银行与客户、政府间对收费的认识存在差异

1. 收费种类和数量的理解差异

银行认为自身已基本缩减到位，客户认为仍远高于心理预期，政府认为仍有压缩空间，后两者对银行服务收费"技术上"的分类不了解。事实上，银行服务收费不外乎三类，即基础服务类、代理服务类和融资服务类，只是各行细分情况不一，但每个金融消费者办理业务时面对的仅是其中的一项或几项。

2. 所设收费科目和实际使用上的差异

现代银行服务项目范围很大，在设计收费科目时，必须尽可能做到全覆盖。但在实际使用时"有名无实"收费大量存在。调研发现，辖内银行每种收费业务中都有收费名目存在但在实际执行中从未收费的项目，占比达 15.85%。此外，目前银行服务同质化程度很高，但在收费名称上有时差异很大，统计收费项目时数量虚增严重。

3. 对银行经营规模、经营范围认识上的差异

银行规模越大、收费项目越多；业务功能越全、收费种类越细。从不同类别的银行机构平均收费数量看，大型银行 317 项/行、股份制银行 345 项/行，而城市商业银行 191 项/行、村镇银行 11 项/行。其中收费项目数量较多的银行存在收费项目过细现象。

（二）银行部分经营行为存在收费不规范问题

1. 在绩效考核机制下，部分银行仍把收费当主要收入来源

调研发现，部分银行中间业务收入指标考核占比 12% 以上，超过所有其他指标考核，同时中间业务收入占营业收入比重也达 20% 以上。而从收费科目看，目前 93% 以上的银行收费项目为市场调节价，易招致社会公众的直观质疑。

2. 服务收费业务宣传不到位，部分收费违背公开透明原则

目前银行对服务收费在柜面宣传、舆论导向、投诉处理等方面没有能够有效地消除各方的误解。同时，个别机构服务信息不透明，没有切实保障消费者的知情权和选择权。此外，过多的协议定价违背公开透明原则。辖内银行收费项目中，协议定价占比达 14.24%。这种过于宽泛的收费标准，导致分支机构操作空间过大、随意性过大，从而引发弱势一方的强烈不满。

3. 息转费等违规问题仍然存在

由于不合理的中间业务考核压力，一些银行纷纷通过息转费、多收费、不服务而收费等手段"借贷收费"，财务顾问费、个人理财费等收费科目空前繁荣，直至专项整治后才趋于合理。同时，有些与贷款相关的收费科目，总行并没有清理整治，基层行执行时很容易发生违规收费行为。

4. 部分服务项目收费优惠政策落实不到位

如发改价格〔2014〕268 号要求"对于银行客户账户中（不含信用卡）没有享受免收账户管理费（含小额账户管理费）和年费的，商业银行应根据客户申请，为其提供一个免收账户管理费（含小额账户管理费）和年费的账户（不含信用卡、贵宾账户）"。对此，多数银行客户对需申请才能享受优惠很反感，认为应该自动实现。据银行反映，事实上多数银行客户因不知道或嫌麻烦，并没有享受到该优惠政策。

5. 清理规范现实中仍存在一些困难

部分不规范收费缺乏具体认定、处罚标准。《商业银行服务价格管理办法》只规定了服务收费的基本原则，未规定违规收费的具体判定标准，在监管检查中很难认定。此外，发改委、工商局等部门在检查标准、问题定性、处罚等方

面也与我会存在差异，需加强沟通协调明确、统一执法口径。日常监管中常见的不规范收费行为缺少明确的禁止性规定。当前抵押评估费、登记费等第三方服务费用由谁承担问题仍然认知模糊、执行口径不一。

三、原因分析

（一）经营理念上的过度超前与偏差

一是近年来对中间业务的过度强调超越了商业银行现有发展阶段，违背了当前国情、省情和分支机构的服务能力这一最大的实际，忽视了履行社会责任这一重要服务宗旨，最终出现收费系列问题。二是为应对利率市场化和存贷款利差收窄等因素影响，一些银行纷纷将发展中间业务作为新的利润增长点，必然带来中间业务收费项目的增多和收费标准的改变。三是基层机构为谋求更多的员工福利，多收费成为一条缓解传统经营压力、提高利润的重要出路。

（二）不当的绩效考核和层层加码的经营指标

一些银行为突出转型，层层加码使得中间业务收入指标定得偏高、考核偏重，一些基层行在创新不足、有效中间业务需求欠缺的情况下，纷纷通过息转费等不当手段变相增加中间业务收入。同时，银行收费的核心矛盾事实上大多集中在融资过程中的"搭车收费"，借贷施压、借贷收费广受诟病。

（三）市场机制不健全、自律能力缺失、监管协调不到位

一是在银行市场化改革未完成的情况下，市场对收费价格的自动调节机制失灵，银行服务收费"霸王条款"和"潜规则"一定程度上存在。二是银行自律和行业自律成效不显。三是银行服务价格监管协调存在问题。2014年先后有人民银行、发改委、工商局、银监局对辖内银行服务收费情况开展了检查，监管职责既相互分离又有交叉。此外，业务办理过程中出现的第三方服务收费涉及的部门更多，如何协调、如何理顺仍是一项复杂的工作。

四、措施建议

（一）加强行业自律协调，搭建收费交流平台

一是建议银行业协会以制定行业标准的形式对中间业务收费的类别、名目进行统一规范。二是促进公平竞争，适时发布平均价格，引导银行与消费者理性选择，便于社会监督。三是加强对银行业支持实体经济、规范服务、免费服

务等方面的正面宣传和舆论引导。

（二）扩大政府指导价、政府定价范围，引导银行继续减费让利

一是建议适当扩大政府指导价、政府定价范围，重点是对不提供增值服务的基本服务类项目以及部分基本民生类项目等实行政府指导价、政府定价。二是监管部门积极引领银行将基本民生类、客户办理频繁的收费项目作为减费让利的重点。一方面减少民众对这些重点关注领域的争议，另一方面有助于更好地体现银行服务弱势群体、服务大众的宗旨。

（三）强化监管，从源头规范收费行为

一是进一步强化银行收费制度建设，从制度层面不给违规收费留下可乘之机。二是突出法人监管。积极引导银行机构法人建立科学的绩效考核机制，制订合理的中间业务经营计划，严禁层层加码特别是按业务条线摊派任务。同时，从法人层面加强收费管理，实现明码实价，并积极与价格管理部门沟通协调，主动征询服务项目和价格标准是否符合要求。三是加强日常监管。通过现场检查、窗口指导等规范银行收费行为，从执行层面严防违规收费死灰复燃。

（四）进一步明确监管禁止性规定，明晰监管要求

一是结合银行收费工作实际，进一步明确"七不准"相关要求，当前要优先明确第三方费用承担主体，统一监管口径，提高执行力。二是加强部委间的沟通、协调，梳理规范银行服务价格的收费依据，进一步明确、统一违规收费的认定、处罚标准。

（作者赵俊廷，吉林银监局副局长）

从某大型银行违规案例看商业银行绩效考评缺陷

自银监会《银行业金融机构绩效考评监管指引》（以下简称《指引》）发布后，商业银行绩效考评机制建设取得长足进步，但与实现稳健经营和合规引领目标相比，尚存差距。本文从近期辖内一起大型银行违规收费案例剖析入手，反映现阶段商业银行绩效考评体系中存在的共性问题和缺陷，并据此提出监管建议。

一、案例简介

2013 年 7 月，群众举报和媒体报道某大型银行基层支行在办理个人贷款业务时，捆绑搭售个人汇款套餐业务。具体形式为：银行根据个贷本金额度确定购买汇款套餐业务金额。若客户一次性购买汇款套餐业务，执行基准利率。对不购买汇款套餐业务的客户，执行基准利率上浮或采取贷款不予审批通过、积压信贷投放规模等限制性手段。多数购买汇款套餐业务的客户并无相关需求或实际需求远低于套餐优惠次数。监管部门获悉后，立即采取监管措施，督导其全面停办整改。但该行置若罔闻，依旧强行违规操作。2014 年 1 月，监管部门再次接到类似投诉，省内某知名媒体也进行了负面报道。监管部门开展摸底核查，发现违规收费业务 25 427 笔、金额 4 422.61 万元，印发了责令整改通知书，并处以 30 万元罚款。

二、绩效考评视角下强行违规行为的因素分析

（一）考核指标设置"水土不服"

黑龙江是以农业为主导经济的欠发达边疆省份，该行总行未针对黑龙江地域经济特点制定倾斜政策，单独研发金融产品，导致很多在经济发达省份推广较好的中间业务产品在当地市场反映冷淡，该行中间业务增收持续乏力，连续两年出现负增长，2013 年降幅高达 10.31%。该行占主导地位的中间业务收入品

种是国内支付结算业务、银行卡业务收入和其他中间业务收入（合计占比75%），而总行忽视该行的经营环境和中间业务收入结构特点，粗犷设置、分配中间业务收入指标，将个贷领域中间业务产品作为利润新增长点，并将与个贷挂钩中间业务收入作为2013年重点产品奖励项目，对获得营销优胜奖的分行按季奖励1.5万元。较高的经营压力和不合理的激励机制使该行极易产生经营行为异化。

（二）任务指标分解"好高骛远"

2013年该行个贷挂钩中间业务收入考核指标比总行下达指标上浮7.54%，实际仅完成89.47%。2014年总行和该行虽未将该项指标列入考核，但通过内部通报、排名等形式施加隐性影响。2014年该行净利润考核指标比上年增加0.3%，比总行下达指标上浮8.1%，而同期地区经济增速回落，同业竞争激烈，该行个贷业务和中间业务缺乏比较优势，目标实现难度较大。为完成总行任务指标，该行偏离经营实际，将经营压力向下传导，组织全省分支机构信贷从业人员，专题培训学习系统内南方某省行通过办理个贷搭售汇款套餐增加中间业务收入的错误经验，并强行加以推广。

（三）指标体系建设"本末倒置"

该行对考评指标权重设置仍存在"重发展、轻管理"、"重业务、轻内控"的误区。一是业绩发展类考评指标一枝独大。该行设定的考评指标主要为经营效益、风险内控、经营转型与业务发展三大类，权重分别为24%、36%和40%。其中，对优质客户增长率、中间业务收入增长率及系统内贡献率、存款人均日均增量、利润指标的设定权重较高，占比达52%；基础管理、操作风险、声誉风险、社会责任等综合管理类指标考核权重相对较低，仅占23%。二是合规风控类指标考评力度仍显不足。主要表现为权重偏低。该行发展转型类指标权重高达40%，而合规风控类指标权重为36%，未明显高于其他类指标，与50%的监管期望尚存差距；该行合规风控类指标最高扣分不足14%，与强烈的经营冲动和考核压力相比，违规成本过低，合规约束力有限。三是发展质量、风险防范评价指标存在缺陷。发展转型类指标侧重考核业务增量，而未将不规范经营作为扣分项；风险管理类指标未设置公众投诉、舆情监测等声誉风险指标，致使该行纵容借贷搭售的违规行为，长期忽视该类问题的频繁投诉和负面舆情。

（四）考评激励措施"失之片面"

一是对基层行提高合规经营意识的激励不足。该行对分支机构的考评依据片面强调了增长率、贡献率、收益率等业绩类定量指标，忽视了合规经营、稳健发展的定性因素，导致部分内控严格、发展稳步、业绩不突出的基层行，往往被划归为较低等级行。二是长期激励约束作用尚未有效发挥。该行实行年度绩效考评模式，考评指标以短期业务发展指标为主，缺乏对长期发展目标的规划和考核，易促使基层行过分关注当期指标完成情况，引发非理性经营行为。三是薪酬结构设计与长期发展目标不匹配。目前该行员工薪酬结构以短期激励为主，未对中长期激励机制做出充分安排，易加剧员工短期逐利行为，不利于长期稳健发展。

三、监管建议

（一）动态调整考评机制

密切关注宏观经济走向，按照市场经济规律和经济周期，紧扣政策规定，立足自身定位，捕捉市场热点，适时调整绩效考评的主要目标、指标类别和权重分布，使之满足国家政策导向、外部监管规定、业务发展目标和内部管理需要。

（二）合理制定指标计划

按照《指引》要求，树立稳健绩效观，综合考虑宏观经济、行业环境、发展战略、经营特色、风险管控能力等因素，合理测算确定年度经营计划，客观制定近期发展目标，理性调整规模和效益发展预期，为转型升级留出时间和空间。加强对分支机构所在地区经济形势和银行业发展调研，畅通与下级行沟通渠道，细化分类考核，根据各行特点和经营重点，分别制定不同的考评指标，突出差异化发展和特色化经营。

（三）完善指标体系建设

一是适当降低对利润增长和业务发展速度的考核要求，提高合规经营、风险管控等指标权重，使之达到《指引》规定的"明显高于其他类指标权重"的要求。二是完善风险管理类指标内涵，增设公众投诉、舆情监测等声誉风险指标。将以贷转存、以贷收费、借贷搭售和转嫁成本等不规范经营行为作为扣分项纳入发展转型类指标，注重提升业务发展质量。三是从队伍建设、机制运行等方面主动构建稳健发展的基础，切实改变"重结果，轻过程"、"重发展，轻管理"的惯性做法，增强合规经营与风险管理内生动力。

（四）构建长短期激励综合平衡

一是打破"唯业绩论"。提高对改革转型和风险防控的考核力度，降低业务规模和发展速度权重,突出和细化发展战略、风险合规、资本节约、价值创造等指标,树立正确的发展观。二是坚持立足长远发展的经营理念。结合中长期发展战略,建立中长期激励机制,合理设置考评指标,优化考评方式,弱化即期业务增量、同业占比、时点份额等考核指标,避免短期化、非理性经营行为,实现短期业绩与长期战略协同发展。三是完善绩效薪酬延期支付制度。严格执行《商业银行稳健薪酬监管指引》,根据不同业务的风险延期暴露特征,确定相应的绩效薪酬延期支付比例和年限,实现薪酬激励与风险相匹配。

(五)加强与总行层面协调沟通

当前各行均采用自上而下的考核方式,分支机构只能被动接受总行设置的不合理考评指标,落实监管要求存在困难。一方面,要督促各行加强与总行沟通,反映监管部门意见建议,从总行层面完善绩效考评体系。另一方面,应加强与属地局的日常联系,及时反馈被监管机构绩效考评机制存在的问题,通过属地局向总行提出监管要求,避免总行"闭门造车"。

(六)建立绩效考评评估长效机制

按照追根溯源的监管思路,以绩效考评为核心引导银行业机构科学发展。建立绩效考评评估长效机制,定期对绩效考评制度进行专项评价。对下达计划任务偏重、考评指标激进、合规风险类指标不合理、考评方式不合规的机构,开展监管约谈,作为日常非现场监管重点对象,同时加大现场检查力度,持续跟踪问题整改,促进各行不断完善绩效考评机制和内控体系建设。

(作者金守恒,黑龙江银监局纪委书记)

探析我国金融消费纠纷 ADR 机制的突破路径

及时有效解决金融消费纠纷是积极践行消费者权益保护理念的关键性工作。近年来，金融消费纠纷呈不断上涨趋势，并呈现集中度高、影响性广、专业性强、多数牵涉金额小等特点。金融消费纠纷 ADR（Alternative Dispute Resolution）机制是指涵盖协商和解、调解、仲裁等多种非诉讼解决方式的纠纷解决机制。发达国家对此已形成成熟发展经验，90% 的金融消费纠纷通过该机制顺利解决，我国应充分加以借鉴，尽早完善金融消费纠纷 ADR 机制，以切实解决我国日益增多的金融消费纠纷与纠纷解决渠道不畅之间的矛盾。

一、国内金融消费纠纷解决机制现状

目前，我国金融消费纠纷解决渠道主要有五种，但均有不足，从根本上难以改变消费者维权难的局面。现依次加以分析：一是通过金融机构内部解决，实质是直接协商和解，但因双方并不是真正对等关系，金融机构既当"运动员"又当"裁判员"，难免会偏袒自身。二是通过金融监管部门解决，实质是第三方调解。消费纠纷虽已从"信访事项"单独变为"消费者投诉"处理，但究其本质只是转变了工作领域，部分基层仍延续将金融机构的核查结论作为对消费者的回复，易使消费者不满。三是通过消费者协会和金融行业协会解决，实质是第三方调解。消费者协会从事广义消费者概念保护工作，缺少金融专业素养和行业经验，金融行业协会重点关注和保护金融机构利益，导致消费者对其权威性和公平性没有充分信任。四是通过新闻媒体解决，消费者借助媒体曝光引起关注与重视，易激化矛盾与对抗，引发羊群效应，不利金融稳定。五是通过仲裁和诉讼方式解决，对消费者来说门槛较高。诉讼耗时长，程序多，消费者非重大经济损失不会自主选择，多由金融机构选择来追讨消费者违约。仲裁费用高，收费较低的上海金融仲裁院办案费也在 1 000 元以上，将占比多数的小额金融消费纠纷自然排除在外。此外，金融机构倾向诉讼退费优惠，消费者只能被动接受诉讼解决纠纷的格式条款。

二、国外金融消费纠纷 ADR 机制先进经验

金融危机后，多国纷纷将消费者保护作为金融改革重点，将金融监管部门中消费者权益保护职能划出，特别是将金融消费纠纷处置职能完全交由专业的、独立的第三方机构运用多元方式解决，形成了日益成熟的金融消费纠纷 ADR 机制，是金融消费纠纷解决机制的完善方向。

（一）英国金融督察院（Financial Ombudsman Service，FOS）模式

英国金融消费者救济制度始于 1986 年《金融服务法》。1997 年，设立金融服务监管局（FSA）统一建立和监管保护救济制度；设立金融督察院（FOS）以非正式方式解决消费者纠纷；设立金融服务赔偿公司（FSCS）对受侵害金融消费者统一补偿救济。三者相互独立，从事前控制、事中解决、事后弥补三阶段保证金融消费纠纷妥善解决。金融督察院（FOS）在监管下独立运作，仅受理个人或小企业（资产规模 100 万英镑以下）等弱势群体、索赔额在 10 万英镑以内的投诉，先进行调解并提供解决方案，如有一方不接受或对事实有异议则进入仲裁程序，裁决对金融机构单边有效，消费者仍不满意可再到法院起诉。解决过程时间短，费用全由金融机构承担，有效保护了弱势金融消费者，是多个发展中、新型或转型国家金融改革学习的经典经验。

（二）美国新型消费者金融保护署（Consumer Financial Protection Agency，CFPA）模式

受政治体制、历史文化等多方面的制约，美国金融消费纠纷处置原由七家机构联合负责，多头负责导致了监管重复和监管空白并存，也为金融消费者维权带来极大不便。按照新《多德—弗兰克华尔街改革与消费者保护法案》理念，将行业安全审慎监管职能和金融消费者保护职能分开进行，并将原来散落在七个监管部门的金融消费者保护职能全部合并至消费者金融保护署（CFPA），建立专门应诉部门并开设免费投诉电话，专门收集和跟进消费者投诉信息，对认定违规行为拥有民事处罚权，还可下达临时命令终止违法行为。运行资金主要来源于独立的联邦预算和消费者金融民事处罚基金（主要是司法或行政处罚获得的罚款）。美国的有益经验是消费者金融民事处罚基金全部用于支付被侵权且无法获得赔偿的金融消费者，以及资助金融消费者学习金融知识和提高金融技能。

（三）澳大利亚国际消费者联盟组织（Consumers International，CI）模式

澳大利亚于 2009 年建立国际消费者联盟组织（CI）模式，在借鉴英国经验

基础上再发展、再完善。与英国一样，澳大利亚的国际消费者联盟组织（CI）机构是独立于金融消费者和金融机构的第三方机构；同英国不同的是，它更具有独立身份，同监管机构平级，完全独立于行业风险审慎监管。同时，纠纷处理程序细致分成非正式程序"调解"与正式程序"仲裁"，并在正式程序中丰富了陪审团式普通程序和裁判式简易程序，使程序更详细规范。

（四）香港金融纠纷调解中心（Financial Dispute Resolution Centre，FDRC）模式

为保障香港金融体系稳健发展，香港政府推动设立金融纠纷调解中心（FDRC），以担保有限公司形式独立处理纠纷，政府豁免缴税，首三年运转经费由政府出资 50%、金管局和证监会各支付 25%。被监管金融机构强制成为会员单位，并遵守《职权范围》规定，不得拒绝调解。中心仅受理索赔金额 50 万港元以下、侵权事实不超 12 个月、金融机构 60 日内处理未果的金融消费纠纷。向消费者象征性征收递表费，再根据复杂程度由其和金融机构按 1:4 或 1:5 比例负担个案费。执行"先调解，后仲裁"，调解时由一位独立而不对纠纷作任何判断的专业调解员协助消费者，以对全部或部分争议事项达成协议宣布结束，调解成功率在 80% 以上；否则提请仲裁，书面裁决对双方均有约束力，可依法执行。

三、加快推进我国金融消费纠纷 ADR 机制建设

综合国外先进经验，结合我国实际情况，我国应着重从四个方面加快推进金融消费纠纷 ADR 机制建设。首先，加强金融机构内部投诉处理机制建设。金融机构作为消费者权益保护第一责任人，是承担金融消费纠纷处置的第一力量，应成立应诉处置专门部门开展内部调解，建立健全消费者投诉受理流程及处理程序，为消费者投诉提供必要便利，实现各类投诉管理的统一化、规范化和系统化，加强投诉渠道公示并确保畅通。其次，监管部门积极履行对金融消费纠纷处置工作的监督管理职责。监管部门应切实督促金融机构妥善解决与金融消费者之间的纠纷，并依法受理并协调解决消费者认为未得到金融机构妥善处理的二次投诉。在监管资源有限的条件下，应更侧重于对金融消费纠纷深层原因的挖掘，对金融消费纠纷中所反映的金融机构违规行为及时采取监管措施，从源头保障杜绝同类金融消费纠纷再次发生。再次，成立专司金融消费纠纷非诉讼解决职能机构。结合国内外发展趋势，成立公益性强、仅受理小额金融消费纠纷的第三方调解中心是健全消费者保护工作机制的必行步骤。建议监管部门

推动试点，选聘监管部门、金融机构业务骨干和社会专家学者，受理属地金融消费者与金融机构未达成一致的小额二次投诉。各金融机构强制为会员，按期缴纳会员费及办案费，用于日常运转。以组织调解、裁决两种基本方式解决纠纷，金融机构对最终签订的调解协议或调解员下发的裁决书无条件执行，否则接受社会披露处理。最后，丰富完善专业的金融仲裁机制。对于大额、复杂、调解中心处理不成的金融消费纠纷应引导至专业金融仲裁途径，从以下着手完善：一是鼓励各地仲裁机构积极组建专业金融仲裁队伍，选聘金融从业经验丰富、精通金融法律的人才作为仲裁员，制定专门金融仲裁规则，条件成熟时组建专业金融仲裁机构；二是积极接洽当地法院，保证仲裁裁决强制执行效力；三是积极开展金融仲裁普及教育；四是监管部门督导金融机构完善格式合同仲裁形式解决纠纷的消费者自主选项。

（作者刘晓辉，黑龙江银监局副局长）

以银行网点为平台建立消费者教育长效机制

当前，加强消费者金融知识教育已成为国内外共识。在银监会部署下，我国银行业进社区、进学校等各类教育宣传已成体系，但消费者教育的成效还有待进一步提高。应注重建立以银行营业网点为平台的宣传教育长效机制，规范员工展业行为，抓好产品开发源头，将教育工作真正融入到提供产品服务的行为中去。

一、商业银行开展消费者教育的主要形式及效果

目前，商业银行除了参加由银监会、人民银行、中银协等牵头组织的包括"金融知识进万家"、"金融知识普及月"、"金融知识万里行"等集中宣传活动外，也根据本行计划，自行开展日常宣传教育工作，主要形式有：

（一）发放宣传材料

由监管部门统一制作或商业银行自行制作各类宣传折页、书籍等，通常在营业网点摆放，供消费者自行取阅，或在一些活动中向消费者免费赠阅。

（二）播放或刊登宣传内容

通过营业网点公告栏、电子显示屏、多媒体终端、电脑查询平台等播放，以及利用手机银行、网上银行、门户网站等刊登金融知识，供消费者办理业务之余阅览。

（三）设立固定宣传台

在集中宣传活动中，银行在特定时段，在营业网点或进入社区、学校、农村、工厂等特定区域摆放宣传台，派遣员工接受消费者咨询。

（四）开展培训讲座

银行联合周边社区、学校或相关社会组织等，为特定群体现场讲解金融知识。

（五）利用媒体宣传

包括利用报刊、杂志、电视、广播、微信、微博等媒体平台，宣传基本金融知识。

根据银监会前期开展的一项对全国 18 000 余名消费者的金融消费行为习惯、金融知识认知度等问卷调查结果，银行网点及其服务是消费者获取金融知识的重要渠道。53%的消费者通过银行渠道获取金融知识，显示出银行网点作为消费者教育平台的巨大作用。同时，消费者对某项金融知识或能力的掌握程度，与对该项业务的使用程度相吻合。这反映出消费者往往能够通过自身金融消费体验，潜移默化地形成对产品服务的认识，提高自我保护能力。比如在被询问遇到 ATM 吞卡时，中青年群体中 60%的人能采取正确处理方式，明显高于老年人的 48%，而中青年正是使用银行卡比例最高的群体，超过 75%，老年人使用银行卡的比例仅 50%。

二、当前消费者教育存在的问题

近年来，银行开展了各种宣传教育活动，在消费者教育方面做了很多努力，但因为存在消费者教育与日常经营脱节、员工业务水平及职业素养参差不齐、产品开发未注重简明易懂等问题，教育的效果往往未达到消费者的期望，也未体现银行客户利益至上的原则。

（一）消费者教育与日常经营行为在流程上表现为"两张皮"

银行现有的消费者教育工作大多停留在面上，在流程上未融入日常经营行为中去，往往在银行网点之外，通过发材料、贴告示、办讲座、搞活动等方式实现，忽视在提供产品服务时与消费者的充分沟通，也缺少足够的信息披露、风险提示等便于消费者理解产品服务的针对性安排，易使消费者对产品服务的认知出现差异，导致投诉纠纷。以上海辖内为例，约 21%的消费者相关投诉由此引发。

（二）员工产品认知及职业素养不足降低了教育效果

银行柜面人员、理财经理、客户经理、大堂经理等，作为开展消费者教育的主体，是决定教育质量的关键，但由于其业务水平、职业素养参差不齐，易导致在提供产品服务时出现误导、诱导现象。究其原因，银行存在三点不足：一是对在消费者应知应会基础上，向其提供产品服务的重要性认识不足；二是针对员工的行为规范及消费者教育的培训不足；三是员工自身对产品服务的认知不足，比如，有些员工对结构化理财产品等复杂产品的交易流程、结构不理解，有些员工对本行信用卡销户规则不熟悉，都可能导致向消费者传递了错误的信息。以上海辖内为例，约 42%的相关投诉纠纷系由此引发。

（三）对消费者教育在机制上质量控制不足

银行在产品开发、销售环节控制与监督较为薄弱。在产品开发中对客户利益考虑不足，未根据客户需求开发产品，或未制定一套简明易懂的说明，帮助消费者理解产品服务，产品文本中对业务特点及风险特征等的描述往往过于专业，不适用于直接向消费者介绍。在销售中，银行不同部门、不同员工往往话术不一致，难以通过员工讲解帮助消费者实现教育的目的。再加上售后回访、神秘人暗访等服务督察工作不到位，甚至有员工为达成业绩而违背职业道德进行误导销售。以上海辖内为例，约37%的投诉中反映出此类的问题。

三、建立消费者教育长效机制的建议

我国银行业营业网点数量庞大、分布较广，仅上海就近3 700家。在当前金融创新在广度和深度上快速发展，银行产品服务日趋复杂的背景下，应在开展各种消费者教育宣传活动的同时，更加注重以银行网点为主要阵地开展消费者教育工作，使之融入到以客户为中心、客户利益至上的经营管理理念和做法中去，通过规范、标准的员工展业行为，科学合理的产品开发，实现在提供产品服务的过程进行中有效教育的目的。

（一）将客户利益至上的经营管理理念落地

开展消费者教育是银行以客户为中心、客户利益至上的经营管理理念的体现，应当促使其落实到营销推介、信息披露、风险提示、业务咨询等具体展业行为中，做到产品信息透明化、产品结构简单化、文本话术通俗化、客户认知便利化，提升消费者对产品、风险的了解，使其有能力识别银行提供产品服务的行为是否规范标准，进而提出合理意见。

（二）狠抓质量管理促进员工展业行为规范化和标准化

建立健全员工教育培训和监督考核机制，促进员工展业行为规范化和标准化。一是注重提升员工对产品服务的认知理解，使其有能力向消费者传播正确的金融知识；二是注重强化员工恪守职业道德的自觉性，避免出现误导、诱导现象；三是注重树立员工在展业中提高消费者应知应会程度的意识，使消费者教育真正落实到产品服务中。

（三）产品开发更加重视消费者的认知和体验

推出产品服务前，对客户满意度、合理的营销方式等应做预估，产品宣传销售文本表述应通俗易懂，风险提示内容有针对性，使银行新产品和新服务能够让客户满意。欧美国家对此已有良好经验，如美国证券交易委员会即要求上市企业尽量避免晦涩难懂的专业词汇，以通俗易懂的语言帮助普通民众更好地了解产品。

（四）推动对消费者教育工作的持续监测和评估

欧美国家已开展了对消费者教育的后评估工作，如美联储长期关注金融消费者教育的实践成效，并重视消费经济学和消费行为学的研究。建议加强对银行网点消费者教育的后评价，将投诉处理作为教育后评价的重要依托，通过投诉分析来发现和反思教育工作的不足，找准问题根源是出在产品设计还是营销推介环节，从而不断改进产品服务中的消费者教育质量。

（作者蒋明康，上海银监局副局长）

积极应对银行监管工作面临的
"三期叠加"新挑战

中央对当前的经济形势，有所谓"三期叠加"的判断，即经济增速换挡期、结构调整阵痛期、前期刺激政策消化期。这"三期"的概括，准确揭示了当前改革发展面临的困难和考验。而我们的银行监管工作，一方面要清醒认识所处的大环境，服从和服务于中央的大政方针；另一方面，还要认真分析"三期叠加"对银行监管工作的影响，从而有针对性地做好工作。

实际上，我们的银行监管工作，目前也正处于具有行业特点的"三期叠加"阶段，即银行风险集中暴露期、金融改革深化阵痛期、监管队伍建设困难期。

一、自 2011 年第四季度以来，银行不良贷款大量地连续地出现，进入集中暴露期，而且仍未释放完毕

2011 年 9 月末，全国商业银行不良贷款尚处于相对低点，余额 4 077.6 亿元，比年初下降 258 亿元。第四季度开始反弹，一个季度净增 200 亿元，年末达到 4 278.7 亿元，略低于年初水平，实际上如果政策性银行真实反映的话，2011年底不良贷款比年初就已经上升了。2012 年，全国商业银行不良贷款净增 646.8亿元。2013 年，全国商业银行不良贷款净增 993 亿元。与上年相比，不仅总量和幅度增加，而且地区分布上具有普遍性，超过 80% 的省份不良贷款比年初增加。同时，逾期贷款余额 7 275 亿元，比年初增加 1 994 亿元，这部分是可能暴露的不良贷款。

2014 年以来，这一趋势仍然延续。3 月末，不良贷款达到 6 461 亿元，比年初猛增 540 亿元，增量是上年全年的一半，已连续十个季度环比增加，两年来不良贷款余额净增了 50%。由于不良额的猛增，致使不良率也开始反弹，达到1.04%，比年初上升 0.04 个百分点。此外，未统计在其中的政策性银行等在不良反映上也开始坚持不住了，不良贷款统计反映增加。

在这一轮银行风险暴露中，由于华东地区经济的复杂性和活跃性较高，处于率先暴露的位置。江苏省 2014 年第一季度末全机构不良贷款 864.44 亿元，比年初增加 57.3 亿元；不良率 1.28%，比年初增加 0.03 个百分点。尽管我们已努力真实反映，但潜在的风险还有不少，全省逾期贷款还有 700 亿元，仅无锡钢贸已知但未进的不良贷款就有 45 亿元，因此 2014 年不良贷款"双控"的压力非常大。

自 2011 年以来大量不良贷款的出现，是有其时代背景和内在原因的。一是前几年过于宽松的信贷环境下银行粗放经营的后果显现，比较突出的是形成不良贷款重灾区的钢贸贷款，追根溯源，是银行片面追求高收益而无视风险，飞蛾扑火；二是宏观经济下行和产能过剩相互叠加，形成一些大额授信风险，比如光伏业、造船业；三是企业资金使用不当，加之担保链、融资链的脆弱，银行急于收贷和企业主恶意逃废债，都加剧了不良贷款的产生。

二、近年来，金融改革逐步进入深水区，各种矛盾和碰撞，创新与风险，相关方面都在经历改革的阵痛

一是应对存款利率市场化的提前预热，通过发行理财产品来稳定存款，并进一步与所监管的资产业务相配合。在这过程中，原本的直线关系变成了曲线，破坏了基本的规则，增加风险隐蔽性。到 2014 年第一季度末，全国银行理财产品余额已达 11.5 万亿元，比年初增加 1.4 万亿元。其实这不是高点，由于调节存款的需要，季末一般是理财余额的低点，比如 2 月末时，理财产品余额是 12.2 万亿元。而从投向统计看，投入信贷类、权益类的理财资金余额是 3.6 万亿元。

二是应对盈利方式的转变，既有转变经营理念的需要，也有通过变形的同业业务、资管业务实现监管套利的目的。现在是"四跨"，即跨表、跨界、跨业、跨境，加剧资产错配，放大资产泡沫，银行或是充当资金掮客，或是把信贷业务包装成同业业务、资管业务。全国银行业资产 140 万亿元，其中非信贷资产占到 48%；另外表外业务余额 68.8 万亿元，增长率 27.1%，高于贷款增幅 10 个百分点，已相当于贷款规模的 90%。报载，有"同业之王"称号的兴业银行，其同业资产占总资产的比重达到 36%，贡献利润的一半。

三是社会上各种新金融（比如余额宝、P2P 等）、准金融（小贷公司、农民互助社等）和非法金融（投资公司、集资等），风起云涌，有的是在探索，也有的是浑水摸鱼。据不完全统计，全国网贷平台有 500 多家，2013 年成交额 1 058

亿元。余额宝的客户超过6 000万人，规模超过4 000亿元。

四是金融稳定的基础还很脆弱，大多数人的风险承受能力不足，法制环境和契约精神缺乏，社会公众对金融一知半解，极易引发矛盾和恐慌。同时在日常工作中，为应对上述情况，也占用大量监管资源。前不久在江苏省射阳发生的集中支取存款事件，在各种诱因中，老百姓对非法金融与正规金融的区别不清楚，特别是对金融机构也会倒闭这一市场化改革的过程产生误解，也是重要原因。

三、监管分设初期的红利正逐步消失，监管队伍建设处于相对困难期

一是职工的职业生涯发展处于瓶颈状态。从江苏省局看，当年分设时我们严把进人关，从而留出较多的人员空编，所以开始的几年有大量激情充沛的新生力量进入这支队伍，干部职数也比较充足，调动了积极性。目前省局机关40岁以下的年轻人占机关总人数的60%，他们都逐步在科级岗位上经历了若干年，但目前处级岗位职数屈指可数，且由于人员年轻，岗位周转率低；现有很多处级干部任职多年，但也缺乏正常的晋升渠道。从分局情况看，中层岗位职数少，或年龄偏大，江苏省一些分局的业务量超过中、西部的一个省，但人员编制一直就是四五十人，从未随业务的增长而增加，工作压力大，相对待遇低，员工既有对自身工作的自豪感，但也不同程度地存在个人期望值的失落感。

二是财务紧张的矛盾日益突出。从江苏省看，2013年年底与2014年年初比较，我们监管的银行业资产由1.86万亿元增加到10.86万亿元，增长4.8倍，但同期财务费用除解决人员工资性支出外，不增反降，与刚分设时相比，公用经费总额减少1 573万元，人均减少2.58万元。2013年我就此专门做过分析，这一状况影响了队伍的稳定、监管的深入和纪律的严明。

面对监管工作的"三期叠加"，我们一方面要从宏观层面去冷静分析，不急于求成；另一方面要高度重视，特别是要做好"三项工程"。

一是推进资产质量双控。从江苏情况看，其一是关注苏南地区，苏南信贷总量大，敏感行业占比高，苏南能否完成双控事关全省；其二是关注光伏、造船、钢铁三大行业的变化，加快钢贸行业不良贷款的处置，防止新的大额不良贷款；其三是落实责任，以各行不良贷款率年末不高于系统平均水平为基本目标。

二是落实业务体系治理。改革发展中的问题，最终还是靠改革发展解决。

比如理财市场的乱象，有些随着利率市场化的推进而自行消亡，但还有不少问题需要正本清源。最近银监会等五部门关于规范金融机构同业业务的通知，要求把以投融资为核心的同业业务按其实质归类，不得随意扩张非标业务，不得随意出表。这些如得到落实，将有助于在防范风险的同时进行真实的创新。

三是注重监管工作提效。在队伍建设上要以营造环境弥补现行体制机制的不足。简言之，我们无法解决很多职工实际的问题，比如福利待遇、职务晋升，但可以同甘共苦，努力让大家心情舒畅。

在工作部署上要以提高效率解决监管资源缺乏的困难。要珍惜监管资源，提高有效性，不做无用功。特别是克服官僚主义、形式主义。

在思想工作上两句话都要讲：既要事业，也要生活。山西平遥古城有一幅对联："柴米油盐酱醋茶除却神仙少不得，忠信孝悌礼义廉无有铜钱可做来"。共产党人不忽视个人利益，同时不忽视做人准则。越是困难时期，越要弘扬正能量。

（作者赵杰，时任江苏银监局副局长，
现任福建银监局局长）

马来西亚伊斯兰银行发展情况及启示[①]

伊斯兰银行出现于 20 世纪 50 年代末，最早在巴基斯坦和印度北部的穆斯林中开始出现一种没有利息的金融往来，客户与银行分摊盈亏的银行机构，很快传到阿拉伯世界。

马来西亚人口 2 700 万，穆斯林约占 60%，是全球发展伊斯兰金融（包括银行、资本市场、货币市场和保险）最成功的国家之一，也是全球伊斯兰债券发行中心，伊斯兰银行拥有约 20% 马来西亚银行资产。

1983 年，马来西亚政府推出了伊斯兰银行法律，第一家伊斯兰银行（BIMB）成立。20 世纪 90 年代初，马来西亚允许传统银行开设伊斯兰金融窗口，提供伊斯兰金融产品和服务，伊斯兰银行分支机构数量迅速增长。1993 年，马来西亚宣布成为全球第一个建立伊斯兰银行与传统银行并行的"双轨银行体系"的国家。1995 年马来西亚成立伊斯兰银行协会，职能是与央行和其他监管机构合作和协商，共同促进马来西亚建立完善伊斯兰银行体系。2001 年马来西亚央行设立回教银行及金融协会，主要为伊斯兰金融输送培养高素质专业人士及管理人员。2005 年马来西亚央行设立伊斯兰国际金融教育中心。

马来西亚伊斯兰银行由本地伊斯兰银行和外资伊斯兰银行组成。本地伊斯兰银行包括独立型伊斯兰银行（如大马回教银行、交易银行）、金融集团附属伊斯兰银行（为大型金融集团附属公司，如艾芬、安联、联昌回教银行，大马、丰隆伊斯兰银行）；外资伊斯兰银行包括独立的中东大型伊斯兰银行（银行与投资公司、科威特金融机构）、金融集团附属伊斯兰银行（如中东投资者集团附属的亚州金融银行，汇丰、华侨、渣打回教银行）。

与传统商业银行一样，伊斯兰银行的最高权力机构为股东大会，在股东大会之下设有董事会。不同的是，伊斯兰银行还设有与董事会平级的"古兰经教义监管委员会"，该委员会通常由三个以上精通伊斯兰司法的专家组成，作用是监督银行的经营活动符合伊斯兰教义。同时，伊斯兰银行的掌管者也必须是熟

---

① 该文曾发表于《江苏银行业》2014 年第 6 期。

知古兰经教义的穆斯林教徒。

伊斯兰银行的基本法是伊斯兰法律、伊斯兰商业法。核心内容：一是避免赚取利息的活动。伊斯兰银行业务有别于传统的银行业务，其基础是"利润共享"，而不是收取利息。按照《古兰经》和伊斯兰教法规定，利息属不合法的收入，必须禁止。故此类银行的信贷不计利息，即贷款不收利息，存款不付利息。二是避免赌博及投机元素。伊斯兰银行不得从事被古兰经教义禁止或对人类不利的经营领域，如不得向从事酒精生产、储运和销售的企业提供融资。在伊斯兰银行经营过程中，任何基于未来不确定事件，如套期保值、衍生品交易等而形成的合同都是被禁止的。三是明确的合约及交易。基于平等互助、风险共担原则的真实交易，投资者或存款人与伊斯兰银行是合伙关系（双方要签订债权合同），通过参与伊斯兰银行的经营活动来控制风险，而不是像传统商业银行那样获取固定的利息。传统商业银行中存在的合同关系只有存贷关系；而伊斯兰银行中存在的合同关系是根据交易性质决定的，可以是买卖关系、租赁关系、合伙关系或存贷关系。2013 年，马来西亚明确"违反回教金融服务法案将会导致最长八年监禁，或者不超过 2 500 万马币的罚款，或者两者并行"，马来西亚中央银行法案赋予央行回教教义咨询理事会裁决法院及其他回教实体的裁决优先权。

伊斯兰银行的金融信贷活动一般采用四种方式：（1）参与股份制。银行向借方的发展项目提供贷款时，以股份的形式投入，双方按协议分配利润。（2）盈亏分摊制。银行与顾客（即存款者和借贷者）结为伙伴关系，双方按照协议共同分担经营的亏损或参加利润的分配。（3）加价制。银行在资助贸易时，从标高价格中获取收入。当客户申请贷款购买某种货物时，双方达成协议，由银行出资购买，在到期偿还贷款时，银行收取高于原先物品的价格，其中的差额就是银行收益。（4）手续费制。凡汇款、信用证、中长期贷款、外贸贷款等均按款额和期限，由银行收取2% ~4%的手续费，用于支付银行的管理费和通货膨胀的差额。为了鼓励扩大存款，对存款人可按银行经营的情况和存款额的多少，参加利润分成、获得存款奖金和货币的保值金，并在申请贷款、使用支票等方面给予优待。

伊斯兰教传入我国已有1 300 多年，目前我国宁夏、云南、青海、新疆等地信仰伊斯兰教的穆斯林多达 2 000 多万人，伊斯兰银行业务的潜在需求很大，2007 年香港金管局批准马来西亚丰隆银行（香港）有限公司推出首个伊斯兰银行窗口，2009 年宁夏银行获批试点开展伊斯兰银行业务（成为国内首家开展伊斯兰金融业务的银行），但由于多方面原因，一直未能更大范围推广。作为石油进口大国，我国长期与穆斯林国家保持着友好合作关系，大力吸引中东石油美元投资，不但有利于我国经济发展，还具有保护我国能源安全的重要战略意义。建议我国借鉴马来西亚等国的成功做法，按照合作的理念，在穆斯林人口集中的西部地区，结合实施西部大开发战略，通过中外合资、单独设立中资伊斯兰金融机构和国内银行设立子公司等方式适度发展伊斯兰金融。

（作者丁灿，江苏银监局副局长）

以"枫桥经验"推进银行业消费者权益保护的思考

五十多年前,毛泽东主席批示推广"发动和依靠群众,坚持矛盾不上交,就地解决"的浙江"枫桥经验"。2013年习近平总书记批示强调,结合"枫桥经验"把群众路线坚持好、贯彻好。浙江银监局深刻领会并以"枫桥经验"深入推进辖内银行业消费者权益保护工作。

一、深刻认识"枫桥经验"对消费者权益保护的重要意义

"枫桥经验"是强基础打基础、依靠群众化解矛盾、运用法制治理社会、统筹兼顾促进稳定的经验,与以"预防为先、教育为主、依法维权和协调处置"为核心的银行业消费者权益保护工作,在价值取向、核心理念、基本方法等方面高度契合。坚持好、发展好"枫桥经验"就是贯彻好、实践好群众路线,对新形势下深入推动辖内银行业消费者权益保护工作具有突出重要意义。

二、借鉴"枫桥经验",引领银行业金融机构夯实消费者权益保护的基础工作

(一)把握"三坚持三结合"工作原则

1. 坚持社会责任与"普惠金融"相结合。惠及群众、保障民生,是"枫桥经验"的题中之义。要积极创新,重点在小微企业、"三农"和城乡中低收入居民、创业青年等金融服务上实现突破,让相对弱势群体能便利、平等、有尊严地享受金融服务。

2. 坚持就地化解与"平安金融"相结合。就地化解矛盾,是"枫桥经验"的精神实质和价值所在。要主动预防和化解矛盾,争取把投诉纠纷解决在基层网点,实现"小事不出支行、大事不出分行、矛盾不交总行",构筑平安金融环境。

3. 坚持服务至上与 "满意金融" 相结合。群众满意是 "枫桥经验" 的落脚点。要提升服务理念，丰富服务手段，以 "消费者觉得对不对、行不行、好不好" 为标准，评估和改进银行服务与产品，切实提升客户满意度，从源头上化解服务纠纷。

（二）以 "枫桥经验" 指导消费者权益保护的机制建设

1. 落实 "四前" 工作机制。一是思想走在制度前。着重强化临柜人员、客户经理、专业人员等消费者权益保护意识。二是制度走在预防前。健全消费者权益保护制度，建立相应职能部门，确保将思想理念转化为实际行动。三是预防走在调处前。梳理消费者投诉难点、热点，有针对性预防纠纷于未然。四是调处走在激化前。探索建立由专家、律师、热心公益人士组成的民间调解委员会等矛盾纠纷调解机制，及时化解矛盾。

2. 完善 "三环节" 工作流程。一是产品和服务推出前，须关注消费者权益保护相关条款，并充分征求消费者权益保护职能部门的意见。二是推介和销售时，应将消费者权益保护内容体现在宣传材料中，充分履行对消费者的告知义务。三是事后评估中，应根据市场变化改进产品与服务，针对客户投诉建立产品与服务的售后反馈与修正机制。

3. 系统推进 "12345 工程"。一是畅通一个渠道，即消费者合法理性表达利益诉求的渠道。二是推行两个规范，即服务用语和服务流程规范化、标准化。三是建立三评体系，即监管评估、行业评比和社会评价体系。四是推动四方合作，即监管部门、政府部门、行业协会及新闻媒体共同协作。五是开展五个普及，即面向成熟消费者、新生消费者、潜在消费者、特殊群体以及银行从业和监管人员等五类群体普及金融知识。通过监管引领，涌现出了海宁农信联社 "磨盘工作法"、杭州银行 "盈家工程" 等良好做法。

三、探索实施第三方调解机制，丰富消费者矛盾化解手段

为充分发扬 "枫桥经验"，银监部门联手绍兴市枫桥镇政府，于 2014 年 7 月在枫桥镇试点以 "枫桥经验" 为指导的第三方调解工作机制，挂牌设立诸暨枫桥镇银行业金融消费者调解中心，丰富金融消费者化解矛盾的途径，探索通过专业调解机构的调解来解决行政、经济管理法规之外的纯民事合同纠纷和金融消费争议。

调解中心由枫桥镇分管金融工作的镇长为主牵头组成，辖内 7 家银行业机

构均设立兼职调解员，组成兼职调解组织，在枫桥镇政府定点办公，如发生有矛盾纠纷，先由银行业机构与金融消费者双方自行调解，如调解不成，则向调解中心申请调解，对调解不成的再引导当事人通过诉讼渠道解决矛盾纠纷。据反馈，当地银行业机构对金融消费者权益保护意识的重视程度和调解矛盾的工作能力有较大幅度提升，基本上做到就地化解矛盾，没有将问题上交。

四、抓好普及教育，提高消费者的综合素质

1. 注重普惠原则，扩大宣传教育受众面。深入开展浙江银行业"金融知识进万家"宣传服务月及"金融知识万里行"等主题活动，增加浙江银行业特色"诚信经营、最优服务"，弘扬"枫桥经验"主题，贴近基层、贴近民生，送金融知识"进校园、进社区、进村居、进企业、进军营"。据统计，2014 年宣传月活动期间，出动宣传人员 8.1 万人次，发放宣传材料 370 万份，接待消费者 1 472 万人次，受教育人数达 4 000 余万人。

2. 注重分类宣传，加强专项活动针对性。组织开展"企业家风险教育"和金融知识"上山区、下海岛、进社区"专项行动，深化金融知识宣传教育活动。并根据不同消费者群体开展有针对性的宣传教育，借助微信、微博等新型媒体传播功能，不断扩大宣传教育的覆盖面。

3. 注重银媒合作，常态宣传金融知识。为全面提升社会公众金融素质，从 2015 年起浙江银监局与主流广播媒体"浙江之声"合作，每天开展 4 条金融知识常态化的宣传，覆盖浙江辖内广大消费者，提高金融消费者的风险意识和认知水平。

五、抓好压力传导，落实消费者权益保护

1. 坚持问题导向。针对理财业务、信用卡业务投诉处理等消费者维权热点，研究应对措施，坚持以监管情况通报会、信访情况通报、消保工作建议书、不定期座谈交流等方式，强化风险提示和行为监管，督促银行业金融机构牢固树立主体责任意识，强化消费者权益保护理念，切实做好源头治理和矛盾纠纷化解工作。

2. 搭建高层沟通交流平台。2014 年年底专门成立浙江银行业消费者权益保护高层指导委员会，加强消费者权益保护发展动态和前沿问题的研究，沟通、

交流工作经验，持续推动银行业金融机构践行"预防为先、教育为主、依法维权、协调处置"的工作原则。

3. 严查不规范经营行为。组织开展不规范经营专项整治和银行业民主评议行风等活动，严查各类不规范经营行为，加大压力传导和监管纠偏，使银行业金融机构服务民生、保护消费者合法权益的理念不断深化。

六、抓好监管协同，提升消费者权益保护工作合力

1. 加强与行业协会协调联动。积极指导和支持浙江省银行业协会成立消费者权益保护专业委员会，全面打造规范自律型行业和消费者友好型行业。指导省银行业协会制定出台《浙江省银行业诚信公约》，发出《关于做好特殊消费者群体金融服务倡议书》，提出"服务始于关爱"口号，向社会公布"浙江省银行业不规范经营行为实名举报电话"，接受社会监督。连续开展"3·15"消费者权益保护日宣传活动。与专业媒体共同制作银行业宣传专题片——《老钱一家的现代金融生活》，普及金融知识。举办浙江银行业企业文化建设视频讲座，促进经营管理理念提升，更好地服务银行业消费者。

2. 加强与其他监管部门协调联动。积极主动与浙江保监局、浙江证监局等部门建立沟通协作机制，联合下发《关于进一步规范商业银行代理保险业务有关事项的通知》，联合开展银保合作专题培训，共同开展交叉代理业务的公众教育服务工作，协作推进金融消费者权益综合保护，促进银保、银证市场健康持续发展。

3. 加强与地方政府部门协调联动。主动与发改委、物价主管部门沟通协调，建立联动推进工作机制，联合开展调查整治工作。主动与公安部门加强联动，共同防范高风险理财产品盈亏等引发不稳定事件发生。联合省中小企业协会、省市经信委和省检察院等有关单位，探索开展企业家融资风险教育活动。

（作者傅平江，浙江银监局副局长）

微时代背景下基层银行业舆情引导现状调查

当前，以微博、微信、手机客户端为代表的微传播媒介改变了信息传播方式，其传播速度更快，参与受众更广，传播内容辨识难度更大，也更具冲击力和震撼力。基层银行业机构如何应对微时代下舆情新特征，进一步强化舆情管理，积极防范和化解声誉风险成为亟须解决的课题。为此，江西银监局以九江、萍乡、景德镇三地为样本，对这三个地市的 44 家银行业机构，其中法人机构 28 家，分支机构 16 家，开展针对性的调查。

一、辖内银行业舆情引导工作情况

（一）舆情引导机制不健全

三地银行机构建立了基本的舆情风险管理机制。国有大型银行、股份制银行分支机构往往简单沿用总行制度，联系自身实际完善创新较少；城商行、农村中小金融机构，尤其是村镇银行相关制度不够完善。此外，各机构的舆情风险管理机制中并未涉及舆情风险排查、应急演练、舆情培训和员工新媒体行为规范等方面内容。

（二）舆情引导工具不完善

调查中有 6 家银行业机构开通了微博和微信公众号，配备了专门的人员进行账号管理，但是这些微博和微信账号更新频率低，最多也只是一周一次。73% 的内容为业务产品推送和招聘信息发布，仅有 16% 的内容涉及金融服务宣传。78 名舆情监测人员中，仅有 39 人懂得利用微博、微信公众号发布官方权威信息，引导舆情走向，70% 以上的人未参加过舆情培训。

（三）舆情监测与引导方式单一

舆情监测上，有 6 家机构由总行统一实行外包，10 家机构由省分行监测并定期通报，其余 28 家机构主要依靠互联网人工检索，并且人工检索手段只是进行简单的关键词设定。舆情处置中，这些机构主要通过对发布网站进行公关，组织删帖等传统手段平息舆情，缺乏引导技巧。如 2014 年 4 月，辖内新浪、搜狐等17名博主发布或转发了"强力谴责暴力截访"、"××行暴力拦截上访女工"的负面信息，涉事银行通过联系相关网站将120余条负面评论删除，及时遏制了负面舆情的持续发酵，但未能与17名博主做好沟通解释工作，留下了风险隐患。

二、舆情引导面临的形势及困难

（一）微时代下银行业负面舆情激增

调查显示，2014年1-9月三地银行业负面舆情81%来源于微博、微信和论坛，且呈上升趋势，内容主要涉及服务收费、服务态度、账户安全和内部管理，分别为34%、39%、13%和7%，这些负面舆情在人人都有麦克风的微时代，备受网络舆论推送，致使舆论导向往往偏向负面。此外，17%的负面舆情源于银行员工爆料，如"某副行长雇人行凶却逍遥法外"、"银行员工叹日均揽储任务近百万"等。

（二）银行对舆情引导工作重视不够

被调查的银行业机构高管主要致力于存贷款、理财、代理等业务的营销与拓展，对于利用新媒体主动发声、引导舆论的意识普遍不强。同时由于专业化舆情危机预警系统和舆情监测工具的费用普遍较高，基层银行业机构又缺乏开发实力，所以在应对新媒体上，仍然沿用传统的舆论监测手段。

（三）舆情引导处置难度加大

在微时代，以微博、微信为代表的新媒体在传播渠道上是"私密的"，信息源头难以捕捉，且媒体之间交互影响、频繁互动，加大了舆情引导处置的难度。如今年各机构通过主动跟贴引导成功处置负面舆情只有4起，仅占舆情成功处置案例的9%。如"存单变保单"、"没开网银钱被转走为哪般"、"存款9天没到账，银行没说法"等负面舆情，由于涉事机构错过了最佳引导时机，负面评价累积最终酿成舆情事件。

（四）舆情引导工作缺乏有效激励

调查中的44家银行机构对声誉风险、负面舆情事件的考核机制均为扣分制，并对相关责任人给予行政处分或经济处罚。这些机构严格考核问责的同时，并未建立舆情监测、正面宣传引导、普及金融服务知识等正向激励考核指标，未能统一设置舆情归口管理部门。人员设置也未能专岗专职，往往由办公室或综合部门人员兼任。

三、工作建议

(一) 充分认识舆情引导工作的重要性

商业银行应将声誉风险管理纳入信用风险、操作风险、市场风险等全面风险管理体系。结合自身实际，科学制定舆情应急预案，健全考核激励机制，提升舆情引导工作的主动性和积极性。

(二) 发挥新媒体在舆情引导中的作用

商业银行应充分认识新媒体对舆情监测引导的重要性和开拓性，尽快开通微博、微信等公众平台，掌握正面发声、负面澄清的第一手渠道。加强对服务实体经济、创新转型等方面的正面宣传，塑造社会认可、群众满意的良好形象。

(三) 及时进行舆情引导取得主动权

健立"全媒体"监控、全天候分析的专业化舆情危机预警系统，打造专业化的网络评论员队伍，定期对社会化媒体尤其是新媒体的舆情走势进行全面分析。准确掌握线上线下互动、个人群体交织的网络传播规律，及时、正确地应对、化解声誉风险。

(四) 加强舆情引导工作的培训教育

商业银行应加大对银行舆情监测应对人员、一线员工的培训教育，规范员工在新媒体的言论，定期开展舆情风险排查和应急演练。深入开展合规文化建设，切实增强全员声誉风险防范意识，规范操作流程管理，完善客户投诉处理、应对机制，真正从源头上堵截负面舆情的发生。

（作者柯愈华，江西银监局副局长）

五部委同业新规对江西城商行的影响分析

2014 年 5 月 16 日，人民银行、银监会等五部委联合出台了《关于规范金融机构同业业务的通知》（银发〔2014〕127 号，以下简称 127 号文）。江西银监局就通知出台后对辖内城商行产生的影响开展了快速调查。

一、辖内城商行同业业务发展现状及存在问题

2014 年 4 月末，江西辖内城商行同业资产余额 737.67 亿元，占资产总额的 20.68%；同业负债余额 540.63 亿元，占负债总额的 16.52%。结合日常监管及此次调查情况，辖内城商行同业业务主要存在以下问题：

（一）买入返售标的资产不符合规定

2014 年 4 月末，辖内城商行尚存在 163.89 亿元买入返售资产标的为信托受益权和资产管理计划，占同业资产的 22.21%，不符合 127 号文关于买入返售和卖出回购业务标的资产应当为银行承兑汇票、银行间市场和证券交易市场交易的债券和央票的规定。

（二）同业融资业务期限不符合要求

2014 年 4 月末，辖内城商行存量其他同业融资业务中原始期限在 1 年以上的资产 183.63 亿元，占同业资产的 24.97%；原始期限在 1 年以上的同业负债 48.49 亿元，占同业负债的 9.07%，不符合 127 号文中"其他同业融资业务最长期限不得超过 1 年"的规定。

（三）部分行同业授信集中度超标

2014 年 4 月末，九江银行、上饶银行对最大单一法人金融机构同业授信净额与该行一级资本的比例为 82.63%、97.49%，不符合 127 号文中该指标值不得超过 50% 的规定。

（四）借助同业业务监管套利

一是作为信用风险承担方通过同业业务规避监管。如通过买入返售信托受益权＋隐性担保，将原应计入"其他投资"科目，并需严格进行风险和资金投

向合规性审查、纳入企业统一授信规模并计提拨备的同业投资业务转移至"买入返售"科目，在降低风险加权资产的同时，规避授信行业等限制。二是作为同业业务通道方帮助其他银行规避监管等。如作为通道方，在他行理财资金存入的当日，以相同金额和期限存回该行，帮助他行理财资金规避用途限制；又如作为通道方通过买入返售信托受益权帮助第三方代持单一信托计划，第三方银行则存入相同金额和期限的同业资金作为保证。

（五）同业业务资本计量不准确

现场检查发现，辖内城商行在对同业业务计算加权风险资产时，存在以剩余期限代替原始期限、将对其他金融机构或一般企事业单位的债权（风险权重100%）纳入对商业银行的债权（风险权重20%～25%）、通过买入返售＋隐性担保降低加权风险资产权重、漏填尚未到期的卖断式转贴现票据等问题。

二、新规对辖内城商行的影响

127号文的出台，规范了商业银行同业业务行为，降低了资金在银行系统内循环可能，长期而言，将引导商业银行同业业务回归"短期、临时性资金调剂"的本质，减少资金在银行体系内循环，有助于防范系统性风险；短期内，随着业务限制更为严格且到期后不得展期，在影响同业业务规模和收益的同时，也将给各行带来资本补充、信用风险和流动性风险防控压力。

（一）有利于规范同业业务运作

127号文界定了同业业务范围，规范了会计核算和资本计量要求，设置了同业业务期限、规模和风险集中度限额，明确了买入返售和卖出回购业务的投资标的，围堵了辖内城商行通过同业业务做大资产规模、自身或帮助他行规避信贷规模和授信行业限制、降低加权风险资产权重等"邪路"，有效规范了同业业务发展。

（二）限制同业业务规模和收益

127号文对同业业务提出了期限、授信集中度以及规模限制，可以预见未来城商行的同业业务规模将难以做大。且随着占辖内城商行同业资产47.11%的不合规同业资产（买入返售信托受益权和资产管理计划、原始期限在1年以上的其他同业融资资产）的逐步到期，预计未来一定时间内辖内城商行同业资产规模将呈现下降趋势。2013年度，辖内城商行金融机构往来利息净收入15.4亿元，占全部利息净收入的25%，其中景德镇市商业银行该比例值高达59%。今后，随着同业业务的规范化运作，尤其是买入返售信托受益权等同业业务被限制，预计未来辖内城商行同业业务收入将有所下降，一定程度上削弱辖内城商行的赢利能力。

（三）加大资本补充压力

127号文规定三方以上交易对手间类似买入返售业务不得纳入买入返售科目核算，这意味着目前各城商行已开展的涉及三方以上交易对手且以信托受益权和资产管理计划为标的资产的其他类买入返售资产将需纳入同业投资相关科目核算，补提相应资本。同时，前期现场检查发现，买入返售业务中存在交易对手（省外某城商行）将业务项下的信托计划投资直接从资产负债表中转出的现象。全国城商行2014年4月数据也可以证实城商行中不乏将卖出回购项下基础资产"出表"的现象。4月末，全国城商行除债券和票据外的其他资产买入返售余额3 103.65亿元，而对应资产卖出回购金额仅为154亿元。执行127号文后，前期"出表"部分资产需重新"入表"，且按照"实质重于形式"的原则对于存量三方以上交易对手买入返售业务纳入同业投资计提资本，这将对城商行资本充足带来一定压力。以辖内城商行为例，若将其他类买入返售资产风险权重由现行的25%提高至100%，资本充足率将下降0.6个百分点。

（四）加大信用风险和流动性风险防控压力

调查发现，辖内多家城商行存在通过低风险权重的买入返售业务帮助他行代持信托计划以规避该行内部限制性规定的现象，这类业务资金最终流向主要是企业且多为127号文所禁止开展的对象。127号文的出台，这条"邪路"将不再可行，随着存量同业业务的自然到期且不能叙做，在当前信贷规模继续受限的背景下，若企业无法从其他渠道筹集资金归还银行，将直接给银行造成信用风险，而以此为基础资产的银行同业业务的存在，特别是其中还包含诸多隐性、显性担保条款，则可能将简单的企业违约演变为银行违约，甚至引发流动性风险乃至系统性风险可能。

三、监管建议

（一）开展压力测试，密切关注相关风险隐患

督促辖内城商行密切关注或是提示交易对手密切关注同业业务基础资产中相关授信企业运行情况，尽早采取增加担保、补充抵（质）押物等风险缓释措施，积极防控信用风险；同时开展流动性压力测试、完善流动性应急预案，及

早防控流动性风险。

（二）加快同业业务治理改革步伐

一方面，加大现场检查和违规处罚力度，确保新规有效落地，规范城商行同业业务运作，充分发挥同业业务的风险约束、资本约束和拨备约束；另一方面，以同业业务治理改革为契机，按照银监会《关于规范商业银行同业业务治理的通知》要求，督促商业银行改革同业业务管理框架，引导同业业务回归理性发展，有效防控各类风险。

（作者郭汉强，江西银监局纪委书记）

新金融企业呆账核销管理办法
实施情况的调研报告

一、对银行业金融机构的影响

（一）新办法使可核销呆账贷款明显增加

新办法放宽了可核销债权在期限、金额等方面的认定标准，山东辖区银行业可核销债权明显增加。依据新办法认定标准，2014年1—8月，辖区各银行业金融机构可核销债权总额较旧办法增加42.8亿元，增长31%。从存量看，8月末，新办法下，辖区银行业可核销债权余额较旧办法增加24亿元，增长55.3%。

（二）银行压降不良贷款的空间进一步扩大

依据新办法认定标准，辖区银行业金融机构应核未核呆账余额将从43.5亿元增加至67.5亿元，核销空间进一步扩大。经测算，若辖区银行业67.5亿元应核未核呆账全部核销，可使辖区不良贷款率整体下降0.16个百分点，较旧办法多下降0.06个百分点，核销手段对压降不良贷款作用更加突出。

（三）中小法人机构从中受益较大

新办法下，2014年1-8月，中小法人机构可核销贷款余额增加29亿元，占辖区增加额的68%；8月末，中小法人机构可核销贷款余额增加17.3亿元，占辖区增加额的71.7%。新办法首度将500万元以下、追索1年以上无法收回的个人经营贷款列入核销条件，导致其可核销呆账余额增加11.4亿元是主要原因。

（四）呆账认定时间标准的放宽对银行影响更为明显

新办法在法院强制执行时间、债权人破产后未终结破产程序时间、已完成破产清算时间、贷款追索期等四个方面放宽了呆账认定的时间标准，共计使辖区银行业金融机构可核销贷款余额增加7亿元，占辖区全部增加额的29%，影响较为明显。

（五）呆账认定金额标准放宽政策导向作用更突出

新办法将可核销的单户贷款余额由原来的 500 万元提高至 1 000 万元，使辖区银行业金融机构可核销债权余额增加 2.6 亿元，影响相对较小，但在一定程度上可以解决银行机构发放小微信贷的后顾之忧，鼓励银行更好地发展普惠金融，政策导向作用更为明显。

二、新办法在银行业金融机构中的实施情况

（一）国有、股份制银行配套制度建设进度较快，中小金融机构进展相对滞后

新办法出台后，国有银行、股份制商业银行总行大多已制定与新办法相衔接的实施细则，并组织了学习培训，增强基层行对新办法的理解和掌握；政策性银行、邮政储蓄银行目前均未接到总行正式下发的操作规程或实施细则；地方法人机构在新办法落实方面相对滞后，实施细则多数尚未制定或正在修订，仍沿用旧办法执行。

（二）对新办法的执行仍处于培训学习阶段，多数金融机构仍执行旧办法核销呆账

由于新办法推出时间尚短，多数银行业金融机构目前仍处于培训学习阶段，依据新办法核销呆账较少，仍依据旧办法开展呆坏账核销。2014 年前八个月，全辖银行业金融机构核销呆账 112 亿元，依据新办法核销呆账仅 18.8 亿元，占全辖核销呆账金额的 16.8%。

（三）呆账核销流程未能有效简化

新办法进一步放宽了呆账核销条件，简化了呆账核销流程，鼓励提升核销工作效率。但从已制定实施细则银行来看，辖区多数银行呆账核销流程仍维持原有程序，基本涵盖了申报、审查、审批、账务处理及核销后管理等阶段，较以往呆账核销流程没有有效简化。

三、新办法贯彻实施的制约因素

从调研了解的情况看，辖区银行业金融机构新办法执行总体缓慢。前 8 个月，全辖核销呆账 112 亿元，依据新办法仅核销 18.8 亿元，占比 16.8%。2014 年 8 月末，全辖应核未核呆账余额仍有 67.5 亿元，仍存在较大的核销空间，总

的来看，主要受以下因素制约。

（一）税收配套制度不同步，影响了银行核销呆账的积极性

新办法出台后，国税总局税前扣除规定并没有同步修订，制度的差异造成了按照新办法核销的呆账不能申请税前扣除，增加了银行的税收负担，极大影响了银行核销呆账的积极性。据测算，新办法实施后辖区将增加可核销呆账 24 亿元，如果不能进行税前扣除，辖区增加的可核销呆账将需多缴纳税金 6 亿元。

（二）呆账核销取证难，削弱了新办法的实施效果

新办法通过外部证据内部化、证据信息共享等方式力求减轻银行外部证据获取难的压力。但实际中，取证难现象依然存在：一是有关审批部门对内部证据认可度差，仍要求提供法院、工商等部门出具的证明材料，银行取证依然面临涉及部门多、手续烦琐、取证费用高等情况。二是基层法院立案难、司法程序推动慢等因素依然存在，很多破产企业并不能及时得到法院判决书，延缓了不良贷款核销进程。而且小企业主"跑路"现象在司法上很难认定，难以取得相关证明。三是受信息不对称和商业秘密保护的制约，一家金融机构想要获取另一家金融机构的相关诉讼信息、执行信息尤其是证明文件更是非常困难。

（三）概念界定不明确，加大了呆账核销的难度

一是对公贷款主体界定不明确。新办法将单户贷款余额在 50 万元及以下、追索一年以上无法收回的对公贷款列为核销标准，但并未明确对公贷款的具体范围，难以准确界定对公贷款借款主体。二是中小企业认定标准与现行规定有出入。新办法对中小企业的认定标准为年销售额和资产总额均不超过 2 亿元，与 2011 年四部委联合下发的部分行业中小企业的认定标准不一致，增加了实际操作难度。三是部分呆账标准认定难落实。新办法规定，借款人已完全停止经营活动，未进行工商登记或者连续两年以上未参加工商年检，追偿后仍无法收回的债权可确定为呆账。实际操作中，部分借款企业经营活动虽已完全停止，但由于工商年检成本低、保留空壳主体逃费债务等原因，仍按时参加工商年检，保留营业执照，此类情况无法满足新办法的呆账认定标准，难以核销。

（四）银行对加大呆账核销有顾虑，积极性不高

呆账核销将冲减拨备，增大拨备补提压力，影响银行利润。部分中小法人机构受财务能力限制、可分配利润减少考虑以及股东甚至地方政府干预等影响，存在人为控制核销规模的现象，以满足银行利润增长要求。同时，由于呆账核销需要向相关部门取证，保密工作很难到位，银行存在核销后更难清收的顾虑，积极性不高。

（五）应核未核追责力度不足，弱化了呆账核销效果

新办法对呆账应核未核、隐瞒不报、长期挂账的，明确规定了对有关责任人严肃进行处理、处罚。但从实际情况看，各行对应核未核呆账的追责规定不一，规定相对笼统，不细化、不具体，追责力度偏弱、偏空，可操作性不强，对银行加大呆账核销的威慑力不够，在一定程度上弱化了银行呆账核销效果。

四、对推进新办法实施的意见建议

当前，经济运行处于下行期，信用风险不断积聚，新呆账核销办法的出台对银行而言意义重大，是银行盘活存量、避免不良资产累积和风险放大的重要手段。为确保新办法能够取得预期效果，提出以下工作建议：

（一）加强对呆账核销的监管力度

建议银监会尽快出台规范银行业金融机构呆账核销的指导意见，将呆账核销及已核销呆账的清收处置情况作为日常不良资产动态监测的重要内容，做好跟踪、分析、监测和监管。

（二）协调国税总局跟进配套措施

建议银监会协调国税总局等部门，扩大呆账核销税前列支的范围，在时机成熟时促成呆账准备计提与呆账核销税务处理的完全结合，切实调动银行核销呆账的积极性。

（三）协调财政部门出台指导意见

建议银监会协调财政部门出台对新呆账核销办法实施的指导意见，明确概念界定，明晰政策要求，更加增强新办法的可操作性，提升办法的实施效果。

（作者刘悦芹，山东银监局副局长）

从银行信访角度看如何改进金融监管

信访是银行业监管中不可缺少的一项重要工作，是金融工作践行党的群众路线、密切联系群众的桥梁和纽带，也是体察民情、联系群众、接受监督的重要渠道。同时，信访也是银行经营和管理的末梢神经，为我们研究银行服务提供了一个重要的观察窗口。通过对银行信访工作进行深入调研、认真分析，可以发现银行服务存在的问题和不足，并为针对性做好监管工作提供重要参考。

一、银行信访工作概况

我们选取了河南银监局成立 10 年来收到的信访件为调研对象，总体来讲，河南银监局收到的信访件逐年增加，信访反映的问题和领域不断扩大，问题处理难度加大，而且缠访、闹访现象有增无减。2011—2013 年河南银监局共收到信访件699件，从来源上看，银监会转来信访件141件，省信访局转来信访件7件，省处非办转来信访件1件，郑州市政府转来信访件传真件1件，重复信访件69件。

从信访反映内容看，反映银行业存贷诉讼问题的122件，占17.5%；反映银行内部管理、绩效考评、领导干部违规违纪及个人待遇问题的255件，占36.5%；反映银行业违规经营问题的63件，占9%；反映与银行业机构业务纠纷问题的120件，占17.2%；反映银行业机构业务违规问题的83件，占11.9%。

从信访涉及的金融机构的类别看，反映政策性银行问题的8件，占1.1%；反映国有银行问题的207件，占29.6%；反映股份制银行问题的78件，占11.2%；反映邮储银行问题的25件，占36.%；反映农村信用社问题的266件，占38.1%；反映城商行问题的50件，占7.2%；反映资产管理公司问题的1件，占0.1%。

二、银行信访工作的特点

通过认真剖析信访案例，银行信访日益呈现出多样性、集中性、群体性、反复性的特点。

（一）从信访采用的形式来看，体现出多样性的特点

信访形式有书信、走访、电话、网络投诉等多种形式，其中走访所占比重最大。同时，在书信、网络投诉中，匿名举报的比例下降，实名举报成为趋势。

（二）从信访反映的问题来看，体现出集中性的特点

主要集中在存贷款、代理保险、银行违规授信与发放贷款、员工违规操作、企业骗取银行贷款、企业非法集资等方面。近几年发生的集体上访，则大部分是由于客户存款变保险、银行员工参与非法集资、银行违规办理业务等引起的，与群众的切身利益密切相关。

（三）从群众信访的规模来看，体现出群体性的特点

近年来有组织的跨地市、跨部门的串联集体上访不断增加，上访过程中的过激行为不断发生。而在集体上访中，无序、非理性的越级访占的比重较大，越在重点时段、敏感时期、重大节假日，越级上访的越多，规模也越来越大。

（四）从信访处理的难度来看，体现出反复性的特点

投诉的内容越来越繁杂，法律性、专业性日趋增强，信访者对答复的满意度不高，由此而导致的二次投诉越来越多。

三、银行信访形成的原因

银行信访问题概括起来讲，既有主观方面的原因，也有客观方面的原因；既有银行的原因，也有消费者的原因。需要我们认清问题根源，对症下药，有针对性地解决。

（一）经济社会转型不到位

大量信访问题的出现，是经济社会转型阵痛期的必然结果。伴随着经济社会快速发展和改革开放的不断深化，我国已进入改革发展的"深水区"，经济体制深刻变革，社会结构深刻变动，利益格局深刻调整，思想观念深刻变化。银行业关系千家万户，在经济社会发展的重要性日益凸显，与银行有关的矛盾和问题通过信访渠道暴露和反映出来，具有时代必然性，不是一朝一夕就能化解

消除的。

（二）政策制定与执行不到位

有些信访问题的发生，一个很重要的原因是政策与现实状况不适应，欠周全、欠平等、欠细致。比如银行代理保险问题，银行存在激励约束机制不健全、风险提示不到位、诱导甚至欺骗消费者购买等问题，导致这类的信访件持续增多。应该说，有些政策法规如果当初制定时能够考虑得更周全、更平等、更有前瞻性，许多问题是完全可以避免的。

（三）基层单位工作不到位

基层组织、基层工作人员工作不到位，也是导致信访发生的重要原因。一是服务意识不强。有的银行工作人员对信访工作认识不足，工作热情不高。当遇客户投诉、上访时，"踢皮球"、"打太极拳"，以"请示"、"调查"、"研究"等各种借口推诿、拖延、敷衍，从而导致小事拖大、大事拖"炸"，甚至造成难以挽回的巨大损失。二是信访渠道不畅。有的银行基层领导存有"上访的不是好人、都是刁民"的错误观点，对信访问题采取简单粗暴的方法，对群众信访进行压制，对信访人围追堵截，导致矛盾激化，既增添了信访群众的劳累奔波，又加大了处理信访问题的行政成本。三是工作人员素质低。基层信访工作人员业务水平参差不齐，在工作责任心和接访、处置、材料等方面有的存有一定差距，难以胜任新形式下的信访工作，贻误了解决问题的最佳时机。四是不注意工作方式方法。有的基层工作人员对信访条例宣传不到位，不善于做耐心细致的思想工作，致使一些可以在基层解决的问题得不到圆满地解决，直接导致了部分人员一而再，再而三地来信来访。

（四）上访群众观念认识不到位

不少信访问题的出现，同一些群众的观念误区也有很大关系。一是信"访"不信"法"。许多涉法案件本应通过诉讼途径解决问题，有的群众却到监管部门上访。当监管部门根据有关法律法规表示对此类问题无权受理时，群众就认为接访机关不负责任而越级上访。二是信"上"不信"下"。不少群众迷信只有上层过问才能真正解决问题，对基层单位和工作人员缺乏信任，总怕因地方小、熟人多而互相包庇，因此认为上访层次越高，问题越容易得到解决。三是信"多"不信"少"。有的群众遇到问题错误地认为找的领导和部门多了，就会引起重视，就能形成足够的压力，问题就能得到解决。只要短时间反映的问题得不到解决，他们便再次反映，甚至增加信访人数以制造声势和影响。四是信"闹"不信"理"。少数信访者坚信"大闹大解决，小闹小解决，不闹不解决"，认为只要把事情闹大，上面就会重视、解决，自己就有利可图。这种手段在实践中屡试不爽，并为更多的信访人所效仿，一旦未达到他们的期望值，就纠结在一起越级上访、到处上访。

四、解决银行信访问题的对策

（一）进一步加强和改进金融监管工作

当前在强化金融监管的目标选取上，应将消费者权益保护设为监管目标，和谐处理金融安全与消费者权益保护的关系。在立法和金融制度、政策出台时，要更新监管理念，正确看待和处理金融安全与消费者保护的关系。要强化对金融机构的监管，尤其要防范金融机构利用自身优势结成垄断同盟损害消费者权益。

（二）银行要严格履行第一责任主体职责

银行一方面要切实提高思想认识，从服务质量、服务手段、服务内容、服务态度、服务环境等方面入手，从整体上提高银行的工作质量和服务质量。另一方面，强化银行业机构信访队伍建设，尝试在"一线"网点设定信访投诉问题处置联络人或责任人，注重从源头抓起，争取掌握主动权，把信访问题解决在基层。

（三）不断加强宣传和普及金融知识

要不断创新改进方式方法，在全社会开展内容丰富、形式多样、覆盖面广的金融知识宣传和普及活动，扩大宣传范围，提高宣传普及效果，引导广大群众关注金融、了解金融、掌握金融知识、科学使用投资理财工具，增强信用意识和风险防范意识，分享金融改革发展成果。

（四）搭建多层次的金融消费者投诉处理平台

"一行三会"要充分发挥金融监管部际联席会议作用，积极探索构建金融消费者权益保护联动机制，从源头上减少和降低产生信访问题的触发条件。同时，银行业协会要充分发挥行业自律和组织作用，积极协调处理金融消费领域的各类纠纷，促进公平合理金融消费环境的形成。

（作者张春，河南银监局副局长）

EAST 系统：现场检查中的"最强大脑"①

当前，以海量数据的收集、分析和应用为内涵的"大数据时代"已经来临。"大数据时代"造成了金融业态和银行经营基础的变化，也造成了整个监管基础的漂移，而 EAST 系统作为监管理念的新变革、监管技术的新突破、监管举措的新跨越，必然成为提高监管有效性的新出路。

2013 年湖北银监局首次应用 EAST 系统对辖内某商业银行进行了现场检查，EAST 系统的高速度、高效率让检查人员惊叹，并称其为现场检查中的"最强大脑"，这也是湖北银监局在大数据时代应用计算机系统，对信息化环境下实施现场检查监管模式的积极探索。

一、基本做法

"运用容易，精通不易，且用且珍惜"。EAST 系统处于开发应用的初级阶段，机械地使用容易，但实现检查思路与分析技术无缝对接，让应用 EAST 系统的成效最大化并非易事，其成功经验更是弥足珍贵。

（一）制作检查模型，掌握开启最强大脑的钥匙

在该商业银行的现场检查中，检查人员学科技，科技人员学业务，经过无数次的碰撞、沟通、磋商，最终实现了检查人员与科技人员的有效结合，增强了检查的针对性和有效性。结合该商业银行的实际情况和检查可操作性，湖北银监局量身定做了×个分析模型，将检查思路转化为计算机语言，开启最强大脑的"钥匙"得以掌握。

（二）开启最强大脑，捕捉疑点信息

各类检查模型的建立是捕捉疑点信息的第一步。第二步是设置参数，参数越狭窄，疑点信息越少；参数越宽泛，疑点信息越多。现场检查人员根据该商业银行的实际情况和现场检查经验设定适当的参数后，将该商业银行的数据导

---

① 本文发表在《武汉金融》2014 年第 6 期。

入 EAST 系统，于是自动生成疑点信息×条，涉及金额×元。

（三）对疑点信息进行现场核查，做到铁证如山、铁案不翻

EAST 系统的应用并非一蹴而就，必须与手工检查相结合。根据 EAST 系统提供的疑点线索，现场检查人员围绕各类疑点信息认真核查，查实该商业银行涉及问题×个方面，金额×元。应该说检查出来的都事实清楚，证据确凿，铁案不翻。

二、主要功效

失联的马航，全世界的卫星都难觅踪迹，但 EAST 系统却很容易发现银行违规的蛛丝马迹。商业银行的数据导入 EAST 系统后，成千上万条疑点信息几秒钟内就能自动生成，其强大功效让人难以置信。

（一）高效率

过去现场检查的过程中，爆棚数据和浩瀚资料总是令检查人员不堪重负，工作进展缓慢是常态。而 EAST 系统构造了先进的现场检查系统平台和灵活的系统架构，通过查出的疑点信息大大缩小了包围圈，大大提高了现场检查效率——最强大脑让现场检查驶入快车道！

（二）全覆盖

只要是在商业银行 IT 系统存有数据、痕迹的都可以进行检查。一是可以对商业银行的前中后台进行全方位风险核查；二是围绕商业银行的业务发展、内部管理与风险防控，可以多维度检索其市场风险、信用风险、操作风险和流动性风险；三是可以对商业银行的表内表外资产进行定向筛查和集中分析。EAST 系统多维度、深层次地锁定商业银行疑点信息，实现了检查"全覆盖"和"无遗漏"。

（三）巧关联

EAST 系统是智能化的大脑，有着举一反三的强大功能。首先，EAST 系统批量筛查出来的问题信息为现场检查结论提供了充分的论据；其次，EAST 系统可以协助检查人员追本溯源，深度分析共性问题的内在原因，提出被检查机构在制度建设、岗位设置和管理流程等方面存在的问题。

三、几点体会

EAST 系统让疑点信息原形毕露，让监管高效便捷，让监管者与被监管者共

同进步，是一种具有革命意义的“监管利器”，有了 EAST，使现场检查变简单了！

（一）“谁用谁知道，用了都说好”

科技人员、非现场监管人员、现场检查人员都感觉 EAST 系统好。科技人员表示，EAST 系统为现场检查提供了强大的技术支撑。同时，科技人员学到了现场检查中的业务知识，提高了业务技能，打造了复合型人才；非现场人员认为，EAST 系统建立了非现场和现场的共享信息平台，促进了非现场监管工作的模式创新。现场检查人员坦言，运用 EAST 系统后，可以迅速找到“门”和打开“账”，改变了过去仅仅依靠手工翻账和个人经验导致的检查能力受限等问题。通过 EAST 系统，可以实现对疑点交易的精确指导，把大家从堆积如山的信贷档案和账簿传票中解放出来，留出更多时间进行分析和思考，切实提高了监管效率。

（二）“大家好才是真的好”

不仅我们监管部门说好，被监管对象也说好，那才是真正的好。最强大脑创造了双赢的局面：一是实现了监管成效的最大化。EAST 系统无论是在战略还是在战术上皆具有重要意义，它提出了一套体系化的现场检查模式，突破了以往按图索骥定量检查的思维定式，有利于积累定性评价的分析判断能力和实际操作经验。二是对商业银行的前中后台，发展与内控作了全面体检，发现了诸多的问题，引起了商业银行的高度重视与自查自纠，促进了其自身“免疫力”的提高，有效地防范了风险。

（三）“没有最好，只有更好”

目前，EAST 系统虽然在现场检查发挥了很大作用，但是也存在着一定的局限性。一方面，商业银行在应对监管部门的检查中，不断演绎出新的违规手法，派生出新的业务品种来规避监管，因此，需要 EAST 系统不断升级、改造；另一方面，由于商业银行的数据还没有实现对接，因此，只能对交易第一手的资金流向进行锁定，无法对跨行交易的第二手、第三手甚至第四手资金流向进行核查，那么就需要 EAST 系统对各银行的数据进行多方对接，才能够充分发挥EAST 系统的作用。

四、对策建议

现场检查可以分为三个阶段，第一阶段是过去的手工翻查，可以说是普遍撒网；第二阶段是手工检查与科技结合，即 EAST 系统的运用缩小了检查的包围圈，可以说是重点捕鱼；将来第三阶段是纯粹的科技，无须手工检查核实，即全国各省市商业银行总行、分行、支行的数据信息实现大联通、大对接，可以说是精确指导。

（一）督促商业银行完善信息系统功能

EAST 系统是对银行海量数据进行分析，检查成功与否很大程度取决于银行信息系统的数据质量。数据缺失、数据错误等问题会使最强大脑"巧妇难为无米之炊"。因此，应督促商业银行不断完善信息系统建设，通过运用信息系统来优化业务流程和提高风险管理能力，同时进一步规范分支机构对系统的运用，确保信息系统记录中的信息能准确、全面反映业务实质。此外，通过引导各家银行建立标准化的数据系统并对接联通，一则可以为各家银行的比较提供数据支持，二则可以实现便捷的网上追踪检查。

（二）EAST 系统需软硬件"两手抓"

EAST 系统作为具有分析、筛选、评价功能的综合性现场检查系统，不仅需配置性能优良的设备，也需大批具备丰富现场检查经验、熟悉商业银行业务以及精通科技技术的复合型人才。因此，需组建一支高素质的检查队伍，集中负责开发不同银行的数据分析模型，承担数据分析工作。

（三）EAST 系统本身还需进一步完善

"工欲善其事，必先利其器"。最强大脑的潜能还未完全发挥，现有的一些系统功能还需进一步健全，如全国各省市商业银行总行、分行、支行的数据信息还未联通、业务检查分析子系统和流程管理子系统未能实现自动对接、流程管理系统无法实现多层级分派任务等。随着 EAST 系统的不断改进，临时性、突击性、运动式的现场检查将逐步退出历史舞台，持续性、规律性、有效性将成为现场检查的主旋律。

在高科技日新月异的时代，银行业监管人员心中有一个"中国梦"：坐在办公桌前，打开电脑，开启数据，商业银行的问题就清晰呈现，无须到现场，拿起电话拨打之后，相关问题银行的行长就战战兢兢地来作解释，作检讨……相信最强大脑 EAST 系统在不久的将来一定能让我们美梦成真。

（作者许白贞，湖北银监局副局长）

广西辖区城商行同业新规落实情况及难点分析

同业新规对规范银行同业业务产生积极作用。广西银监局对辖区北部湾、柳州、桂林银行三家城市商业银行（以下简称三家行）同业新规落实情况开展了专题调研。调研显示，同业业务逐步规范，监管套利行为得到缓解，但回归流动性管理本质难度大。

一、基本情况

（一）业务治理体系改革积极推进

三家行均制定了改革方案，研究论证改革事宜，并与监管部门作了初步沟通，预计 2014 年 9 月底能完成改革。拟考虑的改革模式有：一是采取在现行标准类同业业务部门下设二级部门作为同业业务专管部门，剥离非标准类同业业务（同业投资）至信贷部门。二是新建负责全部同业业务的大一统型同业专营部门，如在该部门下设资金运营中心、投资银行中心、票据业务中心、综合管理中心，分别负责各类同业业务。三是将同业业务区分为自营业务的专营部和代客业务的事业部，分别归口管理。

（二）同业资产负债规模调整性回落

截至 2014 年 6 月末，三家行同业资产余额 1 092.75 亿元，占总资产的 43.12%，同业负债余额 525.06 亿元，占总负债的 22.52%。受同业业务整顿的预期影响，2013 年年末、2014 年 6 月末同业资产分别比年初下降 7.96% 和 0.36%；同业负债分别比年初下降 28.76% 和 10.44%。

（三）业务开展逐步规范

一是非标资产逐步削减，监管套利得到部分解决。目前，三家行三方买入返售业务和非标资产买入返售业务已全面停止。表内非标资产余额近四年来首次比年初下降。截至 2014 年 6 月末，表内非标资产余额 554.34 亿元，比年初下降 6.67%。二是落实同业业务风险集中度要求。三家行同业负债融入融出比例达标。从交易对手看，42.38% 的同业负债来自于全国城商行体系，其次是国有行和股份行，分别占同业负债的 14.26% 和 18.79%；从交易对手所在区域看，主要来自于区外。如柳州、桂林银行两家城商行来自于区外银行的同业负债就达 285.77 亿元，占这两家城商行同业负债总额的 79.15%。三是新开展的同业投资业务不提供和不接受第三方金融机构信用担保。

（四）新增同业业务未超期限融资

截至 2014 年 6 月末，三家行已按照新规要求审慎确定了同业业务的融资期限，不存在新规颁布后仍超期限开展同业业务的情况。如柳州银行要求开展的买入返售、卖出回购业务融资期限均在 1 年以内，到期后按期归还。但桂林银行存量同业融资业务中除同业借款未超过 3 年外，其他同业融资业务如同业存款等存在超过 1 年的现象，经统计，该行存量同业存款超期的有 16 笔，金额 50.05 亿元。新规执行后，该行新增同业业务融资未出现超期限情况。

二、落实新规存在的主要问题和困难

（一）资本补充和拨备计提压力较大

若根据"实质重于形式"的原则对非标同业业务进行风险加权资产补计，则风险加权资产的增加及新增拨备将直接拉低资本充足率。截至 2014 年 6 月末，广西北部湾银行已根据同业新规增加风险加权资产 20.20 亿元，已计提拨备 0.45 亿元，该行资本充足率下降了 0.4 个百分点。柳州银行需计提拨备 3.19 亿元，资本充足率下降 0.72 个百分点。桂林银行测算加权风险资产将增加 96.53 亿元，拨备需新增计提 1.08 亿元，资本充足率下降 1.8 个百分点，且上述拨备计提缺口均属于在预测存量同业业务为正常类余额基础上测算的最低限度。

（二）对银行盈利产生影响

截至 2014 年 6 月末，辖区城商行同业资产余额占各项贷款的 142.95%，占全部生息资产的 60.88%，同业收入近年来成为城商行最大的利润来源。2013 年辖区城商行同业净收入 21.35 亿元，占利润总额的 77.86%。随着同业资产的压缩以及新规要求根据基础资产性质计提资本和拨备，将对银行盈利产生影响。

（三）期限错配风险短期难以改进

三家行同业资产的期限较长，而对应的资金来源为短期拆入资金和短期理财，期限错配严重。如 2014 年 6 月末广西北部湾银行 30 天内同业业务缺口

13.23 亿元；柳州银行同业资产集中于一年期以上，达 177.02 亿元，占全部同业资产的 55.46%，而同业负债中一年期以上的仅为 1.29 亿元，仅占全部同业负债的 1.28%；桂林银行 1 年以内期限缺口 55.27 亿元，1 年以上期限缺口 63.62 亿元。

（四）关注非标业务的收缩对实体经济的影响

辖区三家行存量同业投资除柳州银行部分资金投向银行间标准化金融资产外，其余均通过信托、委托投资、证券公司资管计划等投向了企业，实质形成信贷资产。同业新规实施后，虽然通过同业投资渠道依然可以投向非标业务，调研显示，由于同业投资按照实质重于形式的原则，比照贷款计提拨备和资本，银行开展此类业务的成本提升，积极性将下降。广西北部湾银行、桂林银行测算会影响本行广西区内实体企业资金投放减少 60 亿元和 40 亿元。同时非标投资到地方政府融资平台、房地产行业较多，三家行占比达到 20% 以上，限控行业资金链风险需要关注。

（五）同业投资将成为规避宏观调控和套利的主要途径

在合意贷款规模受限的情况下，各行即使因新规要求开展同业投资的积极性下降，但从盈利和服务客户的角度仍会开展。如上半年三家行合意新增贷款规模为 81 亿元，三家行 2014 年 6 月末账面存贷比分别为 70.85%、45.64%、36.57%。通过同业理财投资对接信贷产品，腾挪信贷规模，在银行理财实质上需要刚性兑付的情况下，却未计提资本和拨备，存在监管套利。6 月末，三家行此类他行理财产品投资合计为 33 亿元。

三、政策建议

（一）加大监管政策引导

要求银行严格落实新政在资本占用、拨备计提、业务规范及规模占比等方面的要求。严格规范会计核算与统计数据真实性与准确性。密切关注平台、房地产等信贷受控行业在同业新政下对其资金链的影响。对理财业务严格实行全方位的风险隔离，充分完善信息披露。对需要刚性兑付的理财产品，应比照自营贷款进行风险加权资产计量、资本和拨备计提。

（二）加强同业业务流动性风险管控

督促银行将同业、理财业务纳入流动性管理框架，定期开展流动性压力测试，减少期限错配，警惕流动性风险。

（三）加快推进信贷资产证券化和同业存单试点等工作

建议逐步放开试点机构和额度限制，加快完善配套法规和监管机制，鼓励符合条件的中小银行大力开展资产证券化创新及参与同业存单试点，盘活存量资产，改变资金来源渠道，加强主动负债管理。

（作者田代臣，广西银监局副局长）

地方法人银行同业改革推进中的"四易四难"

《关于规范金融机构同业业务的通知》（银发〔2014〕127号）和《关于规范商业银行同业业务治理的通知》（银监办发〔2014〕140号）为同业业务规范和同业治理改革提供了依据和目标，有力促进了同业改革进程。但从重庆银监局对辖内地方法人银行改革进程的分析看，同业改革推进过程中的"四易四难"情况值得关注。

一、专营部制组织架构搭建易，运行机制建设完善难

从前期改革推进情况看，同业专营部的组织架构调整、岗位职能界定及人员配置推进情况较好，截至2014年6月末，重庆银行、三峡银行、重庆农商行等三家法人银行已基本完成上述工作。但涉及统一授信、统一授权、限额管理、交易对手准入和名单制管理、业务和管理信息系统、内部控制等运行机制建设等方面，则各家行进展不一，特别是限额管理机制建设、内控机制建设、业务和管理信息系统改造升级等方面，整体进度相对滞后。这种情况一方面反映出地方法人银行专营部制经验少、专业人才稀缺、基础薄、欠账多；另一方面也要求地方法人银行更好平衡业务发展与持续夯实管理基础的关系。

二、不规范业务到期结清易，多重潜在风险防范难

截至2014年6月末，三家法人银行持有买入返售第三方回购资产存量超过500亿元，持有分支机构开展的同业资产业务存量和同业负债业务存量均近百亿元，按业务剩余期限测算，预计至2017年全部到期结清。与此同时，不规范资产消化过程中一些潜在风险隐患需引起关注：一是上市银行（重庆银行与重庆农商行）的声誉风险。主要源于盈利增速可能出现"断崖"，如存量买入返售第三方回购业务，其年化收益率约5%~6%，年化利息收入约28亿~34亿元，短期很难通过其他业务进行"补缺"。二是交易对手信用风险和市场流动性风险，

主要源于产品期限和基础资产对应项目（企业）期限不匹配和同业业务"循环操作"惯用模式被叫停的共同作用。三是到期应结清业务，形式结清而实质未结清的合规风险。

三、基础资产性质认定易，资本与拨备短期足额计提难

以2014年6月末数据测算，三家法人银行基础资产为"非标资产"的同业业务资产余额超过千亿元，若将该部分资产的风险权重全部还原至100%并一次性计提资本，则三家法人银行资本充足率指标将出现较为显著的短期波动。拨备计提的"问题"更为突出：目前三家法人银行均制定了非信贷资产减值准备计提办法，但实际执行情况看，三家行仅对少部分类别资产进行了专项计提。拨备足额计提的另一个难点在于银监会目前尚未就非信贷资产拨备计提印发相关指引，银行机构非信贷资产拨备计提的监管依据和标准尚未明晰，进一步加大了准确计提拨备的难度。

四、阶段性同业改革推动易，差别化与特色化发展转型难

从前期业务规范、专营部制搭建的进程看，"9月末见成效"的改革要求基本可以确保实现。但从长期发展要求看，由于地方法人银行发展对同业业务的路径依赖突出，发展方式和盈利模式趋同，实现差别化和特色化的转型发展存在较大困难。截至2014年6月末，三家地方法人银行持有同业资产余额合计占全市同业资产余额的46.47%；占三家法人银行总资产的比例为35.97%；同业业务收入贡献度（同业业务收入占全行总收入的比例）均超过40%。"同业依赖强、转型升级难"情况的形成，既有外部因素也有机构自身原因：一是战略管理能力仍需要大力提升，尽快形成清晰、特色化和差别化的发展定位。二是贷款规模限制，资金去向有限。三是利率未完全市场化，市场对管理水平弱的银行缺乏"识别"和淘汰能力。四是规模情结，借助同业业务快速做大资产负债规模的同时绕开信贷规模限制。

五、监管对策及建议

同业业务快速和不规范发展的根源之一，在于其扮演了"第二贷款"职能，

且由于缺少非银行机构投资者进行"分流",致使同业资产负债在银行体系内膨胀。对同业业务的有效治理,既要统筹机构改革与同业改革同步推进,又要注重业务规范和治理机制建设同步开展,既要着眼对不规范业务的"堵",又要加快推进使用创新工具"疏",最终实现建设多层次资本市场体系、支持实体经济和降低企业融资成本的改革目标。

(一)业务治理和战略治理同步推进

一是督促地方法人银行加强对经济、政策等经营环境和形势的研判,制定特色化和差异化的发展战略,明确机构转型的目标和路径,从银行内部对同业业务进行准确定位;二是持续建设完善经营管理的政策、程序和机制,包括明确的风险偏好,完善的资本、流动性和操作风险限额管理体系,统一的授信、授权机制等。

(二)加快监管长效机制建设

一是建议银监会会同其他监管部门进一步界定明确"基础资产实质"的内涵,提升资本和拨备计提的可操作性。二是建议尽快研究出台非信贷资产拨备计提的指引,明确计提方式和计提比例。三是加大创新工具试点力度,拓宽资金出路、降低机构发展对同业业务的依赖程度。四是完善"1104"(非现场管理信息系统)的同业业务专项报表。

(三)分类清理消化应到期结清业务

对于符合监管导向要求的"应到期结清业务",注重与贷款和理财业务衔接,防范同业交易对手信用风险和市场流动性风险。对于不符合监管导向要求的,则到期退出并防范好业务形式结清但实质未结清的合规风险。

(四)加大培训指导力度

对于同业专营部制、限额管理、统一授权和授信管理、内部控制、业务和管理信息系统建设等内容,建议银监会加强相关监管标准和先进实践的培训指导。

(作者胡蓉,重庆银监局副局长)

存款加速分流考验银行负债管理能力

"存款到哪里去了?"是当前银行界的热门话题。2014年以来,重庆各家银行普遍反映存款增长形势严峻。为此,我们对辖区24家主要商业银行开年以来存款现状进行了抽样调查。调查显示,当前存款增量骤降,分流加速,成本上扬,各行在应对中表现出的种种态势亟待关注。

一、开年以来存款呈现四个明显变化

(一) 存款增量增幅双双骤降,单位存款仍未浮出水面

24家银行2月末存款总量比年初增长77.56亿元,增幅0.46%,比上年同期少增271.33亿元,增幅较上年同期的2.41%下降1.95个百分点。增量增幅下降主要受制于单位存款的下滑,2月末单位存款仍未浮出水面,较年初下降134.54亿元。针对单位存款下降原因,分析24家银行问卷,普遍选择了理财产品分流、春节前企事业单位集中用款等因素。另外,随着国家对地方债务的管控加强,平台贷款得到控制,一定程度也带来了单位存款的少增。如重庆五家大型银行2014年1-2月平台贷款较上年同期少投放41.65亿元,降幅50%。

(二) 理财同业分流趋势明显,创新产品服务不断推出

表内外理财产品余额逐季攀升,2014年2月末余额1 590.20亿元,较年初增长136.88亿元,增幅9.42%;占全部存款比例为9.44%,占比较年初上升0.78个百分点,较2013年初增长2.23个百分点。年初以来,同业负债余额也快速攀升,2月末占比20.57%,较年初上升2.01个百分点。其中同业存放余额3 028.26亿元,较年初增长378.11亿元,增幅14.27%。与此同时,针对理财、同业的产品、服务不断推陈出新。如为了应对余额宝等外来竞争者的挑战,建行重庆市分行2013年11月推出"自动理财账户",以"客户一次签约、自动投资"为运作模式,累计分流56亿元存款投向同业,其客户平均年化收益率达到5.52%。

(三) 高成本存款快速攀升,存款付息率走高

在定期存款走高同时,协议存款、结构性存款等更高成本的存款快速攀升。

24 家银行高成本存款 2014 年 2 月末余额达到 838. 51 亿元，较年初增长 153. 22 亿元，增幅 22. 36%，高于全部存款增幅 21. 9 个百分点；2 月末上述两项高成本存款占全部存款余额比例 4. 98%，较年初上升 0. 9 个百分点。表明 1 - 2 月份存款增长主要来自于保险公司协议存款等高成本存款。在存款定期化趋势和高成本存款快速增加两个因素叠加下，带来负债存款成本的快速上升。开年以来，24 家银行中，存款付息率走高的为 21 家，占比 87. 50%。如工行重庆市分行 2 月末单位存款付息率较年初上升 0. 36 个百分点。

（四）存款定期化趋势明显，存款集中度仍然较高

由于活期存款更易受各种原因影响下滑，"水落石出"使定期存款逐步成为银行负债中坚。去年初以来，24 家银行中 18 家行定期存款增幅超过活期，占比 75%。定期与活期存款比例由 2013 年初的 0. 84∶1 逐季上扬，到 2014 年 2 月末已经持平。存款定期化趋势增强，一方面是受 2013 年"钱荒"影响，各行对存款的稳定性更趋重视；另一方面，占据储蓄大部分市场的几大国有银行 2014 年普遍将定期利率一浮到顶，带动定期储蓄增加。但从最大十户存款占比来看，集中度仍然偏高。24 家银行有 14 家占比超过行业平均水平，占比 58. 34%，其中在 20% ~30% 的 8 家，在 30% ~40% 的 5 家，超过 40% 的 1 家，主要集中在异地城商行及本地城商行。

二、吸存压力带来市场多重变化

（一）全年存款增幅下降，存款增长压力加大

24 家银行普遍调低存款计划，22 家存款计划比上年回落，占比 91. 67%，个别银行甚至将增幅下调到去年计划的一半。在判断 2014 年存款总体趋势时，17 家选择增幅下降，占比 70. 84%；5 家选择持平，占比 20. 84%。在分析存款增长压力方面，24 家银行普遍认为互联网金融产品、社会融资机构增加、理财产品是存款分流的主要因素。同时，宏观政策趋稳，GDP 增速放缓，国家控制地方债务也是重要因素。

（二）存款组织成本不断走高，利润空间受到挤压

在对存款组织成本的判断上，24 家银行全部选择为上升，其中选择会快速上升的 11 家，占比 45. 84%。24 家银行中 21 家认为存款利率市场化会给银行经营带来更大压力，占比 87. 50%。在对同业负债的判断上，24 家银行中 20 家选择同业负债在整个负债结构中占比会上升，占比 83. 34%。利差的缩小给利润增

长带来更大的压力，相当部分银行已调低利润增长计划。如2014年农行重庆市分行利润计划首次为负增长，较上年下降3.74%。值得关注的是，存款成本的上扬，将不可避免推高贷款定价，最典型的是例子是市场上个人住房贷款优惠利率已经难见，即使基准利率都面临严重挑战。

（三）应对存款增长压力，吸存手段更趋多样

在应对存款增长措施方面，大部分银行选择改进营销手段、网点转型升级、增设自助、电子机具等。

在加强存款稳定性上，20家加强存款日均考核，占比83.34%；19家优化负债结构，占比79.17%；18家加强主动负债管理，占比75%；18家加强渠道建设，占比75%。为应对余额宝等互联网金融产品的冲击，24家行已有4家推出类似余额宝产品，1家正准备推出。在存款考核上，在普遍重视日均考核的同时，相当部分银行实行增量存贷比控制。为防止存款波动，农行重庆市分行按季度设置了存款序时计划、华夏银行重庆分行每年第三季度就提前下达次年存款计划。

（四）存款市场竞争加剧，合规管控压力加大

伴随存款竞争加剧，合规管理压力空前增大。从调查情况看，24家银行中20家认为目前存款有少许水分，占比83.34%。在分析当前存在的存款主要违规手段上，选择高息或变相高息揽存的19家，占比79.17%；选择购买存款的17家，占比70.87%；选择滚动开立承兑汇票等增加保证金存款的13家，占比54.17%；选择同业资金转存款的12家，占比50%；选择发放无真实用途存单质押贷款、虚假贷款转存的均为9家，分别占比37.50%。如重庆银监局去年下半年仅在某一区就查处6家银行办理无真实用途存单质押贷款转存的案例。从各行开展对存款及负债业务的内部审计情况看，24家银行中有三分之一——年内没有开展任何审计。涉及存款方面的信访、投诉自2013年下半年以来也明显增多。

三、监管对策及建议

从金融发达国家的历史变迁看，随着金融市场的不断完善，特别是投资渠道更加多元，居民高储蓄率的现象会逐渐改变，银行负债更多从市场"批发"资金也将是大势所趋，我国银行存款长期高增长的趋势或难持续。但从短期应对流动性压力等风险看，进一步加强负债管理已显得尤为迫切。

（一）建立科学合理的存款及负债绩效考核体系

一是存款计划、利润计划的下达，要根据宏观经济金融形势、区域经济增长状况、自身的实际能力合理下达，防止不切实际、层层加码的现象。二是科学设置存款考核指标，既要防止存款分值过大，又要注重存款的效益指标和稳定性指标，促进科学考核。三是在考核方式上，要通过调整考核期、加强日均考核等优化考核方式。

（二）加强负债管理能力建设

一是提高主动负债管理意识，根据资产业务发展情况，在防范流动性风险的基础上，主动合理规划和调整负债规模、结构、成本、收益。二是建立更为精细的负债成本管理体系，加强定价管理，通过 FTP 导向，优化存款结构。三是加强流动性管理，监测大额资金变动，减缓期限错配程度，防范局部、时点性流动风险。

（三）加强对存款及负债业务的合规性监管

一是要求商业银行内部审计检查资源要由传统的资产业务为主转向以资产负债并重，加大内部审计检查的频率和范围。二是加强行业自律，针对当前存款竞争中的新老违规行为，由银行业协会牵头完善公约，打造公平竞争环境。三是监管资源要适当向存款及负债业务倾斜，加强明察暗访，安排负债业务现场检查项目，严厉处罚违规行为，维护市场秩序。

（作者向恒，重庆银监局副局长）

四川中小法人银行业机构公司治理状况分析

《商业银行公司治理指引》出台后，四川银监局对全省13家城商行、37家村镇银行和130家农村信用联社公司治理现状进行了专项评估，分析了存在的问题，提出了相关建议。

一、地方中小法人银行业机构公司治理现状

（一）公司治理水平参差不齐

城商行方面，一是董事会越权现象突出，超过八成的城商行认为积极参与日常经营管理工作是董事会及董事长的重要职责；二是董事长候选人的产生方式行政色彩较重，受地方政府等实际控制人的影响较大；三是董事、监事选举中对中小股东权益保护不足，超过60%的城商行在选举董事、监事时未采用累积投票制度；四是董事会风险管理敏锐度不高，股东在本行授信逾期时，近三分之二的城商行没有对其派出董事的表决权进行限制。

村镇银行方面，一是公司治理运行专项资金不足，近半数的村镇银行监事会缺少专项履职资金；二是董事会和监事会常设的专门委员会、专门办事机构成员和专门负责日常事务工作的人员数量严重不足，37家村镇银行中有23家监事会和16家董事会同时缺少常设办事机构和专门委员会，12家没有负责日常事务工作的专职人员；三是仅有三分之一高级管理层针对违规干预经营行为向监事会提出异议。

农信社方面，一是六成的农信社股东未以书面形式对本社作出资本补充长期承诺；二是五分之一的农信社向本社股东的授信条件明显优于其他客户；三是农信社的高管人选均由省联社提名，本社股东在其候选人提名上没有话语权；四是部分农信社认为监事会履职仅限于监督经营管理中的合规问题。

总体来看，城商行公司治理的不足更为普遍；村镇银行成立时间较短，公司治理起点较高，但受经营规模和盈利能力限制，承担全部治理组织架构及正常运转成本的实力不足；农信社股权结构过于分散，导致股东对理事会、监事

会以及高级管理层的决策缺乏话语权。

（二）部分法人银行业机构对相关概念界定不清

一是对董事的性质认识不清。部分法人银行业机构分不清"独立董事"和"非执行董事"；不能准确界定"执行董事"，将董事长列为"执行董事"。二是不能区分董事会下设监督委员会、监事会与经营管理层下设内审部门的区别。

（三）缺乏商业银行公司治理的专业型人才

调查发现，四川法人银行业机构的董事有821名兼任其他职务，占全部董事的一半，905名监事中仅有78名没有兼任其他职务。过度兼职导致董事、监事无法充分有效履职；各法人银行业机构的董事长、行长、监事长等高级管理人员多出自国有银行分支机构，习惯于分支机构的风险控制或内部控制措施，缺乏法人银行业机构的工作经验和专业能力。此外，法人银行业机构规模较小，人才成长、培养时间较长也导致银行公司治理的专业人才缺少。

二、相关建议

一是督促城商行董事会及董事依法履职。建立高级管理人员履职记录，梳理董事会及董事履职不作为或失职行为与重大风险间的因果关系，对董事会及董事长越职侵犯股东会、监事会及高级管理层职责权限的行为，要依据现行制度确定责任范围、问责标准，加大问责力度。

二是引导村镇银行采用预先固化模式的方法，降低治理运行机制成本。做实做细村镇银行公司章程、董事会议事规则、监事会议事规定及内部管理制度，对公司治理中涉及的制衡运行问题进行详细、完备规定，降低公司治理的时间和经济成本及对专业人才的依赖。

三是推进农信社改制和股权结构调整。按照多元化、适度集中的原则，既解决股权过于分散而缺乏控股股东控制问题，又防止股权过于集中而形成一股独大的局面。要督促农村信用社通过培养适度控股股东的方式，减少省联社对信用社公司治理的不当干预和错位影响。

（作者阚超，四川银监局副局长）

对四川中小法人银行自营投资业务的调查分析

为有效加强中小法人银行自营投资业务风险防范，四川银监局开展专项调研，分析了存在的问题，提出了相关措施及建议。

一、基本情况

截至 2013 年年末，四川中小法人银行自营投资业务余额 791.94 亿元，占贷款余额的 20.59%，个别银行增幅较上年增长 77%。从业务结构看，58.87% 为"类信贷"业务，主要通过投资信托受益权、定向资产管理计划等向本行或他行授信客户提供融资。交易对手主要有两类：一是银行受让他行投资的信托受益权等；二是信托公司、证券公司等非银行金融机构，银行直接投资信托项目、资产管理计划。

二、问题及风险

（一）部分监管指标失真

银行将信贷业务转为自营投资并不将其计入贷款加以统计，规避了存贷比、贷款集中度、流动性比例等监管指标，导致监管指标失真。如某城商行 2013 年年末存贷比为 42.62%，增量存贷比 24.59%，均达到监管要求，但按照贷款加上本行授信客户"类信贷"自营投资，其存贷比为 81.09%，再加上他行承诺回购并用于他行授信客户的"类信贷"自营投资，存贷比为 89.36%，均超过 75% 的存贷比监管要求。

（二）资金用途违规

一是直接承接本行信贷业务。通过投资信托项目或信托受益权，资金用于受让银行信贷资产。如某城商行通过单一资金信托受益权，将资金最终用于受让本行信贷资产 2.95 亿元。二是投向限控领域。某城商行自营投资中"类信贷"业务余额 163.42 亿元，40.75% 实际投向政府平台公司。

（三）管理存在真空环节

银行对自营投资"类信贷"业务虽通过"投资"项目反映，但并未纳入统一授信管理，也未遵守贷款五级分类、"三个办法一个指引"等监管要求，增大了非现场监管难度。

（四）风险抵补不足

银行对自营投资中的"类信贷"业务主要依据自身判断计提减值准备，且计提积极性不高，部分银行也未制订非信贷资产质量分类管理办法，致使风险资本计提和拨备不足。

三、建议及措施

（一）细化要求，规范业务发展

加大对银行自营投资的关注和监管力度，从交易对手选择、管理、账务核算、监管指标计算等方面加以规范和科学设限，并按照"穿透"、"实质重于形式"等原则加强风险识别，禁止资金投向法律法规限控行业和领域。

（二）加强引导，开展联合监管

夯实风险管控基础，坚持制度先行、内控优先，做实经营指标和监管指标。加大联合监管力度，对跨行业合作业务实施全流程监督，避免监管真空。

（三）遵循市场，淡化指令性要求

弱化指令性信贷规模控制，逐步以市场需求和产业发展为导向，促进银行增加对实体经济的投资，并真实反映社会间接融资情况。

（作者王国成，时任四川银监局纪委书记，
现任四川银监局副巡视员）

商业银行同业业务发展存在的问题及政策建议

——以入黔股份制银行和城商行为例

近年来，在金融脱媒、利率市场化等多重压力下，进入贵州的6家股份制银行分行和2家城商行分行（以下简称入黔银行）同业业务快速扩张，为企业融资增加了新的渠道，但同时存在一些值得高度关注的问题。

一、入黔银行同业业务发展现状

（一）同业业务发展速度放缓

受五部委《关于规范金融机构同业业务的通知》影响，入黔银行同业业务规模显著下降。2014年第二季度末，同业资产总额406.8亿元，较第一季度末减少48.6亿元，下降10.67%；同业负债总额413.5亿元，较第一季度末减少91.8亿元，下降18.17%。其他类买入返售资产余额439亿元，较第一季度末无变化，三方及以上的买入返售业务已停止开展。

（二）同业资金以投向非标债权为主

2014年第二季度末，入黔银行在银行间市场融出资金余额43.6亿元，融入资金余额413.5亿元，净融入369.9亿元。吸纳的同业资金主要用于投资，其中信托受益权、资管计划等非标债权投资约占99%。

（三）同业合作模式多样化

主要类型有：一是抽屉协议（暗保）模式；二是两方协议模式，即信托受益权的双卖断模式；三是买入返售三方协议模式。在该模式基础上又延伸出了甲乙丙方三方模式、配资模式和存单质押模式等更为复杂的交易模式；四是非标债权的应收款项投资模式。在这些模式下，银行表面上投资的是银信、银证或银保合作的同业产品，实质是商业银行绕开监管进行信用扩张。

二、存在的问题

（一）信息不对称，银行内部管理不足

由于银行对融资方通过非标、BT 等途径获得的融资情况无法及时、全面地掌握，银行间信息不共享，银企间信息不对称，造成多家银行对一家企业同时超额授信。给融资方发放的信托或委托贷款多为一次全额发放，资金支付控制不严，资金真实用途难以有效监控。部分银行对新型同业业务的风险管理要求也明显低于一般信贷业务，缺少有效的风险监控机制。

（二）机构个体和市场整体的流动性风险凸显

入黔银行同业业务的资金来源和运用存在期限和流动性错配。就期限错配而言，资金来源主要为高流动性的同业资金，期限多为 1~3 个月，而所投资产大部分期限超过一年。就流动性错配而言，同业资金多投向非标资产，无法在二级市场转让流通，资产流动性普遍较差。一旦市场资金面紧张，引发流动性风险并导致"多米诺骨牌效应"的可能性增加，影响金融系统整体稳定。

（三）信用风险未被正确计量和有效防范

新型同业业务通过与信托、证券等合作，将票据和信贷资产包装成信托受益权、资产管理计划，在会计处理上表现为"买入返售"、"应收账款投资"以及"可供出售金融资产"等非信贷资产，从而巧妙地将一般公司客户信用风险转化为银行信用风险。银行承担的实质信用风险未被正确计量和客观反映。另外，这种"名同业实信贷"的业务交易结构复杂，资金的来源和投向无法直接对应，暗含各种形式的"抽屉协议"，模糊了交易各方所应承担的风险，易导致各市场主体交易过程中放松对交易背景真实性、融资企业经营状况和资金流向的审查，埋下信用风险隐患。

（四）绕道投向融资平台、房地产等行业，合规风险突出

部分银行为逐利和维系客户关系，"借道"非银行金融机构，将资金投向了融资平台类、房地产类、"两高一剩"等监管限制行业或落后淘汰产业，间接影响了经济结构调整，弱化了宏观调控效果。部分银行为新型同业业务违规出具承诺函，其承担的隐性风险未在总行层面得到真实反映，具有较大的法律合规风险。

三、政策建议

一是商业银行法人总部要建立专营部门，实现单独经营，统一管理，规范运作，构建全机构、本外币、表内外全覆盖的统一的流动性管理机制。

二是加大同业业务风险审查，严控客户准入，核定恰当的授信额度，选择合适的授信产品，按照自营贷款标准强化风险管控措施，强化支付控制和会计核算，禁止接受和提供"隐性"或"显性"的第三方金融机构信用担保。

三是推进监管制度创新，为商业银行提供资产负债端提升资本回报的工具和渠道。同时逐步弱化存贷比的监管要求，引导银行转向资产负债全面匹配的流动性风险管理。

四是建立健全银行同业业务会计准则，规范会计科目录入。同时，完善非现场系统设计和报表数据统计，便利监管人员及时发现、掌控和分析商业银行同业业务的潜在风险。

（作者王军，贵州银监局副局长）

人员流动与银行业发展的监管思考

——对西安地区城商行人员流动情况的调查

从长安银行 2009 年重组新设到同年底西安银行完成战略引资和财务重组，以及北京银行等 6 家异地城商行陆续进驻西安以来，陕西辖内城商行经历了一个快速发展期。在快速发展的过程中，人力资源的聚集起到了重要作用，但人员的快速流动对银行发展稳定性也带来持续深远的影响。近期，以西安地区城商行人员流动情况为样本开展了一次调研，仅供监管同行参考。

一、基本情况

截至 2014 年 6 月末，陕西辖内 8 家城商行在西安地区共有营业网点 158 个，员工 4 251 人。调查显示，从 2012 年到 2014 年 6 月末，共引进 706 人，离职 296 人，人员净增 410 人，人员流动率 24.77%。调查发现，人员流动呈现以下四个特点。

（一）人员流动以同业循环为主

调查显示，引进的人员中同业人员占比 91.64%，离职人员中流向同业的占比 71.96%。从结构来看，流动人员多数从业任职年限较短，同业引进中占比 66.48% 的人员从业年限不到 5 年，"小学徒"多于"老师傅"；离职人员中占比 53.38% 的人员任职不满 3 年，可以说一知半解的"干得了"多过熟练能手的"干得好"。同时，80% 以上的引进人员基本延续原岗位职责，业务类型单一，岗位工作重复度较高。

（二）人员引进以营销和资源型为主

由于城商行开业时间普遍较短，业务基础薄，强烈迫切的发展诉求使城商行将引进人员重点放在拥有丰富资源的业务人员上。调查显示，2012 年至 2014 年上半年，引进人员中一线业务营销人员 543 人，占到引员总数的 76.91%。其中，有的新设支行直接采取"拎包入驻"的方式空降引进支行行长。

（三）收入待遇和职级晋升是流动主要原因

调查显示，引进人员中 72.95% 收入有所提高；35.19% 职务获得晋升。其中，中高层和普通层的发展诉求差别较大。中高层以职务晋升和业务平台提升为跳槽主要原因，收入增幅不明显甚至有所下降；普通员工更偏向于提高收入，跳槽后收入基本上都有明显提高。

（四）同业流动的螺旋式上升职业轨迹明显

调查显示，城商行引进人员以大型国有银行和股份制商业银行为主，流动呈现明显的螺旋式上升发展轨迹。引进的管理人员，多循国有银行→股份制银行→城商行的流动轨迹，引进的普通员工多为跨行转正或事业发展遇见瓶颈的业务骨干。

二、监管关注

（一）人员流动的积极作用

一方面，人员引进对新机构在短时间内实现立足本地、拓展业务发挥了重要作用，精英人员引进对城商行对外营销、对内管理、流程改进和质效提升起到了积极的助推作用。另一方面，新机构为引进的人才提供了良好的事业平台和发展空间。

（二）人员频繁变动对银行发展的负面影响

一是引进人员从业经历短和离职人员工作时间短的"双短"现象，不利于业务的深入推进和个人的长远发展。二是缺乏企业文化、不注重本行梯队培养、过分倚重资源型人才引进，易形成业务的人身依赖，导致核心骨干离职对银行业务稳定性造成较大影响。比如辖内某行在行领导带领下多名骨干和业务团队同时离职跳槽，直接导致该行业务开展陷入困境；一些会计骨干的离职也会对机构网点建设造成一定困扰。三是人员流动过于频繁，其中不可避免存在一些冲动和不审慎行为。银行有时忽视了业务发展的实际需求和宏观调控等因素，引进与需求不匹配的人员，造成引进人员业务特长无法施展，具体业务无法落地，对银行本身和引进的人员均带来负面效应。

（三）银行人员流动管理机制有待加强

一是银行重引进轻管理现象明显，重视同业引进，轻视内部培养，忽视人才梯队建设的重要性。各行均建立相关制度加大关键岗位和重要人才的引进力度，对专业技术人才和特殊人才制定专项招聘制度，并对部分专业人才放宽引入标准，但对引进人员的管理较为松懈，业务指标之外的企业文化建设匮乏，对基层员工的职业规划指导普遍缺失，造成业务指标为考核评价唯一标准。二是对离职人员的管理，均未采取业务领域的竞业禁止、专业人才的最低服务年限等限制性规定，人员离职对业务发展产生波动的情况时有发生。三是业绩导向造成激励强、约束弱。面对优秀管理人员和营销人员，主要以职务晋升和收入提升为承诺引进，降低或忽视管理能力和风险管控水平的考察。

三、监管思考

（一）加强人员流动的监管引导

一是以高管准入为抓手，督导银行长远规划、稳健引员，实现业务和管理的整体稳定性。对于空降担任新设机构支行行长的情况，要求银行落实"戴帽"先"穿衣"、任职先履职的要求，设定"磨合期"和"观察期"，确保空降人员适应入职银行的企业文化，做到与任职银行互信融合。二是进一步强化高管任职考试、考察和考核的力度，提高工作质效，以严格的准入审核督促各行关注高管业务之外的内部管理能力、风险管控水平和勤勉尽职情况，减少因个人能力短板对银行发展的影响。三是以非现场监管为依据，从业务异动关注人员离职，做好审慎发展风险提示。督导银行完善人员流动管理机制，减少人员流动对业务发展的影响。

（二）督导银行加强人才梯队建设

一方面，以提升业务能力为重点，不断加强基层人才队伍建设。通过业务纵深钻研和轮岗综合发展、加强综合培训和鼓励继续教育等多种方式，不断提升员工的职业发展空间，增强业务骨干与银行的发展黏合度。另一方面，以促进职业发展和事业归属感为目标，加强内部业务梯队建设。同时，采取多种方式，问诊离职人员年轻化、短期化的缘由，综合进行分析，加大对业务骨干和整体团队的存量"维护"，以发展平台吸引新人，以能力提升稳定骨干，以职业晋升肯定成绩，加大对优秀人才的内生培养力度。

（三）加强人员流动的横向管理

一是充分发挥银行业协会的职能作用，通过人才流动信息库的收集和整理，建立人员流动信息平台。针对频繁流动人员，建立高管人员管理平台和管理台账，实时更新，允许拟任职机构查询其高管任职资格获取其历年从业记录情况。二是加强人员流动的同业联动管理。对于获取高管资格的人员或所在银行登记录入的重要岗位人员，一定期间内流动超过一定次数的，在同业间建立惯例做法，要求拟任人提供相关银行出具的履职尽职鉴定或相关说明，完整呈现其各发展阶段的真实表现，避免"带病"流动和异常流动。三是结合实际，制定完善相应的人员流动特别是高管任职资格审核的配套制度。

（作者李华涛，陕西银监局副局长）

发展陕西金融租赁业的调查与思考

融资租赁，被誉为世界上仅次于银行信贷的第二大融资方式，近年来，我国融资租赁行业也获得了快速发展。最近，我对陕西融资租赁业发展的情况进行了调查，就发展陕西金融租赁业提出了一些想法和建议。

一、陕西融资租赁业发展的现状

融资租赁以"融物"的方式进行融资，兼具了融资、促销、投资和资产管理四种功能，能将工业、贸易、金融紧密结合，有效沟通三个市场。它是促进装备制造业发展、有效刺激投资、解决中小企业融资难、支持实体经济发展的良好手段和工具。从全国发展情况看，2008年到2013年，全国融资租赁业的企业总数从107个增加到1 026个，增长近9倍，其中金融租赁公司23家，内资试点融资租赁公司123家，外商投资融资租赁公司880家。截至2013年年末，全国融资租赁行业资产规模已经超过2万亿元，租赁渗透率从2006年的0.07%提升到4.5%以上。而发达国家租赁渗透率一般在15%到30%之间，融资租赁行业的发展前景十分广阔。

与全国相比，陕西目前仅有1家内资试点融资租赁公司和1家外商投资融资租赁公司，尚无金融租赁公司，融资租赁业发展相对滞后。该内资公司在市场上不活跃，该外资公司发展迅速，但其发展明显受制于资本金水平和增资融资能力。同时，装备制造业是陕西的特色优势产业和"十二五"重点发展产业，具备融资租赁业务源源不断的"源头"群，陕西融资租赁市场潜在需求比较旺盛。

二、设立金融租赁公司是陕西发展融资租赁的较好选择

（一）金融租赁市场占有率高，实体经济支持力度更大

从发展状况看，金融租赁公司从2007年银监会《金融租赁公司管理办法》

颁布时的 6 家增加到 2013 年的 23 家，资产规模同期增长了 70 余倍。从结构上看，以占全部融资租赁企业 2.2% 的机构占比撬动了融资租赁行业 50% 以上的资产规模。市场占少数的金融租赁公司在融资租赁领域更为有效地发挥了对实体经济的服务支持功能。

（二）金融机构属性使金融租赁公司拥有更为广阔的业务发展空间

不同于一般融资租赁企业，金融租赁公司属于银监会监管的非银行金融机构，持有金融机构牌照，可以通过吸收非银行股东定期存款、同业拆借、向金融机构借款、境外借款甚至发行债券等途径吸收资金。而一般融资租赁企业不能吸收存款，未经批准也不得进行同业拆借。这种制度安排，使金融租赁公司相较于一般性融资租赁企业有更为广泛的资金来源和业务经营领域，可以有效发挥金融机构的优势，实现与其他金融机构的优势互补，更好地为企业提供融资服务。

（三）金融租赁公司的起点高、标准严，发展的稳定性和持续性增强

一是高门槛的注册资本金要求。设立金融租赁公司注册资本最低限额为 1 亿元人民币，而一般融资租赁公司则无明确的注册资本要求。从已设立的公司情况看，2013 年融资租赁业平均注册资本 3 亿元，而金融租赁公司平均注册资本是前者的 11 倍。二是更为严格的发起人资质条件。相较于一般性融资租赁企业，设立金融租赁公司对发起人身份类型、准入资质以及资产规模和营业收入等指标有着更为严格和审慎的制度要求。三是更为审慎的监管指标控制。金融租赁公司监管明确了资本充足率、关联交易比例、融资集中度、同业拆借比例等关键指标的要求以及其他审慎的限制性规定。风险管理要求和监管严格，有利于提升抗风险能力，提升专业化水平和竞争实力，能更好地持续发挥业务功能。

三、陕西发展金融租赁业面临的问题

陕西设立金融租赁公司尚未实现"零"的突破，究其原因，主要是陕西本地有设立诉求的企业集团和商业银行未能满足金融租赁公司的主要出资人标准，主要表现为以下几种情况。

（一）陕西本地法人银行作为发起人条件尚不成熟

一是部分银行资产规模未能达到银监会《金融租赁公司管理办法》规定的商业银行作为发起人"最近 1 年年末总资产不低于 800 亿元人民币或等值的可

自由兑换货币"的要求，不具备金融租赁公司发起人的资质条件。二是符合《金融租赁公司管理办法》最低总资产条件规定的商业银行，因已参与其他非银行金融机构设立等因素目前难以作为发起人参与设立金融租赁公司。

（二）企业主营业务方向不符合设立要求

如陕西能源集团有限公司各项指标数据符合金融租赁公司发起人条件，但该公司的主营业务产品不适于融资租赁交易模式，不符合"主营业务为制造适合融资租赁交易产品"的出资人要求。

（三）企业财务指标未达到设立标准

如秦川机床工具集团主营业务突出，其产品比较适于融资租赁模式，自主创新能力较强，具备一定的核心竞争力，但因宏观经济和集团整体上市调整，2013年营业收入和有关盈利指标未达到主要发起人的准入要求。

（四）企业不符合作为新设发起人的有关监管原则

如陕煤集团主营业务中有适于融资租赁模式的重工装备板块，产品覆盖煤矿成套装备及相关工程机械，且设立意愿积极，但陕煤集团已设有企业集团财务公司，财务公司的业务范围包括为成员单位产品提供融资租赁服务，因已涵盖部分融资租赁业务范围，原则上不可发起新设金融租赁公司。又如陕汽集团2011年已在上海陆家嘴金融中心投资设立德银融资租赁有限公司，陕鼓集团已参股宝信国际融资租赁有限公司，这些主营业务产品适于融资租赁交易模式的，也适于作为厂商系发起人的企业已控股或参股一般融资租赁公司，而已设有一般融资租赁公司的，原则上不可新设金融租赁公司，只可将一般融资租赁公司改组为金融租赁公司，且存在改组门槛和成本问题。

四、发展建议

（一）推动规划论证

装备制造业是陕西的特色优势产业和"十二五"重点发展产业，在"十二五"时期，陕西继续推进汽车、输变电设备等重点集群发展，力争产值超6 000亿元，成为国家的装备制造业基地。这客观上要求现代金融服务业的强力配合，也具备了融资租赁业务持续的业务来源。金融租赁公司运用资金吸引和杠杆放大功能，将显著增强装备制造业企业的产品竞争能力，同时能够提高资金运用效率、提高资金收益水平，吸引更多的资金进入陕西。因而，积极推动陕西省政府进一步完善发展金融租赁业的规划及论证，推动加强与有关各方的沟通协调和学习取经。

（二）拓宽发展思路

在陕西现有金融和非金融企业无法满足准入要求的情况下，考虑引入区域外具有准入资质的境内外商业银行为主出资人，联合省内设备生产企业及其他投资人，共同设立金融租赁公司。此种模式下，目标银行的确定或引入是首先需要解决的问题，在选择目标银行时，要重点评估其与设备供应商建立战略合作关系的能力和专业化经营管理能力。此外，也可考虑引入符合准入条件的境外融资租赁公司作为主发起人，联合相关企业共同设立金融租赁公司。此种模式下，境外融资租赁公司的确定非常关键，需要重点考虑中外文化的差异、合作意向和经营理念的一致性以及"本土化"问题。

（三）鼓励企业联合

在已做好充分规划论证的基础上，推动陕西省内大型企业集团积极行动，打破壁垒，按市场原则合作、联合，共同参与发起设立金融租赁公司，并选配专业化管理团队，这将更有利于金融租赁公司后续业务的协同开展和经营管理，实现陕西金融租赁业的起步和发展。

（四）给予政策支持

建议从宏观发展战略角度，考虑区域发展差异，对陕西予以一定政策倾斜，适当放宽相关准入标准，推动西部大开发和"丝路经济带"的经济社会发展。

（作者刘丽岩，陕西银监局副局长）

从基层看银行业现场检查机制的改革

通过深入学习党的十八届三中全会《中共中央关于全面深化改革若干重大问题的决定》，我对银监会今年关于"整合检查功能，改进机构设置，集中检查力量，提高检查队伍的参与面与专业性"的重点工作任务有了新的认识。

从变革的角度看，银监会系统现场检查机制自 2003 年 4 月以来呈现出总会和分局趋于稳定，省局交替更迭的特点。2008 年 10 月，在总会的指导下，全国各省局相继开始探索功能与机构联动监管的组织形式，形成了无统一规范、具有各自范畴特点的现场检查模式，但基本上都体现了部门和干部职数最大化的基本特征。分局则主要受制于部门职数的限制，无法跟随省局变化，形成了省局"数条线下面一根针"的被动型现场检查机制，被迫疲于应付上级布置的各种现场检查任务。这次党的群众路线教育实践活动在广泛征求群众意见环节中，甘肃辖区分局对此颇多微词。

经过三年的实践，由于参加总会专业会议成本过高以及报告路径不畅，2011 年 11 月，全国各省局又选择回归到现场检查与其他监管职能隶属于同一部门的传统监管模式。

关于完善现有现场检查机制，本人有几点不成熟的看法。总的说来，改革现场检查机制的核心应是，有效运用 EAST 系统大幅提升监管效能，从根本上克服人力资源与现场检查工作任务严重不匹配的障碍。

一、适度集中配置现场检查人员

目前，现场检查人员都分散在各机构监管部门。如甘肃银监局系统专门从事监管工作的人员约 465 人，占全部人员总数的 58.79%，其中经常参与现场检查的人员约 442 人，占全部监管人员的 95.05%。这些分散在各机构监管部门的检查人员同时还承担着大量的其他监管任务，真正专门从事现场检查的人员不足 20%。具体到单一监管部门，省局最多 10 人（有的只有 2~3 人），分局最多 6 人（有的只有 1~2 人）。这种分散的检查资源格局直接影响了现场检查的效能。

建议集成现场检查队伍于总会和省局两个层面，分局仅保留农村金融机构现场检查力量。同时要充分运用 EAST 现场检查系统，做好检查前准备，通过深入广泛采集业务数据，建立专业数据模型，实现对被监管机构业务和数据的全面挖掘分析和评判，有效提高现场检查进场前的效率和风险点定位，以最大限度地减少驻场的无效劳动时间。

同时，着力提高现场检查队伍的专业能力和士气。现场检查队伍要持续年轻化，以保持检查队伍的机动性和活力。可考虑将现场检查履历列为干部晋升的必要条件，任何干部晋升至少需有 3 年以上的现场检查经历，并在此基础上考虑建立现场检查资质培训认证制度，试行提拔副处级以上级职应至少要有一篇监管工作情况反映登载在银监会《监管要情》上，以效仿审计署查找发现重大问题的有效激励机制。

二、适度调整现有监管组织架构

现有的现场检查体制未能充分体现总会和派出机构要各自承担所辖区域法人风险监管的原则特点。为此，建议实行法人监管现场检查落地原则，在省局层面设立分支机构现场检查处、法人现场检查处、农村金融机构现场检查处、案件查防处。分支机构检查处职责主要是听命于总会和属地局实施现场检查；法人检查处是省局现场检查工作的核心和支柱，履行重要的属地监管职责，如重大风险未能及时发现，将承担失责或能力不足的问责；农村金融机构现场检查处主要是担负对农村金融这一特殊机构的现场稽查并集成分局的现场检查力量实施 EAST 分析基础上的现场检查；案件稽查处是别动队，实施案防与内控的高度关联稽查，从对内控的现场检查防堵案件的发生。

与此同时，对非现场监管部门进行必要的调整。按照机构＋功能＋IT 技术融合的原则重新梳理监管架构。准入审批、非现场监管和现场检查问题的后续整改，可按法人和非法人原则归口整合到分支机构监管处和法人机构监管处，并植入 EAST 监管功能实施日常监管，同时明确非现场监管处拥有非现场问题现场核查权以有别于现场检查处的现场检查权。如国有监管处、股份处、政邮处等对非法人实施监管的机构处可合并为分支机构监管处，以此腾挪出处室编制指标设立分支机构现场检查处、法人现场检查处和农村金融机构现场检查处，同时增设案件稽查处。

三、改进现场检查实施方式

目前，现场检查方案的实施对地域风险不具针对性，总会"法人立项"的现场检查策略落实到各省分支机构，会因风险状况不同其效应各异；更没能体现出商业银行风险防控主体责任和监管部门监督责任的不同；"一次进场、分组检查"模式，在一定程度上浪费了稀缺的监管资源；加之，机构与功能监管部门协调不畅，常常会导致在一个被查机构同时出现多个现场检查组的现象。

为此，现场检查立项不宜再采用对总行和全国分支机构全覆盖方式，而是运用随机抽样方式，以科学合理的一定比例，抽样检查商业银行的业务或分支机构，以此推断并确认机构的风险度和风险点。建议抽查面最小不要低于3%，最大不宜高于10%，以达到用有限的人力资源稽查出银行机构的风险问题所在。运用随机抽查现场检查方式也是完成银监会2014年关于"建立健全'双线'风险防控责任制"另一重点任务的有效手段，即在现场检查操作层面上拥有了落实银监办发〔2014〕59号文《关于建立健全"双线"风险防控责任制的通知》的抓手。

再者，针对目前现场检查工作绩效好坏与个人成长关联度不高的机制弊端，建议进一步完善现场检查良好标准和现场检查项目效果过程评价和后评价制度、现场检查人员工作质量评价考核体系，并与干部晋升挂钩。

（作者王振中，时任甘肃银监局副局长，
现挂任中国银监会法规部副主任）

宁夏银监局现场检查工作的成效及思考

一、主要做法

(一)"五个环节"构建现场检查质量体系

一是将现场检查立项与非现场监管、日常监测、整改意见落实情况等紧密结合起来,抓现场检查立项环节。二是制定详尽的检查方案,抓查前准备环节。三是不断规范现场检查流程,抓检查质量环节的提升。四是强化现场检查的深度和质量,抓事实确认环节。五是按照《中国银监会现场检查质量管理办法》、《宁夏银监局优秀现场检查项目评审方案》,抓现场检查工作评价。

(二)"五个导向"加强监管资源有效运用

一是"计划导向",紧扣银监会检查项目和监管中心工作,统筹规划,科学立项。二是"法人导向",重点针对法人机构问题。三是"创新导向",在监管理念、人力资源、技术手段、检查方式等方面积极开展创新。四是"效能导向",通过实施项目层级负责制,确保责任落实到人。五是"科技导向",全面在法人银行现场检查中运用 EAST 系统进行数据筛选,有效提升了现场检查的效率和针对性。

(三)"五个联动"推动解决现场检查发现重点问题

一是建立与地方政府沟通、协作机制。推动自治区政府成立了融资平台公司管理领导小组,组织召开专项工作推动会 20 余次,组织债权银行与各级地方政府开展债权协商会谈 78 次。二是建立与自治区发改委、住建、国土、房管等部门的房地产贷款信息共享机制。三是建立了银、证、保监管协作机制,避免重大问题多头监管、重复监管及出现监管真空等问题。四是加强与公安、司法部门联动合作,银行业网点安防达标率已达 95% 以上。五是加大系统内纵向上下联动,局机关各监管处轮流牵头建立现场检查联席会议。

（四）有效防控了各类风险

一是有效缓释平台贷款风险，落实了银监会平台贷款管理相关政策。2010 年以来累计清收各类平台贷款 118.72 亿元，督促银行补充抵押资产 44 亿元，促成地方政府向平台注入各类资产 50 亿元、投入平台项目建设资金 84.4 亿元，到期平台贷款本息如期偿还。二是督促银行业提高五级分类真实性和准确性。三是规范信贷管理。四是推动银行业加强信息安全管理的长效机制建设。五是实施承兑票据风险敞口与资本金挂钩监管制度，严控票据业务风险。

二、存在问题

（一）现场检查手段仍然滞后

近年来，银行业资产迅猛增长、产品创新日益增多，银行业信息化建设发展迅速，而监管资源短缺，监管质效不足问题严重，现场检查人员在 EAST 系统的应用还处在初级阶段，现场检查还缺乏深度。

（二）问责整改工作有待加强

在行政处罚、案件防控工作中的问责环节，监管人员对问题处罚依据的认识不统一，整改意见建议笼统，导致处罚力度不够，整改针对性不强。

（三）检查项目科学性有待提升

银监局自主安排检查项目的空间被压缩，一些涉及全系统的统一项目，检查方案原则性相对较强，时间要求相对较紧，部分检查质量难以保证。

三、意见建议

（一）进一步提高工作规范性

建议银监会制定《银行违法行为处罚办法》，解决现场检查工作中处罚依据不足问题。建议制定运用延伸调查权的实施细则，为监管部门规范运用延伸调查权提供更具操作性的法规依据。建立银监会现场检查案例库，提高现场检查水平和统一执法标准。

（二）进一步完善现场检查手段

建议进一步完善 EAST 系统，加强系统的应用指导，全面提高系统检查在现场检查工作中的地位及使用普及程度。

（三）进一步提高现场检查立项的科学性

建议适当精简统一部署的检查项目，力求检查立项少而精，适度提高银监局和分局立项的自主性，注重协调不同机构相同业务领域的检查，逐步实现现场检查立项的科学化。

（作者薛晓雷，宁夏银监局副局长）

省级农村信用联社履职不足的七个表现

新疆维吾尔自治区联社成立以来，履职成效显著，辖内农合机构业务规模不断壮大。但是，新疆银监局在监管中发现，自治区联社在履行行业管理职能过程中存在七个明显不足。

一、风险管控能力亟待提高

一是 2013 年全疆农合机构理事会换届，新的领导班子对不良贷款进行了较为充分的暴露。二是"冀丰"系风险爆发，突出反映了新疆农合机构信贷管理尤其是非涉农社团贷款存在较大的风险隐患。三是 2013 年新疆农合机构发生 3 起风险事件，几乎全部为冒名、挪用贷款，案件呈上升态势。

二、合规意识需要进一步增强

自治区联社 2011 年违规组织辖区 84 家农合机构认购信托计划 20 亿元，造成了较大负面影响。2013 年年初，在新疆银监局的严格监管下，新疆农合机构全额收回购买信托的资金。

三、信息科技支撑能力明显滞后

核心业务系统目前采用的仍主要是上一代面向核算为主的产品，对以客户为中心、以市场为导向的产品创新、流程变革、操作风险防范等方面考虑不足，对个人网银、手机银行、理财业务等系统支持尚不能满足业务发展的需要。同时，自治区联社数据仓储和管理分析应用难以满足部分法人机构的经营管理分析需求。

四、股份制改革内生动力不足

由于担心农村信用社股份制改造后会脱离其管理，自治区联社在加快推进农村商业银行组建、打破地域限制吸引战略投资者等重大决策上动力不足。目前新疆只组建了 5 家农村银行，资产规模占全区农合机构的 20%，进度远远落后于全国平均水平。

五、金融产品创新能力不足

自治区联社缺乏专业化的产品研发团队和高效的创新机制，对法人机构提出的创新需求反应迟缓，使得发展较好的法人机构尤其是地州所在市的农合机构在与国有大型银行和股份制银行的竞争中处于不利位置，束缚其快速发展。

六、金融研究服务能力较为薄弱

自治区联社没有设立专门的研究机构，对国家宏观经济政策、产业政策、区域政策、金融政策和支农惠农政策预判性不强，对农村中小金融机构的信贷政策、信贷结构调整、业务发展方向、行业风险控制等缺乏指导，资金投向产能过剩和限控行业的问题时有发生。

七、行业管理灵活性有待提高

一是对各法人机构高管人员的选拔，实质上主要采取自治区联社组织考察和自治区联社党委会任命的方式，未充分发挥各行社社员代表大会选举、董（理）事长自主提名的权利。二是对各行社部分业务管理变相实行审批制，但却不负审批连带责任，责权利不相匹配。三是业务管理上存在"一刀切"的情况。对经营管理、发展水平、风险管控能力较好的机构，未给予其一定的自主权利，抑制了法人机构作为市场竞争主体的经营活力。

对此，新疆银监局将继续督促其完善符合战略发展及风险管控要求的内控管理体系，根据市场形势和发展目标，全面加强管理职能架构的整合力度，继续落实和深化绩效考核机制，稳步推进体制转型，把省级联社真正打造成行业管理和服务的平台。

（作者杨绍臣，新疆银监局副局长）

城商行股权质押管理亟待加强

大连银监局对辖区法人城商行股权质押情况的调研显示：法人城商行已初步建立股权质押管理体系，但仍存在股权质押比例过高、股东行业结构相对集中、股权质押管理被动、股权质押授信管理滞后等问题。

一、主要问题

（一）股权质押比例过高，不利于银行自身风险管控及稳健发展

2014 年第二季度末，法人城商行被质押股权占全部股权的 43.07%，远超银监会 20% 的监管要求；16 位已出质股权的股东出质股权比例全部在 50% 以上，且部分股东对外融资金额大幅超过其持有的银行股权净值；部分股东已出质股权（占全部股权比例的 9.76%）处于法院查封状态，且股东已不能正常履行股东权利及义务，对银行经营带来较大的信用风险和声誉风险。该行尚未有效建立与股东经营风险间的防火墙，股东关联方的识别、关联贷款管理、已质押股权股东后续风险监测、应急预案管理以及信息披露等方面存在缺失，不能有效规避因股东质押银行股权而产生的风险。

（二）股东行业结构相对集中，风险传导性强

一是已出质股东所属行业以房地产、钢铁及相关行业为主业有 10 家，出质股权 13.13 亿元（占全部出质股权的 74.36%），其中涉及房地产行业股东 6 家，出质股权 7.33 亿元，涉及钢铁及相关行业股东 4 家，出质股权 5.8 亿元。房地产、钢铁行业资金需求量较大，易受宏观经济调控影响，银行股权已变相成为一种融资工具，股东更为关注的是银行的短期获利能力，不仅不履行为银行持续资本补充义务，还存在从银行套取资金的行为，给银行的合规管理、关联贷款管理带来潜在压力。二是已出质股权股东大多为集团客户，出质股权主要用于自身或关联企业融资。集团企业关联关系复杂，对外融资经常存在互保现象，若集团内一家企业出现问题，风险有可能传导至整个集团，对银行股权管理、风险评估带来困难。

（三）股权质押管理被动，风险管理意识须加强

一是股权质押管理措施还需有效落地实施。该行已出质股权股东出质比例均在50%（含）以上。根据规定，上述股东在股东大会和派出董事在董事会上的表决权均应受到限制。但由于该行股权整体质押比例过高，部分股权质押期限较长，且该行部分股东对此要求反映较为强烈，若将上述股东的表决权全部进行限制（合计代表股权45.18%），则该行的股东大会将难以正常召开。因此，只能采取"降旧控新"的方式逐步降低整体股权质押比例，短时间内难以达到立竿见影的成效。但该行尚未制定达标计划及达标时间，各项工作被动推进。二是股权质押风险管理意识不强。该行没有专人负责收集、分析已质押股权股东的相关信息、及时掌握股东经营变化情况及其他重大事项，后续跟踪措施不足，风险评估工作也尚未开展。已有2起大股东因经营等问题而导致的股权被查封事件，引发该行自身的信用风险和声誉风险，仍未引起该行对股权质押管理的高度重视。

（四）股权质押授信管理相对滞后，内控管理须强化

一是制度建设未及时跟上，缺乏统一操作规范。尚未制定专门的股权质押授信业务管理办法，许多业务操作管理要求没有细化规定，一些关键领域（对上市公司质押股权评估价值的确定、非上市公司质押股权贷后重估频率）的表述模糊不清，致使分支机构的业务开展、审批以及贷后管理环节缺乏统一指导，风险管控水平参差不齐。二是制度执行不到位，风险管控不严。对于非上市银行股权主要依据评估机构评估结果确定评估价值，没有考虑被投资单位的净资产等情况，制度执行存在偏差，质押股权每股估值与净资产的比例均在170%以上，估值严重虚高。三是银行股权质押贷款整体质押率偏高，潜存较大风险隐患。制度规定股权质押贷款的质押率不超过70%。但在实际执行中，该行银行股权质押贷款整体质押率达到86.95%，虽然部分贷款存在其他担保方式，但是主要为关联企业担保及相关自然人连带责任保证，实际担保能力较弱。

二、监管建议

法人城商行应从完善制度机制建设、业务规范等方面入手，逐步提高股权管理的主动性和规范性。

（一）切实提升风险管理意识，限期降低股权质押比率

董事会、高管层应切实提高对股权管理的重视程度，将股权管理纳入公司

治理和风险防范范畴。提升股东对股权质押管理风险认识，敦促股东特别是大股东切实履行股东责任和义务。加强关联方及股东关联贷款管理，强化股东贷款审核及关联方识别，防止股东利用隐匿的关联交易，抽逃银行资本。对于在本行借款余额超过其持有的经审计的本行上一年度股权净值的，必须严格限制其股权质押行为。对已质押股权开展期限结构分析以及风险状况评估，制定整改计划及措施，分阶段降低整体股权以及主要股东股权质押比率。

（二）完善体系建设，提升主动管理能力

明确银行股权质押管理相关部门及岗位的管理和风险责任，确保相关部门及人员均能有效履行职责。完善制度建设，细化规定本行股权质押的办理流程、备案要素、风险评估要求以及后续跟踪措施等，提高股权质押管理的规范性。强化机制建设，建立完善风险监测机制，定期收集、分析已质押股权股东的财务数据，密切关注已质押股权及借款企业的重大风险状况，及时登记股权质押管理监测台账，提升股权质押管理前瞻性。加强信息报告以及信息披露管理，做好股权质押相关信息上报工作，履行信息披露职责。

（三）强化股权质押授信贷款风险管控，提升内控执行力

制定股权质押授信业务管理办法，明确不能接受作为质物的股权，细化股权质押操作及管理规定，规定质押股权价值确定的标准、贷后重估频率以及质押物价值不足值的判断标准及相应风险管控措施。严格履行贷款"三查"，细化规定各部门及岗位职责，严格杜绝任何形式违背信贷政策的现象，确保各项内控制度有效执行。对存量股权质押授信业务开展风险自查，审慎评估质押股权价值以及股权质押授信业务风险状况。

下一步，一是进一步严格监管，对于限期内仍未达到监管要求，各项工作推进缓慢的，将责令机构对超比例质押股权股东在股东大会和派出董事在董事会上的表决权进行严格限制，也将根据整体风险状况采取限制准入、限制分红等监管措施。二是加强准入指导，指导该行在引入战略投资者、新股东的过程中，加强投资者教育，严格审查股东关联关系以及主营业务构成情况，避免引入高风险及易受行业经济周期影响的股东，优化股东构成，改善股权结构。

（作者王萍，大连银监局副局长）

合意信贷规模制约村镇银行
支农支小信贷投放力度

合意信贷规模是人民银行在保证总体信贷规模的前提下，对村镇银行等县域法人机构以注册资本金为标准分配合意信贷规模。调研显示：合意信贷规模对县域中小金融机构的金融抑制较为明显，制约村镇银行支农支小力度，加剧"三农"和小微企业"贷款难、难贷款"的问题。

一、合意信贷规模制约村镇银行信贷投放

（一）村镇银行资金充裕与信贷规模约束不相适应

县域"三农"和小微企业资金需求旺盛，受"合意信贷规模"的约束，村镇银行处于"有钱不能贷、贷款要受罚"的尴尬境地，导致优质客户流失和市场竞争力下降。以瓦房店长兴村镇银行为例，2013 年合意信贷规模为 1.42 亿元。若按 75% 的存贷比监管要求进行信贷投放，就会超出合意信贷规模。2012年起人民银行针对县域法人机构开始实施"新增当地贷款占年度新增可贷资金比例不得低于 70%"的考核。该行最终因合意信贷规模控制而未完成新增信贷投放任务考核，遭受存款准备金上调 1 个百分点的处罚。村镇银行只有"削足适履"，被动降低信贷投放量和提高信贷门槛来调节信贷投放。

（二）与农村市场的季节性融资需求脱节

村镇银行客户多为涉农企业和农户，对季节性和时间性要求较高。每年第一季度是东北地区春耕备耕的黄金时期，涉农资金需求量大，应占全年信贷投放量的 50%，而按照当季分配的合意贷款额度仅为 30%，村镇银行信贷投放节奏与农业生产周期不相匹配，难以满足支农支小资金需求，也滋生了县域高利贷、民间借贷等地下金融的频繁活动。村镇银行反映，在春耕备耕时期，受"3322"节奏控制，涉农企业、农户大量有效信贷申请难以得到满足。

（三）资金闲置，县域"失血"

合意贷款规模控制倒逼村镇银行将大量闲置资金存放同业或上存主发起行，

甚至流出县域，资金效率不高，制约县域地区经济的发展。2013 年年末辖区 8 家村镇银行存放同业合计 24.45 亿元，占各项存款的比重达 25%，还有部分机构为提高收益充当"过桥"角色大量买卖票据以赚取差价。

（四）与商业银行自主经营脱节

《商业银行法》规定商业银行以安全性、流动性、效益性为经营原则，实行自主经营，自担风险，自负盈亏，自我约束。合意信贷规模的计划性与商业银行自主经营、自我约束的经营原则相冲突，导致部分村镇银行顾此失彼，助长操作风险与道德风险。某村镇银行 2013 年 12 月 30 日当天发放质押贷款 10 247 万元，并于 2014 年 1 月 2 日迅速归还。据悉，该行 2013 年年末额外争取到人民银行临时增加的 1 亿元合意贷款规模，为用完信贷额度，造成短期内存贷款规模大起大落。

（五）催生监管套利

商业银行在资本充足率和存贷比达标情况下，受人民银行的合意贷款规模限制，容易催生商业银行监管套利行为。进行以表外业务或同业业务为形式的"创新"，以理财产品的发行或以同业业务的转换替代贷款发放。

二、建议

（一）建议协调相关部门调整对村镇银行的合意信贷规模控制

在村镇银行符合银监会资本充足率和存贷比等监管指标要求的情况下，给予村镇银行较为宽松的信贷规模和发展指标。对于县域范围内"三农"和小微企业的合理信贷需求，建议放开信贷规模。

（二）加强联动，逐步完善货币宏观调控政策与审慎监管的协同效应

银监会、人民银行、商业银行之间加强沟通，按照普惠金融原则，研究出台县域中小金融机构的支持政策，促使县域金融机构提升服务水平。

（作者张兆君，大连银监局副局长）

金融租赁公司发展制约因素及其对策研究

一、研究背景

自 2007 年银监会颁布《金融租赁公司管理办法》以来，我国金融租赁行业虽然发展迅速，但时至今日仍处于初级阶段，与发达国家的发展水平相去甚远。这既有政策、制度等外部环境的影响，也是租赁公司自身先天不足使然。本文通过分析我国金融租赁业的发展现状、内外部影响因素以及应对措施，旨在为地方政府制定金融租赁行业发展政策提供意见建议，切实发挥金融租赁在经济发展中的作用。

二、金融租赁公司现状

根据《2013 年中国融资租赁蓝皮书》显示，截至 2013 年年末，我国共有内资试点融资租赁公司、外资融资租赁公司和金融租赁公司等三类融资租赁公司1 026 家，行业注册资金共计 3 063 亿元，融资租赁合同余额达到 21 000 亿元。其中，金融租赁公司仅有 23 家，但资金实力雄厚，体量较大，拥有全行业 25.1%的注册资金和 40.9% 的业务量，2013 年实现营业收入 659 亿元，净利润 160 亿元。

尽管我国金融租赁业经过多年发展取得了巨大成就，但离成熟还有很远距离。在某种意义上，我国金融租赁业仍处于发展的初级阶段，与发达国家相比，呈现出租赁渗透率低、盈利来源单一、业务模式简单等特征。这是我国金融租赁业发展的阶段性特征，也是体制机制不完善、不健全的表现。

三、制约金融租赁业发展的因素分析

（一）外部因素
1. 法律体系不健全，出租人权益难保障
（1）出租人取回权执行难度大

取回权是指当承租人占有租赁物不再具有合法性时，出租人作为租赁物的所有人对租赁物恢复占有的权利。现行法律虽然规定出租人享有取回权，但缺乏行使取回权的相关配套规定，如取回权的具体行使条件、取回程序、取回方法、取回后的处置、相关损失的界定和赔偿等，法院在执行取回权时没有具体的法律依据和法律程序可依，再加上部分法院的地方保护主义，出租人取回权实际执行难度较大。

（2）租赁物所有权登记困难

根据我国现行动产登记制度，运输工具登记是唯一有法律效力的动产所有权登记，其他动产的所有权并没有法定物权登记机构予以确认。在使用权和所有权相分离的融资租赁关系中，由于动产租赁物权属或交易状态缺乏登记公示，承租人可以利用其实际占有租赁物的有利地位，违背出租人的意愿而越权处分租赁物，抵押、转让给第三人。当出租人对租赁物的所有权与第三人善意取得的物权相冲突时，善意第三人的物权往往获得优于所有权的保护，从而导致出租人的权利落空。

2. 税收扶持政策少，促进行业发展作用有限

（1）缺乏专门的税收制度体系

我国尚未建立起一套独立、完备的租赁税收制度体系，对租赁业的征收规定分散在现行的相关税法和通知中。各种规定的分散，一方面不利于纳税人执行，另一方面会引起各种规定之间的冲突和重复，加重纳税人的负担。

（2）财税扶持政策力度不大

与欧美等融资租赁发达国家相比，我国融资租赁行业所得到的政府支持力度明显不够，在政策上缺少对融资租赁业的优惠扶持措施。一是融资租赁机构税负较重。2013 年 8 月开始，有形动产融资租赁被列为现代服务业，由营业税改征增值税。由于税基基本保持不变，而税率由 5% 上升为 17%，根据测算，就单个租赁项目而言，营改增后出租人所需缴纳的税额上升近两倍①。二是相关税

---

① 假设某租赁公司以 X 万元价格购入某有形动产出租，租赁期内共收取 Y 万元租金，根据营业税缴纳规则，该公司应缴纳营业税 $(Y-X) \times 5\%$，营改增后，该公司应缴纳增值税 $\frac{Y}{1+17\%} \times 17\%$，同时按 $\frac{X}{1+17\%} \times$ 17% 抵扣增值税进项税，即该公司实际缴纳增值税为 $\frac{Y-X}{1+17\%} \times 17\% \approx (Y-X) \times 14.5$，税负明显增加。另外，财政局同期出台了过渡期（2015 年底前）实际税负超过全部价款和价外费用的 3% 即征即退政策，实务中由于出租人分期收取租金，前期销项税额远低于资产购入所产生的进项税额，因此无须缴纳增值税，而在租赁后期进项税额抵扣完毕，应纳税额会出现快速增长，而此时过渡期可能已结束，租赁公司实际无法享受该优惠政策。

收优惠政策少。我国相关的税收优惠政策比较单一，且多集中在事后，优惠较多体现在税率上，而类似提取准备金、加速折旧、投资抵税、税前扣除等税收优惠政策或是未制定或是难以落地。

3. 市场发育迟缓，业务拓展困难

一是融资租赁理念接受度不高。融资租赁在我国发展历史较短，作为一种新的交易工具，包括企业家、政府官员在内的社会各界对融资租赁普遍缺乏认识。很多企业固守传统的所有权观念，对"使用但不必拥有"的现代交易理念接受度不高，不愿将资产使用的概念从资产所有权中分离出来。相较于融资租赁，这些企业更倾向于利用银行贷款购买设备以保证自身的所有权。二是社会信用环境不良。当前我国社会信用环境普遍不佳，为防范租金收不回来的风险，金融租赁公司不得不和银行一样，要求客户提供担保。这不仅在很大程度上使许多中小企业难以通过融资租赁方式实现融资，而且使金融租赁公司陷入了效益好的企业做不上（企业可以直接从银行获得贷款），虽有市场发展前景，但风险大的企业不敢做的尴尬局面。

（二）内部因素

1. 资金来源单一，期限错配严重

金融租赁公司运营所需资金主要来源于自有资本金、银行借款、同业拆借以及少量的债券融资。据统计，截至 2014 年 6 月末，国内主要的 20 家金融租赁公司 75.3% 的资金来源于银行贷款。从期限结构来看，金融租赁公司从银行获得的融资多为短期贷款，但开展的业务基本为 3 年以上的中长期项目，资产负债期限严重不匹配。单一的资金来源和长期资金渠道匮乏不仅制约了金融租赁公司的规模扩张，而且弱化了行业抵御系统性流动性风险的能力。

2. 复合型人才短缺限制租赁业务发展

我国的金融租赁公司基本由资产管理公司和银行控股，从业人员也大多来自金融行业，对于租赁标的物及其行业发展趋势往往缺乏深入了解，难以对承租人的需求、制造商的能力、项目的成本核算以及法律风险等作出有效的评估，甚至在某些高端设备的采购合同、租赁合同签订过程中被承租方或制造商牵着鼻子走，不仅增加经营风险，同时也大大限制了租赁业务的发展与创新。

3. 创新意识不强，创新能力不足

很多金融租赁公司在业务运作中，不能有效地将自身优势和设备供应商、出资方等租赁产业链各方的优势整合起来，在某种程度上就是对银行信贷业务的简单重复，企业通过融资租赁获得设备的优势并不明显，很多生产型企业难以通过开展融资租赁业务来促进自身企业的发展，从而大大削弱了融资租赁业务的市场吸引力。

4. 对策建议

（1）政府方面

一是加强对融资租赁公司合法权益的司法保护。当前人民银行运行的融资租赁登记公示系统实际已具备租赁关系登记、公示功能，但因缺乏法律法规赋权性规定的支撑，不具有强制性。对此，建议借鉴天津地区的做法，以相关部门联合发文的形式要求各融资租赁公司在该系统内登记融资租赁物权属情况，同时要求各银行、非银行金融机构以及其他特定机构在办理资产抵押、质押、受让业务时，必须登录融资租赁登记公示系统查询标的物权属情况。如第三人未查询而接受了承租人无权处分的租赁物，则可推定其为"非善意"，进而保护出租人的合法权益。

二是降低金融租赁公司纳税负担。建议在现有的营改增政策框架内灵活运用部分自由裁量权减轻出租人税负，如将银行开具给融资租赁企业的利息回单纳入增值税抵扣凭证范围，增加出租人的进项抵扣等。

三是引导企业融资方式转变。加大融资租赁的宣传力度，将融资租赁的综合经济效益优势向企业做全面介绍，帮助企业提高对融资租赁业务的认识，摒弃重所有权、轻使用权的陈旧观念，积极鼓励、引导企业采用租赁方式融资、融物。

（2）金融租赁公司方面

一是对接资本市场，拓宽资金来源。除在国内、国际市场发债融资外，金融租赁公司还可以考虑引入保险基金、产业基金等长期投资者以提供稳定的资金支持。另外，在监管政策允许的范围内，金融租赁公司还可以积极尝试融资租赁资产证券化，盘活现有租赁资产。

二是加强融资租赁人才的培养，提高融资租赁从业人员素质。如通过和高校联合办学、定向培养等方式，培养融资租赁人才，同时在公司内部建立科学的继续教育和绩效管理体系，为员工提供锻炼和提升的空间，留住人才。

三是培育自主创新能力。在厘清融资租赁原理、核心特征、相关法律法规的基础上，培育自主创新能力，拓宽租赁标的物范围，创新租赁模式，满足市场多样化的需求，提高自身吸引力和竞争力。

（作者张亚娟，宁波银监局副局长）

后 ECFA 时代两岸银行业合作现状及前景分析

——基于厦门实践的视角

2010 年 6 月,《两岸经济合作框架协议》（ECFA）正式签署,两岸经济和金融合作步入制度化轨道。本文旨在分析 ECFA 签署以来两岸银行业合作状况,提出后 ECFA 时代进一步推动两岸银行业合作的对策建议。

一、厦门地区两岸银行业合作的现状

从厦门地区来看,两岸银行业虽然有一定合作基础,但也仍然处于起步阶段。

（一）机构、人员层面合作情况

厦门地区两岸银行业机构的合作,目前仍只有厦门银行引进了台湾富邦金控集团旗下子公司——富邦银行（香港）有限公司作为境外战略投资者（持股19.99%）;人员合作方面,厦门银行引进了包括行长、风控长在内的 13 名台籍中、高层管理人员;在台设立分支机构的中资银行因考虑到厦门的地缘优势,选派了部分有厦门银行业工作背景的中、高层管理人员。

（二）业务层面合作情况

厦门地区两岸银行业业务合作方面,目前仍然是传统的结算业务、汇兑业务占主要地位,信贷方面较多的是通过内保外贷、外保内贷模式为两岸企业提供资金支持。截至 2013 年 9 月底,厦门地区共有 14 家大陆银行机构和 17 家台湾地区银行机构参与跨海峡货币合作,已有 26 对 52 家厦门和台湾的银行机构签订人民币代理结算清算协议,开立了 26 个人民币同业往来账户,累计办理两岸人民币结算 330 亿元,超过厦门全部跨境人民币总量的 25%,占福建省份额近90%,占全国份额近 10%。

二、两岸银行业合作存在的障碍

（一）台湾监管政策限制较多

1. 机构准入条件过严

银行业合作最直接有效的方式是互设机构，在 2009 年 11 月海峡两岸金融监管合作备忘录（MOU）签订后，台湾金管会于 2010 年 3 月发布了《台湾地区与大陆地区金融业务往来及投资许可管理办法》，其中规定，大陆银行及海外子行入台方式只能选择参股（对象仅限于岛内银行、金控公司）或设立分行，且仅以一家为限。同时还需满足资产高于一定规模、在 OECD 国家设立分支机构达一定年限等条件。

2. 业务准入限制较多

对大陆银行在台业务经营，台湾金管局也出台了较严苛的规定，包括不能吸收民众小额存款；未放开大陆银行离岸金融业务牌照；未开放大陆银行到台湾同业开立新台币同业往来账户；不能开展非现金担保业务，无法通过在台陆资银行办理非现金资产抵押等。

（二）两岸经营环境差异较大

1. 两岸经营模式不同、市场环境差异大

台湾地区实行金融控股公司式的混业经营，大陆实行银行、证券、保险分业式经营。台湾地区市场小，银行业竞争激烈，净息差低，利用金融控股公司作为平台，台湾本土银行更容易了解客户所需，为客户提供财富管理、专项金融服务等全方面服务，陆资银行入台后面临的竞争压力大。大陆方面，虽然市场空间较台湾要大，但外资银行在大陆的发展早于台资银行，在外汇业务，中间业务、金融衍生产品、国际结算及贸易融资等业务上，台资银行并无显著优势。

2. 两岸征信信息交流存在障碍

目前两岸缺乏有效的金融信息交换平台，双方金融信息无法进行及时交流。目前台湾岛内已成立了"金融联合征信中心"，但相关法规禁止征信机构或商业银行将征信信息提供给台湾地区之外的商业机构使用，两岸信息共享尚未实现。

（三）厦门地区发展两岸银行合作的劣势

令人尴尬的是，在拥有了地缘和政策的双重优势的环境下，目前仍尚无一家台资银行在厦门设立代表处或独资分行。究其原因，一是经济层面，厦门的经济总量小，金融辐射能力不够，海峡西岸经济区的整体性尚未体现；二是政策创新方面，相比前海和昆山，厦门地区目前占主要地位的仍只有跨境收付业务，政策的创新力度不足。

三、促进厦门地区与台湾银行业合作的对策建议

厦门地区应继续发挥在两岸金融合作上的独特优势，积极争取政策上的支持，开拓两岸合作新思路、新路径。

（一）开放思维，建设沟通交流机制

一是促进建立两岸企业资信互通渠道。信息共享可让两岸银行强化对企业的背景调查，规避信用风险。一方面，积极推动相关部门与台湾"金融联合征信中心"交流，争取其同意与大陆银行合作，可采取在授信企业授权的情况下，由金融联合征信中心向大陆银行出具资信证明的方式；另一方面，大陆银行也可在征得授信企业同意的前提下，共享人民银行征信系统的信息情况给台湾银行。二是积极支持台湾地区金融机构在厦门设立信息中心，后台服务中心、培训基地，建立两岸金融研究与人才培训基地，加强学术和人才交流，同时定期举办两岸金融交流论坛，培养两岸金融专业人才。

（二）积极争取，发展两岸银行机构

一是积极支持在厦银行的分支机构争取总行的政策支持，将总行的全国新台币清算中心、离岸金融业务中心放在厦门。二是积极支持在厦银行业机构向总行、人行争取对在厦台资企业的专项信贷规模，扩大在厦台资企业业务量，吸引台资企业来厦发展。三是积极争取上级相关部门的支持，加强与台湾金融监管当局的沟通，申请于厦门地区银行先行先试两岸对等准入政策（如先开放厦门地区银行到台湾同业开立新台币同业往来账户、在厦门试点新台币汇率挂牌等）。四是对台湾金融机构提供优惠政策，对设立法人金融机构并从事对台离岸金融业务的台资金融机构给予项目补助等，积极推动台湾银行业来厦门设立机构。

（三）业务试点，争取政策法律支持

1. 进一步拓展 NRA 账户使用范围。在原有跨境贸易、其他经常项目、境外直接投资等基础上，拓展至跨境融资业务、跨境担保业务、理财业务等。

2. 积极申请对台人民币跨境业务试点。比照前海、昆山试验区已实施的人民币试点业务，厦门地区可积极申请开展对台人民币跨境业务试点，探索拓宽

境外人民币资金回流渠道，配合支持台湾人民币离岸业务发展，构建跨境人民币业务创新试验区，放开包括台湾银行机构对设立在厦门的企业或项目发放人民币贷款、厦门符合条件的金融机构在国务院批准的额度范围内在台湾发行人民币债券、在厦台资企业内部开展人民币跨境双向借款等业务。

3. 运用特区立法推动两岸银行业合作。2012 年年底，厦门市政府通过了《厦门经济特区促进两岸区域性金融服务中心建设条例（草案）》，条例的尽早出台可以为两岸金融交流合作提供制度层面保障。

（四）逐步放开，建设两岸金融中心

厦门两岸区域性金融服务中心的建设，旨在通过个案的试点，探索两岸金融业务的重大改革措施。目前厦门正计划申报自由贸易区，可以将自由贸易区与两岸金融服务中心相结合，试行允许区内中资银行机构开展对台离岸银行业务，在保证试点机构在岸业务与离岸业务严格区分的前提下，待时机成熟后，在区内试行离岸授信业务和离岸中间业务，如离岸新台币存款质押在岸授信业务、离岸贸易授信融资业务、离岸贷款业务、离岸票据贴现业务、离岸福费廷业务等，方便台资企业信贷融资，为两岸往来创造更为便利的金融条件。

（作者郑振平，厦门银监局副局长）

从特区视角看政策性银行商业化改革蓝图设计

国内三家政策性银行成立至今逾20周年，经过改革发展，已由最初的单纯依赖财政补贴支持的财政银行发展为基本能自主经营的市场主体。随着业务领域不断扩大，改革转型也更加备受关注。目前国开行已初步完成向开发性金融转型，农发行、进出口银行两家政策性银行改革仍处于在实践中摸索的阶段，改革方向仍未完全明确。这对如何提高政策性银行监管有效性提出了新课题。

一、厦门辖内政策性银行商业性业务发展特点及存在问题

（一）发展水平不均

受业务范围限制以及厦门经济特点影响，厦门辖内政策性银行商业性业务发展呈现出冰火两重天的现象。近年来，厦门市城市基础设施及民生工程投资力度不断加大，外向型经济特点突出，但涉农经济总量偏小，第一产业总产值占 GDP 比重不足1%，这就导致了部分辖内政策性银行发展迅猛，而部分辖内政策性银行则出现萎缩现象。

（二）风险逐渐积聚

辖内政策性银行潜在经营风险正在积聚，不容忽视。一是境外贷款风险突出。部分辖内政策性银行境外贷款主要投向印度尼西亚等东南亚国家，国别风险较大，境外贷款管理水平和能力有待提升。二是大额授信风险加大。随着商业性业务步伐的加快，相关内部控制和风险管理以及业务人员素质经验等没有跟上，商业性贷款风险已开始显现。如某政策性银行厦门分行对某商业性客户贷款刚发放不到2个月就在当年形成2.48亿元人民币的授信风险。

上述风险积聚反映了当前政策性银行在商业性业务风险管理方面存在经验不足的软肋。具体表现为：一是风险防范水平有待提高，贷前调查不够深入全面，缺乏 KYC（了解你的客户）的必要经验和有效手段，在与一般商业银行竞争中常常出现"接最后一棒"的情况。二是风险应对处置不力。由于长期受财政兜底保护，政策性银行相对缺乏风险事件处置经验，在商业性业务出现风险

苗头时，存在敏感性不强、分类不够审慎、处置措施不果断等问题。

（三）业务边界不清

分账经营是政策性银行实现商业化转型的有效模式，但存在实际操作难问题。从辖内情况看，部分政策性银行对政策性业务和商业性业务仍采用混合经营、混合核算，未能做到严格区分政策性业务和商业性业务，未能准确核算政策性业务与商业性业务比例。业务边界不清造成由财政补偿和银行自担两者的风险承担机制不明确，易引发道德风险。

二、改革总体思路：巩固成果，顺势而为，因地制宜

厦门辖内政策性银行商业性业务发展的特点及存在问题，有个性，也有共性，在一定程度上反映当前政策性银行在商业化转型过程中面临的诸多问题。为此，当前政策性银行商业化转型不应过快过猛，而是顺应市场环境变化循序渐进，在坚持巩固发挥政策性职能的同时，因地制宜、审慎发展商业性业务。

（一）坚持和巩固政策性业务

一是市场失灵仍然存在。现阶段，我国经济结构转型升级与城镇化建设处于全面深入开展的关键时期，产业升级、"三农"服务、民生保障、"走出去"战略等方面仍需要政策性金融的支持与引导，政府发挥弥补市场缺陷的作用。二是公平竞争受到影响。相比一般商业银行，政策性银行享有更强的政府信用担保，若商业性业务全面开花，与一般商业银行开展全面竞争，则不利于市场的公平秩序。三是金融市场尚不成熟。我国直接融资体系仍不发达，银行信贷仍是社会资金融通主要方式，资金使用效率相对不高，仍需要通过政策性金融机制引导社会资金支持国民经济薄弱领域。

（二）顺应趋势发展商业性业务

目前政策性银行商业性业务比重逐渐上升，这是由市场环境的变化趋势和银行内在发展需要所决定的。具体原因包括：一是传统政策性业务需求面临萎缩。市场经济的发展推动了相关产业的市场化程度，产业竞争力也已得到显著提升，传统的政策性金融需求逐渐萎缩，如机电出口、农产品收购等行业，特别是在非产粮区和城市监管局辖区尤为明显。二是财政支持难以持续。随着政府与市场关系的厘清，政府通过财政手段发挥作用的方式已由过去用资金注资或补贴的直接方式转变为财政引导市场参与的间接方式，政策性银行难以持续过度依靠财政，过度依赖财政的发展模式既不现实，也不必要。三是成本收益

不匹配。随着利率市场化的推进，银行融资成本面临上升的压力，仅靠政策性业务将面临亏损问题，这就要求银行须通过拓展商业性业务提升盈利性，实现可持续发展。

（三）坚持因地制宜原则

由于业务范围限制，政策性银行开展商业性业务与相关业务领域的地方社会经济发展水平紧密相关，易出现发展过慢或发展过快的不均衡问题。因此，关于政策性业务与商业性业务的比例问题不应采取"一刀切"，而是应允许省级分行结合实际情况，采取"一地一策、差别经营"原则，深化拓展商业性业务。如必要时，鼓励农发行对四个直辖市和五个计划单列市实行"一地一策"的灵活政策，"解放"新的生产力，使城市监管局辖内农发行充分发挥支持新型农业和农产品深加工的作用。对于政策性业务需求不足的地区总行应鼓励开展商业性业务，在资金规模、审批权限、考核激励等方面给予政策倾斜；对于商业性需求已饱和、市场已充分竞争的地区，则应坚持发挥政策性业务特色，稳健把握商业性业务节奏，避免因盲目参与商业性竞争而忽视合规性与审慎性。

三、监管建议

（一）建立分账机制

一是建立专用账户，严格区分政策性业务与商业性业务，只有财政明确补偿损失的业务才能计入政策性业务进行经营与核算，避免以实现国家战略利益为由盲目开展商业性业务，实现政策性业务与商业性业务的风险隔离。二是强化统计，建立分账报表，完善政策性银行特色报表，及时监测政策性银行业务发展方向。

（二）加强审慎监管

在明确风险承担机制的前提下，对政策性银行开展商业性业务应严格按照一般商业银行的标准进行监管。一是加强非现场监测，对商业性业务风险苗头及时进行预警提示。二是强化约谈，督促加强审慎经营，把握业务发展节奏，提高贷款质量真实性。三是加大检查与违规处理力度，树立监管权威，提高监管有效性。

（三）改进治理机制

督促政策性银行练好内功，建立起一套符合现代商业银行标准的治理机制。一是决策监督机制。通过组织架构整合与流程梳理，建立并完善权力有效制衡的决策机制，加强自我监督，防范道德风险。二是激励约束机制。加快人事薪酬制度改革，强化科学合理的考核与问责，引导员工提高工作主动性与风险防范意识。三是全面风险管理机制。建立以资本充足率为核心的风险约束机制，完善信贷管理流程，避免商业性业务过度扩张。

（作者邹志豪，厦门银监局纪委书记）

推动信息化建设与科技风险监管再上新台阶

——青岛银监局信息科技工作回顾与展望

2014年伊始，青岛银监局按照银监会批复单设信息科技监管处，在这一重大节点，为了不断深化和提升信息化建设和科技风险监管，对信息科技工作进行了回顾和展望，提出了下一步工作对策。

一、信息科技事业发展情况回顾

（一）科技队伍从兼职到专业

一是组织架构取得突破性进展。建局之初仅有一名兼职科技人员，而2014年正式成立信息科技处，有五名专职人员。二是科技队伍专业化。目前5名专职科技人员年龄结构、知识结构较为合理，科技队伍的业务能力和技术水平不断提升。

（二）科技基础从薄弱到完善

一是机房及网络建设实现跨越式发展。先后在系统内首批完成主机房、与银监会之间的广域网和保密网、与金融机构之间的监管专网以及与监管办的办公网络等建设工作，形成较为完备的科技基础条件。

二是监管信息系统日益完善。已建成10余套监管信息系统，电子政务水平显著改善，建成覆盖全辖所有机构的电子公文传输系统，文件交换周期从一星期缩短为几分钟。

三是"银监局版EAST系统"推广工作初见成效。在全国首批完成辖区所有法人银行机构的数据采集工作，创新性地将EAST系统应用于信息科技风险及电子渠道现场检查并取得较好成效，在银监会信息科技年会上进行了经验交流。

四是信息科技管理水平稳步提升。始终强调信息化建设和内部管理都要"硬"的发展理念，先后制定了《信息系统突发事件应急预案》等10余项制度，二级以上重要信息系统顺利通过国家权威部门的测评。

（三）信息科技风险监管从起步到规范

一是初步构建起辖区信息科技风险监管制度体系。制定了《青岛辖区法人机构信息科技风险监管纲要》，实施差异化、专业化监管；明确监管思路，形成了《青岛农商行自建核心业务系统可行性评估报告》；印发了《青岛辖区信息科技重大突发事件报告制度》等多项制度，形成了较为完备的辖区信息科技监管制度体系。

二是信息科技监管方式方法日臻完善。先后组织 10 余次信息科技和电子渠道现场检查，总结出信息科技风险日常监管的"四种方法"（警示监管、贴近监管、合规监管、持续监管）及现场检查的"四个联动"（现场检查与日常督导联动、机构监管与功能监管联动、科技培训与检查实践联动、上下与横向联动）并被银监会推广。

三是功能监管与机构监管联系更加紧密。在系统内较早地将信息科技纳入准入审查环节，形成了《分行级机构开业信息科技验收手册》，承担辖区机构CIO 和科技背景独立董事的审查，参与 20 余家机构的开业验收，实地指导 5 家数据中心建设，参与多家机构开办网上银行等业务的审核工作。

四是重要时点信息科技保障更加有力。在奥运会、十八大、世博会等重大活动前，青岛银监局均制定专项保障方案，组织召开银行负责人座谈会，通报信息科技风险要情，强化风险提示，交流工作经验，确保了重要时点信息科技保障工作的顺利完成。

五是监管成效较好。通过青岛银监局督导推进，青岛银行连年加大人力和财力投入，科技治理体系进一步完善；上线多套业务系统，科技对业务的支撑作用进一步增强；"两地三中心"的数据中心体系构建完成。青岛农商行改制当年投入科技建设资金就达到 1.5 亿元；新数据中心和同城灾备中心的建设已经启动，建立了科技后备人才库制度；开发特色中间业务系统，较好地改善了服务"三农"工作。

二、下一步信息科技发展对策思考

新起点也是高起点。在大数据背景下，要应对信息科技风险和电子渠道风险日益突出、提升监管有效性对信息科技保障支持提出新要求的信息科技发展新形势，需要凝心聚力、继往开来，持续打造青岛银监局信息科技工作升级版。

（一）打造"信息科技及电子渠道风险防控中心"

当前，互联网技术与金融业务深度融合，随之而来的是，信息科技风险和电子渠道风险日渐突出，逐步成为银行业所面临的主要风险之一。青岛银监局信息科技监管工作将对这些新风险、新问题保持高度的敏感性和警惕性，提升监管的前瞻性，将信息科技条线打造成为"信息科技及电子渠道风险的防控中心"。

（二）打造"监管效能提升的生产力中心"

以信息技术提升监管能力既是提高监管有效性的客观需要，也是新时期下防范和化解金融风险的必然要求。青岛银监局信息科技工作将充分挖掘现有信息系统的潜力，加强对新兴信息技术的研究、吸收和消化，运用新技术、新产品提升信息系统建设的有效性，通过信息化方式和科技手段推动监管手段创新，提升监督检查效能和整体监管水平，将信息科技条线打造成为"监管效能提升的生产力中心"。

（三）打造"银行业金融机构大数据处理中心"

信息科技的快速发展，银行业进入大数据时代。青岛银监局将在对当前大数据应用情况进行分析的基础上，对所掌握的银行宏观和细节数据进行全面筛查和关联对比，跨机构、跨业务、跨产品的风险分析，持续性地监测业务发展与风险变化趋势，捕捉到数据背后隐藏的各种风险及相互关联，前瞻性地开展监管工作，将信息科技条线打造成为"银行业金融机构大数据处理中心"。

（四）打造"复合型监管人才培训中心"

面对银行业的快速发展，必须要走"监管科技化"的道路，通过科技手段有效提升监管视野和监管能力，需要培养出既懂业务又懂科技的复合型人才队伍。青岛银监局要强化监管人员和科技人员之间的融合，将目前"现场检查中必须要有科技人员参与"的做法制度化，建立"监管科技化、科技监管化"机制，科技人员和监管人员相互取长补短、整体提升能力，将信息科技条线打造成为"复合型监管人才培训中心"。

（作者徐强，青岛银监局副局长）

当前银行业消费者权益保护工作
面临的形势、问题及建议

近年来，监管部门不断加大了消费者权益保护工作力度，各银行机构也开展了一些工作，但在当前经济金融形势下，银行业消费者权益保护工作仍面临大量挑战，亟须正视并妥善解决。

一、当前银行业消费者权益保护工作面临的形势

（一）消费者维权意识不断提高，但金融知识水平未同步提升，加大消费者保护难度

近年来，消费者维权意识不断觉醒，但金融知识水平仍有待提升。一方面，银行业创新增多，产品复杂性提高，加重信息不对称，对消费者持续更新金融知识、加强自我权益保护提出更高要求。另一方面，消费者对存款、银行自营产品、代销业务的风险收益属性不甚了解，对电信诈骗等缺乏风险防范意识，因自身对银行业务认知不足、理解不到位、操作失误甚至贸然签字确认等引发权益受损，寄希望于通过投诉弥补损失，维权带有一定盲目性和偏执性。据统计，2014 年青岛银监局上半年接到的投诉事项，此类投诉占比 35.29%。

（二）相关法律法规不断完善，客观上对银行机构消费者保护工作提出了更高要求

近年来加强金融消费领域法律法规建设呼声日高，相关部门加大了工作力度，而相关法规向消费者适度倾斜的规定，加大了银行责任。如新《消费者权益保护法》，将银行业的安全保卫责任、保护个人信息安全义务等上升到法律高度，并赋予消费者七日反悔权及消协提起公益诉讼的权利，将引发行业惯性做法规则松动。同时，工商管理、发改等部门也加大对银行机构的执法检查力度，在执法过程中体现出一定的弱者保护倾向，对银行机构格式条款等存在片面解读误区，银行对此反映较为强烈。

（三）消费者诉求表达方式更加多元化，而银行保护消费者利益方式相对单一，不平衡加剧

新媒体的快速发展和开放性、实时性、匿名性特点，使消费者表达诉求渠道增多，信息传播高速快捷，更易在短时间内引发广泛关注。银行目前的消费者保护工作，仍以事后的投诉应对为主体内容，事前的产品设计环节及事中保护环节尚存不足，而事后处置也是较多地以电话、现场答复等方式进行，网上关注、答疑、引导较少，难以适应形势发展和消费者需求变化。

（四）消费者投诉与舆情交织、互相转化，加大处理难度

媒体和投诉作为诉求表达的两种重要渠道，存在相关性。投诉可能诱发舆情，而舆情可能导致投诉处理陷入被动。随着消费者维权意识增强，部分消费者同时采取两种途径维权，其中任何一种未予妥善处置均可能引发新的风险隐患。部分投诉人夸大乃至虚构事实，使舆论倒向投诉人，利用舆论对银行施加压力。部分媒体发布不客观、片面报道，引发受众投诉，客观上加大工作难度和压力。

（五）各类风险不断暴露，消费者保护任务加剧

一方面，金融市场波动，股市、债市低迷，大量保险、基金产品收益率明显低于预期，导致代销产品投诉增多。另外，经济金融形势严峻，银行信贷资产质量下滑，不仅要面临资产质量和风险控制的问题，还要应对因前期经济上行盲目扩张、放松标准导致问题暴露所引发的投诉处理。如何有效平衡风险监管与行为监管，做实消费者保护工作将是重大挑战。

二、银行机构在消费者保护工作中仍存在一些问题

（一）部分银行消费者权益保护主体责任尚未落实到位

部分银行机构未前瞻性、主动规划消费者保护工作，产品设计等事前保护措施不到位，消费者保护工作职责归属不清，散落于法律合规、零售等部门，工作独立性、专业性、权威性明显不足。部分投诉处理人员不具备相关的业务素质和投诉处理能力，且无内部复核机制，投诉处理有效性不足。部分银行工作方式方法简单，导致投诉升级。

（二）银行机构激励约束机制存在一定问题

一方面，以业绩发展为主要目标的考核导向使银行员工唯业务指标为上，对消费者保护重视不够，缺乏主动维护客户权益和提示风险的自觉性，为消费

者保护工作埋下隐患。而业绩考核与投诉事项发生的不同步性，则加剧员工短期化行为。另一方面，部分行"零投诉"的考核导向，导致基层网点发生投诉后迟报、瞒报，使得原本简单的纠纷逐渐升级，最终造成声誉风险，不利于消费者保护工作持续健康发展。

（三）跨业业务消费者保护存在职责边界不清晰问题

近年来，代理类业务投诉持续高位，相关方职责边界不清是重要原因。一方面，消费者对银行自营业务和代销业务无法有效区分，进而难以分清自身与银行责任，缺乏风险意识，"买者自负"理念有待进一步培育；另一方面，银行与被代销机构之间风险责任未完全厘清，导致本应由证券、保险等机构承担的责任和风险转嫁给银行。

三、工作建议

强化行为监管，引领加强消费者保护。监管部门应进一步强化消费者保护工作监管引导，将行为监管作为银行监管的重要内容和目标，对损害消费者合法权益的行为采取必要的监管措施，加大对消费者反映强烈问题的整治力度。

督促银行机构前移消费者保护工作关口，实现消费者保护工作全流程管理。变"事后灭火"为全流程防范，在产品和服务设计之初，将消费者保护条款预设其中，在协议和制度审查环节，立足银行与消费者权益的平衡，充分体现对消费者合法权益的保护。加强对银行产品和服务信息披露的监管要求，引导其主动、充分揭示风险。要求银行厘清自营产品和代销产品，充分揭示风险。探索在高管准入环节增加对其消费者权益保护相关知识的考评。加强投诉统计分析和跟踪管理，发现问题并及时加以改进。

全面提升银行从业人员消费者保护意识和能力。强化监管引导，促进行业交流，督促银行机构树立"卖者有责"的理念，夯实消费者保护工作的基石。督促银行机构强化全员理念培育，通过开展培训、考试等方式，强化对员工的消费者保护意识培育和能力提升。

引导银行机构完善激励约束机制。引导银行机构设置更加合理有效的绩效考核机制，逐步改善层层加码的业绩考核模式，加大消费者保护相关工作内容的考评力度，在考核指标设计及占比配置上，提升科学性和合理性。

完善金融知识宣传教育模式。持续开展金融知识宣传教育工作，广泛利用新媒体，加大金融知识普及力度，根据不同群体的消费特点和金融知识需求，有针对性地开展知识普及工作，营造"买者自负"的氛围和理念，提升其自主选择判断能力和主动维权意识。同时，加大对消费者投诉路径、流程和渠道的宣传教育力度，引导消费者更加有序、有效表达诉求。

（作者李继明，青岛银监局副局长）

对大数据营销与征信的思考与研究

随着互联网的快速普及，银行传统经营模式受到冲击。边界成本几乎为零的获客成本，使得银行在原本被放弃的80%的长尾客户身上有利可图。金融机构在保持较低的运维成本的同时，仍可同时满足海量客户的个性化需求，这就使得银行在额度较低的长尾市场中获得盈利成为可能。

一、获取长尾客群的病毒式营销策略

在互联网环境下，时间和空间的概念、客户的行为方式等都在变化。互联网强大的信息传递能力，不仅改变了人与人之间的关系结构，也改变了市场营销的惯有模式。

线上营销与线下营销模式相比有着很大的不同。首先，营销信息的传递方式不同，线下营销模式中，营销信息总是由银行主动发起、客户被动接收；而线上营销模式中，营销信息往往能以好玩、有趣的一面吸引海量网络人群的关注。其次，营销机构的角色定位不同，线下营销模式中，客户经理主要依赖于客户之间的转介绍，获取其他客户对于产品和服务的需求；互联网模式下，客户的转化可通过多平台、多渠道实现。最后，营销效果不同，相比线下营销模式，线上营销模式成本低廉、传播高效，更关键的是实现了客户的自愿传播，效果远胜于投放大量广告所取得的效果。

随着智能手机的渐渐普及，微信已慢慢走向大众。微信的即时性和互动性强，其无边界传播的特质特别适合病毒式营销策略的应用。微信平台的群发功能可以有效地将视频、图片或是宣传文字发送给粉丝，银行可以利用微信二维码吸引客户关注，传递优惠信息。

利用微信展开病毒式营销，可遵循以下三个步骤：

1. 搭建并推广微信营销平台。
2. 内容营销与活动策划。
3. 增强粉丝黏性。

二、基于大数据的授信法则

传统授信模式下，银行只能通过历史信贷信息判断客户的信用水平，这在互联网时代越发显得局限。利用大数据来完善对于客户的授信，银行除利用传统的金融数据来评估个人信用之外，还可参考更多行为交易数据来验证信用。银行对客户的评价将变得全方位、立体生动，而不再仅仅是一个抽象、模糊的客户构图。

满足海量长尾客户的个性化需求是互联网经济时代对金融机构提出的另一要求。大数据技术的应用，使银行在满足客户多样化需求的同时降低运营成本成为了可能。银行可以利用先进的互联网、云计算等新兴技术，对消费者的刷卡行为进行统计，获取消费者的消费习惯、消费能力、消费偏好等分层信息，推动实施差异化策略，精准营销。

（一）授信依据的变革

网上沉淀的大量信息碎片，都是有价值的信息。通过对这些信息碎片的抓取与整合，银行将可获得更多的授信依据；利用大数据整合网络上所包含的碎片信息，可支撑快速发卡、快速授信。

（二）基于客户分层的额度差异化策略

在信用卡行业，各银行现有的客户分层策略普遍比较简单。以民生信用卡为例，银行主要依据客户的收入、职位、财产等情况，将卡片划分为普卡、金卡、标准白金卡、豪华白金卡和钻石卡五个层级。然而，在长尾市场中，规模庞大、情况复杂的"屌丝"客户对低额度客户的分层提出了更高的要求。如何能在规模众多的"屌丝"客群中更加有效地细分客户，在把控风险的同时对有限的额度资源进行分配，将成为银行共同面对的难题。

大数据汇聚了人们日常生活所涉及的各类数据，通过大数据技术对客户的解析处理，可构建客户全景视图，实现对客户的深度剖析与洞察。基于大数据强大的数据处理与分析能力，客户的分层将变得更加精细化。基于此，银行可构建差异化的额度策略，优化资金流向，如为长尾市场中的"屌丝"客户量身定制几百元的信用额度。小额、分散的额度分配模式不仅仅有利于银行整体风险把控，也能提高额度资源的利用效率。

（三）基于利率市场化的价格差异化策略

随着中国利率市场化进程的加快，人民银行将逐步放松和消除对利率的管制，让利率水平更多地基于市场供求的变化，由市场主体（金融机构）自主掌握。基于天然的产品与行业优势，在当前银行贷款利率尚未完全放开的背景之下，信用卡行业将走在中国利率市场化浪潮的前列。随着信用卡产品功能、增值服务等方面竞争的日益同质化，分期业务渐渐成为各家银行比拼的重点，手续费等非利息收入对于银行信用卡中心越来越重要。通过灵活调整信用卡手续费价格，信用卡行业可变相地实现利率市场化。

基于大数据技术，信用卡的差异化定价策略可从以下两方面展开：

1. 动态调整。同一客户自身的信用卡费率可以随着信用卡的使用情况灵活调整，例如，分期手续费率可随着客户使用分期次数的增加而适当降低，从而充分调动客户使用分期的积极性。

2. 因人而异。不同客户的信用卡费率可依据客户自身情况不同而有所差别，例如，对于风险偏好较高的客户可适当调高信用卡的收费标准，在一定程度上减少其发生违约的概率；对于风险属性表现良好的客户，则可以适度降低利率或手续费率水平，吸引其更多地使用分期业务。

三、线上客户的维护

（一）粉丝经营

互联网的共享、免费特性，让人们根据兴趣爱好快速聚集，并对相关的人物或事物投入大量的情绪资本，与企业建立起持久的情感联系。粉丝作为企业的一种宝贵的无形资本，实质上是对企业的信用或品牌的一种背书；对于粉丝的经营，将是互联网时代下一种重要的客户维护模式。相比传统的客户维护模式，粉丝经营的客户维护模式成本更低、效率更高。

具体而言，银行可通过以下三个步骤，做好粉丝经营：

1. 成为交互平台的连接者

搭建一个具有海量用户基础、连接互动能力和内容生产能力的网络平台，成为交互平台的连接者，是做好粉丝经营的基础。

2. 成为粉丝文化的聚集者

做好粉丝经营的第二个步骤是汇聚人气，让网络互动平台成为粉丝文化的聚集地。

3. 成为群体创新的引导者

在产品创新的过程中，粉丝们的想法往往能够为企业创新更多的思路。银行可通过粉丝互动平台，引起粉丝对产品优化或创新方面更多的思考和参与。

（二）服务差异化策略

要在长尾市场精耕细作，银行需在市场细分的基础之上，有的放矢；在注重服务功能细分的同时，突出服务的差异化，以持续满足持卡人对信用卡的新需求。只有这样，才能在互联网经济时代突出自己的优势，发展自己的信用卡品牌，实现持续盈利。

准确把握海量客户的心理细分需求，是长尾市场下银行将面临的巨大挑战。随着大数据技术的发展，大量的经济信息和零散的客户需求能够得到有效的整合。通过更加精准的市场分析，银行可以为更加"小众"的客群打造差异化的服务策略。以下两点思路，可为差异化服务策略的实施提供参考：

1. 私人定制

大数据时代，银行的一切活动将更多地围绕客户而非产品。千人千面，不同客户感兴趣的服务模式可能各不相同。基于银行的"服务仓库"，通过精准、快速的大数据分析，银行可向不同的客户提推送个性化服务建议，让客户自己做主，决定自身所需。

2. 动态调整

根据客户的兴趣变化、资质状况、用卡情况等，银行还可建立动态化的服务调整机制。动态化的服务调整机制一方面有利于提升客户的满意度，另一方面也能激励、培养客户的用卡活跃度或收益贡献度，有利于银行的持续发展。

四、结论

以大数据技术为支撑，信用卡从营销推广，到评估授信，再到客户维护的整个核心流程，都将产生颠覆性的变革。

首先，在互联网思维下，信用卡获客将更多地利用人和人之间的社交网络，让好玩、有趣的营销信息像病毒一般在互联网上飞快地复制和扩散。

其次，利用大数据完善对客户的授信，银行除利用传统的金融数据来评估个人信用之外，还可更多地参考行为交易数据来验证信用。银行对客户的评价将变得全方位、立体生动，而不再仅仅是一个抽象、模糊的客户构图。

（作者邢本秀，中国民生银行副行长）

完善中国地方政府债券市场的
体制机制问题研究[①]

一、地方政府发债融资的必要性

一是地方政府发债融资更有利于风险控制。与贷款相比，地方政府发债融资具有更强的透明度和约束力，而且债券融资的成本相对较低，债券自身较强的流动性对投资者也更具吸引力。

二是发行地方政府债券更有利于规范地方政府债务管理。近年来，"城投债"成为我国地方政府主要发债融资方式。但由于"城投债"是在地方政府不能自主发债情况下的替代措施，通常由地方政府提供担保，使得企业信用与政府信用混淆，最终可能会转化为地方财政风险。

三是有利于促进地方政府信用体系建设。允许地方政府自主发行地方政府债券，能够促使地方政府加大信息披露力度，增强地方政府投融资行为的透明度、规范性和约束力。

四是有利于金融市场进一步健全、规范发展。进一步完善地方政府债券管理制度，建立并培育一个完善的地方政府债券市场，不仅可以在国债和信用债之间，为投资者提供一个安全性较高和收益稳定的投资品种，还有利于进一步促进金融市场规范发展，健全金融体系。

二、地方政府债券管理的国际经验考察

通过对美国、法国、德国、日本、澳大利亚等 5 个国家地方政府债券市场的考察，总结这些国家的地方政府债券管理经验和做法，对完善我国地方政府债

---

① 原文为亚洲开发银行技术援助项目"完善中国地方政府债券市场"的阶段成果之一，并已发表于《财政研究》2014 年第 6 期，本文是原文的摘要。

券市场建设有所启示。

（一）具有完善的地方政府债券法律基础与管理框架

一是各国地方政府债券发行均有相应的法律基础。例如，法国《权力下放法》明确省级政府不需中央政府批准即可自主决策发行地方政府债券；日本地方政府的举债权由《地方财政法》和《地方自治法》赋予；澳大利亚《宪法》明确赋予了地方政府举债权。

二是结合各国体制形成了相应的地方政府债券管理体制。美国作为联邦制国家的代表，地方政府发行债券完全自主。法国、德国、日本和澳大利亚，则采取中央集中管理与地方自主管理相结合的方式。

（二）建立规范的地方政府债券运行机制

一是地方政府债券发行主体明确和债券类型多样化。例如，美国地方政府债券发行主体包括各级地方政府、政府授权部门等，债券类型包括以财政收入为偿还来源的一般责任债券和融资项目收入为偿还来源的收益型债券。

二是建立了严格的、规则明确的发行审批机制。美国各州发行一般责任债券需要选民或议会投票通过后，在预算限制下发行；发行项目收益债券需要议会或立法部门的专门机构进行批准。法国与日本情况相似，地方议会或地方政府须向中央政府相关部门报批。

三是对地方政府债券融资用途有严格限制。综观各国情况，地方政府债券资金主要用于公共基础设施建设，如交通、农业、文教、灾害应急等，基本都禁止用于弥补财政赤字和经常性支出。

四是建立以公开发行为主的市场化发行机制。美国地方政府公开发行主要采取招标方式和簿记建档两种方式，日本也有招标发行方式；法国的招标方式实质是承销发行。

五是形成了较为完善的地方政府债券市场制度安排。首先是具有多元化的交易市场，多数国家地方政府债券交易既可在交易所进行，也可在场外进行；其次是投资群体多样化；最后是均采取了集中统一的托管结算安排，各国地方政府债券均在本国中央托管机构集中托管，并以此为基础促进各国地方政府债券市场的发展。

（三）具有完备的配套制度安排

一是建立了风险预警指标体系，有效控制债券发行规模。一般包括负债率、债务率、赤字率、偿债率等，并对这些指标都设定了相应安全数值或数值区间。

二是建立了公开透明的信息披露制度。美国的信息披露制度最为完备，其

《证券法》要求所有地方政府债券发行额在 100 万美元以上的承销商必须取得债券发行人的陈述，真实准确披露发行人财务状况。

三是引入市场化的信用评级制度。美国地方政府债券在发行前一般需要经过一家或几家具有专业资质的评级公司对其债务偿还能力和信用状况进行评级，并定期发布跟踪评级报告。德国、日本、澳大利亚等国也都建立了地方政府债券评级制度。

四是建立了较为完备的偿还保障和违约救济机制。在地方政府偿还保障方面，美国、法国、日本都建立了偿债准备金制度。在违约救济方面，主流方式是由中央政府或其他州政府进行援助。

五是各国对地方政府债券均有税收优惠安排。在美国，对用于公用基础设施项目的地方政府债券利息会免征联邦所得税。法国和德国对地方政府债券会免征交易税，澳大利亚免征利息所得税。

三、推进中国地方政府债券市场发展的措施建议

（一）建立明晰的地方政府债券管理体制

我国作为单一制国家，要确保地方政府债券规模与国家宏观经济政策、财政金融秩序相协调，须设立中央集中监督管理的体制，可由财政地方债券管理部门统筹管理地方政府债券事务。

在地方政府层面，要将地方政府债券发行全面纳入预算管理，由地方人大对地方政府债券发行计划进行审批。另外，地方政府自身要加强财政管理机制，推行政府综合财务报告制度，增强地方财政公开透明度。

（二）合理界定地方政府债券的发行主体和债券品种

一方面，明确由省（自治区、直辖市）和计划单列市作为地方政府债券的发行主体。另一方面，要对现有各级地方政府设立的融资平台公司进行规范管理。

对于地方政府债券品种，可以借鉴国际经验，划分为以地方税费作为主要偿债来源的地方政府一般债券和以项目收益作为主要偿债来源的地方政府专项债券。上述类型的债券均为地方政府信用，可以有税惠安排。对采用企业债券、中期票据、公司债券等其他方式开展的新增融资，应明确为企业信用。

（三）强化地方政府债券风险控制机制

一是建立合理有效的风险预警机制。可借鉴国际上使用较多的债务率、偿

债率、赤字率等指标，并设立相应的数值区间。

二是建立完善的偿还保障机制。首先，要建立严格的地方政府债券偿还管理机制，如将债务偿还纳入预算安排；其次，设立适度规模的偿债基金；最后，建立外部监督审计机制，杜绝偿还资金挪用风险。

三是做好地方政府债券违约预案。具体可设定三个层次，首先是通过使用偿债基金等方式尽力偿还；其次是采取债务展期、增加税收等方式延期偿还；最后是启动违约清算程序，发生实质违约。

（四）建立地方政府债券的市场化约束机制

一是建立动态、透明的信息披露制度。将发行前披露，作为发行审批的基础，同时完善定期披露和重大事项临时披露等机制安排。

二是建立信用评级机制，作为信息披露制度的有效补充。信用评级制度有助于投资便捷地判断债券信用风险，提升地方政府债券的透明度。

三是建立市场化的地方政府债券信用增进机制，避免中央政府的隐性担保。一方面，可以借鉴国际经验，尝试建立地方政府债券信用保险机制；另一方面，可由地方政府出资设立担保基金。

（五）完善地方政府债券市场运作机制

一是采用市场化发行方式。地方政府债券与国债同属政府债券类别，可以面向个人投资者，发行以公开发行为主。

二是发展多元化的交易平台，引入类型丰富的投资者，有利于降低地方政府债券的融资成本。

三是实行地方政府债券集中统一托管体制。统一托管和市场化发行、多元化交易共同构成市场稳健运行的基石。从利于债券市场长远发展角度出发，包括区域性市场在内的各交易场所均应与债券中央托管机构直联，实现地方政府债券统一托管促进形成统一的债券市场。

（六）完善地方政府债券市场配套制度安排

完善地方政府债券市场还需要一些配套制度建设，包括但不限于：修订《预算法》，明确赋予地方政府发行债券的权限；细化地方政府债务管理要求，适时出台相关国务院条例；推进财税体制改革，壮大地方稳定性税源，使地方政府具备可持续的偿债基础；继续执行地方政府债券利息免税政策，提升地方政府债券的吸引力。

（作者白伟群，中央国债登记结算有限责任公司副总经理）

银行理财业务托管情况调查报告

近些年来，银行理财市场规模持续、快速增长，年末存续余额由 2007 年的 5 000 亿元人民币增长到 2013 年的 10.21 万亿元人民币，年均增长速度超过 40%，在促进实体经济发展、推动银行经营转型、增加居民财产性收入等方面发挥了重要作用。但与此同时，银行理财产品由各行自行托管的市场格局也引发了较多质疑，其隐含的业务风险值得关注。为了深入了解银行理财市场托管现状及存在的问题，并探究理财托管业务的发展方向，我们进行了问卷调查，并结合实地调研情况，就银行理财托管情况进行了探讨。

一、问卷发放及回收情况

为了确保调查的针对性和有效性，我们对调查问卷进行了简洁明确的设计，并以纸质调查形式在会议和培训现场对 89 家银行业金融机构进行了调查和统计，涉及国有银行、股份制商业银行、城市商业银行、农村合作金融机构、外资银行等，共发放问卷 89 份，回收 89 份①。这 89 家银行机构 2013 年年末理财产品余额占全市场银行理财产品总余额的比例高达 81%，可以说它们是银行理财市场的"主力军"，其理财业务及托管情况具有很强的代表性。

二、调查结果

（一）各类理财产品的托管机构

在反馈结果的 87 家银行机构中，20 家银行具备证券投资基金托管资格，其理财产品大部分托管在本行；67 家银行不具备该资格，其理财产品大部分托管

---

① 在一些已回收的问卷中，被调查者只回答了问卷上的部分问题。如无特殊说明，下文仅针对实际有效的调查结果进行统计分析。

在他行。从产品类型来看，境外理财产品大部分托管在他行，机构和私人银行理财产品在本行托管的比一般个人理财产品更为普遍。

表1   87家银行理财产品托管情况

单位：个

理财产品类型	发行该类理财产品的银行机构数	该类理财产品由本行托管的银行机构数	该类理财产品由他行托管的银行机构数	该类理财产品部分由本行托管，部分由他行托管的银行机构数
个人理财产品	81	24	56	1
机构和私人银行理财产品	79	32	46	1
境外理财产品	24	5	19	0

表2   20家具备基金托管资格的银行理财产品托管情况

单位：个

理财产品类型	发行该类理财产品的银行机构数	该类理财产品由本行托管的银行机构数	该类理财产品由他行托管的银行机构数	该类理财产品部分由本行托管，部分由他行托管的银行机构数
个人理财产品	20	15	4	1
机构和私人银行理财产品	20	17	3	0
境外理财产品	11	4	7	0

表3   67家不具备基金托管资格的银行理财产品托管情况

单位：个

理财产品类型	发行该类理财产品的银行机构数	该类理财产品由本行托管的银行机构数	该类理财产品由他行托管的银行机构数	该类理财产品部分由本行托管，部分由他行托管的银行机构数
个人理财产品	61	9	52	0
机构和私人银行理财产品	59	15	43	1
境外理财产品	13	1	12	0

（二）理财产品托管机构的履责情况

关于理财产品托管行履行职责情况，有80家机构给予了反馈。结果表明，绝大多数理财产品托管行主要以资金托管为主，在信息披露、会计核算、账务处理、估值、风险揭示、投资监督等职责方面缺位，在非标资产上这一点表现得尤为明显。此外也有相当一部分托管机构未对净值型产品进行估值或虽进行了估值但未发布估值方法和结果。

（三）建立理财产品托管制度的必要性

有86家银行机构就建立理财产品独立托管制度的必要性进行了反馈，其中79家机构认为应该建立理财产品独立的托管制度，占比约91.9%；7家机构认为不必建立上述制度，占比约8.1%，这7家机构均是城商行，主要分布在中西部。同时，有78家机构认同理财产品在第三方托管机构托管有利于规范理财业务，占比约88.6%；10家机构不认同此观点，占比约11.4%。此外，本次调查从理财产品投资者的角度，对理财产品托管模式进行了调查。结果显示，有60位投资者希望产品托管在具有托管资格的其他托管机构而不是产品发行人处，占比约70.6%；只有25位投资者希望产品托管在发行人处，占比约29.4%。

以上结果表明，绝大部分机构和投资者认为应该建立独立的理财产品第三方托管制度，这也说明理财产品发行机构自行托管不符合投资者利益，建立统一、规范的理财产品托管制度是市场需求。

（四）理财产品跨行托管的托管费率

无论是一般个人理财产品还是机构和私人银行理财产品，其托管费率约为万分之一到万分之五不等。此外，部分银行反映其理财产品托管费率因产品投向不同而有所差异。

总的来看，目前理财产品托管业务缺少统一的标准及托管机构准入标准，各行对托管的职责、功能、作用理解不清楚、不统一。尤其是由于托管行大都开展了与产品发行机构同样的理财业务，托管行能否完全独立开展托管工作并充分揭示业务风险，也受到发行机构和投资者的担忧。

三、启示及建议

尽快建立独立、集中的理财托管制度，并全面实行理财产品第三方集中托管制度。目前，银行理财还未建立独立的、有银行理财特点的托管制度，托管资格行也是依基金托管资格来办理，特别是理财产品发行机构自行托管的问题较多，容易导致代理与自营分离不清、账务管理不透明等，甚至容易助长理财的"资产池"、"资金池"模式，而且也易造成履行托管的监督职责不到位、估值评价不客观等问题。建议尽快制订理财托管管理办法并全面实施理财产品第三方托管制度。

明确托管机构的职责。理财托管制度是理财市场的一个重要制度安排，理财第三方托管机构是理财市场的基础设施，是解决"资产池"、走向真正的资产管理的组织保障之一，目前理财托管机构普遍尽责不够，非常不利于理财业务发展和风险管控。建议尽快建立集中的第三方托管机构，全面明确第三方托管机构的职责，特别是在非标资产账务和合同管理、资产估值、会计核算、信息披露、监督投资、开立资金和资产账户、资金清算等方面明确理财托管机构的职责、权利与义务以及对托管机构的监管措施。

建立银行理财的统一业务标准。当前银行理财托管业务不规范的主因之一便是缺少统一的业务标准，各托管行在理财产品的会计报表格式、估值核算、风险计量、收益计提、资产计息、收益分配规则等方面做法差异较大，建议就理财产品的风险计量标准、会计估值方法、收费、业务统计指标等进行专题研究，统一标准，以提高市场运行效率、降低业务风险。

建立非标资产的集中登记托管制度。理财产品投资资产种类繁多，除标准化的资产分散托管外，非标资产中有的有登记托管，有的没有而且极为分散。这既不利于理财业务发展，也不方便监管部门集中掌握、及时了解理财产品的总体运作情况和投资风险情况，且由于标准不一，各托管行提供的托管服务水平差异也很大，造成非标资产的托管名存实亡。建议尽快建立非标资产的集中登记托管制度，并在此基础上构建行业性非标资产交易流通平台，这样有利于防范、化解监测理财风险。

（作者梅世云，中央国债登记结算有限责任公司副总经理）

推进我国地方政府债券市场发展的建议

一、推动地方政府债券市场发展意义重大

首先，推动地方政府债券市场发展，有利于深化财税体制改革，完善国家治理。"财政是国家治理的基础和重要支柱。"财税体制在国家治理中发挥着基础性、制度性的作用。发展地方政府债券市场正是进行财税体制改革的突破口，也是理顺中央和地方财政关系的一个切入点。我国从 1994 年起已初步建立分级财政体制。随着工业化和城镇化的推进，地方政府承担起越来越多的经济建设和社会管理职能，且地方政府投资以基础设施为主，投资期限长。多种因素共同影响使地方财政面临较大压力，存在一定的收支缺口。在这种情况下，通过债务融资成为一种必然选择。发展地方债券市场，有利于实现"一级政府、一级财政"，为地方政府提供稳定、可持续的资金来源，实现财权与事权的统一，向现代化的国家治理转型，促进国民经济可持续发展。

其次，推动地方政府债券市场发展，有利于防范财政风险，维护金融稳定。近年来，随着银行信贷收紧及土地财政收入的减少，借助融资平台进行融资，使地方政府债务风险更加隐蔽化，个别也存在一些不合规的融资行为，一定程度上增大了地方政府偿债风险。通过地方政府发债的融资形式，可使地方政府融资走向正轨，提高资源配置效率，有效降低地方对中央的债务依存度和风险集中度，实现化解债务危机的目的，降低风险在金融系统内传导的可能性，防止形成不必要的财政和金融风险。

最后，推动地方政府债券市场发展，有利于推进我国金融市场化改革。使用地方政府债券逐步置换、替代地方融资平台等隐性负债，用市场化的融资方式取代出让土地等融资方式，用地方政府的显性信用替代政府的隐性信用，是我国金融市场化改革的一项重要举措。2014 年以来，财政部推动了地方政府债券"自发自还"试点，在发债过程中，采用公开招标方式，进行信用评级。这些市场化的制度设计，使风险由国家"兜底"变成地方自负，强化市场约束，

规范地方政府信用的无序扩张，推进市场化改革。同时，发展地方政府债券市场，进一步丰富了直接融资工具的种类，为投资者提供一类安全性高、收益稳定的"银边债券"，引导金融业向纵深发展，促进形成完整合理、反映市场供求关系的收益率体系。

二、地方政府债券市场发展成效

2009 年以来，在财政部的持续推动下，我国地方政府债券融资沿着"代发代还、自发代还、自发自还"的路径不断发展，取得了很大的成效。

一是地方政府债券发行规模不断扩大。从 2009 年地方政府债券"代发代还"试点启动至今，全国共发行了 15 877 亿元地方政府债券。这为地方政府建设提供了有效资金，使其一定程度上摆脱了对土地财政和融资平台的依赖。同时，地方政府债券受到了市场机构的欢迎。地方债先行有效支持了地方建设并有效地降低了各级政府的融资成本。在这一过程中，在财政部国库司的带领和指导下，中央国债公司参与了向试点省（市）征求发展地方政府债券市场建议、提供债券发行业务培训等多项活动。

二是地方政府债券市场运行机制不断完善。从地方政府债券发行看，依托现有成熟的政府债券招标系统，采用招标发行的方式，实现了大规模、低成本、市场化发行。在试点过程中，引入信用评级和信息披露等市场化机制，不断提高地方政府融资的透明度。同时，还借鉴国债市场经验，实现了地方政府债券的集中统一托管，由债券托管机构提供包括发行、登记、托管、结算、付息兑付、信息统计在内的全流程、一体化服务，有效支持了地方政府债券市场的良好运转。

三是地方债券市场配套制度不断健全。全国人大常委会通过了《预算法》修正案草案，对地方政府发债融资主体、规模及用途等做出明确规定，初步解决了地方政府融资"怎么借"、"怎么管"和"怎么还"的问题，为地方政府发债融资奠定了法律基础。

三、进一步发展地方政府债券市场的建议

通过前期开展的"中国地方政府债券发展"课题的研究工作，我们感到，发展建设我国地方政府债券市场应实现常态化、透明化、规模化。

一是实现地方政府发债融资的常态化，满足地方政府融资需求。在制度设计上，应健全中央和地方两级政府对地方债的管理机制，统筹考虑设立 GDP 增速、负债率等多项指标，逐步建立基于规则发行债券的长效机制。同时，依托集中统一的托管结算平台，支持市场化发行、多元化交易等市场机制，有利于促进形成统一的债券市场价格体系，保障市场安全高效运行，实现整体掌控地方政府债券发行规模并实时动态监测。

二是实现地方政府发债融资的透明化，让地方政府举债在"阳光"下规范高效运行。建立公开透明的预算管理机制，把地方政府发债融资纳入预算管理，使中央政府、地方人大和纳税人能够更好地行使监督职能。尝试编制和披露地方政府资产负债表，摸清政府"家底"，揭示政府债务风险。同时，建立完善的地方政府债务信用评级机制和市场化发行渠道，对基本的发行规则作出规范，让利率真实地反映不同的风险水平，提高市场效率和透明度。

三是实现地方政府发债融资的规模化，与地方社会经济发展和债务风险管理相适应。保持适当的债务规模可满足地方社会经济发展的融资需求。从理论和现实需求及偿债能力分析，地方政府债券市场还有很大的发展空间。在规模化过程中，我们应建立地方政府债务预警指标体系，基于明确规则判断地方政府是否具备举债的条件，合理控制债券发行规模。同时，要设计地方政府的偿还保障机制，建立对地方政府债券违约的救助预案。

（作者柳柏树，中央国债登记结算有限责任公司副总经理）

大型银行绩效考评的调研报告

近年来，银行业绩效考评存在问题不断引起社会关注，国务院下发的《关于多措并举着力缓解企业融资成本高问题的指导意见》（国办发〔2014〕39号）等文件中明确提出要完善商业银行绩效考核指标体系。为落实国务院要求，推动大型银行实施科学绩效考评，对五家大型银行绩效考评有关情况进行了调研，并提出了针对性监管工作建议。

一、基本情况

从调研情况看，《银行业金融机构绩效考评监管指引》（银监发〔2012〕34号，以下简称《指引》）颁布后，大型银行能够积极完善绩效考评机制，加强绩效考评对经营管理和业务发展的引导作用，从2014年下发的考评制度看，五家大型银行绩效考评存在以下特点。

一是经营业绩指标较为审慎。2014年经营计划中，工行、农行、中行、建行和交行的净利润增幅分别为5%、7.7%、6%、7.6%、5%，利润指标与股份制银行等相比较为审慎，避免对分支机构施加过大压力，诱导不规范经营行为。

二是风险合规指标权重提高。农行两类指标的权重比上年提高7.5个百分点，建行两类指标的权重比上年提高1.2个百分点。工行、农行和建行绩效考评办法中合规经营类指标和风险管理类指标占比达到40%。

三是注重风险调整后收益考评。注重资本管理高级方法计量结果在绩效考核中的应用，大型银行普遍采用经济增加值、经济资本回报、拨备后利润等风险调整后收益指标。

四是考评重点进一步突出。为减轻基层机构考核压力，工行和农行精简考核指标数量，突出考评重点。工行取消了专业专项考核，农行基本考核指标由25项减少至9项，并要求板块专项考核指标原则上不超过8项，部门专项考核指标原则上不超过5项，一级支行及以下分支机构综合绩效考核指标数量不得超过30项。

五是加强存款质量考评。从大型银行总行制定的绩效考评指标看，均对存款实行日均数据考评，部分银行提高了存款质量要求。如农行调整了存款考评口径，强调核心存款，保本理财和结构性存款未纳入考评，在存款计划完成率计算中将季后三日存款下降量从存款增量中剔除，引导分支机构抓好日常存款组织。

二、主要问题

调研发现，大型银行未能全面落实绩效考评监管要求，绩效考评主要存在以下问题。

（一）总行层面存在问题

一是部分银行合规经营和风险管理类指标权重未达标。某行风险管理和合规经营指标为"潜在风险客户化解"、"资产质量控制"、"案件及事故"、"合规与内控"，权重不满足"合规经营类指标和风险管理类指标权重应当明显高于其他类指标"。

二是过分注重市场份额或市场排名。在存款等核心指标上，各行普遍将市场份额或市场排名作为权重调节系数，如某行在发展转型类主要指标核心存款日均增量和中间业务收入考评分值由计划完成率和竞争调节系数确定，市场份额和排名对分值影响较大。

三是考评管理有待加强。虽然大型银行总行均对存款考评采取日均数据，但在分支机构和网点，存款时点指标和任务普遍存在；一些分支机构在分解指标时偏离了总行的考评导向，总行未能及时发现予以纠正。分支机构存在的诸多问题暴露了总行对分支机构绩效考评管理仍较为薄弱。

四是绩效考评制度中未充分体现绩效薪酬延期支付的要求。《商业银行稳健薪酬监管指引》第十六条要求，"商业银行高级管理人员以及对风险有重要影响岗位上的员工，其绩效薪酬的40%以上应采取延期支付的方式"。如某行自2013年开始对境内外分行、子公司经营者以及总行部门级管理人员建立延期支付制度，延期支付期限为3年，但递延比例设为20%，低于上述要求。

五是社会责任类指标重视不足。《指引》要求，银行的绩效考核体系中应该包含社会责任类指标，用于评价银行业金融机构提供金融服务、支持节能减排和环境保护、提高社会公众金融意识的情况，包括服务质量和公平对待消费者、绿色信贷、公众金融教育等。但从各行绩效考评指标体系中，普遍缺乏企业社会责任指标。

（二）分支机构存在问题

一是指标脱离实际。一些分支机构在制定指标时，未充分考虑当地市场发展状况，未根据考评对象的经营地域、客户结构、市场需求以及服务能力合理确定考核指标，超出机构发展能力。某行浙江分行 2014 年"经济利润"指标目标值为 13.66 亿元，是上年实际完成数（1.28 亿元）的 10.67 倍，增幅达 967%。

二是指标层层加码。分支机构在下发经营计划时存在层层加码，且部分机构加码幅度较高。如某行辽宁分行下达给辖内二级分行的利润指标较总行下达的增加 18.5%，二级分行在向下分解任务时继续加码，辽宁铁岭分行利润指标向下分解时的加码幅度为 56.8%。

三是指标分解不合理。向中后台部门和员工下达业绩指标。如某行河南分行个别支行制定的综合绩效考核办法规定，对中后台部门员工设置 30% 的业绩指标权重；重庆分行某支行综合管理部门某员工，因未完成存款任务被扣发绩效工资，向监管部门信访。

四是设置存款时点考评指标。分支机构分解任务时，仍存在存款时点性考评或变相进行时点考评的指标。如某行河南省分行《个金板块"开门红"竞赛活动方案》和《2014 年一季度公司与金融市场业务竞赛活动方案》中均继续设置了存款时点考核指标。

五是未有效落实绩效考评方案审批制度。某行省分行以及二级分支行绩效考评方案均是自行制定方案后，就开始实施，未按照监管要求报送上级行进行审批。

六是指标分解偏离上级行经营导向。某行四川广安分行在将"三农"不良贷款控制余额由省分行下发的 2 400 万元压降为 230 万元，大幅降低"三农"不良贷款的容忍度，削弱了辖内机构支持"三农"的积极性。

七是绩效考评结果的应用仍待加强。一些分支机构绩效考评结果的应用只与核定绩效薪酬总额、个人绩效薪酬、评先表彰挂钩，未与确定管理授权、分配信贷资源和财务费用、评价高级管理人员挂钩。

三、监管建议

通过连续几年的推动，银行绩效考评虽然有所改进，但由于受经营理念、股东考核要求、市场评价等内外部因素、环境制约，银行绩效考评与良好公司治理实践及《指引》要求仍有一定差距，需要各方面共同努力逐步解决，一些问题需要监管部门持续加强监管予以纠正。

（一）严格制度执行落实

针对绩效考评中反映的问题，要求银行严格执行《指引》，重点做好合理设置考评指标和权重占比，重视合规经营类指标和风险管理类指标，合理设置指标得分及权重。按照监管要求及时上报绩效考核指标、年度经营计划、年终绩效考评结果、绩效考评审计报告等信息。加强薪酬激励机制的合规管理，使绩效薪酬与风险暴露相匹配，在风险暴露问责中要落实绩效薪酬扣回制度。

（二）强化总行对分支机构绩效考评管理

建立完善分支机构绩效考评办法审批制度，上级行向下级行分解任务后，及时跟踪和审查下级行向下分解任务情况，避免指标设置不合理、层层加码，设置时点性规模指标等问题。

（三）加强中间业务考评监管

落实国务院缓解企业融资难、融资贵工作要求，规范商业银行服务收费行为，在日常监管中督促大型银行改进中间业务考评管理，杜绝不合理收费项目，加强对中间业务考评指标和权重设置以及逐级分解情况跟踪监测，严禁任何加码行为。

（四）加大现场检查和处罚力度

结合绩效考评专项评价情况，对存在问题较多的银行分支机构开展专项现场检查，同时在其他现场检查立项中重点选取经营计划或考评任务不审慎的银行分支机构，通过加大查处力度促进银行完善绩效考评机制。

（作者梁玲，时任中国银监会银行监管一部副巡视员，
现任中国银监会国有控股大型商业银行监管部副主任）

同业专营改革调研报告

北京银监局近期对民生银行、华夏银行、北京银行、北京农商银行、工商银行北京市分行和交通银行北京市分行的同业专营部门制改革进行了调研。截至 2014 年 9 月末，六家银行基本实现了由法人总部对同业业务的集中统一授信，由专营部门或总行其他部门对多数业务的交易对手、金额、期限、定价、合同进行逐笔审批。但部分业务在账户开立等环节存在统一集中处理的困难。

一、同业专营部门制改革的问题和困难

（一）商业银行对部分概念的理解不清晰

1. 同业业务范畴尚存模糊地带

一是《关于规范金融机构同业业务的通知》（银发〔2014〕127 号，以下简称 127 号文）和《中国银监会办公厅关于规范商业银行同业业务治理的通知》（银监办发〔2014〕140 号，以下简称 140 号文）列举了六类同业业务。实际操作中，银行普遍将法规中明确列举的同业业务纳入专营部门管理，而将其他未明确分类的同业业务留在原部门和分支机构办理，导致同一客户分别由两个或多个部门（机构）分头维护，为银行处理好"以业务为中心"和"以客户为中心"的关系提出了挑战。

二是同业代付业务虽然包含在法规列举的同业业务类型中，但是部分银行认为同业代付（委托方）业务等同于普通授信业务，应该参照贷款管理，不需纳入专营部门管理。这导致部分银行同业代付（委托方）业务的审批、办理和核算均落在分支机构。

2. 对同业专营的界定需进一步明确

140 号文引入"专营部门"的概念。调研发现银行对专营部门的理解不尽相同，因而专营部门架构设置也不相同。如北京银行设立同业票据部负责全面同业业务管理，同时设立多个特定业务专营部门分别负责特定同业产品的经营，形成 4 个部门共同管理同业业务的格局。其他多数银行设立 2 ~ 3 个专营部门，

负责不同同业产品的管理。

根据《中国银监会关于印发中资商业银行专营机构监管指引的通知》（银监发〔2012〕59号，以下简称59号文）定义，专营机构是指中资商业银行针对本行某一特定领域业务所设立的、有别于传统分支行的机构。专营机构独立于本行经营部门或当地分支行且持有金融许可证。

140号文中的"专营部门"与59号文中的"专营机构"是否为同一概念尚待明确。此外，59号文规定，"票据中心、资金运营中心以及其他类型的专营机构原则上不得向下设立分支机构。"同业专营机构是否可以建立分中心以及哪些业务可以建立分中心，也有待从法规层面进一步厘清。

（二）部分产品难以在总行集中开户

银监会140号文要求由总行专营部门负责对同业业务进行集中会计处理，由于通常银行开户主体和核算主体一致，这意味着同业业务均应通过总行账户统一办理。但调研发现部分产品在总行集中开户存在困难，具体如下：

一是对于非结算性同业存款（存出）业务，总行在其他同业机构开立账户可操作性不强。根据《关于加强银行业金融机构人民币同业银行结算账户管理的通知》（银发〔2014〕178号，以下简称178号文）的相关规定，开立同业银行账户面临极为严格的要求，如业务人员应上门亲见存款银行的法定代表人或单位负责人在相关开户证明文件上签字。对于总行来讲，做到上述要求不太现实。

二是对于非结算性同业存款（存入）业务，部分银行的总行未设立对外营业机构，总行层面无法为客户（存出行）开立存款账户和出具存款证实书或存单，同业客户只能在其分支机构开立账户办理业务；部分银行总行虽设立了对外营业机构，但根据178号文的开户要求，存出行均需赴存入行总行对外营业机构开立账户，不仅往返行程较长影响业务的时效，而且对于经营网点遍布各地的全国性银行（存出行），非结算性同业存款业务全部集中至存入行总行办理难以实现。

（三）统一对外用章与签订合同较难落地

如果严格实现同业业务由总行专营机构集中办理，那么应以总行专营机构的名义签订业务合同并加盖印章，同时合同签订手续及印章管理应由专营机构统一管理。但目前银行普遍反映，全部以总行名义，到总行办理合同签订并盖章不现实，尤其是对于业务量大、交易频繁、时效性要求高的业务，如同业存款（存入和存出）、买入返售（卖出回购）票据业务。但是如果以总行名义签订，委托分支机构具体操作，则存在总行如何对合同签订及印章使用进行远程管控的问题。

（四）集中会计核算存在困难

140 号文要求银行同业业务专营部门"负责集中进行会计处理，全权承担风险责任。"但是银行普遍反映集中会计核算难度较大。

一是集中核算涉及运营流程、核算方法、机构号设置、报表统计、系统整合、系统开发、产品梳理、存量业务数据移植等多项改造工作，牵涉面大，需要一定时间。

二是集中会计核算后同业业务收益不再直接体现在分支机构账上，而是依靠内部资金转移价格进行内部利润核算，需要银行加强总分行间内部资金转移定价管理，并建立合理的绩效考核及内部激励机制。

三是会计统一核算导致分支机构的资产负债表和利润表大大"瘦身"。分支机构同业业务收入和利润的减少会影响在当地缴纳的营业税、所得税等，而如果政策落地不实施"齐步走"，可能会使先行的银行面临来自税务机关的质疑和压力。

此外，部分银行认为开户问题不能解决，会计核算也不可能完全集中到总行。

二、相关建议

（一）澄清概念，统一执行口径

建议银监会对理解不清的概念予以明确，统一执行口径，以降低由于概念理解上的问题而带来的改革不到位的风险。

（二）明确改革方向，为专营机构核发金融许可证

建议原则上按照专营机构方向进行改革，核发金融许可证，使其取得对外营业资格。允许有条件的银行在不同地区设立分中心，方便开户、合同签订和用章的操作。

（三）允许特殊业务特殊处理

考虑到某些特殊同业业务在实际操作中确实存在具体困难，如由于非结算性同业存款（存入和存出）业务交易频繁、业务量大，加之人民银行对开户条件规定严格，则集中办理难以实现；又如买入返售（卖出回购）票据不仅业务量大带来落实难度，而且如果按照新规要求将此部分业务完全集中，转贴现等其他票据业务却留在分支机构分散办理，则会导致出现票据业务多头管理的局面。因此建议在统一授信、专营部门逐笔审批的前提下，对这些特殊业务允许

委托分支机构进行开户、合同签订和用章等操作。

（四）多种方式解决合同签署和对外用章问题

根据专营机构的设置情况和不同业务特点，建议采取以下两种方式解决银行对外签署合同和用章的问题：

一是对于设有专营机构分中心的银行，应向分中心单独核发牌照，便于总行专营机构向分中心授权，通过分中心实现对外签署合同和用章管理。

二是对于不打算设立专营机构分中心的银行，可根据产品集中操作的难易程度区别处理。

如同业拆借、同业借款、同业投资等可集中至总行办理的业务。

非结算性同业存款、买入返售（卖出回购）票据等难以集中至总行办理的业务，可允许商业银行总行在业务逐笔审批的前提下，委托分行签署合同和盖章，但应敦促银行加强内控建设和合同印章管理。一方面要严格分离前、中、后台，推进建设全行范围内的后台处理大集中；另一方面要加强印章管理。可参考工商银行对分支机构合同及印章管理的模式。将同业业务印章封存于用印机中，同时采用实物钥匙及电子钥匙对用印机进行管理，实物钥匙由分支机构专人管理，电子钥匙需通过"行政用章系统"逐笔审批获得，从而实现对印章使用的远程控制。

（五）加强协调和引导，为集中会计核算创造条件

一是明确总行上收分支机构同业业务记账权限的时限，实现"齐步走"。督促机构加强与税务机关等部门的沟通协调，为落实集中统一会计核算创造顺畅的外部环境。二是引导银行加强内部资金转移定价、绩效考核等治理方面的改革和会计核算系统的更新改造，为集中会计核算创造良好的内部条件。

（作者吴静春，北京银监局副巡视员）

北京银行业基层员工体面劳动
存在的难点问题及建议

"体面劳动"在 1999 年国际劳工大会上提出，成为国际劳工组织的战略目标，也是我国党和政府，各行业、企业努力践行的发展目标。近期，中国金融工会北京工作委员会筹备领导小组开展了北京辖内银行基层员工体面劳动情况专题调研。

调研采取以点带面的形式，选取了北京辖内 1 家国有银行北京分行（农业银行北京市分行）、1 家股份制商业银行北京分行（光大银行北京分行）、1 家城市商业银行北京分行（南京银行北京分行）作为调研对象，采取实地走访、召开座谈会和深入网点一线开展基层员工问卷调查等方式，重点了解首都基层银行员工在劳动经济权益保障、政治权益落实、精神文化权益实现、特殊群体权益维护以及工会工作等方面情况。

从总体看，首都银行业推进实现基层员工体面劳动工作取得良好效果。各行充分认识实现基层员工体面劳动的重要意义，正确理解保障员工合法权益与实现银行健康可持续发展之间的关系，为实现银行改革发展成果与银行职工共享目标，坚持以人为本，从本行工作和基层员工实际出发，积极推进民主管理，努力维护职工合法权益。问卷调查中，三家银行 70% 的基层员工认为目前已实现了体面劳动，仅有 1.6% 的基层员工"想离开本行"。

一、北京银行业基层员工体面劳动情况

（一）坚持以人为本，维护基层员工劳动经济权益

一是改善一线员工福利待遇。各行普遍建立了集体合同制度、工资集体协商机制。有的还实施了基层员工最低工资保障制度，提高基层员工工资津贴水平，设立基层员工岗位津贴，对远郊网点设立区域分配调节系数，加大基层倾斜力度。二是拓宽基层员工晋升通道。有的开展了基层网点负责人后备队伍培养计划，有的为基层员工设计了业务、行政、优秀人才储备库不同序列的发展

路径，并认真做好优秀基层派遣制员工转合同工作。三是为员工身心健康提供便利。每年至少为员工安排一次健康体检，定期组织健身活动和健康讲座、心理咨询活动。有的设立了医院预约专线，方便一线员工挂号看病。部分支行采取为员工提供"私人定制"体检方案，为柜员提供颈椎病康复理疗，推行弹性工作时间等措施为一线员工减压。80%参与问卷调查的员工认为本单位对其身心健康情况关注。四是加强员工职业培训。针对员工队伍情况和培训需求，采取多种形式持续开展基层员工培训。有的在"全面培训、全员培训、全效培训"基础上，设立了"成才之星"奖励制度，有的不断加强内部培训师资和网络平台建设。部分支行还为青年员工搭建职业发展和成长平台。近80%参与问卷调查的员工认为本单位培训对提高自身职业生涯发展、市场竞争力有帮助。五是提升员工社会保障水平。为员工定时足额缴纳"五险一金"，有的还建立了多层次养老保险制度，为入行满1年的员工建立了企业年金制度，另外，不断完善补充医疗保险，提高员工自购药费报销比例，解决员工看病贵问题。六是有效改善工作条件。对老旧办公场所进行整修，办公环境和安保条件不断改善。问卷调查三家银行员工对工作环境满意度高达97.5%。

（二）完善民主管理制度，维护基层员工政治权益

一是落实职工代表大会制度。每年至少召开一次职代会，对重大经营决策以及工资分配、考核办法等涉及员工切身利益的事项进行审议。二是实施行务公开。通过行内OA系统、内部网络和刊物等让员工了解经营战略、目标和计划。开展"行领导接待日"、"行长当大堂经理"等活动，及时听取基层员工意见建议。三是保障员工参与权、表达权、监督权。有效组织基层员工依法参与管理企业事务。有的还成立了劳动争议调解委员会和劳动法律监督委员会，妥善处理劳动纠纷。参与问卷调查的基层员工中有74%认为能对单位制定各方面政策提出建议意见，有82.5%认为单位对员工提出的相关建议、意见给予回应并积极落实，有80%认为单位采取相关措施保证员工能够行使对单位的监督权。

（三）加强职工文化建设，维护基层员工精神文化权益

一是积极开展创先争优活动。开展"创建学习型组织，争做知识型标兵"、争创"工人先锋号"、"女职工文明示范岗"等活动，认真开展先进评选工作，注重总结、宣传和推广一批有影响力的劳动模范和先进典型，充分发挥示范引领作用。二是大力开展业务竞赛。积极组织各类业务竞赛，营造"爱岗敬业，争创一流"的工作氛围，为基层单位和员工提供施展平台，有效调动基层工作积极性。三是开展丰富多彩的文体活动。支持员工成立球类、瑜伽、登山、摄影

等各类文体活动协会，并开展喜闻乐见的文体活动，为员工提供放松身心，增进交流的机会。三家被调研机构员工对本单位职工文化生活满意度高达95%。

（四）为职工排忧解难，充分体现人文关怀

一是帮扶困难职工。坚持"五必访"，成立爱心救助基金，对困难职工及时救助。实施"四帮工程"，帮助员工就医、租房、择偶、消费优惠等。采取有效措施努力解决部分基层网点就餐难题。被调研银行基层员工对于本单位帮扶困难员工工作满意率达80%。二是关爱女职工。定期安排女性健康体检、缴纳女职工生育保险，还定期举办女性健康讲座，有的为女职工专设了妈咪屋、哺乳屋等设施。三是帮助解决员工及配偶户口问题。积极为新入行员工落实北京户口，有的还为符合条件的两地分居干部办理随迁及进京落户手续。

（五）工会组织在实现基层员工体面劳动中积极作为

各行工会组织因地制宜创新工作方式，深入开展"建家"活动，积极倡导"注重人文关怀，关爱基层员工"，主动为基层员工做好事，解难事。被调查的三家银行中有97%的基层员工认为在生活或工作中遇到困难，工会得知后会对其进行帮助。

二、推进实现银行基层员工体面劳动过程中的难点问题

一是柜员正常上下班时间仍难以得到保证。由于要在网点营业前接收款包、营业终了逐笔结账、送款，基层柜员早来晚走仍是普遍常态，被调查的三家银行柜员平均每人每天的加班时间为2~3个小时。二是基层员工工作压力较大。座谈时，三家银行员工均表达了目前银行业员工竞争压力大、工作负荷重等问题，问卷统计中大多数基层员工表示目前承受较大的工作压力，其中两家银行分别仅有7.5%，另外一家仅有2.5%的基层员工表示基本没有工作压力。三是女职工权益保护工作仍有待进一步加强。仍有少部分基层员工反映存在女职工在孕期被故意调往劳动强度更大岗位的情况，其中某家银行有23%的女职工还提出了"应对特殊时期女职工予以关爱"、"领导应从思想上认识关心女职工，不能把女职工当男人使"等建议。四是工会工作仍需进一步改进。有的仍存在只追求看得见的业绩而忽视工会工作的问题，对工会工作重视不足，加之目前多数工会干部以兼职人员居多或专职干部很少，工会工作往往要给业务让路；也有的工会干部自身服务中心、服务基层和服务职工的意识不强、干劲不足、能力有限。

三、推进实现银行基层员工体面劳动的三点思考

一是进一步加强基层员工各项基本权益保障。各行应进一步加强和改进一线员工基本权益保障工作，积极探索为一线员工减负减压的方式方法，探索采取优化工作流程和考核机制、完善基层员工晋升发展机制、科学配置网点人员、尝试弹性工作时间等方式，切实保障一线员工基本权益。各行工会组织应通过丰富员工精神文化生活、加强员工心理疏导、做好困难职工帮扶等工作加大基层职工关爱，在实际工作中进一步发挥积极作用。二是进一步加强经验交流。各行工会组织在维护职工合法权益方面进行了诸多探索和实践，并积累了许多宝贵的经验，对于加强同业交流、分享同业经验有着强烈的愿望，建议搭建同业信息共享平台，创造经验交流机会。三是进一步加强干部培训。建议为基层工会干部提供更多的培训机会，不断增强基层工会干部的责任心和荣誉感，增强在当前银行业改革发展新形势下各级工会干部服务中心、服务基层和服务职工的本领，促进并提升工作质效。

（作者倪卫东，北京银监局副巡视员）

对银行业理财业务性质的思考

银行业理财业务性质不仅关系业务本身发展方向，还涉及整体金融风险防控问题，因此需要对银行、信托两类机构理财业务的性质进行深入探讨。

一、关于银行理财业务的属性

从调查了解情况看，银行保本、保收益的理财产品占了大多数，实际执行都兑现了保本、保收益的预期，只有少数涉及资本市场的理财产品发生不同程度损失。银行理财资金的运用主要配置在债券、货币市场标准工具以及存贷款等传统银行自营业务领域。从国有银行交通银行、股份制银行浦发银行调查的情况看，这一类资产都配到70%多。有问题的理财产品主要是配置到资本市场权益类资产。这一类理财产品配到权益类资产20%左右。在国内的外资法人银行：汇丰、渣打、恒生等银行理财产品除配置QDII及少量衍生品外，大部分也是存款和债券以及货币市场工具。因此，整体来看，目前大多数银行理财产品表现出更多"类存款"的属性，部分银行理财产品由于涉及资本市场权益类资产，可计算净值，真正由客户承担资产风险，其表现出更多资产管理的属性和直接融资的性质。由于直接融资与间接融资的区别在于金融中介是否实质性参与融资。"类存款"理财产品最终由银行兜底，更接近间接融资性质，而资产管理类理财产品最终由投资者承担风险，银行作为中介没有实质性参与融资，因而更接近直接融资性质。

区分两类不同属性的东西，是为了明晰不同的监管规则。现代银行300多年的演进历史表明，它主要是一种自担风险的业务模式，因此其核心文化十分注重安全性、流动性、盈利性三原则，这是其生存的根本，动了它也就动了根基。从这个角度审视银行理财业务，对其应遵守何种规则的界限是清晰的，即如果是自营性质的，相应监管规则如存款准备金、存贷比、流动性比率以及资本、拨备计提等要求就要满足。相比银行的历史，资产管理专业机构的历史要短。基金作为资产管理的典型代表，有70多年的历史。如果理财业务是资产管理的属性，则要符合最大诚信义务原则，防止利益冲突，实行资产隔离和信息披露等规则。

随着将来利率市场化真正完成和信贷规模取消，这两类不同性质理财产品并存的问题会逐步解决。目前，我们不要为银行理财业务现象所惑。通过现场和非现场检查，弄清实质，选择相应监管规则包括合适会计准则予以约束，避免银行规避监管、隐藏风险。

二、关于信托理财业务的性质

是完全受人之托、代人理财的业务，还是类银行的贷款业务？或是私募债的业务？从实际调查的情况来看，目前信托公司相当部分业务的属性是类银行的贷款业务，而不是真正意义上的资产管理业务。这种变化实际上与 2002 年出台的信托业务管理办法的核心思想是有冲突的，后来银监会修订办法时增加了信贷类业务不得超总规模 30% 比例要求，但被绕过去了。截至 2013 年年末，全国信托业受托理财的规模近 11 万亿元，按业内人保守的估计，类银行贷款的业务大致占规模的一半，也就是 5 万亿元的规模。按银行贷款监管要求，要计提相应资本，如按 8% 资本充足率需 4 000 亿元净资本，2013 年 68 家信托公司总净资本约 2 500 亿元，不足 1 500 亿元；如按 2.5% 拨贷比需计提相应贷款损失准备 1 250 亿元，扣抵信托赔偿准备 90 亿元，尚不足 1 160 亿元，资本和损失准备两项缺口共计 2 660 亿元。这些潜在的问题如果最后不能落地，那一定是留在了金融体系特别是银行体系内部。

此外，还有流动性支撑的问题。银行贷款制度整体流动性是以存款制度为依托的。日本建立信托贷款制度有相应配套的信托存款制度支持。长时期看，信托公司以银行方式发放贷款，风险抵补和流动性安排两大关口都有问题。目前信托公司净资本管理办法实际计算的各类信托业务风险资本比例不到 1%，对信托公司约束有限，审慎的公司集合信托业务杠杆率控制在 6% 至 15% 区间，不审慎的公司集合信托业务杠杆率高达 25% 甚至更高。经过几年累积，风险抵补不足和流动性潜在风险问题开始显现，上海交通大学所属研究机构 2013 年研究报告显示：压力测试结果都指向上述问题。压力测试的假设情景是，如果 68 家信托公司集合信托计划有 5%、10%、20% 的损失，失去偿付能力的公司将分别达到 2 家、8 家、30 家；同样条件，发生流动性偿付问题的公司分别达到 14 家、26 家、50 家，远高于信用风险。

　　这个结果是值得关注的。问题不在于信托公司能否发放贷款或发行私募债，而在于以什么方式发放贷款或发行私募债，接受怎样的规则监管。任何金融业务的存在总是有约束条件的，总是遵循同一业务规则的。要真正构建信托业务自我承担风险的机制，这是实现信托公司业务转型的关键。

（作者郑敏，时任上海银监局副巡视员，
现就职于上海均瑶（集团）有限公司）

监管办运用 EAST 系统依法履职的
实践与体会

浙江县域银行业多年来规模快速扩张，监管业务量成倍增加。典型的如杭州地区，2014 年初杭州下辖 2 区 5 县（市）贷款规模超过 2004 年初全杭州市贷款规模，比 10 年前增长了近 3 倍，个别区县银行业规模甚至超过省内部分地级市。但浙江银监局自成立十多年来，杭州辖内直辖监管办事处干部人员不增反减，从成立之初下辖七个直辖监管办共有监管干部 27 人，至目前只有 6 个直辖监管办干部 21 人。县域银行业的快速发展对县域监管能力提出了更高的要求，浙江银监局十分重视加强县域银行业监管，重点强化杭州辖内直辖监管办的统筹管理，建立内部监管协调机制。近年来，认真组织直辖监管办探索建立联合检查机制，运用 EAST 系统开展现场检查，在提升现场检查质效、锻炼干部队伍等方面取得了良好成效。

一、监管办运用 EAST 系统依法履职的实践

2014 年，浙江银监局组织直辖监管办首次探索运用 EAST 系统对杭州辖内国有、股份制、城商等类型 7 家县域支行分别开展"个人经营性贷款"和"不规范经营"联合专项检查，检查覆盖金额 24 亿元，发现收取质价不符的财务顾问费、借名贷款、贷款资金回流转作承兑汇票保证金等问题总计 103 个，涉及金额 9 亿元。对检查发现严重违法违规问题的 3 家支行处以罚款合计金额 90 万元，对县域银行机构违法违规经营形成较大的威慑力。

（一）结合检查重点，建立 EAST 应用模型

检查组按照"查合规、查风险、查机制、查行为"的思路，研究建立业务合规性、员工行为风险、资产质量分类准确性、服务收费合规与合理性等 EAST 系统应用模型 36 个。

（二）结合数据筛查，实现检查精准发力

运用 EAST 系统模型进行筛选，提高发现问题的精准度。在 4 家支行"个人经营性贷款"检查中筛选出有效疑点数据 36 条，后经现场检查核实的确存在相

关问题的有 28 条，准确率 77.8%；在某支行"不规范经营"检查中筛选出有效疑点数据 18 条，后经现场检查核实确存在相关问题的有 12 条，准确率 66.7%。

（三）结合县域实际，创新检查方式方法

运用化繁为简方法。根据县域银行分支机构业务量不大的特点和个性化数据不完整等情况，检查组建立相对简化的 EAST 系统模型对部分关键字段进行初步筛查，然后辅以人工检索，降低了建模难度，提高了工作效率。采用交叉分析手段。鉴于县域法人农村合作金融机构与当地其他银行分支机构有大量账户资金往来等情况，检查通过对当地法人农村合作金融机构与被查分支机构 EAST 系统数据库开展数据交叉分析，提高了资金跟踪效率。

二、主要经验与体会

（一）"统一 + 自主"，立项选点更有针对性

良好的组织工作是多个直辖监管办开展跨区域联合检查的重要保障。局领导亲自担任联合检查组组长，统筹指导整个检查项目的开展。制定详细的检查方案，明确责任分工。既注重统筹促成多个监管办的相对统一，又兼顾各监管办的独立自主。由杭州协调办统一检查立项、统一检查尺度、统一行政处罚，有利于依法规范检查行为，有利于查处共性问题；各直辖监管办自主选点、自己主查、自提监管意见，有利于发挥其主动性和创造性。

（二）"本地 + 异地"，集约使用监管人力资源

组建直辖监管办联合检查队伍，将具备法律、金融等不同专业背景的监管办业务骨干进行合理搭配、集约使用，使各监管办原本只有自身 2 ~ 3 人的检查小组增加到 8 人左右的检查队伍，提升了检查队伍的整体素质和战斗力。在各直辖监管办辖内的检查中，充分发挥本地监管人员的主导作用和异地监管人员的配合作用，促进互相交流借鉴，排除检查外部因素的干扰。

（三）"经验 + 技术"，促进 EAST 系统应用推广

在联合检查中，探索建立"新老搭配"、"经验 + 技术"的小组工作模式，既充分发挥老同志的经验优势，提供检查思路；又有效发挥年轻同志的技术优势，负责 EAST 系统建模分析，实现人尽其能、才尽其用。督促指导部分具备相关知识背景的青年骨干率先掌握 EAST 系统运用，发挥其"传帮带"作用，通过"一帮一、一带一"的方式，带领其他同志在实际检查中逐步学习，掌握 EAST 系统的建模和分析，促进 EAST 系统在监管办的推广。

（四）"科技＋法律"，强化中后台服务支撑

协调浙江银监局科技、法律部门全程提供指导和支持，建立中后台科技、法律"双线支撑"的检查服务模式。一方面，科技部门全程提供技术指导。协助对检查组成员开展 EAST 系统应用专题培训，支持检查组对被查机构采集 EAST 系统个性化数据，全程指导检查组开展建模和分析；另一方面，法律部门全程提供法律服务。在查前培训中，开展依法行政专题讲座，提升依法监管意识和素质。在检查中，就违法违规问题的查证思路、证据链条的完整性、证据采集的合法性等提供咨询和指导，严把法律审核关，确保行政处罚工作经得起检验。

（五）"服务＋管理"，促进廉洁高效履职

加强对直辖监管办的服务与管理。一方面，努力做好服务。推动加强直辖监管办间的横向交流联系，促进直辖监管办与省局科技、法律等功能监管部门和机构监管部门的纵向沟通衔接。另一方面，切实加强管理。制定出台《关于进一步加强监管办事处工作的意见》，对办事处履职进行指导和规范。通过召开直辖监管办廉政风险专题培训会，请省局纪检监察部门指导查找廉政风险点，强化廉政风险防控，督促严格贯彻落实银监会"约法三章"和浙江银监局廉洁自律各项规定。

三、进一步促进监管办履职的建议

（一）深化 EAST 系统在现场检查中的运用

推动监管办推广运用 EAST 系统开展现场检查，结合县域实际，创新方式方法，有条件的地区可探索组织多个监管办联合运用 EAST 系统开展检查，集约使用监管资源。

（二）探索 EAST 系统在非现场监管中的运用

推动监管办探索 EAST 系统在县域小法人机构非现场监管中的运用，研究建立相关模型，对银行业务合规性、员工行为规范性、业务风险性等进行定期监测，及时提示风险。

（三）加强对县域监管办依法高效履职的指导

注重加强对监管办干部监管业务、EAST 系统运用、依法行政等方面的培训和指导，着力提升监管办人员的法治意识和依法监管能力，不断提升监管效能。

（作者王建勤，浙江银监局副巡视员）

当前监管办事处存在的问题及对策建议

　　监管办事处是银行业监管体系的重要组成部分，作为基层一线监管队伍，在加强县域银行业监管，防范和化解银行业风险，推动银行业服务县域经济发展等方面发挥了重要作用，由于受体制因素的影响，目前存在不少问题，亟须认真研究解决。

一、基本情况

　　截至 2014 年 9 月，福建辖内共有 60 个监管办事处（以下简称监管办），正常运转的监管办有 54 个，其中，福州辖内 8 个监管办由省局直接管理，由省局并指定办公室负责日常协调，7 个地市的 46 个监管办由分局管理；有 6 个区、县监管办保留牌子，人员上收省局或分局管理。人员编制 219 名，在编人员 207 名。

　　目前，监管办主要职责：一是站岗放哨，掌握实情。及时监测、报告辖区银行业机构的重大风险事件和违法违规行为。二是扎根一线，防控风险。突出做好农村中小金融机构和邮储银行的监管工作。三是上传下达，落实部署。抓好银监会和福建银监局工作部署的贯彻落实，配合做好现场检查、市场准入、调查等相关工作。四是沟通协调，加强服务。配合地方政府，引导银行业支持县域经济发展。

二、存在的主要问题

（一）权责不对等

　　监管办承担所在县域银行业监管的职责，但是，在成立之初就明确其不是一级机构和执法主体，在实际管理中视同内设部门，不具备对外独立开展工作的权限，受上级委托履行有限的监管职责。但地方政府和银行业机构往往将监管办视为一级机构，监管办在实际履职中要承担一级机构的职责，工作任务重、要求高、责任追究力度大，权责明显不对等。

（二）力量不匹配

当前监管办人手不足、年龄老化、素质跟不上要求。在岗人员不到县人民银行的十分之一，扣除经常性抽调参与上级检查的人员，近一半的监管办长期只有 1~2 名员工。由于监管办新招人员少，人员老龄化问题突出。如永春监管办平均年龄 52 岁，最小年龄 50 岁。由于监管办工作职责单一、培训机会少，人员专业知识更新滞后，难以适应新形势需要。

（三）地位不相称

近年来，地方党委、政府对银行业工作非常重视，希望监管办在政银企对接、服务实体经济、金融维稳等方面发挥更大作用。而现行体制下监管办的职责定位、人员力量难以承担，许多时候力不从心，无为又导致无位，监管办在当地经济金融发展中的话语权较低，角色十分尴尬。

（四）保障不到位

目前，大多数监管办仍与人民银行在一起办公，一般只有两间办公室，办公条件较为艰苦，个别监管办尚未配备公务用车，影响监管工作的有效开展。近年来，由于办公经费紧张，资金缺口逐年扩大，下拨监管办的经费也相应逐年下降，有的分局下拨监管办费用仅够维持车辆维护、物业管理等日常支出，部分监管办通过向县政府申请补助来维持基本办公运转。一些地区监管办人员收入较当地公务员收入少 25%，在一定程度上影响了员工的积极性。

三、对策建议

（一）加强制度建设

一是制定指导意见。在充分调研了解实情以及多方共同商议的基础上，研究制定加强监管办建设的指导意见，加强对监管办工作的指导、督促、检查和评价，按照权责对等的原则，适度扩大授权，合理配置监管资源，进一步强化监管办的监管效能建设。二是制定实施办法。根据指导意见，省局办公室和各分局要结合辖内实际，进一步细化监管办管理制度和措施，加强辖区监管办的管理。

（二）明晰工作职责

一是明确管理权限。明确省局办公室负责省会城市辖内监管办的指导和管理，分局负责各自辖内监管办的指导和管理。二是明确工作职责。明确监管办的主要职责是根据省局或分局的授权，负责管辖范围内县（市）银行业金融机构的监管、收集所管辖县（市）有关金融风险的信息并向上级机构报告等。三是突出工作重点。突出监管办在强化对辖内农村中小法人金融机构等银行业机构的监管、市场准入、对辖区银行业重大风险问题的监测报告、引导辖区银行业服务实体经济等方面职责定位。

（三）健全工作机制

一是建立政策传导机制。通过定期召开辖内银行业金融机构主要负责人会议，传达上级会议精神，推动贯彻落实国家宏观调控政策，分析研判经济金融形势，及早提示风险，并相应提出监管要求。同时，收集汇总上报辖内银行业改革、发展、监管情况，为上级监管机构决策服务。二是建立监测分析机制。监测政策落实情况，将银行业金融机构贯彻落实国家宏观调控政策、执行监管法律法规等情况纳入重点监测范围，做好风险提示，提出监管意见，引导银行业金融机构严格按照国家宏观政策导向开展经营。监测指标变化情况，做好各项风险核心指标和合规指标的监测，对异常变动指标跟踪分析，及时发现、反映重大问题。监测机构营运情况，建立日常监管台账，定期走访辖内银行业金融机构，跟踪、了解、掌握其业务经营、内控管理情况，并做好走访记录。三是建立联动监管机制。加强监管办之间的监管协作机制，可以探索以 2～4 个监管办为单位组建联动监管小组，属地牵头、异地参与、协同互动的县域联动，实现资源共享、优势互补、共同发展。建立监管办与省局、分局跨层级、跨部门、跨条线的"会诊"机制，实现机构监管与功能监管有效配合。通过建立健全与地方法人银行业机构、外部审计机构三方会谈机制，多渠道了解银行业机构实际风险状况和风险管理能力。坚持监管人员列席银行业机构年度工作会议，定期或不定期与银行业机构内审人员会谈，提高风险监管能力。四是建立信息共享机制。加强上下信息交流与共享，省局、分局要及时向监管办反馈与其相关的监管信息，涉及监管办辖内的行政许可事项和现场检查事项充分听取监管办的意见。加强监管办与地方政府、人民银行、财税等部门的沟通联系，及时就辖内金融动态、风险状况互通情况，实现信息共享，扩大监管成果综合利用，增加监管透明度，从而提高监管效率。

（四）加强队伍建设

一是充实监管人员。采取监管办借调人员回籍、干部交流锻炼、新员工招录补充等方式，配齐监管办人员。二是选好配强主任。注重选配责任心强、管理协调能力强、业务能力强的干部担任监管办主任，发挥监管办主任的核心带头作用。三是培养业务骨干。从干部培训、培养等多方面入手，加强中小法人金融机构主监管员的培养，提高主监管员的专业素质和管理协调能力，充分发挥主监管员的业务作用。四是注重干部培养。规范监管办人员借调管理，完善监管办干部成长培养机制，构建监管办干部向分局、省局晋升的通道，鼓励符合条件的监管办干部参加上级组织的干部选拔。

（五）强化干部培训

一是强化干部轮训。定期举办针对监管办人员的培训班，引入培训后评价机制。二是建立新员工导师制。选聘业务精通、经验丰富的人员为导师，为新员工"一对一"专门辅导。三是强化法律培训。组织监管办人员参加法律法规培训，增强依法监管能力。四是鼓励参加从业资格考试。对报名参加考试的员工给予温书假，对通过资格考试的员工给予通报表扬及人事部门建立登记、建档制度等方式，促进人才迅速成长。

（六）加强工作保障

一是加强工作指导。建立省局、分局领导及机关部门联系监管办制度，加强工作指导，帮助解决困难。二是健全工作机构。积极支持有条件的监管办健全党、团、工会组织。推动设立县级金融团工委，充分发挥金融行业团组织优势，补充县域金融监管力量。三是成立行业组织。全面推进县级银行业协会的组建，发挥其对县域监管的补充作用。四是强化考核监督。加强监管办的党风廉政建设，建立健全监管办履职评价机制，相关评优评先适当向监管办倾斜。五是加强经费保障。每年安排一定资金改善监管办办公条件，优先支持条件艰苦监管办的办公用房租赁和办公设备更新，保证办公有序运转。

（作者陈怡，福建银监局副巡视员）

对同业业务治理体系改革的几点认识

一、江西辖内银行同业业务发展的现状

截至 2014 年 3 月末，江西辖内同业资产业务总量 3 180.71 亿元，同比增长 21.2%，其中信托受益权、证券公司或保险公司资产管理计划受益权买入返售业务规模 299.12 亿元，占 9.4%；票据资产 981.5 亿元，占 30.85%；存放同业 1 647.64 亿元，占 51.8%；负债方面以与市场利率接轨的同业存放业务为主，余额达 1 476.88 亿元。2014 年 3 月末，民生银行、兴业银行南昌分行同业资产占总资产比例分别高达 44.5% 和 40.76%。

二、改革过程中面临难点

（一）"分支机构不再经营"概念有不同解读

目前改革存在两种模式：一种即分支机构完全不再从事任何同业业务，所有业务经营全部交由总行专营部门。这对于网点少，分支机构地域范围跨度小的小型商业银行来说，改革成本较小，容易实现。以江西省辖内银行为例，5 家城商行均已经将同业业务经营权限上收总行。另一种为：将原有的分支机构同业业务部门变革为总行专营部门的分部，在总行的统一管理及授权下继续开展同业业务，目前大型银行和股份制银行大多采取此种模式。原因是在各银行总行不熟悉各地客户与市场的情况下，业务拓展仍依赖原有各地从业人员，同业业务经营权限完全上收总行落实难度大。

（二）专营部门的管理能力受到考验

同业改革对银行来说是一次自上而下的包括人员、机构、财务等各种资源的大整合。特别是对原有利益格局的触碰对于分支行的利润影响较大，势必面临一定阻力。如何在短时间内组建一个组织架构完善、管理职能清晰、人员队伍完备、风险管控到位的专营部门是一个重大课题。

（三）存量业务整改难度大

按照改革方案部署，各银行业金融机构对分支机构开展的资产转让、买入返售、卖出回购等业务，要求到期后不得展期或是再次开展；对于分支机构已在银行间市场开立的账户，要建立销户台账，逐个明确销户时间，限期完成销户。现实情况是大量类信贷资产绕道同业最终投向了期限较长的政府融资平台、房地产项目，牵扯的利益链条长，短时间难以收回，整改难度较大。

三、进一步推进改革的建议

（一）高度关注由"分行"向"分部"的角色转变

对于采取将分行的同业业务部转化为总行专营部门的分部的改革模式，应高度关注改革后"分行"与"分部"的管理、人事是否真正完全分离，分部从业人员不应再受分支机构约束，或与分行继续处于同一利益链条上，避免组织架构改革"形同虚设"。

（二）强化同业业务数据统计的信息科技支撑

由于改革时间紧迫，许多银行的信息科技系统需进一步改进和完善。针对同业业务政策流程改革和产品权限设计，各行应尽快完成 IT 系统改革，覆盖非信贷和表外资产的全口径统计，加强同业数据质量管理。

（三）加快推进利率市场化进程和资产证券化

引导金融机构完善利率定价机制，增强风险定价能力。利用可转让存单规模可控、交易便利、信息透明的优势，扩大同业资金市场中长端产品种类并提高交易活跃性，稳定商业银行资金来源和优化中长端市场利率形成机制。资产证券化作为未来"非标准化债权"向"标准化债权"转变的主要合规手段，既是银行改善资产负债结构、减轻资本压力的重要途径，也是拓宽实体经济融资渠道、降低社会融资成本的发展方向。

（作者胡德海，江西银监局副巡视员）

发挥行业协会职能开创四川银行业新篇章

一直以来，四川银监局坚持指导四川省银行业协会着力发挥"维权、自律、协调、服务"职能作用，促进了银行业和地方经济社会的稳健发展。

一、工作措施

一是引领改善金融服务。积极创建文明规范服务示范单位，48家银行网点荣获全国"千佳"、2家荣获全国"百佳"称号，四川省银行业协会连续两次荣获中国银行业协会"最佳组织奖"。同时，结合四川实际，开展并评出120家省级示范单位；组织编写《以客户为中心——四川银行业百家文明规范服务感动故事集》，促进了四川银行业文明规范服务水平的提升。

二是加强规范运作。印发《四川省银行业维权公约》、《"逃废银行债务机构名单"管理实施细则》、《商业银行代理保险投保须知》等32个规范性文件，组织发布《四川银行业公平对待消费者服务宣言》、《四川银行业社会责任共同宣言》。建立并完善7个专业委员会，对重大事项、制度讨论研究。加强协作，组建消费咨询专家团队，召开8次银行、政府、企业座谈会，指导银团贷款取得成效。加强银行债权维护，近两年受理消费者投诉67件并妥善解决，化解4个风险项目，盘活2.57亿元项目，资产处置4.38亿元，现金收回1.78亿元；及时发布银行业除名人员名单；参与并推动成都金融仲裁院的组建，有效地提升了四川银行业的自律、维权和服务能力。

三是积极引导履行社会责任。连续两年发布《四川银行业社会责任报告》，倡导会员单位先后捐款170万元支持巴中洪灾灾区灾后重建；向芦山地震灾区捐款捐物8 975万元，减免各项手续费1 061万元，促进了灾区灾后重建的顺利推进。同时，大力宣传普及金融知识，先后发行3.65万册《银行业消费者权益保护知识300问》和6.08万册的《走进银行》金融知识普及读本，制作1.3万张金融知识普教宣传片，促进了社会公众对金融知识的掌握和金融风险防范意识的提升。

四是大力加强行业文化建设。积极开展培训，近两年共举办各类培训 40 期，培训 7 000 余人次，近 4 万人获得银行业从业资格单科或多科证书。组织召开四川银行业业务建设交流会，对个人理财、IT 建设与 IT 风险、城商行市场定位等进行专题交流。举办美术书法摄影比赛、城商行篮球比赛、外资银行摄影比赛等活动，增进了会员单位的凝聚力。加强《四川银行业》采编，两度荣获中国内刊协会"好杂志"一等奖，并获得"全国优秀内刊"称号。

二、工作成效

四川银行业良好社会形象不断树立，协会职能作用进一步有效发挥，银行业机构也正积极从公司治理、业务流程、薪酬制度、人才体系、培训教育、内外宣传等大力实施改革创新，对银行业消费者、银行员工合法权益的保护逐步加强。与此同时，四川银行业物理渠道和电子化渠道有机结合，初步构建起了多层次、广覆盖、可持续的城乡多元化金融服务体系，"三农"和小微企业金融服务连续实现"两个不低于"目标，一大批重点工程、重点项目在银行业的支持下加快推进，有力地促进了四川经济的较快发展和民生金融服务的改善。

（作者曹昌伦，四川银监局副巡视员）

后　记

　　"调查研究是谋事之基、成事之道。没有调查，就没有发言权，更没有决策权。"这是习近平总书记2013年7月在武汉召开部分省市负责人座谈会上对领导干部提出的谆谆教海。2014年，银监会系统各级党委认真落实党中央关于加强调查研究的指示要求和银监会党委部署安排，领导干部坚持把加强调查研究作为深化科学理论武装、改进工作作风、提升领导能力、践行群众路线的重要抓手，围绕银行业及监管改革发展中的重大问题深入调研，形成了一批有价值的调研成果。

　　总的来看，领导干部调查研究工作呈现出三个鲜明特点：一是突出问题导向，普遍针对经济金融运行中的突出问题、事关银行业改革发展稳定大局的重点问题、党的建设面临的重大理论和实际问题，积极探寻改革创新、解决问题的对策措施。二是坚持求真务实，按照银监会党委要求，各级各部门领导干部深入基层、深入群众、深入市场一线，既到工作局面好、先进的地方去总结经验，又到困难较多、矛盾集中的地方去了解情况、发现问题，听真话、查实情、揭矛盾、出实招，调研成果力求"短实新"，举措实在管用。三是目的指向明确，将调查研究与银行业监管这一中心工作紧密结合，选题立意、调研范围、对策建议、成果运用等环节都围绕这个中心展开，强化为运用而调研、为指导实践而调研的思想，突出调研的针对性和目的性，发挥好调研以文辅政、服务决策的功能作用。

　　为促进银监会系统领导干部调查研究成果运用和转化，我们在前两年汇编调研报告文集的基础上，从2014年领导干部调研报告中精选了255篇，包括党的建设、改革发展、风险防控、金融服务、规范管理等方面，凝聚了领导干部对经济金融领域重大问题的深度思考和探索创新，将这些有深度、有见地的调研成果汇编成册，供全系统各单位和各级领导干部学习研究和决策参考。

本书编写组

2015年11月